Versöhnung

Bernt
von
Heiseler

Hänssler-Verlag
Neuhausen-Stuttgart

CIP-Kurztitelaufnahme der Deutschen Bibliothek

Heiseler, Bernt von:
Versöhnung / Bernt von Heiseler. –
Neuhausen-Stuttgart: Hänssler, 1985.
  (Edition-C-Bücher: C; 180: Paperback)
  ISBN 3-7751-1010-0
NE: Edition C / C

EDITION C-Bücher
EDITION C-Paperback, C 180
Best.-Nr. 56 580
© Copyright 1953 by C. Bertelsmann Verlag, Gütersloh
© Copyright 1985 by Hänssler-Verlag, Neuhausen-Stuttgart
Umschlaggestaltung: Daniel Dolmetsch
Titelbild: Image Bank, Hamburg
Gesamtherstellung: Ebner Ulm

Geschrieben für

Gertrud Marie von Heiseler

Er ist die Versöhnung für unsere Sünden;
nicht allein aber für die unseren, sondern
auch für die der ganzen Welt.   1. Joh. 2, 2

ERSTES BUCH

1

Was fehlt ihr?" dachte Ninette, die vor dem Spiegel saß und sich darin wie einen fremden Menschen teilnahmsvoll betrachtete. "Sie ist offenbar traurig. Wie kann sie traurig sein, da ich doch so furchtbar glücklich bin?"

Das Spiegelgesicht hatte hochrote Äpfelwangen und eine schiefe, wie der abnehmende Mond im dritten Viertel sanft nach rechts gewendete Nase. Die schwarz gemalten Augenbrauen drückten ein unaufhörliches Erstaunen aus, das blonde Haar war auf die sonderbarste Weise rings um den Kopf straff nach oben gezogen, und oben zu einem altjüngferlichen Knoten vereinigt. Dazu ein rotblühender, törichter Rosenmund. Die schönen braunen Augen aber blickten ernsthaft, beinahe schmerzlich, während Ninette sich betrachtend vorbeugte. Dann, im nächsten Moment, war es schon unmöglich, den ernsten Ausdruck der Augen in dem närrischen Gesicht ruhig anzuschauen. Ninette warf sich im Stuhl zurück, atemlos, in einem Lachanfall, und stampfte den Boden mit ihren goldbeschuhten Füßen.

"Antje, wie ich aussch — wie ich aussch!! — Es wird mich kein Mensch erkennen! — Antje, wenn sie mir heute nicht erlaubt hätten, die Thisbe zu spielen, so wär ich bestimmt, ich schwör es dir, ich wäre zum Fenster hinuntergesprungen!"

Antje Klees stand in blauen Hosen da und bemühte sich, in einen hohen schwarzen Lackstiefel hineinzukommen. Es ging schwer, denn der Stiefelhals war eng; Antje hatte die Unterlippe zwischen die Zähne geklemmt und antwortete erst, nachdem ihr Fuß mit plötzlichem Ruck in den Stiefel hineingefahren war:

"Man wird dich doch erkennen. An der Stimme."

"Niemals!" schrie Ninette. "Niemals an der Stimme. Ich werde mit einer ganz anderen Stimme reden. Ich werde überhaupt ein ganz anderer Mensch sein. Das ist eben das Wunderbare, was du nie verstehst!"

"Streitet nicht, ihr Mädchen," sagte Peter, Ninettes glattgebürsteter, zwölfjähriger Bruder — um drei Jahre jünger als die Beiden, die er so im Großvaterton ermahnte. "Bindet mir lieber mein Fell und die Löwenmaske um. Es wird gleich losgehn und ich steh in Unterhosen da."

Ninette sprang auf, um das vor Alter gelblich gewordene Schaffell, das eben darum gut für eine Löwenhaut gelten konnte, mit zwei Bändern hinter Peters Rücken zusammenzubinden.

„Ist es so gut?" fragte sie, indem sie ihn vor den Spiegel schob. „Es wird dir schrecklich heiß werden, armer Piet."

„Du siehst unglaublich dumm aus," sagte Peter zu dem Spiegelgesicht, das ihm über die Schulter blickte.

— Ninette war die vierte von fünf Geschwistern, und wenn sie der Reihe nach hergezählt wurden: Silvia, Luzie, Friedrich, Ninette, Peter, so fügte Ninette immer noch als ein sechstes Geschwister Antje hinzu. Hierauf hatte nur sie ein unbestreitbares Recht, denn Antje war nicht nur von Kindesbeinen an mit ihr aufgewachsen, sondern war ihre Milchschwester; und es war Ninettes besonderes Vergnügen, daß sie auf solche Weise an Geschwistern reicher war als irgend jemand sonst in der Familie. Alle diese und noch andere junge Leute, Vettern und Cousinen, waren auf dem Landgut Grünschwaig in Oberbayern bei der Tante Hanna Degener zu Gast. Es war Sommer, vor dem Fenster ein abendliches Wogen und Atmen grüner Bäume, und die Unterhaltung geschah in Ninettes und Antjes Zimmer, zehn Minuten vor einer Aufführung aus dem „Sommernachtstraum".

Die Tür wurde aufgestoßen. „Kinder, Kinder! vorwärts, vorwärts!" rief es vom Gang herein.

Draußen stand „Pyramus", um seine „Thisbe" abzuholen; mit ihm die „Wand" in dem seltsamsten Aufzug, zwischen zwei riesigen Pappkartons eingeschildet, aus denen nur Silvias runder dunkler Mädchenkopf wie der Schornstein aus einem Dachfirst hervorsah. Die Tür war viel zu eng für die Breite der Kartons, Silvia schob sich schräg ins Zimmer herein.

„O Wand, o Wand, o Wand, o grimmerfüllte Wand,
O Wand die immer ist, sobald die Luft vorbei,"

rief Ninette ihr entgegen.

„So heißt es nicht. Ihr dürft mich nicht in meiner Rolle verwirren," sagte Pyramus.

Pyramus war Friedrich, von den fünf Geschwistern der dritte; er hatte ebenso wie Ninette sein Gesicht rücksichtslos mit Schminke entstellt — „Dein Kirschennas', Dein' Wangen blaß, Die wie ein Goldlack blühn", diesem schönen Text gemäß hatte er sich mit Silvias Hilfe hergerichtet — und hatte doch ebenso wenig wie Ninette einen Ausdruck von unwillkürlicher Traurigkeit ganz übermalen können, der bei ihm, während er lachte und Späße trieb, als ein stiller Schatten über den zusammengewachsenen Brauen saß.

„Nun? nun? nun? Wie gefall ich dir?" fragte Thisbe, die ihrem Pyramus zierlich entgegentanzte.

„Thipse!"

„Dies ist mein Schatz, mein Liebster ist's fürwahr!" lispelte Ninette mit gänzlich fremder, hoher, und dann nach unten überkippender Stimme, als wäre sie ein Mann, der eine Frauenrolle spielt und fein sprechen will und sich dabei versieht.

Alle lachten, das Gelächter fuhr wie ein Windstoß durchs Zimmer, Ninette erglühte vor Freude über ihren Erfolg, sie dachte: „Wenn ich nur jetzt gleich spielen und immer weiter spielen und nie wieder aufhören dürfte! Diese Rolle ist ja nichts, eine s t u n d e n l a n g e Rolle müßt ich haben, und t a u s e n d Zuhörer!" In solchen Momenten war sie ganz erfüllt von der Überzeugung, daß sie Schauspielerin werden müßte und daß ihr Vater es ihr unbedingt erlauben würde. Georg Degener war ein behaglicher, heiterer, lebensfroher Mann, aber er war evangelischer Pastor, und er hatte die Theatergedanken seiner Tochter Ninette bisher immer mit einem Kopfschütteln beantwortet.

Unter der Tür erschien Luzie mit Ellen, der „amerikanischen Cousine" — Ellen hatte eine Amerikanerin zur Mutter. Beide Mädchen waren in fließenden griechischen Gewändern, mit Kränzen von hellroten Rosen auf dem nach griechischer Art in lockerem Knoten aufgebundenen Haar; sie glichen völlig den zwei schlanken Flötenbläserinnen, mit denen der Jüngling Alkibiades zum Gastmahl ging.

„Schnell! Es muß gleich anfangen. Die Großmutter ist schon im Haus, Tante Hanna empfängt sie, unten. — Wie siehst du denn aus!" Luzie unterbrach sich, als sie Antje in den blauen, geschwungenen Reithosen, schwarzen Stiefeln, breitkrempigem Filzhut vor sich sah. „Das ist ja unmöglich! Wie ein Zirkusdirektor aus Wild-West!"

„Gar nicht unmöglich!" Ninette fuhr wütend gegen ihre Schwester los; obwohl sie selber viel mit Antje stritt, erlaubte sie nie einem anderen, ein Wort gegen sie zu äußern; sie erklärte, daß Antje Philostrat sei, Aufseher der Lustbarkeiten, und warum also nicht Zirkusdirektor?

„Kinder! das Stück spielt in Griechenland, am Hof des Theseus," sagte Ellen sanft verweisend wie eine Dame.

Ninette, heftig: „Und warum soll Theseus keinen Zirkus gehabt haben?"

Streiten konnte heut niemand mit ihr, das Thisbe-Gesicht war im Zorn noch komischer als im Spiel. Sie fingen alle wieder zu lachen an. „Man kann nichts mehr ändern!" „Ist jetzt zu spät!" „Macht auch gar nichts!" riefen sie durcheinander.

Draußen erscholl ein Gong und Frank Degener, der jüngere Sohn des Hauses, lief ernsten Gesichts, mit vorgeneigter, eilfertiger Geschäftigkeit vorüber, wie der Diener, der die Reisenden in den Speisewagen ruft.

„Bitte Platz nehmen zum Mittagessen," bemerkte Luzie mit einem spöttischen Lächeln hinter dem Gongschläger her, aber Silvia, um den Spott zu übertönen, schrie ihm nach: „Mondschein! wo hast du die Laterne, den Hund und den Dornbusch?"

„Gleich! Gleich!" schrie Frank im Laufen zurück, und war fort.

Während die Anderen ihm folgten, hielt Peter, im Schaffell, und mit der gelb und schwarz bemalten, furchtbaren Löwenmaske vor dem Gesicht, seinen Bruder Friedrich am Ärmel zurück: „Hör mal. Ich soll doch eine Rede ans Publikum halten und sagen, daß ich kein Löwe bin. Das ist komisch, das versteh ich nicht. Wer denkt denn an so was? Die kennen mich doch sowieso alle gleich, weil ich der Kleinste bin."

„Die Rede mußt du trotzdem halten, es gehört zur Rolle," erwiderte Friedrich, und der große und der kleine Bruder rasten durch den Gang und mit Gepolter die Treppe hinunter.

Alle Theaterspieler versammelten sich unten in der Bibliothek, einem nicht hohen, aber ziemlich geräumigen, mit dunklen Teppichen ausgelegten Zimmer, die Wände rings von Büchern umstanden, von denen auch die beiden Fenster und die Tür zu dem anstoßenden kleinen Gartensaal ganz eingefaßt waren. Der Raum war das Arbeitszimmer des verstorbenen Hausherrn, Kaspar Degener, gewesen; sein Tod lag zwei Jahre zurück, und es war das erste Mal seither, daß das Haus wieder viele Menschen und Gäste sah. Die Treue seiner Frau konnte sich auf die Länge nicht in einem einsam vertrauerten Leben, sie mußte sich in tätiger Fürsorge erweisen; da sie selbst ohne Geschwister war, hatte sie sich umso mehr in die Familie ihres Mannes hineingelebt, all ihre Schwäger und Schwägerinnen und deren Kinder waren schon auf dem Gut Grünschwaig zu Gaste gewesen, für jeden einzelnen von ihnen bedeutete Grünschwaig eine Erinnerung an Land und Ferien, an Erholung und gute Nahrung, besonders während der schweren Weltkriegsjahre, und sie wollte, daß das Haus den Verwandten ihres Mannes auch künftig bleiben sollte, was es ihnen zu seinen Lebzeiten gewesen war. Für diesen Sommer 1928 nun hatte

Hanna Degener nicht die Geschwister ihres Mannes, sondern die ganze junge Nachkommenschaft auf einmal zu sich geladen, einen „Sommer der Geschwisterkinder" hatte sie sich ausgedacht; die meisten von ihnen waren ihren eigenen zwei Söhnen im Alter nahe. Jakob, achtzehnjährig, hatte eben seine Schule absolviert; er war von der Art, die langsam und nur wie träumend aus der Knabenschaft herauswächst, und hätte leicht für gleichen Alters mit Frank, seinem sechzehnjährigen Bruder, gelten können. Seine Mutter wollte es ihm gönnen, daß er noch einmal in Gestalt seiner jungen Cousinen und Vettern, der Spielgefährten mancher Sommervakanzen, seine ganze Kindheit um sich versammelt sähe, bevor er ins Leben hinaustrat.

Jakob saß am Fenster der Bibliothek im Gespräch mit seinem Vetter Quint von Fehrenkamp, für den er eine große und etwas scheue Bewunderung hatte. Quint war nur vier Jahre älter als er selbst, aber er schien ihm um die Erfahrung eines Lebens voraus zu sein — gar jetzt, wo er sich auf einmal, überraschend für die ganze Familie, mit einer jungen Normannin verheiratet und so schon mit seinen zweiundzwanzig Jahren den Schritt ins volle, offene Leben hinaus getan hatte. — Mit siebzehn Jahren schon hatte Quint sein Abitur gemacht und sich zur Reichswehr gemeldet, auf den Wunsch seines Vaters, der der Auffassung war, nach der Revolution von 1918, die alles was gestern noch für groß galt abgebaut habe, müsse man wenigstens in der Armee die „anständige Überlieferung" hochhalten. Er durchlief den anstrengenden und langwierigen Ausbildungsgang für Fahnenjunker im deutschen Nachkriegsheer, dem durch die Bestimmungen des Versailler Diktats eine Beschränkung auf 100 000 Mann auferlegt war. Im Frühjahr 1927 war Quint einundzwanzigjährig als einer der jüngsten Leutnants der Reichswehr abgegangen, weil, nach schon bestandener Offiziersprüfung, eine offene Lungentuberkulose bei ihm zum Ausbruch gekommen war, die er sich, ohne sie zu bemerken, schon das Jahr zuvor bei den anstrengenden Wintermanövern geholt haben mußte. Sein Examen war gut gewesen und seine Entlassung ehrenvoll; da er ohne eigenes Verschulden aus dem Dienste schied, wurde ihm sogar eine kleine Rente bewilligt. — Quint erfreute sich immer wieder an den verwunderten Gesichtern der Menschen, wenn er bei seiner Jugend sich ihnen als „Rentner" bezeichnete. Die Tuberkulose hatte er in Davos rasch und gründlich ausgeheilt, hatte im Anschluß an seine Kur einige Wochen in Genf verbracht, wo er Französisch lernte, und war Anfang März dieses Jahres wiederum ins Ausland gereist. Als Hanna Degener im Frühjahr ihre Einladungsbriefe an die Vettern und Cousinen schrieb, gaben Fehrenkamps zur Antwort, Lisa, die Tochter, sei da und freue sich sehr auf den Grünschwaiger Sommer, Quint aber sei in Frankreich, und seine Eltern wüßten nicht einmal bestimmt seinen Aufenthalt. Dann, statt einer brieflichen Nachricht, war Quint Ende März selbst wieder in München im Hause seiner Eltern in der Franz-Joseph-Straße erschienen und hatte seinem Vater erklärt, er habe das Mädchen, das er heiraten wolle, Natalie Giton, gefunden, und bitte um die väterliche Zustimmung, weil er sonst ohne diese Zustimmung heiraten werde. Der alte Alexander von Fehrenkamp setzte seinem Sohn drei Tage lang einen erbitterten Widerstand entgegen; er wollte von einer französischen Schwiegertochter nichts wissen, er wehrte sich fast mit denselben Argumenten, die der Vater Giton gegen den deutschen Schwiegersohn vorgebracht hatte; denn der Krieg, obwohl er nun schon zehn Jahre zurücklag, hatte zwischen den beiden Völkern eine noch immer erst mühsam gemilderte Reizbarkeit und Feindseligkeit hinterlassen. Zwischen Quint und Natalie aber war eine Liebe, stärkeren Wesens als solche Hindernisse. Diese Kraft strahlte von den Beiden aus und wurde selbst für den Widerwilligsten überzeugend; auch ohne Natalie gesehen zu haben, spürten die Eltern am Blick und Wort ihres Sohnes, daß kein unreines Feuer ihn berührt hatte. Und da Fehrenkamps Ehe mit Quints Mutter einst auch sehr plötzlich geschlossen und dann wolkenlos glücklich geworden war, so mußte der Vater in Quints Raschheit sich selber wiederfinden und sich zugeben, daß darin vielleicht ein guter Instinkt walte. Schließlich hatte die Gemeinsamkeit des Bekenntnisses zu Gunsten der Liebenden gewirkt: die Gitons wie die Fehrenkamps waren Protestanten, und hüben wie drüben hielt man etwas darauf. Nach drei Tagen nahm also Quint einen Brief seines Vaters an den Vater Giton mit, abgefaßt in dem stolzen und ruhigen Ton, in dem der diplomatische Vertreter einer Großmacht auf eine Bündnismöglichkeit mit der anderen Großmacht eingeht. Das war nun eben der Ton, den Giton aufnehmen und zurückgeben konnte; gegenseitige Zufriedenheit stellte sich ein. Binnen zwei Monaten war in der normannischen Küstenstadt Granville im Gitonschen Hause die Hochzeit des jungen Paares schon begangen; nicht als rauschendes Fest, aber als häuslich schöne Feier, weites Meer und weiter blauer Himmel durch die offenen Fenster hereinleuchtend, um den mit anmutigen Weinen, mit altem Glas und Porzellan besetzten Tisch nur die nächsten Verwandten der Braut, und zwischen ihnen, ein Gast und Botschafter aus fremder Welt, weißbärtig und schön der alte Alexander Fehrenkamp, der seine Artigkeiten laut in die tauben Ohren der Madame Giton hineinschreien mußte. — Quints und Nataliens Hochzeitsreise ging nach Deutschland, sie hielten sich am Rhein und in München auf. Hier kam Elisabeth Fehrenkamp ihrer Schwiegertochter mit so viel Wärme und Güte entgegen, daß Natalie sich vornahm, nie mehr von den Deutschen als einem „fremden Volk" zu denken. Jetzt waren Quint, Natalie und Lisa, auf Tante Hannas Drängen, zusammen nach Grünschwaig herausgekommen, um an dem Sommer der Geschwisterkinder teilzunehmen.

Jakob fragte: „Wie ist das denn eigentlich gekommen, daß du und Natalie euch so rasch kennengelernt habt? Sie ist übrigens wunderbar," setzte er hinzu, brach aber gleich ab, weil er sich nicht klar war, ob seine Bewunderung den welterfahrenen Quint interessieren könnte.

„Wir kannten uns schon seit letztem Jahr, von meinem Genfer Aufenthalt her . . . Natalie und ihre Mutter waren in Genf als Kurgäste, oder wohl eigentlich Calvins wegen," sagte Quint; der Gedanke an Calvin als Heiratsstifter machte ihn lächeln. „Ich habe von der Bekanntschaft natürlich nie zu jemand gesprochen, weil es ja wenig Sinn hat zu reden, ehe man mit sich selber einig ist. Aber heuer am 10. März, als mir Natalie in Granville die Tür ihres Elternhauses öffnete — da war ich sicher. Ich kann dir gelegentlich mehr davon erzählen, wenn wir einmal nicht so coram publico sind."

Das Gong erscholl zum zweiten Mal, und Natalie, im fürstlichen Brautgewand der Hippolyta, kam zu den Beiden heran. Das Gewand wirkte an ihr nicht wie ein Kostüm; es war bei aller Zartheit der Erscheinung etwas Kühnes in ihrem Gesicht, in der Haltung ihres schönen schmalen aschblonden Kopfes, das sie als Amazone sehr glaubhaft machte, und auch Quint trug den goldenen Herzogsreif, Purpurmantel und straffen Chiton des Theseus mit dem natürlichen Anstand, um den Jakob ihn immer heimlich beneidete. Er dachte: Wie gut er und sie zusammenpassen. Wie schön wär es, wenn ich auch so sein könnte, so gut aussehen, so sicher in mir selbst sein, so frei. Nie verlegen werden, weil man es gar nicht nötig hat, weil man sowieso immer das Rechte tut und sagt. Aber das wird bei mir nie so sein. Also gut, was kann man machen? . . .

Luzie trat in die Mitte des Zimmers, ein Papier in der Hand, und rief: „Untersteh dich nicht, Frank, das dritte Gongzeichen zu geben, eh wir festgestellt haben, ob wir alle da sind!" Vom Papier ablesend: „Theseus, Herzog von Athen. Hippolyta, Königin der Amazonen."

Quint und Natalie stellten sich nebeneinander auf.

„Egeus, Vater der Hermia."

„Egeus fällt aus, wir spielen ja nur die Rüpelszene im letzten Akt," sagte Jakob.

„Lysander — Jakob. Demetrius — Dr. Winte... Wo ist Dr. Winte? Da seht ihr's! Natürlich fehlt er."

Silvia: „Ich hab Tante Hanna schon gefragt. Er kommt erst nach der Aufführung, später am Abend, wenn er Zeit hat. Es ist dumm von uns gewesen, überhaupt auf ihn zu rechnen, auf einen Doktor, der jeden Moment abgerufen werden kann."

„Also was wird nun?"

„Es macht gar nichts!" rief Ninette in das aufkommende Gelächter hinein. „Jakob muß eben die paar Sachen, die Demetrius im letzten Akt zu reden hat, auch übernehmen. Das kannst du doch?"

„Ich kann alle Rollen," sagte Jakob zögernd, als wäre das ein beschämendes Geständnis.

Luzie mit dem Papier: „Hermia, in Lysander verliebt. Das bin ich," sagte sie, indem sie sich rasch mit der Zunge über die Lippen fuhr und Jakob einen übermütig strahlenden Blick zuwarf. — „Helena, in Demetrius verliebt. Das ist Ellen. Da wir keinen Demetrius haben, müssen wir nun beide in Lysander verliebt sein."

Die „Flötenbläserinnen" hingen sich rechts und links an Jakobs Arm; aber nie glich jemand weniger dem Alkibiades als er, zwischen den Schönen, Bekränzten, die ihm zulächelten.

Bevor Luzie mit ihrer Liste weiterkam, erschien Tante Hannas volle, energische Gestalt in der Saaltür, im schwarzen Taftkleid raschelnd.

„Kinder, seid ihr fertig? Wir müssen anfangen. Die Großmutter wartet nicht gern. Alle Gäste sind da. Nehmt nur noch erst schnell einen Schluck, und ein Waffelchen..."

Hinter ihr kam Josepha, das Hausmädchen, mit einem großen Tablett, auf dem Gebäck und viele gefüllte Champagnergläser standen.

„Ah! Champagner!"

„Ich will ihn erst nachher."

„Nein, jetzt! Er bringt uns in Stimmung."

Josepha, leuchtend in rosiger Frischgewaschenheit, mit weißer Schürze, weißer Haube, ging von einem zum andern. Ninette schüttelte verständnislos den Kopf, als der Champagner zu ihr kam. Ihr war eng zumut, durch die Türspalte versuchte sie in den Saal hineinzuschauen, aber es schwamm und funkelte ihr vor den Augen; sie sah gar nichts. Unbewußt klopfte sie heftig mit dem

Handrücken auf Lisa Fehrenkamps Arm, die als buntgebänderter „Prolog" neben ihr stand.

„Nicht! Du tust mir ja weh," sagte Lisa halblaut.

Frank schlug das Gong, es wurde Ninette auf einmal leicht, als sie den Ton summen hörte.

2

Die Großmutter Gabriele Degener, geborene von Seybolt, lebte ein wenig abseits vom Gut in einer Nebenwohnung; der Weg dahin führte zweihundert Schritt durch den „Park"... wenn man eine lockere Gruppierung von Buchen, Akazien und Nußbäumen so nennen will, die sich bald in offene Wiesen hinaus vereinzeln und verlieren. An diesem Übergang vom Grünen ins Lichte, gleichsam schon am Rande des von Aufgaben überschatteten Lebens, stand die Kleine Schwaig, ein einstöckiges Häuschen, in dem von jeher die Seybolts ihre Alterstage verbracht hatten, wenn der Hof auf einen Nachfolger überging. Auch Gabrieles Eltern hatten es bezogen, als vor nun bald fünfzig Jahren der Großvater, Eligius Degener, Grünschwaig erheiratete, und hatten es bis zu ihrem Tode bewohnt. Später, da Eligius selber zu altern begann, ließ er die Kleine Schwaig für sich und seine Frau neu herrichten und in das bis dahin nur aus einem Ziehbrunnen mit Wasser versorgte und mit Petroleumlampen beleuchtete Haus eine Licht- und Wasserleitung legen, starb aber, bevor er selbst es beziehen konnte. Die Großmutter war dann allein hinübergezogen; und obwohl damals bei der Einrichtung ihre Wünsche in allen Stücken, bis auf die Farbe einer jeden Tapete, bestimmend gewesen waren, pflegte sie darüber zu klagen, wie falsch man alles gemacht habe, weil sie in nichts befragt worden sei. Das kam nicht aus einer unfreundlichen Gesinnung gegen den Verstorbenen, sondern war im Gegenteil nur ein etwas sonderbarer Ausdruck ihrer Liebe zu ihm. Er war ihr noch immer so unentbehrlich, daß ihre Natur sich an den Dingen, von denen sie umgeben war, eine Möglichkeit beständiger Berührung mit ihm hatte verschaffen müssen. Indem sie über die ungeschickte Einrichtung ihres Häuschens klagte, schien sie mit Eligius noch wie mit einem Lebenden zu disputieren und fühlte ihn sich nahe. Überhaupt lag es in ihrer Art, ein Gefühl eher auf dem Umweg des Widerspruchs zu äußern. Sie liebte ihre Enkel und war glücklich, sie alle beisammen zu sehen, ehe das Leben sie wer weiß wohin auseinander streute – und doch hatte sie dem

Sommerplan ihrer Schwiegertochter Hanna lebhaft widersprochen: man solle sich doch nicht die ganze Räuberbande auf einmal auf den Hals laden, das werde viel zu viel Lärm und Unruhe geben!

Im Gartensaal waren die Möbel auf die eine Seite geschafft worden, um auf der anderen für Theseus mit seinen Höflingen und Rüpelspielern Platz zu haben. Als Gäste waren ein halbes Dutzend Menschen aus der Nachbarschaft da, sonst außer den Familienangehörigen nur die Dienstboten, die leise kichernd und schwatzend im Hintergrund standen und sich darauf freuten, die jungen Herrschaften in ihren Verkleidungen zu erkennen. Man brauchte nicht viel Publikum, denn wie immer bei solchen häuslichen Theaterfeiern wurde auch hier weit mehr zum Vergnügen der Spieler als der Hörer gespielt.

Die Großmutter saß zwischen zwei Menschen, die sie nicht mochte, und daher mit angestrengter, gereizter Höflichkeit behandelte. Die Eine davon war ihre Schwiegertochter Kitty, Amerikanerin, Frau ihres jüngsten Sohnes Richard, die Mutter von Ellen. Die Einladungen für diesen Sommer waren ausdrücklich nur an die Kinder, nicht an die Eltern gegangen, aber Kitty war mit Ellen zusammen in Grünschwaig angekommen, als verstünde sich das von selbst, und machte auch nicht Miene, wieder abzureisen; die Großmutter hatte sie sogar, weil im Gutshaus alles voll war, in der Kleinen Schwaig aufnehmen müssen. Die Andere war eine Baronin Priehl, Gutsbesitzerin aus der Gegend; ihr Hof hieß Nußholzhausen wie das Dorf, zu dessen Gemeinde auch Grünschwaig gehörte. Sie lebte einsam, von ihrem Mann verlassen und ohne Kinder, nur mit ihrer alten, bösen, gelähmten Mutter zusammen. Mutter und Tochter hatten sich geeinigt, daß die Welt sie übervorteilt habe, daß ihnen aber dafür im Himmelreich der Entgelt sicher sei, und behandelten daher jedermann mit einer sonderbaren, hochmütigen Gekränktheit, die alles Behagen aus ihrem Umkreis vertrieb. Dabei war die Baronin im Grunde guten Willens und ehrlich fromm, auch zur Hilfe für ihren Nächsten bereit. Sie machte von Zeit zu Zeit einen Versuch, Menschen in ihr Haus zu ziehen, Bekannte aus der Stadt, die eine Landerholung brauchen konnten, oder notleidende Künstler, denen sie Aufträge verschaffen wollte. Aber niemand hielt es lang bei ihr aus, ihre Seele war ein so dürrer Boden, daß selbst die Guttaten, die darauf wuchsen, einen faden Geschmack hatten. — Sie hatte auch heut eine Malerin mitgebracht, ein ältliches Mädchen, die aufmerksam wie ein Schulkind dasaß und sich in nervöser Schüchternheit immerfort an den Fingern zupfte.

Die Großmutter fragte die Baronin Priehl nach dem Befinden ihrer Mutter.

„Ach, Sie wissen doch — was kann man da sagen? Sie ist an ihren Stuhl gefesselt," sagte Baronin Priehl in so vorwurfsvollem Ton, als wäre die Großmutter an dieser Lahmheit schuld.

Der alte Major von Orell, ein Hausfreund noch von Großvater Degeners Zeiten her, nickte zu den Neuigkeiten, die Frau Winte ihm erzählte, obwohl sie zu schnell sprach und er zu schwerhörig war, um auch nur die Hälfte davon zu verstehen.

„Was sie nur immer zu schwätzen hat, die komische Person," dachte die Großmutter; sie fand den jungen Dorfarzt Winte sehr tüchtig, aber seine derbe und laute Mutter nicht ganz gesellschaftsfähig. Hinter sich hörte sie die gutmütige Stimme des Malers Balthasar, der sich mit ihrer Gesellschafterin, Fräulein Rüsch, unterhielt; die Unterhaltung betraf etwas Politisches, was die Großmutter nicht leiden konnte, weil nach ihrer Meinung alle diese Menschen von heute ohnehin nichts davon verstanden, weshalb es ja auch so schlecht ging und immer schlechter wurde. Fräulein Rüsch aber hatte in allen politischen Fragen einen „Mäuseeifer", wie die Großmutter es halb spottend, halb ärgerlich nannte, kaufte sich Karten und politische Bücher und ergriff jede Gelegenheit, um etwas Interessantes darüber zu erfahren. Herr Balthasar, den sie befragt hatte, erzählte ihr von Stresemanns Bemühungen um die Räumung des von den Alliierten besetzten Rheinlandes. Da die Großmutter gerade kürzlich in einer Zeitung bei Fräulein Rüsch ein Bild Stresemanns gesehn, das ihr mißfallen hatte, so konnte sie sich nicht enthalten, sich zu Balthasar umzuwenden und ihm zu sagen:

„Ihr Stresemann kann ja vielleicht ein ganz guter Mann sein, aber er sieht aus, wissen Sie, wie ein Vertreter von irgendeiner Firma, aber doch nicht wie ein Minister!"

Balthasar lächelte und widersprach nicht; er wußte, daß Gabriele Degener alle Dinge der Welt in dieser Art, rasch und temperamentvoll, nach einem persönlichen Eindruck entschied. — Der Maler bewohnte mit seiner Frau ein gartenumgebenes, heckenumzäuntes Haus im Dorf, die Beiden lebten still vor sich hin, ohne den Umgang mit Menschen zu suchen und auch ohne ihm auszuweichen. Nach Grünschwaig wurden sie oft gebeten, jeder dort hatte sie gern und sie schienen auch gern zu kommen.

Die Großmutter wollte der Priehl noch sagen, daß man ihren Schützling, die Malerin, mit den Balthasars ins Gespräch bringen müsse, aber da erscholl Franks Gong — Theseus und Hippolyta mit ihrem Gefolge betraten die Szene. Fräulein Rüsch reichte ein kleines Opernglas nach vorn, aber die Großmutter wies es mit einem Kopfschütteln zurück; sie warf Hanna Degener, die von der Bibliothek her kam und sich leise raschelnd in ihren Stuhl setzte, einen ungeduldigen Blick zu, als hätte sie durch ihr Zuspätkommen ein Meisterkonzert gestört. Sie beugte sich vor, ihr Gesicht begann sich mitsprechend und mitfühlend zu bewegen bei allem was die Spieler sprachen.

„Hübsche Enkel! schöne Kinder!" sagte sie unwillkürlich laut vor sich hin.

Und das Gleiche dachten alle, beim Anblick dieser jungen Leute, die offenbar so vergnügt in ihren prächtigen Gewändern und so voller Lebensfreude und Zuversicht waren. Ihre Freudigkeit sprang auf die Zuschauer über, und ohne es selber zu merken, wurden die Menschen gerührt, weil sie sich an ihre eigene Jugend und an ähnliche Feste erinnerten, und wie hübsch sie selber damals gewesen waren und wie kurz das eigentlich her war. Und die Spieler wiederum wußten nicht, daß da in der Luft etwas schwebte, ein Hauch von Jugend, Hoffnung, Leben, der ihrer geringen Kunst zu Hilfe kam; und es war gut, daß sie es nicht wußten, so spielten sie einfach drauflos, in unbefangenem Selbstvertrauen, und es wurde alles hübsch und richtig.

Es fing an mit den Fragen des Theseus: „Was haben wir für Spiel und Tänze?" Philostrat, mit dunklen, ernsten Blicken an seines Herzogs Munde hängend (niemand wandte etwas ein gegen Antjes blaue Reithosen), Philostrat weist die Liste der Lustbarkeiten vor, die Wahl fällt auf das Rüpelspiel ... und nun trat Lisa Fehrenkamp als Prolog herein:

> „Wenn wir mißfallen tun, so ist's mit gutem Willen;
> Der Vorsatz bleibt doch gut, wenn wir ihn nicht erfüllen.
> Zu zeigen unsre Pflicht durch dieses kurze Spiel,
> Das ist der wahre Zweck von unserem End und Ziel.
> Erwäget also denn, warum wir kommen sein:
> Wir kommen nicht, als sollt ihr euch daran ergötzen;
> Die wahre Absicht ist — zu eurer Lust allein
> Sind wir nicht hier —, daß wir in Reu und Leid euch setzen.
> Die Spieler sind bereit, wenn ihr sie werdet sehen,
> Versteht ihr alles schon, was ihr nur wollt verstehen."

Lisa hatte gar nichts von der glänzenden Erscheinung ihres Bruders Quint, sie war ein dickliches, unbehilfliches Wesen, noch mit siebzehn Jahren nicht zu der Anmut ihres Mädchenalters befreit, sondern wie eine Kastanie in grüner, stachliger Schale verborgen, und sie war alles eher als eine Schauspielerin. Für den

Part, den sie hier vorzutragen hatte, war das aber nur gut, es hätte vieler Kunst bedurft, um den Humor des Rüpelprologs so natürlich zu treffen, wie es ihr ohne alle Kunst von selbst gelang. Sie war keineswegs dumm, aber langsam, und jetzt sehr in Verlegenheit, weil sie alle Blicke auf sich gerichtet fühlte. So sprach sie die Absicht, den Herzog Theseus und alle Anwesenden in Reu und Leid zu setzen, so ernsthaft aus, so ohne die leiseste Aufforderung zum Lächeln, welche die Berufsschauspieler sich an dieser Stelle nie versagen können, daß sie eben damit den Witz davon erst ganz herausbrachte. Antje empfand es zuerst und lachte los, ihr Lachen war so herzlich, daß es die Hofgesellschaft und die Zuschauer ansteckte; Lisa, deren letzte Worte im allgemeinen Gelächter untergingen, hatte, ohne zu wissen wie, den Funken der Fröhlichkeit entzündet, der während der ganzen kleinen Aufführung nicht mehr ausging. Verwirrt, unter großem Beifall, zog sie sich zurück.

Die Rüpelspieler hatten damit von vornherein ihre Sache gewonnen. Das Eigentliche begann aber doch erst, als Thisbe erschien: "O Wand, du hast schon oft gehört das Seufzen mein," sagte sie — da spürte jeder, an Ninettes Auftreten, an der Art ihres Sprechens, daß etwas Neues ins Spiel kam, eine unbedingtere Hingebung an die Sache, und gleich verdichtete sich die Aufmerksamkeit, gleich wurden alle Konturen deutlicher, der Humor leuchtkräftiger und sinnvoller. Es kam etwas von der tieferen Meinung des Stücks heraus, nämlich daß wir alle mit unseren Leidenschaften, unseren Hindernissen und Kümmernissen und Gefahren vielleicht ebenso komisch sind wie Pyramus und Thisbe mit ihrer Wand, ihrem Mondschein und Löwen; daß „das Beste in dieser Art nur ein Schattenspiel ist", über das man wohl lächeln mag, aber nicht lieblos spottend, sondern mit Güte, so wie Gottvater auf das Menschenspiel blickt. Das alles brachte die kleine Ninette zur Anschauung, ohne daß sie solche Lebenszusammenhänge hätte verstehen oder gar erklären können, nur weil sie jene merkwürdige Gabe besaß, mit dem ganzen Wesen in eine Rolle hineinzuspringen und sie zu durchwärmen mit dem eigenen Lebensblut, sodaß, was darin liegt, was der Dichter damit sagen wollte, auf einmal vor jedermanns Augen sich lebendig bewegt und redet. Es war Ninette um diese komische, lispelnde Thisbe im innersten Herzen Ernst, das immer lautere Lachen ihrer Zuschauer machte sie dabei nicht irr, sie vernahm es nur wie von fern, obwohl sie sehr gestört gewesen wäre, wenn es aufgehört hätte. Sie wußte, wie komisch sie war, und doch dachte sie eigentlich nicht daran; sie brauchte bei den besonders komischen Stellen sich nicht herauszubeugen aus ihrer

Rolle, um den Zuschauern zuzuwinken, sie war im Gegenteil so ganz bei der Sache, daß ihr zuletzt, bei der läppischen Klage um des Pyramus Tod, wirkliche Tränen übers Gesicht liefen. — Sie war unwiderstehlich.

Dann war sie auf einmal fertig. Sie hörte die Zuschauer klatschen und lachen und nach der „Thisbe" rufen — aber sie rannte durch die Bibliothek und über die Treppe hinauf in ihr Zimmer und fing an, sich abzuschminken, hastig, ohne das Thisbe-Gesicht noch einmal anzusehen. In wenigen Augenblicken entfernte ein befetteter Wattebausch alle Schminke; eine kleine und ein wenig zum Himmel gerichtete, aber hübsche, keineswegs schiefe Nase kam zum Vorschein, der Mund verlor seine rosenhafte Dümmlichkeit und es zeigte sich, daß er ziemlich groß und sehr klar gezogen war. Ninette sah sich im Spiegel nicht an, ein Gefühl von Traurigkeit, von Vergänglichkeit war da, so stark, daß es eine große Erleichterung gewesen wäre, jetzt ein bißchen zu weinen, — aber da liefen Schritte im Gang, Antje kam ins Zimmer gestürzt:

„Ninette! N i c h t abschminken! Wir sollen alle in unsern Masken bleiben. Die Großmutter will uns alle noch einmal anschauen!"

„Ja, ja," sagte Ninette, und stand auf.

„Du hast ja schon alles weg —"

„Ja. Das ist so."

„Komm schnell zur Großmutter. Sie schreien alle nach dir. Du hast w u n d e r b a r gespielt. Und Quint hat auch fabelhaft ausgesehn, findst du nicht?" fragte Antje. —

Ninette wurde von ihrem Pyramus unter allgemeinem Beifallsrufen und Händeklatschen in den Saal eingeführt; sie knickste und küßte der Großmutter die Hand, die Großmutter streichelte ihre abgeschminkte Wange.

„Aha. Ja, hübscher sind wir freilich so. Aber warum denn so blaß, mein Kindchen? — Es war wirklich sehr gut, ausgezeichnet! Auch der Pyramus!"

Ninette hörte die Priehl zur Großmutter sagen: „Würde denn Ihr Herr Sohn, der Geistliche, mit einer solchen Maskerade seiner Kinder einverstanden sein? Wenn es noch ein seriöses Stück wäre!" — aber sie kam nicht dazu, über diese Bemerkung nachzudenken, sie verstand sie kaum, sie war noch innerlich beschäftigt mit ihrer Verwandlung und deren plötzlichem Ende. Sie fühlte sich von Tante Hanna umarmt und geküßt und belobt, auch von den Andern sagte jeder etwas Angenehmes über ihr Spiel, zuletzt, in begeisterter Bewunderung, Dr. Winte, der noch während der

Aufführung hereingekommen war und den Schluß mitangesehen hatte. Unter all den Lobesworten kam dem jungen Mädchen ihre natürliche Farbe und Lebhaftigkeit wieder; der Doktor bot ihr zu trinken an — eine Pfirsichbowle und ein kaltes Buffet waren im Saal aufgestellt — und jetzt trank sie's durstig hinunter und hielt ihm mit einem reizenden, zerstreuten Lächeln gleich das leere Glas wieder hin. Dann zog sie ihren Bruder Friedrich, der sie noch immer am Arm hielt, in eine Fensternische und putzte mit ihrem Taschentuch, so gut es eben ging, auch ihm die Pyramus-Farben vom Gesicht.

„Nicht!" sagte er. „Laß doch! Es steht mir so gut!"

Ninette flüsterte ihm zu: „Das war vorher. Aber jetzt ist's vorbei. Merkst du es denn nicht?"

„Dein Taschentuch ist verdorben."

„Das macht doch gar nichts," sagte Ninette.

Gespräch summte überall im Saal. Die Großmutter hatte die Malerin, Fräulein Ase, den Balthasars vorgestellt und eine Unterhaltung über Malerei in Gang gebracht, Balthasar hatte eben Fräulein Ase für einen der nächsten Tage zu sich gebeten, sie sollte seine Bilder ansehen, eigene Arbeiten mitbringen — da beging Fräulein Ase eine ihrer plötzlichen, für sie selbst und jedermann überraschenden Ungehörigkeiten: sie ließ ohne ein Wort der Erklärung den freundlichen alten Maler mitsamt seiner Frau und der Großmutter stehen und schoß auf Ellen zu, die mit Luzie, Dr. Winte und Jakob eben durch die Flügeltür in den abenddämmerigen Garten hinaustreten wollte.

„Bitte! Einen Augenblick! Kann ich Sie malen? — Ase," setzte sie, mit einer komischen Art von Kratzfuß, hinzu.

„Ellen Degener," antwortete Ellen.

„Was? Dich will sie malen? Bin ich nicht grad so hübsch?" fragte Luzie, mit einem hellklingenden Lachen, aber doch merklich eifersüchtig auf die Ehre, die ihrer Cousine zuteil werden sollte. Sie brachte damit die Malerin sehr in Verlegenheit, denn diese hatte an Luzie nicht gedacht; vom ersten Moment an, als Theseus mit seinem Hofgefolge auftrat, hatte sie sich in den Kopf gesetzt, Ellen zu malen. Ellen als griechische Nymphe oder als Hero oder Iphigenie, ein Bild schöner, bekränzter, unbegreiflicher Jugend — und was Fräulein Ase einmal im Kopf hatte, stak darin fest, es war nicht mehr herauszuschütteln oder abzuwandeln. Sie zupfte an ihren Fingern, sie wurde ganz rot in ihrem Altmädchengesicht, aber sie wiederholte ihren Wunsch, ohne irgendeine Höflichkeit gegenüber Luzie hinzuzusetzen, und sie fragte, wann sie wohl einmal herüberkommen könnte.

Ellen, sehr anmutig und wohlerzogen: „Wann Sie wollen, natürlich! — Aber es ist doch eigentlich richtiger, ich komme zu Ihnen. Ich habe Zeit. Sie wohnen bei der Baronin Priehl, nicht wahr?" Und da sie diese mit Tante Hanna und ihrer Mutter Kitty sich nähern sah, ging sie ihr höflich entgegen und fragte, ob ihr Besuch in Nußholzhausen, zu dem Zweck einer Sitzung bei Fräulein Ase, nicht stören würde. Die Baronin war wie die meisten unliebenswürdigen und einsamen Menschen durch offene Freundlichkeit rasch zu gewinnen; sie lud Ellen mit ihrer Mutter für den folgenden Nachmittag zum Tee ein.

„Sie müssen aber bitte so kommen, wie Sie heute sind. In d e m Kostüm," beharrte Fräulein Ase.

Ellen, wie eine Gottheit, die ihr Füllhorn über die Sterblichen ausschüttet, lächelte ihr Gewährung zu.

Nun schimmerte von draußen bunt und bunteres Licht. Vor der Flügeltür waren Steinplatten gelegt, eine Art offener Terrasse, heute mit Lampions umhangen; Tante Hanna, Quint und Natalie hatten sie angezündet und kamen eben wieder herein — um ein leuchtendes Viereck war so der Saal in den Garten hinaus erweitert.

Quint fragte: „Wird nicht jemand Klavier spielen? Oder haben wir ein Grammophon? Wir wollen doch tanzen..."

Dr. Winte murmelte etwas von einem Walzer, den er schon noch herausbringen würde. Er ging zum Flügel, setzte seine kurzen Beine aufs Pedal und fing flott und lustig zu spielen an, indem er im Dreitakt des Tanzes mit dem Kopf nickte. Er sah Ninette mit ihrem Bruder am Fenster stehen und es war ihm ein angenehmes Gefühl, daß er sie, ohne nach ihr umzuschauen, nur durch seine Griffe in die weißen und schwarzen Tasten, zum Tanz bewegen würde.

Als Erster glitt Quint, mit Ellen im Arm, in die Mitte des Saales hinein. Ninette und Friedrich folgten. Jakob spürte, daß die Bowle, die vielfarbigen Lichter, und nun das zum Tanz auffordernde Klavierspiel die Atmosphäre von neuem verändert hatten. Er stand noch zwischen Natalie und Luzie, zögernd, welche von Beiden er auffordern müßte; aber Luzie kam seiner Wahl zuvor, sie war auf einmal vor ihm und er fand sich mit ihr zusammen in den Rhythmus des Walzers hineingezogen. „Mein Lysander wird mich doch nicht im Stich lassen," flüsterte sie ihm zu, mit einem so freudig-zärtlichen Blick, daß sie unbedacht einen Funken in die Seele ihres Tänzers warf und ihn für diesen Abend sich zum treuen Knecht verzauberte.

Während sie sich drehten und Luzie in seinem Arm immer leichter und leichter zu werden schien, merkte Jakob wie im Traum, daß Dr. Winte von der fröhlich auffordernden Weise zu einer traurigen übergegangen war.

3

Eine Stunde später fuhren vor dem Haupteingang, auf der dem Gartensaal entgegengesetzten Seite des Hauses, die Wagen der Baronin Priehl und des Herrn von Orell vor... Wintes und Balthasars hatten einen zu kurzen Heimweg, nur die Viertelstunde ins Dorf Nußholzhausen hinunter, um sich fahren zu lassen. Die älteren Leute saßen vor einem leichten Feuer um den Kamin, während auf der anderen Seite des Saales und bis auf die Terrasse hinaus die Jugend unermüdlich tanzte. Dr. Winte war durch ein Grammophon abgelöst und tanzte nun eifrig und begeistert, soviel es irgend möglich war, mit Ninette, wobei er durch eine sehr grade Haltung auszugleichen suchte, daß das fünfzehnjährige Mädchen größer war als er. — Sobald die Wagen gemeldet wurden, erhob sich der Major von Orell von dem Stuhl, auf dem er neben der Großmutter gesessen und dem Tanz zugesehen, und beugte sich abschiednehmend über ihre Hand.

„Es war wieder ein echter Grünschwaiger Abend," sagte er.

„Bleiben Sie nicht noch ein bißchen bei mir sitzen, lieber Freund?" fragte die Großmutter. Der Abend war die frischeste Stunde ihres Tages, und den Herrn von Orell hatte sie gern, er war für sie ein Stück Erinnerung an ihren Mann und die frühere Zeit.

„Geht nicht, geht leider nicht," sagte er, ohne näher zu erklären, warum es nicht ginge. Er wiederholte: „Ein echter Grünschwaiger Abend," und küßte nun auch Hanna Degener in der gleichen altväterisch umständlichen Weise die Hand.

Die Großmutter wunderte sich nicht über seine Absage, sie wußte, daß der einsame alte Major in seinem Landhaus von einem Haushälter-Ehepaar betreut und tyrannisiert wurde. Der Mann, früher sein Bursche, war jetzt zugleich sein Diener und Kutscher, und er pflegte die Visiten seines Herrn zu beenden, sobald er die Zeit für gekommen hielt, indem er einfach vorfuhr und melden ließ, der Wagen warte.

Die Großmutter dachte: Das wird immer schlimmer. Wir hätten den armen Mann doch verheiraten müssen. Kein Drache von Frau könnte ihn ärger unter der Fuchtel haben wie diese

Haushältersleute. Sie blickte wehmütig auf seinen fast kahlen, wie mit zerknittertem Pergament überzogenen Kopf; aber zugleich war ihre Wehmut irgendwie wohltuend, weil sie an der Vorstellung dieses einschichtigen Junggesellenlebens sich dankbar bewußt wurde, wie glücklich sie selber in ihrem Alter noch war, in dem Lebenskreis ihres Mannes und mit so reizenden, begabten Kindern, Enkeln von Eligius, um sie her.

„Gute Nacht, gute Nacht, es war sehr lieb von Ihnen zu kommen," sagte sie zerstreut, mit glänzenden Augen, zu jedem, der sich von ihr verabschiedete.

Baronin Priehl hatte im Gespräch mit Kitty Degener herausgefunden, daß diese und ihre Tochter, als die Einzigen in der Familie Degener, Katholiken waren, wenn auch nicht so eifrige wie die Baronin selbst, welche sogar die gutkatholischen, aber in Religionsgesprächen schweigsamen Balthasars nicht „entschieden" genug fand; die Amerikanerin aber und ihr schönes Kind begann sie als ein Paar Schutzbefohlene anzusehen, denen man Beistand und inneren Halt geben müsse. Ihr hilfsbereites Herz spürte einen Auftrag, und sie sagte ihr beim Fortgehen noch einmal in herzlichem Ton, daß sie sich auf die Teestunde morgen nachmittag freue.

Hanna gab ihrem Sohn Frank einen Wink, die aufbrechenden Gäste hinauszubegleiten und ihnen in die Mäntel zu helfen. Er gehorchte mit dem strengen Gesichtsausdruck, der bei ihm ein Zeichen tiefbeschäftigten Sinnens war, sodaß sie sich flüchtig fragte: woran er nur wieder denkt?

„Ein ernsthafter Bursche, Ihr Jüngster," sagte Baronin Priehl anerkennend zu Hanna. „Es war hübsch, wirklich recht hübsch. Sehen Sie nur zu, daß Ihre lustigen Neffen und Nichten" (ihr Blick war auf den kleinen Peter gefallen, der zwar nicht mehr im Fell, sondern im sauberen, weißen Anzug mit kurzen Hosen steckte, aber noch seine Löwenmaske um den Hals hängen hatte), „daß Ihre lustigen Neffen und Nichten mit der Zeit auch etwas vom Ernst des Lebens begreifen."

Bei diesen Worten schlüpfte Peter zur Tür hinaus, er wollte vom Treppenhaus her die Abfahrt der Wagen beobachten. Im Klimmzug hob er sich von der Treppe zum Fensterbrett, legte sich bäuchlings ins offene Fenster und hatte nun alles, was vor dem Haupteingang geschah, dicht unter sich ... eben sah er den laternenschimmernden Wagen des Herrn von Orell hinwegrollen, es wäre ein Leichtes gewesen, dem dicken Kutscher auf den Hut zu spucken, aber Peter ließ es bleiben, was ihm für den Moment ein Gefühl großer Tugendhaftigkeit gab.

Jetzt fuhr der Grünschwaiger Kutscher mit dem Priehlschen Schimmel vor dem zweisitzigen Kabriolett am Eingang vor; aber aus der Tür kam nicht die Priehl, sondern Balthasar und seine Frau, die gemächlich auf dem schon mondhellen Weg dem Tor zuwanderten. Peter sah ihnen wohlwollend nach, er dachte: Sie sehen aus, als ob es gar nicht schwierig wäre, nett zu sein.

„Wenn du grad ein bissel g'scheit wärst," hörte er nun Frau Wintes laute Stimme — und da sah er sie auch schon, handtaschenschwenkend, neben ihrem Sohn hergehen, „wenn du ein bissel g'scheit wärst, tätst du nicht der Fräulein den Hof machen, wo sich ein jeder die Finger danach abschleckt, und die auch viel zu jung für dich ist, ein halbetes Kind noch — sondern einer von den andern. Die Fräulein Lisa zum Exempel, die wo nicht hübsch ist, wär vielleicht zum Kriegen..."

„Ja, ja, Mutter," sagte Dr. Winte. Er dachte glücklich daran, daß er nach dem letzten Tanz den Mut gehabt hatte, Ninette die Hand zu küssen. Sie war errötet vor Freude darüber, daß man sie so als erwachsene Dame behandelte; aber der Doktor in seiner Begeisterung schrieb ihre Freude sich selber zu, und ihm hing der nächtliche Sommerhimmel voller Geigen.

Dem Peter gefiel sein Beobachtungsposten. Es ist viel lustiger, fand er, als bei der faden Tanzerei zuschaun.

„Jetzt kommt der Ernst des Lebens," sagte er vergnügt, als er die Baronin Priehl, gefolgt von Fräulein Ase, aus der Tür treten sah. Er schob den Kopf über den Rand der Fensterbrüstung vor, die Verse seiner Löwenrolle murmelnd:

„Ihr Fräuleins, deren Herz fürchtet die kleinste Maus,
Die in monströser Gestalt tut auf dem Boden schweben,
Mögt jetzo zweifelsohn' erzittern und erbeben,
Wenn Löwe, rauh von Wut, läßt sein Gebrüll heraus..."

Die beiden Damen waren eingestiegen, Wastl, der Kutscher, gab der Baronin, die ihren Schimmel selbst kutschierte, Zügel und Peitsche hinauf. Ich muß ein bißchen brüllen, nicht so, daß sie herunterfällt, nur ein bißchen, dachte Peter.

Und das tat er.

Der Schimmel, von dem unerwarteten heiseren Schrei dicht über seinem Kopf erschreckt, ging gleich los — Peter hörte Fräulein Ase rufen und sah, wie sie sich angstvoll mit beiden Händen an ihren Sitz klammerte; die Priehl aber, grade sitzend, unverwirrt, hielt die Zügel straff und lenkte ihr galoppierendes Pferd glücklich durch das Tor.

Fahren kann sie, dachte der Löwe anerkennend und zugleich etwas enttäuscht. Ich hätte ruhig noch lauter brüllen können.

— Im Saal unterdessen trat Ninette, erhitzt vom Tanzen und Weintrinken, aber mit vollkommener Sicherheit und Anmut der Bewegung, vor den Stuhl der Großmutter und versank in einen tiefen Hofknicks.

„Nun, Thisbe, was willst du?" fragte die Großmutter.

Der Moment für eine Bitte war gut gewählt; so gern die Großmutter Gäste um sich sah, sie wurde doch immer durch deren Abfahrt heiter gestimmt und pflegte dann noch mit ihren Angehörigen etwas Angenehmes zu trinken und zu essen, ehe sie in ihr Häuschen hinüberging. Das kleine, freundliche, betuliche Fräulein Rüsch hatte auch schon unauffällig einen Kuchenteller in die Nähe gestellt und war dann in die Küche entschwunden, um der Großmutter einen Punsch zu brauen.

„Die Rüpelspieler und die Hofgesellschaft des Herzogs Theseus," sagte Ninette, „haben einen Wunsch, dessen Gewährung sie als den schönsten Lohn ihrer Mühe betrachten werden."

Die Großmutter, belustigt: „Wie gewählt wir noch sprechen können."

„Thipse is tipsy," bemerkte Ellen im Hintergrund.

Ninette mit verächtlicher Kopfbewegung, wie man eine Fliege verscheucht: „Eine haltlose Verleumdung! — Wir bitten dich, Großmutter, daß heute zum Dank für unser ausgezeichnetes Theaterspielen die Polizeistunde aufgehoben ist und niemand uns ins Bett schicken kann, bevor wir selbst wollen."

„Ja, ja!" riefen mehrere Stimmen.

„Was hältst du davon, Hannachen?" fragte die Großmutter, da ihre Schwiegertochter eben aus dem Hausflur wieder hereinkam, nachdem sie den letzten ihrer Gäste verabschiedet hatte. „Ich fürchte, wir können gegen den Herzog und seine Rüpelspieler nicht aufkommen. — Ich mache aber den Herzog als den ältesten dafür verantwortlich, daß ihr alle vernünftig seid und nachher beim Schlafengehen das Haus nicht weckt."

Quint erhob mit Würde seinen Stab, zum Zeichen, daß er Verantwortung und Herrschaft übernehme. Und Tante Hanna, etwas zögernd, gab ihre Zustimmung.

Von diesem Augenblick an schien es Jakob, der viel getrunken und getanzt hatte, ohne daß in seinem Kopf das Gefühl einer Trübung entstand, der sich vielmehr bewußt war, daß er alle Dinge mit größerer Klarheit und Eindringlichkeit als je zuvor erlebte ... von diesem Augenblick schien es ihm, als wäre, mit ausdrücklicher Zustimmung seiner Mutter, die Zeit aufgehoben worden. Mit den Gästen, die sich verabschiedet hatten, war die Zeit aus dem Haus gegangen, es gab sie nicht mehr und alles stand still — oder eigentlich stand es nicht still, es schwang in sich selbst, mit einem Summen, das kein hörbares Geräusch, sondern das geheimnisvolle Zittern und Schwingen des Lebens selber war. Während man sprach und Kuchen aß, während man tanzte und sich in einer unbestimmten aber freudigen Weise verliebt fühlte, war dieses verborgene Zittern und Schwingen immer da, es war das, worauf man eigentlich hinhorchte und wovon man nichts versäumen durfte. Immer würden auf der Terrasse diese grünen, blauen, roten, gelben Lichter brennen, immer würde, wenn man hinaustrat, auf dem Rasen der Schatten des Hauses liegen und dessen scharf gezeichnete Grenze; denn der Mond stand auf der anderen Seite, ihn konnte man nicht sehen. Aber der wäßrige, frische Schimmer von ihm würde immer auf dem Laub der Gartenbäume sein, und ein so schwarzes Dunkel zwischen die Blätter hineingezeichnet, das sich mit dem Schimmer vermischte und sich wieder davon trennte. In der hohen Mitte des Himmels löste sich das Weiß einer Wolke so völlig auf, wie ein Tautropfen zerfließt; aber keine der Formen, zu denen sie sich im Vergehen auseinanderzog, war unwiederbringlich, denn der Himmel würde unzählige solcher Wolken wieder hervorbringen und wieder auflösen. Wenn man in den Saal zurückging, um mit Luzie zu tanzen, so war das Lächeln, mit dem sie entgegenkam, noch dasselbe, mit dem sie für den letzten Tanz gedankt hatte, denn zwischen beiden war keine Zeit vergangen.

Nicht nur in Jakob, in ihnen allen, wie sie da tanzten, war dieses merkwürdige Gefühl entstanden: aus der Zeit entronnen zu sein, und sie alle erinnerten sich später und immer daran. Eine Weile saß die Großmutter noch mit Hanna, Kitty und Fräulein Rüsch beim Punsch zusammen und sah dem Tanzen zu. Dann waren die „Großen", fast unbemerkt, fortgegangen, und den jungen Leuten schien es, als wären nun auf dem Meer der Zeitlosigkeit, auf dem sie sich treiben fühlten, auch die Ufer verschwunden.

Unter der Haustür sagte die Großmutter zu ihrer Schwiegertochter: „Schön hast du das gemacht, Hannachen. Ein hübscher Abend. Kaspar würde sich freuen an der Jugend und an der Fröhlichkeit und an allem."

„Kaspar" — der ausgesprochene Name ihres Mannes hätte Hanna in der Ermüdung des Abends beinahe um ihre Fassung gebracht, sie dachte: Wenn er jetzt drüben in seiner Bibliothek säße, wenn ich hinüber könnte und sehen, wie er bei meinem

Eintritt freundlich aufblickt von seinem Buch und sagt: ‚Kommst du ein bißchen zu mir, mein Kleines...' Aber das sind Privatsachen; Hanna antwortete auf die Bemerkung der Großmutter mit ganz fester Stimme:

„Ich glaube auch, Mama."

„Aber höre, Kind," fuhr die Großmutter fort, „geh du jetzt auch wirklich schlafen, ohne dich um die Jugend zu kümmern, verstehst du? Sie brauchen das manchmal, daß sie sich ganz unbeaufsichtigt fühlen, und es ist richtig so. Sie werden sich noch manche Nacht um die Ohren schlagen, ohne daß du und ich sie daran hindern können."

„Soll man denn wirklich... und auch der kleine Peter, der den Schlaf noch so nötig hat?" fragte Hanna, und gestand damit unwillkürlich ein, wie gut die Großmutter ihre fürsorglichen Gedanken erraten hatte.

„Nein, höre, versprich mir: laß sie nur alle. Es ist richtiger. Wir Älteren müssen zur rechten Zeit da sein und zur rechten Zeit weg sein, verstehst du." Sie nickte bekräftigend, und ging mit auf dem Kiesweg knirschenden Schuhen zwischen der Gesellschafterin und Kitty ihrem Hause zu.

Den Peter sah sie nicht, der im Baumschatten stand und sich nicht rührte. Er hatte es nach seinem Löwengeschrei für gut befunden, sich eine Zeitlang ganz unsichtbar zu machen. Man kann nie wissen, dachte er über die Baronin Priehl, ob sich Die nicht morgen noch werweißwie beklagt, wegen dem bissel Brüllen — und ich will's dann nicht gewesen sein. Er hatte sogar erwogen, ob er einfach zu Bett gehen sollte, um im Notfall mit Überzeugung seine Unschuld beteuern zu können; aber es hatte ihm dann doch um den schönen Abend leid getan. „Wegen Der," sagte er, „werd ich mich nicht darum bringen." So war er lieber vor's Haus hinausgegangen, schnell über den monderleuchteten Platz gelaufen, und hielt sich im Schatten der Bäume um den Torweg, wo er sich eine gute Weile damit beschäftigte, mit einem Stöckchen im feinen Kies den Umriß der Lichtflecken nachzuzeichnen, die durch das Blattwerk drangen, und sich wundern mußte, wie schnell sie sich verschoben. Von hier aus betrachtet lag das Haus ganz still, das Mondlicht fast grell auf der weißen Hauswand, von der Tanzmusik drüben im Gartensaal klang hier nichts herüber. Fern im Dorf hörte er einen Hund bellen; ein Gefühl von Kühle und Einsamkeit schauerte aus der Nacht auf ihn herab. Als darum die Großmutter mit ihren beiden Begleiterinnen aus dem Hause trat, hätte er sie ganz gern angerufen, aber er scheute sich vor ihren Fragen, ließ sie vorbeigehen. Nach einigen Minuten folgte er, zum Tor hinaus, bis dort, wo der Kirschbaum steht, wo der Fahrweg sich im Bogen nach links dem Dorf zu wendet, während zur Kleinen Schwaig hinüber ein schmaler, halmüberhangener Pfad gradaus durch die Wiese weiterläuft. Dem Buben schien es, als habe er eben die Haustür, drüben, zufallen hören, und jetzt war er erst recht wie hinausgewiesen in die tiefe Nachtstille. „Werd mich doch nicht fürchten," sagte er ärgerlich zu sich selbst. Er erlaubte sich kein anderes als ein langsam-gelassenes Weitergehen, er verließ den Fahrweg, schlug einen großen Bogen um das Haupthaus, bis er die Tanzmusik hören konnte, schlüpfte durch eine Hecke und kam nun vom Garten her, unauffällig, von den Tanzenden gar nicht beachtet, in den Saal. — Hier fand er seine Schwester Silvia, im Gespräch mit Natalie vor dem verglommenen Kaminfeuer kauernd.

„Ihr Frauensleute könntet mir eigentlich was zu essen und zu trinken geben," verlangte Peter, indem er sich breitspurig und männlich zu ihnen setzte.

„Wo kommst du denn her, Peterchen?"

„Ich war spazieren, — S c h w e s t e r c h e n ," erwiderte Peter, mit einer großen Armbewegung nach dem Garten hin, als ob er soeben vom Ende der Welt käme. „Es ist wunderhübsch draußen. Hier drinnen merkt man ja nichts davon."

„Lieber wäre mir ja was andres als das Süßzeug," brummte er, als ihm Silvia den Kuchenteller hinschob. „Und habt ihr weiter nichts mehr als die paar Stück da?"

Seine Schwester fand, daß er eigentlich recht hätte, sie wäre auch schon wieder hungrig, und fragte Natalie, ob sie mit ihr kommen und ihr helfen wollte, aus der Speisekammer noch etwas für sie alle herbeizuschaffen. — Sie ließen Peter bei seinem „Süßzeug" und dem Rest der Bowle.

Auf dem Küchentisch lag ein Zettel in Tante Hannas großer, aufrechter Handschrift, mit langen Gedankenstrichen:

„Wenn ihr noch essen wollt — in der Speisekammer steht alles, unter der blauen Schüssel — Brot ist im Brotkasten — seid vorsichtig beim Schneiden!! — Gute Nacht."

Butter, Käse, Wurst waren unter der umgestürzten Porzellanschüssel schon auf einem Tablett zusammengerichtet, dazu Tomaten und drei Sardinenbüchsen. „Tante Hanna weiß immer alles," sagte Silvia, als sie mit den Sachen in die Küche zurückkam. „Ich glaube, wir werden gleich hier ein paar Brote machen. Kannst du Brot schneiden?"

Natalie, lächelnd: „Ich muß es doch können. Ich bin ja verheiratet."

„Sagt man das in Frankreich auch, daß man erst heiraten darf, wenn man Brot schneiden kann?"

Natalie nickte, — sie nahm und schnitt den Brotlaib; Silvia sah dabei mit Vergnügen, wie schön und schlank und kräftig Nataliens Hände waren, aber sie fühlte sich noch nicht vertraut genug mit ihr, um eine so „persönliche Bemerkung" auszusprechen. Sie dachte nur im Stillen, während sie mit einem Schlüssel die Büchse öffnete: Ich bin ihr so gut wie einer Schwester, und freute sich, daß Natalie im selben Augenblick sagte:

„Weißt du, es ist so schön, daß ich mich hier bei euch so zu Haus fühlen kann. Quints Mutter ist mir so warm entgegengekommen. Und auch hier alle."

„Ja, wir alle haben dich sehr gern, Natalie," sagte Silvia mit Überzeugung.

„Wirst du es komisch finden, daß es mir schon etwas Angenehmes ist, meinen Namen so, wie ihr ihn sprecht, von euch zu hören: Natálie? ... obwohl ich doch von Kind auf gewöhnt war, N a t a l í e gerufen zu werden. Aber Quint sprach ihn gleich auf die deutsche Weise." Sie schwieg, mit einem gesammelten, ernsten Ausdruck, und fuhr dann fort, und man sah, daß sie einen innerlich gereiften Gedanken aussprach: „Ich bin Quints Frau, die Frau eines Deutschen, ohne daß ich deswegen aufhöre, ein Kind meiner Heimat zu sein. Das ist sehr gut, weißt du."

Silvia fand es auch sehr gut. „Und wie kommt es eigentlich, daß du schon so gut Deutsch kannst?"

Darauf sagte Natalie nur: „Es ist Quints Sprache." — Und dann: „Seit wir uns kennen, hab ich noch Stunden genommen. Aber es fällt mir überhaupt leicht mit den Sprachen, schon auf dem Lyzeum." Wirklich war ihr Sprechen beinah fehlerlos, und nur, daß sie etwas von der französischen Bestimmtheit und Härte der Silbenbetonung, wie einen Metallklang, aufs Deutsche übertrug, gab sie als Ausländerin zu erkennen.

„Tanzt du eigentlich nicht gern?" fragte Silvia. Sie wurde im selben Augenblick rot über ihre eigene Frage; denn sie hatte gefunden, daß Quint seine Frau zu selten zum Tanzen holte, und sagte sich nun, daß es tölpelhaft war, Natalie einen solchen Gedanken merken zu lassen. Die Anderen haben schon recht, wenn sie von mir sagen, daß ich ein Elefant bin, dachte sie unglücklich. Sie wußte nicht, wie sie da am Küchentisch saß, das bräunliche, volle Gesicht vorgeneigt, Brötchen herrichtend mit flinken, sauberen Fingern ... daß auch ein Ungeschick bei ihr längst überwogen war durch die Herzlichkeit und das Vertrauen, die von ihrem Wesen ausgingen. Silvia war wirklich eine „Wand", aber nicht wie im Rüpelspiel eine trennende, sondern eine schützende, an der es den Menschen warm und wohl wurde.

Das empfand auch Natalie, sie nahm Silvias Frage unbefangen auf, sie sagte mit einem anmutigen kleinen Spott über sich selbst: „Wir Gitons, weißt du, sind ernsthafte Leute. Ich tanze wirklich nicht sehr gern. Aber Quint hat Vergnügen daran, und ich schaue gern zu. Reizend war diese kleine, wie heißt sie? Antje, die so selig dabei ist. Man tut ja nur gut, was man gern tut."

„Du kannst sehr gut tanzen, und keine von uns hat schöner ausgesehen als du," versicherte Silvia mit so unverstelltem Eifer, daß es unmöglich war, ihre Worte für eine bloße Höflichkeit zu halten.

Sie verstanden einander gut. Neunzehn Jahre waren sie alt, beide, das Leben hatte ihnen kaum begonnen, dennoch waren sie von seinem Ernst schon berührt worden, waren nicht Kinder mehr, sie freuten sich willig dem entgegen, was da kommen sollte, und darum war zwischen ihnen eine natürliche Berührung, sie brauchten sich gar nicht viel zu sagen. Als Silvia die gestrichenen Brote überzählte, und dann noch einige Scheiben schnitt, sagte Natalie:

„Sehr gut! Du kannst ja auch schon heiraten!"

„Ich heirate nicht," sagte Silvia. „Ich muß auf meine Geschwister aufpassen, denn — — das heißt, wir haben jetzt eine zweite Mutter, die wir s e h r gern haben. Aber trotzdem. Ich werde dir das alles einmal erklären..."

„Du mußt selbst Kinder haben. Du wirst eine so gute Mutter sein, Silvia."

Silvia schüttelte den Kopf, und dabei fühlte sie doch, daß Natalie ganz recht hatte und daß es auch so kommen würde, irgendwann einmal, wenn die Zeit da war, und sie fühlte sich glücklich darüber.

„Komm, wir sind fertig," sagte sie.

Im Saal war niemand mehr, die ganze Gesellschaft draußen auf der Terrasse unter offenem Himmel; sie hatten Kissen und Decken hinausgeschafft und für Quint, als den Herzog Theseus, eine Art Thronsitz errichtet. Zu diesem führte er seine Hippolyta gleich hinauf und nötigte sie neben sich nieder. Ringsherum hockten die Untertanen. Das Mondlicht war verschwunden, umso dichter blitzten über ihnen die Sterne; vier von den Lampions brannten noch — zwei orangefarbene, ein grüner, ein nächtlich blauer.

„Schautänze!" sagte Quint, mit fürstlicher Gebärde ankündigend, was hier vorgehe. „Musik!"

Irgendwo im Finstern begann eine Nadel zu schleifen, dann

erhob sich ein feierlich schreitender Tango und auf den Steinplatten bewegten Friedrich und Ninette sich mit wunderlichen Gebärden auf einander zu und um einander herum.

„Wir sind alle ein bißchen betrunken," flüsterte Quint seiner Frau zu, „und das ist gut so, sonst könnte uns der Unsinn nicht gefallen, den wir da treiben. Sogar Ellen hat getanzt, solo, wie eine Diva. — Übrigens gibt es jetzt nichts mehr zu trinken."

„Wir haben euch zu essen gebracht. — Wer kichert denn da?"

„Es ist Peter. Den haben wir erwischt, wie er den Rest von der Bowle auslöffelte, mitsamt den Pfirsichen. Das ist ihm zu viel geworden."

Peter sprang plötzlich auf und erschien im Lichtkreis der bunten Lampen: „Quint, sei still! Seid alle still! Die Musik weg! Ich will eine Rede halten."

„Bitte."

„Er wird brüllen. Der Löwe wird brüllen."

„Ich hab nie gebrüllt und werde nicht brüllen," schrie Peter zornig. „Wer verpetzt mich, daß ich gebrüllt habe? Warst du das, Ninette? Du hast's grad nötig! Du, die dem armen Doktor den Kopf verdreht hat!"

„In vino veritas," sprach Quint, auf dem Thronsitz.

„Sei doch ruhig, Peter."

„Nein, Ninette, laß ihn reden. Reden lassen! reden lassen!"

Peter: „Weil ihr immer meint, ich wüßte eure Geschichten nicht. Aber ich weiß alles. Du kriegst den Doktor gar nicht, die alte Frau Winte hat gesagt, er muß die Lisa heiraten."

„Du scheinst ja wirklich vollkommen übergeschnappt zu sein," sagte jetzt Friedrich, der an seinen kleinen Bruder herantrat und dem von einem neuen Lachanfall Geschüttelten den Arm um die Schulter legte. Er beugte sich und sah ihm besorgt ins Gesicht; in diesem Augenblick trat das Schwermütige in dem Ausdruck dieses schönen Menschen sehr stark in Erscheinung... Jakob sah es, und wurde sich mit plötzlicher Zärtlichkeit wieder einmal seiner Freundschaft für seinen Vetter Friedrich bewußt, er wünschte sich, etwas für ihn tun zu können.

„Weiter! die Vorstellung muß weitergehen!" rief Luzie neben ihm, ihre Schulter war leicht an Jakobs Schulter gelehnt.

Peter hatte sich wieder hingesetzt und wurde still. Und nun geschah etwas Merkwürdiges.

Antje stand auf, die bis dahin wortlos zu Quints Füßen gekauert war; und ohne daß die Musik sie begleitete — das Grammophon war vergessen worden und stehn geblieben — fing sie etwas an, das nicht Tanz und nicht Kunst war, und worin doch ihr verschwiegenes Wesen auf einmal redend wurde, so deutlich, daß in der verzauberten Stimmung dieser Grünschwaiger Nacht alle es verstanden und sogar alle sich ein bißchen geniert fühlten, als wären da Dinge ausgesprochen, die nicht hätten gesagt werden dürfen. Nur zuerst verneigte sie sich tief vor dem Herzog Theseus, die Arme über ihrer jungen Brust gekreuzt. Dann blickte sie kein einziges Mal mehr auf ihn; doch hatte jeder schon begriffen, daß er allein es war, für den sie tanzte. Sie wandte sich ab, sie erhob sehnsüchtig die Arme und ging von ihm fort wie bis ans Ende der Welt. Ihren kindlichen schlanken ungeübten Gliedern war es gegeben worden, an diesem Abend, in der verschwimmenden bunten Dämmerung der Papierlaternen, in einige wenige Augenblicke den Ausdruck eines ganzen Schicksals zusammenzufassen.

Dann blieb sie im Dunkeln am Rand der Terrasse stehen, sie tanzte nicht weiter — als Frank hinzukam. Auch er kümmerte sich nicht um sie. Dennoch war da eine Beziehung: als habe die Trauer die Szene verlassen und die Verzweiflung sie betreten. Was Frank tat, war nur ein wildes, unbeherrschtes Springen, ein über sich Hinausgreifen nach etwas Unerreichbarem. Mehrmals glitt er dabei aus und setzte sich hart nieder, er ließ sich davon nicht beirren, es trieb ihn wie von selbst wieder auf. Quint murmelte: „Für den Tanz würd ich mir einen betonierten Hintern anschaffen." Jemand lachte darüber, aber seltsam war es, daß das derbe Scherzwort doch den Bann nicht auflöste, unter dem dieser stumme Tanz die Zuschauer hielt. Franks Gesicht blieb fast ganz im Dunkeln, man sah nur seine Bewegungen, in ihnen aber lag eine heftige, entrückte Entschlossenheit. Als er innehielt, so unvermittelt wie er begonnen, und an seinen Platz zurückkehrte, blieb es eine volle Minute still... und dann war es Lisa Fehrenkamp, die ganz verwundert fragte:

„Das war unheimlich, was ihr uns da vorgetanzt habt. Hattet ihr das vorher ausgedacht?"

Frank schüttelte den Kopf, er schob sich die Haare aus dem Gesicht, er hatte ein verlegenes und zerstreutes Lächeln. Jetzt kam auch Antje — ohne ein Wort zu sagen — zu ihrem Platz zurück.

„Wir wollen schlafen gehen, was meint ihr?" fragte jemand.

„Nein!! noch nicht!" Mit einem beinah verzweifelten Schrei fuhr Ninette auf. „So kann es ja nicht ausgehen! Es muß noch Musik sein, es muß noch... ich muß euch noch etwas sagen. Quint, gib mir deinen Stab." Ninette hatte schon den Herzogsstab aus Quints Händen genommen und stand vor ihnen allen, mitten auf der Terrasse, den Stab beschwörend erhoben, wie eine Schlangenbändigerin.

„Ihr müßt mir zuhören!"

Während sie sprach, begann der grüne Lampion zu flackern und losch aus, ehe Ninette ihre Rede zu Ende gebracht hatte.

„Wir wollen einen Vertrag machen, und wer ihn nicht einhält, dessen Haar soll grau werden, dessen Blut soll vertrocknen, dessen Bett soll eine Dornenhecke sein..."

Quint mahnte: „Keinen Unsinn! Wir wollen nicht noch eine betrunkene Rede."

„Ich bin überhaupt nicht betrunken — außer von der Nacht, von dem, wie alles ist, es war doch so schön heute, warum versteht ihr denn nicht? Und wir müssen etwas ausmachen. Wir sind doch alle so gut zusammen und kennen uns so gut, und Natalie, die wir früher nicht gekannt haben, kennen wir auch schon wie ein Geschwister, und sie gehört zu uns."

„Das ist wahr," sagte Silvia.

„Und es muß also ausgemacht werden, daß wir alle, auch wenn wir dicke Kommerzienräte oder wer weiß was sonst für Leute heiraten, und auch wenn wir in die ganze Welt zerstreut werden —: daß zwischen uns alles immer so bleiben muß wie es heut ist. Versteht ihr? Immer. Wenn einer von uns zum andern kommt, unangemeldet, mitten in der Nacht — dann muß der andere ihn aufnehmen wie ein Geschwister. Und wenn einer von uns an den andern einen Wunsch hat, und erinnert ihn an heut, und der andere kann den Wunsch erfüllen — dann muß er es tun! Das darf nicht nur so... das ist nicht nur so gesagt," fuhr Ninette leidenschaftlich fort, „es muß eine Pflicht sein, eine... eben wirklich eine P f l i c h t ! Vielleicht verändert sich alles andere, aber wir, füreinander, dürfen uns nicht verändern, für uns bleibt es immer wie es ist. — Seid ihr einverstanden?"

„Ja, ja! Einverstanden!"

Jakob rief laut mit, der Appell Ninettes traf in seine eigensten Empfindungen, die ihn immer noch trugen wie ein hochgehender Strom. Aber ich hätt's nie so sagen können, dachte er.

„Sehr schön, Ninette," lobte der Herzog. „Schade, wir sollten noch Wein haben, um darauf anzustoßen."

Aber Ninette rief: „Wir brauchen keinen Wein! Wir trinken ja alle die Luft — — die morgen schon fort ist. Es ist übrigens auch gleich," sagte sie dann, auf einmal leise und traurig, und warf den Stab weg. Niemand hörte diese letzten Worte.

Jetzt brachen alle auf. Friedrich und Silvia führten den schlaftrunken brummenden Peter hinaus. Auch Natalie verließ die Terrasse, und Quint wollte ihr folgen — Luzie aber fing den Blick auf, mit dem Antje Klees ihm nachsah —: und da griff sie einen der orangefarbenen Lampions, mit diesem in hocherhobener Hand stellte sie sich Quint in den Weg.

„Ich muß wissen," sagte sie, „ob unser Herzog noch nüchtern ist."

Er hielt ihre Hand fest und blies das Licht aus.

„Wer einer Dame das Licht in der Hand auslöscht, muß sie küssen!" rief Luzie, übermütig triumphierend, indem sie sich nach Antje umsah. Aber die war schon fort.

Quint nahm Luzie hart bei den Ohren, und küßte sie.

„Tust mir ja weh."

„Das soll's ja," sagte Quint, und ging.

Niemand war auf der Terrasse zurückgeblieben, als Jakob, der nun mit einer bösen Falte auf der Stirn vor ihr stand. Er fragte:

„Warum tust du das? Bist du verliebt in den Quint?"

„Ach, du Kamel! Keine Spur!"

Ihre bloßen Arme, die kindlich schlanken und von der Nachtluft kühlen, legten sich ihm um den Hals, sie küßte ihn fest auf den Mund — da hielt er sie, hielt sie, und zürnte ihr nicht mehr. Es war das erste Mal im Leben, daß ihm das geschah.

Aber als sie ihm dann entschlüpft war und er allein auf der Terrasse blieb, um noch die letzten beiden Lichter zu löschen ... da war doch etwas von ihm abgefallen, ein vorher so reiches, glückliches Gefühl, das ihn stärker als aller Wein durchglüht hatte, war nicht mehr da. Wo war es hingekommen? Hätte sie jetzt um Quints willen mir den Kuß verweigert, dann wär's vielleicht traurig — aber anders, ging es ihm durch den Sinn. Es war ihm nicht mehr, als stehe die Zeit still. Es war ihm, als sei eine lange Zeit vergangen, seit dem Theaterspiel und dem Tanz.

4

Ninette hatte noch Teller und Gläser in die Küche räumen helfen, sie kam wenige Minuten nach Antje in ihr gemeinsames Zimmer, und fand das Licht schon ausgelöscht und Antje im Bett. Sie ließ sie zunächst ganz ungeschoren, drehte nur ihre Nachttischlampe an, streifte ihr Kleid ab und wusch sich im Halbdunkel.

Sie wußte, daß Antje traurig war, und ihr selber war auch das Herz schwer (komisch eigentlich, daß der schöne, lustige Abend ein so dummes Gefühl zurückließ). Bei solcher Stimmung war es zwischen ihr und Antje das Übliche, daß sie sich erst einmal gegenseitig beschimpften, möglichst kräftig, und sich aneinander ärgerten, dann sich versöhnten und schließlich einen langen gemütlichen Schwatz von Bett zu Bett hatten. Schon viele Kümmernisse hatten sich auf diese Weise aufgelöst, daß man sie gründlich durchsprach und nachher beschlief.

Nach einer Weile also, während sie, schon im Nachthemd, die Nadeln aus ihrem Haar nahm, sagte Ninette, um ins Gespräch zu kommen: „Man muß doch ein S c h w e i n sein, um so ungewaschen ins Bett zu gehn. Denn du wirst ja nicht behaupten wollen, daß du dich in der Geschwindigkeit gewaschen hättest, —?"

Aber von Antje kam keine Antwort.

„Jetzt stell dich auch noch schlafend!" sagte Ninette empört.

Antje, in ihrem Bett zusammengerollt, das Gesicht gegen die Wand, blieb wieder stumm.

Es war natürlich ausgeschlossen, daß sie wirklich schlief, wenn sie auch jetzt versuchte, wie im Schlaf zu atmen, die dumme Gans! Kein Mensch kann sich hinlegen, mir nichts, dir nichts, und schlafen!

Ninette kam ans Bett heran und blickte auf Antje nieder mit dem schwer bezwinglichen Wunsch, sie am Hals zu packen und zu schütteln. Aber sie tat es dann doch nicht. Wenn sie nicht mit mir reden mag, gut, mir kann's recht sein. Sie murmelte: „Bild dir nur nicht ein, daß ich dir darauf reinfall!" Sie war jetzt ernstlich gekränkt, sie ging zu ihrem eigenen Bett und schlüpfte unter die Decke.

Eine Weile lag sie darunter völlig still und kaute an ihrem Ärger wie ein Kind an einem bitteren Blatt. Sie hatte sich recht müde gefühlt, aber das war nun ganz verflogen. Sie dachte: ich muß etwas lesen — und da fiel ihr triumphierend ein, daß sie Antje, die verstockte Antje, ganz und gar nicht nötig hatte; denn es war heut ein Brief von Delia gekommen, Delia du Faur, von meiner F r e u n d i n Delia du Faur, sagte sie vor sich hin, indem sie mit Vergnügen das in ihrem Sprachschatz ungewöhnliche Wort betonte (denn Ninette war, bei aller Lebhaftigkeit und Herzenswärme, doch voller Scheu im Ausdruck von Gefühlen). Ein Brief von Delia ist gekommen und ich Scheusal hab ihn noch nicht einmal aufgemacht, es war einfach keine Zeit, heut bei dem Trubel den ganzen Tag, und ehrlich gesagt: ich hab's auch vergessen gehabt. Aber wo ist jetzt der Brief? Ich werd ihn doch nicht haben liegen lassen, unten im Gang, auf dem Posttisch...

Sie richtete sich im Bett auf und griff nach der leinenen Kostümjacke, die sie übertags angehabt, die noch überm Stuhl hing. Und da, in der Tasche, knitterte der Brief.

Mit Delia du Faur war Ninette seit dem Frühjahr bekannt, in Rom hatten sie sich kennen gelernt — und das war so gekommen:

Pastor Georg Degener verteilte, was an Reisen und Vergnügungen möglich war, reihum an seine Kinder, weil ihrer zu viele waren, um allen zugleich das Gleiche zuzuwenden. So hatte er sich im vergangenen Jahr — es war das zweite seiner Witwerschaft — eine Urlaubsreise an den Rhein gegönnt und dazu seine älteren Töchter, Silvia und Luzie, mitgenommen, in der kaum verhohlenen väterlichen Absicht, sie möglichst beide, so jung sie noch waren, unter die Haube zu bringen. Denn ohne seine schöne, gute Frau, Nina, die ihm überall fehlte, traute er sich nicht zu, ihnen die rechte Erziehung zu geben, und er konnte sich nichts Besseres für sie denken, als daß sie rasch in die Hut von braven Männern kämen und so glücklich würden, wie er selbst in der Ehe mit ihrer Mutter gewesen war. Lernen brauchte ein junges Mädchen dazu nicht viel; das Beste, ein warmes und demütiges Herz, sei ohnehin unerlernbar. Georg Degener ahnte nicht, wie er bei solchen Ansichten, die er allenthalben behaglich vorbrachte, als ein „ganz rückständiger Mann" und als „ein Pfaffe, der seine Töchter zu Markt führt," heimlich ausgelacht wurde. Er war dabei weniger primitiv, als seine Spötter meinten. Das Leben hatte ihm ernste Erfahrungen gebracht, und er hatte sie aus der vertrauenden Güte seines Wesens heraus bestanden und überwunden. Aber er gehörte zu den glücklichen Naturen die sich nicht vorstellen können, daß ein Mensch anders fühle, als er spricht, und die darum leicht, wenn ihnen kein offener Widerspruch begegnet, alle Welt mit sich einverstanden glauben. — Um seiner Töchter willen ging er während dieses Urlaubs mehr in Gesellschaft, als er sonst, in seiner Eigenschaft als Witwer und als Geistlicher, getan hätte. Silvia und besonders Luzie amüsierten sich gut und ließen sich die Cour machen, aber der Erfolg der Rheinreise war ein unerwarteter; denn als sie zu Ende ging, hatte nicht er seine Töchter, sondern diese hatten den Vater verheiratet.

Ulrike von Wolzogen war auf dem Schiff zwischen Bingen und Koblenz, das auch die Degeners benützten. Sie hatte die besondere, norddeutsche Schönheit, die voll aufzublühen zögert, gleichsam aus Schicklichkeit und vornehmer Zurückhaltung; darin ihrer Vorgängerin Nina, der Schwäbin, sehr ungleich, welche als eine ganz offene, atmende Blume in der Welt und mit den Menschen gelebt hatte. Aber ein geheimnisvoller Reiz lag eben darum über Ulrikens Wesen. Sie war Mitte der Dreißig, und wirkte noch mädchenhaft, in ihrer Schlankheit. Daß sie mit der Evangelischen Bahnhofsmission zu tun hatte, gab die Veranlassung ihrer ersten Unterhaltung mit Pastor Degener; sie bat ihn um eine Ansprache in ihrem Koblenzer Verein. Noch eh sie dorthin kamen, schon auf dem Schiff, hatte Georg Degener eine leidenschaftliche Bewunderung für sie gefaßt. Seine Kinder machten es ihm leicht, sich dieser Neigung zu überlassen: Silvia, weil sie gut wußte, wie schwer ihr Vater an seiner Einsamkeit trug, Luzie mehr aus der Lust am Schicksalsspiel und der Aussicht auf eine vergnügte Hochzeit. Auch gefiel ihnen beiden, daß das Fräulein von Wolzogen sich nicht bei ihnen einzuschmeicheln suchte, sondern immer gleich einfach, ruhig und stolz war. — Ulrike selbst entschloß sich wohl zu dieser Ehe wie zu einer Aufgabe: den Mann zu betreuen, den Kindern ein Heim wiederzugeben; so wie sie bis dahin die Fürsorge für unbehütete Mädchen sich zu einer Pflicht gemacht hatte. Sie war kein warmes und demütiges, aber ein ganz und gar adliges Herz.

Nachdem sie ihr Jawort gegeben, geschah die Vermählung wirklich fast unmittelbar nach der Rheinfahrt, des Pfarrers Wohnung in Berlin war ja bereit für den Einzug der neuen Frau und Mutter. Doch konnte er nicht gleich wieder einen Urlaub nehmen, und so ging er mit seiner Frau erst im nächsten Frühjahr auf eine nachträgliche Hochzeitsreise, nachdem er sich für die Osterzeit einen Stellvertreter im Pfarramt besorgt hatte. Er und Ulrike fuhren, wie zwei junge Liebesleute, nach Italien, das beide noch nicht kannten. Sie besuchten Venedig und Florenz; in Rom die großen katholischen Ostergottesdienste zu sehen, schien sich für einen lutherischen Geistlichen nicht recht zu schicken. Aber unmittelbar nach dem Fest kamen sie dort an, und Georg Degener hatte für die Osterferien seine Kinder Friedrich und Ninette — in dem Kalender der Reisefreuden waren diese beiden jetzt an der Reihe — nach Rom bestellt. Sie trafen sich auch glücklich alle am Ostermontagabend in dem vorher bestimmten Hotel. Dies war auf Ulrikens ausdrücklichen Wunsch geschehen. Sie wollte eine so schöne Gelegenheit nützen, mit ihren Stiefkindern Kontakt zu finden; denn besonders das Verhältnis zu Friedrich hatte sich anfangs als schwierig gezeigt. Er war der zweiten Frau seines Vaters mit dem größten Respekt, aber mit einer auffallenden Zurückhaltung begegnet, kaum daß sie ihn an ihr mütterliches

„Du" gewöhnen konnte; und sie hatte sich vorgenommen, jetzt in Rom sich Zeit für den Jungen zu nehmen und sein volles Vertrauen zu erwerben. — Die ganze Italienreise übrigens, der Eltern wie der Kinder, war ein Geschenk der Großmutter, die an Georg am meisten hing, weil sie ihn seinem Vater Eligius nach Gesicht und Stimme am ähnlichsten fand, daher auch von seinen Predigten auf eine höchst persönliche Art erbaut wurde. Sie klagte viel darüber, daß er so weit fort, „zu den Berlinern" gegangen war, während man ihn doch hier so nötig hätte und ganz zum Heiden würde, weil es unmöglich sei, allsonntäglich den langweiligen Pastor in der Kreisstadt (der dem Eligius nicht ähnlich war) zu hören. Daß sie mit unvermerkter Freigebigkeit zu Georgs Haushalt beitrug und so um seinethalb ihre übrigen Kinder an ihrem Erbteil kürzte, dafür hatte sie die vortreffliche Rechtfertigung, daß ja Georg die meisten Kinder und daher die meisten Sorgen habe. Seine Wiedervermählung hatte sie warm begrüßt und fand es nicht mehr als recht, eine tüchtige Beisteuer zu diesem frohen Ereignis zu leisten.

Eine zufällige Begegnung in den Vatikanischen Sammlungen hatte die Degeners schon am Morgen nach ihrer Ankunft mit den du Faurs zusammengebracht, und dies bereicherte ihren kurzen römischen Aufenthalt auf unerwartete Weise. Eugen du Faur war Österreicher, lebte aber mit seiner Frau und Tochter seit vielen Jahren in Rom, und da seine Geschäfte von keiner bindenden Art waren, übernahm er's mit Liebenswürdigkeit, die Besucher durch die Stadt zu führen. Nicht m e h r Sehenswürdigkeiten bekamen sie auf diese Weise zu sehen, eher im Gegenteil; er warnte sie vor dem anstrengenden und vergeblichen Zuviel. Aber er führte sie zu den richtigen Dingen, und das Wenige, was er dazu sagte, schloß das Tor zu ihnen mit sanfter Selbstverständlichkeit auf.

Immerhin waren manche dieser Führungen zu hoch für die kleine Ninette, in der ein Bedürfnis nach den Werken der bildenden Kunst noch kaum aufgewacht war. So ergab es sich, daß sie und Cordelia du Faur oft ihre eigenen Wege suchten und Rom auf kindlichere Art entdeckten, indem sie auf dem Forum oder dem Palatin wie auf einem großen Spielplatz herumstiegen, oder gleich morgens mit einem Autobus an den Stadtrand hinausfuhren und dann in den Trümmern der Aquädukte streiften, in einem Mauerschatten zwischen weidenden Schafen im Gras lagerten und die Frühlingswolken der Campagna, gleich Segelschiffen bei stiller See, sehr langsam über sich herwandern sahen. Da fühlte sich Ninette nicht mehr wie in einer Fremde, die man erforschen muß, sondern ganz daheim in der großen, Einen Welt, und die Mädchen führten Gespräche über alles, was man denken und nicht denken kann. Delia war knapp drei Monate älter als Ninette; aber nicht nur im Finden römischer Wege sondern in allen Dingen schien sie die Führerin zu sein, und Ninette empfand es mit Beschämung, wie weit sie hinter ihr zurückblieb. Ich hab eigentlich noch nie daran gedacht, meinen Kopf zu gebrauchen, sagte sie sich, suchte das aber vor Delia möglichst zu verbergen, die sie sicherlich verachten würde, wenn sie merkte, wie dumm sie wäre. Delia freilich lag das Verachten fern. Ihr Geist und Gemüt hatten ein Reife, weit über ihre Jahre hinaus, aber unter Menschen war sie scheu und still; umso mehr gefiel ihr Ninettes Lebendigkeit, ihr Witz, ihr unmittelbares Hineinspringen in alles, was ihr entgegentrat. Sie spürte an diesem im Vergleich zu ihr selbst noch so kindlichen Wesen ein gewisses genialisches Ahnungsvermögen für die tieferen Schichten des Lebens, sie las es in Ninettes rasch wechselndem Gesicht, das eine ungewöhnliche Leidens- und Freuensfähigkeit verriet; und das alles zog sie zu ihr hin. Die Beiden gewannen sich sehr lieb und wirklich schienen sie ganz dazu geschaffen, einander zu ergänzen und eine lebenslange Freundschaft zu haben.

Auch Georg Degener hielt das Herumlaufen in den Museen und Kirchen nicht für das Wichtigste in Rom; es war ihm oft recht, sich in eine stille Bottiglieria zu setzen, während Ulrike und Friedrich unter der Führung du Faurs — oder auch, wenn der einmal nicht Zeit hatte, die Beiden allein — schöne Dinge betrachteten und ihm nachher davon erzählten und Ansichtskarten zeigten. Er hatte im Übrigen bald herausgefunden, daß es mit dem Geld bei den du Faurs nicht allzu gut bestellt war. Eugen du Faur war sorglos und verstand es nicht, sich einen regelmäßigen Verdienst zu verschaffen; seine Frau hielt mit strenger Sparsamkeit, wohl auch mit irgendwelchen Nadelarbeiten, wovon sie aber zu Degeners niemals sprach, den Haushalt zusammen — und dabei merkte man wohl, wenn man zu ihr ins Haus kam, daß eigentlich die großzügigste Gastlichkeit ein Bedürfnis ihres Wesens war, und was es sie kostete, nicht immer so schenken und wohltun zu können, wie sie sich's verlangte. Georg Degener bewunderte, bei diesen Verhältnissen, die tapfere Heiterkeit ihres Geistes. Sooft es sich machen ließ, suchte er alle drei du Faurs zu Tisch zu laden oder, wenn man zu ihnen kam, so viel mitzubringen, daß es als eine unbemerkte Beisteuer in den Haushalt dienen konnte. Er benahm sich dabei laut und fröhlich und Ulrike nannte ihn scherzhaft einen gewalttätigen Mann, den man nicht hindern

könne, sein Essen dann und da zu haben, wo er es haben wolle.
Gleichwohl vollbrachte er das Geschäft, die du Faurs zu überlisten und dabei ihren Stolz zu schonen, mit merkwürdiger Zartheit, sodaß seine Mutter sich seiner gefreut hätte.

So waren es zwei freundliche Wochen für alle Beteiligten, und allzu rasch gingen sie zu Ende.

An einem der letzten Tage hatte Herr du Faur Ulrike und Friedrich zu einem Abschiedsbesuch ins Thermenmuseum geführt und sie kamen in den Raum, wo das Relief der laub- und fruchtbekrönten Nymphe aufgestellt ist, die, zurückgelehnt sitzend, auf ihre linke Hand gestützt, mit der rechten einen Bock am Horn hält. Friedrich, der sonst seine Meinung nur zögernd zu äußern pflegte, sagte unwillkürlich etwas Bewunderndes darüber, aber was er sagte, wurde von den Andern überhört; du Faur stand mit entzücktem Lächeln vor dem Bilde und machte Ulrike Degener darauf aufmerksam, wie fein und kräftig der Künstler die Spannung auszudrücken vermocht habe, die von dem zurückgebogenen Tierkopf in den lässig gestreckten Arm der Frau übergeht. Ulrike folgte seiner Beschreibung mit lebhaften Blicken und nickte dazu, sein entzücktes Lächeln wiederholte sich auf ihren Lippen. Obwohl es ja dem Bildwerk, nicht dem Sprechenden galt, wurde Friedrich bei diesem Anblick bleich vor Zorn, und als nun du Faur ins nächste Zimmer vorausging, trat er jählings auf seine Stiefmutter zu und fragte — wieder, wie es ihm immer noch oft geschah, in das fremde „Sie" zurückfallend:

„Bin ich Ihnen so viel, Mutter, wie dieser Frau ihr Bock ist?"

Ulrike verstand sofort, als wäre ein Blitz niedergegangen, der alles erhellt, die ganze Bedeutung dieser Worte. Sein Gesicht war nicht das eines siebzehnjährigen Jungen, sondern wie zerfurcht und zerrissen von eifersüchtiger Leidenschaft. Sie fühlte all ihr Blut zum Herzen fließen, sie mußte sich an der Wand halten. Friedrich war dem Herrn du Faur ins Nebenzimmer gefolgt, es gab keine Gelegenheit mehr, ihn zur Rede zu stellen. — Sie tat es auch später nicht und sie sagte auch sonst niemand etwas von dem Vorfall. Er blieb zwischen ihnen, wie ein Stein im Wasser verschwindet, aber eben doch da ist.

Friedrich verschwieg sich ganz und gar in sich selbst. Sogar Ninette, die sein vertrautester Mensch war, wußte bis heute nichts von der Not, die er durchlitt.

Am Morgen der Abreise aus Rom hatten du Faur und seine Tochter die Degeners zum Bahnhof gebracht, obwohl der Zug zu sehr früher Stunde ging. Es wurden die Plätze im Coupé belegt und dann stand man auf dem Bahnsteig zusammen und alle hatten das Gefühl, als müßte noch etwas Bedeutendes gesagt, irgendwie das richtige Wort gefunden werden, um die Freude, die man miteinander gehabt hatte, zusammenzufassen. Aber wie es immer bei solchen Gelegenheiten ist, konnten sie alle doch nur wiederholen, was sie schon oft gesagt hatten: wie es doch sonderbar war, daß aus einer zufälligen Begegnung eine so gute Freundschaft hatte werden können; und daß man einander wiedersehen wollte; und den Dank für die Führungen durch die Stadt, und die Wünsche für die Reise, und Grüße an Frau du Faur. Georg Degener war mit sich unzufrieden, weil er du Faur hatte bitten wollen, sich in einem Fall der Not unbedingt an ihn zu wenden, und weil er sich jetzt nicht dazu entschließen konnte, so im letzten Augenblick von Geld zu reden, was für den Andern eine Peinlichkeit sein mußte. Er brachte es auch nicht mehr dazu. Inzwischen gingen Cordelia und Ninette zusammen auf und ab, beide traurig über den Abschied, und versprachen, einander regelmäßig zu schreiben.

— Aus der Regelmäßigkeit war nichts geworden, vor allem durch Ninettes Schuld, die leichter auf den höchsten Berg stieg als einen Brief schrieb; denn w e n n sie sich dazu hinsetzte, wollte sie a l l e s sagen, die ganze Empfindung, die sie für den betreffenden Menschen hatte, alles, was sie im Zusammenhang mit ihm dachte und erlebte. Und weil es dann doch immer nur möglich war, einen Teil davon in den Brief zu bringen, und nie auf die richtige Art, so fand Ninette alles, was sie schrieb, dumm, und ihre Briefe blieben manchmal wochenlang unvollendet liegen.

Als sie jetzt, im Bett sitzend, mit ungeduldigen Fingern Delias Brief aufriß, fiel ihr eine gedruckte, mit schmalem Schwarz umrahmte Karte entgegen. Sie erschrak bis ins Herz, ihr erstes Gefühl war, daß Delia gestorben wäre, obwohl sie ja ihre eigene Schrift auf dem Briefumschlag gesehen hatte. Sie wagte die Karte nicht anzuschauen, sie nahm den Brief, viele dicht beschriebene Blätter. Nein, das hatte Delia selbst geschrieben; aber irgend etwas Furchtbares war geschehen. Und als sie nun doch einen schnellen Blick auf die Karte warf und sah:

Marie Eleonore du Faur...

da begann ihr Mund zu zucken und schob sich vorwurfsvoll nach vorn, wie bei einem Kind, das weinen will, und die Buchstaben trübten sich vor ihren Augen. — Sie wollte mit dieser Sache allein bleiben, Antje sollte nichts davon merken, nicht jetzt; und so versteckte Ninette ihren Kopf hinter dem Nachttisch, sie preßte ihr ganzes Gesicht in das Kopfkissen. Sie weinte um Frau du Faur, die ihr in Rom so gütig begegnet war, und die sie verehrte. Aber sie weinte noch mehr um Delias willen, die etwas so Unersetzliches verloren hatte... w i e unersetzlich, das wußte ja Ninette am besten, die sich ihrer eigenen Mutter Nina sehr deutlich und mit verschwiegener Zärtlichkeit erinnerte. Und ich habe Theater gespielt, dachte sie, als ob darin ein Unrecht gegen Delias Mutter läge, ich habe Theater gespielt und getanzt und mich amüsiert über den komischen Dr. Winte, und die ganze Zeit überhaupt nichts gewußt. Sie blieb eine Zeitlang so liegen, mit dem Gesicht auf dem Kissen. Sie dachte, wie schön ihr Frau du Faur immer erschienen war, eine große Dame, viel schöner als Ulrike, die hat neben ihr auch nur so wie wir, nur so wie ein kleines Mädchen ausgesehen. Und dann wischte sich Ninette das Gesicht ab und fing an, Delias langen Brief zu lesen.

5

Rom, am 4. Juli 1928.

Meine liebe Ninette,
so spät schicke ich diese schreckliche Nachricht an Euch. Du siehst auf der Anzeige, daß meine Mutter schon vor fast drei Wochen gestorben ist. Aber ich konnte mich nicht entschließen, an Dich, Ninette, nur die gedruckte Karte zu schicken. Ich wollte Dir gern etwas dazu sagen, aber ich bin nicht dazu gekommen — und ich weiß nicht, ob Du das verstehen wirst, daß es mir in dieser Zeit manchmal sogar ein Trost gewesen ist, daß Ihr es noch nicht wußtet. Für Euch lebt sie noch; bis dieser Brief zu Dir kommt, lebt sie noch für Euch. Ich konnte mir vorstellen, daß man da hinreisen kann, in ein Land, wo man das, was geschehen ist, noch gar nicht weiß...
Aber einmal müßt Ihr es doch hören. Und überhaupt sind das ja ganz kindische Gedanken.
Liebste Ninette, Du hast ja auch Deine Mutter so früh verlieren müssen. Aber Du hast mir erzählt, daß es eine lange Krankheit war. Das muß wohl sehr schwer sein, den liebsten Menschen leiden sehen, und das Schlimmste, das, was man nicht glauben will, rückt langsam heran. Aber da kann man noch Abschied nehmen, sich irgendwie innerlich darauf vorbereiten. Aber stell Dir vor, daß ich am 10. Juni, Mittwoch früh, wie immer, in die Schule gehe, und da war die Mama nicht aufgestanden, mir den Kaffee zu machen, sondern der Papa kommt im Schlafrock und bringt

ihn mir, gewärmt im Kocher, – und sagt mir, es ist nur ein bissel eine Halsentzündung – und ich ärgere mich noch, denn es waren die letzten Tage vor den Ferien, und wir wollten gleich nach Schulschluß ins Gebirge zu unsern Verwandten fahren. Und als ich am Nachmittag aus der Schule heimkomme, liegt die Mama in tiefer Ohnmacht, aus der sie nicht mehr aufgewacht ist. Und mich hat sie gar nicht mehr erkannt. Sie hat den Papa noch erkannt, aber auch nur wie im halben Traum, und hat Französisch zu ihm gesprochen, hat eine Menge Menschen im Zimmer gesehen, die gar nicht da waren, und hat ihm auf Französisch etwas Vertrautes sagen wollen und eine Bewegung mit der Hand nach seinem Kopf hin gemacht. Und sonst immer phantasiert. Es war eine Lungenpest. Die Ärzte haben ihr gar nicht helfen können. Man hat es versucht mit einem Sauerstoff-Apparat, der ihr das Atmen erleichtern sollte, es war aber alles umsonst. Und am Sonntagabend war sie schon tot.

Sie war bei uns in der Wohnung aufgebahrt – nur einen Tag; es ist hier auch damals schon, Mitte Juni, sehr heiß gewesen. Sie hat schön ausgesehen, ganz ruhig, nicht nur wie schlafend, sondern – wie soll ich Dir sagen? –: angekommen, zu Hause angekommen. Sie konnte im Leben oft sorgenvoll aussehen; das war ganz fort, das freute und tröstete mich so. Beerdigt haben wir sie am Dienstag den 16. Juni auf dem Campo Verano, bei der Kirche San Lorenzo vor den Mauern. Aber ich besinne mich, das ist Dir kein Begriff, wir sind mit Euch nicht dort gewesen. In der Nähe vorbeigekommen sind wir einmal, Du und ich, aber es war damals keine Zeit, uns aufzuhalten und die schöne Kirche anzusehen. Damals war das ja auch nur eine von hundert schönen Kirchen, irgendeine. – Wie kurz Du eigentlich meine Mutter gekannt hast! Aber ich weiß doch, Du hast sie auch geliebt. Sie hat auch von Dir und von Euch allen immer wieder gesprochen.

Ob Du wohl das, was ich Dir noch sagen möchte, richtig verstehen kannst? Verzeih, natürlich wirst Du es verstehen, wenn ich es nur richtig ausdrücke! Ich wäre so froh, wenn ich es könnte. Ich will also sagen: ich bin über das, was geschehen ist, nicht unglücklich. Ich meine so: etwas Schwereres kann einem ja im Leben gar nicht widerfahren, als daß man seine Mutter verliert, aber verstehst Du, es widerfährt allen, es ist natürlich, das Leben und der Tod hängen zusammen, sie sind Eins, und zusammen sind sie etwas so Wunderbares, eben die N a t u r ist etwas so Wunderbares, daß man nicht unglücklich sein darf. In der Natur blüht alles auf und vergeht wieder, und das Aufblühen ist nur so schön, weil das Wiedervergehen schon dahinter steht wie ein sehr tiefer Schatten, den ein sehr starkes Licht wirft. So ist das, ich habe das jetzt eingesehen, und ich bin so froh darüber.

Ich habe auch schon früher so gedacht, und wir haben ja auch darüber gesprochen. Ich schäme mich jetzt, wenn ich mich daran erinnere: wie muß es Dir vorgekommen sein, wenn ich zu Dir über diese Dinge sprach, und doch gar kein Recht dazu hatte; denn auf die Seite, wohin der Schatten fällt, war ich ja noch gar nicht gekommen. Denn das ist gar nichts, wenn man etwas nur so ‚weiß'. Du aber, Ninette, Du hast schon damals den Schatten gekannt, durch den Verlust Deiner Mutter. Man sieht es ja auch in Deinem Gesicht.

Jetzt kenne ich den Schatten auch.

Aber mein Schmerz ist nicht ein Schmerz für sich allein, sondern ist einbezogen in das Ganze, in das Leben. Und darin einbezogen zu sein ist das Allerwichtigste auf der Welt. Man darf nicht für sich sein, und man kann es auch gar nicht, man geht immer hinüber und gewinnt Anteil an dem ewigen Sein. So nennt es Spinoza; Du weißt ja, daß ich ihn mit solcher Freude lese. Vielleicht versteh ich ihn gar nicht richtig, ich weiß nur, daß er mir das größte Glück gegeben hat, weil er mir gezeigt hat, daß ich nicht für mich bin. Ich muß nur diesen kleinen Schritt aus mir heraus tun, und da, überall, strömt das Leben, mit allem, was es Freudiges und Trauriges hat, ich muß mich ihm anvertrauen — und das ist schon Gott, gar kein anderer, ferner Gott ist nötig. Und ich lebe noch jetzt in diesem Glück, auch jetzt, mit dem Gedanken an die Mama im Herzen, die ich nie mehr sehen werde, und kann Gott dafür danken oder der Natur dafür danken, das ist ein und dasselbe. Es ist alles Ein großer Strom; der Strom wässert die Ufer, und die Blume, die dort blüht und dann welk wird und ihre Blüte niederstreut und das Wasser nimmt sie fort — das ist ein einziger, wunderbarer Zusammenhang.

Wenn ich mich ganz streng und ehrlich prüfe, muß ich mir freilich zugeben: es war mir ein tröstlicher Gedanke, ganz früher, in der Kinderzeit, wenn die Mama mir auf meine Fragen sagte: ‚Im Gebet bleiben wir verbunden mit den Toten. Und wenn du dann einmal alt wirst und stirbst, komm ich dir gleich entgegen.' Das war ihre Redeweise. Und sie hat mir das nicht nur so, als einem Kind, gesagt, sie hat wirklich geglaubt, daß wir uns alle wiederfinden. Ich kann es heute nicht mehr glauben. Und das ist ein Punkt, über den mein Glücksgefühl, von dem ich Dir sagte, mich noch nicht ganz hinüberträgt. Das soll es auch wohl nicht. Und überhaupt kommt es natürlich gar nicht in Frage, daß man einen Trost festhält, nur weil es angenehm wäre.

Wie das Glück, so gehört eben der Schmerz zum Leben dazu, und wenn man das Ganze will, muß man den Schmerz auch wollen.

Ich wünschte aber, ich hätte das alles einmal mit Mama besprochen. Das hab ich nie getan. Das heißt, sie wußte schon, daß ich nicht mehr in dem katholischen Glauben bin, in dem sie mich erzogen hat und in dem sie selbst lebte, und darüber war sie bestimmt traurig. Sie hat mir aber nie etwas gesagt darüber, sie hat sich in das nicht eingemischt, hat nicht insistiert, wenn ich ihr auf eine Frage nicht gern geantwortet habe. Aber warum konnte ich das nicht? Es war eben so schwer. Aber wenn ich es mit ihr besprochen hätte, dann hätt ich ihr das Glück zeigen können, das ich aus dem Spinoza gelernt habe, und sicher wär sie dann ruhiger über mich gewesen.

— Ich wundere mich selbst, warum ich eigentlich Dir, liebste Ninette, das alles so ausführlich erzählen muß. Vielleicht langweilt es Dich schrecklich. Nein, es wird Dich schon nicht langweilen. — Es lassen sich einfach manche Dinge leichter mit einem gleichaltrigen Menschen bereden, und kann sein sogar leichter im Brief als im Sprechen. — Ja, an der Gleichaltrigkeit kann es nicht liegen. Denn mit dem Papa, scheint mir, könnt ich ganz gut auch reden, ich hab das Gefühl, er würde alles verstehen, ich glaube sogar, daß er im Stillen genau so denkt wie ich. Aber verstehst Du, daß es gerade darum nicht geht? Er ist sehr, sehr traurig und einsam, jetzt. Es könnte ihm herzlos vorkommen, solche Dinge auszusprechen, und wenn ich es täte, ihm gegenüber, würd ich mir selber herzlos vorkommen. Aber Dir gegenüber ist es anders, ich weiß nicht wieso. Und während ich Dich nicht selbst bei mir habe, aber doch Dein Gesicht deutlich vor mir sehe, kommt mir irgendwie das Zutrauen, das alles niederzuschreiben, und daß Du es richtig herausfühlen wirst.

Wie ist das aber nur möglich, daß in diesem Gedanken vom Leben und vom Tod, und von der Naturnotwendigkeit, in der sich das beides verbindet, ... daß darin etwas Herzloses liegen kann? Ich habe doch meine Mutter so sehr geliebt und ich liebe sie auch jetzt, als ob man wirklich im Gebet mit ihr verbunden bleiben könnte, und der Schmerz — aber darüber kann man ja gar nicht reden. Und doch machen mich meine Gedanken, die ich Dir gesagt habe, glücklich, wenn ich mit ihnen allein bin, und geben mir Frieden und Liebe, es ist ja eben das Liebesgefühl, das Übergehen in alles, Teilnehmen an allem, was mich so glücklich macht. Ich kann morgen in diesem heißen Rom aufwachen und sehe unsrer Wohnung gegenüber in einem Garten die Pinien mit starren Nadeln regungslos stehen, es regt sich kein Hauch, und die Hitze drückt auf die Stadt. Und doch überströmt mich dies: daß es Sommer ist und daß überall sogar die Steine warm sind, und daß dies das Leben ist, das Licht der Sonne und die Ausatmung unsrer lieben Erde — das erfüllt mich mit solchem Glück, und ich kann den Tod in das alles hineinnehmen, und auch er ist durchwärmt und erschreckt mich nicht. — Aber sobald ich zum Papa oder überhaupt zu irgend jemand davon sprechen will, geht es nicht mehr und hat keinen Sinn und ist als wäre es ‚herzlos‘, und genügt nicht. Wie ist das möglich? —

Inzwischen ist der 6. J u l i geworden, wir werden in den nächsten Tagen nach Tirol zu unsern Verwandten fahren. Diesmal, Ninette, wird es ein Abschied auf lange sein, vielleicht auf immer, von diesem Rom, das ich so liebe. Wer weiß, ob man je wieder herkommt? Denn — das hab ich Dir noch gar nicht geschrieben — unsre Wohnung wird aufgelöst; der Papa und ich allein können hier nicht wohnen bleiben, da ich nicht Haushalt und Schule zugleich machen könnte. Die Schwester von der Mama, meine sehr gute und liebe Tante Cécile, ist gekommen, uns bei der Auflösung der Wohnung zu helfen, und dann werden wir über den Sommer in Tirol sein, und später, wahrscheinlich, nimmt mich die Tante Cécile zu sich nach Salzburg, und ich werd dort meine Schule fertig machen. Wo der Papa hingeht, weiß er noch nicht, ich aber glaube, er wird über kurz oder lang doch wieder nach Rom kommen, er hat sich so sehr daran gewöhnt, und wer lange hier lebt, der k a n n es einfach nicht für immer aufgeben. Ich war ja seit meiner frühen Kindheit hier und will lieber gar nicht davon anfangen, wie mir das ist, daß ich weg soll.

Unsre Möbel und Bücher, die ganze Einrichtung, muß zum Teil bei Bekannten eingestellt, zum Teil verkauft werden; der Papa und ich haben uns neulich eingestanden, daß wir unwillkürlich beide saumselig in dieser Angelegenheit gewesen sind, um nur noch nicht so schnell weg zu müssen; obwohl die Hitze wirklich arg ist. Wenn der Arzt nicht wäre, der dem Papa, ganz überflüssigerweise, um meine Gesundheit Angst macht und uns drängt, sobald als irgend möglich abzureisen, so würden wir, glaub ich, noch lange hier sein, würden erst von jedem einzelnen Ort und Ding Abschied nehmen. Es ist auch schwer, daß wir das Grab meiner Mutter ganz der Fürsorge fremder Menschen überlassen müssen.

Heute war noch ein mühsamer und trauriger Gang zu tun. Wir sind schon die Wochen her immer abends beschäftigt gewesen, Familienbriefe und Papiere durchzusehen. Du kannst Dir denken, was sich da alles im Lauf der Zeiten ansammelt, Mama hat alles immer so sorgsam geordnet und aufgehoben. Aber man kann es nicht für immer aufheben, man will ja auch nicht, daß es vor unberufene Augen kommt. Also haben wir ganz Weniges, nur das Allerpersönlichste und Wichtigste, aussortiert, das wir mitnehmen werden, und uns entschlossen, alles Übrige zu verbrennen, konnten das aber nicht in der Wohnung tun; denn die Stadt ist ja von der Hitze jetzt wirklich zugedeckt wie von einem Bleidach, der Rauch würde in den Kamin zurückgedrängt werden und wir würden aus der eigenen Wohnung ausgeräuchert. Darum sind wir heut morgen mit einem Autobus südwärts aus der Stadt hinaus gefahren, bepackt mit Aktentaschen voller Briefe und Albumbücher. Draußen auf der alten via Appia gibt es Grabkammern, verfallene, noch aus der altrömischen Zeit, wo nur die Umfassungsmauern noch stehen. Da wollten wir unsre Papiere dem Feuer übergeben, niemand kann da durch den Rauch gestört werden.

Zu dritt waren wir; die Tante war mitgekommen, so sehr auch der Papa und ich ihr zugeredet hatten, daheim zu bleiben wegen der Hitze, die sie ja nicht so wie wir gewöhnt ist. Aber man kann die Rührende, Gute nicht dazu bringen, eine Anstrengung zu vermeiden, die ein andrer auf sich nimmt; und wir waren nachher auch recht froh, sie dabei zu haben, denn von der letzten Autobus-Haltestelle hatten wir noch ein ziemliches Stück zu gehen, die Taschen wären uns schwer geworden, wenn wir zu zweit alles hätten schleppen müssen. Und außerdem dauerte dann die ganze Sache viel länger, als wir gerechnet hatten, der Papa mußte mittags in die Stadt zurück, zu einer Besprechung wegen zwei Bildern von uns, die jemand kaufen wollte, und die Tante und ich blieben mit unsrer Beschäftigung allein.

Es sind Familiengräber gewesen, diese sonderbaren Häuser. Vor mehreren tausend Jahren haben dort Menschen, wahrscheinlich in schönen Urnen, die nicht mehr da sind, die Asche ihrer Angehörigen aufgestellt. Man sieht noch, wenn man hineinkommt: das war ein Gang, daneben ein größerer Raum. Aber das Dach ist längst abgehoben, die Mauern sind nur noch halbhoch – es ist ja eigentlich ein Wunder, daß überhaupt noch etwas dasteht. Überall hängen Spinnweben; als wir dicht an der Innenwand das Feuer in Gang gebracht hatten, quoll auf einmal ein Volk von irgendwelchen greulichen Schwaben oder Asseln, oder was weiß ich, aus einem Loch und lief wie ein schwarzer Fluß schräg über die Mauer hinauf, und verschwand.

‚Die Armen! jetzt haben wir sie ausgetrieben!' rief Tante Cécile ihnen ganz zärtlich nach. Sie hat immer viel übriggehabt für solches Ungeziefer, das sonst jedem Menschen zuwider ist, und ich glaube, es ist grad deswegen: sie meint, daß sie die Spinnen und Asseln in ihren Schutz nehmen muß. Wir lachten sie natürlich aus... Weißt Du, sie ist ja nicht wie die Mama, lang nicht so schön, und auch nicht, daß man so mit ihr reden kann. Aber sie ist doch eine rührende Seele!

Ich hatte Pfirsiche und etwas Käse und Brot mitgenommen, das aßen die Tante und ich zusammen, draußen im Hausschatten, nachdem der Papa schon fortgegangen war. Das Gras in der ganzen Campagna ist längst braun, und braun sind die Sabiner- und Albanerberge, die man in der Ferne sieht. Die Luft zittert von der Hitze, und es ist völlig still, so still, wie Du es Dir nicht denken kannst, nichts rührt sich, auch keine Wolke in dem riesigen, tiefblauen Himmel; er hat das längst aufgezehrt, und die dunklen Pinien an der Straße, das mußte ich heute denken, sehen eigentlich aus wie verbrannt, schwarz verbrannt von der Sommersonne.

Die Tante hielt noch einen kleinen Mittagsschlaf, ich aber ging wieder hinein, um mit den Papieren weiterzukommen. Man konnte sie immer nur einzeln aufs Feuer legen, sonst erstickte man gleich die mühsame Flamme, die auch, wie man selber, nur schwer zum Atmen kommt. Der Rauch erfüllte über mir das Mauerviereck und zog sich nur sehr langsam hinaus, sodaß ich wie unter einer Wolke saß, während ich das Feuer mit den alten Briefen und mit dicken, schwer brennenden Albumblättern fütterte. Meine Arbeit, und auch der Ort, an dem sie geschah, waren ja wirklich von der Art, daß einem trübe zumut werden mußte. Es ist so sonderbar, daß für mich auf einmal alles, worin ich viele Jahre gelebt habe, zur Vergangenheit wird – es war so, als müßte ich selber die Vergangenheit verbrennen. Und was kommt, das Neue, davon sieht man noch fast gar nichts. Das einzige Gute, was ich bis jetzt an dieser Veränderung meines Lebens finden kann, ist, daß wir einander näher sein werden, Ninette, und uns vielleicht eher einmal wiedersehen können, als es sonst möglich gewesen wäre.

– Das ist ein langer Brief geworden. Man kann jetzt schwer schlafen, weil es sich hier auch über Nacht kaum abkühlt, und dann sitz ich lieber und schreibe, als immer nur wach zu liegen und doch über alles nachzudenken. – Laß Du doch auch einmal wieder etwas hören. Unsere Adresse ist: Schloß Voggenbruck bei St. Jürgen, Tirol.

Deine
Cordelia d. F.

Als Ninette zum Ende des Briefes gekommen war, sah sie noch einige Sekunden lang Delias klares, ernsthaftes Gesicht mit den graublauen Augen deutlich vor sich und konnte deutlich ihre Stimme hören, wie sie sagte: „Das kommt natürlich gar nicht in Frage, daß man einen Trost festhält, nur weil es angenehm wäre." Es war vielleicht durch den Eindruck dieses Gesichts und dieser Stimme, den der gelesene Brief in ihr hervorgerufen hatte, oder vielleicht auch durch die ungewohnte Unterschrift „Cordelia", während Ninette sie nur als „Delia" kannte: daß ihre Freundin ihr auf einmal erwachsener vorkam als früher, noch gereifter, und ihr, Ninette, noch weiter und unerreichbarer voraus. Zugleich entsann sie sich aber mit Freude — obgleich die Sache selbst ja nicht freudig, sondern traurig war — daß Cordelia ihr ein Verständnis für „die Seite, wohin der Schatten fällt", zugetraut hatte; und sie suchte die Stelle im Brief wieder auf und las sie mit Vergnügen noch einmal. Sie hat ganz recht, es ist auch wirklich so, ich verstehe auch wirklich etwas davon, sagte sie zu sich selbst, und jedenfalls hab ich jetzt außer meinen richtigen Geschwistern und meiner Milchschwester Antje noch eine neue Schwester, eine S c h i c k s a l s s c h w e s t e r, weil wir beide unsre Mütter so früh verloren haben. Ninette dachte im Moment nicht daran, daß ihre Geschwister ja in der gleichen Lage waren wie sie selbst, und daß Antje sogar im Kindesalter b e i d e Eltern verloren hatte; sondern es erschien ihr als eine Gemeinsamkeit, die nur sie und Cordelia so nah verknüpfte.

Sie stand leise auf, um aus dem Fenster zu sehen, und dabei fiel ihr Blick auf Antje, und sie hob die Nachttischlampe ein wenig in die Höhe, damit ihr Schein Antjes Gesicht erreiche.

Jetzt schlief sie wirklich, es war unverkennbar; das war nicht dieses übertriebene Atmen wie vorher, ihre Brust, die sich kaum merklich unter dem seidenen Nachthemd abzeichnete, hob und senkte sich nur leicht, wie ja ein Mensch im Schlaf nie mit dem Brustkorb, immer durch das Zwerchfell atmet. Aber auf Antjes dunklem, vom Schlaf gelöstem Gesicht war dennoch etwas von dem Schmerz erkennbar geblieben, der der eigentliche Inhalt ihres Tanzes vor dem Herzog Theseus gewesen war. Ninette erinnerte sich voller Mitleid daran, zugleich bewegt von der Ahnung, es müsse etwas ungewohnt Schweres, Schicksalsvolles geschehen sein, wenn Antje das vertraute Abendgespräch mit ihr vermieden habe. Sie begriff nicht mehr, wie sie sich vorher über Antje hatte ärgern können; statt sie am Hals zu packen und zu schütteln, war sie jetzt nahe daran, sie zu küssen. Aber sie wollte sie nicht wecken. Mit tröstlich beschwörendem Finger zeichnete sie in die Luft über dem Kopf der Schlafenden ein Kreuzeszeichen; obwohl aufgewachsen als Kinder eines evangelischen Pfarrhauses, hatten Antje und sie das doch von irgendwelchen Spielgefährten gelernt und es untereinander, als ein Merkmal der Versöhnung, beibehalten. — Dann, am Fenster stehend, löschte Ninette das Licht.

Und nun war sie überrascht von der Helligkeit draußen. Die Baumkronen vor dem Fenster gaben ein Stück des Himmels frei, und der war kein Nachthimmel mehr, es war schon der farblose Himmel der ersten Morgenfrühe, noch nicht gerötet vom Licht, aber vom Licht schon wissend und es erwartend; so schien es Ninette. Sie bemerkte, wie weiß ihr Hemd in der Dämmerung leuchtete. Sie beugte sich aus dem Fenster: oben über den Bäumen war der Himmel noch dunkel und einzelne Sterne, wie im Einverständnis mit dem, was kommen mußte, zwinkerten durch das Laub zu ihr herunter.

Jetzt ist die Nacht schon vorüber, warum bin ich nur gar nicht müde? Gar nicht! dachte Ninette. Meine Mutter hat schon immer von mir gesagt, ich wäre ein Nachtvogel. — Und was heißt Nachtvogel? Man müßte erst wissen, ob es eine Nachtigall ist, oder vielleicht eine Eule? fragte sie sich weiter, ohne selbst zu begreifen, warum sie so vergnügt geworden war.

Aber sie fror jetzt am Fenster und schlüpfte schnell, mit eingezogenen Schultern, wieder in ihr Bett. Es war eine deutliche Empfindung in ihr, daß sich das Leben seit gestern abend irgendwie verändert habe; und es war nicht möglich gewesen, diese Veränderung aufzuhalten, obwohl sie doch den Stab ergriffen und alle beschworen hatte, daß alles so bleiben sollte, wie es war. Cordelia hatte sich verändert, indem sie den Tod ihrer Mutter erlebte, und Antje hatte sich verändert, Antje, die nicht mehr wie früher ihren Kummer mit Ninette besprechen wollte. Ja, das ganze Leben hat sich verändert, aber das ist nicht so traurig, wie es mir vorkam, es muß alles so sein, dachte Ninette, indem sie sich an die erwartungsvolle Farbe des eigentlich doch farblosen Himmels erinnerte und sich das noch einmal deutlich vorzustellen versuchte. Aber da glitt sie schon hinüber in den Schlaf.

6

Richard Degener hatte von seiner Schwägerin Hanna einen Brief erhalten, worin sie ihn in ihrer warmherzigen Weise einlud, doch für ein paar Tage nach Grünschwaig zu kommen; alle dort würden sich so besonders darüber freuen, ihm selber würde es ja sicher auch Freude machen, alle seine Neffen und Nichten beisammen zu sehn, und Kitty, seine Frau, die bei seiner Mutter in der Kleinen Schwaig wohne, würde froh sein, nicht allein zurückreisen zu müssen. Hieraus erriet er ganz richtig, was nicht gesagt war: daß Kitty seiner Mutter auf die Nerven ging, daß Hanna sie im großen Haus aber jetzt nicht unterbringen konnte und daß er daher gebeten wurde, sie abzuholen. Richtig erriet er auch, mit wieviel Selbstüberwindung seine Schwägerin diesen Brief geschrieben hatte, da ihr nichts schrecklicher war, als einen Menschen auszuladen. Den Ausdruck der Freude aber, ihn zu sehen, nahm er für bloße Höflichkeit — und darin riet er falsch. Denn jedermann hatte Richard Degener gern, und nur er selbst wollte das niemals glauben. Er hatte einen trockenen Humor von der Art, an die man sich nie gewöhnt, die immer aufs neue überraschend ist; aber wie es den erfolgreichen Humoristen oft geht: er konnte die eigene Seele nicht daran erwärmen, er war im Grunde von melancholischer Gemütsart und wunderte sich im Stillen über die unbeirrbare Zuversicht seiner Frau, die ja auch nicht mehr die Jüngste war und doch immer noch, wie ein Kind, das Leben für einen großen Geburtstagstisch ansah, auf dem sich nach und nach, wenn man nur richtig suchte, schon alles finden würde, was man sich gewünscht hatte.

Als er in seinem Schlafwagen eine Stunde vor München nach einem guten tiefen Schlaf aufstand und sich sein Frühstück geben ließ, dachte er, im Hinaussehen auf die schnell vorüberfliegende Morgenlandschaft: für ihn selbst sei es „doch eigentlich recht gut", daß er auf diese Weise einmal aus dem Büro herauskomme. Die Berliner Versicherungs-A.G., bei der er arbeitete, werde eine Woche lang auch ohne ihn fertig werden; aber wenn jetzt „die Sache da mit Kitty" nicht wäre, so hätte er sicher auch dies Jahr wieder keinen Sommerurlaub genommen.

In München hatte er seine Schwester Elisabeth Fehrenkamp besuchen wollen, gab das aber auf, indem er sich sagte: Die würden einen schönen Schreck kriegen, wenn ich auf einmal so unerwartet meine Nase in ihre Frühstückstassen stecken würde. (Seine große Nase, über die er mit kleinen, blauen, traurigen Augen hinwegsah, war nach Richards Meinung ein Anstoß und Ärgernis bei Gott und den Menschen.)

So verbrachte er die Wartezeit zwischen den Zügen auf einer einsamen Bank im Englischen Garten, er horchte entzückt und gerührt auf das Vogelgezwitscher, das als ein einziges goldenes nie unterbrochenes Netz über den Bäumen zu liegen schien. Es überkam ihn das Ferien-Vorgefühl seiner Bubenzeit, eine aufgeregte Vorfreude auf Grünschwaig, auch mit derselben sonderbaren Beimischung von Sorge, ob er auch alles unverändert finden würde. Wieder schien es ihm „doch eigentlich recht gut", daß er jetzt hinführe; auch um nachzusehen, wie seine Tochter Ellen sich dort eingelebt hätte. Ellen würde ihn wahrscheinlich abholen mit dem Wagen, er würde mit ihr zusammen nach Grünschwaig hinauffahren.

Während der Bahnfahrt, auf die aus blauer Ferne entgegentretenden, von schönen Wolken übertürmten Gebirge zu, stand er fast die ganze Zeit am Fenster, und zählte die Stationen, als ob er sie nachprüfen müßte. Es ist lächerlich, sagte er zu sich selbst. Es ist ja, wie wenn ich nicht aus Berlin, sondern aus Amerika käme. — Als endlich der Zug vor dem kleinen dörflichen Bahnhof Nußholzhausen hielt — die Aufschrift auf dem Stationsgebäude noch immer so verwittert und das Anfangs-N fast unleserlich, so daß es aussah wie USSHOLZHAUSEN — da erkannte er schon aus dem Zugfenster den Wagen mit den Grünschwaigischen Pferden, sah sich aber vergebens nach Ellen um. Er stieg aus, und ein schöner, schlanker junger Mensch, in dem er erst im nächsten Moment seinen Neffen Friedrich erkannte, nahm ihm den Koffer aus der Hand.

„Donnerwetter, Junge! Da hätt ich dich ja wirklich beinah gar nicht erkannt. — Du gehst ja in die Höh wie ein Spargel!"

Eigentlich war es nicht die Größe, es war ein fremder Ausdruck in den Augen, was ihn an seinem Neffen überrascht hatte. Er und Friedrich standen in einem freundschaftlichen Verhältnis. In Berlin aß Richard sein Mittagessen für gewöhnlich in der Stadt und hatte den Neffen manchmal dazu eingeladen, sodaß er ihn öfter als sonst jemand von der Familie zu sehen bekam.

Friedrich berichtete: Tante Kitty und Ellen seien auf dem Nachbargut bei der Baronin Priehl, wo Ellens Bild heute fertig gemalt werde. „Darum bin i c h gekommen, dich abholen; ich hoffe, es macht dir nichts aus, Onkel Richard. Ich soll dich zuerst zu den Priehls zum Mittagessen bringen, und dann erst euch alle nach Grünschwaig kutschieren."

Richard wäre lieber geradenwegs nach Grünschwaig gefahren, aber er ließ sich nichts anmerken. Er stieg zu Friedrich auf den Bock hinauf.

„Also du kutschierst? Mich kannst du ruhig umschmeißen, ich bin bei mir selber versichert. Übrigens stütz ich mich immer zuerst auf meine Nase, wenn ich hinunterfalle. Sehr praktisch. Das muß man gelernt haben." — Wie immer blickte er, nachdem er den Andern zum Lachen gebracht hatte, mit einem ernsten und sogar sorgenvollen Ausdruck kopfnickend in die Ferne.

Die Pferde zogen an, Richard setzte sich zurecht und murmelte: „Sehr gut, es ist doch eigentlich sehr gut, daß man wieder einmal da ist."

„Ob die da hinten auch so bequem sitzen wie wir?" fügte er hinzu, indem er über die Schulter nach dem leeren Kutschwagensitz zurückdeutete.

Es ist ja meistenteils Unsinn, was er redet, dachte Friedrich über seinen Onkel. Aber bei seinem Unsinn wird's einem wohl, er schafft irgendwie das Schwere aus der Luft weg — und wenn andere etwas Gescheites reden, macht's einen nur traurig. Man kann ihm ein Wort sagen, es bleibt bei ihm, er wird's nicht herumtragen. Das ist es: man kann Vertrauen zu ihm haben.

Darum sprach er — sie waren schon an den letzten Dorfhäusern vorbei und auf die offene Landstraße hinausgekommen — fast unwillkürlich laut seinen Gedanken aus:

„Hast du nie jemand gern gehabt, Onkel Richard, den du nicht durftest —?"

Nachdem es gefragt war, wurde er rot und blickte starr zwischen die Ohren des Zügelpferdes.

„Oho. Was für Fragen! — Ein Onkel hat immer nur gern, was er gern haben darf. — Wie kommst du darauf?"

„Nichts. Nur so," sagte Friedrich.

Richard hatte wie alle Degeners ein feines Gefühl für die Stimmung seiner Mitmenschen; er merkte, daß der Junge im Begriff gewesen war, sich ein Gewicht, das ihn bedrängte, von der Seele zu reden, und daß er ihm eine ungeschickte Antwort gegeben, ihn in sich zurückgescheucht hatte. Er gab sich Mühe, den Fehler gutzumachen. Er fragte ihn, wie er denn das Umgehen mit den Pferden so gelernt habe, daß man sie ihm ganz allein anvertraute; er erkundigte sich nach der schon zwei Wochen zurückliegenden Aufführung aus dem „Sommernachtstraum", von der seine Frau ihm geschrieben hatte. Friedrich gab auf alles höflichen Bescheid, aber sein unbewachter Augenblick war vorbei, zu seiner Frage von vorhin ließ er sich nicht zurückführen.

Das Priehlsche Gut Nußholzhausen lag, umgeben von Obst- und Nußbäumen, gut arrondiert inmitten der besten, ebensten Felder der sonst hügeligen Landschaft; das Wohnhaus nach Landesart mit Stall und Scheune in eins gebaut, ein schönes, breites, langhingelagertes Gebäude. Noch auf der Landstraße, ehe sie in den Hof einbogen, hielt Friedrich den Wagen an und fragte seinen Onkel: ob es ihm etwas ausmache, von hier aus zu Fuß zu gehn. „Sag nicht, daß ich dich gefahren habe; ich bring die Pferde direkt in den Stall, Futter hab ich aus Grünschwaig für sie mit, hab auch selber dort schon gegessen und mag nicht zu den Priehls hinein. Ich will lieber ein bißchen baden, sie haben hier in der Nähe einen Weiher. Bitte, laß mich, es ist mir wahrhaftig lieber." (Friedrich hatte ein angefangenes Gedicht im Sinn und wollte lieber mit den eigenen Versen als mit den fremden Menschen zusammen sein.)

Richard konnte ihn nicht umstimmen. „Aber wir zwei reden noch einmal richtig miteinander, ja?" sagte er zu ihm.

„Vielen Dank," erwiderte Friedrich mit fremdem Blick.

Richard stieg aus, ärgerlich über die empfindliche Verschlossenheit seines Neffen. Ein schwieriger, sonderbarer Kerl, fand er. Aber so ist's immer. Da war ich in meinen Gedanken mit Grünschwaig beschäftigt, und mit Ellen, und hab für den Jungen kein Gespür gehabt. Daß man's im Leben einmal richtig trifft – das kommt alle Schaltjahre einmal vor!

Er trat in den breiten, mit Jagdbildern und Gehörnen ausgestatteten Flur des Hauses – Gehörne, von denen er wußte, daß es keine gekauften waren. Baron Priehl, der Hausherr, war ein tüchtiger Jäger gewesen, ein friedlicher, schweigsamer Mann, der vor einigen Jahren plötzlich Haus und Hof im Stich gelassen hatte und ins Ausland gegangen war – nicht, wie das Dorfgeschwätz behauptete, um einer Weibergeschichte willen (die höchstens im äußerlichsten Sinn den Anlaß abgegeben hatte), sondern einfach um dem nicht mehr erträglichen Zusammenleben mit seiner Frau und Schwiegermutter zu entrinnen. Richard kannte Priehl recht gut, schon von der Grünschwaiger Kinderzeit her, und ahnte was es ihn gekostet haben mußte, die Heimat aufzugeben. So kann's einem gehen, dachte er jetzt, mit einem halben Seufzer. Der Mann hatte keine Ellen wie ich, – und schließlich ist meine Kitty auch nicht so schlimm wie diese fromme Baronin, die dem Baum sein grünes Laub nicht gönnt...

Das Hausmädchen Martha, alt und streng wie ein Kirchendiener, erschien und führte den Gast in den Salon, wo er die Gesellschaft um das an diesem Vormittag fertig gewordene Gemälde seiner Tochter versammelt fand. Seine Frau begrüßte ihn nach ihrer Weise, zerstreut und begeistert, Ellen lächelte ihr gesellschaftliches Lächeln wie immer, wenn sie vor anderen Menschen mit ihrem Vater zusammentraf. Richard küßte der Baronin und ihrer Mutter, Frau von Janska, die Hand; die Gelähmte saß im Stuhl, mit schönem dichtem weißem Haar, schwarz gekleidet, ein silbernes Kreuz auf der Brust. Sie gab ihm einen so scharfen

Blick, daß er sich fragte, ob vielleicht seine Krawatte schief saß oder sein Anzug nicht in Ordnung war. Dann wurde er dem Fräulein Ase vorgestellt; sie stand schüchtern neben ihrem Gemälde, als ob sie am liebsten hinter dem Karton verschwinden wollte.

Man zog ihn zu der Stelle, von der aus das Bild am besten zu betrachten war, und er sah: Ellen im griechischen Gewand, mit roten Rosen im Haar, unverkennbar ähnlich, aber mit einem verträumten, schwärmerischen Blick, der erraten ließ, daß Fräulein Ase, wie es auch größere Maler tun, unbewußt ein Selbstporträt und Wunschbild ihrer eigenen sehnsüchtigen Seele gemalt hatte. Richard sagte eine höfliche Phrase, niemand schien mehr von ihm zu erwarten; aber mit Erstaunen bemerkte er auf einmal um den Mund dieses schüchternen alten Mädchens einen stolzen Zug, so wie wenn sie gedacht hätte: nun gut, ich muß da wie nackt vor euren stumpfen Augen dastehen, aber ihr seht nichts, ihr begreift gar nichts, was könnt ihr von mir wissen? — Diese Beobachtung erweckte sein Interesse, er beschloß, ihr Bild jedenfalls zu kaufen.

Es wurde zu Tisch gebeten. Beim Essen erfuhr Richard Degener von einem Reiseplan, den Baronin Priehl für ihn und seine Frau und Tochter ersonnen hatte. „Oh, weißt du, Richard," rief Kitty, die neben Frau von Janska saß, über den Tisch herüber, „wir haben von der Familie du Faur gesprochen, von der doch dein Bruder Georg und Ulrike so viel erzählen und mit denen sie so befreundet sind; und stell dir vor, Baronin Priehl kennt Verwandte von den du Faurs, die ein Schloß in Tirol haben." Nach dieser Ankündigung überließ es Kitty der Baronin, die Sache vorzubringen, aber an der Art wie sie, im Plaudern mit der alten Janska, zu ihrem Mann herübersah, merkte er, daß dieser Reiseplan auf Kittys „großem Geburtstagstisch" lag und daß er ihn also jedenfalls werde ausführen müssen. Er hörte daher mit Interesse von einer Gräfin Hanstein, geborenen du Faur, die eine Jugendfreundin von Petra Priehl und mit ihr zusammen in Wien im Sacré Coeur gewesen sei. (Das wußte ich, dachte Richard, daß es irgendeine fromme Bewandtnis hätte.)

„Hansteins besitzen ein schönes altes Schloß in Tirol — prachtvoll gelegen, es ist der Mühe wert, sich das anzusehen. Und da sich die Verhältnisse, dort wie überall, natürlich durch den Krieg geändert haben, so nehmen sie, das weiß ich, auf persönliche Empfehlung hie und da Menschen in Pension. Ich werde an Sisi Hanstein schreiben und Ihren Besuch ankündigen, wenn es Ihnen recht ist. Es ist ja Ihrer lieben Ellen zu gönnen, die mit ihrer Schule fertig ist und im Herbst, wie ich gehört habe, nach England soll, daß sie, bevor der Ernst des Lebens beginnt, noch eine kleine Sommerfreude hat und etwas vom richtigen Hochgebirge sieht. Es ist übrigens," fügte sie mit betonter Beiläufigkeit hinzu, „jetzt wahrscheinlich auch der junge Graf Clemens, der Sohn, in den Ferien zu Haus. Er ist Student der Kunstgeschichte, schon in den höheren Semestern, also kein ganz junger Dachs mehr und wohl sehr beschäftigt. Soviel ich weiß, hat er erst spät mit seinem Studium anfangen können, weil seine Gesundheit durch den Krieg angegriffen war; übrigens ist das inzwischen längst behoben, ein schöner, gesunder, kräftiger Mensch, und mit einer festen Lebensauffassung, dessen Umgang unsrer jungen Dame nur guttun kann." (Richard mußte nun doch darüber lächeln, daß sie ihre Absicht gar so deutlich merken ließ.) „Er wird sich sicher gern um Ellen kümmern, ihr die schöne Gegend zeigen und sie vielleicht auch einmal auf eine richtige Hochtour mitnehmen — wenn der besorgte Vater das zuläßt."

Baronin Priehl sah lächelnd zu Ellen hinüber in der Erwartung, daß die Bergpartie sie in Entzücken versetzen müsse; Ellen aber, mit glatter Stirn, doch weitoffenen Nasenflügeln (bei ihr ein sicheres Zeichen heimlichen Zornes), blickte vor sich auf den Teller, und Richard begriff nun, mit was für Aufdringlichkeiten man Ellen offenbar schon geärgert hatte. Er dachte: Da hätt ich's ja leicht, meiner armen Kitty ihren Traum vom ‚Grafenschloß im Gebirge' mit allem was daranhängt zu durchkreuzen. Warum aber sollte ich, wenn es ihr so viel Freude macht? Er sagte sich auch, daß mit dieser Reise eine Möglichkeit gegeben sei, Kitty ganz ohne Kummer und Kränkung aus Grünschwaig fortzuschaffen — und er selbst konnte die Fahrt nach Tirol mit einer Geschäftsreise nach Graz verbinden, die ohnehin, für seine Berliner Gesellschaft, demnächst nötig sein würde.

Er ging also gleich nach Tisch, während die Anderen auf der Terrasse zusammensaßen und auf den Kaffee warteten, mit Ellen ein wenig in den Obstbaumgarten hinaus.

„Schön, daß du gekommen bist, Dad," sagte Ellen; es klang jetzt nicht mehr gesellschaftlich. Der Vater streichelte ihr die Hand.

„Sag mal, möchtest du eigentlich gar nicht nach Tirol?"

„Ich möchte schon — aber nicht, daß vielbeschäftigte Grafen sich aus Freundlichkeit um mich kümmern. Ich brauch niemand, der sich kümmert. Mit solchen Dummheiten verschont mich doch, bitte."

Daß man so gar nicht weiß, was auf so ein schönes, junges Geschöpf wartet, ging es ihrem Vater durch den Sinn. Jedenfalls, der junge Hanstein macht mir keine Sorge, arrangieren und dreinreden läßt sich Ellen sowieso nicht, und heiraten wird sie einmal den, den s i e sich in den Kopf setzt. Ob es dann ein Preisboxer ist oder ein indischer Maharadscha oder der Prinz von Wales — Kitty und ich werden nie mehr dabei zu sagen haben als Ja und Amen.

„Gefällt dir eigentlich das Bild, das sie gemalt hat?" fragte Ellen, da sie seinen Blick so nachdenklich prüfend auf sich gerichtet sah.

„Du gefällst mir noch besser," sagte ihr Vater, und Ellen lächelte ihr verwöhntes kleines spöttisches Lächeln wie jemand, dem es im Leben noch nie an Zärtlichkeit und Bewunderung gefehlt hat.

So wurde denn die Reise nach Tirol beschlossen — Petra Priehl zeigte sich über ihre Gewohnheit warm und herzlich, da ihr Plan: ein Weltkind zum Besten seiner Seele streng katholisch zu verheiraten, so gut zu gedeihen schien. Die Sache beschäftigte sie so, daß sie sogar vergaß, auch nur eine kleine spitze Bemerkung wegen des Löwenschreis vorzubringen, durch den an dem Grünschwaiger Theaterabend ihr Pferd erschreckt worden war. — Bald nach dem Mokka kam Friedrich mit dem Wagen. Als alle darinsaßen und auf die Straße hinausrollten, schwanden Richard alle anderen Gedanken hinweg, und wie ein Hündchen dem Wagen vorausspringt, lief seine sehnliche Erwartung auf Grünschwaig zu; er saß vorgeneigt, wie um es den Pferden leichter zu machen, und wie schon vorher im Zug feierte er überall Feste des Wiedersehens mit Wiesen, Gehöften, Baumgruppen, so freudig dankbar, als hätte das alles jemand mit sorgfältiger Hand gerade für ihn so aufgestellt, wie es sein mußte. Als sie im Schritt den gekrümmten Fahrweg durch die Felder zum Hof hinauffuhren, als er das Wohnhaus mit dem dreikantigen Giebel erkannte, da war er vor Aufregung so blaß geworden, daß sogar die zerstreute, mit Reisegedanken beschäftigte Kitty es bemerkte und ihn fragte, ob ihm nicht gut wäre.

„Gut, eigentlich recht gut," erwiderte er, ohne ihre Frage verstanden zu haben.

Sie fuhren am großen Haus vor, wo Hanna ihn herzlich begrüßte, wo junge Stimmen und Gesichter ihn empfingen, die er alle gar nicht gleich unterschied; nur wie traumhaft war ihm diese lebendige Gegenwart, sehr deutlich aber die Nähe eines Toten, seines Vaters, der unauffällig vom Feld oder aus dem Pferdestall kommend herantreten und ihn auf den Arm klopfen und sagen würde: „Na, mein Alter"; sehr deutlich war ihm das Unveränderte: die alten Bäume, der alte Hof, den sein ganzes Gemüt umarmte. Sobald er Koffer, Hut und Mantel aus den Händen gegeben, ging er zur Kleinen Schwaig hinüber, Hanna hatte ihm gesagt, daß seine Mutter nicht ausruhe und ihn gleich sehen möchte. Er öffnete die blaue Haustür, in dem hübschen, dämmerigen Vorplatz war niemand, er stieg die kleine Treppe hinauf und klopfte oben an der Tür zum Salon seiner Mutter.

„Herein," rief es.

Seine Mutter saß an ihrem Tischchen, mit einer Handarbeit, über die sie noch einen Augenblick gebeugt blieb, während er herankam. Und genau so wie in der Bubenzeit regte sich in ihm das Gefühl, daß er sich bei ihr entschuldigen müßte, weil er nicht ihr Liebling Georg, sondern eben nur Richard und also eher so etwas wie eine Störung war. Und doch war das die Heimkehr, hier war er eigentlich zu Haus und er wußte es auch gleich wieder, als der große, zugleich warme und klare Blick seiner Mutter ihn traf und die vertrauteste aller Stimmen sagte:

„So, bist du auch einmal wieder da, Bub? Komm her. Küß mich."

7

Während der Tage, die Richard in Grünschwaig verbrachte, gab es im Dorf Nußholzhausen einen „Heimatabend".

Dr. Winte war mit seinem Auto in Grünschwaig vorgefahren, hatte sich bei der Hausfrau melden lassen, ihr von der Tanzunterhaltung erzählt, die im „Lamm" stattfinden sollte, und sich erkundigt, ob er für die Grünschwaiger Herrschaften einen Tisch reservieren lassen dürfte.

Gern, wenn er diese Mühe auf sich nehmen wollte, erwiderte Hanna. Es war Vormittag und von der jungen Gesellschaft niemand im Haus; sie sei aber sicher, sagte sie, daß es an Teilnahme nicht fehlen würde. Obgleich Winte behauptet hatte, auf einer eiligen Fahrt zu sein, trank er drei Schnäpse, die Hanna ihm verwundert einen nach dem andern eingoß, und fuhr erst wieder ab, nachdem er mit diplomatischer, gewundener Fragekunst herausgebracht hatte, daß jedenfalls auch Ninette ins „Lamm" kommen würde.

Am Mittagstisch kam die Sache zur Sprache, und nun wurde Richard von seinen Neffen und Nichten bestürmt, daß er mitkäme. Seine Abreise, mit Kitty und Ellen, war festgesetzt auf den folgenden Tag, er hatte mit Berlin telephoniert, in Graz sich angekündigt; an seinem letzten Abend wäre er lieber noch still durch die Grünschwaiger Felder gegangen. Aber sie baten ihn sehr, nach der Weise der Jugend, die über den eigenen Wunsch nicht weit hinausdenkt. Schließlich tat's ihm auch wohl, daß sie ihn so gern dabei haben wollten, und als Kitty erklärte, sie hätte Lust, sich so einen bayerischen dörflichen Tanzabend anzusehen, da konnte er nicht mehr aus.

Nach einem frühen Abendessen also wanderten die Grünschwaiger, eine lachende und schwatzende Gesellschaft, je zu dreien und dreien den Weg ins Dorf hinunter. Die Sonne stand noch rötlich klar, aber mit abgeblendetem Schein über den im Westen dunkel sich hinschwingenden Waldhöhen, ein Abendhauch wehte heran, es war einer der kühlen Sommerabende, mit denen vor der Zeit der Herbst sich ankündigt, und Hanna hatte den jungen Leuten, mit einiger Mühe, Mäntel aufgenötigt. Richard ging zwischen Friedrich und Ninette. Der Erstere zeigte sich übermütig lustig, es schien, als wolle er mit dieser Lustigkeit jedem ernsthaften Gespräch zuvorkommen. Ninette ging an ihres Onkels Arm mit festem, leichtem, elastischem Schritt, mit geschlossenen Lippen ein Tanzliedchen summend. Vor ihnen her spazierte Kitty mit Ellen und Luzie; recht gut in Form eigentlich, dachte ihr Mann über sie, auch zwischen diesen beiden mädchenschlanken Wesen.

„Aber sind wir denn vollzählig?" fragte er stehenbleibend und den Vorausgegangenen nachblickend. „Quint, Natalie, Jakob, Silvia, Frank, Lisa. – Euer Bruder Piet ist nicht mit! Halt, da hinten kommt noch jemand –"

„Das sind Josepha und Zensi, die Hausmädchen, die auch zum Heimatabend gehn."

Ganz frisch gezopft, mit verlegenen, lachenden, erröteten Gesichtern kamen die Beiden hinter ihnen her und gingen eilig weiter. Friedrich grüßte sehr höflich und bat die dicke Josepha, ihm den ersten Walzer aufzuheben.

„Schon recht, wenn S'n z'samm' bringen, Herr Friedrich!" rief sie zurück.

Ninette ging dazu über, einen Walzer zu summen. Friedrich berichtete seinem Onkel, auf dessen frühere Frage eingehend, daß Peter das „ewige Tanzen" für dummes Zeug erklärt hatte und daß auch Antje zu Haus geblieben war.

„Laß sie nur. Sie war müd. Sie wollte früh zu Bett und noch lesen. Das ist ganz vernünftig," fand Ninette.

Richard, in sehr beleidigtem Ton: „Was? vernünftiger, zu lesen, als mit mir zu tanzen?"

„Dich geb ich ja sowieso keiner andern, mein Herr Onkel," sagte Ninette, und summte wieder.

Friedrich: „Unsinn! auf Ninette wartet ganz jemand anders. Glaubst du, ich hab es Tante Hanna nicht erzählen hören, daß Doktor Winte sich heut morgen so angelegentlich erkundigt hat, ob du mitkämst —"

„Gut, und er macht s o l c h einen Kratzfuß —" Ninette lief voraus und verbeugte sich, ganz in Wintes komisch förmlicher Art, mit erstarrtem Gesicht und elegant auffordernder Handbewegung.

„Herzlos, comme toutes les femmes," sagte Friedrich seufzend. „Er verzehrt sich nach ihr, und sie macht sich lustig!"

„Tante Hanna ist bei der Großmutter heut abend?"

„Ja, Onkel. Und ich mache mir Vorwürfe, daß ich das kleine, dürre Fräulein Rüsch nicht aufgefordert habe, mitzukommen. Sie würde gut als Tänzerin zu mir passen, besser noch als Josepha, besser que toutes les femmes..."

„Wie Der französisch gebildet ist!"

„Jetzt sieht man den Stern... den Abendstern," rief Ninette.

Wie dieser Abend angefangen hatte, so ging er auch weiter, — das Summen Ninettes blieb als etwas unhörbar Schwebendes in der Luft.

Im Gasthof zum „Lamm" wurden sie von Dr. Winte erwartet, der ihnen den besten Tisch im Lokal frei gehalten hatte. Im schwarzen Anzug stand er da und verbeugte sich vor jedem von ihnen mit seinem feierlich starren Ausdruck, genau wie Ninette es unterwegs vorgemacht hatte — Richard und Friedrich hatten Mühe, ihm nicht ins Gesicht zu lachen — und dann legte er, mit seinem steifen Hut, auch alle Feierlichkeit ab und zeigte sich nun sehr froh und aufgeregt. Er wußte es einzurichten, daß Ninette ans obere Ende des Tisches zu sitzen kam; vor ihr stand eine Vase, gefüllt mit hellroten Rosen. Die Lammwirtin, Frau Schwerlmaier, kam heran, ihre geehrten Gäste zu begrüßen, eine leibesgewaltige Frau, Witwe seit Jahren, die ihrer Sache tapfer vorstand. Zwei Töchter hatte sie auswärts verheiratet und bewältigte den Gasthausbetrieb mit Mägden; ihr Jüngster, der Sohn Ignaz, wuchs zu dem Geschäft erst heran, jetzt war er noch ein Bub, den seine Mutter mit den Bierkrügen herumschickte. — Insbesondere wurde Richard als alter Bekannter und Ortsgebürtiger von der Schwerlmaierin bewillkommt: warum er sich denn gar so selten sehen lasse? es sei recht, daß er doch endlich einmal wieder gekommen sei! Auch Kittys und dann Ellens Hand faßte und hielt und schüttelte die Wirtin lange unter vielen freundlichen Worten.

Die Rosen, fuhr sie fort, habe der Herr Doktor Winte gestiftet. Winte überging diesen Punkt mit weltmännischer Gelassenheit, konnte sich aber doch nicht enthalten, gleich nachher die heiter lächelnde Ninette zu fragen, wie das Arrangement ihr gefiele. Seiner Mutter hatte er seine Teilnahme an dem Heimatabend verschwiegen, sie glaubte ihn auf ärztlichen Wegen, und da sie eine Neigung hatte, all sein Tun und Lassen bestimmen zu wollen, es hier und für heut aber nicht konnte, so fühlte er sich recht inwendig froh, wie ein Schulbub, der aller Aufsicht entronnen ist. Er war vergnügt, neben Ninette zu sitzen, sie als „Fest-Königin" zu behandeln, und gewissermaßen ihr Gastgeber zu sein. Er strahlte auf, wenn sie das Wort an ihn richtete, während die Anstalten, die er machte, sich auch sonst am Gespräch zu beteiligen und auch den übrigen Damen Höflichkeiten zu sagen, ganz ungeschickt und gezwungen ausfielen; kurz, er befand sich offenkundig in dem schönen Zustand des Verliebten, dem nichts in aller Welt als die Eine wichtig ist.

Der Raum war schon voll und die Musik spielte; aber noch nicht mit lebhaftem, zum Tanz auffordernden Schwung, sondern in einer langsamen, verwischten, vorbereitenden Art. Die Leute bestellten sich Bier und Essen, schwatzten und rauchten, aber noch war die Luft durchsichtig über den Köpfen, alle Gesichter frisch und alle Augen klar.

Jakob bemerkte, daß Josepha und Zensi sich an einen entfernten Tisch gesetzt hatten, ging zu ihnen und bat sie, doch an den großen Tisch herüberzukommen. Die Mädchen gehorchten, halb geschmeichelt, halb verlegen – und nun erst sah Jakob, daß ein junger Bursch, den er kannte, der Bäckerssohn vom Ort, mit einem blonden vierkantigen Gesicht, den Beiden von seinem verlassenen Tischchen her bedauernd nachschaute, und er beeilte sich, ihm zu sagen: „Ich führ dir die Madeln nicht aus, Prechtler, geh nur auch mit, wir haben leicht alle Platz." Der junge Prechtler stand auf, bedankte sich ernsthaft, nahm seinen Maßkrug und folgte den Mädchen an den Grünschwaiger Tisch, wo er sich zwischen Luzie und der braunzöpfigen Zensi niedersetzte.

Luzie warf Jakob über die Schulter einen verwunderten Blick zu, sie hatte wohl erwartet, daß er sich neben sie setzen würde; Jakob aber hatte seit dem „Sommernachtstraum" das glückliche, volle Gefühl für seine schöne Cousine nicht wiederfinden können, darum war es ihm unbehaglich, mit ihr zusammen zu sein, er kam sich ihr gegenüber wie schuldig vor, als hätte er ihr etwas genommen – und doch war eigentlich er es, dem etwas Schönes, Freudiges, er wußte nicht durch wen, genommen worden war. Luzie, die sich niemals viel Gedanken machte über das, was im Innern anderer Menschen vorging, hielt seine Zurückhaltung für eine bloße knabenhafte Scheu; sie fand das ein bißchen komisch, aber zugleich auch „nett", sie hatte vorgehabt, sich heut mit ihrem Vetter einen hübschen Abend zu machen. Nun aber setzte er sich, weit von ihr, an das untere Ende des Tisches. Links neben ihr saß Winte, der dumme Kerl, der nichts sehen und hören wollte als Ninette. Und zu ihrer Rechten war dieser Bauer, der sich ungefragt eingedrängt hatte und mit dem Dienstmädchen, der Zensi, ein halblautes Gespräch anfing, ohne sich um Luzie zu kümmern. Das alles war für sie ungewohnt und unbegreiflich. Denn Luzie hatte noch die bedenkenlose Kinderselbstsucht, mit der wir alle geboren werden und die es uns als natürlich erscheinen läßt, daß wir der Mittelpunkt der Welt sind und die Welt uns als solchen zu behandeln habe. Bei ihrer Jugend und Schönheit wirkte dieses Selbstvertrauen an ihr meistens als ein Zauber mehr, dem man sich willig beugte; dann war sie voll fröhlicher Wohlmeinung für Gott und die Menschen. Jetzt aber wurde ihr zumut, als hätten alle ihr ein Unrecht getan, und Silvia, die ihr gegenüber saß, bemerkte fast erschrocken, was für eine Veränderung in dem Gesicht ihrer Schwester vorging. Unter die etwas starken Backenknochen legte sich ein Schatten und die geschwungenen Brauen zuckten wie im Zorn.

„Du! was ist?" fragte Silvia unwillkürlich.

„Nichts. Was soll sein?" erwiderte Luzie, sie beugte sich vor und legte Winte ihre Hand auf den Arm. „Ich möchte nur wissen, ob mein höflicher Herr Nachbar zur Linken nicht auch für mich einen Blick übrig hat?" Sie sagte das mit schon wieder ganz geglättetem lächelndem Gesicht, wie eine liebenswürdige Neckerei, aber zugleich gab sie Ninette einen Blick, hell wie ein Schwertschlag; er war nicht mißzuverstehen.

Will einmal versuchen, ob ich dir deinen lächerlichen kleinen Doktor nicht ausspannen kann, sagte dieser Blick.

Auf dem Podium, wo in Lederhosen und Trachtenjoppen die Musikkapelle saß, erhob sich jetzt Herr Faltner, der Kapellmeister und Vorstand vom Heimatverein, der in seinem gewöhnlichen Leben Postschalterbeamter von Nußholzhausen war, begrüßte die Gäste und dankte für ihr zahlreiches Erscheinen, wobei er eine Verbeugung gegen den Grünschwaiger Tisch hin machte. Hierauf sangen zwei Sänger, von denen einer sich selbst auf der Ziehharmonika begleitete, ein Lied, in dem das Blau des Himmels und das Weiß der Wolken als die vom Herrgott selber für sein liebes Bayernland bestimmten Landesfarben verherrlicht wurden.

Richard hörte das mit Rührung und wurde ärgerlich auf seine Frau, weil sie während des Singens Quint etwas zuflüsterte. Gleich nachdem das Lied vorüber war, brach die Musik, wie ein Bergstrom über alle Dämme tretend, in einen rauschenden Walzer aus, und ein allgemeines Tanzen begann.

In Dr. Wintes Leben wurde das ein verhängnisvoller Abend. Er glich einer Kerze, die an beiden Enden angezündet worden ist. Der kleinen Ninette machte es natürlich Spaß, daß ein erwachsener, gesetzter Mann von mehr als dreißig Jahren — was für sie mit der Vorstellung des ehrwürdigsten Greisenalters ungefähr zusammenfiel — sie so bewunderte und tatsächlich rot wurde und in Verwirrung geriet, wenn sie ihn nur ansah. Es kam ihr nicht in den Sinn, daß er ernste Hoffnungen haben könnte, aber es war ein neues, angenehmes Gefühl, eine solche Macht über einen Menschen auszuüben, es gab ihren Blicken und Bewegungen erhöhten Glanz und Reiz. Wenn Winte mit ihr tanzte, war sie wie eingehüllt in das warme Bewußtsein ihrer Schönheit, sie summte leise in sich hinein und ahnte nicht, daß sie damit ihren Tänzer immer tiefer und tiefer verwirrte. Es war ein Triumph für sie, den sie aus vollem Herzen genoß, daß er, so sehr sich auch Luzie Mühe gab, ihn zu bezaubern, doch Ninettes getreuer Ritter blieb und sogar noch beim Tanzen mit Luzie sich immer wieder nach seiner Herzensdame umsah. (Geschieht ihr recht, dachte sie, als sie Luzies Ärger bemerkte. Sie bildet sich sowieso immer zu viel ein.) Aber dieser Wettkampf, auf den die beiden Schwestern sich eingelassen, war für den verliebten Doktor zu viel; es war zu viel, wenn sein Auge von der Einen sich losriß, dem lächelnden, verheißungsvollen Blick der Anderen zu begegnen, es erweckte ihm verwegene Gedanken über sich selbst, während er sich sonst eher zu wenig als zu viel zutraute. — Vom Bier ging er zu Wein über, er erlaubte sich, auch den Schönen zu seiner Rechten und Linken roten Tirolerwein zu bestellen und „auf das Wohl aller feschen Damen" mit ihnen anzustoßen. Allmählich geriet ihm die Sache durcheinander; Luzies kecke Bereitwilligkeit, auf einen herausfordernden Neckton einzugehen, übertrug er unwillkürlich auch auf Ninette, es kam ihm vor, als habe sie ihm schon viel versprochen — und wie ein Turm erhob sich immer fester und höher ein Entschluß in ihm. Jugend und Schönheit hatten sein Herz verzaubert, die Welt leuchtete ihm wie ein Garten.

Aber obwohl er durch den Wein und die Aufregung in einen fortwährenden leichten Schwindel versetzt war, und obwohl er sich für sein Zaudern verachtete, konnte er seine Liebeserklärung an diesem Abend nicht über die Lippen bringen. Mehrmals unterm

Tanzen fing er zu sprechen an, doch sobald er den Mund öffnete, sagte er nur: „Wie schön das gnädige Fräulein tanzen," oder höchstens: „Es ist ein V e r g n ü g e n , mit Ihnen zu tanzen, Fräulein Ninette..."

— Richard genoß diesen Heimatabend, es freute ihn, die sentimentalen oder auch derben, aber immer heimatlichen Lieder zu hören, die gesungen wurden, es freute ihn zuzusehen, wie seine Ellen tanzte und dann, nach einem langen Walzer, schnell atmend mit erhitztem Gesicht sich neben ihn setzte und fragte: „Bist du vergnügt, Dad?" Auch Kitty tanzte viel; Quint hatte mit Erstaunen entdeckt, daß seine amerikanische Tante eine wirklich gute Tänzerin war. Ganz besonders gefiel Richard seine neue Nichte Natalie, die mit so sicherer Anmut und Einfachheit in diesem fremden Lebenskreis, unter den bayerischen Bauern, sich bewegte; wenn sie mit einem von ihnen tanzte, war sie wie ein schönes, etwas altmodisches Bild einer Königin auf einem Volksfest.

„Das hast du gut gemacht, Quint," sagte Richard. „Wenn ich nicht schon so alt und meine Nase nicht so lang wäre, würde ich womöglich selbst noch anfangen, ihr den Hof zu machen."

Stattdessen holte er, als die Wirtin wieder erschien, diese zum Tanz und schwenkte ihren unförmig dicken Körper um sich herum, bis sie ihn atemlos bat, es genug sein zu lassen.

Jakob hatte im Menschengewühl die drei Buben vom Niederrotter Bauern, alte Bekannte, entdeckt und begrüßt und erkundigte sich bei ihnen nach ihrer Schwester, der Sabine, die seine Freundin von der Volksschule her war.

„Die hat nit mit mögen, die hockt dahoam, zu müd ist s' g'wesen!" berichteten die Brüder von ihr. Jakob ließ einen Gruß an sie ausrichten, aber fragte nicht weiter. Er betrübte sich um Luzie, die Wein trank und lachte, während er ganz gut sehen konnte, daß sie zornig und elend war. Aber seine Gedanken wurden von allem anderen abgelenkt, als in einer Tanzpause die zwei Sänger auf dem Podium das alte Hoferlied zu singen begannen.

Es war nicht „Zu Mantua in Banden", sondern ein älteres, tirolerisches, aus dem Volk selbst hervorgegangen, und schon der erste Ton traf Jakobs Herz mit unwiderstehlicher Gewalt. „Ich bin verraten ganz / Vom römischen Kaiser Franz," hieß es darin, der Vers blieb Jakob im Ohr, als hätte seine Seele gerade auf ihn gewartet. Die historischen Ereignisse, die mit Andreas Hofer, dem Sandwirt zu Passeyr, zusammenhingen, waren ihm aus dem Schulunterricht gegenwärtig: der Aufstand der Tiroler Bauern gegen Napoleon im Jahre 1809, deren Anführer Andreas Hofer gewesen, der Verrat, der ihn in die Hände des Feindes geliefert, und der Friede zu Wien, durch den der Kaiser Franz gezwungen wurde, sein Land Tirol an den Rheinbund abzutreten. Aber heute beim Anhören des alten Liedes war es Jakob, als erführe er von allen diesen Dingen zum ersten Mal. In dem „Verraten ganz" lag mehr als eine Klage und Anklage – ein ratloses Hinausblicken in finstere Zukunft. Es war die Traurigkeit darin, wie sie nur in den Liedern der Völker ist, die ihr geschichtliches Schicksal nicht erfüllen durften. Ein Schicksalston hatte Jakob getroffen, und wie ein Baum bei starkem Wind, so erzitterte sein Wesen davon bis in die tiefste Wurzel. Auf einmal erschien ihm alles überflüssig und lächerlich, was sie hier trieben, wie sie tanzten und wie er sich „um diese dummen Mädchen" Sorgen gemacht hatte. Er schämte sich und sah sich um, ob nicht auch die andern seine Empfindung teilten und alles hier stehen lassen und irgendwohin gehen würden, wo man kämpfen und sich o p f e r n könnte. Aber niemand schien etwas Besonderes zu bemerken; als das Lied zu Ende gekommen war, klatschten sie den Sängern Beifall, und weiter geschah nichts. Jakob wollte etwas sagen, aber es ging nicht, zu sagen gab es eigentlich nichts; was da gewesen war: in dem Lied war es zum Greifen deutlich, aber mit einem Wort konnte man es nicht anfassen. Jakob blieb stumm und voll Gedanken auf seinem Stuhl sitzen, er war nicht imstande, noch einen einzigen Schritt zu tanzen.

Ohnehin ging nun der Abend, wenigstens für die Grünschwaiger Gäste, rasch zu Ende. Friedrich kam während des nächsten Tanzes zu Onkel Richard und sagte ihm, mit Bezug auf Ninette und Luzie, brüderlich besorgt: „Die Beiden werden den guten Winte noch ganz verrückt machen." Auch Richard war es schon so vorgekommen, als brächten die Mädchen den Doktor allzusehr ins Gedränge; als der Tanz fertig war, blies er darum sehr entschieden zum Aufbruch.

Draußen vor dem Wirtshaus drückte Winte noch einen glühenden Kuß auf Ninettes Hand, sagte aber nur: „Fräulein Ninette! Ich bedanke mich!!"

„Gute Nacht, Herr Doktor," gab sie ihm freundlich zur Antwort.

„Gute Nacht, Herr Doktor, Gute Nacht, Herr Doktor," wiederholte Winte so glückselig in seinem Innern, als ob sie ihm gesagt hätte: „Gute Nacht, mein Geliebter, ich erwarte dich morgen." Wirklich schien es ihm auch, als ob sie das und nichts anderes hätte sagen wollen. Er ging wieder in die Wirtsstube, um seinen Mantel zu holen und seine ziemlich ansehnliche Weinrechnung zu bezahlen. Dann machte er sich auf den Heimweg, im

Grunde froh, wie alle unschuldsvoll Verliebten, daß er mit den Träumen und Gesprächen seines übervollen Herzens wieder einmal allein bleiben konnte. Unter dem kühlen, klaren, mondlosen Himmel sang er laut, ohne zu bedenken, daß er als Arzt seinen Nußholzhausener Patienten ihren heilsamen Schlaf nicht so hätte stören dürfen. Er mäßigte seine Stimme auch nicht, als er zu Haus ankam und seine Mutter im Flur sich zeigte und ihn ärgerlich fragte, wo er so lange gewesen sei?

„Gute Nacht, Herr Doktor," sang er, indem er ihr freundlich zunickte, und stieg in sein Zimmer hinauf.

Dort zog er sich aus, legte sich nieder und schlief sofort ein, glückselig lächelnd, ohne daß die Mutter Winte irgendein vernünftiges Wort der Erklärung aus ihm herausbringen konnte.

Am nächsten Morgen aber erwachte er mit tiefinnerlichem Schrecken, wie von einer Last, die auf seine Brust gewälzt war, — und wußte gleich, daß er heute Ninette seinen Antrag machen müsse. Seine zuversichtliche Stimmung von gestern war verflogen, aber zurückgeblieben war der feste Entschluß, den Antrag zu machen. „Es muß sein. Jetzt oder nie," sprach er zu sich selbst.

Er zog denselben schwarzen Anzug an, den er gestern getragen, fuhr in den Mantel und wollte ohne Frühstück aus dem Haus. Das freilich ließ seine Mutter nicht zu, sie brachte in Hast und Sorge alles auf den Tisch und bestürmte ihn mit Fragen, was er denn heut schon wieder vorhabe? Aber so wenig wie gestern gab er eine Erklärung für sein Tun.

„Ein Besuch, Mutter," war alles, was er sagte.

So fröhlich er gestern gewesen, so fest und gemessen war er heut, nicht einmal Frau Winte kam dagegen auf. Sie sagte ihm, daß sein Anzug verknüllt war, sie kam mit der Kleiderbürste — aber zurückhalten konnte sie ihn nicht.

Sein Hut fand sich nicht im Haus. Winte stieg schweigend in sein Auto und fuhr zum „Lamm", wo alle Stühle verkehrt auf den Tischen standen und die Magd den Boden schruppte. Er forderte und erhielt seinen steifen Hut, der noch an dem Fenstergriff hing, wo er ihn gestern vergessen hatte, und immer mit dem entschlossenen Feldherrnblick, so daß die Magd ihm verwundert nachsah, stieg er wieder in seinen Wagen und fuhr nach Grünschwaig.

Im Hausflur standen mehrere Koffer, eine Handtasche, eine Hutschachtel: die Sachen Richards und seiner Familie, die an diesem Vormittag abreisen wollte. Es war Winte nicht angenehm, das zu sehen — als läge darin für ihn eine ungute Vorbedeutung.

„Verreist jemand von den Herrschaften?" erkundigte er sich bei dem Mädchen, das rechts von der Garderobe her kam, um den

Besucher nach seinen Wünschen zu fragen. Aber seine Stimme war vor Aufregung tonlos, Josepha hatte ihn nicht verstanden.

„Die Herrschaften sind alle beim Frühstück," sagte sie.

„Kann ich Fräulein Ninette... ich möchte Fräulein Ninette Degener sprechen."

„Bitte hier einzutreten. Ich werde dem Fräulein gleich sagen..."

Josephas erstaunten Blick empfand er nicht; sie führte ihn in die Bibliothek und ließ ihn dort allein. Es wurde dem Doktor den Rücken herunter so heiß, als würde er mit Feuer übergossen. Alles falsch gemacht, sagte er sich. Wenn auch ihre Eltern nicht da sind, so hätte ich doch, weil sie noch nicht großjährig ist, meinen Antrag bei der gnädigen Frau Hanna Degener anbringen müssen. — Nein, das wäre auch nicht gegangen. Lieber bei dem Fräulein selbst. Es muß sein. Jetzt oder nie, wiederholte er wieder seinen Spruch, mit dem er seit dem frühen Morgen seinen Entschluß immer wieder anspornte. „Arthur Schopenhauers sämtliche Werke," las er verzweifelt, in Goldschrift, auf dem Rücken einer Reihe von Bänden, die dicht vor seinen Augen standen. „Ich habe auch keinen Blumenstrauß mit." Und jetzt hörte er die Tür vom Flur her gehen und wandte sich um.

Ninette kam herein, etwas erschrocken und blaß, aber lächelnd, offenbar in dem Wunsch, dem sonderbaren Auftritt eine möglichst harmlose Deutung zu geben.

„Guten Morgen, Herr Doktor. Haben Sie vielleicht schon wieder eine Unterhaltung für —"

Aber sie verstummte, da sie sich seinem Feldherrngesicht gegenüber sah. Er kam auf sie zu, mit seinem Kratzfuß, über den sie trotz aller Beklommenheit fast wieder gelacht hätte, und sagte:

„Gnädiges Fräulein... verehrtes Fräulein Ninette... ich habe den Entschluß... ich möchte... es muß sein. Es liegt ganz bei Ihnen. — Ich bitte um Ihre Hand."

Ninette war so erstarrt, daß sie zuerst keinen Ton herausbrachte. Dann, nicht weil ihr jetzt noch lustig zumut war, sondern aus Angst und Nervosität, drang der leise Lachlaut, den sie eben erst unterdrückt hatte, unaufhaltsam aus ihrer Kehle.

„Das gnädige Fräulein lachen über mich," sagte Winte, auf einmal ganz grau im Gesicht; er tat Ninette so leid, daß ihre Augen gleich voll Tränen standen.

„Ach, um Gotteswillen... was für ein schrecklicher Irrtum! Ist es denn meine Schuld? Es geht doch nicht," hörte er sie sagen und ging hinaus, unfähig, irgendein Abschiedswort hervorzubringen oder sich noch einmal nach ihr umzusehen.

An Luzie, die sich beim Frühstück verspätet hatte und eben die Treppe heruntergelaufen kam, ging er vorbei, ohne sie überhaupt zu bemerken und ohne sie zu grüßen.

Seine Enttäuschung und sein Schmerz waren so stark, daß er wie blind geworden war für alles um sich her, und als er sich in sein Auto setzte und den Motor anspringen ließ, tat er es in dem instinktiven Wunsch, nur möglichst rasch irgendwohin zu kommen, wo dieser Schmerz nicht wäre. Wunderbarerweise schoß das Auto glücklich durch das Tor, nur ein Kotflügel streifte den Pfosten und wurde verbogen; dann aber kam der Kirschbaum, der an der Linkswendung der Straße steht, mit unbegreiflicher Geschwindigkeit gerade auf Winte zu, und Winte empfand einen sehr harten Stoß, der den Wagen unter ihm wegzureißen schien, und er verlor das Bewußtsein.

Bewußtlos, an Kopf und Händen von Schnittwunden blutend, doch ohne lebensgefährliche Verletzung, wurde er in das zunächst gelegene Verwalterhaus getragen, und man verständigte die Herrschaften von dem Unfall. Der telefonisch herbeigerufene Arzt aus dem Nachbarbezirk kam gleich mit dem Krankenauto; er stellte eine Gehirnerschütterung fest, und noch in der selben Stunde wurde der Verunglückte in das Krankenhaus der Bezirksstadt transportiert.

„Ganz wunderbar, für unsre ländlichen Verhältnisse! wenn das so rasch geht, ist es ja geradezu ein Vergnügen, einen Unfall zu haben," sagte die Großmutter, die wohl Teilnahme fühlte, aber in eine allgemeine Aufregung der Menschen doch immer gern einige Salzkörner eines Scherzes hineinstreute.

Die Aufregung in Grünschwaig war wirklich groß, besonders dank Luzies dramatischer Berichterstattung: sie erzählte allen, daß der Doktor „völlig verstört" aus der Bibliothek gekommen war, ohne Luzie zu sehen und zu grüßen, und daß er „wie der Tod" ausgesehen hatte. Rücksichtslos sprach sie den Vorwurf aus, die leichtfertige Ninette habe dem Armen erst Hoffnungen gemacht („sonst wär er ja schließlich nicht mit dem Heiratsantrag gekommen"), und ihn dann verspottet und zur Verzweiflung getrieben. Ninette selbst verheimlichte keinen Punkt ihres Gesprächs mit dem Bewerber, sie wußte, daß sie tatsächlich, wenn auch ohne deutliches Bewußtsein, mit seiner Neigung gespielt hatte, und sie wollte zu seiner Mutter gehen und um ihre Verzeihung bitten; man sagte ihr aber, daß Frau Winte mit ins Krankenhaus gefahren war.

In jedem Gesicht glaubte sie einen Vorwurf zu lesen, es war ihr unerträglich und sie hielt sich versteckt in ihrem Zimmer. Dann erschien Antje, die alles tat, um Ninette zu beschwichtigen, und erzählte ihr, daß Tante Kitty, „nachdem ja im Grunde, Gott sei Dank, nichts so Entsetzliches passiert sei," doch abreisen wollte, woran im ersten Schrecken nach dem Unglück niemand mehr gedacht hatte; und nun lief Ninette hinunter, um noch ein Wort mit Onkel Richard zu reden, bevor er wegfuhr. Von ihm war es ihr wichtig zu wissen, was er über sie dachte.

Sie traf ihn und Ellen schon vor der Haustür, mit Mänteln und Reisedecken auf dem Arm. Eben fuhr Wastl mit den Pferden vor.

„Onkel Richard —," fing sie an; indem er sich ihr freundlich zuwandte, suchte sein Blick nach den Koffern, die noch drinnen standen, und Ninette verstand, daß er zwar von Herzen warm und gut war, aber Reisefieber hatte und lieber die Koffer in den Wagen schaffen wollte. Sie verstummte.

Jetzt kamen Kitty und Hanna vom kleinen Haus herüber, wo man von der Großmutter Abschied genommen. Hinterher ging das kleine Fräulein Rüsch, als Abgesandter der großmütterlichen Höflichkeit. Auch aus dem großen Haus trat einer nach dem andern, um sich von den Reisenden zu verabschieden, und unter den vielen Menschen wurde es Ninette immer einsamer zumut. Es war aber jetzt nicht mehr gut möglich, sich still davonzumachen.

Wenn ich doch nicht hier sein müßte, wenn doch niemand von ihnen allen hier wäre! Sie alle verstehen nicht, wie es ist; Antje will mir helfen, aber sie versteht auch nicht. Nur Delia ... Delia würde verstehen! dachte Ninette, indem sie unwillkürlich, wie es oft geschieht, einem entfernten, teuren Menschen eine Art Allwissenheit und Allverstehen zuschrieb und von lebhafter Sehnsucht nach ihrer Freundin ergriffen wurde.

Nur um etwas zu sagen, fragte sie Ellen, die da so ganz überflüssigerweise mit blühendem, heiterem Gesicht neben ihr stand:

„Wo fahrt ihr jetzt eigentlich hin?"

„Wie? Nach Tirol. Schloß Voggenbruck bei St. Jürgen," antwortete Ellen. Sie wurde im selben Augenblick von Luzie und dann von Lisa um den Hals gefaßt und zum Abschied geküßt.

„Voggenbruck bei St. Jürgen! Das ist ja, wo Delia du Faur jetzt ist!" schrie Ninette. „Ja, wieso fährst denn du zu Delia, wenn doch ich ... Und könnt ihr mich denn nicht mitnehmen?!" — Freilich, sie wußte gleich, daß sie jetzt, nach allem was geschehen war, keinesfalls um die Erlaubnis zu einer Vergnügungsreise bitten konnte.

Aber sie hatte das schmerzliche Gefühl, daß der liebe Gott seine Menschen ganz blind herumschüttelt, wie die Würfel im Becher und ohne im geringsten zu bedenken, was für den einen nötig und für den andern unnötig ist.

ZWEITES BUCH

1

Ellen fand, es sei doch etwas ganz anderes, auf einem Schloß zu wohnen, als in einem bloßen Landhaus wie Grünschwaig. Dort hatte in dem ziemlich kleinen Mansardenzimmer Luzie mit ihr zusammen gehaust, hier aber war sie in einem großen, weiten Raum mit hohen Bogenfenstern ganz mit sich allein; es war ihr auch wirklich lieber so, sie war schließlich mit ihren achtzehn Jahren kein kleines Kind mehr, — und man muß auch irgendwo für sich sein und still für sich nachdenken können.

Und es ist nicht nur das. Morgens vom Bett aus, über dem vier Stangen einen grünen, gestickten Seidenhimmel tragen, sieht man gerade auf eine Bergkuppe hinaus, die immer schwärzer dunkelt, je höher die verborgene Sonne steigt. Tritt die Sonne hervor, so ist man einen Augenblick schmerzlich und wohlig geblendet — und dann ist es Zeit, aufzustehen und sich in die Fensternische zu setzen, in den Winkel rechts, wohin die volle Sonne trifft, und über den großartigen Ausblick zu staunen, den man vor sich und unter sich hat. Dieselbe schwarze Bergkuppe ist nun ganz verändert, von der Fülle des Lichts übergossen, oben kahl, grauer Felsgrat und das Braungrün hochgelegener Weideflächen, weiter unten bewaldet, tiefes, stumpfes Fichtengrün, steil herabfallend bis zu dem Dorf St. Jürgen, das dem Schloß Voggenbruck zu Füßen gelegt ist. Das Dorf hat eine spitztürmige Kirche und kleine, geduckte braune Holzhäuser, um ein schotteriges Bachbett drängen sie sich zusammen; dann geht der Bach allein, jetzt im Schatten noch kühl und bleifarben, durch das enge Tal weiter. Aber die Berge, die seinen Weg umschränken und zwischen denen er sich südwärts hinauswindet, sehen mit rosig leuchtenden Morgenhäuptern auf ihn herab. Einigen von ihnen ist Schnee, wie zur Kühlung, um den Hals gelegt. Der Himmel, an seinem Rande golden, wird oben „so blau wie ein Blau sein kann". Ellen beugt sich hinaus und schaut über sich an der Schloßwand empor, um über die Zinnen die Bläue zu sehn, wo sie am tiefsten ist; schaut hinunter und genießt das leichte Schwindelgefühl im Magen, wenn der Blick so jäh an den Mauern hinunter und bis über den Felsen hinabstürzt, auf den das Schloß gebaut ist. Da ist die Umwallung, Tor und Brücke — schade, daß es keine Zugbrücke mehr ist wie früher, man könnte sie heraufziehen und nie mehr herunterlassen, wenigstens nicht, bis das letzte Stück Brot aufgegessen wäre. Wie lange könnte man sich hier belagern lassen? Man würde vorher alle diese großen Zimmer mit Mehlsäcken füllen. Natürlich ist das alles Unsinn, und man wird sich nicht lächerlich machen, indem man irgendeinem Menschen einen Laut davon sagt — aber ganz für sich allein macht es Spaß, sich das auszudenken; es macht wirklich Spaß, viel mehr als man gedacht hätte, auf einem Schloß zu wohnen.

Auf der Herreise hatte es in Graz einen Aufenthalt gegeben, ihr Vater hatte dort Geschäfte, und inzwischen mußte sie mit ihrer Mutter „Sehenswürdigkeiten" durchmachen. Im Grunde fand Ellen diese komischen alten Städte lächerlich, die noch Mittelalter und Barock spielen, im zwanzigsten Jahrhundert; an einer „Pomeranzengasse", die so eng ist, daß man mit ausgestreckten Händen rechts und links an die Häuser rühren kann, gab es nichts zu bewundern. Lustig waren die Fiaker; merkwürdig, wenn auch sinnlos, war in der Burg eine doppelte Wendeltreppe. Ellen war die ganze Zeit in einer spöttischen Stimmung gewesen, und fest entschlossen, sich erst recht in dem „Grafenschloß" in Tirol, wenn sie dort hinkäme, durch nichts imponieren zu lassen. Aber schon beim ersten Anblick des von diesen machtvollen Gipfeln eingeschlossenen Alpentals, in dem das Schloß Voggenbruck lag, verging ihre kindliche Blasiertheit — die ja eigentlich nur ein Trotz gegen die Arrangements ihrer Mutter gewesen war, und jetzt konnte sie schon gar nicht mehr leugnen, daß das Schloß samt seinen Bewohnern ihr überaus gefiel. Die Mutter Hanstein entsprach ganz der Vorstellung, die Ellen sich als Schulmädchen gemacht hatte, als sie aus dem Lesebuch das Gedicht lernen mußte von der „Gebieterin, der Gräfin von Savern". Feine Spitzen um den Hals, und ein fürstlich klarer und dabei gütiger Blick. Auch der alte Graf sah gut aus, gebräunt, mit seinem weißgrauen, bis auf die Wangen zurückgelegten Schnurrbart, halb Jäger, halb großer Herr. Wie eigentlich der Sohn war, der Graf Clemens, darüber hatte Ellen keine bestimmte Meinung; durch das dumme Geschwätz von der Priehl war sie ihm gegenüber unsicher geworden, und vermied unwillkürlich, ihn genauer anzusehn und mit ihm zu sprechen. Bisher war sie nur bei Tisch mit ihm zusammengetroffen, wo er neben ihr saß. Seine ruhige Stimme, wenn er etwas erklärte oder fragte, tat ihr jedesmal wohl. Er hatte nichts von dem, was sie den

„Komplimentierton" bei jungen Männern nannte und nicht leiden konnte. An sich selbst bemerkte sie, daß sie in seiner Anwesenheit sorgfältiger als sonst ihre Worte überlegte — ähnlich wie es in der Schulzeit einige Lehrer gegeben hatte, in deren Stunden man gern aufpaßte und mitarbeitete, und bei denen man daher auch ohne besondere Anstrengung gute Noten bekam.

Dann waren da noch die du Faurs, Vater und Tochter; durch diese Beiden war der Name Degener in Voggenbruck schon besser empfohlen, als es die Baronin Priehl durch ihren anmeldenden Brief hatte tun können. Man hatte sie hier empfangen, als wären sie alte Freunde des Hauses, und Eugen du Faur und Cordelia sprachen immer wieder von dem römischen Zusammensein mit Georg Degener und seiner Familie. Ellen mußte erklären, daß ihre Reise hierher für Ninette ganz überraschend gekommen war, daß sie ihr noch am Wagenschlag Umarmungen und Grüße für Delia aufgetragen und versprochen hatte, bald einen langen Brief zu schreiben. — Ellen spürte den Ernst und die Stille, in die Delia durch die Erinnerung an ihre Mutter eingewoben war, und es ging ihr mit dem jungen Mädchen wie jedesmal mit Menschen, die einen Trauerfall erlebt hatten: obwohl Delia ihr sehr besonders und reizend schien, konnte sie sich nicht überwinden, sich ihr zu nähern, so als wäre der Todeshauch etwas Ansteckendes, wovor man sich hüten müsse.

An den ersten beiden Morgen nach ihrer Ankunft in Voggenbruck war Ellen als Letzte an den Frühstückstisch gekommen und hatte bemerkt, daß die Mutter Hanstein ein ganz klein bißchen, in die feinen Falten ihrer Wange hinein, über die Langschläferin lächelte. Das würde sonst für Ellen genügt haben, um nun erst recht später aufzustehn; denn es war ein Widerspruchsgeist in ihr, durch den sie ihren Eltern, besonders ihrer lebhaften Mutter, viel zu schaffen machte. Aber bei der „Gräfin von Savern" kam sie gar nicht in Versuchung, ihr mit Trotz zu begegnen, sondern fühlte einen Wunsch, ihren Beifall zu erwerben. So geschah es, daß sie am dritten Morgen, es war ein Sonntag, früh hinunterlief über die zwei breiten, mit blaugrauen Läufern belegten Steintreppen. Unten begegnete sie Rautter, dem Diener des alten Grafen, der, wie alle wirklich guten Diener, in Ausdruck und Haltung eine Ähnlichkeit mit seinem Herrn angenommen hatte: ein Jägergesicht, bartlos und kühn; er trug eine grüne Joppe und schwarzlederne Kniehosen. Ellen lächelte ihm strahlend zu, wie um zu sagen: Ja, schau nur, wie früh auf und wie tüchtig ich bin, und empfing von dem Alten ein würdig-freundliches: „Guten Morgen, Fräulein," zur Antwort. Im Frühstückszimmer

— wo jetzt, da das Haus außer den Degeners keine Gäste hatte, auch die übrigen Mahlzeiten genommen wurden — war noch kein Mensch; aber von der Loggia sprach es herein:

„Rautter, Sie können mir schon meinen Kaffee bringen."

„Ich bin es, Gräfin," erwiderte Ellen.

Das Zimmer hatte sein Licht nur von dieser Loggia her, die wie Ellens Zimmer südwärts auf das Dorf und den Fluß hintersah. Ein Sonntagsgeläut, zart, als wär es nur der tongewordene Frühduft über dem Tale, klang von der Kirche herauf. Sophie Hanstein war beschäftigt, aus messingner Kanne ihre Geranien- und Nelkenkästen zu begießen; sie bewillkommte Ellen, ohne sie mit einer Bemerkung über ihr frühes Aufstehn in Verlegenheit zu setzen, sie sagte nur: „Da werden wir beide also jetzt gemütlich zusammen frühstücken," und schickte das junge Mädchen in die Küche, um die Messingkanne noch einmal mit Wasser zu füllen und zugleich bei Rautter den Kaffee zu bestellen.

„Die Mädchen sind nämlich alle in der Frühmesse," fuhr sie dann fort, als sie mit Ellen zusammen am Tisch saß; (der große alte Diener kam mit dem Frühstückstablett und verschwand wieder, lautlos wie ein Geist.) „Mein Sohn ist auch schon hinunter. Jetzt hat es ausgeläutet, wir werden ihn also bald wieder hier haben. Und ich hoffe, die Eltern werden es nicht unhöflich finden, wenn wir schon anfangen? denn ich möchte dann um 9 Uhr unten sein."

„Wenn ich Sie begleiten darf —" sagte Ellen.

„Kind, du sollst mir nicht Sie sagen. Ich weiß wohl, daß es damit bei euch draußen anders gehalten wird, aber für österreichische Ohren klingt das zu feierlich. Wir machen es einfacher."

Ellen, freudig errötend: „Ja, danke, Gräfin."

Sophie Hanstein dachte: Sie hat ein ganz kindliches, offenes Gemüt, es wird sehr darauf ankommen, was da hineingesät wird.

Ellen, verlegen das Du zu gebrauchen, sagte etwas über das große, die Längswand beherrschende Madonnenbild, dem sie gegenübersaß und nach welchem der Raum das „Marienzimmer" hieß: die Jungfrau, von knospenhaft verhaltener Lieblichkeit, wie auf den meisten Bildern des Quattrocento, hielt ein altkluges Söhnlein auf dem Schoß, und hinter den Beiden dehnte sich eine klare oberitalische Voralpenlandschaft. Ellen erfuhr, daß dies eine Arbeit aus der Schule der Zeit selber wäre; sie bekannte, daß es ihr gut gefiele, daß sie aber noch viel zu wenig gesehen habe, um ein Urteil zu geben.

Sie sollte sich von Clemens seine Kunstmappe zeigen lassen, schlug die Gräfin vor.

„Ich will ihn darum bitten."

Im Verlauf ihres gemeinsamen Frühstücks wuchs und stärkte sich in Ellen ein warmes Zutrauen zu der Schloßherrin, das Gefühl des Fremdseins verschwand, und sie war in Freude darüber. Aber mit dieser Freude war es vorbei, sobald ihre Eltern erschienen. Die Mama lächelte allzu wohlgefällig, da sie ihre Tochter mit der Gräfin frühstückend fand, und gab ihr einen allzu lobenden Blick, als wäre zwischen ihnen etwas darüber ausgemacht gewesen. Warum begriff sie nur nicht, daß dies gar nichts mit dem Unsinn wegen Clemens Hanstein zu tun hatte, sondern daß Ellen die Mutter Hanstein einfach gern hatte, nur so, und von ihrem Sohn gar nichts wollte! Kurz danach kam dieser mit Delia zusammen herein, er von der Kirche, sie von einem Morgenweg außer den Mauern zurückkehrend, und Kitty begrüßte den jungen Hanstein sehr liebenswürdig, seine Cousine aber mit einiger Kühle, als gäbe es hier eine Rivalin von Ellen zu bekämpfen. Kurz, sie betrug sich, wie immer, gerade so wie ihr zumut war... es war Ellen, als müßten alle am Tisch die Absichten und Gedanken ihrer Mutter bemerken, sie zürnte und schämte sich, und wäre in Verzweiflung gewesen, wenn nicht ihr Vater, nach seiner Weise, geholfen hätte. Richard Degener verstand es, in solcher Lage einige seiner trockenen Scherze steigen zu lassen, wie Leuchtkugeln; diese warfen dann auf das Gespräch, wenn sie auch nichts damit zu tun hatten, ein veränderndes Licht, man konnte lachen, und war unversehens aus der ärgsten Peinlichkeit errettet. Ellen sah ihn an mit dankbaren Augen und dachte: Mein Dad kann alles!

Sie war dennoch froh, als die Zeit für den Kirchgang da war und die Gräfin zu ihr sagte: „Ich glaube, wir müssen aufbrechen. Mein Mann scheint sich verspätet zu haben, er wird wohl nachkommen." Indem Ellen vom Tisch aufstand, spürte sie flüchtig, daß Clemens Hanstein einen prüfenden, fast ein wenig strengen Blick auf sie richtete, aber es drang nicht ganz an sie heran und sie dachte nicht darüber nach; sie sah sich fragend nach den anderen um, ob jemand sich anschicke, sie und die Gräfin zu begleiten. Aber Delia war dabei, ihrem Vater sein Frühstück herzurichten, um es ihm hinaufzutragen, weil er seinen Rheumatismustag habe und bis Mittag liegen wolle. Und Kitty, bei allem Wunsch es den Hansteins recht zu machen, war doch viel zu gradaus und zu unabhängig, um auf einmal einen Kircheneifer vorzutäuschen, den sie sonst nicht kannte. —

Ein wenig später kam der alte Graf Hanstein an den von seinen Gästen schon verlassenen Tisch und ließ sich vom Rautter das Frühstück nachservieren. Er war wochentags immer früh auf den Beinen, wollte sich aber an den Sonntagen gern eine Morgengemütlichkeit gönnen, indem er im Bett noch las, sich dann umständlich wusch und rasierte, wobei sein Jagdhund Fleck ihm sachkundig zuzuschauen pflegte, wohl wissend, daß er die Prozedur nicht mit spiellustigen Hundeeinfällen stören durfte. Während jetzt Rautter seinem Herrn einschenkte, erklang draußen wieder die schöne, sanfte Kirchenglocke, und der Graf sagte:

„Rautter, ich glaub, die Messe ist schon angegangen."

„Jawohl, Herr Graf. Es wird zu spät sein, daß der Herr Graf noch hinuntergehen."

„Und du hast auf mich gewartet, und hast's jetzt meinetwegen versäumt?"

„Ich kann am nächsten Sonntag auch noch gehen, Herr Graf," sagte Rautter.

Hanstein nahm eine Zigarre aus seinem Etui und gab sie ihm — und das war die Art, wie Herr und Diener einander manchmal an Sonntagen von dem Kirchgang dispensierten.

— Dieselbe schöne, sanfte Glocke hatte für Ellen, in der Kirche, einen ganz anderen Ton; wohl auch sanft, zugleich aber das Herz mit einer Mahnung von hochher erschreckend. Es war die Wandlung, die sich in diesem Ton als etwas eben Geschehendes ankündigte. In der Bank neben Sophie Hanstein kniend, hatte Ellen deren innig gesammeltes Beten, eine ihr unerwartete hilfreiche Kraft, auf sich übergehen fühlen, und da nun das Meßopfer sich vollzog, erlebte sie es mit als einen Vorgang, der eine merkwürdige Hellsicht und Fernsicht in den Landschaften ihres Herzens stiftete. Sie dachte, halb fragend noch, mit einem erstaunten, glücklichen Aufatmen: Ich wußte ja gar nicht, daß dies alles in mir ist! — es wurde ihr wie einem Armen, der plötzlich mitten im Reichtum erwacht. Doch war es ein Glück und ein Reichtum anderer Art, als von denen sie je gewußt hatte — und auf einmal erinnerte sie sich an den prüfenden Blick, mit dem Clemens Hanstein sie heute angesehen, und jetzt begriff sie dessen Strenge. Er hat recht gehabt, sagte sie sich. Ich bin hierhergekommen, ich knie hier, und ich weiß eigentlich noch gar nicht, wo ich bin. Ich bin in die Kirche gegangen, um mit seiner Mutter zu sein, nicht um Gott hier zu finden. Ja, er hat recht gehabt, mich streng anzusehen, ich bin nicht wie ich soll, und er wußte es, er hat meiner Seele bis auf den Grund gesehen. Gut, und ich will es nicht anders, dachte Ellen; eine innere Gewilltheit kam über sie, diesem prüfenden Blick nichts zu verbergen. — Ellen war von ihrer Mutter, wenn auch verwöhnt, so doch in guter Sitte aufgezogen worden und ihr Vater hatte sie manches Mal zu lenken gewußt mit einem unauffälligen Wort zu rechter Zeit. Aber nun zum erstenmal war ihr Gemüt angerührt von einer Forderung göttlicher Art. Nun zum erstenmal war es nicht, als ob die Welt vieles bereit halten müsse, um Ellen zu gefallen, sondern es war da jemand, der zu fragen schien: was tust du, um Gott zu gefallen? Und weil sie edel geartet war, antwortete sie darauf mit einem Ja zu dem, der so forderte: es geschah an diesem Morgen in der St. Jürgener Dorfkirche während dem Meßläuten, daß ihre Seele sich dem jungen Hanstein anverlobte, bevor es ihren Gedanken noch irgend bewußt geworden war, daß sie ihn liebte.

Der Tag ging aber nicht zu Ende, da war es ihren Gedanken auch bewußt geworden.

Schon als sie ihn mittags in Voggenbruck wiedersah, schien er ihr als ein plötzlich vertraut Gewordener entgegenzutreten. Sein Gesicht, dieser feste Zug um die bärtige Oberlippe, dies Klare und Vertrauenswürdige seines Ausdrucks, war jetzt bekannt wie eines Bruders Gesicht, es gab keine Verlegenheit mehr, ihn anzusehen und mit ihm zu reden. Sie saß nach dem Essen mit ihm in dem Salon seiner Mutter, wo er ihr seine Kunstphotographien zeigte, besonders von Malereien der Frührenaissance: Giotto, Bellini, Mantegna, Carpaccio; plötzlich aber, während sie darüber gebeugt saß, von seinem Stuhl aufstand und sagte:

„Wissen Sie aber: man kann diese Dinge nicht so anschauen, wie man es in den letzten Jahrhunderten sich angewöhnt hat, als wäre das irgendetwas Schönes, das uns gefallen oder nicht gefallen kann. Das sind Engel, das sind Heilige, das ist die Mutter Gottes!"

Ellen legte die Blätter aus der Hand wie ein Schulmädchen, das auf einem Fehler ertappt worden ist.

Clemens Hanstein sprach ernsthaft weiter, wie zu einem Gefährten, dem er seine Sorge erklären wollte: „Diese Bilder sind als Gegenstände einer gläubigen Verehrung geschaffen worden — in der Zeit, in der diese entstanden, ist das noch außer allem Zweifel — als Gegenstand unsrer A n b e t u n g, wo das Jesuskind gemalt ist, und nicht als Objekte einer künstlerischen Beurteilung. Und wo die künstlerische Beurteilung zu unserm einzigen Maßstab wird, da werden diese Dinge einfach nicht mehr verstanden, sie sind für uns gar nicht mehr wirklich da, so als wären sie verwittert, verbrannt und zerfallen, obwohl sie noch in unsern Kirchen und in den Museen hängen."

„Ja," sagte Ellen, „und nicht wahr, deshalb werden Sie Kunsthistoriker: um Ihren Kollegen und später Ihren Schülern das zu sagen?"

Er schwieg mit strengem Gesicht, sodaß Ellen, gegen ihre Gewohnheit, schon wieder bei sich dachte: ich hab etwas Dummes gesagt und es ärgert ihn, — aber die Strenge galt nicht ihr, sondern seinen eigenen Gedanken, die er jetzt zögernd aussprach wie ein Bekenntnis, das man zum erstenmal vor dem Ohr eines Andern in Worte faßt:

„Wissen Sie, daß ich noch gar nicht sicher bin, ob ich wirklich Kunsthistoriker werde? — Ich habe schon mehrere Semester Kunstgeschichte studiert, aber vielleicht kann ich trotzdem nicht Kunsthistoriker werden, sondern muß Geologe sein — verstehen Sie: die Gebirge, die Erdschichten. Die Dinge, die der Mensch nicht macht, sondern vorfindet, und die er anschauen soll mit reinem, gottesfürchtigem Auge —"

„Ich verstehe," sagte Ellen leise und in dem Augenblick verstand sie wirklich alles, was ihn bewegte. „Ich verstehe, Sie wollen noch weiter zurück als nur bis dahin, wo die Kunst herkommt, Sie wollen Gott aufsuchen, wo er allein ist, wo noch nichts verändert ist durch die Menschen."

„Ja, ja, wo er allein ist, in Seiner Schöpfung! Grad so mein ich es! wie gut Sie das sagen!"

Er sah sie an und sah, daß ihr schnelles ahnungsvolles Verstehen ein Verstehen mit dem Herzen war und ein Für-ihn-offensein in unbedingtem Vertrauen. Es war ihm eine Entdeckung, denn in seinem unwillkürlichen Wohlgefallen war noch kein bewußtes Gefühl für sie — aber jetzt, unter ihrem Blick, schien das dichte Geflecht seiner Studien und Erkenntnisse so einfach zu werden! „Ja, und darum," sagte er, indem er immer noch voll entzückten Staunens in Ellens Gesicht blickte, „darum, wenn ich mich überhaupt mit der Kunst beschäftigen soll, kann es nur die sein, die ein Opfer und eine Anbetung ist, nicht die moderne, seit der Renaissance, wo der Mensch eitel wird und sich selber wichtig nimmt."

Er verwirrte sich, als ihm nun plötzlich zum Bewußtsein kam, was da an ihm und diesem schönen Mädchen geschah. Er sagte, stockend; um nur etwas zu sagen: „Sie werden vielleicht denken wie so viele denken: daß die Geologie als Wissenschaft langweilig ist. Aber wenn in den nächsten Tagen der Paul Horny zu uns auf Besuch kommt, ein Bekannter von mir, er ist auch Naturforscher — dann werden Sie sehen —"

Warum? dachte Ellen, warum spricht er noch von der Kunst

und Wissenschaft und von einem fremden Menschen, der mich nichts angeht? wo doch nur das Eine wichtig ist: daß wir uns lieben! — Clemens aber sprach das Bekenntnis nicht aus. Sein Blick, von dem sie sich so warm und fest umschlossen gefühlt hatte, ließ sie wieder los; es war auf einmal, als ob er ihr gar nichts anderes schuldig wäre als die Achtung ihrer Freiheit und Selbstbestimmung. Es war enttäuschend — und war doch wohltuend, denn sie spürte, daß auch dies ein Ausdruck seiner Liebe war. Er sagte noch irgend etwas und ging aus dem Zimmer. Ellen blieb zurück mit glückerfülltem Herzen. Sie dachte: wenn wir uns das nächste Mal gegenüberstehen, wird alles gesagt werden, ... oder es wird schon gar nichts mehr zu sagen sein.

2

Als Clemens von ihr fortging, die Treppe hinunter und beim Schloßtor hinaus, gefolgt von Fleck, dem Jagdhund, der sich im Hof unaufgefordert und unbemerkt ihm anschloß, da schien ihn alles, Bäume, Berge und weiße Nachmittagswolken, mitwissend und freudig anzusehen. Wie jeder glücklich Verliebte glaubte auch er, daß er sie schon von Anfang an, beim ersten Anblick, geliebt hätte, und wirklich haben ja die Empfindungen des Herzens in uns ein geheimes Wachstum, wie ein Keim in der Gartenerde; selten bemerken wir sie gleich, wenn sie ausgesät sind, und wenn wir uns ihrer bewußt werden, haben sie fast immer schon ihre Geschichte in uns. Jetzt wußte Clemens, daß diese Begegnung ein Schicksal fürs Leben, eine nie mehr abzuwehrende Verantwortung war. Und gerade darum faßte er den Entschluß, jetzt zu niemand, am wenigsten aber zu ihr etwas von seiner Liebe zu sagen. Das bin ich ihr schuldig, ja, das bin ich ihr schuldig, dachte er. Ich glaub schon, daß jetzt vielleicht auch sie mich liebt, ja, ganz gewiß, es ist so, ich hab's in ihren Augen gesehen. Ich hätte sie nur zu fragen brauchen und sie hätte mir alles gesagt, alles — ja, ganz gewiß, es ist so, sagte er, stehenbleibend; er setzte sich auf eine Bank, die am Weg war, und wiederholte sich in Gedanken jedes einzelne Wort, das sie zueinander gesprochen hatten.

Es ist doch wunderbar, daß sie das, was ich sagen wollte, so gut verstanden hat. Aber ich darf ihr nicht jetzt von meiner Liebe sprechen. Es wäre nicht anständig. Ich muß ihr Zeit geben. Sie ist neunzehn Jahre alt, höchstens — nein, achtzehn, ich glaube, die Mama hat so etwas gesagt: achtzehn — und ich bin schließlich achtundzwanzig, und also der Verantwortliche von uns beiden. Man kann sie nicht so überrumpeln. Sie kommt hier als ein Gast ins Haus, es gefällt ihr, vor allem die Mama hat einen großen Eindruck auf sie gemacht, das sieht man — wie es ja auch ganz natürlich ist — und nun überträgt sie die Freude und Neigung, die sie für Mama und für das ganze Haus empfindet, auf mich. Da könnte man ihr ein großes Unrecht tun, wenn man sie da zu früh beim Wort nähme; unbedingt muß man ihr Zeit geben, es ist das Wenigste, was ich für sie tun kann, ich bin es ihr schuldig. —

Er nickte dem Hund zu, der vorwurfsvoll vor ihm stand und seinerseits dachte: was das für eine neue Manier sein soll — mit Riesenschritten geht er los, als ob er mindestens heut noch eine Bergtour machen wollte, und dann auf der ersten Bank bleibt er sitzen.

Clemens kehrte mit seinem gefaßten Entschluß ins Haus zurück. Der Entschluß wäre recht gut gewesen, nur hatte er zu wenig bedacht, wie es dem jungen Mädchen zumut sein mußte. Auch sie hatte ja die Liebe, die zwischen ihnen aufgeblüht war, als ein plötzliches Wunder erlebt... und sie konnte nun nicht begreifen, warum er schwieg. Zuerst war sie noch ganz getragen von dem Glück ihres gemeinsamen Erlebnisses, dieses Gesprächs, von dem niemand sonst im Haus wußte. Als aber der Abend, als der nächste Tag verging, ohne daß Clemens eine Gelegenheit suchte, mit ihr allein zu sein,... da geschah ein schmerzlicher Riß in ihrem Herzen. Es reut ihn; es war nur so eine Stimmung; er liebt mich nicht — sagte sie zu sich selbst; oder ich hab es mir alles nur eingebildet, weil ich es mir wünschte. Wie ist es nur möglich, wie ist es möglich?

Das war der erste große Schmerz, den dieses junge Geschöpf erfahren mußte. So ist also das Leben, so ist es, jetzt erlebe ich, wie es ist, dachte sie. Man bekommt etwas gezeigt, was schön wäre, und dann: „Es ist nicht für dich." Zu sehr hatte man ihr bislang alles Enttäuschende erspart, zu sehr war alles nach ihren Wünschen gegangen. Jetzt ging es einmal ganz und gar anders — und dabei war es ja gerade diesmal n i c h t einer der vielen launenhaften Wünsche, die sie sich sonst erlaubt hatte, gerade diesmal war es die wahre, echte Erfüllung ihres Wesens, die sich ihr zu versagen schien. Ihr Herz wurde aufgerissen wie mit einer scharfen Pflugschar, um einen lebendigen Samen zu empfangen. Aber die Voggenbrucker Tage wurden zu keiner leichten Prüfung für Ellen Degener.

Sie war zu stolz, um von sich aus eine Aussprache mit Clemens Hanstein herbeizuführen; im Gegenteil, sie suchte ihn jetzt mehr als je zu vermeiden. Und sie lag nachts in ihrem Bett mit trockenen Augen und dachte: wie ist es? wie war es denn? Über Kunst hat er zu mir gesprochen; in den Worten war freilich nichts, was Liebe bedeuten konnte, aber in seinem Ton, in seinem Blick war es doch gewesen! es konnte doch nicht sein, daß sie sich das nur eingeredet hatte! Nein, es war da — und jetzt reut es ihn! darauf kam sie immer wieder zurück. Vielleicht hat er mit seiner Mutter gesprochen, und sie hat es nicht gewollt, weil ich keine Adlige bin — bei diesem törichten Gedanken blieb sie hängen; sie war jung genug, um eine solche romanhafte Tragik glaubhaft und interessant zu finden, und sie fühlte sich als das Kind ihrer Mutter, Tochter des freien Amerika, die dem adelsstolzen Europa Trotz bietet. Aber es nahm ihr jede Unbefangenheit im Gespräch mit den Hansteins. Und weil sie lieber gestorben wäre, als irgendetwas von Enttäuschung merken zu lassen, so zwang sie sich zu einer Lebhaftigkeit, die nicht echt war und die ihr nicht stand. Die Gräfin wunderte sich, auf einmal etwas Hartes in diesem jungen, schönen Gesicht zu sehen.

Ellen war kein mitteilsamer Mensch; niemand erfuhr, was sie bedrückte. Die zudringenden Fragen ihrer Mutter, die natürlich bemerkt hatte, daß etwas nicht in Ordnung war, wußte sie durch kühles Verwundert-tun abzuwehren; schwieriger war es schon, an ihres Vaters stumm fragendem Blick vorbeizusehen, als ob nichts wäre — abends beim Gutenachtsagen war es eine große Versuchung, sich an seinen Hals zu werfen und sich auszuheulen. Das Erniedrigende schien ihr darin zu liegen, daß man sie zu einer Art „Brautschau" hergebracht hatte und daß sie in ihrem Herzen einen Augenblick darauf eingegangen war — und jetzt wurde nichts daraus, weil der Graf sie nicht wollte. Von Anfang an hätte man diesen Menschen nichts als Abwehr zeigen dürfen! —

In solcher Stimmung sah sie die Berge, auf die sie sich so sehr gefreut hatte. Um das schöne Wetter, die wolkenlosen Morgende zu nutzen, schlug der junge Hanstein einen Tagesausflug vor; Delia, auch der Vater du Faur und Ellens Eltern schlossen sich an. Es war für Ellen unmöglich, nicht mitzugehen, denn um ihr, dem Gast, das Hochgebirge zu zeigen, wurde die Tour ja eigentlich unternommen. Aber als man, nach langem kühlem Aufstieg am beschatteten Osthang, aus dem St. Jürgener Flußtal in die sonnenüberflutete Höhe hinaufgelangte, wo sich der Fichten- und endlich auch der Lärchenbestand verliert in bräunliche Grasflächen, wo dann nackt und nackter die Felsrippe hervortritt und endlich über Halden von grauem Trümmerschutt ein Gletscherfeld blendend herübergrüßt — da war es am meisten das Schwermütige dieser Hochwelt, was Ellen zu Herzen ging. Diese Berggipfel, so viele ihrer waren, schienen nichts voneinander zu wissen, schienen träumend in sich selbst versunken wie vorzeitliche Riesen, die eines Kampfspiels müde geworden sind und aller Ziele ihres Ehrgeizes vergessen haben. Alles erinnerte sie an ein Gedicht, dem sie in der Schulzeit einmal begegnet war und schon damals einen sonderbaren Eindruck davon gehabt hatte, es war darin von dem Himmel gesagt, daß er, nachsinnend seiner Trauer, die Sonne lässig aus der Hand fallen ließ. Wohl wurde es ihr freier zumut hier oben, als ob das Enge und Einzelne eines Menschenschicksals hier nicht gelte; aber man wurde nicht fröhlicher davon, zu denken, daß unser Glück, unser Schmerz vielleicht nur so etwas sind wie eine Mittagswolke, die sich festhängt an einem Gebirgskamm und in der Hitze zerläuft. Ja, etwas wie Furcht befiel sie unter der fast schon schwärzlich tiefen Bläue dieses Himmels.

Clemens Hanstein sah, was für einen tiefen Eindruck der Umblick von der Höhe auf sie machte, und vermied, ihn durch Worte zu stören. Da aber Delia, neben ihr stehend, bemerkte: wie begrenzt doch unsere Vorstellungskraft sei; niemals finde sie es möglich, sich diese mächtigen, zerklüfteten Gebirgsmassen in irgendeiner noch so fernen Vergangenheit als flüssig brodelnde, schaumaufwerfende Lava zu denken, — da begann er, zu beiden Mädchen gewendet, zu erklären, daß diese ältere Ansicht über die Entstehung der Alpen von der heutigen Wissenschaft aufgegeben sei. Es werde vielmehr angenommen, daß das ganze Alpengebirge durch einen horizontalen, wahrscheinlich von Süden her wirkenden Druck emporgehoben wurde, ganz in der Weise, wie in einem Tuch oder Teppich Falten aufstehen, wenn er mit den Händen geschoben wird. „Dafür spricht vor allem die west-östliche Streichungsrichtung der Hauptgebirgszüge in den Alpen. Sie läßt sich am deutlichsten ablesen, wo das Gestein nicht zu alt und nicht zu fest war. Wo dem Stoß ältere Massen entgegenstanden, haben sich die Schichten viel mehr zersplittert, viel mannigfacher aufgefaltet als dort, wo die hemmende Kraft des Gesteins nicht so stark gewesen ist. Die Geologen haben darüber im ganzen Alpengebiet die interessantesten Beobachtungen gemacht," sagte er — aber er brach ab, als ihm bei einem Blick in Ellens Gesicht klar wurde, daß sie ihm nicht mit dem freudigen Verstehen von neulich zuhörte: für sie war die ganze Geologie, seit dem Gespräch am Sonntag, ein schmerzlich-persönlicher Bezirk, und sie begriff nicht und empfand es fast als eine willentliche Kränkung, daß Clemens vor den Anderen darüber sprach. Er wiederum, trotz seiner achtundzwanzig Jahre, war noch wie ein Jüngling unwissend über die

Gefühle von Mädchen ... daß den meisten von ihnen alles, was es auch sei, wenn sie einen Anteil daran nehmen sollen, persönlich wird, und daß sie die Welt vielleicht inniger als die Männer, aber selten von der Sache her verstehen.

Eugen du Faur, der auf einem Stein saß und rauchte, sagte noch etwas über die Bewegung der Erdrinde und die Wanderung ganzer Kontinente, so des afrikanischen, der gegen Europa angeprallt sei und so, der Hypothese nach, die Alpen aufgeworfen habe.

„Das alles ist eine lange Zeit her," bemerkte Kitty, die schon früher gefunden hatte, daß man sich zu weit von der schönen, lebenswerten Gegenwart und ihren praktischen Aufgaben entferne.

Auf dem Abstieg wurde Ellen von Delia in ein Gespräch gezogen, und sehr wohltuend war es ihr, ja, sie mußte es heimlich bewundern, wie die Jüngere, die offenbar Ellens Traurigkeit bemerkt hatte, eine Möglichkeit fand, ihr zuzusprechen, ohne den Takt zu verletzen.

„Es geht mir auch immer so," sagte Delia, „daß das hohe Gebirg mich ein bißchen schwermütig macht; und wenn man es zum erstenmal erlebt, wie du heut, ist es ganz überwältigend. Ich kann mich noch sehr gut an meine erste Hochtour erinnern; damals war ich ein Kind. Aber ich weiß: als ich oben war und mich umschaute, von Gipfel zu Gipfel, und die schroffen Wände sah, und einen silbernen Faden von Wasser, das so steil, niemand kann es aufhalten, an ihnen herunterstürzt — da hatte ich ungefähr solch ein Gefühl: also so ist das! so ernst ist das gemeint!"

„Ja, ja!" sagte Ellen.

Es war gut, mit Delia zu reden. Ellen hätte sie jetzt gern nach ihrer toten Mutter gefragt, sie spürte jetzt nichts mehr von ihrer früheren Abneigung gegen ein solches Gespräch, wohl aber eine Scheu, eine Beziehung anzurühren, von der sie gar keine Vorstellung hatte. Doch schon die stumm zwischen ihnen hin und wider gehenden Gedanken schufen eine Vertrautheit; in Delias Natur war eine seltene Klarheit, und das Gefühl davon ging auf jeden über, der ihr nahe kam, so wie manche Pflanzen eine Frischung ausatmen auf alles, was sie umgibt.

Nach einer Rast und Mahlzeit auf einer Alm stieg man bei sinkendem Licht in das schon wieder schattenvolle Tal hinunter. Es war August, man merkte schon etwas vom Kürzerwerden der Tage. Der Schloßturm von Voggenbruck stand noch besonnt. Ellen nahm ihres Vaters Arm, des immer Schweigsamen, der auf einer Wanderung schon gar nicht sprach, sondern mit seinen kleinen ernsten Augen alles, was er sah, in sich hineintrank.

Er fragte: „Bist du vergnügt, Kind?" und sie bekannte: „Nein, Dad."

„Und warum denn nicht?"

„Weiß nicht. Wenn du sehr gut sein willst, versprich mir, mich nicht zu fragen, bis ich es dir vielleicht selber sagen kann. — Dieser Blick da vor uns ist schön. Wann wirst du abreisen?"

„In drei Tagen, leider. Aber die Mama und du sind ausdrücklich aufgefordert, noch zu bleiben. In Berlin ist es noch viel zu heiß für euch."

„Ich will jedenfalls, jedenfalls mit dir heim, Dad," erklärte Ellen.

In Voggenbruck fanden sie einen neugekommenen Gast: Paul Horny, von dem Clemens schon zu Ellen gesprochen. Er war ein großer, starker, breitgeschulterter Mann, Anfang der Dreißig, mit gebräuntem Gesicht und dem gelassenen Gebaren, wie es nur Menschen haben, die viel im Freien und viel allein sind und die dadurch in den Stand gesetzt werden, die Unrast und Vielspältigkeit des Menschendaseins gleichsam von seinem Rande her zu betrachten und zu ertragen. Er war Naturforscher, seine Studien hatten verschiedene Gebiete abgetastet und ihn zuletzt zu den Insekten und Schmetterlingen geführt und zu Forschungen angeregt über die Art, wie diese als Befruchter der von ihnen beflogenen Blumen wirken; denn es war diese Wechselwirkung zwischen Tier- und Pflanzenwelt, die ihn speziell interessierte. Seit einigen Jahren hatte er begonnen, seine Beobachtungen in Zeitschriften mitzuteilen, und seine Aufsätze machten ihm einen guten wissenschaftlichen Namen, da sie überaus sorgfältig und dabei in den Gesichtspunkten großzügig waren. — Beim Abendessen entwickelte sich zwischen ihm und Clemens Hanstein ein angeregtes Gespräch, das nachher bei einem Glas Tirolerwein noch fortgesetzt wurde, während von der Loggia des Marienzimmers her die kühlgesternte Nacht hereinatmete. Es hörten schließlich alle den Beiden zu, Delia du Faur besonders mit einer gespannten, aber wortlosen Aufmerksamkeit. Horny war zum zweitenmal Gast im Hause; Clemens hatte in Wien seine Bekanntschaft gemacht, er mochte ihn gern und verdankte ihm manches für seine naturgeschichtlichen Bemühungen, die ihn neuerdings neben seiner Kunstgeschichte beschäftigten; er hatte sich auch in den Grundanschauungen mit Horny einig geglaubt, aber eben hieraus entstand die Auseinandersetzung dieses Abends. Horny, aus der unwillkürlichen Gewohnheit seines Denkens, gebrauchte den Begriff „Natur" im Goetheschen Sinne — „Alles ist ihre Schuld, alles ist ihr Verdienst" — und erweckte damit Clemens Hansteins leidenschaftlichen Widerspruch: Natur sei nicht die Schöpferin, sondern geschaffen, Gottes Magd! Es erregte ihn noch mehr, daß der Gast dies achselzuckend gelten ließ und es einen Streit um Worte nannte; was sie beide meinten, sei doch das in der Natur selbst waltende Göttliche, die erste Ursache der Dinge, der man bei jedem Schritt in die Natur hinein als dem eigentlichen Geheimnis begegne: was wäre ein Gott, der nur von außen stieße? — „Nein!" rief der junge Hanstein, „wenn ihr die Natur zur Schöpferin macht, seht ihr nichts mehr richtig, ein Götze wird aus ihr, ein wüstes Ungeheuer. Gerade darauf kommt es an, daß man den Anfang der Dinge in seiner Ordnung erkennt: im Anfang schuf Gott Himmel und Erde."

„Ein wüstes Ungeheuer," erwiderte Paul Horny, „scheint mir vielmehr der Gott zu sein, den du mir da einreden willst: der für alle die Ungeheuerlichkeiten an Gewalt und Leiden und Untergang, welche die Welt erfüllen, persönlich verantwortlich wäre und sie gar etwa, wie wir uns das menschlich gern vorstellen, zu Erziehungszwecken eigens veranstaltete! — Du kannst doch natürlicherweise nichts anderes meinen, als daß es ein großer, unübersehbarer Prozeß ist, ein selbsttätiges Geschehen, in dem eine ausgleichende Gerechtigkeit liegt."

Der alte Graf Hanstein freute sich behaglich darüber, seinen frommen Sohn ins Gedränge gebracht zu sehen. Er nickte dem Gaste zu, indem er beiden Disputanten ihre Weingläser frisch auffüllte. Clemens aber, der mit seinen klaren blauen Augen dem anderen erschrocken, tief ernst ins Gesicht sah, sagte:

„Was du da aussprichst, ist die Gottesleugnung."

Das etwas verstörte Schweigen, das dieser Anklage folgte, überbrückte Eugen du Faur mit einer Erzählung, wie ihm in den Kinderjahren das Imperfekt „schuf", das hierzulande in der Umgangssprache nicht gebräuchlich ist, fremd gewesen sei, aber wunderbar ins Ohr geklungen habe, als wäre dies das geheimnisvoll allmächtige Schöpferwesen: „‚Schuf' — darin ließ sich alles unterbringen, was ich nicht begriff, und in dem Satz der Genesis hab ich's als ein Hauptwort gelesen: Im Anfang SCHUF, und wie aus diesem Urwesen hervorgehend: Gott, Himmel und Erde."

Clemens aber nahm die liebenswürdige Ablenkung nicht an, und freilich war auch, was sein Onkel du Faur sagte, eigentlich Wasser auf seines Gegners Mühle; eben diese Unbestimmtheit der Gottesvorstellung erschien ihm als gefährliche Selbsttäuschung. „Ihr seht nicht, ihr seht nicht, was ihr da tut!" beharrte er. Er war unglücklich über das, was er gehört, unglücklich, weil er seine Sache, welche doch die rechte war, nicht überzeugender zu führen vermochte. Er versuchte es nochmals, aber er fühlte, daß er nicht vorwärts kam. Ellen, deren Müdigkeit nach dem durchwanderten heißen Tag über diesem Streitgespräch ganz verflog, war mit sich selber nicht einig, ob sie es Clemens gönnte, besiegt zu werden, oder ihn doch lieber als den Sieger gesehen hätte; jedenfalls fand sie es spannend wie ein Wettspiel. War es ein Wettspiel, so erwies sich Horny darin als der Stärkere. Clemens' Überzeugung war tief erlebt und echt, aber in seiner Sprechweise lag etwas Dozierendes, während alles, was der Andere vorbrachte, sich weitherzig und großartig ausnahm: der alle Gegensätze harmonisch umfassende Rhythmus der Natur. Auch Delia hörte mit innerster Zustimmung, was er über die allgegenwärtige Gottheit „in jedem Blatt und jeder Raupe" sagte, sich so gegen den Vorwurf der Gottesleugnung verteidigend: „Dieser Vorwurf kann einen Menschen, der die Natur liebt und mit ihr lebt, nie wirklich anrühren. Denn wir Naturforscher, wenn wir unsere Aufgabe ernst nehmen, werden durch unsre große Lehrmeisterin auf Schritt und Tritt zur Ehrfurcht erzogen, und die Ehrfurcht ist eben unsere Weise der Gotteserkenntnis. Wir ahnen ein Unerforschliches, aber wir suchen es und finden seine göttliche Spur in allem, was erforschlich ist. Auch das hat der große, fromme Goethe schon ausgesprochen: wer ins Unendliche schreiten will, braucht nur im Endlichen nach allen Seiten zu gehen."

Jedoch indem er so zuversichtlich sprach, waren seine dunklen, scharfblickenden Augen voll Trauer — und ohne eigenes Zutun, nicht als ihr Gedanke, sondern als hätte die Seele ihrer Mutter es ihr zugeflüstert, schoß es Delia durch den Kopf: wenn es so wäre, wie er sagt, so müßte er fröhlicher aussehen. Zugleich aber fand sie sich bewegt von Teilnahme für den Menschen, der wahrlich nicht aussah wie jemand, der dem Leben entsagt, und aus dessen Augen doch eine so alte, schon nicht mehr aufbegehrende, schon stillgewordene Traurigkeit hervorblickte.

Clemens suchte noch nach der richtigen Antwort, aber inzwischen wurde das Gespräch allgemein; denn die letzten Sätze waren von der Art, daß ein jeder seine Empfindungen daran anknüpfen konnte. Du Faur sah, wie in dem allgemeinen Durcheinandersprechen seine Tochter still, mit ihrem leichten, klaren Lächeln, vor sich auf dem Tisch das noch halb gefüllte Rotweinglas zwischen den Fingern drehte, und er fragte, um sie zum Sprechen zu bringen: „Nun, und du, Kind? du hast gar keine Meinung zu diesen Sachen?"

Paul Horny hatte die Frage gehört und sagte, ihrer Antwort zuvorkommend: „Im Gegenteil. Ich bin überzeugt, daß sie gerade jetzt etwas sehr Gutes und Schönes gedacht hat."

Ja, etwas Gutes und Schönes; eigentlich hatte sie nichts Bestimmtes gedacht, es war nur so ein Gefühl. Aber es war wohltuend, daß er es gespürt hatte. Sie war ihm dankbar.

3

Sophie Hanstein war erstaunt über Ellen, daß sie durchaus mit ihrem Vater nach Berlin zurückwollte. Es war offensichtlich, daß Kitty Degener gern noch eine Woche oder zwei mit ihrer Tochter in Voggenbruck geblieben wäre und daß auch Richard Degener dies wünschte – aber es war ebenso offensichtlich, daß die Wünsche beider Eltern gegenüber dem Willen ihres Kindes nicht in Betracht kamen. Ellen wollte reisen und also reiste sie – man hatte ja schon die ganze Woche eine Unruhe, eine Verstimmung an ihr bemerken können, wahrscheinlich langweilte sie sich in der Tiroler Einsamkeit, verlangte nach den Zerstreuungen der Großstadt; wenn man sie vor der Hitze des Berliner Sommers warnte, so sprach sie vom Segeln auf dem Wannsee. Also gut, mochte sie fahren, und mochten andere Leute ihre Kinder erziehen, wie es ihnen gut schien. Der Gräfin schien es nicht gut. Ja, sie gestand sich ein, daß Ellens Oberflächlichkeit eine Enttäuschung war. Denn sie hatte eine Zuneigung zu ihr gefaßt: wie zu jemand, von dem man zu fühlen glaubt, daß er einen braucht.

Dann machte sie eine kleine Beobachtung. Sie stand zufällig dabei, als Clemens, der aus seiner Betrübnis kein Hehl machte, das junge Mädchen bat, doch noch einige Tage zuzugeben; sie hätten doch erst eine einzige Tour zusammen unternommen, noch dies und jenes wolle er ihr zeigen, das Land sei doch schön, ob sie es denn nicht auch gefunden habe? – Mehr zu sagen, hätte er sich nicht erlaubt, er hatte sich nun einmal vorgesetzt, ihr „Freiheit zu geben". Während er sprach, flog etwas wie Schmerz und Zorn über Ellens Gesicht; es war gleich vorbei, sie antwortete höflich ausweichend. Es war aber genug gewesen, die Mutter Hanstein nachdenklich zu machen. Sie überlegte, ob sie mit Ellen reden sollte, aber beschloß dann, die Dinge jetzt gehen zu lassen – man soll nichts erzwingen – zu gegebener Zeit aber, später, sich mit ihrem Sohn zusammenzusetzen und herauszubringen, ob er nicht etwas zu erzählen hätte. – Man sieht, wie leicht man einer Seele Unrecht tut, sagte sie vorwurfsvoll zu sich selbst.

Als sie am nächsten Morgen beim Abschied Ellen herzlich umarmte, nichts mehr von der Kühle im Blick, die das Mädchen tags zuvor wohl gefühlt und mit innerem Trotz erwidert hatte, – da hätte Ellen sich beinah verraten, ihre Augen waren voll Tränen; zum Glück war der Hausflur dunkel und viele Menschen standen herum, das half ihr, sich schnell zu fassen.

Ellen hatte ihrer Mutter von dem für sie so beglückenden und enttäuschenden Gespräch mit Clemens Hanstein nur so viel gesagt, als unbedingt nötig war, um die Abreise durchzusetzen. Aber auch schon das Wenige hatte ausgereicht, um Kitty mit Zorn auf die Hansteins zu erfüllen. Sie begriff, daß ihr Kind nicht etwa beleidigt worden war, daß diese Menschen viel zu wohlerzogen waren, um im Geringsten die Form zu verletzen; und gerade gegen diese Wohlerzogenheit begehrte sie jetzt auf, so sehr ihr das Schloß und die Weise seiner Bewohner zuerst imponiert hatte. Wenn dieser junge Graf nicht merkte, was ein Mädchen wie Ellen wert war und wie gut sie sich zur Frau für ihn eignen würde, so war er ein Tölpel. Kitty hatte gute Augen und sie war überzeugt, daß er es wohl gemerkt hatte. War das der Fall und er sprach es nicht aus – so gab es überhaupt keine Worte, um eine solche Tölpelhaftigkeit zu beschreiben; denn was in aller Welt konnte natürlicher und einfacher sein, als gerade herauszusagen, was man wollte? Schließlich war man ja, auch hier in Europa, immerhin im zwanzigsten Jahrhundert, und ein Mädchen wie Ellen würde sich schon nicht aus Schüchternheit heiraten lassen, wenn sie keine Lust dazu hatte. – Das Wahrscheinlichste war am Ende doch, daß die Gräfin Hanstein die Sache hintertrieben hatte, weil sie keine bürgerliche Schwiegertochter wollte, und dieser Gedanke erbitterte Kitty. Bürgerlich! Als ob nicht ihr Richard mindestens so vornehm aussähe wie diese Grafen (die tatsächlich gut aussahen). Nämlich um seiner Vornehmheit willen hatte Kitty sich in Richard verliebt und ihn geheiratet, gleich bei ihrem ersten „trip" nach Europa, wohin sie im Jahr 1908 als ein junges, lebenshungriges Mädchen gekommen war. Inzwischen wußte sie, daß es genialere Geschäftsleute gab als Richard Degener, tüchtigere und erfolgreichere, zum Beispiel ihr Vater war ein solcher. Aber sie fand auch jetzt, daß niemand so wie Richard, ohne sich Mühe geben zu müssen, bei jeder Gelegenheit wie ein Herr aussah. Und wie das Volk in seinen Märchen es natürlich findet, daß seine Lieblinge zum guten Ende mit Kronen belohnt werden, so erschien es Kitty als eine natürliche Notwendigkeit, die sich eines Tages auf dem „Geburtstagstisch" einfinden müsse: daß die Tochter eines so vornehmen Menschen eine Gräfin oder etwas der Art wurde. Das war nicht ein Verlangen, sich über ihren Stand zu erheben: Kitty glaubte gar nicht wirklich, daß man etwas Besseres sein könnte als die bürgerliche Tochter einer bürgerlichen Amerikanerin. Sondern sie fand, „es würde nett sein", es würde „gut passen", und also mußte es ja auch eintreffen, es bestand da so etwas wie eine Verpflichtung von seiten der Vorsehung, die noch nicht eingelöst war. Daß die Hansteins versagt hatten, nahm sie ihnen übel. Auf der Heimreise schalt sie viel über Aristokraten, Schlösser und rückständige Lebensformen, und da sie sonst über ebendiese Dinge nie anders als achtungsvoll gesprochen hatte, so lag es recht nahe, an den Fuchs und die sauren Trauben zu denken... was Richard amüsierte, Ellen aber kränkte.

Denn ihr selbst war ganz ähnlich zumut, und eine Erleichterung wäre es ihr gewesen, in die zornigen Reden ihrer Mutter einzustimmen. Als sie, zum St. Jürgener Tal hinausfahrend, noch vom Autobus aus den unverkennbaren Gipfelzug des Berges sah, den sie mit Clemens und den Andern bestiegen, und sich sagte, daß sie das gewiß niemals mehr sehen und niemals mehr Clemens' Blick auf sich fühlen und seine ernsthaften Gespräche hören würde, da preßte ein unerwartet heftiger Schmerz ihr das Herz zusammen. Sie war wütend, sie hätte Lust gehabt, sich selber zu schlagen. Sie hatte noch kein anderes Verhältnis zum Schmerz gefunden, als das uns allen natürliche: sie fand, er dürfte nicht sein, sie wollte sich ihm entziehen.

In dem Nachtschnellzug nach Berlin, in dem sie ein Schlafwagencoupé zweiter Klasse mit ihrer Mutter zu teilen hatte, lag sie und kämpfte stumm und entschlossen mit ihrer Liebe zu Clemens, wie mit einem Feind. Kitty, nach vielen überflüssigen Reden, war eingeschlummert; von dem untern Lager herauf hörte Ellen ihren kräftigen, gleichmäßigen Atem. Das kräftige, gleichmäßige Rollen des Zuges, das Bewußtsein, mit jeder Minute in fliegender Eile vorwärtsgetragen zu werden, hatte für die Nerven etwas Beruhigendes. Ellen hatte das kleine Klappfenster zu ihren Füßen geöffnet, Nachtkühle strömte herein. Sie konnte mit Klarheit überdenken, was gewesen war und was jetzt sein sollte. Voggenbruck, die Mutter Hanstein, Clemens... das war eine Welt, die ihr Herz tiefer berührt hatte als alles, was sie bis dahin erlebt. Es war eine Welt, in der es unbedingte Geltungen gab, in der von ihrer Seele etwas gefordert wurde; darum liebte sie diese Welt. Aber sie hatte sich vor Ellen verschlossen, sie war nur bis zu ihrer Schwelle gelassen und dann ausgestoßen worden. Das Feuer des Schmerzes, das sie bei diesem Gedanken durch alle Adern rinnen fühlte, die Bewegung ihrer Seele inmitten dieses feurigen Leidens, nannte sie „Sentimentalität". Man mußte das Feuer löschen. Aus Stolz: weil man diesem Clemens Hanstein nicht den Triumph einer so tiefen Kränkung lassen durfte. Aber auch einfach aus Notwendigkeit. Wenn man Zahnschmerzen hat, nimmt man eben Pillen. Gegen einen solchen Herzenskummer mußte es auch Mittel geben. Man war ja kein Backfisch mehr. Fertig werden muß man damit. Ich werde mich jetzt so lange so betragen, als ob mich die ganze Sache nichts anginge, bis sie mich wirklich nichts mehr angeht. Mit diesem festen Entschluß schlief sie ein.

— Und sie ging in Berlin gleich an die Verwirklichung dieses Entschlusses. Sie gehörte einem Tennisclub an, und jetzt wurde sie eine eifrige Spielerin. Von den Angehörigen ihres Clubs waren in der sommerlich entvölkerten Hauptstadt immerhin so viele geblieben, daß man ein gutes match zusammenbringen konnte. Wohl war es heiß, bis in den späten Abend hinein; die Berliner Augustnacht bringt fast keine Kühlung. Aber Ellen war unermüdlich, sie lernte zu, sie fand immer mehr Freude daran, und in den drei oder vier Stunden, in denen solch ein match ausgekämpft wurde, hatte sie keine Zeit, an Voggenbruck zu denken. Nachher, für die Nacht, war sie müde und schlief gut.

Unter ihren drei Tennispartnern war Einer, der immer kam, auch wenn sich die andern der Hitze wegen entschuldigten. Er hieß Kempter und war Inhaber eines der eleganten Möbelgeschäfte, in denen der Kitsch von gestern streng verpönt und nur der Kitsch von heute zu haben ist. Über dem Aufbau seines Geschäfts, das jetzt florierte, hatte er bisher versäumt, sich eine Frau zu suchen. Er war dreißig; noch schlank, beweglich und sportlich. Mit vierzig Jahren würde er dick sein. Dieser Mann verliebte sich in Ellen und begann ihr auf beharrliche Weise den Hof zu machen. Sie wußte, daß sie ihn niemals würde lieben können, aber in ihrer jetzigen Stimmung war ihr das durchaus kein Grund, nicht ein bißchen mit ihm zu flirten. Er erzählte ihr eines Abends nach dem Spiel, daß er ein Segelboot besitze — da er es früher nie erwähnt hatte, kam ihr leise der Verdacht, es möchte um ihretwillen gekauft worden sein — und fragte sie, ob sie wohl einmal auf dem Wannsee mit ihm segeln würde. Sie hatte das selbst schon vorgehabt, war nur über ihrer Tennisleidenschaft und über den Besorgungen und den Anproben bei ihrer Schneiderin, die im Hinblick auf die Herbstreise nach England nötig waren, bisher nicht dazu gekommen. Sie verabredete mit Kempter einen Segeltag für den Wannsee. Und nun geschah es, daß sie dort, als einen sehr gewandten Segler und Schwimmer, einen jungen Menschen ihres Alters, eine Tanzstundenbekanntschaft, traf: das war ein ungewöhnlich hübscher Bursch, und in der Tanzstundenzeit war sie – nicht stürmisch, aber doch ein wenig – in ihn verliebt gewesen; später hatte sie entdeckt, daß er ein Flachkopf war, hatte ihm das mitgeteilt und die Bekanntschaft abgebrochen. Er war entzückt, sie wiederzusehen, schien von keiner Unterbrechung ihrer Freundschaft zu wissen, sie war von früher her auf Du mit ihm – und für das, was Ellen jetzt von den Menschen wollte, war dieser dumme Junge hervorragend geeignet. Sie widerstand nicht einer unguten Lust, die beiden Verehrer gegeneinander auszuspielen, mit dem Einen vertraut zu sein und doch den Anderen an dem Faden ihrer Gunst festzuhalten; sie war sich klar, daß sie den ehrlichen Kempter ganz ohne Not quälte, aber sie dachte: ich bin auch ohne Not gequält worden. Alle diese Zerstreuungen hatten das Gute, sie nicht zu sich selbst kommen zu lassen.

Richard sah seine Tochter fast gar nicht. Um seine Frühstückszeit war sie noch nicht auf, mittags mußte er in der Stadt essen, und abends fand er sich meistens mit Kitty allein; denn Ellen genoß alle die Freiheit, die ihre amerikanische Mutter für junge Mädchen nötig hielt. Kam sie dann, spät, und ihr Vater spürte den Hauch von Äußerlichkeit, von Wesenlosigkeit um sie, der sich so schnell auf jungen Gesichtern merkbar macht, so wunderte er sich wohl über die moderne Art, sich einen Herzenskummer vom Hals zu schaffen. Aber Kitty schien gerade das als praktische Lebensweisheit gutzuheißen und zu unterstützen, und Richard dachte: es ist vielleicht am besten so, man spart sich vieles.

Gegen Ende August, sie war schon wieder vierzehn Tage in Berlin zurück, traf Ellen auf dem Wannsee mit Luzie zusammen. Ellen segelte mit ihren beiden Rittern, die sie bereits als ihren selbstverständlichen Hofstaat betrachtete, und ein anderes Boot, größer und schneller als das von Kempter, machte sich den Spaß, ihnen vor der Nase herumzukreuzen, und ihnen den Wind wegzufangen. Ellen, voll Zorn darüber, wollte den Gegner gerammt sehen; der entwischte dem Stoß, und im nahen Vorübergleiten erkannte sie drüben ihre Cousine, in Badeanzug und Mütze; sie riefen sich zu. Der Segler im andern Boot war ein dunkler, etwas gelbhäutiger Mann, der sich stumm verbeugte. Luzie hielt Ellen vor, daß sie ja gar nichts von ihrer Rückkehr aus Tirol gewußt, warum sie sich denn nicht gemeldet habe? „So, per Zufall muß man seine Verwandten treffen!" Ellen erkundigte sich nach Luziens Geschwistern und empfing über Ninette die Auskunft:

„Sie kommt ins Stift."

„Stift? Wieso denn ins Stift?" fragte Ellen ganz verwundert.
„Ja, das ist nötig," erklärte Luzie mit erzieherisch befriedigter Miene, ohne sich näher darauf einzulassen.

Die Beiden empfanden gleichzeitig, daß ihre Grünschwaiger Vertrautheit hier auf dem Wannsee nicht mehr recht galt. Wie fern lag das schon! diese wenigen Wochen zurück! Den Strom hinunter trägt es uns von selbst; aber das Ufer, an dem wir vorüber sind, wie erreichen wir's wieder? Ellen fühlte ihren betäubten Schmerz sich regen, wie ein träumendes Tier seine Glieder streckt. Nach der kleinen Ninette hätte sie gern noch gefragt. Aber dem Gefährten Luzies war es anzumerken, daß er den Augenblick kaum erwarten konnte, bis er sie wieder für sich allein hätte: nicht daß er ein Zeichen von Ungeduld gab, nur sein Blick umfing sie, stark, wie um sie abzuschließen von aller Welt. Die Mädchen versprachen einander, sich bald zu besuchen. Wozu? dachte Ellen, während das andere Boot in einem schönen rauschenden Bogen davonglitt.

Abends fand Kitty sie in Betrachtung vor ihrem eigenen Bild, das von der Malerin mittlerweile geschickt worden war und im Eßzimmer hing. „Ein Jugendbild von mir," sagte Ellen, halb schmerzlich, halb spöttisch. Kitty verstand solchen Unsinn nicht.

Ellen fragte, ob sie denn nicht früher als vorgesehen, nicht erst Ende, sondern schon Anfang September, zu der Londoner Familie reisen könnte, wo sie erwartet wurde. Sie wollte ganz schnell von Berlin fort, einfach verschwinden und niemand hier mehr sehen, das Leben hier war seicht und unbefriedigend, und sie zürnte dafür den Menschen, mit denen sie sich umgeben hatte. Sie machte sich nicht klar, daß eine Seele, wie ein Gestirn, die Atmosphäre um sich hat, die ihrem eigenen Zustand entspricht, und in ihr nur das an Leben, was darin gedeihen kann. Wenn es in England anders mit ihr werden sollte, als es hier war, so mußte sie selber sich ändern.

Kitty richtete die Dinge so ein, wie Ellen es wollte. In Kurzem war ein Telegramm da, daß sie in London auch schon zu Anfang September jeden Tag willkommen sein würde. Das Leben stand jetzt nur noch unter dem Zeichen der Reisevorbereitung, Mutter und Tochter fuhren Morgen für Morgen in die Stadt, um Besorgungen zu machen. Der Großvater Gaunt hatte aus Amerika ein Geldgeschenk gesandt, um Ellen für ihre Reise auszustatten; in London sollte sie eine weitere Anweisung vorfinden und sich dort einen Pelz kaufen, da Gaunt in London einen Laden wußte, nach seiner Überzeugung den einzigen Platz in der

Welt, wo ein vernünftiger Pelz zu haben war — überall sonst gab es nur „Pferdedecken"; aus jenem Geschäft in London aber hatte einst auch Kitty als junges Mädchen ihren ersten schwarzen Sealskin bekommen. — Alle diese Sorgen gaben dem Tag einen Inhalt, die Reiseausstattung war fast wie eine Ausstattung zur Hochzeit, und Kitty und Ellen nahmen sie ebenso ernst. Der neue Lederkoffer; der Zug; das Schiff: Ellen wußte schon, wann es in Scheveningen abgehen würde, und hatte die Karte dafür in Händen. In ihrem Zimmer waren alle Sachen über Bett und Stühle ausgestreut, der große Reisekoffer stand halb gepackt. Sie hörte es an der Haustür läuten, hörte das Dienstmädchen hingehen und schaute selbst hinaus, da sie einen Lieferanten erwartete, der — es war Nachmittag — einen vormittags gemachten Einkauf ins Haus bringen sollte.

Unter dem Eingang stand Clemens Hanstein.

Sie zog ihre Zimmertür zu, sie drehte instinktiv den Schlüssel, in dem Verlangen, allein zu sein. Sie war wie mit Feuer übergossen; sie begriff nichts. Sie hörte ihn, draußen, nach Herrn oder Frau Degener fragen. Das Mädchen führte ihn hinüber zu ihrer Mutter.

Kitty empfing ihn steif, sie konnte aus ihrem wochenalten Zorn gegen die Hansteins nicht so geschwind herausfinden, nicht gleich erraten, was sein Kommen bedeutete.

Clemens wurde rot, indem er ihr mit seinem graden Blick in die Augen sah. Er sagte:

„Wissen Sie, ich bin schon seit heut früh in Berlin. Aber, ehrlich gestanden, ich habe mich nicht gleich getraut, herzukommen, weil mir das alles, seitdem ich hier bin, ziemlich unwahrscheinlich vorkommt. Sagen Sie mir bitte, Frau Degener, ob Sie glauben, daß es Sinn hat, wenn ich mit Ellen spreche. Nämlich, ich möchte sie heiraten."

Kitty hörte ihn an, allmählich aufleuchtend — und umarmte ihn.

Sie lief, Ellen zu holen. Sie sprudelte ihr irgendetwas zu, was Ellen nicht verstand, aber von selbst wußte. Dann war sie auf einmal allein im Wohnzimmer Clemens gegenüber.

Clemens: „Hat Ihnen Ihre Mutter gesagt, warum ich gekommen bin?"

Ellen, mit vor Glück und nahen Tränen zitterndem Munde: „Ich weiß nichts. Ich verstehe nichts."

„Ich wollte Ihnen alles schon in Voggenbruck sagen."

„Was wollten Sie sagen? Warum haben Sie es damals nicht gesagt?"

„Ich dachte, es wäre nötig, zu warten; Zeit zu geben. Nachdem Sie abgereist waren, hab ich mit meiner Mutter gesprochen."
„Und was sagt Ihre Mutter?"
„Ich soll herkommen und Sie fragen. Da bin ich, Ellen. Bitte sagen Sie schnell ... ob es möglich ist."
Ellen: „Ich habe nicht gedacht, daß ich dich jemals wiedersehen würde."
Als sie sich nun von seinen Armen umfassen ließ und zum ersten Mal seine Lippen auf ihren Lippen fühlte, zuckte es ihr durch den Sinn: daß das Glück dieser Lösung doch nicht so tief sei wie vorher der Schmerz, den sie durchlitten hatte, und sie fand es ungerecht und unbegreiflich, daß wir in unsern Schmerzen fühlender sind als in unsrer Freude.

4

In Grünschwaig war es still.
Hanna Degener saß in der Bibliothek am Schreibtisch ihres Mannes, über Rechnungen und Briefschaften war sie in ein Sinnen geraten. Die Bibliothek war für sie der Ort im Haus, wo das Andenken des Toten sie am innigsten umfing. Es war ihre Hoffnung, daß später einmal Jakob hier leben und arbeiten, vielleicht die Arbeit seines Vaters fortsetzen würde. An den Büchern, deren jedes von Kaspar Degeners Hand seinen Platz erhalten hatte, an den Gebrauchsgegenständen auf dem Tisch haftete noch etwas von seiner unmittelbaren Gegenwart; es schien hier immer, als wäre ihr Besitzer nur eben hinausgegangen, um gleich wiederzukommen.
Kaspar Degener war ein Arbeiter im Verborgenen gewesen, ein „Privatgelehrter" — unsere Zeit legt ja in diesen Begriff einen Beigeschmack von Überflüssigkeit, zumindest von Wunderlichkeit. Fast nichts von den Schriften in denen er, spät genug, die Früchte seiner ausgedehnten Studien einzubringen begann, war an die Öffentlichkeit gedrungen; der Grund davon war seine völlige, etwas zerstreute Nichtachtung jeglicher Publizität. Er, der sich auf alles Gedruckte, das von Anderen kam, mit dem Eifer des Forschers und Sammlers stürzte, hatte kein Bedürfnis, seine eigenen Arbeiten gedruckt zu sehen; daß er diese in seinem Manuskript besaß, war ihm genug, falls die Anderen sie haben wollten und ihn darum angingen, würde er sich nicht weigern, sie drucken zu lassen — er übersah nur, daß die Anderen ja

nichts davon wissen konnten. Immerhin geschah es zuweilen, daß eine Zeitschrift eine seiner philosophischen oder historischen Untersuchungen aufnahm. Aber nachher kamen diese Leute und wollten Beiträge von ihm über ganz andere Dinge, als die ihn im Moment interessierten, etwa einen Jubiläumsaufsatz über eines der philosophischen Häupter des 19. Jahrhunderts, ohne daß für ihn, Degener, eine innere Notwendigkeit bestanden hätte, sich gerade über diesen Gegenstand zu äußern. Er fand das eine komische Umkehrung dessen, wozu der Buchdruck eigentlich erfunden war: statt daß er die Zeitschrift gebrauchte für das, was er schrieb, sollte er schreiben, was die Zeitschrift brauchte? Er schüttelte lächelnd den Kopf, legte solche Aufforderungen beiseite und vergaß auf immer, sie zu beantworten. So lösten sich die wenigen Verbindungen, die er überhaupt zur literarischen Welt besaß und, wie gesagt, er kümmerte sich nicht darum, er bemerkte es kaum.

Sein Anliegen waren von früh auf die Philosophen, von Kant bis zu Nietzsche, die dem modernen Bewußtsein das „Gib mir wo ich stehe" inmitten der unübersehbar gewordenen Welt zu erringen und zu erhalten suchen. Und er erlebte ihre Verschiedenheiten, überhaupt die Vielfalt der Möglichkeiten menschlichen Denkens, in der Jugend als einen Rausch des Reichtums und des Glücks; man war im Ausgang des 19. Jahrhunderts, und der Geist seiner Zeit erschien ihm als ein Wanderer, der auf dem Wege zum Ziel aus großer Höhe die „gehäuften Gipfel der Zeiten" betrachtet und durch den Umblick nicht verwirrt und erschreckt wird, sondern ihn freudig genießt. In einem dunklen aber starken Gefühl dafür, daß das Ich, das alle Begriffe und Werte setzt, nicht ohne Bezug auf die Gemeinschaft bleiben könne, ließ er sich durch Hegel zur Geschichte führen. Daß alles, was geschieht, ein Offenbarwerden des Geistes ist, daß der Geist sich darin selbst zur Darstellung bringt, sich, werdend, in der Zeit, als Weltgeschichte auffaltet, war eine Einsicht, die es erst der Mühe wert erscheinen ließ, überhaupt in die Welt gekommen zu sein. Seitdem wurde das Bemühen um historische Erkenntnis ein unentbehrliches Stück der Geistesarbeit, die sich in ihm vollzog. Mit Stolz ließ er sich als Student auf der Münchner Universität die Doktorarbeit geben, deren Thema lautete: „Der Sinn der Geschichte, auf Grund der Weltgeistlehre von Hegel." Aber er lieferte diese Doktorarbeit niemals ab. Der Professor, der einem jungen, unreifen Menschen eine solche Aufgabe stellte, hatte damit, ohne es zu wollen und zu wissen, als Weichensteller in sein Leben eingegriffen. Denn Kaspar Degener war nicht so geartet, daß er sich an der auf ihn gerichteten Pfeilspitze dieses Themas vorbeidrücken und eine Arbeit schreiben konnte, die bloß ein mit einigen persönlichen Arabesken umkleidetes Referat gewesen wäre. Der Sinn der Geschichte? Er wußte die Antwort nicht. Er fand sie umso weniger, je länger er darüber las und sann, denn die Problematik der Hegelschen Geschichts- und Staatsauffassung begann sich ihm nun erst zu enthüllen. — Gewiß hätte jeder andere, der sich von der Redlichkeit nicht entfernen und doch, wie man so sagt, ein „vernünftiger Mensch" bleiben wollte, sich einfach ein neues Thema geben lassen, um darüber seinen Doktor zu machen und den Berufsweg zum akademischen Lehrstuhl beschreiten zu können. Degener aber, im Innersten getroffen, sah die ihm gestellte Frage als eine Schicksalsfrage an — sie zu beantworten, war ihm nicht möglich, sie zu umgehen, schien ihm nicht erlaubt. So war es denn nicht Lässigkeit, sondern das wahre Gegenteil davon, wenn er sein Leben lang ein Privatgelehrter blieb. Er wäre gern Professor an seiner heimatlichen Universität geworden. Vielleicht aber war es gerade seine Sendung, einer der Menschen zu sein, die eine Geisteskultur neben ihren sichtbaren Exponenten so sehr nötig hat: einer von den Geistern, in denen sie sich im Stillen selbst überprüft und die ihr unersetzlicher unsichtbarer Reichtum sind. Auch wo die Öffentlichkeit nie von ihnen erfährt, strahlt sich ihr Denken und Wesen im Gespräch und Brief, in den vielen kaum bewußten Berührungen des Lebens tausendfältig aus. Wo solche Menschen ganz fehlen, wird alles unfruchtbar, wie ein Land es würde, dem man seine Ströme lassen, aber die im Boden verborgene Feuchtigkeit entziehen wollte. Wie bald wären da die Ströme versiegt!

— Er machte wohl, wie es ja natürlich ist, den Versuch, sich von Lehrern und Kommilitonen über die Schwierigkeit weghelfen zu lassen, die er in dem Hegelschen Sinn der Geschichte fand. Was er an Ratschlägen zu hören bekam, schien ihm das Problem nicht zu fassen, ja es mit einer fachwissenschaftlichen Schnellfertigkeit auf die Seite zu bringen. Daß er also offenbar der Einzige war, der es in seiner ganzen Wucht erleben mußte, ließ ihn jedoch nicht abschätzig über die Menschen urteilen; er wußte, daß jeder Geist seine eigenen Entscheidungen und seine eigenen Stunden hat. Kaspar Degener war, was die Weisheit östlicher Völker eine glückliche Seele nennt: eine, der die Gerechtigkeit natürlich ist; die von Geburt an freier als andere ist von dem persönlichen Druck des Ich und darum mehr als andere befähigt, den Mitmenschen in seinem Recht und Wesen zu erkennen. In einer solchen Seele begegnen sich Bescheidwissen und Bescheidenheit auf wunderbare Weise.

Hanna erkannte das in ihm und liebte ihn dafür, schon als sie ihn zum erstenmal sah. Das war auf einer Gesellschaft in München. Sie hieß damals Hanna Käppler und lebte mit ihrer Mutter; ihr Vater war Offizier gewesen, viel älter als die Mutter und zu der Zeit schon lange tot. Die Familie war protestantisch und stammte aus Franken, in München hatten sie keine Verwandtschaft. Sie waren darum nicht ohne Umgang; der warmherzigen und immer hilfsbereiten Hanna fiel es nicht schwer, sich zu befreunden, sie schien jeden, den sie traf, zu fragen: Da bist du! Was kann ich für dich tun? Auch Männern kam sie in dieser für die damalige Zeit ungewöhnlichen, völlig ungezwungenen Weise entgegen, und es fiel doch keinem ein, ihr anders als mit der höchsten Achtung zu begegnen; denn sie war rein und einfach wie ein Urquell. Sie erweckte, ohne davon zu wissen, starke Leidenschaften, und wenn es zur Sprache kam, konnte sie sagen: „Ach so? Nein! – Aber ich hab Sie sehr gern." Die Verlobung und Heirat aber mit Kaspar Degener ergab sich so selbstverständlich, wie sich aus der Buchenknospe das Buchenblatt ergibt: es ist alles von Anfang an da. Geheimnisvoll bleibt es trotzdem.

Sie war nicht in der Lage, ihm in seinen geistigen Kämpfen zu helfen. Wenn ihre Bildung dafür nicht ausreichte – von den Philosophen wußte sie nichts – so hätte sie Verstand genug gehabt, um das nachzuholen. Aber ihr Temperament war kein philosophisches. Bücher, in denen schwierige Probleme vorkamen, konnte sie nur etwa so betrachten wie Menschen, denen man helfen müßte. Man muß einen Ausweg finden. Zeigte sich, daß das nicht ging, so wandte sich Hanna zwar nicht grundsätzlich davon ab – etwas grundsätzlich abzutun, ging ihr gegen das Lebensgefühl; unser Herz, unsre Teilnahme muß für a l l e s reichen! – aber sie wurde abgelenkt durch etwas anderes, was im Moment dringender war, und inbezug auf das schwierige Problem dachte sie: Sehr interessant. Später. Wir werden es besprechen. – Den Kernpunkt jener Frage, die Kaspar Degener beschäftigte, erfaßte sie natürlich trotzdem mit raschem Kopf und Herzen, schon aus dem, was er gesprächsweis davon sagte; bestieg sie den Berg nicht, so hatte sie doch wie ein Vogel den Gipfel besucht. Wer ihr Verständnis deshalb ein oberflächliches genannt hätte, der hätte übersehen, daß ihr für das innerste Begreifen ein direkterer Zugang als der philosophische offen stand: die unbedingte, liebende Bejahung seiner Natur. Und damit erwies sie ihm alle Hilfe, die ein Mensch dem anderen geben kann.

Es ergab sich so, daß seine Heirat der unmittelbare Anlaß für ihn wurde, die akademische Laufbahn abzubrechen, obwohl

Hanna weit davon entfernt war, ihm dazu zu raten, da sie ja fühlte, um was es hier ging. Sein Entschluß wurde ihm von außen her dadurch erleichtert, daß er als Ältester unter seinen Geschwistern der Erbe von Grünschwaig war. Zu dieser Zeit, im Jahr 1904, waren seine Brüder schon in ihren Berufen: Georg, nach absolviertem Studium evangelischer Theologie in Erlangen und Tübingen, als Vikar auf einer schwäbischen Pfarrei; Richard, der vergebens versucht hatte, sich mit dem Soldatenstand zu befreunden, jetzt als Lehrling bei einer Versicherung; nur die Schwester Elisabeth war noch zu Haus — und noch während der Verlobungszeit ihres Bruders erschien in Grünschwaig der Werber, der auch sie wegholen sollte. Elisabeth hatte Alexander von Fehrenkamp lange im Stillen geliebt und sich schon von ihm vergessen glauben müssen... als er auf einmal dastand um sie zu heiraten, und zwar sofort! von heut auf morgen! Dies letztere gelang ihm nicht ganz. Aber Grünschwaig rüstete nun eine Doppelhochzeit, für Elisabeth und Kaspar zusammen; Hannas Mutter, die es mit dem Glanz und Ausmaß Grünschwaigischer Festveranstaltungen doch nicht hätte aufnehmen können, hatte darin eingewilligt; und es war ein großes, fröhliches Landfest geworden, so, wie sie nur damals in den sorgenlosen Zeiten möglich waren. — Man konnte es, nach allem, als eine Pflicht für Kaspar betrachten, daß er die Universität aufgab, um sich seines Gutes anzunehmen.

Damals freilich lebte noch sein Vater Eligius in voller Tätigkeit und Frische: ein Pfleger des Bodens, ein Heger von Forst und Wild, das Gut konnte in keinen besseren Händen sein; und es war eine sehr günstige Fügung, daß der Sohn, als der Wissenschaftler, der er war und blieb, tatsächlich so wenig Verlangen trug, sich als Gutsherr in Grünschwaig zu beschäftigen. Denn wenn auch der Vater Degener den Grundsatz hatte: „Wir Alten haben unsre Mahlzeit gehabt. Es ist nicht mehr als recht, daß wir die Jungen auch an den Tisch heranlassen," — so war er doch froh, daß er ihn nicht zu erproben brauchte; Zuschauer zu sein, wo er recht von Natur zum Gebieter geschaffen war, wäre ihm schwer geworden. Wie die Dinge standen, konnte er die Ökonomie weiter unumschränkt regieren, — aber bereitwillig räumte er Kaspar und Hanna den größeren Teil des Gutshauses zur Wohnung ein; unzählige Bücher, die Kaspar in seiner Studentenzeit erworben und deren auch jetzt noch immer mehr wurden, begannen die Wände des ehemaligen „Herrenzimmers" zu bedecken. Eligius machte sich nun daran, für sich und seine Frau die Kleine Schwaig auszubauen.

Inzwischen, nach einer Hochzeitsreise in die Schweiz, die Hanna sich gewünscht hatte, wohnte das junge Paar mit dem alten zusammen, und das war ein Ding, das man um jene Zeit für etwas beinah Unmögliches hielt. Zwei Frauen unter einem Dach: es ist in der chinesischen Bilderschrift das Zeichen für „Unfrieden"; lebhaft und eigenwüchsig waren beide, Gabriele wie Hanna, sie hätten Anlaß genug zum Unfrieden finden können. Und die Nachbarschaft, besonders die alte, damals noch nicht alte Frau von Janska in Nußholzhausen, wartete auf den Ausbruch der Feindseligkeiten mit vergnügter Neugier. Aber sie wartete umsonst. Hanna nahm den Haushalt zunächst gar nicht selbst in die Hand, sondern wurde die Mitarbeiterin ihres Schwiegervaters, eine Art Geschäftsführer im Büro der Gutsverwaltung, und lebte sich mit Eifer und Freude in diese Aufgabe ein. Denn sie sagte sich, daß einmal ja der Tag kommen müsse, da Kaspar das Gut zu übernehmen haben würde, und es sollte dann niemand behaupten dürfen, es gehe unter seinem Regiment weniger gut als vorher. — Eligius fand Spaß an Hannas Interesse und praktischem Verständnis, er beriet sich mit ihr, sie fuhren über Land, etwa ein Stück Vieh zu besehen, und verstanden sich ausgezeichnet. Das beste Zeichen davon war, daß der Ausbau der Kleinen Schwaig unwillkürlich nur langsam gedieh; man hatte kein dringendes Bedürfnis, die Dinge zu verändern, und fand immer wieder, daß eine andere bauliche Arbeit, die der Wirtschaft zugut kam, noch wichtiger sei. Ein milder Stern schien über dem Leben dieses Hauses zu walten und jedem Menschen und Ding seinen rechten Ort gegeben zu haben.

Hanna suchte den Grund nicht in den Sternen. Es versteht sich von selbst, daß nicht alles immer leicht ging, daß ihre kräftige Natur das Sich-Einfügen nicht ganz ohne Mühe erlernte. Gabriele Degener hatte einen sehr bestimmten Lebensstil, von dem sie nicht abging und der für sie eben „Grünschwaig" war, und ohne ihren lauteren Gerechtigkeitssinn und die wirkliche Achtung und Neigung, die Hannas Wesen auch ihr abgewann, hätte es wohl manchen schwierigen Tag gegeben. Was für Hanna eine verborgene, jedoch beständige Hilfe wurde, das hätte sie vielleicht niemandem gesagt, es gehörte für sie zu den Dingen, die man nicht ableugnet, aber auch nicht bespricht.

Im Treppenhaus hing ein Kruzifix, und zwar war es so angebracht, daß sie es im oberen Stock, aus ihrem Schlafzimmer tretend, sich gerade gegenüber hatte: es war befestigt über dem Fenster, von dem das Treppenhaus sein Licht empfing, oben, zwischen Fenster und Decke, diese zog um das Haupt des Kruzifixus einen stumpfen Bogen. Es war keine besonders kunstvolle Arbeit, bäurisch und schwer, aber der sie gemacht hatte, dem mußte es Ernst um sein

Tun gewesen sein. Nicht den Schmerz der Kreuzigung hatte er sich auszudrücken bemüht, sondern den Zügen Jesu ein geduldigernstes Zufriedensein mit seinem vollbrachten Werk gegeben. Hie und da, wenn die herrische Art ihrer Schwiegermutter einen Widerstand in Hanna erweckt hatte, blieb sie dort stehen, die Hand auf dem Treppengeländer und sah zu ihm hinüber. Er hing da fast unbemerkt, in einem schönen Halbdunkel, man konnte leicht an ihm vorüber, ohne ihn zu sehen. Aber er war da, — und von ihm ging Hanna innerlich frei und ruhig zu den Menschen zurück. Sie nannte das Bildnis im Stillen bei sich: den Versöhner.

Jahrelang war es im Hause der einzige, unberedete Kummer, daß Kaspar und Hanna kein Kind bekamen. Nur Eligius sprach es aus, zu seiner Frau, unter vier Augen: wenn diese Hanna einen Enkelsohn zur Welt brächte, würde sie das Muster aller Schwiegertöchter sein. Eigentlich gab er eher Kaspar die Schuld daran, er sagte: „Ach, diese Büchermenschen!" als hielte er für möglich, daß er die Sache aus bloßer Zerstreutheit versäume. Und es war dann die stärkste Freude und Aufregung, die ihm am Ende seines Lebens noch zuteil wurde, daß im Frühjahr 1910 endlich doch ein Kind unterwegs war und daß es, möglicherweise, ein Mädchen werden könnte, was beinahe so schlimm wie gar kein Kind gewesen wäre. Denn Eligius — sein Freund und Nachbar, der Major Orell bekam es oft von ihm zu hören — wollte sich einen Enkel aufziehen, „der diesen guten alten Hof eines Tages vernünftig in die Hand nehmen und der noch viel mehr lernen und seine Sache noch ganz anders verstehen muß, als ich!" Das war bei ihm etwas ursprünglich Starkes, diese Liebe für das Land und der Wille, ihm das zu leisten, was man ihm schuldig sei. Seine Begabung hätte vielleicht große Aufgaben nötig gehabt, ganz andere, als in Bayern zu finden sind; da sich ihm solche nicht stellten, hatte sich sein Herz an dieses Grünschwaig gehängt und war unerschöpflich im Entdecken seiner Vorzüge. Wann auch könnte einer wirklichen Liebe ihr Raum zu eng werden? — Die Liebe zu Grünschwaig, die eigentlich jeden anderen Ort für benachteiligt ansah neben dem Einen, war auf seinen Jüngsten, auf Richard, übergegangen; aber bei weitem nicht des Vaters unfehlbares Wissen von dem, was ein Boden braucht, dies Darüberhingehen mit dem Schritt dessen, der zugleich sein Herr und sein Knecht ist. In solchem Wissen erfüllt sich etwas Hohes, es ist ein Stück von dem Auftrag des Menschen an der Welt.

Seit in Grünschwaig ein Kind zu erwarten stand, wurde an der Kleinen Schwaig ernstlich gebaut, Röhren gelegt, das Dach neu gedeckt. Er wolle das Kindsgeschrei nicht täglich um sich haben, erklärte Eligius, indem er ein gleichgültiges Gesicht zu machen versuchte, und: drei Degenersche Generationen unter einem Dach sei zu viel. Als dann der kleine Jakob erschien — ohne seiner Mutter übermäßige Schwierigkeiten gemacht zu haben — war es seinem Großvater ein Tag des reinsten Glücks. Er kam und betrachtete ihn schweigend, aber mit Hoffnungsblicken. Daß das Kind Eligius genannt wurde, verhinderte er, da er das einen abgeschmackten Namen fand, aber die Patenschaft nahm er an und bestellte als zweiten „Göd" einen jungen Bauern aus der Nachbarschaft, der selber ein Patenkind von ihm war und der diese Gegen-Ehrung sehr hoch empfand. Er sagte ihm: „Niederrotter, gell, du schaust mir auf den Jakob, wenn ich nimmer da bin: daß er mir als Landwirt in Grünschwaig nicht zu viel Dummheiten macht. Denn du verstehst deine Arbeit."

Jakobs Taufe gab den Degeners wieder einmal Gelegenheit, sich in Grünschwaig vollzählig zu versammeln. Wie vor sechs Jahren die Trauung, so wurde auch jetzt die Taufe durch Georg vollzogen; die Großmutter würde ohne ihn die heilige Handlung kaum für gültig anerkannt haben. Er brachte Nina mit, seine junge reizende schwäbische Frau, und sein vierzehn Monate altes Töchterchen: Silvia; daß Nina schon ein nächstes unterm Herzen trug, sah ihr niemand an. Silvia war ein unerschütterlich ruhiges Baby: ihr vierjähriger Vetter Quint Fehrenkamp wollte durchaus nicht glauben, daß das keine Puppe sei, da sie sich minutenlang überhaupt nicht rührte. Von der engeren Familie war damals nur Richards Kitty nicht dabei; selber hoch in der Hoffnung, hatte sie die Reise nicht wagen können. — Keiner von den Degeners ahnte an jenem sommerlichen Tauftag, daß ein anderer, ein Begräbnistag, so nahe war. Eligius, der immer Frische, Tätige, schien plötzlich ermattet, seine Kraft verfiel, und da er innerlich damit einverstanden war, so bedurfte es nur einer fast zufälligen Kränklichkeit, einer Herbstkältung, um ihn auszulöschen... so kann einer noch großen und schweren Kerze irgendein Luftzug, der vorüberweht, zuviel werden, und sie gibt ihre Flamme auf.

Hanna trauerte um ihn nicht weniger, als einst um ihren eigenen Vater, und ihr offenes, tapferes Herz nahm auch das mitleidend auf, was die Anderen fühlten. Sie wußte Kaspars Kummer, der mit seinem Vater wenig gemeinsame Interessen und daher selten ein Gespräch gehabt, und doch mit verehrungsvoller Zärtlichkeit, wie alle Kinder des Eligius, an ihm gehangen hatte. Und sie begriff, wie vereinsamt ihre Schwiegermutter nun war, die sich ein Leben ohne ihren Mann nie vorgestellt, mit einer derartigen Möglichkeit nie gerechnet hatte und jetzt dem lieben Gott gegenüber etwas wie Ärger empfand, als wäre das ein schlechter Streich, den er ihr gespielt habe; bei ihrem Sohn, dem Pastor, beklagte sich Gabriele ungefähr so, wie eine Monarchin ihren Gesandten anweist, wegen einer Grenzverletzung Vorstellungen bei dem König des Nachbarreiches zu erheben. Etwas erschrocken sprach Georg seiner Mutter von der Demut, die uns vor Gott geziemt. —

Es war jetzt die Stunde gekommen, da Hannas landwirtschaftliche Lehrzeit beim Vater Degener sich belohnte, sie konnte jetzt die Gutsverwaltung in die Hand nehmen, ohne daß eine ernstliche Störung eintrat. Dabei war es ihr Bestreben, nur im Namen Kaspars zu handeln, und Kaspar machte einen Versuch, seiner Frau zu helfen und an seines Vaters Stelle zu treten. Er merkte bald, daß es nicht ging, und war selber der Erste, über sein Ungeschick zu spotten. Dies nun wurde für Hanna ein Kummer. Seine Mutter, seine Geschwister sahen, daß eigentlich sie es war, die das Ganze trug, und der Dank, den sie ihr dafür wußten, hatte eine Spitze gegen Kaspar, die ihr wehetat. Sie waren der Meinung, daß er jetzt seine wissenschaftlichen Spielereien aufgeben und sich ganz dem Gut widmen, in die Mühe und Verantwortung sich hineinleben sollte, statt gleich die Flinte ins Korn zu werfen. Daß er zu Anderem geboren und was dieses Andere wert war, wollten sie nicht erkennen; es ist schwer, an die Leistung eines Menschen zu glauben, wenn von ihrem Erfolge gar nichts sichtbar wird . . . es ist die Probe, die nur die tiefste Liebe besteht. Es gelang Hanna nicht, ihren Glauben an Kaspars Arbeit in die Herzen der Seinigen zu verpflanzen, aber sie faßte früh den Gedanken, daß einer ihrer Söhne — 1912 wurde der zweite, Frank, geboren — einst die Arbeit seines Vaters fortführen und vor aller Welt ins Licht setzen sollte.

Kaspar selbst ertrug alles Unverstehen und Mißverstehen mit einem nicht zu beirrenden, freundlichen Gleichmut, der aus seiner wahren Unabhängigkeit kam. Wie sollte er böse sein, daß sie seinen Arbeiten nicht viel Wert beilegten? sie hatten ja recht, der Wert war noch nicht da, er suchte ihn erst. Aber nur er konnte wissen, daß bei all seinen Kreuz- und Querzügen durch das Dickicht der Philosophie sein Gewissen, wenn man es so ausdrücken darf, immer die Witterung der Wahrheit hatte. Er blieb ihr auf der Spur. Bei Hegel war ihm der scheinbare Realismus des Grundsatzes: was i s t, sei vernünftig, ja gerecht, in seiner Gefährlichkeit unheimlich geworden, und er kam von ihm wieder auf die Älteren, besonders auf Kant zurück. Hier fand er ein Haus, in dem das Gewissen frei atmen konnte, einen hohen, festen Bau — aber er fand nicht, auf was dieser Bau sich gründete, er schien zu beruhen auf der angestrengten Kühnheit einer Setzung. Wer hatte sie gestiftet? wer verbürgte die Entsprechung von gestirntem Himmel und moralischem Gesetz? Es war schade, daß man darüber nicht mit dem theologisch beschlagenen Georg sprechen konnte. Aber der ließ sich nicht ein, er begriff gar nicht die Sorge, die Kaspar bewegte, er hielt ihm einfach seine Glaubenswahrheiten entgegen und versicherte, wie gut sie seien... er glich einem Kinde, das nicht fragt, wo das Essen herkommt, sondern einfach, da es Hunger hat, sein Butterbrot ißt. Kaspar fand, daß er damit recht habe, aber er als Zuschauer wurde nicht satt davon. Er kam schließlich auf Schopenhauer und entzückte sich an diesem hellen, scharfen Kopf und großen Stilisten der, was er vortrug, mindestens für den Augenblick des Lesens unwiderleglich zu machen wußte. Doch hatte Kaspar, wenn es auch die Seinen dem „Büchermenschen" nicht zugetraut hätten, viel von dem Wirklichkeitssinn seines Vaters geerbt, und von daher blieb er beunruhigt, ob es möglich, ob es nicht lächerlich sei, sich der Welt gegenüber, in die man gesetzt ist, wie ein launisches Kind zu betragen, das nicht mitspielen will.

Indessen zog der Weltkrieg herauf, und seine finster glühenden Anfangstage im August 1914, da die Völker in einem heroischen Fieber sich zu ihrem Opfergang bereit machten, brachten für Hanna ein Ereignis, das sie bis in den Grund des Herzens aufrührte.

Sie hatte wieder und wieder versucht, ihre in München einsam lebende Mutter ganz nach Grünschwaig herauszuholen. Seit nach Eligius' Tode Gabriele Degener in die Kleine Schwaig übersiedelt war, hätte sie im großen Hause Platz genug, eine schöne, bequeme Wohnung für die Mutter gehabt; und wie sie selbst mit jeder Wurzel ihres Wesens in Grünschwaig eingewachsen war und zu Kaspars Geschwistern ganz so stand, als ob es ihre eigenen wären, so schien es ihr nur natürlich, daß auch alles, was zu ihr gehörte, in Grünschwaig daheim sein sollte. Warum getrennt leben, wenn man zusammen sein konnte? Frau Käppler aber scheute sich, das anzunehmen. Es war vielleicht ein Verlangen nach Unabhängigkeit; vielleicht fand sie auch, daß Kaspar und Hanna nun endlich einmal ohne Eltern, mit sich allein, hausen sollten; oder ihr Hauptgrund war wirklich der, den sie angab: daß sie sich außerhalb Münchens und entfernt von dem Grabe des Obersten Käppler auf dem Nordfriedhof nicht für dauernd niederlassen könne. Jedenfalls behielt sie ihre Stadtwohnung bei und kam nur immer wieder auf Besuch nach Grünschwaig, wo sie ihre beiden Enkel Jakob und Frank nach Großmütterweise betreute und verwöhnte, wo es aber fast jedesmal von seiten Hannas irgendeiner haushaltlichen List bedurfte — die Wäsche, der Garten, die Beerenernte — um sie für längere Zeit festzuhalten. Dennoch kam sie dann plötzlich morgens zum Frühstück im Hut herunter, mit ihrem etwas vorsichtigen Gang, ihren Handkoffer tragend, und erklärte, reisen zu müssen. Man konnte sie nicht zurückhalten.

An dem Tag der Kriegserklärung war auf dem Odeonsplatz in München die patriotische Massenkundgebung, wie damals überall in den vor Angst und Wut verrückt gewordenen europäischen Städten, und die zarte, scheue Frau Käppler, die sonst allen Menschenansammlungen sorgsam aus dem Wege ging, glaubte sich im Sinne ihres Mannes verpflichtet, daran teilzunehmen. Sie wußte, wie diese Dinge ihn bewegt hätten, sie glaubte ihn zu sehen, wie er an der Spitze seines Regiments mit hinausgezogen wäre, und so stand sie mit ihrem Sonnenschirm am Ausgang der Theatinerstraße mitten unter den schreienden und singenden Menschen, und der große Schicksalswind rührte auch ihr ans Herz. Als aber vor der Feldherrnhalle irgendeine betreßte Gestalt sich zeigte und zu reden begann, und infolgedessen die Menge plötzlich heftig nach vorwärts drängte, wurde Frau Käppler mit furchtbarer Gewalt gegen die Mauer gedrückt. Einen Augenblick wurde sie ohnmächtig, sie richtete sich gleich wieder auf, ein Polizist stieß und schob sich zu ihr durch und führte sie aus dem Gedränge fort; der Vorfall blieb fast unbeachtet. Sie dankte dem Mann, blaß und mit zitterndem Munde, sie wies seine fernere Begleitung ab und er sah sie, auf den Schirm sich stützend, vorsichtigen doch zielbewußten Ganges weitergehen. Was ihr dazu die Kraft gab, war aber nichts als der starke Instinkt, allein sein zu wollen, ehe sie sich ihrer tödlichen Schwäche überließ. Sie gelangte auch richtig bis in ihre Wohnung; dort kam ein Blutsturz. Und Hanna, die von den Hausmeistersleuten angerufen wurde und mit dem Nachmittagszug aus Grünschwaig schon da war, fand sie im Sterben. Ihre Augen glänzten die Tochter an, aber diese war niemals ganz sicher, ob sie sie überhaupt noch erkannt hatte; denn was sie sprach, war fast ohne Ton und nicht zu verstehen.

Das blieb für Hanna das Beispiel, was der Krieg ist: wahllos, rasend, ein blindes Tier, das irgendwohin seine Tatze schlägt und eine schwache alte Frau getroffen hatte: sie sah in ihrer Mutter das erste Kriegsopfer. Und während das von Feinden bedrohte Volk in einem Traum erneuten Jugendfeuers hinauszog, Quellen seiner Kraft, lang verschüttete, wieder springen fühlte, und über der Ausfahrt junger, helmbekränzter Scharen wirklich ein Glanz wie aus der frühen Sage lag, konnte Hanna dieses Hochgefühl nicht einen Augenblick teilen; sie hatte das Schreckbild der Sinnlosigkeit gesehen, einen Blick, wie er sich bei Matthias Grünwald aus den traurigen Augen des Widersachers auf uns richtet, und längst ehe die Soldaten draußen das Gleiche erlebten, wurden ihr alle Heldenworte verdächtig und unmöglich. Das Stärkste, was in ihr war, ihre Zuversicht zum Guten, war versehrt worden. Eine Wohltat war ihr in dieser schlimmen Zeit Elisabeth Fehrenkamps schwesterliche Wärme und ihre nicht sehr tief durchdachte, aber tief und wahr gefühlte Frömmigkeit. Und was hilft einem schließlich der klügste Gedanke, wenn nicht das Herz ihn auf seine Flügel nimmt? Elisabeth half ihr wirklich, für zwei Wochen kam sie ganz zu ihr hinaus nach Grünschwaig und morgens nach dem Frühstück reichte sie über den Tisch ihrem Bruder die Bibel hin und bezeichnete mit dem Finger die Stelle, die er vorlesen sollte. „Denn du, Kaspar," sagte sie ihm mit strengem Gesicht, „bist ja mit allen deinen gescheiten Philosophen nicht imstande, deine Frau zu trösten." Und Kaspar nahm das Buch und las: „Der Herr hat's gegeben, der Herr hat's genommen, der Name des Herrn sei gelobt."

Hannas Lebensvertrauen war in seiner Wurzel viel zu stark, als daß sich der Riß nicht schließlich wieder hätte vernarben und verwachsen sollen. Und je mehr der Krieg sie erschreckte, umso fester wurde in ihr der Entschluß, soviel an ihr lag, den Zerstörungsmächten die Macht der Liebe, der Güte, der Fürsorge entgegenzusetzen, niemals aber Haß mit Haß zu vergelten. Den fremden Kriegsgefangenen, die man, da die Jugend des Landes im Felde stand, als Hilfe für die Landarbeit bekam, ging es bei den Bauern zwar überall gut, aber in Grünschwaig wurden sie verwöhnt, und wenn man Hanna vorhielt, daß unsre Gefangenen drüben beim Feinde viel zu leiden hätten, so wurde sie traurig, aber es machte sie in ihrer Güte nicht irr. Im Herbst 1916 kam Jakob in die Nußholzhausner Dorfschule und dort lernte der patriotische Lehrer den Abc-Schützen das Sprüchlein ein: „Jeder Schuß / Ein Russ' / Jeder Stoß / Ein Franzos..." Da spielte Hanna, als wäre sie selber noch ein Schulmädchen, dem Eifrigen einen kleinen Streich. Jakob war sehr geschwind, sich Verse zu merken, sie blieben ihm von selbst im Ohre hängen, auch ohne daß er sie ganz verstand; es schien ihm natürlich, daß die Zeilen sich reimten, man rollte mit ihnen dahin wie in einem Wagen, und immer war er bereit, sie vorzusprechen, indem er dabei im Takt mit dem Kopfe nickte. Es war nicht schwer, ihm einige Strophen eines Gedichts von Matthias Claudius beizubringen und ihm einzuschärfen, daß er diese dem Herr Hauptlehrer aufsagen sollte; der würde sich freuen! Herr Feldsamer war keine verhärtete Seele, er konnte Lächeln und Rührung nicht verbergen, als tags darauf der kleine Degener Jakob aufstand und erst brav seinen Spruch von dem Schuß und dem Russ' und dem Stoß heruntersagte, dann aber ohne Zwischenpause und mit ernsthaft nickendem Kopfe fortfuhr:

> 's ist Krieg! 's ist Krieg! O Gottes Engel, wehre
> Und rede du darein!
> 's ist leider Krieg – und ich begehre
> Nicht schuld daran zu sein!
>
> Was sollt ich machen, wenn im Schlaf mit Grämen
> Und blutig, bleich und blaß
> Die Geister der Erschlagnen zu mir kämen
> Und vor mir weinten, was?
>
> Wenn wackre Männer, die sich Ehre suchten,
> Verstümmelt und halb tot
> Im Staub sich vor mir wälzten und mir fluchten
> In ihrer Todesnot?...
>
> Was hülf mir Kron und Land und Gold und Ehre?
> Die könnten mich nicht freun!
> 's ist leider Krieg – und ich begehre
> Nicht schuld daran zu sein!

Die andern Kinder staunten über Jakob und er brachte vergnügt ein Fleißbillet für seine schöne Leistung zu seiner Mutter heim. Dem Lehrer Feldsamer aber hatte Hanna so durch den Mund ihres Kindes eine Mahnung ins Herz gesprochen, die er nicht vergaß.

Die deutschen Städte begannen zu hungern, und Hanna war unerschöpflich im Senden nahrhafter Pakete, an die Verwandten in München und Berlin, an alte Freunde, die sie in Not wußte; und nie hatte Grünschwaig so viele Gäste gesehen wie in diesen Kriegssommern. Es erschien ihr als Pflicht, das Menschenmögliche zu tun, damit müde und unterernährte Menschen sich bei ihr erholten und auffütterten. Auch das Feldpostpäckchen, das Richard

Degener an der Westfront regelmäßig aus Grünschwaig bekam, war nicht von seiner Mutter — welche leicht geneigt war zu denken, daß die Dinge außerhalb ihres Gesichtskreises sich von selber richtig ordneten — sondern von Hanna. Richard war im Krieg ein hervorragender Soldat geworden; er, den das Soldatenspielen im Frieden einst verdrossen hatte, erlebte jetzt die Ehre und Größe des Kriegerstandes, die freilich nur in der Todesluft gedeiht. Noch bevor man ihn geholt hatte, gleich im August 1914, war er als Reserveoffizier bei seinem alten Dragonerregiment eingerückt, und seine völlige Furchtlosigkeit, auch wohl die seltsame Mischung seines Gemütes aus Traurigkeit und Humor, befähigten ihn sehr zu seinem schweren Dienst. Er erlebte die Schlacht um Verdun, dieses Blutvergießen ohne Sinn und Maß, von Anfang bis Ende mit — rätselhafterweise wurde er nicht ein einziges Mal verwundet; es ist ja, als erwähle der Krieg manche Menschen, die seinen Rhythmus tief begreifen, mitten in der Vernichtung sich zu Söhnen, die er schont. Richard sprach nie darüber, auch später nicht, außer bei den seltenen Zusammenkünften der überlebenden Kameraden von damals, wo man sich mit Stichwörtern verständigen konnte. Er fand, daß da nichts zu erzählen war. Aber im Zurückdenken an Verdun kam es ihm oft, das sei die glücklichste Zeit seines Lebens gewesen: damals, als die Beziehung zu den Mitmenschen unter dem immerwachen Ernst der Todesdrohung stand — die so scharf auswählt, auskehrt, alle schlaffen Züge auslöscht; damals, als auch über dem kurzen Heimkehren zu Kitty mehr Glanz lag als sonst über allen gemeinsam verlebten Zeiten.
— Georg verbrachte die ersten Kriegsjahre als Pfarrer in Berlin, später meldete er sich hinaus und wurde als Feldgeistlicher einem Divisionsstab im besetzten Belgien zugeteilt; und durch Georgs Vermittlung bekam schließlich auch Kaspar, der wegen seiner körperlichen Zartheit nie Soldat gewesen war, sich aber jetzt beharrlich um eine Verwendung bemühte, ein Amt als Buchbetreuer für dieselbe Division. Das war im Anfang des letzten Kriegsjahres. Die Brüder hatten sich gefreut aufeinander, aber sie waren eigentlich beide erstaunt, daß sie sich jetzt im Gespräch so viel besser als einst verständigen konnten. Kaspars leise Furcht vor Georgs pastoralem Ton erwies sich als unbegründet, denn das war nur gleichsam eine Angewohnheit der Stimme, und was hier allein zählte, war Georgs Menschlichkeit, seine Einsatzbereitschaft für jeden, der Hilfe nötig hatte, sein Freimut vor den hohen Offizieren des Stabes, wenn etwas für die Truppe Wichtiges durchzusetzen war. Georg wiederum war erfreut, den Bruder Bücher bestellen und sogar Ansichten vertreten zu sehen, die er

als Geistlicher durchaus gutheißen konnte. So kamen sie einander innerlich näher, als sie sich je gewesen waren, aber sie waren unbeholfen, sich das auszusprechen. Sie mußten die Gelegenheiten suchen, sich zu sehn, denn Kaspar war nur als Schreiber beim Stab, hatte als solcher keinen Zutritt zum Kasino, sondern aß mit den dem Stabe zugeteilten Mannschaften. Er fand unter ihnen ebensowenig Anschluß, wie er wahrscheinlich unter den Offizieren gefunden hätte, — er lebte für sich, er las und schrieb viel, mit Hanna hielt er sich brieflich in ununterbrochener Verbindung. Wenn der Herr Divisionspfarrer den Schreiber besuchen kam, fand er ihn nie anders als mit einem Buch oder einer Feder in der Hand und lachte über den Gelehrten, der es verstanden hatte, seine eigene Weise des Lebens ins Feld mitzubringen, wie die Schnecke ihr Haus. Eines Tages kam Georg mit dem fertigen Entschluß, den er dem Bruder laut und fröhlich verkündete: zur Front zu gehen. Es war vor dem Beginn unserer letzten großen Offensive, und Georg behauptete, er müsse es aus eigener Anschauung erfahren, wie den Soldaten draußen zumut sei und wie man ihnen, draußen im Kampf, den Trost des Glaubens bringen könne. Kaspar erschrak und versuchte sein Bestes, ihm das auszureden, stellte ihm vor, was er seiner Frau, der Mutter damit antue. Aber der Jüngere blieb bei seinem Willen, er betrieb und erreichte seine Versetzung zur Kampftruppe. „Du bist ein Esel, Herr Pfarrer. Gott behüte dich," sagte ihm Kaspar zum Abschied; sie umarmten sich, aber sie sahen aneinander vorbei, beide verlegen über ihre Rührung.

Georg wurde verwundet. Es war ein schwerer Tag für seine Mutter, als diese Nachricht nach Grünschwaig kam. Gabriele starrte auf Ninas Brief, der ihr so vorkam, als habe die Schwiegertochter aus Schonung verschwiegen, wie ernst die Verwundung sei. Nein, nein, nein, nein! murmelte sie befehlend vor sich hin; ihr Ton wurde ihr bewußt, und im Nu stand ihr das Gespräch vor Augen, das sie nach Eligius' Tode mit Georg gehabt hatte. Georg hatte sie damals zur Demut ermahnt. In ihrer Erinnerung vermischten sich die Bilder dieser beiden geliebtesten, einander so ähnlichen Menschen — und da brach etwas in ihrem Herzen, sie glitt von ihrem Stuhl auf die Knie hinunter, ihr ganzes Gebet waren nur zwei Worte: Bitte nicht, bitte, bitte nicht! Sie wiederholte das wieder und wieder, eine lange Zeit. — Fräulein Rüsch kam nach leisem Anklopfen in den Salon, ohne daß Gabriele sie bemerkte. Erschrocken verschwand sie wieder; sie sagte nie und zu niemand etwas davon, daß sie diesen geheimen Augenblick belauscht hatte.

Bald kamen beruhigende Nachrichten. Der Schuß hatte die Lunge nur gestreift, Georg erholte sich im Lazarett, er wurde dann von seiner Kirchenbehörde nach Berlin zurückgerufen; vorher war er als Rekonvaleszent in Grünschwaig, seine Mutter hatte ihn bei sich in der Kleinen Schwaig, ihn zu verwöhnen, mit ihm spazieren zu gehen; sie war gelöster, glücklicher als jemals, seit ihr Mann ihr genommen war. Das Gefühl, geschont worden zu sein, auf eine Bitte Antwort und Güte erfahren zu haben, überglänzte ihr fast ganz die Unheilstage des Vaterlandes, die im Spätherbst 1918 so plötzlich, den Meisten unerwartet, hereinbrachen. Georg mußte Hals über Kopf zu seiner Familie zurückreisen, da von revolutionären Unruhen in Berlin gesprochen wurde. Seltsam schnell brach die deutsche Reichs- und Kaiserherrlichkeit zusammen.

Hanna hatte von ihrem Mann keine Briefe mehr, es hieß, daß meuternde Arbeiter die Rheinbrücken gesprengt hätten und daß unser Heer in Frankreich und Belgien nun insgesamt gefangen wäre. Der kleine Jakob bestürmte seine Mutter um Erklärungen, durch ihre beruhigenden Antworten hindurch spürte er ihre Sorge und daß ihre Gedanken weit fort waren. Er fand in diesen erregten Tagen nur Eine, die ihm auf seine tausend Kinderfragen geduldig Antwort gab: das war Fräulein Rüsch. Sie gehörte zu den treuen Seelen, die eine besiegte Sache eben darum nur desto heißer lieben und niemals von ihr lassen. Von ihr erfuhr Jakob, daß unser Kaiser Wilhelm Adleraugen gehabt habe und ein Friedensfürst gewesen sei, in dreißigjährigem Dienst für sein Volk habe er sich verzehrt, und nun sei der Dank, daß ihn sein Volk im Stich lasse und schmähe; Feigheit werfe man ihm vor, weil er nach Holland geflohen sei, aber der Kaiser habe recht getan, daß er den Staub seines undankbaren Landes von den Füßen geschüttelt. Es gehöre ihm deswegen doch, und er allein sei der rechtmäßige Herr darin. Jakob begriff von diesen Reden wenig, aber er fühlte richtig heraus, daß in der Welt draußen etwas Ernstes und Schmerzliches vorging und daß man Partei ergreifen mußte. Er fragte: „Gehört dem Kaiser unser Dorf auch?" — „Alle Dörfer und Städte in Deutschland, jeder Stein und Baum," betonte Fräulein Rüsch mit wehmütiger Begeisterung. Hierauf faßte Jakob seinen Entschluß. Er besaß eine schwarz-weiß-rote Fahne, sie war der Mittelpunkt seiner Kriegsspiele. Er holte sie. Er zwang seinen dicken kleinen Bruder Frank, mit einem Blech und mit einem Stock, um darauf zu schlagen, hinter ihm herzugehen. So zogen die zwei den Fahrweg hinunter, um das Dorf für den adleräugigen Kaiser in Besitz zu nehmen. Ein leichter Herbstregen fiel, zufällig bemerkte niemand den Auszug der Kinder. Als sie aber um die Wegbiegung herum waren, kam ein Mann in einem grauen Mantel und einer Soldatenmütze ihnen entgegen; Jakob ärgerte sich, daß seine Fahne nicht wehte, er dachte stolz mit ihr an dem Mann vorüberzuziehen, aber Frank schrie: „Der Papa!" — und Kaspar nahm sie beide in die Arme. „Ja, wo wollt denn ihr hin, Buben?" fragte er. „Das Dorf gehört dem Kaiser," erklärte ihm Jakob; er war gleichwohl bereit, für jetzt mit dem Vater umzukehren, ein dickes Freudengefühl steckte im Hals, das man herausschreien mußte.

Die früheren Jahre, dachte Hanna — die Jahre bis zum Ende des Krieges, das für sie durch Kaspars Heimkehr bezeichnet war — hatten ihren Lauf gehabt, den man überblicken und verfolgen konnte. Aber wohin waren die Jahre hernach gekommen, diese letzte Zeit des Zusammenseins mit ihrem Mann, das Aufwachsen der Kinder? — Es war alles nur wie ein Atemzug gewesen. Wenn man ihr heute sagen wollte: das war gestern, als Kaspar aus dem Kriege kam und dastand, mit der Soldatenmütze auf dem wie immer kurzgeschorenen Haar, mit den wie immer warm und gütig blickenden braunen Augen und seinem so vertrauten Lächeln, das den Mund etwas schief zog — nein, daß es gestern war, könnte ihr Gefühl vielleicht nicht glauben. Wohl aber, daß es vor zwei Monaten gewesen sei. — In Wirklichkeit waren es zehn Jahre, man schrieb jetzt 1928; fast volle zehn Jahre. Sie hatte weiter das Gut geführt und später in der Inflationszeit sogar die Möglichkeit gefunden, an den Hof- und Wirtschaftsgebäuden die nötigen Reparaturen machen zu lassen, mit denen man seit dem Krieg im Rückstand war. Einmal fuhren sie, Kaspar und Hanna mit beiden Buben, auf Besuch zu Freunden in die Schweiz, wo sie seit der Hochzeitsreise nicht mehr gewesen waren. Sonst war Kaspar, ganz wie früher, untergetaucht in seinen Büchern und Arbeiten. Über die Zeit und ihre Not sprach er kaum, höchstens daß er ein wenig über die Herren Clemenceau und Lloyd George spottete, die Deutschland zu treffen glaubten, wenn sie Festungen, Schiffe und Provinzen wegnahmen, und es nicht einmal merkten, daß das wirkliche Deutschland, das Deutschland des Geistes und Herzens, ihnen ganz unerreichbar blieb. Diesem Deutschland, meinte er, müsse man dienen und es immer stärker werden lassen.

Auch jetzt, wie im Krieg, kamen viele Gäste nach Grünschwaig, und wenn es dann über Tisch zu politischen Gesprächen kam, so riefen die Anschauungen Kaspar Degeners bei manchen Besuchern einen gereizten Widerspruch hervor. Geistigen Hochmut, gelehrte Weltfremdheit fand man darin, daß jemand das schwere politische Schicksal der Deutschen so sorglos hinnahm; und Jakob, der mit sehr früh erwecktem Interesse diesen Diskussionen folgte, unbemerkt in einer Ecke sitzend mit gespitzten Ohren, ... Jakob hätte gern seinem Vater in allem recht gegeben, aber er konnte es nicht. Unser Land wurde doch geschlagen und getreten, ohne sich wehren zu können, und war es nicht eine Feigheit, so zu tun, als ob man nichts davon merke? Er ging, nachher, und fragte seinen Vater darüber, und dieser ließ kopfnickend seine Einwendungen gelten, wie es überhaupt Kaspars Art war, mit seinen Kindern völlig von Gleich zu Gleich zu reden. Aber dann suchte er dem Buben klar zu machen, daß er, Kaspar, weder feige noch sorglos war, sondern daß seine Sorge woanders hinhorchte und daß nach seiner Meinung die Rettung woanders herkommen mußte als von der Politik. Jakob war zu jung, ihn ganz zu verstehen, aber er fühlte sich doch von solchen Zwiegesprächen mit seinem Vater auf eine Weile beruhigt.

Es hatte sich früh gezeigt, daß Jakob nicht der Landwirt sein würde, den sein Großvater sich für Grünschwaig erhofft hatte, seine Interessen gingen entschieden nach der geistigen Seite, und Hanna, die froh darüber war und in jedem der geschilderten Gespräche Kaspars mit Jakob ein Vorzeichen künftiger gemeinsamer Geistesarbeit sah, bemühte sich, gleichsam zum Entgelt und aus Gewissenhaftigkeit gegen den toten Vater Degener, Frank für die Landwirtschaft zu erwärmen, es ließ sich noch nicht sagen, ob es ihr gelingen würde, Frank hatte sich bisher in seinen Interessen etwas sprunghaft gezeigt. Es kam dann die Zeit, wo die Buben aufs Gymnasium mußten; Hanna schickte beide in das Landschulheim nach Obersbrunn — wo Frank auch jetzt noch war — und sie waren dann nur noch in den Ferien zu Haus.

Daß Kaspars Herz nicht gesund war, wer hätte es merken können? Er hatte nie mit einem Wort geklagt, und wenn er manchmal still aus dem Zimmer ging, so mußte man glauben, er wolle zu seiner Arbeit. Aber sie fand ihn dann auf dem Stuhl vor seinem Schreibtisch knieend, Kopf und Arme auf die Tischplatte aufgestützt, und er entgegnete ihrer beunruhigten Frage, daß diese Haltung ihm guttue, ihm sei nicht recht wohl gewesen; jetzt sei es schon vorbei. Er trank einen Schluck Cognac, den sie ihm brachte, und beruhigte sie lächelnd. Als er sich endlich von einem Arzt untersuchen ließ, war schon viel versäumt. Man versuchte es mit Herzmitteln; daß das Schlimmste so nahe war, wußte niemand. Georg war damals zu Gast gewesen, sein erster längerer Besuch seit dem Urlaub im Krieg; ihm war nicht lang vorher seine schöne, fröhliche Nina gestorben, und er ging herum, der sonst immer Lebensfreudige, als der Schatten seiner selbst. Er wohnte wieder in der Kleinen Schwaig bei der Mutter, aber abends kamen sie gewöhnlich beide herüber, um bei Hanna zu essen. — Das war eine der seltenen stillen Zeiten in Grünschwaig, Februar, dunkel und feucht, und zu viert hatten sie an den Abenden lange Gespräche. Kaspar ging mehr als er sonst pflegte aus sich heraus, sprach von seiner Arbeit über den „Sinn der Geschichte", an der seit Monaten nicht eine Zeile mehr geschrieben sei; und was er bisher gemacht, müsse wahrscheinlich alles umgeschrieben werden. „Es hat sich mir unter den Händen alles verändert," sagte er, wollte sich aber nicht näher erklären. Stattdessen begann er dem Bruder mit sehr ernsten Worten wegen seiner maßlosen Traurigkeit Vorwürfe zu machen, so daß Georg schließlich lächeln mußte, und ihn fragte: „Bist eigentlich du der Pfarrer, oder bin ich's?"

Am nächsten Morgen war es, daß Kaspar, nach dem Frühstück, sich wieder hinlegte, das Liegen auch nicht vertrug, vor seinem Bett kniete. Der junge Dr. Winte kam; er untersuchte, verschrieb etwas, und verordnete Ruhe, versprach nachmittags wiederzukommen. Ihm ahnte nichts Gutes, doch sah er nicht voraus, daß es mit Kaspar Degener noch an demselben Tag zu Ende gehen sollte, er sagte zu Hanna nur, man möge ihn nötigenfalls gleich anrufen. Sie war davon beunruhigt genug, um Kaspar nicht mehr allein zu lassen. Während sie mit einem Spezialisten in München telefonierte und ein Telegramm nach Obersbrunn aufgab, um die Kinder herzurufen, saß Gabriele Degener neben dem Lehnstuhl, auf dem Kaspar sich eingerichtet hatte, weil ihm das Atmen so leichter wurde als im Bett. Er sprach davon, daß es jetzt bald wärmer und heller werden und daß der Frühling ihm guttun würde, er sagte: „Ich kann mich gar nicht erinnern an eine solche Sehnsucht nach dem Frühling, wie diesmal." Nach einer Weile mit einem, wie ihr schien, etwas wehmütigen Lächeln: „Mama, ich glaube, du hast dir meinethalben oft Sorge gemacht. Das war nicht nötig. Mein Leben ist kein verfehltes gewesen." — Seine Mutter, indem sie nach seinen Händen faßte: „Aber natürlich nicht, Bub! Was redest du denn?" — „Danke," sagte er; sie las es mehr von seinem Munde, als daß sie es hätte hören können. Er saß mit geschlossenen Augen, sie glaubte ihn eingeschlafen und blickte in sein Gesicht, es zuckte ihr durch den Sinn, daß sie von ihrem ältesten Sohn wenig wußte; sie dachte, halb mit Beruhigung und halb in unwillkürlicher Eifersucht: „Er hat Hanna gehabt." Dann hörte sie ihn wieder sprechen, er bat sie leise und offenbar mit Anstrengung redend, ihn für eine Zeit ganz allein zu lassen, da ihm der Gedanke störend sei, daß da jemand für ihn sitze und Müh habe. Er brauche niemand, er wolle ein wenig schlafen. Seine Mutter zögerte, aber sie tat nach seinem Wunsch und ging.

Nachher wußten weder sie noch Hanna, ob er wirklich schlafen gewollt, oder nach dem Alleinsein mit einer höheren als menschlichen Gegenwart verlangt, — oder ob er einen Herzanfall kommen gefühlt habe und, wie es seine Art war, den Seinigen das ersparen wollte. Hanna kam nur wenige Minuten später wieder ins Schlafzimmer hinauf, um nachzusehen. Sie fand ihn, mit dem Oberkörper seitlich über die Armlehne gesunken, und sein Herz war schon still.

5

In den zwei Jahren seit dem Tode Kaspar Degeners war mit Frank, dem jüngeren Sohn, eine Veränderung vorgegangen, die Hanna Sorge machte. Mit Jakob konnte sie sprechen von dem Toten; ein paar kurze Worte genügten ihnen, um sich seiner geheimen Anwesenheit zu versichern. Frank aber nahm daran niemals teil, es kam vor, daß er bei der Erwähnung seines Vaters aus dem Zimmer ging. Er konnte es nicht ertragen, daß man so einfach darüber redete und so tat, als wäre es natürlich, daß — nicht irgendwer, sondern der Vater, sein eigener Vater! gestorben war. Er hatte anfangs, da er alle im Haus durch den plötzlichen Todesfall erschüttert sah, wenig empfunden, hatte erst allmählich erleben müssen, was das bedeutete. Frank war ein verschlossener Bursch. Oft geschah es, daß ihm alle Fenster und Türen zur Außenwelt zufielen und er mit sich selbst allein blieb. Sein Vater hatte dann leicht, wie im Vorbeigehen, bei ihm angeklopft und ihn unvermerkt wieder in die Gemeinschaft der Familie zurückgeholt. Seiner Mutter gelang das nicht so mit ihm. Es war nicht, daß sie ihn weniger liebte, sie fühlte sich ihren beiden Kindern gleich nahe, und ihre Sorge um Frank verstärkte ihr Bemühen um ihn. Aber wer erklärt das, warum die Brücke von Seele zu Seele manchmal auch zwischen nächststehenden Menschen nicht gelingt? Verschließt sich ein Mensch, weil man etwas an ihm versäumt, oder ist es ein Schicksal aus ihm selbst, daß er einsam werden muß? Frank jedenfalls begann sich einzubilden, daß nur sein Vater ihn verstanden hätte, daß die Anderen ihn nicht brauchten. Und der früher nur etwas schweigsame aber, wie es schien, in sich vergnügte und unkomplizierte Bub, den Hanna zum Landwirt zu erziehen hoffte, begann wunderlich zu werden. Ihm machte auch seine körperliche Entwicklung zu schaffen, seine Stimme brach sich früh, für Fremde wirkte er älter als Jakob, und eine Seltsamkeit war dazu sein kurzer, trippelnder Kinderschritt, den noch der Sechzehnjährige beibehielt und für den er in der Schule verspottet wurde.

Er mußte jetzt wieder nach Obersbrunn, nachdem der „Sommer der Geschwisterkinder" vorüber war, und Jakob begleitete ihn zur Bahn. Die beiden Brüder waren schon durch die Sperre gegangen und warteten auf den Zug; so waren sie hier sonst auch gestanden, um gemeinsam ins Internat zurückzukehren, jetzt aber waren ja für Jakob die Schulsorgen abgetan, er sollte im Herbst die Universität beziehen — und das schien eine Schranke zwischen ihnen zu errichten. Frank empfand wirklich einen Groll gegen seinen Bruder, daß er ihn allein reisen ließ, und auch darüber war er zornig, daß er ihm vernünftigerweise darüber natürlich keinen Vorwurf machen konnte. Als am Ende des glänzenden Schienenstranges die Lokomotive unter ihrer Rauchfahne aus dem Walde hervorkam, da wurde die unmutige Regung so stark in ihm, daß er sich nicht enthalten konnte zu sagen:

„Ihr werdet ja froh sein, du und die Mama, daß ihr jetzt für euch seid."

Als er es ausgesprochen hatte und sah, wie Jakob zuerst erschrak und dann sich ärgerte, wurde ihm leichter, er wünschte es wieder auszugleichen und hätte doch um alles sein abgeschossenes Wort nicht zurücknehmen mögen. Der Zug fuhr lärmend ein, er nahm seinen Koffer auf und sagte, unwillkürlich schon in den Obersbrunner Schuljargon verfallend:

„Also, Servus. Mach's gut, Mensch."

Jakob, der endlich seine Sprache wiedergefunden hatte: „Du bist ja wohl ganz verrückt geworden."

Er stieg mit ihm in den Zug, riß ihm den Koffer aus der Hand und hob ihn ins Netz, umarmte und küßte den Bruder, obwohl sie dort allen im Weg standen, die nach ihnen in den Wagen hereinwollten, und obwohl ein solches Abschiednehmen bei ihnen sonst gar nicht der Brauch war. Er sagte noch einmal: „Du bist ganz verrückt geworden," und las in Franks Augen die Antwort:

Natürlich war es dumm, aber du kannst nicht verlangen, daß ich dir das zugebe.

Darauf sprang Jakob, halb beruhigt, wieder aus dem Zug, der schon im nächsten Moment sich von neuem in Bewegung setzte. Frank zeigte sich nicht mehr am Fenster.

Wir froh, wenn er nicht da ist! was für ein verrückter, blödsinniger, hirnrissiger Schafskopf! dachte Jakob über ihn, indem er dem Zuge nachschaute, und bedauerte, ihm nicht diese und noch möglichst viele weitere Schimpfworte persönlich gesagt zu haben. Der Herbsttag war zu schön, als daß Jakob sich über den sonderbaren Bruder lang hätte ärgern können. Es hat ihn irgendein Floh gestochen, wird schon vorbeigehen, es passiert jedem einmal, überlegte er entschuldigend. Er schlenderte ins Dorf hinunter; die Mutter hatte ihn gebeten, sich bei Frau Winte nach dem Befinden des Doktors zu erkundigen, und wann er aus dem Krankenhaus entlassen würde. Er begegnete Balthasar, dem Maler, und wie immer stimmte es ihn fröhlich, diesen guten alten Mann zu erblicken, der so wohlwollend den Hut zog, um Jakobs Gruß zu erwidern, und dessen weißer Kopf und Bart in der Sonne leuchtete. Wenn man ihn sah, schien es möglich und sogar leicht zu sein, der ganzen Welt Gutes zu erweisen und von ihr geliebt zu werden. Hin, her, hinauf, hinunter! dachte Jakob, indem sein Auge dem Flug einer Schwalbe oben im blauen Himmel folgte und ihre Brust mit demselben Weiß, wie der Bart des Malers war, im Licht aufblitzen sah.

Im Dorf hatte er noch ein zweites Zusammentreffen, nämlich mit dem Niederrotter, seinem Paten, den ihm der Großvater gegeben. Von der Dorfschmiede her, wo er seine Pferde beschlagen ließ, rief dieser ihn an, ein untersetzter, vollbärtiger Bauer mit einem guten Gesicht.

„He, Jakob!"

„Du bist's, Göd."

„Jetzt hast di fei scho lang nimmer sehn g'lassen bei'n uns! Derfst amal wieder kommen."

„Und du auch einmal," sagte Jakob. Er war zu ihm hingegangen und schüttelte ihm die Hand.

Der Niederrotter sprach von vieler Arbeit, die das ganze Jahr über kein Ende nehme. Jakob erzählte ihm, daß er noch diesen Herbst auf die Universität ginge.

„Aha. Nachher bist recht g'scheit und lernst es uns aa," sagte der Bauer, gutmütig lachend. Er wiederholte die Aufforderung, ihn heimzusuchen, trug einen Gruß an Jakobs Mutter auf, und wandte sich wieder seinen Pferden zu.

Dr. Wintes Haus lag direkt an der Straße, an der Tür hing ein Pappschildchen: „Bis auf weiteres keine Sprechstunde;" doch war die Tür unverschlossen. Jakob trat in den Hausflur; das leere Wartezimmer stand offen. Da er niemand sah und hörte, ging er weiter bis in den Garten hinterm Haus — und hier fand er zu seiner Überraschung den Doktor vor, den er noch im Krankenhaus geglaubt hatte. Winte saß auf einem Schaukelstuhl im Birnbaumschatten, eine Decke auf den Knieen, ein Tischchen mit einigen Büchern und Zeitschriften neben sich. Er wollte, höflich wie immer, aufspringen, als er seinen Besucher kommen sah, aber Jakob hinderte ihn daran und setzte sich zu ihm, sprach seine Freude aus, ihn schon wieder daheim zu sehen, überbrachte die Grüße seiner Mutter. Der Doktor antwortete sehr wohlgehörig; zwischen ihm und Jakob war ja alles gut und recht, sie hatten einander nichts Böses getan und hätten keinen Grund gehabt, so verlegen zu werden, wie sie doch beide wurden, da sie an den Heimatabend im „Lamm" dachten und an alles, was daraus gefolgt war. Jakob bemerkte die vernarbten Schnitte an Wintes Kinn und Wange; sie waren die sichtbaren Zeichen dafür, wie der Leichtsinn jenes Abends, an dem sie doch alle teilgehabt, das Leben eines Menschen in Gefahr gebracht hatte. Er erfuhr, daß Winte erst vor zwei Tagen aus dem Krankenhaus entlassen war, er fand den Armen noch recht blaß, auch abgemagert, was ihn älter und ernsthafter als früher erscheinen ließ. Es wäre einem jetzt kaum mehr eingefallen, über Winte zu lachen.

„Das hätte schlimm gehen können mit Ihnen, Herr Doktor," sagte Jakob.

Winte: „Ja, Herr Degener — so was ist mir noch nie passiert. So ein alter Fahrer, wie ich bin!"

Nachdem es solchermaßen ausgesprochen war, konnten sie nun leichter miteinander reden, bald kam die Mutter Winte dazu, von ihrem Einkaufs-Gang zurückkehrend. Sie grüßte den Gast aus Grünschwaig zuerst etwas gemessen, sie fand es nötig, ihm zu erklären, daß „mein Sohn seine Hilfskraft, die Schwester Brigitt, in Urlaub g'schickt hat, denn das braucht keiner meinen, auf die Gehirnerschütterung hin, daß er schon g'schwind wieder Praxis machen könnt — und drum, wenn ich aus'm Haus muß, ist jetzt kein Mensch da". Jedoch die ehrliche Teilnahme, die Jakob bezeigte, stimmte sie schnell zur Freundlichkeit; sie fing an, sich für das schöne Obst zu bedanken, das „die geehrte Frau Mutter" zweimal ins Krankenhaus geschickt hatte, sie erzählte die ganze Krankenhausgeschichte, die anfänglichen Befürchtungen der Ärzte, und was für ein Glück es war, daß es kein Schädelbruch gewesen ist, sonst hätte er vielleicht den Beruf überhaupt nicht mehr ausüben können.

„Es ist halt praktisch, wenn ein Mensch einen harten Kopf hat," setzte Winte gemütlich hinzu.

Mutter Winte: „Aber jetzt muß ich Ihnen noch etwas zeigen, Herr Degener. Ihre Fräulein Kusin' hat mir g'schrieben."

„Wer? Ninette?"

„Ganz einen schönen Brief hat s' mir g'schrieben — wird schon g'wußt haben, warum," brummte sie und ging ins Haus, ihn zu holen, ohne auf ihren Sohn zu achten, der ihr abwinken wollte.

„Das braucht's nicht, das braucht's doch gar nicht," murmelte er in neuer Verlegenheit.

Aber mit einer gewissen ernsten Genugtuung kam Frau Winte zurück und legte den Brief vor Jakob hin.

„Liebe, geehrte Frau Winte," schrieb Ninette, „ich m u ß Ihnen schreiben und Ihnen sagen, wie s c h r e c k l i c h leid mir der Unfall Ihres Sohnes tut. Meine Schwester Luzie behauptet, daß ich daran schuld gewesen sein soll, ich k a n n das nicht glauben, aber wenn ich eine Schuld habe, bitte um Gottes willen vergeben Sie mir, seien Sie und Ihr Sohn mir nicht mehr böse. Alle haben mir versichert, daß keine Lebensgefahr ist und daß er wieder ganz gesund werden muß. Grüßen Sie ihn von mir und sagen Sie ihm, wie s e h r ich ihm eine schnelle, gute Besserung wünsche.

Ihre Ninette Degener.

B i t t e nicht mehr bös sein!!"

Frau Winte folgte den Augen Jakobs, während er las, und nickte dazu, vorwurfsvoll, aber zugleich auch gerührt.

— Um die Mittagszeit kam Jakob in heiterer Stimmung nach Haus, aber beim Essen fing seine Mutter an, von seinen Berufsplänen zu sprechen, was ihn jedesmal unruhig machte. Er hatte ein ganz bestimmtes Gefühl von der Aufgabe, der er mit seinem Leben dienen wollte. Sie hing mit Deutschland zusammen, mit dem Leid, das uns in Versailles zugefügt war, mit dem Schimpf der Alleinschuld am Kriege, die man, wider alle Gerechtigkeit und Wahrheit, auf uns gehäuft hatte. Unser Land mußte seine verlorene Krone zurückgewinnen; vielleicht nicht, indem es Wilhelm II. aus der Verbannung heimholte. Jakob war jetzt nicht mehr so sicher, wie in seiner Bubenzeit, daß man für Wilhelm von Hohenzollern die Fahne aufrichten müsse. Aber neuer Glanz und neue Macht mußten aus der Volkstiefe heraufgeholt werden wie jenes versunkene Gold aus dem Strom. Es war alles da und wartete nur derer, die es heben würden. Dann würde niemand mehr unsere Ehre kränken, der deutsche Name würde wieder ein Ruhm sein wie in den Zeiten der alten Kaiser, der Sachsen und Salier und Staufen. Was uns genommen war, würde zurückerstattet werden, aber nicht einen Fußbreit Boden, nicht eine Handvoll Gut würden wir dann nehmen, das nicht rechtens unser wäre, wir würden der Welt zeigen, wie ein guter Sieger Frieden schließt und hält. — Ein reiches, glückliches und mächtiges Vaterland, für das man nichts zu tun brauchte, hätte wohl kaum sein Gefühl so sehr beschäftigt; weil aber das Vaterland unglücklich war, darum mußte man, wenn es einmal nötig wurde, bereit sein, sich dafür zu o p f e r n. Eine weite, tragische Landschaft schien sich auszubreiten, irgendwo in ihrer Tiefe lag ein Ziel, dem man entgegen ziehen mußte. Jakob konnte nichts davon wissen, daß ein Gefühl, ganz ähnlich dem seinigen, in Tausenden junger Menschen seines Landes dämmerte; für ihn hing diese Empfindung mit dem Heimatabend im „Lamm" und mit dem Andreas Hofer-Lied zusammen, das er dort gehört hatte. Damals war das aufgeweckt worden, was ihn jetzt erfüllte, wenn auch schon früher vorbereitet durch manches Gehörte, Gelesene und Erlebte. Aber mit einem „Beruf" ließ sich das in keinen Zusammenhang bringen, schon das Wort schien ihn einzuengen, und er sprach es, nach Jünglingsart, nur mit spöttischer Betonung aus. Er konnte sich durchaus noch nicht denken, was er einmal werden sollte.

Auch Hanna hatte sich über seine berufliche Zukunft von der praktischen Seite her noch wenig Gedanken gemacht — vielleicht zu wenig, so fragte sie sich jetzt; man hätte vielleicht Berufsvorstellungen von bestimmterer Art in Jakob erwecken können. Sie hatte sich immer gescheut, ihn durch ihren Wunsch, daß er die philosophisch-geschichtliche Arbeit seines Vaters einst fortführen möchte, womöglich auf einen Weg zu drängen, der seiner Natur nicht gemäß wäre. Sie dachte auch jetzt wieder, während sie in dem so vertrauten hellen Grünschwaiger Eßzimmer mit seinen großen Ost- und Südfenstern ihrem Sohn gegenüber saß, an dem gleichen ovalen Tisch, an dem man ihm sozusagen gestern noch den Kinderstuhl gerückt und ihm beigebracht hatte, mit Löffel und Schieber zu essen — sie dachte: wahrscheinlich wird er nie etwas von der Philosophie begreifen; ich wäre ja unglücklich, wenn ich so etwas machen müßte! Weil sie sich dieser Berufsfrage nicht gewachsen fühlte, hatte sie ihren Schwager Georg um Rat gebeten; ihm als Geistlichen und wegen des nahen Verhältnisses, das er zu Kaspar gehabt hatte, traute sie besonders viel Verständnis zu. Georg hatte ihr auch versprochen, sogar eigens deswegen nach Grünschwaig zu kommen, hatte nach dem Neffen- und Nichtensommer seine Kinder hier abholen und dann mit Jakob reden wollen. Aber jetzt war ein Brief von ihm da: Hanna möge ihm doch, da für ihn die Möglichkeit einer Bayernreise so bald nicht abzusehen sei, den Jungen nach Berlin schicken; er könne ihn bei sich unterbringen und alles in Ruhe mit ihm durchsprechen, und

Jakob könne bei der Gelegenheit auch gleich die großartige Hochzeit mitfeiern, die der alte Mr. Gaunt aus Amerika im Hotel Adlon für Ellen Degener vorbereitete und zu der die ganze Familie schon die prachtvoll gedruckten Einladungen erhalten hatte.

Diesen Brief las sie nun bei Tisch ihrem Sohn vor und Jakob, der Berlin noch gar nicht kannte, nahm den Vorschlag sehr zufrieden auf und erklärte sich gleich zu der Reise bereit.

„Onkel Richard, Tante Kitty und Ellen selber wirst du es dann ausrichten, wie sich ganz Grünschwaig mitfreut über ihr Glück. Ich höre, die Baronin Priehl ist auch zur Hochzeit eingeladen und wird wahrscheinlich hinfahren, denn die Bekanntschaft mit den Hansteins ist ja durch sie vermittelt worden."

„Ist sie doch einmal zu etwas gut gewesen," brummte Jakob, der die allgemeine Grünschwaiger Abneigung gegen Petra Priehl teilte; aber Hanna verwies ihm seine unbescheidene Bemerkung. —

In den nächsten Tagen wurde überlegt, was man zur Hochzeit schenken könnte; es war anzunehmen, daß Kitty mit Hilfe des amerikanischen Großvaters den jungen Haushalt auf das vollkommenste ausstatten würde, und so bekam Jakob als Geschenk für das Brautpaar eine wertvolle alte Hamann-Ausgabe aus der Bibliothek seines Vaters mit. „Denn," meinte Hanna, „der Bräutigam soll geistig sehr interessiert sein, und Ellen wird sich ja nun auch in diese Welt hineinleben." Insgeheim war es dabei ihre Freude, daß Kaspar vor den Augen der Familie noch über seinen Tod hinaus als der Gebende sich zeigte.

6

Bei der Ankunft in Berlin am Anhalter Bahnhof erkannte Jakob schon von weitem das schöne Gesicht seines Vetters Friedrich, der mit einem versonnenen, ja verquälten Ausdruck vor sich hinstarrte, ohne die Passanten an der Sperre zu beachten.

„Das ist schön, daß du mich abholst. Wieso wußtest du denn die Zeit?" fragte er ihn und erfuhr, daß seine Mutter telegraphiert und um die Abholung gebeten hatte.

Anstatt dankbar zu sein, fühlte sich Jakob geärgert und beschämt. „Als ob ich nicht allein hätte finden können! Ich hätte einfach ein Auto genommen."

„Da ich schon einmal da bin, machen wir das nicht, wir nehmen die Wannseebahn nach Steglitz."

Unterwegs fragte Jakob: „Hör einmal, du — ist etwas los bei euch?"

„Wieso?"

„Du bist mir so vorgekommen."

„Ich? Ach wo! — Nein, mit mir ist überhaupt nichts los. Ich häng an der Kette, wie ein Hund."

Jakob verstand nicht. Der Wortwitz, diese rasche, sprunghafte Weise zu denken und zu reden, war ihm ungewohnt, er kannte sie auch nicht als seines Vetters Art; es war der Geist dieser fremden, riesigen, unschönen Stadt, der ihm da entgegenwehte.

„Jakob! Ach, das ist ja hübsch!"

Mit diesen Worten begrüßte ihn eine elegante fremde Dame, geschminkter Mund unter einem großen Hut, mit der sie auf der Straße vor der Georg Degenerschen Wohnung in Steglitz zusammentrafen. Jakob staunte die Dame an und sah wirklich erst nach einigen Sekunden, daß dies Luzie war, Luzie, die auf der Terrasse in Grünschwaig unter dem Mond- und Wolkenhimmel mit ihm getanzt hatte. Sie lachte und schwatzte auf ihn ein, während sie auf den Lift warteten und dann zu dritt mitsamt dem Gepäck emporgehoben wurden.

Jakob wurde in das Zimmer von Ninette geführt, wo er wohnen sollte, und hier sich selbst überlassen.

Der Raum war klein, freundlich, ein sehr bunt angemalter Stich, eine Ansicht aus der römischen Campagna, hing über dem Bett, vom Fenster sah man in einen jetzt schon dämmerigen Hof hinunter, aus dem eine herbstlich verfärbte Kastanie zu den Fenstern der Wohnung heraufstrebte, ohne sie zu erreichen. Langsam und etwas verwirrt fing Jakob an, seinen Koffer auszupacken, sich zu waschen und umzuziehen.

Noch bevor er damit ganz fertig war, kam Friedrich wieder herein und setzte sich auf einen Stuhl, während Jakob vor dem Spiegel seine Krawatte band und ungern in dem Glas sein Gesicht erblickte, das ihm dumm vorkam und nicht hierher in diese Berliner Wohnung und in dieses Zimmer zu passen schien. Aber es ist Ninettes Zimmer, dachte er und fragte seinen Vetter:

„Wo ist eigentlich Ninette?"

„Ninette, das weißt du doch, ist in der Verbannung," gab dieser mit finsterer Miene zur Antwort.

Jakob begriff nicht, was „Verbannung" bedeuten sollte, aber Friedrich, da er Jakobs Toilette beendet sah, sagte:

„Komm, Mutter wartet auf dich. Wir gehen zu ihr."

„Mutter wartet" — vor Jakobs Augen erstand das schöne Bild von Friedrichs Mutter Nina, deren er sich genau entsann, er hatte sie im Stillen hoch verehrt als die schönste Frau, die ihm jemals begegnet war. Im Krieg war sie mit allen sechs Kindern (auch Antje, die Ziehtochter, war damals schon dabei) einen Sommer lang in Grünschwaig gewesen; Peter wurde im Kinderwagen gefahren, und wenn sich ihr schalkhaft lächelndes, strahlendes Gesicht über den Kleinen beugte, hatte der siebenjährige Jakob sich gewünscht, selber im Kinderwagen zu liegen, um von ihr geküßt zu werden. Noch zuletzt hatte Jakob sie zwischen Neujahr und Heilig-drei-König 1925, etwa acht Monate vor ihrem Tode, gesehen; da trug sie Trauer, weil gerade jemand von ihrer Familie, in Schwaben, gestorben war, und auf dem Rückweg von dort nach Berlin war sie nur auf wenige Tage, in Begleitung Onkel Georgs, herübergekommen, um die Grünschwaiger wiederzusehen. Ihr Blond und die schönen braunen Augen, die denen Ninettes glichen, die rosige Zartheit ihrer Haut: alles erschien noch leuchtender über dem seidigen Schwarz ihrer Trauerkleidung; Jakob und Frank, beide schon Obersbrunner Schüler, die auf Ferien daheim waren, hatten sich wetteifernd bemüht, ihr Dienste zu tun. Deutlich lebte in Jakob die Erinnerung an Ninas reizendes, ein bißchen müdes Lächeln – sie war damals schon krank, ohne es zu wissen; beinah gewaltsam mußte er das abschütteln und sich klar machen, daß Friedrich nicht von ihr, sondern von Tante Ulrike sprach, der so ganz Anderen: auch sie hatte Onkel Georg schon, um sie seiner Mutter zu zeigen, nach Grünschwaig gebracht.

Als Jakob vor Tante Ulrike stand, erschien sie ihm noch strenger, als er sie vom ersten Sehen in Grünschwaig in Erinnerung hatte: eine regierende Fürstin! Er dankte ihr, daß er hier wohnen durfte, und sie schickte Friedrich hinaus, in der Küche zu sagen, daß man das Abendessen anrichten solle, Jakob müsse hungrig sein nach seiner Reise, der Papa werde gewiß lieber haben, daß man anfinge, er müsse auch jeden Augenblick da sein. „Onkel Georg freut sich darüber," sagte sie zu Jakob, „daß du zu ihm um Rat kommst. Er hat mir so viel von deinem Vater und von euch allen erzählt." Das war freundlich gesagt, aber so, wie in einem wohlgeordneten Leben jedem das zugeteilt wird, was ihm gebührt, ihm also, daß man von Grünschwaig sprach – und darum taten Jakob die Worte seiner Tante nicht wohl und befreiten ihn nicht von der Unbehaglichkeit, die ihm hier alles, Mensch und Ding, bereitete.

Als sie zu siebt um den Tisch saßen und er in einer Gesprächsstille nicht wußte, was er reden sollte, wiederholte er seine Frage nach Ninette, und wie er denn eigentlich dazu komme, in ihrem Zimmer zu wohnen?

Es entstand ein Schweigen. Schräg gegenüber saß Antje, sie sah ihn vorwurfsvoll an. Die immer hilfsbereite Silvia wollte erklären, sie fing an: „Ninette ist..." Ulrike aber nahm ihr ganz gelassen das Wort ab und sagte:

„Ich glaubte, Onkel Georg hätte euch davon geschrieben? Unsre kleine Ninette scheint uns für eine Weile eine besondere Obhut nötig zu haben; Onkel Georg hat sie in ein Stift gegeben. Das ist wahrscheinlich anfangs nicht leicht für sie, aber wir hoffen, es wird für ihre Zukunft das Richtige sein."

„Für eine Weile!" schnaubte Peter am unteren Ende des Tisches, unfähig, seine Empörung zurückzuhalten.

„Gewiß, für eine Weile; sie wird keinesfalls länger als ein Jahr dort bleiben."

„Es wird sie abkühlen," schaltete Luzie mit spöttischer Miene ein.

Peter schrie wütend: „Ach, sei doch du still, du dumme Schneegans!" („Dumme Gans" zu sagen, war verboten, „Schneegans" aber, in besonderen Fällen, erlaubt). Ohne es zu merken, zerkrümelten seine Finger das Brot, das neben seinem Teller lag; er sah aus, als ob er es Luzie ins Gesicht werfen wollte.

„Du mit deiner Kriegsbemalung!" setzte er hinzu.

„Pst, pst, Kinder!" sagte Ulrike, und lächelte.

Alles, ihr Lächeln, und wie sie von „unsrer kleinen Ninette" gesprochen hatte, regte in Jakob einen Widerstand gegen diese wohlgeordnete Gelassenheit auf; er war befangen, weil durch seine Schuld der Streit bei Tisch entstanden war, aber er fragte trotzdem:

„Sag mir doch bitte, Tante Ulrike — warum ein Stift?"

„Das kann dir der Onkel gelegentlich erklären, wenn du dich dafür interessierst," bemerkte Ulrike, wieder mit ihrer strengen, schönen Fürstenmiene. „Da hör ich ihn! Peterchen, du kannst gehen, ihm aus dem Mantel helfen, Grete ist heut allein in der Küche. — Übrigens, Luzie: mit der Kriegsbemalung hat Peter recht, und du weißt doch, daß dein Vater nicht will, daß ihr euch schminkt. Also, bitte, geh und mach dich in Ordnung —"

„Aber, Mutter —"

„Es ist notwendig," beharrte Ulrike mit so stiller Sicherheit, daß Luzie wirklich aufstand und hinausging. Sie kam jedoch nicht mehr an den Tisch zurück.

Onkel Georg begrüßte seinen Neffen, mit beiden Händen seine Hand ergreifend und schüttelnd, und sah ihm dabei mit hellen Augen herzlich und zugleich prüfend ins Gesicht.

„Du bist deinem Vater ähnlicher geworden," sagte er ihm,

und Jakob fühlte sich darüber so stolz, als ob man ihm einen Orden gegeben hätte.

Man stellte dem Onkel das für ihn warmgehaltene Essen hin, er faltete die Hände über dem Tischrand und sprach, indem er die Augen zudrückte, im Stillen ein Gebet, dann machte er sich mit gutem Appetit über seinen Teller her; zwischendurch streichelte er die Hand seiner Frau und erzählte von einem Besuch, durch den er aufgehalten worden war.

„Eine so brave, arme Frau! Wir müssen sehn, ob ihr Damen nicht etwas Entbehrliches in euren Schränken habt, womit man ihr aushelfen könnte." (Nina hatte solche immer wiederkehrenden Anforderungen ihres Mannes gekannt und zu dem Zweck stets ein paar Kleider im Schrank gehabt, die nicht, wie ihre übrigen, von der allerersten Schneiderin nach Maß gearbeitet waren. Ulrike war darauf noch nicht eingerichtet, sie hätte sich übrigens niemals erlaubt, irgend etwas von ihren Dingen dem Bedürfnis der Armen zu verweigern.)

Georg Degener sah sich um und fragte nach Luzie, ohne aber weiter darauf zu bestehen. Er trommelte gedankenvoll mit den Fingern auf den Tisch, er wußte nicht und merkte nicht, daß diese Angewohnheit seine Frau irritierte. Er fragte Jakob:

„Hör einmal, Junge — du bist wohl zu müde? Oder wollen wir uns gleich heut abend noch ein bißchen zu mir hinüber setzen?"

„Gern, Onkel Georg."

„Gut. Meinen Apfel werde ich mir mitnehmen," beschloß er, da er sah, daß die Andern mit dem Obst schon fertig waren, schob ihn in die Tasche und ging mit kurzen, kräftigen Schritten hinaus. Jakob folgte. Unter der Tür bat ihn Friedrich, er möge, nachher, noch auf einen Sprung zu ihm hereinschauen.

Das Zimmer des Onkels war in dieser eleganten Wohnung, als käme man in ein ganz anderes Haus. Es gab da ein Plüschsofa, das eine Scheußlichkeit war, für Georg aber eine wichtige Erinnerung bedeutete; denn das Sofa war einst in seinem Erlanger Studentenzimmer gestanden und in einer Stunde der Glaubensnot hatte er, an diesem Sofa knieend, eine Erleuchtung und Erweckung erlebt. Georg gab es sich nicht so recht zu, daß ein Stück heidnischen Aberglaubens, der sich an Gegenstände hängt, in ihm spukte, aber er wollte ohne das Möbel nicht mehr sein und hatte es seiner damaligen Hauswirtin abgekauft. Jetzt saßen auf dem Sofa die Besucher, die in seelischer Not zu dem Herrn Pastor kamen, und es geschah nicht selten, daß er ihnen die Geschichte jener Erweckung und des Sofas erzählte. Darüber an der Wand hing der Steindruck eines Gemäldes, auf dem Jesus der Herr zu sehen war, wie er mit sanftem, zum Himmel gerichtetem Blick aus seinem Marmorgrabe steigt, während die Wächter zu beiden Seiten in malerisch erschrockener Haltung ihre Häupter verhüllen. Dieser Wandschmuck war das Geschenk eines Gemeindekindes, einer herzensguten und sentimentalen alten Frau. Außerdem gab es Bibelsprüche in Rahmen und ein Lutherbild mit selbstbewußtem Ausdruck und tiefliegenden Augen. Keiner dieser Gegenstände war schön oder von künstlerischem Wert, und ein für diesen Mangel empfindlicher Mensch hätte es nicht zwischen ihnen ausgehalten; aber sie alle hatten eine Geschichte, irgendeine lebensvolle Beziehung zum Wesen ihres Besitzers; und wer ihn gern hatte, der begriff nach einiger Zeit, daß auch alle diese Dinge so waren, wie sie sein mußten, und ihren Platz erhalten hatten infolge der Menschlichkeit dessen, dem sie gehörten.

Georg Degener wies seinen Neffen mit einer Handbewegung zu dem Sofa und setzte sich ihm gegenüber, indem er sich den Schreibtischsessel heranzog. „Sag doch, sag mir einmal," fing er an, „hast du denn ein bestimmtes berufliches Interesse, mein Junge?"

Jakob erklärte, daß er jedenfalls auf die Universität wolle, sich aber noch keinen bestimmten Beruf vorgestellt habe, und daß seine Mutter es gern gesehen hätte, wenn die Arbeit seines Vaters durch ihn fortgesetzt würde. „Ich weiß aber nicht, ob ich das kann, Onkel Georg, und"... er war im Begriff, seine bisher immer verschwiegenen patriotischen Gedanken zu bekennen und zu sagen, daß er sich nichts anderes vorstellen könne als ein Leben des Opfers für sein Land; denn er fühlte, daß der Onkel hier anstelle seines Vaters stand und daß daher ein rückhaltloses Vertrauen geboten war. Onkel Georg aber, der weder lang stillsitzen noch lang zuhören konnte, sprang plötzlich wieder auf und lief im Zimmer hin und her, dabei zog er den gelben Apfel hervor und begann ihn, im Sprechen, aus der Hand zu essen.

„Es ist nicht nötig, gar nicht nötig, daß ein junger Mensch von vornherein weiß, was er werden will – ich freilich hab es immer gewußt, aber das ist verschieden, ist verschieden, man kann nicht alles über einen Kamm scheren. Die Hauptsache ist, daß unser Leben einen festen Kern hat, verstehst du: daß wir wissen, was recht und unrecht ist, und mit unserm Gewissen auf gutem Fuße stehn. Alles andere ergibt sich schon, ergibt sich von selbst, mein lieber Junge, denn wir sind es ja nicht, es ist Einer da droben," sagte er und zeigte mit der Hand, die den Apfel hielt, gegen die Zimmerdecke, „der unsere Schritte lenkt." – Unwillkürlich war er durch die Gewohnheit, in diesem Zimmer mit Menschen zu reden die er seelsorgerlich zu betreuen hatte, in seinen Pastorenton gefallen, und fuhr noch eine Zeitlang so fort, wobei er mit dem Kopf nickte, ganz wie einst der kleine Jakob beim Aufsagen von Gedichten. Er schloß mit einem seiner Lieblingssätze: „Was uns nottut, ist nur eins, ein warmes und demütiges Herz" — und nun erst schien er sich wieder persönlich auf den zu besinnen, mit dem er dies Gespräch führte, er setzte sich wieder zu ihm und fragte ihn:

„Sag einmal, Jakob — wie stehst du eigentlich mit deinem Herrgott? ich meine jetzt, mit deinem christlichen Glauben?"

Jakob wurde bei dieser unerwarteten Frage langsam und gründlich rot und antwortete, der Wahrheit gemäß: „Ich weiß nicht, Onkel Georg."

„Hm, das muß man wissen, darauf beruht alles, man kann sein Haus nicht auf Sand bauen, nicht auf Sand," wiederholte der Onkel, und sein heller Blick richtete sich, wie zuvor bei der ersten Begrüßung, zugleich prüfend und gütig auf Jakobs Gesicht. „Übrigens ist dein Vater in seinen reifen Jahren ganz fromm geworden, ein Christ, ich weiß es, wenn er auch nicht darüber sprach, es war meine Freude — und du solltest ihm darin nacheifern, mein lieber Junge." Als hätte er schon zu viel Vorwurfsvolles gesagt und müsse es wieder gutmachen, brach er ab und fragte den Neffen, ob er nicht jetzt zur Feier seiner Ankunft und im Hinblick auf alle guten Aussichten für sein späteres Leben einen Schluck Wein mit ihm trinken wolle? „Über die Berufsfrage reden wir noch, du bleibst ja eine Zeit hier." Der Wein wurde geholt, Tante Ulrike mußte dazu herüberkommen, und Georg Degener beschloß das Gespräch, reichlich trinkend und ausschenkend, in heiterer Behaglichkeit.

Nachdem Jakob dem Onkel und der Tante gute Nacht gesagt hatte, ging er, wie er versprochen, noch zu Friedrich und öffnete leise die Tür, in der Erwartung, ihn schon schlafend zu finden — um sich dann unbemerkt wieder zu entfernen. Aber Friedrich war noch nicht einmal ausgezogen, er saß am Tisch über seinen Schulbüchern und rief Jakob zu sich herein.

Jakob berichtete von dem Wein, den er zu trinken bekommen. „Es war schade, daß du nicht dabei warst. Jetzt bin ich müde, will schlafen gehn."

„Weiß ich schon," sagte Friedrich unwirsch, in Bezug auf den Wein. „Weiß schon, daß mir mein Vater nichts gönnt."

„Wie kannst du das sagen!" rief Jakob.

„Kennst du das, wie?"

Friedrich öffnete die Schublade seines Tisches und legte ein Bild der laubbekränzten Nymphe mit dem Bock, die er und Ulrike im römischen Thermenmuseum gesehen, vor den Vetter hin.

„Schön, wie? Was sagst du?" fragte er, nahm es wieder an sich und betrachtete es, während er weitersprach, mit entzückten Blicken. — „Aber ich darf dich nicht aufhalten, du willst schlafen, dir ist heute die Nymphe nicht mehr interessant, geschweige denn der Bock. — Aber dieses Lächeln! dieser Arm! Du hast keine Augen, wenn du das nicht siehst! — Nun, wie ist's, was habt ihr beschlossen? Wirst du Pfarrer werden? Ein so tüchtiger Pfaffe wie mein Vater?"

Er gab den spöttischen Ton auf, da er Jakobs Schweigen und seinen vorwurfsvollen Blick fühlte.

„Was denn? warum siehst du mich so an? — Du bist nicht einverstanden, findest mich verändert, wie?"

„Ja, dich auch. Dich und Luzie," sagte Jakob traurig.

„Mit Luzie nimm mich, bitte, nicht zusammen! Ich bin ganz überworfen mit ihr. S i e hat unserer armen Ninette das eingebrockt, das mit dem Stift ... durch ihre dummen Erzählungen, daß Ninette leichtsinnig mit dem Doktor Winte umgesprungen sein und ihn aus Koketterie fast in den Tod getrieben haben soll. Solchen Blödsinn hat sie dem Papa eingeredet — als ob sie nicht selber auch mit dem Doktor kokettiert hätte, und als ob Ninette schuld wäre, wenn der dumme Kerl gegen einen Baum fährt! — Aber die Folge ist nun, daß Papa für ihr Seelenheil fürchtet und ein protestantisches Stift gefunden hat, wo der Schaden repariert werden soll. — Übrigens hat Mutter, unsre Mutter Ulrike, das nicht gewollt. Sie redet nur so und verteidigt, was Papa getan hat, weil sie so fabelhaft anständig ist."

„Ich," sagte er nach einem Schweigen, — „i c h habe mich nicht verändert. Aber du hast schon recht, es gibt etwas, ein Ding, ein Unwesen, das wir nicht kennen. Das verändert uns."

Er erklärte nicht, was er damit meinte.

7

Zu Ellens Hochzeit war Georg Degener mit seinem ganzen Hause ins Hotel Adlon eingeladen. Um 11 Uhr war die Trauung in der katholischen Kirche in der Neustädter Kirchstraße; und nach der Feier fuhr man zum Hochzeitsdiner ins Hotel und würde dann bis zum Abend zusammenbleiben. — Die Wohnung in Steglitz war schon vom frühesten Morgen an von Vorfeststimmung erfüllt, beinah, als sollte hier die Hochzeit gefeiert werden. Die Mädchen liefen in Unterkleidern eilig durch den Gang, den Morgenrock um die Schultern und ihr Festtagskleid so vorsichtig auf dem Arm, als ob zu fürchten wäre, daß es zerbrechen könnte. Wenn man an einer Tür vorbeiging, wurde sie schnell zugeworfen, und aus dem einen oder anderen Zimmer klang eine Stimme: „Grete! bitte, meine Schuhe! das Wasser!" und Grete lief und brachte etwas, und wurde schon wieder woanders hingerufen, um einen Saum zurückzunähen oder einen Ärmel aufzustecken.

Die Männer waren bald angezogen und wußten nicht mehr recht, was sie tun sollten. Um den Damen aus dem Weg zu sein, „die natürlich nie fertig werden können," saßen sie in Georg Degeners Arbeitszimmer: der Onkel, Jakob, Friedrich und Peter, der vor kurzem dreizehn geworden war und in seinem langen dunklen Anzug und mit der ernsten Miene, die er dazu angenommen hatte, unheimlich erwachsen aussah. Obgleich vorauszusehen war, daß der Tag noch manche Anforderungen stellen würde, hatte Onkel Georg einen Wermut entkorkt und gab sogar Peter einen Schluck davon, weil er fand, „daß das Warten einen nervös macht, wenn man so sitzt und nichts vor sich hat". Er sprach bedauernd darüber, daß Ninette heute nicht dabei sein konnte. „Sie war auch eingeladen; aber man hätte es ihr nur von neuem schwer gemacht, jetzt, wo sie grad angefangen hat, sich einzugewöhnen im Stift." — „Meinst du, Papa?" sagte Friedrich.

Jakob war Brautherr und sollte Luzie als Brautjungfer führen. Er war im Cut-away seines Vaters, der für ihn gerichtet worden war, und hatte das Gefühl, daß der Anzug ihm nicht richtig saß, die Krawatte nicht gut gebunden war und daß er, mit seiner weißen Nelke im Knopfloch, eine lächerliche Figur machte . . . und doch behaupteten die Andern, daß er viel weltmännischer aussehe, als sie ihm jemals zugetraut hätten.

Nun erschien Ulrike mit ihren Stieftöchtern in festlichem Glanz und offenbar ganz gut wissend, daß ihre herbe Schönheit und die unbefangen blühende der Mädchen einander wechselseitig hoben. Georg sprang auf und küßte seiner Frau die Hand, und daß der sonst gutmütig Wortreiche nichts dazu sagte, unterstrich noch seine Bewunderung. — Antje schien heute hübscher als je zu sein; sie trug etwas Helles, Seidenes, was das Dunkle ihrer Augen und Haare, ihres bräunlichen Teints vorteilhaft hervorhob. Luzie flüsterte ihr zu, daß Quint auf der Hochzeit sein würde, und zu Antjes verzweifeltem Ärger gelang es ihr nicht, ihr tiefes Erröten zu verbergen.

Luzie — in einem mauve-farbenen crêpe-de-chine-Kleid, bekränzt und heiter — glich wieder mehr der Luzie vom Grünschwaiger Sommer her und ihr Lächeln sagte wieder wie damals: ich weiß, daß ich schön bin, und daß ihr alle von mir entzückt seid, und ich freue mich mit euch allen darüber. Sie unterhielt sich im Auto lebhaft mit Jakob, fragte ihn, ob er nicht auch glaube, daß getanzt wird, natürlich! „... und der alte Mr. Gaunt, Ellens Großvater, soll so nett sein, ein Witwer, ganz weiß, ein eleganter Herr! und der macht überhaupt die ganze Hochzeit, was glaubst du, daß das kostet! in dem teuren Adlon, und die vielen Menschen — aber er ist steinreich, er spürt das gar nicht". Und sie zeigte Jakob das goldene Armband, das sie als Brautjungfer von der Braut bekommen, und besah sich die ebenfalls goldene Krawattennadel, die ihm geschickt worden war. „Und ist es dir nun eigentlich recht," fragte sie ihn mit einem ihrer Feuerblicke, „daß ich deine Brautjungfer bin? Ich hab nämlich gehört, daß das eigentlich Cordelia du Faur hätte sein sollen, das ist eine Cousine vom Bräutigam, und Ninette und Friedrich kennen sie sogar von Rom her, aber sie hat nicht kommen können, weil sie eine Schulprüfung machen muß, ich glaube, in Salzburg — und jetzt ist statt ihrer die Lisa Fehrenkamp zweite Brautjungfer geworden, und von der Hansteinschen Seite soll nur ein Vetter kommen, weiß nicht wie er heißt; und so hat es sich gemacht, daß wir zwei zusammen sind, ist das nicht nett, wie?" Jakobs Herz erwärmte sich, er wollte ihr antworten — aber da hielt schon das Auto vor der backsteinroten Kirche.

Es war ein warmer Oktobertag mit milchig-trübem Licht; vor der Kirche, deren Front von der Straße etwas zurückwich, standen Quint, Natalie und Lisa Fehrenkamp im Gespräch mit zwei Herren, die Jakob nicht kannte. Den Älteren von ihnen fand er sehr vornehm; es war Eugen du Faur, der mit den Eltern Hanstein zur Hochzeit seines Neffen aus Tirol gekommen war. Der andere, ein Baron Haldenstedt, trug wie Jakob eine weiße Nelke und war also der zweite Brautherr. Er unterhielt sich höflich mit Lisa. Diese hatte wie Luzie ein Kleid in Mauve und crêpe-de-chine und ein schmales Kränzlein auf dem Haar, sie fühlte sich ohne Grund dadurch geniert und blickte wie hilfesuchend von einem zum andern. Noch während man einander begrüßte, kamen neue Autos mit noch weiteren Hochzeitsgästen an, und unter dem Eingang der Kirche zeigte sich in Rot und Weiß ein Meßbub, der mit ängstlichen, hervorstehenden Augen Ausschau hielt nach dem Wagen der Braut, und plötzlich mit dem Schrei: „Sie kommen!" in der Kirche verschwand.

Jetzt näherten sich drei Pferdedroschken hintereinander, die vorderste mit Schimmeln bespannt. Aus der zweiten sprang der Bräutigam heraus, mit dem Brautbukett, und lief zu dem ersten Wagen, um seiner Braut herauszuhelfen und ihr die Blumen in den Arm zu legen. Jakob bemerkte, daß eine zufällig vorübergehende fremde Frau neugierig stehen blieb und dann zufrieden mit dem Kopf nickte, als etwas Weißes, Verschleiertes, grün Geschmücktes – das war Ellen – aus dem Wagen stieg. Ellen sah mit strahlendem Lächeln zu Clemens auf... ihn hatte Jakob noch nie gesehen, aber er gefiel ihm, er schien ihm gerade so zu sein, wie ein Bräutigam sein mußte. Und dann Tante Kitty und Onkel Richard und noch ein anderes älteres Ehepaar: natürlich die Hansteins; und der Großvater Gaunt, mächtig breit und weißhaarig (der auch, mit Eugen du Faur zusammen, Trauzeuge war); und die Baronin Priehl, die triumphierend um sich schaute, wie um zu sagen: das alles ist mein Werk! Während der Zug sich aufstellte, wurde Jakob von einem Gefühl beschlichen, als wären alle diese Menschen nur die Bilder ihrer selbst und als könnte man gar nicht wirklich mit ihnen sprechen und ihr Dasein für etwas Wirkliches nehmen. Nachher, wenn das alles vorbei ist, wird man wieder anfangen zu leben und nachzudenken, jetzt aber, das ist einfach ein Schauspiel, und ich muß achtgeben, daß ich nichts darin verderbe. Zu dieser Vorstellung paßte der rauschende Einsatz der Orgel, als das Brautpaar die Kirche betrat, und dazu paßte auch, daß Luzie während der Feierlichkeit ihm zuflüsterte: „Das ist Wächter, der berühmte Dominikanerpater, der die Trauung vornimmt" – es war, als würde ihm der Darsteller einer großen Rolle in einem Stück genannt. – Erst als der Priester die Frage tat: „Willst du, Clemens, Graf von Hanstein...", „Willst du, Helene Degener...", als Bräutigam und Braut ihr „Ja" sagten und Jakobs Blick auf das gerührte, weinende Gesicht von Lisa Fehrenkamp fiel, die vor sich hinsprach: „Ach, wie schön, schön!" – da erst auf einmal wurde ihm klar, daß gar nicht ein Schauspiel, vielmehr ein unwiderruflich ernstes, zwei Seelen vor Gott verpflichtendes Schicksal sich vollzog.

„Das war schön! Ich werd kein zweites Mal Brautjungfer, ich heirat noch in diesem Winter," vertraute Luzie ihm an, als sie aus der Kirche gingen. – „Weißt du denn schon, wen?" fragte Jakob. – „Wird sich schon finden!" Und sie zeigte ihm lachend die fünf Finger ihrer weiß behandschuhten linken Hand, indem sie mit dem Zeigefinger der rechten gleichsam abzählend an alle fünf Fingerspitzen tippte.

— Im Hotel wurde Sherry herumgereicht und wurden die auf einem Tisch sorgfältig aufgebauten Hochzeitsgeschenke besehen, während man auf das Essen wartete. Jakob fand nun Gelegenheit, die ihm aufgetragenen Glückwünsche aus Grünschwaig auszurichten, durch Tante Kitty wurde er auch den Eltern Hanstein vorgestellt. Er fühlte den freundlich belustigten Blick, mit dem der alte Graf ihn ansah, und dachte errötend: irgendetwas Dummes muß ich gemacht oder gesagt haben — aber was Hanstein Spaß machte, war nur, daß man dem hochaufgeschossenen Jungen so deutlich ansah, er sei auf keinem Stadtpflaster und keinesfalls im Cut-away aufgewachsen. Onkel Richard wurde gerührt, sobald Jakob ihm ein Wort von Grünschwaig gesagt hatte; er suchte es zu verbergen indem er, gleichsam beschäftigt, umherblickte und dabei seinen Kragen und Rock zurechtzog. „Es war gut, eigentlich sehr gut, wie? daß Ellen den Sommer noch bei euch in Grünschwaig gewesen ist, sie hat es auch so genossen," sagte er. Braut und Bräutigam standen im Gespräch mit dem Pater Wächter, der zum Essen nicht bleiben konnte und eben dabei war, sich unter höflichen Entschuldigungen zu verabschieden. Sein Dominikanergewand mit den weiß ausgeschlagenen Ärmeln schien Jakob aus der Nähe sehr elegant und seine Haltung sehr weltmännisch zu sein; aber sobald er sich umwandte und man sein Gesicht sah, war dieses Äußerliche des Eindrucks ganz verschwunden: was für ein redliches, schönes, freies Auge! mußte Jakob denken.

Ellen begrüßte ihn und sagte zu Clemens etwas von Grünschwaig, das so schön wäre und das er sehen müßte. In ihrem Ton zu Jakob war eine Spur Überlegenheit, die früher nicht gewesen war, und Jakob erkannte das innerlich an, da sie „über die Grenze" hinübergetreten und dieses unwiderruflich Ernste, die Ehe, auf sich genommen hatte. Dafür küßte man ihr auch jetzt ihre mit dem Ring geschmückte, schlanke Hand — was man früher dem jungen Mädchen in Grünschwaig nicht getan hatte.

Er fand, daß keine der Reden, die nachher bei Tisch gehalten wurden, auch nicht einmal die seines Onkels Georg, das unwiderruflich Schicksalsvolle des heutigen Ereignisses genügend würdigten. Dahinter, tiefer, ist noch etwas, dachte sich Jakob; aber in der immer gelösteren Stimmung des Festes schwand ihm das aus dem Sinn. Er sah, wie der kleine Peter, nicht mehr feierlich jetzt, sondern höchst lustig geworden, seinen Wein vergoß, und wie Natalie, die neben ihm saß, schnell einen Brotkorb über den

Fleck schob und dem Buben zulächelte. Er hörte, daß Ellens und Clemens' Hochzeitsreise nach England ginge — wohin Ellen ja schon früher hatte reisen wollen — und daß sie später in Wien leben würden, wo Clemens Hanstein seine Studien fortsetzen sollte. Quint erhob sich und brachte einen besonderen Toast auf den Bräutigam aus, weil er und Quint in demselben Fall seien: noch Studenten, und doch schon verheiratet; und es wurde auf das Wohl aller jungen Eheleute, und gleich danach auf das Wohl aller alten Eheleute getrunken.

Dann kam Bedienung, welche die lange Tafel wegräumte, um den Platz zum Tanzen freizumachen; denn man wollte dazu nicht in den allgemeinen Tanzsaal des Hotels hinüber, wollte lieber hier unter sich bleiben. Eine kleine, ausgezeichnete Kapelle trat auf, der Tanz wurde, wie sich's gehört, von den Jungvermählten eröffnet, und Luzie ging geradenwegs auf den Gastgeber, den alten Gaunt zu, den sie auch wirklich dazu vermochte, eine Tour mit ihr zu tanzen. Georg Degener forderte die Gräfin Hanstein auf, und hastig flüsternd machte Kitty ihrem Mann klar, daß er jetzt nicht entzückt seiner Tochter zuschauen, sondern die Baronin Priehl auffordern müsse. Quint kam und holte sich Antje; den Beiden nachblickend dachte Jakob wieder, wie am Morgen: Antje ist heute hübscher als je; und die Grünschwaiger Terrasse fiel ihm ein, und alles, was dort geschehen war. Er sah Friedrich auf seine Stiefmutter zugehen und hörte Ulrike sagen: „Danke, lieber Junge, ich möchte nicht tanzen."

Nach dem ersten Tanz kam Quint zurück und bemerkte zu Jakob, mit einer Kopfbewegung gegen Antje:

„Das wird eine Schönheit! — Ist schon! Man muß sich wahrhaftig vor seinen eigenen Cousinen in acht nehmen."

„Antje ist ja gar nicht unsere Cousine."

„Ja, eben! umso schlimmer!" sagte Quint.

Er fuhr bald danach mit Natalie fort, sogar ohne die Abreise des Brautpaars abzuwarten.

Als diese stattfand, war es längst finster draußen, als besonderen „Clou" des Festveranstalters gab es Lakaien mit richtigen Kienfackeln, die dem Paar bei der Abfahrt leuchteten. Es drängte sich alles um das Auto zusammen, man rief ihnen noch Wünsche, liebevolle Worte in den Wagen hinein — und doch, noch ehe er sich wirklich fortbewegte, waren sie beide schon darinnen allein: in ihrem eigenen Leben, das niemand anders für sie leben konnte.

— „Es ist nichts, alles nichts!" sagte Friedrich auf der späten Heimfahrt: er und Jakob machten sie im Omnibus, da das Auto, das Georg und seine Familie nach Steglitz brachte, nicht alle auf einmal hatte aufnehmen können und sie auf die Rückkehr des Wagens nicht warten wollten. „Es ist nichts, alles nichts, und ich begreife nicht, wozu man eigentlich lebt!"

Was Friedrich meinte, war nicht die Hochzeit und der Festtag, und Jakob wußte das wohl. Er hatte bemerkt, wie sein Vetter sich gekränkt hatte, als ihm Ulrike den Tanz verweigert; Jakob verstand es nicht und hatte eine Scheu, beinah Furcht, ihn zu fragen, fühlte sich auch im Sprechen behindert durch die Anwesenheit der anderen Fahrgäste; denn er besaß noch nicht die Kunst der Stadtmenschen, für die der Fremde, der Passant, gar nicht da ist. Sie standen auf der Plattform, schweigend, und blickten in die von Lichtern und Lichtreklamen glänzende Stadt hinaus, durch die sie eilig dahingetragen wurden. Endlich entschloß Jakob sich dazu, mit halber Stimme zu fragen, ob Friedrich neue Gedichte gemacht hätte; er wußte, daß sein Vetter dergleichen schrieb, aber nie darüber sprach und nur schwer etwas herzeigte. Doch erhob Friedrich diesmal keinen Einspruch, und als sie in der Wohnung angelangt waren, nahm er ihn mit in sein Zimmer und holte aus dem Schreibtisch eine Handvoll beschriebener Blätter, die er ihm hinschob: „Da nimm. Es ist mir recht, wenn du es liest." — Die Andern waren alle schon zu Bett; Friedrich ging hinüber ins Bad, sich zu waschen.

Jakob war benommen von den vielfältigen Bildern des erlebten Tages, er wollte später, morgen lesen, wollte jetzt nur einen Blick in diese Blätter tun; aber sie hielten ihn. Er kannte wohl Gedichte — aber als fertig gegebene, in Büchern gedruckte Dinge, nicht daß jemand sie schrieb, ein Mensch wie man selber, als Niederschlag von etwas, das heute empfunden war; denn Jakob, in dessen Ohr Verse sich so leicht einhängten, hatte wohl früher selbst auch manchmal heimlich etwas Gereimtes geschrieben, aber es längst und gründlich wieder aufgegeben. Jetzt sah er staunend, wie sein Vetter es vermochte, einem Gefühl Ausdruck zu geben, das wirklich sein eigenes Gefühl, nicht nur ein aus Büchern entlehntes war. Denn wenn auch ein Ton erklang, den Jakob da oder dort schon gehört hatte: eine erborgte Melodie oder eine erborgte Weise, Schmerz und Bitterkeit auszusagen, so war doch unzweifelhaft dieser Schmerz Friedrichs eigener Schmerz, diese Sehnsucht, diese Bitterkeit, dies Aufbegehren waren sein, und indem Jakob sich schauend über die Gedichte beugte, erkannte er wie in Spiegeln die Augenblicke von Friedrichs Seele. Eine Liebesleidenschaft durchzog alles — die sich manchmal gequält, manchmal mit dem einfachen Herzenslaut der Sehnsucht aussprach; manche Gedichte waren nur angefangen und enthielten nichts als den Beginn einer ausweglosen Klage; dann wieder suchte sich diese Liebe ins Sagenhafte zu erhöhen und der Liebende erschien als Fürst, dem die Neigung seiner Geliebten die Welt untertan macht. Aber dicht daneben erhoben sich sonderbare Visionen eines Außer-sich-, Neben-sich-selbst-Stehens, wie bei jemand, der sein schon besiegeltes Schicksal erkannt hätte; und aus allen Poren der Erde atmeten Schwermut und Todesverlangen.

>   Ich sehe in den Himmel bei der Nacht,
>   Als wäre da ein uferloser Brunnen.
>   Es rauscht im Dunkel. Wellen oder Sturm,
>   Wer kann es sagen? seh ich jetzt hinauf
>   In Höhen ohne Ende oder öffnet
>   Sich blau und tief ein Abgrund unter mir?
>   Die Wolken glänzen weiß, wie leichter Schaum
>   Im schweren Wasser funkelt. Und vielleicht
>   Sind alle Sterne nur der Widerschein
>   Geheimer Lichter, die von irgendher
>   Sich spiegeln in der dunklen Flut des Brunnens.
>
>   Seele, unbegreiflich ferne,
>   Seele, unbegreiflich nah —
>   Oben fühl ich Wind und Sterne,
>   Hier empfind ich: du bist da!
>
>   Vergeblich bittre Lust, vergeblich süße,
>   Dir nachzusinnen, nächtelang geplagt.
>   Sehnsucht bezahlt sich schlecht — und was sind Grüße,
>   Die man vom Fenster flüchtigen Wolken sagt?
>   — —

Heimkehrender Fürst

>   Längst von den Hügeln
>   Verflog die Sonne,
>   Mich aber trägt das graumähnige Pferd dir zu.
>   Gleich Dienenden weichen Bäume
>   Vor uns zurück.
>   Und das Pferd geht,
>   Als wüßt es, daß sie sich neigen,
>   Weil du mich erwartest.

Wie einen König grüßt mich der Wald,
Die Wiese, in Stufen, dehnt sich hinauf,
Das Haus steht oben,
Wartend, über dem ernst gewordenen Tal.
Jetzt aber mir entgegen, Geliebte,
Trittst du ins Tor,
Und noch einmal unter nächtlichem Himmel
Scheinen die Hügel zu strahlen.

Mir ist als würde mein Leben
An mir vorbeigeführt,
Ich aber stünde daneben
Als Fremder, ungerührt.

Sie gehn mit blinkenden Beilen
Und führens zum Gericht,
Ich könnte sie jetzt noch ereilen,
Allein mich kümmerts nicht.

Ich seh wie es steht am Blocke,
Es kniet im weißen Hemd,
Fernher die Totenglocke
Läutet dumpf und fremd.

An den Abendstern

Ich weiß es, eh ich schlafen ging,
Hab ich den Laden fest verschlossen.
Wie hast du, helles Himmelsding,
Doch bis zu mir dein Licht ergossen?

Wo blieb für deinen Strahl ein Spalt,
Den traumlos Schlafenden zu wecken,
Verschwindend bald, erscheinend bald,
Jenseitiger Bote, mich zu schrecken.

Nimm eine Wolke vor dein Licht,
Daß ihm mein Auge nicht begegnet;
Ich will die sanfte Botschaft nicht,
Die noch den Glaubenslosen segnet.

Wozu die Qual, die meine Seele trübt
Und dir entfremdet, Gott? Du bist ja Der,
Dem alle Stern' und Welten hörig sind,
Du hast das Leben in der Hand und schenkst es,
Und hast den Tod, die bittere Frucht, die schlimmste
Von allen deinen Gaben. Gib sie mir!

Mir ist sie süß. Ich will sie froh genießen
Und selig sein im tiefen stillen Grab
Und selig sein, wenn ich das Licht nicht sehe;
Die Sterne und der Wind in Bäumen, Herr,
Mir sind sie nichts. Ich hab genug gelebt.

— Jakob war dabei, die Gedichte ein zweites Mal zu überlesen, als Friedrich wieder hereinkam. Er war in seinem dunklen Schlafrock, über dem sein bloßer Hals besonders hell und knabenhaft aussah; er brachte eine Schale voll Obst, die Ulrike im Eßzimmer für die beiden Nachkömmlinge bereitgestellt hatte, setzte sie vor Jakob auf den Schreibtisch, und den Schlafrock abwerfend schlüpfte er selber unter die Bettdecke.

„Nun, was ist los mit meinen Versen?" fragte er.

Jakob, mit bewegter, gleichsam erschrockener Stimme, den Ton der Gedichte noch wie den einer zerrissenen Saite im Ohr: „Friedrich, was ist denn los mit d i r ?"

Friedrich hatte sich die Decke bis ans Kinn heraufgezogen, es dauerte eine Weile, ehe die Antwort aus seinem halb in Bitterkeit, halb wie zum Weinen verzogenen Munde kam:

„Das hab ich dir doch von Anfang an gesagt, daß mit mir nichts los ist. Daß ich an der Kette hänge, an der Kette," wiederholte er flüsternd, als ob seine Stimme nicht die Kraft hätte, den Worten mehr Klang zu geben.

Sie schwiegen beide und fingen an, Trauben zu essen; der Geschmack der süßen blauen Erdbeertrauben blieb ihnen auf immer verbunden mit der schmerzlichen Erinnerung an dies Gespräch. — Sie vermieden, einander anzusehen. Friedrich hatte seinem Vetter und Freund die Gedichte gegeben, weil die Qual, von der sie der Ausdruck waren, nicht länger einsam zu ertragen war, er wollte, er mußte jemand haben, mit dem er darüber sprechen konnte. Und doch fürchtete er sich jetzt vor nichts so als vor der Notwendigkeit, sie zu bekennen, und erkundigte sich hastig, was Jakob künstlerisch von den Versen hielte.

„Ja, du bist ein Dichter," versicherte Jakob mit feierlichem Ernst.

Friedrich leuchtete auf vor Freude über die Betonung, die der Andere dem Wort D i c h t e r gab; denn zwischen ihm und Jakob war das ein Begriff, den zu mißbrauchen jeder von ihnen sich geschämt hätte. Und seltsamerweise, für den Augenblick verschwand ihm ganz das Bewußtsein alles dessen, was ihn bedrängte; er nahm Jakob lebhaft die Blätter aus der Hand und betrachtete sie, bemüht, die Stellen zu erraten, die ihm besonders gefallen haben könnten. Er murmelte die Verse vor sich hin.

Jakob aber fragte: „Wie durftest du schreiben ,Ich hab genug gelebt'? Du, der erst anfängt, der so viel... wie konntest du das schreiben?"

Friedrich hob den Kopf von seinen Gedichten und erwiderte heftig:

„Ja, genug gelebt! schon zu viel gelebt! — Hast du denn nicht begriffen, daß ich meine Stiefmutter liebe... l i e b e," sagte er noch einmal, und der Schrecken über sein Geständnis wich einem Ausdruck des Glücks: endlich von dem zu reden, was ihn ganz erfüllte.

Nach nichts verlangt Liebe so sehr als danach, ihren Gegenstand zu rühmen. Niemand, auch nicht die eigene Mutter, sagte Friedrich, hätte eine bessere Mutter, eine bessere Hausfrau sein können. Er lobte ihre Art, wie sie mit seinen Geschwistern war, mit den Dienstboten, mit fremden Besuchern, ihre Weise zu sein und sich zu kleiden, Haltung und Gang, ihre Stimme, ihre Schönheit, „die sich in sich selbst zusammenhält, verstehst du, und nicht ist wie eine liederliche Kerze mit zu langem Docht... und darum begreif ich nicht, wie mein Vater sie bei Tisch manchmal anrühren kann, ihren Arm, ihre Schulter, wenn wir dabei sind — als ob er das dürfte, als ob das irgendjemand dürfte!" Sein Gesicht verzerrte sich bei diesen Worten, aber es löste sich wieder, und er fuhr fort, von Ulrike zu schwärmen. Alles was an Verlangen nach der Schönheit in der Seele des Jünglings lebte, dieses ganze Bündel von Glanz und Feuer, wollte nur für die Eine hell sein und Wärme geben. Und als Jakob abgewandten Gesichts und mit leiser Stimme sagte: „Sie ist die Frau von deinem Vater," antwortete Friedrich ebenso leise: „Für mich will ich ja nichts. Aber ich liebe sie."

Jakob, nach einem Schweigen: „Du solltest von hier fortgehen. Du solltest mit mir fortreisen."

Friedrich: „Ich hab ja meine Schule. — Nein, überhaupt: ich will nicht fort."

„Kann man dir denn gar nichts helfen?"

„Du hast schon geholfen... es war gut von dir... ich danke dir, Jakob."

Und so trennten sie sich.

Drei Tage später reiste Jakob aus Berlin wieder ab, nachdem er in einem zweiten Gespräch mit Onkel Georg beschlossen hatte, daß er zunächst in München auf der Philosophischen Fakultät belegen sollte. Sie gingen auch das von Jakob mitgebrachte Vorlesungsverzeichnis der Münchner Universität zusammen durch; Jakob mußte eben zusehen, wohin ihn sein Interesse führen würde. „Du kannst das nicht ins Unendliche fortsetzen, mein Lieber, eure Verhältnisse sind nicht danach; du mußt immer bedenken, daß deine Mutter allein ist und daß du noch einen Bruder hast, der vielleicht auch auf die Universität will, das alles ist nicht so einfach," sagte der Onkel, indem er Jakob mit einem strengen Erzieherblick anzusehen versuchte, fügte aber gleich hinzu: „Übrigens, die Familie ist natürlich auch noch da, und wo ich dir helfen und raten kann — na, das weißt du ja. Einen Entschluß wirst du fassen müssen, in absehbarer Zeit, einen Entschluß, mein Junge. Und vor allem immer: auf Gott vertrauen. Das ist die Hauptsache."

Nach Ninette noch einmal zu fragen, so gern er das wollte, gelang Jakob nicht mehr, und mit dem Onkel oder der Tante über Friedrich zu reden, war noch weniger möglich; er durfte ja das ihm Anvertraute nicht offenbaren. Aber er sagte zu seiner Cousine Silvia, einen Moment benützend, wo er mit ihr allein war:

„Weißt du, daß ich mir um Friedrich Sorgen mache?"

„Ich auch," bestätigte Silvia; die Erinnerung an dieses Mädchengesicht voll warmer Güte war ihm nachher ein Trost, sooft er an den Vetter zurückdachte.

DRITTES BUCH

1

Das Luisenstift in der märkischen Provinzstadt, das Ninette seit dem 1. Oktober 1928 aufgenommen hatte, wurde geleitet von Fräulein Ernestine Knöller, einer nicht nur frommen und strengen, sondern auch guten Dame. Sie war jetzt in den Sechzigen, und schon zwanzig Jahre an ihrem Posten; das Stift hieß nach der Königin Luise von Preußen und galt mit Recht als eine Pflanzstätte gut hohenzollernschen und protestantischen Geistes. Daran hatte der Wandel der Verhältnisse seit 1918 nichts geändert; die Energie der Leiterin zeigte sich allen Versuchen gewachsen, den Geist der Schule im neuen liberalen und republikanischen Sinne zu beeinflussen, und man gestand ihr ein gewisses Recht auf ihre Haltung zu, da man wußte, daß sie auch in Wilhelminischer Zeit bei aller Königstreue keine „Byzantinerin" gewesen war. Der Müller von Sanssouci, der dem König Friedrich seine Mühle nicht verkaufen will und in dieser Weigerung den Schutz der Gesetze hat, war im Speisesaal auf einem großen Gemälde im Gespräch mit seinem Monarchen dargestellt, und man erzählte sich, daß Fräulein Knöller einem prinzlichen Paar, das die Schule besucht und sich erboten hatte, den Müller durch ein prächtiges Schlachtenbild zu ersetzen, die Antwort gegeben hatte: das Luisenstift sei ein Institut für Mädchen, aber auch wenn es eine Kadettenschule wäre, würde sie den Müller und den König, der das Recht des Müllers achtet, für wichtiger ansehen als jede Schlacht — denn hier (es war das ein Satz, den sie auch oft in ihren Unterrichtsstunden und bei gelegentlichen Ansprachen wiederholte), hier sei dem Großen König der Sieg über sich selbst gelungen, und das sei von allen seinen Siegen der schönste.

Die Freude, über sich selbst zu siegen: das war der eigentliche Inhalt ihrer Lebensweisheit, und sie suchte dieselbe durch Unterricht und Beispiel auf ihre Schülerinnen zu übertragen. Sie für ihr Teil hatte den Sieg längst errungen, das sah man an ihrem strengen und klaren Gesicht. Ninette war vor ihr erschrocken, als sie ihr zum ersten Mal gegenüber stand. Es war an dem Tag ihrer Ankunft im Stift, ihr Vater hatte sie hergebracht; während sie stumm seinem Gespräch mit Fräulein Knöller zuhörte, verglich sie unwillkürlich seine laute, warme, vertrauensvolle Art zu reden mit der Kühle, die fast wie etwas körperlich Fühlbares von dem Fräulein ausging. „Ach," dachte sie — und sie hätte beinah den Seufzer laut ausgeatmet, — „ach, ist das so?" Sie hatte damit nicht nur gemeint, daß das Fräulein oder das Stift „so" wäre, ... was sie in dem Augenblick empfand, war: daß das Leben anders ist, als man es sich gedacht hat. Es ist etwas anderes, zu leben, aufzuwachsen mit den Geschwistern; die Mama freilich ist schon längst nicht mehr da, und es ist uns allen traurig um sie; und Luzie, natürlich, ist ein furchtbares Kamel und ist manchmal recht gemein. Und doch h a b e n wir uns, wir lieben und verstehen uns, wir haben den Papa, der so gut ist, furchtbar gut, und wenn auch unsre Mutter Ulrike uns oft einmal wie ein fremder Mensch vorkommt, sie ist doch nicht wirklich fremd, auch sie meint es gut, und vor allem, wir sind alle beisammen; mag sie auch fremd sein, es wird uns deswegen doch nicht kalt werden. Aber hier bin ich selber fremd, und für mich ist alles fremd, das Leben ist anders, anders als ich es wußte, — aber wenn das Leben so ist, will ich nichts damit zu tun haben! Und Die dort, die große, lange Person, ihr bin ich ganz gleich, sie sieht mich an und sie denkt nur, auf Zimmer soundsoviel ist noch ein Bett frei, — und wenn sie nur den Kragen von ihrer Bluse nicht gestärkt hätte! dann würde sie nicht ihren Hals so vorsichtig aufrecht halten müssen, damit er sich nicht reibt...

Von der Art waren Ninettes erste Gedanken über das Fräulein. Es war ihr sehr schwer zumut. Nachher durfte sie noch mit ihrem Vater in die Stadt gehen und mit ihm zu Mittag essen, eh er wieder nach Berlin zurückfuhr; und beim Mittagessen im Restaurant hatte sie ihn plötzlich gebeten, sie doch um Gottes willen wieder mit heim zu nehmen und nicht zu verlangen, daß sie im Luisenstift bliebe. Sie würde sich ganz bestimmt auch so bessern, sagte sie, und überhaupt so gut werden, wie niemand es sich denken könnte, und auch nicht einmal mit Luzie streiten, aber in dem Stift könnte sie nicht sein, wirklich nicht, bitte nicht! Nach dem Warum befragt, hatte sie es aber nicht angeben können. Sie schämte sich zu sagen, daß es ihr „kalt ums Herz ist", obwohl es gerade das war, was sie fühlte, und obwohl sie wußte, daß dies ein Argument wäre, womit man ihren gutmeinenden Vater treffen könnte. Es war ihr trotzdem nicht möglich, das zu sagen, oder auszusprechen, was sie doch mit tiefster Überzeugung wußte: daß nämlich ihre Mama sie niemals in ein so schreckliches fremdes Haus gesperrt haben würde. Die kleine, lebhafte Ninette, von der man gedacht hätte, daß sie sozusagen jede Hürde überspringen könnte, hatte doch solche strengen Schranken, über die ihre Scheu einfach nicht wegkam. Gewisse Dinge durfte man eben einfach nicht anrühren und gewisse „empfindsame Ausdrücke" durfte man eben einfach nicht gebrauchen. Auch so war das ein schwerer Moment für Georg Degeners väterliche Autorität gewesen: als er seiner Tochter ihre Bitte abschlagen und sehen mußte, wie ihr Mund sich vorwurfsvoll nach vorn schob und zwei langsame Tränen aus ihren Augen flossen, die sie kindlich, mit dem Handrücken, rechts und links von ihrem Kinn abwischte.

Schon nach kurzer Zeit war es jedoch Ninette klar geworden, daß sie dem Fräulein Unrecht getan hatte, und daß diese keineswegs nur streng und kalt war, sondern ein feuriges Herz hatte und um dieses feurigen Herzens willen von allen geliebt wurde. Ninette sah es anfangs mit Erstaunen, wie jede Schülerin im Stift aufleuchtete und sich vor andern ausgezeichnet fühlte, wenn Fräulein Knöller auch nur flüchtig mit ihr sprach; wie auch das faulste Mädchen, das jede sonstige Schulstunde in trüber Gleichgültigkeit verdämmerte, in den Stunden, die Fräulein Knöller selbst hielt, mit Eifer dabei war und sich bestrebte, immer gut vorbereitet zu sein; ja wie sogar in den Gesprächen und Streitigkeiten der Mädchen untereinander der Fall sich meist widerspruchslos erledigte, wenn Eine ein authentisches Wort von Fräulein Knöller ins Feld führen konnte. Das alles kam Ninette recht übertrieben vor. Aber bei ihrer warmherzigen und nach Verehrung verlangenden Natur wurde sie doch bald selbst von der allgemeinen Stimmung in der Schule ergriffen. Sie fand auch wirklich, daß die Stunden bei Fräulein Knöller wunderbar waren, sie hatte noch nichts ähnliches erlebt. Das Fräulein gab Deutsch und Geschichte; auf dem Stundenplan nannte sie es „Geistesgeschichte" und „Tatgeschichte", denn sie liebte und verstand es, über die Nationalgrenzen hinauszuspazieren und die Völkerschicksale in größeren Zusammenhängen zu zeigen. Insbesondere hatte sie eine große Gabe, den Stoff so zu fassen, daß die Hingabewilligkeit der Jugend sich in ihn hineingießen konnte. Sie sah die Dinge einfach, und das war gut; keine Psychologie ersetzt den Vorzug, der darin liegt, daß ein Erzieher die göttlichen und menschlichen Grundwahrheiten als eine schlichte Gewißheit in sich trägt und von daher wenigstens das Gefühl davon, daß es unanfechtbare Gewißheiten gebe, auf seine Zöglinge zu übertragen vermag. Daß Ernestine Knöller nicht nur die Wahrheit selbst, auch den Weg zu ihr als etwas Einfaches und durch den Willen Vorzuschreibendes ansah, war vielleicht nicht ganz so gut, aber es konnte die Wirkung ihrer Vorträge auf ihre jungen Hörer nicht beeinträchtigen. Ninette bekam es hier zum erstenmal eindringlich gesagt, daß wir in der Welt sind, um einen bestimmten Weg zu gehen, ein bestimmtes Ziel zu erreichen, an dem Jemand — Gott der Herr — uns erwartet; sie war bald 16 Jahre und ein Pfarrerskind, und doch, so seltsam es klingen mag, hatte sie das nicht gewußt. Das heißt, aus der behaglichen Art ihres Vaters war es ihr nur als etwas entgegengekommen, das gepredigt, nicht als etwas, das gelebt wird. Es machte gewaltigen Eindruck auf sie, das große, strenge Fräulein so ganz von der Tatsache durchdrungen zu sehen, daß Gottes Auge die Geschichte der Völker und zugleich jedes einzelnen Menschen in jeder einzelnen Stunde bewacht; daß wir vor ihm bestehen müssen; daß sehr viel darauf ankommt, was wir tun und wie wir sind.

So schien es, als würde sich die Hoffnung verwirklichen, die ihr Vater gehegt hatte, als er sich — nicht leichten Herzens — dazu entschloß, sie ins Luisenstift zu bringen. Wohl litt sie noch an verzweifeltem Heimweh, an den Abenden besonders, sodaß sie sich wie ein Kind in den Schlaf weinte und in der ersten Zeit vor lauter einsamer Traurigkeit kaum ein Gespräch mit den Mitschülerinnen führen konnte. Aber es war doch, als sollte ihr der Stab gegeben werden, ohne den die Rebe nicht gedeihen kann. Freilich, die Rebe kann vom Winzer an den Stab gebunden werden; die menschliche Seele aber ist so geschaffen, daß sie ihn aus eigenem Willen ergreifen muß. Denn als von fremder Hand Gebundene kann sie nicht sein.

Diese Wochen waren eine wichtige Zeit in Ninettes Leben.

Es fanden damals zwei Unterredungen zwischen ihr und der Direktorin statt. Die erste gleich in den Tagen nach Ninettes Ankunft. — Sie war bei all ihrer Empfänglichkeit für Wärme und Güte doch nicht leicht zu behandeln, es war auch in ihr viel von dem reizbaren Unabhängigkeitsgefühl ihres Bruders Friedrich und von seiner Neigung, sich in sich selbst einzuschließen wie in einer Burg und alle Zugbrücken heraufzuziehen. Bei solchen Naturen ist der Augenblick kostbar, da sie geöffnet sind und bereit, sich mit der Welt versöhnen zu lassen. Nach Dr. Wintes Unfall hatte sie ernstliche Reue über ihren Leichtsinn empfunden, damals auch jenen Brief an die Mutter Winte geschrieben — aber der günstige Augenblick war nicht recht genützt worden. Daß sie ins Stift mußte, war ihr wie eine Verbannung; es hätte umso größerer Vorsicht bedurft, damit die erzieherische Praxis des Instituts an ihr zum Segen werden konnte.

Die Direktorin traf Ninette auf dem Korridor und bemerkte die ratlose, gleichsam vom Bewußtsein noch nicht ganz aufgenommene Traurigkeit, die sich so stark in Ninettes Gesicht ausprägen konnte und die etwas Rührendes hatte. Das Mädchen stand mit gesenktem Kopf und wollte die Direktorin so an sich vorbeilassen.

„Zunächst einmal, Kind," sagte das Fräulein, „drück dich nicht wie eine Fliege an die Wand, sondern wenn die Direktorin kommt, spring zu und mach ihr die Tür auf. — Und übrigens, wenn du gerade Zeit hast, kannst du mit mir kommen, ich möchte ganz gern zwei Worte mit dir sprechen."

Ninette begriff, daß dies ein Befehl war und daß von Nicht-Zeit-haben keine Rede sein konnte. Sie folgte schweigend.

In ihrem „Kabinett" — das Sprechzimmer der Direktorin wurde so genannt, als ob es der Empfangsraum einer Monarchin wäre, — ging Ernestine Knöller nach ihrer Gewohnheit gerade auf die Sache los; sie wollte von dem jungen Mädchen den Grund ihrer Traurigkeit wissen und ließ sich, nach ein paar kurzen Fragen und Antworten, von ihr selbst erzählen, was denn, nach ihrer Meinung, der Grund gewesen sei, warum man sie ins Stift gebracht habe.

„Zur Strafe," sagte Ninette.

Die Direktorin, die neben anderen schönen Gaben auch Humor hatte, mußte über diese Offenheit lächeln und fragte:

„Ist es bei uns denn wirklich so schlimm?"

Ninette, errötend, ohne jedoch das Lächeln zu erwidern: „Schon, — aber ich hab es verdient."

Sie berichtete nun ohne Selbstbeschönigung ihr ganzes Abenteuer mit Dr. Winte, sie gab auch zu, daß es ihr Spaß gemacht hatte, mit ihm zu flirten —

„Ein junges Mädchen wie du dürfte von solchen Dingen noch gar nichts wissen und jedenfalls solche Worte nicht gebrauchen," fiel Fräulein Knöller mißbilligend ein.

Aus dem, was sie weiter dazu sagte, erkannte Ninette, daß die Sache schon früher zwischen ihrem Vater und dem Fräulein besprochen worden war... und gleich reute es sie, überhaupt etwas gesagt zu haben, es kam ihr ein Zorn darüber, „daß man immerfort als Kind behandelt und zum Gegenstand von Beratungen gemacht wird". Sie richtete ihre schönen braunen Augen ernst auf das Fräulein — und diese spürte heraus, daß es für den Moment keinen Sinn haben würde, das Gespräch fortzusetzen.

Die zweite Unterredung wurde von Ninette selber herbeigeführt. Das war später, als sie schon den starken Eindruck von den Unterrichtsstunden bei Fräulein Knöller empfangen und sich auch sonst im Stift schon ein wenig eingewöhnt hatte. Das Fräulein gab der Oberklasse damals ein Aufsatzthema: „Wozu lebe ich?" und aus den Erklärungen, die sie dazu machte, war es ganz deutlich, daß als Antwort ihre alte, große Lieblingsweisheit herauskommen sollte: „Ich lebe, um mich selbst zu besiegen."

Ninette aber hatte sich darum nicht gekümmert, sondern einen Aufsatz abgeliefert, der ein Bekenntnis ihres eigenen Wesens und Meinens war. Dergleichen wäre ihr früher nie in den Sinn gekommen; wenn ihr die Schule solche Aufgaben stellte, hatte sie nur einfach irgendwas geschrieben, wovon sie wußte, daß der Lehrer es haben wollte. Diesmal aber wollte sie dem Fräulein, für das ihr Herz eine Verehrung gefaßt hatte, eine Art Beichte ablegen, das Fräulein sollte alles genau erfahren, wie sie es fühlte, und es geschah wohl halb aus Eigenwillen und halb aus Scheu, daß ihr Bekenntnis einen beinah trotzigen Ton annahm. Ihre Sätze widersprachen manchmal recht ausdrücklich dem, was die Direktorin in ihren Stunden gesagt hatte; diese mußte den Aufsatz wie einen hingeworfenen Fehdehandschuh empfinden. „Ich weiß nicht, wozu ich lebe," schrieb Ninette am Schluß ihres Aufsatzes, „aber ich glaube nicht, daß es nur deswegen ist, um mich selbst zu besiegen, sondern ich glaube, daß Gott alles, was er in mich gelegt hat, verwirklichen will, weil ich selber es nicht so verwirklichen kann, wie ich es möchte. Ich glaube, daß Gott mich in die Welt geschickt hat, um mir das G a n z e zu geben." Das „Ganze" hatte sie dick, mit dem Lineal, unterstrichen.

In der nächsten Deutschstunde nach Ablieferung der Aufsätze wurden sie gewöhnlich durchgesprochen, und einer besonders guten Arbeit wurde manchmal die Ehre zuteil, von der Direktorin vorgelesen zu werden. Ninette war über ihrer Arbeit vom Ehrgeiz erfaßt worden, sie hatte diese Auszeichnung für sich erhofft. Anstattdessen wurde die Arbeit einer Anderen vorgelesen, worin die Anschauungen von Fräulein Knöller in einem, wie Ninette fand, „lammfrommen Ton nachgebetet" waren. Sie konnte sich nicht enthalten, diese Bemerkung ihrer Nachbarin in der Schulbank zuzuflüstern; es war wohl etwas gekränkte Eitelkeit dabei, und die wurde noch mehr getroffen, als Fräulein Knöller in der weiteren Besprechung sagte, daß einige Aufsätze gut gemeint und fleißig gearbeitet wären, aber noch die rechte Reife vermissen ließen. Dieses „gut gemeint und fleißig gearbeitet" ärgerte Ninette ganz besonders. Das Fräulein hatte sie übrigens bei diesen Worten mit keinem Blick gestreift, es war ganz gut möglich, daß es nicht in Bezug auf sie gesagt war. Aber das eben wollte sie wissen.

In der Pause ging sie und klopfte entschlossen an die Tür des „Kabinetts".

Drinnen war die Pförtnerin, die die Post heraufzubringen und abzuholen pflegte. Fräulein Knöller, am Schreibtisch sitzend, gab ihr noch einige Anordnungen, während Ninette dem Tisch gegenüber stehen blieb. Es fiel ihr auf, daß das Fräulein müde aussah. Die Pförtnerin ging hinaus.

Das Fräulein: „So. Da kommst du also von selbst, mein Kind. — Höre, was ist dir denn eigentlich eingefallen —," aber sie unterbrach sich und sagte, mit einer Andeutung von Lächeln: „Du hast mir ja da in deinem Aufsatz eine regelrechte Kriegserklärung vorgelegt."

Wieder, wie bei dem früheren Gespräch, ging Ninette auf das Lächeln nicht ein. Sie fragte: „Bitte, warum finden Sie meinen Aufsatz schlecht?"

Das Fräulein: „Es handelt sich jetzt nicht um schlecht oder gut. — Gib ihn mir noch einmal her!" Ninette holte ihn aus ihrer Mappe. „Was meinst du eigentlich hier mit dem ‚Ganzen' — nebenbei bemerkt, das Unterstreichen ist kein sehr guter Stil — was meinst du damit, daß Gott dir die ganze Welt geben soll?"

Ninette: „Ja, die ganze Welt muß er geben. Wenn es weniger ist als das Ganze, will ich überhaupt nichts davon."

Das Fräulein: „Gott muß! du willst! Was sind das für unmögliche Auffassungen!"

Ninette war sich bewußt, daß sie etwas Richtiges meinte. Das machte sie selbstsicher. Delia du Faur in ihrem langen, oft und oft gelesenen Brief hatte geschrieben vom Einbezogensein in das Ganze, und daß dies das Allerwichtigste sei. Es war nicht, daß Ninette durch diesen Gedanken beeinflußt wurde; er drückte einfach aus, was sie fühlte. Sie überlegte, ob sie dem Fräulein den kostbaren Brief zeigen sollte, der müßte ihr gewiß unwiderleglich sein —

Das Fräulein inzwischen fuhr fort: „Mein Kind, ich bin erschrocken zu sehen, wie wenig du bis jetzt offenbar davon begriffen hast, daß wir Menschen nicht auf der Welt sind, um es gut zu haben, sondern im Gegenteil, um auf vieles zu verzichten. Das Menschenleben ist im Grunde ein einziger Verzicht, und wir können uns nicht früh genug darauf vorbereiten, unserm Herrn und Gott alles hinzugeben, was uns teuer ist."

Jetzt vergaß Ninette ihre Selbstsicherheit und die Lust am Rechthaben, auch alle Sorge um die Anerkennung ihres Aufsatzes — sie erschrak vor dem Mißverständnis, dem sie sich da plötzlich ausgesetzt fand.

„Bitte, denken Sie doch nicht," rief sie, „daß ich nicht Gott alles hingeben will, was er fordert! Und auch den Menschen, die — die man gern hat. Alles muß man hingeben, natürlich. Aber Sie verstehen nicht, weil ich es vielleicht in meinem Aufsatz nicht gut ausgedrückt habe... Gott selbst will ja doch, daß ich alles haben soll, das Ganze. Er wird nie zufrieden sein, wenn er mir die Welt und das Leben nicht ganz gegeben hat, so, daß nichts in seiner Hand zurückbleibt. Ich muß alles haben —!"

Das Fräulein sagte, milder als vorher, an ihr eigenes Leben denkend: „Meine Liebe, was wissen wir denn, was Gott uns geben will."

Ninette: „Wir wissen es! wir wissen es! sagen Sie nicht, Sie dürfen nicht sagen, daß ich nicht in mir eine Ahnung von dem Ganzen habe und daß ich es nicht irgendwann einmal bekommen soll. Es ist gleich, wann, Sie müssen doch verstehen, daß es ganz gleich ist, wann ich es bekomme. Aber einmal werde ich es bekommen, alles Schöne und Traurige und was es überhaupt gibt, die ganze Welt. Und jetzt schon, in meiner Seele, weiß ich etwas davon!"

Die Direktorin erstaunte über ihr leidenschaftlich bewegtes Gesicht; es war alles zugleich darin, Angst, Zorn und Bitte. Ein schwieriger und merkwürdiger Fall, dachte sie bei sich, und ein Wille, der wahrscheinlich gebrochen werden muß, ehe man ihm helfen kann. Sie sagte ernst:

„Es gab jemand, der dem Herrn Jesus die Reiche der Welt und ihre Herrlichkeit versprach. Das war aber nicht Gott, es war — nun? ich hoffe, du weißt es aus der biblischen Geschichte."

„Natürlich weiß ich." Ninette war enttäuscht und verstimmt, daß sie in einem für sie so wichtigen Moment katechisiert wurde — aber das Fräulein las und deutete ihre Verstimmung anders.

„Wer also?"

„Der Teufel."

„Ganz recht, der Teufel. Satanas ist es, der uns die Erfüllung aller unsrer Wünsche vorspiegelt. Jesus aber ruft uns zur Verantwortung und zum Verzicht."

„Aber doch nicht n u r Verzicht! Das Wichtigste kommt doch — nachher!"

„Auf Lohn," sagte das Fräulein, „haben wir keinen Anspruch zu machen." Sie sagte das strenger, als sie eigentlich gewollt hatte, denn es ging nicht nur gegen das Mädchen da vor ihren Augen, sie sagte es zu den längst versunkenen Glückserwartungen ihrer eigenen Seele, die durch dieses Gespräch unversehens angerührt worden waren.

Daß mit dem Wort „Lohn" etwas falsch bezeichnet war, was doch mit der Liebe Gottes zu seinem Geschöpf zu tun hatte, — das fühlte Ninette wohl dunkel, wäre aber nicht imstande gewesen, es auszudrücken; es wurde ihr nur bewußt als undeutlicher Schmerz, und eine große Mutlosigkeit befiel sie. Sie sagte, und es kam, eben wegen der Mutlosigkeit, ziemlich patzig heraus:

„Es hat keinen Sinn zu reden. Sie verstehen nicht."

Die Direktorin mußte ihr das verweisen. Und so blieb auch diese zweite Unterredung ohne ein glückliches Ergebnis. Von nun an verhärteten sich Ninettes Empfindungen dem Fräulein gegenüber immer mehr zur Fremdheit und zum Widerstand.

In den Weihnachtsferien durfte sie heimfahren. Von den Geschwistern, von Peter besonders, wurde sie wie eine auf kurze Zeit von der Galeere Entronnene begrüßt. Sie erzählte aber zu Haus wenig vom Stift, mit einem bei ihr neuen, hochmütigen Ausdruck verzog sie das Gesicht, wenn sie danach gefragt wurde. Den Erkundigungen ihres Vaters wich sie aus; sie hätte ihrem eigenen heimlichen Wunsch, alles mit ihm zu besprechen, im Lauf der Ferien möglicherweise doch noch nachgegeben. Aber Georg Degener mußte am zweiten Weihnachtsfeiertag auf eine Vortragsreise nach Ostpreußen. Antje und Peter fuhren mit ihm; er hatte alte Freunde auf einem Gut bei Königsberg, und von diesen, einem Gutsbesitzer Bolcke und seiner Frau, waren zwei Degenersche Kinder über die Ferienzeit eingeladen. Nachdem Silvia und Luzie am Rhein, Friedrich und Ninette in Rom gewesen, traf es nun Antje und Peter — Georg Degener legte Wert darauf, Antje in allen Dingen ganz gleich mit seinen Kindern zu stellen, sie war ihm ein Vermächtnis von Nina her. Schon in ihren ersten Babytagen war ja Antje Klees, mit Ninette zusammen, an Ninas Brüsten gelegen, welche Milch genug hatten für beide Kinder. Antjes eigene Mutter war damals krank gewesen, fast auf den Tod geschwächt durch die schwere Geburt, und war danach nie mehr so recht kräftig geworden. Das war zu der Zeit, als Georg Degener eine Pfarrstelle in Cannstatt hatte, wo die Eltern Klees auch lebten. Die Familie Klees stammte ursprünglich aus Holland, und Antjes Vater mochte gern durch den Namen, den er seiner Tochter gegeben, an diese Tradition erinnern, obwohl schon sein Großvater in Schwaben geboren war. — 1914, im Sommer, zogen Degeners nach Berlin, — aber die kleine Antje war ihnen bald nachgekommen, der Schatten war dicht auf ihr kindliches Leben gefallen. Sie verlor beide Eltern, ihren Vater im Krieg, und ihre Mutter, weil die Wochen der Angst um ihn und dann die grau-

same Todesnachricht in die Zeit einer zweiten Schwangerschaft
fielen: das ungeborene Leben ging von ihr und riß ihr eigenes mit
hinweg. Da hatte Nina die Waise zu sich geholt, seither hatten
sie ein sechstes Kind im Haus... und als ein Kind im Haus
sollte sie sich auch immer fühlen. — Antje also durfte mit auf die
ostpreußische Reise, und so kam es, daß Ninette auch mit ihr zu
einem richtig ausführlichen Gespräch keine Gelegenheit mehr
finden konnte. Peter schwärmte von Jagd und ländlicher Schlittenfahrt, er sagte es Ninette immer wieder, wie gern er sie in Ostpreußen mit dabei hätte; er würde sich aber alles aufs Haar
merken und es ihr später erzählen.

Nach der Abreise der Drei war Ninette am meisten mit
Friedrich zusammen, und es war dabei nur sonderbar, daß Bruder
und Schwester ein Bedürfnis hatten, sich nahe zu sein, und daß
trotzdem beide, wie auf Vereinbarung, sich nicht aussprachen über
das, was sie bedrückte. Jedes fühlte, daß das andere etwas mit
sich herumtrug, aber es schien ihnen genug zu sein, miteinander
zu schweigen. Einmal, nach einem solchen stummen Beisammensitzen, entschlüpfte Friedrich ein ungutes Wort; es kam aus seinen
brütenden Gedanken und Ninette hörte zuerst daran vorbei. Aber
es tauchte in ihr auf, nachher, als sie schon wieder im Stift war.

„Die Schlimmsten," hatte Friedrich gesagt, „sind nicht die verlogenen Leute, die uns mit den Tröstungen der Religion anschwindeln wollen, sondern diejenigen, die es sich angewöhnt
haben, an ihren eigenen Schwindel zu glauben."

Da kam ihr der Bruder sehr klug vor. „Obwohl ich ihm von
dem Stift und von Fräulein Knöller fast nichts erzählt habe, weiß
er schon alles," dachte sie. — Ihr Herz hatte sich getrübt, das doch
zur Verehrung und Liebe so bereit gewesen war.

2

Am Dreikönigstag 1929 — bevor er nach den Weihnachtsferien
wieder auf die Universität nach München zurückkehren wollte —
wanderte Jakob zu mittaglicher Stunde von Grünschwaig aus
westwärts zum „Fernerhof" hinauf, um seinem Paten, dem
Niederrotter, den längst versprochenen Besuch zu machen. Jakob
mußte nicht erst ins ostwärts gelegene Dorf hinunter, ein Feldweg
brachte ihn auf die Straße, die von Nußholzhausen in mählicher
Steigung zwischen Äckern, Weiden und Waldstücken nach Westen
führt, gute dreiviertel Stunden lang. Das Land lag unterm Schnee,

große, blendende, weiße Flächen, unterbrochen vom bläulichen Nadelwald und vom Grau der Obstbaumgärten um die Gehöfte. Den Blick nach Süden schloß die Alpenkette, ihre Pracht war heute gedämpft und ins Ferne gerückt durch einen kalten Hauch über dem Winterland, der nicht als Nebel sichtbar wurde, aber doch den Blick der Sonne entkräftet hatte; sie leuchtete, ohne zu wärmen.

Jakob, im Gehen, fand es nicht kalt. Er genoß die Feiertagsruhe, die ihn umgab. Kein Fuhrwerk unterwegs, die Kirchgänger schon wieder heimgekehrt; die weite, schneebedeckte, winterliche Welt gehörte dem, welchem Gott die Gunst erwies, ihn in sie hineinwandern zu lassen. Wunderbar war es, wie sie sich ringsum erhob! Als hätte man unmerklich steigend ihren hohen gewölbten Rücken, Rücken einer Riesenschildkröte, betreten, und sähe nun alles um sich ausgebreitet, was sie trägt und besitzt. Bei der Unsicherheit, die er seinem Studium gegenüber noch fühlte, legte ihm die heutige Wanderstimmung den Gedanken nahe, ob es nicht doch gut, ob es nicht besser gewesen wäre, hier in der Heimat als Landwirt zu leben, wie es der Großvater Eligius für ihn gewünscht hatte, beraten von seiner Mutter und von seinem „Göd", unangefochten von den Problemen, mit denen die Leute in der Stadt sich zu tun machten, und die ihn doch gar nicht wirklich angingen. Jakob glaubte nämlich entdeckt zu haben, daß er keineswegs, wie sein Vater, ein geistiger Mensch, mit irgendwelchen denkerischen Bedürfnissen, sei. Er habe sich getäuscht, wenn er das jemals von sich meinen konnte. Denn ihm erschien der Universitätsbetrieb wie das Wimmeln in einem Ameisenhaufen: nur daß niemals ein Haufen entstand, weil die Nadeln, die diese akademischen Ameisen umhertrugen, wenigstens für Jakobs Augen, völlig unsichtbar blieben. Dies war das für ihn selber sehr niederschlagende Ergebnis gewesen bei seinem Versuch, die Logikvorlesung des Professors Pfandhaupt in sich aufzunehmen. Seine Ungeduld übersah, daß ja hier nicht eine „Sache", vielmehr ein „Rüstzeug", um Geistiges sachgetreu zu erfassen, ihm dargereicht werden sollte. Er hatte dasselbe Bedürfnis nach Anschauung, dieselbe Ratlosigkeit vor allem bloß Begrifflichen, wie seine Mutter Hanna, aber nicht wie sie die glückliche Gabe, die Lösung „auf später" zu vertagen. So machte ihn sein Studium unruhig und in manchen Stunden geradezu unglücklich; zugleich sah er freilich ganz gut ein, wie beschämend es wäre, sich für ein Leben als Landwirt in Grünschwaig zu entschließen, nur weil er seine geistige Aufgabe nicht bewältigt hatte, statt aus dem einzig möglichen Grund einer unüberwindbaren, alles andere ausschließenden Liebe zu dem Beruf. War er ein Landwirt? Konnte er je einer sein? Er glaubte es nicht.

Unter dem großen offenen Himmel aber trugen sich alle diese Sorgen leichter als sonst. An einer Stelle, wo die Straße etwas steiler anzusteigen begann, stand ein Kruzifix. Jakob tat im Vorübergehen den Hut herunter.

Oben auf der Hügelkuppe tauchte die Straße in einen Wald, den sie geradehin durchschnitt und dahinter, langsam fallend, zu dem Nachbarort Rohrsbach führte. Jakob aber mußte sich nun hier nach links wenden, um den Fernerhof zu erreichen. Der Seitenweg war durch Holzschlittenspuren kaum weniger als die Fahrstraße ausgeglättet; Hans Niederrotter war einer der größten Waldbesitzer in der Nußholzhausener Gemeinde, er fuhr den ganzen Winter über Holz mit zwei Gespannen und es trug ihm ein schönes Geld ein. Und sicherlich, – dachte Jakob, als er die schneebeladenen, über dem Weg zusammengreifenden Fichten hinter sich hatte und sein Ziel vor sich sah – sicherlich war dieser Hof auf der Höhe zwischen den beiden Dörfern einer der schönstgelegenen im ganzen Land. Hier erst war der Himmel ein von allen Seiten frei sich bauendes Gewölb und die Sonne, wenn sie im Mittagsstand auf den Fernerhof niederblickte, war der Schlußstein darin; sogar auch die winterlich Demütige erhob sich hier höher als anderwärts über dem fernen weißgrauen Zug der Berge. Es war solch ein Erdenfleck, dessen Bewohner niemals Knechte werden können in Menschenhand. Ein Schritt aus ihrem Hause, ein einziger Umblick und Aufblick bewahrt sie davor, zu vergessen, daß es der Himmel ist, nicht Menschengewalt, was ihr Leben bestimmt.

Jakob fand seinen Göd in der Stube, fest schlafend, auf einem lederbezogenen Sofa ausgestreckt. Nach der Weise eines gesunden, kräftigen Menschen wischte er sich den Schlaf sozusagen mit der Hand vom Gesicht, strich sich seinen schwarzbraunen, nur wie zum Schmuck mit ein paar weißen Fäden durchzogenen Bart zurecht, und war gleich hellwach, sein braunes Auge blickte kastanienfrisch.

Er lobte Jakob, daß er endlich einmal wirklich heraufgekommen, er hätte aber doch schon zum Essen da sein und mithalten sollen – „no ja, werst bei deiner Mutter drunt eppas Bessers hab'n, mir hab'n halt Bauernkost, die bleibet am End dem Herrn Studenten im Hals stecken," meinte er gutmütig spottend. Jakob erklärte ihm, daß er am liebsten über Mittag, in der Sonne, habe gehen wollen; darum habe er daheim etwas zum voraus gerichtet bekommen, weil sie dort sonst erst um 1 Uhr äßen. Hier aber habe er nicht ungesinnt daherkommen und lästig sein wollen.

Er sprach nur halblaut, weil aus der Stubenecke von dem großen Ofenlager, einem Bretterverschlag, zum Liegen eingerichtet, über dem Backofen, tiefe Schnarchtöne erklangen und er den Schläfer dort oben nicht stören wollte.

„Dös is' grad der Niederrotter Klaus, ein unsriger Verwandter, der is' heut auf B'such kommen. Der derf scho aufwacha," erklärte der Bauer. „Der woaß eppas Neu's, und du woaßt aa eppas Neu's — nacher könnt's reden mitsammen."

Wirklich rührte sich der Mann auf dem Ofenlager, setzte sich auf und kam heruntergestiegen. Er glich dem Hausherrn nicht. Er konnte mit ihm vom gleichen Alter sein, um die Mitte der Vierzig etwa, aber er hatte nichts von dessen gedrungener Kraft. Er war etwas größer von Wuchs, doch hielt er sich schlecht, schlurfenden Schrittes kam er zum Tisch, irgendwas brummend, und reichte Jakob zwei krumme, harte Finger zum Gruß hin.

Das war ein Bauer aus der Gegend, wo Hans Niederrotters Geschlecht ursprünglich herstammte, weiter draußen im flachen Land, ein mooriges Gebiet war das gewesen, fast jedermann hatte dort seinen Torfstich. Aber Hansens Vorfahren hatten ihren Boden zu drainieren, gutes Korn darauf zu bauen verstanden, waren reich geworden und doch nicht in der Ebene wohnen geblieben, es zog sie näher herauf zum Gebirg, und einer von ihnen hatte dann einmal den Fernerhof erheiratet. Man hielt aber — es lag nicht so weit ab, daß nicht Handel und Wandel gelegentlich eine Berührung mit sich gebracht hätten — hier wie draußen das Bewußtsein der Verwandtschaft aufrecht. Gleichwohl hatte Hans über den heutigen, unerwarteten Verwandtenbesuch sich verwundert und gedacht: der Vetter werde wohl Geld wollen. Davon aber noch nichts geredet worden war.

Der Vetter Klaus hatte einen gesträubten, zornigen Schnurrbart und ein verbostes Wesen. Sein Schlaf hatte daran nichts gebessert, er saß am Tisch, und fast unmittelbar fing er an zu klagen über die schlimme Zeit. Was man verkaufen wolle, billig, was man kaufen müsse, teuer. Auf den Bauern werde nie keine Rücksicht genommen, sei aber Krieg oder sonst ein Unglück, von wem anders werde Hilfe erwartet, gefordert, als immer vom Bauern? Alle Last müsse der Bauer haben, und wenn's vorüber sei, Schimpf und Vorwurf. Aber wehren müsse man sich, nicht alles sich gefallen lassen! Er habe jetzt etwas herausgelesen aus einer Zeitung, von dem H i t z l e r, der Vetter werde von dem auch gehört haben? Das sei einer, der könne schreiben! und einem die Sach richtig ausdeuten —

„Der Hitzler werd die richtige Hitz'n scho hab'n," bemerkte

Hans, vergnügt, einen Spaß anbringen zu können, und mit einem Augenzwinkern zu Jakob hinüber.

Der Andere holte aus seiner Weste ein Zeitungsblatt voll großer Schlagzeilen und roter Unterstreichungen hervor, das er auf den Tisch vor sich ausbreitete.

„Ah — nit Hitzler: Hitler schreibt er si. — Der sagts wia's is! der versteht's! da schau her, dös muaßt lesen."

„Hitler — dös is' ja der sell', wo z' Minka (in München) die G'schicht g'macht hat, woaßt scho, mit dem Putsch, und wo danach der Prozeß g'wen is'."

„Freili, der sell'!"

„I hab g'moant, den ham s' eing'sperrt."

„Hamt'n scho wieder außalassen müssen! — Aber dös muaßt lesen! Der Hitler, der zeigt's ihnen, der werd's ihnen scho zeig'n!"

Dies war das erstemal, daß Jakob mit Bewußtsein den Namen Hitler nennen und jemand eine Hoffnung darauf setzen hörte; der Hitlerputsch des Jahres 23 war ihm in der Obersbrunner Schulzeit als ein unbemerktes Gewölk am Horizont vorübergezogen. Er hätte nicht behaupten können, daß der Niederrotter Klaus dazu gemacht gewesen wäre, ihn besonders für dessen Helden einzunehmen.

Klaus, der inzwischen eine Pfeife angeraucht hatte und Qualmwolken von sich stieß, fuhr fort zu erklären, wie der Hitler alles richtig erkannt habe, und daß die Juden an allem Übel schuld wären. — Er hatte früher von „den Juden" kaum dem Namen nach gewußt, war aber vor einiger Zeit in einer Geldverlegenheit an Einen geraten, und von dieser Anleihe spürte er jetzt die ersten unangenehmen Folgen. So kam es, daß er sich in eine Wählerversammlung der „Völkischen Partei" hatte locken lassen, und nun mischte sich in seinem Kopf die Tatsache, daß es eine Bodenspekulation und jüdische Bodenspekulation gab, mit der Erinnerung an die in der Versammlung vernommenen wuchtigen Phrasen, und der Unannehmlichkeit, das geliehene Geld zurückerstatten zu müssen, zu einem undurchsichtigen Gemenge zusammen.

„Die vergunna uns Bauern den Grund nimmer! unterm Arsch möchtens'n uns wegziag'n, bal's kunnten — Is' nimmer weit hin, nacher machen s'es uns aso, einen Wisch vorzeig'n, und der Bauer muß vo' Haus und Hof 'runter, wegen dene Judenkrüppel, verdammte!"

Hans Niederrotter, ernst geworden, aber ganz gelassen: „Jetz', bei mir is' noch kein Jud nit g'wesen und hat mein'n Hof hab'n wollen! Der wär auch g'schwind wieder drauß', wo der Zimmermann 's Loch g'lassen hat. — Wird nit sein, Klaus, daß du mit solchene Sachen z'toa hast?"

„So weit is' no' nit! Aber kemma werd's aso! für uns alle! wenn ma' nit zur rechten Zeit aufschaugt und die Gauner außaschmeißt!" schrie der Vetter; seine Hand mit der Pfeife schüttelte sich heftig, wie um jeden Widerspruch auszuschließen, und glimmender Tabak verstreute sich auf der Tischplatte.

Hans betrachtete ihn nachdenklich und nahm sich vor, wenn ihn der andere wirklich um Hilfe ansprechen sollte, sein Geld jedenfalls nicht in einen unbekannten Topf zu tun, sondern sich vorher an Ort und Stelle genau über den Stand der Verhältnisse und des vetterlichen Hofes zu unterrichten.

Jetzt aber ging die Stubentür, die Bäuerin kam herein. „Ja, was is' dös!" sagte sie erfreut. Von früh auf war Jakob hier wie zu Haus gewesen; manch eine Schüssel voll kühler, reicher, süßer Milch hatte die Frau Stasi Niederrotter vor ihn hingestellt, wenn er an Sommertagen mit der Sabine zusammen, ihrer Tochter, vom Kühhüten hereinkam. — Die Ferner-Bäuerin war eigentlich eine schöne Frau, wenn man ein Gesicht, nicht regelmäßig, aber wohlgebildet und von den frischesten Farben, und eine Gestalt so nennen kann, die durch schwere bäurische Arbeit üppig und stark geworden ist, aber beweglich und fest und mit sich selbst im Einklang. So war sie noch jetzt mit ihren vierzig Jahren, und noch jetzt, wie immer, hatte Jakob Freude, sie anzusehen. Sie schalt ihn freundlich aus, daß er sich so wenig mehr blicken lasse, das sei doch nicht recht, wenn man so gut miteinander bekannt ist. „Ja, und was fallt denn dir ein, daß d' ein Studierter werden willst! und nit amol auf Landwirtschaft, sondern anderne Sachen, unser Vater hat mir schon erzählt davon. Ja, was is' dös! Und kunntst es so schee hab'n bei dir daheim, und hat doch dein Großvater wollen, daß d' an Hof selber wirtschaften sollst!" Ihr Mann winkte ihr ab; ein Bauer wird nicht leicht einem andern ungefragt in seine Angelegenheiten dreinreden. Aber Stasi in ihrer Wohlmeinenheit und Verwunderung ließ sich nicht aufhalten. Der Großvater Eligius Degener war ohnehin bei ihr ein Lieblingsthema, sie konnte nie müde werden, zu rühmen, was das für einer gewesen sei, ein nobliger Herr, aber ein guter Bauer dabei, vom Sach etwas verstanden, und wie gut er ihnen immer geraten habe, als sie und ihr Hans erst ganz frisch auf dem Hof waren, und dem Hans auch schon vorher, sogar einen landwirtschaftlichen Lehrkurs hat er für ihn gezahlt, was zu der Zeit noch ganz etwas Neues war, für die Bauern, ein guter Göd ist er immer an ihm gewesen, und darum hat es auch der Hans für eine Ehre angesehen, daß er wieder am Jakob hat Göd sein dürfen. Nein, es würde dem Großvater Eligius nicht recht sein, wenn er das wüßte, daß Jakob von Grünschwaig wegwill! Wie er eine Freude gehabt habe, sie könne sich gut erinnern, als der Jakob auf die Welt gekommen war! „Aber du werst deinem Vatern, dem Kaspar, nachg'schlagen sein," sagte sie, mit kopfschüttelndem, herzlichem Bedauern.

So machte Stasis Lebhaftigkeit dem politischen Gespräch ein Ende, — Klaus kam nicht mehr gegen sie auf, er mußte seine völkische Zeitung wieder einschieben, es ließ sich aber leicht verschmerzen; denn jetzt wurde ein guter Kaffee aufgefahren, dazu Brot, Butter und Honig, und sonntäglich frische Schucksen (ein Schmalzgebäck); über alledem vergaß der Vetter ganz gern für eine Weile seinen Zorn.

Es kam jetzt auch Sabine, die der Mutter beim Auftragen helfen mußte, aus der Küche herein. Sie war gleichen Alters mit Jakob und er hatte an ihr in der Volksschulzeit einen richtigen Kameraden gehabt, mit ihr gespielt und Vieh gehütet und alles mit ihr besprochen, oft sie hier oben besucht oder sie in Grünschwaig zu Gast gehabt, und er war, ohne eine eigentliche Bubenverliebtheit, doch ihr Ritter gewesen, der sich in der Schule zu ihrem Schutz mit anderen Buben abraufte. Jetzt hatte er sie länger nicht gesehen. Denn seit er nach Obersbrunn ins Internat gekommen war, hatte er ja nur noch die Ferienzeiten zu Haus, und in den letzten beiden Sommern war Sabine mit dem Niederrotterschen Vieh als Sennerin auf einer Alm gewesen. Sie grüßte ihn unbefangen wie immer, aber ihm erschien sie als eine Andere; er konnte sich nicht erinnern, daß ihr braunblonder Zopfkranz je so dicht auf ihrem Kopf gelegen, daß ihre Haltung so frei und aufrecht und ihr Gesicht so ausdrucksvoll gewesen war. Es war das Gesicht ihrer Mutter: schönes Augenblau, derselbe kräftig feste Mund, mit einem warmen, vertrauenden, lebensvollen Zug zur Wange hin; aber alles gehalten im Jungfräulichen, als Ahnung noch und Erwartung.

Niederrotters hatten nur diese Tochter, sie war die Jüngste, drei Buben waren ihr vorausgegangen. Nach ihnen fragte jetzt Jakob und erfuhr, daß der eine nach Rohrsbach zu einem Eiskegeln, der andere sonst wo aus sei. „Am Sonntag," beklagte sich Stasi, „kannst die Buben nia dahoam halten." „Der Hansl liegt droben und schlaft," berichtete Sabine, und die Mutter: „Ja, der is' gestern furt g'wen und heut in der Fruah erst heimkommen." „Muaß aa amol sein, deine Buben werden scho recht," versicherte der aufgeheiterte Vetter. Die Bäuerin: „Ja freili, wegen dem!

Dene tat i's zeig'n, und unser Vater aa, wenn s' nit recht werden möchten!"

Sabine trug das Geschirr fort und blieb fortan unsichtbar, es war Jakob leid darum, er hätte sich gern einmal wieder lang und gut wie früher mit seiner alten Freundin unterhalten mögen. Doch brachte die Bäuerin das Gespräch von neuem auf Jakobs Berufswahl, ihrem Mann warf sie vor, warum er sich nicht besser darum kümmere, für was sei er denn zum Göd bestellt worden, als achtzugeben, daß der Jakob keine Dummheiten mache? Auch der Vetter Klaus wurde um seine Meinung befragt, da er aber kopfwiegend meinte, es könne ein junger Mensch leicht etwas Besseres werden als Bauer, da fuhr ihm Stasi kräftig über den Mund. Ungläubig hörte sie an, was Jakob — nicht mit sehr großem Eifer — zu Gunsten seines Studiums vorbrachte. Für sie, die Tochter aus altem stolzem Bauernstamm, gab es schlechtweg zweierlei Leute auf der Welt: die einen, die Land besaßen, und die andern, die keins besaßen, und die letzteren waren arme Schlucker; unbegreiflich, daß jemand freiwillig ein solcher werden sollte. Hans Niederrotter fand es schließlich notwendig, mit etwas erhobener Stimme zu sagen: Gutmeinen und Raten sei recht, aber auf die Letzt müsse doch ein jeder selbst wissen, was er mache, auch sei ja in Grünschwaig noch der jüngere Sohn da. Hiermit schloß er das Gespräch.

Aber es hatte Jakob wohlgetan, mit diesen Menschen zu reden, die er wie Verwandte gern hatte, ihre Teilnahme zu fühlen, auch da, wo sie ihm keine Hilfe bringen konnten. „Ganz fort aus der Heimat geh ich nie, mein Vater ist auch hier in Grünschwaig geboren und gestorben," sagte er, als er nun aufstand und Abschied nahm. Er bedankte sich bei Hans und Stasi, auch dem Vetter schüttelte er die Hand, an Sabine und die Buben trug er Grüße auf.

Er war kaum aus der Tür, da kam Sabine ihm nach, mit einem Winterstrauß, in dem Fichtengrün, Hagebutte und Schneebeere schön bunt zusammengerichtet waren. „Geh, bittschön, Jakob," sagte sie, „magst mir den Strauß unten auf unser Kruzifix tun! ich hab's heunt in der Fruah ganz vergessen, und sollt doch eppas Frisch's dorten sein, wenn doch Dreikönig is'."

„So! ich hab gemeint, du bringst m i r was."

Sabine, lächelnd: „Es ist für den Heiland."

„Gehst halt mit, ein Stück, und bringst es ihm selber —?"

„Wenn i doch im Stall noch so viel Arbeit hab! — wegen dem bin ja i dir nachg'laufen, schau, daß d' mir's du mitnimmst," sagte sie; aber ihr Blick, voll unbefangener Zuneigung, ging ihm wie ein warmer Strahl übers Gesicht.

Sie grüßten sich und gingen voneinander.

Es war der Stunde nach noch früh, und doch warf die Sonne des kurzen Wintertags schon fast abendlich lange Schatten. Aus dem südlichen Gebirge hergekommen, lief ein Zug schon hinter Nußholzhausen nordwärts ins Land hinein, sein Rollen klang herüber, ein trauliches Weltgeräusch. „Ja, es ist schön, dieses Land ist schön," sagte Jakob zu sich selbst, indem er seinen Blick darüber hinwandern ließ: die Alpen, dem Auge jetzt blauer und tiefer zerklüftet als zuvor, der Zwiebelturm der Kirche von Nußholzhausen mit wolliger, schiefangefrorener Schneemütze, das Dorf, rings darumher zerstreut in immer mehr sich vereinzelnde weiße Dächer. Er suchte die Dächer von Grünschwaig auf, Wohnhaus, Wagenremise, Stallung und Leutehaus. Dann Zäune, Felder, Wald: so gut, so seiner selbst gewiß lag alles beisammen. Jakob empfand, daß nur der so etwas besitzen, dem Boden die Saat geben und die Ernte nehmen dürfe, der ihm auch ganz angehören könne, wie der Großvater Eligius und wie der Hans Niederrotter mit den Seinen. Vielleicht wird Frank auch noch einmal solch ein „Zugehöriger" werden, überlegte er weiter; denn der Bruder war aus Obersbrunn in vergnügter, sogar etwas lärmender Stimmung in die Ferien gekommen und hatte sich eigentlich zum erstenmal — zur Freude der Mutter — aus eigenem Antrieb für die Ökonomie interessiert.

Ich aber, dachte er, ich weiß nicht, ich glaube nicht, daß dies hier mein Leben sein kann! Er lief auf dem glatten Weg rasch hinunter; seine Seele aber flog hinauf wie ein Vogel ins Licht und hatte nicht nur diese Landschaft hier unter sich, sondern immer mehr, immer weitere Umkreise; das ganze Deutschland, seine Geschichte, seine Hoffnung, seine Not — und so wahr Gott lebt, dachte Jakob mit einem zugleich erschrockenen und frohen Schauer: es gibt nichts darin, was mich nichts anginge!

Als er zu dem Kruzifix an der Straße kam, steckte er sorgfältig Sabinens Strauß in den schmalen, überrosteten Behälter, der am Kreuzesstock zu Füßen des Gottesbildes angebracht war.

3

Bei seinen ersten Schritten in der fremden Welt der Universität hatte Jakob von Quint Hilfe gehabt; er selbst war überzeugt, daß ihm ohne dessen Anleitung die Beschaffung der vielen, für die Immatrikulation erforderlichen Papiere und Stempel nie gelungen wäre. Wirklich war er solchen bürokratischen Notwendigkeiten gegenüber ratlos, ein verwöhntes und schüchternes Grünschwaiger Kind. Auch sein Zimmer hatte Quint ihm finden helfen, in Schwabing, unweit der kleinen hübschen Wohnung in der Konradstraße, wo Quint und Natalie seit ihrer Heirat lebten. Sobald jedoch Jakob in seinen vier Wänden eingerichtet war, begann er ein ganz einschichtiges Leben zu führen. Die Vorlesungen gaben seinem Kopfe viel zu tun. Quint hatte sich zum juristischen Studium, das viele Möglichkeiten offenließ, entschlossen; mit ihm traf Jakob nicht oft im Hörsaal zusammen. Und wenn er sonst die Studenten beobachtete, ernsthaft hörend und mitschreibend, so war ihm unzweifelhaft, daß diese alles verstünden; es schien unmöglich, jemand von ihnen zu fragen und merken zu lassen, daß er, Jakob, so vieles gar nicht verstand. Man mußte versuchen, allein durchzukommen, wenigstens erst einmal Grund zu gewinnen. So wurde auch er ein eifriger Mitschreiber, in Stichworten, oft ohne das Gehörte begriffen zu haben, und er suchte sich's dann zu Haus bei der Reinschrift klarzumachen. Viel Zeit und Kraft wandte er dafür auf; manchmal gelang es, manchmal hatte er das ungute Gefühl, als wäre das, was er sich an seinem Schreibtisch zurechtlegte, etwas anderes, als was er morgens im Kolleg gehört hatte. Dann ging er wieder hin mit dem Vorsatz, den Professor um Auskunft zu bitten, fühlte sich aber der Sache gegenüber so unsicher, daß er sich auch zum Fragen nicht entschließen konnte. Pfandhaupt blieb seine größte Sorge. Er wurde fast bös auf Quint, der ihn kurzhin abtat: er habe auch versucht, ihn zu hören, aber das sei doch ein sehr trockener Mann; er hoffe das, was von ihm zu lernen sei, noch einmal anderswo auf lebendigere Art geboten zu bekommen.

„Es ist aber notwendig, zu verstehen," meinte Jakob.

„Vielleicht. Eine vielhundertjährige Dornenhecke. Ich bin neugierig, ob nicht zuguterletzt, wenn man durchgekrochen ist, sich herausstellt, daß gar kein Dornröschen dahinter war."

Jakob, so sehr er seinen Vetter sonst bewunderte, fand diese Rede leichtfertig. So wies ihn alles auf sich selbst zurück.

Er würde vielleicht wochenlang keinen Menschen gesehen haben, hätte nicht Hanna es ihm von vornherein eingerichtet, daß er an zwei bestimmten Wochentagen bei den Eltern Fehrenkamp und bei Quints essen konnte. Über die Sonntage fuhr er oft heim nach Grünschwaig; seine Mutter machte kleine Feste daraus. „Ach! wie herrlich!" war ihr erstes Wort, sobald sie seiner ansichtig wurde. Niemand konnte so wie Hanna ein Vorgefühl von Festlichkeit ausstrahlen, indem sie selber lief und alles für einen gemütlichen Tee in der Bibliothek zusammenholte. Der Ofen frisch geheizt, der kleine elektrische Teekessel summend. Da saßen sie, zwischen den Büchern des Vaters, Jakob fühlte sich wie umschlossen von deren stummer Forderung. Er machte mehr als einmal den Versuch, seiner Mutter seine Schwierigkeiten zu erklären. Sie verstand ganz gut, aber es hatte für sie nicht die quälende Bedeutung wie für ihn. Wenn Jakob es eben nicht machen konnte, mußte man eine andere Zukunft für ihn ausdenken. Es würde sich zeigen, er sollte nur Geduld haben. „Deinen Vater," sagte sie ihm, „hab ich niemals ungeduldig gesehen." Sie hatte recht mit ihren Mahnungen, doch half es ihm nicht. Es war für ihn ein Winter voll innerer Unruhe und Anstrengung, von der er keine Frucht sah.

Natalie war es, die ihn manchmal aus seiner Vereinsamung herauszulocken verstand. — Obwohl im ganzen Gemüt und Wesen beschäftigt mit dem Kind, das sie unter dem Herzen trug, sodaß Quint oft bewegt wurde von ihrem Ausdruck gedankenvollen Hingenommenseins in eine ihm unsichtbare und geheimnisvolle Leistung, wurde Natalie darum doch nicht blind für ihre Umwelt; sie bemerkte Jakobs vergrübeltes und städtisch bleich gewordenes Gesicht, wenn er dienstags an ihrem Mittagstisch saß. „Du denkst und arbeitest zu viel, du gehst zu wenig an die Luft und unter Menschen," sagte sie ihm. Es kam vor, daß sie Quint zu ihm hinüberschickte, ihm sagen zu lassen: heut abend hätte sie einen guten Fisch, genug für drei, und Wein dazu, sie trinke keinen; Jakob möge doch kommen, damit Quint nicht allein trinken müsse. Sie versuchte auch, Quint und Jakob zusammen auf den Fasching zu schicken. Quint hatte noch in keiner Faschingszeit, soviel an ihm lag, das Tanzen versäumt, aber heuer war er nicht so eifrig dabei. Natalie lächelte nur, wenn er sie mitnehmen wollte und ihr versicherte, man merke ihr noch fast nichts an. Sie sagte: „Unser Sohn Sixtus soll gewiß ein guter Tänzer werden, wie sein Vater. Aber du kannst von einem Hugenottenenkelchen nicht verlangen, daß er schon vor der Geburt zum Tanzen geht." Quint also, ungern, ging allein. Es gelang ihm ein einziges Mal, Jakob mitzuschleppen; aber der, wie vorauszusehen war, brachte nichts von der Stimmung auf, wie sie nötig ist für ein solches lärmendes Zusammenkommen vieler fremder Menschen die so tun, als wären sie miteinander vertraut. Er ließ sich etwa eine Stunde herumstoßen in einem Wirbel, der ihm auch nicht für einen Augenblick Sinn oder Schönheit zeigte, dann verschwand er wieder und genoß den Heimweg, zu Fuß, durch die kalte, nüchterne Winternacht. Auch Quint aber hatte keinen rechten Spaß am

Tanzen, während er sich seine Frau müde und womöglich unwohl zu Hause denken mußte; die Wahrheit ist, daß er eine unglaubliche, wenn auch vor andern sorgfältig verborgene Angst vor der Geburt seines Kindes hatte. Natalie war noch sehr jung, und außergewöhnlich schmal gebaut, also, wer weiß, was es geben könne. Mit dem Namen Sixtus, den Natalie für ihren Sohn, in der festen Überzeugung, daß es einer würde, zum Voraus schon ausgesucht, hatte es die folgende Bewandtnis: in der Fehrenkampschen Familie hießen seit Generationen immer die ersten Söhne Alexander Maria. Quint war in der ununterbrochenen Folge der Alexander Marias der fünfte gewesen, weshalb sein Vater den Namen Quintus noch beigefügt hatte, und dieser war dann zum Rufnamen geworden. Es lag nahe, es mit dem nächsten Fehrenkamp ebenso zu halten; und darum war Sixt schon benamst, eh er das Licht der Welt gesehen hatte.

An den Donnerstagen war Jakob zum Mittagessen bei den Eltern Fehrenkamp, und zwar meistens mit ihnen und Lisa allein, kaum, daß er einmal Gäste bei ihnen traf. Der Onkel Fehrenkamp war alt, nicht mehr weit von siebzig, und sein gesundes Aussehen, seine immer straffe, elastische Haltung konnten darüber täuschen, daß er eben doch — wie Tante Elisabeth wußte — zart und schonungsbedürftig war. Nur sie sah es, daß ihn Menschen leicht ermüdeten; ein angestrengter Ausdruck und eine gewisse Blässe um seine Schläfe und Stirn waren ihr die Zeichen, daß es „ihm zu viel wurde". Ihre Köchin Olga bestärkte sie darin; das war eine noch nicht fünfzigjährige, aber schon weißhaarige alte Jungfer, ein herzensgutes Wesen, deren ängstliches Gesicht jedoch immer die Besorgnis auszudrücken schien, es möchte der heutige Tag anders als der vorausgegangene verlaufen. Elisabeth hatte Hanna ihre Bitte abgeschlagen, Jakob ganz bei sich wohnen zu lassen, in Quints freigewordenem Zimmer. „Ich muß Alexander still halten," war ihre Antwort, und Hanna begriff, daß die Sache damit abgetan war, es gab nichts, was neben diesem Gesichtspunkt in Frage kam.

Alexander von Fehrenkamp war immer der Mittelpunkt von Elisabeths Leben gewesen, von dem Augenblick an, wo sie als Schulmädchen in München über die Leopoldstraße ging und, von einem rasch heranklatternden Hufschlag aus ihren Gedanken aufgeschreckt, ihre Mappe fallen ließ: Hefte, Bücher, Federkasten auf dem Pflaster ausgestreut. Der Reiter sprang ab und half ihr, die Sachen zusammenzusuchen, er reichte ihr die Mappe mit einer Verbeugung, die für die größte Dame schön genug gewesen wäre, und ritt schon wieder weiter, bei sich denkend: „Eine hübsche Kleine" — und weiter nichts. Sie aber vergaß diesem Ritter seinen Ritterdienst nie, und hätte ihr ein Cherub ihn als den künftigen Gemahl gezeigt, wie es dem Käthchen von Heilbronn geschah, sie hätte nicht fester entschlossen sein können, als sie es auch so war und blieb: nur diesen Einen, oder sonst niemand, zu heiraten. Sie hatte noch öfters Gelegenheit, ihn vorüberreiten zu sehen – sie wohnte damals bei einer Tante Seybolt, unverheirateten Schwester ihrer Mutter, in München, und besuchte von da aus die Schule – aber sie machte nie einen Versuch, von ihm wieder bemerkt oder gar angeredet zu werden; es wäre nicht nur ihrer Scheu unmöglich gewesen, sondern ihr auch unnötig vorgekommen, da sie ihre Liebeshoffnung Gott im Gebet anvertraut hatte und nicht aufhörte, ihn vertrauensvoll Abend für Abend daran zu erinnern. Damals wuchs ihr Kinderglaube in ihr aufwachsendes Leben hinein und begann es für immer zu durchdringen und zu tragen. Im Grunde wußte sie, wie eine Seele in einer anderen Schicht als der des Bewußtseins etwas wissen kann, daß ihr Schicksal gnädig geordnet war. Denn unter Gottes Geschöpfen sind welche, die er nicht so streng als andere zu prüfen scheint; vielleicht, weil ihr Gold nicht so tief verborgen liegt, daß sie eine harte Schürfung nötig hätten, vielleicht auch, um uns Staunenden zu zeigen, was Gnade ist und wie sich um sie her die ganze starre, erhärtete Welt zum Freundlichen fügen muß. Fehrenkamp hatte früher einmal mit dem Einkauf von Pferden für die königlichen Gestüte zu tun gehabt, war aber dabei allzu großzügig und ungeschäftlich verfahren und hatte diese Stelle wieder aufgeben müssen, lebte dann als ein schöner Offizier und Rennreiter von seinem Vermögen, ohne es gerade durchzubringen, aber gewiß auch, ohne es zu vermehren, Junggesell bis in seine vierziger Jahre und mit Liebschaften immer ausreichend beschäftigt. Als Elisabeth Degener erwachsen war und ausgeführt wurde, traf er sie auf einem Ball, sie war ein schlankes dunkles Mädchen von eigenartiger Schönheit geworden, und er meinte, diese bedingungslos gläubigen Augen nicht zum erstenmal zu sehen. Sie sagte ihm dann auch gleich, daß sie ihn kenne und daß er ihr die Schulmappe aufgehoben hatte; es wäre ihr nicht eingefallen, daß sie sich ihm damit „verriete", sie wollte gar nichts geheimhalten. Dabei war ihre Haltung von einer Sicherheit und Würde, die ihn entzückten. Weil er aber zu der Zeit noch keineswegs gemeint war, seine Junggesellenfreiheit aufzugeben, so schien es ihm nur anständig, sich von ihr fernzuhalten. Elisabeth wartete. Es kam nicht dazu, daß ihr von anderen Heiratsanträge gemacht wurden, ihre Art unter Menschen war so, daß niemand daran denken konnte, ihr von Liebe zu sprechen. Diese Jahre waren nun doch eine Prüfung für sie, vielleicht wird ja kein Apfel süß, ohne eine Möglichkeit zur Bitternis gehabt zu haben. Aber wenn Elisabeth nach aller Vernunft und Wahrscheinlichkeit auch durchaus nicht mehr auf Alexander Fehrenkamp hoffen konnte, in ihre innerste Herzenskammer ließ sie doch den Zweifel nie herein. Sie war für die Liebe dieses Mannes geboren, also würde er kommen. Und so geschah es. Von seiner Familie zum Heiraten gedrängt, unwillens, ohne Neigung eine vorteilhafte Partie zu machen, die ihm nahegelegt wurde, war er kurzerhand ins Ausland gereist und freute sich an dem Gedanken, daß niemand ihn verheiraten könnte, wenn er nicht da wäre. Auf dem Schiff aber von Genua nach Barcelona, in der Stille einer sonnigen Meerfahrt, kam es ihm, daß seine Geschwister recht hätten: eine gute Frau zu haben, war besser, als ewig Junggeselle zu bleiben. Und nun stellte sich ihm Elisabeths Bild vor die Seele, die unbedingte und dabei von ihm und seinem Verhalten irgendwie unabhängige Liebe, eine Liebe, nicht von Menschen gestiftet, die er in ihrem Blick gelesen hatte: und es war ihm klar, daß er nur sie zur Frau haben konnte. Überhaupt war er ein Mann der plötzlichen Entschlüsse. In Korsika ging er von Bord, er kehrte Hals über Kopf nach Hause zurück, hundertmal unterwegs sich selber auslachend, daß er glauben konnte, ein solches Mädchen wäre nach diesen langen Jahren noch frei, und hundertmal wieder sicher, daß sie ja nie einen andern an sich heranlassen würde. So erschien er in Grünschwaig. Er bekam das Leid nie zu sehen, das sie um ihn getragen hatte, denn sein Kommen war ihr schon genug, um alles zu wissen. Alle Lebensfreude, die in ihr verhalten und vor jedem anderen verborgen geblieben war, ein kindlichfrohes Sich-zu-Haus-Fühlen in Gottes Welt, blühte nun ihm entgegen. Mit Kaspar und Hanna Degener zusammen feierten sie in Grünschwaig die ländliche Doppelhochzeit.

Zu manchen Zeiten, späterhin, war es schwierig in dieser Ehe, in der eine Natur, nicht ursprünglich zur Treue geschaffen, mit einer so einzig auf Treue gegründeten vereinigt worden war. Aber es konnte nie ins Verworrene und Dunkle geraten. Elisabeth hatte immer Kraft genug, den Mann als ihren Herrn zu ehren, und immer Liebe genug, um jede Verletzung ihres Rechts aus ihrer reichen, unversehrten Wesensfülle zu heilen. Es war Fehrenkamp gar nicht immer bewußt, wie fest ihn die Liebe seiner Frau gebunden hatte, die doch nichts nachrechnete, nichts forderte, nichts verwehrte. Aber er fand, daß er mit den Jahren immer glücklicher wurde, je mehr sein Wille in seine Gebundenheit einstimmte.

Die Fehrenkamps, noch in der ersten Hälfte des 19. Jahrhunderts in Bayern eingewandert, waren Protestanten in einem gut konservativen Sinn. Das will heißen, man ließ auf der metaphysischen Seite des Lebens keine Unordnung aufkommen. Glaubenssätze, Kirchenbesuch, Tischgebet, das waren Notwendigkeiten, mit denen Alexander aufgewachsen war und die er nicht in Zweifel zog. Auch hinderten sie einen nicht an einem Leben nach eigenem Geschmack. Seine Frau aber hatte ihre Glaubenswelt als etwas unerwartet Wirkliches mitgebracht, und sie war ihm dadurch, die so viel Jüngere, eine Führerin zum Christentum geworden. Nie glich sie m e h r dem Schulmädchen von einst, als wenn sie in einem Gespräch mit Andersgesinnten ihre Anschauung vertrat, überzeugend nicht durch das, was sie sagte, sondern durch die Art, wie sie es sagte. „Ich hab meinen Christus," versicherte sie, und man fühlte, daß es so war. Zu leben aber neben einem Menschen, der Christus im Herzen trug, das hatte auch für Alexander Fehrenkamp unvermerkt den Aspekt des Lebens verändert. Manches Leichtsinnige, was er früher getan und um das er sich wenig gesorgt, sah er jetzt in neuem Licht; er begriff, daß es eine Stunde der Rechenschaft geben würde für einen Menschen wie ihn, der andere Menschengeschöpfe zur Beute seines Vergnügens gemacht und sie dann vergessen hatte. Merkwürdig war es, seine Hände zu sehen. Gut geformt, aber in ihrem Ausdruck etwas von der Vogelklaue: dazu geschaffen, um alles Schöne, Lebendige, was da kreucht und fleucht, zu packen. Der Major Orell in Nußholzhausen, der Alexander Fehrenkamp in seiner Jugend gekannt hatte, machte einmal zu Gabriele Degener eine verwunderte Anmerkung darüber, wie doch dieser alte Adler von einer Taube gezähmt worden sei. Und Gabriele, wie immer zu einem kleinen Scherz bereit, hatte ihm erwidert: „Und was mich wundert, ist, wie ich zu dieser Tochter gekommen bin, die eine Taube ist."

Jakob war recht beeindruckt von der Schönheit seines alten weißbärtigen Onkels, von seiner Haltung — im Hereinkommen, im Sitzen am Tisch — die der Mahlzeit etwas Feierliches gab. Und es rührte und verwirrte ihn, wie er, der junge Neffe und Student, von dem Onkel nach seinen Ansichten über dieses und jenes, über Gott und die Welt befragt, und wie ernsthaft er angehört wurde. Das war die Höflichkeit und Bescheidenheit alter Schule, die Jakob so an einem besonders liebenswürdigen Beispiel erlebte. Aber Fehrenkamp hatte auch wirklich ein Interesse an der Welt des Geistes und der Wissenschaften; sein Leben hatte ihn daran vorübergetragen, er hatte ihr Ufer wohl betrachtet, aber nicht betreten, und er empfand Respekt für jeden, der sich dort ansiedeln wollte, dabei auch eine gewisse Erwartung, es müsse sich von jedem Studenten etwas Brauchbares oder vielleicht Unterhaltendes lernen lassen. Man konnte ihm kaum eine Anschauung vortragen, die er nicht, in der Bereitwilligkeit für den Gast an seinem Tisch und in der momentanen Stimmung des Gesprächs, zu teilen geneigt gewesen wäre; er hatte eine lebhafte Art, auf seinem Stuhl zu rucken, durch die er wieder sehr an einen gefangenen Raubvogel auf der Stange erinnerte, der etwas Hingeworfenes sieht und erwägt, es sich zu holen. Tante Elisabeth aber sprach immer mit großer Wärme und Entschiedenheit ihre eigene, feste Ansicht von den Dingen aus.

Manchmal waren Quint und Natalie zugleich mit Jakob zum Essen gebeten, und da entstand mehr als einmal derselbe Streit, dessen Anlaß Dostojewskys „Brüder Karamásow" waren. Quint bewunderte diesen Roman höher als irgend ein anderes Buch und behauptete, es stecke darin der einzige, für ihn wenigstens, mögliche Zugang zum Christentum. „Du liest eben die Bibel zu wenig," sagte ihm daraufhin seine Mutter. — Alexander Fehrenkamp besaß die „Brüder Karamásow" in einer schönen dreibändigen Ausgabe mit Lederrücken, und diese stand sichtbar in der Mittelreihe des hübschen mit einer Glastür versehenen Barock-Bücherschranks in seinem Arbeitszimmer, wo man gewöhnlich nach Tisch den Mokka trank... aber der Hausherr, der Dostojewsky als einen uferlosen und überschwänglichen Russen mißachtete, hatte das Buch nicht gelesen. Rief nun Quint seinen Vetter zum Zeugen für die Schönheit und Wichtigkeit des Buches auf, so nickte der alte Fehrenkamp dazu und hörte mit der gewohnten, aufmerksamen Höflichkeit Jakobs Meinung dazu an, — in seinem Innern gleichwohl entschlossen, nichts zu verzehren, als was er für eine angenehme und sich bekömmliche Nahrung hielt.

Neben ihren Eltern erschien Lisa in ihrem Wesen noch unentwickelt und undeutlich, so daß man sie leicht übersah. Sie schwieg auch meistens, zufrieden, das Gespräch der anderen zu hören und ihnen unauffällig etwas Freundliches zu tun; so hatte sie einmal bemerkt, daß Jakob gern Salzmandeln aß, seitdem fand er jeden Donnerstag ein Schälchen voll an seinem Platz, und das war nicht etwas besonderes, was sie Jakob zuliebe tat, es war ihr überhaupt natürlich, auf die Wünsche ihrer Mitmenschen zu achten. — Sie machte um diese Zeit einen Reitkurs mit. Dreimal die Woche ging sie morgens mit ihrem Vater in die Reitschule am Englischen Garten. Er, der alte Meisterreiter, konnte jetzt nicht mehr selbst mit ihr reiten, der Arzt hatte ihm wegen seines zu hohen Blutdrucks eine solche Anstrengung verboten. Aber er begleitete sie in die Manege und sah zu. Sein langsames, zustimmendes Kopfnicken, oder ein gewisses nur ihm eigenes Heben des Kopfes, wenn er nicht mit ihr zufrieden war, wurden ihr wichtiger als alles, was der Reitlehrer ihr zuschrie und vormachte. Es geschah selten, daß ihr Vater sie einmal laut, vor den anderen, lobte oder tadelte; er sagte es ihr auf dem Heimweg. Fehrenkamp war streng mit seiner Tochter, sie lernte viel von ihm. Übrigens war Lisa das einzige Mädchen des Kurses, das im Damensitz ritt; es war altmodisch, aber ihre Mutter Elisabeth hatte es ihr nicht anders erlauben wollen.

Jakob hätte gern auch Reitstunden genommen, meinte aber, sich am Anfang seines Studiums ein solches Nebenher nicht leisten zu können. Auch in dem Studium selbst ging er genau mit sich um und wollte sich keinen Seitenschritt von dem einmal vorgesteckten Weg erlauben. Kaum daß er sich, in diesem ersten Semester, einen Theaterbesuch gönnte; erst später lernte er den Vorteil der Studentenkarten benützen und ließ es dann nicht leicht mehr vorüber, wenn im Prinzregententheater ein Kleist oder Shakespeare, ein Schiller oder Goethe oder Lessing über die Bühne ging. Für jetzt sah er nur dies als seine Aufgabe an: sich einen Einblick in die Philosophie zu verschaffen und sich klar zu werden, ob das Arbeitsfeld seines Vaters auch das seine werden könne; er wußte, wie sehr das der Wunsch seiner Mutter war, wenn sie auch immer vermieden hatte, ihn dahin zu drängen. Beraten von seinem Onkel Georg, größtenteils aber dem eigenen Kopfe folgend, hatte sich Jakob einen Arbeitsplan gemacht, der außer der „Logik" von Pfandhaupt eine „Einführung in die Philosophie der Griechen", ein Kolleg über „Fichte und den deutschen Idealismus" und eines über Nietzsche umschloß. Dazu kam noch, daß er für nötig hielt, Stenographie zu lernen; erst im Sommersemester gab er diesen Versuch auf, weil er einsah, daß es ihm nie gelingen würde, die dazu nötige mechanische Hortung von Zeichen in seinem Gedächtnis vorzunehmen. Er war also, zumal er es mit dem häuslichen Nacharbeiten des Gehörten sehr ernst nahm, vollauf beschäftigt und versagte sich alles, was darüber hinausging, da es nur auf Kosten der Gründlichkeit in der Hauptaufgabe geschehen könne. Quint suchte ihm diese eigensinnige Pedanterie auszureden. Es gebe, sagte er ihm, zwei Hauptgesetze des Studiums. Erstens, dann und wann — und nicht zu selten — auch einmal etwas nicht ins eigene Fach Gehörige mitzunehmen, dafür sei man auf der Universität, was nämlich von Universitas herkomme; ein Fachmann mit Berufsscheuklappen werde man noch früh genug.

Zweitens, unbedingt hie und da ein Kolleg zu schwänzen; sein Eindruck vom Studium sei bisher — so behauptete er, in dem Wunsch, Jakob zu ärgern —, daß man in den geschwänzten Kollegs das Meiste fürs Leben lernen könne. „Außerdem steht ja schon in der Bibel, daß man nicht immer nur Wein oder Wasser trinken soll, sondern beides abwechselnd... und ich glaube, es steht sogar darin, daß das ‚lustiger' ist."

„Die Bibel brauchst du mir nicht vorhalten, die ist mir nicht maßgebend," bockte Jakob.

„Hört, hört," sagte Quint.

Er hatte seine Sache nicht wie Jakob angefangen als einer, der ein Pensum zu bezwingen, sondern als ein Gast, der sich an reicher Tafel das ihm Zusagende auszusuchen hat. Da er nicht Soldat hatte sein können, wäre er gern Diplomat geworden: diese Laufbahn freilich hatte er sich durch die Heirat mit einer Ausländerin selbst verschlossen. Aber nicht verschlossen war darum der Weg in die Welt. Quint konnte politischer Publizist, er konnte Auslandskorrespondent bei irgend einer großen Zeitung werden oder auch in der Auslandsvertretung einer deutschen Firma arbeiten. (Aus diesem Grunde trieb er Englisch und Französisch neben seinem Studium.) Der Möglichkeiten waren viele, und wenn er Jura studierte, damit ihm die notwendige Grundlage nicht fehle, falls er etwa später doch noch, auf die eine oder andere Weise, in den diplomatischen Dienst käme, so wollte er sich doch keinesfalls zum „Sklaven", wie er sagte, eines Studienfachs und eines künftigen Berufs machen.

— Eines Tages, da er in der Universität zufällig mit Jakob zusammentraf, nahm er ihn einfach beim Kragen und schleppte ihn mit sich in eine Vorlesung von Professor Johannsen über das Zeitalter der Reformation, die er selbst erst seit kurzem zu besuchen angefangen und interessant gefunden hatte.

Jakob, umso bockbeiniger, je schwerer ihm seine Aufgabe fiel und je mehr er sich aus ihr heraus auf grüne Weiden sehnte, wandte ein, daß er sich Geschichte für den Sommer habe aufheben wollen.

„Aber, du Esel, Johannsen ist ausgezeichnet und er liest vielleicht gar nicht im Sommer. Er soll nicht gesund sein."

Also willigte Jakob ein, ihn zu hören.

Herein kam ein Mann in gebeugter Haltung, der das bemerkenswert lebhafte Begrüßungsgetrampel seines Auditoriums zerstreut mit einem Kopfnicken erwiderte, offensichtlich nicht angeregt oder überhaupt irgendwie beeinflußt durch die Tatsache, daß so viele Menschen erwartungsvoll auf ihn blickten. Ein großes, flächiges Gesicht, vor Blässe fast gelb. Ein spärlich grauer, mißmutiger Schnurrbart in den Mundwinkeln. Ein Kneifer, der den Ausdruck der Augen verbarg. Er sah nicht aus, daß man ihm Großes hätte zutrauen mögen. Aber ein einsames Gesammeltsein auf seine Sache spürte man ihm an, während er das Manuskript auf dem Pult auseinander legte. Er blieb nicht am Pult stehen, er wandelte auf dem Podium hin und her, gebückt vor sich hinsprechend, als wäre er ganz allein, jedoch mit geübter, deutlicher Vortragsstimme. Im Vorüberwandeln blickte er manchmal auf seine Papiere.

Quint hatte den rechten Augenblick erwischt, um Jakob für diese Vorlesung zu gewinnen; es traf sich, daß der Professor eben an einem ersten Höhepunkt seines Stoffes angekommen war. Er hatte bisher seinen Hörern die äußeren und inneren Voraussetzungen des Reformationszeitalters dargestellt: die Lage der Nation in der Umringung der übrigen Völker; den üppigen Reichtum von Leben, Handel, Kultur in dem Deutschland des ausgehenden 15. und beginnenden 16. Jahrhunderts; die Antike, nach langer Vergrabenheit und Vergessenheit, plötzlich als ein starker, berauschender, lebensteigernder Wein in allen Adern; die Erde, die seit tausend Jahren für einen schmalen und in sich selbst unerheblichen Ort der Prüfung zwischen Zeit und Ewigkeit gegolten, durch die Weltfahrten der Entdecker auf einmal groß und weit geworden, ein grenzenloser Wundergarten; in dieses Lebens-Vollgefühl mitten hinein die Erfahrung tiefster metaphysischer Not, weil Gott sich den Herzen verbarg und die alten Gewißheiten des Glaubens wankend wurden; Kirche im Glanz und in voller, unbestrittener Macht, und zugleich die Verderbnis ihrer Diener allenthalben offenbar und das Volk in gerechtem, grollend wachsendem Zorn gegen eine schamlose, rücksichtslose Ausbeutung. Luthers Stimme war schon erschollen, seine Thesen angeschlagen und seine ersten Disputationen durchgekämpft, auch des Papstes Bannbulle zu Wittenberg schon verbrannt. Heute kam Johannsen dazu, die Ankunft des jungen Kaisers Karl V. in Deutschland zu schildern.

Er sagte: „Karl V. war in Flandern aufgewachsen und hatte dann in Spanien als König regiert. Er konnte nur Gelerntes, nichts Gelebtes wissen von dem, was Deutschland bewegte. Er betrat jetzt das Land zum erstenmal. Aber er gehörte ihm doch an, der Habsburger; denn das spanische Blut seiner Mutter und das burgundische seiner Großmutter mochte dem deutschen Blut seines Vaters und Großvaters zugemischt sein, aber deutsch war, was mehr als Biologie ist: der Auftrag; deutsch war die Krone." Der

Professor sagte das ohne Gefühlsbetonung, halb weggewandten Gesichts vor sich hinnickend, eine sachliche Mitteilung, die er seinen Zuhörern zu machen hatte. Aber alle begriffen, daß er jetzt bei dem war, worauf er eigentlich hinauswollte, und spitzten die Ohren.

Denn die Menschen in diesem Hörsaal waren junge Deutsche, denen man erst unlängst eine Krone und ein Reich zerbrochen hatte... und sie konnten das nicht als Todesurteil empfinden, es war eher wie eine Freilegung der Grundmauern, auf denen das Neue, Alte wieder aufzubauen war, dessen Platz ein rasch gezimmertes und in sich nicht festes Haus, der Bismarck-Staat, nur vorübergehend hatte einnehmen können. Es waren junge Deutsche, denen man in Versailles, gleichsam jedem einzelnen persönlich, eine Schmach und eine Unwahrheit angetan hatte. Und hier stand vor ihren Augen einer, dem es nicht einfiel, etwa durch eine aktuelle politische Anspielung ihren Beifall zu suchen, und der gerade dadurch ihnen das Bewußtsein gab, hier gehe es um etwas, das die fremde Welt wohl verkennen, aber nicht trüben konnte. So verband er sie, diese jungen Studenten, diese vielen ganz verschiedenen Leute, zu einem einzigen Glück von reiner, geistiger Art: indem er ihnen das Bewußtsein einer großen geschichtlichen Überlieferung gab, indem er ihnen ihr Reich, das alte, und dessen Sinn und Größe zeigte.

Er zeigte es ihnen zuerst als Bild. Den Jüngling Karl, schmal, schweigsam, eingesponnen in eine ihm selbst vielleicht unbewußte Schwermut, aber um den Mund mit der Habsburgischen Unterlippe ein Ausdruck von Beharrlichkeit. Der Professor sagte, als müsse er einen Vorwurf zu großer Teilnahme von sich abwehren: „Wir phantasieren nicht, meine Damen und Herren; es gibt Porträts aus der Zeit." Er beschrieb die deutschen Fürsten, die nach einer dunklen Wahlkampagne voller Bestechungen und Intrigen schließlich doch ihn, den Habsburger, und nicht Franz von Frankreich zum Kaiser erwählt hatten; und wie sie nun Karl entgegenzogen, um ihn zu begrüßen. Und da waren die Gesandten der fremden Höfe. Und die Ratgeber und Gefolgsleute aus Karls Erbländern. Und Deputationen von Städten und Ständen. Und kirchliche Würdenträger. Ein Gewühl von Kräften, deren jede den neunzehnjährigen Kaiser in ihre Richtung drängen und reißen wollte. Und nun schilderte Johannsen, als ob er sie selbst mit Augen gesehen hätte, in der Seele des Kaisers die Eine unverwirrbare Sicherheit – daß er wußte: das Reich muß er aufrichten. – Reich Gottes, in die Zeit hineingestiftet, damit es in ihr sich bewähren soll, aus Rom ererbt und empfangen, von den Deutschen verwaltet. Es war heruntergekommen, neuerdings, dieses Reich, und war nur noch der Schatten seiner selbst. Aber da steht er, Karl, und gelobt: wie er zur Würde des Kaisertums erhöht worden ist durch die Wahl der deutschen Fürsten, nach dem Willen Gottes, so wird er auch, wenn es der Wille Gottes ist, das Reich erhöhen, durch die Kraft der Länder in der alten und neuen Welt, die in seiner Hand vereinigt sind und die ihm eine Machtfülle geben, wie sie noch kein Kaiser besessen hat. „Es ist fraglich," sagte Johannsen mit einem überraschenden Ausdruck von Humor und von Zärtlichkeit um seinen sonst so mißmutigen Mund, „es ist fraglich, ob diese Anspielung auf seine Machtfülle von all den Fürsten und Herren gern gehört worden ist. Aber sicher war Karl überzeugt, ihnen allen etwas Hochwillkommenes zu sagen, und sicher war sein Herz ganz durchdrungen von der Heiligkeit seiner Aufgabe. — Und nun versuchen Sie einmal, sich diese Aufgabe in ihrer furchtbar verworrenen Tatsächlichkeit vorzustellen. Das Volk, sehnsüchtig diesem Kaiser entgegenwartend, der allen alles leisten soll: die Kirche erneuern und das Alte bewahren, die Geistlichen schützen und den Laien zu ihrem Recht helfen, das Reich stärken, aber die Macht der Landesherren nicht antasten, die Lage der Bauern verbessern, und die der Ritterschaft. Und er soll das alles tun, nicht aus einem beruhigten Zustand des Landes heraus, sondern er findet sich der schon voll entfalteten reformatorischen Bewegung gegenüber, die wie eine große Welle, unaufhaltsam, das ganze politische, soziale, kirchliche Gefüge durchläuft und die in Luther schon ihr anerkanntes Haupt gefunden hat. — Wir werden morgen zu betrachten haben, wie Luther in Worms vor Kaiser und Reich auftritt."

Johannsen war schon fast aus der Tür, als der Beifall erst losbrach und dem durch den Gang enteilenden, vornübergeneigten Manne nachlärmte. Quint aber fragte Jakob:

„Nun, was sagst du?"

„Es ist wunderbar, und ... ja, es ist wunderbar," sagte Jakob, noch wie benommen, und leuchtend vor Dankbarkeit. Er mochte sonst nichts reden und ging still mit seinem Vetter heim.

Die nächste Vorlesung, — Jakob hatte noch keine, seit er auf der Universität war, so begierig erwartet — begann unmittelbar mit der Schilderung jener Reichstagsszene von 1521, die jedes Schulbuch enthält. Aber hier war es nicht wie in den Schulbüchern. Denn wie Johannsen aus dem Kaiser keinen „Römerknecht" gemacht, vielmehr ihn als eine Seele von eigener Art und Kraft zu zeichnen gewußt hatte, so nun auch Luther; und wieder spürte man hinter seinem gehaltenen wissenschaftlichen Vortragston diese versteckte Wärme, ja Zartheit für den Menschen, der ein solches Schicksal durchlebt, die Entscheidung einer Weltwende in sich ausgetragen hatte. Da war eine altheilige Ordnung, und ein Glaube daran — und da war Luther, von seinem Glauben umkleidet wie von einem Feuermantel! „Man muß den dicken und selbstgewissen Luther aus dem Sinn tun," sagte der Professor, „der uns durch so viele schlechte Bilder aufgedrängt worden ist. Luther war damals in Worms noch mönchisch mager; aber auch später hat er nie so behäbig und selbstsicher werden können, wie diese Bilder es uns glauben machen wollen. Lucas Cranach ist der einzige, der ihn g e s e h e n hat: ein eigensinniges und großartiges Gesicht, das Gesicht eines Menschen, der lieber alles um sich zugrunde gehen ließe, als daß er auch nur einen Schleier der Täuschung ertrüge zwischen sich und Gott; ein gefährliches Gesicht, denn dieser Mensch hatte es in sich, in den Augenblicken seines Zornes zu vergessen, daß die Welt, als Gottes Werk, Schonung und Liebe verdient. Aber ein solcher Mensch wird nicht selbstsicher, wenn Widerstände vor ihm zerbrechen und jedes Ereignis nur immer mehr dazu helfen muß, ringsher die Wasser in sein Strombett zu führen, sondern er erschrickt vor dem Element, das ihn trägt. Das Erschrecken ist Luther nicht erspart geblieben, und nur weil er es kannte, war er so groß und verehrungswürdig."

Es kam dann zu Luthers Bekenntnis vor dem Reichstag. Das „Hier stehe ich, ich kann nicht anders," sei das Schicksalswort der Zeit gewesen. Es mußte gesprochen werden. Aber begreifen müsse man auch, daß der Kaiser Karl es nicht annehmen konnte; denn indem so das Individuum für sich in Anspruch nahm, ganz aus dem eigenen Gewissen und ohne Rücksicht auf den alten, für alle verbindlichen Glauben sein Handeln zu bestimmen, indem es eine solche Haltung vor Kaiser und Papst als ein R e c h t durchzusetzen wußte, habe die Ordnung des Mittelalters aufgehört zu bestehen. Und doch war auf diese Ordnung das Reich begründet, an das der Kaiser glaubte und dessen Krone er trug. — Während Jakob den manchmal zögernden und behutsam formulierenden Sätzen des Professors folgte, schien es ihm für Augenblicke, als habe er begriffen, wie sich das Unteilbar-Eine des S e i n s in dem Drang des G e s c h e h e n s tragisch auseinanderlegt und nun in der Zweiheit und in dem Kampf und Gegensatz existieren muß; aber dieser Gegensatz galt nur in der Zeit, und ohne seinen Ernst aufzuheben, würde ihn die Ewigkeit wieder in sich zusammenschließen und was Sonderung war, würde Versöhnung sein.

— Seit dieser Vorlesung, in der er von Stund an der eifrigste, regelmäßigste Hörer blieb, war für Jakob die Not seines Studiums in eine Freude verwandelt; er war nicht länger ein Schiffbrüchiger in dem Sand und Geröll der Küste, er begann jetzt das grüne Wachstum des Landesinneren zu entdecken. Die Welt der Geschichte tat sich ihm auf und er glaubte täglich mehr sich zu versichern, daß er in diesem Fach sich ansiedeln und darin bleiben würde. Es war ein Glück für ihn, daß er sie bei Johannsen nicht in einer moralischen, entwicklungsgeschichtlichen oder sonstigen Deutung vorgetragen fand, wodurch sie ihm entkörpert, oder als bloße Sammlung von Fakten, wodurch sie ihm entgeistigt worden wäre. Dieser Lehrer hatte die seltene Gabe, Tatsachen als Ausdruck von Schicksal zu lesen, seinem Auge war die Fülle des Geschehens ausgebreitet wie ein Gebirg mit seinen Schichtungen — er selber verglich das Geschäft des Historikers mit dem des Geologen — Schichtungen, in die ein Sinn und Zusammenhang möglichst nicht hineingelegt, in denen er vielmehr gefunden werden müsse. Wenn auch „Finden" nicht heißen dürfe, daß man es getrost nach Hause trägt. Wo die Forschung — jede! — anfange, sich zu lohnen, sagte er einmal, da sei sie schon mehr als Forschung, da sei sie Ehrfurcht und Glaube.

Ähnliches hatte Jakob seinen Vater auch sagen hören, und diese Erinnerung bestärkte ihn noch mehr in dem Zutrauen, auf einen guten Weg geführt worden zu sein. Wenn er jetzt nach Grünschwaig kam, fand Hanna ihn heiterer; eine gewisse verbohrte Versonnenheit, die sich vorher auf seinem noch immer so knabenhaften Gesicht ausgeprägt hatte, war weggelöscht. Aber er sprach mit seiner Mutter nur ganz allgemein über Johannsens Vorlesungen, was sie ihm eigentlich bedeuteten, verriet er ihr noch nicht. Er hatte sich vorgenommen, daß er erst seines Entschlusses zum Geschichtsstudium untrüglich sicher sein wollte, und er wußte, sie würde sich dann mit ihm freuen; wenn er auch die Geisteswelt durch ein anderes Tor, als einst sein Vater, beträte. In seiner Zurückhaltung war ein Stück Aberglaube: eine gute Sache nicht zu früh berufen. Und es war wohl auch, daß es in der Art eines Jünglings liegt, solche Erfahrungen, die das Zarteste seines geistigen Wachstums betreffen, eine Weile als einen Schatz für sich zu hegen. Eher noch wird ein Sohn seiner Mutter seine Ratlosigkeiten bekennen und vor ihr klagen, als daß er ein neues Glück seines Denkens und Fühlens gleich ihrer Beurteilung aussetzt, oder überhaupt der Beurteilung eines älteren Menschen. Wohl aber redete Jakob über diese Sachen mit Quint, und wußte ihm großen Dank, daß er ihn zu Johannsen gebracht. Er fragte ihn, wie er es ihm denn habe ansehen können, daß ihn Geschichte so sehr interessieren würde, wenn er es doch selbst nicht einmal gewußt habe. Quint jedoch beteuerte lachend, daß es gar keine tiefe Absicht, nur ein Zufallstreffer gewesen sei, über den man sich ja allerseits nur freuen könne, – und Jakob faßte eine umso größere Meinung von der Menschenkenntnis seines Vetters.

Vom Geist und von der Seele her geschieht es, daß ein Mensch der Welt aufgeschlossen wird. Das erlebte Jakob, der sich durch das, was die Vorlesungen Johannsens ihm schenkten, seinen Mitstudenten fast unmerklich geöffnet fand. Schon das gemeinsame Erlebnis im Hörsaal, Zutrauen, Freude, Begeisterung, die er auf den Gesichtern ringsum sah, verband ihn mit den Andern. Gespräche knüpften sich an, und er lernte die Denkweise anderer junger Leute kennen. Er erfuhr, daß sie ähnlich dachten wie er, einen ähnlichen tiefen Glauben hatten an die Erneuerung des Vaterlandes und der Welt, eine ähnliche Zuversicht und Verbundenheit zu diesem deutschen Volk, das die „Mitte der Völker" war und auch als solche in Freiheit und Kraft wieder anerkannt werden sollte. Ja wahrlich, es gab unter diesen Jünglingen keinen, der nicht „ein Ahnden, ein Rätsel der Brust" in sich trug. Es war die Zeit, wo Hölderlin, vor dem großen Kriege noch ein Besitz der Wenigen, schon ins Weite gewirkt hatte, wo auf den Universitäten in seinem Zeichen die Jugend sich fand. Sein „Gesang des Deutschen" – mit welchem Glück fanden sie sich selbst und ihre freudigsten Wünsche in diesem Gedicht! es war ihnen ein heiliges Wort, mit dem sie einander begrüßten und erkannten. Und mochten sie auch nach Jünglingsart voreilend für wirklich nehmen, was doch in Hölderlins Ode erst Hoffnung und Ahnung gewesen, so ist doch auch die Blüte schon eine Wirklichkeit der Erde; und in dem Geist dieser deutschen Jugend lebte etwas, was der ganzen fremden Welt, die es nicht kannte, ein glückliches Versprechen sein und eine gute Frucht hätte tragen können. Das war kein gewalttätiger Geist, der andere zwingen wollte, sondern ein Zutrauen, daß man allen etwas zu geben habe. Wohl empfanden sie, was Versailles den Deutschen auferlegt, als ein Joch, das abgeschüttelt sein wollte ... aber die Studenten, mit denen Jakob davon sprach, nahmen es ganz gelassen, als verstünde sich das von selbst und wäre eigentlich schon so gut wie geschehen. Jakob allerdings verstand ihre Gelassenheit nicht, die aus dem Gefühl einer verborgenen großen Kraft kam; sie weckte in ihm eine Ungeduld und einen Hochmut: als wären diese jungen Leute eben doch nicht so wie er mit leidenschaftlich brennendem Herzen am Schicksal des Landes beteiligt. Hätte er seinen Vater noch gehabt, der hätte ihm da das Rechte sagen können. Aber Kaspar Degener schlief auf dem Dorffriedhof in Nußholzhausen; tiefer noch, als es der allzeit Geduldige im Leben schon gewesen, war er in die Geduld der Erde eingegangen, und sein heftiger Sohn konnte sich nicht den Rat bei ihm holen, der ihm so notgetan hätte.

Immerhin verhalf ihm Johannsens tiefer, freier Blick in die alte Reichsgeschichte zu einer freieren Auffassung auch der Gegenwart. Da er die Schicksale seines Volkes in ihren jahrhundertalten Zusammenhängen sehen lernte, so gewann er daraus wohl ein Gefühl der Mitverantwortung auch für den heutigen politischen Tag, aber er erlag nicht der Versuchung, aus aller Kunde der Vergangenheit nur Zündstoff für die Erregungen des Augenblicks zu nehmen und sich so selber um die Möglichkeit einer freien Anschauung zu bringen.

An Friedrich in Berlin hatte er manchmal denken müssen; wie es dem wohl ginge; wie es schön wäre, mit ihm zusammen Johannsens Vorlesung zu hören; und ob er wohl einen Anteil daran nehmen würde? Seit dem letzten Gespräch mit ihm, damals in der Steglitzer Wohnung, war die Sorge um Friedrich in Jakob nicht mehr still geworden. Er war darum nicht überrascht, als ihm Natalie, schon gegen das Frühjahr zu, einmal einen Brief von Silvia zeigte — Natalie und Silvia waren seit dem Grünschwaiger Sommer im Briefwechsel — worin zu lesen stand, „daß es jetzt leider zwischen Papa und Friedrich so schwierig ist". Der Satz schien Silvia nur so entschlüpft zu sein, weil ihre Gedanken damit beschäftigt waren, denn der Brief nahm weiter keinen Bezug darauf; nur schrieb sie dann noch: „oft wünsche ich mir, ich hätte Dich da, liebste Natalie, und könnte mit Dir über vieles reden. Denn Schreiben geht nicht immer."

Natalie war durch den Brief beunruhigt und gab ihn Jakob zu lesen, weil sie von dessen Vertrautheit mit Friedrich wußte. Sie fragte:

„Was kann denn das heißen, daß es zwischen Friedrich und seinem Vater schwierig ist? Wieso ist es schwierig zwischen einem Sohn und seinem Vater?"

Ach, Jakob wußte es wohl. Friedrichs Gedichte standen vor ihm auf, dieser wilde, verzweifelte Ton in ihnen, und das Bekenntnis, das er damals in der Nacht aus seinem Munde gehört hatte. Aber er hatte kein Recht, das weiterzugeben. Um irgendeine Antwort zu haben, sagte er:

„Gibt es das bei euch in Frankreich nicht, daß es zwischen einem Sohn und Vater schwierig ist?"

Natalie, mit einem warmen kleinen Lächeln der Erinnerung an ihr Zuhause, wo es undenkbar gewesen wäre, daß sie oder ihr junger Bruder Marcel sich gegen ihren Vater gestellt hätten:

„Mein Vater bestimmt, was er wünscht, und seine Kinder gehorchen."

„Es ist wahr," bestätigte Quint. „Wenn Papa Giton nicht einverstanden gewesen wäre, hätt ich sie nie im Leben bekommen."

An demselben Abend saß Jakob lang auf über einem Brief an Friedrich. Seine Feder zögerte oft, er sah vor sich dieses Gesicht von Friedrich, diese unzugänglichen, ihm ausweichenden Augen; und Silvias Worte zu Natalie hatten ihm gezeigt, daß es mit ihm offenbar nicht besser, sondern noch schlimmer geworden war. Wie sollte man ihm helfen?

Er schrieb: „Ich wollte Dir schon längst einmal erzählen, wie es auf der Universität ist. Ich habe mir am Anfang schwer getan, weil ich dumm war und nichts begreifen konnte. Dann ist es auf einmal anders und sehr gut geworden und jetzt habe ich große Freude und ich will Dir nur sagen: Du kannst jetzt schon anfangen, Dich auch darauf zu freuen. Es ist anders als in der Schule, wenigstens ich habe in der Schule das nie erfahren, was ich jetzt hier erfahre. Auf einmal wird alles weit über einem, und es nimmt kein Ende. Man könnte hundert Jahre leben und diesen Reichtum nie erschöpfen, glaube ich." Er gab eine entzückte Schilderung von Johannsens Vorlesung und fuhr dann fort: „Friedrich, mein Lieber, es lohnt sich doch, zu leben. Was du in Deinem Gedicht da behauptet hast von ‚genug gelebt haben', das ist einfach nicht wahr. Deine Gedichte, und alles was Du mir damals gesagt hast, ist mir sehr nachgegangen, und ich möchte, Du würdest verstehen, daß ich Dich zu gern habe und zu viel Achtung vor Dir habe, um Dir einen oberflächlichen Trost zuzumuten. Ich mute Dir überhaupt keinen Trost zu. Ich habe auch darüber nachgedacht, daß Du nicht ein solcher Dichter wärst, wie ich glaube daß Du es bist, wenn Du nicht so heftig fühlen würdest. Aber trotzdem ist es nicht wahr, daß man in unserm Alter schon das Leben so überschauen und aburteilen und sich davon lossagen darf, wie Du es in Deinem Gedicht und nachher auch in unserm Gespräch getan hast. Wenn man etwas sehr stark fühlt, das ist sicher gut. Achill hat stark gefühlt, und Dietrich von Bern und die Hohenstaufen auch, und alle großen Dichter, die wir verehren. Aber ich glaube nicht, daß es für sie genug gewesen wäre, einfach ihr Gefühl in die Welt hineinzuwerfen und dann wegzulaufen. Man muß warten auf die Antwort, die zurückkommt. Darum ist Geschichte zu lernen wunderbar — denn es sind überall die Rufe, und die Antworten. Alles bildet sich ab, es drückt sich aus. Ich bin ungeschickt, es zu sagen. Aber Du wirst selbst sehen, wenn Du auf die Universität kommst. — Ich hatte mir überlegt:

vielleicht könntest Du in München studieren? Mir hat Quint viel geholfen, und wir würden dann drei Vettern auf der Universität beisammen sein und könnten uns bei den Arbeiten helfen und hätten es gut miteinander. Es wäre schön! Und es ist gar nicht mehr so lang, Du wirst doch zu Ostern mit Deiner Schule fertig und könntest dann gleich im Sommersemester hier anfangen."

So schrieb er und wurde froh über seinen guten Plan, er dachte: wenn man ihn erst hier hat, wird er über das andere wegkommen. Er ging so weit, daß er sogar schon überlegte ob es nicht gut wäre, sich nach einem Zimmer für Friedrich umzuschauen.

Aber er bekam keine Antwort auf seinen Brief.

Kurz vor Beginn der österlichen Universitätsferien tat Jakob endlich, was er schon lang sich vorgenommen und immer wieder aufgeschoben hatte: er ging, den Professor Johannsen besuchen, und zwar in seiner Wohnung. Denn, ihn nach der Vorlesung oder in seinem Sprechzimmer anzureden, wo immer auch andere auf ihn warteten, war Jakob unmöglich. Es genügte für ihn, jemand wartend zu wissen, um gar nichts Vernünftiges mehr denken und sagen zu können. Seine Dankbarkeit für den bewunderten Lehrer aber verlangte danach, sich auszusprechen. Auch Quint hatte gemeint, man könne das ruhig tun. Jakob trug sogar Johannsens kürzlich erschienenes Werk über den Bauernkrieg bei sich, das er sich gekauft hatte, und wollte ihn bitten, ihm seinen Namenszug dahinein zu setzen.

In der Wohnung aber nahm ihn Frau Johannsen in Empfang, eine sehr magere Dame, deren Kopf die Eigenheit hatte, sich alle Augenblicke ablehnend zu schütteln, auch ohne daß seine Inhaberin eine Ablehnung ausdrücken wollte. In diesem Fall aber wollte sie es wirklich, und der Ausdruck ihrer Stimme und ihres besorgten Gesichts schienen vorwurfsvoll.

Sie sagte: „Sie können meinen Mann nicht sprechen. Er ist krank."

„Krank!" rief Jakob erschrocken. „Er hat doch noch gestern—"

„Ja, eben! bis gestern! bis zum letzten Moment muß er sich abrackern. Es geht über seine Kräfte, er hätte gar nicht mehr lesen dürfen, vom Arzt aus. Jetzt ist er zusammengebrochen."
Das alles nun in deutlich anklagendem Ton; Frau Johannsen hatte hier einmal einen von diesen Unglücks-Studenten vor sich, für die ihr Mann sich so plagte, und so sollte er es auch hören.

„Was wünschen Sie denn von ihm?" fragte sie dann. „Die Semesterbestätigungen hätten in der Sprechstunde geholt werden müssen, ich kann ihn jetzt nicht damit stören."

„Ach nein, ich wollte —"

Aber was Jakob gewollt hatte, schien ihm nicht mehr ausführbar. Er war zu einem reichen, alle Welt beschenkenden Mann gekommen, um ihm seine Dankbarkeit zu bezeigen; ihn krank zu finden, der Hilfe bedürftig — das war so überraschend, daß er ganz ratlos stand. Hilfe hatte er ja nicht zu bringen.

„Ich will ihn auf keinen Fall stören," sagte er. „Aber, bitte —" (der Dame mit Angst ins Gesicht blickend) — „Ist er ernstlich krank?"

Nun merkte Frau Johannsen, daß dieser junge Mann aufrichtig besorgt war, und da wurde ihr hageres Gesicht sanft, selbst ihr Kopf hörte für den Moment auf, sich zu schütteln.

„Ja, ich fürchte — ernstlich," erwiderte sie, und wandte sich ab.

Jakob kam wie betäubt aus der Tür und auf die Straße hinaus, den „Bauernkrieg" unterm Arm; er hatte nicht gewagt, um den Namenseintrag zu bitten.

Er erinnerte sich wohl an Quints Bemerkung: der Professor sei nicht gesund, und daß er von Studenten hatte sagen hören, in der Zeit, ehe Jakob die Vorlesung über die Reformation zu besuchen anfing, habe Johannsen einmal sein Kolleg für zwei Wochen krankheitshalber aussetzen müssen. Gelb sah er ja überhaupt immer aus, man kannte ihn nicht anders und dachte sich nichts mehr dabei.

— Jedoch diese so wie die Sorge um Friedrich verloren von ihrem Gewicht, als Jakob wenige Tage danach in die frühlingliche Voralpenlandschaft hinausfuhr, um seine Osterferien daheim zu verbringen. Es war nicht möglich, so jung zu sein wie Jakob war und so ergrünte Wiesen, so blühende Obstgärten zu sehn, ohne die Hoffnung, daß doch wohl alles Traurige sich zum Guten wenden müsse.

4

Es war immer so heiter gewesen bei den Degeners in Steglitz, früher, als Nina noch lebte. Silvia erinnerte sich, wie sie morgens, wenn sie ins Badezimmer schlüpfte, hinter der geschlossenen Schlafzimmertür der Eltern das vergnügte Summen von ihrer Mama gehört hatte, die Mama zog sich im Schlafzimmer an — ein Singen fast nie, das ist wahr, aber eben ein Summen, und welche Melodie auf der Welt es auch sein mochte; so wie Nina sie summte, bedeutete sie immer etwas Vergnügliches. Und irgendwie war der Nachklang von diesem Summen in der Wohnung geblieben, auch als die Mama schon tot war und der Papa in unerträglicher Traurigkeit herumging, sein Gesicht zornig und arm wie bei einem Buben, der mit Anstrengung die Tränen zurückhält. Ja, auch da noch war die Heiterkeit nicht ganz entwichen. Es half den verwaisten Geschwistern, daß sie so fest zusammenstehen mußten, um den Papa zu trösten. Es war eine Freude, ihn abends gemeinsam zu betreuen, wenn er von seinen Seelsorgergängen zurückkam; ihn die Einsamkeit so wenig wie möglich empfinden zu lassen, den Abend recht lang auszudehnen, damit er müd genug wäre für sein Bett, noch einen Saft oder Tee oder Wein, spät nachts, mit ihm zu trinken. Da hatten sie eigentlich, obwohl sie es meistens vermieden von ihr zu sprechen, die Mama noch mitten unter sich gehabt. Luzie war viel Hilfe gewesen, sie konnte so anschmiegend und zärtlich sein, sie rückte sich einen Stuhl neben den des Vaters und wich nicht von seiner Seite; auch fiel es ihr leichter als den andern, Gefühlsdinge zu besprechen — und es kam vor, daß der Papa ganz offen von seinem Schmerz und ihrer aller großem Verlust zu reden anfing, einfach weil er es nicht mehr ertragen konnte, darüber zu schweigen, und dann tat es ihm wohl, daß eine da war, die ihm gehörig antworten konnte. In der Zeit hatte Silvia es gelernt, daß die Männer, ob jung oder alt, im Grunde Kinder sind, die man bemuttern muß, und daß das Bemuttern das Schöne im Leben ist, für eine Frau. Überhaupt war es eine gute Stimmung damals, zwischen ihnen allen. In dem Andenken der Mama war die ganze Familie so fest und warm verbunden gewesen.

Und jetzt, wo war das hingekommen? Seit die Mutter Ulrike im Haus war, war alles anders. Mit Friedrich konnte man ja darüber nicht reden, der hätte einen gefressen, wenn man nur das geringste zweifelnde Wort über die Mutter Ulrike äußerte, und Silvias guter Instinkt für Gerechtigkeit sagte ihr auch, daß Ulrike wohl nichts dafür konnte; überhaupt, wie dürfte man die Frau seines Vaters beschuldigen, auch nur in Gedanken? Aber es blieb die Tatsache, daß es zwischen den Kindern und dem Vater, ja sogar zwischen den Geschwistern untereinander nicht mehr so vertrauensvoll und gut und offen zuging, wie ehedem. Ein Druck war über das Leben gekommen, woher nur? Es war nicht zu verstehen. Silvia fand, daß Ulrikens strenge Haltung manchmal etwas Kaltes, manchmal etwas Absichtliches hatte, so verschieden von der wohltuenden, offenen Art ihrer eigenen Mutter! aber ihr einfacher Sinn ahnte nicht und hätte nie erraten können, was für ein Schicksal da verborgen lag. Daß Ulrike sich von ihrem Stiefsohn mit der ganzen überstürzten Gewalt einer Jünglings-Leidenschaft geliebt wußte, daß sie es w u ß t e — und zu stolz und zu schamhaft war, um sich in einer solchen Situation von ihrem Mann helfen zu lassen; zu stolz und zu schamhaft auch, um dem Jungen nur so viel Recht auf sein Gefühl einzuräumen, daß sie ihn offen darüber zur Rede gestellt hätte. Sie fand es unmöglich, darüber zu sprechen, ja sogar, darüber zu denken. Es wollte sie zuweilen mit Zweifel und Angst überkommen, wenn sie ganz allein war; nicht auf eine solche Aufgabe war sie gefaßt gewesen, als sie sich entschloß, an den Kindern eines Witwers den Dienst einer zweiten Mutter zu leisten. Aber sie ließ ihre Gedanken in das Problem überhaupt nicht eintreten. Man tut nichts, und man denkt auch nichts, worüber man erröten müßte. Ulrike errötete niemals. Aber sie blieb Friedrich gegenüber ohne jede andere Waffe als die ihres entschlossenen Beschweigens und Nicht-für-wahrhabens; eine gute Waffe, zweifellos, gegenüber mancherlei kleinen Unordnungen des Lebens, gewiß aber unzureichend gegenüber dem, was hier vorging. Ulrikens Lage glich derjenigen einer Uferbewohnerin, die den Strom steigen und steigen sieht, unaufhaltsam, man kann den Tag fast schon errechnen, wo er übertreten und alles umher verwüsten und begraben wird — sie aber trifft keine rettenden Anstalten, sie lebt in ihrer Hütte, als gäbe es keinen Strom.

Wirklich, ein Wunder war es nicht, wenn man der ruhigen Würde, die sie zur Schau trug, etwas Gewolltes, Gewaltsames anmerkte; man tat ihr unrecht, wenn man es ihr zum Vorwurf machte.

Silvia hatte auch keinen Schlüssel zum Verständnis der Schwierigkeiten, zu denen es schon gekommen war. Friedrich, der sich auf sein Abitur vorbereitete, bat die Mutter Ulrike, ihn abzuhören, nach einem Repetitionsheft für Formeln und für Geschichtsdaten, das er sich angelegt hatte, und Ulrike tat das auch, sie übertrug es nicht Silvia oder Luzie oder Antje, wie sie doch leicht gekonnt hätte; selbst für einen solchen Ausweg war ihr Stolz zu empfindlich. Sicher war es richtig, wenn sie sich sagte, man dürfe in Friedrich nicht die Vorstellung aufkommen lassen, als ginge sie ihm aus dem Weg. Zwischen ihr und ihm allein mußte die Sache gelöst werden. Aber wurde denn etwas gelöst? Sie kam in sein Zimmer und nahm das Heft von ihm entgegen mit kühlem Blick, der Klang einer ganz leichten, unbeteiligten Ironie war in ihrer Stimme, wenn er etwas falsch sagte und sie ihn korrigierte. Sonst war sie sparsam mit Worten, ganz die Mutter, welche die Lektion ihres Sohnes überprüft, seine Traurigkeiten so wenig wie seine entzückten Blicke jemals bemerkend, mit denen er die schlanke, strenge Gestalt umfing. Doch geschah es einmal, daß Georg Degener während einer solchen Repetitionsstunde hereinkam, erfüllt und erwärmt von etwas in seiner Gemeinde Erlebtem, und seine Frau vor des Sohnes Augen umarmte und küßte. Da fuhr Friedrich auf seinen Vater los, in ganz ungehöriger Heftigkeit, gerade daß er ihm nicht die Hände von Ulrikens Schulter herunterriß — er schrie etwas: warum er so störe? er habe doch zu lernen! Die Andern draußen hörten erschreckt, durch die ganze Wohnung hin, Friedrichs überschlagende Stimme und die scharfe Antwort des Vaters. Es war eine „Szene"; niemand konnte es begreifen. Ulrike erklärte nachher dem Vater, daß der Junge wohl überarbeitet und reizbar sei; wenn er nur erst die Prüfung hinter sich hätte, würde sich das geben, vielleicht müßte man ihn dann aufs Land schicken, sich zu erholen.

Aber die Prüfung war es nicht, das wußte Silvia. Friedrich bestand sie spielend, ernstlich arbeiten hatte er nur müssen in den Fächern, die ihm nicht von Natur leicht fielen, Mathematik und Physik, und die beiden Dreier, die er dafür bekam, waren die einzigen überhaupt in seinem Zeugnis, das sonst lauter Gut und Sehrgut enthielt. Die Prüfung war es nicht, was ihm Kummer machte, auch war sein Gesicht nicht heller geworden, nachdem er als Reifgesprochener von der Schule heimgekommen war.

Tags darauf ging Friedrich zu seiner Mutter Ulrike in ihr Zimmer, er benützte einen Moment, wo er sie allein wußte. Es war beim Mittagessen die Rede davon gewesen, daß er fort sollte, daß er sich eine schöne Ferienreise wünschen dürfte. Er hatte dazu geschwiegen. Jetzt stand er vor ihr und sagte:

„Ich bin dafür gelobt worden, daß mein Zeugnis gut war. Ich darf mir dafür etwas wünschen —"

Ulrike an ihrem Empire-Schreibtisch, die Augen von einem begonnenen Brief erhebend: „Nun?"

„Ich wünsche mir — daß ich mir keine Reise wünschen muß. Ich wünsche mir, daß ich hier bleiben darf. Auch dann im Sommer. Mein Vetter Jakob hat mir geschrieben, ich soll nach München kommen und da mit ihm zusammen studieren. Aber ich möchte hier in Berlin studieren."

Ulrike schwieg.

Friedrich, nachdem er dieses kränkende Schweigen eine Zeitlang ausgehalten, mit einer Stimme, die ein bißchen schwankte — nicht so sehr, daß man es zu beachten brauchte:

„Wenn ich einen Wunsch freihabe, so ist es das, was ich mir wünsche. Daß ich hier studieren darf." Blutrot im Gesicht, vor sich niederblickend: „Sie müssen doch wissen, Mutter —"

„Wann wirst du endlich einmal dieses lächerliche Sie, deiner

Mutter gegenüber, aufgeben, das ich dir schon zwanzigmal verwiesen habe, und auch dein Vater hat es dir gesagt."

Friedrich wiederholte leise: „Du mußt doch wissen —"

Ulrike, sehr scharf, innerlich in Verzweiflung über diesen eigensinnigen und unerträglichen Jungen: „Was muß ich wissen?"

„Ich will nicht in Verbannung geschickt werden — wie ihr Ninette in Verbannung geschickt habt."

„Was das für verstiegene Ausdrücke sind. So was paßt sich gar nicht für einen jungen Menschen. — Niemand verbannt dich. Es ist selbstverständlich, daß man dich gern hier hätte. Aber es kann Gründe geben, warum es für dich besser ist, daß du in München studierst. Wir werden es mit deinem Vater besprechen. Er wird es bestimmen."

Friedrich hätte gern gefragt: „Selbstverständlich, daß d u mich gern hier hast?" Aber er fragte nicht. Es tat ihm weh, auf diesem teuren Gesicht den Ausdruck von Qual, von Abwehr zu sehn, wie jetzt fast immer, wenn sie mit ihm sprach. Er war sicher, daß sie mit anderen Menschen ganz anders war als gerade mit ihm; es war schon öfters geschehen, wenn er mit ihr gesprochen hatte und von ihr wegging, und von der Tür sich noch einmal umwandte, — daß er eine müde Erleichterung an ihr bemerkte: froh war sie, froh, wenn sie ihn los war! Sie liebte ihn nicht, auch als Mutter liebte sie ihn nicht, seine Nähe brachte ihr nichts als Widerwillen, er wußte es... und es schien ihm manchmal fast nicht mehr möglich, das zu ertragen, es schien ihm ein höhnisches, ungeheuerliches Unrecht, das ihm angetan wurde. Sein Kopf war erschöpft von vielen Nachtwachen, vielen wilden Träumen, es hatte ihn längst über das hinausgetrieben, was er zu Jakob gesagt hatte: daß er „für sich nichts wolle". Er wußte sehr gut, was er für sich wollte, und zugleich schämte er sich dessen mit so heißer Scham, daß er nachts, allein mit sich im lauen Dunkel unter seiner Decke, von Ekel an sich selber geschüttelt war und sich für den verworfensten aller Menschen hielt, der mit Recht von jedermann, zumeist aber von ihr, verachtet wurde. So übertreibend, was ihm zur Reinigung hätte dienen sollen, brachte er sich um alle Frucht der Erkenntnis; indem er sich anklagte, an t o b t e, wandte sich sein Empfinden schon wieder zum Mitleid mit sich selbst und zum Aufbegehren gegen die dunkle, feindliche Schicksalsmacht, die ihn vor sich herstieß. Friedrich war in den schlimmen Zustand geraten, wo wir uns nicht mehr in der Selbstbesinnung klären können, weil sogar unser Gewissen sich mit unbewußten Trübungen beschlagen hat und uns keinen ganz wahren Spiegel mehr entgegenhält. Darum fand er sich auch nicht zu der

Einsicht hinaus: daß er fort müsse, Ulrike nicht mehr sehen, nicht mehr täglich das Herz dieser schmerzlichen Probe aussetzen. Schon der bloße Gedanke an ein Fortgehen hieß ihm „Verbannung", und er glaubte ihn nicht ertragen zu können. Lieber wollte er weiter all dieses Elend erdulden, als irgendwo sein, wo er ihre Qual und Glück bedeutende Nähe entbehren müßte.

Ulrike, da er schweigend und ohne noch einen Blick auf sie zu richten hinausging, sah ihm nach: seine Schultern, seine Haltung, so gebeugt, traurig, so gar nichts von der Frische achtzehnjähriger Jugend! Aber sie drängte das wärmere Wort zurück, das ihr in dieser Regung von Mitleid entschlüpfen wollte. Sie wußte, ihn noch länger, vielleicht durch viele Studentenjahre hierzuhaben — es ging über ihre Kraft, und vor allem, es wäre ein Unsinn für ihn selber. Er mußte weg, mußte andere Umgebungen, andere Menschen sehen. Man mußte sich entschließen, mit Georg darüber zu sprechen, nur soweit es nötig war, natürlich, mußte ihn überzeugen, daß der Junge besser anderswo studieren würde. Mochte denn die Ferienreise, wenn er sie durchaus nicht wollte, ihm erlassen bleiben, man konnte schließlich den Jungen nicht zu ihr zwingen, ihn nicht für seine gute Schlußprüfung strafen mit einem Vergnügen, das ihm keines war. Eine gemeinsame, gute Osterzeit für die ganze Familie: man würde sie schon leisten, man m u ß sie eben leisten. Da stand sie, Ulrike — niemand hatte sie je gelehrt, aus ihrer Not heraus gelösten Herzens vor einem Bild der Anbetung ins Knie zu sinken, ihr Zimmer enthielt gar kein solches Bild. Sie konnte sich selbst nicht sehen, das Rührende dieser hölzernen, kargen Bewegung, mit der sie das Gesicht gegen die überhelle Blendung des Fensters wandte. Draußen in der Stadt war ein windiger, heller Frühling.

5

Acht Tage vor Ostern wurden die Insassen des Luisenstifts in Ferien geschickt. Antje, die sich sehnsüchtig auf Ninette gefreut hatte, die ein paarmal zum Bahnhof gelaufen war um sie abzuholen, und sie dann doch verfehlte, weil sie mit einem Zug kam, der nicht im Kursbuch stand — Antje fand schon nach den ersten vierundzwanzig Stunden, daß Ninette „gar nicht wirklich nach Haus gekommen ist". Antje und Peter hatten viel bei Bolckes im winterlichen Ostpreußen erlebt — aber konnte man Ninette richtig davon erzählen? Keine Spur! Sie hörte kaum zu. Andere, unbekannte Gedanken liefen ihr durch den Kopf, und da war diese Hannelore Kiems, das alberne Mädchen, mit dem Ninette im Stift Freundschaft geschlossen hatte und die jetzt alle Augenblick erschien und dasaß und schwätzte oder Ninette mit fortnahm. Antje war ein bißchen eifersüchtig, aber sie war nicht die Einzige in Steglitz, der Hannelore mißfiel. Jedoch, Ninette dieses Mißfallen auszusprechen, war selbstverständlich kein Mittel, sie von dem Mädchen abzubringen.

Ehrlich gestanden — Hannelore hatte ihr selber anfangs nicht gefallen. Besonders deswegen nicht, weil das Mädchen in der Schule sich viel zu brav zeigte. Sie wußte immer, was man wissen sollte, und sie sagte die Sachen immer in der Weise, wie die Lehrerinnen sie gern hörten. Dabei war aber Hannelore Kiems voll stiller Bewunderung für den Widerstand, den Ninette, seit der Geschichte mit dem Klassenaufsatz, der Direktorin bot. Beinah in jeder Stunde fand sich eine Gelegenheit zum Opponieren, Ninette versäumte keine und war immer sicher, von Hannelore durch einen zustimmenden Blick, ein heimliches, rasch unterdrücktes Kichern, dafür belohnt zu werden. So kamen die Beiden zu einer Freundschaft. Denn Ninette war nicht ohne Ehrgeiz und es schmeichelte ihr, vor Hannelore und anderen als „Heidin" oder „Ketzerin" zu glänzen. Beides war interessant, auch im Luisenstift galt es dafür, während „Tugend" und „Frömmigkeit" sauer schmeckten wie abgestandener Kohl; sogar die Erzieher schienen das zu fühlen und gaben es zu erkennen, indem sie selber solche Worte schon unwillkürlich vermieden und ihre Forderungen umschrieben mit dem blassen Begriff der „Anständigkeit". Ach, aber ein „anständiger Mensch" zu sein und weiter nichts als das — wen konnte es locken? wer konnte seines Herzens ganze Hingabe daran setzen, wie Ninette es doch mußte, wenn sie das Leben überhaupt ertragen wollte?

Bei einem ersten vertraulichen Gespräch mit Hannelore machte sie die überraschende Entdeckung, daß diese noch viel „freier" war als sie. Kecklich sprach sie aus, was Ninette bisher nur mit ungewissen Gedanken manchmal berührt hatte: nämlich, daß Religion selbstverständlich Humbug ist und daß „die alten Leute uns das nur so vormachen".

Sie führten diese Unterredung auf Ninettes Stube, sie und Hannelore allein; die zwei Zimmergenossinnen, mit denen Ninette im Internat zusammen hauste, waren nicht da. Hannelore lag auf Ninettes Bettstatt und betrachtete befriedigt in einem Handspiegelchen ihren frechen, kleinen, spöttischen Mund, den sie mit einem sonst versteckt gehaltenen Lippenstift nachgezogen hatte.

Ninette, auf dem Fensterbrett sitzend, sprach zu ihr hinüber: „Was du sagst, kann nicht stimmen. Mein Vater glaubt an das, was er predigt."

„So! na," machte Hannelore. Sie wußte, es war nicht ratsam, Ninette zu widersprechen, wenn ihr Gesicht heiß und hellrot wurde.

„Fräulein Knöller übrigens auch," hatte Ninette in scheinbar gleichgültigem Tone weiter festgestellt. „Die ganze Geschichte mit der Religion ist vielleicht wirklich ein Schwindel, ich weiß es noch nicht, ich habe noch nicht genug darüber nachgedacht. Aber die Knöller ist unbedingt davon überzeugt, das ist klar." Sie sah das spöttische Zucken um Hannelores Mund und fügte zögernd hinzu: „Mein Bruder Friedrich meint, die es selber glauben, sind die Schlimmsten."

„Da kann er recht haben. Deinen Bruder möcht ich mal kennen lernen."

Ninette überlegte, was Friedrich zu dieser Hannelore sagen würde. Sie glaubte nicht, daß sie ihm gefallen könnte. Ihre Augen waren so schwarz wie ganz reife Kirschen und konnten einen unverschämten und dabei verschleierten Blick haben, aus dem man nicht klug wurde. Und es war aufreizend, mitanzusehn, wie sie, bei einem Geräusch auf dem Korridor, mit einer geschwinden Geschicklichkeit ihre Lippen abwischte und ein braves „Stiftsgesicht" aufsetzte. Es kam niemand herein. — Ninette fragte sie, ärgerlich: wenn sie ganz sicher wisse, daß alles Humbug sei, was man im Stift beigebracht bekomme, wieso sie sich dann immer so fügen und ducken und „Denen hier" nach dem Mund reden möge? Hannelore erklärte ganz sachlich ihre Gründe. „Jetzt," sagte sie, „haben sie noch Gewalt über uns, können mit uns machen was sie wollen. Was man von ihnen braucht, ist ein gutes Abgangszeugnis. Die Zeugnisse vom Luisenstift sollen sehr geschätzt sein. Nachher, draußen im Leben, macht man natürlich, was man will." Sie gab zu, daß es nicht ehrlich war. Aber es könne nicht jeder eine Kämpfernatur sein, wie Ninette.

Dazu hatte Ninette nur einen verächtlichen Schnaufer getan; aber Hannelores selbstgewisse Sachlichkeit machte doch Eindruck auf sie. Sie schien ja wirklich manches darüber zu wissen, wie es „draußen im Leben" war. Und als Ninette sie bei der nächsten Gelegenheit geradezu danach fragte, hatte sie versprochen, Ninette in den Ferien einmal mitzunehmen. Wohin? Das würde sie schon sehen. „In den Osterferien, da machen wir uns mal einen hübschen Tag zusammen, ja?"

— Diesem „hübschen Tag" galten jetzt in Berlin ihre heimlichen Beratungen. Hannelore schwätzte von einem „Ausflug ins Grüne"; Ninette konnte sich nur schwer vorstellen, daß etwas besonders Aufregendes und Belehrendes herauskommen könnte, wenn man nach Pichelsdorf oder in die Kladower Heide fuhr, wurde aber von Hannelore zur Geduld verwiesen und mit einem lässigen „Ach doch, das kann ganz hübsch sein", wieder neugierig gemacht. Dabei sah sie aus, als habe sie vom Brunnquell aller Geheimnisse getrunken. In Wirklichkeit war es nicht so schlimm; wenn auch die kleine Kiems tatsächlich einmal mit zwei älteren Freundinnen in die Havelwälder hinausgefahren war, wo man sich dann in einem Restaurant mit einigen jungen Männern getroffen und mit ihnen getanzt hatte. Es war nicht die vornehmste Gesellschaft und möglicherweise wäre etwas Ungutes passiert, wenn nicht Hannelore von einem zweifelhaften Weingetränk vorzeitig zu viel getrunken hätte, sodaß ihr übel geworden war und sie in kindischer Unlust heimverlangt hatte, ihren Gefährtinnen den Sonntagsausflug gründlich verderbend. Das damals Versäumte reute sie später sehr, und da jene zwei Freundinnen sich zu keiner gemeinsamen Unternehmung mehr herbeiließen, mußte sie nun auf eigene Hand ans Ziel zu kommen suchen. Zustatten kam ihr dabei ihr Talent, in ganz verschiedene Häute zu schlüpfen. Bei sich daheim war sie die Tochter aus gut evangelischem Kaufmannshause, wo man von Dingen wie der eben erzählten Eskapade natürlich nichts wußte und sie nie für möglich gehalten hätte; ihre Mutter war eine brave, sittenfeste Frau, die sogar in ein Kino nur ging, wenn es weder unanständig noch „zersetzend" war. Auch bei den Degeners verstand sich Hannelore so einzuführen, daß niemand etwas dagegen haben konnte, wenn sie mit Ninette eine frischfröhliche Wanderung in die grüne Havellandschaft machte. Es war zum Lachen wie sie Ulrike Degener diesen Wunsch vortrug und den Eindruck erweckte, als wäre das Wandern und Liedersingen ihre einzige Lust — während Ninette doch wußte, daß sie und Hannelore etwas viel Großartigeres vorhatten, nämlich das L e b e n zu entdecken, so wie es w i r k l i c h ist. Hannelore hatte ihr angedeutet, daß sie sich mit zwei jungen Leuten treffen würden, und es kam Ninette ganz richtig vor, daß man bei einer solchen Entdeckungsfahrt auch Buben dabei hätte; es war, in den meisten Fällen, nicht zu leugnen, daß sie besser als die Mädchen laufen, klettern und, wenn nötig, kämpfen können. Am liebsten hätte sie Friedrich dabeigehabt, aber der wollte nicht, obwohl Hannelore — nun wieder in eine ganz andere Haut geschlüpft — sich stark bemühte, ihn anzulocken. Er behandelte das Mädchen mit solcher Gleichgültigkeit, daß Ninette sich für sie kränkte und ihn darum von sich aus auch nicht mehr um's Mitgehen bitten mochte. Überhaupt waren die Geschwister nichts als Ablehnung, nicht Luzie allein, (die alles Ninette Betreffende natürlich als Kinderei behandelte) sondern auch die andern, — und das steigerte Ninette in eine trotzige Parteinahme für ihre Schulgesellin hinein. Es kam schließlich so, daß sie am Gründonnerstagmorgen vor dem Frühstück aus der Wohnung schlich, um Hannelore zu treffen, und daheim gar nicht Bescheid gesagt hatte, daß dies nun also der Tag des verabredeten Ausflugs wäre.

Als sie in der Stadtbahn saßen, durch ihre dünnen Kleider das morgenkühle Holz der Sitzbank spürend, fröstelnd ein bißchen und beide ein bißchen verschüchtert bei dem Gedanken, was wohl der Tag ihnen bringen würde, — da fragte Ninette zum erstenmal, indem sie dabei zum Fenster hinaussah, ihre Freundin: wie denn die zwei Burschen wären, mit denen sie zusammentreffen wollten?

Hannelore beteuerte: „Sehr anständige Jungs. Den einen kenn ich aus meiner Tanzstunde. Und der andere ist schon ganz verliebt in dich, nach der bloßen Beschreibung, die ich ihm von dir gemacht habe."

„Red keinen Unsinn," brummte Ninette.

Die Vorstellung, die sie sich von dem heutigen Ausflug machte, war zum Erstaunen kindlich. Man würde wandern, irgendwo zwischen Wald und Wasser würde einem dann etwas begegnen; das Abenteuer, das Ganze, das Lebensgeheimnis! Daß man es sich vorher nicht vorstellen konnte, war gerade das Wunderbare. Ganz plötzlich würde es da sein... zwar, vielleicht auch nicht, alles durfte man dieser Hannelore nicht zutrauen. Aber es konnte immerhin sein, daß sie etwas wußte, was einem helfen würde, dachte Ninette. — Irgendetwas gibt es, und ich muß es erfahren! Hannelore, ihr gegenüber sitzend, fing einen Traumblick dieser strahlenden braunen Augen auf, der sie etwas besorgt machte über den Verlauf des Tages.

In Pichelsdorf ausgestiegen, strebte Ninette ungeduldig voran auf dem Wanderweg nach Süden, sodaß Hannelore ihr kaum folgen konnte. Es war ein Vorferientag, und für Ninettes Geschmack viel zu viele Menschen unterwegs; sie waren laut gesprächig, ihre Gesichter fröhlich und selbstgewiß, — es konnte doch aber nicht sein, daß sie alle sich einbildeten, das Besondere, das Geheimnis heute zu finden, oder es gar schon zu besitzen? Ihnen auszukommen, schien unmöglich; anstatt daß sich der Weg in grüne, erwartungsvolle Wildnis verlor, kam man erst recht wieder in einen Ort — es war Gatow — „weil eben dieses Berlin überhaupt nie ein Ende nimmt," schimpfte Ninette. Hannelore wiederum war ärgerlich, daß Ninette so rannte; sie wären ohnedies zu früh dran und hätten nicht nötig, „sich die Beine aus dem Leib zu haspeln". Sie wünschte aber gleich, sie hätte das nicht gesagt, denn nun, kaum daß sie aus den Häusern wieder herauskamen, wich Ninette links vom Weg ab und lief über Wiese und Rain auf gänzlich unerlaubten Wegen dem Havelufer zu, Hannelore mußte mit. Unter einem Weidengebüsch, frischgrün, dicht über dem steingepflasterten Rande des Wassers, warf sie sich hin und war zunächst nicht weiterzubringen. Hier sei es ganz gut, keine Menschen zu sehen, hier wolle sie liegen bleiben. Sie dürften hier nicht sein, der Schupo würde sie vertreiben? Gut, das könnten sie ja abwarten und bis dahin die Aussicht genießen.

Auf dem drüberen Ufer sah man den Kaiser Wilhelms-Turm, den kannte Ninette von früheren Ausflügen her. Hannelore hatte behauptet, auf dem westlichen Havelufer, wo sie jetzt waren, sei es viel einsamer; sie wäre sonst nie hierher gekommen, sondern gleich bis wer weiß wohin gewandert, in den Spreewald, ins Riesengebirge! Aber im Moment war es auch hier erträglich, eigentlich sogar schön. Blaues Morgenlicht füllte den ganzen Himmel, die Havel glänzte, Schwäne zogen auf ihr dahin. In ihrem Lesebuch hatte Ninette über die Havel-Schwäne gelesen: „Wie mächtige weiße Blumen blühen sie über die blaue Fläche hin; ein Bild stolzer Freiheit" — und genau so war es. Ein Bild stolzer Freiheit. Dem südwärts strömenden, lichtüberblendeten Flusse nachblickend, der hier schon beinah zum See verbreitert war, sah Ninette weit vorn einen Wildschwan aufstehen: unverkennbar an seinen mächtigen, niemals gestutzten Flügeln! Sie staunte ihm nach, er entzückte sie — und sie schlug Hannelore vor, ob sie nicht allein miteinander weiterziehen wollten? ohne auf irgendjemand zu warten, ohne mit irgendeiner Begleitung zu rechnen! — Hannelore hatte große Müh, ihr wieder den Zaum anzulegen und sie, nach einer Weile, gezähmt an Ort und Stelle zu bringen.

Der Ort war ein Restaurant, wo man ausgemacht hatte, aufeinander zu warten, wenn man sich nicht per Zufall schon vorher träfe. Als die Mädchen ins Gastzimmer traten, saßen die zwei jungen Männer wirklich schon da, und rauchten Zigaretten mit goldenem Mundstück. Sie waren beide recht jung, wohl kaum zwanzig, und das erste, was Ninette an ihrem Partner auffiel, war sein mattblondes, bei jeder Kofpbewegung immer wieder nach vorn fallendes Haar. Sein Gesicht war wie viele Gesichter, es war schwer möglich, einen kühnen Welteroberer in ihm zu entdecken; er aber mißverstand den aufmerksam erwartungsvollen Blick, mit dem Ninette ihn ansah und zu ergründen suchte, ob vielleicht hinter diesem Anschein der Gewöhnlichkeit eine geheimnisvolle Bedeutung stecke. Ohne weiteres glaubte er sich zu Gnaden angenommen, und stürzte sich in eine eifrige Unterhaltung, er hatte eine vorgeneigte Art zu sprechen; diese Haare von ihm, dachte Ninette, waren anstrengend; daß sie auch nie halten wollten! man war in Versuchung, ihnen mit einer Spange zu Hilfe zu kommen. — Der andere junge Mann war ein kleiner und brauner Gesell, mit Hannelore stand er auf Du, die Beiden taten ganz vertraut.

So weit gut und recht — aber wo war nun die Freiheit, Wildschwanenfreiheit, die sich eben erst vor ihren beglückten Augen zum Flug erhoben hatte? Es schien, als wäre auf einmal nichts mehr davon übrig. Sie versuchte dem Blondhaarigen von dem Schwan zu erzählen, aber statt zu hören, was sie beschrieb, starrte er sie auf eine dumme Art an. Es lag vielleicht an diesem ekelhaften Restaurant hier, wo es keine Luft gab — und sie wartete mit mühsam verhaltenem Ärger, bis alle ihren Kaffee getrunken hatten und man wieder aufbrechen konnte. Aber auch draußen war es nicht besser. Wolken hoch droben, sie schienen nur hinzuschleichen, auf Gras und Bäume hatte es sich gelegt wie grauer Staub, die Havel glänzte nicht mehr.

Das Gefühl der Entfärbung, der Freudlosigkeit blieb für Ninette auf diesem Tag liegen. Ach, ein verfehlter Tag! Ach, das waren die Gefährten nicht, mit denen man ausziehen konnte, um das Geheimnis der Welt zu entdecken! Sie nickten wohl Ja! Ja! zu allem was man ihnen sagte, aber verstanden so wenig davon wie dumme junge Hunde, denen man einen Vogelzug zeigt. Flüchtig tauchte der Gedanke an die Direktorin vom Luisenstift auf; die würde wohl entsetzt sein, wenn sie wüßte, daß Ninette und Hannelore hier mit zwei „Galans" spazieren gingen. Und als käme es darauf an, der Knöller keinesfalls zuzugeben, daß Ninettes Welteroberung nicht nach Wunsch verliefe, erlaubte sie ihrem Begleiter, sie am Arm zu führen. Sie fand, man müsse gerecht sein, die zwei Jungens könnten ja nichts dafür, daß Ninette sich alles so ganz anders gedacht hatte. Sie gab sich Mühe, sich auf die Amüsements des Tages einzustellen; das Mittagessen lustig und das Bier gut zu finden in einer großen Gastwirtschaft, wo im Freien sicher achtzig Tische aufgestellt waren und ein allmächtiges Radio unter den Bäumen hin brüllte. Nachher gingen sie noch woanders hin, zum Tanzen, und dort stiftete Hannelores Freund, dessen Vater einen Laden in einer guten Berliner Gegend besaß, einen Likör, süß und widerwärtig, den man auch, nicht nur „gut" finden, sondern austrinken mußte.

Allmählich kam es Ninette so vor, als ob der graue Staub, der alles zu bedecken schien, auch auf ihre eigene Seele gefallen wäre. Nie war sie so angefaßt worden, wenn man sie zum Tanz führte. Hatte sie sonst je daran denken müssen, daß ihre Brust zu voll, unter dem dünnen Sommerkleid zu sichtbar wäre? Jetzt würde sie sie am liebsten mit dichtem Pelz zugedeckt haben. Es kam daher, daß diese Burschen einen so anschauten. Sicher, sie sprachen und benahmen sich sonst nicht weiter schlimm, dachten sich wohl nichts dabei, tapsige junge Hunde, das waren sie nun einmal, die überall mit der Nase hinfahren müssen. — Aber das war sicher nur wieder dieser Hochmut von ihr, so von ihnen zu denken, wie sie auch den armen Dr. Winte ganz unbewußt durch ihren Hochmut gekränkt hatte; denn Hannelore und auch sonst alle Leute, die hier lärmten und schwatzten und sich tanzend umfaßt hielten, schienen ja nichts Unrechtes dabei zu finden, und warum sollte für Ninette nicht gut genug sein, was es für alle war? Sie hatte eine Ahnung, daß von der Welt her, aus der sie kam, einer behüteten, vornehmen, einer Auswahl-Welt mit bestimmten festen Gesichtspunkten, bestimmten nie übertretenen Schranken, dies alles hier gar nicht zu verstehen war. Aber sicher war es nicht schlecht; es war nur anders. Die Menschen fühlten, lebten, handelten wie eben s i e es gewöhnt waren, sie hatten wohl alle eine schwere Alltagswoche hinter sich, und jetzt war ihr Festtag und sie freuten sich. Warum nicht? Der Lärm, der Staub, das Lachen, ihnen tat das alles wohl, es war ihre Erholung, kräftige, gesunde Menschen waren sie, sonst immer eingeklemmt hinter einem Ladentisch oder in einer Werkstatt, und wenn sie jetzt tobten und schwitzten, so kam es Ninette nicht zu, die Nase zu rümpfen. Hatte ihr Tänzer etwa ein böses Gesicht? Keine Rede! Etwas Gutes, Vertrauendes war in den hellen Augen, mit denen er sie anschaute, und er hatte eigentlich ein hübsches und frisches Lächeln. — Dieser Likör, er hatte wohl Ninettes natürliche Warmherzigkeit noch gesteigert; es schien ihr, sie habe den beiden Burschen in Gedanken Unrecht getan und müsse es wieder abgelten. Aber heiß war es in dem Lokal, sie trat hinaus; da lag der Weg im Nachmittagslicht, der sich zwischen Kieferngehölz und junggrünen Birken verlief.

Erst draußen merkte sie, daß ihr blonder Verehrer ihr gefolgt war. Er ging neben ihr, er sprach in seiner vorgeneigten und eifrigen Art, — sie achtete nicht auf das was er sagte, — dann aber, da sie schon zwischen den Bäumen waren, verstummte er, sein Arm um ihre Schulter, und er legte eine langsame Hand auf ihre rechte Brust.

Da überströmte es sie. Und zum erstenmal an diesem Tag war es weder Abwehr noch Mitleid, was sie fühlte — in ein Feuer starrte und atmete sie hinein.

Aber das war nicht der reine, tiefe Wille ihres Herzens, nicht der Aufflug des wilden Schwans in seine Freiheit!

Der junge Mann hatte mehr, als ihm gut war, getrunken und war außer sich, er wäre sonst kaum so kühn gewesen. Sein Mund war wie zum Weinen verzerrt, als er Ninette küßte.

Aber jetzt stieß sie ihn weg. Jetzt schlug sie ihn mit heftiger Hand ins Gesicht.

Sie wandte sich zurück zu der Gastwirtschaft. Sie sah nicht nach ihm um, aber schon im Gehen tat er ihr leid, sie begriff ganz gut: nicht ihn, sondern etwas Nachgiebiges und Schlechtes in ihr selber hatte ihr Schlag eigentlich treffen wollen. Sie war nun ganz ernüchtert und klar. Sie suchte Hannelore unter den Tanzenden auf und sagte ihr, daß sie nach Haus führe. Und Hannelore mit ihr. Und zwar jetzt, auf der Stelle.

— Hannelore Kiems konnte manches von dem, was sie tat, bei sich daheim durch einen Schwindel verschleiern, aber sie durfte nicht riskieren, daß es herauskäme, wenn Ninette von einem solchen Ausflug nicht mit ihr zusammen zurückgekehrt wäre. Sie versuchte wohl einen Widerstand, laut rief sie ihr zu, daß ja nun also doch das brave Pfarrerstöchterchen zum Vorschein komme; einige von den Umstehenden lachten dazu und besonders taten natürlich die zwei Jünglinge ihr Bestes, um Ninette zu halten. Aber das alles machte sie nicht mehr irr; Hannelore mußte sich fügen. Sehr bös war sie darüber, daß ihr der Ausflug in die Havelwälder zum zweitenmal verdorben sei.

6

Tags darauf gingen die Degeners allesamt in den Karfreitags-Gottesdienst. Georg Degener, der im allgemeinen über seine Familie nicht ein strenges Kirchenregiment ausübte, bestand doch darauf, daß in dieser feierlichen Osterzeit keins von ihnen den Gottesdienst und den Tisch des Herrn versäume.

Friedrich hatte die Kanzel schräg über sich, er konnte seinen Vater, während er predigte, genau beobachten, und wie schon öfters in der letzten Zeit fühlte er sich auch jetzt versucht, sich innerlich darüber zu mokieren, wie doch der Ausdruck dieses vollwangigen, kräftigen und (so erlaubte sich der Sohn zu denken) „gutbürgerlichen" Gesichts verändert war, wenn es im Halblicht der Kirche, sonntags, über schwarzem Talar und weißen Beffchen schwebte. Da war etwas Feierliches, Hingabe und frommer Aufschwung, die dem Papa seinem Alltagswesen nach doch gar nicht zukamen! aber so sind sie! argumentierte Friedrich in seiner Gereiztheit gegen den Vater, über die er in Augenblicken der Besinnung selber manchmal erschrak; so sind sie! Das ganze Leben, Beruf und Ehe, ist ihnen ein Geschäftsbetrieb, wenn sie die schönste Blume geschenkt bekommen, sie nehmen sie in die Hand wie einen Bleistift. Aber für Sonntage haben sie sich eine Feierstunde ausgedacht, wo alles anders ist, da geraten sie außer sich, da schweben sie in höheren Sphären! Freilich, zum Leben bleibt das ohne Bezug, wenn er sein Treppchen wieder heruntergestiegen ist, bleibt alles wie es immer war.

Und der gesalbte Predigerton, den der Papa ja nie ganz lassen konnte! Friedrich haßte ihn, das „Gemütspedal" nannte er ihn, völlig respektloserweise. — Trotzdem wurde Friedrich, mitten aus seiner spöttischen Stimmung, durch die Predigt seines Vaters an diesem Karfreitag plötzlich vor die ernsteste Frage gestellt.

Es war ja überhaupt sonderbar, daß man bei Georg Degeners Predigten wenigstens immer zuhören mußte, nicht schläfrig dahinträumen konnte. Er war mit dem Herzen so bei der Sache, daß er auch seine Zuhörer zum Mitgehen zwang. Diesmal sprach er über das Hilf dir selber! das dem ans Kreuz gehefteten Christus von allen Seiten zugerufen worden war: von allen die des Weges kamen, von den Hohenpriestern und Schriftgelehrten, sogar von einem der mit ihm gekreuzigten Übeltäter. „Drei von den vier Evangelien," sagte Georg zu seiner Gemeinde, „berichten es übereinstimmend. Hilf dir selber! Es klingt über die Zeiten her bis zu uns, der Ruf, der ja so begreiflich, so menschlich — und so unmenschlich ist. Da hängt ein wehrloser Mann am Kreuz" (hier konnte Georg seiner eigenen Rührung nicht gebieten, und sein strenger Sohn warf ihm deswegen einen zornigen Blick zu) „Hunderte hat er geheilt, sogar Tote hat er auferweckt, aber sich selber kann er nicht helfen. Alle halten es ihm vor, und sie sind grausam genug ihm zu sagen: steig herab vom Kreuz, dann wollen wir dir glauben. Glauben, den hatte er ihnen ja bringen wollen. Aber wäre das Glaube, der sich erst durch den Augenschein überführen läßt? Liebe Brüder und Schwestern," sagte Georg, indem er seine von Tränen blitzenden Augen in die Runde gehen ließ,

„das ist die Stunde der Ohnmacht unsres Herrn Christus! Noch etwas früher, noch in Gethsemane hat er ja selbst gesagt: ich könnte den Vater bitten, und der schickte mir zwölf Legionen Engel! Jetzt aber kann er das nicht, jetzt hat er sich dieser Möglichkeit aus großer Liebe zu uns begeben; jetzt wird er gleich das Wort sprechen: mein Gott, mein Gott, warum hast du mich verlassen?"

Und nun fing Georg Degener an zu erklären, wie eben darin der Sinn des Karfreitags liege. Zum Menschen gehöre die Preisgegebenheit an das, was Gott schickt, und da Christus Mensch wurde, habe er auch dieses schwerste Stück des Menschseins zu erfahren gehabt. Nicht nur sterben müssen: umsonst sterben müssen! kein Licht, keinen Ausweg sehen! Karfreitag bedeutete, daß alles hinfällig war, keine Hoffnung mehr galt, die Sonne ihren Schein verlor, der Vorhang im Tempel zerriß. Wenn Gottes eingeborener Sohn eine solche Verlassenheit und Hoffnungslosigkeit durchlitten habe, wie sollten es wir, die Sünder, nicht auch durchleiden? In jedem Menschenleben komme die Stunde, wo wir sehen: es ist aus! wo wir alles, und gerade das verlieren müssen, was wir am meisten geliebt haben, was unserm Herzen der tiefste Besitz gewesen ist. (Hier hatte Friedrich seinen Ärger über die zu gerührte Pastoren-Stimme schon ganz vergessen, er horchte mit angespannter Aufmerksamkeit, er war erstaunt und beinah erschrocken, wie sein Vater so in sein Leben und seine Not hineinsprechen konnte.)

„Was unser Herz liebt, wird uns einfach genommen!" sagte Georg Degener. „Die Sonne verliert ihren Schein! Karfreitag, das ist ein Ende! Und in seinem Dunkel ist noch nichts, noch gar nichts von dem Licht des Ostermorgens zu sehen. Meine Lieben, das dürfen wir nicht vergessen. Sonst verstehen wir nämlich gar nicht, was Glauben heißt und was es bedeutet, daß Jesus am Kreuze sterbend gesagt hat: Vater, in deine Hände befehle ich meinen Geist. Meine Lieben: das ist die Einwilligung! Da nimmt Jesus den Kreuzestod hin, da ergibt er sich in den Willen des Vaters. Im Dunkel des Karfreitag, über den Köpfen der ungläubigen Menschen, die ihm zugeschrieen hatten: hilf dir selber! spricht er das Bekenntnis der Liebe und des Glaubens: Vater, in deine Hände! – Meine Lieben, das ist der Christenglaube."

Es kam Friedrich so vor, als hätte er seinen Vater noch nie so gut verstanden. Und für einen Augenblick schien es, als stünde er ihm ganz allein gegenüber, alle anderen, selbst Ulrike, waren verschwunden. Nur zu ihm redete sein Vater, nur ihm galt die Frage, die er stellte – denn es lag eine Frage, eine mitten ins

Leben zielende, in den Sätzen, die sein Vater gesprochen hatte. Und Friedrichs Seele antwortete, in einer Angst und einem Aufbäumen: Nein! Nein! Nein! — Es kam ihm vor, als ob er dieses Nein geschrieen hätte, so daß es den ganzen Kirchenraum erfüllte. Es war aber kein Laut aus seinem Mund gekommen.

Als die Predigt vorüber war und die Leute, die noch das Abendmahl empfangen wollten, in die vorderen Bänke rückten, benützte Friedrich die Gelegenheit und schloß sich denen an, die hinausgingen. Er atmete heftig auf, als er draußen war, er hatte ein Gefühl, als wäre ihm etwas Empörendes zugemutet worden, wogegen er sich mit gutem Recht auflehnen dürfte. Das ist der Christenglaube! Das ist also der Christenglaube! Da hat er es jetzt einmal klar gesagt! — Sterben, das wäre ja gar nichts. Als ob nicht Millionen schon um etwas gestorben wären, das ihnen teuer war. Das Leben kann man fortwerfen wie einen Stein, weit übers Wasser, und zusehen wie er fliegt! Das ist etwas Leichtes. — Aber was einem das Liebste ist, wollen sie, soll man aufgeben! Denn das weiß ich doch, das weiß ich doch! daß ich auf die Welt gekommen bin, um die Schönheit von meiner Mutter Ulrike zu erkennen und zu lieben. Dafür allein, das weiß ich doch. Und das soll ich aufgeben, — die Liebe, um derentwillen das Herz überhaupt lebt, soll man aufgeben — er sagt es ja selbst, es wird einem einfach genommen — und man soll auch noch Ja und Amen dazu sagen, man soll auch selber noch einwilligen! „Vater, in deine Hände"... Das könnte ihnen so passen, freilich, es ist ganz im Sinne der väterlichen Autorität, dachte Friedrich, er war selber etwas erstaunt über die Häßlichkeit und Dürftigkeit dieses Gedankens und über die schlechte Art von Genuß, den er dabei fand, ihn zu denken, und er begriff nicht, woher das in ihm aufstand. —

Mittags fragte ihn sein Vater — nicht in dem strafenden Ton, den Friedrich von ihm erwartet hatte — warum er beim Abendmahl ausgeblieben wäre? Friedrich, zwischen Scheu und Trotz, erwiderte: „Mir war nicht danach, Papa" — und Georg Degener ließ es so hingehen.

Daß man niemand hatte, mit dem man reden, dem man sich an den Hals werfen und sich ausweinen konnte! Kindisches Verlangen. Aber es müßte doch gut tun, wenn man das einmal dürfte! Seit Jakob hier war — Jakob, der jetzt weise Briefe schrieb und einen aus Ulrikes Nähe wegholen wollte — ja, seit Jakob hier war, im Herbst, hatte man nie mehr mit irgendwem reden können. Mit wem auch? Durfte man wohl zu einer Schwester sagen: du, hör mal, ich hab mich in unsre Mutter verliebt, was machen wir da? Entsetzt würden sie sein, würden nichts begreifen. Und da war ja auch nichts zu begreifen. — Auf der Schule hatte Friedrich keinen Freund gehabt. Ein Einzelgänger war er schon immer, und während des letzten Jahres hatte ihn seine Leidenschaft vollends einsam gemacht, diese Leidenschaft, die man vor niemand bekennen konnte, weil es ja offenbar eine Schmach war, von ihr befallen zu sein. Aber wäre das auch anders gewesen: wer eine Liebe so ausschließlich mit sich herumträgt, daß ihn jedes Gespräch fade dünkt im Vergleich mit den Freuden und Schmerzen seiner Träume, der findet unter jungen Leuten nicht leicht einen Gesellen. Und eben in der Vereinsamung war sein Gefühl für Ulrike verwildert, so daß es kaum noch etwas gab, was er, mit sich allein, nicht manchmal zu hoffen und zu ersehnen sich erlaubt hätte. Es war wie ein Wirbel, er konnte aus eigener Kraft nicht mehr heraus, er mußte sich zu halten suchen an jemand, der außerhalb des Wirbels stand.

So kam ihm sein Onkel Richard in den Sinn, zu dem er ja ein altes Vertrauen hatte. Und mehr blindlings, in der Sehnsucht nach einem verstehenden Menschen, als daß er sich schon klar gewesen wäre, wie und was er ihm sagen wollte, beschloß er am Karsamstag plötzlich, ihn aufzusuchen, und machte sich auf den Weg in sein Büro; er nahm an, Onkel Richard werde wohl den Karsamstag nicht als Feiertag behandeln, so wenig wie die meisten übrigen Geschäftsleute in dem tüchtigen Berlin.

Er traf ihn auch an, jedoch mitten in einer Verhandlung. Friedrich mußte warten, nach einer Weile kam der Onkel auf einen Moment zu ihm heraus, ihm zu sagen, daß er jetzt keine Zeit für ihn hätte, lud ihn aber sehr herzlich ein, den morgenden Ostertag ganz bei ihm und Kitty draußen in Dahlem zu verbringen. Die Tante werde sich freuen. Soviel er wisse, seien er und Kitty allein, und den ganzen Tag zu Hause. „Wir haben dich ja noch gar nicht gefeiert wegen deiner glänzenden Prüfung, lieber Junge. Das machen wir morgen. Wir erwarten dich dann schon zum Frühstück, um 9 Uhr ... Tante Kitty macht das sehr hübsch, in unserm Gärtchen. Und später können du und ich zusammen spazierengehen. Also, du kommst?" Friedrich hatte „Ja" gesagt, eh er sich recht bedacht hatte, und fand sich, noch zögernd, wieder draußen auf der Straße.

Aber es freute ihn. Diese Einladung gab ihm den ganzen Tag über ein wohltätiges Gefühl: als würde sein ratloses Einsamsein morgen ein Ende finden.

Zu Haus meinte sein Vater, er käme wohl besser erst mit in den Ostersonntags-Gottesdienst, und führe danach zu Richards.

Friedrich behauptete: Nein, er ginge mit den Richards zur Kirche. Die kleine Lüge verflog wie ein Wölkchen, sie beschwerte ihn nicht.

In der Nacht aber, nach einigen Stunden festen Schlafs, wurde er wie von einer Hand angestoßen und geweckt von dem Bewußtsein, daß es ja unmöglich war, dem Onkel etwas von seiner wirklichen Not zu sagen. Denn die erste Folge mußte ja sein, daß man ihn wo anders hinschicken, ihn von seiner Mutter Ulrike trennen würde. Ja, das würde Onkel Richard raten, verlangen, schließlich vielleicht erzwingen, sobald er etwas wüßte. Friedrich aber wollte nicht fort, gerade das nicht, er konnte nicht fort! Wäre es denkbar, daß Onkel Richard das verstünde? Daß man ihm geradezu sagen könnte: ich kann nicht weggehen, zwing mich nicht, hilf mir so, daß ich deine Hilfe ertragen kann! Ach, würde das irgendjemand verstehen? — In diesem quälenden Zweifel wartete Friedrich den Tag heran.

Der Ostermorgen wurde sonnig; der Weg von Steglitz nach Dahlem ist nicht weit, Friedrich machte ihn zu Fuß. Dieses Berlin, es war im Festtagefeiern ebenso leistungsfroh wie im Arbeiten. Sauberkeit und Stille atmeten, ihrer selbst bewußt, aus den Fenstern, Blumenstöcke blickten daraus hervor, die wie frisch abgestaubt aussahen. Aber der Botanische Garten war schön und war grün und war still; man konnte noch nicht hinein. Friedrich hätte ihn sonst, da er früh dran war, gern noch ein wenig durchstreift und in der pflanzengeographischen Abteilung die Gebirgsmoose und -blumen betrachtet, wurzelnd auf ihrem heimischen Gestein, so als hätten sich ferne, fremde Alpenhöhen mitten in die große Stadt niedergelassen. Es entsprach seiner Stimmung, beim Gedanken an die zarten Schöpfungsgebilde sehnsüchtig zu verweilen. Er hatte solche, droben in ihrer Freiheit, gesehen! Wenn man in ihnen versinken könnte und still werden wie sie! alles das vergessen, was jene noch nicht wußten und niemals wissen würden. Erst unlängst war er unter Gedichten Rilkes dem Fragment begegnet, wo in so unvergeßlicher Weise von dem hohen Gebirg die Rede war, und von dem unwissenden Kraut, das an stummem Absturz hervorblüht, singend. „Aber der Wissende, ach, der zu wissen begann / Und schweigt nun, ausgesetzt auf den Bergen des Herzens"... Die Verse klangen in ihm wieder auf, ihre Schwermut, so tief, daß sie schon keines Liedes mehr mächtig wird, fand tausendfältige Antwort in ihm selber.

Tante Kitty hatte wirklich im Garten einen Tisch gerichtet, Kaffee und Toast und bacon-and-eggs und grape-fruits, ein angelsächsisches Frühstück; unter seinem Teller fand Friedrich ein Geld-

geschenk, durch das Onkel und Tante ihm ihre Freude über sein
so erfolgreich bestandenes Abitur ausdrücken wollten. Es rührte
den Beschenkten, aber Tante Kittys warme, herzliche Art ließ ein
bißchen zu sehr den Willen erkennen, ihn „aufzumöbeln". Richard
hatte ihr nur vorsichtig gesagt, daß dieser merkwürdige Junge
irgendwie bedrückt sei, sich mit Problemen herumschlage, und daß
es nett wäre, sich um ihn zu kümmern; da war sie gleich Feuer
und Flamme. Was für Probleme? hatte sie wissen wollen, und da
ihr Richard mit keiner Auskunft dienen konnte, war sie gewillt,
es ihrerseits herauszubringen, jedenfalls aber, es den Symptomen
entsprechend energisch zu behandeln. Kümmernisse, das waren
Dinge, gegen die man etwas t u t. Sich Bewegung machen, sich
Ablenkung schaffen — irgend ein Mittel gab es immer; und eigentlich, so dachte Richard im Stillen, hatte ja seine Frau mit dieser
Überzeugung weit mehr recht, als wir tiefsinnigen und hochmütigen Europäer es wahrhaben wollen. Trotzdem sah er mit einigem
Unbehagen, wie Kittys Eifer den Jungen in Verlegenheit setzte
und gleich wieder der Ausdruck schwerer Verschlossenheit auf
seinem Gesicht sich zeigte, konnte aber nichts daran ändern. —
Kitty hatte nach Wien fahren wollen, auf einen ersten Besuch zu
Ellen und Clemens, und hatte sich sehr auf diese Osterreise gefreut. Dann aber war ein Brief von Ellen gekommen, worin sie
bat, den Besuch zu verschieben. Es war nicht recht ersichtlich,
warum. Sie hätte den Maler im Haus, schrieb Ellen, es sei nicht
gemütlich. Nun, ein Maler konnte nicht ewig anstreichen, Ellen
hätte ihre Mutter deswegen nicht auf den Sommer vertrösten
müssen. Es war eine Laune von ihr. Ellen hatte vielleicht jetzt
ein Recht, Launen zu haben, obwohl auch darüber von der seltsamen Tochter nichts Bestimmtes zu erfahren war, trotz mehrerer
brieflicher Winke mit Kittyschen Zaunpfählen. Nicht ohne Mühe
hatte Richard seine Frau davon abgebracht, nun erst recht nach
Wien zu fahren, „weil da etwas Beunruhigendes dahinter
stecke"... aber nun war Kitty wie ein Rennpferd, das nicht rennen soll; und darum hatte sie sich in die Aufgabe gestürzt, Friedrich so viel Wohltaten wie möglich, innerhalb kürzester Zeit, zu
erweisen. Er hatte das wohl zu wenig bedacht, sagte sich Richard,
als er den Neffen zu sich einlud.

Er unterbrach schließlich seine lebhaft plaudernde Frau mit
dem Vorschlag, nun wollten er und Friedrich einen kleinen
Spaziergang gegen den Grunewald hinaus machen, damit sie zum
Essen wieder den nötigen Appetit nach Hause brächten... aber
da kam er schlecht an! „Da siehst du's, wie dein Onkel ist,"
sagte Kitty fröhlich lachend zu Friedrich. „Jetzt hab ich endlich

einmal einen Kavalier, und da will er ihn mir schon wieder wegnehmen und mich allein zu Hause sitzen lassen!" — Nein, sie hatte sich den Tageslauf anders und viel besser ausgedacht. Nicht zu Hause würden sie essen, sondern mit einem Auto hinausfahren, in Rheinsberg zum Beispiel sei sie nur ein einziges Mal gewesen, und es sei doch so ein reizender Ort; oder ob Friedrich Gransee schon kenne, mit seinen noch echt mittelalterlichen Mauern? Irgendwo so hinaus würden sie fahren, etwas Neues sehen, frische Luft atmen, — und abends recht vergnügt und erholt zurückkommen, sagte sie, indem sie Friedrich mit ihrem ermunterndsten Lächeln anstrahlte.

Gransee lag zu weit ab, die Zeit war schon vorgerückt; sonst aber geschah, wie immer, alles nach Kittys Wünschen. Es wurde um ein Mietauto telefoniert, und sie fuhren. Von diesem Tag blieb Friedrich nichts in Erinnerung als die stillen Waldungen und Seen um Rheinsberg her, wo sein großer Namensvetter von Preußen als Prinz gelebt hatte, noch unbemüht von der Last seines späteren Ruhmes. Sie waren zum Abendessen wieder in Dahlem, dem Gast zu Ehren wurde dabei noch ein guter, süßer, nachdenklicher Pfälzerwein hervorgeholt, dann aber lag die Tante, selber erschöpft von der Aufheiterungskur, der sie ihren Neffen unterzogen hatte, mit einem Kopfwehmittel auf dem Divan. Als Friedrich aufbrach, begleitete ihn der Onkel, zusammen wanderten sie durch die schon von Lampen erhellte Villenstadt, von Dahlem nach Steglitz hinüber. So kam es am Abend doch noch zu dem bisher verhinderten Gespräch zwischen ihnen.

„Ich begreife nicht, daß die arme Tante Kitty Kopfschmerzen bekommen hat. Denn dein Pfälzerwein, Onkel Richard, ist so gut, daß er eher allen Kopfschmerz vertreiben könnte."

„Es ist nicht vom Wein, daß die Tante Kopfschmerzen hat," sagte Richard, und beide sprachen sie weiter nichts über Kitty.

„Hat er denn dir deine Kopfschmerzen vertrieben? der Wein, mein ich," fragte Richard nach einer kleinen Pause.

„Ich hab keine Schmerzen." — Wieder nach einer Pause: „Ich habe noch nie einen so guten Wein zu trinken bekommen. Mein Vater gönnt mir nicht oft welchen. Überhaupt, mein Vater —" aber er brach ab, weil er selbst merkte, was für ein unguter Ton in seiner Stimme klang.

Richard wartete wieder, stumm neben seinem Neffen hergehend. Dann sagte er: „Ich dachte eigentlich, du wolltest was mit mir besprechen, Junge? Oder nicht? Denn irgendwas ist doch los mit dir, das sieht man dir ja an, du hast manchmal einen ganz verquälten Ausdruck. Aber du bist ja wie ein Gardeleutnant, zugeknöpft bis unters Kinn. Ich finde, das ist gar nicht sehr nett von dir. Schon seit Grünschwaig, im letzten Sommer, hatte ich immer vor, deswegen ein Hühnchen mit dir zu rupfen." Er wollte fortfahren: wir zwei haben doch Vertrauen zueinander, sagte sich aber gleich: Einbildung! was soll so einen jungen Kerl, der sein Leben vor sich hat, veranlassen, zu mir altem abgenütztem Kriegseisen ein besonderes Vertrauen zu haben? Er sagte also nur: „Es wäre doch gut, wäre eigentlich gut, wenn man Vertrauen zueinander hätte."

„Ich habe Vertrauen zu dir, Onkel Richard."

„Das sagt man so. Wenn's wahr sein soll, dann laß es mich einmal merken. Nicht daß ich mir einbilde, ich müßte absolut einen Rat geben können. Aber es tut meistens gut, wenn man sich ausspricht."

Friedrich sah auf zwanzig Schritt vor ihnen eine Straßenlaterne und blieb stehen, um nicht in ihren Lichtkreis zu kommen.

„Onkel, ich kann dir nicht sagen, was mit mir ist. Es ist nicht Mangel an Vertrauen, glaub es mir bitte; ich hab zu dir das größte Vertrauen unter allen Menschen! Aber ich kann es trotzdem nicht sagen. — Aber eine Frage muß ich an dich stellen und, bitte, du mußt sie mir ehrlich beantworten! Nicht so beantworten, wie es vielleicht für einen unerfahrenen Menschen wie mich gut und nützlich ist, sondern ganz ehrlich! Als ob ich ein Erwachsener wäre. Bitte, tu es so! es ist zu wichtig für mich —"

„Du bist ja jetzt ein Erwachsener — mit deinem Abitur in der Tasche."

„Bitte jetzt nicht spotten!"

„Ich denke gar nicht dran. Und was heißt erwachsen? Wir sind meistens im Alter dümmer als in der Jugend. — Also stell deine Frage."

„Onkel Richard — wir sind doch auf der Welt, um das Edle und Vollkommene und Schöne zu lieben? Oder sind wir vielleicht nur so zum Spaß ... oder sind wir vielleicht gar nicht deswegen auf der Welt?"

„Ich denke schon."

„Und wenn wir einmal erkannt haben, was für uns das Edle und Vollkommene und Schöne ist — müssen wir dann nicht unbedingt, u n b e d i n g t daran festhalten?"

Richard schwieg.

„Siehst du, da wirst du schon vorsichtig! — Onkel, ich bitte dich, sei mit mir heut nicht vorsichtig, sag es mir ganz ehrlich, wie du es denkst. — Müssen wir nicht unbedingt daran festhalten?"

Richard: „Ich weiß ja nicht, um was es sich in deinem Fall handelt. Aber ich bin nicht vorsichtig, ich überlege nur, wie es ist. Zunächst glaube ich, daß man nicht immer richtig erkennt, was das Vollkommene und Schöne ist."

Friedrich, jetzt mit etwas Strahlendem in seiner Stimme: „Aber wenn man es erkannt hat?"

„Wenn man es erkannt hat, lieber Junge — dann ist es nicht immer für uns bestimmt."

„Und man soll dann also leben, nicht mehr auf das Vollkommene zu, sondern davon weg, und womöglich ohne mehr daran zu denken?"

„Ja, das kann vorkommen. Ja, meistens im Leben wird es so sein," sagte Richard.

Friedrich hörte es genau heraus, daß Richard ihn jetzt nicht beschwichtigen wollte, daß er ihm seine wirkliche Meinung ausgesprochen hatte.

„Aber das kann ich nicht," sagte der Jüngling, fast lautlos zwischen den Lippen.

Es hatte ihn erschüttert. Er hatte begriffen, daß das ein trauriges Lebensbekenntnis von seiten seines Onkels gewesen war, und er fühlte sich plötzlich von großer Zärtlichkeit für ihn bewegt. Er umarmte ihn und küßte im Dunkeln seine ganz magere Wange; er sagte:

„Ich danke dir, Onkel Richard. Verzeih, daß ich die Frage gestellt habe. Ich dank dir für alles!"

Und er ließ ihn da stehen und lief fort, um mit diesem Tränengefühl in seinem Hals allein fertig zu werden.

Und nun geschah es an diesem Osterabend, daß er Ulrike allein in der Wohnung fand. Sie war es, die ihm die Tür aufmachte; unwillkürlich forschte sein Blick in ihrem Gesicht, ob da wieder dieser Ausdruck von Schrecken und Abwehr erschiene, den er so kannte und fürchtete, aber er bekam nur ihre blasse Undurchdringlichkeit zu sehen. Sie mußte ja schon bei seinem Läuten auf ihn gefaßt gewesen sein.

Grete, das Dienstmädchen, war über Ostern nicht da, war bei ihren Angehörigen. Die Andern allesamt im Theater, „im Wilhelm Tell", so berichtete Ulrike, „der wird heut gegeben. Dein Vater ist bis vor kurzem hier gewesen, er und ich haben einen schönen, stillen Abend zusammen gehabt. Aber dann ist er, vor kaum einer halben Stunde, telefonisch zu einer Kranken gerufen worden. — Möchtest du noch etwas haben?"

„Nein danke, ich habe bei Onkel Richard zu Abend gegessen."

„Nun, also dann Gute Nacht. Du wirst müde sein."
„Nein, Mutter —"
Sie standen noch im Gang. Es war gleich, wo sie standen, die ganze Wohnung schloß sich als ein einziges Reich um sie und ihn zusammen, niemand war da, um zu stören! Er war aus der offenen Nacht hereingekommen, aus der Welt seiner einsam strömenden Gedanken, wo Leidenschaft, Schicksal, Schönheit ihren gültigen Sinn hatten, und aus alldem her erschien ihm jetzt Ulrikes Weise, das einfach wegleugnen zu wollen, ein wohlbemessenes normales Verhältnis sich gegenseitig vorzutäuschen, als ein Unding und eine Unwürdigkeit. Er stand nicht mehr scheu vor ihr wie sonst, ein Zorn flog über ihn hin, mit bubenhaft ungefügem Griff nahm er sie bei der Hand.

„Mutter," begann er.

Sie wich nicht zurück von ihm, es war ihre Art nicht, Ängstlichkeit zu zeigen, sie hätte sich dessen geschämt. Sie fragte, ihre Stimme noch immer wie aus gläserner Unberührtheit heraus: „Was willst du, Junge?"

„Du mußt doch endlich einsehen, Mutter — Nein, sag mir zuerst, was habt ihr, du und der Vater, über mich beschlossen? Kann ich hier studieren?"

Ulrike: Sie seien übereingekommen, daß das nicht gut wäre. Ein junger Mensch seines Alters müsse einmal weg aus dem Elternhaus, müsse neue Verhältnisse sehn. Friedrich solle auf eine andere Universität. Er werde selbst bestimmen, ob München oder was für eine sonst. Er könne sichs aussuchen. Sein Vater werde das alles noch ordentlich mit ihm durchsprechen.

„Also wirklich verbannt, verbannt habt ihr mich!"

Der Schmerz überstürzte ihn so stark, daß die unsichtbare Wand zerbrach, die Ulrikes Haltung bisher noch um sie gebaut hatte; der Junge warf sich auf einmal vor ihr hin, ihre Kniee umklammernd sprach er, erst laut und heftig, dann immer leiser werdend, ohne dabei zu ihr aufzusehen, alles heraus, die ganze lange Qual dieses letzten Jahres, seit er sie kannte: daß er sie doch liebe; sie müsse es doch endlich einmal einsehen und ihm darin helfen, statt ihn immer nur zurückzustoßen; er wisse ja, wisse, daß es ein Unrecht sei, aber nicht er habe sich das gewünscht, es sei von selbst gekommen, mußte auch kommen, wie wäre es anders möglich, als daß er sie liebte! Er wollte ja auch alles geduldig aushalten, was nötig ist. Aber warum er denn fortmüsse, und warum denn er, der sie doch am meisten von allen liebe, nicht wenigstens auch ein Recht habe, um sie zu sein, so wie seine Geschwister —

Sie stand und sah auf ihn nieder, sie machte keinen Versuch, sich gewaltsam zu befreien. Und dann strich ihre Hand, leicht und ein wenig zitternd, über seinen Kopf, und aufblickend sah er ihr sonst immer so herbes Gesicht ganz gelöst, gelöst auch den schönen bleichen Mund, schmal und ein wenig zitternd.

Sie sagte: „Mein Lieber, sprich bitte nie mehr so. Und, bitte, tu wie wir es dir raten und wie es das Beste ist. Daß du auf eine andere Universität gehst."

Diese Veränderung an ihr, nichts mehr von fremder, strenger Autorität, dieser leise Ton ihrer Bitte, und so unantastbar doch in ihrer plötzlichen Wehrlosigkeit — das überwältigte ihn. Er versprach, ihren Wunsch zu erfüllen. Er hielt sie nicht, als sie sich nun ohne Hast von ihm wegwandte und in ihr Zimmer ging.

— In dieser Nacht aber, die finster und lang und ohne österlichen Trost für ihn war, faßte Friedrich den Entschluß, zu sterben.

7

Es war nicht, daß es etwas Neues in ihm gewesen wäre, an einen freiwilligen Tod zu denken. Das lag längst in ihm bereit, wie eine Krankheit im Blut liegt und auf ihre Stunde wartet. Dann gießt sie sich aus und wird unaufhaltsam. So war nun für Friedrich die Stunde gekommen, wo diese Versuchung unaufhaltsam wurde. Es gab etwas in ihm, das ihrer Tiefe entgegensinken wollte.

Er selber nannte nicht Versuchung, was sich da seiner Seele bemächtigte und seinen Willen band. Vielmehr schien es ihm, als in der schlaflosen Ostersonntagsnacht nach der Unterredung mit Ulrike und dem ihr gegebenen Versprechen der tödliche Entschluß in ihm reif wurde, er habe eben damit das Große und Rechte beschlossen: sein bis zum Innigsten gesteigertes Gefühl von der Schönheit Ulrikens nicht in ein farbloses Scheinleben, aus ihrer Nähe verstoßen und schließlich gar über ihren Verlust getröstet! verrinnen zu lassen. Rein, wie es die Götter gegeben hatten, wollte er es als Opfergabe wieder auf den Altar legen, so unverwischt, so treu gespiegelt, wie sein Herz es vermochte. Das war er ihnen, den Göttern, und sich selbst, das war er der Geliebten schuldig! Aber es konnte nur geschehen, wenn er stürbe in der Fülle dieses Gefühls, in dem stolzen, mächtigsten Augenblick, wo die Wellenkrone zu Schaum wird und sich überschlägt. Nicht zögern durfte er, nicht sich abfinden lassen! Ja, er begriff's als die höchste Bestätigung menschlicher Freiheit, daß man ein Leben, das zu seiner Höhe gelebt sei und künftig nur sinken könne, aus freiem Willen auslöschte und so der „schlechten Fessel des Alltags" entkam. Was er bei Onkel Richard gesehen und was der ihm gesagt, mußte ihn in dieser Richtung seiner Gedanken noch bestärken. Undenkbar, daß man am Ende darauf hinauskäme, neben irgendeiner gutherzigen aber ahnungslosen Tante Kitty herzuleben, wenn man einmal die Schönheit mit Augen angeschaut hatte. Unter seinen Skizzenblättern zu neuen Gedichten, die er in diesen Tagen wieder einmal zur Hand nahm, war eines, worin er schon früher versucht hatte, solche Empfindungen auszusprechen, aber dabei über eine erste Strophe nicht hinausgelangt war. Die lautete:

> Schmerzen und Liebe — vieles ist Gewöhnung,
> Die Rose altert rasch und hängt verschrumpft.
> Wir schnell Gestillten rühmen's als Versöhnung,
> Wenn sich die heftige Schärfe abgestumpft...

Einer solchen „Versöhnung", das wußte er jetzt! durfte er sich nicht schuldig machen.

Ganz planvoll tat er nun Schritt um Schritt, um seinen Selbstmord vorzubereiten. Das Erste war, daß er in die Stadt ging, sich eine Pistole zu kaufen. Eine Schwierigkeit bestand dabei insofern, als er, der noch nicht volljährig war, genau genommen keine Schußwaffe besitzen durfte. Er benahm sich aber so unauffällig bei diesem Einkauf, ließ sich mit so ruhigem Interesse von dem Verkäufer die Handhabung der Waffe erklären, daß der Mann auch nicht entfernt auf den Gedanken kam, zu welchem Zweck dieser gute Taschenbrowning erworben würde. Er glaubte es mit dem Angehörigen eines Wehrsportverbandes zu tun haben; diese jungen Leute waren meistens zu jung für ihre Waffen, und es war taktvoll, sie nach Paß und Alter nicht zu fragen. — Friedrich bezahlte von dem Gelde, das er von Richard und Kitty geschenkt bekommen.

Es gelang ihm auch, sich ein starkes, mit Morphium versetztes Schlafmittel zu besorgen, mit dem er sich, für alle Fälle, den Tod zu erleichtern hoffte.

Hierauf machte er sich an ein Ordnen seiner Papiere. Er verbrannte nach und nach, was er je an tagebuchartigen Aufzeichnungen geschrieben, ließ aber von seinen Gedichten eine Auswahl bestehen; er konnte nicht ganz der Hoffnung entsagen, daß vielleicht einmal ein Buch da sein würde: Gedichte von Friedrich Degener, das seiner Nachwelt als das Zeichen einer dichterischen Verheißung gelten könnte. Das zu denken, war ihm erwärmend und tröstlich. Als bliebe er so insgeheim dennoch bei den Menschen und es würde vielleicht welche geben, die ihn um seiner Gedichte willen liebten und ihm nachtrauerten. Hatte nicht Jakob gesagt, er wäre ein

Dichter? Friedrich dachte sogar daran, schriftliche Verfügungen über seine Gedichte zu treffen, ließ es aber dann sein, weil es anmaßend und vielleicht lächerlich wäre. Ein Gefühl der Schutzlosigkeit überkam ihn dabei, gegenüber der großen, lauten, immerweiterlebenden Welt.

Doch waren das nur vorüberfliegende Schatten. Wenn er seine Geschwister ansah, von denen keines wußte, daß er nur noch wie zu Besuch unter ihnen lebte, und denen sein Tod etwas unbegreiflich Schreckliches sein würde, dann wehte ihn wohl selbst ein Schrecken darüber an und eine Vorahnung von Reue über den Weg, den er ging. Aber sobald er auch nur einen Augenblick dem Gedanken Raum ließ, sich etwa wirklich dem zu fügen, was man von ihm wollte und für ihn schon vorbereitete, wirklich nach München zu gehn, zu studieren, Kolleghefte zu schreiben, zu leben von Tag zu Tag und seine Mutter Ulrike zu entbehren... da kam sein ganzes Elend wieder über ihn, an dem er so wundgerieben, dessen er so bis zum Ekel überdrüssig war. Es war die Nüchternheit der Welt, die er jetzt nicht mehr ertrug und vor der er sich hinauf in das Reich seiner kühnen und hohen Gedanken flüchtete. Ja, fortgehn würde er, aber dahin nicht, wohin die Eltern ihn verbannen wollten, sondern in ein frei erwähltes Land, und von dort nie wiederkehren.

Jakobs Brief machte ihm noch eine Weile zu schaffen. Er las ihn öfters und es kam ihm vor wie ein Eigensinn seines Vetters, daß da immer wieder diese Worte standen: „Es lohnt sich doch, zu leben," und: „Geschichte lernen, ist wunderbar." (Geschichte! was ging ihn das an, zu lernen, daß die Menschen durch Tausende von Jahren ganz ebensolche Philister und Kompromißler und arme, traurige Leute gewesen waren wie heut!) und „Man darf nicht sein Gefühl in die Welt hineinwerfen und dann weglaufen. Man muß warten auf die Antwort." (Er brauchte keine Antwort von der Welt, dachte Friedrich, er wollte keine! achtzehn Jahre hatte er gelebt, gerade lang genug um zu erkennen, daß die Welt nie so sein würde, wie das Herz es verlangte. Was also sollte er mit ihr?) Dem Jakob müßte man es doch sagen, ihm beweisen, daß er unrecht hätte. Aber es war nicht einmal nötig, Friedrichs eigener Tod war der beste Beweis, gegen sie alle, ein unwiderleglicher Beweis, all ihre schönen Argumente erreichten ihn dann nicht mehr, seine Ohren würden mit Erde zugeschüttet sein —

Es war merkwürdig, daß es ihm gelang, aus solchen Gedanken sich einen Turm zu bauen und in ihm fast behaglich zu wohnen. Was er seit Jahr und Tag entbehrt, nun gewann er es wieder: Ruhe, sogar Heiterkeit. So geschieht es, daß wir mit unsern innigsten Herzenskräften den Trug noch schmücken müssen, der uns verdirbt. Er konnte jetzt wieder lustig sein mit den Andern, mit Peter Unsinn treiben, mit ihm und Ninette und Antje zusammen Luzie ausspotten, weil sie sich schminkte und alle möglichen albernen Verehrer hatte. Und dabei war sein Spott nicht herb, sodaß nicht einmal die Betroffene selber ihrem Bruder recht bös werden konnte, ein so freies Licht schien über sein ganzes Wesen ausgegossen. Der schlimme Druck war gewichen, sie empfanden es alle, daß es im Hause wieder heiterer war als seit langem. Silvia war ganz glücklich darüber, sie, der es wie einer guten Gluckhenne nur wohl sein konnte, wenn es allen ihren Anvertrauten auch wohl war. Und auch Ulrike empfand es mit tiefer Dankbarkeit, wennschon nicht ohne Verwunderung, daß Friedrich ein andrer geworden schien, einer, mit dem man sprechen, mit dem man leben konnte. Seinen mit zarter Scheu sie umfassenden Blick fühlte sie noch immer, aber es war kein Blick mehr der sie zwingen, der etwas von ihr fordern wollte. Sie durfte es der Bitte zuschreiben, die sie in jenem Abendgespräch an ihn gerichtet, es rührte sie und sie machte sich Vorwürfe, ihm je mit ihrer Strenge begegnet zu sein, wo sie nun sah, daß ein einziges offenes bittendes Wort genügt hatte, ihn so zu verwandeln.

Kein Wort entschlüpfte ihm, aus dem irgendjemand hätte ahnen können, was er vorhatte. Dieses Spiel wurde ihm am schwersten der kleinen Ninette gegenüber, als sie in ihr Stift zurück mußte. Ihre Abreise abzuwarten, hatte er sich vorgenommen, es war ihm unmöglich erschienen, seine Tat zu tun, solang sie, die Lieblingsschwester, noch da wäre; er mochte sie sich nicht vorstellen, über seinen toten, blutigen Körper gebeugt. Sollte sie lieber erst wegfahren, lieber später, aus der Ferne, davon hören. Es gelang ihm, von ihr einen harmlosen Abschied zu nehmen, sie erriet nichts. Das aber wußte er nicht, daß aus seiner zum Tode gewillten Seele schon vorher, während der letzten gemeinsamen Tage, mancher Same in die ihrige hinübergeweht war, um dort unbewußt zu schlummern. Sie waren einander so ähnlich, diese Beiden; die kleine Verstimmung, die wegen Hannelore Kiems zwischen sie gekommen war, konnte nicht lang dauern, ohnehin blieb seit dem Gründonnerstagausflug die Kiems ganz aus, und Ninette, wie sie mit Antje wieder versöhnt war, saß auch wieder bei dem Bruder, wie einst in guten Zeiten, und besprach ihre Sorgen mit ihm. Zwar von Hannelore nichts, und nichts vom Ausflug mit den zwei Jungens, wohl aber, im Allgemeinen, von der Welt, die eine „komische Sache" war, und ob man denn wirklich in ihr nie sein konnte, wie man wollte? Wenn er ihr dann eine Antwort gab, nachlässig, als verstünde sich ja von selbst, daß die Welt nichts tauge und das Herz in ihr nie ein Genüge finden könne — das blieb und wurde später stark in ihr, nachdem des Bruders schöner, kühner, geschwungener Mund längst „mit Erde zugeschüttet" war. Aber auch jetzt schon, als sie im Zug aus Berlin hinausfuhr und ihre Osterferienzeit übersann, sagte sie zu sich selbst, was es doch für ein großes Glück bedeute, einen so gescheiten Bruder zu haben.

Georg als Einziger in seiner Familie war mit dem Sohn nicht recht einverstanden, und hätte man ihn nach dem Warum gefragt, er hätte wohl die simple Pastorenantwort gegeben: der Junge stehe auf keinem guten Fuß mit seinem Herrgott, und da könne man nicht verlangen, daß er als Vater und Seelsorger über ihn beruhigt sei. Daß Friedrich mit den Richards am Ostertag in keine Kirche gekommen sei, hatte er auf Befragen sofort zugegeben. — „Nun, und wie ist das nun? scheint dir das in Ordnung?" fragte ihn Georg.

Friedrich, mit dem abwesenden Blick wie immer in Gesprächen mit seinem Vater, schwieg darauf.

„Wäre es nicht gut, das wenigstens bei der nächsten Gelegenheit nachzuholen?"

Friedrich sagte nach einer Weile: „Nein, Papa."

„Nein? Hm. Würdest du mir vielleicht deine Gründe —"

„Nein, Papa. Bitte lassen wir das, Papa."

Georg: „Du bist mir in letzter Zeit oft recht bedrückt vorgekommen. Es wird wohl Überarbeitung vor dem Examen... wird es wohl gewesen sein. Denn jetzt scheint es dir ja besser zu gehn, und das freut mich natürlich. Die Mutter und ich hatten Sorge um dich. Aber —"

„Aber es wundert dich, daß man auch ohne kirchlichen Segen zufrieden sein kann? Ich versichere dir, daß man es kann," sagte Friedrich, scharf und spöttisch.

Georg, sehr ernst geworden (er macht schon wieder das feierliche Kanzelgesicht, dachte Friedrich):

„Nein, mein Lieber, das kann man nicht. Laß dir so etwas nicht einreden. Über deinen Vater kannst du schon spötteln, immerhin, das kannst du, wenn es auch nicht sehr schön ist. Nur soviel laß dir gesagt sein: Gott läßt sich nicht spotten! Irret euch nicht! Es gibt keinen Frieden, als allein in Ihm!"

„Papa, ich spotte ja nicht. Und niemand redet mir etwas ein. — Aber bitte, wir wollen nicht weiter darüber sprechen. Du vergißt, daß Bibelsprüche für mich keine Argumente sind. Wir haben verschiedene Anschauungen, Papa."

So verlief dieses Gespräch; es war das letzte, das sie miteinander führten. Georg Degener hatte kein Geschick in solchen

Dingen, es war ihm nicht gegeben, den Glauben, der so sicher und stark in ihm selber wurzelte, für Zweifelnde einleuchtend zu machen. Und vor allem konnte er es nie fassen, daß die kirchliche Sprache für die Menschen seiner Zeit zu einer außer Kurs gesetzten Münze geworden war. Daß er es an seinem Sohn so erfahren mußte, traf ihn sehr schmerzlich, er hatte bisher doch keine ganz deutliche Vorstellung davon gehabt, wie weit sich Friedrich vom Christenglauben entfernt hatte. An Gottes Wort konnte es nicht liegen, wenn der Junge es nicht annehmen wollte; also denn an ihm, Georg, weil er ein schlechter Verkünder war. Er wurde still und arm, über diesen Gedanken. Seiner Frau verbarg er seinen Kummer nicht, und veranlaßte sie, mit ihm zusammen diese Sache vor Gottes Angesicht zu bringen. So knieten sie nun an den Abenden beide, im Schlafgewand, zur Rechten und Linken ihres ehelichen Lagers, — Ulrike scheu und stumm, Georg andächtig-langsam die Worte vorsprechend — und beteten für Friedrichs Seele.

Indessen rückte die Zeit heran, wo dieser auf die Universität abgehen sollte, die Münchner Verwandten waren schon, durch seinen Vater, brieflich gebeten worden, ein geeignetes Zimmer für ihn zu besorgen, und Quint hatte auch bereits für ihn gemietet. Friedrich aber wartete noch auf eine günstige Gelegenheit für die Ausführung seiner Tat. Sie fand sich an einem Sonntag um die Mitte April, an dem die ganze Degenersche Familie zu einem Wohltätigkeitskonzert zugunsten der Berliner Bahnhofsmission geladen war. Infolge der alten Beziehungen Ulrikes war auch Georg Degener, seit seiner Heirat mit ihr, in manche Berührung mit der Bahnhofsmission gekommen, hatte Ansprachen dort gehalten und an Feiern teilgenommen. Und als er nun mit seinem ganzen Hause zu diesem Konzert gebeten wurde, war es ihm selbstverständlich, daß sie alle zusammen hingingen. Doch nahm er Friedrichs Bitte, ihn daheimzulassen, an; er hatte sie erwartet, und es schien ihm nicht gut, ihm irgendwelche Kirchlichkeiten aufzudrängen. Auch dem Peter, auf dessen inständige Bitten, wurde das Konzert erlassen, da sein Grund triftig war: es fand an dem gleichen Nachmittag ein Fußballwettspiel seiner Schule statt, bei dem er Mittelstürmer war und für das er lange trainiert hatte. Peter durfte schon um zwölf abziehen, einen Hausschlüssel in der Tasche. Und nachmittags um drei Uhr begleitete Friedrich die Seinen an die Tür der Wohnung, er stand dort, heiter lächelnd, und wünschte den Eltern, den Schwestern und Grete, die ebenfalls mitging, eine gute Unterhaltung. „Dir auch!" rief Silvia noch von der Treppe her zurück.

„Ich werd es schön still haben," sagte Friedrich.

„Schön still" — in der Wohnung allein, war er einen Augenblick etwas benommen von dieser wartenden Stille. Dann ging er in sein Zimmer. Er zog die Schreibtischlade auf, wo er seinen Browning verschlossen gehalten, und legte ihn auf den Tisch. Unwillkürlich laut, als hätte er ein Bedürfnis, die eigene Stimme zu hören, sagte er: „Der da wird nicht ganz still sein" — und beschimpfte sich gleich darauf selbst wegen einer so „belletristischen" Bemerkung. Er dachte: Es ist recht gut, daß ich mich totschieße. Aus mir wäre doch nur ein mittelmäßiger Skribent geworden.

Er nahm einen Brief zur Hand, der auf dem Schreibtisch lag. Er war von Jakob, und erst vor einigen Tagen gekommen. Jakob schrieb darin, er hätte mit großer Freude durch die Fehrenkamps erfahren, daß Friedrich nun wirklich nach München zum Studieren kommen würde. Aber warum ihm denn Friedrich auf seinen früheren Brief, worin er ihm den Vorschlag zum Studium in München gemacht, und auf das, was er ihm sonst noch darin geschrieben, nie eine Antwort gegeben hätte? Es könnte ihn doch nicht gekränkt haben, was in dem Brief stand? „Ich versteh es nicht, Friedrich — was hab ich dir denn getan?"

Friedrich lächelte, als er das las. Er setzte sich und nahm einen Briefbogen; den wollte er auf seinem Tisch liegenlassen, als ein letztes Wort an die Seinen, wenn er tot wäre. Er schob die Pistole etwas beiseite und schrieb:

„Ich danke Euch allen für all das Gute was Ihr mir erwiesen habt, von Kind auf. Jetzt bitt ich Euch nur eins, fragt nicht nach Schuld oder Unschuld, denn ich sage Euch, es ist alles nur in mir gelegen. Meine zweite Mutter liebte ich so wie keinen anderen Menschen, und sie war sehr gut zu mir. Ich glaube begriffen zu haben, was das Schöne im Leben ist. Mir war es verweigert, und es kann nicht recht sein, daß man ein halbes Leben weiterführt. Ich wenigstens kann es nicht. Es tut mir weh, zu denken, was ich Euch Schweres zufüge, aber es geht nicht anders. Lieber Jakob, Du hast mir nie etwas getan, verzeih, daß ich Deine Briefe nicht mehr beantworte. Du weißt auch so, daß ich Dir gut bin, und dankbar.

Friedrich."

Er überlas es, und war zufrieden, legte die Feder weg. Jetzt also! dachte er. Als er das Schlafmittel herausnahm — „wirkt in längstens 10 Minuten", stand darauf geschrieben — da fiel ihm ein, daß er vorher noch baden könnte, warum nicht? wie Einer, der eine Reise tun oder ein Fest besuchen will. Er zog sich also aus, nahm seinen dunklen Schlafrock um und ging hinüber ins Bad, ließ das heiße Wasser einlaufen. Während es langsam floß, ging er, noch einen Abschied zu nehmen. Leise, als müßte das heimlich geschehen, in Ulrikens Zimmer; das Fenster, den Empire-Schreibtisch und -Stuhl umschloß er mit einem langen Blick, als wollte er das Bild dieser Dinge auf immer in sich festhalten. Wo denn festhalten und womit? mußte er denken. Dann erinnerte er sich, daß sein Vater über seinem Nachttisch eine Photographie von Ulrike hängen hatte, und er sehnte sich, das Gesicht noch einmal zu betrachten, das er nie mehr als ein sprechendes, atmendes vor sich haben würde.

Drinnen im Schlafzimmer der Eltern aber war es, daß ihn plötzlich Ernüchterung befiel, und Angst, wie aus unbekannter Ferne herabstürzend, ihn bedrängte, Angst um sich selber, Angst vor seiner Tat! als entflöge ihm seine Seele und wäre nicht mehr zu erreichen! als wäre er dem Armseligen und Halben, dem er durch seine Tat zu entfliehen dachte, eben durch sie verfallen. Durch sie eingeschlossen in den engen Kreis seines Ich, kaum am Leben der Nächsten, seiner Familie, wirklich teilgenommen, und draußen lag die ganze breite, fremde Welt, der er die Antwort schuldig blieb, seine Antwort, auf die sie ein Recht hatte! — Es war, in diesem einzigen Augenblick, ein Zusammensturz seines ganzen hochgebauten Stolzes!

Verwirrt kam er wieder heraus. Und da hörte er den Hausschlüssel, und erschrak. — Es war Peter, von seinem Fußballspiel unerwartet früh zurückgekehrt.

Was es denn gebe? fragte er ihn unwirsch.

„Fuß verrenkt," brummte Peter.

„So. Hat euer Spiel schon stattgefunden. — Habt ihr denn gewonnen?"

„Das schon. Aber ich hab ja ausscheiden müssen. Saudumm, einfach."

„Wart," sagte Friedrich, davon erheitert und wieder freundlich. „Ist es schlimm?"

„Ach wo, bin ja allein heimgekommen."

„Ich war eben dabei, ein Bad zu nehmen. Ich laß dir dann auch eins ein, das wird deinem Fuß guttun."

„Ja, danke."

Friedrich schloß sich ins Badezimmer ein. Seine Verwirrung war nicht bezwungen. „Todesangst, natürlich!" schnaubte er, voll Verachtung und Ekel über sich selbst. „Geht offenbar nicht ohne das, so lächerlich es ist." Und er schluckte jetzt sein Schlafmittel, spülte das ganze Zeug mit Wasser hinunter, und fing dann langsam und gründlich an, sich zu waschen. Seifenschaum um seinen Hals, auf den Schultern und Schenkeln. Dann tauchte er unter in das ziemlich heiße Bad. Für einige Sekunden war es ihm dunkel vor den Augen, als er herausstieg.

Dann ging er zurück in sein Zimmer. Vom Gang aus rief er Peter zu, dessen Tür nur angelehnt war: „Dein Bad läuft ein" — und wunderte sich über den ruhigen und bedeckten Ton der eigenen Stimme. Das Zeug scheint zu wirken, dachte er.

Wirklich wurde ihm jetzt immer gelassener zumut. Seine Uhr stand auf fünf Minuten vor Vier. Er hängte sie auf in dem kleinen samtenen Futteral, das man aufstellen konnte, so, daß er das Zifferblatt vom Bett aus sah. „Um vier muß es getan sein," sagte er sich. Er nahm den Browning vom Tisch, als wär es nichts, als wär es ein spannender Schmöker, mit dem man zu Bett geht, und legte sich nieder.

Es ist schad, dachte er, daß ich dem Peter den Schrecken nicht sparen kann. Warum verrenkt er sich auch den Fuß, dummer Kerl.

Er versuchte zu fühlen, wo sein Herz klopfte, um die Waffe richtig anzusetzen, aber fühlte nichts. Macht nichts, er wußte die Stelle auch so; offenbar war die Maschine durch dieses ausgezeichnete Morphium schon fast stillgelegt, man brauchte nur noch etwas nachzuhelfen. Ganz ruhig war es ihm jetzt, ein bißchen schwer über den Augen.

Er seufzte leicht auf, als er den kühlen Mündungsring auf seiner Haut spürte. Und zum erstenmal, in dieser allerletzten Minute, kam ihm seine eigene Mutter in den Sinn, Nina, mit dem nur ihr eigenen, fröhlich-schwermütigen Lächeln über ihn geneigt, wie in der Kinderzeit. Während er noch etwas wartete, floß Ninas Gesicht mit einem anderen Gesicht zusammen.

„Liebe! Vergebt mir!" dachte Friedrich, und er sprach es auch aus, mit kaum bewegten Lippen.

Da zog sich der Zeiger auf Vier. Friedrich löste den Schuß. —

Fast sogleich nach dem Knall kam Peter hereingestürzt — da war sein großer Bruder schon tot, er schien zu lächeln, die Hand mit der Schußwaffe heruntergesunken; ein Papier leuchtete weiß vom Tisch her. Peter wagte sich an das alles nicht heran, er schrie, schreiend rannte er aus der Wohnung, um Hilfe.

Als er mit einem Schutzmann und einigen erschrockenen Etagenbewohnern wieder heraufkam, fanden sie die schwere Wohnungstür zugefallen, und Peters Hausschlüssel war drinnen. Die Tür mußte aufgebrochen werden, und das dauerte eine undenklich lange Zeit. Peter hatte sie wohl selber zugeworfen, bei seiner schreienden Flucht. Aber es war, als hätte Friedrich mit seinem selbstgewählten Tode sich einschließen und alle Menschen von sich abwehren wollen.

Drinnen nahm der Polizist den Tatbestand auf, und die Familie Degener wurde telefonisch benachrichtigt.

VIERTES BUCH

1

Clemens Hanstein sah das Leben an als den geraden Weg der Seele zu ihrem Gott, und die Ehe als den gemeinsamen Weg. Er war wie ein Reisender, der sein Ziel kennt und sich nicht zu lange auf den Stationen der Reise verweilen will. Und da er seine junge Frau aus ganzem Herzen liebte, fand er seine Aufgabe darin, auch ihr, soviel an ihm lag, dies Verlangen nach vorwärts und aufwärts mitzuteilen.

Und weit über Erwarten schien ihm das zu gelingen. Schon am ersten Morgen der Hochzeitsreise hatte sie ihn überrascht durch ein Gespräch, auf Deck des Schiffes, mit dem sie nach England fuhren. Sie standen und sahen die Festlandküste hinter sich versinken, und Ellen sagte leise vor sich hin: „Auf Nimmerwiedersehen." Auf seinen Vorhalt: was sie denn spreche? sie kämen doch in spätestens vier Wochen zurück! gab sie ihm leuchtenden Gesichts zur Antwort: „Aber nicht wie früher! Mein Leben wie es früher war, muß ganz vorbei sein. Du weißt ja gar nicht, wie oberflächlich und leichtsinnig und dumm und eitel ich als Mädchen gewesen bin. Zum Glück weißt du es nicht, sonst vielleicht hättest du mich gar nicht genommen. Aber jetzt hast du mich, und jetzt mußt du mir helfen, ganz anders zu werden!" Ihre Augen waren voll ernster Tränen, es hatte ihn beglückt und gerührt — und unter diesem Zeichen eines gemeinsamen Gelöbnisses, g a n z a n d e r s zu werden, waren seither all ihre Ehetage gestanden. Es war sogar so gekommen, daß Clemens sie zur Teilnahme an Gesellschaften, Theatern, Konzerten erst bereden mußte, denn in ihrem frischen Eifer hatte sie sich eingeredet, daß sie nach alledem kein Verlangen trüge, daß es gar nicht wichtig wäre, Leute zu treffen, eine gute Schneiderin zu haben und sich schön zu machen. Und wenn das alles jemand mit Überzeugung sagte, der dabei so bezaubernd aussah, wie Ellen, so war es wirklich gut zu hören und leicht, ihr zuzustimmen.

Freilich hatte der amerikanische Großvater dafür gesorgt, daß man all jene überflüssigen Dinge doch und reichlich besaß. Clemens war ja noch Student, aber sie hatten eine große Wohnung in einer vornehmen Gegend von Wien; während der englischen Reise war sie ihnen eingerichtet worden, und nicht so leicht war es gewesen, das gut zu arrangieren, so, daß das begreifliche Selbständigkeitsverlangen des jungen Ehemannes geschont und doch der Großvater Gaunt und Kitty nicht zu sehr enttäuscht wurden. Denn diese zwei wären am liebsten zusammen nach Wien gereist um Ellen eine Wohnung daselbst einzurichten, als wär es für den Gesandten der Vereinigten Staaten von Amerika, mindestens! Richard Degener verdiente sich damals einige unsichtbare Lorbeeren oder Friedenspalmzweige um sein Haupt, als er das verhinderte und seine Kitty zu überreden wußte, daß lieber Sophie Hanstein das für die Kinder machen sollte. Gaunt, immerhin, löste die Frage nach seinem Willen, indem er die Gräfin Sophie beiseite nahm und ihr in seiner sicheren und gutmütigen Weise gradaus erklärte: er habe nun einmal die eine Enkeltochter, die ihm so lieb sei wie sieben Prinzessinnen, also dürfe ihm auch niemand bös sein, wenn er sie verwöhnte; für die Wohnung und Einrichtung wolle er, der Großvater, aufkommen, jetzt und in Zukunft. Damit hatte er ihr einen Scheck in die Hand gedrückt, und sie zu seiner Bevollmächtigten in der Wiener Wohnungsfrage ernannt; auch härtere Gemüter, als die Hansteins es waren, hätten dem lachenden und gerührten alten Mann seine Gabe nicht verübeln und sie abweisen können.

So war also ihre schöne Wohnung etwas, was Ellen in Wien einfach vorfand, beinah fertig und beinah selbstverständlich. Ebenso fertig und selbstverständlich waren überhaupt für sie die bequemen Umstände des äußeren Lebens. Sie meinte es sehr aufrichtig, aber sie wußte nur undeutlich, was sie damit behauptete, wenn sie sagte, das alles wäre „nicht wichtig".

Wichtig galt ihr nur das Eine, das für Clemens wie auch für seine Mutter die ordnende, alles einbeziehende, alles durchstrahlende Mitte des Seins war und es für sie selbst auch werden sollte, das Leben in der Kirche und mit der Kirche. Sie ging mit Clemens zusammen in die tägliche Frühmesse, was sie kaum als Kind in der Vorbereitung zur Erstkommunion so freudig getan; es hatte für sie jetzt einen poetischen Schimmer, es war wie das Mithineingehören in eine schöne, gotische, geheimnisvoll-mittelalterliche Geschichte. Die noch dunklen, manchmal bitter kalten Wintermorgende, an denen ihr schwarzer Sealskin aus England eine Wohltat war. Und Clemens trug eine kleine Taschenlampe, die vor ihnen hinleuchtete. Dann die eingemummten alten Weiblein mit einer Atemwolke vor dem Mund, die ebenso wie sie selber vor dem Allerheiligsten das Knie beugten und das Kreuz schlugen und wahrscheinlich sich verwunderten über sie, die junge Frau, die so fromm war – aber nein, sie wollte nichts Selbstgefälliges denken und es war ja auch gerade das Gute, nur einfach so zu sein wie alle andern. An Clemens' ernst gesammeltem Antlitz, das sie mit scheuem Blick streifte, sammelte sie sich selbst... immer ein wenig beschämt, sich so weit hinter ihm zurück zu wissen, an seinem innigen Miterleben der Messe nur einen vagen Anteil zu haben. Nur selten gelang es ihr, kniend in der engen Bank, sich selber zu entsinken, von sich und ihrem gottsuchenden Gefühl gar nichts mehr zu wissen – um dann von Gott dem Herrn wirklich aus dem Nichts, aus dem Staube aufgehoben zu werden. An solchen Tagen erfuhr sie eine milde und sehr einfache Freude, die den ganzen Tag überstrahlte. Aber darauf war nie zu r e c h n e n , und Ellen war jung, sehnsüchtig, ungeduldig. Meistens war, was sie tat, so etwas wie ein Beutezug in Gottes Land; hoch belud sie ihr Schiffchen, ohne eigentlich so recht zu wissen, was sie auf ihm dahinführte.

Sie konnte auch den Büchern, die Clemens' bevorzugte Lektüre waren und die er auch ihr zu lesen gab – kluge, feine, ernste Werke christlicher Betrachtung, die schon ihre Ausstattung als etwas Besonderes zu erkennen gab – nur ungefähr folgen. Daran merkte sie, daß ihr recht gescheiter Kopf in der Schule zu keinem genauen Denken erzogen worden war, und auch das war ihr wieder ein Anlaß, sich zu schämen. Sie bat Clemens um Erklärungen und er gab sie ihr gern, es war eine Gabe von ihm, eindringlich darzulegen, was er geistig erarbeitet hatte. Aber während sie ihm mit angestrengter Aufmerksamkeit zu folgen suchte und am Blick seiner klaren, sinnenden Augen hing, wurde ihr oft, als spräche er an ihr vorüber, nicht für sie, sondern Rechenschaft ablegend über sein Denken, vor Gott. Er liebte sie, das fühlte und wußte sie gut, und sie kannte nichts Beglückenderes, als sein verhaltenes Entzücken, das ihn manchmal in ihrer Gegenwart ganz überströmte und ihr diese Liebe schöner kundgab, als die überschwänglichsten Liebesworte es vermocht hätten. Er liebte sie – aber was für ein einsamer Mensch war er doch! Ganz versunken in seiner Welt, und würde sie je einen wirklichen Anteil daran haben und nicht nur zu Gast darin sein? Der Eindruck seiner merkwürdigen Einsamkeit brachte es gegen ihren Willen immer dahin, daß sie solchen Erklärungen von ihm nicht richtig zuhören konnte, ihre Gedanken glitten weg von dem, was er sprach, und verfingen sich im Persönlichen.

Immerhin nahm sie seine Denk-Ergebnisse eifrig auf und suchte sie ihrem geistigen Haushalt einzuverleiben, und wenn sein

Freund Horny dabei war, den sie in Wien öfters bei sich sahen, oder andere Menschen, die sie nach und nach kennen lernten, so warf sie solche Clemensschen Gedanken wie Fahnen ins Feld des Gesprächs, und focht für sie. Sie war stolz auf Clemens, und gekränkt, wenn ein anderer in der Diskussion ihm überlegen schien; dem Paul Horny hatte sie die vorjährige Unterhaltung auf Schloß Voggenbruck, die doch so etwas wie ein Sieg über Clemens gewesen war, noch nicht so ganz verziehen. Sie neigte dazu, ihm Vorwürfe zu machen über seinen Unglauben und zu Clemens sagte sie: sie begreife nicht, wie ein so kluger und feiner Mensch so heidnisch denken könne. — Es gab noch einen anderen harmlosen kleinen Grund, warum Ellen dem Paul Horny ein bißchen gram war. Er war, als Clemens' Freund, zu ihrer Hochzeit geladen gewesen, hatte auch zugesagt gehabt, noch fast im letzten Moment aber aus irgendeinem Nest in den Hochalpen ein langes, spaßhaft klagendes Telegramm geschickt: daß er nicht fort könne; er sei gerade an einem glücklichen Fundort für seine Sammlungen, das Wetter jetzt günstig, aber wenn er seine Arbeit nun unterbrechen müsse, würde es nachher damit vorbei sein, er sei ein Opfer seiner Wissenschaft, man möge ihn gütig entschuldigen. Das hatte Clemens von Herzen getan, Ellen aber fand im Stillen, auf einen solchen Freund sei kein rechter Verlaß, dem seine Pflanzen- und Schmetterlingshochzeiten wichtiger wären als die der Menschen.

Die nächsten Verwandten in Wien waren Haldenstedts, die Baronin Haldenstedt eine Schwester von Clemens' Vater, der Sohn also, der als Kranzlherr in Berlin auf der Hochzeit gewesen war, ein direkter Cousin. Aber es gab außerdem entferntere Anverwandte in Menge, eigentlich mit allen Leuten in Wien schien man als Gräfin Hanstein irgendwie verwandt zu sein, und ohne daß Ellen die Zusammenhänge so schnell begreifen konnte, fand sie es doch vergnüglich. Überhaupt tat ihr die österreichische Sitte wohl, daß Frauen sich untereinander Du sagten, so wie auch die Männer untereinander; daß Ellen sich gleich darin einbezogen sah, war eine Zartheit, nicht vom Einzelnen ausgehend, sondern vom Geist des Landes, der sie willkommen hieß und ihr die Zugehörigkeit als Gastgeschenk entgegentragen wollte. Ellen hatte Sinn genug dafür, um das dankbar zu empfinden. Eine große alte Kultur ist ja nicht so sehr ein Besitz, der vorgezeigt und in allerlei Veranstaltungen dargeboten werden kann, als vielmehr ein Wohlgefühl, das uns unversehens ergreift und umgibt wie milde Luft und sommerliches Licht. Ellen lebte täglich lieber darin und erfuhr ihrerseits eine freundliche Beurteilung; man lächelte wohl ein wenig über ihren kirchlichen Eifer, und die Tante Mizzi Haldenstedt, über deren Ähnlichkeit mit dem Bruder in Voggenbruck Ellen sich immer wieder verwundern mußte, redete ihrem Neffen Clemens ganz ernstlich ins Gewissen, daß er seine junge Frau nicht jeden Herrgottsmorgen in die Frühmeß mitschleppen dürfe. „Da möcht ja ein Pferd krank werden!" sagte sie darüber; auch unterblieben späterhin diese Morgengänge, da sich Ellen gegen das Frühjahr zu manchmal nicht gut fühlte und länger liegen blieb. Aber alle fanden es lieb von ihr, daß sie die Interessen ihres Mannes so ganz zu den ihrigen machte. Die Gäste, die man bei ihr sah, waren meistens die Studienfreunde von Clemens, viele davon Geistliche oder solche, die es werden wollten. Ellen präsidierte in ihrer Mitte, ohne zu ahnen, wie sehr sie selbst ein Weltkind unter den Propheten war.

In den Kreis, der sich so um sie gebildet hatte, schien ihre Mutter Kitty nicht recht zu passen, und aus ihrer jugendlichen Selbstsucht nahm sie sich, ein bißchen zu leicht, das Recht, die Mutter fernzuhalten. Über Weihnachten war sie mit Clemens in Voggenbruck gewesen, ihre eigenen Eltern aber hatte sie seit der Hochzeit noch nicht wiedergesehen. Gern hätte sie beide zusammen gehabt, ihr Vater aber war aus seinen Geschäften so schwer loszueisen, sie hatte endlich doch Kitty allein bitten müssen, dann aber jenen ziemlich nichtigen Vorwand, wegen der Maler im Haus, ergriffen, um den Besuch noch hinauszuschieben. Von ihrem Unwohlsein und der Hoffnung, die sich daran knüpfte, hatte sie geflissentlich in ihren Briefen nichts erwähnt, weil sie wußte, dann würde Kitty den nächsten Zug nehmen und einfach dastehen. Zuletzt war diese Scheu vor der Mutter wohl eine heimliche Sorge, als käme mit ihr das alte Leben, das „dumme, leichtsinnige, oberflächliche", zurück.

Daß sie sich doch im Stillen nach der Mutter sehnte, wurde ihr klar, als sie die Gewißheit gewann, daß sie guter Hoffnung war und nun also unaufhaltsam einem großen, unbegreiflichen und geheimnisvollen Schmerzenstag entgegen leben mußte. Sie hatte Angst vor der Geburt, Angst bis zu Tränen, und tief in ihr sprach eine Empfindung, daß es unrecht sei, ihr, der armen kleinen Ellen, ein so furchtbares Erleiden zuzumuten, an dem sie ja ganz leicht auch sterben könnte. Da gab es Augenblicke, wo sie sich über die Klarheit und Ruhe in dem Gesicht ihres Mannes innerlich erzürnte. Er hatte ihr das angetan und jetzt wußte er nichts und half ihr nicht! Sie erschrak und schämte sich, wenn sie dann seine Zartheit, seine Sorge um sie zu fühlen bekam, sie sagte zu sich: ich bin eben nichts wert, da sieht man's, ich bin gar nichts wert! und sie widerstand dem unwillkürlichen Verlangen, sich von ihrer Mutter bemitleiden und trösten zu lassen. Ihre Angst aber blieb.

Sie sprach über diese Angst mit Delia. Delia du Faur verbrachte die Osterferien bei ihnen in Wien; aus Salzburg, wo sie schon seit dem vorigen Herbst bei ihrer Tante Cécile wohnte und auf die Schule ging, war sie auf Ellens Einladung herüber gekommen und schlief, da das Fremdenzimmer und der zum Kinderzimmer vorgesehene Raum gestrichen worden waren und noch stark nach frischem Terpentin rochen, auf dem Sofa in Ellens kleinem Salon. — Delia erklärte Ellen mit großer Ernsthaftigkeit, eine Geburt sei n a t ü r l i c h , und also g u t , sie sollte sich darauf freuen, statt sich zu ängstigen, denn die Natur sei die große Mutter von uns allen, und ihr müsse man sich anvertrauen. Dies wiederum suchte Ellen ihr auszureden; in ihrem weinrotseidenen Schlafrock und etwas müde von schlaflosen Nachtstunden, zart und reizend anzusehen, saß sie und predigte ihrer jungen Cousine das Kreuz. Es war ihr ein Kummer, daß Delia in ihren Anschauungen so sehr mit Paul Horny zusammentraf und während dieses Wiener Osteraufenthalts offensichtlich unter seinen Einfluß geriet. Bei manchen abendlichen Diskussionen boten diese Beiden Clemens und seinen geistlichen Freunden Widerpart, Delia freilich mehr horchend und gelegentlich fragend, als redend, aber man konnte die Zustimmung zu allem, was Horny sagte, auf ihrem edlen, von geistiger Arbeit erhellten Gesicht lesen wie in einem Buch.

Clemens hätte seine Cousine gern durch alle Galerien und Museen geführt, aber er überließ es seinem Freunde, da er sah, daß es diesem Freude machte. Horny staunte, wie ihr Auge durch die in Rom unter der Leitung ihres Vaters verlebten Kindheitsjahre für ein gutes Aufnehmen bildender Kunst vorbereitet und eigentlich in nichts Wesentlichem mehr irrzuführen war. Er sprach von seiner Bewunderung für ihre Sicherheit nur wenig aus, begann aber nach und nach aus seinem eigenen Forschungsgebiet ihr dies und jenes mitzuteilen und war entzückt, mit welchem Verständnis dieses kleine Mädchen auf die Sache einging und bereit war, in gepreßten Pflanzen und aufgespießten Schmetterlingen die Urkunden der Natur nicht neugierig nur und schwärmend, sondern schauend zu verehren. So fing zwischen ihnen eine Freundschaft an, die beiden viel bedeutete.

Ellen verlangte von Clemens, daß er etwas gegen diesen „heidnischen" Einfluß tun sollte, sie mache sich Sorge um Delia — er aber, sonst immer bereit, für den Glauben zu streiten, sagte dazu nur: „Ach nein. Mit Delia wird es schon recht werden. Ich finde, das sieht man ihr an. Sie hat so entschiedene geistige Interessen, das muß man auf jeden Fall unterstützen."

Ellen gab ihm einen sonderbaren Blick, halb unsicher, halb zornig, da er ihr so widersprach. Sieh da! dachte sie bei sich, mit Delia wird es auch so recht, ich aber soll „ganz anders" werden. Sie vergaß, oder wollte in dem Moment sich nicht erinnern, daß die Forderung zum Ganz-anders-werden ja nie von Clemens an sie gestellt worden war, sondern aus ihr selbst, aus der tiefsten Sehnsucht ihres Herzens, sich erhoben hatte. Etwas überflog sie, wie eine Trübung über einen Spiegel geht. Sie war sich nicht bewußt, daß ihr Verlangen, es Clemens und seiner Mutter an unbedingter Kirchentreue nachzutun, sie in die Lage gebracht hatte, die eine Gefahr aller Frommen ist... nämlich, unwillkürlich den leichteren Weg zu gehn und Gott, statt des bekehrten Herzens, den Eifer der bekehrten Meinung und rechten Satzung darzubieten, oder sonst irgendetwas anderes zum Entgelt für das Eine, das allein von uns gefordert ist und das allein uns heilt. Daß Clemens sie in dem Eifer ihrer Rechtgläubigkeit nicht bedingungslos unterstützte, war ihr befremdlich, ja kränkend. Die Frage kam von neuem zwischen ihnen zur Sprache als bald danach — Delia war schon wieder nach Salzburg zurückgekehrt — die Nachricht von Friedrich Degeners Selbstmord sie erreichte. Aus der gedruckten Todesanzeige war nichts zu entnehmen gewesen, es hieß darin nur: „starb unerwartet unser geliebter Sohn und Bruder...", und erst ein Brief von Kitty brachte dann die bestürzende Mitteilung, daß Friedrich Hand an sich gelegt hatte. Der Brief war ziemlich konfus und, wie immer wenn Kitty in Erregung schrieb, mit allerlei englischen Exklamationen durchsetzt („awful! incredible! disgusting!" und auf Deutsch: „Der schöne, liebe Junge!" und wieder auf Englisch: „I was so terribly fond of the boy") und dann unbestimmte Klagen und Anklagen darüber, was alles an Friedrich versäumt worden sei. Darunter hatte Richard nur einige Zeilen gesetzt: der Junge müsse es wohl mit sich selber sehr schwer gehabt haben, niemand aber wisse über den Anlaß des Selbstmordes mehr als die Wahrscheinlichkeit, daß eine unglückliche Liebe dahinter stecke. Richard schrieb: „Die Mama und ich hielten für richtig, daß Ihr so weit informiert seid, bitten Euch aber, sonst so wenig wie möglich darüber zu sprechen."

Ellen war erschüttert, und sie setzte Clemens in Erstaunen durch die Heftigkeit, mit der sie Friedrichs Tat verurteilte. Es war vielleicht der Instinkt des wachsenden Lebens in ihrem Schoß, der sich dagegen wehrte; sie sprach, als fühlte sie sich davon angegriffen, als lange aus dem Dunkeln ein fremder, lebenverneinender Wille nach ihr. Kein Wort schien ihr scharf genug, den Selbstmörder zu verdammen, der deswegen unrettbar verloren ist, weil seine Sünde mit seiner Strafe zusammenfällt, ohne ihm Zeit für die Reue zu lassen. Auch die Baronin Priehl hätte nicht strenger auf dem Buchstaben einer erlernten Wahrheit bestehen können, — und fast waren solche Richterworte noch weniger erträglich aus Ellens kindlich blühendem Mund. Clemens verwies es ihr sanft, aber sie glühte ihn an in unbeherrschtem Zorn — und als er ihr entgegenhielt, daß es nicht an uns ist, den Mitmenschen zu richten, da fühlte sie sich durch den nun auch streng gewordenen Blick seiner großen blauen Augen wie von Eiseskühle überströmt, fühlte Angst und Widerstand vor diesem Blick und rief:

„Ich weiß ja, ich weiß es ja, daß du alle anderen verstehen und entschuldigen willst, nur nicht mich! Mir willst du überhaupt nichts Gutes zutrauen. Du willst mir beweisen, beweisen, daß ich nichts wert bin! Ich weiß ja, ich weiß es ja schon, daß du mich verachtest und mich überhaupt nicht liebst!"

Nachdem diese unbedachten Worte gesagt waren, vor denen sie beide erschraken, brach sie in Tränen aus. — Es war der erste Streit in ihrer Ehe und sie waren beide voll Eifer, ihn beizulegen, auch war es ja leicht, die Erklärung für Ellens überreizte Art in ihrem Zustand zu finden. Aber schlimmer als der Sinn der Worte war die sichtbare Angst und Feindseligkeit in ihrem Gesicht gewesen. Clemens lag spät noch wach, mit dem Kopf an seiner Schulter war Ellen eingeschlummert; es kostete ihn eine gewisse Anstrengung, nicht zu denken, daß der Geist ihres Streites noch im Raum flatterte wie ein verschreckter Vogel, der den Ausflug ins Freie nicht finden kann.

Am nächsten Tag, da sie den Brief der Eltern über Friedrich beantwortete, entschloß sich Ellen, ihnen auch von ihren Mutterhoffnungen zu schreiben. Und daraufhin gab es nicht nur einen begeisterten Telefonanruf aus Berlin, der Kittys Kommen ankündigte, sondern auch einen aus New York: fern aber deutlich kam des Großvaters Stimme über Land und Meer herüber, um ihr zu sagen, wie entzückt er wäre. Ellen lächelte ihr altes verwöhntes spöttisches Lächeln, als sie es Clemens bei Tisch erzählte — und doch tat es ihr so wohl! Und eine uneingestandene Wohltat war es auch, die Mama um sich zu haben, vor deren Kommen sie sich doch zuerst so gescheut hatte. Ihr konnte man sagen, wie es einem ums Herz war; die große, dumme Angst vor der Geburt; die man vor Clemens nicht zu bekennen gewagt und wegen der man von Delia ausgelacht worden war: der Mama konnte man sie eingestehen. Sie würde nicht lachen, die Mama verstand es; sie hatte das alles auch durchgemacht, und was wußte denn überhaupt ein Mann oder ein junges Ding wie Delia von solchen Sachen? Nein, man konnte nicht genug achtgeben auf sich selbst, man hatte ein Recht auf jede denkbare Erleichterung und Zerstreuung, man durfte und sollte dafür sorgen, daß einem weder jetzt noch in Zukunft etwas weh täte. Jenes „ganz Andere", die Bewährung vor Gottes Angesicht, die Ellen in Gemeinschaft mit Clemens als höchstes Gesetz über ihrem Leben aufgerichtet... das war nicht etwa aufgegeben. Im Gegenteil, es war ein süßer Genuß, der Mama davon zu sprechen und ihre Bewunderung und Rührung zu empfinden, darüber, daß Ellen in ihrem jetzigen Zustand an so hohe geistige Dinge denken konnte. Aber die Hauptsache war doch, in einer solchen Zeit, daß man körperlich gut auf sich aufpaßte; das war auch im Interesse der künftigen Gesundheit des Kindes die wichtigste Pflicht. Clemens lernte jetzt erst begreifen, was alles für eine werdende Mutter nötig ist. Nämlich eine ganz bestimmte und auf ganz besondere Weise zubereitete Nahrung, alle möglichen Arten von Mitteln und heilsamen Säften, Spaziergänge von genau bemessener Länge und von Zeit zu Zeit ein Kinobesuch zur Ablenkung. Auch mußte ein Arzt mindestens einmal in der Woche kommen, um nach dem Rechten zu sehn und seine beruhigenden Zusicherungen zu geben, – Clemens fügte sich in alles, erstaunt aber gutwillig; er erhob auch keinen Einwand, als man ihm sagte, es wäre unverantwortlich, Ellen bei der frühen Sommerwärme, welche dies Jahr über Wien gekommen war, in der Stadt zu lassen, es sei vielmehr nötig, sie in die höhere Luft von Voggenbruck zu bringen, wo Clemens, den sein Studium festhielt, sie höchstens übers Wochenende besuchen konnte und zu diesem Zweck eine lange, nicht unbeschwerliche Reise in Kauf nehmen mußte.

Anfang Mai fuhr Ellen mit ihrer Mutter dorthin ab; sie war fast übermütig heiter. Denn kurz zuvor, noch in den letzten Apriltagen war die Nachricht eingetroffen, daß Natalie Fehrenkamp eine glückliche Geburt gehabt, einem schönen und gesunden Knaben das Leben geschenkt hatte. Ellen erfuhr auch, wie ängstlich der Vetter Quint vorher gewesen und als wie unnötig seine Sorge sich gezeigt. Zum erstenmal war ihr nun leicht ums Herz und war sie bereit zu glauben, daß das Kindergebären nicht zu den schlimmsten Wagnissen des Lebens gehöre. Clemens aber fühlte sich etwas enttäuscht über ihren fröhlich zerstreuten Abschiedskuß, am Bahnhof, bei dieser ersten Trennung. Die auf einmal still gewordene, nicht mehr von endlosen Gesundheitsgesprächen durchsummte Wohnung kam ihm einsam vor. — Mit dem Wiener Arzt, Dr. Kampsky, zu dem Ellen ein Vertrauen gefaßt hatte, war verabredet worden, daß dieser im Juni nach Voggenbruck nachkäme; er würde es als einen Sommerurlaub auffassen (den er natürlich außerdem von New York aus gut bezahlt bekam), und so konnte man die Beruhigung haben, daß Ellen auch im Gebirge nicht ohne ärztliche Aufsicht bliebe.

Sophie Hanstein nahm ihre Gäste mit der alten Herzlichkeit auf, fand aber, daß dies eine andere Ellen war, als die bei ihrem Weihnachtsbesuch in Voggenbruck mit großen ernsten Augen mit Clemens aus dem Schlitten gestiegen war und sich über die Hand ihrer Schwiegermutter gebeugt hatte. „Damals war eine so schöne Ferne um sie, jetzt ist sie ganz d a ," sagte Sophie zu ihrem Mann. — Moritz Hanstein lächelte und meinte, man dürfe es der Schwiegertochter doch nicht verübeln, wenn sie jetzt mit sich selber beschäftigt sei.

Man sah sich fast nur abends im Marienzimmer, wo es dem Grafen Vergnügen machte, seiner Schwiegertochter dann und wann einen Schluck Wein aufzunötigen und Kitty darüber als über einen „Unfug" sich erregen zu sehn. Sonst lebte Ellen fast ganz in ihrem Zimmer, und auf der dazugehörigen, weinberankten Terrasse, umsorgt von ihrer Mutter, die ihr oft auch das Essen hinaufbrachte. Es war, als hätte man eine Kranke im Haus. Doch fühlte sich Ellen ganz behaglich dabei. Sie dachte an den Spätsommer des vorigen Jahres zurück und an die vielen heimlichen Schmerzen, die sie damals ausgestanden. Was sie da zu verlieren gefürchtet, jetzt besaß sie es sicher, niemand konnte es ihr nehmen. Und Clemens, wenn er aus Wien herüber kam, war jetzt nicht mehr der, dessen Interessen und Gesprächen man angestrengt folgen und Sorge haben mußte, ob man seines Geistes und Wesens würdig wäre; was mit i h r geschah, war jetzt das Wichtige. In den Wochentagen saß Onkel Eugen du Faur öfters bei ihr, mit einem guten Buch, aus dem er ihr und der Mama vorlas; zwischendurch schmiedete Kitty Pläne mit ihm, wie man ihm einen „job" in Rom verschaffen könnte; und ein bißchen kokettierte Ellen mit dem Onkel und ließ sich von ihm bewundern. — Es war wirklich gar nicht übel, so im Mittelpunkt der allgemeinen Fürsorge zu sein.

Nicht ganz so gut wie früher verstand sie sich mit Delia, die seit Beginn der großen Schulferien auch wieder in Voggenbruck war und die, jung und lebhaft, natürlich auf den „Krankenton" nicht einging. Auch über Friedrich Degeners Tod, auf den sie zu sprechen kamen, konnten sich Ellen und Delia nicht verständigen. Delia hatte von Ninette einen recht verzweifelten, ratlosen Brief darüber bekommen und wußte nicht recht, was sie ihr antworten sollte; was sie zu der Sache bemerkte, schien Ellen viel zu „lax", während Delia bei sich dachte, daß die Andere es sich zu leicht mache.

Einer Beschäftigung ging Delia in diesem Sommer nach, von deren Zweck sie niemand etwas sagte. Für den August wurde Paul Horny in Voggenbruck erwartet, der sich in dieser Gegend eine Ausbeute für seine botanischen Sammlungen erhoffte, und sie nahm sich vor, schon im Voraus für ihn zu sammeln und ihm zur Überraschung bereit zu legen, was ihm etwa selten und wichtig sein könnte. Es war schön, so einen unmittelbaren Zweck zu haben beim Wandern, und außerdem gewöhnte man dabei seine Augen, nicht nur mit unbestimmtem Entzücken über die Dinge hinzugehen, sondern das Geringe und Einzelne zu beachten. Tante Cécile, die beinah jeden Sommer aus Salzburg für einige Wochen zu den Tiroler Verwandten herüberkam, begleitete Delia und half ihr suchen, bekam aber nie zu hören, für wen da gesucht und gesammelt wurde. Delia hatte eigentlich keinen Grund es zu verschweigen, und doch verschwieg sie's und hatte Freude an dieser kleinen Heimlichkeit.

Später fand sich als dritter im Bunde bei diesen Spaziergängen oder Tagestouren noch der junge Dr. Kampsky aus Wien hinzu. Der dunkle kleine Herr mit großer Hornbrille machte kein Geheimnis aus seinem Interesse für die „Komteß Delia" (ihm den Titel auszureden, war nicht möglich). Kein Ausflug war ihm zu weit, er nahm daran teil und die gute Cécile, die es als ihre Pflicht ansah, ihre Nichte zu chaperonieren — schließlich war ja Delia noch ein dummes Schulmädel und den Ärzten war nie zu trauen — Tante Cécile mußte diesen Sommer mehr Touren machen, als selbst ihr, der immer Ausflugsfreudigen, lieb und bekömmlich war; sie wurde dabei noch magerer als sonst. Kitty war vorübergehend nach Berlin gefahren, um nach ihrem Mann zu sehen, aber schon nach kaum vierzehn Tagen zog ihre Sorge um Ellen sie wieder nach Voggenbruck zurück, und als sie nun hier das Benehmen des Doktors sah, der seine Tage als Tourengänger verbrachte und nur abends mit schweren, staubigen Stiefeln in Ellens Zimmer kam, um flüchtig festzustellen, daß „alles nach Wunsch" ginge — da war Kitty aufrichtig empört. Schließlich, man hatte ihn bezahlt, also hatte er auch, fand sie, für niemand als Ellen da zu sein. Kampsky aber hatte kein Ohr für angedeutete Vorwürfe und merkte ebensowenig, daß Sophie Hanstein ihn nicht mochte — was sie allerdings jederzeit unter den vollendeten Formen ihrer Höflichkeit zu verbergen wußte. Alle im Haus fanden sich, so gut es gehen wollte, mit dem Doktor ab . . . aber nicht Kitty! Wer hätte auch glauben können, daß Kitty sich abfände mit irgendetwas, das ihr nicht paßte? Eines schönen Tages — es war erst Ende Juni und das Kind frühestens um die Mitte Juli zu erwarten — erklärte sie, unruhig zu sein und Ellen lieber jetzt schon in die Klinik nach Wien bringen zu wollen. Dies, obwohl Clemens eben erst, mit Beginn seiner Universitätsferien, nach Voggenbruck übersiedelt war und sich auf eine ruhige Zeit mit seiner Frau gefreut hatte, und obwohl Kampsky und auch Sophie Hanstein vor der Hitze in Wien warnten, die man jedenfalls nicht hätte im Mai zu fliehen brauchen, um sie dann jetzt aufzusuchen.

Aber es geschah nach Kittys Willen; sie brachte ihre Tochter nach Wien. Clemens fuhr mit, und in den folgenden Wochen lösten er und die Schwiegermutter einander mit den Besuchen in der Klinik ab und gingen mit Ellen täglich, nach der Vorschrift, im Anstaltsgarten zwei Stunden lang spazieren — während Dr. Kampsky, ungestört durch Kittys Verachtung, noch zwei weitere, fröhliche Urlaubswochen in Voggenbruck verlebte.

Den Vorzug freilich, dem Enkelkind von Kitty Degener in die Welt zu helfen, hatte er verscherzt; es fand sich ein anderer Vertrauensarzt. Immerhin wurde das Kind, ein kleines dickes Mädchen, das nicht ahnte, wieviel Umstände sein Kommen der ganzen Familie bereitet hatte, zur richtigen Zeit und mit gesunden Gliedern geboren. Als seine Großmutter, während Ellen noch in ihrer Betäubung lag, als Erste das kleine Wesen hingereicht bekam, rief sie, entzückt und erschrocken:

„Good gracious! Sie hat Richards Nase!" —

Sie bekam den Taufnamen Dorothea und wurde „Daisy" genannt.

2

Nicht allein seinen Vetter und Freund, auch den verehrten Lehrer, Johannsen, hatte Jakob in dem einen Frühjahr und Sommer 1929 verloren; der Professor hatte seine Vorlesungen im Sommersemester nicht wieder aufnehmen können, seine Krankheit, deren Gefährlichkeit Jakob damals von Frau Johannsens schmerzvoll weggewandtem Gesicht abgelesen, war als Krebs erkannt worden und er war, mit gnädiger Schnelligkeit, an ihr gestorben. Jakob trug schwer an diesen beiden Todesfällen, die sein inneres Leben so nah betrafen. Er wurde in diesem Sommer mehr als je zuvor ein Einzelgänger, dem kaum begonnenen Umgang mit den Studenten entzog er sich, und selbst Quint und Natalie bekamen ihn kaum zu sehen. Auch war dort der kleine Sixt das beherrschende Wesen im Haus, und Jakob, der von Wickelkindern nichts verstand, fühlte sich überflüssig. Daheim in Grünschwaig ging er seiner Mutter ebenso wie seinem Bruder Frank aus dem Weg. Noch in keinem Jahr war er so viel im Land herumgestreift und ins Gebirge gefahren, immer allein, trotz Hannas Sorge, und auf seinen langen, einsamen Bergwanderungen — etwa von Kochel und Walchensee zum Herzogstand hinauf und zum Heimgarten hinüber — immer von neuem darüber nachsinnend, womit er es denn wohl beim Schicksal oder beim Lieben Gott „oder wie man es sonst nennen wollte", verfehlt hätte, daß ihm so mitgespielt würde. Zuerst der Vater, der ihn, so gut und gewissenhaft und wissend wie kein anderer, auf seinem Lebensweg hätte führen können: genommen! Dann Friedrich, an dem sein Herz mehr als am eigenen Bruder mit Sorge und Liebe hing: genommen! Und dann noch, als hätt es zum Hohn sein müssen, der Lehrer, der ihm das Glück des Wissens und Forschens hätte weisen sollen: ihm nur eben gezeigt, und auch genommen! Er besaß keine geschriebene Zeile von Johannsens Hand, er hatte kein persönliches Wort mit ihm gewechselt, keine einzige seiner eigenen Lebensfragen an ihn herangebracht. — Jakob war noch zu jung um zu wissen, daß das Leben manchmal seine Gaben sparsam zu verschenken, und damit ihre Kostbarkeit zu erhöhen, ihre Unvergleichlichkeit zu bekunden liebt; daß es wohl auch in einer einzigen Stunde die Saat vieler künftiger Ernten zusammenfaßt. Er fühlte sich wie ein unheilvoll Gezeichneter, dem der Tod alles wegnimmt, was ihm lieb und nötig wäre, er fing sogar wirklich an, darüber nachzugrübeln, daß sein Großvater Eligius kurz nach seiner Geburt gestorben war, nachdem er sich auf ihn, den Enkel, lang gefreut; und was das wohl zu bedeuten hätte?

Aber Jakob war in dem glücklichen Alter, wo alles, was uns geschieht, das mit Macht in die Welt hineinwachsende Gemüt nähren muß. Da sind wir uns unsrer Weltsüchtigkeit noch gar nicht bewußt, wir glauben die Welt nicht zu wollen, sie leicht zu entbehren. Und es sind die Engel des Abgrunds, die uns umschweben und uns ein müheloses, wunschloses, ein scheinbar freies Heraustreten aus ihr verlockend machen wollen. (Selbst Ihn, der die Welt mit dem Vater zu versöhnen gekommen war, hat ein solcher, auf der Zinne des Tempels, versucht.) Über Vetter Friedrichs Weg war der Schatten jenes dunklen Flügelpaares gefallen, und derselbe Schatten fehlte auch jetzt nicht neben den einsamen Wegen, die Jakob ging. Eben auf jener Tour über den Herzogstand und Heimgarten gab es eine mittagliche Stunde von unbegreiflicher Stille. Der Blick ruhte auf einem kleinen sommergrünen Wiesenfleck neben dem Felssturz. Der Nachhall eines Steinchens, das Jakob mit dem Fuß hinuntergestoßen, war längst verklungen, aber der Geist dieses Nachhalls füllte den zeitlosen Augenblick noch aus, der seine Grenze erst finden würde an dem nächsten Geräusch, zu dem die gewaltige, in Schweigen versunkene Natur sich aufraffen würde; sei es ein Habichtschrei irgend über der Tiefe, sei es eine Geißenglocke oder ein Menschentritt. Aber nichts davon kam. Und in diesem verzauberten Schweigen wär es ein Nichts gewesen, gar kein Tun, nur ein lustvolles Nachgeben, sich dort hinunter zu lassen. Nicht einmal aus Verzweiflung, warum auch? Bei all seiner schwermütigen Grübelei fühlte Jakob doch recht wohl, daß über sein Leben weder im guten noch im bösen Sinn schon etwas entschieden war. Nein, nur weil es ein so freies, schwereloses Hinübergehen gewesen wäre. Es würde kaum Folgen hinterlassen, oder diese würden doch ganz bald verwischt sein. — Wie der Augenblick vorübergegangen war, er entsann es nicht mehr. Nach einer Weile war er wie ein vom Zauber Gelöster aufgestanden und weitergegangen. Die Haustür in Grünschwaig, wohin er an dem Tag erst mit dem letzten Zug gekommen war, öffnete ihm seine Mutter, die nach der Verabredung nicht hätte aufbleiben sollen, und zeigte eine besondere Erleichterung und Freude, über die er sich wunderte, ohne aber weiter darüber nachzudenken.

Das blieb ihm als Frucht aus dem Umgang mit den vier Toten — auch der Großvater gehörte zu ihnen — denen sein Herz in diesen Sommermonaten so schmerzlich und sehnsüchtig nachgetrauert hatte: da er nicht imstande war, sie verloren zu geben, wurden sie ihm zu Quartiermachern, diese so verschiedenen Vier, in dem „anderen Land". Ohne daß er recht begriff, wie es geschehen war, wurzelte sich die Gewißheit persönlichen Wiedersehens, persönlicher Unsterblichkeit in ihm ein. Eine Vorstellung, unbestimmt, doch von inniger Zartheit; ein Zusammensein um gastlichen Tisch, ein Verbundensein bei Mahl und Gespräch. — Es wäre ihm späterhin ganz unmöglich erschienen, das schwere Leben und den tausendfach über die Völker hereinbrechenden Tod zu ertragen, ohne diese ihm zur Gewißheit gewordene, wenn auch mit Worten kaum zu umschreibende Hoffnung.

Auf einer seiner Gebirgstouren, es war am Lautersee bei Mittenwald in einer Gaststätte unter offenem Himmel, traf er einmal mit einer vielköpfigen Gesellschaft zusammen, darunter besonders ein noch nicht alter, schmächtiger Mensch, mit einer Mähne von frühergrautem Haar, ihm auffiel: durch ein Paar Augen, wie man sich Goethes dunklen, geistmächtigen Blick denken mochte, und durch eine ungemeine Selbstsicherheit des Betragens. Es schien Jakob, als hätte der Mann mit abweisendem Hochmut zu ihm hinübergesehen; und da er sich auch so schon unbehaglich gefühlt, als Einzelner am Tisch unter den andern, die in einer lebhaften Unterhaltung begriffen waren, so verzog er sich schnell und unbemerkt. Er hätte nicht geglaubt (und sichs nicht verlangt), daß er die Leute jemals wiedersehen würde.

Doch fügte sich's, daß gerade dies das erste war, was ihm, zu Beginn des Wintersemesters, geschehen sollte. An einem Oktobertag 1929 betrachtete er auf der Vorlesungstafel der eben wieder eröffneten Münchner Universität die Zettel und Ankündigungen der Professoren und unwillkürlich entfuhr ihm, laut:

„Ist doch alles nichts mehr, seit Johannsen nicht mehr da ist."

Einige Schritte links von ihm, ebenfalls die Tafel studierend, stand ein mittelgroßer junger Mann, ohne Hut, das hellblonde Haar rückwärts gekämmt, in einem stark auf Taille geschnittenen grauen Anzug. Der hielt diese Worte für eine Anrede — er konnte nicht wissen, wie sehr Jakob in seinem vielen Alleinsein sich das Monologisieren angewöhnt hatte — und gab daher, höflich eingehend, zur Antwort:

„Sie empfinden das auch als einen so großen Verlust? — Ja, er war der Einzige hier, der die Geschichte nicht mit der Neugier des Kammerdieners, und auch nicht mit der Altgier des Gelehrten und Sammlers betrachtet hat, sondern mit dem Blick für die gestaltigen Weltkräfte."

Jakob sah ihn erstaunt an. Er mußte das Gesicht des Menschen schön finden; die Augen hell, die Nase stark und deutlich, der Mund ein stolzer, Gefahr verachtender Schwung.

„Ich glaube, wir kennen uns — das heißt, wir haben uns gesehen," sagte der Andere. „Am Lautersee."

„Nein," erwiderte Jakob, ernsthaft und unhöflich.

„Doch. Sie waren zufällig an unsern Tisch geraten, und dann ganz rasch verschwunden."

„Das war ja nur ein Moment. Haben Sie ein so gutes Gedächtnis?"

„Man erinnert G e s i c h t e r. Es gibt ja nicht viele." — Die Schmeichelei wurde dadurch anhörbar, daß sie, wegblickend, in einem sachlich feststellenden Tone vorgebracht war, der es als etwas längst Bekanntes vorauszusetzen schien, die Welt sei in zwei ungleiche Hälften geteilt: die eine die Menschen mit Gesich-

tern, natürlicherweise verbunden und aufeinander angewiesen, die andere die unzählbare Menge gesichtsloser Larven.
   Jakob richtete wieder einen erstaunten Blick auf ihn. Er war gewiß ein paar Jahre älter als er selbst. Es war wie bei Quint: diese selbstverständliche Sicherheit, die Jakob ganz fehlte, machte ihm großen Eindruck, er war gleich bereit, den Andern sich weit überlegen zu glauben. Auch was er über Johannsen gesagt hatte, schien ihm klug und wahr.
   „Edmund Kirms," stellte der Andere sich vor, mit einem Lächeln, als würde damit eine zwischen ihnen im Grunde ganz überflüssige Formalität erfüllt, aber indem er ihn doch zugleich fragend ansah.
   „Degener," sagte Jakob.
   „Wie? und vorher?"
   „Jakob Degener."
   — Durch diesen Mitstudenten wurde Jakob in den Kreis des graumähnigen Mannes mit dem Goethe-Blick eingeführt, Carl Fintenring mit Namen, von seinen Verehrern und Freunden aber meist nur „der Lehrer" geheißen. Er wohnte außerhalb Münchens, in Harlaching, mit zwei jungen Leuten zusammen — Doktoranden, mit der Abfassung ihrer Arbeiten beschäftigt — zur Miete bei Frau Sommer, einer überaus brummigen und rechtschaffenen Person, die ihre Mieter öfters hören ließ: „Wär g'scheiter, wenn S' an richtigen Beruf g'lernt hätten," die aber im Stillen doch stark beeindruckt war durch eine Art von Leben und Arbeit, die sie nicht begriff, und auch durch den vielen Besuch, den „der Lehrer" bekam, Tee und Rauch und Gespräche bis in den Morgen hinein.
— Die beiden jungen Leute, deren Zimmer rechts und links neben dem des Lehrers lagen, hießen Gebhard und Reinhart, kurz „die beiden Harts" benannt, was gar nicht sehr kennzeichnend war, da sie alle zwei eher einen weichen Eindruck machten. Übrigens erfuhr Jakob nie, ob das ihre Vor- oder Nachnamen wären, sie hießen so, jeder nannte sie so, und weiter wußte man nichts. Gebhard war ein ausgesprochen kluger Mensch, einer von denen, deren Geist wie Wasser in alle Ritzen dringen, sich allen Höhlungen einzuschmiegen vermag, aber auch leicht wieder zur nächsten rinnt und gleitet und daher eigentlich keine erlebten Spuren seiner vielen Einfühlungen aufzuweisen hat. Er trug eine Brille unter seinem rötlich in die Stirn fallenden Haar, obgleich Fintenring darüber schalt und die Verwerflichkeit der Brillen mit Goetheworten bewies; offenbar waren seine Augen zu schwach, als daß er hierin dem verehrten Lehrer hätte willfahren können. Reinhart, der sich mit einer Arbeit über Schillers Ästhetik für den philo-

sophischen Doktor vorbereitete, war von den drei Junggesellen der „Praktische". Er kaufte ein, er verstand zu kochen, er war es, der bei des Lehrers Gesellschaften den Tee braute und herumgab. Sein Gesicht war nicht schön, aber er hatte eine angenehme Art zu sein und einen dunklen, tief aufmerksamen Blick. — Frau Sommer hätte sich geschämt, diesen armen Menschen, die doch offenbar ein ganz armseliges, brotloses Leben vor sich hatten, einen Pfennig mehr abzunehmen, als ihr nach vorsichtiger Prüfung recht und billig schien. Sogar, wenn sie die Licht- und Gas-, die Milch- und Brötchenrechnung präsentieren mußte, geschah es mit einer Art rauher Verlegenheit: sie müsse das nun eben, leider, haben und verlangen. Wäre nicht ihr in plötzlichen Wallungen aufbrausendes Temperament gefürchtet, und daher ein gewisser Schutz für sie gewesen, Frau Sommers Gutmütigkeit wäre wohl von manchem ihrer Mieter, aus deren wechselnder Folge ihr Leben sich zusammensetzte, arg ausgenützt worden. Sie besaß einen Kater, ebenso brummig und rechtschaffen wie sie selbst.

Carl Fintenrings Zimmer war ein Maleratelier mit großem Dachfenster, doch schien der Bewohner seine Kunst wenigstens derzeit nicht auszuüben. Die Staffelei stand zusammengeklappt hinterm Schrank, nie roch es nach Farben; und nur zwei Arbeiten, die an den Wänden hingen und von denen Fintenring herablassend zugab, daß sie „Sachen von ihm aus antediluvianischen Perioden" wären, bezeugten, daß er die Malerei wirklich einmal als ein Ausübender betrieben hatte. Davon war das eine ein Ölbild, genannt „Die Weihe"; der Titel stand in großer römischer Schrift rechts unten im Bildwinkel. Ein muskulöser, nackter Mensch, den man ohne das gewaltige Flügelpaar nie für einen Engel gehalten hätte, trat mit segnender Gebärde in ein dämmriges Zimmer. Bei seinem Eintritt erhob sich zur Linken von einem Lager ein ebenfalls kaum bekleideter, braunhäutiger Mann, durch diese Farbe und durch die geduckten Schultern als dumpfer Erdensohn kenntlich. Es war in der Manier des Jugendstils gemalt und Jakob, der nichts davon verstand, mochte das Bild nicht. Das andere, in der Malweise so ganz verschieden, daß schwer zu glauben war, beide seien von derselben Hand gemacht, erschien Jakob überhaupt nicht als ein Bild; er fand, es würde gut für ein politisches Witzblatt gepaßt haben. Denn es zeichnete mit kecken Strichen und starken Farbklecksen eine Gesellschaft von specknackigen, zigarrenrauchenden, cognac-trinkenden Herren im Frack, welche die Mächtigen der Weltbörse vorstellen sollten, wie auch hier wieder eine Unterschrift „Die Mächtigen" ausdrücklich angab. — Jedoch legte weder der Urheber der beiden Arbeiten, noch der Kreis seiner

Schüler und Verehrer einen Wert auf sie, sie hingen da und wurden nicht beachtet, fast niemals fiel ein Wort, das sich auf sie oder überhaupt auf Fintenrings Malerei bezog. Mit weit größeren Dingen schien dieser beschäftigt, in dunklen, bedeutenden Hinweisen wurde davon gesprochen, und erst als Jakob sich allmählich an den Ton des Kreises gewöhnt hatte, wo eine Sache selten schlicht beim Namen genannt ward, verstand er, daß Fintenring sich eine Professur oder wenigstens Dozentur an der hiesigen Universität erhoffte.

„Wenn diese Leute den einmaligen Vorteil begriffen, den ihr Stern ihnen bietet," sagte Edmund Kirms, „dann säßen wir jetzt schon zu Füßen des Lehrers im großen Hörsaal der Universität... und diese ganze Stadt mit uns. Daß Johannsen sterben mußte — es ist wie ein Wink. Aus ihrem akademischen Nachwuchs können die Schnüffler, Blinzler, Taster jenen einzigen Mann nicht ersetzen. Aber hier ist er, der Folger, der in Johannsens Stapfen treten kann. — Sie werden sehen, Jakob (Kirms fing schon sehr bald an, ihn bei seinem Vornamen zu nennen; eine Vertraulichkeit, die ihm Jakob, ohne selbst zu wissen warum, nie zurückgeben konnte). Sie werden sehen, der Meister wird kommen, es bedarf nur eines Wortes von ihm, und der Lehrer wird seinen Lehrstuhl haben!"

„Wer ist der Meister?" fragte Jakob.

Auf diese unbedachte Frage ergoß sich ein Strahl der Empörung über ihn. Was? Student wolle er heißen, ein geistiger Mensch, ein Deutscher dieses Jahrhunderts, und Stefan George nicht kennen! Hinter welchem Mond er denn aufgewachsen sei? „Diese Bürgersöhne," rief Edmund Kirms, „denen ihre ererbte Welt über den Köpfen zusammengebrochen ist, und die es bis jetzt noch nicht einmal bemerkt haben und nicht nötig finden, sich nach Dem umzusehn, der allein das zerschlissene, zerschwätzte Menschtum erneuern kann, ja der es im Stillen, während die andern fragen und faseln, längst erneuert h a t! und da steht so ein Knabe und weiß nichts davon!"

Er ließ es nicht gelten, daß Jakob, rot geworden und ernstlich beschämt vor diesem Zornesausbruch, ihm einwandte: er habe ja einstweilen nicht die Literatur zum Gegenstand seiner Studien gemacht, er kenne übrigens von George dies und jenes; wer Stefan George gelesen habe und nicht wisse, daß er Der Meister sei, der habe eben n i c h t gelesen! Und mit „Literatur", sagte er so scharf abweisend, als ob das Wort ein Ungeziefer wäre, mit Literatur habe Stefan George ebenso viel zu tun wie Plato oder Johannes der Täufer, das heißt: nichts. „George ist die Stimme des Predigers in der Wüste, er ist der Künder des Gottes!"

„Des Gottes?" wiederholte Jakob, noch mehr verwirrt als vorher.

Edmund Kirms, jetzt mit milderem Blick auf ihm ruhend, sprach vor sich hin: „Wenn man ihn so sieht, man hätte nicht gedacht, daß er so ahnungslos wäre. Das ist ein neuer Beweis, daß es gar nicht so sehr der Lehre bedarf, daß schon das Dasein des Neuen Maßes genügt, um die Menschen zu verändern."

„Also, Herr Kirms," unterbrach ihn Jakob, der nicht gern vor seinen Ohren über sich selber wie über einen Abwesenden reden hörte, „wenn Sie etwas von Stefan George haben, dann leihen Sie es mir bitte."

Diesen Wunsch erfüllte ihm Kirms bereitwillig, Jakob lernte im Lauf des Winters beinah alle Bücher Georges kennen. Und da Jugend eine glückliche Art hat, aus jeder Speise nur zu nehmen was sie brauchen kann, und das andere abzutun ohne es eigentlich zu bemerken (was sie freilich auch hindert, irgendeine Sache objektiv zu erfassen, sie hört nur, was in ihr selbst schon klingt), so erfuhr Jakob sehr viel Glück aus dieser Geistesbegegnung und wurde dem herzlich dankbar, der ihm dazu verholfen hatte. Daß Verse so mühelos in seinem Gedächtnis hafteten, das half ihm viel, sich des strengen, fremdartigen Dichters zu versichern. Wenig nach ihrer Bedeutung fragend, trug er ihren Klang mit sich umher. Es konnte ihm eine mühselige Kollegstunde, einen müde begonnenen Tag, einen langweiligen Weg wunderbar erhellen, wenn, oft durch die zufälligste Wort- oder Bildverbindung, der Geist einer Georgeschen Verszeile in ihm aufgerufen ward: „Versonnen wartend, bis der Himmel helfe", „Ins offne Fenster nickten die Holunder", „Der reinen Wolken unverhofftes Blau" ... das sagte er vor sich hin, und wurde vergnügt. Übrigens vertrugen sich diese holden Versgeister aufs beste mit denen anderer Dichter, die er von früher her kannte und liebte, und wäre das nicht der Fall gewesen, so hätte Jakob — Herr, wie er war, über seinen eigenen musischen Haushalt — eher dem neuen Gast als den altvertrauten Schutzgeistern die Tür gewiesen. Jedoch gab es in diesem stillen Reiche keinen Krieg, in ihm ging es brüderlich heiter zu ... und darum machte es Jakob oft unglücklich, wenn in den Gesprächen seiner neuen Bekannten die Werke des „Meisters" so ausschließend hervorgehoben wurden, und die ganze Geistesgeschichte auf den Einen hin ausgerichtet. „In jeder Ewe," behaupteten sie, „ist nur Ein Gott und Einer nur sein Künder." In der vorigen war es Goethe gewesen, dann kamen die Vorläufer des neuen Propheten, Hölderlin und Nietzsche, und jetzt war Stefan George das Neue Maß und die Mitte aller Dinge.

Das war für Jakob verwirrend; denn sobald er nicht mehr im stillvergnügten Umgang mit Georges Gedichten allein war, sobald er mit den Andern darüber sprechen sollte, schien er nichts davon verstanden zu haben. Statt guten, befreundeten Wesen waren sie nun auf einmal ein geistiges System, das von dem Graumähnigen und seiner Gefolgschaft mit der größten Sicherheit gehandhabt wurde. Und Jakob war zu jung, zu sehr auf der Suche, zu sehr hin und her geworfen von der Vielheit der Wahrheitsdeutungen, welche sein Studium ihm anbot, als daß es auf ihn nicht hätte wirken müssen, wenn er nun hier den Einen Mann und sein Werk und Wort mit der Bestimmtheit einer Heilslehre verkünden hörte. Alles was zu denken war, schien hier schon durchdacht, was zu fragen war, hier schon beantwortet, ja die Lösung war wie etwas Selbstverständliches vorausgesetzt. Jakob kam so wirklich zu dem Gefühl, bisher „hinterm Mond" gelebt zu haben.

Vor allem war es ihm aufregend, wenn „der Lehrer" seine geistreichen Paradoxe um den Begriff der Wahrheit spielen ließ und dabei von seinen „Haus-Jüngern" wie Jakob im Stillen bei sich ärgerlich dachte, unterstützt wurde. Die beiden waren in der Tat nichts als ein Echo und eine Lautverstärkung für die Ansichten ihres Lehrers. Auch wenn sie einmal einen scheinbaren Einwand brachten, war es nur, um den überlegenen Geist des Graumähnigen in desto helleres Licht zu setzen. Dieser erfuhr auch sonst wenig Widerspruch bei den Menschen, die zu seinen Abenden kamen. Eine Atmosphäre unbedingter Bewunderung umgab ihn, wer sprach, wandte sich an ihn, suchte sich mit den Augen seines Beifalls zu versichern. Die wenigen Frauen, die dabei waren, schienen nur schüchterne Hospitantinnen zu sein und hatten sich auf den hier geltenden Ton eingestimmt; auch hätte eine einzige Frau mit einer eigenen Strahlung wohl dieses ganze wunderliche Planetarium durcheinander gebracht.

Der Lehrer also sagte: „Die Wahrheit – das ist eine Setzung."

Gebhard ergänzte: „Eine Voraussetzung, Lehrer."

„Eine Setzung. Die Wahrheit ist immer in der Geschichte die Setzung einer weltmächtigen Seele gewesen."

Jakob, mit einer Stimme, die in der Aufregung noch heller als sonst wurde:

„Die Wahrheit ist die Wahrheit! Und wir suchen sie!"

Fintenring: „Nein. Die faustische Ewe des Suchens ist vorbei. Wort, Sinn, Kraft, Tat. Die prophetischen Stufen des Faust-Monologs. Die Stunde der T a t ist gekommen. Die Wahrheit ist – wieder einmal – für uns gefunden worden."

Jakob: „Herr Fintenring, ich verstehe nicht: was heißt: ‚wieder einmal'? Entweder gibt es eine Wahrheit, dann ist sie für immer. Oder —"

„Lieber junger Freund, glauben Sie, daß die Wahrheit etwas Lebendiges ist?"

„Das glaub ich."

„Also wird sie erscheinen, wachsen, schwinden, sich verwandeln, wie alles Lebendige. G o t t w i r d u n d v e r g e h t! Das hat kein Geringerer als der Mystiker Eckehart von Hochheim ausgesprochen."

„Schön!" flüsterte jemand im Hintergrund. Es war ein junges Mädchen aus der Harlachinger Nachbarschaft, Susanne Gumprecht, die mit der Schule fertig war und an den Abenden bei Fintenring als an einer Art von akademischem Kursus teilnahm.

Jakob, mit gefurchten Brauen auf seiner Frage beharrend:

„Wachsen, schwinden, sich verwandeln — wo ist dann die Wahrheit?"

„Immer in Dem, der sie am glühendsten verehrt. Sie war einst in Gotamo Buddho. Sie war in Sokrates und seinen Schülern und in Christus und seinen Jüngern. Und in dem Gottsucher Parzival. Und in Faust, dem immer strebend Bemühten. Sie west und waltet und wirkt heute in dem Dichter, dem Meister unsrer Tage, Stefan George."

„Und was besagt sie?"

Fintenring, indem er sich im Kreise umsah, milde lächelnd über die Naivität dieses eigensinnigen Zudringens, erwiderte:

„Sie fragen und denken noch pfeilhaft, lieber Freund, wie unser ganzes Zeitalter, aber um den Meister zu verstehen, müssen Sie sphärisch, kugelhaft sehen und denken lernen."

Und da Jakob auf diese Rätselworte keine Antwort fand, fuhr er fort:

„Ich will damit sagen, daß man Stefan George natürlich nur aus dem Ganzen seines Werkes und Menschtums begreifen kann. Aber wenn Sie eine Formulierung haben wollen — der Meister sagt: der Leib ist der Gott. Das heißt: inmitten alles Werdens und Vergehens ist der Leib des vollkommen schönen Menschen das Gültige, worin Gott zur Erscheinung kommt."

„Das wäre im christlichen Äon keine Wahrheit gewesen," schaltete Gebhard ein.

„Nein, denn damals wurde ja eben der Leib gekreuzigt. Wir wissen nicht, inwiefern der christliche Mythos als Wahrheits-Durchgang notwendig war, um die wunderbare Größe des neuen, Geist und Physis vereinheitlichenden Gedankens möglich zu machen. Der vollkommen schöne Mensch wird Gott." — Das sei, sagte er, sich nunmehr an alle wendend, der immer noch mißverstandene Sinn der Begegnung Georges mit dem jungen Maximin. Er hoffe, künftig noch öffentlich darüber sprechen zu können – in dieser Stadt, in der ja das Wunder der Begegnung „des Dichters mit dem Gotte" sich ereignet habe. Sie sei kein privates Erlebnis gewesen, sondern eine mythische Welt-Stunde, „und zwar, merken Sie wohl, mein lieber Degener: wegen der Mächtigkeit der Wesenheiten, die in ihr zusammentrafen. Nur diese glühende Mächtigkeit des Erlebens gibt ihr den Rang einer für uns verbindlichen Wahrheit, eines neuen Mythos!"

„Du mußt zu innerst glühn, gleichviel für wen," sprach Edmund Kirms vor sich hin.

„Sehr wahr! Zur rechten Zeit hat unser Freund Edmund diesen Vers des Meisters zitiert."

Jakob: „Aber wieso denn gleichviel für wen! Wenn es gleichviel ist, dann —"

„Es ist nicht gleichviel für den Glühenden. Aber auf die Glut kommt es an, nicht auf den Stoff, mit dem sie genährt wird. Die Höhe und Stärke der Flamme ist Beweis genug, daß ein edles Holz in ihr brennt."

„Das kann nicht stimmen. Wenn das stimmen würde, dann könnte ja, zum Beispiel, jeder glühend überzeugte Kommunist, nur durch die Glut seiner Überzeugung, seine Sache zur Wahrheit machen."

„Aber begreifen Sie denn nicht, Degener," rief der Lehrer in triumphierendem Ton, „daß es auch tatsächlich so ist? Daß die Geschichte das Stadion ist, in dem über die Wahrheit der Glaubensmeinungen entschieden wird! Die Wahrheit ist der Preis, den der Kämpfer davonträgt. Wenn die Kommunisten, oder wer immer, gläubiger glauben, trachten, kämpfen als andere, dann wird eben i h r Denkbild Wahrheit werden. — Das ist ja das ungeheuer Aktuelle und Aktive bei Stefan George, den man einen ‚Ästheten' gescholten hat, daß er weiß: wir können nichts vertreten, was wir nicht sind. Wenn wir bestehen wollen, müssen eben w i r die Glühenderen sein!"

Dem gaben alle lauten Beifall; indessen ging es Jakob als eine aus kindlichen Unterrichtsstunden herübergewehte Erinnerung durch den Sinn: „Himmel und Erde werden vergehen, aber meine Worte werden nicht vergehen" ... ohne daß es jedoch in ihm eine Klarheit gestiftet oder ihn gar zu dem Entschluß gebracht hätte, es zu Gehör zu bringen.

Das Gespräch ging nun aufs Politische über und alle fingen an, sich mit Fragen, Vorschlägen, Sehnsüchten an ihm zu beteiligen. Reinhart setzte Frau Sommers schwarzen Kater, der auf seinen Knieen schlief, zu Boden, und erhob sich um neuen Tee zu machen; die Stimmen klangen lebhaft durcheinander. Jetzt erfuhr Jakob mit Staunen, was der Mehrzahl der Anwesenden nichts Neues zu sein schien: daß Fintenring der Partei der Nationalsozialisten, die in letzter Zeit in steigendem Maße von sich reden gemacht, eine gewisse Anerkennung zuwandte. Die Anerkennung wurde in sehr herablassendem Tone gegeben, wie ein Türmer von hoher Warte das Gewimmel im Blachfeld überschaut, sicher, daß es in seine Burg nicht eindringen werde. Immerhin kam es darauf hinaus, daß diese Gefolgsleute Adolf Hitlers eben wirklich Glühende wären und daß man also hoffen könne, es werde ihnen gelingen, „das träge Volk der Deutschen in Flammen zu setzen und umzuschmelzen". Der Hauch freilich, der sie zusammengeblasen, komme von ganz anderswo her, als diese wähnten, sie seien nur Stoff und Spreu, die sich zu verzehren habe um der künftigen Flamme willen — so wie ja auch die Sport-Narren unsrer Tage nichts davon ahnten, daß ihr Verlangen nach körperlicher Ertüchtigung nur oberflächenhafter Ausdruck sei der tiefen Erkenntnis des Meisters von der Heiligkeit des Schönen Leibes. Rühmenswert sei an jener politischen Massenbewegung, daß doch in ihr nicht das Gesetz der Masse gelte, sondern Führerschaft und Gefolgschaft, Herrschaft und Dienst. Und zuletzt werde in ihr nicht das Wort des Mannes, der sich selbst nur den „Trommler" genannt habe, — es werde das Wort des D i c h t e r s maßgebend sein. Der Dichter sei der wahre Führer der neuen, von ihm erweckten und geweihten, durch seine Wesenskraft verjüngten Zeit.

— Mit Edmund Kirms und noch zwei anderen jungen Leuten, die auch ihre Schlafstelle in der Stadt und die letzte Tram längst versäumt hatten, wanderte Jakob gegen Morgen längs dem Isarufer München zu. Es war eine der plötzlich milden Januarnächte, wie sie der Föhn zuzeiten dem Alpenvorland bringt und damit das seltsame Gefühl erweckt, als gelte kein Gesetz der Jahreszeit und als könne über Nacht schon ein unwiderruflicher Frühling hereinbrechen. Jakob ging, seinen Hut in der Hand, die Nachtluft war weich und doch schneekühl. Er fühlte sich noch immer im Kopf und Herzen verwirrt, nur mit halbem Ohr horchte er auf die Weggefährten, die im Gehen den Faden des Gesprächs noch fortspannen und behaupteten: Fintenring habe recht, man könne eben tatsächlich von niemandem als der Partei Hitlers die Reinigung unsrer politischen Zustände und die Wiederherstellung unsrer Selbständigkeit erwarten, da alle anderen Parteien schon paktiert und gekuhhandelt hätten, während jener Volksführer eine ganz unbeirrbar konsequente Haltung zeige. Es kam die Rede auf die Saalschlachten, Überfälle, Tätlichkeiten, womit die junge Nationalpartei der gleichen Praxis der äußersten Linken begegnete — da sagte Edmund Kirms: „Das ist das harte Gesetz der Geschichte, das wir nicht ändern werden. Wer das Große will, muß Blut sehen und Blut vergießen können."

Ist das so? dachte Jakob. — Der Fasching hatte schon begonnen, man merkte es, als sie nun der Stadtmitte nahekamen; manche Heimgänger in spitzen Hüten und befransten Hosen kreuzten ihren Weg. Jakob, mitten aus seinen Gedanken, fragte in das Gespräch der andern hinein:

„Ich möchte wissen: glauben Sie das wirklich, Sie alle, und Herr Fintenring, und wer sonst etwas davon verstehen kann — glauben Sie es, daß die Nationalsozialisten unser Land freimachen werden, groß, geachtet in der Welt? daß der Versailler Vertrag zerrissen sein und was uns gehört, wieder unser sein wird, und daß es eine Zeit geben wird, wo man nicht mehr diese beständige Kränkung ertragen muß, wegen der Ohnmacht und Unehre, die auf unser Land gelegt ist?"

„Es ist jedenfalls eine neue Jugend herangewachsen," sagten die andern. „Es ist jedenfalls eine Hoffnung."

Edmund Kirms begann im Gehen, auf offener Straße, Georgesche Verse zu sprechen:

„Ein jung Geschlecht, das wieder Mensch und Ding
Mit echten Maßen mißt; das schön und ernst,
Froh seiner Einzigkeit, vor Fremden stolz,
Sich gleich entfernt von Klippen dreisten Dünkels,
Wie seichtem Sumpf erlogner Brüderei,
Das von sich spie, was mürb und feig und lau,
Das aus geweihtem Träumen, Tun und Dulden
Den einzigen der hilft: den Mann gebiert ...
Der sprengt die Ketten, fegt auf Trümmerstätten
Die Ordnung, geißelt die Verlaufnen heim
Ins ewige Recht, wo Großes wiederum groß ist,
Herr wiederum Herr, Zucht wiederum Zucht. Er heftet
Das wahre Sinnbild auf das völkische Banner,
Er führt durch Sturm und grausige Signale
Des Frührots seiner treuen Schar zum Werk
Des wachen Tags und pflanzt das Neue Reich."

Jakob sagte: „Das klingt gut. Es könnte vielleicht wahr sein. — Gut Nacht, wir trennen uns hier. Ich gehe noch weiter die Isar entlang, und dann quer durch den Englischen Garten."

3

Im Februar tauchte Luzie in München auf.
Jakob war der erste von den Münchner Verwandten, bei dem sie sich meldete. Sie kam in sein Zimmer, während er am Schreibtisch über seinen Büchern saß; er blickte nicht einmal auf, als die Tür ging, denn er meinte, es wäre Quint, der ein versäumtes Kolleg, das Jakob mitgeschrieben, mit ihm durchgehen wollte. Luzie legte ihm ihre zwei schmalen, kühlen Hände über die Augen.

„Wer ist es?"

„Luzie!"

Er hatte seit Friedrichs Tode niemand von den Steglitzern gesehen, er nahm Luzie unwillkürlich in den Arm und küßte sie, wie er einer Schwester, bei einem großen gemeinsamen Verlust, getan haben würde. Er suchte in ihren Augen zu lesen, was gewesen war, wie es gewesen war; es stand nichts davon drin, und erst als er murmelte: „Was ihr durchgemacht habt, ihr Armen!" zauberte sich ein Ausdruck von Traurigkeit und Schutzbedürftigkeit auf ihr schönes Gesicht.

„Ja, das war schlimm. Sprechen wir nicht davon."

Das war kein Heuchelwort. Luzie erinnerte sich recht gut, wie sie damals, heimkommend, den toten Bruder auf seinem Bett gefunden hatten, und des kurzen, schrecklichen Moments, wo sie bemerkt hatte, daß die Augen des Toten offen standen, der dumme kleine Peter hatte sie natürlich nicht zugedrückt, wie sichs gehört hätte — offen standen, ganz leer, ohne Blick und Sinn, und zu sagen schienen: es ist nichts! es gibt nichts! Das hatte ein Grauen vor dem Ende, dem unausbleiblichen, unwiderruflichen, wie einen kalten Wassersturz über Luzie gebracht; sie wußte seitdem, daß zu leben nur möglich war, indem man daran nie dachte. —

„Und du bist jetzt hier? seit wann? und wo wohnst du?" fragte Jakob.

Da erfuhr er denn: bei einer Freundin, die sich nach München verheiratet hatte, war sie zu Gast, Frau Helene Tilman, bei ihr war sie eingeladen, länger zu bleiben, und das würde sie auch tun, und auch auf den Fasching würde sie hier gehn, was sie in Berlin nicht so recht konnte, als Pfarrerstochter, und noch kein Jahr nach des Bruders Tod, es ging eben nicht; aber hier kannte sie niemand, — „und Du wirst mich doch nicht verraten, oder? aber ich möchte wissen, was der Friedrich davon hat, wenn ich mein Leben versäume? gar nichts hat er davon, der Arme, und jung ist man doch nur einmal, weißt du, daß ich schon bald zwanzig bin? Du ja auch, Jakob, aber ein Mädchen müßte mit zwanzig schon verheiratet sein, die Freundinnen von mir, die ein bißchen hübsch waren, sind es schon alle, und gar so wüscht bin ich doch hoffentlich auch nicht, oder? aber man kann natürlich nicht einfach jeden netten Kerl heiraten, wenn er nichts hat. Und also jedenfalls, auf den Fasching will ich hier gehn und endlich wieder einmal tanzen, und zum nächsten Fest gehn wir beide zusammen, Jakob, das wird lustig! Glaubst du, daß ich mir in Berlin ein Faschingskostüm habe machen lassen, im Haus, von der Schneiderin, die zu uns kommt, ohne daß es die Mutter überhaupt gemerkt hat?"

Anstatt höflicherweise zu fragen, was für eine Art Kostüm das wäre, erkundigte sich Jakob danach, wie es den andern daheim in Steglitz gehe, und Luzie, im Lehnstuhl neben seinem Schreibtisch sitzend, gab ihm Bescheid, indessen ihre Augen zerstreut im Zimmer wanderten. Der Papa war stark gealtert, alle fanden das, es war kein Wunder. Die Mutter Ulrike hatte es sehr schwer genommen und sie besuchte jetzt irgendwelche religiösen Vorträge, „aber nicht von unserer Kirche, sondern von dem Wächter, weißt schon, dem Katholiken" – sie, Luzie, glaube, der Papa wisse gar nichts davon. Peter, der arme Junge, war ja zuerst bei dem toten Bruder gewesen; aber Peter war noch ein Kind, er würde den schrecklichen Eindruck verwinden. Ja, Ninette war aus dem Stift heraus, schon seit Weihnachten, und weil ihr der Papa nicht erlaubt hatte, zur Bühne zu gehn – „sie wollte es absolut durchsetzen," erzählte Luzie, „es war ein großer Krach mit Papa und nachher noch ein langes Gespräch zwischen den Eltern" – so lernte Ninette jetzt Maschineschreiben und Stenographie, sie war versessen darauf, als Sekretärin bei irgendeiner Firma ihr eignes Geld zu verdienen.

„Ninette als Sekretärin," staunte Jakob. „Wer kann sich das vorstellen?" Er sah sie auf der Grünschwaiger Terrasse, den Zauberstab in der Hand. „Und Silvia?"

„Silvia hat sich als Helferin bei der evangelischen Bahnhofsmission gemeldet. Kannst du dir so was denken? Aber die Eltern sahen es beide gern, und sie findet es nicht einmal schlimm, findet's interessant, Silvia ist ja immer froh, wenn sie jemand bemuttern kann. Und Antje ist schon wieder in Ostpreußen, nicht auf dem Gut, bei Bolckes, wo sie mit Peter zusammen eingeladen war, sondern da in der Nachbarschaft, als Praktikantin. Furchtbar tüchtig sind sie alle – nur ich nicht, nein, ich bin für so ein Leben als ‚berufstätiges Mädchen' nicht gemacht."

„Für was für ein Leben bist denn du gemacht?"
„Für ein gutes und vergnügtes," sagte Luzie. „Ich bin immer gut, wenn ich vergnügt sein kann."
Jakob lud sie ein, mit ihm zum Abendessen auszugehen; da sie aber hörte, daß er sonst meistens daheim blieb, nur ein Butterbrot aß und sich Tee dazu kochte, so bestand sie darauf, das für ihn und sich zusammen zu machen. Das würde gemütlich, er sollte schon sehn. Sie ging in die Küche hinaus und sprach mit Jakobs Hauswirtin, einer mageren, mit einer hohen Frisur geschmückten Frau, die ihr zuerst mißtrauisch begegnete, aber von Luziens Charme rasch bezwungen wurde; denn dem war schwer zu widerstehen, sobald sie einmal beschloß, ihn anzuwenden. Während Jakob sich wieder zu seinen Büchern gesetzt hatte, ging Luzie ein und aus; als sie ihn zum Essen rief, war sein kleiner runder Tisch vor dem Sopha mit einem Tuch gedeckt, Salat und Aufschnitt und sogar warme Bratkartoffeln standen darauf. „Du hast wohl gemeint," sagte sie, weil Jakob sich darüber wunderte, „daß ich gar kein bißchen häuslich sein kann? Aber da irrst du dich sehr. Es ist schon wahr, ich will einmal einen Mann haben, der Geld hat, und meine Schwestern schimpfen mich deswegen eine Materialistin. Also gut! Aber wenn er zu mir nett ist, bin ich auch nett zu ihm, und dann wird alles gutgehn, das werdet ihr schon erleben."
„Das werden wir gern erleben," sagte Jakob.

Das Maskenfest, das Jakob bald darauf wirklich mit seiner Cousine besuchte, war eines der großen des Münchner Winters, auf dem sozusagen „die ganze Stadt" zusammen kam. Jakob hatte dafür ein graues, ritterliches Kettenhemd als Kostüm, mit Gürtel, Schwert und Helm; die Großmutter Gabriele hatte ihm das aus einer Grünschwaiger Kiste hervorgesucht. Als er damit in die Konradstraße ging, um es von dem faschingserfahrenen Quint beurteilen zu lassen, erfuhr er, daß auch dieser und Natalie auf dem Ball sein und den kleinen Sixt in der Obhut des Mädchens lassen würden, ja daß sogar Lisa mitkäme. „Sie will nicht, sie will ja nie," sagte Quint, „aber sie muß. Junge Mädchen haben zu tanzen, ich hab gar keine Lust, zu erleben, daß meine Schwester als alte Jungfer sitzen bleibt. — Und da dir Luzie, wie ich sie kenne, bestimmt in den ersten fünf Minuten durchgeht, und nie mehr wiederkommt, kannst du ja dann Lisa deine Ritterschaft zugutkommen lassen und dich mit ihr über die Unsinnigkeit des Tanzens unterhalten. — Nein, dein Kostüm da wird sehr gut sein. Bissel altmodisch, so was trägt jetzt kein Mensch mehr, aber das paßt grad für dich. Bei dir hat man sowieso immer das Gefühl, daß man in der Ritterzeit zu Besuch ist."

„Du sollst mich nicht ausspotten, Quint."

„Denke ja gar nicht dran. — Also wir gehen getrennt hin, wir treffen uns dort! Man trifft sich immer," rief ihm Quint noch nach.

Am Ballabend gab es neuen Schnee, und das war für Jakob von Kind auf ein freudiges Ereignis: das weiche, stille Fallen, stiller als alles, das Stillste, so schien es ihm, was es in der Welt gab. Durch diese Stille ging er, Luzie abzuholen und die Tilmans, die er bei der Gelegenheit kennen lernen sollte. Er trug auf dem Kopf nur den Rundhelm aus leichtem Metall, der zu seinem Kostüm gehörte und ihm weder Ohren noch Nacken vor dem Schneefall schützte; aber es tat ihm wohl, mit Lust spürte er sein Schwert an der linken Hüfte und überließ sich, im Gehen vor sich hinträumend, dem knabenhaften Wunsch, daß es doch heut abend etwas zu kämpfen, etwas zu verteidigen geben möchte.

So war ihm das Gemüt schon verwandelt und erhöht, schon bereit, etwas Außerordentliches zu erfahren, als er vor dem Haus des Architekten Tilman in der Königinstraße anlangte. Indem er herankam, trat aus der Haustür, die offenblieb und Licht herauswarf, eine Dame. Sie stand auf der obersten von drei runden Stufen, wandte den Kopf zum Hause zurück, rief etwas. Die Dame hatte einen großen, breiträndigen Hut auf, der überdies mit einem Tuch um Kopf und Kinn zusammengebunden war. Jakob sah also nichts von ihr, bis er unmittelbar vor ihr stand und ihr Gesicht sich ihm zukehrte; ein Gesicht, das aber ihn nicht sah, das mit seinem Ausdruck nicht hier, sondern noch drinnen im Haus war — ein rührendes, kindhaftes Gesicht, erschrocken und ganz ohne Gegenwehr, unter einem plötzlichen Schmerz. Im nächsten Moment kamen Luzie und der Hausherr gleichfalls aus der Tür, dieser schloß ab, ein großer Mensch mit einem Turban um den Kopf, er ging dann rasch auf eine ans Haus angebaute Garage zu, seinen Wagen zu holen. Und Jakob, das alles sehend und begreifend, wußte, als ob man's ihm gesagt hätte: daß diese seine Cousine Luzie, das unmögliche Mädchen, einen Flirt mit Herrn Tilman angefangen hatte, nur so, aus purem Übermut, um ihre Macht zu erproben und die Faschingsfreiheit zu genießen, daß aber die kindlich schöne Dame, die Frau Tilman, sichs zu Herzen nahm. Und man konnte nicht hingehen zu ihr und ihr sagen: nimm es dir nicht zu Herzen, Luzie ist so, morgen vergißt sie alles wieder; man durfte sie nicht einmal recht anschauen, denn am Blick würde sie sonst spüren, daß man etwas merkte. — Da hatte nun also Jakob, was er sich gewünscht hatte: etwas zu verteidigen, zu beschützen, und sah doch keine Möglichkeit, seinen Schutz auszuüben. Ein warmer Strom von Zärtlichkeit und Bewunderung für die Dame ging ihm durchs Herz.

Indessen saßen sie schon alle vier im Wagen und fuhren in den hellen Schneewirbelschacht hinein, den die Lichter vor den Wagen hinzauberten. Im Fahren wurde Jakob nachträglich vorgestellt und Tilman erklärte ihm, daß man so früh aufgebrochen sei, um sich auf dem Fest, das sehr besucht sein würde, einen Tisch zu sichern; es sei gut, daß er so pünktlich war, andernfalls aber würde er zuhaus einen Zettel, und jedenfalls seinen Platz reserviert gefunden haben.

An der Garderobe gaben sie ihre Mäntel ab. Luzie schälte sich aus dem ihrigen als ein schwarzblauseidener Page, in Strumpfhosen und einem Oberkittel, der höchst einfach und höchst raffiniert gemacht war, mit kleinen Finessen an den Schultern und Ellenbogen. Die dunkle Farbe und der gute Schnitt hoben noch die biegsame Schlankheit ihrer Gestalt; sie wußte es wohl, daß sie bezaubernd darin aussah. Das Haar hatte sie nach Pagenart in die Stirn und über die Ohren gelegt, und auch das stand ihr gut, es gab ihrem Gesicht etwas Spitzbübisch-Unbedenkliches. Frau Tilmans Kostüm war italienisch, aus dem 17. Jahrhundert, knappes Leibchen, faltig angefügter Rock und eine vorn geöffnete, nur mit einer Brosche zusammengehaltene Schaube als Oberkleid, Puffärmel, und ein Korallenband um ihren Hals. Tilmans Tracht konnte als die eines persischen oder türkischen Hofbeamten gelten. Aber sie fielen mit all dieser Buntheit nur wie kleine Tropfen in das große Meer von Farbe und Lärm und Tanzlust, das sie schon aufzusaugen begann, als sie noch, unwillkürlich beschwingten Fußes, die Treppe mit dem Messinggeländer emporstiegen.

Das Meer war im Wachsen und zog von allen Seiten kleine Rinnsale von Erwartung, Maskenfreude, Ausgelassenheit an sich, klare und trübe kleine Rinnsale, und in ihm, in dem großen Meer, vermischten sie sich und schwollen und wurden zu einem starken, brausenden Wogengang. Die Musik, man konnte sie nur einige Minuten lang hören, dann sank sie auf den Grund des Bewußtseins nieder und schien nicht mehr da zu sein, und war doch in allem. War in den Worten wie in den Blicken, die die Masken miteinander wechselten, war in den Bewegungen, mit denen sie einander umfaßten, war vor allem in dem Tanzschritt der Füße, den sie nach ihrem Sinn und Willen zwang. Am stärksten aber war ihre Wirkung dadurch, daß sie in diesen, von ihrem Rhythmus beherrschten, diesen heißen, menschenerfüllten Räumen, wo ein übertriebenes, „Freude"-schreiendes Silber und Gold sich in Girlandengestalt über die Decken spannte und als Bukett an Wänden und über Tischen sich zusammenfaßte – daß die Musik hier für einige Stunden alles möglich zu machen schien. Schwieg sie einmal, so war es nur, um ihre alsbald wieder mächtig einsetzende Zaubermacht zu erfrischen und zu erhöhen. Keinen Gedanken gab es, der nicht hätte Wort und Tat werden dürfen, sobald man nur kühn genug war, die gebotene Faschingsfreiheit auch zu nutzen. Die Konvention war aufgelöst, jeder war jedem ein „Du" und durfte, sollte den andern so nennen; was der Alltag wie eine lederne Polsterung von Gleichgültigkeit und Ferne zwischen die Menschen legt und was eine Traurigkeit, aber freilich zugleich auch ein Schutz ist: das war plötzlich außer Geltung gesetzt. Und daß man es e m p f a n d, und daß die Schranken auch wirklich zerbrochen wurden, das war die Wirkung der Musik, die beständig den Menschen etwas zu sagen, einen Mut ihnen einzuflüstern wußte, der nicht durch das Tor der Gedanken, sondern auf unbewußte Art in ihr Wesen einging. Was als ein Fest der Lebensfreude galt und es gewiß auch war – das war zu gleicher Zeit noch etwas anderes und vielleicht die Menschen heimlich noch stärker Lockendes: ein Fest des Lebenskampfes. Mancher, der in seiner Maske kam und sich ganz und gar verwandelt zu haben glaubte, der mußte es hier erst recht erfahren: du bist, was du bist, und du mußt dich als solcher prüfen und wägen lassen. Unverhüllter als je sonst in Gesellschaft war der Wettkampf um die Gunst einer Schönen, offener die Lockung, der Zorn, der Spott, und es war nicht leicht, inmitten Hunderter von laut-fröhlichen Menschen die bittere, durch keine Schonung gemilderte Niederlage zu tragen und sich seine Schwermut nicht ankennen zu lassen, wenn man so unvorsichtig gewesen war, mehr als eine Laune und ein rasches Wohlgefallen bei diesem Kampfspiel einzusetzen.

Und nicht immer nur die kühnere Kraft und das lebendigere Herz entschieden einen solchen Sieg, sondern oft auch nur die raschere, die geübtere Unbedenklichkeit. Es flossen immer noch weiter die vielen kleinen Rinnsale in das Meer des Festes, die klaren und die trüben kleinen Rinnsale, und trugen ihre Art mit herein. Da waren junge Mädchenwesen, und Jünglinge auch, voll Sehnsucht, sich ins Leben hineinzuwerfen – reine Wässer, die noch nichts kannten als den steinigen Grund jugendlicher Hochlande. Und da waren Frauen und Männer, ältere, die ein Schrecken vor der Vergängnis ihres Lebens erfaßt hatte und die es noch einmal leben und ergreifen wollten, eh es dahingeronnen war. Und da waren neben denen, die die eigentliche Maskenlust, die Verzauberung durch ein fremdes Kostüm gelockt hatte, auch jene, die nur die Beglückung des Tanzens suchten. Denn der Mensch ist so geschaffen, daß er zuzeiten in der Erfahrung eines Rhythmus sich selber finden muß, und von all solchen Erfahrungen ist das Tanzen die stärkste, unmittelbarste. Da waren Menschen, die nur gekommen waren, weil es nun einmal dazu gehörte, das mitzumachen; und andere, die ohne die jährliche Aufregung der Faschingszeit nicht leben konnten. Da waren Mütter, die ihre Töchter begleiten und beaufsichtigen und womöglich verheiraten wollten, und Gelehrte, die aus der strengen Region ihrer Denkarbeit für einen Abend in diesen warmen Lebenswirbel tauchten, um sich zu erholen. Und Philosophen, die den Jahrmarkt der Eitelkeit beobachten und glossieren wollten und nicht bemerkten, daß sie auch selbst ein Stück Ware auf diesem Markte darstellten. Da waren noch viele und noch immer andere Arten von Menschen. Und alles mischte sich zusammen und war ein lebendes, strömend bewegtes Bild.

Das freilich vermochte ein Maskenfest in diesem Jahrhundert nicht mehr, was der Sinn solcher Feste in früheren Zeiten gewesen war: daß es die Ordnung, indem es sie mit weiser Kühnheit für eine Weile aufgab, insgeheim in ihren Wurzeln stärkte. Hier gab es hinter dem bunten Spiel keine geltende Ordnung mehr, welche die Seelen wirklich bestimmt hätte; nur die Erinnerung daran glänzte noch nach, in dieser auch jetzt noch frommen und frohen Stadt, die von der Schwere der Zukunft nichts wußte, höchstens unruhig davon träumte.

— Jakob hatte seine Cousine gleich in den Arm genommen und war mit ihr in den großen, bunten Wirbel hineingetanzt, entschlossen, ihr energisch zu sagen, daß sie sofort damit aufzuhören habe, Tilman den Kopf zu verdrehen und seine Frau traurig zu machen. Er fing auch gleich damit an, erklärte es ihr mit höchst entschiedenen Worten. „Fühlst du denn das nicht?" fragte er sie, „daß man nicht in einem Haus zu Gast sein und sich dann so betragen kann?"

„Wir zwei passen gut zusammen im Kostüm: ein Ritter und ein Page," antwortete Luzie.

Sie lächelte ihm strahlend zu, sie hatte kein Wort von seiner Rede gehört. Sie war selig in ihrem Element, wie ein Fisch im Wasser, im Tanzen verschenkte sie nach allen Seiten mit Blick und Lächeln ihre Gunst; ihr zu sagen, daß sie nicht kokettieren sollte, war so aussichtslos, wie wenn man einer Schleie riete, nicht nach Mücken zu schnappen. Wozu schwimm ich dann hier? würde sie gedacht haben. Und weil sie, in solcher Stimmung, niemandem übelwollte, nur einfach tat, was der Instinkt ihr eingab, so konnte sie auch gar nicht darauf kommen, daß sie damit irgendwen traurig machte. Jakob aber, der Helene Tilmans rührendes Gesicht noch immer vor sich sah, war nicht so leicht zu der Einsicht zu bringen, daß man bei Luzie nichts ausrichten könne. Er bestand darauf: „Du versprichst mir, daß du sie nicht mehr kränken willst."

„Wen? Helene? – Du hast dich in sie verliebt! Das ist lustig! Komm zurück an den Tisch –" Denn eben war eine Pause in der Musik, und die Paare standen und klatschten, um sie zum Weiterspielen zu bewegen.

„Ich weiß nicht, wie du solchen Unsinn daherreden kannst." Jakob merkte mit wahrer Wut, daß er wieder einmal rot wurde, nicht plötzlich, sondern allmählich und gründlich, wie das leider bei ihm zu geschehen pflegte. Es stimmte ihn nicht sanfter gegen seine Cousine, die ihn vergnügt und aufmerksam ansah. „Es ist mir ja gleich, was du dir einbildest, aber wenn du sie noch einmal kränkst, werd ich ... wirst du dann schon sehen, was dir passiert."

„Ich glaube, der meint im Ernst, er kann mir an einem Tag wie heut eine Predigt halten. – Höre, du, Herr Spanier, rette mich! Ich bin einem Bußprediger in die Hände gefallen!"

Das rief sie einem großen, breitschultrigen Manne zu, der allein am äußeren Rande des Tanzraumes stand und sich am Klatschen eifrig beteiligte. Auf die schöne Luzie war er schon vorher aufmerksam geworden und sein dickes, blondes, bubenhaft gutmütiges Gesicht leuchtete auf, als sie sich ihm zuwandte und auf einer Welle der wieder einsetzenden Musik mit ihm davon tanzte, dem überraschten Jakob übermütig noch zuwinkend.

Da war er also allein, wie es ihm Quint vorhergesagt hatte, und dachte, indem er den Beiden nachsah: Wenn der aus Spanien ist, stammt er von den Westgoten. – Schon recht und viel Glück! wenn sie mir nur die Tilmans in Ruhe läßt.

Unwillkürlich ging er sie zu suchen, fand sie aber nicht an dem gemeinsamen Tisch, sah auch sonst nirgend etwas von ihnen, und während er, durstig geworden, sich ein kühles Getränk verschaffte und sich damit am Tisch niederließ, wurde ihm klar, daß Luzie recht gehabt und daß er sich wirklich in Frau Tilman verliebt hatte.

Komisch, vor einer Stunde bin ich noch ganz vernünftig und ruhig gewesen und jetzt – sie stand da vor ihrer Haustür wie eine Prinzessin im bösen, verzauberten Wald! Eine schöne Geschichte! dachte er sorgenvoll, und: Das kommt davon, wenn man andern Leuten predigen will, das soll man eben nie tun. Ich werde sie also jetzt lieber ganz vermeiden. Soll ich wirklich nicht ein einziges Mal mit ihr tanzen? Besser nicht! Aber es ist vielleicht eine Unhöflichkeit?

Er schwankte noch, ob er am Tisch ihre Rückkehr erwarten, oder lieber gleich im Strudel untertauchen und sich nicht mehr sehen lassen sollte... da stand auf einmal Edmund Kirms vor ihm.

„Ach, Herr Kirms, sind Sie auch hier?"

„Sie! – heut ist Fasching, mein lieber Jakob." Und als wär es ein freudiges Geheimnis, flüsterte er ihm zu: „Der Lehrer ist auch auf dem Fest. Willst du nicht hinüberkommen? Wir haben einen Tisch auf der anderen Seite. Ich wollte dich schon früher bitten, mit uns zu gehn, aber hab dich in deiner Bude nicht angetroffen. Freue mich sehr, daß du auch so da bist. Susanne Gumprecht haben wir mitgenommen, sie tanzt mit dem Lehrer. Und Gebhard als Marketenderin: vollkommen unkenntlich! Es ist wirklich sehenswert."

„Seid mir nicht bös, – ich bin mit einer anderen Gesellschaft hier. Ich kann ja später vielleicht bei euch vorbeischauen," sagte Jakob, dem die Fintenringschen ganz und gar nicht zu seiner Stimmung und überhaupt auf das Fest passen wollten. „Einen schönen Gruß an alle. Was schaun Sie mich denn so an? Wahrscheinlich sitzt mein Helm wieder schief."

„Nein, ein sehr gutes Kostüm."

Jakob behielt keine Zeit, sich über den sonderbaren Menschen zu wundern, der einen dumm ansah und den man nicht loswerden konnte; denn er spürte an einem plötzlichen Hell- und Bedeutungsvoll-werden aller Dinge ringsumher, daß seine Dame gekommen war: an ihres Mannes Arm kam Helene Tilman vom Tanzen zurück, ihr Gesicht nun froher als vorher... Grund genug auch für Jakob, sich von Freude überflossen zu fühlen! Natürlich versäumte er, seinen Bekannten vorzustellen, hörte ihn aber selbst seinen Namen nennen und dazu sagen:

„Jakob und ich sind Schüler von Carl Fintenring."

Helene, höflich lächelnd: „Ja? Ich kenne ihn nicht."

Da sie und Tilman am Tisch Platz nahmen und niemand Kirms aufforderte, sich dazu zu setzen, so verbeugte er sich und ging.

„Wer ist Fintenring, Lieber?" fragte Helene ihren Mann.

„Soviel ich weiß, irgendeine Größe aus dem Stefan George-Kreis. Oder wenigstens möchte er gern dafür gelten. Man sagt, daß er sich in die hiesige Universität eindrängen will, was ihm hoffentlich nicht gelingen wird," bemerkte Tilman mit einer Jakob überraschenden Schärfe im Ton, und ohne ihn wegen seiner angeblichen „Schülerschaft" zu befragen; weshalb auch Jakob nicht für nötig hielt, dazu Stellung zu nehmen.

Er hat ein schönes, rücksichtsloses Gesicht, wie von einem Raubvogel, der den Einblick von oben in die Dinge dieser Welt hat, und der viel Wind gewöhnt ist! dachte er über Tilman. Ich werd ihm aber die Wahrheit sagen, in sein altes Räubergesicht hinein, wenn er seiner Frau einen Schmerz antut.

Indem hörte er Tilman fragen, wo Luzie geblieben wäre? man müsse sich doch kümmern, meinte er, und schien gewillt, sich auf die Suche zu begeben. Das brachte wieder den Schatten auf Helenes Gesicht, und Jakob erbot sich rasch: er habe seinen Trunk gehabt und wolle sie suchen gehn.

Er tat es, und sah nicht mehr zurück nach den Tilmans — mit dem Gefühl freilich wie einer, der sich freiwillig aus dem schönen Paradies verbannt.

4

Er konnte aber Luzie nirgends entdecken. Doch traf er mit einem schönen Bauernpaar, Mann und Frau, aus der Normandie zusammen und fand, daß das Quint und Natalie waren. Natalie, die in Grünschwaig als Amazonenfürstin von einem Hauch fürstlicher Strenge umgeben gewesen, schien mit dieser ihrer heimischen Tracht (dunkles, weitröckiges, in der Taille eng zugeschnittenes Kleid mit weißer Schürze und weißer Haube) eine, wenngleich immer noch herbe, Erdenfröhlichkeit angezogen zu haben; Jakob bemerkte eine ganz neue Art von Anmut an ihr, ein freieres Lächeln, einen Gang wie auf eigener Erde, so als wäre sie nun erst unter den Menschen mit Behagen und Vertrauen zu Haus. Und es war wohl zu spüren, daß auch Quint das als einen frischen Reiz genoß und wie in freudiger Überraschung seiner eigenen Frau den Hof machte. „Ach, wir haben dir das noch gar nicht erzählt!" sagte er zu Jakob. „Papa Guiton —"

„Aber Quint, wir heißen doch Giton," warf die normannische Bauersfrau lachend ein.

„Nichts kann natürlicher sein, als euch mit dem großen hugenottischen Kriegsmann Guiton zusammenzuwerfen, der La Rochelle gegen Richelieu verteidigt hat! Ihr würdet La Rochelle heute noch verteidigen, wenn es nur irgendwie möglich wäre. Ich bin auch überzeugt, daß ihr tatsächlich mit ihm verwandt seid und euer fehlendes u nur aus, was weiß ich, Bescheidenheit abgelegt habt, ... oder eher noch aus Stolz: weil ihr euren Namen selbständig ins Buch der Geschichte eintragen wollt. — Also, Papa und Mama Giton haben uns diese Kostüme aus Natalies Heimat mit einem ganz reizenden Brief geschickt. Du mußt wissen, wir erwarteten doch die Eltern Giton fest zu Sixtens Taufe, es war auch zugesagt, und bei uns große Freude ... aber im letzten Moment hat sich der alte Herr dann eben doch nicht zu der Reise entschließen können. Ich glaube, in Frankreich haben sie die Vorstellung, Deutschland wäre ein einziger großer labyrinthischer Wald, in dem man sich verirrt..."

„Quint muß immer spotten," sagte Natalie zu Jakob.

„... und ahnen gar nicht, wie verzweifelt eng unser armes Labyrinth geworden ist. — Nun, Madame la Mère schrieb, sie könnten nicht kommen, es sei zu weit, zu beschwerlich, zu ungewohnt, sie seien zwei alte Leute. Aber hier kämen stattdessen zwei Hüllen, in denen sie früher einmal beide gesteckt und darin in schönen Jugendtagen vergnügte Feste mitgemacht hätten. Das Haus Fehrenkamp würde es hoffentlich nicht übelnehmen, wenn sie sich erlaubten, Tochter und Schwiegersohn französisch einzukleiden. Und nachdem der kleine Sixt seine Mutter so lang von der Welt und ihren Festen ferngehalten habe, sollte ich sie in dieser Tracht wieder dorthin führen und vergnügt sein und an die Schwiegereltern denken. — Das ist doch nett, wie?"

„Ja, wirklich!"

Indem trat Lisa Fehrenkamp, vom Tanzen zurückkommend, zu ihnen; auch sie in einem bäuerlichen Kostüm, aber einem aus dem hiesigen Bergland, mit einem schwarzen Bänderhut, den sie am Arm trug. Sie wurde von ihrem Bruder geneckt: wie ihr denn zumut sei? so ähnlich wie einer Henne nach einem Wasserbad? ja, das Tanzen sei etwas Schwieriges! und sie nahm das ohne Spur von Kränkung hin, mit ihrem runden, lächelnden, noch immer ganz kindlichen Gesicht. Jakob forderte sie für den nächsten Tanz auf und ließ sie dabei von sich erzählen. Nein, mit ihrem Reiten war es jetzt nichts, sie ging in eine Haushaltungsschule. Aber sie freute sich schon, wenn es wieder Frühjahr würde, dann würde sie doch wieder einmal ausreiten. Jakob sollte nur auch einmal kommen und Reitstunden nehmen, meinte sie; sie könnte ihm jetzt schon ganz hübsch etwas beibringen, sie hätte bei ihrem Vater schon etwas gelernt. Ob es wirklich so schön sei, das Reiten? fragte Jakob. Und sie erwiderte ernsthaft: „Ganz sicher das Schönste auf der Welt."

In der nächsten Tanzpause erzählte ihm Quint, daß er Luzie

gesehen habe, in Gesellschaft eben jenes „Westgoten", der Beschreibung nach, den Quint sogar beim Namen zu nennen wußte: „Das ist der junge Hörsch. Die hier das große Pelzgeschäft haben. Ziemlich verschossen in seine Partnerin, wie mir vorkam."

Dies vernahm Jakob mit Erleichterung; er fand sich dadurch von der Verpflichtung entbunden, noch weiter auf seine Cousine aufzupassen. Er blieb noch eine Zeitlang mit Lisa, Quint und Natalie, aber seine Unruhe trieb ihn dann wieder fort, es verlangte ihn, Helene wieder zu sehn, wenigstens einmal muß ich heut mit ihr tanzen! versprach er sich selbst. Jedoch der Tisch, wo er sie verlassen hatte, war von fremden Leuten besetzt; er streifte lang umher, und konnte jetzt auch sie nicht mehr finden.

„Wen suchst denn du? bin's vielleicht ich?" sagte ein fremdes Mädchen lachend zu ihm, das ihm die Treppe herunter allein entgegenkam. „Komm, die spielen Walzer! tanz einen mit mir!" — Sie war hübsch, in einer ganz einfachen Dirndltracht mit dem Strohhut, unter dem die vor Lebenslust leuchtenden schwarzen Augen hervorblickten. Er folgte ihr in den Saal, und fünf Minuten lang schwang er sich mit ihr herum in dem selig leichten Walzertakt, der von uns armen Menschen erfunden ist, um für eine kleine Dauer die Schwere der Welt nicht mehr zu fühlen. Doch die Musik hörte auf einmal auf, das Händeklatschen der Tänzer wurde von allen Seiten mit ruheforderndem Zischen beantwortet, und vorn auf die Bühne stieg jemand in einem Frack und mit einer roten Schärpe. Es gab eine Festbegrüßung für den Herrn Oberbürgermeister und auf sie folgte eine Rede des freundlich würdigen Herrn selber, von der aber Jakob und seine Tänzerin ebensowenig verstanden wie von dem Faschingsgedicht, das ein dicker, kurzer Mann mit langem Haar dann von der Bühne herunter in dithyrambischem Tone vortrug; denn an den Rändern des großen Saales und oben auf der Galerie verstummte auch während der Ansprachen nicht ganz das leise Geschwätz und Lachen.

„Man hört nix. Wird auch nicht viel schad drum sein," sagte das Mädchen im Strohhut und zog Jakob an der Hand auf den Gang hinaus, wo einige unermüdliche Pärchen sich auch jetzt im Tanze drehten, ohne andere Musik, als die sie sich selber dazu pfiffen.

„Wir wollen etwas trinken," schlug Jakob seiner Gefährtin vor. „Aber komm einen Moment hinaus an die frische Luft."

Sie lief ganz bereitwillig mit ihm hinunter durch das äußere, kühle Treppenhaus und an der Garderobe vorbei, von wo aus eine der Frauen ihnen wohlwollend zulächelte.

Draußen fiel noch immer der Schnee, wenn auch leichter jetzt und nur in wie zufällig wehenden Flocken. Jakob suchte den Himmel ab nach einem Stern, von der Tür aus, wo er stand, war keiner zu sehen; als er in den schmutzignassen Schnee hinaustreten wollte, hielt ihn das Mädchen zurück und kuschelte sich an seine Schulter.

„Was hast denn da draußen verloren? Geh her, mich friert's ja."

Aber Jakob nahm sie nicht in den Arm, in seinen Gedanken befangen, begriff er nicht einmal, was ihr erwartungsvoller Blick bedeuten sollte.

„Wenn du frierst, gehn wir wieder hinauf," tröstete er sie.

„Solchene wie dich muß es auch geb'n!" rief sie im Zorn, lachte dann hellauf und war fort, die Tür ihm vor der Nase zuschlagend.

Jakob mußte nun selber über sich lachen und gestand sich, daß es das Gescheiteste wäre, von der Garderobe seine Sachen zu holen und heimzugehen. Er tat's dann doch nicht, noch einen Versuch wollte er machen, Frau Tilman zu finden.

Oben spürte er, daß das Fest über seinen Höhepunkt hinübergegangen war, so als wäre dem Meer die Zeit seiner Ebbe gekommen. Die Menschen waren noch lauter und ausgelassener als vorher und man sah in manches trunkene Gesicht; doch gegen das heimlich unmerkbare Sinken des Meeresspiegels kamen sie mit aller Lustigkeit nicht auf. Es ging dem Morgen zu.

An der großen Saaltür vorübergehend, sah Jakob unter den Tanzenden Fintenrings graue Mähne, und in seinem Arm eine Marketenderin aus Wallensteins Lager, in der er nur, weil er sich der Bemerkung Edmund Kirms' entsann, den schon allein durch die Brillenlosigkeit stark veränderten Gebhard erkannte. Ein widriges Gefühl berührte ihn flüchtig, ohne daß er sich davon Rechenschaft gab. Er schlich ungesehen vorbei.

Diesmal fand er Helene Tilman, sie saß ganz allein auf ihrem alten Platz am Tisch. Als er herantrat und mit einer scheuen Verbeugung die Erlaubnis erbat, sich zu ihr zu setzen, schüttelte sie zunächst ohne aufzublicken den Kopf und sagte: „Danke, ich möchte nicht tanzen"... dann erkannte sie ihn und nickte zu seinem nun erst aufgefaßten Wunsch. Er setzte sich ihr gegenüber und beide schwiegen.

Seine Freude, sie zu sehen, war gleich erloschen beim Anblick ihrer Traurigkeit, die wie im Moment jener ersten Begegnung mit ihr vor der Tür ihres Hauses sich auch jetzt wieder ganz offen und schutzlos darbot und ihm das Herz erschütterte. Ungleich den anderen Einsamen und im Stich Gelassenen dieses großen Festes, gab Helene sich gar keine Müh, ihren Kummer hinter einer gleichgültigen Miene zu verbergen. Nicht daß sie sich gehen ließ; ihr Gesicht war still und der kindliche Mund faßte sich ernst und fest zusammen. Aber ihre von einem Gefühl überwältigte Seele hatte nicht Raum, sich nebenher noch mit dem zu beschäftigen, was andere von ihr denken könnten, sie stand einfach dem Unfaßlichen gegenüber und sah es an! Gott behüte dich, liebe Seele, dachte Jakob über sie, und wagte dabei kaum, sie mit seinen Blicken zu stören. Gott lasse nicht zu, daß das Wehrlose in seiner Welt den Frechen, Unbedenklichen geopfert wird. Und kann er dich nicht schützen vor den Schmerzen, so möge er dir jeden deiner Schmerzen segnen, tausendfältig, liebe Seele. — Er wäre beinah selbst, in seiner stummen Betrachtung dort am Tisch, zu Tränen gekommen.

Er hätte sich lieber die Zunge abgebissen, als nach Herrn Tilman zu fragen. Aber sie selbst fragte, nach einer Weile, das Schweigen zwischen ihnen empfindend: „Sie haben auch nicht meinen Mann gesehn?"

„Nein," sagte Jakob, „ich —"

„Wissen Sie, ich glaube — bleiben Sie noch hier? — Sie könnten ihm dann vielleicht ausrichten, daß ich heimgefahren bin. Ich bin müde und möchte jetzt ganz gern allein sein."

Wieder so gar kein Versuch, die Situation zu beschönigen! Liebe Seele, dachte Jakob. Aber dann erfaßte er den Sinn ihrer letzten Worte, erschrak und sprang auf.

„Ich störe Sie. Verzeihen Sie mir! Ich gehe fort. Ich werd es Herrn Tilman sagen. Aber soll ich ihn nicht lieber gleich suchen und hierher bringen?"

Wie man einer Quelle auf den Grund sieht, konnte er die Regung ihrer Gedanken sehen. Eine Spur von einer Hoffnung, einer leisen Versuchung, und dann Stolz in ihrem Blick, und sie schüttelte leicht den Kopf und stand nun auch auf.

„Ich denke — lieber nicht. Ich werde jetzt gehen. Die Garderobennummer — ja, ich hab sie bei mir. Geben Sie ihm die, das ist seine."

Jakob: „Werden Sie mit Ihrem Wagen fahren?"

„Nein, den laß ich ihm hier."

Jakob, über und über rot wie ein Schulbub: „Ich dürfte Sie — nicht heimbringen?"

„O nein. Auf keinen Fall. Sie sind doch zum Tanzen hergekommen," sagte sie mit einem höflichen, fernen Lächeln. „Danke sehr!"

„Aber ein Taxi darf ich Ihnen holen. Wenn Sie nur langsam nachkommen wollen, finden Sie das Auto vor der Tür!" rief er, und lief ihr schon voraus.

Er fand ein Auto in nächster Nähe des Hotels und winkte es heran. Er wagte dem Mann nicht die Fahrt im Voraus zu bezahlen, aus Furcht, sie könnte das als Unbescheidenheit empfinden. Sie war gleich da, wieder mit dem unter dem Kinn zusammengebundenen Tuch über ihrem breitrandigen Hut, sie nickte ihm abwesend zu, stieg ein, war fort.

Also hat es doch nicht sein sollen, daß ich einmal mit ihr tanzte, dachte Jakob, als er wieder hinaufging.

Im Saal, als er ihn betrat, war etwas besonderes im Gang. Der Herr im Frack mit seiner roten Schärpe rief immer wieder: „Meine Damen und Herren! ... meine Damen und Herren!" Es handelte sich um die Aufstellung der Paare für die Française, und Jakob, der Tilman so rasch als möglich benachrichtigen wollte, drängte sich überall durch und störte alle. Man schrie ihn an, böse oder lustig, ohne daß er es bemerkte. Schließlich fand er was er suchte: Tilman mit einer fremden Dame neben sich, ihm gegenüber den „Westgoten" Hörsch mit Luzie. Da begann schon die Musik, Jakob sah sich ohne sein Zutun in ein anderes „Viergespann" einbezogen. Der Tanz bestand darin, daß man schrägüber seine Tänzerin tauschte und wiederum tauschte, indem diese in einer hübschen Figur unter dem erhobenen Arm ihres Tänzers hinging und in den Arm des Gegenparts hinüberwechselte. Zwischen Tilman, Luzie und Hörsch aber war dieses harmlose Wechselspiel offensichtlich bitterer Ernst. Die Art, wie die Nebenbuhler hinter einer nur schwachen Maske von Lächeln einander maßen, hatte etwas von dem Kampfblick der Tiere, ehe sie übereinander herfallen, und auch in Luzies Gesicht, das vom entzückten Gefühl gesteigerten Lebens strahlte, spiegelte sich zugleich doch der Ernst eines Kampfes, als dessen Preis sie sich wußte. Schön! es ist schön! fühlte Jakob undeutlich, für den Moment seines Zornes über Tilman und Luzie vergessend. Jetzt wechselte die Musik, die Paare begannen einzeln zu tanzen, Tilman mit Luzie; den Mund an ihrer Stirn, schien er etwas Leidenschaftliches in sie hineinzuflüstern, ihr traumartiges Lächeln verriet nicht, ob sie ihn hörte oder nicht hörte. „Gib doch acht!" sagte das dickliche Mädchen, das er um sich herumschwenkte, zu Jakob. Und wiederum der Wechsel der Musik, und wieder die Gegner einander Aug in Auge. Jetzt war die Spannung, deren Mittelpunkt Luzie war, allen fühlbar geworden, Leute sahen sich nach ihr und ihren zwei Preiskämpfern um, im nächsten Musikwechsel, als sie mit Hörsch tanzte und dieser sein blondes, breites Gesicht zu dem ihren beugte und sie küßte, da war es, als sei etwas zu straff Gespanntes gerissen; Tilman ließ seine Dame stehen und wollte auf Luzie zu.

Jakob aber trat in seinen Weg. Er rief ihn an, er packte seinen Arm... jemand schimpfte über die gestörte Ordnung des Tanzes, jemand lachte; Jakob zog Tilman seitwärts heraus und sagte und wiederholte ihm:

„Ihre Frau ist heimgefahren. Ja, Ihre Frau. Heimgefahren. Sie hat mir das für Sie gegeben," er hielt ihm die Garderobennummer als ein Wahrzeichen hin. „An Ihrer Stelle würd ich ihr gleich nachfahren. Sie war... es schien ihr nicht gut zu gehen."

Luzie war mit ihrem Tänzer schon im Gedränge verschwunden. Tilman griff sich mit dem Ausdruck einer leichen Verlegenheit an seinen beturbanten Kopf, nahm den Zettel aus Jakobs Hand, sagte zu ihm aber nur:

„Meine Frau? So. Das will ich dann also tun."

Er verließ den Saal, von Jakob bis zur Ausgangstür eskortiert, Jakob sah ihn die Treppe hinuntergehen, sah sich selbst im Spiegelgewände der Tür: lang, schmalschultrig, in Helm und Kettenhemd mit dem Gürtel und Schwert, und er kam sich mit all seinen Ritterdiensten verzweifelt lächerlich vor, wenn er an die Versöhnungsszene dachte, die nun in der Königinstraße vor sich gehen würde. Aber aus einer Tiefe kam ihm dann doch der Trost. Helene würde froh sein.

Ich hab hier jetzt auch nichts mehr zu tun, sagte er zu sich selbst.

„Jakob! Jakob Degener!" hörte er hinter sich rufen.

Kirms und Reinhart kamen auf ihn zu. Sie hätten immer gehofft, daß er sich bei ihnen sehen ließe, sagten sie ihm, jetzt seien Fintenring und Gebhard und die Gumprecht schon fort, sie aber wollten noch bleiben und zum Abschluß dieses glorreichen Festes eine glorreiche Sauferei veranstalten, und Jakob sollte ihnen dabei Gesellschaft leisten.

„Ihr seht mir so aus, als ob ihr die glorreiche Sauferei schon hinter euch hättet," bemerkte Jakob.

Reinhart erwiderte mit tief nachdenklichem Ernst: „Teils hinter uns, teils vor uns. Wir befinden uns in der wahren Mitte der Dinge."

„Genug ist nicht genug! Weißt du das nicht, Bürgersohn, der du bist?" rief Edmund Kirms mit überlauter Stimme.

Aber Jakob entschuldigte sich mit Müdigkeit, er habe morgen zu tun, er wolle nach Haus.

„Was heißt morgen? Es ist schon längst morgen. Morgen ist

nicht morgen, heut ist nicht heut," philosophierte Kirms, erklärte dann aber plötzlich: wenn er Jakob nicht umstimmen könne, wolle er ihn nach Haus begleiten.

„Also dann adieu," sagte Reinhart und ging fort.

„Weißt du, daß er auf dem heutigen Fest eine Freundin gefunden hat? Darum will er nicht mit uns fortgehen. Jetzt wird er mit ihr saufen. Er will sich kirchlich mit ihr verloben, verstehst du? Ein Mädchen mit Sommersprossen."

„Was heißt kirchlich verloben?"

„Ein Mädchen mit Sommersprossen," wiederholte Kirms. „Der Lehrer wird entsetzt sein." Mehr wankend als gehend, auf Jakobs Arm gestützt, gelangte er zur Garderobe hinunter, und nur mit einiger Mühe konnte ihm Jakob in den Ärmel seines Mantels hineinhelfen.

Draußen ernüchterte ihn die Winterluft so weit, daß er sich über die Unzuverlässigkeit seiner Beine klar wurde, und er erklärte Jakob, keinesfalls werde er zu Fuß nach Haus gehn.

„Wir nehmen ein Auto."

Jakob wandte ein: „Aber es ist teuer, und im Gehen werden Sie sich erfrischen."

Kirms, indem er einiges Silbergeld aus der Tasche fischte und es Jakob hinreichte: „Das ist unser Auto!"

Jakob konnte ihn auch nicht überreden, mit seinem Auto einfach heimzufahren, vielmehr bestand er darauf, erst Jakob in seine Wohnung zu bringen, eh er sich selbst bei der seinigen absetzen ließ.

Während der Fahrt verhielt er sich still. Doch als sie in Jakobs Straße ankamen und dieser Geld hervorsuchte um seinen Anteil an der Fahrt zu bezahlen, benutzte Edmund Kirms die Gelegenheit, ihm den Arm um die Schulter zu legen und ihm mit feuchten Lippen über die Wange zu fahren.

„Vollkommen betrunken," stellte Jakob fest. Er sprang aus dem Wagen, nannte dem Chauffeur Kirms' Wohnung und sagte ihm, daß er ihn nicht nur hin-, sondern auch hineinbringen müsse.

„Als ob man in einem Mädchenpensionat wäre," dachte Jakob, der sich mit dem Ärmel unwillkürlich das Gesicht abwischte; für seine Vorstellung waren Mädchenpensionate die Heimstätten unangebrachter Zärtlichkeiten.

Ärgerlich wandte er sich seiner Haustür zu, indessen Kirms' Auto weiterrollte.

5

Es ist die Eigenschaft der Liebe, daß sie den Alltag zum Festtag verwandelt; das tut sie auch, wenn sie unerfüllt, und sogar, wenn sie ungestanden bleibt. Jakob vermied es in der folgenden Zeit, die Tilmans wiederzusehen, er meinte nicht, er müsse der Frau sein Gefühl für sie zu hören oder zu merken geben. Sie erfuhr es auch später nie, daß ihr Andenken in dieser Zeit Jakob Degeners Stube erhellte und als ein liebes Gestirn über allen seinen Wegen leuchtete, und doch geschah es durch diese Gestirnes-Macht, daß sich sein Denken vom Tode und von den Toten löste und sich dem Leben wieder befreundete. Wohl kamen Sehnsucht und Schmerz um Helene Tilmans willen manchmal mit großer Gewalt über ihn, aber sie waren, was die kalten Regen für den jungen Baum sind: er braucht sie, er streckt sich ihnen entgegen, und ihr Sinn scheint es zu sein, ihn wachsen zu machen. Jakob fühlte sich nicht ins Alltägliche verstoßen, wenn er auch nach dem großen Ball sich wieder streng an seine Arbeit setzte und auf kein weiteres Maskenfest mehr ging. Ehe noch der Aschermittwoch da war, brachte er seine Rittertracht wieder nach Grünschwaig zurück.

Als er diesmal mit seinem gewohnten Samstagsnachmittagszug in Nußholzhausen angekommen war und nach Grünschwaig hinaufging, kam ihm den noch schneefeuchten Weg herunter im Schritt mit kreischender Bremse der Grünschwaigische geschlossene Kutschwagen entgegen, der Kutscher Wastl auf dem Bock mit glänzendem Zylinder, in vollem frischgestriegeltem Glanz auch seine zwei Braunen. Im Coupé saßen die Großmutter und Fräulein Rüsch; die Großmutter ließ halten, als sie Jakobs ansichtig wurde.

„Hallo, Jakob! Du kommst heut in ein ganz leeres Haus."

„Ist die Mama nicht da?"

„Nein, sie hat plötzlich nach Obersbrunn gemußt, weil dein Bruder krank geworden ist – Nichts Schlimmes, du brauchst nicht erschrecken! Ich hab gemeint, sie hätte dich benachrichtigt; es wird halt wieder zu spät angekommen sein. Er hat nur die Masern erwischt, natürlich, in dem Internat. – Komm, steig ein zu uns! Fräulein Rüsch und ich fahren zum alten Major von Orell zum Tee, und ich nehm's auf mich, daß ich dich unangesagt mitbring. Na, willst nicht? Wirst doch deiner alten Großmutter keinen Korb geben?"

Also reichte Jakob seine Tasche dem Kutscher auf den Bock hinauf und stieg ein. Zuerst erfragte er noch ein Näheres über die

Erkrankung seines Bruders: daß er ziemlich hohes Fieber habe und seine Mutter selbst nach dem Rechten habe sehn wollen; die kleine Rüsch mit ihrem Mausgesicht streute ein paar dunkle Befürchtungen ein, und die Großmutter stellte energisch fest, es gebe durchaus keinen Grund zur Sorge, das einzig Dumme bei der Sache sei, daß Frank und die andern Masernfälle wahrscheinlich ihr Abitur auf Ostern nicht würden machen können. Dann kam die Rede auf andere Dinge. Die Großmutter verlangte einen ausführlichen Bericht von dem Münchner Faschingsball, und grad noch zur rechten Zeit fiel es Jakob ein, daß er nichts von Luzie sagen durfte, weil die ja ohne Wissen ihrer Eltern dabei gewesen war. Tilmans verschwieg er auch und berichtete nur so das Allgemeine, die Großmutter hörte auch das mit Vergnügen, seine Worte mit lebhaftem Mienenspiel, nach ihrer Weise, begleitend. Sie wollte von ihm wissen, ob sein Kostüm gut gewesen? ob er eine nette Bekanntschaft gemacht hätte? Er antwortete darauf etwas Ungefähres und Fräulein Rüsch meinte, Jakob sei ein viel zu ernster junger Mann, um an den flatterhaften Mädchen Gefallen zu finden, wie man sie auf einem Maskenball kennen lernt.

„Ah bah!" sagte die Großmutter, „er wird schon seine Bekanntschaften gemacht haben. Aber uns will er sie nicht auf die Nase binden, und da hat er ganz recht, der Bub."

Um zu dem Major von Orell zu kommen, mußte man durch das Dorf Nußholzhausen, kreuzte gleich dahinter die Bahnlinie, die von Nord nach Süd die Landschaft durchläuft, und hatte auf der westöstlichen Landstraße nur etwa noch zehn Minuten in östlicher Richtung zu fahren, um dann scharf rechts in einen Seitenweg einzubiegen, wo man gleich die kleine Villa des Majors liegen sah; der Weg führte noch weiter zu ein paar bäurischen Höfen.

Orells Haus war einst ein häßlicher Fremdling unter den Bauernhäusern gewesen, errichtet in schlechter Zeit, Anfang der achtziger Jahre, ein viereckig steinerner Kasten. Der Major hatte sich damals aus Freundschaft zu Eligius Degener hier angebaut, zu einer Zeit, als er noch im Militärdienst stand und nur seine Urlaubszeiten auf diesem Landsitz verbringen konnte. Im Lauf der vielen Jahre aber hatte sich die Villa nicht nur mit Efeu, sondern auch mit dem Wesens- und Lebenshauch der Landschaft übersponnen und war unvermerkt etwas geworden, was so sein mußte, wie es eben war. Eligius hätte seinem Freunde statt der Villa lieber ein Gut und statt des Junggesellenlebens Frau und Kinder gewünscht, jedoch Orell war bei aller Sanftmut von jeher ein alter Eigensinn. Mit Landwirtschaft hatte er nichts zu tun haben wollen, sein Grundstück war nur ein Garten, seinen Bedarf bezog er von den Bauern. Und den Frauen, die ihm Eligius und Gabriele mit freundschaftlicher List zu verschaffen gesucht, war er jederzeit höflich und jederzeit ausweichend begegnet; keine hatte ihn einfangen können. Dafür war er, zu Gabrielens Ärger, seit seinem Abschied vom Dienst und seiner endgültigen Niederlassung in Nußholzhausen, nach und nach der Gefangene seiner Haushältersleute geworden. Sein einstiger Bursche Johann Siebner und dessen Ehehälfte Walburga, beide, in ergänzendem Gegensatz zu ihrem Herrn, ebenso dick und gesetzt, wie er hager und schütterig war, sahen längst den Major völlig als einen ihnen zur Verfügung übergebenen Gegenstand an. Er stand auf und ging zu Bett, bekam seine Mahlzeiten und ging spazieren nach dem Tagesplan den die zwei für ihn machten. Er wußte es recht wohl, der alte Major, daß nicht er in seinem eigenen Haus die Zügel führte, aber irgendwie war ihm das sogar angenehm. Zu lang, in einem vieljährigen Offiziersleben, hatte er seine Tage von des Dienstes immer gleichgestellter Uhr bestimmt gesehen, als daß es ihm nachher nicht hätte lästig sein müssen, auf einmal alles selber in der Hand zu haben. Er fand vielmehr, daß er die Freiheit zu seinem persönlichen, höchst eigenwilligen Leben und Denken nur im Rahmen einer solchen äußeren Bevormundung finden konnte, weil nur auf diese Weise die äußeren Dinge gar keinen Platz in seinen Gedanken einzunehmen brauchten. So war es ganz von selbst zu der Siebnerschen Hausdiktatur gekommen. Daß er sie über seinen Herrn so widerspruchslos ausüben konnte, hatte in Johann Siebners bravem aber nicht allzuhellem Kopf die Illusion hervorgerufen, in der auch seine Walburga ihn bestärken half: daß er, Johann, eigentlich eine zum Herrschen geschaffene Natur sei. Darum trug er immer Schaftstiefel und war, obwohl seinerzeit beim Militär nur Offiziersbursche, in seinem Gemüt mittlerweile zum Feldwebel avanciert. Und auf dem Exerzierplatz des Lebens bedeutet ein Feldwebel, der seinen Dienst ausübt, mehr als ein Major, der ihn quittiert hat.

Aber Johann und Walburga tyrannisierten nicht nur ihren Major, sondern hingen auch an ihm, fühlten sich verantwortlich für sein Wohlergehen und suchten Ehre für ihn einzulegen bei den seltenen Einladungen, die er gab und bei denen er meist nur einzeln die Bekannten und Nachbarn bei sich hatte. Fuhr der Major im Wagen aus, so stieg Johann mit der Selbstgewißheit des größten Herrschaftskutschers auf den Bock, wenn auch der Landauer altmodisch und die Pferde nicht seines Herrn Eigentum, sondern vom Nachbarn geliehen waren; der Major hatte sich allerdings das Recht auf solche Benützung einst dadurch erworben, daß er, als er vor mehr als dreißig Jahren hierherzog, seine eigenen Pferde dem Bauern einfach geschenkt hatte, wogegen der Bauer nur die Verpflichtung einging, ihm immer ein Gespann für seinen Wagen zur Verfügung zu halten, und der Major nahm bei seinen Ansprüchen jederzeit Rücksicht auf die Gelegenheit und Jahreszeit.

In das solchermaßen geordnete Dasein hatte nur der Weltkrieg eine kurze Unterbrechung gebracht. Der Major, damals schon ein Sechziger, stellte sich wieder zur Verfügung und war im heimischen Garnisons- und Verwaltungsdienst eine Zeitlang verwendet worden. Johann Siebner bekam neue Gelegenheit, seine Kunst und Kenntnis als Offiziersbursche auszuüben. Er wußte, wie man das wird und wie man das bleibt, und bewährte sich dabei, auch wenn es ihn einmal von der Etappe an die Front verschlug. Nach dem Kriege aber kam er treu zu seinem alten Herrn und zu seiner kinderlosen Walburga zurück, und das Leben der drei Menschen in der „Majorsvilla" (wie die Nußholzhauser das Haus nannten) wurde wieder so still wie ein abgelegener Teich, in den ein Vorüberwandernder einen Stein geworfen hat, um dann weiterzugehn.

Die Großmutter, Fräulein Rüsch und auch der mit hereingeschneite Jakob wurden mit offensichtlicher Freude von dem einsamen alten Orell empfangen. Walburga trat nicht in Erscheinung, Johann brachte Tee, Schnaps und Gebäck und verschwand dann rascher, als er sonst wohl pflegte; denn die alte Frau Degener und ihre kleinen ironischen Bemerkungen mochte er nicht. – Von der Erinnerung an alte Zeiten, die die Großmutter zu besprechen liebte, brachte heute der Major das Gespräch auf Dinge, die ihn selber stark zu beschäftigen schienen. In seiner Einschichtigkeit war er nach und nach zu einem tüchtigen Leser geworden; was er selbst nicht besaß oder anschaffen konnte, das entlieh er sich aus Kaspar Degeners großer Bibliothek. Mit Kaspar hatte er sich immer gut verstanden, wenn er auch dessen philosophische Bestrebungen nicht teilen konnte. Sein Interesse ging mehr auf das Pragmatisch-Geschichtliche, er las Memoiren und die Schriften der großen Historiker; vielleicht war es der aus solcher Schule gewonnene Gestalt- und Wirklichkeitssinn, der ihn für Bücher wie das von Spengler über den Untergang des Abendlandes unempfänglich machte. („Das sind mir zu viel Hypothesen," meinte er, „ich möchte lieber haben, daß man mir sagt, wie etwas im einzelnen Fall war, als wie es möglicherweise sein wird") während zugleich die Untergangsahnung, die er in den Schriften Jakob

Burckhardts fand, ihn tief erschreckte. Heute setzte er Jakob in Erstaunen durch seine eingehenden Fragen nach dessen Studium, und ob man jetzt auf der Universität und bei der geistigen Jugend so etwas wie ein „überweltliches Wollen" merken könne? Denn es komme etwas heran wie eine Walze, die alles höhere Leben niederrollen würde, wenn man ihr nicht Einhalt geböte, und ohne eine neue Religion, das habe auch Burckhardt gesagt, die das ganze Macht- und Geldwesen aufwöge, sei das nicht möglich.

„Nicht wahr, wir haben in unsrer Jugend alle diese Sachen nicht bedacht," wandte er sich an die Großmutter. „Das Religiöse, das schien immer so selbstverständlich zu sein, eigentlich eine Privatsache, und man sprach nicht davon. Jetzt sind wir alt, jetzt schrecken wir auf. Und das ist eigentlich ein bißchen spät, wie? wenn man so wie ich hoch in den Siebzigen ist."

„Mein Sohn Georg würde sich freuen, Sie so sprechen zu hören."

„Ja, ja. Nur..."

Die Großmutter wußte gut, was er sagen wollte, nämlich daß man doch eben die kirchlichen Anschauungen nicht so ganz wörtlich nehmen dürfe.

„Aber darin hat Ihr Sohn recht: ohne Religion geht es nicht mehr. Eine neue Religion..."

„Eine neue Religion würde mein Sohn, der Herr Pastor, sehr übel nehmen," sagte die Großmutter lächelnd.

— Als die Grünschwaiger wieder in den Wagen stiegen, um heimzufahren, war es schon dunkel, Wastl hatte die Laternen angezündet, aber ein früher Mond ging herauf und leuchtete zum Coupéfenster herein der Großmutter ins Gesicht. Da hatte sie wieder das Lächeln, zärtlich-spöttisch, in den Augenwinkeln, wie sie über ihren alten Freund, den Major, zu reden anfing; Fräulein Rüsch, in der andern Wagenecke, hatte die Hand über die Augen gelegt.

„Alt und schwach fühlt er sich jetzt, der Arme," sagte die Großmutter. „Das ist ihm ängstlich. Und da möchte er eine neue Religion einnehmen wie eine Medizin."

Jakob fragte: „Was meint er mit der neuen Religion? Glaubst du, Großmutter, daß es so etwas gibt?"

Der Wagen war eben an der Landstraße angekommen, und indem Wastl links in sie einbog und die Pferde antraben ließ, kam das Gesicht der Großmutter aus dem Mondlicht in den Schatten, so als hätte es sich der Frage Jakobs entziehen wollen. Sie antwortete ihm nicht. Der Mond leuchtete nun ihm in die

Augen, ein noch schmales und doch schon stark blendendes Horn aus Gold. Am Himmel waren weiche Wolken, die wärmer, frühlingshafter aussahen, als die noch immer vom Schnee bedeckte Landschaft.

Fräulein Rüsch in ihrer Ecke begann leise zu schnarchen. Die Großmutter bemerkte: „Das ist immer, weil sie so früh aufsteht. Jetzt natürlich ist sie müde."

Jakob war beunruhigt über die spöttischen Gedanken seiner Großmutter, er mußte wissen, was ihre Gedanken waren, er fing wieder an:

„Wenn es eine neue Religion geben kann, das Frühere ist einmal wahr gewesen, und jetzt nicht mehr – was ist dann überhaupt? Sag mir, Großmutter, glaubst du, daß es eine unbedingte Wahrheit gibt?"

Er beugte sich vor, um ihr Gesicht zu sehen. Er sah, daß es jetzt nicht mehr lächelte, es war ganz ernst geworden. Sie sagte: „Ich weiß es nicht, Bub."

Als Jakob nach München zurückkam, gab es eine Neuigkeit: Luzie mit dem jungen Hörsch besuchte ihn und stellte diesen dem Vetter als Verlobten vor; schon zwischen Ostern und Pfingsten würden sie heiraten. Es war alles bereits „offiziell", Luzie hatte nach Berlin telegraphiert und geschrieben, Georg und Ulrike Degener wurden zu einem „festlichen Verlobungsessen im kleinen Kreis" im Hause der Eltern Hörsch erwartet. So ganz klein war der Kreis nicht; denn außer den Verwandten und nächsten Freunden der Familie Hörsch waren Tilmans, die gesamten Fehrenkamps, und „hiermit auch mein Herr Vetter Jakob" dazu eingeladen. Die Braut strahlte, noch mehr der Bräutigam, der jetzt völlig wie ein glückliches Kind aussah, was Jakob gleich eine Zuneigung für ihn fassen ließ. „Ihr müßt euch natürlich Du sagen," bestimmte Luzie. „Er heißt Alfons, aber die ganz guten Freunde dürfen ihm Alfi sagen wie ich."

Bei diesem Verlobungsessen spielte Luzie dem Vetter einen kleinen Streich nach ihrer Art – er fand seinen Platz neben dem von Helene Tilman, die er seit dem Fasching nicht mehr gesehen. Er hatte inzwischen Zeit gehabt, sich an seine eigene Liebe für sie zu gewöhnen, er wurde nicht mehr verlegen neben ihr und fand es nicht mehr schwierig, verborgen zu halten, was verborgen sein mußte. Immerhin waren das Recht und die Pflicht, die ihm sein Platz gab, für mehrere Stunden sich mit ihr zu beschäftigen, immer wieder sie anzusehen und mit ihr zu sprechen, noch verwirrend genug für ihn, um ihn alles, was sonst am Tisch vorging, nur wie aus einer Ferne bemerken zu lassen. Luzie, die in ihrer jungen Schönheit leuchtete und zugleich, für Jakob erheiternd zu sehen, bei dieser Familienfeier ganz zur sittsamen Pfarrerstochter verwandelt war, was sie übrigens nicht aus Falschheit, sondern in einem Instinkt der unwillkürlichen Anpassung tat: hier war ein anderer Ort und andere Luft, als auf dem großen Maskenfest. Dann die wohlwollend behaglichen Eltern Hörsch, denen besonders der alte Alexander von Fehrenkamp in seiner Vornehmheit zu imponieren schien; eine schon verheiratete Schwester von Alfons Hörsch mit ihrem Mann; das gealterte und von Rührung bewegte Gesicht von Onkel Georg, der die erste Rede hielt, und von Tante Ulrike, deren Mund noch schmaler und strenger geworden war, als ehedem — sie hatte etwas von einer Blume, die ein Frost gestreift hat: ohne von ihm zerstört zu sein, sind ihr doch ihre Farbe und ihr Wuchs nicht mehr ganz zu eigen, sind von der Fremdnis des Todes berührt. Helene aber war heiter. Jener rührend-wehrlose Schrecken von damals ganz gewichen, ihr Wesen atmete Vertrauen und Glück und schien damit nicht verändert, es war nur einfach zu sich selbst, zu seiner natürlichen Weise zurückgekehrt. Sie erzählte von ihrem Mann der sich schrägüber am Tisch mit Natalie Fehrenkamp über die Schlösser und Kirchen der Normandie unterhielt; sie sprach von seiner Arbeit als Architekt, von ihrem kleinen Mädchen und seinen Spielen und, von Jakob geschickt ausgefragt, von ihrer eigenen Kindheit, die sie in Göttingen verbracht hatte; er dachte sie sich gern mit einem hohen Reifen, der von ihrem Stock gelenkt auf ihren Spaziergängen langsam neben ihr hergehen mußte, als wäre er ein vernunftbegabter Gesellschafter.

Sie fragte freundlich nach Jakobs Studium und lud ihn ein, sie und ihren Mann doch einmal zu besuchen. Er sagte es ihr zu, aber dachte dabei: später einmal, vielleicht. Jetzt ist es noch ein bißchen zu früh, liebe Seele.

Bevor man nach dem Essen, nach allen Reden und Glückwünschen für die Brautleute, wieder auseinander ging, trat Jakob zu seinem Onkel Georg, der gleich das Wasser in den Augen hatte. „Du hast meinen Friedrich ja so gern gehabt — und er dich," sagte er — aber alle beide waren sie nicht imstande, weiter darüber zu sprechen. Es war nun bald ein Jahr seit Friedrichs Tode vergangen, und der Schmerz war noch immer so frisch wie am ersten Tag. Onkel Georg, der manchmal wie in einer nicht aus ihm selber kommenden Einsicht das Rechte traf, sagte mit einem Blick voller Mahnung in Jakobs Gesicht: „Das Leben ist uns verliehen von Gott. Darum können wir es gar nicht als kostbar genug ansehen." Darauf konnte ihm Jakob mit Aufrichtigkeit erwidern: „Daß es kostbar ist, Onkel Georg — ich glaube, das weiß ich jetzt." Er hätte den Onkel gern noch etwas gefragt, aber ließ es dann doch; sie sprachen noch über sein Studium und Jakob deutete das große Erlebnis an, das Johannsens Vorlesungen für ihn gewesen waren. Er wisse noch nicht, bekannte er, ob er später einmal eine Professur anstreben oder als Lehrer auf eine Schule gehen würde, „aber bei der Geschichte werd ich wohl sicherlich bleiben."

Onkel Georg: „Das ist recht. Dann vergiß nur nicht, lieber Junge, wer es ist, der die Geschichte macht."

Jakob schwieg darauf. Wenn man das wirklich so sicher wüßte, dachte er nachher, im Heimgehen. Das wäre so gut! so einfach! Aber warum muß es mir immer wieder so vorkommen, als machten die Menschen alles, was sie gelüstet — und nennten es nachher „Gott", wenn sie fertig sind: so wie der Baumeister einen Kranz auf sein fertiges Haus hängt.

Über des Bruders Erkrankung schrieb ihm in den Tagen die Mutter aus Grünschwaig Gutes. Es war ein einfacher Fall von Masern, und sie hatte ihn aus dem Schulkrankenzimmer herausgenommen und bei einer Dame im Dorf Obersbrunn in Pflege gegeben, die sich schon früher seiner angenommen habe und jetzt rührend für den Kranken sorge. Ein Glücksfall und eine große Freundlichkeit! denn sie, Hanna, hätte jetzt in der Zeit der Frühjahrsbestellung nicht so lang von Grünschwaig fortbleiben können. So aber könne man über den Bruder wirklich ganz beruhigt sein.

Jakob mußte eine Semesterschluß-Prüfung machen, und Quint, wie er sich ausdrückte, „büffelte auf den Referendar". So hatte jeder mit sich selbst zu tun. Von Edmund Kirms war seit dem Faschingsfest nichts zu sehen und zu hören gewesen; jetzt kam ein Brief mit unerwartetem Inhalt. Jakob wurde darin aufgefordert, am folgenden Tag zum Mittagessen mit einigen Freunden nach Harlaching zu kommen. „Der Lehrer," schrieb Kirms, „wird unsre Stadt verlassen, die sich seiner nicht wert gezeigt hat. Er will die guten Freunde vorher noch einmal bei sich sehen. Er erwartet, daß auch Du nicht ausbleibst." — Es traf auf den Donnerstag, an dem Jakob sonst gewöhnlich, wenn auch nicht so regelmäßig wie im Vorjahr, zu den Eltern Fehrenkamp ging. Die lange Fahrt nach Harlaching war ihm ein Zeitverlust, und er ging auch sonst nicht sehr gern, meinte aber doch, es den Leuten schuldig zu sein, wenn es wirklich einen Abschied galt. Er schrieb also an seine Tante Elisabeth, daß er nicht kommen könne, und fuhr tags darauf mit der 25er Trambahn ins Isartal hinaus.

Bei Fintenring waren die Menschen fast alle wieder beisammen, die er von früher her kannte. Jedoch fehlte, zu seinem Erstaunen, der junge Reinhart, und als er nach ihm fragte, empfing er die kurze Antwort: Reinhart sei ausgezogen. Frau Sommer selbst brachte die Speisen, und in der feierlich gedämpften Stimmung der Tischrunde war ihr lautes: „Lassen sich's schmekken, die Herrschaften. Wenn's nicht paßt, kann ich auch nix machen" (womit sie die Schüsseln auf den Tisch setzte und wieder abzog) ein wahrhaft erholender Zwischenfall.

Wie damals, führte Fintenring auch heute fast allein das Wort und tat es in der Weise eines Propheten, der von seiner Gemeinde Abschied nimmt. Niemand schien das übertrieben zu finden, ein selbstgewählter, unsichtbarer Zwang befing sie alle, und Jakob, der voll Unbehagen vor sich auf seinen Teller niederblickte, mußte an den Ausspruch des Lehrers denken: „Die Wahrheit ist eine Setzung." Schon die Stimme dieses Fintenring irritierte ihn, wie er seinen Gästen für ihr Kommen dankte. Es habe ihn sehr verlangt, sie alle noch einmal um sich zu sehen vor seinem Scheiden aus dieser Stadt. Sie hätten wohl schon gehört, daß man ihm in München keinen Lehrstuhl habe einräumen wollen. Es habe Widerstände gegeben. Er wolle sich nicht weiter darüber auslassen.

„Die Professoren, natürlich!" rief Edmund Kirms. „Um ihre Hörgelder haben sie Angst, wenn ein Überlegener neben ihnen aufträte! Hätte man die Jugend befragen können, so würde diese Entscheidung ganz anders ausgefallen sein."

Fintenring, in sehr mildem Ton: „Es ist vielleicht gut so. Ich gehe von neuem auf die Wanderschaft. Das alte Schicksal derer, die etwas Neues zu lehren haben."

„München wird es bereuen," erklärte Gebhard hinter seiner Brille hervor mit kühler Bestimmtheit, als spräche er ein Todesurteil aus.

„Wir werden uns wie verwaist vorkommen, Lehrer! Wohin werden Sie denn gehen?" fragte Susanne Gumprecht, und der Befragte, versonnenen Auges in die unerforschliche Zukunft blickend, entgegnete:

„Ich möchte noch nicht darüber sprechen."

„Aber wir werden wieder von einander hören," fuhr er fort, und über den Tisch zu Jakob gewendet: „Vergessen auch Sie nicht, Freund Jakob: etwas Neues ist unterwegs. Neues Maß, neues Volk, neuer Gott — das hängt alles zusammen und ist im Grunde Eines. Das Schicksal der Deutschen ist noch nicht erfüllt! das hat schon unser großer Zwingherr, der Korse, gewußt. Die Entscheidungen sind immer längst gefallen, bevor sie sichtbar werden. Das sind Dinge der Götter-Ebene. Euch, meine Freunde, darf ich es bekennen. Darum seht ihr mich so gelassen, so voll Zuversicht, wenn ich auch heute nicht weiß, wo ich mein Haupt hinlegen soll," schloß er, ringsum in ergriffene, bewundernde Gesichter blickend.

Als Jakob sich nach Tisch wegen seiner dringenden Arbeiten entschuldigte und Abschied nahm — die Andern blieben noch bei einem von Fräulein Gumprecht gestifteten Mokka und Gebäck beisammen — erbot sich Edmund Kirms, ihn zur Haltestelle der Tram zu begleiten. Draußen mit Jakob allein, war er zunächst etwas verlegen, was er aber rasch wieder überwand. Von ihm erfuhr nun Jakob, wie es eigentlich dazu gekommen war, daß Fintenring so plötzlich seine Zelte abbrach. Die Hoffnung auf eine Münchner Professur für ihn hatte darauf beruht, daß Stefan George persönlich oder doch durch ein Handschreiben an den Rektor der Universität sich dafür verwenden würde. Aber offenbar waren gewisse Mittelspersonen, die Fintenring solche Zusicherungen gegeben, nicht zuverlässig gewesen. Er hatte von Monat zu Monat auf das Erscheinen des Meisters in München gewartet, und dann hatte sich herausgestellt, daß er schon dagewesen und wieder abgereist war, ohne von Fintenring überhaupt Notiz zu nehmen.

„Ich kann es gar nicht verstehen von ihm," sagte Edmund Kirms. „Es hat den Lehrer sehr schwer getroffen, und dazu kam noch die Enttäuschung mit Reinhart."

„Was für eine Enttäuschung?"

„Er hat ihn doch im Stich gelassen! Es hat eine Auseinandersetzung gegeben, über die ich nichts Näheres weiß, und Reinhart ist dann in die Stadt gezogen. Es war nicht schön von ihm, daß er das gerade jetzt, in diesem kritischen Moment, getan hat. Ich bin nur froh, daß Gebhard bei dem Lehrer bleibt, er bricht seinetwegen hier das Studium ab; man kann ihn jetzt wirklich nicht allein lassen. Sie werden wahrscheinlich nach Berlin gehen. Aber man soll nicht darüber sprechen."

Schneller! ich wollte, es ginge noch schneller! dachte Jakob, als er neben dem Wagenführer auf der Plattform der hier draußen ziemlich rasch hineineilenden Tram stehend der Stadt zu fuhr. Die Schienen blitzten fröhlich im Nachmittagslicht, das Gras auf dem Planum neben der Strecke her wurde grün, die Alleebäume waren voll Knospen. Einige junge Burschen, die mitfuhren, erzählten sich Witze von keineswegs geistreicher Art, aber Jakob hatte große Lust, mit ihnen zu lachen und er sah, daß auch der Wagenführer still vor sich hin schmunzelte. Er fühlte sich wie ein Schulbub, der seiner Lektion entlaufen ist. Fintenring würde anderswo Professor sein, es tat ihm leid für ihn, aber er, Jakob, konnte es nicht ändern. War nicht Onkel Georg ein Pfarrer, und doch sagte der auch, daß man das Leben gar nicht als kostbar genug ansehen konnte. Ja, das Leben war kostbar, und alle Knospen in der ganzen Welt würden bald aufbrechen.

Als er hätte umsteigen sollen, hatte er nicht die Geduld, auf die Anschlußtram zu warten, sondern ging zu Fuß weiter, vergnügt und voll Wohlwollen gegen alle Menschen und Dinge um ihn her. Und auf dem Odeonsplatz vor der Feldherrnhalle, wo die Tauben wichtig nickend wie Gelehrte herumgingen, widerfuhr ihm eine schöne Begegnung, die ihm, so glaubte er, ausdrücklich für diesen Abschieds- und Anfangstag bestimmt gewesen war.

Er stand auf einmal Helene Tilman gegenüber.

Sie kam aus der Residenzstraße, den ganzen Arm voll gelber Narzissen: ein Leuchten von Gelb und Grün und Frische. Sie nickte Jakob freundlich zu, als sie ihn erkannte, sie sah sein Entzücken, und weil sie dachte, es gelte den Blumen, erklärte sie ihm:

„Es ist heut der Namenstag von meinem Mann. Wenn er abends heimkommt, wird er gefeiert."

„Ja, das ist ein Feiertag!" sagte Jakob.

6

Der 15. Oktober 1930 war Antje Klees' achtzehnter Geburtstag. Sie erlebte ihn in Stoppeln, dem ostpreußischen Gut des Herrn von Werndorff, wo sie seit Jahr und Tag Praktikantin, „Stütze" im Haus und Garten und schließlich eine richtige Haustochter geworden war. Daß sie sich hier wie daheim fühlte, lag vor allem an der Güte der alten Frau von Werndorff, der Mutter des Gutsherrn; ihr hatte Antje gefallen, schon beim erstenmal, als sie in den Weihnachtstagen 1928 mit Peter Degener und den Gutsnachbarn Bolckes zu einem Tee-Besuch in Stoppeln erschienen war. „Das Dingelchen hat was," sagte damals die alte Dame zu ihrem Sohn. Im nächsten Jahr wurde Antje nach Stoppeln eingeladen, und dann ergab es sich wie von selbst, daß man eine Hilfe, besonders für den Garten, dringend nötig hatte. Antje hatte das Land Ostpreußen schon bei dem ersten winterlichen Besuch auf dem Bolckeschen Gut sehr schön gefunden, war darum gern zu Werndorffs gekommen, wo ihre Arbeitskraft gebraucht wurde. Das

Leben auf dem Gut mit allen seinen Pflichten freute sie; sie erhielt Gelegenheit, alles kennen zu lernen, Kükenaufzucht, Enten, Gänse und Schweine, sogar ihre natürliche Abneigung gegen das Schlachten und Wurstmachen mußte sie besiegen und tat es auch mit tapferem gutem Willen. Doch war sie am liebsten im Garten, und unter der Anleitung des alten, wohlerfahrenen Gärtners Markuhn hatte sie wirklich etwas gelernt, nicht über den Gemüsebau nur und die Beeren, auch über die Pflege der Obstbäume, soweit die in dem nördlichen, dem Ost- und Meerwind offenen Lande gediehen. Bei der vielen Arbeit in freier Luft hatte sich ihr zarter junger Körper entwickelt und gestreckt, sie war braun und ihre Arme kräftig; aber sie hatte nichts verloren von dem schönen, etwas wehmütigen Geheimnis ihres Wesens, das auf Ellens Hochzeit in Berlin den Quint Fehrenkamp so entzückt hatte. Die Liebe zu Quint war das Licht gewesen, das diese Mädchennatur gereift hatte, und gleichsam in dem Instinkt, daß sie seiner zu ihrer Reife bedurfte, schloß sie es fest in sich ein; sich selber hatte sie es eingestanden, aber außer Ninette wußte sonst niemand etwas davon, und ihr Land- und Gartenleben in Stoppeln gab ihr weder Zeit, ihr Gefühl in untätiger Schwärmerei zu entwirklichen, noch — wie es bei einer gesellschaftlichen Jungmädchen-Existenz in der Stadt vielleicht geschehen wäre — es durch Ablenkungen zu zerstreuen und so allmählich zu verlieren. Vielmehr hielt diese Liebe ihr ganzes Wesen zusammen und gab ihrer Erscheinung einen Zauber, von dem sie selbst nichts wußte.

„Das Dingelchen hat was" — Hugo Werndorff hatte seiner Mutter auf ihre Bemerkung nichts geantwortet, und das war auch nicht zu erwarten, Schweigen war sein gewöhnliches Verhalten fast allen Ereignissen des Lebens gegenüber. Darum saß er ja auch heute noch mit seinen vierzig Jahren als Junggeselle da und ihr, seiner Mutter, überließ er die Mühe, ihm nette Bekanntschaften zu vermitteln! Nachdem weitum sämtliche Familien mit heiratsfähigen Töchtern durch die Arrangements der alten Dame mit berechtigten Hoffnungen erfüllt und dann durch Hugo Werndorffs beharrliches Schweigen gekränkt worden waren, hatte Frau von Werndorff ihre Ansprüche herabgestimmt. Keine große Partie sollte es mehr sein müssen: sie war ohnehin nie der Meinung gewesen, daß Geld allein glücklich mache. Aber eine Frau müßte es sein, die zu ihrem einzigen Jungen paßte, die man gern haben konnte, und Erben und Enkel müßten in Stoppeln aufwachsen, das war nun einmal die Hauptsache. Antje hatte keine Ahnung, daß sie in diesen Plänen eine Rolle spielte, und weder das Verhalten des Gutsherrn, noch seiner durch manchen Fehlschlag vorsichtig gewordenen Mutter ließ sie etwas derartiges erraten. Nach ihrem Begriff war auch Werndorff viel zu alt, hätte sie ihm näher gestanden, sie würde höchstens „Onkel" zu ihm gesagt haben.

Frau von Werndorff aber hatte sich ausgedacht, Antje an ihrem Geburtstag ein bißchen zu feiern und hatte ihrem Sohn, der in die weitere Nachbarschaft auf einen Hirsch eingeladen war, so unauffällig aber auch so dringend wie möglich ans Herz gelegt, am 15ten zurück zu sein: „Es ist einfach netter gegen die Kleine, verstehst du." Im Stillen hoffte sie, bei dieser Geburtstagsfeier könnte es vielleicht „zum Klappen" kommen; komisch war es, daß man als Mutter überhaupt nicht wußte, wie Hugo sich zu der Sache stellte, nur so viel war sicher: wenn man zu forsch 'ranging, konnte man alles verderben. „Denn Hugo — das ist ja 'ne Mimose!" dachte sie ärgerlich. Als Junge war er gar nicht so empfindlich und auch viel offener gewesen, da hatte er Vertrauen zu seiner Mutter gehabt; erst im Kriege hatte er sich die „stille, hinterhältige Art" angewöhnt. — Hugo rief am Morgen des 15ten an, er käme erst zum Abendessen, und er brächte einen Gast, den jungen Prittwitz, mit, der in Stoppeln vielleicht ein paar Tage bleiben würde. Seine Mutter fand das „wieder echt von ihm". Man wußte bei Hugo nie, ob er eigentlich so schlau war, oder so dumm!

Sie war nach diesem Telefongespräch erst für ein paar Stunden verstimmt, wegen ihrer gestörten Pläne. Sie dachte, die kleine Festlichkeit für Antje nun auf den Abend zu verschieben, fand aber dann, daß es für das junge Mädchen, im Beisein eines Fremden, nur eine Verlegenheit sein würde, und daß Antje Klees ja nichts dafür könne, wenn der Junge nun mal ein Talent hätte, einem jeden Spaß zu verderben. Also wurde Antje mittags beschert, mit einem großen Kuchen und Lichtern drauf, mit Strümpfen, Wäsche, einem Gartenbuch, einem schönen Okuliermesser, und — als einziger zarter Andeutung, die Frau von Werndorff sich erlaubte — einem silbernen Serviettenring aus der Kinderzeit ihres Hugo, mit dem Werndorffschen Wappen; das sollte Antje behalten zum Zeichen, wie gern man sie da hätte und wie man sie ganz als zum Haus gehörig empfände. Als nach Tisch zum Kaffee der Kuchen angeschnitten wurde und Antje sagte, es müsse dem Hausherrn etwas aufgehoben werden, sah Frau von Werndorff das als ein hoffnungsvolles Anzeichen der Sympathie und der weiblichen Fürsorge an und wurde darüber wieder ganz vergnügt; allein schon die Erwartung eines Gastes stimmte sie immer schnell dazu, jede Mißlaune zu vergessen.

Der Gast dieses Abends, Werner von Prittwitz, um etwa zehn Jahre jünger als der Hausherr, hatte ein vornehmes und geistvolles Gesicht unter seinem sparsamen Blondhaar. Die beiden Männer waren schon unterwegs im Wagen in ein Gespräch hineingeraten, das sich nun, als man nach dem Abendessen noch bei einem Portwein um den Kamin des Stoppelner Herrenzimmers saß, fortsetzte, unwillkürlich belebt durch die Anwesenheit des schönen jungen Menschenkindes, obwohl Antje fast völlig stumm dabeisaß, mit dunklen, aufmerksamen Augen immer den, der sprach, anblickend.

Die Kontroverse hatte sich an einer politischen Frage entzündet, um dann aufs Grundsätzliche überzugehen. Prittwitz fand, daß hier in Norddeutschland die entscheidenden, wie er sagte, die konservativen Kräfte („Andere gibt es nicht; wem nichts bewahrungswürdig ist, der versteht nichts vom Geist") die Politik des neuen Kanzlers Brüning und dessen großartigen Mut zur Unpopularität nicht genügend unterstützten, und zwar darum nicht, weil sie noch immer nicht begriffen, um was es gehe.

„Brüning ist doch katholisch," bemerkte Frau von Werndorff, als wäre damit der Mann und seine Sache erledigt.

Hugo Werndorff sagte: „Vorsicht, Mama. Katholisch, das bedeutet für Werner Prittwitz keinen Einwand."

Die alte Dame hätte den so Beschuldigten nicht erschrockener ansehen können, wenn ihm nachgesagt worden wäre, er hielte Nashörner für einen natürlichen Gesichtsschmuck des Menschen – sodaß Hugo Werndorff laut herauslachen mußte und auch Antje und Prittwitz von seiner behaglich dröhnenden Heiterkeit angesteckt wurden.

Aber wieder ernst werdend, begann nun Prittwitz sich näher zu erklären. Preußen, sagte er, sei nun einmal der Hort der deutschen Staatlichkeit, unser Volk werde auf dem Kampffelde der weltpolitischen Gegensätze durch Preußen, oder überhaupt nicht vertreten sein. Aber Preußen, dieses Land der Ordnung, der Pflicht, der unermüdlichen Arbeit sei innerhalb seiner noch immer so festen, imponierenden Form in Zersetzung begriffen. Die preußischen Ordnungsbegriffe, als unantastbar verkündet und auch ehrlich dafür gehalten, hätten keine Wurzeln mehr in einem lebendigen Glauben. An die Stelle der Gottesunmittelbarkeit der Seele sei die Staatsverpflichtung getreten. Und diese Staatlichkeit sei wie ein trojanisches Pferd, es könne eines Tages wer weiß wer in ihren hohlen Bauch kriechen. „Und was dann?"

Er schien das, in Sorge versunken, mehr sich selbst zu fragen, als daß er eine Antwort von den andern darauf erwartet hätte.

Zu Frau von Werndorff gewendet, fuhr er fort: „Sie werden mir doch zustimmen, daß es dem gegenüber nicht darauf ankommt, ob Brüning katholisch, sondern darauf, daß er Christ und daß ihm etwas heilig ist. — Aber selbst der erschreckende Wahlsieg dieses Rattenfängers Hitler, jetzt im September, der seine Partei mit einem Schlag von 12 auf 107 Sitze im Reichstag gebracht hat, scheint ja den Menschen nicht die Augen zu öffnen!"

Hugo Werndorff war auch nicht für Hitler, wollte aber dessen Bewegung nicht ganz und gar verurteilt wissen. Was die Sache hochtrage, meinte er, seien nicht Hitlers Phrasen, sondern das gesunde Empfinden von Millionen junger Deutscher, daß es einfach nicht angeht, mit Hilfe einer von der Propaganda erfundenen und festgenagelten Kriegsschuldlüge ein großes Volk dauernd unter der Fuchtel zu halten.

„Ja, das ist die Welle, echtes Element," sagte Prittwitz. „Aber der sich von ihr tragen läßt, ist ein Teufel. Was er auch Schönes reden mag, in dem Mann und seiner Bewegung ist etwas, das jede religiöse und sittliche Bindung verachtet, und gelegentlich entschlüpft ihm ein Wort, an dem man das erkennt."

Werndorff: „Ich würde denken, das sind Entgleisungen, in der Hitze des Kampfes."

Prittwitz widersprach heftig: „Nein! Es sind Aufdeckungen der Grundgesinnung, und das Erschreckende ist gerade, daß schon niemand mehr vor ihnen erschrickt!"

Ob er die Schriften von Wächter kenne? fragte er seinen Gastgeber, und als Werndorff das verneinte, schilderte er mit beredter Dankbarkeit, wieviel an Klärung, an Wegweisung er den Büchern des berühmten Dominikanerpaters schuldig geworden sei.

„Ich kenne ihn!" rief Antje, sie hätte beinah den Finger gehoben wie ein Schulkind; sie erzählte, daß sie den Pater Wächter in Berlin auf Ellen Degeners Hochzeit gesehen hatte.

Werner Prittwitz sagte: „Ein wunderbarer Mann! Aber gerade leichter wird das Leben nicht, dadurch, daß er einen die Geister der Tiefe und Höhe unterscheiden lehrt. — Die Menschen, die Völker: so gefährdet, so streng geprüft, zwischen Himmel und Erde!" ...

Frau von Werndorff fand doch, als der Gast nach einigen Tagen wieder abgereist war, daß er sich „'n bißchen verstiegen" geäußert hätte. „Und seit wann überhaupt," fragte sie, „liest man die Bücher von Dominikanerpatern? hab ich nie gehört! Aber die Böhlauer Prittwitzens sind überhaupt 'ne komische Sorte."

Hugo Werndorff verteidigte seinen Freund, und die alte Dame

ließ ganz gern mit sich reden; sie war Prittwitz dankbar, daß er ihre Kreise nicht gestört und Antje nicht mehr Aufmerksamkeit gewidmet hatte, als einer jungen Schönheit „normalerweise" zukommt. Hugo hätte sich ja ein bißchen übers Normale hinaus anstrengen sollen, aber er, natürlich, rührte und regte sich nicht, die Dinge gingen wieder ihren Alltagsgang. Sie war baß erstaunt und von den schönsten Erwartungen aufgeregt, als ihr Sohn eines Morgens beim Frühstück ganz von sich aus die kleine Klees aufforderte, ihn bei seiner Wagenfahrt auf die Felder zu begleiten.

„Es wird Ihnen guttun, denk ich, wenn Sie auch mal von Hause wegkommen — und mir, wenn ich Gesellschaft habe," sagte er, ganz gelassen, wie es schien, und als wäre das die natürlichste Sache von der Welt.

Auch Antje kam es ganz natürlich vor, sie fuhr gern mit dem Wagen, sie bedankte sich und lief, sich für die Fahrt anzuziehen.

Es war ein kühler Spätoktobertag, der sonnige Himmel von einem weißen Dunst überlaufen. Flaches Land; endlos ausgebreitet, kaum daß einmal eine Bodenwelle sich hervorhebt, das meiste davon Kornfelder, jetzt längst abgeerntet, sodaß man dem Gut den Namen „Stoppeln", den es trug, mit allem Rechte zuerkennen mußte. Dazwischen die großen Koppeln, von Vieh und Pferden beweidet. Hier und da zieht sich ein Föhrenwaldstrich herein. Ernstes Land; nicht eigentlich schwermütig, wie in dem Sumpf- und Seengebiet von Masuren, nur mit stiller Strenge seine Pflicht wissend: daß es seine Menschen zu nähren, in keinem Spiel sich zu vergessen habe; daß es, wie im Sommer das Silbergrau und Kupferbraun von Roggen und Weizen, nun auf den Winter zu den neuen Samen tragen müsse. Schweigsames Land; mit seiner Aufgabe beschäftigt, streckenweise von den Motorpflügen schon wieder in schnurgerade, lange, dunkle Wellen umgelegt. Gutes Land; von seinen Eigentümern sorgsam betreut, und ihre Sorgsamkeit mit gleicher Treue entgeltend.

Weiter hinaus kamen Werndorff und Antje zu den von bräunlichem Krautwuchs bedeckten Feldern, auf denen, mit Scharen von Arbeitern und Arbeiterinnen, die Kartoffelernte in Gang war. Der Inspektor kam an den Wagen heran, den Gutsherrn und auch Antje begrüßend; an dem Blick, mit dem er sie streifte, wurde ihr erst klar, daß man „etwas dabei finden" konnte, sie hier mit Werndorff ausfahren zu sehn, ein beifälliges Schmunzeln zuckte dem Mann um die Mundwinkel. Antje, indessen Werndorff sich mit dem Inspektor über die Arbeit besprach, sah dem Rauch der Kartoffelfeuer zu, der langsam sich auflösend über die Äcker dahinzog.

Werndorff war ein Schweiger, aber kein unentschlossener Mensch, er hatte sich vorgenommen, auf dieser Ausfahrt mit Antje zu reden, und er würde es tun. Immerhin spürte er, als er nun den Fuchs wieder antraben ließ, daß sich zwischen ihn und das Mädchen neben ihm auf einmal eine Befangenheit gelegt hatte, er sah es an ihrem, seinem Auge ausweichenden Blick — und das machte die Sache wahrhaftig nicht leichter.

„Hören Sie, Fräulein Antje," fing er an, „Sie haben sich wohl gewundert, daß ich Sie heute so mir nichts, dir nichts in meinen Wagen gepackt und herumkutschiert habe. Zu wundern ist da zwar nichts, daß man Sie gerne dabei hat. Aber — einen bestimmten Grund dafür hab ich schon gehabt, das ist wahr."

Es wurde Antje, als hätte ihr jemand eine ganz feste Hand um die Kehle gelegt.

„Können Sie sich den Grund ungefähr vorstellen?"

Antje, erschrocken ihm ins Gesicht blickend, schüttelte den Kopf.

„Na, das ist natürlich 'ne dumme Frage gewesen. Also vorstellen oder nicht — ich will Ihnen den Grund sagen, Fräulein Antje. Ich möchte Sie bitten, meine Frau zu werden."

„Nein," fuhr es Antje unwillkürlich heraus.

Das schuf eine plötzliche Stille, beide hörten sie die Räder rollen und die Pferdehufe auf die Straße schlagen. Antje wurde langsam dunkelrot übers ganze Gesicht.

„So. Das ist ja wenigstens 'ne klare Situation," sagte Hugo Werndorff nach einer Weile, mit etwas brüchiger, aber ganz freundlicher Stimme. „Wir wollen gleich und für immer aufhören, darüber zu reden. Lassen Sie mich nur noch rasch erklären, wie ich dazu gekommen bin, es einen Augenblick für möglich zu halten, daß Sie Ja sagen könnten. Eigentlich wußt ich ja von Anfang an, daß ich für Sie zu alt bin..."

„Nicht zu alt..."

„Jetzt lügen Sie mal nicht so angestrengt, aus Höflichkeit, Kindchen. Es ist schon so. — Aber sehen Sie: ich war eigentlich immer 'n Einzelgänger, ziemlich schwierig mit Menschen, schließe mich schwer an. Darum hab ich mit dem Heiraten sozusagen den Zug versäumt. Aber Sie, Antje, Sie haben mir gefallen, das muß ich schon sagen, von dem Moment an, wo Sie den Fuß auf meine Schwelle gesetzt hatten. Ich hoffe, Sie haben das damals nicht gleich so gemerkt. Das ist selten, daß ein junger Mensch, heute, gern aufs Land kommt, und einen Schick für die Arbeit hat, und auch — und auch herpaßt, wie Sie. Das ist selten. Meine Mutter hat Sie ja auch sehr gern, das hat mich auch so besonders gefreut.

Aber ich sagte mir immer, für das kleine Mädchen bist du zu alt, und überhaupt nicht gut genug für so was. Lassen Sie mich nur ausreden. Und da hab ich dann meinen Freund Prittwitz mitgebracht, der nicht nur jünger, sondern viel klüger ist als ich, 'n ganz andrer Mann, und ich war eigentlich sicher, daß er sich für Sie int'ressieren würde, und Sie sich für ihn. Sie müssen schon entschuldigen, ich konnte mir nur schwer noch vorstellen, daß jemand Sie n i c h t zur Frau haben wollte. Aber als dann ihr beide euch nicht ineinander verliebtet, da hab ich das für 'ne Art Schicksalsspruch genommen, können Sie das verstehn? und hab denn eben mein Glück versucht.

Na, 's gut, jetzt. Reden wir von was andrem."

Antje, noch immer in schrecklicher Verlegenheit, und dabei in einem Gefühl der Rührung über diesen Mann, der ihr so ganz ohne Falsch sein Wesen und seine Liebe aussprach, sagte: „Ich danke Ihnen, Herr von Werndorff. Herr von Werndorff, ich..."

„Lassen Sie man, Antje. Wir können deswegen doch gute Freunde bleiben, wie?"

— Aber eben das schien nicht möglich zu sein, das zeigten schon die nächsten Tage. Frau von Werndorff hatte natürlich gleich herausgefunden, was auf der Wagenfahrt passiert war, sie sagte es ihrem Sohn auf den Kopf zu — und das Versprechen, das er ihr abverlangte: Antje ihr Nein nicht entgelten zu lassen, das war sie gar nicht imstande zu halten, selbst wenn sie die gute Absicht gehabt hätte. Dieses junge Ding hatte ihren Sohn, das Kostbarste, was die Mutter hatte, das Beste, was irgendeine Frau kriegen konnte, verschmäht; damit hatte Antje bei ihr natürlich ausgespielt und fühlte sich über Nacht wie aus einer Heimat in die Fremde verstoßen. Frau von Werndorffs plötzliche Kälte verschloß ihr den Mund, sonst hätte sie vielleicht durch eine Erklärung das Verständnis der alten Dame, und damit ein Stück von ihrem Herzen, zurückgewinnen können. Hugo Werndorff war unverändert freundlich, aber daß die Enttäuschung ihm wirklich eine Wunde geschlagen hatte und daß es auch von daher richtiger war, sich ihm aus den Augen zu bringen, das war leicht zu sehen. Also war Antjes Entschluß bald gefaßt, das Haus zu verlassen, in dem sie eine lange Zeit so gern gelebt hatte.

Werndorff, der die Haltung seiner Mutter und Antjes Entschluß nicht ändern konnte, gab dieser Abreise eine freundlichere Form dadurch, daß er es sich nicht nehmen ließ, Antje nach Königsberg zu begleiten, wo er ohnehin zu tun habe, und ihr ein bißchen die Stadt zu zeigen. Die müßte sie sehen, meinte er, bevor sie den Osten verließe. „Und die Marienburg heben wir uns für später auf, nicht wahr, Fräulein Antje? wenn Sie einmal wieder ins Land kommen."

„Werden Sie recht glücklich im Leben, mein Kind," sagte Frau von Werndorff mit strengem Gesicht, aber doch einem Klang der alten Wärme in ihrer Stimme, als Antje sich beim Abschied auf ihre Hand beugte. Das Mädchen hatte die Augen voll Tränen.

Weder Antje noch Werndorff waren anfangs ganz bei der Sache, als sie die Stadt Königsberg durchwanderten, von außen am Dom hinaufstaunten und einen Blick in seine dreischiffige Halle warfen, die Fachwerkhäuser am Pregel und die Kantbüste von Rauch auf dem Paradeplatz bewunderten. „Sehen Sie, über Den," sagte Werndorff in Bezug auf Kant, „könnte Ihnen Prittwitz viel mehr sagen als ich. Bei mir beschränkt sichs ungefähr darauf, daß ich weiß: er hat den kategorischen Imperativ erfunden und ist ein großer Preuße gewesen."

„Ich glaube, daß nur ein edler und wahrhaftiger Mensch so aussehen kann," meinte Antje, zu Kants bronzenem Gesicht aufblickend.

Sie sahen auch die Krönungskirche der preußischen Könige und bestiegen den Habertum, über den der Kustode ihnen sagte, daß er noch aus der Zeit des Deutsch-Ritterordens stammt. Und hier war es wo Antje, über das vom graden Strich der Königsstraße geteilte Dachgedränge des Stadtbildes hinweg nach Osten in das im Herbstlicht gebreitete Land ausblickend, plötzlich von einem Gefühl übereilt wurde, als glitte diese breite Ferne unter sie heran und nähme den Turm, auf dem sie stand, wie den hohen Mastkorb eines Schiffes auf seine Wellen; sodaß sie mit beiden Händen nach der Mauerbrüstung griff.

Auch sogar drunten auf der Straße blieb noch etwas von diesem Schwindelgefühl zurück: als ob der Boden schwanke. Werndorff sah, daß sie blaß geworden war und bot ihr seinen Arm, den sie schweigend nahm.

Er fragte erst nach einer Weile, im Neben-ihr-hingehen: „Ist Ihnen nicht gut?"

Antje: „Ich verstehe sicher noch kaum etwas davon, weil ich viel zu jung bin. Aber ich finde, Abschiede sind etwas so Merkwürdiges."

Sie sah gleich, daß sie mit diesen Worten eine falsche Hoffnung in ihm erregt hatte; sie begegnete seinem Blick mit bittenden Augen. Sie sagte:

„Ich meine nicht so. Ich meine, daß ich aus diesem Land fortgehen muß, ist merkwürdig. Ja, und auch von Ihnen und Ihrer

Frau Mutter. Ich war gern bei Ihnen in Stoppeln. Und ich werde sicher nicht wiederkommen. Nein, das glaub ich nicht."

Sie sprach weiter: „Aber Sie sind so gut zu mir gewesen, Herr von Werndorff. Viel zu gut. Und darum möchte ich Ihnen noch etwas sagen dürfen." Sie zögerte.

„Ich werde sehr dankbar sein, wenn Sie es mir sagen."

„Ich möchte Ihnen noch sagen, daß ich auf Ihre Frage nicht deswegen mit Nein geantwortet habe, weil Sie zu alt sind. Am Anfang ist mir das vielleicht so vorgekommen, aber dann nicht mehr. Es ist nicht deswegen."

„Sondern?"

„Sondern es ist, weil ich einen anderen Menschen liebe." Sie sprach sehr schnell weiter: „Es ist ein Mensch, den ich nicht heiraten kann, er ist schon verheiratet. Aber das hilft mir nichts, ich liebe ihn trotzdem. — Darum kann ich nicht bei Ihnen bleiben. Das verstehen Sie doch? Und nicht wahr, das ist dann kein Grund mehr, daß Sie mir böse sein müßten?"

„Ich bin Ihnen gar nicht böse. Aber —"

„Ja?"

Werndorff, zur Seite blickend: „Nichts. Ich wollte nur feststellen: wenn Sie jemals wieder unser Land betreten, sollen Sie wissen, daß Sie in Stoppeln immer willkommen sind."

„Ich glaub, ich werde bestimmt nie wieder herkommen," wiederholte Antje kopfschüttelnd und traurig ihre früheren Worte.

Als sie abends im Zug noch durchs Fenster das gute, mit einer tiefen Bewegung kämpfende Gesicht des draußenstehenden Mannes sah, kam es ihr wie ein schmerzlicher Vorwurf: als hätte sie sich selbst aus einer Heimat in die Fremde verstoßen.

— Die Mutter Ulrike in Berlin schien zu wissen oder zu erraten, warum Antje so plötzlich zurückgekommen war, und schien damit unzufrieden zu sein. Antje wurde aber nicht weiter bedrängt, nur Peter, den sie sehr rauhbauzig und rauhstimmig geworden fand, ein großer Flegel, der nächste Ostern konfirmiert werden sollte — Peter stellte ein paar dumme Fragen, denen man ohne Mühe ausweichen konnte. Wohltuend war der Papa Degener, der ihr unauffällig, mittags vor dem Essen auf dem Gang, übers Haar strich und sagte:

„Wir sind froh, Antje, mein Kind, daß wir dich wieder bei uns haben."

Abends, in Ninettes Zimmer saßen die drei Mädchen zusammen, Silvia, Ninette und Antje, und hielten einen „Kriegsrat über das Leben". Und dabei fiel es Antje nicht mehr schwer zu erzählen, wie es ihr bei den Werndorffs gegangen war. Sogar gut war es, wie ein Heimkommen in die vertrauliche Kindheit, daß man sich so miteinander aussprechen konnte.

„Hm," machte Silvia mit nachdenklichem Gesicht, als sie den Hergang vernommen hatte.

Antje fuhr heftig auf sie los: „Willst du vielleicht behaupten, daß ich es nicht recht gemacht habe? Hätt ich vielleicht einen Menschen, den ich nicht liebe, heiraten sollen?"

Ninette: „Du mußt wissen, Silvia ist jetzt für's Heiraten. Nach Luzie wird sie die Nächste sein, die heiratet und ‚sich ein eigenes Nest baut' — wie Mutter das nennt."

„Um Gotteswillen, sprich nicht darüber, Antje! Es ist noch nicht so weit. Wir müssen noch warten."

„Ist er nett?"

Silvia, mit warmem und ernstem Blick, erwiderte: „Er wird mein Mann sein."

„Wie heißt er?"

„Hugo Faber."

„Ach — Hugo... das klingt ja ganz gut," fand Antje.

Ninette: „Soll noch jemand behaupten, die Bahnhofsmission wäre nicht nützlich. Bei der Bahnhofsmission hat sie ihn kennen gelernt."

Antje: „Wirklich? Das müßt ihr mir erzählen. — Und du, Ninette, bist du nicht verliebt?"

„Verliebt bin ich manchmal," gab Ninette zu. „Aber nicht zum Heiraten. Ich hab meine Arbeit. Und ich nehme jetzt Schauspielstunde: Sprechtechnik, Atemtechnik... was übrigens das Oberhaus nicht weiß."

Silvia mahnte: „Du mußt es doch dem Papa bald sagen."

Ninette, mit hochmütigem Gesicht: „Vielleicht. Meine Sache. — Und wen liebst Du, Antje? Immer noch den Quint?"

„Vielleicht. Meine Sache," gab Antje zurück.

„Du bist natürlich verrückt," stellte Ninette fest. „Aber das macht nichts. Alles ist besser, als so wie Luzie einen reichen Mann aufgabeln und ihn heiraten, weil es bequem ist. Viel lieber sterben! viel lieber so wie Friedrich sich eine Kugel ins Herz schießen, als jemals das Unbedingte und Ganze aufgeben!"

„Was ist das Unbedingte und Ganze?"

Ninette: „Das weiß ich ja nicht. Das will ich ja eben erfahren!"

Antje konnte sich in das Berliner Leben nicht mehr finden. Im Frühjahr 1931 nahm sie, nachdem sie eine Prüfung abgelegt hatte, eine Stelle als Lehrerin in einer Gartenbauschule im Rheinland an.

FÜNFTES BUCH

1

In den letzten Jahren hatte Hanna Degener lernen müssen, über Dinge nachzudenken, die wirklich ganz außerhalb ihrer Interessen lagen. „Weltwirtschaftskrise" — das war ein ungemütliches Wort und eine ungemütliche Sache, und das ungemütlichste dabei war, daß es einen hier im oberbayerischen Winkel ganz unmittelbar anging. Was würde Kaspar, dachte sie, dazu gesagt haben, daß seine Frau sich mit solchen Dingen beschäftigte? Zuerst hätte er gelächelt, aber wenn sie es ihm näher erklärte, würde sein Gesicht den rat- und hilflosen Ausdruck angenommen haben, der ihr zeigte, daß er noch weniger als sie davon verstand. Mit ganz derselben Rat- und Hilflosigkeit hörte Jakob ihr zu, als sie sich einmal entschloß, dem immerhin nun bald einundzwanzigjährigen Buben die Lage auseinanderzusetzen. Und so wunderlich ist die Liebe der Mütter und Frauen, daß Hanna über diese Ähnlichkeit des Sohnes mit dem Vater sogar Freude empfinden konnte und sie als einen Beweis seiner geistigen Bestimmung ansah. Sie wies es ganz entschieden zurück, als Jakob davon sprach, sein Studium aufzugeben und irgendeinen Verdienst zu suchen. — Ebensowenig Rat fand Hanna bei ihrer Schwiegermutter. Für Gabriele war es klar, daß es zu Eligius' Zeiten gut gegangen war, ohne ihn aber, trotz all der bewundernswerten Tüchtigkeit der Schwiegertochter, auf die Dauer eben n i c h t gut gehen konnte. Sie war ohne weiteres bereit, von ihren eigenen Papieren etwas zu verkaufen, um dem Gutsbetrieb zu helfen, nahm Hannas Dank entgegen und ihre Versicherung, das höchstens als Anleihe, wenn es einmal dringend würde, zu beanspruchen, sagte noch: „Sieh nur zu, Hannachen, daß wir nicht ins Abrutschen kommen," und dachte im übrigen nicht weiter darüber nach.

Hanna blieb allein mit ihrer Aufgabe und mußte von sich aus eine Lösung zu finden suchen. Aus mancherlei Gründen, vor allem aber wegen der anschwellenden Arbeitslosigkeit und Wirtschaftsnot des Landes war die Kaufkraft immer breiterer Volksschichten so gesunken, daß man für landwirtschaftliche Produkte einfach nicht mehr die Preise bekam, die nötig gewesen wären, um die

Einnahmen mit den Ausgaben in Einklang zu bringen. Das traf die Landwirtschaft im ganzen Reich, und ganz besonders natürlich solche verhältnismäßig kleinen Gutsbetriebe mit einem zu großen, herrschaftlichen Lebenszuschnitt, wie in Grünschwaig. Hanna mußte ein großes Stück Wald schlagen lassen und verkaufen, und da die Arbeitslöhne festgelegt waren, der Holzpreis aber noch während des Holzschlags weiter fiel, so kam schließlich — abgesehen von dem Wertverlust, den das Gut dabei erlitt — so wenig dabei heraus, daß diese Erfahrung Hanna zu der Einsicht brachte: „So geht es nicht weiter."

Auf der Suche nun nach einer Möglichkeit, das, was das Gut hervorbrachte, gewinnbringender zu verwenden, verfiel sie darauf, sich so zu helfen, wie es die Hansteins in Tirol schon längst taten: nämlich, zahlende Gäste aufzunehmen. Sie wußte davon durch die Baronin Priehl. Diese mochte für sich vorderhand nicht an einen solchen Ausweg denken; „ich habe schließlich eine Kranke im Haus," sagte sie in dem leidend vorwurfsvollen Ton, wie sie immer von ihrer Mutter sprach. Auch war die Lage ihres Gutes Nußholzhausen günstiger als die in Grünschwaig, hauptsächlich wegen einer in der Nähe von Rohrsbach gelegenen Mühle, die ihr gehörte und eine gute Pacht abwarf. „Und dann haben wir immer sehr sparsam gelebt," fügte sie hinzu, nicht ohne fühlen zu lassen, daß sie das Gleiche den Grünschwaigern nicht zubilligen könnte. Sie war aber gern bereit, Hanna bei der Beschaffung von Pensionsgästen zu helfen, und entwickelte sogar einen gutmütigen Eifer, ihre gesellschaftlichen Beziehungen von einst zum Besten von Hanna Degener einzusetzen. Wichtig wurde dabei besonders, daß sie ihr ‚paying guests', aus England vermitteln konnte, junge Leute, die gern für einen Feriensommer in eine hübsche Gegend nach Bayern kamen, um Deutsch zu lernen und ‚to do some mountaineering', das heißt, Bergtouren zu machen. Hanna selbst schrieb an die Bekannten, die sie, von ihren früheren Besuchen her, in der Schweiz hatte. Auch Balthasars wußten dort einige Adressen und teilten sie mit. — Der Maler und seine Frau waren jetzt oft für längere Zeiten nicht da, ihr Häuschen lag still hinter seiner Hecke, nur von der Köchin und deren scheckiger Katze bewacht. Es lebe sich billig in Italien, sagte Balthasar, alter Südwanderer, der er war; man müsse sich nur darauf verstehen und keine übertriebenen und falschen Ansprüche machen. Die alte Frau von Janska in Nußholzhausen bemerkte hierüber zu ihrer Tochter, es seien eben doch „manche Leute" nur schwach mit der Heimaterde verwurzelt; der Stich ging gegen Priehl, den ins Ausland Entwichenen, soweit aber Balthasar davon betroffen sein sollte, war die Bemerkung gewiß nicht richtig. Denn der schien von seinen Südreisen jedesmal mit einem für die Farben und Eigentümlichkeiten der Heimat neu erweckten Auge zurückzukehren.

— Nach Grünschwaig also kamen, seit dem Sommer 1931, junge Männer und Mädchen, die mit französischem oder englischem Akzent ein schreckliches Deutsch radebrechten, wenn nicht, (da Jakob und Frank einiges Schul-Englisch konnten und sich rasch darin vervollständigten) überhaupt das Englische sich unversehens zur Umgangssprache erhob: was Hanna aber gewissenhaft immer wieder zu verhindern suchte. Sie erklärte, zum Deutschlernen seien die Fremden gekommen, und ihnen dazu alle Gelegenheit zu geben, sei man ihnen schuldig. Sie war etwas bedrückt davon, daß sie nun nicht mehr, wie früher, Grünschwaig zum Sommeraufenthalt für alle Degeners freihalten konnte, sie suchte es, soweit es räumlich nur irgendwie anging, doch noch zu ermöglichen, schrieb an Georg nach Berlin und an Elisabeth nach München, wie es ihr eine Hilfe zur Unterhaltung der Gäste wäre, wenn „die Kinder" im Sommer da wären; auch kamen Ninette und Peter wirklich aus Berlin für einige Ferienwochen, aber — trotz Hannas lebhaftem Widerspruch — als Pensionsgäste. Es sei nicht mehr schön auf der Welt, fand Hanna, wenn man das Natürlichste und Froheste was es gibt, eine freie Gastlichkeit, nicht mehr üben dürfe.

Sogar von den Fremden Geld anzunehmen, war ihr eigentlich schrecklich, es kam ihr fast vor, als tue sie ihnen ein Unrecht, wenn sie ihnen die Zimmer und das Essen, die doch „da" waren, verrechnete; ihre eigene Arbeit für etwas zu rechnen, war sie ihr Leben lang nicht gewohnt gewesen. — Es war verschieden, wie die Menschen darauf ansprachen. Einige fanden es praktisch, der komischen deutschen Dame mit dem kräftigen Gang und den von Gartenarbeit rauhen Händen etwas abzuknapsen, — da sie merkten, daß Hanna nie ein Wort darüber verlor, vielmehr mit eilfertiger Verlegenheit, als ob s i e sich zu schämen hätte, darüber wegging. Andere schlossen sie gerade deswegen ins Herz und faßten zu ihr ein Zutrauen wie zu einer Mutter, empfahlen Grünschwaig ihren Freunden und kamen selbst gern wieder. Im Ganzen fuhr Hanna mit ihrer Art besser, als man hätte denken sollen, und dadurch befestigte sie sich fröhlich in ihrem alten Glauben, daß die Menschen alle im Grunde gut seien und das Ungute nur immer ein Mißverständnis.

Frank war seit dem Frühjahr ganz im Haus, 19 Jahre nun alt, der Bub; Hanna war glücklich, ihn da zu haben — und doch bedeutete er ihr eine unausgesprochene und von ihr selbst nicht ganz eingestandene Sorge. Nicht etwa seiner Gesundheit wegen, die sich im Gegenteil seit den Masern vom vorigen Jahr ganz erstaunlich gekräftigt hatte. Diese verspätete Kinderkrankheit schien die Hemmungen seiner körperlichen Entwicklung aufgezehrt und aus der linkischen Gestalt des Knaben, dem sein Kopf immer wie zu groß zwischen den Schultern saß, den Mann entlassen zu haben – nicht einen von Degenerschem, sondern mehr von Käpplerschem Geblüt. Er erinnerte Hanna stark an ihren Vater, den Obersten, und wie sie sich selbst darüber freute, so dachte sie auch gern, wie sehr ihre Mutter an dieser Ähnlichkeit Freude gehabt hätte. Nur sein Schritt war nicht so soldatisch fest und würdig wie beim Obersten Käppler, als der noch auf Erden gewandelt war, sondern immer noch etwas vorgeneigt und hastig: nicht eines Kriegers und nicht eines Landmanns Gang. – Frank hatte, nachdem er wegen seiner Masern das Obersbrunner Abitur versäumt, sehr bestimmt erklärt, daß er die Prüfung nicht nachholen wolle. Er blieb zunächst in Obersbrunn, wo er bei einem Dorfschreiner das Handwerk lernte; in einer so schweren Zeit, meinte er mit etwas altkluger Wichtigkeit, sei es immer gut, ein Handwerk zu können. Hanna riet aber wohl nicht falsch, daß es weniger das Schreinern war, was ihn in Obersbrunn festhielt, als seine große Anhänglichkeit an die Dame, die ihn während der Krankheit bei sich gehabt und gepflegt hatte. Diese Anhänglichkeit oder wohl gar Abhängigkeit war – das hatte Hanna herausgefunden – schon älteren Datums als die Masern; offenbar hatte Frank schon in seinen letzten zwei Schuljahren nach Jakobs Weggang, statt unter seinen Schulkameraden Anschluß zu finden, bei dieser Dame einen Ersatz für das Elternhaus gesucht, das er, nachdem sein Bruder fort war, allzu schmerzlich entbehrte, und sie war allmählich seine nächste und einzige Vertraute geworden; ohne daß er übrigens je, wenn er in Ferien nach Grünschwaig kam, mehr als das Oberflächlichste von ihr erzählt hatte.

Die Dame hieß Gunda Hirt und hatte zehn Jahre früher eine von den München-Schwabinger Künstlerehen geführt und wieder gelöst, mit einem Musiker, der dann eine andere Liebe gesucht hatte und aus ihrem Leben für immer entschwunden war. Sie nahm ihren Mädchennamen – eben: Hirt – wieder an, und es trat das durchaus Solide und Gesunde ihrer Münchnernatur wieder deutlich heraus, wie nach Regen und Wetter die Grundfarbe an einem übermalten Holz. München aber mit seinen Erinnerungen war ihr verleidet, sie suchte sich ein Zimmer auf dem Land, irgend, wo es billig zu leben wäre, und der „reine Zufall", wie man solche Lebenslenkungen nennt, hatte sie nach Obersbrunn geführt. Da sie geschickte Hände hatte und überhaupt das Künstlerische nicht ganz aus ihrem Leben lassen wollte, verfertigte sie Puppen und Engel, für die sie gar nicht wenig Käufer fand; in der Weihnachtszeit erschienen ihre bunten, dumm und zärtlich lächelnden Geschöpfe sogar in der Auslage eines Münchner Geschäfts. Und im Lauf der Jahre hatte sich der Brauch herausgebildet, daß sie den Schülern vom Obersbrunner Internat ein- oder auch zweimal im Jahr, zur Adventszeit gewöhnlich und Karnevalszeit, ein Puppenspiel vorführte, das jedesmal auch bei der Dorfjugend großen Anklang fand; sie verstand auch dabei ihr kleines Geschäft zu machen. Überhaupt war sie eine entschlossene und gescheite Frau, nicht besonders hübsch, aber ihr Gesicht drückte ein bereitwilliges Verstehen und Gutheißen von Welt und Menschen aus – und Welt und Menschen haben nichts lieber, als wenn sie verstanden und gutgeheißen werden. Gundas kleines Mädchen, das sie mit nach Obersbrunn gebracht (es führte den gleichen Namen wie sie selber), war ihr, fünfjährig, beim Schlittschuhlaufen auf unzuverlässigem Frühjahrseis ertrunken, und diesen furchtbaren Verlust hatte die Mutter nie verschmerzt; aber statt sie bitter zu machen, hatte er nur ein unstillbares Verlangen nach Zärtlichkeit und Mütterlichkeit in ihr zurückgelassen.

Nicht also, daß Hanna gegen die Dame etwas gehabt hätte, der sie ja, Franks wegen, nichts als Dank schuldig war; sie hatte sie auch im letzten Sommer einmal in Grünschwaig zu Gast gehabt, zu Franks großer Freude, der mit ihr von Obersbrunn herüberkam und sie auch wieder dorthin zurückbegleitete, um seine Schreinerlehre fortzusetzen... und Hanna war ganz gut mit Frau Hirt ausgekommen. Aber daß Frank diese „zweite Mutter" gebraucht hatte, war ihr doch wie ein stummer Vorwurf; er muß von mir aus doch etwas entbehrt haben, der Bub, dachte sie, sonst wäre das nicht gekommen, daß er nun einer Fremden beinah näher steht als mir. Und noch etwas anderes beunruhigte sie. Hatte sie nicht zu leicht sich damit abgefunden, daß Frank seine Schule nicht zum Abschluß brachte und also auch nicht auf die Universität konnte? Sie mußte sich eingestehen, es war bei der schwierigen Wirtschaftslage eine gewisse Erleichterung gewesen, nicht auch den zweiten Sohn studieren zu lassen, und nicht nur, daß Frank versichert hatte, er „denke gar nicht daran, sich in einen Hörsaal hineinzuhocken" – auch Gunda Hirt war der Meinung, für ein Universitätsstudium sei Frank nicht geschaffen, er müsse einen praktischen Beruf haben. Hanna hatte an Eligius gedacht, und daß es ihm wahrscheinlich recht gewesen wäre; hatte gedacht, daß Grünschwaig ja wirklich einen Landwirt und keinen

Gelehrten brauche. Aber gelegentlich meldete sich in ihrem Herzen die Frage, ob sie auch die Zukunft des Kindes genug im Auge gehabt, die Wandelbarkeit jugendlicher Stimmungen genug erwogen habe? Würde Frank ihr nicht eines Tages doch einen Vorwurf machen, weil sie's ihm durchgehen ließ, daß er sich den Weg auf die Hochschule selbst verschloß? würde er dann nicht sagen: sie habe Jakob zukommen lassen, was ihm versagt geblieben sei — und konnte sie ihm darauf ganz freien Herzens antworten? Denn es stimmte ja, daß sie in Jakob den Fortsetzer der Arbeit seines Vaters aufzuziehen hoffte, und daß diese Hoffnung ein besonders inniges Band zwischen ihr und ihrem Ältesten war.

Sie hatte Frank nun im Frühjahr von Obersbrunn heimgeholt und angefangen, ihn planmäßig in den Grünschwaiger Betrieb einzuführen. Es ging auch recht gut, er griff überall tüchtig zu, war jetzt schon, während der Heuernte, voll für einen Knecht zu brauchen und auch mit den Pferden — für die er früher weder viel Interesse gezeigt, noch eine „Hand" gehabt hatte, — lernte er jetzt umgehen, unter Wastls, des Kutschers, etwas brummiger Anleitung. Und er schien zufrieden. Als Hanna einmal abends, im Alleinsein mit ihm, überraschend in sein arbeitsmüdes Sinnieren hinein fragte: „Bist du auch sicher, daß du nicht auf die Universität gewollt hättest?" antwortete er wieder:

„Ich? woher denn! wie du nur so fragen kannst, Mama!"

Jedenfalls, ihn auf einen richtigen landwirtschaftlichen Lehrgang zu schicken, das war fest beschlossen, sobald er in Grünschwaig sein praktisches Jahr gemacht hätte.

Als Jakob im Sommer da war, fanden sich die Brüder wieder recht gut, wie in ihren Schultagen, zusammen. Jakob half mit beim Heuen, und es war für Frank eine Befriedigung, daß der Bruder dabei weniger gut durchhielt als er; er spottete ihn gutmütig aus als einen Büchermenschen, der die Hitze nicht vertragen könne. Im Ganzen aber war Frank wie immer schweigsam, und seine Mitmenschen konnten oft nicht klug daraus werden, was hinter seiner gedankenvoll gerunzelten Stirne vorging. „Was? Nichts!" gab er zur Antwort, wenn man ihn fragte. — Jakob nahm ihn manchmal am Sonntag zu seinen alten Freunden, den Niederrotters, auf den Fernerhof mit; er hoffte, die würden mit dem Bruder sehr zufrieden sein, weil er das Studium so entschieden verweigert und sich entschlossen hatte, nichts als ein Landwirt in Grünschwaig zu sein. Die Frau Stasi Niederrotter erkannte ihm das auch an, trotzdem stellte sich eine rechte Vertraulichkeit zwischen Frank und den Bauersleuten nicht her. „Dich sind wir halt so viel gewöhnt!" sagte Stasi zu Jakob, als er sie einmal deswegen zur Rede stellte. Sabine war wieder fort, auf ihrer Alm. „Geh halt einmal hinauf zu ihr, die freut sich!" meinte die Bäuerin; Jakob versprach's, doch kam es in dem Sommer nicht dazu.

Die Fremden im Haus waren ein Anlaß, daß in Grünschwaig öfters wieder getanzt wurde, abends, und Hannas gastlich warme Art gab diesen kleinen Hausfesten immer wieder das Persönliche, das sich nun einmal nicht „veranstalten" läßt. Für Jakob war es gut, daß er nun nicht mehr ganz so wie bisher seinem einzelgängerischen Hang überantwortet war. Er mußte sich um die Gäste kümmern. Fuhr er ins Gebirg, so geschah es als ein gemeinsames Unternehmen zu vielen; da erlebte er keine schöne, versucherische Berg-Stille, sondern es war eine lärmende, schwatzende, lachende Wanderschaft. Der kleine, jetzt schon groß gewordene Peter Degener tat sich dabei hervor mit ungeheuerlicher englischer Konversation, die hauptsächlich aus „Damn!" und „Gorgeous!" bestand; was ihm an Vokabeln fehlte, suchte er durch berlinisch-großstädtische Selbstsicherheit und durch Lautstärke zu ersetzen. „Peter ist ein unglaublicher Flegel, aber das gibt sich," meinte Ninette. — Mit ihr kam Jakob in diesen Ferien zu einem ganz brüderlichen Verhältnis, an dem beide viel Freude hatten. Die Erinnerung an Friedrich knüpfte sie zusammen, wenn sie allein waren, erzählten sie sich von ihm und sie empfanden dabei, daß der Schmerz um den Toten sich als etwas nicht mehr so Schreckliches, sondern Wehmütig-Schönes in ihr Leben hineingewoben hatte. — Ninette versäumte übrigens nicht, bei Wintes im Dorf einen Besuch zu machen, und war recht froh, Mutter und Sohn freundlich und versöhnt zu finden. „Im Herbst feiern wir Hochzeit," teilte die Mutter Winte ihr befriedigt mit; Dr. Winte hatte sich mit einer Arztenstochter aus der Kreisstadt verlobt. Ninette beglückwünschte ihren einstigen Verehrer mit der einfachsten Herzlichkeit. — „Mit der Fräulein wärst nie glücklich geworden, die hat etwas Unglückliches in ihrem Gesicht," sagte nachher die Mutter zu ihrem Sohn. Er erwiderte lachend: „Geh, was du redst, Mutter! meinst vielleicht, sie muß unglücklich geworden, die hat etwas Unglückliches in ihrem Gesicht," erklärte sich nicht weiter, wie sie zu der sonderbaren Behauptung über das blühende junge Wesen kam.

Als Ninette und Peter schon wieder abgereist waren, sie in ihr Büro und zu ihren immer noch heimlichen Schauspielstunden, der Bub in seine Schule, kamen einmal für ein Wochenende Luzie und Alfons Hörsch mit dem Auto aus München heraus. Sie übernachteten in der Kleinen Schwaig bei der Großmutter. Diese beobachtete die Beiden unauffällig, aber mit scharfen Augen, und benützte zwischendurch einen Moment, wo sie die Enkelin allein hatte, um ihr zu sagen, daß sie sie zu schlank finde.

Luzie fragte erstaunt: „Aber wieso denn, Großmutter? Ich bin doch immer so."

„Ja, eben, eben! Das müßte jetzt anders werden."

Luzie nahm das lachend auf; es würde schon noch anders werden.

Die Großmutter: „So. Na, ich bin froh, daß du mir nicht mit so Phrasen kommst, wie sie die Leut jetzt haben: Kinder wären nicht nötig, und so weiter. Damit wärst du bei mir nicht durchgekommen. Kinder sind das Einzige, was wirklich nötig ist. Nicht das Geld, wie du dir einbildest."

„Ich? bild ich mir das ein? — Geld ist schon recht angenehm, Großmutter."

Die Großmutter wiederholte: „Kinder sind das Einzige, was wirklich nötig ist. Mit dem Geld kann man sich helfen, über Wahrheiten kann man streiten, aber Kinder, Kinder sind einfach da. — Und ich muß sagen, ich hätte ganz gern nach Sixt Fehrenkamp und Daisy Hanstein noch mein drittes Urenkelchen erlebt."

„Gut, Großmutter. Und wenn es ein Mädchen ist, werden wir's Gabriele nennen," versprach Luzie.

„Recht schön von dir. Aber Patin werd ich nicht mehr, dazu bin ich zu alt."

Im Sommer 1931 gab es einen Menschen im Haus, der von Grund auf zufrieden und froh war und sein Glück wie eine kleine Lampe um sich strahlte: das war Zensi, das zweite Mädchen in Grünschwaig, die mit Hans Prechtler, dem Bäcker, Hochzeit machte. Die Beiden waren längst versprochen, aber sie hatten redlich gespart auf's Heiraten, so hatten es die alten Fellners, die Eltern von der Zensi, verlangt. Wenn der Bäcker mit seinem guten Geschäft und Auskommen eine Häuslerstochter wollte, der ihr Vater kein reiches Weibergut mitgeben kann, so mußte er warten, bis auch sie so viel beisammen hatte, daß sie nicht wie eine zu Gnaden Aufgenommene in seine Familie kam. Das war ein Gesetz, davon konnte niemand etwas abhandeln; der Prechtler hatte seine Bräutigams-Ungeduld bezähmen müssen, und ob etwa dem Mädel die Zeit lang geworden, davon war nicht die Rede. Jetzt aber war es so weit, und Zensi war so vergnügt, daß ihre Kollegin Josepha, die Ältere, für die aber noch keine Hochzeit in Aussicht stand, es mehrmals für nötig hielt, ihr zu sagen: sie soll doch nicht so tun, das Verheiratetsein ist auch nicht lauter Honigschlecken. Das hieß nicht, daß sie ihr das Glück nicht gönnte. Im Gegenteil, sie hatte ihr in freien Stunden mitgeholfen beim Aussteuer-Nähen und war zu freudigen Tränen gerührt, wie eine leibliche Schwester, als die kleine Zensi, oben in ihrem gemeinsamen Zimmer im Leutehaus, ihr Hochzeitsgewand mit dem Kranz und Schleier zum erstenmal anprobierte. Die Braut bekam eine schöne Ausstattung, zu der außer dem, was ihre Eltern ihr gaben, auch Hanna großzügig beigesteuert hatte; Hanna selbst ging zur Kirche und nahm auch Jakob mit, der Prechtler schon von der Volksschule her kannte. Jakob besuchte das junge Paar einige Tage nach der Hochzeit in der neueingerichteten Wohnung im Bäckerhaus (im Oberstock über den Zimmern, wo die alten Prechtlers noch hausten) und wurde mit Kuchen und gutem Birnenschnaps aus dem eigenen Garten bewirtet. Es war eine gemütliche Häuslichkeit und die Zensi eine hübsche, wangenleuchtende Hausfrau.

Nach einem kurzen Höflichkeitsgespräch aber kam der junge Prechtler mit einer Plötzlichkeit, die verriet, daß er eigentlich nichts anderes in seinem vierkantigen Kopf hatte, auf die Politik und fing an, Jakob zuzureden, daß er in die Nationalsozialistische Partei eintreten müsse.

„Jetzt, Prechtler — du bist der erste anständige Mensch, der mir das sagt!" staunte Jakob.

„Anständig? bei uns sind alle anständig!" versicherte der Bäcker. Seine fast farblosen Augen hatten noch ganz denselben gutmeinenden und verlässigen Ausdruck wie einst, wenn er als Volksschüler aus der Bank aufgestanden war, um dem Lehrer zu sagen, daß er es bestimmt nicht gewesen ist, der geschwätzt hat. „Meine Hand leg ich dafür ins Feuer, daß unser Führer zu keiner Unanständigkeit nicht imstand ist. Und wer nicht guttut, den feuert er 'raus aus der Partei. Wart nur, der wenn an die Macht kommt, der wird's ihnen zeigen!"

„Was er in der Außenpolitik verlangt, das ist recht und gut," gab Jakob zu. Er hatte sich in der letzten Zeit über die anmaßende Sprache empören müssen, in der die französische Regierung und Presse den Plan des Reichskanzlers Brüning zu einer deutsch-österreichischen Zollunion als „unvereinbar mit den Verträgen" bekämpfte, wo es sich doch um einen wechselseitigen Entschluß zwischen zwei souveränen Ländern handelte. Als ob wir auf dem Kasernenhof wären, und der Feldwebel kommandiert uns von Paris aus! hatte er gefunden. Und er fragte Prechtler: „Meinst wirklich, der Hitler kann uns wieder Luft verschaffen, in der Welt, uns Deutschen?"

„Ja, wie denn sonst? Das wird er, das kann er, und kein

anderer kann's nicht!" Prechtler glühte in echtem, uneigennützigem Eifer, er zog ein Papier hervor und begann Jakob die Programmpunkte der Hitlerpartei auseinanderzusetzen. Jakob stellte einige Fragen, die ihm der Andere nicht ganz zu seiner Befriedigung beantworten konnte. „Ich werd's für dich nicht g'scheit genug ausdeutschen können," meinte Prechtler; aber was er sagte, war einfacher, menschlicher und durch die Art des Sprechenden überzeugender als alles, was Jakob in dem Fintenringschen Kreis über die Sache gehört hatte.

„Der Hans hat einen Eifer, mit der Politik," sagte Zensi dazu, und ihr Mann drängte:

„Degener, du g'hörst zu uns! du mußt mithelfen! Bei dir daheim haben sie immer ein Herz gehabt für's Volk, daß weiß ein jeder."

„Freilich, für Deutschland muß man alles tun, da hast du recht," sagte Jakob, der seinen alten Schulgenossen noch immer verwundert betrachtete.

2

Silvia sagte beim Abendessen in Steglitz zu ihrem Vater und ihrer Mutter — ihr sonst rundes Mädchengesicht ganz schmal und blaß aussehend von dem schweren Entschluß; Ninette und Peter, die auch mit am Tisch saßen und wußten, worum es ging, hielten den Atem an — Silvia sagte: „Papa, Mutter. Heut nach dem Abendessen will Hugo Faber kommen und — und bei euch um meine Hand anhalten."

„Donnerwetter, ja!" entfuhr es Georg Degener, ganz ungeistlicher Weise.

Des Vaters starres Erstaunen war so komisch, daß Ninette und Peter losplatzten — und mit diesem ansteckenden Lachen, dem auch die Andern nicht widerstehen konnten, war es gewonnen, das fühlte Silvia, und ein erlöstes Lächeln blühte nun auch in ihrem Gesicht auf.

„Na, Kindchen, du verstehst es aber, deinem Vater eine Überraschung zu bereiten!" sagte Georg, als er wieder zu Atem kam. „Was, und dir auch, Mutter! oder hast du eine Ahnung davon gehabt?"

Ulrike: „Mir schien einmal, früher — aber, Silvia, du hast ja nie einen Ton gesagt."

Sie dürften nicht meinen, daß sie die Eltern hätte täuschen wollen, erklärte Silvia. Aber Hugo Faber sei ein Mann von strengen Ehrbegriffen und er habe um keinen Preis heiraten, ja nicht einmal an eine Verlobung denken wollen, eh er eine feste Stellung hatte und ihr ein sicheres Auskommen bieten konnte. Kaum sehen hätte er sie wollen, in der letzten Zeit. Aber jetzt sei er fest und mit einem guten Gehalt bei der Reichsbahndirektion angestellt, Gott sei Dank! und darum also käme er nun heut. Sie hätte sonst immer gedacht, eine Verlobungszeit sei etwas Schönes, aber sie habe nur lauter Angst, wegen der dummen Stellung, ausgestanden. Denn daß Hugo einen Zuschuß von den Eltern angenommen hätte, dazu würde ihn nie ein Mensch gebracht haben. So erzählte Silvia; und auf Befragen erzählte sie auch, zögernd, wie sie während ihrer Tätigkeit bei der Evangelischen Bahnhofsmission einmal zur Bahndirektion habe gehn müssen und mit dem jungen Beamten, damals noch Volontär, zu tun bekam ...

Der Papa: „Also vor allem, um zur Hauptsache zu kommen, ich sehe, du möchtest, daß wir den Herrn abweisen, wie?"

Silvia: „Ich möchte ihn heiraten, Papa."

„Kinder, wartet – ich muß mir jetzt erst einmal ein bißchen Luft machen!" Georg sprang auf, um im Zimmer hin und her zu laufen, ging dann plötzlich auf seine Tochter zu und nahm sie, die errötend aufstand, in seine Arme.

„Gott segne dich, Kindchen," sagte er gerührt, sie auf Stirn und Wange küssend.

Ulrike: „Aber Georg, wir müssen doch erst mit Herrn Faber sprechen."

„Wird schon stimmen, wird schon stimmen – wenn sie ihn haben will. Außerdem kennen wir ihn ja. Ein braver Mann, kommt mir vor. Daß ich auch rein gar nichts gemerkt habe! – Sag mal, wie alt bist du?"

„Du weißt doch, Papa. Beinah zweiundzwanzig."

„Siehst du, Rike, mündig ist sie. Wir können gar nichts mehr machen. – Also geh nur, Silvia, Kind, und hol dir den Segen von deiner Mutter ab."

Aber Ulrike kam ihr zuvor und umarmte sie, Ninette und Peter desgleichen, in großer Ausgelassenheit.

„Viel Glück, du altes Schaf," sagte Peter, indem er seine Schwester küßte.

Ninette: „Aber, Piet! Ist das auch eine Art, zu gratulieren? – komm!" flüsterte sie ihm zu, „wir stellen uns im Treppenhaus in die Ecke hinter den Lift und warten, ganz still, und sehen zu, wie er heraufkommt, und ob er sich die Schuhe abputzt, und wie er läutet."

Die Beiden verschwanden.

Das Treppenhaus war aber viel zu gut beleuchtet, als daß Hugo Faber, der in dunkelgrauem Anzug, den Herbstmantel überm Arm, korrekt und schlank und ernst die Stufen heraufstieg, die zwei an die Wand gepreßten Gestalten nicht gleich bemerkt hätte. Ohne eine Miene zu verziehen, nur mit einem fast unsichtbaren Lächeln in den Augenwinkeln, wünschte er sehr höflich einen guten Abend.

„Guten Abend, Herr Faber," erwiderte Ninette, sie zeigte keine Spur von Verlegenheit, sie nahm ihn bei der Hand. „Sie können gleich hereinkommen, es ist schon alles in Ordnung."

— So war der Verlobungsabend gut eingeleitet und verging nicht ohne allgemeines Lachen und nicht ohne allgemeine Rührung. Hugo Faber, den die Eltern von gelegentlicher Begegnung her schon kannten, wurde als neues Familienmitglied von allen beifällig aufgenommen. „Sehr korrekt, aber nicht steif und nicht pedantisch!" urteilte Ninette über ihn... und ihr Urteil war wichtig im Hause. Faber stammte aus einer kleinen Bahnwärtersfamilie in Fürstenwalde an der Spree, hatte beide Eltern früh verloren und war durch einen unverheirateten Onkel versorgt, auf eine Oberrealschule geschickt und in jeder Weise für die Karriere eines höheren Beamten bei der Reichsbahn vorbereitet worden. Der Onkel lebte auch nicht mehr, „aber er hat mich auf den Weg gebracht," sagte Faber. „Und das mit der Anstellung, jetzt, wo doch gegenwärtig so viele entlassen werden, war einfach Glück. Ich glaube, es ist mit dem Glück so wie mit dem Unglück: es kommt selten allein. Es war einfach eine Glückssträhne... nachdem ich zuerst schon Ihrer Tochter begegnet war," sagte er mit einer sehr gewinnenden, warmen Ernsthaftigkeit zu Georg Degener.

Georg Degener, indem er ihm die Hand auf den Arm legte: „‚Du'! nicht ‚Sie'! mein Junge. — Aber für die gnadenreichen Fügungen Gottes wollen wir doch Ihm, und nicht dem blinden Glück Dank wissen."

„Ja," bestätigte Hugo Faber.

Nachdem die Verlobten ihren Wunsch bekundet und durchgesetzt hatten, daß die Hochzeit jetzt nicht mehr lang verzögert würde — in sechs Wochen, wurde ausgemacht, sollte sie stattfinden — saß man noch ziemlich lang in festlicher Stimmung beisammen; Georg Degener fand mit Recht, der Anlaß sei viel zu wichtig, um nur Eine Flasche Wein dabei zu trinken. Als er den künftigen Schwiegersohn endlich gehen ließ, begleitete Silvia ihn (den Lift vergaßen sie beide) die Treppe hinunter; im Schatten vor der offenen Haustür empfing sie seinen Kuß und sah über dem Kopf ihres Liebsten mit unsäglicher Zuversicht den Gürtel des Orion am Nachthimmel.

Der in die Wohnung Zurückgekommenen taten die unverstellten Glückwünsche der Ihrigen wohl. Es ging dann alles bald auseinander. Etwas später aber, aus dem Badezimmer im Schlafrock über den Gang gehend, sah Silvia durch die Türritze, daß das Licht im Eß- und Wohnzimmer noch nicht ausgelöscht war, sie schlüpfte hinein und fand den Vater einsam noch im Lehnstuhl, Zigarre rauchend und ganz hingenommen in ein offenbar trauriges Nachdenken.

Silvias gutes Herz wurde durch diesen Anblick erschreckt und für den Moment ganz aus seinem strömenden Glücksgefühl gerissen. Sie sagte:

„Aber, Papa! du bist ja traurig! Wie kommt denn das? – Papa, magst du Hugo Faber nicht?"

„Sehr gern. Sehr braver Mann. – Du wirst dich erkälten, Kindchen," sagte Georg Degener, da die Tochter sich ihm gegenüber in die Sofaecke setzte.

„Nein. Einen Moment. – Wart, ich hol mir einen Mantel herein, bin gleich wieder da." Als sie mit dem Mantel wiederkam, hatte ihr Vater ihr ein Glas eingegossen und ermahnte sie, zur Erwärmung noch etwas zu trinken.

„Ich möchte jetzt wissen, warum du traurig bist, Papa."

„Kind, ich will dir was sagen. Ein Christenmensch dürfte überhaupt nicht traurig sein, niemals dürfte er das; denn der Christenstand ist der fröhlichste Stand auf der Welt. Aber das Fleisch ist schwach; und alle Traurigkeit kommt aus dem Fleische."

„Du hast also nichts gegen Hugo?"

„Im Gegenteil. Ich sag dir ja. Aber das Traurigsein kommt mir so, wenn ich denke, wie ihr Kinder eins nach dem andern aus dem Haus geht. Es ist ja ungefähr so, verstehst du – ungefähr, als ob ein Baum alle seine Blätter verlöre, wie? ‚Hoppsa, er entblättert sich!' heißt es, glaub ich, bei Wilhelm Busch – aber ich bin nicht ganz sicher, ob dieses Zitat für einen Familienvater und Pfarrer ganz passend ist."

Silvia: „Nein, Papa. Du entblätterst dich gar nicht. Hugo und ich sind doch überhaupt ein neuer Zweig von dir! Und dann hast du doch die Mutter..."

„Ja," sagte Georg Degener, Rauchwolken paffend. „Und ich hab die Erinnerung an deine Mutter, mein Kindchen, von der ich glaube, daß sie mit deinem Hugo sehr einverstanden sein würde. – Also dir gefällt die Aussicht auf dein Leben, Silvia, mein Kind?"

„Das Leben ist wunderbar," sagte Silvia so überzeugt und ernsthaft, wie man ein Bekenntnis ablegt.

Ihr Vater sah zu ihr hinüber, und es kam ihm vor, als flösse der ganze breite Strom der Zeit zwischen ihr und ihm, ein Strom, den man nie überbrücken konnte, jeder war auf seinem Ufer, nur zuwinken konnte man sich.

Silvia erzählte: „Und, weißt du, wie ich zum erstenmal in sein Büro kam, Hugos Büro, mein ich — da hatte er grad noch zu schreiben und bot mir inzwischen mit einer höflichen Handbewegung einen Stuhl an. Und ich dachte gleich: so müßte der Mensch aussehen, mit dem ich mein Leben teilen möchte. Und er behauptet, er hätte das auch über mich gleich gedacht. Das bildet er sich wahrscheinlich nur ein."

Kind, du bist so jung, und ich bin alt, dachte Georg Degener traurig. Aber dann schüttelte er die Anwandlung gewaltsam ab, die wahrscheinlich der Verlobungswein ihm in den Kopf gezaubert hatte, und sagte:

„Das ist ein großer Segen, wenn man so sicher geführt wird. Dafür wollen wir dem lieben Gott im Himmel danken!"

Silvia, fröhlichen Herzens: „Ja, Papa."

Von der Großmutter, der Silvias Verlobung gleich mitgeteilt wurde, bekam Georg bald darauf einen ausführlichen Brief, der ihre Freude über Silvias Glück aussprach. Bei dem guten Kind falle es ihr besonders schwer, schrieb sie, nicht zu ihrer Hochzeit zu fahren. Aber wenn sie es bei Ellens, und noch im vorigen Jahr bei Luziens Hochzeit aus einer gewissen Scheu vor der Unbequemlichkeit der Reise gelassen habe, so glaube sie jetzt, daß sie es wirklich nicht mehr könnte. Es gehe ihr nicht so besonders gut. Kein Anlaß zu unmittelbarer Besorgnis, das nicht. Aber sie fühle das Abnehmen ihrer Kräfte, und mit siebenundsiebzig Jahren sei das schließlich kein Wunder.

Sie berichtete auch, Jakob habe eigentlich schon im Sommer vorgehabt, einmal auf eine andere Universität zu gehen, aber das wieder aufgegeben, weil er in München durch die regelmäßigen Mittagstische bei den Verwandten billiger dran sei. Es sei überhaupt schwierig für Hanna, das Studium für den Buben aufzubringen.

Wenn die Großmutter das schrieb, dann war es mit einer Absicht. Georg beschloß also, Jakob wenigstens einmal für das nächste Semester ganz zu sich zu nehmen. Er konnte in Friedrichs Zimmer wohnen, konnte umsonst bei ihnen leben, das war dann für Hanna schon eine Erleichterung. Und wenn Silvia geheiratet hatte und wegzog, konnte man ihr freigewordenes Zimmer vermieten, und nötigenfalls auch das von Antje, die ja nur immer für kurze Urlaubszeiten aus dem Rheinland heimkam. Das brächte etwas Monatsgeld, und damit hätte man die Kosten, die man sich durch Jakob auferlegte, schnell wieder eingebracht. Ihm aber, Georg Degener, täte es sogar wohl, wenn noch jemand Junges im Haus wäre und er sich nicht ganz so „entblättert" fühlen müßte.

So kam es dazu, daß Jakob das Wintersemester 1931 auf 32 in Berlin verbrachte.

3

Während dieses Berliner Wintersemesters, in der schärferen Luft und dem rascheren Arbeitstempo der Hauptstadt, wurde Jakob Degener aus seiner bis dahin immer noch halb träumenden Einzelgängerei aufgerüttelt.

Der Anfang in Berlin fiel ihm nicht leicht. Denn er wohnte in Friedrichs Zimmer, und gleichsam aus den Wänden schien ihm dort die Stimme des brüderlich geliebten toten Freundes zu sprechen und die quälenden Bekenntnisse, die schmerzlichen Verse zu wiederholen, die er hier von ihm gehört. Und er sah nur zu gut, wie der Gedanke an Friedrich auf dessen Vater und Ulrike noch lastete; Ulrike gegenüber hatte Jakob ehedem eine Fremdheit und etwas wie Unbehagen gefühlt. Davon war nichts geblieben, nur Mitleid empfand er vor ihrem noch gar nicht alten, aber dennoch aller Jugend und Freude beraubten Gesicht, ihrer wie abgewelkten Gestalt, sodaß er dachte: wenn Friedrich das hätte sehen können, er würde seine Tat nicht getan haben.

Doch sah Jakob das Gesicht seiner Tante einmal in leidenschaftlicher Bewegung und in einem geistigen Glück. Das war in einem stark besuchten Vortrag über „katholische Weltanschauung" in der Universität, es hatte ihm jemand empfohlen, das zu hören; der Vortragende war Wächter, der Dominikanerpater, der Ellen mit Clemens Hanstein getraut hatte. Jakob erkannte gleich sein redliches und freies Auge wieder und fand eine väterliche Güte in dem Wesen des Mannes, die ihm unbewußt wohltat. Wächter sprach über Unterscheidungen des christlichen, des mythischen und des säkularisierten Denkens und führte diese sehr klar, dabei ohne jede Gewaltsamkeit durch. Es war in dem Raume deutlich zu spüren, wie eine ganz lebendige Aufmerksamkeit der Hörer dem Vortragenden folgte; Jakob aber, den allerlei politische und historische Fragen bewegten, war für solchen Samen damals eine zu unruhige Erde, um ihn wirklich aufzunehmen und Frucht davon zu bringen. Er versäumte es, sich weiter darum zu bemühen, er hörte während seines Berliner Semesters keinen der Vorträge mehr, die ihm wohl manchen Irrweg seiner folgenden Jahre hätten ersparen oder doch abkürzen können. — Als er nach dem Ende dieser Vorlesung den Saal verließ, traf er mit Ulrike Degener zusammen, und er war erstaunt, unter dem schwarzen Netzschleier, der Hut und Stirn umfaßte, ihr sonst mattes Auge so jung, so getröstet leuchten zu sehen. Offenbar war es gerade, was Jakob nicht hatte aufnehmen können: die Glaubenssicherheit, wovon Ulrike sich hilfreich angerührt fand. Flüchtig fiel ihm ein, wie ihm Luzie in München erzählt hatte, daß ihre Stiefmutter diese katholischen Vorträge besuche, angeblich ohne Georg Degeners Wissen. Dies hatte Jakob schon damals mit Ulrikes vornehmer Art unvereinbar gefunden und nicht geglaubt; sie zeigte auch jetzt natürlich keinerlei Verlegenheit, dem Neffen hier begegnet zu sein, nahm vielmehr als selbstverständlich an, daß sie miteinander nach Steglitz heimkehrten, sprach aber nicht mit ihm über Wächter und dessen Vortrag.

Ninette, auf die er sich gefreut hatte, sah Jakob in diesem Winter fast gar nicht, sie war die meiste Zeit „verreist" — und mit Peter einigte sich Jakob darüber, daß das sehr schade, Peter fand: eine Gemeinheit! war.

Ninette hatte es ihrem Vater schließlich erzählt, daß sie heimlich Schauspielstunden genommen, es gab aber keinen großen Krach deswegen, denn das Geständnis geschah zugleich mit der Mitteilung, daß sie den Gedanken ans Theater aufgegeben habe; „man verdient ja nichts dabei". Dieser geschäftliche Standpunkt hatte Georg Degener an seiner Ninette sehr verwundert, aber man konnte nicht leugnen, daß er zugleich beruhigend war. Ninette war jetzt angestellt bei einer Firma, von deren Arbeit sich ihre Eltern kein deutliches Bild machen konnten. Irgendwie hatte es mit dem Film zu tun, aber „ich filme nicht", erklärte Ninette, „ich bin Sekretärin." Georg Degener besuchte den Chef, bei dem seine Tochter Sekretärin war, einen rotgesichtigen, glatzköpfigen und dicken Mann namens Hummel, der keinerlei Besorgnis erregte, etwa dem Herzen Ninettes gefährlich zu sein. Und mit dieser Firma also verreiste Ninette im Lauf dieses Winters mehrmals, dahin und dorthin — und Georg Degener wurde sich klar, daß heutigentags selbst die Pfarrerstöchter ein recht selbständiges und für ihre Väter unübersichtliches Leben führen.

In dem nach Silvias Verheiratung freigewordenen Zimmer der Steglitzer Wohnung mietete ein Student, Wilfrid Bernowsky, sich ein, Sohn eines protestantischen Pastors aus Schlesien und als solcher an Georg Degener empfohlen. Dieser, ohne daß er für Jakob zu einem Freund geworden wäre, gewann doch einen Einfluß auf ihn durch die aus den Verhältnissen sich ergebende Regelmäßigkeit des Umgangs. Bernowsky hatte wie Jakob Geschichte und Deutsch als Hauptfächer und besuchte die Vorlesungen fleißig, so weit sie für die Prüfungen nötig waren. Sie sahen auch, auf Studentenkarten, manche Klassikeraufführung zusammen — Abende, von denen Jakob tiefe, obgleich nicht immer sehr bestimmte Eindrücke nach Hause trug. Schon früher in München, wenn er das Käthchen von Heilbronn, den Götz oder den Tell miterlebte, hatte Jakob nie recht sagen können, w a s denn nun eigentlich und ausdrücklich das dichterische Werk von ihm wolle, in welche Wegrichtung er da gerufen werde. Nur eine tröstliche Ausweitung des Gemütes hatte er dabei empfunden, oder auch sich gekränkt, wenn Graf Wetter vom Strahl und das Käthchen, in ihren Gesprächen unterm Holunderbaum, die Ritterlichkeit und herbe Schlichtheit vermissen ließen, die Jakob, nach seinem Begriff vom Wesen dieser Gestalten, von ihnen erwartete. Über derartige Dinge aber konnte man mit Bernowsky nicht reden, der vielmehr gleich das Stück nach seinem Wert und Zweck „für uns deutsche Jugend von heute" untersuchte und es zum Beispiel Schiller vorwarf, daß er lauter ausländische Stoffe behandelt habe. — „Wie?" fragte Jakob. „Der Tell —?" — „Verherrlicht die Losreißung der Schweiz vom Deutschen Reich!" — „Und der Wallenstein?" — „Ach, die ollen Böhmen und Österreicher!" meinte Bernowsky, wegwerfenden Tones. „Überhaupt wär es viel besser, wir lernten, Geschichte zu m a c h e n, als Geschichte zu b e t r a c h t e n. Was sollen wir mit der bestaubten Vergangenheit?" Jakob verteidigte seine Helden und Herrscher, deren schöne Versreihen sein Gedächtnis liebevoll mit sich trug, mußte aber doch finden, der Andere könne wohl etwas recht haben; es ging ihm mit Wilfrid Bernowsky, der sogar ein wenig jünger war als er selbst, wieder so wie überall, wo er einer kräftigen Selbstgewißheit begegnete, er dachte: vielleicht weiß der es wirklich besser.

Unbedingt recht hatte ja Bernowsky mit seiner immer wieder bekundeten Überzeugung, daß wir „in einer Umbruchszeit leben". Er spüre das in allen Knochen, behauptete er, und was da alles untergepflügt werde, das würde man erst sehen, wenn die Furche gezogen sei. Unser gesamtes geistiges Besitztum, Religion, Wissenschaft, Kunst, werde heute geprüft nach seinem Lebensgehalt. „Alles Leben ist Kampf," versicherte Bernowsky, „und was mich nicht stärker, tauglicher für diesen Lebenskampf macht, das hat einfach keine Berechtigung mehr. — Ich weiß ja nicht, wie Sie stehen, Degener, aber ich denke doch, wir müssen uns klar werden, daß von hier aus gesehen die Mitleidsmoral des Christentums geradezu gefährlich für uns ist. Nicht mehr zu brauchen, besonders nicht für uns Deutsche, die wir sowieso zur Weichmütigkeit und Träumerei geneigt sind und vor lauter Traumseligkeit und Kopf in den Wolken bisher unsre weltpolitische Stunde versäumt haben. Nehmen Sie mir's nicht übel: Sie selber sind auch so ein richtiges deutsches Exemplar!"

„Ja," sagte Jakob. Er mußte es zugeben.

Bernowsky erzählte, sein Vater hätte gern gehabt, daß er auch Theologie studiere, und das wäre ja allerdings ein ziemlich sicheres Brot gewesen — aber für ihn wäre das natürlich nicht in Frage gekommen.

Das religiöse Thema wurde zwischen ihnen nicht weiter besprochen, da Jakob, in seinem Herzen unsicher, und zu scheu, den Andern in seine Zweifel hereinschauen zu lassen, darauf nicht einging. — Einer von den Theaterabenden aber, die sie miteinander erlebten, gab Anlaß zu einem Gespräch über die Kunst, und den Sinn des geistigen Lebens überhaupt, in dieser unruhigen Gegenwart. Es war die „Schöne Helena" von Offenbach, inszeniert von Max Reinhardt im Großen Schauspielhaus; und etwas Vollkommeneres an Klang und Farbe, zugleich an müheloser Lebendigkeit und Witzigkeit, als diese Aufführung, ließ sich nicht denken. Jarmila Novotna war eine so schöne Helena, daß man den um sie entbrannten Krieg begriffen hätte, auch wenn er ernster geführt worden wäre, als Offenbach ihn nahm. Die La Jana war vielleicht mehr eine Quellnymphe als eine Venus, aber umwittert von einer magischen Liebes-Macht, sodaß von ihr mehr Geheimnisvolles ausging, als von der Musik. Die großen bunten Massen dieser Fabelwelt wurden von einem Meister der Regie spielend und scheinbar ohne Kampf mit der Trägheit der Materie bewegt; man bekam nur das Spiel zu sehen, nie die Schwierigkeit der bewältigten Aufgabe. Mit vollem Recht wurden am Schluß nicht nur die Sänger, Spieler, Tänzer, sondern immer wieder Reinhardt selbst hervorgerufen, der bescheiden, ein sachlicher Arbeiter in dunklem Anzug, ein leichtes Grau an den Schläfen, erschien, und Blumen überreicht bekam, während dicke, lippenrote, perlengeschmückte Damen im Parkett ihm unbeherrscht ihre Begeisterung zuschrieen.

Jakob und Bernowsky klatschten mit den andern, im Innern jedoch beide von einem Zweifel berührt. Als sie aus dem Riesenhaus herauskamen, glänzte das Pflaster von Regen. Sie mußten unter einer Unterführung der Stadtbahn durchgehen; an deren Ende, beim Wiederheraustreten in die erleuchtete Straße, schrie ein Zeitungsverkäufer die Passanten an: ein Blatt der „Berliner Nachtausgabe" meldete mit roten Lettern den Selbstmord eines Mannes der Wirtschaft, der in der bedrängten Lage seines Unternehmens keinen Ausweg mehr gesehen habe.

„Da!" sagte Bernowsky, als fände er in dieser Meldung eine Bestätigung seiner Gedanken.

„Was meinen Sie mit ‚da'?"

„Nichts Besonderes. Es kriselt und kracht ja überall. Dieses Zusammentreffen: Reinhardt-Offenbach, und der Wirtschaftler, der sich erschießt, ist mir nur ein Symbol dafür, daß etwas nicht mehr stimmt."

Jakob wandte ein: „Dieselbe Meldung wäre ja auch in der Zeitung gestanden, wenn wir aus einer Aufführung von Beethovens Neunter Symphonie gekommen wären."

„Möglich, daß die Freude, schöner Götterfunken, uns so viel Lebenskraft ins Herz gegeben hätte, daß danach die Berliner Nachtausgabe nicht wie die grausame Zerreißung einer Illusion auf uns wirken könnte. Aber ich weiß nicht. Kann auch sein, daß die Zerreißung nur noch grausamer wäre. Ich bin ganz und gar nicht sicher, ob Beethoven oder Goethe oder Bach oder was Sie wollen mit der heutigen Wirklichkeit noch zusammenstimmt. Umbruch, Degener! Umbruch!"

„Nein," sagte Jakob, verstockten Gesichts.

Der Andere aber spürte in diesem Eigensinn eine Schwäche und tat wie ein Feldherr, der dem Gegner nicht Zeit läßt, seinen Widerstand zu sammeln, sondern der mit seiner ganzen Macht nachstößt, um die Bresche zu erweitern. Er schien sich an der Schärfe seiner Gedanken zu erfrischen, während Jakob nach der festlich grellen Heiterkeit der im Theater verbrachten Stunden jetzt in der zugigen, raucherfüllten Bahn inmitten des Menschengeschiebes und Lärms eine starke Ermüdung fühlte und seinem auf ihn einredenden Begleiter gern entflohen wäre. Aber die Müdigkeit hinderte ihn nicht, aufzunehmen, was Bernowsky sagte, und es war ihm zumut, als würde seine ganze freudige Geisterwelt mit Steinen beworfen und fiele darunter zusammen. Er erinnerte sich an das dicke, verzückte Gesicht der Dame, die dem berühmten Regisseur zugejubelt hatte, und an das gleichgültige Gesicht des Zeitungsmannes mit der Nachtausgabe, und er mußte denken: wenn es nur das gibt, eine mehr oder weniger vollkommene „Schönheit", für die sich die Leute begeistern, aber die für sich allein ist — und das Traurige und Häßliche des Lebens, das auch für sich allein ist; wenn es nicht einen Sinn gibt, der beides verknüpft, eine Wahrheit, die alles zusammenhält, — dann hat Friedrich ganz recht gehabt, sich zu erschießen. Dann hat dieser Mensch, der Bernowsky, recht, der mir erzählt, daß die Kunst und der Geist und alles am Ende sind. Auch meine weise alte Großmutter, fiel ihm ein, glaubt ja nicht daran, daß es eine unbedingte Wahrheit gibt. Aber dann hat sich mein Vater sein Leben lang ganz umsonst bemüht, und dann ist es auch nichts mit den großen Menschen der Geschichte, von denen Professor Johannsen sprach... wenn sie doch im besten Fall höchstens ein Anlaß sind, daß sich jemand, wie die dicke Dame im Theater, für sie entzückt. Wie ist das nur, wie ist das alles?

Das Gespräch mit Bernowsky ging noch weiter in Jakobs Zimmer, demselben Raum, wo er einst mit Friedrich nächtliche Unterhaltungen geführt; heute war es schwer, dem Gefühl zu wehren, daß der tote Freund aus dem Dunkel hervor zuhöre und prüfe, was zwischen den Lebenden geredet wurde.

Die Kultur, wie sie gewesen, sei an ihrem Ende, sagte Bernowsky. Die Tatsache werde an einem mit solcher Vollkommenheit dargestellten Nichts, wie diesem Stück von Offenbach, nur besonders deutlich, aber sie gelte für das Ganze. In Frage gestellt sei alles. Was bloß geistreich oder schön sei, bedeute nichts mehr, habe kein Lebensrecht. „Nur was uns kräftiger macht, was uns a u f r ü s t e t , nur das können wir brauchen. Unter diesen Maßstab muß alles gestellt werden. Zumal in der Lage, in der wir Deutsche uns befinden. Wir sind das Herz Europas. An uns hängt alles."

Jakob hatte sich gegenüber im Licht der Tischlampe das scharf geschnittene, kluge Gesicht seines Mitstudenten, — mit einer Brille, und doch nicht gelehrtenhaft, das Kinn kräftig, ein Gesicht voll Ernst und Willensstärke.

„Diese Einsicht und was mehr ist, das Handeln danach, finde ich nur beim Nationalsozialismus. — Wie denken Sie darüber, Degener?" fragte Bernowsky.

Jakob war nicht erstaunt, das zu hören. Er dachte: vielleicht hat er recht. Vielleicht ist das die Wahrheit. Aktivität! Nicht grübeln, sinnen, fragen — sondern etwas t u n ! „Nimmer sich beugen, kräftig sich zeigen, rufet die Arme der Götter herbei"... er sprach in seinen Gedanken die Verse laut vor sich hin und fand damit großen Beifall bei Bernowsky.

„Sehen Sie, das ist es! kräftig sich zeigen. Nicht Geist und Kultur — die Kraft ist das Entscheidende in der Weltgeschichte!"

— Jakob gewann durch Bernowsky einen neuen Begriff von

der nationalsozialistischen Bewegung. Das war nicht die feierliche Verstiegenheit des Fintenringschen Kreises, und nicht das schlichte, gefühlsmäßige Vertrauen auf Deutschland und seine Größe, wie er es bei dem Bäcker Prechtler in Grünschwaig gefunden; was er hier spürte, war ein nüchterner, hastig vorwärtsdrängender Wille, und wenn er sich Fintenring, Prechtler und Bernowsky nebeneinander dachte, am gleichen Wagen ziehend, wunderte er sich, was das doch für ein seltsames Dreigespann sei. Wie aber jedermann, ohne es selber zu wissen, die Luft seiner Zeit atmet und das Wasser seiner Zeit trinkt, so war es auch Jakob ergangen; der allgemeine Zweifel an der Macht des Geistes und Herzens war auch in ihn schon eingedrungen, und wenn er sich das bewußt auch nie gesagt hätte, so wirkte doch gerade der Mangel an Gemüt, den er an Bernowsky bemerkte, auf ihn unbewußt im Sinn einer Bestärkung: daß das „in der Politik" wohl so richtig sei und daß die Bewegung mit solchen Gesinnungen siegreich sein und das Vaterland groß machen werde. Im Frühjahr 1932, in den erregten Wochen der Präsidentenwahl, kam er mit Bernowsky öfters auf die Rücksichtslosigkeiten der Bewegung und ihres Führers zu sprechen. Hitler, der gegen den alten Hindenburg kandidierte, hatte den Ausspruch getan: er habe den längeren Atem, er sei 43 Jahre alt und kerngesund – was Jakob, gegenüber dem ehrwürdigen Marschall des Weltkrieges, höchst roh und geschmacklos fand. Bernowsky aber wollte gerade darin wieder einen Beweis von Kraft sehen, Jakobs Bedenken erklärte er für zimperlich und rückständig; jeder junge deutsche Mensch habe heute die Verpflichtung, sein Gewicht „in die Waage der Zukunft zu werfen." Er brachte Jakob durch beharrliches Zureden wirklich dahin, seine Wahlstimme Hitler zu geben.

Onkel Georg, dem Jakob das erzählte, tadelte seinen Neffen nicht dafür, wenn er auch selber gegen Hitler gestimmt hatte. „Wir wissen noch nicht, was es mit dieser Hitler-Bewegung auf sich hat, aber ich verstehe ganz gut, daß junge Menschen ihr Vertrauen darauf setzen. Euer Vorrecht ist die Hoffnung, ja eigentlich ist die Hoffnung eine Pflicht von uns allen. Es gibt eine Tugend der Hoffnung," sagte er.

Auch bei Richard und Kitty, bei denen Jakob zu Tisch geladen war, kam die Politik zur Sprache, Tante Kitty hatte viel Bewunderung für „diesen Volksmann Hitler" und zeigte Jakob einen Brief ihres Vaters aus Amerika, worin zu lesen stand, daß drüben gar nicht wenige Leute große Stücke von ihm hielten und daß bei der deutschen Präsidentenwahl manche sogar auf Hitler gesetzt hätten, wie bei einem Wettspiel.

Als sich im zweiten Wahlgang der Sieg des alten Hindenburg entschied, war Jakob nicht mehr in Berlin, sondern schon in Osterferien zu Haus in Grünschwaig.

Vorher noch, in seinen letzten Berliner Tagen, hatten ihn Silvia und Hugo Faber zu sich zum Abendessen gebeten, mit Ninette zusammen, die gerade wieder einmal da und „verfügbar" war. Das wurde ein guter Abend, besonders weil man die bescheidene aber hübsche Wohnung ganz durchatmet fühlte von dem Glück, das die beiden jungen Eheleute miteinander verband. Hugo Faber sagte zunächst nur wenig zu den politischen Erwägungen und Hoffnungen, die Jakob, erfüllt wie er jetzt war von diesen Dingen, halb fragend, halb werbend vorbrachte; er hörte ihn aufmerksam an und machte nur zuletzt eine Bemerkung der Art: jeder Staat, und am meisten das schwergeprüfte, von so vielen Gefahren bedrohte Deutschland, werde schließlich nur bestehen, wenn es innerlich, in der Justiz, in der Verwaltung, in der Moral seiner Bürger in Ordnung sei. Also scheine ihm, Faber, daß man seine Unterstützung nur einem Staatsmann geben könne, durch den man diese Ordnung verbürgt sehe. Von Hitler habe er nicht diesen Eindruck. — Was er sagte, war eigentlich nur, was ein regierungstreuer Beamter, wie Faber es ja war, in einem solchen Gespräch sagen mußte, aber Jakob schien es mehr zu sein, es schien ihm von innen heraus echt, es lag die gesammelte, maßhaltende Kraft einer Persönlichkeit darin, sodaß Jakob zu seinem neuen Vetter gleich ein herzliches Zutrauen faßte.

Als er spät mit Ninette heimwanderte, hing sie sich bei ihm ein und sagte mit der Lebhaftigkeit, die ihr neunzehnjähriges, sehr erwachsenes Damentum immer wieder plötzlich durchbrach: „Wenn ich nur von der Politik nichts hören müßt! Warum füllst du dir den Kopf an mit solchen Dingen, Jakob? Politik kann überhaupt nie wichtig sein. Nur das Leben ist wichtig!"

„Ist es wichtig? Freut es dich?" fragte er sie.

„Freuen? Ja. Nein. Ich weiß es nicht. Ich meine eben, nur das ist wichtig: herauszubringen, ob es einen freut oder nicht. Aber bei der Politik weiß ich ja von vornherein, daß es nur Unsinn sein kann. Außerdem hab ich noch nie im Leben einen so komischen Bart wie den von deinem Hitler gesehen!"

Und sie lachte still und herzlich in sich hinein, sie konnte gar nicht so bald wieder aufhören, Jakob wurde davon angesteckt, sie lachten beide zusammen, sodaß selbst in dem großstädtischen Berlin die Vorübergehenden sich nach ihnen umschauten und erheitert wurden durch den warmen Klang von Ninettes Lachen.

Jakob kehrte nach den Osterferien nicht nach Berlin zurück, er immatrikulierte sich wieder in München, nahm aber kein Zimmer in der Stadt, da er sich im Sommer mit der Abfassung seiner Doktorarbeit zu beschäftigen dachte, und die konnte er — von gelegentlichen Besuchen und Buchentleihungen auf der Staatsbibliothek abgesehen — daheim in Grünschwaig schreiben. Professor Andeck, Nachfolger von Johannsen, gab ihm das geschichtliche Thema, über das Jakob schon früher mit ihm gesprochen und das der Professor schließlich so formuliert hatte: „Erneuerungen und Veränderungen des Reichsgedankens in der deutschen Geschichte des 19. und 20. Jahrhunderts". Dies trug Jakob mit sich nach Haus; er war anfangs rein beglückt in der Aussicht auf diese Arbeit, in die er sich mit ganzem Herzen hineinwerfen konnte, und mit all den Hoffnungen, welche die jüngste politische Entwicklung in ihm aufgeregt hatte. Erst allmählich wurde er sich bewußt, daß Andeck einen kleinen, unauffälligen Widerhaken angebracht hatte, dadurch, daß es nicht einfach hieß: „Der Reichsgedanke," sondern daß von den „Veränderungen" die Rede war, womit sicherlich darauf hingedeutet wurde, daß der mittelalterliche Gedanke vom „Gottesreich" durch die modernen nationalstaatlichen Ideale verfärbt oder wohl gar verfälscht werde. Wenigstens glaubte Jakob einige mündliche Bemerkungen des Professors jetzt so verstehen zu müssen — und so wurde freilich aus seiner Aufgabe etwas ganz anderes als eine muntere, schnelle Lustfahrt auf ebener Straße; das zwang ihn zu einem mühseligen Durchdenken, Gegeneinanderabwägen aller Seiten des Problems, ohne daß er jetzt schon den Ausgang deutlich gesehen hätte. Jakob seufzte, er dachte an die niegeschriebene Dissertation seines Vaters. Offenbar war es den Söhnen des Hauses Grünschwaig nicht bestimmt, daß sie es mit ihren Studien und Doktorarbeiten leicht haben sollten.

Er durfte die Bibliothek als sein Arbeitszimmer benützen und saß dort vom frühen Sommermorgen an, über Reich und Reichsgedanken sinnend, während in den Bäumen vor dem Fenster die Grünschwaigischen Vögel ein unendliches Geschwätz vollführten. Seine Mutter brachte ihm das Frühstück herein und ging leise wieder fort, glücklich, ihn bei sich zu haben, das Einst im Heute lebendig wiedergekehrt zu sehen; denn es war ihr jetzt wirklich manchmal fast, als sitze dort Kaspar über seinen Büchern und Papieren — und freilich doch anders zugleich: der Bub war mit den Problemen seiner Zeit und Generation beschäftigt, Hanna konnte sie wohl anhören, auch verstehen, aber ganz die ihren waren sie doch nicht mehr, ihr Lebensfluß lief schon hinter der Wasserscheide einem anderen Meere zu. — Nach wie vor aber blieb ihr allein alle Sorge des Alltags. Mit den „zahlenden Gästen" hatte es sich eingespielt, fast das ganze Jahr hindurch waren in Grünschwaig ein oder zwei Studenten, Mädchen gewöhnlich, aus England oder der französischen Schweiz zu Besuch, die ihre deutschen Sprachkenntnisse vervollständigen wollten. Hanna schaffte es neben aller eigenen Arbeit, sich um die Fremden zu kümmern, Spaziergänge mit ihnen zu machen und abends mit ihnen zusammen zu sein. Fräulein Rüsch gab Deutschstunden, die meist aus dem gemeinsamen Lesen eines deutschen Buches und dem Abhören von Vokabeln bestanden, und verdiente sich ein kleines Taschengeld damit. Frank, den seine Mutter sonst wohl einmal mit den Gästen auf eine Tour ins Gebirge geschickt hatte, war diesen Sommer nicht da, sondern besuchte, wie es schon früher geplant gewesen, einen landwirtschaftlichen Lehrkurs; dafür mußte nun Jakob sich dann und wann bereitfinden, abends etwas vorzulesen, oder von deutscher Literatur und Geschichte etwas mitzuteilen. An diesen Abenden nahm auch die Großmutter teil, fröstelnd ein wenig, selbst am sommerlich lauen Abend, sodaß im Saal der Kamin für sie angesteckt wurde, und sie saß daneben, den schwarzen Kaschmirshawl um ihre Schultern gezogen, und folgte den Worten ihres Enkels mit einer vorgebeugten, angestrengten Aufmerksamkeit: so als gelte es, jetzt nachzuholen, was sie vielleicht an Teilnahme für die geistige Arbeit ihres Sohnes Kaspar zu wenig gehabt hatte. Manchmal kam es zu Streitgesprächen, weil Jakob sich heftig darüber erzürnen konnte, wenn seine ausländischen Zuhörerinnen von dem mittelalterlichen Reich der Deutschen und seiner Sendung und Größe nicht nur nichts wußten, sondern Jakobs Berichte darüber mit ungläubigem Lächeln aufnahmen. „It seems very far off, doesn't it?" sagte Miß Simons, eine blonde, überschlanke Britin mit schönen blauen ahnungslosen Augen hinter ihrer großen Brille — und wenn Jakob auch nicht leugnen konnte, daß es „weit weg" war, so kränkte ihn eine solche Bemerkung doch.

Von Woche zu Woche geriet er tiefer und, wie ihm vorkam, ausweglöser in seine Arbeit hinein, vergebens mahnte ihn Hanna, sich Ruhe und Sommerluft zu gönnen, er starrte durch das Bibliothekfenster sehnsüchtig hinauf in das goldengrüne Licht, das in den Bäumen spielte, aber meinte sich keinen Wander- und Ruhetag gönnen zu dürfen, bevor er nicht wenigstens eine Durchsicht durch sein immer schwieriger sich verspinnendes Thema sich erkämpft habe. Das Reich — wo war es? Napoleon hatte es zerschlagen, Franz II. hatte seine Kaiserwürde niedergelegt und sie auch nicht erneuern wollen, als den verbündeten Mächten der Sieg über Napoleon endlich gelungen war. Er wolle sich nicht mit einem Leichnam beladen, hatte der kleinmütige Mann gesagt. Aber das Reich lebte, oder doch: es lebte in Tausenden junger Deutscher die Sehnsucht nach dem Reich; in den Studenten, die auf der Wartburg, in den gelehrten und redlichen Männern, die in der Paulskirche zusammenkamen. Die Sehnsucht nach dem Reich war die mächtige Unterströmung, die der kluge Schiffer Bismarck zu nutzen verstand und mit deren Hilfe er sein Fahrzeug durch drei gefahrvolle Kriege und bis in eine Reichsgründung hineinsteuerte — die freilich das alte Reich nicht mehr war. Aber auch in der Zeit des Bismarckreiches lebte die Hoffnung heimlich fort, auf eine Erneuerung des Reiches in seinem einstigen, frommen und umfassenden Sinn; und nachdem in Versailles das Werk des großen Kanzlers wie der Mantel einer Glocke zerschlagen worden war, schien jene alte Stimme, die zur Vereinigung der abendländischen Völker im Heiligen Reiche rief, wieder frei, wenn auch in verborgener Tiefe, zu schwingen. Die Vereinigung konnte sich nur erfüllen, so viel war sicher, wenn das Vaterland ihre starke Mitte war. War also dann nicht alles recht, was das Vaterland zu stärken versprach? recht also auch diese Hitlerbewegung, die eine ganze hoffende deutsche Jugend an sich zog und die dem Deutschen wieder eine Bedeutung, von niemand zu übersehen und abzustreiten, in der Welt geben würde? Oder dachte der Professor in München, und mußte man ihm etwa darin recht geben, daß die Leute, die jetzt den „Reichsgedanken" so laut und werbend im Munde führten, etwas ganz anderes im Sinn hatten: nicht gemeinsame Verantwortung, sondern die Vergewaltigung aller übrigen Völker durch das unsere, nichts Besseres also, als was jeder Nationalismus in dem modernen Europa im Grunde gemeint hatte? — Aber von einer Vergewaltigung anderer Völker durch die Deutschen konnte ja doch, in der Realität der gegenwärtigen Lage, gar nicht die Rede sein. Vielmehr lebten wir Deutschen waffenlos inmitten eines waffenstarrenden und argwöhnischen Europa, das uns die leiseste freie Bewegung mißgönnte. Also war doch das Nächste, was es zu tun gab, eben das, was der Nationalsozialismus sich vorsetzte: daß wir die Arme frei bekämen! Nachher war Zeit genug, an Europa zu denken. — Freilich, eine Dissertation war ein Stück geistiger Rechenschaft; nahm er sie ernst, so konnte Jakob sie nicht im Hinblick auf momentane politische Verhältnisse schreiben, sondern mußte die Frage selbst bis zu ihrem Kern durchdenken und durchdringen.

Es wurde ihm schließlich klar, daß seine Mutter recht hatte, ihm zu einer Unterbrechung zu raten, und so beschloß er denn, als er sich eines Abends besonders erschöpft und mutlos fühlte, das schon im vorigen Sommer Versäumte endlich zu tun und die Niederrotter Sabine auf ihrer Alm zu besuchen. Er besaß von seiner Schulzeit her ein Rad, das vernachlässigt im Schuppen stand. Wastl, der Sachkundige, half ihm, es in Stand zu setzen, den Schlauch zu flicken und den Sitz hoch zu stellen; in der Morgenfrühe des nächsten Tages fuhr er los. Es war nur eine Radfahrt von einigen Stunden, südwärts dem Bahngleis entlang, von dem die Straße zuweilen abwich, um eine Schleife durch ein Dorf oder abseits gelegenes Gehöft zu ziehen. Die Alm von den Niederrotters lag nicht im eigentlichen Gebirge, bis zu dem das langsam wandernde Vieh einen Weg von mehreren Tagen gehabt hätte, sondern auf einem in die Ebene hinausgeschobenen Vorläufer, einem Höhenzug, dessen Fuß von Häusern und Feldern besetzt und dessen Schulter mit Wald bewachsen war, während seine eigentliche Kuppe von altersher als Sommerweide für das Vieh der Gegend diente. Diesen Ort konnte Sabine, ohne ihre Kühe zu stark zu treiben, vom Fernerhof aus in einem Tag erreichen und dabei noch, wenn sie um 3 Uhr morgens aufbrach, um die Mittagszeit eine ausgiebige Rast halten.

Jakob, auf seinem Rad schnell dahinfahrend, die Luft, das Licht und sogar den Staub und die mächtig wachsende Hitze des Sommertags nach all den Wochen seiner Klausur genießend, hatte die Entfernung schon um ½ 11 Uhr durchmessen. Er stellte das Rad in einem Bauernhaus ein und stieg zu Fuß den Weg zu der „Viehkoppen", wie sie es hier nannten, hinauf. Als er den Waldstreifen betrat, Fichten mit wenigem Laubholz untermischt, war ihm die Kühle willkommen; er saß ein wenig am Wegrand nieder, um nicht gar zu schwitzend und heiß vor die Sabine hinzutreten. Ein Rinnsal lief über den Weg, er erfrischte und kämmte sich. Er war voll Vorfreude, Sabine wiederzusehen, es reute ihn, daß er nicht daran gedacht, ihr etwas mitzubringen, wär es auch nur ein buntes Kopftuch. Er sprang schon nach kurzer Rast ungeduldig wieder auf; essen wollte er bei ihr, von ihr die Milchschale und das Brot hingestellt bekommen und ein gutes, ruhiges und vertrautes Gespräch mit ihr führen.

Er war nie hiergewesen, und so erstaunte ihn der Anblick der schönen, weiten Viehweide, als er aus dem Wald auf sie hinauskam. Hier war man gewiß nicht hoch über dem menschenbesiedelten Tal, und doch ganz für sich. Der Waldkranz, ringsum geschlossen, legte sich zwischen die Welt und dieses Sommerreich, das über Buckelungen und treppenhaft eingetretene Hänge (die Spuren vieler Rindergenerationen) hingestreckt war und nach der Mitte zu sich etwas einsenkte. Dort blitzten einige Brunnen, standen ein paar Hütten; das Gebirge, auf das man hinübersah, schien doch hier schon merklich näher als in Grünschwaig. Es war wirklich, wenn auch in bescheidener Umgrenzung, ein Stück Almwelt.

Nun traf es sich, daß Jakob seine alte Freundin aus der Kinderzeit nicht allein fand. In der Hütte am Tisch saß ein Mann mit einem schönen jungen Bauernkopf, braunäugig, schmal in den Wangen; Sabine hatte eine Pfanne mit Schmarrn über dem Feuer, und noch während sie Jakob mit freundlichem Gruß willkommen hieß: wie es recht sei, daß er doch einmal nach ihr schaue, und da könne er jetzt gleich mithalten, sie hätten genug ... fühlte Jakob die gelassene, ihrer selbst gewisse Zusammengehörigkeit der zwei Menschen, die er nicht einmal störte, zu denen er als Gast eintrat. Sabine sagte es ihm auch gleich: das ist ihr Bräutigam, und ob er und Jakob sich denn noch nicht kennen? und Jakob, der eigentlich niemals mit bewußten Liebesgedanken an die Sabine gedacht, ertappte sich nun auf einer schmerzlich starken Regung von Eifersucht. Er nahm den gebotenen Platz und zog seine Beine unter den Tisch mit einem Gesicht wie einer, der etwas Bitteres zu schmecken bekommt. Er brauchte einige Minuten, um sich zurechtzufinden; denn auf einmal war es ihm klar geworden, daß er das Bild der Sabine die ganzen Jahre her als etwas Liebes, ihm Gehöriges mit sich herumgetragen, als einen Besitz von dem er, fälschlicher und törichter Weise, gemeint hatte, er könne ihn in Gebrauch nehmen, wann immer er seiner bedürfe. Indem er aber, auf die und jene Frage antwortend, in die Gesichter der Beiden aufblickte, gefiel es ihm schon gut bei ihnen und er fand bald die Freiheit, sich innerlich selber auszulachen, wie er es verdient hatte.

Als Sabine ihren Schmarrn auf den Tisch setzte, gelb und schwer, im Fett schwimmend und mit reichlichem Zucker bestäubt, dazu rahmbedeckte Milch in großen braunen Schalen, holte Jakob aus seinem Rucksack eine Beisteuer hervor; seine Mutter hatte ihm von den Johannisbeeren mitgegeben, die jetzt im Grünschwaiger Garten reiften, und Sabine und ihr Verlobter nahmen davon, sparsam, wie man aus Höflichkeit die Gabe des armen Mannes nicht verschmäht, den man an seinem Tisch zu Gast hat.

Das Mädchen fragte Jakob unterm Essen: „Was treibst denn du jetzt? Allweil noch studieren und lesen und schreiben und g'scheitsein?"

Es war kein Spott, daß sie so fragte, es war der Ton der alten Kindervertrautheit, den sie ihm damit wiederschenkte, er empfand es dankbar und wußte doch nicht, wie er ihr antworten sollte. Seine Doktorarbeit und die Probleme, die geschichtlichen und die politischen Fragen, die ihm zu schaffen machten, das Reich und seine Erneuerung oder Veränderung — was war das alles für Sabine und ihren Freund, mit dem sie bald auf einem Bauernhof in ihrem heimischen Tal wirtschaften würde, ihre Tage, ihre Jahre verbringend mit Saat und Ernte und mit der Aufzucht von Kindern, die wiederum säen würden und ernten. Über dem bäurischen Leben, das immer echt und voll Sinn, von Geschlecht zu Geschlecht ein neues und doch immer gleiches war, zogen die großen Menschheitsfragen, die großen Bewegungen und Aufgaben des Geistes dahin wie Sternbilder, die selten ein Bauer mit Namen kennt, nach deren Bahn er nicht fragt, sie sind ihm nur da, weil sie da sein müssen, weil sie immer da waren; und ruhig, wenn er die Arbeit seines Tages getan hat, blickt er zu ihnen hinauf.

4

Der Lehrer Douglas vom Salzburger Mädchengymnasium — er hieß Franz Douglas; Gott allein und die Annalen des Römischen Reiches Deutscher Nation wußten, wie er als Sohn eines hiesigen Korbflechtermeisters zu dem vornehmen schottischen Namen kam — der Lehrer Douglas hatte es immer für ganz lächerlich und ungehörig gehalten, sich in die ihm anvertrauten Schülerinnen zu verlieben, und hatte es bisher nie getan. Jetzt war es ihm doch widerfahren, und man konnte nichts dagegen machen. Das heißt, man konnte natürlich dafür sorgen, daß niemand es jemals merkte — das wäre noch schöner, wenn man es gar noch hätte merken lassen! — aber an der Tatsache änderte das nichts.

Es war Cordelia du Faur, über die der Lehrer Douglas sich dieses Eingeständnis hatte machen müssen.

Sie wohnte noch bei ihrer Tante Cécile in Salzburg und besuchte von ihr aus das Gymnasium. Im Mai des Jahres 1932 ging sie der Matura-Prüfung entgegen, und war recht beschäftigt mit den Arbeiten, die dafür nötig waren. Für Delia war die Übersiedlung aus Italien, und alles was sie von dort her für den österreichischen Lehrplan hatte umlernen und nachholen müssen, keine Kleinigkeit gewesen. Sie war trotzdem eine der Besten in der Klasse geworden, und besonders in den Fächern, die Douglas gab, Deutsch und Geschichte. Douglas hatte eine lebendige Art, von den Dichtern und von den Herrschern zu sprechen. Und eine gewisse still-kühne Freude, mit der Cordelia wie von den Zinnen eines hohen Turmes ins Land der Vergangenheit hinausschaute, wenn man ihr die einzelnen Punkte und Gestalten zeigte: das war es, was den Dr. Douglas so entzückt und aus dem Gleichgewicht seines Herzens gebracht hatte. Auf den Zinnen eines hohen Turmes! Dabei saß sie in dem für ihren schlankaufgeschossenen Wuchs schon zu engen Schul-Pult; wenn man sie fragte, stand sie auf — und sah wirklich aus, als ob sie ein weites Land überblickte.

Douglas benahm sich ihr gegenüber sehr gelassen, rief sie durchaus nicht öfter als andere. Es brauchte schon die überscharfe Spürnase junger Mädchen, in Liebesdingen, um den Mann zu erraten. An solchen Spürnasen fehlte es nicht in der Klasse, und auch nicht an Mädchen, die es Delia zu wissen taten: Dr. Douglas sei in sie verliebt. Da sie es aber nicht glaubte, und da des Lehrers Benehmen in nichts solche Mutmaßungen rechtfertigte, wurde sie nicht besonders dadurch beirrt.

Es war des Doktors Glück und Unglück zugleich, daß er ziemlich nah von ihr wohnte. Nicht in derselben Straße. Wenn aber die späte Maidämmerung einfiel, konnte er über einen Kastanienbaum im Hinterhof und über ein niedriges Garagendach hinweg das Licht von Tante Céciles Wohnung aufleuchten sehen. Ob dieses Licht von Cordelias Zimmer ausging, wußte er nicht, und es zu erfragen, oder es durch eigene Beobachtung, etwa durch Herumstreifen, abends, vor ihrer Wohnung, herauszubringen, wäre ihm gleich unwürdig erschienen. Selbst zufälligen Begegnungen mit der Schülerin wich er eher aus, als daß er sie gesucht hätte. Allein in seinem Zimmer aber hinderte ihn nichts, zu dem hellen Fenster hinüberzuschauen und schließlich zu vergessen, daß möglicherweise nicht Cordelia, sondern die liebe hagere alte Tante dahinter saß: er hatte sie einmal, mit der Nichte zusammen, auf der Straße getroffen, und sie hatte mit der größten Höflichkeit, im Vorübergehen, ihr hoch in der Luft getragenes spitzes Kinn gegen ihn geneigt. Douglas ersparte sich selbst nicht den Spott darüber, daß er seine nächtlichen Gedanken und Träume vermutlich an die falsche Adresse richtete, fand aber, daß auch der Spott ihm nichts half gegen das, was er ein „heftiges, lächerliches Frühlingsfieber" nannte. Aber die Schönheit zu erkennen und zu verehren, dafür sind wir ja doch eigentlich da! widersprach er dann sich selbst. Es kam vor, daß er nachts in dem ans Fenster gerückten Korbstuhl saß und Gedichte ersann.

Delia bekam von alledem nur ganz zuletzt etwas zu merken, es war schon bei der Schlußfeier, Anfang Juni, nach bestandenem Examen, als die Mädchen und ihre Lehrer zum letztenmal in dem gleichen Raum beieinander waren. Sie sagte, lachend, zu Dr. Douglas:

„Ich bin so froh gewesen, in der Prüfung, daß Sie mich nach dem Faust gefragt haben. Ich hatte immer Angst, es käme der Opitz dran, von dem Sie doch einmal gemerkt hatten, daß ich nichts Rechtes über ihn weiß. Da hätten Sie mich schön hereinlegen können."

Douglas sagte darauf nur: „Wie konnten Sie das denken?" — aber mit so verdunkeltem und für den Moment tief ernst gewordenem Blick, daß sie ihre Augen abwenden mußte.

Er kam nach der Matura-Feier nach Haus, in dem schon nicht mehr ganz frühlingshellen Laub der Kastanie standen vereinzelt ihre ersten Kerzen. Er dachte über Cordelia: „Ein abgeschlossenes Kapitel. Bevor sie bei ihrer Tante daheim gewesen ist, hat sie mich natürlich schon vergessen gehabt. Soll auch. Ist gut so. Ich fahr übrigens heut noch in Ferien."

Doch traf er keine Anstalten, zu packen, sondern zog aus seinem Schreibtisch bleistiftbeschriebene Papiere hervor und las kopfschüttelnd die folgenden grimmigen Terzinen:

Viel mehr, als ich dich liebe, haß ich dich!
Was gabst du mir? nicht viel! Den Traum der Seele
Erwecktest du, und lockst und marterst mich,

Daß dir kein Anblick meines Leidens fehle.
Längst weißt du, wie mir Glück und Ruhe flieht,
Daß ich an dir nur hing mit ganzer Seele.

Doch was ich sage, fühlst du nur als Lied,
Dort wie den Vogel, der in Büschen pfeift,
Hörst eine Weile, lachst, und bist es müd.

Dir Schönsten wünscht ich, daß der Gott dich greift,
An Haupt und Gliedern so wie mich gebunden,
Und so wie mich an seinem Wagen schleift

Im schlaflos nächtigen Jammer vieler Stunden.
— Doch Er, der Gott, Herr über Mensch und Tier,
Hat deine Schönheit scheu wie ich empfunden

Und hebt sein Aug und Bogen nicht nach dir.

So las er. Und nach der Art der Menschen seines Landes, die jeder Versuchung zum Pathetischen gleich einen Schuß Selbstironie als Korrektur beimengen, sagte er lächelnd zu sich selbst: Da sieht man's wieder einmal, wie's ist, mit der Dichterei. Gar so arg ists doch eigentlich gar nicht gewesen. ‚Gelockt' hat sie mich gar nicht, die kleine du Faur, woher denn? und so grimmige Sachen hab ich ihr auch nie wirklich gewünscht, und so furchtbar klassisch ist mir eigentlich auch nicht zumut gewesen.

Er zerriß das Blatt; zerknüllte und verwarf es aber dann nicht, sondern legte die Hälften mit einem Gefühl wehmütig-heiterer Duldung wieder in die Schreibtischlade, die er abschloß.

— Dr. Douglas fuhr in die Ferien, zu seiner Familie aufs Dorf, ohne Delia noch einmal gesehen zu haben. Das junge Mädchen aber wanderte in der Morgenkühle eines der nächsten Tage durch die Stadt, um von Salzburg und von ihrer Schulzeit Abschied zu nehmen. Auch sie, mit der Tante, wollte aufs Land fahren, heut wollten sie reisen und, so wie sonst, den Sommer in Voggenbruck bei den Hansteins verbringen. Diesen morgendlichen Abschiedsgang, vorher, hatte Delia sich gelobt; denn nie mehr würde sie ja künftig durch dasselbe Salzburg gehen, nie mehr ihr Leben so, als etwas erst zu Beginnendes, noch kaum Berührtes vor sich haben. Der eigene leise Schritt, die Gasse hinaus, klang ihr fast feierlich.

Sie war sehr früh aufgestanden, aber der Junihimmel war schon hell, kein Stern mehr zu sehen. Licht verschwunden im stärkeren Licht, wie schön eigentlich! dachte Delia. Am Mirabellgarten vorübergehend, wurde sie grün und taufeucht angeatmet, von dort wandte sie sich rechts der Salzach zu. Der schöne Fluß zog grau hin in seinem Kiesbett; über ihn her blickte die Festung, von der Sonne schon getroffen: so ruhig, fest, still, ein gutes Wahrzeichen einer guten Stadt, wohl auch streng, daß sich die Stadt darunter ducken muß, sicher aber heimatlich, eine Burg, eine Hüterin. Gibt es eigentlich immer etwas, wovor wir behütet werden müssen? Es scheint ja so zu sein. „Elisabeth-Kai" hieß das Flußufer, auf dem Delia dahinging, auf einer Tafel stand es geschrieben, und das brachte ihr in Erinnerung, was sie von der Ermordung der schönen Kaiserin Elisabeth wußte. Ein Schiff hatte sie bestiegen, jemand war neben sie getreten, ohne von ihr bemerkt zu werden, auch den Stich mit dem Stilett hatte sie nicht als Handlung, nur als Schmerz an ihrem Herzen, bemerkt — und erst nach einigen weiteren Schritten war sie umgesunken. Warum ist das und wie kann das sein, daß jemand eine schöne, gute, edle Frau tötet, nur weil sie die Trägerin einer Krone ist? Was hieß das, wenn ihr Vater, der ihr den Hergang zuerst erzählt hatte, dazu sagte: es war ein Fanatiker? also ein Mensch, erfüllt von einer Idee? und war denn irgendein Gesichtspunkt möglich, von dem aus betrachtet eine solche Tat gut sein konnte? — Oder war es nur so, daß es Leute gab, die das Schöne und Edle haßten, weil es schön und edel war, und die sich geschworen hatten, es zu vernichten? Wenn das so wäre, würde es in einer Art wieder einfach sein, man könnte sich um das bedrohte Edle scharen und es verteidigen, indem man das Andere bekämpfte. Vielleicht war aber jenes nur so kostbar, weil es vergänglich war, und der Mann mit dem Stilett war der von den Göttern gesendete Erfüller von Elisabeths Schicksal, gerade so wie der Pfeil des Paris der Vollstrecker vom Schicksal Achills, der ohne den Pfeil nicht Achill wäre?

Dieser Gedanke hatte für Delias Verstand und Geschmack etwas Angenehmes, aber zugleich bedrängte er ihr das Herz, da er sich ihr in dieser Stunde morgenklaren Nachsinnens so deutlich vergegenwärtigte. Sie hatte die Stadtbrücke erreicht, und indem sie da stehen blieb, unter sich auf das mattschimmernde Wasser blickend, und den Kapuzinerberg zur Linken, den Mönchsberg zur Rechten als Schatten und Gewicht über sich fühlte, erfuhr sie eine Anwandlung von Bangigkeit, als wollten dieser Schatten, dieses Gewicht über sie zusammensinken. — Delia ließ solche törichten Anwandlungen niemals gelten, sie erhob sich daraus mit kühnem Haupt; und eine gebückte alte Kirchgängerin, die über die Brücke ging, sah im Vorüber in das junge Gesicht hinauf: dasselbe Gesicht, das den Lehrer Douglas entzückt hatte, und murmelnd und nickend, ihre eigenen Sorgen erwägend, trug sie doch davon eine unbewußte Freudigkeit mit sich weiter.

Eine silberne Möwe zuckte unter der Brücke hervor und schwang sich rückwärts hinweg. Es gibt schon etwas, ging es Delia durchs Herz, es muß bestimmt etwas geben, was den S i n n des Leidens trägt; man wird es einmal verstehen, man muß nur Geduld haben. Und mit einer Zuversicht, als hätte ihr das jemand als unumstößliche Gewißheit zugeflüstert, und dabei mit einem leichten Frösteln, wie von einem Flügelwehen, kühl, über ihre Schulter, wandte sie sich und folgte der schon entschwundenen Alten über die Brücke, dem Dome zu.

Die Gassen belebten sich allmählich; Delia kam auf den Domplatz. Das Turmpaar des Domes hatte schon Sonne. Hier hatte sie das Jedermann-Spiel gesehen, hier den tiefen Schauer gefühlt, wenn von überall her die Stimmen nach dem todgezeichneten Manne riefen: „Jedermann! Jedermann! Jedermann!", und die Tauben aufschreckten. Vor zwei Sommern war das gewesen, von Voggenbruck aus, in den Ferien, war man dazu herübergefahren. Zwei Sommer, drei... vier Jahre fast, war sie in Salzburg gewesen, vier Jahre Schulzeit in Tante Céciles Obhut, wie rasch waren sie hingegangen, und wie viel hatten sie doch umschlossen! Wintertage, Sommertage, Schultage, Ferientage. Die Mitschülerinnen. Der Lehrer Douglas. Delia widmete ihm einen leichten, freundlichen Gedanken, wie auf einer Flußfahrt, zu Schiff, die Reisenden zueinander sagen: Vorhin, auf dem linken Ufer, ist da ein Baum gestanden oder: ein hübsches Haus, hast du es gesehen? Und der Andere nickt, und die Fahrt geht weiter. — Und jetzt, Delia war noch nicht neunzehn, das Leben würde anfangen. Zu studieren würde ja wahrscheinlich nicht möglich sein, so sehr sie sich das auch gewünscht hätte: weil kein Geld da war. Ihr Vater war nach Rom zurückgekehrt, irgendeine Stelle, bei einem Reisebüro, hatte sich dort für ihn gefunden. Nichts Glänzendes. Hoffentlich konnte sie ihn bald besuchen. Und dann würde sie zum Grab ihrer Mutter gehn. Gut würde es ja immer sein, aber manchmal direkt nötig: daß man die Nähe und den Rat seiner Mutter haben könnte. Sonderbar, daß Ninette Degener nie mehr etwas hatte hören lassen. Was tat die jetzt? Wir gehen doch alle in das Leben hinein — und kennen es nicht!

Und in dem plötzlich über sie gekommenen Verlangen, ihrer Mutter nah zu sein, tat Delia an diesem Morgen, was sie sonst schon lange nur der Form wegen noch getan, um keinen Anstoß zu geben und um nicht über Glaubensdinge mit Anderen reden zu müssen — sie trat in die Kirche und kniete sich hin in der Bank.

Die Wochentags-Frühmesse war schon beinah vollendet. Nur wenige Menschen knieten im Dom, vom Altar her schimmerte sparsames Licht und das Grün der Gewänder. Ungastlich dunkel und kalt war der Kirchenraum. Aber mit dem Anblick der Hostie, einer verhaltenen Sonne gleich von den Händen des Priesters emporgehoben, kam über Delia eine neue Woge jener Zuversicht, die sie schon auf der Salzach-Brücke heut gefühlt. Sie wußte wie das Gesicht ihrer Mutter, in diesem feierlichen Moment, in Scheu und Glück geleuchtet hatte; die Erinnerung brachte ihr warme, wohltuende Tränen. Als sie wieder ins Freie kam, lag der Domplatz im vollen, warmen Licht. Delia schickte sich jetzt, mit ihrer Heimkehr, damit die Tante mit dem Frühstück nicht warten müßte.

Wirklich fand sie die sonst immer nur Freundlich-Besorgte in einer Verstimmung, zappelig vor Reisefieber und Morgennüchternheit; denn sie hatte allein nicht anfangen mögen, der Tisch aber war aufgedeckt, ein Abschiedsmahl, Honig und Butter und Kaisersemmeln, schön weiß wie Schnee, wenn man sie auseinanderbricht, und der Kaffee stand bereit.

„Daß du auch gar nichts sagst, wenn du in aller Früh ausfliegst! und heut! wo wir doch reisen müssen! — Ich denk mir: das Kind schläft aber heut gut! ich schau hinein — da ist sie davon! No, jetzt setz dich nur g'schwind und frühstück, — daß wir weiterkommen!"

Delia umarmte sie, dankte ihr, daß sie alles so herrlich vorbereitet hatte, versicherte, daß noch viel Zeit wäre... und vor dem Strahl und Hauch ihrer Jugend verging Tante Céciles kleiner Ärger wie ein Ofenwölkchen, das aus dem offenen Sommerfenster schwebt.

In Voggenbruck war das Leben durch einen Unfall verändert worden, den der alte Graf Moritz Hanstein im letzten Herbst bei einem Jagdausflug erlitten und dem er zunächst keine besondere Beachtung geschenkt hatte. Seine ziemlich große Jagd in den Bergen hatte er schon in den zwanziger Jahren, weil ihm selbst die Haltung zu kostspielig wurde, an den österreichischen Staat verkauft; gegen das Recht aber, das auch auf künftige Besitzer von Voggenbruck vererblich war, auf einen „freien Bock" jährlich und auf weitere Abschüsse zu einem billigen Entgelt: eine Vereinbarung, die der staatlichen Jagd- und Forstverwaltung gelegen kam, da der benachbarte Förster viel zu tun hatte und durch die Jagdgänge des Grafen und seiner etwaigen Gäste entlastet wurde. — Nachdem der Graf Moritz seit längerem „aus budgetären Gründen", wie er sagte — denn seine Gäste zahlten ihm seine Abschüsse — auf diese liebste seiner Vergnügungen verzichtet, hatte er sich auch wieder einmal etwas gönnen wollen und war mit seinem Diener Rautter allein „auf die Gams" gegangen. Die Wegverhältnisse sahen nicht ungünstig aus; denn nach einer Reihe wärmerer Tage, die den Schnee im Gebirge zum Tauen bringen, aber überall dort, wo die Sonne nicht hindringt, die Steige durch Glatteis unsicher machen, hatte es wieder frisch geschneit. Doch war diese frische Schneedecke über einem stark abgetauten und dann übereisten Holzweg noch zu dünn; Hanstein glitt aus und fiel so unglücklich, daß er sich einen Rückenwirbel verletzte. Er konnte nicht weiter. Ein Glück, daß der Rautter dabei gewesen war; der holte Hilfe, und auf einem Rodel schaffte man den Grafen ins Schloß hinunter. „Die größte Gemeinheit ist," sagte er, „daß ich von dem Gamsbock nicht einmal die Nasenspitz gesehen hab." Über den Unfall selbst meinte er nur, daß es „im ersten Moment niederträchtig weh getan" habe — er war entschlossen, ihn als etwas Vorübergehendes anzusehen, und seinem herrischen, Schmerzen nicht als ein Hindernis anerkennenden Willen schien das zu gelingen. Vielleicht, daß es einen Bluterguß gegeben hatte, dessen Wiederabklingen zunächst eine Erleichterung brachte. Er stand nach einigen Tagen wieder auf, ohne von Arzt und Behandlung etwas hören zu wollen, und ging seiner Wirtschaft nach: bis dann allerdings Lähmungserscheinungen an beiden Beinen sich einstellten. Er nahm sie auch jetzt noch nicht ernst, er empfand sie als eine Ungehörigkeit und Unverschämtheit. Aber fertig wurde er nicht mehr mit ihnen. Jetzt ließ er den Dorfarzt rufen. Er ärgerte sich, daß dieser, als er ihm den „lächerlichen" Unfall schilderte, lange Umstandsfragen tat und ein bedenkliches Gesicht machte. Was sich der Doktor denn vorstelle! schalt er. Sein Sohn sei nicht da! Er müsse selbst auf seinem Hof nach dem Rechten sehn; gar wenn es aufs Frühjahr zuging. Gelähmte Beine könne er da nicht brauchen! – Sein Schelten half ihm nichts, er mußte sich in die Stadt bringen und sich eine Röntgenaufnahme und Punktion gefallen lassen. Auf seine ungeduldigen Fragen bekam er, und bekam auch die Gräfin, die ihn begleitet hatte, nur ausweichende Antwort: Ruhe halten. Abwarten. Die Entwicklung der Krankheit beobachten. An dem verletzten Wirbel sei eine Kallusbildung eingetreten; möglich, daß diese auf das Rückenmark drückte und so die Lähmung hervorrief. Das könnte man später einmal operativ entfernen. Gräfin Sophie wunderte sich, warum der alte Chirurg bei diesen Erklärungen über sie hinwegsah und ihr dann so angelegentlich empfahl, auf die Körperpflege des Patienten – Einreibungen, Ernährung usw. – die größte Sorgfalt zu verwenden, als könne die Heilung dadurch beeinflußt werden. Eine volle Klarheit über die Aussichten für den Gelähmten brachte man nicht mit nach Hause. Jedenfalls mußte nun der an viel Bewegung, viel freie Luft und Tätigkeit gewöhnte Mann seine Tage im Stuhl verbringen. Er saß und grübelte und schwieg in sich hinein, er konnte mit der jähen Veränderung von einer vollen Rüstigkeit zum Invalidendasein nicht zurechtkommen. Seine Frau sah es mit Sorge und wurde sich klar, daß Clemens auf sein weiteres Studium werde verzichten, oder es doch unterbrechen müssen, um sich in Voggenbruck um die Wirtschaft zu kümmern. Denn nur wenn der Sohn da wäre, würde der Vater wenigstens in seiner Sorge um das Gut innerlich zur Ruhe kommen. Es traf sich günstig, daß Clemens soeben in Wien seinen kunsthistorischen Doktor gemacht und also immerhin einen gewissen vorläufigen Abschluß seiner Studien schon erreicht hatte.

Dieser Plan aber stieß bei Ellen auf einen unerwartet heftigen Widerspruch. Clemens und Ellen waren mit der kleinen Daisy Ende Mai nach Voggenbruck gekommen, wo Clemens sich von strengen Arbeitswochen erholen sollte. Als er nun den Zustand seines Vaters sah und den Wunsch seiner Mutter hörte... da fiel es auch ihm zunächst schwer aufs Herz, daß er der Universität den Rücken kehren sollte. Er hatte, nachdem er eine Weile zwischen Geologie und Kunstgeschichte unentschlossen gezögert, sich endlich doch ganz auf die letztere geworfen und hatte eigentlich daran gedacht, einen Lehrstuhl in Wien anzustreben. Sein Grundgedanke sollte dabei der sein: daß man die Kunst, durch die Zeiten hin, als irdischen Spiegel des menschlichen Verhältnisses zu Gott betrachten müsse. Mit erstaunlicher, manchmal erschreckender Deutlichkeit verriet sie, wie der Mensch zu Gott stand. Sie war klar, einfach und fromm, wenn der Mensch es war, der sie hervorbrachte; sie gewann Züge von Eitelkeit und Selbstbefangenheit, wenn sich der Himmel über dem Menschen schloß und dieser anfing, sich in der ihm zu Lehen gegebenen Schöpfung ganz allein zu glauben; sie wurde zur Verzerrung und Anklage, wenn sich das Gemüt des Menschen verzerrte und sich anklagend wider den unbekannten und verborgenen, aber noch immer als vorhanden geahnten Herrn des grausamen Weltgeschehens erhob; sie würde endlich stumpf und ganz überflüssig werden, wenn es dem Menschen gelänge, sich die Notwendigkeit und Unausweichlichkeit seines Verhältnisses zu Gott überhaupt zu leugnen, diese ihm anvertraute Flamme ganz zu ersticken. – Clemens glaubte damit einen brauchbaren Maßstab für die Betrachtung der Kunst in jeder ihrer Epochen gefunden zu haben; seine bisherigen Studien brachten ihm immer neue Bestätigungen seiner Ansicht. Er hatte gehofft, die nächsten Jahre reisend, mit Ellen, zu verbringen, in Deutschland, in Frankreich, im Süden, in ganz Europa, und auf diese Weise allmählich eine solche Sicherheit des Urteils, aus eigener Anschauung der tausendfältigen Kunstformen, zu erwerben, daß er vor der Gefahr sicher wäre, sein Denken ins Leere zu gründen, seine christliche Theorie zu schematisch anzuwenden. Der Großvater Gaunt hatte diese Reisen finanzieren wollen, und Clemens meinte es annehmen zu können, weil es sich durch das Resultat seiner Vorlesungen rechtfertigen würde. Nun aber rückten alle die Pläne vor der Forderung, die das Elternhaus auf einmal stellte, ins Ferne. Dennoch faßte sich Clemens alsbald und stimmte seiner Mutter zu, er erklärte sich bereit, in Voggenbruck zu bleiben. Ellen aber wollte das nicht. Sie hatte im Geiste Clemens schon als den führenden Kunsthistoriker seiner Zeit gesehen, der dieser Wissenschaft und jeder künstlerischen Betätigung überhaupt vom Christentum her einen neuen Sinn geben würde – und das Verlangen, dies dem Hansteinschen Familien-Interesse aufzuopfern, der Verwaltung einer „lächerlichen Klitsche", wie sie sagte — im Zorn unwillkürlich in den Schulton ihrer Berliner Mädchenjahre verfallend, — das erschien ihr als ein „unglaublicher Egoismus" und als „Wahnsinn".

Sophie Hanstein gebrauchte keine so unbeherrschten Worte, aber Ellens heftige Art machte auch sie ihre Gerechtigkeit und Güte für einen bösen Moment vergessen, sodaß sie ihre Schwiegertochter fühlen ließ: sie halte deren Furcht, sich in dem einsamen Voggenbruck zu langweilen, für die eigentliche Ursache ihres Widerstandes. Dies natürlich kränkte Ellen sehr. — Das Ganze ein unerquickliches Gespräch; es war kein guter Stern darüber gestanden.

Eine Auseinandersetzung zwischen Ellen und Clemens folgte. Clemens sagte seiner Frau, die ihm vorwarf, daß er sich den Eltern opfere, und die das für eine Schwäche hielt: „Ja. Opfern. Du glaubst doch nicht, Ellen, daß man überhaupt leben und durch diese finstere, abgefallene Welt gehen kann, ohne zu opfern?"

Ellen, wie ein ungezogenes Kind: „Wer ist finster und abgefallen? ich oder deine Eltern?" — aber da traf sie der strenge Ton und Blick von ihm, den sie fürchtete, er sagte: „Liebe, so darfst du nicht sprechen."

Er erklärte ihr seinen Standpunkt. Er gab zu, daß man, sachlich genommen, natürlich einen Verwalter für das Gut nehmen könnte. „Er würde es wahrscheinlich besser machen als ich. Aber das Gut aus sich kann einen solchen Beamten nicht tragen, — und du begreifst, ich kann meinem Vater nicht zumuten, daß er dafür etwa fremde Geldhilfe annimmt. Es gibt halt Sachen, die man mit Geld nicht lösen kann. Der Papa hat es einfach jetzt nötig, daß ich ihm den Beweis gebe: ich bin für Voggenbruck da, wenn es mich braucht. Wir hängen alle an diesem alten Besitz... und du ja auch, Ellen, wenn du auch vorhin etwas recht Ungeschicktes gesagt hast; das mußt du mit der Mama noch in Ordnung bringen. — Nur wenn ich jetzt hier bleibe, wird mein Vater ruhig werden, und das kann auch die Heilung beeinflussen. Es wär ein unausdenkbares Unglück für ihn, wenn die Sache nicht wieder ganz in Ordnung käme. Du kennst ihn nicht wie ich, kannst dir nicht vorstellen, was es für ihn heißen würde: lebenslang im Stuhl sitzen, Invalide sein zu müssen. Er ist schon jetzt nach der kurzen Zeit ganz verändert. — Nein, ich hätte von den schönsten Kunstreisen nichts, wenn ich denken müßte, an so etwas schuld zu sein!"

„Es ist ein Verhängnis," sagte Ellen.

„Es wird manchmal etwas verhängt, wir wissen nicht wozu. Das muß man annehmen."

— Sophie Hanstein lebte zu sehr unter dem prüfenden Licht ihres Gewissens, als daß sie nicht in der Verstimmung mit Ellen ihr eigenes Unrecht bald gefühlt und der Entschuldigung der Schwiegertochter mit einer eigenen schon entgegengekommen wäre. Ellen begann darüber heftig zu weinen und da sie sich ihrer unaufhaltsamen Tränen schämte, sagte sie: „Sei nicht bös, Mama, daß ich so heule. Aber, weißt du — ich glaube, diese dumme Empfindlichkeit hat einen schönen Grund. Daisy wird ein Geschwister haben."

In dieser Aussicht versöhnten sich die beiden Frauen schnell. Aber im tiefsten Grunde von Ellens Herzens blieb etwas zurück wie ein Schatten: daß bei Clemens, in dem Konflikt zwischen der Erfüllung seines und ihres gemeinsamen Lebens und der Verpflichtung gegen das Elternhaus, dieses gesiegt habe, und daß sie, die Frau, allein gelassen worden sei. — Es war einer von den Schatten, die sich einnisten und unvermerkt tiefer werden.

— In diese häuslichen Stürme hinein war die Ankunft von Delia und Tante Cécile gefallen. Obwohl natürlich niemand sie damit belasten wollte, spürten sie sehr die gespannte Atmosphäre; sie waren's gar nicht gewöhnt, in Voggenbruck etwas anderes als Frieden zu finden, und atmeten auf, als sie diesen wiederkehren fühlten. Für Delia hatten die Dinge eine wichtige Folge. Ellen nämlich erzählte ihr von der Notwendigkeit für Clemens, sein Studium einstweilen zu unterbrechen und hier in Voggenbruck die Verwaltung zu übernehmen. Sie aber, Ellen, wolle die Wiener Wohnung einstweilen nicht aufgeben, sondern als Absteigequartier behalten, sie würde ab und zu einmal hinkommen. Delia aber täte ihr einen Gefallen, wenn sie die Wohnung benützen und ein bißchen „beaufsichtigen" würde. Die alte Babett, die Köchin, würde schon richtig für Delia sorgen. Sie und Clemens wüßten, daß Delia gern studieren wolle, und hätten ausgemacht, daß Clemens ihr das Studium und Ellen ihr den Aufenthalt schenken möchte, wenn es Delia recht wäre.

„Mir — recht?" wiederholte Delia, in Freude und Dankbarkeit strahlend, und umarmte sie.

Als sie nachher zu ihrem Vetter kam, um auch ihm für sein Geschenk zu danken, sah er sie einen Moment erstaunt an — sagte dann: „Ja, Ellen und ich freuen uns sehr, wenn du studierst."

„Es wär ja eigentlich viel wichtiger gewesen, Du könntest dein Studium fortsetzen —"

Clemens: „Ich komm vielleicht auch bald wieder nach Wien, und dann tun wir zusammen weiter."

„Ja!" sagte Delia.

— Clemens stellte nachher seine Frau zur Rede, warum sie denn ihren Gedanken, Delia das Studium zu schenken, auf ihn geschoben habe?
Ellen: „Das wollte ich so. Es ist angenehmer für sie."
Clemens: „Ich muß dir sagen, ich hatte selbst so etwas ähnliches vor. — Aber nun hast du mich ganz überrascht damit."
„Ja," sagte Ellen, „wenigstens Delia soll nicht um ihr Studium kommen." —
Während dieser Tage empfing Clemens einen Brief von Paul Horny mit einer ihm ganz unerwarteten Nachricht; er teilte sie gleich aus dem aufgebrochenen Brief, mittags, beim schwarzen Kaffee, den anderen mit:
„Denkts euch: der Paul hat sich verheiratet."
Fast nichts weiter als die Tatsache stand in dem Brief. Horny hatte sich längere Zeit in Trient aufgehalten und dort eine Dame, eine Österreicherin, kennengelernt — und sie nun eben geheiratet. Es folgte noch eine Bemerkung: sie habe ein Fußleiden, das müsse man kurieren, denn als seine Frau müsse sie ja mit ihm auf den Bergen herumkraxeln können.
„Das Lahmsein, scheint's, liegt zur Zeit in der Luft," bemerkte von seinem Stuhl her der alte Graf.
„Wie heißt sie denn?" fragte Sophie ihren Sohn.
„Wart. Er hat's geschrieben. Dora."
Ellen hatte unwillkürlich Cordelia anschauen müssen, an ihr aber nichts von Kummer oder Enttäuschung über diese Nachricht bemerkt. Ellen war immerhin Kittys Tochter, mit deren Vorliebe für „kürzeste Entfernungen" — und so nützte sie nachher einen Augenblick des Alleinseins mit Delia und fragte ohne viel Umschweif: was sie von Horny dächte?
„Ja, ich hoffe, daß er Freude hat! Du weißt doch, ich hab ihn sehr gern."
Eine erstaunliche Einfachheit. Auch nicht eine Spur von Gezwungenheit in der Stimme. So war es immer mit Delia, fand Ellen. Manchmal konnte man bei ihr lernen wie bei einer weisen Pythia, und dann wieder war es, als ob man mit einem Kind spräche.
Jetzt schien sie nur erfüllt von dem Gedanken an ihr Studium. Im Herbst würde sie anfangen. Germanistik würde sie als Hauptfach wählen. Aber auch Philosophie und auch Geschichte, und auch unbedingt Naturwissenschaft, über Botanik mußte sie etwas lernen... und überhaupt möglichst: alles!
„Es ist herrlich!" sagte sie. Sie hatte einen langen Begeisterungsbrief an ihren Vater nach Rom geschrieben, und gegen Ellen und Clemens strömte ihr Dank immer wieder über.

Komisch war, daß die kleine, noch nicht dreijährige Daisy, ein dickes, versonnenes Kind mit einer nach wie vor für ihr Gesicht zu großen Nase, unter allen Menschen im Schloß gerade Cordelia mit ihrer besonderen Vorliebe auszeichnete, obwohl diese sich um Daisys Gunst in keiner Weise bemühte, ja eigentlich gar nicht die rechte Art und Geduld für kleine Kinder hatte. Daisy aber schien eine bejahenswerte Natur in ihr zu wittern. Eines Morgens saß die Kleine schon in ihrem Kinderstühlchen am Frühstückstisch, den weißen Latz umgebunden, und sah Delia hereintreten. Da sagte sie — der Sprache noch nicht ganz sicher, aber völlig sicher ihrer Sympathie für die große Cousine, auf die sie mit ausgestrecktem rosigem Finger hinzeigte:
„Du bist gern."

5

Alexander von Fehrenkamp hatte Bekannte im Auswärtigen Amt in Berlin und schrieb Briefe an sie, zwei Briefe mit Floskeln altväterischer Einleitung und Entschuldigung, daß man nach langem Schweigen die Verbindung, in einer persönlichen Angelegenheit, wieder aufnehme, und man möge sie, natürlich, als nichtgeschrieben betrachten, wenn die vorgebrachte Bitte irgend Mühe verursache. Sie waren Exempel vornehmer Zurückhaltung, diese Briefe, und einer Redeweise, die dem Angeredeten jede Freiheit läßt und ihm die Möglichkeit höflicher Ablehnung selbst bereitlegt, indem sie den Gegenstand der Bitte, durch einen scherzhaften Unterton, als nicht übermäßig wichtig hinstellt. In diesen Briefen war gebeten, man möge doch, im Interesse des Sohnes Quint, zu erfahren suchen, ob seine ausländische Verheiratung ihn denn wirklich notwendigerweise vom diplomatischen Dienst ausschließe. Er, Fehrenkamp, wisse von der allgemein geltenden Regel, aber man wisse und höre ja auch immer wieder von Ausnahmen; und nach seiner, gewiß unmaßgeblichen väterlichen Meinung bringe der Sohn gewisse Voraussetzungen mit, die ihn für eine diplomatische Verwendung wohl qualifizieren könnten. — Alexander Fehrenkamp schrieb diese Briefe, gern nicht, aber er schrieb sie, weil ihm die Zukunft seines Sohnes Sorge zu machen begann. Quint hatte seinen Referendar und seinen Dr. juris glücklich hinter sich gebracht, sich den Assessor aber geschenkt, da ihm die trockene Materie der Paragraphen allzu sehr gegen Natur und Laune war und es ihm an Sinn für juristische Feinheiten fehlte. Man müsse bei allen Lebensplänen doch auch die dem Menschen mitgegebenen Anlagen bedenken, hatte er seinem Vater erklärt; er könne sich keine künftige Tätigkeit in seinem Leben vorstellen, bei der es ihm nützen würde, wenn er jetzt jahrelang als Praktikant beim Amtsgericht oder Landratsamt in „Hintertupfing" herumsitze. Daher brachten Quint, Natalie und der kleine Sixt den schönen Sommer 1932 am Meer bei den Schwiegereltern in Granville zu, Quint fuhr zwischendurch für einige Wochen nach England, wo er den Kursus mithörte, den eine Berühmtheit in Fragen des internationalen Rechts für die Oxforder Studenten hielt. Seinem Vater schien aber das alles nicht Hand und Fuß zu haben, darum hatte er sich der Sache nun selber angenommen. Er bekam von dem einen seiner Adressaten eine nichtssagend wegschiebende Antwort, der andere aber, Herr von Bülow, schrieb, Quint Fehrenkamp möge sich doch kurzerhand auf die Bahn setzen und zu ihm nach Berlin kommen, in persönlichem Gespräch sei das alles viel besser als in Briefen auszumachen. Fehrenkamp, der diesen Erfolg nicht erwartet hatte und sich darüber freute als über ein Zeichen treuer Anhänglichkeit vonseiten Bülows, zitierte daraufhin seinen Sohn telegraphisch nach Haus — Natalie und der Kleine blieben einstweilen in Granville — und Quint fuhr von München aus nach Berlin weiter, von seinem Vater hauptsächlich dahin instruiert, daß er es nicht zu dringlich machen und bei der leisesten Andeutung von Schwierigkeiten, die für Herrn von Bülow entstehen könnten, die Sache überhaupt fallen lassen sollte. „So gern ich dich als Diplomaten sehen würde — man macht seinen Weg nicht dadurch, daß man anderen Leuten lästig wird."

Sicherlich hätte Quint viel eher einen Ansporn zu schwellenbelagernder Beharrlichkeit, als solche vornehmen Lebensregeln nötig gehabt. Ohnehin ging er zu Herrn von Bülow mehr mit Neugier, wie der Zuschauer einer fremden Sache, als daß er den Willen gehabt hätte, sich unter allen Umständen durchzusetzen... der Wille, sich durchzusetzen, war etwas, das ihm nicht angenehmer wurde, weil er ihm ringsumher bei Alt und Jung und Groß und Klein begegnete. Bülow aber fand offensichtlich Gefallen an Quint, und gerade an seiner lässigen, undringlichen Art. Genau so, dachte er, ist sein Vater auch gewesen; nach diesem erkundigte er sich mit mehr als nur höflichem Interesse. Dem Sohn freilich konnte er keinen unmittelbar günstigen Bescheid geben. Das Verbot ausländischer Heirat für Diplomaten bestand bei allen europäischen Staaten seit alters, hatte auch seine guten Gründe. Ausnahmen wurden wohl einmal gemacht bei Männern, die man zu bestimmten Zwecken nötig hatte, oder auf deren bewährte Dienste man nicht verzichten wollte. Als Neuling aber, mit einer ausländischen Frau, in Dienst genommen, ja zu dem Eintrittsexamen ins Auswärtige Amt unter so vielen Hunderten jährlicher Bewerber überhaupt zugelassen zu werden, war fast ausgeschlossen. Doch unterhielt er sich mit Quint auf eine bequeme und einlässige Weise über die Möglichkeiten seines Berufsweges, und als Quint ihm erzählte, daß er in England schon eine Verbindung zu einer der kleinen politischen Wochenschriften angeknüpft, für die er über deutsche Verhältnisse schreiben wolle, meinte Bülow: solche Aufgaben, wenn sie von Menschen mit einer geistigen Übersicht und mit unbedingter Gewissenhaftigkeit übernommen würden, könnten für die zukünftige deutsche Außenpolitik recht bedeutsam sein und schließlich sogar etwa doch ein Weg zu diplomatischer Verwendung werden. Deutschland habe fast nichts anderes so nötig, als daß es in der Weltmeinung langsam und ohne Geschrei den Boden zurückgewinne, der durch die Northcliffe- und Reuter-Propaganda des Weltkrieges verlorengegangen sei. Die deutsche Diplomatie in England habe hier schon manches geleistet, und werde noch mehr leisten, wenn nicht durch diese Radaubrüder, die „Nazis", wie er sie nannte, alles wieder verdorben werde. „Übrigens, man muß das auch wiederum verstehen," fügte er entschuldigend hinzu. „Die ganz bedrohlich wachsende Arbeitslosigkeit und Not treibt eben die Leute den radikalen Parteien zu. Dieses Jahr mit seinen unaufhörlichen Wahlkämpfen ist ja schon ein völlig abnormer Zustand, schließlich aber ist wohl ganz gut, wenn es dem gleichgültigen Ausland endlich einmal bemerklich wird, daß uns das Wasser an der Kehle steht." Nach England jedenfalls, schloß Herr von Bülow, wolle er Quint späterhin gern auch Empfehlungen geben. Vorerst aber sei nötig, daß er Zeitungswesen studiere, um auch darin einen „Schein" vorweisen zu können, dann aber vor allem, daß er sich die Kenntnisse verschaffe, die ihn vor der Gefahr so mancher Publizisten, ins Journalistische nämlich abzugleiten, bewahren konnten; er würde ihm einige Studienmonate auf dem „Institut des Hautes Études Internationales" in Genf anempfehlen. Jederzeit stehe er, Bülow, mit Rat, und mit Hilfe soweit sie möglich sei, zur Verfügung.

So etwa verlief das Gespräch, und Quint verließ das Zimmer des freundlichen und noblen alten Herrn in recht gehobener Stimmung. Er hätte gern jetzt gleich irgend etwas Extravagantes, er wußte nicht was, angestellt, war aber zu Mittag bei Georg Degeners eingeladen, die ihn sehen und von den Münchner Verwandten hören wollten; Quint sah auf seiner Uhr, daß er sich schon verspätet hatte und eine Taxe nehmen mußte, um eben noch einigermaßen zurechtzukommen. Seine Freudigkeit, da sie sonst keinen Ausbruch finden konnte, veranlaßte ihn zu einem etwas überschwänglichen Einkauf von Rosen — blaß rosenen, hellroten und immer dunkleren bis zur tiefsten, bläulichen Purpurfarbe — die er sich in ein große Bukett zusammenbinden ließ, um sie der Tante Ulrike mitzubringen. Damit, beinah wie ein Heiratskandidat, kam er vor der Steglitzer Wohnung an... und ihm wurde die Tür aufgemacht von Antje, die er keineswegs hier erwartet hatte, da er sie im Rheinland wußte; sie war aber auf einen Urlaub heimgekommen.

Die Beiden standen sich stumm gegenüber, Quint dachte: Die ist es eigentlich, für die ich die Rosen gekauft habe, — doch widerstand er der Versuchung, sie ihr in den Arm zu legen. Er beugte sich nur, um über die leichte Verlegenheit des Moments wegzukommen, und küßte ihr die Hand, sein Herz tat ein paar freudige und starke Schläge. Antje aber, mit rauher Stimme, sagte:

„Ich dachte mir, du wärst es — und wollte dir selbst aufmachen."

Dann führte sie ihn, ohne ein weiteres Wort, in den Salon, wo er Onkel Georg, Tante Ulrike und Ninette vorfand. Peter, sagte man ihm, war in Sommerferien in Ostpreußen.

Quint war unaufmerksam während des Familiengesprächs, das nun folgte, und von den guten Aussichten, die sich ihm durch Herrn von Bülows Freundlichkeit aufgetan hatten, erzählte er nicht mit der Freude, die er doch selbst eben noch darüber empfunden. Er fahre heute mit dem Nachtzug nach München zurück, sagte er — selbst etwas erstaunt, sich den Entschluß, den er eigentlich noch gar nicht gefaßt hatte, laut aussprechen zu hören. Er ging bald nach dem Mokka fort, mit dem Gefühl, daß alle ihn unhöflich fänden oder sich doch über seine Geistesabwesenheit gewundert hätten. Auch zwischen ihm und Antje waren keine drei Worte mehr gefallen.

Ihr Bild aber trug er wie eingebrannt mit sich fort: so, wie sie unter der Tür gestanden war — verlegen, mit verschleierten Augen, aber kein Erröten im Gesicht, ihre Stimme rauh. Er fuhr in sein Hotel, unlustig, noch irgend etwas zu unternehmen, und in seinem Zimmer legte er sich nieder und versuchte zu schlafen — was ihm keineswegs gelang.

„Verdammter, blödsinniger Unsinn!" schimpfte er sich. „Man könnte schon wirklich meinen, daß die Hexe irgendeinen sympathetischen Liebeszauber angewendet hat, um mich verrückt zu machen."

Abends war er viel zu früh auf dem Bahnhof, und als nach langem Stillsitzen und Warten der Zug aus der Halle hinausrollte, ertappte er sich auf einem Ärger gegen Antje, die doch gewußt hatte, daß er mit diesem Zug reisen wollte, und nicht auf dem Bahnhof erschienen war: so als wäre das eigentlich ihre Pflicht gewesen. Zugleich überkam ihn Ernüchterung und große Traurigkeit, auch etwas wie Selbstvorwürfe, — ohne daß er unterscheiden konnte, ob das ein Schuldgefühl war, weil er sich der Sehnsucht nach Antje so leidenschaftlich hingab, oder: Enttäuschung und Kummer darüber, daß er die Stunden versäumt hatte, wo er sie noch einmal hätte sehen können.

Er kam früh in München an, nicht sehr müde trotz einer halb durchwachten, halb unruhig durchträumten Nacht, fuhr in die Franz-Joseph-Straße zu seinen Eltern, badete, und frühstückte dann mit ihnen und erzählte beim Frühstück das Gespräch mit dem Herrn von Bülow, das natürlich alle sehr befriedigte. Seine Mutter und Lisa lobten den Vater, der durch seinen gescheiten Brief diese glückliche Wendung eingeleitet, und den Sohn, der offenbar einen glänzenden Eindruck gemacht habe. „Wenn ich zu so Einem hineinmüßte, ich brächte den Mund nicht auf," sagte Lisa zu ihrem Bruder. Eine Feststimmung schwebte durch das Haus. Etwas später — Lisa war ausgegangen, seine Mutter im Nebenraum — saß Quint im Arbeitszimmer seinem Vater gegenüber, der am Schreibtisch einen alten Revolver reinigte. Quint plauderte noch von seiner Reise und seinen künftigen Aussichten, die Teilnahme der Seinen ließ ihn daran auch wieder Vergnügen finden und er war froh, sich von dem heimlich quälenden Gedanken an Antje abzulenken, — als wäre es möglich, sich selbst nicht zuzugeben, daß diese Unruhe und Sehnsucht in ihm war. Es fiel ihm, während er da saß, der Bücherschrank ins Auge, der alte Barockschrank mit der Glastür, hinter der die vielumstrittenen „Brüder Karamásow" standen, und er sagte, aufstehend:

„Da seid ihr ja! Immer noch ungelesen?" — und trat an den Schrank.

Hinter ihm krachte ein Schuß.

Den Revolver in Händen, bleich im Gesicht, blickte sein Vater ihn an. Beide sprachen kein Wort. Dann meinte der alte Herr etwas stockend:

„Doch noch eine Kugel im Lauf, und der Schlagbolzen hat geschnappt! — Wie mir nur so etwas passieren konnte!"

Die Kugel hatte den grünen Tuchbezug des Schreibtisches in halber Länge aufgewühlt und stak in der Lehne des Stuhles, den Quint eben verlassen hatte.

Zu Elisabeth, die durch den Schuß beunruhigt ins Zimmer stürzte, sagten die beiden Männer nichts davon. Alexander Fehrenkamp griff seinen Sohn beim Ohrläppchen, sehr fest, aber die Hand zitterte doch ein bißchen, – und küßte ihn auf die Stirn. Dergleichen geschah sonst kaum.

Den Rest des Tages sprach er wenig. Er als Waffenkenner machte sich schwere Vorwürfe wegen seiner Nachlässigkeit, die Quints Leben bedroht hatte.

Quint aber, in einer noch tieferen Betroffenheit, dachte: Als ob seine Hand es gewußt hätte, daß in mir diese unrechten Gedanken gewesen sind. – Es gelang ihm nicht, das Vorkommnis als eine bloße Zufälligkeit von sich abzuschütteln.

Die Köchin befühlte mit Kopfschütteln und vorwurfsvollem T,t,t-! die Spur der Kugel im grünen Schreibtischtuch. „Den Tisch habts ru'niert. Wie kann denn das g'schehn sein?" fragte sie.

Quint fuhr nicht mehr in die Normandie, Natalie kam mit dem Buben, braun und heiter beide, nach München zurück. Als er sie vom Bahnhof abholte und bei ihrem Anblick die gleiche, warme Freude wie immer fühlte: ihr schön getragener Kopf und Hals unter einem hübschen Hut, dieser gute, freie Gang – da sagte er sich: also war das Andere nur eine Hexerei und man wird damit fertig. Immerhin hütete er sich, seine Gedanken auf dieser Straße wandern zu lassen, und brachte es nicht über sich, gegen Natalie das Geringste von der Begegnung mit Antje zu erwähnen. Sie kamen in der Konradstraße an, die gemeinsame Wohnung, das gemeinsame Leben war wie immer. Nichts hatte sich verändert.

Sixt schwätzte französische Brocken, die sich, da er im Hinterhof in der Konradstraße einen gleichaltrigen Spielgefährten hatte, mit unverfälschtem Münchnerisch mischten. Vom normannischen Strand hatte er Muscheln mitgebracht, ein Hauptspiel von nun an; der Reihe nach wurden sie hingelegt und eine nach der anderen ans Ohr gehoben, um zu hören, wie das Meer darin rauscht.

„Écoute!" sagte Sixt zu Paul, dem Hausmeisterskind.

„Ha?" sagte Paul.

„Ob s'd' was hörst?" fragte Sixt.

„Naa," sagte Paul.

Sixt mußte ihm recht geben, es war wirklich nichts zu hören. Dennoch liebte er seine Muscheln, in seiner kleinen blauen Schürze trug er sie überall mit sich herum.

Quint und Natalie beschlossen, daß sie im nächsten Sommer in Genf leben wollten, wo Quint das von Bülow empfohlene Institut des Hautes Études Internationales zu besuchen hatte; denn in den Kosten war nicht viel Unterschied, ob sie hier oder in Genf zur Miete wohnten. Für jetzt ging Quint in einen zeitungswissenschaftlichen Kurs und trieb daneben juristische und vor allem die ihn am meisten interessierenden geschichtlichen Studien weiter. Alles schien sich wieder einzurichten wie früher. Auch Jakob kam wieder nach München und in die Konradstraße, zum erstenmal seit langem hatten ihn Quints wieder bei sich zum Essen. Gegenseitig erzählten sie sich, was ihnen begegnet war. Während sie aber da saßen, bei offener Balkontür noch, an dem warmen, spätherbstlichen Tag, einige Ranken von dem Weinbewuchs der Hauswand hellrot in den Türrahmen hängend, sagte Jakob:

„Hier bei euch sieht es so aus, als wären alle Dinge wie immer. Ich glaube aber, das stimmt nicht."

„Wieso denn?" fragte Quint, befremdet.

Natalie in ihren Lehnstuhl zurückgelehnt: „Bei uns zu Hause in Granville verändert sich nichts; die Menschen leben genau wie in meiner Kinderzeit."

Jakob meinte: „In Frankreich kann das vielleicht wirklich so sein. Aber hier bei uns im Land verändert sich doch vieles, scheint mir." Er verstummte. Es war nicht leicht, dies dem Gefühl so Deutliche einleuchtend zu erklären.

Er hatte strenge Arbeitspläne mit in die Stadt gebracht. Seine Dissertation war fertig und bei dem Professor Andeck schon abgeliefert. Der Professor hatte ihm die Erlaubnis gegeben, die Schrift, sobald sie fertig wäre, an seine Ferienadresse zu senden, damit er sich dann gleich zu Beginn des Wintersemesters den Bescheid über ihre Annahme oder Nichtannahme holen konnte. Jakob war schon zu dem Professor hingegangen, aber der war noch nicht in der Stadt; die Vorlesungen hatten noch nicht alle angefangen. Würde die Arbeit angenommen, so wollte er noch diesen Winter sein Rigorosum machen.

„Und Doktor werden, ja? Und was dann?"

Jakob wußte es noch nicht.

Bei seinem Aufbruch begleitete ihn Quint, der noch in die Stadt wollte. Jakob wohnte jetzt nicht bei seiner früheren Hausfrau, das Zimmer war nicht mehr frei gewesen, als er nach dem erst in Berlin und dann in Grünschwaig verbrachten Jahr wieder danach fragte; in der Glückstraße hatte er Unterkunft gefunden. So hatten die Beiden der Stadt zu denselben Weg, sie gingen ihn zu Fuß.

„Was meinst du eigentlich mit dieser großen Veränderung, die bei uns vorgehen soll," fragte ihn Quint, beiläufigen Tones, im Gehen.

„Hast du das Gefühl nicht? – Ich weiß natürlich gar nichts, viel weniger als du. Ich hab nur hie und da Menschen gesprochen und seh sie leben, und hab diesen Sommer viel nachgedacht bei mir daheim, ich bin viel für mich allein gewesen. Mir kommt vor, daß wir Deutschen auf einem Weg sind. Daß etwas mit uns geschieht. Hoffentlich etwas Gutes. Vielleicht auch nicht gut. Aber hoffentlich doch gut."

„So. Kann schon sein. Und?"

„Ja, und ich will dir nur sagen: was es auch ist, ich will es unbedingt mit unserm Volk zusammen erleben und durchmachen," erklärte Jakob mit einer Heftigkeit, als müßte er gegen einen Widerspruch angehen.

Quint, lächelnd: „Das weiß ich schon, Jakob, daß du ein alter Nationalist bist."

Ein paar Schritte vor seiner Haustür begrüßte Jakob ein junges Mädchen, das mit ernstem, kurzem Kopfnicken an ihnen vorüberging.

Quint fragte: „Wer ist denn das?"

„Die Tochter von meiner Hauswirtin."

„Sieh an. Da hast du ja hübsche Gesellschaft. Und noch dazu in der Glückstraße."

Einige Tage später erfuhr Jakob von Professor Andeck die Annahme seiner Dissertation, – Andeck war nicht wie sein Vorgänger Johannsen ein Mann, von dem man hätte glauben können, daß er mit den Gestalten der Geschichte persönlichen Umgang gehabt und ihnen ins Herz gesehen habe. Aber er war fein und klug, mit schwarzen Vogelaugen; er sah überhaupt einem Vogel ähnlich – einem solchen, der sein ganzes Leben im Käfig verbracht und alle Dinge, die man ihm zwischen die Stäbe schob, auf das sorgfältigste untersucht hatte.

„Das haben Sie ganz gut gemacht, eine ganz brauchbare Übersicht über die Erneuerung und Veränderung des Reichsgedankens," sagte er zu Jakob mit kopfnickender Anerkennung. „Nur die jüngste Entwicklung, diese völkische, oder wie sich das nennt, Bewegung, die sehen Sie ja reichlich optimistisch. Sie haben wohl nicht bemerkt," (indem seine Augen ihn dabei von der Seite listig anfunkelten), „was ich mit dem Wort ‚Veränderungen' hatte sagen wollen?" Er vergnügte sich, zu sehen, daß Jakob rot geworden war.

„Doch, ich hab es bemerkt, Herr Professor. Aber ich glaube, es wird keine Veränderung sein, die zum Schlechten ist. Wenn ich es sagen darf, Herr Professor: ich glaube der Reichsgedanke muß ganz neu – und ganz alt werden, er muß in uns wieder so leben wie in den Menschen, die mit den staufischen Kaisern über die Berge geritten sind."

Der Professor, schmunzelnd: „So, so, so. Ganz hohe ritterliche Vorstellungen. Nun, wir werden ja sehen, wie es kommt. Jedenfalls ist kein Grund vorhanden, Ihre Arbeit nicht anzunehmen."

Damit war Jakob entlassen. Er sagte sich für die Doktorprüfung an, man sicherte ihm zu, daß er im Lauf des Februar drankommen würde.

6

Später dachten Hanna und alle, daß die Großmutter ihren nahen Tod geahnt haben müsse, weil sie zu Weihnachten 1932, was seit mehreren Jahren nicht geschehen war, ihre Kinder nach Grünschwaig einlud, wie um sie noch ein letztes Mal „Revue passieren" zu lassen (das war Richards ein bißchen trauriger, ein bißchen witziger Ausdruck). Ihre Schuld war es nicht, daß Fehrenkamps nicht kamen, die es doch von München aus am nächsten gehabt hätten. Elisabeth aber schrieb, Alexander fühle sich nicht ganz wohl und das Hin und Her zwischen Hitze und Kälte, auf den Bahnsteigen, im Zug, wieder im Freien, sei in diesem Zustand, auch bei einer kurzen Reise, nichts für ihn. Sicherlich hatte sie damit recht, wenn auch die Brüder ihre bekannte, übertriebene Sorge belächelten. Sie selbst kam am zweiten Weihnachtsfeiertag nach Grünschwaig heraus, nur über den Tag, abends fuhr sie wieder heim zu ihrem Mann; aber sie kam, um Mutter und Brüder und Schwägerinnen zu sehen, und auf der Hin- und Rückreise hatte sie die Berliner Geschwister bei sich zum Essen. „Und also bin ich doch ganz wie mit dabei," sagte sie. „Ich kann mir die Sachen immer so sehr gut vorstellen."

Möglicherweise hätte die Großmutter nicht ihre Kinder nur, auch ihre Enkel gern um sich gesehen an diesem Weihnachtsfest; denn sie hatte ihr Leben lang nie, wie ihre fromme Tochter, an der bloßen Vorstellung genug gehabt. Hanna hatte es ihr darum wiederholt und dringlich angetragen, auch die Enkel wieder alle, wie im Sommer vor vier Jahren, einzuladen. Aber sei es, daß sie es für ihre das ganze Jahr hin mit Arbeit überlastete Schwiegertochter zu viel fand, obschon Hanna ihr das auszureden suchte, — sei es, daß sie sich selbst vor dem zu großen Trubel fürchtete: sie wollte es nicht haben.

„Meine Kinder will ich noch einmal sehen... wieder einmal sehen," verbesserte sie sich selbst, da sie Anspielungen alter Leute auf ihr bald zu erwartendes Lebensende für eine ärgerliche Sentimentalität hielt. „Meine Kinder ladet mir ein und, weil es ja nicht anders geht, die dazugehörigen Frauen. Und damit gut."

Dieses „weil es nicht anders geht" schluckte Hanna still und ohne viel Kummer hinunter; sie wußte, daß es auf sie am wenigsten gemünzt und auch in Bezug auf Ulrike und Kitty nicht so ungut gemeint war, wie es klang. Denn der wortreichen Kitty hatte Gabriele mit der Zeit die guten Seiten abmerken gelernt, vor allem den wirklich uneingeschränkt freundlichen Willen gegen jedermann, der Kitty beseelte; keine gering zu schätzende oder selbstverständliche Eigenschaft. Außerdem kam auf Kitty jetzt ein Teil von dem Beifall, den die Großmutter für Ellen hatte und aussprach, als sie erfuhr, daß diese ein zweites Kind erwarte. „Das ist vernünftig, so ist es richtig!" lobte sie. Und zu Ulrike, der sie anmerkte, daß sie von schwerer Erinnerung und dem Gefühl eines Versagens an ihrer Aufgabe noch immer belastet war, fand sie so gute Worte des Teilnehmens und Verstehens, daß Ulrike in ihrem Umgang belebter und heiterer wurde als seit langem.

Die gemeinsamen Festtage wurden wieder wie in alten sorglosen Grünschwaiger Zeiten mit sehr gutem Wein und Gansbraten und Torten gefeiert, als hätte Eligius Degener die Tafel bestellt. Es wurde für gewöhnlich drüben in der Kleinen Schwaig gegessen, wo der Rundtisch im Eßzimmer für neun Menschen: die Großmutter mit Fräulein Rüsch, Hanna mit ihren zwei Buben, Georg und Richard mit ihren Frauen, gerade noch Platz bot. Die Großmutter saß manchmal wie abwesend dabei, versunken in eine Ferne blickend, und ihren Kindern fiel es auf, daß sie nicht die gewohnte Freude an kleinen angenehmen Vor- und Nachspeisen zeigte. Im übrigen erging es diesmal den Brüdern mit ihrer Mutter eigentlich umgekehrt wie sonst. Georg, ihr Lieblingssohn von jeher, und gewöhnt, daß bei ihr sein Wort als Orakel galt, fand sie zwar warm und herzlich wie immer, aber einem tieferdringenden Gespräch eher ausweichend. Es bekümmerte ihn, weil er über die Religion seiner Mutter schon seit einiger Zeit in Unruhe war, sie schien ihm zu weltlich zu sein und er hielt sich als Sohn und Seelsorger für verpflichtet, es darüber zu einer Aussprache zu bringen. Das gelang ihm nicht. Dagegen hatte sich Richard bei seiner Mutter meist überflüssig gefühlt – ohne etwa eifersüchtig gegen diese Tatsache aufzubegehren, sein schwermütiges Herz hatte dem Urteil zugestimmt – und er erlebte jetzt, daß sie ihn immer wieder bei sich haben wollte; es kam in diesen Weihnachtstagen öfters vor, daß sie, wenn nach Tisch alles zu einem Nachmittagsschläfchen auseinanderging, zu ihm sagte: „Begleit'st du mich noch ein bissel zu mir hinauf?" Und sie saß dann in ihrem Zimmer am Tischchen, ihre Handarbeit auf dem Schoß. Sie hatte nämlich gefunden, daß es mit dem spärlich gewordenen Schlaf ihrer Nächte noch schlechter ging, wenn sie sich nach Tisch hinlegte. Richard aber, seiner strickenden Mutter gegenüber im Stuhl, fühlte sich wie ein an seine Mißerfolge schon gewöhnter Schüler, der wider alles Erwarten dennoch versetzt worden ist. Es rührte ihn, und die Rührung machte ihn schweigsam.

Immerhin sprachen sie doch, wenn auch mit langen Pausen dazwischen.

Seine Mutter, von ihrem Fenstersitz her zu ihm aufschauend: „Du hast schon eine gewaltige Nase, Richard. Möcht wissen, wie du dazu gekommen bist."

Richard: „Ja, und das Schlimmste ist, daß ich sie meiner armen Enkelin Daisy vererbt habe. Kitty behauptet, sie hätte noch nie ein Baby mit einer so großen Nase gesehen."

„Wenn sich das nicht verwächst, für ein Mädchen wär es nicht hübsch."

Richard: „Es ist für niemand hübsch."

„Ach woher. Sei du nur ganz zufrieden."

Noch nie hatte seine Mutter ihm gesagt, daß er mit seinem Aussehen zufrieden sein könnte.

„Ich hoffe nur, daß das Nächste, das unterwegs ist, nicht auch mit meiner Nase gestraft wird. Es wäre schlimm, wenn ich eine Generation von langnasigen Enkeln hinterließe," meinte Richard — und darüber lachten sie miteinander.

Wieder nach einer Pause, ernstgeworden jetzt, seine Mutter: „Wie ist das eigentlich mit dir? Du hast so ein Talent, in allen Sprachen zu schweigen, daß man sich auch als Mutter bei dir nie richtig auskennt. Du hast doch viel durchgemacht, im Krieg, und hast überhaupt, soviel ich weiß, das Leben nicht leicht genommen. Was hältst du nun von den Dingen, die Georg... von den religiösen Dingen, mein ich."

„Davon versteh ich nichts, Mama."

Seine Mutter: „Mir scheint, wir beide müssen uns da ganz einsam auf unsre eigene Art durchschlagen, hm?"

So war es. Richard stimmte ihr zu. Aber er fühlte sich dabei weniger einsam als je. Für dieses wohltuende Gefühl einen Ausdruck zu finden, war ihm nicht gegeben. Er sagte nur, abermals nach einigem Schweigen:

„Weißt du, Mama, ich bin jedesmal wieder ganz entzückt, wenn ich hier bin, von der Schönheit von Grünschwaig. Auch jetzt, wo doch alles kahl ist und noch nicht einmal Schnee liegt. Aber das hat so eine Stimmung, in diesem Dunst..." Er schob es auf das Malerische, wie wenn er ein Spezialist für landschaftliche Stimmungen wäre. „Ich könnte stundenlang auf den leeren Feldern herumlaufen. Für mich gibt es im Grunde nichts als Grünschwaig. Eigentlich recht gut, daß man wieder einmal da sein kann."

Das war schon viel für seine Verhältnisse, daß er das alles gesagt hatte.

— „Auf eigene Art sich durchschlagen": das war es wohl, was die Großmutter tat, in den Wochen und Monaten, die nun folgten und in denen sie, das konnte man sehen, innerlich sehr beschäftigt war. Nach der Abreise ihrer Söhne, die zwar hie und da ein abwesendes, aber doch immer freundliches Festtagsgesicht an ihr zu sehen bekommen hatten, schien sie sich wie für eine schwere Aufgabe zu sammeln. Jakob, als er Ende Januar noch einmal auf ein Wochenende herauskam, um sich vor seiner Doktorprüfung den ermüdeten Kopf auszulüften, war sehr beeindruckt von der Veränderung ihres Gesichts und er sprach auch darüber mit seiner Mutter und mit Frank. Dieser freilich wollte davon nichts wissen; durch die Heftigkeit, mit der er es abstritt, gab er zu erkennen, wie schmerzlich ihm der Gedanke war, daß mit der Großmutter etwas „nicht wie immer" sein könnte. Es war aber doch so. Das war auf einmal nicht mehr nur das Gesicht einer klugen alten Dame aus vornehmem Hause, besonders war der kleine amüsierte, spöttische Zug im Augenwinkel gar nicht mehr zu finden, etwas Unbedingtes, Strenges war jetzt in ihrem Ausdruck, wie bei einem Menschen, der ernste Prüfungen kommen sieht und aber durchaus entschlossen ist, ihnen nicht auszuweichen; sodaß Jakob denken mußte: das ist ja, als ob nicht ich, sondern meine Großmutter vor einem „examen rigorosum" stünde. Gern hätte er jetzt noch einmal die Frage an sie gerichtet, wie damals bei der abendlichen Wagenfahrt. Aber zu solchen Fragen und Gesprächen gab es keine Gelegenheit. Hanna war ernstlich in Sorge um die Großmutter. Und leider wurde es wirklich bald bemerkbar, daß die innerliche Beschäftigung mit einer nur ihr bekannten schweren Aufgabe sie stark anstrengte. Sie wurde blaß, sie magerte ab, und nur zu rasch kam es dazu, daß sie die längste Zeit des Tages liegen mußte. Jetzt ließ Hanna, obwohl es die Großmutter nicht haben wollte, den Dr. Winte rufen. Er erschien, ein Mann und Familienvater, stark und selbstsicher (er und sein neues Auto sahen nicht aus, als würden sie jemals wieder gegen einen Kirschbaum fahren); aber bei aller Würde zeigte sich gleich die alte Lebhaftigkeit, wenn er von der kleinen Tochter erzählte, die seine Frau ihm geboren, und die schon brabbelnd ihre ersten Sprechversuche machte. — Er konnte bei der Großmutter keinen unmittelbaren physischen Anlaß der Abmagerung feststellen, auch war wohl der Anlaß nicht physischer Art. Er verschrieb ein Herzmittel, er widerriet, daß die Großmutter sich nachgebe und zu viel liege, das sei in ihrem Alter der Lunge wegen nicht ungefährlich. — Sie aber, die sich matt fühlte, kümmerte sich um seinen Rat nicht viel.

Fräulein Rüsch, schon immer ein stiller Schatten der Dienstwilligkeit um die Großmutter her, lebte von jetzt an eigentlich nur noch auf dem Stuhl an ihrer Seite, je nach der großmütterlichen Stimmung plaudernd, vorlesend oder schweigend, aber stets „vorhanden", oft nur als Ableitung für die Nervengewitter der Kranken, die auf ihrem Wege zum Unbedingten nicht zugleich auch sanftmütig und geduldig geworden war. Das war gewiß nie ein leichtes Amt gewesen, neben einer so eigenwilligen und des Herrschens gewohnten Natur zu leben, durch Jahre und Jahre hin, niemals ermüdend in der Gutwilligkeit und Fügsamkeit, und Fräulein Rüsch hätte sich sagen dürfen, wenn sie überhaupt geneigt gewesen wäre, solche Betrachtungen anzustellen: daß ohne sie als „Puffer" zwischen Gabriele Degeners Temperament und der Umwelt manches weniger gut gegangen wäre, auch in dem Verhältnis zu Hanna. Und hätte das nicht auch gerade umgekehrt sein können? hätte sie nicht den Gedanken haben können, sich selbst einen Raum zu schaffen, indem sie Schwiegertochter und Schwiegermutter auseinander hielt und immer ein wenig für Dornen und Stacheln zwischen ihnen sorgte? Daß sie das niemals tat, im Gegenteil immer zum Frieden redete und wirkte in ihrer betulichen, getreuen Weise — dafür hätte sie sich einen Ruhmestitel zuschreiben, ja, sie hätte eine Krone fordern dürfen für ihren von dünnen und schon ergrauten Zöpfen umzogenen Kopf. Fräulein Rüsch aber forderte für sich keine Krone, sie tat weiter, von Tag zu Tag, was getan sein mußte. Jetzt freilich wurde es ihr manchmal fast zu schwer mit der Großmutter. Hatte man schon viel Selbstverleugnung haben müssen, um die Gesellschafterin ihres Lebens, so war es noch weniger bequem, die Gesellschafterin ihres Sterbens zu sein. Die Großmutter hatte, wie es oft bei Sterbenden ist, einen tiefinneren Ärger auf die Leute, die noch mitten im Leben schwimmen, die noch so viel Zeit haben, die das Glück genießen, Entscheidungen wegschieben, vertagen, vergessen zu können, statt mit jeder Stunde näher vor das Unentrinnbare gestellt zu sein. Es schien sie von Tag zu Tag ungeduldiger zu machen, daß die Welt ringsum mit so unwichtigen Dingen beschäftigt war.

Zu den ihre Ungeduld besonders reizenden Unwichtigkeiten gehörten die politischen Ereignisse, welche die Rüsch heimlich begeistert, wovon sie aber nichts merken lassen durfte, aus der Zeitung vorlas. Am 30. Januar 1933 war Adolf Hitler Reichskanzler geworden, von dem Feldmarschall Hindenburg selbst dazu berufen, überwunden war der Streit zwischen den Beiden, und am Abend des Tages, den die Blätter von vornherein als einen „geschichtlichen" bezeichneten, huldigten die Sturmabteilungen und die Schutzstaffeln der Hitlerbewegung und die Männer des Frontkämpferbundes in endlosem Fackelzug dem alten Führer aus dem Weltkrieg und dem neuen, der als Kanzler das Volk einigen und retten sollte. Fräulein Rüsch erblickte darin einen symbolischen Akt, sie las die Zeitung mit Glückstränen und vor Bewegung zitternder Stimme, was die Großmutter, da sie es schließlich doch merkte, überaus ärgerte. Sie behandelte die Arme so schlecht, als wäre sie an dem Fackelzug schuld, sie fragte sie in der offenbaren Absicht, sie zu kränken: wozu denn diese Leute Fackeln brauchten, was sie denn anzünden wollten? Man habe doch in Deutschland alle Augenblicke eine neue Regierung und einen neuen Kanzler, und noch nie habe sie gehört, daß man deswegen ein solches Theater mache. Ganz und gar lehnte sie es ab, das Ereignis als etwas Bedeutungsvolles anzuerkennen. — Sicherlich hatte sie damit unrecht. Aber dem kleinen Fräulein Rüsch hatten die Götter nicht die Rednergabe in die Wiege gelegt, um die Großmutter von der unheimlichen Bedeutsamkeit der neuen Weltstunde zu überzeugen.

Auch der Major von Orell, der dieses Unheimliche sehr stark empfand, konnte es seiner alten Freundin nicht begreiflich machen. Er kam zu ihr an einem schneehellen Februarnachmittag, sie saß gerade etwas auf, in ihrem Stuhl neben dem rollbaren Tischchen mit ihrem Handarbeitszeug, sie war erfrischt von einem guten Nachtisch-Kaffee, sodaß er ihre Schwäche und ihr verändertes Aussehen gar nicht gleich bemerkte, sondern von seiner eigenen Sorge zu reden anfing, von der Zukunft Deutschlands, klagend und beinah verzweifelt — die Großmutter hatte sein altes zerknittertes Gesicht noch nie so alt und zerknittert gesehen.

„Sie können mir glauben, Verehrte, daß das ein Unglück ist, dieser Hitler, ein Verhängnis, eine Katastrophe!" klagte er. „Ich habe doch diese Sache verfolgt, ich habe diese widerwärtige völkische Zeitung gelesen, ja, was werden Sie sagen, ich bin sogar einmal in München im Bürgerbräukeller gewesen, ich mit meinen achtzig Jahren, um den Mann reden zu hören."

„Und?" fragte die Großmutter.

„Ich sage Ihnen: nichts! Ein Loch, eine Negativität! Der Mensch hat überhaupt kein Gesicht, er hat schlecht geschnittene Haare und einen Schnurrbart darunter. Und unter dem Schnurrbart hervor kommt eine Stimme, die auch keine Stimme ist, sondern ein unpersönliches Geräusch, wie aus dem Radioapparat."

Die Großmutter, schon etwas ärgerlich. „Wenn es Nichts ist, warum regen Sie sich dann darüber auf?"

Aber das Nichts, sagte Herr von Orell, sei doch gerade das Unheimliche und Gefährliche! Der Mann habe eine Macht über seine Zuhörer, es gehe etwas von ihm aus, junge Leute seien entzückt und wie unter dem Bann seines mächtigen Willens gewesen, während er redete. Er, Orell, begreife auch nicht, wie seine Gegner diesen Hitler in den Witzblättern karrikieren könnten, als ob sein Aussehen komisch wäre. Es sei nicht im Geringsten komisch... oder die Komik dieser Zeit sei etwas, das er nicht mehr verstehe; denn er müsse sagen, er sei überhaupt meistens ziemlich ratlos, wenn ihm die modernen Witzblätter in die Hand kämen. „Ich bin im Bürgerbräukeller in einer der vordersten Reihen gesessen und habe ihn mir angesehen, als ob ich ihn zeichnen sollte. Es wäre mir unheimlich, wenn ich das wirklich müßte. Ich wüßte nicht, wie das machen. Aber glauben Sie mir, es ist ganz unmöglich, mit diesem Mann ein Gespräch zu führen. Das ist überhaupt kein Mensch, mit dem man reden kann. Er wird nie zuhören und wird nie antworten. Er wird nur schreien."

„Wenn Sie schon diesen Hitler," sagte die Großmutter ungeduldig, „für so wichtig halten, daß Sie mir den ganzen Nachmittag von ihm vorreden müssen, so sollten Sie bessere Argumente zum Kampf gegen ihn haben, als daß Ihnen seine Physiognomie nicht gefällt."

Der Major entschuldigte sich wegen des mißfälligen Gesprächs. Aber auf ihren Vorwurf erwiderte er, daß er politische, juristische, weltanschauliche Gründe gegen den Nationalsozialismus allerdings nicht geben könne, dazu sei er viel zu sehr Dilettant. „Aber man hat doch einen Eindruck von einer Sache, wenn man die Leute sieht, die sie vertreten. Ich bin mein Leben lang ein Einzelgänger gewesen, man hat mich für einen weltfremden Mann gehalten. Aber immer hab ich mir die Gesichter angesehen, die mir begegnet sind. Nicht einmal ein Pferd oder einen Hund hab ich je gekauft, wenn mir ihr Gesicht nicht gefallen hat. Und nun gar einen Reichskanzler! — Das Nichtige," setzte er nachdenklich hinzu, „ist das Allerschlimmste, da findet man keinen Boden, auf den man sich stellen und zur Wehr setzen kann. Gegen das Nichtige kann nur eine mehr als menschliche, eine Gotteskraft etwas ausrichten.

Aber woher die nehmen? da bin ich freilich auch überfragt. Ich in meinem Alter werde es wohl nicht lang mehr mitmachen müssen, Sie aber, Verehrte, immerhin zwei Jahre jünger als ich, werden schon noch zu sehen bekommen, daß es mit dieser Sache nicht gut hinausgeht."

Darauf sagte die Großmutter – sie war müde, und es fing an zu dunkeln im Zimmer, sonst hätte sie es wahrscheinlich nicht ausgesprochen: „Wenn Sie noch vor mir fortwollen, lieber Freund, dann müßten Sie sich aber recht beeilen..."

Der Major, erschrocken: „Sie wollen doch nicht sagen, daß Sie sich ernstlich krank fühlen?"

Gabriele Degener sah mit Rührung, daß sich ein ratloser Ausdruck, wie zum Weinen, um seinen Mund legte. Sie dachte: ein guter Freund war er doch, für mich und Eligius, unser ganzes Leben lang. Sie suchte ihm etwas Beruhigendes zu sagen. Aber er war zu keinem Gespräch mehr fähig, er ging ganz verwirrt und in tiefer Niedergeschlagenheit aus dem Zimmer.

– Fortan kam er von Zeit zu Zeit, mit Ratschlägen für die Kranke, und mit den letzten ganz guten Flaschen aus seinem Weinkeller, die er, mit einem Augenzwinkern zu Fräulein Rüsch hinüber, heimlich auf dem Fensterbrett abstellte.

Es kam nun für die Großmutter eine Zeit fast völlig schlafloser Nächte. Winte zwar verschrieb ihr Schlafmittel, da aber ihr Magen auch die mildesten von ihnen nicht annehmen wollte, mußte die Großmutter auf sie verzichten, und so wurden diese langen Stunden zu einer Geduldsprüfung für sie und ihre Mitmenschen. Ihr schien es, als habe sie schon eine Ewigkeit allein und still gelegen, wenn sie zehn Minuten, nachdem die Rüsch ihr die Kissen neu gerichtet, schon wieder nach ihr rief. Die Stille der Nacht ließ sie nach einer Menschennähe verlangen, sie wollte nicht immer mit jemand sprechen, aber sie wollte immer die Möglichkeit dazu haben. Hanna mußte sich so einrichten, daß sie von 3 Uhr nachts bis zum Hellwerden im kleinen Haus bei der Großmutter saß, damit das Fräulein wenigstens in diesen Stunden ruhig schlafen konnte. Manchmal löste Frank, er erbot sich freiwillig dazu, seine Mutter dabei ab. Es kam auf diese Art zu einigen Nachtgesprächen zwischen Großmutter und Enkel, bei denen die Großmutter sich überzeugte, daß der nun zwanzigjährige Bursch nicht „stumpf" war, wie sie im Stillen sonst von ihm geurteilt, nur sehr verschlossen und eigentümlich geartet. Nach seinem nicht glänzend, aber doch mit Erfolg beendigten Lehrkurs war Frank jetzt ganz in Grünschwaig, in die Wirtschaft allmählich sich hineinfindend, wenn er auch selbständige Entscheidungen noch immer vermied. Auf Fragen, ob ihm die oder jene Arbeit liege, gab er ein mundfaules „Schon" zur Antwort. Doch tat er angelegentliche Fragen nach dem Befinden seiner Großmutter; wenn sie doch, Gott sei Dank, keine Schmerzen habe, müsse sie nur wieder viel essen und kräftig werden. „Du mußt wieder sein wie immer, Großmutter. Man kann nicht leben, wenn sich alles die ganze Zeit verändert" ... solch ein sonderbares Bekenntnis konnte plötzlich aus ihm hervorbrechen; dabei sah er sie an mit bittendem und unsicherem Blick. Einmal brachte sie das Gespräch auf seinen Vater Kaspar und sah den Jungen leicht zusammenzucken, wie bei der Berührung einer noch nicht vernarbten Wunde. Aus solchen Anzeichen glaubte die Großmutter ihn zu verstehen, sie sagte zu Hanna: „Der Frank hat eine ganz empfindsame Seele, mit einem Bedürfnis nach Geborgenheit, so stark, wie ichs noch bei niemand bemerkt hab. Er möcht sich in der Welt einrichten, aber er traut sich nicht. Er ist grad wie eine Pflanze, die in einem unfesten, veränderlichen Boden nicht einwurzeln kann, für ihn sind die Veränderungen, die im Leben vorkommen, wie ein Angriff auf seine Sicherheit. Der wird sich schwer tun, in der heutigen Zeit," sagte sie, indem sie wider Willen an Orells Bemerkungen über den leidigen Hitler denken mußte.

Über Frank sann die Großmutter nach, und über manches andere, allmählich kam sie darauf, daß es gar nicht so schlecht war, in der Stille zu liegen und nachzusinnen, über die Menschen, lebende und tote, auch über sich selber, die hier wie in einem Gondelschiffchen, so konnte sie sichs bei geschlossenen Augen vorstellen, verhältnismäßig angenehm von den einen zu den anderen hinüber glitt. Als ihre Schwester Anni Seybolt, die g'schupfte alte Jungfer, in München krank wurde und starb, da hatte Gabriele die schon schwer Kranke dort aufgesucht, mit einem Strauß Maiglöckchen, für die ihr die arme Anni, weil sie wohl sonst nichts zu sagen wußte, mindestens zwanzigmal gedankt hatte. Sie dachte lächelnd: eigentlich wär mir die Anni jetzt einen Gegenbesuch schuldig. Und wirklich kam sie herein und setzte sich, zitterig und wangenrosig, neben sie hin. Auch Eligius kam im feldgrünen Rock, nach seinem Morgengang über Land, und Gabriele, im Bett sich streckend in warmer Behaglichkeit, fragte: „Wie ist denn 's Wetter heut, Elgi?" Das waren Traumstücke, kurze, aber unendlich erquickende, zwischen langen Wachstunden.

Am Ende waren auch die Wachstunden gut, das Nachsinnen und Klarwerden über die Welt und über sich selber. Man machte Entdeckungen dabei — von einer solchen, sie selbst betreffenden Entdeckung war die Großmutter peinlich berührt und behielt sie streng für sich, weil sie sie nicht ganz menschenwürdig fand. Wie ein Nachtgänger aus dem nicht ganz exakten Nachhall seines Schrittes in finsterer Straße merkt, daß nicht sein Echo, sondern ein fremdes Wesen hinter ihm hergeht, so glaubte die Großmutter eines Nachts ein Teufelchen entdeckt zu haben, das ihre, Gabriele Degeners, höchstpersönliche schlechte Laune zu einer kleinen Teufelei benützte. Fräulein Rüsch nämlich war im Lehnstuhl neben Großmutters Bett eingeschlafen. Die Großmutter langweilte sich und dachte, oder eben, es dachte etwas Ungutes in ihr: was braucht sie zu schlafen, wenn ich nicht schlafen kann? Und obwohl sie nicht rufen w o l l t e , weil ihr ja nichts weh tat und ihre Kissen ganz richtig lagen, rief sie doch, um die Rüsch aufschrecken und ihre ermüdeten Augen aufreißen zu sehn.

Wer hat eigentlich gerufen? Ich nicht. Oder doch ich. ER hat mich dazu gebracht, dachte sie über das Teufelchen, sehr beschämt in ihre Seele hinein. Also gibt es IHN doch, wie mein Georg immer sagt. Da haben wir IHN attrappiert. Ich habe nicht gewollt und habe gegen meinen Willen doch die arme Rüsch wecken müssen. Ich, die ich mir immer eingebildet hab, ein ganz selbständiger Mensch zu sein! Die Großmutter fühlte sich durch ihre Entdeckung nicht einer Verantwortlichkeit enthoben, sondern tief gedemütigt. Sie begann ihr Leben, wie sie es gelebt hatte, zu überdenken, und an mancher Stelle schien ihr jetzt ein solcher Teufelchen-Schatten über die Schulter zu fallen.

Vielleicht, wenn Georg jetzt hier gewesen wäre, würde sie das Gespräch mit ihm geführt haben, das er sich wünschte. Vielleicht. Mit dem evangelischen Geistlichen jedenfalls aus der Kreisstadt, der eines Tages nach höflicher telefonischer Anfrage sie besuchen kam, Pastor Sömmerle, einem Mann von ernst bescheidenem Wesen, führte sie nur eine wohlgehörige Unterhaltung, ganz Dame wieder, im Lehnstuhl sitzend mit hoch bis zum Kinn geschlossenem Mantel und einer Decke auf den Knieen... eine Unterhaltung allgemeiner Art über den Weltlauf und über Fragen, die in Büchern stehen, jedoch nie die Rücksichtslosigkeit haben werden, aus den Büchern heraus uns an die Kehle zu springen. Aber auch wenn an des Pastors Stelle der Sohn ihr gegenüber gesessen und aus vertrauten Augen, den Augen des Eligius, sie angeblickt hätte, es wäre möglicherweise auch dann die Scheu, oder was war es? dies Gefühl der Abwehr das stärkere geblieben, das sie zu Weihnachten veranlaßt hatte, das Thema „Religion" strikte zu vermeiden. Es war eben, das erfuhr sie jetzt, ein anderes Ding, durch viele gesunde und im Ganzen recht glückliche Lebensjahrzehnte hin einen geliebten Sohn zu haben, der für das Theologische, als ein gewisses respektvoll ausgespartes Gebiet am Rande des Lebens, zuständig war — oder nun plötzlich selber in dieses Randgebiet hinausgestoßen zu sein. Mit Gott dem Herrn, der einem prüfend ans Herz greift, mußte man doch eben, fand sie, allein zurecht kommen.

Immerhin, wenn in den ersten Wochen ihrer Krankheit der Aufschwung ihres Geistes nach dem Unbedingten sie um alle Geduld mit ihren Mitmenschen gebracht hatte, so war es nun das kleine nächtliche Erlebnis, so war es die Erkenntnis einer ärgerlichen und lächerlichen Bedingtheit, was sie zur Milde stimmte.

In dieser milden Stimmung traf die Baronin Priehl sie an, die ihr einen nachbarlichen Krankenbesuch machte; auf einem kurzen Jagdschlitten, ihren Schimmel, wie immer, selbst kutschierend, fuhr sie an der Kleinen Schwaig vor und bat, ob sie die Großmutter sehen könnte. Und auch an ihr, als sie von der Rüsch hereingeführt wurde und im Stuhl niedersaß, sah die Kranke ein echtes Erschrecken und Traurigwerden („weil ich, scheint's schon so ausgemergelt ausschau"). Die Besucherin war froh, ein Gesprächsthema zu haben, das von der Krankheit wegführte. Sie erzählte von einem Brief, den ihre Freundin Hanstein aus Tirol ihr geschrieben, über die glückliche Geburt einer zweiten Enkeltochter — Grünschwaig war bereits durch ein Telegramm davon benachrichtigt worden. Die Baronin Priehl aber konnte berichten, daß Ellen mit dem Kind aus dem Krankenhaus schon wieder in Schloß Voggenbruck zurück, und daß alles aufs beste gegangen, auch die kleine Eugenie schon getauft sei. Während sie aber von so freudigen Lebensereignissen redete, konnte man sehen, daß sie nicht bei der Sache, sondern in unwillkürlichem Kummer mit dem vom Tode angerührten Gesicht da vor ihren Augen beschäftigt war — und die Großmutter dachte: Ich hab doch die Priehl immer für eine erzfade Person gehalten und sie nur immer bestenfalls höflich, aber nie wirklich nett behandelt. Was braucht sie denn traurig sein, wenn ich sterbe? — sodaß sie ihr beinah gerührt nachsehen mußte, als sie wieder fortging.

Aus München kam Elisabeth zweimal, zuerst in Begleitung von Lisa, das andere Mal mit Quint, Natalie und dem kleinen Sixt, der nach dem Beispiel seines Vaters sehr folgsam und weltmännisch seine Kinderlippen auf die magere, nach Eau de Cologne duftende Hand der Großmutter drückte. Dann war es Luzie, die plötzlich erschien, mit einem Chauffeur, in großem, prachtvollem Auto und mit ebenso prachtvollem Pelzmantel. Sie brachte etwas Graubraunbehaartes, Lebendiges mit, ein Schäferhund-Junges, „Jutta" genannt; es würde der Großmutter vielleicht Spaß machen, meinte sie. „Alfons hat sie schon zur Sauberkeit erzogen, aber wenn sie noch einmal rückfällig wird, müßt ihr sie eben tüchtig pritschen, ja? dann besinnt sie sich wieder." Die Großmutter strich über das weiche junge Fell, die unsäglich erwartungsvollen, lebenshungrigen Tieraugen blickten sie an. Fräulein Rüsch trug das Hundekind dann hinaus, ihm Milch zu geben und ihm ein Lager herzurichten.

„Vielen Dank, mein Kindchen. Aber nun sag, was treibst du denn? Ich glaube, deinen Pelzmantel mußt du bei mir herinnen ablegen, es ist zu warm," sagte die Großmutter zu Luzie und blickte ihr prüfend nach, wie sie den Mantel an den Türhaken hängte.

Luzie, mit einem reizenden, schnellen Lächeln: „Gell, du schaust, Großmutter. Ja, es ist schon jemand unterwegs, wie du es verlangt hast, das wollt ich dir nur sagen, deswegen bin ich auch hergekommen. Im Juni wird es da sein."

„So, so. Und ist es also gut mit dir und deinem Alfons?"

„Sicher. Warum denn nicht? Sehr gut," versicherte Luzie, indem ihr Blick an den forschenden Augen der Großmutter vorbei zum Fenster ging. „Er wäre gern mitgefahren, er hat nur jetzt grade sehr viel zu tun, geschäftlich, weißt du. Er hängt sehr an mir. — Und das Kleine heißt Gabriele, oder eben Gabriel, das ist schon ausgemacht."

Die Großmutter, mit ihrer leise gewordenen Stimme, sagte: „Unter dem Schutz des Erzengels."

„Es wird ein Urgroßmutterkind," erwiderte Luzie, immer ihr Lächeln, wie einen Schild, vor dem Gesicht.

„Grüßt es von mir, wenn es da ist," sagte die Großmutter.

— Sie schlief wieder fast nicht, in der nächsten Nacht. Gegen Morgen aber kam ein Traum, nicht mehr tröstlich-heiter, wie es die Traumbesuche der Toten, des Gatten und der Schwester, gewesen waren, sondern eigentümlich ängstigend, obwohl es weiter nichts war als ein Bild vieler, in unendlicher Folge auf einer Straße hinziehender Menschen, deren jeder zwei Schatten warf, man konnte die beiden Schatten deutlich nebeneinander sehen auf der Rasenböschung längs der Straße. Aus ihrem Nachdenken über das schattenwerfende Teufelchen, aus einer Sorge auch um das Schicksal des Landes, wie der Major sie ihr zugetragen, aus einer undeutlichen Beunruhigung um Luzie, um Frank, mochte der Traum entstanden sein, man konnte ihn so zusammensetzen und erklären — aber wer erklärt Träume? Es blieb ihr ein Druck davon, eine erschreckende, kalte, hohle Stille, um sie her, sodaß sie entgegen der Gewohnheit der letzten Wochen, da sie Fräulein

Rüsch wie Hanna schlafen geschickt und ihre Nachteinsamkeit allein bestanden hatte, nun doch läutete, rief, läutete —

„Verzeihen Sie mir, Rüschchen," sagte sie, als das Fräulein besorgt im Schlafrock erschien. „Es ist weiter nichts als ein unguter Traum, und das Hundekind da im Korb, das so tief und selig schläft, war mir nicht Gesellschaft genug."

— Fräulein Rüsch konnte nicht sagen, was Menschen auf einer Straße mit doppelten Schatten bedeuten könnten. Es schien ihr nichts besonders Schlimmes zu sein und sie wäre nicht darauf gekommen, meinte sie, es auf eine Einwohnung fremder Wesen in den Menschenseelen zu deuten.

„Ich habe Sie sehr ungern gestört, glauben Sie mir, Beste," sagte die Großmutter mit einer Verlegenheit, über die Fräulein Rüsch sich höchlich wunderte. — Ob noch nicht bald Morgen sei?

Das Fräulein zog den Vorhang ein wenig beiseite und lugte hinaus. „Bald," sagte sie. Und dann stellte sie einen Tee für die Großmutter auf und begann, wenn auch vor der Zeit, den Ofen zu heizen.

Zu Hanna aber bemerkte sie, später, und sie fing dabei zu weinen an; denn die Pflege hatte sie übermüdet und so war sie jetzt vielleicht etwas zu rasch zum Weinen geneigt:

„Sie werden sehen, unsre Kranke macht es nicht mehr lang. Sie ist jetzt so sanft und rücksichtsvoll, das k a n n kein gutes Zeichen sein nach dem Temperament, wie sie es sonst gehabt hat."

7

Seine Prüfung hatte Jakob bestanden, aber diese Tatsache ebenso wie der feierliche Akt der Doktorpromotion ging über ihn hinweg, kaum empfunden, weil der Aufbruch des Volkes in den Frühling des Jahres 1933 hinein ihn persönlicher und tiefer als alles eigene Leben bewegte. Das war ein Erwachen und trunkenes Aufstehn wie das des Flusses, des im Winter fast verschwundenen, unter beschneitem Eise verborgenen, über dem die Erwärmung Himmels und der Erde geschieht, und tausendfaches Rinnsal fließt ihm zu, das Land um ihn ist nichts als Ufer und zu nichts anderem da, als ihm die hastigen, fröhlichen, blitzenden Wasserläufe zu schenken; und nun hebt sich gleich einer gewaltig atmenden Brust, der umschließende Panzer zerspringt, und was jetzt hinströmt und leuchtet, unter einem blau aufgerissenen, hoffnungsreichen Horizont, das ist die sichtbar gewordene mythische Gottheit, der Gebieter, der Fluß: der Segen des Landes. So war es, nicht anders als so, was Millionen Deutsche in diesem merkwürdigen Frühjahr erlebten, und Jakob Degener war einer von ihnen. Von einer Partei, einem Programm, von innen- und außenpolitischen Absichten wußten die weitaus Meisten nur Undeutliches, was sie ergriff und vorwärts riß, war nicht Zweck und Gewinn, sondern ein elementarisches Weltgefühl, eine gute, glückliche Hoffnung. Sogar die Tausende tüchtiger Leute, denen die neue Bewegung nur ein Suppentopf auf einem neuen Feuer war, woraus sie das Ihre zu schöpfen dachten — sogar sie wurden in dieser Einen Stunde betroffen von der Macht dessen, was da geschah.

Der Streit und Widerstreit der Kräfte, der jahrlang das Land zerrissen hatte, auf einmal wie durch Zauber war er verstummt, jede Kraft zum gemeinsamen Ziel gerichtet. Die immer steigende Ziffer der Arbeitslosen, auf einmal war sie im Sinken. Das Unlösbare, es schien sich zu lösen. Und das Volk, im Glauben, eine Gnadenstunde zu erfahren, erhob sich, es erhob sich wirklich, und mit dem Gefühl einer ungeheuren Zuversicht ging es an sein Werk. Wer sollte einem solchen Gefühl vertrauen, wenn nicht die Jugend? Der Brand des Berliner Reichstagsgebäudes in der Nacht des 27. Februar mochte den Bürger erschrecken als ein Zeichen des Aufruhrs, des drohenden Kommunismus, aber die neuen Hüter der Ordnung zeigten sich tätig und rasch und ihrer Sache gewiß. Jakob durchschaute die künstlichen Veranstaltungen nicht, welche den Volkswillen lenkten. Und es war ihm kränkend, wenn jemand der „Nationalen Erhebung" — so hieß es, der Rundfunk und die Zeitungen streuten das Wort aus über die Lande — mit Zweifeln, wie sein Vetter Quint, gegenüberstand.

Diesen traf er am 5. März, in der Nähe des Hofgartens, unversehens auf der Straße. Der 5. März 1933, ein wolkensonniger, windüberlaufener Tag, war der Sonntag der großen Frühjahrswahl, die dem neuen Führer die Macht, unbeschränkt zu regieren, in die Hand legen sollte. Seit dem frühen Morgen zogen die braunen Reihen seiner Sturmabteilungen hinter einer zuversichtlich stampfenden Musik und hinter den neuen grellen Fahnen her werbend durch die Straßen; so taten sie in jeder deutschen Stadt und bis auf die Dörfer hinaus, und sie führten den Sieg mit sich. Jakob hatte seine Wahlstimme — Tropfen zum allversammelnden Strom — zur Urne getragen, war dann durch die Straßen gewandert, glücklich, überall den Aufbruch, die Hoffnung zu sehen, — und schon das Lächeln war ihm heut ärgerlich, mit dem sein Vetter ihm die Hand reichte. Er hob sie dann auf zum

Hitlergruß und fragte: „Oder muß man bei dir schon so kommen?"

„Man muß gar nichts. Das weiß ich selber, daß der Gruß Unsinn ist. Wenn du reden willst, dann bitte tu's ernsthaft," brummte Jakob.

Quint forderte ihn auf, sich mit ihm in den Hofgarten zu setzen. „Ich wollte sowieso hier warten auf meinen Schwager, Marcel Giton, ein netter Junge, der bei uns zu Besuch ist. Inzwischen können wir uns ja ein bißchen unterhalten und streiten — wenn du Zeit hast. Zwar, mir eigentlich," fuhr er fort, indem sie sich an das runde Marmor-Tischchen setzten, „ist gar nicht zum Streiten zumut. Es ist ein so angenehmer Tag, riecht überall nach Frühling. Könnte wärmer sein; aber das gibt sich bald. Es ist ganz hübsch, wenn so ein kleiner Rausch in der Luft liegt, halb Frühling, halb Revolution, und es macht mir Spaß, daß du auch davon angesteckt bist."

Jakob widersprach und behauptete, ganz realpolitisch und nüchtern gestimmt zu sein. „Heilig nüchternes Wasser..." murmelte er entzückt vor sich hin.

„Höre," sagte Quint, ernst werdend, „das merk ich schon lang: Realpolitik, Nüchternheit, das sind neuerdings bei euch Worte, mit denen ihr euren Rausch benennt. Ich finde, Worte sind glatter als Schlangen und wechseln ihre Haut mit jedem Jahr. Damit mußt du mir nicht kommen. Nüchternheit war das, was unsre Soldaten im Weltkrieg, im Schützengraben, gelernt haben. Nüchtern war eine Politik wie die von Bismarck oder Disraeli, kluge, genaue, sachliche Arbeit. Aber ein Volk, das hinter einer militärischen Musik herzieht und sich seine Zukunft von einem Redner und von wehenden Fahnen bestätigen läßt, ist im Rausch. Vielleicht einem, aus dem Taten und Wunder kommen. Kann ja sein. Wie auch aus dem Rausch der Französischen Revolution Taten und Wunder gekommen sind. Aber Rausch ist eines und Nüchternheit ist ein anderes."

Jakob: „Nenn es wie du willst. Es kommt doch nur darauf an, daß etwas Neues unterwegs ist, in Deutschland."

„Also, bitte, was — außer dem Lärm und den Fahnen, die ich scheußlich finde — w a s ist das Neue, das bei uns unterwegs ist? Du hast ja im Herbst schon einmal davon geredet, aber du wirst einsehen, daß mir mit den Beteuerungen über das Neue, Große, Unaussprechliche nicht geholfen ist. Unaussprechlich ist alles in der Welt. Dazu sind wir ja schließlich Menschen, daß wir es trotzdem auszusprechen versuchen."

Er sagte das so scharf, und diese plötzliche Schärfe war so im

Widerspruch mit der lächelnden Unbeschwertheit, die er eben noch zur Schau getragen hatte, daß Jakob seinem Vetter ganz erstaunt ins Gesicht sah. Auf die gestellte Frage aber durfte er die Antwort nicht schuldig bleiben; er gab sie unwillkürlich leise, wie man von etwas sehr Teurem spricht:

„Ich glaube, daß wir das Reich bauen müssen, das uns seit alter Zeit aufgetragen, aber nie erfüllt ist: den festen, starken Mittelpunkt, um den sich Europa zusammenschließt. Ich glaube, daß es mit unserm neuen Morgen nur recht wird, wenn er ein Licht auf die ganze Welt wirft, nicht, wenn es nur wieder ein Nationalegoismus würde wie das Napoleonsreich einer war. Ich glaube, daß der ‚Rausch' unsres Volkes, wie du es nennst, keine Umnebelung, sondern eine Erkenntnis ist, eben die Erkenntnis, daß das Reich werden muß. Ich glaube darum, daß es heute Unrecht ist, sich abseits zu stellen, und ein Hochmut, die Pflicht nur in der Erfüllung des eigenen Lebens zu suchen..."

„Gemeinnutz geht vor Eigennutz — weiß schon. Aber deine Nazis legen das so aus, daß der Einzelne, der nicht ihrer Meinung ist, im Dunkeln verschwinden soll, kein Mensch weiß wohin. Und um die einheitliche Volksmeinung herzustellen, inszenieren sie einen Reichstagsbrand, der den Kommunisten in die Schuhe geschoben wird!"

Quint unterbrach sich, da der Kellner den Wermut brachte, den sie beide bestellt hatten. Als er wieder fort war, sagte Jakob, mit einer vor Empörung fast atemlosen Stimme: „Den Reichstag haben doch die Kommunisten angezündet! Wie darfst du sagen, daß die Regierung... wie kannst du das sagen, Quint?"

„Ich könnte noch viel mehr sagen, aber nicht hier. Das gehört auch zu deinem Neuen, das in Deutschland geschieht, daß man in keinem öffentlichen Lokal mehr frei sprechen kann. War überhaupt Blödsinn, daß wir davon angefangen haben. Ich wollte mich eigentlich nur ein bißchen an deiner Begeisterung erfreuen."

„Quint, was du da behauptet hast, das kann ich dir niemals glauben. Und..."

„Also gut! gut!"

Eben recht kam jetzt Marcel Giton durchs Hofgartentor herein, ein schlanker junger Mensch, Nataliens jüngerer Bruder, nicht mit dem hellen Aschblond — er war dunkler — aber ganz mit der schmalen Form ihres Kopfes. Seine Züge waren noch fast kindlich offen, der kleine Schnurrbart, den er trug, änderte an diesem Eindruck nichts. Quint stellte Marcel und Jakob einander vor, das Gespräch ging auf andere Dinge über. Wie es ihm in Deutschland gefalle? fragte Jakob den französischen Gast, und Giton sagte: „Oh, gutt. Sehr viel musique!" — eine Antwort, die Quint mit lauter Fröhlichkeit belachte, die vorausgegangene Unterhaltung schien er vergessen zu haben.

Jakob begleitete die Beiden zur Konradstraße. Und dort sagte ihnen Natalie, daß die Großmutter in Grünschwaig im Sterben lag, die Eltern Fehrenkamp schon hinausgefahren waren und „daß wir alle wahrscheinlich morgen oder übermorgen auch nach Grünschwaig müssen". — Nun war das eine Nachricht, mit der längst zu rechnen war, und die Jugend nimmt den Tod alter Menschen, bei aller Teilnahme, als etwas Natürliches. Und doch war für Jakob der märzenhelle Tag nun ganz beschattet.

Er verabschiedete sich von den Quints, um zu Hause seine Sachen zu packen und fuhr denselben Abend noch aufs Land.

Gabriele Degener starb nach den langen vorbereitenden Wochen ihres Krankseins einen schnellen und, so schien es, ganz mühelosen Tod. Vom Arzt hatte man Weisung, täglich die Temperatur zu messen, da bei dem langen Liegen eine Lungenentzündung zu fürchten sei. Als das Fieber am Samstagabend auf einmal da war, rief Hanna gleich in Berlin und München an; Elisabeth aber und Alexander Fehrenkamp trafen die Kranke am Sonntagnachmittag noch bei unerwartet gutem Wohlsein, sodaß niemand das Ende schon für diese Nacht befürchtete. Sie war freundlich entgegenkommend zu allen und sagte mit einer Art schalkhafter Liebenswürdigkeit zu ihrer Tochter, die, um Selbstbeherrschung bemüht, aber doch mit weinenden Augen auf dem Stuhl an ihrer Bettseite saß: „Aber Kind. Du hast doch dein Leben lang besser wie deine heidnische Mutter gewußt, daß die Trennung nicht für immer sein soll. Wenn du jetzt heulst, machst mich ja wieder irr. Das kannst du doch gar nicht verantworten." Hanna hatte von ihr am selben Morgen ein ebenso leichthin gegebenes Abschiedswort empfangen: „Ich sterb zwar noch nicht," hatte sie gesagt, „ich fühl mich eigentlich recht wohl. Aber auf alle Fälle möcht ich dir doch ausdrücklich gesagt haben, daß du eine sehr liebe, geduldige Schwiegertochter gewesen bist, Hannachen, für mich böse, heftige alte Frau." So ähnlich auch zur Rüsch. Das Bewegende bei alledem war die Heiterkeit mit der es hingesprochen war, als ob der Todesabschied selber gar nicht das Wichtige, sondern etwas anderes, wovon nicht gesprochen wurde, die Hauptsache wäre. So spricht wohl eine Mutter, die eine Überraschung für ihr Kind bereit hat, in einem vergnügten, gehobenen Ton von etwas Nebensächlichem, und das Kind spürt den Ton und horcht auf. — Sonntagnacht schlief die Kranke ein, wie jetzt fast immer, es war mit ihrem Schlaf in letzter Zeit besser geworden. Und erst nach einer Stunde merkte Elisabeth, die bei ihr wachte, daß ihr leiser Schlafatem nach und nach ganz ausgeblieben war. An ihrem friedlichen Ausdruck hatte sich nichts verändert.

Jakob, der abends mit dem letzten Zug gekommen, hatte nicht mehr hineingedurft zur Großmutter — und nun Montag morgens stand er vor der Toten. Sie schien ihm verjüngt und voll Milde, sie sah aus, als wäre sie jetzt zur Antwort auf jede Frage bereit.

Hanna kam herein mit Balthasar, dem Maler, der einen sehr neuen Hut in der Hand hielt. Sein Gesicht hatte den Ausdruck von Betroffenheit und Kummer; auch das aber, wie alles an diesem Mann, war etwas Wohltuendes. Er sagte flüsternd zu Hanna: er und seine Frau seien nur grad erst von Italien zurückgekehrt, wo sie den ganzen Winter über gewesen, und hätten gleich im Dorf die Trauernachricht erfahren; da habe er sich erlaubt, sofort heraufzukommen. Er verstummte dann, sah auf die Tote und nickte, zweimal, wie zur Bestätigung, daß sie schön und gut aussehe.

Er kam um die Mittagszeit wieder, mit einem Skizzenblock. Hanna hatte ihn, zögernd ein wenig und eine Schüchternheit überwindend, gebeten: wenn er nach der Reise nicht zu müd und überhaupt dazu gewillt und gestimmt wäre, möchte er doch, zu einem Andenken für Kinder und Enkel, Gabriele Degeners totes Angesicht zeichnen.

Verwunderlich war es, daß Frank, der um die Lebende sich so gesorgt hatte, kein Verlangen zeigte, die Gestorbene zu sehen; Hanna fand sein Gesicht wieder so „versperrt", wie es bei ihm oft vorkam, als wäre die Tür zur Außenwelt ins Schloß gefallen. Man konnte schwer wissen, was er dachte. Er fragte aber, unvermittelt, bei Tisch, seine Mutter: ob er wohl nach Obersbrunn fahren könnte?

„Wie? jetzt? Aber, Frank, du kannst doch nicht wegfahren, jetzt, wo die Großmutter beerdigt wird —"

„Ja, es geht wohl nicht," gab er zu. Er kam nicht mehr darauf zurück. Man sah ihn in den nächsten Tagen kaum im Haus, er kümmerte sich um den Hof und die Frühjahrsarbeit.

Am Montag und Dienstag kamen nun von allen Seiten die Degeners in Grünschwaig zusammen. Seit vor dreiundzwanzig Jahren Eligius zu Grab getragen worden, hatte das alte Haus sie nicht mehr so vollzählig beieinander gesehen; und mit den Enkeln waren jetzt die Gatten der Enkel und die ersten Urenkelkinder. Sixt, natürlich, war dabei, aber auch Daisy Hanstein — die beiden betrachteten einander zuerst etwas kritisch, und schlossen dann gute Freundschaft, indem sie gemeinsam Grünschwaig entdeckten, soweit das ihrer Dreieinhalbjährigkeit möglich war. Hand in Hand sah man sie über den Hof trappen und den Garten, den Viehstall, den Pferdestall besichtigen; der Rundgang endete beim Sandhaufen vor der Stalltür, und der hielt sie fest. Ellen, nach der erst unlängst überstandenen Geburt, war noch recht zart – ihre Mutter hatte sie vor vier Wochen erst im Grazer Krankenhaus besucht und sie dabei höchst selbständig gefunden; es werde alles „viel zu leicht genommen" hatte sie bei der Rückkehr nach Berlin ihrem Mann erzählt. Jetzt war sie entsetzt, Ellen hier zu sehen und machte Clemens, der mit ihr gekommen, die lebhaftesten Vorwürfe wegen der allzu früh unternommenen Reise. Doch war die Reise nicht Clemens' Schuld; Ellen hatte sich nicht halten lassen. Da sie ohnehin nicht selber stillen konnte, sondern für die kleine Eugenie eine Amme haben mußte, hatte sie unter allen Umständen fahren wollen, zu der Großmutter und zu Grünschwaigs Ehren; hier angekommen aber schien sie an dem vertrauten Ort dennoch fremd zu sein und zur Schwermut gestimmt. Mit den Cousinen fand sie kaum ins Gespräch, auch nicht mit Luzie, mit der sie doch einst so viel zusammen gewesen. Ninette flüsterte es Jakob im Lauf dieser Tage einmal traurig zu: „Sie sind alle so erwachsen und so anders!" – Silvia fehlte; Hanna bekam von ihr ein langes, herzliches Telegramm: „Kann leider nicht dabei sein..." (ohne Angabe von Gründen), aber Grüße und dankbare Erinnerung an die Großmutter und an Grünschwaig. Und mit einem aus Erleichterung und Enttäuschung gemischten Gefühl erfuhr Quint, daß auch Antje fortblieb; sie habe an ihrer Gartenbauschule in der frühjahrlichen Hauptarbeitszeit keinen Urlaub nehmen können. – Mit Clemens Hanstein unterhielt und verstand Quint sich gut über die politischen Dinge.

Hanna wollte alle Verwandten in Grünschwaig wohnen haben, Georgs aber und Richards hatten sich schon in Berlin darüber verabredet, daß es für die Schwägerin zu viel sei und daß sie, das heißt Richard, Kitty, Georg, Ulrike, Ninette und Peter, bei der Frau Schwerlmaier im „Lamm" zu Nußholzhausen Quartier machen würden. Und so geschah es. Frau Schwerlmaier nahm sie mit aller Freundlichkeit und Teilnahme auf und versorgte sie so reichlich, wie sie es für Leidtragende nötig hielt. Und sie hatte nicht nur ein gutes Herz, die „Lamm"wirtin, auch einen guten Kopf und ein Verständnis für die Zeitläufte. Das konnte man daran sehen, daß in ihrer Gaststube neben dem Bilde des Reichspräsidenten von Hindenburg bereits auch ein ganz frisches Gemälde des Führers und Reichskanzlers Adolf Hitler hing. Die Brüder Degener redeten sie halb spaßhaft darauf an, und sie sagte: „No ja, es g'hört halt jetzt einmal her, in ein Gasthaus. Mein Bub, der Ignaz, hat's haben wollen. Wegen meiner hätt's der Alte (sie meinte: Hindenburg) noch lang getan."

Wegen der Vielzahl der Gäste und der großen Aussegnungsfeier, die zu halten war, ließ Hanna die Großmutter, in ihrem Sarg schon — einem kleinen und schmalen Sarg, man hätte bei Lebzeiten gar nicht gedacht, daß sie darin Platz haben könnte — im Gartensaal aufbahren. Der Raum war kühl, voll grünen Frühjahrslichtes, und war still. Hier konnte jedes von den Kindern und Enkeln und Freunden des Hauses kommen und ungestört seinen Abschied von der Großmutter nehmen. Es war im Saal in den vier Tagen ein immerwährendes leises Kommen und Gehen.

Der alte Major saß eine lange Stunde da, an Eligius und die Zeiten, wo man gemeinsam jung gewesen, sich erinnernd; und wie diese Tote mit dem nun wächsern gewordenen, aber immer noch heiteren Gesicht, einst ihn, Orell, mit schönen Frauen hatte verheiraten wollen, und weder sie noch Eligius hatten gewußt oder jemals wissen dürfen, daß es für Orell nur Eine schöne Frau gab, — die nicht zu haben war. Um die zu werben ihm auch in den dreiundzwanzig Jahren ihrer Witwenschaft nie hatte zu Sinn kommen können; denn hatte sie je im Herzen aufgehört, des Eligius Frau zu sein? Gerade das aber hatte der wunderliche alte Junggesell schön gefunden und er legte seine lebenslange, von niemandem bemerkte Liebe wie einen unsichtbaren Kranz zu Füßen der Gabriele Degener hin. — Er dachte daran, wie sie sich gefreut hatte, hier im Saal, über den „Sommernachtstraum", den ihre Enkel ihr vorspielten; wie sie gelacht hatte über Thisbe. Und er dachte, und machte sich Vorwürfe darüber, daß er ihr nach Heiterkeit bedürftiges Herz noch in den letzten Wochen mit seinen Ahnungen böser Zukunft beunruhigt hatte. Während er da saß, erschien Zensi Prechtler, die Bäckersfrau, ehemals Mädchen in Grünschwaig: Josepha führte ihre alte Arbeitsgefährtin herein; Zensi hatte einen dicken Kranz mit, einen ganz und gar sichtbaren, mit einer Schleife; den stellte sie ab, und ruhigen, gesammelten Gesichts schlugen Josepha und Zensi nun das Kreuz und fingen an zu beten. Orell sah ihnen dabei zu und es ging ihm durch den Sinn: Wenn ich und viele, alle, einfach so beten könnten, wie die da beten, vielleicht würde in der Welt vieles noch anders und gut.

— Auch die Niederrotters, in alter Dankbarkeit für das Degenersche Haus, brachten der Großmutter einen Kranz.

Am Abend vor dem Begräbnistag ging Hanna, die sich übermäßig müd fühlte, früher als sonst in ihr Zimmer hinauf, saß aber noch, ohne sich zu entkleiden; mit schwerem und ein wenig neidvollem Herzen dachte sie an die Schwiegermutter, die aus allem nun fort und jeder Sorge ledig war. (Zwar, was wußte man?) Hanna fühlte es heut als eine Last, von Tag zu Tag die Verantwortung für Grünschwaig weiter tragen zu müssen, allein. Freilich war schon längst jede Entscheidung im Haus und auf dem Hof ihr überlassen, dem Gefühl aber war es doch immer ein Rückhalt gewesen, bei der Schwiegermutter als der Ältesten im Hause Rat holen zu können. Jetzt mußte Hanna selbst die Älteste sein. Nirgends mehr konnte sie sich anlehnen, nirgends mehr Kind sein. Und so kahl schien das Leben dazuliegen, nur Pflicht, nur Sorge. – Es war auch ein Schmerz in ihr geblieben, den sie in dieser Abendstunde anzurühren sich fürchtete: daß Frank, in seiner verheimlichten aber starken Erschütterung, die ihm der Tod der Großmutter bedeutete, nach Obersbrunn gewollt hatte, um bei Gunda Hirt – nicht bei ihr – Trost zu suchen. Ein Gefühl von Verlassenheit kam sie an, in ihrem einsamen, ordentlichen Zimmer; für den Augenblick war es einfach nicht mehr möglich, ganz allein zu sein. Sie stand auf und öffnete die Zimmertür, leise, und trat ans Treppengeländer hinaus, um zu dem Bild des Versöhners, des oftmals Tröstlichen, hinüberzusehen. Doch war das Treppenhaus dunkel, das Ganglicht brannte nicht mehr, nur aus ihrem eigenen Türspalt, von der Stehlampe drinnen, kam etwas Licht – zu wenig, um das Kruzifix zu erreichen. Immerhin wußte man ja, dachte Hanna, daß es da hing.

Unten im Saal aber waren Georg und Richard Degener noch bei ihrer toten Mutter. Es ergab sich so, daß sie da beide saßen, eine längere Zeit; Georg, der später gekommen war, hatte den Bruder bei ihr gefunden und sich dazu gesetzt, und nach einer Weile wollte Richard still hinausgehen, gleichsam dem älteren Bruder den Vorrang lassend, aber Georg bat ihn, zu bleiben. Und wieder nach einer Weile fing Georg ein Gespräch an, aus seinen Gedanken heraus, indem er sagte:

„Eine ernste Lehre hat sie mir hinterlassen."

Richard: „Die Mama? Was für eine Lehre denn?"

Georg: „So wie der König, ich weiß nicht mehr welcher, die berühmte Geschichte von einem König, der mit seinem Leibarzt immer Schach gespielt hat, bis der König sich einmal nicht wohl fühlte – da wurde der Leibarzt nicht vorgelassen."

Richard, bei aller Traurigkeit, mußte über die Geschichte lachen. „Aber wieso paßt das auf dich?"

„Ganz genau paßt es. Du weißt doch, ihr Leben lang — ich meine, seitdem der Papa tot war, — bin's doch immer ich gewesen, den die Mama um Rat gefragt hat, in allen wichtigen Sachen."

„Ja, natürlich."

„Und diesmal, als wir Weihnachten hier waren, hätt ich gern ernst mit ihr gesprochen, über Glaubenssachen — aber da ist sie mir ausgewichen. Ich war froh, daß du dann viel mit ihr zusammen warst. Aber ich hab mein Gespräch mit ihr tatsächlich nicht führen können. Sie hat einfach nicht gewollt."

„Das glaub ich nicht."

Georg: „Nein, ich w e i ß es. Aber jetzt schau sie dir an. Seit ich ihr Gesicht im Tod gesehen habe, bin ich innerlich ganz sicher, daß unsre Mutter mit Gott versöhnt gestorben ist, und wir können dafür nicht genug dankbar sein, nicht genug dankbar," sagte er, nach seiner Gewohnheit die Worte wiederholend. „Aber mich hat sie dazu nicht nötig gehabt, überhaupt nicht, obwohl wir doch so nah zusammen gestanden sind, — und sag mir, Richard: wem soll ich denn als Seelsorger helfen können und nötig sein, wenn nicht meiner eigenen Mutter? Daraus könnte man leicht den Schluß ziehen, daß all unsre Seelsorgerarbeit eine Unnötigkeit ist."

Richard schwieg, weil er nicht wußte, was er darauf antworten sollte.

Georg hob seinen etwas schweren Kopf und sah dem Bruder ins Gesicht:

„Eine Unnötigkeit: denn es sieht ja so aus, als gäbe es für jedermann eine subjektive Wahrheit, die er auf eigene Hand entdecken kann. So ist es aber nicht, nein, lieber Bruder, so ist es n i c h t," sagte er mit starker Betonung, „wenn es auch vielen Kindern unsrer Zeit so vorkommt. Sondern es gibt die Eine Wahrheit, sie ist uns offenbart, einige Menschen erleben sie, auch in der heutigen Zeit, und glauben an sie und zeugen für sie. Wie kommt es aber nur, daß auch die wenigen Zeugen von Gott gar nicht gebraucht, anscheinend gar nicht gebraucht werden? Ist das nicht merkwürdig? Soll man denn die Hände in den Schoß legen? Das darf man auch nicht, dagegen hat die Schrift strenge Mahnungen."

„Es ist oft zum Verzweifeln für unsereinen, aber es ist auch tröstlich, vor allem tröstlich," gab er sich selbst zur Antwort, da er von seinem Bruder auch diesmal keine Antwort bekam. „Gott ist es, nicht wir, Gott ist es, der die Menschen mit sich versöhnt."

— Tags darauf bei schönem Märzenlicht wurde Gabriele Degener von ihrer Nachkommenschaft, und einem langen Zug von Freunden und Anteilnehmenden aus der Gegend, zum Nußholzhauser Friedhof geleitet.

SECHSTES BUCH

1

Hanna benützte die Anwesenheit der sämtlichen Degeners in Grünschwaig, um die Lage des Gutes offen mit ihnen zu besprechen. Die Großmutter, als Besitzerin von Grünschwaig, hatte das Gut auf Kaspars Söhne vererbt, und zwar auf Jakob und Frank zu gleichen Teilen; ihr Vermögen aber, soweit es in Papieren bestand, verteilte sich auf Elisabeth, Georg und Richard in der Weise, daß die Zahl von deren Kindern für den jeweiligen Erbteil maßgebend war. Dies war seit vielen Jahren testamentarisch so festgesetzt, sie hatte später nichts mehr daran geändert, sich über die neue, aus der schwierigen Finanzlage des Gutes entstandene Situation nicht Rechenschaft gegeben. Zudem hatte während ihrer langen Krankheit, wo auch die Einnahmen durch Hannas „zahlende Gäste" ausfielen, von Gabrieles Aktien etwas verkauft und das Geld als Anleihe aufs Gut genommen werden müssen; dies war nun an Kaspars Geschwister zu verzinsen. Die Lage war so, daß Hanna selbst eigentlich gar nichts, und als Sachwalterin ihrer Söhne zwar ein wertvolles Gut in Händen hatte, das jedoch nichts abwarf, als nur gerade das Leben seiner Bewohner. Endlich war da noch das Fräulein Rüsch. Für sie hatte schon der vorsorgliche Eligius einmal eine Altersrente ausgesetzt und in Papieren angelegt. Diese aber waren in der Inflation auf einen spärlichen Rest zusammengeschmolzen, und Gabriele hatte es immer wieder versäumt, die Frage neu zu ordnen, und nur in der letzten Zeit einmal zu Hanna gesagt: „Gelt, ihr werdet ja mein gutes altes Rüschchen, das mich so rührend gepflegt hat, nicht im Stich lassen." Dies hatte Hanna natürlich versprochen, war auch fest entschlossen, dem Fräulein Leben und Heim in Grünschwaig zu belassen; das Gut aber konnte nicht außerdem noch die Wiederherstellung ihrer Rente aufbringen.

Und vor allem auch das war schon jetzt klar: daß Jakobs Studium von Grünschwaig aus nicht mehr zu bestreiten war. Zwar die nötige Semesterzahl für das Staatsexamen hatte er jetzt erreicht und konnte versuchen, sich daheim in Grünschwaig auf diese nächste Prüfung vorzubereiten. Doch hatte ihm sein Professor in München sehr geraten, lieber auf der Universität und mit den Professoren in Fühlung zu bleiben, nicht als „Außenseiter" ins Staatsexamen zu gehn. Es müßte also für mindestens ein Jahr weiteren Studiums Rat geschafft werden, wahrscheinlich für eine längere Zeit, falls nämlich Jakob die Universitätslaufbahn einschlüge, was Hanna sehr für ihn hoffte. – Das Gut etwa herzugeben, um Jakob dies zu ermöglichen, sei so ganz gegen den Sinn seiner Großeltern und sicherlich der ganzen Familie, daß davon keine Rede sein könne. Jakob selbst würde das niemals wollen, und es würde ein Unrecht gegen seinen jüngeren Bruder sein, dessen Leben nach aller Voraussicht sich hier aufbauen sollte. Noch weitere Lasten aber auf das Gut zu nehmen wäre nach ihrer, Hannas, Einsicht schwer zu verantworten, es sei unter den heutigen Verhältnissen ein Luxusgut, dem nur ein sehr tüchtiger Landwirt, und der selbst mitarbeitet, einen Ertrag abgewinnen könne. Ein solcher zu werden und hier in Grünschwaig wirklich einzuwurzeln, dazu müsse man Frank die Gelegenheit geben. Deshalb würde auch eine Verpachtung nicht richtig sein – falls man etwa hoffe, daß man sich damit, für den Augenblick, besser stünde.

Es wurde Hanna schwer, diese „Rede" an die Geschwister Degener zu halten (auch Alexander Fehrenkamp, Ulrike und Kitty saßen dabei), aber da sie sich nun einmal hatte entschließen müssen, tat sie es in ihrer guten, freien Art. Sie sagte nichts davon, daß die Zinsen für die Geschwister nur mit einer Sparsamkeit im Haushalt aufzubringen sein würden, wie sie sich die Großmutter für Grünschwaig kaum hätte vorstellen können; das erschien Hanna als eine Verpflichtung, die einfach einzulösen, über die nicht zu reden war. Und nicht mit dem geringsten Wort gedachte sie der jahrzehntelangen Mühe und Treue, die sie selbst an Grünschwaig bewährt hatte. Aber eben für diese Treue empfing sie nun einen schönen Lohn. Elisabeth war die Erste, die mit einem erregten, roten Gesicht, so als ob es ein Bekenntnis abzulegen gelte, von ihrem Stuhl aufstand und sagte:

„Hanna ist wie eine Schwester für uns gewesen, sie hat Grünschwaig jederzeit für uns alle offen gehalten wie ein Elternhaus, und sie hat ihre ganze Kraft für Grünschwaig eingesetzt, wir wissen nicht, ob es ohne sie überhaupt noch im Degenerschen Besitz wäre. Wenn unsre Mutter das alles richtig gewußt und bedacht hätte, ich meine, wie es mit Grünschwaig jetzt steht, dann würde sie Hanna unbedingt einen Anteil an dem Geld gegeben haben, das sie uns vererbt hat. So wäre es richtig und – also jedenfalls, wenn ich etwas dazu sagen soll, muß es so gemacht werden," erklärte sie, indem sie sich wieder niedersetzte und mit ihrem Batisttüchelchen Mund und Augen betupfte.

„Bravo. Ich schließe mich den lichtvollen Ausführungen der verehrten Vorrednerin an," bemerkte Richard, und sie lachten alle, es wurde ein Moment der wohltuendsten Grünschwaigischen Herzlichkeit und Rührung. Von Elisabeths Vorschlag wollte allerdings Hanna durchaus nichts wissen. „Ich habe ja Grünschwaig, ich hab es doch, wenn meine Buben es haben, und daß ich euer Elternhaus für euch offen gehalten habe, das war ich euch ja schuldig und es war meine eigene Freude, ich denke, das wißt ihr alle. Meint ihr, ich laß mir das gefallen, daß mich die Elisabeth jetzt auf einmal dafür ablohnen will?" sagte sie lachend; sie war auch bewegt und wußte sich davon nicht anders als mit solch einem kleinen Spaß zu helfen. — „Nein, es ist mir nur um das Studium für Jakob, es wäre doch arg, wenn er es auch, wie sein Vater, aus äußeren Gründen nicht zum Ziel führen könnte. Ich kann euch nicht sagen, wie dankbar ich bin, wenn ihr dem Buben irgendwie helfen könnt, damit er seinen Weg gehen kann."

Wie das zu machen wäre, wurde noch eine Weile beraten. Kitty in ihrer Gutheit erbot sich gleich, ihren Vater um Hilfe anzugehen, Georg aber sah es für eine Ehrensache der Degeners an, das Studium für einen der Ihrigen aufzubringen, und er faßte die Meinung und den Entschluß der Familie so zusammen: auf ihn, wegen seiner vielen Kinder, sei der „Löwenanteil" von dem Gelde der Mutter gekommen; und wenn Gottes unerforschlicher Wille nicht eingegriffen und ihm seinen Sohn Friedrich genommen hätte, so müßte er ja jetzt diesen auf die Universität schicken. Es sei also nichts in der Welt natürlicher, als daß er das weitere Studium für Jakob bezahle, und das tue er gern. Für Fräulein Rüsch werde die Familie gemeinsam einen Betrag aussetzen, der etwa dem entspreche, was der Vater Eligius ihr zugedacht, Hanna aber werde ihr in Grünschwaig, solange Fräulein Rüsch nicht etwa anderswohin verzöge, Kost und Wohnung geben und damit ihren Anteil an dieser Verpflichtung tragen. Und wenn die Lage des Gutes sich bessern sollte und einmal ein anderer Degener Hilfe nötig hätte, so würde Grünschwaig diese Hilfe geben, das sehe er bei Hannas Kindern für selbstverständlich an.

„Ja. Ich dank dir, Georg," sagte Hanna. Und so endete die Besprechung in allgemeiner Übereinstimmung und Zufriedenheit.

Jakob ging nach München zurück mit dem Entschluß, sich durch Stunden nebenher etwas zu verdienen, um so die Studienkosten, die nun sein Onkel für ihn aufbringen mußte, auf ein

Mindestmaß zu beschränken. Er machte sich Vorwürfe, daß er an die Möglichkeit nicht schon früher gedacht. Eine Gelegenheit zu solchen Stunden fand sich auf eine ihm unerwartete Weise. Er erzählte seinen Hausleuten in der Glückstraße, Mutter und Tochter Gabreiter, von seiner Absicht, Schüler zu suchen, da sagte das Mädchen:

„Ja, Herr Degener, wollen Sie nicht vielleicht mich zu einer Schülerin nehmen?"

Es war ihr so herausgefahren, sie wurde ein wenig rot und warf einen bittenden Blick auf ihre Mutter, da Jakob antwortete: „Sie, Fräulein Gabreiter? Und noch gern!"

Das Mädel (so erklärte ihm nun die Mutter) liegt ihr und dem Vater schon immer in den Ohren, daß sie gar nichts weiß und kann, und noch etwas lernen will. Und es ist auch wahr, der Vater hat ihr die Handelsschule versprochen, wie seinem Ältesten, der ist jetzt schon bald fertig damit, oder wenigstens, daß sie Englisch oder Französisch lernen darf. Aber nun kann sie, die Frau Gabreiter, mit den Füßen nicht recht fortkommen, so im Haus wird ihr der Herr Degener wohl nichts angemerkt haben, aber halt das Ausgehen und Einholen wird ihr zu schwer, drum hat ihr die Tochter jetzt immer noch helfen müssen, in dem Haushalt mit den zwei Männern, schlimm ist es ja nicht, aber muß eben doch gemacht sein. Und wenn es jetzt wirklich sein könnte, daß ihr der Herr Degener im Haus Stunden gibt, da versäumt sie nicht viel Zeit dabei, kann deswegen der Mutter doch an die Hand gehen, das Mädel wäre überglücklich und ihrem Vater wird es auch lieb sein. Und wegen dem Stundengeld, das könnte man ja aufs Zimmer anrechnen, wenn es dem Herrn Degener so recht ist?

Therese Gabreiter wippte fröhlich auf ihren Zehenspitzen, strahlend übers ganze Gesicht, und Jakob wandte nur noch ein: „Ich kann Ihnen höchstens ein bissel Englisch beibringen, oder vielleicht Literatur und Geschichte. Aber was ich davon weiß, werd ich Ihnen schon sehr gern mitteilen, wenn ich das Stundengeben nur auch richtig zusammenbring, ich bin selber neugierig, und es ist für mich eine gute Übung."

„Also, das ist ausgemacht," sagte das Mädchen, sie streckte ihm ihre schöne, schlanke Hand hin, eine kleine Scheu in ihrem Blick, der ihn blau und ernst anleuchtete.

Der Vater Gabreiter war Buchhalter an einer Bank, ein schmächtiger Fünfziger, mit dem Ausdruck entsagungsvoller Zuverlässigkeit, wie oft auf den Beamtengesichtern der älteren Zeit. Noch denselben Tag, als er von seiner Arbeit heimkam, wurde seine Zustimmung zu den Stunden der Tochter eingeholt.

Den Eltern schien es am nützlichsten, daß sie Englisch lernte, sie selbst aber wollte am liebsten von Jakobs eigenen Fächern etwas mitbekommen, eine Schande war es, sagte sie, von der Geschichte und allem Großen, was es gegeben hat, so wenig zu wissen, und man wurde einig, daß ihr Jakob in der Woche zwei Englischstunden und dreimal „Literatur und Geschichte" geben sollte; dieses dachte er, durch die Zeiten hingehend, in einander zu nehmen, ihn lockte die Aufgabe, je mehr er darüber dachte, und er hatte dafür sein Zimmer beinah umsonst. Jeden Wochentag außer dem Samstag, den er sich freigehalten, saß er fortan, meist zu einer Abendstunde, mit Therese an seinem Arbeitstisch zusammen. Sie kam wie ein Schulkind mit ihrem Buch und Heft, sie war die aufmerksamste und dankbarste Schülerin, und diese Lektionen machten ihm selber so viel Freude, daß er sich auf einer Ungeduld ertappte, wenn ihr leichtes Klopfen an seiner Tür sich einmal verspätete. Daß der Herr Student ein zuverlässiger Mensch war, der keine „Sachen" mit der Tochter anfangen würde, sondern ehrbar und ernsthaft mit ihr arbeitete, davon hatte sich Frau Gabreiter selbst überzeugt, indem sie anfangs einigen Stunden beiwohnte und den Homer in der Vossischen Übersetzung vorlesen hörte. Mit Homer nämlich und mit Schwabs Sagen des klassischen Altertums fing Jakob seine Aufgabe an, er las etwas daraus vor und gab Therese dann auf, die Bücher für sich auszulesen und ihm den Inhalt nachzuerzählen. Es sei ganz unterhaltlich, sagte Frau Gabreiter zu ihm, und wenn sie Zeit hätte, möchte sie auch noch wieder Schülerin sein und so gelehrt werden, wie ihre Therese jetzt bald sein würde; aber leider, für eine Hausfrau sei das nicht zu machen und ihr Kopf sei auch wohl nicht mehr frisch genug dazu.

Zu Quints und zu den Eltern Fehrenkamp ging Jakob noch immer an den Dienstagen und Donnerstagen. Quint war dabei, seinen zeitungswissenschaftlichen Kurs mit einer Prüfung abzuschließen; am 1. Mai wollten er und Natalie nach Genf, die Wohnung in der Konradstraße war zu diesem Zweck schon gekündigt und Natalie mit Packen beschäftigt. Jakob fand seinen Vetter verstimmt und reizbar. Von den Zeitungswissenschaftlern behauptete er, daß sie „eine ganz eigene Rasse von Studenten" wären. Überhaupt sei das alles Unsinn, Publizist sein zu wollen in einem Land mit einer „gelenkten" Presse. „Dazu braucht man entweder ein so rührend gläubiges Gemüt wie deines," sagte er zu Jakob, „oder die vielleicht auch sehr erstrebenswerte Fähigkeit, sein Mäntelchen nach dem Wind zu hängen. Beides, muß ich gestehen, ist nicht ganz mein Fall."

Er fuhr mit zorniger Miene fort: „Wahrhaftig, wenn ich könnte, würde ich mich in den Dienst von diesem ‚Propagandaminister', Herrn Goebbels, stellen. Er ist der einzige von der ganzen Gesellschaft, der wirklich Verstand hat, man siehts ja auch an seinem Gesicht, dumm sieht der nicht aus, und er bringt es fertig, auf eine geradezu s c h ö n e Art zu lügen, es ist ein Vergnügen zu sehen, wie er die Tatsachen beim Kragen nimmt und sie mit einer eleganten Bewegung auf den Kopf stellt. Daß er einen Hinkefuß hat wie der Teufel im Märchen, ist eigentlich auch ganz hübsch. Es müßte anregend sein, unter ihm zu arbeiten, man müßte versuchen, ihn dahin zu bringen, daß er's auch für's Ausland ein bißchen glaubhafter macht. Denn für unsre lieben Deutschen ist seine Propaganda meisterhaft berechnet, aber von der Psychologie der Andern verstehen diese Leute alle zu wenig, da würd ich mir zutrauen, manchen nützlichen Rat zu geben. Kurz und gut, es wäre eine Karriere für mich, eine sehr aussichtsreiche sogar — wenn ich nur nicht, leider, mit dem bürgerlichen Vorurteil aufgezogen wäre, das Gewissen und die Wahrheit für maßgebende Dinge zu halten. Daß unsereiner sich das nicht abgewöhnen kann, ist vielleicht der Beweis dafür, daß wir ‚degeneriert' sind, wie deine Nazis behaupten. Immerhin hat ja schon Machiavelli ähnliche Grundsätze oder vielmehr Nichtgrundsätze vertreten, mir kommt nur immer vor, daß der doch ein anderes Kaliber war. Freilich, er schrieb für Fürsten, nicht für Proleten. Und weil jetzt ja die Proleten ausschlaggebend sind, haben Hitler und Goebbels womöglich nur recht, sich darauf einzustellen."

„Ich hab nicht gern, wenn du so redest, Quint," sagte Jakob. „Weil du ja selber nicht daran glaubst."

„Glauben! glauben! — Sag mir doch: woran glauben wir denn eigentlich?"

„Wir glauben an Deutschland," sagte Jakob.

Damals waren die Zeitungen erfüllt von Berichten über den Prozeß um den Reichstagsbrand, durch den erwiesen werden sollte, daß der junge van der Lubbe im Auftrag der Kommunistischen Partei das Feuer gelegt hatte. Der Angeklagte machte vor Gericht Aussagen, die Quint „sonderbar gefügig" fand, er nannte das ganze Verfahren einen Schauprozeß und behauptete, daß man van der Lubbe Mittel eingegeben habe, die ihn willenlos machten. Quint nahm diese Meinung aus fremdländischen Blättern, es standen darin merkwürdige Einzelheiten über den Prozeß zu lesen. Jakob aber hielt das für eine ungeheuerliche Verleumdung, es gab ihm das Gefühl, als bestehe eine internationale Verschwörung, die Ehre und Rechtlichkeit unsres Landes zu verdächtigen, gerade in dem Augenblick, da wir aus unsrer Schwäche heraus uns zu neuer Kraft sammelten und, als Wiedergenesende, des Wohlwollens unsrer Nachbarn so sehr bedurften. Quints Behauptungen hatten ihn schon früher beunruhigt, Jakob konnte davon nicht loskommen. Und als er von Alexander Fehrenkamp erfuhr, daß der einen hohen Justizbeamten kannte, zwar jetzt längst außer Dienst, aber doch einen Mann, der ein Richter des Landes gewesen war, bat er den Onkel, ihm einen Empfehlungsbrief an diesen Herrn zu geben, damit er ihn besuchen könne.

Alexander Fehrenkamp: „Und da willst du einfach hingehn und ihn fragen?"

„Ja! ihn fragen, ob er so einen lügenhaften, einen ‚Schauprozeß', wie Quint sagt, in unserm Deutschland für möglich hält. Er muß es doch wissen, wenn er ein Richter ist."

Tante Elisabeth fand besser, daß man den Herrn zum Tee einlüde, und Jakob dazu, damit er dann im Gespräch seine Frage anbringen könne. Aber der Onkel meinte, er kenne ihn zu wenig, um ihn zu sich ins Haus zu bitten. Er versprach also Jakob den Brief. „Es hätte mich selbst interessiert, aber du mußt uns dann eben erzählen, was er gesagt hat. – Quint wirst du vielleicht lieber gar nicht erwähnen," setzte er, nach einigem Nachdenken, hinzu.

Zwei Tage später läutete Jakob an der Tür einer vornehmen Wohnung am Isarufer. Ein Hausmädchen, sauber schwarz und weiß, öffnete ihm. Er bat, den Herrn Justizrat sprechen zu dürfen und reichte den Brief seines Onkels hin.

„Einen Moment, bitte."

Sie war ziemlich rasch wieder da und führte ihn in einen bücherumstellten Raum; vom Schreibtisch erhob sich ein alter Herr mit einem um die Lippen sorgsam ausrasierten weißen Schnurrbart, eine sanfte Hand reichte er ihm hin und forderte ihn auf, Platz zu nehmen.

„Sie sind Dr. Degener?"

„Ja," sagte Jakob. Ihn machte es noch immer verlegen, wenn ihm sein allzu junger Doktortitel vorgehalten wurde.

„Und womit kann ich Ihnen dienen? Ich habe den Brief meines Freundes Fehrenkamp nur eben rasch überfliegen können und mir ist nicht ganz klar geworden, was Sie von mir erwarten."

Jakob konnte das Wort nicht gleich finden. Was ihm so selbstverständlich als aller Deutschen dringendste Angelegenheit erschienen war, das ließ sich in der Arbeitsatmosphäre dieses stillen Raumes, angesichts eines würdigen fremden Mannes, doch nicht so leicht vorbringen.

Er sagte: „Herr Justizrat, bitte verzeihen Sie, daß ich so als Unbekannter mit einer Frage daherkomme. Die Frage liegt mir so sehr am Herzen und mein Onkel, Herr von Fehrenkamp, meinte, ich dürfte sie Ihnen vortragen, wahrscheinlich, weil er gesehen hat, wie sie mich beunruhigt. — Ich habe ausländische Zeitungen gesehen, in denen steht, daß es bei dem Prozeß um den Berliner Reichstagsbrand nicht ehrlich zugeht." Er bemerkte einen abweisenden Ausdruck in den Augen seines Gegenübers und fuhr eilig fort: „Bitte, Herr Justizrat, wenn Sie mir eine schlimme Auskunft geben müssen, seien Sie ganz gewiß, daß ich sie vor keinem Menschen wiederholen werde. Denn ich kann mir denken, daß das dann — nicht geht. Aber ich m u ß einfach von einem deutschen Richter hören, ob er es für denkbar hält, daß ein deutsches Gericht etwas anderes tun könnte, als das Recht und die Wahrheit suchen. Sie verstehen doch, daß man das wissen muß. Wenn diese ausländischen Zeitungen nicht lügen, dann könnte man ja gar nicht mehr leben in unserm Land, es wäre eine solche Schande ...es kann einfach nicht wahr sein."

Ein deutscher Prozeß, bei dem es nicht ehrlich zugehe, sei ausgeschlossen, erklärte der Justizrat kurz. „Zeigen Sie mir doch einmal die Zeitungen, die solche Sachen schreiben."

Jakob holte das Blatt hervor, das ihm Quint gegeben, der alte Herr las, sein Gesicht rötete sich dabei, und mit einer leicht zitternden Hand reichte er es Jakob wieder hin.

„Das sind infame Lügen," sagte er, seine Stimme blieb weltmännisch ruhig. „Ich muß offen sagen, ich finde es merkwürdig, daß Sie in mein Haus kommen auch nur mit dem leisesten Gedanken, als ob solche Dinge bei einem deutschen Gericht möglich wären. Wenn Sie Historiker sind, wie mir Ihr Onkel schreibt, werden Sie gut tun, Ihre Anschauungen nicht aus solchen Schmutzblättern zu beziehen."

„Sie haben recht. Ich hab es ja gewußt. Gott sei Dank! — Verzeihen Sie," sagte Jakob, sehr beschämt, aber so strahlenden und dankerfüllten Blickes, daß sich der Justizrat mit dem sonderbaren Eindringling aussöhnte. Er sagte daher in freundlicherem Tone: „Sie wissen, daß ich nicht mehr im Amt bin. Aber ich habe selbst einen Sohn, der als Referendar in Leipzig bei diesem Prozeß beschäftigt ist, ich müßte also aus erster Quelle wissen... Es ist völlig ausgeschlossen, daß da etwas nicht korrekt zugeht. Sie können mein Wort darauf nehmen: infame Lügen," betonte er nochmals, indem er ihm die Hand gab und ihm noch einen Gruß an Alexander Fehrenkamp auftrug.

Erst als sich die Tür hinter Jakob geschlossen hatte, kam es dem Justizrat, daß die Behauptungen dieser niederträchtigen Zeitung sich auf Dinge bezogen, die dem Angeklagten van der Lubbe in der Haft der Geheimen Staatspolizei angetan sein sollten. Und daß van der Lubbe von der Gestapo in Gewahrsam gehalten wurde, das traf zu, er wußte es. Es könnte also der Hergang des Prozesses äußerlich ganz richtig sein, die Aussagen des Angeklagten aber entwertet durch Beeinflussungen „hinter der Szene", in die man keinen Einblick hatte. Aber dann müßte sein Sohn ... Nein, er mußte nicht notwendigerweise davon wissen. Man hätte das Zeitungsblatt doch vielleicht dabehalten sollen. Er nahm sich vor, seinen Sohn bei nächster Gelegenheit zu befragen. — Der Gedanke, daß er diesen jungen Menschen, seinen Besucher, so glücklich und getröstet in den hellen Apriltag hinausgeschickt hatte, und daß da womöglich im Hintergrund doch etwas war, etwas unbegreiflich Grauenhaftes, das man nicht sehen und nicht fassen konnte, befiel ihn erschreckend, er spürte es bis in die Knie hinein. Er ging langsam zum Fenster.

Da zog der Fluß, das vertraute Bild. Glänzte herauf durch die Alleebäume. Aber er war ihm noch nie so vorgekommen wie heut: an den Häusern der Stadt, an dem Leben der Menschen, die darin wohnten, vorüberfließend als ein fremdes Element, dessen Art niemand kannte.

2

In seinem Haus, in seinem eigenen Leben muß man doch glücklich sein können, wenn es auch wahr wäre, daß sonst in der Welt die Dinge so schlimm sind. Sein Haus muß man einfach sauber halten, nichts hereinlassen, was unrecht ist. Miteinander muß man leben, da darf keine Lieblosigkeit sein, keine Unwahrheit. Wenn man Kinder hat (wann werd ich ein Kind haben?), muß man sie richtig erziehen. Und die Menschen, die wir kennen, sind doch eigentlich lauter anständige; die werden es auch so machen. Dann kann doch nicht viel Arges geschehen!

Solche Morgengedanken dachte Silvia Faber, die mit ihrem Mann Anfang Mai 1933 einen langersehnten Urlaub in Kampen auf Sylt verbrachte. Sie hatte sich das Meer schon lange gewünscht, vor allem aber sich „eine ganz alleinige Zeit" mit Hugo gewünscht, eine freie, wo sie ihn von morgens bis abends für sich hatte und die Wege mit ihm gehen, die Gespräche mit ihm führen konnte, für die der Arme sonst meistens viel zu müde war, wenn er aus seinem Büro zurückkam. Beim Regierungswechsel im Januar des Jahres war Hugo ins Ministerium berufen worden, in das der neue Eisenbahnminister in bemerkenswerter Unabhängigkeit von den Wünschen der herrschenden Partei nicht die „politisch bewährten", sondern die brauchbarsten Kräfte holte. Es war ein großer beruflicher Erfolg für Hugo Faber, aber die Arbeit häufte sich so, daß Silvia fürchtete, er würde krank; und als sich nun die Möglichkeit ergab, für vierzehn Tage dem Dienst zu entschlüpfen, hatten sie das gleich benützt, obwohl der Strand um diese Zeit noch kühl und stürmisch war. Man muß die Feste feiern wie sie fallen. Später gingen dann wieder andere, Hugos Kollegen, in Urlaub, dann würde er wieder zurückstehn. Das ging so nicht weiter.

Und überhaupt muß man einmal eine alleinige Zeit mit seinem Mann haben. Es ist nötig.

Er lag mit dem Kopf an ihrer Schulter. Er schlief noch. Er hatte sich schon erholt, in diesen sechs Tagen. Noch nicht die Hälfte des Urlaubs vorbei, Gott sei Dank! aber er sah schon jetzt besser aus, nicht mehr so müde, und schon ein bißchen braun, liebes, vertrautes Gesicht. Wir wollen doch nicht mehr diese Sachen reden, wie gestern abend, sagte sie zu dem Schläfer. Zu was soll es gut sein, da wir doch nichts daran ändern können? Warum muß es uns so grämen, wenn unsre neue Regierung, wie du sagst, das Geld zum Fenster hinauswirft, das sie nicht hat, und wenn die Geschichte mit den schönen Autobahnen gar nicht fundiert ist, und wenn es richtiger gewesen wäre, wie es dein Herr Minister wollte, lieber mit einem kleinen Teil von dem vielen Geld, das die Autobahnen kosten, die deutsche Reichsbahn auf einen guten Stand zu bringen. Wenn sie wirklich ein Schwindelvolk sind, der Hitler und seine Gesellen, die viel reden und wenig arbeiten, und man weiß nicht, wohin das Geld kommt, und man weiß nicht, was sie sonst noch alles im Finstern treiben — kann ich es denn ändern? Meine Mutter hat nie von Politik gesprochen, gar nie, ich besinne mich genau; wenn eine politische Unterhaltung anfing, hat sie versucht, sie zu unterbrechen, und wenn ihr das nicht gelang, ist sie unauffällig hinausgegangen, hatte auf einmal im Haus etwas zu tun. Recht hat sie gehabt, find ich. Freilich muß eine Frau die Sorgen ihres Mannes teilen, das ist auch wieder wahr. Aber laß uns doch beide die Sorgen wegtun, die uns zu schwer sind. Wir sind füreinander da und sind uns einander genug. Sind wir das nicht? Für mich wenigstens bist du mein Haus und Hof, mein Feld und Acker, mein Pferd und Vieh und alles miteinander, lieber Mensch, der du bist.

Da sie diesen zärtlichen Unsinn mit leise bewegten Lippen an seiner Stirn flüsterte, wurde er wach, sie sah mit dem Bewußtsein zugleich die Freude in seinen Augen erwachen und sie mußte in seinen Armen einmal tief aufseufzend Atem holen in der guten, festen Gewißheit ihres Glücks.

„Fischreiher" hieß die kleine Pension, in der sie untergebracht waren. Sie verlebten dort ihre Tage ohne festen Plan. Daß sie sich mit dem Frühstück an keine bestimmte Zeit halten müßten, hatte Silvia gleich erbeten und bewilligt bekommen; denn sie waren für jetzt die einzigen Gäste, außer einer Sängerin, einer hübschen, gutmütig-dicken Frau mit etwas pathetischen Künstlermanieren, die zum Besten ihrer Stimme, wegen des Jodgehalts der Seeluft, hierher kam. Wenn es den Beiden gefiel, blieben sie in den Tag hinein liegen, am ersten Morgen hatte Silvia das Frühstück für sich und Hugo ins Zimmer heraufgeholt. Meist aber, und so auch heute, lockte der frühlingswilde Morgenhimmel über der Nordsee sie hinaus, sobald die Sonne da war. Im Badezeug und Mantel gingen sie, gegen den Wind gelehnt, frierend ein bißchen und vergnügt wie Kinder, über offenes Insellland dem Westufer zu, stiegen von der hohen Düne zum Strand hinunter und liefen in die mächtig herankommenden Wellen hinein, die über einen hergehen, einem die Füße vom Grund nehmen, eine wandelnde, schwere, salzbittere Urgewalt, sie weiß von uns nichts, sie fragt nicht nach uns. Es stimmte wohl, man konnte jetzt noch nicht gut in der Sonne stille liegen, sie hatte erst eine junge Frühjahrskraft, und es blies zu stark, man mußte sich Bewegung machen nach dem Bad. Aber das war das Schöne in dieser ungünstigen Badezeit, wo es den meisten Leuten noch zu kalt ist: daß der Strand fast leer war, daß er ihnen zu eigen gehörte. Sie mußten niemand kennen, mit niemand sprechen, auch bei der Sängerin, wenn man einander begegnete, genügte ein Gruß im Vorübergehen; aber die war heut nicht zu sehen, nur ein paar fremde Badegäste erschienen auf dem Rand der Dünen, über die hoch oben die einzelnen eiligen Wolken dahinfuhren. Silvia, mit Hugo am Strand hingehend, ihr braundunkles Haar voller Seewind – sie hatte es aus der Badekappe befreit und es wurde nur durch den Mantel, in den sie wieder hineingeschlüpft war, am freien Fliegen gehindert – Silvia sah und atmete den sprühenden Schaum der Wellen und sagte, sie mußte es laut in den Wind rufen:

„Wenn wirklich das für die Stimme so gut ist, wie unsre Sängerfrau behauptet, dann werd ich bald auch zu singen anfangen, mir ist ganz danach."

„Tu's doch," bat er sie.

Sie versuchte es, es riß ihr die Töne vom Mund. „Das singt ganz woanders, aber ich bin bei dir," schrie sie ihm fröhlich ins Ohr.

„Mit einem Hunger wie zwei Bären" kamen sie an Frau Arnekamps Frühstückstisch zurück. Die Frau brachte ihnen selbst die Kaffeekanne und die Eier mit Speck; sie hatte ein altes, versorgtes Gesicht. Silvia fand, daß sie ein bißchen zu sehr auf ihren Gewinn aus war, jeder kleine Sonderwunsch wurde tüchtig berechnet. Aber Hugo Faber wußte das zu würdigen und hatte seiner Frau erklärt, daß es kein Leichtes ist, als Witwe, die sie war, jahraus jahrein von den Gästen ihr Brot verdienen zu müssen, die Steuer und den Lohn und die Krankenversicherung der Angestellten; die kurze Saison, und dabei noch abhängig zu sein von den Launen des Wetters. Sie mochte noch so treu und sorgsam ihre Arbeit tun, ein verregneter Sommer konnte sie dennoch in Schulden bringen, und wenn andere den Mann hatten, der als Träger oder mit Bootsfahrten etwas zuverdiente, so mußte Frau Arnekamp den Hausknecht bezahlen, der mit dem Streifen „Pension Fischreiher" auf der Mütze zum Bahnhof ging und dem, wenn die Fremden sparsam gesät waren, das Interesse des Hauses nicht so sehr sein eigenes war, daß er sich um des Kundenfangs willen großen Mühen ausgesetzt hätte. Hugo zog die Frau Arnekamp jedesmal ins Gespräch, es war seine Art, er war gut und voll Teilnahme mit allen Menschen; die Wirtin saß denn auch heut wieder erzählend am Tisch, während sie frühstückten. Es wollte Silvia zuerst leidtun um die verschwätzte Zeit, aber das Stück Menschenschicksal, das sie zu hören bekam, nahm sie bald gefangen.

Arnekamps hatten einen Sohn gehabt, der war vor dem Weltkrieg nach Übersee gegangen, hatte sich herumgeschlagen, da und dort, und schließlich auch Fuß gefaßt, in Pernambuco ein Geschäft aufgebaut, Export, es war gut gegangen, sodaß er die Eltern von drüben her hatte unterstützen können, sie hatten ganz hübsch zurückgelegt, in den Jahren, und ein sorgenfreies Alter vor sich gesehen.

„Aber denn kam ja der Krieg," erzählte sie. „Was mein Arnekamp war, der war ja schon über die fünfzig weg, wissen Sie, wie das anfing, und ich dachte, sie lassen ihn mir zu Hause. Aber sie haben ihn eben doch noch eingezogen, zum Küstenschutz, und denn ist er mit'm Boot auch richtig noch auf 'ne Mine gelaufen. Was meinen Sie? Tot war er, der arme Mann, für's Vaterland, ja, und ich bin alleine übrig geblieben mit meinem ‚Fischreiher' . . .

. . . Ja, und der Sohn, was glauben Sie? dem haben sie ja sein Geschäft und sein verdientes Geld drüben einfach kassiert, ja, deutsches Vermögen, das konnten sie mit uns machen, sogar interniert haben sie ihn, er hatte das versäumt, daß er zur rechten Zeit die brasilianische Staatsangehörigkeit erworben hätte. Wozu sollte er auch? wer konnte denn das alles so wissen? Er hatte ja drüben 'ne Frau genommen, 'ne Brasilierin, und wie das alles so kam und wie er mit einemmal bettelarm war, hat ihn die im Stich gelassen, ja; mit den Frauensleuten hat es der Junge nie so sehr verstanden, ein langsamer Mensch, wissen Sie, Herr Faber, grade wie sein Vater auch. Bis sich die Arnekampschen einmal umgedreht haben, nimmt ihnen ein anderer, der flinker ist, den Bissen vom Munde weg, ja...

... Zuerst war ich ja froh, daß der Junge so weit vom Schuß war und nicht auch noch in den Krieg mußte. Aber wie er denn im Jahre 19 auf einmal zurückkam, mit nichts, wissen Sie, als einem hungrigen Magen und ein paar leeren Taschen, das war doch ein Schreck, war das, bei aller Freude. Denn was sollten wir denn anfangen? Das aufgesparte Geld ist uns ja denn auch, in der Inflation, alles durch die Finger gelaufen, ja, weg war es – und für meinen Jungen war das zu viel, erst die Geschichte drüben und nu auch noch hier: der wollte nich' mehr. Mit dem Fremdenverkehr war das ja nichts mehr bei uns, können Sie sich denken, in den Elendsjahren; wohl, es gab schon noch Leute, die Geld hatten, weiß der Himmel, wo sie es hernahmen, aber man hatte immer seine liebe Not, es wieder anzubringen und sich die nötigen Vorräte dafür anzuschaffen, weil, es war ja immer von einem Tag auf den andern nichts mehr wert, man plagte sich ab, und kam nichts dabei heraus. Da hat sich mein Junge Arbeit im Ruhrgebiet gesucht, aber dahin kamen ja denn auch noch die Franzosen, und es kam der passive Widerstand, wenn Sie sich erinnern können, mit der Arbeit war es wieder nichts. Und wissen Sie, was er da machte? — Ohne mich zu fragen, da konnt er auf einmal fix sein, wo es das Falsche war, ich sage ja, er wollte nich' mehr, der Junge. Zur Fremdenlegion gemeldet hat er sich, die Franzosen haben ja damals immer geworben, in Deutschland, für ihre Fremdenlegion. Da hat er sich fangen lassen, und mir hat er's erst von Afrika aus in einem Brief zu wissen getan. Nee, wissen Sie, Herr Faber, was man so durchmacht, in dem Leben. 'n paarmal sind ja denn wohl noch Briefe gekommen, aber jetzt schon viele Jahre nichts mehr, er ist gewiß längst tot, mein armer Junge."

Es flossen zwei einzelne große Tränentropfen aus ihren Augen zu den Mundwinkeln herunter, aber ihr Mund und Blick war nicht klagend, sondern fest. Sie sagte:

„Ich bin ja nu jetzt ganz alleine, sehen Sie, Herr Faber, eine alte Frau, das ist kein Vergnügen. Hat wohl so sein sollen, man kann nichts daran machen, aber jammern, nee, jammern hat mich noch keiner gehört, und jetzt schon gar nich', wo wir den Adolf Hitler und die neue tüchtje Regierung haben! Und daß wir die haben, da hab ich auch mein Teil dazu getan, ja, da ist auch nich' Eine Wahl gewesen, wo ich es versäumt hätte, meine Stimme für Adolf Hitlern abzugeben, und was der Führer noch weiter von uns verlangt, das will ich auch tun, für's Vaterland, ja, wenn ich auch man 'ne alte Frau bin. Denn sehen Sie, das steht nun mal so klar vor Augen, daß man es mit Händen doch beinah greifen kann, möcht ich sagen. Eine starke, tüchtje Regierung müssen wir Deutschen haben, und eine Flotte auch, ja, mein oller Arnekamp, der war auch schon immer im Flottenverein, vor'm Weltkriege schon, und eine Armee müssen wir auch wieder aufstellen, damit daß die andern nich' alles mit uns können machen, was sie lustig sind. Wenn wir 'ne tüchtje Regierung gehabt hätten, sehen Sie, Herr Faber, und hätten den Krieg gewonnen, da hätten die auch meinem Jungen sein Geschäft nich' so wegnehmen können, bloß weil er Deutscher war. Was die Engländer sind, denen passiert so was nich', und uns soll es auch nich' mehr passieren, auf die Hinterbeine müssen wir uns stellen, sag ich nur immer, das ist nu mal so, auf dieser Welt. Und sie sollen auch nich' kommen und unsre Jungs für ihre Fremdenlegion wegholen, wir können ja in Frankreich so was auch nich' machen. Also! Und im Lande muß Anstand und Ordnung sein, und dafür sorgt unser Führer, es hat sich ja schon vieles gebessert, in den paar Monaten, man sieht es ja ordentlich, wie das gleich anders kommt, wenn einer so den richtjen Willen und die richtjen Gedanken zum Regieren hat. Und da hab ich denn doch meine Hoffnung und meine Freude, sehen Sie, Herr Faber, für meine alten Tage..."

Silvia hatte dem Bericht mit warmem Blick und bestätigendem Nicken zugehört, bis er in dieses verwunderliche Loblied einer einsamen alten Frau auf den Führer hinausmündete; sie sah, als Frau Arnekamp geendet hatte, rasch zu Hugo hinüber, sie fürchtete, er werde einen Widerspruch dagegensetzen. Aber er blickte nur mit sehr ernst gewordenem Gesicht vor sich nieder.

Den Tag über sprachen sie beide nicht mehr davon. Hugo schien es abgeschüttelt zu haben, er zeigte sich vergnügt und unbeschwert, als sie sich nachmittags auf den Weg nach Keitum machten, landeinwärts über die Insel. Sie sprachen dies und jenes, im Gehen, von der Großmutter in Grünschwaig, die nun nicht mehr da war, und von Silvias Geschwistern, die für sie immer ein Stück Mitverantwortung ihres fürsorglichen Herzens waren, von ihrer Mutter her. Um Luzie sorgte sie sich, sie sollte ein Kind bekommen, aber trotzdem, mit ihrer Ehe war irgendetwas nicht in Ordnung, man wußte nicht, was. Und wie würde es mit Ninette werden, die so ein heftiger, unberechenbarer Mensch war? Aber glaubte er nicht auch, fragte sie ihren Mann, daß zuletzt doch alles aufgehoben war im Guten, nach einem Sinn, dem wir vertrauen dürfen? Und sie war glücklich, daß er damit einverstanden schien.

Der Tag war von Wolken überlaufen, die nicht mehr so eilig wie am frühen Morgen dahinzogen; in wechselndem Licht, weit draußen, leuchtete und dunkelte das Meer. Eine grade, langweilige Landstraße war es, auf der sie gingen, saubere, wohlumzäunte Häuschen mit Schildern, die auf zu vermietende Zimmer hinwiesen. Wenn hier das Land Geheimnisse hatte, so verschwieg es sie demütig, wie um damit zu bekunden, daß es nur von Meeres Gnaden da sei, aus dem Meer einst emporgehoben, ein wenig Sand und Schlick und Graswuchs, Bäume, jetzt schön im ersten Maigrün, aber in zäher Mühsal gewachsen, die den Nordseewind als einen unwilligen Riesen kannten; und alles miteinander, samt den Wohnungen der Menschen, konnte das Meer wieder zudecken, wenn es ihm je so gefiele.

Das Watt lag still, einer Binnensee ähnlich, weil das langhingestreckte Sylt sich schützend davorschiebt. Hugo machte Silvia darauf aufmerksam, daß es erst in einer beträchtlichen Entfernung vom Strand wieder Schaumkronen auf den Wellen gab. Drüben das Schleswigsche Festland war ein deutlich sichtbarer Streif im Abendlicht.

„Es ist schön und gut; mit dir sein, ist gut. Aber du kannst lachen oder nicht, ich bin schon wieder hungrig," sagte Silvia.

„Also ein Kaffee und Kuchen, bevor wir heimgehen?"

„Nicht Kaffee und Kuchen. Was Richtiges, was Kräftiges."

„Und unser Abendbrot bei Frau Arnekamp, das auf uns wartet?"

„Das essen wir trotzdem noch, das macht nichts aus. Und, bitte, laß uns nicht in ein Lokal hinein, laß uns im Freien bleiben, die Luft ist so herrlich, man sollte eigentlich sogar auch schlafen im Freien. – Es gibt sicher irgendwo einen Wirtsgarten."

Der Wirtsgarten fand sich, wo man auch ein vorzeitiges Abendessen bestellen konnte. Die Kellnerin brachte etwas verwundert, da die Gäste meist noch im Zimmer saßen, ein Tischtuch in den Garten hinaus, das sie mit Klammern befestigte.

„Wird dir nicht kühl sein?" fragte Hugo.

„Mir nicht. Dir? – Dann ists ja gut. Wir können ja immer

später noch hinein." Silvia bestellte sich ein kleines Fischgericht und ein Viertel Wein, und Hugo mußte mithalten.

Als die Kellnerin das Bestellte brachte und wieder gegangen war, faltete Silvia, nach einem etwas schüchtern fragenden Blick auf ihren Mann, die Hände, er tat es ihr nach, und sie betete: „Wir danken dir für alle Gaben, die wir von dir empfangen haben."

„Es ist gut von dir," sagte sie dann.

„Was ist gut von mir?"

„Daß du mittust. Wir wollen es doch immer tun, ja? Auch zu Haus wieder. — Verstehst du, ich bin eigentlich ... ich glaube, ich bin nicht so richtig fromm, wie mein Vater. Aber ich weiß, daß er es gern so haben würde. Schließlich hast du eine Pfarrerstochter geheiratet."

„In meinem Elternhaus," sagte Hugo Faber, „ist auch immer bei Tisch gebetet worden."

„Ja, siehst du. Und..."

„Und?"

Silvia, leise: „Und die größte Gabe, die einzige, die an unserm Glück noch fehlt, die können wir auch nur... können wir auch wie alles andere nur von Gott empfangen."

„Ja," sagte Hugo.

Sie aßen und tranken dann ziemlich schweigsam. Von ihrem Fisch aufschauend sah Silvia wieder den tief ernsten Ausdruck von heut morgen in seinem Gesicht.

„Bist du jetzt traurig — nein, sag es mir nur, bist du deswegen traurig, weil ich noch keinen Sohn für dich habe?"

„Nein, nein, Liebe, was denkst du! Unser Sohn wird schon kommen."

„Also, wenn es das nicht war, woran du gedacht hast, dann weiß ich genau, was es ist. Ich war den ganzen Tag so froh, daß du nicht davon angefangen hast, es schien mir, du dächtest nicht mehr daran, ich wollte überhaupt so gern, daß wir in unserm Urlaub nicht mehr von der dummen Politik reden müßten. Aber da hat es also doch den ganzen Tag in dir gelegen und dich gequält."

„Was meinst du denn?"

„Frau Arnekamp."

Er nickte. Und er sagte mit einer wie zersprungenen Stimme, wie Silvia seine Stimme noch gar nicht kannte, es klang, als ob dem sonst so ruhigen Mann das Weinen nah wäre:

„Es ist, weil man das überall sieht. Weil unser Volk eigentlich so tapfer und gut ist und einen so festen Glauben auf diese Leute setzt, die es heut regieren. Und weil sie Gauner sind. Gauner."

3

Für Alfons Hörsch war eine schwere Zeit gekommen. Er hatte sich auf sein Kind, das Luzie ihm schenken sollte, gefreut „wie ein Narr" — Luzie wenigstens sagte so; es machte ihn etwas traurig, wenn sie das sagte, denn seine Freude war gar nicht närrisch, sondern sehr vernünftig, mit diesem Kind würde alles überwunden werden, was als eine Wand von Fremdheit und Unbegreiflichkeit zwischen ihm und seiner Frau stand, warum eigentlich, wußte er nicht, aber fast von Anfang an war diese Fremdheit zu spüren gewesen, mit all seiner Liebe konnte er sie nicht durchdringen. Luzie konnte so zärtlich sein. Aber noch in der glücklichsten Liebesstunde hatte ihr Auge einen Blick, der wo anders hinging, als zu ihm. Er sah das, er mußte es ja sehen, wenn er sich auch hütete, es merken zu lassen; er war nicht der Mann, der eine Lust daran gehabt hätte, Probleme aufzuwühlen. Frieden wollte er haben, und Wahrheit und Redlichkeit, wie sie zwischen Eheleuten sein soll, und daß daran in seiner Ehe etwas zu fehlen schien, war eine Last, mit der er sich trug. Nicht einmal sich selbst gab er sie ausdrücklich zu, viel weniger, daß er seinen Eltern gegenüber etwas davon laut werden ließ. Mütter freilich wissen alles, seine Mutter sagte ihm eines Tages: „Ich bin froh, wenn euer Kind da sein wird. Junge Frauen werden erst richtig, wenn sie ein Kind haben." Das war ein tröstliches Wort gewesen, all seine Hoffnung hängte sich daran.

Gabriel sollte es heißen, das Kind, oder Gabriele, nach Luzies Großmutter, wenn es ein Mädchen würde. Eine Eigentümlichkeit von den Degeners, daß sie ihre Kinder schon benamsten, längst bevor sie auf der Welt waren; Alfons hatte gehört, daß Quint und Natalie Fehrenkamp es mit ihrem kleinen Sixt auch so gemacht hatten. Und es war ein hübscher Brauch; dieser sein Sohn, auf den er drei lange Jahre hatte warten müssen, er war durch seinen Namen, Gabriel Hörsch, ein schöner vielversprechender Klang, so gut wie schon da gewesen. Fröhliche Geburtsanzeigen hatte Alfons für ihn entworfen.

Und dann mußten die Anzeigen einen schwarzen Rand tragen. Die Geburt war schwer, mit der Zange mußte das Kind aus dem Mutterleib geholt werden, nicht der Bub, den sich Alfons gewünscht hatte, ein Mädelchen war es, aber nie schlug es blinzelnd seine Augen auf, um seinen Vater anzuschauen, es war tot geboren. Einige Tage lang war die Mutter in großer Gefahr, der Blutverlust war schwer, und Alfons, sonst kein unbeherrschter Mensch, war in Verzweiflung, er verbrachte Stunden im Wartezimmer des Krankenhauses; denn zu seiner Frau ließ man ihn nur immer für Minuten: da stand er und starrte sie an, sie lag teilnahmslos, so weiß fast, wie ihre weiße Decke, und er fragte sich, wo ihre Gedanken jetzt gingen? Nur ein paar Worte konnte er zu ihr sprechen, mußte dann wieder aus dem Zimmer. Er war jetzt wirklich „wie ein Narr", der mit seinem offenen, blonden, vom Weinen verschwollenen Gesicht jeden Arzt, jede Schwester, die vorüber kamen, anging: „Gelt, es kann doch nicht sein, daß sie sterben muß? Gelt, sagen Sie, es kann doch nicht sein!" Im Münchener „Josephinum" hatten sie schon mancherlei mit ungebärdigen Ehemännern erlebt, aber dieser Alfons Hörsch war der Schlimmste. Sein Vater mußte ihn schließlich fast mit Gewalt aus dem Krankenhaus wegholen.

Die Krise ging vorüber, Luzie erholte sich wieder. Aber auch da noch wurden Alfons die Besuchsstunden nur sparsam zugemessen, der Arzt befürchtete, er werde die Kranke zu sehr aufregen. Sehr schwach war sie, und noch immer weit weg, wie auf einem anderen Stern. Es war nicht zu erkennen, ob Luzie sich um ihr Kind sehr grämte, sie sprach nur matten und fremden Tones darüber, ihm aber kam nun erst, da die Lebensgefahr für Luzie vorbei war, der Schmerz um seine kleine Gabriele mit voller Gewalt zurück. Er saß neben Luzies Bett und gab sich, nach der Weisung des Arztes, eine rührende Mühe, die Tränen zurückzuhalten, wenn er an den ganz blond bewachsenen Kopf des toten Mädelchens dachte, und wie der winzige Sarg über ihr zugeschraubt worden war.

Luzies Kräftigung ging schneller vonstatten, als der Arzt es erhofft hatte, schon nach dem Ende der dritten Woche hätte er sie nach Haus, freilich zu sorgsamer Pflege noch, entlassen können. Sie selbst aber bat ihn, sie ein wenig länger dazubehalten, mit ihrem kleinen Anmutslächeln schon wieder: „Oder wollen Sie mich gern los sein, Herr Doktor?" Ihr war es ein ängstlicher Gedanke, in die Wohnung, in ihres Mannes beständige Gegenwart zurückzukehren. Einmal, gewiß, mußte es sein, aber sie wollte es hinausschieben, sie stellte sich erschöpfter als sie war, um diese wohltätige Einrichtung der zugemessenen Besuchsstunden noch beizubehalten, nicht immer von neuem über das Kind reden zu müssen, und wie schön es war, und warum es nicht leben konnte.

Bei sich selbst, wenn sie früh vor Tag erwachte, lang bevor die ersten Morgenschritte in der Klinik hin und her gingen – bei sich selbst stellte sie die Frage wohl auch. Warum mußte es sterben? „Unter dem Schutz des Erzengels", sagte damals die Großmutter, als sie ihr den Namen, Gabriel, genannt hatte. War das nun der Schutz des Erzengels: daß ihr das Kind genommen wurde? Sollte das heißen, daß ein Kind bei ihr nicht glücklich hätte sein können? Eine stumme Bitterkeit durchzog ihr Herz bei diesem Gedanken. Sie hatte sich doch ehrlich vorgenommen, ihm eine gute Mutter zu werden, manches in ihrem Leben, das nicht recht gewesen war, zu ändern und zu vergessen, ihrer Familie sich zu widmen, weiß Gott! sie hatte den Willen dazu gehabt. Aber gut, also gut! sie konnte auch anders. Der Schutz des Erzengels. Alles Unsinn, natürlich, Erzengel gab es ja nicht, das hatte ja auch die Großmutter wahrscheinlich selbst sehr gut gewußt.

Nein, Erzengel gab es nicht. Aber das konnte man nicht der lieben, komischen Tante Elisabeth sagen, die mit einem Strauß hübscher weißer Nelken auch ein frommes Büchelchen brachte, Losungen der Brüdergemeine; oder den Eltern von Alfons. Oder gar ihrem Vater, der eigens aus Berlin gereist kam, um seine kranke Tochter zu besuchen, und der ihr sagte, nach einem solchen Verlust, wie sie ihn erlitten, müßten sich zwei Ehegatten umso tiefer in der Liebe Christi zusammenfinden. Es lag ihr auf den Lippen, zu fragen, ob denn ein Erzengel nicht aufpassen könnte auf ein kleines, doch jedenfalls unschuldiges Kind, und wenn doch, was er dann für merkwürdige Absichten hätte? Für sie sei das jedenfalls kein Anstoß zu einem besseren, frömmeren Leben. Ihr Bruder Friedrich, mußte sie denken, würde jedenfalls so gesprochen haben. — Aber nein, es hatte keinen Zweck, wozu den Papa kränken? Überhaupt der Papa; Luzies eigene Gedanken würde er nie verstehen, und was ihn beschäftigte, konnte sie nicht begreifen. Er erzählte ihr mit großer Sorge von einem Kampf, der in der Evangelischen Kirche ausgebrochen war; daß Hitler einen Staatskommissar für die kirchlichen Angelegenheiten ernannt und daß der erwählte Reichsbischof Bodelschwingh sein Amt niedergelegt hatte: „Ach, wie schrecklich," sagte sie, ohne zu wissen, warum es schrecklich war.

Auch Helene Tilman besuchte Luzie im Josephinum. Luzie ließ sich erzählen; ihr Mann hatte jetzt mehr Aufträge, mit der Wirtschaft schien es aufwärts zu gehn, jedenfalls gab es eine neue Art von Leuten, die Geld übrig hatten und sich Häuser bauen ließen; Alfons merkte das ja auch schon, in seinem Pelzgeschäft. Sie erfuhr, daß Jakob in diesem Semester öfters bei Tilmans gewesen war. „Ach! immer noch dein Verehrer?" sagte sie. „Du kannst ihn mir einmal schicken, wenn es dir nichts ausmacht — aber nein, er ist ja gar nicht mehr in München, ich weiß, er hat mir geschrieben, ist nach Grünschwaig in die Sommerferien, damals durfte mich noch niemand besuchen. Und jetzt sind wir im Juli, es ist wohl heiß in der Stadt? Du bist so leicht angezogen; denk dir, und mich friert noch immer. Und sag mir, dein Mann, Helene, der hat mich wohl schon ganz vergessen?" Es machte Luzie nichts aus, solche unnötigen Fragen zu stellen, es amüsierte sie, wenn ihre Freundin, die noch immer ein großes Kind war, ein bißchen in Verlegenheit geriet. Aber sie fühlte Helenes erstaunten Blick und da sagte sie, ihre Hand fassend und streichelnd, mit dieser plötzlichen Zärtlichkeit von ihr, der so schwer jemand widerstehen konnte: „Ach, Helenchen, ich bin ein schlechtes Geschöpf. Du bist zu einer tiefgebeugten Mutter gekommen, um mich zu trösten, du Gute, und ich rede so daher, hat es dich gekränkt? verzeih mir doch, bitte. Weißt du, ich langweil mich so schrecklich, hier auf meinem Krankenbett, kannst du das nicht verstehen? Und überhaupt, ich hab wahrscheinlich kein tiefes Gemüt, wie du, was kann ich denn da machen?"

Helene übersah nicht den bitter schmerzlichen Zug, der sich bei diesen Worten um ihren in der Krankheit schmal gewordenen Mund eingrub.

Eines Nachmittags, Alfons' täglicher Besuch war schon vorüber und es war die Stunde, die ihr am liebsten war, sie durfte schon ein wenig aufsitzen, dann, im Lehnstuhl, und machte sichs gemütlich dabei, ließ sich einen hübschen Tee bringen und hatte es gern, wenn dann noch jemand kam, mit dem man leicht und angenehm schwatzen konnte — da klopfte es an ihrer Tür, sie rief ein heiteres „Ja" entgegen.

Der hereintrat, war ein Mensch mit einem gut geschnittenen, männlichen Gesicht, sehr hellen, festen Auges, unter der Tür stand er einen Moment.

„Hans Ludwig —!" sagte sie.

Er kam und küßte ihr die Hand, legte dann Hut und leichten Mantel ab. Wieder zu ihr hergewendet, begann er:

„Ich bin jetzt zum letzten Mal gekommen. Oder für immer. Wie du willst."

Luzie, die sich etwas mühsam gefaßt hatte: „Setz dich erst einmal her. Wir können immerhin mit Ruhe Tee zusammen trinken. Daß Alfons heut noch einmal kommt, ist nicht zu befürchten."

Der Mann: „Das weiß ich schon. Es ist widerwärtig." Er setzte sich, auf den Stuhl ihr gegenüber, er sprach mit zornigem Munde vor sich hin. „Es ist widerwärtig, wie mich dein Mädchen an eurer Haustür begrüßt und mir versichert hat, wie sich die gnädige Frau freuen wird, mich nach so langer Zeit zu sehen, und ich soll die gnädige Frau im Krankenhaus besuchen; und wie sie gleich dazu gesetzt hat, daß dein Mann im Geschäft ist und heut schon bei der gnädigen Frau war, er besucht sie immer nur einmal am Tag, jeden Morgen. In zwei Minuten hat sie mir das alles mitgeteilt. Und ich muß es mir gefallen lassen."

„Früher hast du es dir ja ganz gern gefallen lassen," sagte Luzie.

Der Mann, mit verhaltener Stimme: „Ich will auf keinen Fall, daß wir so miteinander reden. Ich will jetzt Klarheit, für dich und mich, für uns alle."

Hans Ludwig Forßmann war Bildhauer, er und Luzie kannten sich seit beinah zwei Jahren. Er sagte ihr nun, was er zu sagen gekommen war, in einigen knappen Sätzen.

„Wir wissen beide, daß wir Unrecht getan haben, Unrecht vor allem durch die Lüge, in die wir uns haben verstricken lassen. Eine offene Aussprache mit deinem Mann wäre tausendmal besser gewesen. Aber seit dem vorigen Jahr hab ich eingesehen, daß du dich in deine Ehe zurückfinden wolltest, ich habe das respektiert, bin aus dem Weg gegangen. Die letzte Zeit bin ich auch gar nicht in München gewesen, nämlich, seit ich wußte, daß du von deinem Mann ein Kind erwartest. Ich habe dich und mich keiner Zufallsbegegnung aussetzen wollen. Es ist mir hart gewesen, das alles, aber richtig ist es mir vorgekommen, gefügt hatte ich mich darein, aus deinem Leben zu verschwinden."

„Das hab ich gemerkt," sagte Luzie dazwischen, „daß du mich aufgegeben hast."

Was er dagegen hätte sagen können, sprach Forßmann nicht aus. Er fuhr fort: „Aber daß nun euer Kind gestorben ist — man schickt mir die Münchener Zeitung nach, ich hab es darin gelesen, deswegen bin ich gekommen — daß euer Kind gestorben ist, war mir das Zeichen, daß dieses Opfer deiner Seele in deiner Ehe nicht gefordert ist. Das Leben ist schlimm, aber nicht so. Das Leben will dieses Opfer nicht. Es soll nicht sein, hörst du! Denn mir ist klar, daß du deinen Mann nicht lieben kannst, ihr seid keine Eheleute, seid keine füreinander bestimmten Menschen. Wir aber, Luzie, du und ich, wir sind es. Das glaub ich jetzt."

Luzie, sehr ernst, leise: „Ich glaub es auch, Hans Ludwig."

„Und daraus muß man die Folgerung ziehen. Es ist anständiger gegen deinen Mann, ihm das offen zu sagen als drei Menschenleben mit dieser widerwärtigen Lüge weiterzuschleppen. Ich jedenfalls spiele da nicht mehr mit." — Er habe Verbindungen angeknüpft, in Holland. Hier in Deutschland sei es sowieso nichts mehr, mit der Kunst nicht und überhaupt. Aber das in Holland seien auch keine künstlerischen Beziehungen, sondern zunächst eine praktische Arbeit. Ein Künstler müsse auch einmal etwas Praktisches leisten können, sonst tauge der ganze Kerl nicht. Er werde das schon schaffen, werde vielleicht später nach Übersee gehen. Irgendetwas werde sich ergeben. Es sei alles ungewiß, aber schön, eine fremde, offene Welt. Und in Ehrlichkeit.

„Es fragt sich jetzt, ob du mitgehst oder nicht. Ja oder nein. Sag nur ja oder nein. Und dann genug."

Luzie: „Was bist du doch für ein gewalttätiger Mensch."

Es war eine kleine, angespannte Stille zwischen ihnen. Er sagte dann:

„Nein, ich verstehe. Ich werde dir etwas Zeit lassen müssen. Aber entscheiden mußt du dich. Um deiner selbst willen. Um meinetwillen. Auch um deines Mannes willen."

Luzie goß ihm Tee ein und setzte ihm die Tasse hin. Mit ganz ruhigen Händen tat sie es. Sie sagte: „Ich will mich nicht besser machen als ich bin und nicht so tun, als wäre das ein Hauptgesichtspunkt für mich. Aber du redest immer vom Anständigsein gegen Alfons. Glaubst du, daß es sehr anständig ist, wenn ich ihn jetzt im Stich lasse, gerade jetzt, wo er sein so sehr erwartetes Kind verloren hat?"

„Natürlich, das mußte kommen, daß du das sagst. Das hab ich die ganze Zeit schon erwartet. Aber, Luzie, dahinter darfst du dich nicht verstecken. Es ist nämlich so, wie du selber ja zugibst: das ist nicht der Hauptgesichtspunkt für dich."

„Sondern was?"

Forßmann, ihren Blick festhaltend: „Ich will es dir sagen. Denn ich kenn dich und lieb dich wie du bist, von mir kannst du's hören. Dir ist dein bequemes Leben wichtig, das reiche Haus, das willst du haben, sorglos leben und schöne Kleider kaufen können. Aber das darfst du nicht. Weil noch etwas ganz anderes in dir steckt, als alle die Dummheiten. Das weiß ich, wie niemand sonst. Darum mußt du mit mir gehn. — Wenn du nicht mit mir gehst, wirst du deinen Mann trotzdem wieder betrügen, ein ‚Erlebnis' nach dem andern wirst du haben, weil du es mit Alfons nicht aushältst. Vor die Hunde wirst du gehn!" fuhr er heraus.

„Und ich — erlaub dir das nicht!"

Sie wich dem Ernst seiner Augen nicht aus. Aber sie schwieg.

„Wenn du wirklich an deinen Mann denkst, mußt du dir zugeben, daß für einen Mann nichts so schlimm ist, als belogen und betrogen zu werden."

Darauf erwiderte Luzie mit einem Lächeln und einem Seufzer: „Ich weiß aber, Alfi möchte lieber betrogen werden, als mich verlieren."

„Alfi. Hm. — Also dann sind wir ja fertig, und ich kann gehn."

Indem er aufstand, langsam, schmerzlich verdüsterten Gesichts, sah sie erst, wie tief sie ihn gekränkt hatte. Und es ging in einem Blitz des Erkennens durch ihr Herz, daß dieser Mann, wenn sie ihn verlor, etwas nie Ersetzliches von ihr nahm... für einen Augenblick sah sie, das war nicht nur ein Freund und Liebhaber, es war der Eine Mensch auf der Welt, der an ihre lebendige Seele glaubte. Er darf nicht fort, nicht aus dem Zimmer gehn —

„Hans Ludwig! Ich bitte dich, komm doch jetzt einmal her, sei doch endlich einmal da, es ist ja unmöglich, unmöglich so zu reden, solche Sachen zu sagen!" Sie warf sich mit echten, verzweifelten Tränen an seine Brust.

Seine Arme schlossen sich nicht um sie. Sie hörte ihn sagen, seine Stimme nicht kalt, sondern merkwürdig sanft, bei diesen schrecklich harten Worten, die er jetzt aussprach:

„Es hat keinen Zweck, Luzie. Was ich jetzt von dir haben muß, ist nicht deine Zärtlichkeit, sondern deine Entscheidung für mich. Dich selbst ganz und gar. Oder nichts mehr. Für dich und mich sind keine halben Dinge mehr möglich. Bitte versteh: es gibt keinen anderen Weg mehr, dir die Ehrfurcht zu erweisen, die ich vor deinem innersten Wesen habe. Ich kann dich nicht mehr sehen als nur, wenn du mir binnen drei Tagen ins Hotel Römischer Kaiser eine Zeile schickst, daß du dich entschlossen hast, mit mir zu kommen. Jedes andere Wort würde vergebens sein. Leb wohl. Es liegt jetzt bei dir, ob wir uns noch wiedersehn."

Er machte sich von ihr los und war hinaus.

— Luzie verbrachte den Abend, die Nacht in Ratlosigkeit, ihre Gedanken stürmten gegen Forßmanns grausame Härte an, sie fand keinen Schlaf. Tags darauf mußte erst der Morgenbesuch ihres Mannes überstanden werden, sie suchte ihn nach Möglichkeit abzukürzen, Alfons fand sie bleich und elend und verließ sie in Sorge. Kaum daß er fort war, begann sie einen Brief an Hans Ludwig aufzusetzen. Sie sei doch krank, schrieb sie ihm. Und nach allem, was sie durchgemacht habe, wie er ihr denn eine solche Entscheidung jetzt zumuten, sie so quälen könne? Sie weinte über ihrem Brief. Sie schrieb: „Warum nur das Leben so entsetzlich grausam ist? Warum konnten wir beide uns nicht treffen, bevor ich verheiratet war, warum nur nicht? Und weil es so entsetzlich grausam ist, Hans Ludwig, darfst doch Du es nicht auch sein. Ein einziges, einziges Gespräch m u ß t Du mir doch noch gönnen! Daß ich Dir alles sagen kann. Meinst Du denn, daß ich meine kleine Gabriele nicht geliebt habe, die mir genommen ist?

Meinst Du, daß das Nichts für mich ist? So wie Du tust, darf man doch nicht umgehen mit einer Frau, die man liebt. Und Du sagst ja, daß Du mich liebst. Und ich glaub es Dir ja auch. Also hab ich das Vertrauen zu Dir, daß Du kommen und an meiner Tür stehen wirst, wie gestern. Ich bitte Dich darum, wie man nur um etwas bitten kann. Du k a n n s t mir das nicht antun, daß Du einfach wegbleibst, und ich soll Dich nie mehr sehen."

Sie schrieb das alles, aber immer sah sie dabei sein schmerzvolles, und doch so fest verweigerndes Gesicht vor Augen. Sie überlegte einen Moment, ob sie ihm die verlangte Zeile schicken könnte: „Ich komme mit Dir" — nicht wirklich als Entscheidung, nur um sicher zu sein, daß er wieder käme. Aber sie kannte ihn gut genug, um zu wissen, daß er sie für diesen Betrug verachten daß sie sich jede Hoffnung damit verderben würde.

Nein, es mußte schon der flehende Brief zu ihm gehn.

Sie konnte nicht selbst auf, und ihn zum Römischen Kaiser bringen. Sie bestellte telefonisch ihr Mädchen Hedwig zu sich und trug ihr auf, den Brief persönlich zu besorgen, in Forßmanns eigene Hand, und auf Antwort zu warten. Ihm ihre Verzweiflung zu beschreiben, ihn zu beschwören, er müsse kommen.

Hedwig versprach alles. Aber im Römischen Kaiser war Forßmann nicht anzutreffen. Der Portier sagte, er habe Auftrag, einen Brief, der für Herrn Forßmann kommen sollte, in Empfang zu nehmen und ihm auszuhändigen. Das Mädchen wartete bis gegen Abend im Hotel, Forßmann erschien nicht. Sie mußte sich endlich entschließen, den Brief bei dem Portier zurückzulassen.

Als Hedwig früh am folgenden Morgen wieder ins Hotel kam, wurde ihr Bescheid, daß Herr Forßmann den Brief erhalten hatte und in der Nacht noch abgereist war. Nein, er habe nichts hinterlassen und eine Adresse sei nicht angegeben worden.

4

Vier Wochen Urlaub von aller Gelehrsamkeit gestand sich Jakob für diesen Sommer noch zu, bevor es an ein systematisches „Büffeln" für das Staatsexamen gehen sollte. Vier Wochen freies Herumstreifen im Land, mit dem Rad, oder Fahrten ins Gebirg, oder auch ganz tatenlose Tage in den Wiesen und Gehölzen um Grünschwaig. Es war so schön, dieses Grünschwaig, im Sommer. Früh aufsein, wenn noch der Tau im Gras nicht aufgetrocknet ist, die Vögel in den Gartenbäumen noch laut sind, und dann beobachten, wie der Tag allmählich still wird und in seine eigene

Sommerlichkeit wie in einen Traum versinkt. Wie er einzelne Wolken aufstehen läßt, über den Bergen, und dann nicht weiß, was er mit ihnen anfangen soll und sie vergißt, und sie hängen reglos, helle verlorene Inseln, in der Übermächtigkeit der Bläue. Und die Hitze fängt an zu flimmern über dem Feld, wo aber Wald steht, eingestreute Stücke in dem weiten Ernteland von Gras und Korn, da ist noch Kühle, und der Wald scheint angehaltenen Atems zu horchen, ob der von seinem Schatten behütete Wasserlauf noch fließt.

Ein solcher Tag war der Juli-Samstag, an dem Jakob Therese Gabreiter und ihre Mutter in Grünschwaig erwartete; mit Hannas Erlaubnis hatte er die Beiden auf das Wochenend eingeladen. Er holte sie selbst mit dem Wagen, nachmittags, von der Bahn. Therese hatte eine kindlich-ernste Freude an der Fahrt mit so schönen Pferden, an der Ankunft vor einem so schönen Haus, sagte aber nicht viel; erst recht vor Hanna wurde sie befangen und still. Der Kaffee für die Ankömmlinge war in der Bibliothek gedeckt, Frank war noch bei der Feldarbeit, sie saßen zu viert um das Tischchen, Hannas gewohnte, herzliche Art als Gastgeberin tat besonders der Frau Gabreiter wohl, die aber dabei doch eine gewisse zurückhaltende Würdigkeit an den Tag legte und mit Hanna Degener Höflichkeiten austauschte über die Stunden, die Jakob der Tochter gab: wie Therese Vergnügen daran finde, wie gern Jakob mit ihr arbeite. Ob er alle die Bücher schon gelesen habe? fragte Therese, Jakob verneinte es lächelnd, wenn er alles das wüßte, was da drinsteht, wäre er schon Professor, meinte er — und bei der Vermutung, daß ihre Frage dumm gewesen sei, sah sie rasch zu Hanna hinüber, ein helles Rot auf ihrer Wange aufblühend, das langsam wieder verging. Sie war reizend im einfachen Kleid, keinen Schmuck als ein Silberkreuzlein am Hals, und Jakob, ohne alle Hintergedanken, fand sich sehr vergnügt, sie da zu haben. „Wollen wir nachher eine Stunde halten?" schlug er vor, und nun war es an ihr, ein wenig zu lächeln, indem sie sagte: „Heut nicht, Herr Degener. Sie müssen uns doch noch ein bissel Ihr Haus und den Hof zeigen, und wir wollen ja heut auf die Nacht wieder heim." Das rief einen lebhaften Protest hervor, das Zimmer war für die Gabreiters bereit, mit ihrem Hiersein mindestens bis zum Montag gerechnet, jedoch Frau Gabreiter erklärte, es wäre ja unverschämt von ihnen, wenn sie sich hier so lange zu Gast halten ließen, und dann sei auch morgen Herrn Gabreiters Geburtstag, der würde schön schauen, wenn Frau und Tochter ihn an diesem Tag im Stich ließen. Nein, sie seien dankbar, daß sie die schöne Heimat von dem Herrn Degener einmal hätten sehen und eine so gute Bewirtung hätten genießen dürfen, aber damit sei es auch genug.

Gegen das Geburtstags-Argument war nichts vorzubringen, als Bedauern, daß es sich so traf; man hätte sie gern länger hiergehabt. Die Gäste wurden also nun durchs Haus geführt, wobei Therese gleich den Kruzifixus im sommerdämmrigen Treppenhaus entdeckte und ehrfürchtig hinaufsah, ihre Mutter darauf hinwies, ohne aber sonst etwas darüber zu reden. Das gefiel Hanna Degener; sie fragte nachher Tochter und Mutter, ob sie wohl gern wieder, wenn sie schon wirklich heut noch fort müßten, mit dem Wagen zur Bahn gebracht würden, oder lieber in der kühleren Abendstunde zu Fuß gingen. Mit den Pferden hatte sich's heut einrichten lassen, sie waren nur frühmorgens eine Stunde in der Arbeit gewesen und konnten unbesorgt noch einmal eingespannt werden, sie hatte sich schon gedacht, daß Gabreiters vielleicht gern eine Fahrt machten. „Mit dem Wagen fahren ist halt schön," gab Therese zu; ein unbescheidenes Ding sei sie, schalt ihre Mutter. Sie gingen noch mit Jakob durch den Stall und Garten, und fanden danach einen Imbiß, wieder in der Bibliothek, für sich zurechtgestellt. Dann fuhr Jakob mit ihnen zum Zug.

Heimfahrend sah er den Abendstern über den westlichen Waldhöhen seinen ersten Glanz gewinnen. Da hinten lag der Fernerhof; Sabine war längst nicht mehr dort, war im anderen Tal verheiratet, Herrin über ein eigenes Hauswesen. Das Leben geht seinen leisen Schritt, nicht für eine Stunde hält es still, aber der Sommer ist immer wieder der gleiche, es ist so gut, daß es Sommer ist, die Wiesen duften, alle Umrisse der Landschaft beginnen zu nächtlichem Blau ineinander zu fließen. Ein Fröschequaken klingt aus der Dämmerung, es ist wohl der Weiher bei dem Priehlschen Gut, von dem der Wind diesen Klagelaut herüberträgt.

Vor dem Grünschwaiger Stall fand Jakob den Kutscher, „no, Wastl," sagte er ihm, „traust mir du nicht, daß ich's recht mach? Du hast ja Feierabend." — „Geh nur zu, Herr Jakob, die Mutter wartet dir drinnen," beschied ihn der Alte. Es war seine feste Meinung, daß die Pferde in der Nacht nicht Schlaf fänden, wenn ihnen ein anderer als er das Geschirr abnahm und ihnen die Raufe zum letztenmal füllte.

Das Abendessen war schon vorüber, bei dem sich sonst immer alles zusammenfand, Hausbewohner und Gäste, auch Fräulein Rüsch aus der Kleinen Schwaig. Auf Jakob hatten nur seine Mutter und Frank am Eßzimmertisch gewartet und leisteten ihm Gesellschaft, während er aß. Frank, mit der Pfeife im Mund, ein

Landwirt, der Abendrast hält, fragte: „Warum ist denn deine Braut wieder abgefahren? Habt ihr euch verstritten?"

„Braut? du bist wohl verrückt?" sagte Jakob.

Sein Erstaunen war so ehrlich, daß Frank laut über ihn lachte und auch Hanna ein wenig lächeln mußte. Die kleine Gabreiter hatte ihr gefallen; wenn sie einfacher Menschen Kind war, darum könnte sie doch für Jakob eine gute Gefährtin sein. Aber Hannas Buben beide ließen ihre Gedanken in der Welt spazieren gehn, es war vielleicht zu früh, sie seßhaft machen zu wollen. Frank hatte seine Mutter erst neulich überrascht mit dem Wunsch, sich auf ein freiwilliges Jahr zum Arbeitsdienst zu melden. Er hatte das nicht nötig, da er ja auf seinem eigenen Grund Landarbeit leistete, Hanna redete ihm seinen Plan wieder aus, er konnte in einem Lager nichts für seine Zukunft als Grünschwaiger Gutsherr lernen. Aber sie war etwas beunruhigt darüber, sie dachte, der Großvater Eligius würde auch als junger Mensch nicht wegverlangt haben von Grünschwaig, wenn er einmal seine Verantwortung für das Gut erkannt hätte, jede Baumschonung, jede Fruchtfolge, er hätte sie mit eigenen Augen beobachten wollen — und sie sann wieder, wie schon früher oft: ob es auch richtig war mit Franks Bestimmung zum Landwirt?

Den sommerlichen Frieden in Grünschwaig genossen auch Hannas ausländische Gäste. Sie hatte nicht so viele wie in anderen Jahren, es schienen draußen Geschichten zu gehn über den Marschmusik blasenden, Juden verfolgenden Hitlerismus. Jakob spottete vor den Fremden darüber, er fühlte sich so sicher und voll Vertrauen auf Deutschland, seit seinem Gespräch mit dem alten Justizrat. Die Ausländer aber wichen solchen Unterhaltungen aus, sie waren nicht streitlustig, und am Ende, was ging es sie an? Hier jedenfalls merkte man nichts von diesen unguten Dingen. Manches dagegen schien ihnen gut, was sie von dem neuen Deutschland erfuhren, so diese Sache mit dem Arbeitsdienst. Das würde auch bei ihnen nützlich sein, sagten sie, wenn man die Jugend nicht arbeitslos herumlungern ließ.

Hans Prechtler, der Bäcker, erster und eifrigster Parteigänger Hitlers im Ort, hatte schon seit Jahr und Tag eine Ortsgruppe in Nußholzhausen aufgezogen. Als Ortsgruppenleiter trug er eine prächtige braune Amtsuniform und nagelneue Schaftstiefel; so besuchte er die Leute und forderte sie zum Beitritt auf. Manche lächelten über ihn. Das Volk im Land ist von ruhiger Art, es gewöhnte sich nur schwer an die Aufgeregtheit der „Nazis", die alles regieren wollten und zu jedem selbstverständlichen Ding viele Worte machten. Sie liebten ihr Vaterland. Wenn es nottat, wollten sie es auch mit der Waffe in der Hand verteidigen. Nur nicht immerfort das Geschrei davon in den Ohren haben. Doch konnten sie dem Bäcker, wenn er auf sie einredete, nicht viel einwenden. Nicht nur, weil es unklug gewesen wäre; sie hatten schon hier und da etwas munkeln gehört, daß die Regierung mit harter Hand ihre Gegner zu packen wußte, in Straflagern wurden diese Leute zusammengebracht und es hieß, ein ungeschicktes Wort genüge, um da hin zu kommen. Wie es da zuging, wußte niemand genau, daß es aber „nicht als Erholungsaufenthalt gedacht" war, hatte der Führer und Reichskanzler Hitler selbst gesagt, nun, das war einer von den Witzen gewesen, mit denen der große Mann seine Reden würzte; so recht frei lachen konnte man nicht darüber. Bei Hans Prechtler war es aber noch etwas anderes, warum man ihm nicht gut widerreden konnte. Ein bißchen lächerlich war er schon, aber man merkte den Ernst, mit dem er zu seiner Sache stand. Wenn unser Pfarrer von Nußholzhausen mit solchem Eifer für den Herrgott gepredigt hätte, wie der Prechtler Hans für den Führer, dann hätte er uns alle schon längst zu Heiligen gemacht... so sagte der Fernerhofbauer einmal sonntags im Wirtshaus, und damit hatte er recht. Einige, von den Jungen besonders, waren denn auch wirklich im Herzen durch ihn überzeugt worden, zu ihnen gehörten die Fernerhofbuben und der Schwerlmaiersohn vom „Lamm". Eine Hauptstütze des Ortsgruppenleiters war Johann Siebner aus der Majorsvilla, der schon vor der „Machtübernahme" von ihm den ehrenvollen Auftrag erhalten hatte, eine Nußholzhausener SA., das hieß: Sturmabteilung, aufzubauen. Wöchentlich einmal kam eine wachsende Anzahl Burschen zum SA.-Appell zusammen, Siebner exerzierte mit ihnen, er kommandierte sie mit brüllender Stimme; Truppführer war er jetzt, das war fast ebenso viel wie ein Feldwebel.

Prechtler kam auch nach Grünschwaig und saß mit Jakob in langem Gespräch beisammen. Ihn läßt er nicht aus, sagte er ihm, er muß jetzt in die Partei. Es ist ja eine Schande hier am Ort, wie grad die herrschaftlichen Leute sich fernhalten. Auf dem Gut Nußholzhausen hat ihn die Baronin ganz kurz abgefertigt. Freilich, die sind halt „schwarz", Romhörige, laufen alle Tage in die Kirche, und die Pfaffen, das kennt man schon, vornher tun sie freundlich, aber hintenherum hetzen sie gegen den Führer, Bande, verfluchte, man müßt's ihnen einmal richtig zeigen. Aber auch der Kunstmaler, der Balthasar, hat nichts wissen wollen, von Politik versteht er nichts, hat er gesagt. Am schlimmsten, erzählte er, hat es ihm der Herr Major Orell gemacht. Den kennt doch sonst jeder als einen umgänglichen Mann, wird sich niemand erinnern, daß man von dem einmal ein ungutes Wort gehört hätte. Aber wie er zu dem gekommen ist: „Nehmen Sie Ihre schmutzigen Blätter weg und lassen Sie sich in dem Aufzug nicht mehr bei mir sehen, ich will von alledem nichts wissen!" Mit dem „Aufzug" hat er die Uniform gemeint, eine regelrechte Beleidigung der Partei war es, die er da ausgesprochen hat, ganz weiß ist er gewesen im Gesicht, vor Aufregung, der alte Herr. Weitergemeldet hat er, Prechtler, natürlich nichts davon, das könnte sonst eine schlimme Sache für ihn werden, nein, das will er nicht, er hat es für sich behalten und er sagt es auch Jakob nur im Vertrauen. Aber dem Siebner, der ja beim Major im Dienst ist, dem hat er schon aufgetragen, daß er ihn ein bissel ins Gebet nimmt, damit er sich wenigstens still verhält, sonst müßte man da doch noch einschreiten, ihm würde es leidtun. Er hat den Herrn immer gern gehabt, das kann man nicht verstehn, daß er so bissig auf den Nationalsozialismus ist, und warum. Denn wegen Frommsein ists bei dem nicht, katholisch wird er schon sein, aber in der Kirche sieht man ihn kaum einmal. Es ist halt, die alten Leute haben ihre Wunderlichkeiten, das Neue können sie nicht mehr verstehen. — Aber Jakob muß jetzt ein gutes Beispiel geben und in die Partei eintreten, es kommt sonst noch der ganze Ort in Verruf, weil hier die Gebildeten gar nicht mittun, zuletzt kann es auch noch Unannehmlichkeiten geben. Vom Dr. Winte hat er Hoffnung, daß er auch dazugeht.

Jakob sah keinen Grund, dem Wunsche seines alten Schulkameraden entgegen zu sein, seine Wahlstimme hatte er ja längst Hitler gegeben, und wenn er bisher noch kein eingeschriebenes Mitglied der Partei war, so hatte er's aus bloßer Unachtsamkeit versäumt, einen solchen Schritt nicht für nötig gehalten. Er stimmte jetzt ohne weiteres zu, versprach auch, wenn möglich, seinen Bruder Frank dafür zu gewinnen. Von seiner Mutter wußte er, sie war der Meinung, daß Frauen sich nicht in die Politik mischen sollten. Aber das Fräulein Rüsch ließ er durch Josepha aus dem kleinen Haus herüberbitten, ihre Begeisterung für die nationale Regierung war ja allen bekannt. Sie kam, etwas schüchtern, ein Mädchenrot auf dem kleinen alten Gesicht, und vollzog ihre Unterschrift auf dem Zettelchen, durch das ein Antrag zur Aufnahme in die NSDAP., die „Nationalsozialistische Deutsche Arbeiterpartei", gestellt wurde, mit einer Art von Feierlichkeit, wie den Namenszug auf einer Heiratsurkunde; die Großmutter war nicht mehr da, sie dafür auszuspotten, dennoch war ihr zumut, als ob sie ihr dabei zusähe. Josepha, als Prechtler sie aufforderte, sagte: „Gibs nur her, dein Blattl, wird schon recht sein. Sagst der Zensi, wegen ihr hab ichs getan, und daß man einmal eine Ruh kriegt vor dir" — sodaß Prechtler mit drei Grünschwaiger Unterschriften recht befriedigt das Haus verließ.

Kurz darauf bekam Jakob scharfe Vorwürfe wegen seines Beitritts zur Partei zu hören, und das von jemand, von dem er sich eher ein Lob dafür erwartet hätte. Edmund Kirms erschien in Grünschwaig, angekündigt durch ein Telegramm, nachdem Jakob seit fast drei Jahren nichts von ihm gehört; erschien und erklärte, er sei gekommen, um Abschied zu nehmen. Er wollte in die Schweiz, weg von diesem Deutschland, das wie ein edles Erbe in schlechte Hände geraten sei. Ihre Bekanntschaft in München, meinte er, sei ja damals etwas klanglos zu Ende gegangen, und er habe gezögert, sie wieder anzuknüpfen. Aber von den Tilmans, die er von dem Maskenfest her kannte und mit denen er jetzt zufällig auf einer Ausstellung wieder zusammentraf, habe er gehört, daß Jakob an „diesen Plebejer Hitler" glaube, und da sei es ihm festgestanden, daß er nicht außer Landes dürfe ohne einen Versuch, Jakob von seinem Irrtum zu heilen. Hitlers Partei sei kein Ort für den höher gearteten Menschen — denn sie habe (so drückte er sich aus) „das Theater für die Sklaven geöffnet", denen einst die Weisheit der Griechen nicht ohne Grund den Zutritt versagt habe. Und schon habe sich auch der Meister, Stefan George, von dem Deutschland Hitlers abgewendet mit einer Geste, in der dies mit den Sinnbildern frevlerisch spielende Geschlecht ein echtes und allerdings furchtbares Sinnbild erkennen müßte, wenn es nicht eben blind wäre.

Jakob fragte: „Und was für eine Geste war das?"

„Ja, wissen Sie denn immer noch nichts, Jakob Degener, von dem was g e s c h i e h t ? — Der Meister ist in die Schweiz übersiedelt, er hat die Einladung von Goebbels, in die neue Dichterakademie einzutreten, abgelehnt — nein: nicht einmal einer Antwort gewürdigt. Und die Tatsache allein, daß Er in dieser Stunde das Land verließ, richtet den Bau jener ,Vermessenden an Maß und Grenze', noch bevor er getan ist. Verstehen Sie, was es bedeutet, wenn eine Stadt nicht mehr das Schutzbild in ihren Marken birgt? Die Gottheit hat sie verlassen, sie wird zum verrufenen Ort, über dem der Fluch hängt. Ich werde in der Schweiz den Meister aufsuchen. Er hütet das Schutzbild, wo Er ist, dort ist die Heimat."

Jakob, den das Geschulmeisterwerden in feierlichem Tone schon früher manches Mal verdrossen hatte und den die Nachricht von der Auswanderung des Dichters erregte, sagte nun etwas heftig: „Die Heimat wandert nicht aus. Die Heimat ist das Land und das Volk, und wenn die Dichter sie im Stich lassen, müssen wir ihr desto mehr die Treue halten. Das wäre ja leicht, wenn man das so ablegen und austauschen könnte. Und wenn es wirklich so wäre – aber es ist nicht! – auch wenn es wirklich so wäre, daß Deutschland in einer Krankheit und einem Verderben ist, dann will ich es immer noch lieber mit ihm aushalten und mit meinem Land krank sein, als draußen gesund bleiben und recht haben."

„Wer gegen den Meister einen Vorwurf erhebt, richtet nur sich selbst," behauptete Kirms. „Vom Meister kommt das Maß. Fragbar ward alles, da der Eine fehlt."

„Ich will Ihnen jetzt auch einmal einen Vers zitieren, einen so bekannten sogar, daß sie ihn selbst erraten können: ‚Die ich rief, die Geister, werd ich nun nicht los'. Grad wie der Zauberlehrling kommt ihr mir vor, Sie und Ihre Freunde! ... nein, noch nicht einmal so gut wie der. Von euch hab ich zuerst den Nationalsozialismus rühmen hören, von eurem Herrn Fintenring, der die schönsten Orakelsprüche darüber wußte. Und jetzt, wo diese Bewegung zum politischen Schicksal für uns alle geworden ist, jetzt seid ihr euch zu gut dafür! Jetzt zieht ihr euch vornehm ins Ausland zurück, weil euch der wandelnde Besen nicht paßt. Ihr müßtet ihn dann wenigstens, wie der Bursch in der Ballade, mit dem Beil angehen."

„Das werden wir auch zuverlässig noch tun, wenn sonst nichts hilft," erklärte Edmund Kirms mit finsterem Gesicht.

Sie redeten umsonst, sie konnten sich nicht mehr verstehen. Beim Abschied aber zeigte sich Kirms bewegter, als seine anfängliche Selbstsicherheit hatte vermuten lassen, man sah nun doch, daß es ihm nicht leicht wurde, aus dem Land zu gehn. „Vielleicht," sagte er, „müssen einige von uns hier ihre Erfahrungen machen. Fintenring ist noch in Berlin, allem Anschein nach setzt auch er noch Hoffnungen auf Hitlers Sache. Für mich hat die Auswanderung des Meisters alle Zweifel behoben. Und es wird blutig enden, das Ausland wird dem Spuk des Plebejers nicht lange zusehen. Es kommt der zweite Weltkrieg, den Stefan George ja schon vorausverkündet hat. Noch härtere Pflugschar muß die Scholle furchen. Schon sehr bald wird sich das zeigen. Sagen Sie dann nicht, es hätte Sie niemand gewarnt. Leben Sie wohl, Jakob. Es ist nicht wahrscheinlich, daß wir uns noch wiedersehen."

In dem Sommer folgten sich wieder einmal in Grünschwaig die Gäste auf den Fersen. Jakob war noch in seinen Gedanken mit Kirms beschäftigt, da wurde Hanna von München aus angerufen; es war Ninette, die anfragte, ob sie für ein paar Tage kommen dürfe, und ihr Besuch gab Jakob mehr zu denken auf, als alle zürnenden Dichter und Auswanderer zusammen.

Daß das schöne, von Lebenslust und -kraft strahlende Menschenwesen in einer inneren Unruhe war, das merkten die Grünschwaiger ihr bald genug an, aber fanden es schwierig, den Grund davon herauszubringen. Ninette gab sich offen und herzlich in allen Gesprächen, immer zum Lachen bereit, ein großes Kind noch, mit ihren zwanzig Jahren; mit Jutta, der jungen Schäferhündin, die in dem verspieltesten, stiefelverbeißenden Alter war, konnte sie sich auf dem Boden herumbalgen wie eine Dreizehnjährige. Jakob aber war betroffen, in ihren Augen, die denen ihres Bruders Friedrich von jeher ähnlich gewesen waren, jetzt auch ganz seinen traurig ratlosen Ausdruck zu sehen – plötzlich, mitten im vergnügten Gespräch, während der Mund noch lächelte, war es, als sei des toten Bruders Blick in dem ihrigen wieder lebendig geworden, der Blick, der schmerzlich fragend ins Unbekannte ging.

Wieder, wie in den Ferien vor zwei Jahren, war Jakob viel mit ihr zusammen, und diesmal mit ihr allein, da es sich traf, daß zwei ausländische Gäste eben abgereist und die nächsten, die Hanna erwartete, noch nicht gekommen waren. Die Beiden genossen es miteinander, machten Spaziergänge und badeten im Priehlschen Weiher, oder Ninette bekam von Josepha deren Fahrrad geliehen und radelte mit Jakob zu einem der Seen in der weiteren Umgebung; dann waren sie den ganzen Tag aus und hatten ihr Essen im Rucksack mit.

In solchem tagelangen Beisammensein erfuhr Jakob nach und nach manches von ihrem Leben in Berlin, sie machte ihm kein Geheimnis daraus. Sie erzählte, wie es in dem Stift bei dem Fräulein Knöller so gar nicht gegangen, und wie froh sie gewesen war, als diese Zeit zu Ende ging. Wie sie immer geglaubt hatte, Schauspielerin werden zu müssen, und hatte insgeheim Stunden genommen. Aber vielleicht war sie nicht begabt genug, oder war nicht an den richtigen Menschen geraten; bei den Regisseuren jedenfalls, mit denen sie zu tun gehabt hatte, war es nicht auf eine richtige ernste gemeinsame Arbeit, sondern auf irgend so eine dumme Flirterei herausgekommen, und wenn man das nicht mittat, war es auch mit der Rolle nichts. Einmal hätte sie an einem kleinen Berliner Theater eine schöne Rolle haben können, in einem Stück allerdings, das ihr ziemlich verrückt vorkam, von Strindberg, aber die Rolle war schön, es wäre ein Anfang gewesen und den größten Erfolg hatte man ihr vorausgesagt. Ihre Eltern wußten gar nichts davon, der Papa wäre schön entsetzt gewesen, ihren Namen auf einmal auf der Litfaß-Säule zu finden.

Aber es kam nicht dazu, denn den Mann, der es mit ihr einstudieren wollte, mochte sie nicht, nicht so ganz richtig, wie es doch sein muß — und dann hatte sie Krach mit ihm bekommen, es hatte sich alles zerschlagen. Der dachte sicher heut noch, daß sie zu schüchtern und eben die tugendsame Pastorentochter gewesen sei, denn dazu war er zu eitel, um einzusehen, daß sie ihn nicht genug liebte — sonst wär sie natürlich sein Verhältnis geworden, warum denn nicht? dabei hätte sie nichts Schlimmes gefunden.

— „Hm," sagte Jakob dazu.

— Sie hatte das Theater dann aufgegeben, voreilig vielleicht, sie hätte mehr Geduld haben sollen. Aber sie mochte nicht mehr, sie nahm dann ihre jetzige Arbeit bei der Filmgesellschaft an. Da mußten sie viel hin und her reisen und immer filmen, ihr eigenes Leben bestand aus Telefonaten und Briefen, und unhöflichen Stars höflich zu sagen, daß sie noch warten müßten, das alles war nicht immer lustig, aber ihr Chef, Herr Alfred Hummel, war ein Geschäftsmann und weiter nichts, an Dummheiten dachte der nicht, wenigstens mit ihr nicht, vielleicht fürchtete er sich vor ihrem Vater, dem Herrn Pastor. Er war froh, wenn sie ihre Arbeit pünktlich besorgte, und in die hatte sie sich gut hineingefunden, wurde jetzt schon recht gut dafür bezahlt, und man war eben unabhängig dabei. Sie hätte auch beim Film immer wieder einmal Gelegenheit gehabt, eine Rolle zu bekommen, aber das hielt sie sich fern, denn beim Film ging es nach allem, was sie beobachten konnte, noch weniger schön zu wie beim Theater.

„Weißt du, Jakob, ich hab wirklich nichts dagegen, daß die Leute sich liebhaben, ich find es sogar schön, verstehst du das? ich möcht es auch, ganz verrückt verliebt sein und zu weinen anfangen, wenn ich einen Menschen eine Stunde nicht seh — aber das kann man doch nicht machen, wenn es nicht ist? kann man das? Die Filmleute können es, glaub ich, die spielen die ganze Zeit, daß sie verliebt sind, und im Leben spielen sie es dann weiter, sie machen es sich gegenseitig vor und glauben selbst nicht daran, du weißt gar nicht, wie kalt und erwachsen sie sind in ihrem Herzen, und wie zwei Leute, die etwas zusammen gehabt haben, ganz kurz danach darüber lachen und miteinander umgehen, als wäre gar nichts — aber ich kann das nicht, verstehst du, daß ich nicht kann? Vielleicht bin ich nur ein Fischblut und werde eine alte Jungfer sein, mit einer Brille und einem Regenschirm, ich bin schon gar nicht mehr so jung, zwanzig ist schon gar nicht mehr so jung, jedes Jahr werd ich jetzt weniger schön sein, und ich werd mein ganzes Leben versäumen, nur aus Dummheit vielleicht, es ist vielleicht nur eine Dummheit von mir."

Sie nahm es fast übel, daß Jakob sie für ihre Alterssorgen auslachte. „Du hast keine Ahnung," sagte sie ihm, „wie die Zeit vergeht." — Sie hatte jetzt einmal einen richtigen Urlaub genommen, um herauszukommen und einmal richtig nachdenken zu können über alles. Bei Luzie war sie gewesen, aber bei Luzie war es noch schlimmer, viel schlimmer als beim Theater oder beim Film, denn jeder konnte sehen, daß sie ihren Mann gar nicht liebte. Alfons Hörsch war sehr traurig über sein Kind, das er verloren hatte, und Luzie war auch traurig, aber jedes ganz für sich allein, sie taten nur beide so, als ob sie zueinander gehörten, sie spielten, als ob sie Mann und Frau wären. Aber wenn Ninette mit Peter als ganz klein „verheiratete Leute" gespielt hatte, wenn sie sich ein Fenster aus zwei Stühlen mitten ins Zimmer gebaut und beim Fenster hinausgeträumt hatte, wann wohl Peter, ihr Mann, aus der Arbeit käme, und wenn er mit seinen Kinderbeinen einen schweren Männerschritt nachahmte und sie ihm mit einem Juchzer entgegenlief, da war in dem Kinderspiel mehr Sehnsucht und Freude und Verheiratetsein gewesen, als bei diesen beiden wirklich und echt verheirateten Menschen, Luzie und Alfons. Und das hatte sie nicht ausgehalten, nach zwei Tagen hatte sie Jakobs Mutter angerufen, ob sie herauskommen dürfe.

Sie war so froh, hierzusein, sagte sie. Grünschwaig war doch immer das Schönste. Aber sie wollte noch nach Tirol, Ellen hatte sie eingeladen nach Voggenbruck, und dort war im Sommer auch Delia du Faur, ihre Freundin von Rom her, sie hatte sie lang nicht gesehen. Dort wollte sie noch hin, vielleicht, sie wußte es noch nicht — ja, sie würde wohl hingehen.

Ja, aber ist es das? bist du deswegen so ratlos und traurig? wollte Jakob immer wieder fragen, der undeutlich spürte, daß sie ihm bei aller Vertraulichkeit doch etwas verschwieg. Aber er fragte nicht, es war sonderbar, daß es nicht ging, vor zwei Jahren noch, meinte er, wär das ganz einfach gewesen. Hat sie denn recht damit, daß die Zeit so schnell vergeht, und daß jeder im Älterwerden immer einsamer werden muß, und das Heimlichste der Seele wird ein unbetretbares Gebiet für den andern? Und wenn es so ist, wer hilft uns dann?

Aus den „paar Tagen" ihres Besuchs war schon eine Woche geworden, sie sprach nicht von Abreisen, Jakob war es lieb so; daß der Tag mit Ninette begann und endete, wurde schnell zu einer schönen Gewohnheit, er wünschte, es möchte noch immer weiter so dauern.

Der Sommer war auf seiner Höhe, ein sonnendurchglühter Tag hinterließ dem nächsten ein immer heißeres Erbe, das bald einmal einer, das war zu erkennen, in einem prächtigen Gewitter-Aufwand vertun würde, denn schon begannen die Wolken, die der Mittag aufhäufte, dann und wann laut von dem, was kommen mußte, zu träumen. Ninette und Jakob hörten das vom Walde aus, die Hitze draußen war ihnen zu viel geworden, sie hatten die mittaglichen Stunden in dem Niederrotter Forst seitab der Straße nach Rohrsbach zugebracht, hatten da ihre mitgenommenen Brote und die Beeren aus dem Grünschwaiger Garten verzehrt, ihr Gespräch war verstummt, aber keins von ihnen schlief. Die Tage gemeinsamen Redens und Wanderns waren jetzt in diese Stille eingemündet, die sie so dicht, unter den reglosen Fichtenkronen, umschloß, daß es unmöglich schien, sie mit Menschenwort zu brechen; da war ihnen der versonnene, ferne Wetterklang wie eine Anrede, von der sie beide gemeint waren.

„Hörst du, Jakob?"

„Ja, Ninette."

Darüber war weiter nichts zu sagen, der Donner war sehr weit fort, und wiederholte sich nicht. Es würde nichts herkommen. Aber sie begann wieder nach einer Weile:

„Jakob —"

„Ja?"

„Sag mir, glaubst du, daß wir zusammen verliebt sind? — Es kommt mir nämlich so vor, heut schon den ganzen Tag."

„Ja, das — das kann schon sein. Mir auch," sagte er stockend.

Sie saßen dort, aufrecht nebeneinander, und starrten sich erschrocken ins Gesicht.

Ninette: „Wenn das wirklich so ist, dann will ich jetzt dir gehören, Jakob, soll daraus kommen was will, es ist mir gleich — aber einmal wird etwas ganz rein und richtig gewesen sein, einmal wird es das Ganze gewesen sein, das kann einem nie mehr genommen werden. Denn es kann nicht falsch sein, wenn es jetzt so zwischen uns geworden ist, und wir haben ja nichs dazu getan."

Jakob sagte, fast ohne Ton, er hatte seine Finger in dem Moos des Waldbodens und rupfte es in Fetzen heraus:

„Nein, es ist nicht falsch, und wir haben nichts dazu getan. Aber das dürfen wir nicht."

„Warum dürfen wir nicht?" fragte sie, ihre Stimme ebenso leise geworden wie die seine.

„Weil du die Schwester von Friedrich bist. Und wo er nicht mehr da ist, darf ich nicht an dir tun, was deinem Bruder schmerzlich sein würde. Denn er will, daß du dich rein bewahren sollst für den Mann, den du einmal heiratest, das will ein Bruder für seine Schwester, und der Mann kann ich ja nicht sein."

„Das weiß ich alles nicht. Und will das ein Bruder?"
„Ninette! Ninette!" sagte Jakob.
Er küßte sie, kurz und heftig, und zog sie vom Boden auf.
„Komm, wir wollen jetzt heimgehen."
Sie folgte ihm, gehorsam und wortlos. Eh sie auf die Rohrsbacher Straße hinauskamen, unter den letzten Bäumen, blieb sie stehen und sagte:
„Es ist jemand da, der mich liebt und heiraten will."
„Siehst du," sagte Jakob. „Das hat mir schon geahnt."
„Aber ich weiß noch nicht, ob ich ihn liebe. Es ist alles so anders dort. Nicht wie hier."
„Wenn er der Richtige ist, wirst du ihn lieben," sagte Jakob, und sie wieder:
„Ich weiß es noch nicht. Ich weiß es noch nicht."
Sie gingen schweigend nebeneinander auf der fallenden Straße weiter, Grünschwaig und Nußholzhausen zu. Der Hof, das Dorf lagen grün umbuscht und sommerfriedlich da, und südwärts das Gebirge in Nachmittagshelle.

5

Ninette, als sie zwei Tage später in Voggenbruck ankam, war etwas verwirrt durch das große fremde Schloß und die Menge fremder Menschen, die sie darin vorfand. Bei Ellens Hochzeit war sie nicht dabei gewesen, sondern in der „Verbannung" damals, im Stift; so kannte sie die Eltern Hanstein noch nicht, und neue Gesichter waren ihr auch Paul Horny mit seiner Frau Dora, und die Tante Cécile, und ein älteres Ehepaar aus Wien, das den Sommer in Voggenbruck zubrachte. Clemens Hanstein hatte sie bei dem Begräbnis der Großmutter in Grünschwaig gesehen, er war ihr darum noch kein bekannter Mensch. Und auch ihre eigene Cousine Ellen, als „Schloßfrau" jetzt und schon Mutter von zwei Kindern, erschien ihr fremd — ja sogar Delia, die einst so Vertraute. Es waren immerhin fünf Jahre, daß Ninette und Delia einander nicht gesehen hatten, inzwischen waren sie aus Schulmädchen zu erwachsenen Menschen geworden; sie mußten sich Jede in die Verwandlung der Andern erst wieder finden und ihre Freundschaft beinah ganz neu wieder anfangen. — Ninette stand diesen Abend, müde von Reise und Menschen und im Herzen eine wehe Erinnerung an Grünschwaig und Jakob und den Waldgang mit ihm, in ihrem Zimmer, drehte langsam den Türschlüssel um, und schon beim Ausziehen kamen ihr die Tränen. Tränen der Einsamkeit, der Sehnsucht, der Ratlosigkeit vor dem Leben, das überhaupt so anders, so ganz anders war, als man sichs gedacht hatte.

Aber auch die betrübten Stunden vergehen, und Ninette war kein wehleidiges Menschenkind. Sie ging den nächsten Morgen tapfer an.

Der alte Graf Hanstein wurde von seinem Diener Rautter im Rollstuhl durch den Korridor gefahren, gerade als Ninette herunterkam. Sie fand ihn mächtig und dick — dazu hatte ihn seit einem Jahr diese erzwungene Unbeweglichkeit zu machen begonnen, er fühlte sich nicht wohl dabei. Ein bißchen zum Fürchten war sein scharfes, ungeduldiges Auge, und umso sonderbarer kam es ihr vor, ihn bei ihrem Anblick irgendwie geniert zu sehen, so als wäre das ungehörig vor Ninettes gesunder Jugend, daß er solch ein „Invalide" war, mit seinen lahmen, kläglich dünn und muskellos gewordenen Beinen, die unter der Decke verborgen blieben. Er sagte zu ihr etwas sich selber Verspottendes, Bitteres. Im Frühstückszimmer waren schon fast alle beisammen. Die Mutter Hanstein schenkte den Tee aus; Ellen und Clemens frühstückten oben; von Clemens hieß es, daß er „schon längst" in der Ökonomie war, mit der Verwaltung des Gutes viel zu tun hatte. Ninette hatte ihren Platz neben Delias Vater, der seinen Sommer wie gewöhnlich hier verbrachte. Er begegnete ihr mit einer wohltuenden Ritterlichkeit und Bewunderung, an ihm konnte sie es richtig merken, daß sie doch, Gott sei Dank, kein Kind mehr war, wie damals in Rom, und daß die erwachsenen Leute sie ernst nahmen. Und Paul Horny war ein imponierender Mann, Ninette spürte die selbstverständliche Vertrautheit, die zwischen ihm und Delia war. Und Frau Horny war eine feine, hübsche Dame. Ja, ein ganz neuer Kreis von Leuten, und Ninette war zu jung, und eine zu glückliche Lebensneugier in ihr, als daß es sie nicht bald verlangt hätte, zu wissen, wie sie alle waren und was sie taten und dachten.

Nach dem Frühstück forderte Delia sie zu einem gemeinsamen Spazierweg auf. Und im Gehen — die Berghäupter so nah und gewaltig ins enge Tal hereinblickend, der Himmel darüber bewölkt und unruhig, als würfe eine unsichtbare Schaufel immer neue Wolkenhaufen über ihn hin — gelang den Mädchen bald ein Gespräch. Sie hatten viel nachzuholen. Daß Delia studierte, hatte Ninette schon von Ellen gehört und sagte ihr, daß sie sich das immer gedacht habe „und jetzt wirst du aber bald so gescheit sein, daß ich überhaupt gar nicht mehr mit dir werd reden können, ich bin ja nur eine dumme Tippmamsell, weißt du, in einem langweiligen Büro." Aber Delia gab ihr einige Selbstsicherheit wieder, indem sie sagte, Ninette sei doch schon ganz anders im Leben drin als sie, da sie sich ihr Geld schon selber verdiente, während Delia noch ganz von der Hilfe anderer leben mußte: „Ellen und Clemens sind sehr gut gegen mich gewesen. Sie haben doch die Wohnung in Wien, sie sind jetzt nur wenig dort, aber ich hab da ein Zimmer und kann von da aus die Universität besuchen."

Ninette fand das aufregend schön: allein in Wien, und kein Mensch, der auf einen aufpaßt, und machen, was man will! Aber Delia erzählte nur vom Studium, und daß es „herrlich" war. Literatur und Philosophie und Naturwissenschaften, das Schlimme war dabei nur das Vorlesungsverzeichnis, man mußte ja vernünftig sein und nicht a l l e s hören wollen, was natürlich am schönsten wäre. Sie sagte, ihr Gesicht in ernster Freude leuchtend: „Es geht mir viel zu gut. Ich bin jung und habe jetzt Jahre vor mir, wo ich lernen darf und versuchen, ob ich den Sinn verstehen kann, den Sinn, der alles zusammenhält."

„Ja, gibt es den?" fragte Ninette; und da Delia, so plötzlich angegangen, schwieg und ihre Gedanken für eine Antwort zu sammeln suchte: „Mein Bruder Friedrich hat es nicht geglaubt."

Es war doch gut, wieder mit Delia zusammen zu sein. Sie nahm Ninette nur einen Augenblick, scheu, bei der Hand, und ließ sie gleich wieder los, aber man spürte ihre ganze Freundschaft in dieser kleinen Zärtlichkeit.

Sie sagte: „Ja, das ist uns allen so furchtbar nahgegangen. Mir und auch dem Papa. Und auch Ellen." (Es fiel ihr leichter, zu reden, indem sie die andern miterwähnte, sich nicht mit ihrem eigenen Mitleid vordrängte.) „Und ich hab dir damals auf diesen traurigen Brief gar nichts Rechtes sagen können. Wir verstehen eben das Leben nicht, und warum so schwere Dinge sein müssen. Aber wir können uns doch Mühe geben, zu verstehen."

Ninette: „Vielleicht ist gar nichts zu verstehen. Es geschieht einfach. Schönes. Schreckliches. Es geschieht einfach."

Sie sagte das mit ihrem ratlosen Blick und Mund, und ihre Stirn so kindlich dabei. Sie wußte nicht, was sie damit sagte.

Sie erinnerte Delia an den langen Brief, den sie ihr vor Jahren, nach dem Tod von Delias Mutter, geschrieben und den sie, Ninette, immer bei sich gehabt habe. Und darin war gestanden, daß alles, was geschieht, Ein großer Strom ist, der vorüberfließt, und der Schmerz und das Glück, beide gehören dazu, und wenn man das Ganze haben will, muß man den Schmerz auch wollen.

„Ja, das glaub ich jetzt noch," bekannte Delia. „Aber das

geht nur, wenn man das Leben liebt. Wenn man das Leben liebt, geht alles. Oft erfüllt es einen doch so stark, daß man meint, man könnte in den Weltraum geworfen werden und würde die ganze große eisige Kälte erwärmen! Aber wenn das Gefühl der Liebe zum Leben und zu den Menschen nicht da ist, dann wird alles furchtbar. Und dann kommen solche Zeiten, wo man versteht, wie jemand sich selber töten kann. Ich glaube, jeder Mensch hat solche Zeiten."

Ninette, aufhorchend: „Du auch?"

„Jeder," sagte Delia; sie fand manchmal, es war besser, die Dinge im Allgemeinen zu lassen. — „Wahrscheinlich hat auch dein Bruder Friedrich das Leben nicht genug geliebt."

Ninette: „Nein. Er hat gefunden, es taugt nichts."

Delia: „Das kann nicht stimmen. Denn woher wäre sonst die Liebe? Die Liebe zum Leben gibt's doch, wir fühlen sie ja oft genug, um es zu wissen. Und die Liebe könnte nicht sein, wenn da nicht etwas Liebenswertes wäre."

Für Ninette war weniger die Begründung überzeugend, als Delias nachdenklich gesammeltes Gesicht. Es scheint also doch zu stimmen mit der Welt, Delia schwindelt einen nicht an, sie meint es ernst; wenn man sie immer da hätte, könnte man mit allem zurecht kommen. Und aus diesem Gefühl heraus fragte sie ganz unvermittelt:

„Tätst du jemand heiraten, bei dem du nicht sicher bist, ob du ihn liebst?"

„Wie? — Ich versteh dich nicht." Delia blieb stehen und sah Ninette so erstaunt an, daß diese verlegen und sogar etwas rot wurde. „Will dich jemand heiraten, und du liebst ihn nicht? Das kommt doch gar nicht in Frage!"

„Nein, wart, ich muß dir das erklären," begann Ninette, aber sie fand, daß das Erklären, Delia gegenüber, recht schwierig war. Sie gingen wieder weiter, Ninette nach Worten suchend, die ihr nur mühsam kamen: „Ich bin doch in Berlin in einem Film-Büro. Und da hab ich einen jungen Filmschauspieler kennen gelernt der, glaub ich, ziemlich verliebt in mich ist und der mir gesagt hat, daß er mich heiraten möchte. Ich bin nicht sehr freundlich zu ihm gewesen, aber er wird dann so todtraurig, daß ich es kaum aushalten kann. Weißt du, genau wie ein junger Hund, der aufs Sofa springen möchte und nicht darf — ja, genau so," sagte Ninette, wider Willen von einem innerlichen, zärtlichen Lachen geschüttelt. „Man kann einfach schwer widerstehen, wenn er einen so ansieht. Bill heißt er. Wilhelm, eigentlich, aber Bill nennt er sich. Bill Haardt. Ein komischer Mensch."

„Ja, und du? Du hast ihn gern?"

„Schon, irgendwie. Aber wenn man als Frau mit jemand leben soll, muß es doch wunderbar sein, es muß das einzige Glück auf der Welt sein, oder sonst geht es doch nicht — oder?"

„Natürlich nicht. Und wenn es dir mit ihm nicht so ist, brauchst du ihm doch nur zu sagen, daß es nicht geht."

Ninette: „Nein. Ja. Aber ich weiß es doch nicht."

Jetzt war es Delia, die ganz und gar ratlos aussah, sodaß Ninette, zum erstenmal mit einem kleinen Überlegenheitsgefühl im Herzen, über sie denken mußte: alles versteht sie doch nicht.

„Man weiß doch, ob man jemand liebt. Das fühlt man doch."

Ninette, über ihre Erfahrungen nachdenkend, mit ehrlich bekümmertem Gesicht: „Ich finde, man fühlt einmal so, und dann wieder ein bißchen anders. Und das ist eben grad das Schlimme."

Delia schüttelte den Kopf. Nein, man konnte ihr diese Sache nicht klar machen. Aber Ninette sagte nun, die neugierige Frage schlüpfte ihr ganz von selbst über die Lippen:

„Sag einmal: liebst du eigentlich den Paul Horny?"

„Ja," sagte Delia.

„Aber den willst du nicht heiraten?"

„Er ist doch schon verheiratet."

„Ja und — und also?"

„Also kann ich ja nur befreundet mit ihm sein."

„Aber wenn du ihn sehr liebst — wirst du dann gar niemand anders heiraten?"

„Nein. — Ich weiß nicht, müssen wir das alles besprechen?" sagte Delia mit dem etwas verzweifelten Lächeln wie jemand, dem eine Wunde allzu rücksichtslos angerührt worden ist.

Ninette, erschrocken: „Ach, bitte, verzeih mir! Ich bin solch ein Kamel, ein Kamel bin ich!"

„Unsinn. Das ist doch alles gar nicht so schlimm." Delia wollte diesem Gespräch ein Ende machen. „Paul Horny und ich sind einfach Freunde, das ist ja schön für mich. Ich hätte wahrscheinlich sowieso nie geheiratet. Man kann sehr gut allein leben."

„Und du sagst noch, daß es dir gut geht! Du bist so ... ich weiß gar nicht," sagte Ninette, wieder ganz Bewunderung für ihre unbegreifliche Freundin. „Aber da siehst du, wie das Leben ist. Friedrich hat schon recht gehabt. Es taugt nichts."

„Es taugt sehr viel," behauptete Delia. „Wart, wir müssen jetzt hier links hinunter und auf der anderen Seite des Baches zurück. Von der Brücke aus hat man einen Blick auf den Wasserfall. Der Bach kommt von hoch herunter und unten drängt er sich ganz wild zwischen den Steinen hindurch."

Das stürzende Wasser sprühte Schaum über die Brücke, es lärmte laut und warf sich dann im felsenbeengten Bett hin und her. Ninette tat es wohl, dieses Toben zu sehen, sie staunte entzückt hinein, aber ihre Gedanken konnten sich von dem, was sie von Delia gehört hatte, nicht lösen.

Im Weitergehen, da der Weg aus der von der Stimme des Baches erfüllten Schlucht wieder herausstieg, sagte sie: „Wenn ich du wär, und würde den Paul Horny lieben, wirklich ganz lieben — dann würd ich mit ihm durchgehen."

„Das tätst du nie."

Ninette, sehr entschieden: „Ganz gewiß, das tät ich."

Und wieder nach einer Weile:

„Und wegen Bill Haardt darfst du nicht von mir denken, Delia, daß ich etwas Halbes mache. Wenn ich ihn heirate, muß es die wirkliche Liebe werden, so wie ich will, muß es dann werden."

Delia wollte darauf etwas erwidern, aber sie fand das richtige Wort nicht. Sie kamen ziemlich schweigsam, jede mit ihren Gedanken beschäftigt, zum Schloß zurück.

Das Wetter war etwas unsicher, trotzdem machte Ninette in der Zeit ihres Voggenbrucker Aufenthalts zwei Bergtouren mit, an denen außer Delia, ihrem Vater und den beiden Hornys, auch immer die Tante Cécile teilnahm. Für sie empfand Ninette eine Art amüsierter Zärtlichkeit, wenn sie dem jungen Mädchen erzählte, wie sie ihre Sommer in Voggenbruck genoß, denn in Salzburg fühlte sie sich einsam, seit sie Cordelia nicht mehr bei sich wohnen hatte; sie fragte Ninette, ob sie denn nicht zu ihr in das schöne Salzburg kommen und „Kino studieren" wollte, sie hätte gern wieder jemand zu versorgen. Zwar in früherer Zeit war es ja auch allein gegangen, durch viele Jahre, aber man gewöhnt sich bald an etwas Schönes und nachher wird es einem schwer, wenn man es nicht mehr hat.

„Und Sie haben immer ganz allein gelebt?"

„Ganz allein. Ich hätte schon gern geheiratet, aber das gibt sich nicht immer so wie man möchte," stellte Cécile freundlich fest, und Ninette dachte: so wird es mir vielleicht auch gehen, wenn ich meinem Bill einen Korb gebe. Die Tante war reizend, aber als Bild ihrer eigenen möglichen Zukunft schien es ihr doch nicht verlockend.

Mit ihrem Fußwerk war sie gut beisammen, ihre steckeldünnen Beine trugen die ganze magere Tante Cécile mühelos auf die höchsten Berge und wieder herunter, während Dora Horny Schwierigkeiten hatte. Ihr Fußleiden war im vorigen Jahr operiert und orthopädische Stiefel waren für sie geschustert worden; aber auf jeder der beiden Touren, die Ninette mitmachte, kam der Moment, wo Frau Horny verzweifelt auf einem Stein absaß und erklärte, sie könne nicht weiter vor Schmerzen — beim zweitenmal mußte von einem Bergbauern ein Pferd gemietet werden, um sie hinunterzubringen.

Zu Ellen und Clemens wurde Ninette morgens zum Frühstück eingeladen, Ellen im rotseidenen Schlafrock sah frisch und blühend aus, aber sie war in keiner glücklichen Laune. „Die Frühstückszeit ist die einzige Stunde, wo man noch mit jemand reden kann, wir haben ja keinen eigenen Haushalt mehr," sagte sie im Ton des Vorwurfs zu Clemens hin. Er schwieg dazu. Er war voll zarter Aufmerksamkeit für sie; als er vom Frühstück aufstand, um an seine morgendliche Arbeit zu gehen, bat er Ninette, recht lange dazubleiben und dafür zu sorgen, daß Ellen sich noch ein bißchen hinlegte und ausruhte. „Ja, ja, ich sorge schon für mich. Geh du nur und sieh zu, daß das Gut nicht zugrunde geht!" rief Ellen ihm nach.

„Du findest mich wohl scheußlich, wie ich mit ihm umgegangen bin, es ist auch nicht schön, es geht mir immer wieder durch — aber ihm macht es nichts aus, er tut seine Arbeit und denkt überhaupt nicht an mich." Ninette sah mit Betroffenheit, daß Ellen mit Tränen kämpfte. „In Wirklichkeit ist nur das scheußlich, wie ich und er ausgenützt, einfach geopfert werden — von seinen Eltern!"

Ninette hatte schon früher etwas von einer versteckten Spannung im Hause gespürt, jetzt erfuhr sie von ihrer Cousine alles miteinander; es war der Kummer, der Ellen schon seit dem vorigen Jahr quälte und mit dem sie nie hatte fertig werden können. Clemens hatte die schönsten Aussichten mit seiner Kunstgeschichte, und Ellen müßte jetzt mit ihm auf Reisen sein, der Großvater Gaunt hatte erst wieder geschrieben, daß er gern die Kosten übernehmen wollte, und nicht als Unterstützung für arme Leute, sodaß Clemens sich etwa schämen müßte, es anzunehmen, sondern wie ein Stipendium für einen begabten Wissenschaftler, und das war nur in Ordnung. Aber das alles, ihre gemeinsamen Fahrten in die fremden Länder, die für Clemens' Zukunft so wichtig wären und für Ellen so schön, das wurde ihnen einfach genommen, die schönen Jahre ihnen gestohlen, weil der Vater Hanstein mit seinem lahmen Fuß das Gut nicht mehr selbst verwalten konnte und weil er ein zu „phantastischer Egoist" war, um einzusehen, daß Clemens etwas besseres zu tun hatte, als seine kostbare Kraft für das Gut zu verschwenden. Und Clemens wollte seiner Frau nicht einmal erlauben, mit seinen Eltern darüber zu sprechen, noch einmal zu versuchen, es ihnen klar zu machen. „Weißt du, was er sagt? Er sagt, es ist die Forderung seiner Liebe an mich, daß ich ihm sein Opfer tragen helfe und es mit ihm teile, statt es ihm schwer zu machen. Er meint, ich soll mich um die Kinder kümmern – wir haben eine Erzieherin für die beiden, ich sehe sie wenig, ich bin innerlich zu unruhig dafür, kannst du das verstehen? – aber er meint, ich soll mich selbst um sie kümmern, und hier neben ihm ein Leben als Gutsfrau führen, und wir könnten in dem Verzicht glücklich sein, und eines Tages, wenn Gott es will, würde alles schon so kommen, wie es richtig und nötig ist, aber erst muß man Gott zeigen, sagt er, daß man das Opfer zu leisten bereit ist, Christus hat noch viel mehr für uns geopfert als einen Beruf. Wir reden oft lang, in der Nacht, und dann seh ich es ein, denn Clemens kann sehr schön sprechen und Gründe vorbringen, das kann er – wenn er Lehrer an der Universität wäre, würde er ganz Wien von allem überzeugen, was er für richtig hält. – Aber es kommt mir dann doch immer wieder, daß es nicht richtig ist und daß ich es grad aus Liebe zu ihm nicht hinnehmen darf, denn wenn wir uns so still dreinfinden, meinen die Eltern, es sei alles in Ordnung. Und weißt du, meine Mutter ist so empört über die alten Hansteins, daß sie gar nicht mehr herkommen will."

Ninette wußte nicht viel darauf zu antworten. Arme Ellen, dachte sie, man konnte auch ihr nicht helfen, und auch das Verheiratetsein mit einem Mann, den man liebt, und das Leben in einem so schönen Schloß in den Bergen war also noch kein sicheres Glück und man hatte so viel Kummer dabei.

Sie mußte sich aber ärgern über die Cousine, wie sie im weiteren Beisammensein auf Luzie zu sprechen kam. In einem Brief von Luzie seien Andeutungen gestanden, daß sie mit ihrem Mann nicht glücklich war, „und das gibts eben einfach nicht, eine Ehe ist eine Ehe, aber Luzie ist von jeher ein leichtfertiges Ding gewesen."

Ninette war selbst meistens im Widerspruch zu Luzie und war neulich in München steinunglücklich bei ihr gewesen, aber wenn man ihre Schwester angriff, stand sie zu ihr. Sie gab zu, ihr hatte der Alfons Hörsch auch leid getan, aber wenn Luzie ihren Mann nicht liebte, was konnte sie machen?

„Dann hätte sie ihn nicht heiraten dürfen. Aber jetzt, wo sie seine Frau ist, muß sie auch zu ihm stehn und darf nichts anderes denken," erklärte Ellen streng und sicher wie eine Kirchenbehörde.

Natürlich hatte sie recht mit dem, was sie sagte, Ninette aber wurde bös darüber; sie konnte nicht wissen, wie es innerlich um Ellen stand und daß sie mit ihrer Prinzipienfestigkeit der eigenen ungewissen Seele einen Halt zu geben suchte: wie eine Härte im Urteil über andere fast immer einer verborgenen Unsicherheit entspringt. Ninette empfand nur die Härte und wandte hitzig ein: das sei leicht gesagt, das wisse man vorher nicht immer, ob man jemand sein Leben lang lieben würde. „Und wenn du doch selbst erlebst, wie alles schwierig sein kann und wie man gar nicht immer weiß, was das Richtige ist, brauchst du nicht so hart sein gegen die arme Luzie." Sie wären fast zu streiten gekommen, die Beiden, aber als Ninette von dem totgeborenen Töchterchen sprach und wie Luzie und Alfons verzweifelt darüber waren und keinen Trost miteinander hatten, wurde Ellen auch bewegt und, fast in der Weise ihrer Mutter Kitty, zur Gutheit gestimmt.

„Ich muß ihnen irgendetwas Schönes schicken. — Warum es nur immer so schwer ist, daß man die Dinge im Leben richtig macht," sagte sie seufzend.

— Delia schien das nicht zu finden, oder wenn es ihr schwer war, sie ließ nichts davon merken. Als Ninette von Voggenbruck wieder abreiste, sie hatte beschlossen, vor dem Ende ihres Urlaubs noch Antje im Rheinland zu besuchen, brachte Delia sie zu dem Auto ins Dorf. Sie wußten sich nah und gut befreundet zusammen, aber sie fühlten es stark, bei diesem Abschied, daß jede ihren Weg im Leben für sich hatte und daß der Mensch dem Menschen nicht zu helfen vermag. So wie Delia müßte man sein, dachte Ninette, so tapfer! Aber wer kann das immer? Lieber Gott, wir sind lauter ganz verschiedene Leute!

6

Antje war glücklich über das Telegramm, das ihr Ninettes Kommen ankündigte.

Seit sie in Herselbach im Rheinland war, hatte bisher nur Georg Degener sie besucht. Er war „der Papa", wie immer seit ihrer Kindheit; wenn ihn seine Evangelisations-Vorträge nur irgend in ihre Nähe führten, erschien er, nach ihr zu sehen, sprach mit Frau Schlumm, der Inhaberin der Gartenbauschule, hinterließ Antje ein Taschengeld, oder es kam „im Auftrag von Herrn Pastor Degener" bald nach seinem Besuch ein Paket mit einem Gegenstand, den sie sich gewünscht oder von dem er auch nur gemerkt hatte, daß sie ihn brauchen konnte. Der Papa Degener war wunderbar, und sie hoffte, daß er ihre dankbare Liebe zu ihm wüßte, wenn sie es ihm auch nie eigentlich mit Worten hatte sagen können; es war so schwer, solche Sachen auszusprechen. Die Andern sah sie sonst nur, wenn sie in ihren Urlaubszeiten nach Berlin kam, sie waren alle gut und geschwisterlich, aber es war ja natürlich, daß sie ihr eigenes Leben lebten, aus dessen Gesichtskreis Antje seit zwei Jahren entfernt war. Sie dachte manchmal in dieser nicht immer leichten Zeit, ob es auch klug von ihr war, daß sie sich freiwillig so vereinsamt hatte, indem sie hier diese selbständige Lehrerinnen-Stelle annahm — aber es war da so ein Gefühl gewesen, damals nach ihrer Rückkehr aus Ostpreußen, als hätte die Mutter Ulrike ihr im Stillen einen Vorwurf gemacht, weil Antje die Versorgung nicht annahm, die sich ihr in Stoppeln bei den Werndorffs bot; als hätte sie gedacht: ein junges Mädchen in Antjes Lage sollte nicht so wählerisch sein. Das war nie ausgesprochen, nie mit einem Laut angedeutet worden, aber Antjes empfindlicher Stolz hatte es dennoch zu spüren geglaubt, und so war sie eben aus dem Weg gegangen. Sie hatte nun hier ihre Arbeit, anstrengende Arbeit jahraus, jahrein. Man mußte selbst von früh bis spät mit daran sein, immer neue junge Mädchen anlernen; wenn sie anfingen, brauchbar zu werden, hatten sie ihren Kurs beendet und gingen wieder. Einige waren ungeschickt, andere gleichgültig, sodaß man sie mit Strenge dazu anhalten mußte, an den Abenden heißer Sommertage erst einmal alle die durstigen Beete mit Wasser zu versorgen, ehe sie sich aufs Rad setzten, um nach Dümpenich ins Kino zu fahren; da hatte man dann wohl eine Verstimmung und ein dummes Geschwätz über „Ausnützung" zu ertragen und mit gleichmäßiger Heiterkeit zu überhören; denn es war nicht so bös gemeint, wie es klang. Im Ganzen kam Antje gut mit ihren Gartenschülerinnen aus, sie bewunderten die eigentümliche Schönheit ihrer Lehrerin und gaben sich heimlich Mühe, ihr ähnlich zu sein. Antjes Körper schien nicht schwer und derbe werden zu können durch die beständige harte Arbeit im Freien, vielmehr war es, als ob ihr Wesen gleich einem jungen Baum seine biegsame Kraft empfange aus der Erde, mit der sie umging.

Für die Witwe Schlumm, eine etwas barsche, aber herzensgute, kinderlose Frau, die nach dem Tod ihres Mannes das Unternehmen mit Tüchtigkeit und Umsicht weitergeführt und noch vergrößert hatte, war Antje zu einer Hauptstütze geworden. Man konnte sich auf die kleine Klees verlassen, auch wenn man einmal selbst nicht da oder nicht auf dem Damm war. Sie hatte eine Neigung zu dem Mädchen gefaßt und ging schon zuweilen mit dem Gedanken um, ihr eines Tages die „Gartenbauschule Schlumm" zu vererben, einen braven Mann mußte man für sie suchen, der würde sich leicht finden, wenn sie sich weiter so gut hielt, den Männern stach das schöne Ding ohnehin in die Augen — und bis in eine weite Zukunft hinein würden hier Kohlköpfe, Blumen und Beeren für die ganze Umgegend wachsen und werdende Hausfrauen zu sachkundigen Pflegerinnen ihrer Gärten erzogen werden. Von solchen Plänen wußte Antje nichts. Sie mochte Frau Schlumm gern, hatte sich aber doch eine gewisse Selbständigkeit zu verschaffen gewußt und, obwohl sie in dem Schlummschen Haus, das mitten im Gartengelände lag, hätte wohnen können, sich seit dem vorigen Jahr ein Zimmerchen im Ort gemietet, wo sie abends ihre eigene kleine Häuslichkeit haben und ganz still für sich sein konnte. Die Schlumm fand das unwirtschaftlich, aber ließ sie gewähren, sie hatte Lebenserfahrung genug, um zu wissen, daß man junge Menschen in ihrem Freiheitsbedürfnis nicht behindern, sie lieber unvermerkt zu ihrem eigenen Besten leiten soll; sonst fangen sie erst recht an, „über die Zäune" zu steigen.

Ja, Antje war zufrieden mit ihrem Leben, wie sie sichs eingerichtet hatte. Sie liebte die noch kühlen Morgenstunden an einem Beet, das unter den tätigen Händen allmählich vom Unkraut frei wurde, man sah, was man tat, und die anvertrauten Pflanzen schienen dankbar aufzuatmen, wenn das Grün sie nicht mehr umwucherte. Die Schülerinnen schwatzten unermüdlich oder fingen an zu stöhnen, wenn es heiß wurde, aber das alles miteinander, der ganze Tag mit seiner Mühe, ließ doch die Gedanken frei; die zogen wie wandernde Vögel in die Welt hinaus. Quint, ja, Quint: das war immer noch da und war seit jener flüchtigen Begegnung in Berlin noch schwerer, und doch irgendwie auch besser zu tragen — denn seit damals wußte Antje mit der Bestimmtheit, für die das Herz keine Gründe braucht, daß auch er sie liebte. Sie hatten sich ja kaum in die Augen gesehen und nicht einmal zehn Worte zusammen gesprochen, und doch wußten sie alles voneinander, merkwürdig war es, ihr Leben verlief in ganz verschiedener Bahn, und doch war die Gemeinsamkeit da, die keine fremde Hand anrühren und weglöschen konnte. Der Mensch muß eine Mitte seines Lebens haben, dann geht alles, es geht den ganzen Tag über, immer weiß man da etwas, wohin man heimkehren kann. Freilich, wenn dann der Abend da ist, und man kommt in sein Zimmer, allein, und es hat sich in den vier Wänden diese befremdliche Stille angesammelt, die von uns und unsrer Not gar nichts weiß, sich um uns nicht kümmert, — da kommt dann die Traurigkeit, und man weiß sich manchmal nicht gegen sie zu helfen. In eine solche Abendstunde traf Ninettes Telegramm, ein tröstliches Blatt, aufgeklebte Papierstreifen auf einem Formular: ANKOMME FREITAG ACHTZEHN UHR SIEBENUNDDREISSIG FREUE MICH FURCHTBAR ÜBERNACHTE IRGENDWO NINETTE.

Es war Siegfried Hanauer, der junge Arbeitsgehilfe bei Frau Schlumm, der Antje das Telegramm noch herüberbrachte. „Es ist eben gekommen, wie Sie weggegangen waren, ich dachte, Sie wollen es sicher gleich haben, Fräulein Antje, da bin ich nur rasch damit 'rübergelaufen," sagte er; er ging wieder, sein schwarzer Blick unter dem gelockten Haar ganz voll Enttäuschung, weil sie in der Freude über die Botschaft den Boten kaum sah; was hatte er von den Dankesworten, die er bekam?

„Irgendwo" brauchte Ninette nicht zu übernachten, Antje lieh sich bei ihrer Hausfrau ein Sofa aus, das kleine Zimmer war zwar etwas beengt durch das neue Möbel, aber das machte nichts, sie mußte Ninette bei sich haben. Sie kaufte ein festliches Abendessen ein, Frau Schlumm stiftete ihr grünen Salat und Tomaten dazu. Pünktlich hielt der Zug, der aus dem Rheintal kam, vor dem kleinen Herselbacher Bahnhof, Ninette winkte schon aus dem Fenster und warf ihren Koffer heraus, der natürlich nicht richtig verschlossen war und aufsprang, sodaß sie beide erst einmal etwas zu lachen und damit zu tun hatten, die herausgefallenen Sachen auf dem Bahnsteig wieder einzusammeln. Verrückte Ninette, die ganze Kindheit mit all ihren Dummheiten war mit ihr wieder angekommen.

Sie aßen zusammen, sogar ein Fläschchen Moselwein stand auf dem Tisch, Antje hatte nur Wassergläser dafür, aber das hinderte die Beiden nicht, damit anzustoßen und sehr gesprächig davon zu werden; sie schwatzten noch lang in die Nacht hinein, wie in der früheren, sorglosen Zeit. Jede hatte viel zu erzählen und jede freilich behielt noch etwas für sich, von Quint war nicht die Rede und nicht von Jakob, das Leben hatte ihnen schon zu erkennen gegeben, daß es nicht nur eine verlockende Wildnis voller Lust und Abenteuer und tausend erstaunlicher Möglichkeiten ist, sondern daß es Grenzen setzt und Entsagungen fordert, und in beiden war eine Ahnung, der Weg werde vielleicht noch tiefer ins Dunkle gehn, wer wußte, wohin? Davon aber sprachen sie nicht, es war ihnen wohltuend, miteinander vergnügt und auch ein bißchen kindisch zu sein, so als wären sie noch die Ninette und Antje, die sich um ein Spielzeug zerstritten und wieder versöhnt hatten; als hätte sich nichts um sie und an ihnen verändert.

Ninette ging am nächsten Morgen mit in die Gärtnerei, es machte ihr Spaß, den Betrieb zu sehen und Antje für ein paar Stunden bei der Arbeit zu helfen. An Siegfried Hanauer merkte sie, daß er Antje schöne Augen machte, sagte aber nichts darüber. Bei Delia du Faur war sie so ungeschickt hineingetappt mit ihren Fragen, daß sie sich jetzt in Acht nahm. Sie fragte nur nebenher nach ihm und erfuhr, daß er jüdischer Abstammung war, er hatte eigentlich studieren sollen, aber bei den Verhältnissen im Hitlerdeutschland ging das nicht, seine Eltern dachten an Auswanderung, und für jetzt mußte der arme junge Mensch froh sein, bei Frau Schlumm eine Beschäftigung als Gartengehilfe zu haben. Es gab schon Geschäftsleute genug, die einen Juden nicht mehr anstellen wollten, weil man Unannehmlichkeiten davon hatte.

Antje bekam den Nachmittag freigegeben, die Beiden gingen spazieren, zum Ort hinaus, zwischen Feldern und Weingärten, und da Ninette erst Sonntag abends mit einem Nachtzug von Köln nach Berlin zurückreisen wollte, fuhren sie in der Sonntagsfrühe mit einem Autobus in die Hohe Eifel hinauf, verwanderten ihren Tag und sahen die Waldungen und Höhenzüge des Landes schön um sich her gebreitet. Sie kamen auf Peter zu sprechen, der jetzt siebzehn war, „ein großer, ausgewachsener Oberprimaner". Ninette wollte ihm von der Eifel erzählen, „wenn er nächstes Jahr sein Abitur hat, darf er eine Radtour machen, da soll er kommen und dich besuchen, wenn du dann noch hier bist. Aber ich hätt dich lieber mehr in der Nähe, man sieht sich doch zu selten." — „Ich war so froh, daß du gekommen bist," sagte Antje darauf. In der letzten Stunde, bevor sie sich trennen mußten, wurde ihr Gespräch immer karger, jede wandte ihre Gedanken dem Arbeitsleben zu, das sie erwartete; der Sommer war noch da, aber in seiner heißen Küche wurde schon der Herbst gekocht.

„Es ist komisch," meinte Antje, „daß man nicht einen einzigen Schritt in der Zeit zurück tun kann."

„Möchtest du das?"

„Manchmal nicht, manchmal schon. Jetzt zum Beispiel wär ich nicht bös, wenn erst Freitag wäre. Du dürftest auch deinen Koffer wieder aus dem Zug werfen, ich tät nicht einmal schimpfen."

Diese kleine Bemerkung war alles, was Ninette von Antjes Einsamkeit zu hören bekam; aber es war genug, es ging ihr lange nach.

Für einen Liegewagen hatte Ninettes Urlaubsgeld nicht mehr gereicht, so kam sie ziemlich müde von der langen Nachtreise in Berlin an und sie mußte vom Bahnhof gleich in ihr Büro fahren, um sich bei Herrn Hummel wieder zu melden. Sie fand ihn sehr verärgert vor. Ein schon fertig gedrehter Film, an dem man seit 1932 gearbeitet hatte, sollte zum Teil ganz neu aufgenommen werden, weil in ihm einige Rollen mit jüdischen Darstellern besetzt waren, die „für das gesunde Volksempfinden untragbar sind". — „Untragbar!" schimpfte Hummel, „ich will Ihnen mal sagen, was untragbar ist, die Kosten nämlich, wer soll denn die tragen? ich werde Herrn Hitler die Rechnung schicken!" — „Ich habe Sie ja gewarnt," sagte Hummels Dramaturg, ein stiller, verträglicher Mann, der seinem Chef kopfwiegend gegenübersaß. Hummel erboste sich darüber aufs neue: als ob man den blödsinnigen Arierparagraphen so ernst hätte nehmen können, jeder vernünftige Mensch hätte doch gedacht, daß das nur „so gesagt" wäre, aber nicht, daß der deutsche Film einige von seinen besten Künstlern ans Ausland verschenken würde, so was konnte man doch nicht erwarten, „mit Handkuß" würden die ja draußen genommen werden, „die sind ja meschugge, bei uns, sind die! das is' ja, wie wenn 'ne Firma dem Konkurrenten ihre Patente überreicht, so was gibts ja gar nich'! nie dagewesener Unsinn is' das!" Es handle sich eben um das Grundsätzliche, erklärte ihm der Dramaturg. „Ach! ach! Grundsätze!" sagte Herr Hummel — fand sich aber, nachdem er seinen Zorn ausgetobt hatte, mit überraschender Plötzlichkeit in die neue Lage und traf die entsprechenden Anordnungen. „Sie müssen uns aber nu ganz rasch irgend so'n Drehbuch besorgen, was mit'n Hitlerjungen am besten, haltet aus im Sturmgebraus." Der Dramaturg war entlassen, und Ninette bekam gleich mehrere schwungvolle Briefe in die Maschine diktiert, die vom „heißen Atem der Zeit" sprachen, mit dem man „Schritt halten müsse und wolle", und die alle mit „Heil Hitler!" schlossen. Nach einer Stunde sah Hummels rotes Gesicht recht erschöpft aus, er klagte über das heiße Wetter: „Wissen Sie, Degenerchen, Sie können uns mal eben einen or'ntlichen Kaffee machen. Tut mir zwar nicht gut, hilft aber besser als Eis, und Sie haben ja auch 'ne lange Fahrt hinter sich. So Politik und Gleichschaltung, das ist anstrengend."

Dieser erste Bürotag wurde Ninette lang, die Bilder ihres Sommers, der Grünschwaiger Wald, das hohe Gebirg und die Eifelhöhen zogen ihr wie ferne Träume durch den Sinn, als wäre das alles gar nicht wirklich gewesen, und wirklich nur hier diese trostlose, graue Alltäglichkeit. Als darum zur Zeit des Büroschlusses Bill Haardt unvermutet in der Tür erschien, um sie abzuholen, ging ihm ihr Gefühl mit einer warmen Dankbarkeit entgegen. Das ist doch ein Mensch, und es liegt ihm an mir, er kommt für mich! dachte sie. Er hatte bei Hummel den Tag ihrer Rückkunft im Voraus erfragt, er bat sie, den ersten Abend nach dieser langen Trennung mit ihm zu verbringen.

Sie ging draußen eine Weile schweigend an seinem Arm dahin und hörte müde, aber in angenehmer Geborgenheit seine zärtlichen Worte an: wie er sich nach ihr gesehnt, die Tage gezählt hatte, bis sie wieder da wäre. Immer klarer sei es ihm geworden, was er ihr ja schon früher und immer gesagt: daß er ohne sie nicht leben konnte.

„Weißt du, ich bin zu müd, um heut noch mit dir auszugehn," sagte ihm Ninette. „Ich muß erst einmal schlafen, wir wollen für die nächsten Tage etwas verabreden. Ich glaube wirklich auch, wir sollten uns besser kennen lernen."

Sie wehrte sich nicht, als er sie in seinen Arm zog und sie küßte. Sie blickte nah und aufmerksam in sein vor Glück leuchtendes Gesicht.

„Ja," sagte sie, halb unbewußt. Und Bill Haardt empfand es wie es war: daß er mit diesem Ja das Versprechen ihrer Liebe empfangen hatte.

7

Genf war die Stadt, in der Quint und Natalie einander zuerst begegnet waren, beide hatten dort alte Bekannte und gewöhnten sich gut wieder ein. Sie lebten in zwei bescheidenen Zimmern ganz wie ein Studenten-Ehepaar zusammen, da auch Natalie als Gasthörerin die Genfer Universität besuchte; sie hatte Sixt zu seinen Großeltern nach Granville gebracht, die Sommermonate verbrachten auch Quint und Natalie wieder am schönen normannischen Strand und kehrten im September nach Genf zurück.

Beide freuten sich an dieser neuen Art von Gemeinsamkeit. Wenn auch Natalie ihren Sixt nicht leicht entbehrte, war es doch auch gut, wie in der ersten Zeit der Ehe wieder einmal ganz für Quint und seine Interessen da sein zu können, die Tage mit den Studien, die Abende mit Büchern und Gesprächen zu verbringen. Hier und da kam jemand zu ihnen oder sie waren bei anderen Leuten eingeladen. Sonntags mieteten sie wohl ein Ruderboot für den ganzen Tag, der See war einem mächtig breiten, auf Genf zufließenden Strome ähnlich und seine Ufer wurden sehr schön in den Farben und der Klarheit des Herbstes. Aus Südosten leuchteten die höchsten Alpen herüber, der Mont Blanc manchmal wie eine einsame Schneewolke am Himmel, wenn der Gebirgstock, der ihn trug, im Abenddunst verschwand.

Die Atmosphäre des Instituts der „Hohen Studien" empfand Quint als höchst angenehm. Eine durchgesiebte Auswahl aus der Studentenschaft aller Länder kam in ihm zusammen, es wurde intensiv gearbeitet, dabei aber eine gewisse Lässigkeit zur Schau getragen, niemand wäre mit Ameisen-Hast durch die Gänge gelaufen, sprach man jemand an, so gab er sich, mochte er auch noch so eilig sein, wie auf der Promenade: als ob er erfreut wäre, einem Auskunft zu geben. Ein gewisser weltläufiger Stil des Hauses prägte sich seinen Besuchern auf. Quint hörte Internationales Recht, Politik und Geschichte, im besonderen waren es die Vorlesungen von Carl Burckhardt, die ihm das glückliche Gefühl gaben, an einer Geisteswelt Anteil zu gewinnen, wo Wissenschaft etwas in sich Lebendiges war: durch keinen tagespolitischen Zweck entehrt, aber voll innersten Bezuges zum Wesen des Hörers, der durch diesen hervorragenden Lehrer zu einer freien, von der Einsicht des Herzens bestimmten Anschauung der Dinge angeleitet wurde. Quint genoß das umso mehr, als ihn während des letzten Winters in München der allerdings recht unbedeutende Dozent des zeitungswissenschaftlichen Kurses durch die Beflissenheit erbittert hatte, mit der er den modischen deutschen Parteiredner-Jargon übernahm. Es war ein Glück, dem für eine Weile entronnen zu sein, von Genf aus nahm sich überhaupt das verworrene und fanatisierte Deutschland wie ein Fieberkranker aus, dem „alle möglichen Unmöglichkeiten" (wie Quint sich Natalie gegenüber ausdrückte) zuzutrauen waren. Quint begriff, daß die Andern mit uns nichts zu tun haben wollten, er begriff, daß sie über Goebbels die Achseln zuckten; dieser war als Abgesandter Hitlers beim Völkerbund erschienen und hatte vor dem europäischen Forum von Genf nicht wie der Minister eines großen Landes gewirkt, sondern wie ein Handlungsreisender, der eine neue Ware mit werbender Rede anzubringen sucht. Für die Menschen, mit denen Quint und Natalie hier Umgang hatten, war vor allem die Judenhetze des nationalsozialistischen Blattes „Der Stürmer" ein Gegenstand weniger der Aufregung, als der Verachtung. Man „mochte" die Juden auch hier nicht (das Gefühl der Fremdheit gegenüber diesem merkwürdigen, schicksals-ältesten Volk ist ja überall da, und es ist der Menschen Weise, auf das Unerklärliche mit Abneigung zu antworten). Aber die Pöbelhaftigkeit des „Stürmers" ging einem friedlich gesitteten Lande wie der Schweiz gegen den Geschmack.

Und das alles wurde allmählich zur Schwierigkeit für Quint

und begann ihm die Freude und den Gewinn zu vergällen, die
Genf ihm bot. Er, der in früheren Jahren mit aller Freiheit im
Ausland gelebt hatte, machte nun, da er immer wieder in die
Lage kam, als Deutscher sich seines Landes schämen zu müssen,
die Erfahrung, daß er es nicht vertrug. Er hatte schon von daheim
keine gute Stimmung mitgebracht, und nicht nur, weil er infolge
der neuen politischen Verhältnisse für sich persönlich kaum mehr
die Möglichkeit sah, als Publizist in Deutschland zu wirken; es
war das Allgemeine des vaterländischen Schicksals, das ihm zu
Herzen ging. Hier merkte er mit Ärger und ohne es doch ändern
zu können, daß er immer empfindlicher wurde und in Unterhaltungen mit den Ausländern manchmal nur mit Mühe sich
zurückhielt, so unbedacht zu antworten, wie es gewiß der gute
Jakob an seiner Stelle getan hätte. Seine Gesprächspartner waren
Bürger von Ländern mit einer festen politischen Tradition, in der
all das selbstverständlicher Besitz war, was bei uns formlos im
Ungefähren schwankte. Sie konnten nicht sehen, um was es in
Deutschland ging, und daß die Diktatur sich als Notlösung angeboten hatte für einen Zustand, der anders nicht mehr heilbar
schien. Die Herrschaft ergriffen aber hatte nicht der beste, sondern
der unbedenklichste Mann, von Monat zu Monat mehr brachte
er das Volk in seine kaum noch beschränkte Gewalt und die
nationale Aufgeregtheit diente ihm dazu als Instrument, auf dem
er sehr geschickt zu spielen wußte. Die Anfälligkeit der Deutschen
für diese Note der nationalsozialistischen Musik vermochte Quint
den Ausländern nicht begreiflich zu machen. Weder England noch
Frankreich, weder die Schweiz noch Italien waren in ihrem nationalen Bestand verkürzt, daher verstanden sie nicht, was es bedeutete, daß für Deutschland jede Grenze zugleich eine Wunde
war und welche krankhafte Reizung des Ehrgefühls von solchen
Verhältnissen ausgeht. Sie stellten mit kopfschüttelnder Überlegenheit fest, daß ein Volk sich seltsam betrug, ohne zu fragen,
wer es dazu gebracht hatte, ohne sich klarzumachen, daß ein durch
erzwungene Verträge sanktioniertes Unrecht das Blut vergiftet,
und daß hierin, nicht im materiellen Verlust für den Besiegten,
das eigentliche Unheil liegt.

 In einem Lokal am Seeufer, wo die Studenten des „Institut
des Hautes Études" auch sonst manchmal zusammensaßen, kam
es eines Oktoberabends zu einem Gespräch, dessen unmittelbare
Veranlassung der am 14. Oktober 1933 geschehene Austritt Deutschlands aus dem Völkerbund war, und Quint sah sich einer geschlossenen Ablehnung gegenüber, als er um Verständnis für
diesen Schritt warb, von dem er sagte, daß auch ein besonnenerer

Staatsmann als Hitler ihn auf die Dauer nicht hätte vermeiden können. Denn nach ihrer Niederlage und der Reduzierung ihres Heeres auf 100 000 Mann ohne schwere Waffen war den Deutschen von Jahr zu Jahr eine gleiche Herabsetzung der Rüstungen in den Nachbarländern zugesagt, und auf jeder neuen Konferenz von neuem verhindert worden. So wurde uns der Völkerbund zu einem Spott, wir konnten an ihn nicht mehr glauben, seinen echten Sinn nicht mehr sehen, da er nur die französischen, niemals die deutschen Interessen wahrzunehmen schien. Die Stunde mußte kommen, in der das besiegte Land daraus die Folgerung zog und seine Handlungsfreiheit zurücknahm. Diese Stunde war jetzt da, Deutschland würde aufrüsten, und damit war für Europa der alte verhängnisvolle Wettlauf wieder eingeleitet, der eines Tages in einem Krieg enden mußte. — Murray, ein englischer Student, sagte: Hitlers viele Friedensworte seien nur Bluff, das sehe man jetzt, Deutschland habe mit seinem Austritt aus dem Völkerbund eine Entscheidung gegen alle Bemühungen um die Versöhnung Europas getroffen und seinen Kriegswillen bekundet, Europa werde sich darauf einrichten müssen. — „Wenn Hitler den Krieg will," rief Quint ihm zu, „i h r habt ihm die Möglichkeit gegeben, ihn vorzubereiten, unserm Volk die Notwendigkeit dieser Vorbereitungen glaubhaft zu machen!" Mit Murray hatte er sich bisher noch am besten verständigen können, denn der sah die festländischen Angelegenheiten ohne Leidenschaft aus seiner britischen Inselferne her, jetzt aber war es eben diese Kälte, die Quint mit einem Gefühl verzweifelter Hoffnungslosigkeit überkam, sodaß er bereute, überhaupt etwas gesagt zu haben.

Natalie las auf seinem Gesicht, was er dachte, und so sprach sie, die sonst immer zuhörend schwieg, in die entstandene Stille hinein: „Sie wissen, ich bin Französin, aber ich lebe in Deutschland seit fünf Jahren. Ich habe dort wirklich nie jemand getroffen, der an die Idee des Völkerbundes glauben wollte, und ich muß sagen, ich fürchte, daß meine Landsleute, wenn der Völkerbund sie so behandelt hätte wie die Deutschen, auch nichts von ihm halten würden. Wenn wir aber versäumt haben, die Deutschen von unserm guten Willen zu überzeugen, und wir sehen sie jetzt einen gefährlichen Weg betreten, so trifft uns die Schuld daran mit, wir sind alle zusammen in der Schuld, und es scheint mir, daß es die allerbeste Politik wäre, das einzusehen und es sogar auch öffentlich zu sagen. Das ist es, was ich tun würde, wenn ich ein Minister von Frankreich wäre." — „Madame, wir ernennen Sie dazu!" rief der junge Doktor der Rechte, Guérard, aus Paris; einige lächelten, aber fühlend, daß eine andere Stimme, als die das Feld der politischen Auseinandersetzungen beherrscht, unter ihnen laut geworden war.

„Ich dank dir, Natalie," sagte Quint auf dem Heimweg. Sie sprachen nicht mehr weiter darüber, und den politischen Gesprächen mit den anderen ging Quint fortan aus dem Wege.

Natalie setzte im Lauf des Winters ihre ganze Energie daran, für Quint eine feste Anstellung als außenpolitischer Mitarbeiter einer Schweizer Zeitung zu finden. In Deutschland konnte er eine solche Tätigkeit nicht ausüben, ohne auf Schritt und Tritt in Konflikt mit seinen innersten Überzeugungen zu kommen, und Natalie stellte sich gern vor, daß er von der neutralen Schweiz aus für die Verständigung seines und ihres Volkes wirken würde. Die Zeitungen müßten froh sein, dachte sie, jemand zu bekommen, der die deutschen Verhältnisse kannte, und sie hatte in Erfahrung gebracht, daß es in der französischen Schweiz sogar leichter sei, einem Deutschen eine Stellung zu verschaffen, als in dem deutschsprechenden Teil des Landes. Denn dort wurde die Stimmung mehr noch als hier von den immer zahlreicher aus dem Hitler-Reich einströmenden Emigranten beeinflußt und diese brachten einen Schrecken vor Hitlers „alldeutschen" Ideen herüber: als wolle der gefährliche Mann, der die „Vereinigung aller deutschen Stämme in einem Großdeutschland" zum Programmpunkt seiner Partei gemacht hatte, auch die Schweiz in seinen Machtbereich einbeziehen. Diese Furcht begann das gutnachbarliche Verhältnis zu Deutschland in ein feindliches zu verwandeln. Es hieß, daß in der Gesellschaft von Zürich und Basel die Mode aufkomme, nur noch „schwyzerisch" zu reden, um nicht als deutschsprechender Stamm zu gelten, und daß ein Reichsdeutscher, wenn er nicht aus politischen Gründen geflüchtet und ein Gegner des Hitler-Regimes war, kaum Aussicht auf eine Anstellung habe. In der französischen Schweiz war man weiter ab von diesen Dingen und dachte ruhiger darüber. Natalie also besuchte in Genf alle Zeitungsredaktionen, sie fuhr nach Lausanne und Freiburg und Neuenburg, wobei sie Quint von ihrer Absicht nichts merken ließ, sondern mit klugem Geschick ihm glaubhaft zu machen wußte, daß sie dort Freunde besuchen, oder einfach die Städte sehen wolle; denn sie fürchtete, es werde Quint nicht recht sein, wenn er im fremden Land so „ausgeboten" würde. Sie wollte ihm seine Anstellung als eine vollendete Tatsache nach Haus bringen. Sie erfuhr bei ihren Mühen viel Höflichkeit und viel Enttäuschung, die großen Blätter waren natürlich mit Mitarbeitern versorgt. Aber sie ließ nicht ab, sie verschaffte sich gute Empfehlungen, sie nahm die Arbeiten mit, die Quint da und dort schon einmal veröffentlicht hatte, und schließlich war es in Genf selbst, wo ein Zeitungsbesitzer ihr Aussicht machte, den Herrn von Fehrenkamp wenigstens einmal probeweise auf ein halbes Jahr als regelmäßigen Mitarbeiter zu beschäftigen, er solle einmal kommen, man müsse sich erst besprechen, und eine feste Verpflichtung, das werde Madame verstehen, könne auf keinen Fall jetzt schon eingegangen werden. Es war kein glänzendes Resultat, Natalie brachte es darum etwas schüchtern, aber doch hoffnungsstrahlend, an einem Januarnachmittag zu Quint zurück.

Er hörte sie an und schwieg eine Weile. „Quint, es ist ein Anfang," meinte sie ermutigend, „wenn sie deine Artikel erst haben, werden sie dich bestimmt nicht mehr loslassen."

„Nein, es ist viel, was du erreicht hast. Du hast viel für mich getan," sagte er.

Sie spürte etwas wie Beschämung in seinen Worten und beeilte sich, halb lachend zu sagen: „Das mußte ich doch, wenigstens einen Versuch mußte ich machen — wo i c h doch schuld bin, daß du nicht Diplomat werden konntest."

Quint: „Bist du schuld, daß wir uns geheiratet haben?" Und dann ganz ernst: „Ich würde dich jeden Moment wieder heiraten."

„Ja? Das ist gut. Ich dich auch."

Quint küßte ihr die Hand. Er sagte dann: „Es hat mir schon geahnt, daß hinter all deinen Reisen und Gängen irgend so etwas steckte, und ich war immer daran, mit dir darüber zu sprechen. Denn es ist ja wahr, daß ich das, was ich vorhatte, in Deutschland nicht tun kann, und es mag sein, daß das hier eine Möglichkeit für mich wäre. Aber du mußt dir klar sein, daß ich mit dem ersten Artikel, den ich hier schreibe, dem ersten, der wirklich sagt, was ich denke, die Rückkehr nach Deutschland verloren habe. Sie lassen mich nicht mehr hinein, oder wenn, dann setzen sie mich fest. Diktatoren vertragen keine abweichenden Ansichten."

Natalie nickte, erschrocken vor der Entscheidung, die sie zum erstenmal so ausweglos gestellt sah.

Quint fuhr fort: „Und, siehst du — das kann ich nicht. Es ist mir jetzt hier in Genf klar geworden, daß ich es nicht kann. — Jakob ist ein komischer Kerl und von Politik versteht er überhaupt nichts, aber er hat recht mit seiner Auffassung, daß man ein schweres Schicksal mit seinem Land zusammen durchmachen muß. Und es ist ein schweres, ein sehr schweres Schicksal, das unserm Land bevorsteht."

„Ja," sagte Natalie. „Vielleicht allen Ländern."

„Vielleicht allen. Aber seinen Platz muß man kennen." Er

sah in ihr schmales und blaß gewordenes Gesicht und sagte: „Wir werden das alles nicht heute abend entscheiden."

Sie scheuten sich unwillkürlich beide, das Gespräch wieder aufzunehmen, aber der Anstoß dazu kam von Murray, der an einem der nächsten Tage zur Teestunde bei ihnen hereinschneite. Er sprach zunächst gar nicht von Politik, sein Besuch war kameradschaftlich gemeint, er wollte damit zu erkennen geben, daß die politische Meinungsverschiedenheit die menschliche Beziehung nicht aufheben müsse. Aber sie kamen dann doch auf das zu sprechen, was sie alle innerlich beschäftigte und Quint, dem Murray einige Fragen stellte, legte ihm seine Auffassung von den deutschen Verhältnissen dar: „Ihr habt alle Angst vor der deutschen Armee, und doch ist jetzt bei uns die Armee vielleicht das Einzige, was noch sauber ist, und jedenfalls der einzige Machtfaktor, der Hitler an einer Hasard-Politik hindern kann. Die Armee will keinen Krieg. In ihr sind die verantwortlichen Köpfe beisammen. Angesichts einer Katastrophe muß man sich an den Platz stellen, an dem man seine Kraft nützlich verwenden kann."

„Quint!" rief Natalie in plötzlichem Verstehen dazwischen, „du willst wieder Soldat werden?"

Er sah auf und nickte: „Ich habe mich neulich genau untersuchen lassen. Meine Lunge ist heil, die Tuberkulose ist vollständig verschwunden. Ich nehme an, daß sie mich ohne weiteres wieder einstellen."

„Ihrer Meinung nach," sagte Murray, „beruht also die Aussicht für Frieden, die Europa noch hat, auf dem deutschen Generalstab. Es klingt ziemlich sonderbar."

Quint ging auf den scherzhaften Ton nicht ein. „Es klingt sonderbar, aber es ist so, Murray. Und es kann der Moment kommen, wo wir Schwierigkeiten im Land haben werden und auf eure Anständigkeit und eure moralische Unterstützung angewiesen sind. Laßt uns dann nicht im Stich!"

„Jedes Land sollte seine inneren Angelegenheiten mit sich allein abmachen," bemerkte Murray.

Quint schwieg dazu und dachte bitter: gebe Gott, daß wir nie in die Lage kommen, bei den Engländern auf so etwas wie Herz und Verständnis rechnen zu müssen.

Als Murray gegangen war und Quint vom Hausflur ins Zimmer zurückkam, sagte Natalie:

„Also Soldat wirst du sein und gegen Frankreich Krieg führen?"

„Dazu wird es ja hoffentlich nicht kommen. Aber nach Deutschland muß ich zurück und etwas anderes als Soldat werd ich dort anständigerweise nicht sein können. Liebste, ich weiß, wie schwer es für dich ist, aber ich hab ja diesen Weg nicht willkürlich gewählt. Du wirst dir klar werden müssen, ob du ihn mit mir gehen kannst."

Sie stand da vor ihm, ein schmerzlicher Ausdruck in ihrem Blick, aber ihr Wesen ganz umflossen von einer einzigen Klarheit, sodaß er sich seiner Frage schämte. Ihre Antwort kam ohne Zögern:

„Wo du hingehst, gehör ich auch hin. Wir sind Eheleute."

SIEBENTES BUCH

1

Für ein Staatsexamen leben müssen, heißt gar nicht mehr leben, fand Jakob. Seit im vorigen Sommer Ninette aus Grünschwaig abgereist war, hatte er sich die Arbeit als ein probates Mittel gegen allerlei überflüssige Gedanken verordnet und wandte dieses Mittel etwas reichlich an, sodaß ihm bald sein eigener armer Kopf wie eine Scheune vorkam, in die immer neue Fuder von Wissensstoff eingeführt wurden. Es war aber nötig. Er hoffte ja, die akademische Laufbahn beschreiten zu können, wollte also und mußte ein möglichst gutes Examen machen, und daran war im Herbst 1933 noch gar nicht zu denken. Zwar, er wußte einiges über Geschichte und Germanistik, fand aber seine Kenntnisse im Englischen, das er als drittes Fach hinzunahm, höchst ungenügend und hatte auch in der Philosophie noch viel nachzuholen. Er existierte nur noch lernend, und das Lernen war nicht mehr ein freies Fahren zu immer neuen schönen Küsten, wie früher, sondern eine Schinderei, die er mit zusammengebissenen Zähnen auf sich nahm. Es entmutigte ihn, zu erfahren, daß es ihm keineswegs leicht wurde. Wie so mancher, der sinnend und träumend mit großen Problemen umgeht und ihr Wesen zu erfassen glaubt, hatte er von den eigenen Geistesgaben keine ganz schlechte Meinung gehabt. Aber wenn er nun erlebte, daß schon Gelerntes und Verstandenes immer wieder durcheinander floß, die Unterscheidungen sich verwischten und er oft, um nur einige Ordnung in seinem geistigen Haushalt aufrecht zu erhalten, sich durch ein langweiliges und im Grunde entwürdigendes Auswendiglernen hergebrachter Formulierungen helfen mußte, so war er manches Mal nahe daran, zu glauben, daß er der Sache nicht gewachsen sei und daß seine Professoren recht tun würden, wenn sie ihn durchfallen ließen. Dieser Winter war fast noch schlimmer als der erste seiner Studien, wo er so ganz ratlos in den Irrgängen des Wissens herumgelaufen war und ohne Quints Hilfe, der ihn zu Johannsen brachte, wahrscheinlich gar nie drausgefunden hätte. Kaspar Degener würde seinem Sohn wohl manche kummervolle Stunde erspart haben, indem er ihm erklärt hätte, daß die harte, strenge

Erntezeit, zu der ein solches Examen uns nötigt, mit dazu gehöre, damit die Frucht unsres Lernens unser künftiges Leben nähren kann, und das nicht nur im äußerlich praktischen Sinne. Da sein Vater nicht mehr da war, ihm zu raten, mußte sich Jakob durch diese Schwierigkeiten allein hindurchkämpfen. Denn von seiner Mutter dachte er nicht, daß sie ihm hierin helfen könne. Er sagte ihr einmal, als er sie über sein Examen und seine Zukunft gar zu hoffnungsvoll fand: „Ich weiß gar nicht, ob ichs bestehen werde. Ich bin nicht gescheit genug," und klagte über die sinnlose Anhäufung von Wissen, das er gar nicht mehr als etwas Lebendiges in sich fassen könne. Darauf kam von Hanna nicht irgendein Zuspruch, sondern sie gab ihm eine Antwort, die sie auf einem ihrer „Vogelflüge" ins Land der Erkenntnis, sie wußte selbst nicht wo, gepflückt hatte: „Das macht gar nichts, daß es dir jetzt schwer und sinnlos vorkommt. Ich bin sicher, daß es so sein muß und daß die Wissenschaft nicht etwas so Großes, Wichtiges wäre, wenn man nicht für sie solche Zeiten auch aushalten müßte." Und sie setzte nach einem kurzen Schweigen hinzu: „Sogar mit dem, was noch höher ist, mit der Religion, ist es auch so." Jakob war erstaunt über diese Worte. Hanna kam noch aus einer Zeit und Art, die aus der Religion nicht leicht einen Gesprächsgegenstand machte, er konnte sich, seit er erwachsen war, kaum erinnern, daß solche Dinge zwischen ihnen einmal berührt worden wären; sie sah auch jetzt schon wieder so aus, wie wenn sie am liebsten gar nichts gesagt hätte. Um sie wirklich zu verstehen, war er nicht reif genug. Viel später erst erfuhr er, daß es in der Tat so war, wie seine Mutter es ihm angedeutet hatte. Daß es eine „Wüste" gibt, durch die Glaubende wandern müssen, ehe sie zu dem Quell der Gnade gelangen, und daß etwas von der Würde, die auch den bloß menschlichen Geistesgütern, der Kunst und Wissenschaft, eignet, daraus zu erkennen ist, daß auch schon um sie ein Gürtel der Sinnlosigkeit gelegt ist, der die nach ihrer Wahrheit Verlangenden prüfen soll.

Jakob ging in München fast nirgends mehr hin. Quints waren nicht da, und die Tante Elisabeth hatte ihm den Mittagstisch abgesagt, weil Alexander Fehrenkamp nicht wohl war. So verbrachte Jakob nur hie und da einen Abend bei Tilmans, die er schon im Sommer wieder zu besuchen angefangen. Helene hatte noch ganz den alten Zauber für ihn, aber er konnte das jetzt wunschlos genießen. Er führte mit Tilman lange Gespräche; nicht über Politik, da der Architekt Jakobs Hoffnungen ganz und gar nicht teilte, über die Aussichten des Reiches unter Hitlers Führung sehr düstere Voraussagen machte und von dem „großen Mann und seinen Spießgesellen" überhaupt nicht anders als spottend redete. Doch gewann er durch Tilman wertvolle Einsichten auf künstlerischem Gebiet. Hier war Jakobs Gefühl und Urteil durch den Fintenringschen Kreis etwas einseitig beeinflußt worden, durch Lehrsätze und Leitbilder, die ihm den offenen Blick in die Vielfalt der geistigen Bestrebungen verstellten. Tilman nun gab ihm nicht neue Lehrsätze anstelle der alten, was ihm auch nichts geholfen hätte, sondern leitete ihn an, dem eigenen Spürsinn zu vertrauen und ihn üben zu lernen. Mancher bedeutende Name der zeitgenössischen Kunst und Dichtung bekam so erst Glanz und Wichtigkeit für Jakob, da ihm Tilman dazu verhalf, ihn nach seiner Eigenart zu schätzen. Vom „Stil" sagte der Architekt, daß das nur ein Behelfswort sei, um das Weltverhältnis einer Epoche oder eines Einzelnen zu bezeichnen. An der Sprache eines Künstlers könne man sehen, ob er den Dingen Gewalt antue, oder ihnen ihr Recht und Leben, „ihren eigenen Atem" lasse. Tilman hatte die glücklichste der Lehr-Begabungen, die unauffällige, die im Gespräch sich mitteilt, und Jakob war ja immer sehr bereit, zu bewundern und dankbar zu sein. Daß er ihn einst auf dem Maskenball in ziemlich gebieterischer Weise nach Haus und zu seiner Frau geschickt hatte, war längst vergessen; jetzt war er ganz ein Schüler, der hört und lernt.

Es war ihm wohl an diesen Abenden in der Königinstraße, weil sich ihm hier die geistige Welt wieder mit einem Sinn erfüllte, den er tagsüber in seinen „Büffelstunden", wie er sie nannte, nicht mehr gefühlt. Helene Tilman, wenn sie ihr hübsches, fünfjähriges Töchterchen zu Bett gebracht hatte, saß dabei, hinter einer Stehlampe, sodaß Jakob ihr Gesicht nicht, nur ihre mit einer Handarbeit beschäftigten Hände sah, die sie ruhen ließ, wenn sie recht aufmerksam wurde. Er freute sich an ihrer stillen Gegenwart, richtete aber nur selten das Wort an sie; als das „gebrannte Kind", das er war, wandte er lieber die ganze zugeneigte Aufmerksamkeit, die er für dies Haus empfand, ihrem Manne zu.

Doch fanden seine Besuche ein jähes und für Jakob schmerzliches Ende, schmerzlich besonders darum, weil es Helene war, die dazu die Veranlassung gab.

Er fragte Tilman eines Abends nach seiner Meinung über Stefan George, der im Dezember in der Schweiz gestorben war. Die Nachricht hatte Jakob sehr bewegt, aber Tilman war schlecht zu sprechen auf den Dichter und auf alle, die seinem Einfluß, wie er sagte, „verfallen" waren. Bei diesen Leuten könne man es auch an der Sprache merken, woran es fehle: keinen Satz deutscher Prosa, behauptete er, könnten sie schreiben, ohne auf Stelzen zu gehn, es sei das typische Beispiel für einen „Stil", der nicht der notwendige und natürliche Ausdruck der Seele, sondern etwas von außen Aufgezwungenes sei. Und wie sie schrieben, so wären sie auch, die „George-Jünglinge"; liefen als Epheben mit langen Haaren herum und meinten, Athen und Platon wären wieder da. „Es ist aber nicht nur lächerlich, es ist gefährlich, wenn man das Leben in eine vorgefaßte Form pressen will, man verliert die Beziehung zur Wirklichkeit. Diese Leute sind die richtige Diktatoren-Schule," behauptete Tilman mit bösem Gesicht, „und Schule haben sie ja auch gemacht, man kann ja bei uns die Früchte sehen! Wenn auch Stefan George ins Ausland gegangen ist und wenn Ihr Freund, dieser Kirms, den wir im Sommer hier zufällig trafen, jetzt auf Hitler schimpft, so ist doch das ganze Unheil aus dem geistigen Hochmut gekommen, den diese Leute gesät haben: dem Hochmut, das Leben und den Menschen als einen Stoff zu behandeln, den man nach Belieben kneten kann. Das rächt sich. Das Leben läßt sich solche Anmaßungen nicht gefallen."

Jakob empfand Tilmans Urteil als ungerecht. Er wußte keinen Dichter, der die Versündigung der Zeit und ihres Massenwahnes schärfer gesehen, und auch bei kaum einem zweiten eine so brennende Sehnsucht nach dem, was rettet. Er erwiderte: „George war sehr stolz, aber ich glaube niemals, daß ein Mensch, der solche Gedichte schreiben konnte, anmaßend war. Er muß eine große Hoffnung, und dann eine große Enttäuschung gehabt haben. Und an ihr ist er sicher auch gestorben."

Das wolle er gern glauben, daß es eine tragische Erfahrung für den Dichter war. Die sei aber unvermeidlich, wo einer dem Leben Gewalt antue. „Und solche Gewalttäter haben jetzt bei uns Macht gewonnen — und werden sich und uns alle damit zugrunde richten."

„Herr Tilman, ich hoffe fest darauf, daß es mit Deutschland gut wird," sagte Jakob.

„Hoffen Sie nur, seien Sie froh, wenn Sie's können, ich werd Sie nicht irrmachen."

Da sagte Helene, hinter ihrer Lampe hervor: „Das darfst du auch nicht, du mußt dich wirklich in acht nehmen, mein Lieber; denn du brauchst ja unsern Jakob Degener nur anzusehen mit deinen schönen Augen, und kannst ihn von allem überzeugen, was du willst."

— Jakob begriff auch später nie, wie sie zu einer solchen Bemerkung kam. Aber er begriff: irgendwann mußte zwischen Helene und Tilman ein Gespräch gegangen sein, in dem er, Jakob, den „George-Jünglingen" zugezählt wurde; das Wort hatte in

Tilmans Munde einen recht abschätzigen Klang. Sie halten mich für so einen weibischen Kerl, wie es der Schüler von dem Fintenring, der Gebhard, gewesen ist, dachte er — s i e hält mich dafür, sie, die ich so sehr lieb hatte und nur zu viel Achtung für sie hatte, um es ihr je zu zeigen! Es traf ihn hart, wie ein Schlag ins Gesicht. Er saß eine Weile ganz still, während Tilman von anderem zu reden angefangen hatte, er fand die Möglichkeit, noch ein paar belanglose Worte dazu zu sagen, und brach dann auf. — Nachher suchte er sichs zurechtzulegen, daß in ihrer Eifersucht auf alles, was ihrem Manne nahekam, etwas Schönes war, in dieser Unbedingtheit und Ausschließlichkeit des Herzens, die so blind war, daß sie von Jakobs Neigung für sie überhaupt nichts gespürt hatte. Aber er vermochte es nicht über sich, das Tilmansche Haus wieder zu betreten.

— Die Stunden mit Therese Gabreiter hatte er nicht aufgegeben, er empfand sie als Erholung in der beständigen Anstrengung seines Arbeitstages, und eine Freude war es für Jakob, wie das Mädchen Gedichte Walthers von der Vogelweide, Goethes und Mörikes aufnahm, die er ihr vorlas und ihr einige zu lernen aufgab. Sie war nicht zur Rührung geneigt und machte ihm nie ein Schauspiel aus ihrer Ergriffenheit, aber sie folgte den Strophen, folgte der G e s c h i c h t e, die sie erzählten, und brauchte keine Sinn-Erklärungen, weil sie in den Strom des Versflusses mit natürlicher Entschiedenheit hineinsprang und sich davon mittragen ließ. Er las ihr: „Es war ein Knabe frech genung...", sie horchte atemlos, und bei dem Ende: „Er sieht sein Schätzel untenan / Mit weißen Tüchern angetan. / Die wendt sich —"... da fragte sie zuerst: „Ja, ja. Und? Kommt nichts mehr?" — „Nichts," sagte Jakob. — „Die ist auch ein Geripp gewesen?" — „Ja." — „Warum wird's aber nicht gesagt?" Das verstand sie zuerst nicht, bat ihn, noch einmal zu lesen, spürte nun den raschen, hastenden Gang der Zeilen und den Schrecken dieses plötzlichen Abbruches, sodaß ihre Hand sich an ihren Hals legte, sie schluckte einmal, fragte aber jetzt nichts mehr, nickte nur und sagte: „Das ist schrecklich. Solche Sachen kann man erzählen in einem Gedicht..." und Jakob sah, daß das Wesen des Gedichts in sie eingegangen war, so ungetrübt und ganz, wie es in dem gelebt hatte, der es geschrieben.

Sie waren gute Kameraden zusammen. Jakob hörte Therese manchmal mit scharfem Flüstern draußen zur Ruhe mahnen, wenn jemand von den Ihrigen auf dem Gang vor seinem Zimmer laut war. Er bedankte sich bei ihr für diese Fürsorge, und sie sagte: „Das gehört sich doch, daß der Bruder stad ist, wo Sie so hart lernen müssen." Sie sagte ihm aber nicht, daß sie bei solchen

Gelegenheiten ein Stück Spott von Franz Gabreiter auszuhalten hatte — "Jawohl, Frau Dr. Degener," gab er ihr halblaut zurück, er machte ein ängstlich-besorgtes Gesicht dazu und lachte gutmütig über ihren schwesterlichen Ärger.

Jakob merkte gelegentlich ihre Frömmigkeit, von der sie auch nichts zur Schau trug. Am ersten Advent hatte er einen Fichtenkranz mit vier aufgesteckten roten Kerzen in seinem Zimmer gefunden. Er bedankte sich bei ihr, und sie gab ihm zur Antwort: "Das ist doch jetzt so eine schöne Zeit." Jakob wurde sich dabei bewußt, daß die kirchlichen Feste in Grünschwaig nicht so viel, wie hier bei den Gabreiters, bedeuteten. In dem Bedürfnis, auch etwas vorzuweisen, erzählte er von dem Christus im Grünschwaiger Treppenhaus, den seine Mutter den "Versöhner" nannte. "Ja, und das ist er schon auch," sagte Therese dazu. — Sonntags einmal in der Vorweihnachtszeit bekam er von daheim Gebäck mit und bot Therese in der Stunde davon an. Sie schüttelte den Kopf, und als er sie drängte: "Wir essen das erst an Weihnachten, für uns ist jetzt ein bissel ein Fastenmonat." Sie machte nichts weiter daraus, für sich keinen Ruhm und für Jakob keinen Vorwurf. Aber wie es, auch in kleinen Dingen, das Gebundensein an ein Unbedingtes ist, das die Wesensgestalt eines Menschen deutlicher als alles andere bezeichnet, so prägte sich ihm mit solchen Zügen ihr Bild in die Seele.

Bewußt aber wurde ihm das erst im Frühjahr, als er schon dicht vor seinem Examen stand. Er hatte mit dem angestrengten Lernen aufgehört, gönnte sich mehr Bewegung im Freien, weil er frisch in die Examenstage gehen wollte. Und er hielt am Nachmittag, die Februarsonne schien noch ins Zimmer, seine Deutschstunde mit Therese. Er fing sie damit an, daß er das Mädchen bat, ihm ein paar Gedichte herzusagen, die er ihr zum Lernen gegeben. Sie saß zwischen ihm und dem Fenster, einen kleinen Strahlenkranz von Sonne um den Kopf, und beugte sich auf das Buch. "Das welche denn?" fragte sie. Er bezeichnete ihr's mit dem Finger. Sie darauf: "Das? Also gut" — und sprach, und errötete langsam und tief dabei, aber ohne den ernsten Blick von dem seinigen abzuwenden:

> "Du bist min, ich bin din:
> Des solltu gewis sin,
> Du bist beslozzen
> In minem herzen;
> Verlorn ist das slüzzelin:
> Du muost immer darinne sin."

Während sie sprach, wurde er ebenso rot wie sie, beide schwiegen einige Herzschläge lang, dann legte er mit vorsichtiger Zartheit den Arm um ihre Schulter und küßte den Mund, der das Bekenntnis gesprochen hatte.
Sie ließ es geschehen, er erschrak zu sehen, daß ihre Augen voll Tränen standen. Sie fragte:
„Ist es auch wirklich wahr?"
„Ja. Es ist wahr," sagte Jakob.

Von Tränen bekam er nichts mehr bei Therese zu sehen, ihr Wesen blühte auf in einer stillen Fröhlichkeit, die ihm mehr, als alle Worte es vermocht hätten, die Unbedingtheit ihrer Liebe zu erkennen gab und ihm das Herz rührte. Er mußte, da nun seine schriftliche Prüfung begann, alle Kräfte und Gedanken auf diese Aufgabe wenden; Therese brachte ihm morgens das Frühstück wie immer, stellte mittags und abends eine kurze Frage, wie es gegangen war, kam aber sonst nicht in sein Zimmer, es schien gegen vorher nichts zwischen ihnen verändert, er merkte auch, sie hatte ihren Eltern nichts gesagt – sodaß er beinah hätte meinen können, es habe ihm nur geträumt, daß sich ihm das Mädchen mit Wort und Kuß zu eigen gegeben. Nach den Tagen des schriftlichen Examens fuhr er nach Grünschwaig, eigentlich mit dem Entschluß, seiner Mutter zu sagen, daß er sich verlobt hatte. Er war seiner Liebe für Therese gewiß, ihr Wesen hatte sich in seiner Schönheit und Echtheit ihm gezeigt und er liebte sie nur noch mehr um des zarten Stolzes willen, mit dem sie es jetzt ihm überließ, vor den andern das bindende Wort zu sprechen. Aber da er es vor Hanna aussprechen wollte, brachte er's nicht über die Lippen; er erkannte mit dem Erschrecken, wie es solche Entdeckungen, die wir in uns selber machen, begleitet, daß er in dieser rätselhaften Welt noch ein Wandernder und Suchender war, und seine Seele nicht bereit, sich ohne Widerruf zu binden. Die Erkenntnis war schmerzhaft deutlich und verwirrte ihn um eben dieser Deutlichkeit willen, weil sie ihm die Liebe zu dem schönen Mädchenwesen nicht auslöschte, das doch nun wie an ein unbetretbares Ufer entrückt war. Wieder in München, vergrub er sich in die Vorbereitungen für das mündliche Examen, Therese schien das natürlich zu finden, sie zeigte sich unverändert, mit keiner Frage, nicht einmal einem fragenden Blick, ließ sie sich anmerken, ob sie etwas von seinen Gedanken ahnte oder eine Erklärung von ihm erwartete.

Jakob bestand seine Prüfung, nicht mit glänzenden, aber doch anständigen Zeugnissen. Es war ihm eine große Erleichterung. Und nun brachte er bei der Mutter Gabreiter den Wunsch vor, ob er Therese, die ihn während der Examenszeit so rührend versorgt habe, ins Theater mitnehmen dürfe; es wurde im Schauspielhaus der „Hamlet" gegeben, und er hatte zwei gute Plätze für sich und Therese besorgt. Frau Gabreiter antwortete arglos freundlich: „Ist ja recht, Herr Degener, und wir danken recht schön, das Reserl wird sich freuen. Da brauchen S' doch nicht ein so ernstes Gesicht dazu machen." — „Nicht, Mutter!" sagte Therese, es war ihr auf einmal bang zumut.

Beide vergaßen diesen Hamlet-Abend nie mehr, an dem die schmerzlichen und zu tragischem Ende drängenden Begebnisse des Stückes ihnen etwas von der Unlösbarkeit des Menschendaseins überhaupt anzudeuten schienen. Sie erfuhren es, daß unser von einem starken eigenen Empfinden geöffnetes Gemüt fähiger wird, ein Kunstwerk über den erzählbaren Inhalt hinaus in seiner Hintergründigkeit zu erfassen; so waren ihnen Hamlet, Ophelia und selbst der Mörder-König mehr als nur Figuren einer Handlung, von ihren Lippen klang ihnen die Klage um die Verlorenheit und Einsamkeit von uns allen, auch noch zuletzt der triumphierende Fortinbras, der die Herrschaft antritt, war davon angeweht, er, der „sein Glück trauernd umfängt". Von dem jungen Schauspieler, der ihn darstellte, mit einem harten und kühnen Gesicht über seinem grauen Harnisch, sagte Therese nachher, der hätte ausgesehen, als ob er wüßte, daß es in dieser Welt nicht gut ist, König zu sein.

— Als sie wieder draußen auf der Straße standen, fragte Jakob, ob Therese noch irgendwo hingehen und etwas essen wollte. Sie schüttelte den Kopf.

„Also dann komm noch ein Stück mit mir durch den Hofgarten," bat er sie. „Unser Heimweg zur Glückstraße ist so kurz, und ich muß noch etwas reden mit dir."

„Ja, das weiß ich schon, mein Lieber," sagte sie.

Und da er im Gehen immer noch schwieg: „Ist es deiner Mutter nicht recht, daß wir zwei uns heiraten möchten?"

„Ich hab ihr gar nichts davon gesagt."

„Ach! Nichts gesagt," wiederholte sie, und schwieg nun ganz und gar.

Es ging nicht, er konnte sie nicht so stumm neben sich hergehen lassen, ihren leichten Arm auf dem seinen, und ihr Gesicht nicht sehn. In dem Schatten der Häuser, ehe die Straße in den Hofgarten hinausmündet, verhielt er den Schritt und zog sie an sich: „Therese, ich lieb dich, glaubst du das?" fragte er.

„Ich muß es dir ja glauben, wenn du mir doch gesagt hast,

daß es wahr ist. — Aber jetzt küßt du mich ja wie zum Abschied —" sagte sie dann.

Dies erratende Wort verschlug ihm jede Entgegnung.

Es kamen Menschen vorüber; Jakob und Therese gingen wieder weiter.

„Also fort willst du von mir?" fragte sie ihn.

„Nein! ich will doch nicht — w i l l doch nicht, wenn ich dich doch liebe! Aber das ist so — wir sind zu jung — ich kann noch nicht wissen — ich begreif gar nichts von der Welt," sagte Jakob, der weder geschickt war, seine Gedanken zu verbergen, noch, sie zu sagen.

Sie darauf, immer im Gehen, nach einer langen Stille: „Du, ich halt dich ganz gewiß nicht fest."

Jakob: „Du kannst nicht verstehen, wie es ist. Bei dir ist alles so klar wie in einem Brunnen. Bei mir nicht. Und du kannst nicht verstehn, daß ich jetzt von dir fort muß — und nachher verzweifelt sein werde, wenn ich dich nicht mehr habe."

„Ich versteh dich schon ganz gut. Du bist ein aufrichtiger Mensch," sagte sie, beinah so etwas wie ein Lächeln in ihrer Stimme. „Du sagst, du kannst es nicht wissen. Du bist ja nicht schuld, wenn'st es nicht weißt. Aber wenn's dir so wär, wie mir, tätst es halt genau wissen."

Er stand vor ihr, ratlos, ihre Hand in der seinen, ihr Blick ging langsam über sein Gesicht, als ob sie sich's einprägen müßte, und mit der freien Hand zog sie seinen Kopf zu sich herab und küßte ihn noch einmal.

„Jakob, ich dank dir für alles. Schön war's. Komm, wir gehen nach Haus."

Er bekam auch jetzt nichts von Tränen an ihr zu sehn.

2

Im Jahre 1934 jährte sich Pastor Degeners Amtsantritt in Berlin zum zwanzigsten Male. Er las das Datum in seinem Taschenbuch, und das führte ihn darauf, sich zu fragen, warum wohl sich das so fügen mußte, daß er eine Pfarrstelle in der Reichshauptstadt bekam, statt irgendwo auf dem Land in seiner bayrischen Heimat. Ehrgeizig war er wahrhaftig nie gewesen, nie hatte er sich vorgedrängt, nie Einflüsse spielen lassen, um dies oder jenes für sich zu erreichen. Aber zweimal war sein Berufsweg anders verlaufen, als man üblicherweise hätte erwarten können. Zuerst, als er durch seine Heirat mit Nina zu einem Amt im württembergischen Kirchendienst kam, statt auf eine Vakanz in seiner eigenen Landeskirche warten zu müssen. Damals in seiner Unerfahrenheit hatte er das ohne viel Verwunderung hingenommen, heute, da er die starr trennende Bürokratie der Länder und auch ihrer Kirchenämter kannte, staunte er desto mehr darüber; denn daß seine Nina (der ihr Vater, der Herr Oberkirchenrat, nichts abschlagen konnte) die Hände dabei im Spiel gehabt, das hatte Georg niemals erfahren. Und später wurde der Umstand, daß man ihn in Schwaben nur als Gast ansah, die Bayern aber den „Ausreißer" nicht zurückhaben wollten, zum Anlaß, daß er nach Berlin weitergeschoben wurde. „Mir habet'n naufempfohla," sagte sein Schwiegervater damals, im Jahr 1914, zu Leuten, die ihn über diese Versetzung befragten. Georg hatte sich dann während der Kriegsjahre bewährt, und war im Lauf der Jahre und Jahrzehnte in Berlin festgewachsen. Diese Stadt weist ja Fremde nicht von sich ab, sondern indem sie lang in ihr wohnen, werden sie unvermerkt zu ihren Kindern.

Seine Mutter freilich hatte ihr Leben lang nie ein Hehl gemacht aus ihrem Bedauern, daß er nach Berlin „verbannt" sei. Und Georg konnte den Gedankenseufzer nicht ganz unterdrücken, mit dem er sich eingestand, daß es ihm selbst jetzt auch lieber wäre, in Bayern, in einer noch „intakten Kirche" (so nannten die bekenntnistreuen Christen damals die Landeskirchen, auf die der Staat seine gewaltsame Hand noch nicht gelegt hatte), ruhig seiner Pfarrerspflicht nachzugehen, statt in der Hauptstadt den Kirchenkampf mit tragen zu müssen, der ihm eine schwere Last und ein schwerer Kummer war. Im nächsten Augenblick schämte er sich dieser Regung von Schwäche. „Wenn der Herr gewollt hat, daß ich hier bin, so wird er auch die Kraft geben, meine Aufgabe zu erfüllen," sagte er zu sich selbst, und er kniete an seinem alten abgeschabten Lieblings-Sofa nieder, um sich im Gebet zu sammeln.

Georg Degener hatte sich noch nie für einen bedeutenden Kopf gehalten. Als Seelsorger tat er seinen Dienst so gut er es vermochte, doch wußte er wohl, daß er bei seinen schwierigeren, im Geiste unruhigen Gemeindekindern das überzeugende Wort nur selten traf. Seine Kanzelsprache war ihnen fremd, er vermochte ihr Herz nicht zu erreichen; ja, er hatte dem eigenen Sohn, der eigenen Mutter das Geheimnis des Evangeliums nicht aufschließen können, und sogar seine Frau Ulrike — davon sprach er nie und suchte es beinah auch vor sich selbst zu verschweigen — war ihre selbständigen religiösen Wege gegangen.

Die prophetische Gabe, Zeiten und Geister zu erkennen, war Georg nicht verliehen — sein Urteil über die Hitler-Bewegung war genau so unsicher gewesen, wie bei dem großen Durchschnitt der evangelischen Pfarrerschaft. Und wirklich, es war nicht leicht, sich ein Urteil zu bilden. Über Adolf Hitlers persönliche Einstellung gingen sehr hoffnungsvolle Gerüchte um: ein Pfarrer habe ihn befragt, woher er die Kraft für seinen Kampf um Deutschland nehme, und Hitler habe ein Neues Testament hervorgezogen mit den Worten: „Hier, aus diesem Buch. Dem gehören jeden Tag zwanzig Minuten." Konnte man auch denken, daß der Wunsch, dem Mann vertrauen, der Vater solcher Geschichten war, oder daß gar die Partei sie als Propaganda-Futter für kirchliche Kreise ausgestreut hatte: sie taten ihre Wirkung. Zumindest hielt man die Partei für einen Freund, der auf gut altpreußische Manier, mit der Zuchtrute, das den Kanzeln entlaufene Kirchenvolk wieder beitreiben würde. Ein SA-Sturmführer hatte zu einem Geistlichen, den Georg Degener persönlich kannte, gesagt: „Sie können sich darauf verlassen, die Partei bringt den letzten Mann wieder zur Kirche."

Dergleichen glaubte man umso lieber, als es der lutherischen Vorstellung von einer gottgesetzten Obrigkeit mit väterlichen Autoritätsrechten entsprach, die der Kirche, wo es nottat, ihren starken Arm lieh, dafür aber auch in allen weltlichen Dingen auf ihren Gehorsam zählen durfte. Demgegenüber hatte man das verworrene Neuheidentum, wie es in Rosenbergs Buch von dem „Mythus des 20. Jahrhunderts" sich bekundete, nicht allzu ernst genommen, zumal Parteistellen, wenn man sie darüber befragte, eifrig versicherten, das Buch vertrete nur die Privatmeinung eines Forschers, nicht etwa die Anschauungen der Partei. Man hoffte auf ein, wenn schon nicht kirchlich gläubiges, so doch der christlichen Übung und Sitte verpflichtetes Regiment, und nur so war es ja auch zu verstehen, wenn Hitler am 23. März 1933 im Reichstag von der sittlichen Erneuerung des Volkes gesprochen und gesagt hatte: „Die nationale Regierung sieht in den beiden christlichen Konfessionen die wichtigsten Faktoren zur Erhaltung unsres Volkstums. Sie wird die zwischen ihnen und den Ländern geschlossenen Verträge respektieren. Ihre Rechte sollen nicht angetastet werden. Die nationale Regierung wird in Schule und Erziehung den christlichen Konfessionen den ihnen zukommenden Einfluß einräumen und sicherstellen."

Nein, es war kein knabenhaft unbedachtes Vertrauen gewesen, wenn die Kirche diesen Zusicherungen Glauben schenkte. Wie sollte sie nicht? Es war ein feierliches Versprechen, die ganze Welt nahm es als ein solches. Leider aber hatte Georg Degener schon um die Zeit, als diese Worte gesprochen wurden, dank seiner Beziehung zur Bahnhofs- und zur Stadtmission, einen Beweis erhalten, daß bei den Führern des neuen Staates die Worte nicht zu den Taten stimmten. In den ersten Wochen nämlich nach der nationalsozialistischen „Machtergreifung" wirkte die Polizei mit evangelischen Geistlichen und Nachtmissions-Schwestern zusammen, um solche Vergnügungsstätten auszuheben, die sich nach außen hin ein harmloses Aussehen zu geben wußten, tatsächlich aber einen Nachtbetrieb von der nicht harmlosen Art unterhielten. Bald jedoch fand diese Säuberung ein plötzliches Ende; den Polizisten, die an ihre Tür klopften, traten die Gaststättenbesitzer mit unverschämtem Lächeln entgegen und wiesen einen Erlaß des Ministers und Gauleiters von Berlin, Goebbels, vor, worin gesagt war, der nationalsozialistische Staat sei „moralinfrei" und die Lebenslust einer kräftigen Jugend dürfe nicht durch Prüderie beeinträchtigt werden. — Degener hatte als Pfarrer zu viel von dieser Art Lebenslust und ihren erbärmlichen Folgen gesehen, um wie andere, weniger unterrichtete Leute finden zu können, daß der Herr Minister eben doch ein feiner Kerl und ein Mann von Welt sei. Er erschrak, daß ein derartiger Erlaß von einer Stelle ausging, wo die Sorge um Zucht und Anstand seit alters eine Selbstverständlichkeit gewesen war.

Der Fall war von keiner allgemeinen Bedeutung, aber Georg Degener hatte seither keinen Glauben mehr zu der Regierung, und das war ein Zustand, dem er sich innerlich nicht gewachsen fühlte. Zu seiner Frau Ulrike sagte er, es sei ihm manchmal jetzt zumut wie einem Seekranken. Das Beispiel, mit dem er sich über sich selbst lustig machte, traf zu. Wie die Konstitution der meisten Menschen die Schwankung des Bodens, den sie betreten, nicht verträgt, so konnte Pastor Degener, der in einem unbedingten Vertrauen zum „Vater Staat" aufgewachsen war, sich an einen Zustand nicht gewöhnen, in dem die Grundlagen der öffentlichen Existenz nicht mehr fest schienen. Er war getreu in seinem Glauben. Aber er erfuhr, daß es ein anderes ist, in den Evangelien die alleinige Offenbarung zu sehen und im Herzen zu wissen, daß man Gott mehr gehorchen muß als den Menschen — ein anderes, diese Überzeugung mit der Tat zu bewähren. Öffentlich, in der radikalen Parteipresse, wurden Beschimpfungen des Pfarrerstandes laut; und sich einen „Aufrührer" und „Staatsfeind" nennen zu hören, war Georg Degener gegen alle Gewohnheit und Erziehung. Doch nahmen die Ereignisse je länger je mehr einen Verlauf, der ihn zur Teilnahme an dem Widerstand seiner Kirche zwang, wenn er nicht seinem Gewissen als Christ und Pfarrer untreu sein wollte.

Die Fraktionen des deutschen Reichstags, mit einziger Ausnahme der Sozialdemokratie, hatte einem weitgehenden „Ermächtigungsgesetz" für Hitler zugestimmt und so ihren Einfluß auf die Entwicklung selbst preisgegeben. Und sogar die Sozialdemokraten ließen sich den Gewaltakt, durch den der neue Staat die Arbeitergewerkschaften auflöste und als „Nationale Arbeitsfront" in eigene Verwaltung nahm, ohne Protest gefallen. In einem Volk, das sich einhellig, wie es schien, dem Willen des nationalsozialistischen Führers unterwarf, erhob allein die Kirche die Stimme des Widerspruchs, als der Staat seinen Versprechungen zum Trotz ihre Rechte und die Freiheit ihrer Lehre anzutasten begann. Der Nationalsozialismus hatte sich in der überwiegend politisch bestimmten „Glaubensbewegung Deutscher Christen" ein Instrument geschaffen, das die Kirche von innen aufsprengen und seinen Zwecken dienstbar machen sollte. Georg Degener entsetzte sich vor dem, was da in Rede und Schrift aufstand. In dem Herzen dieser Menschen hatten „Volk", „Blut" und „Rasse" die Kraft von Idolen gewonnen und sich an die Stelle des Glaubens gesetzt; wo das Wort „Christentum" noch gebraucht wurde, da war es nur noch ein Mantel, den Götzendienst zu bekleiden. Viele — auch Georg — erlebten eine Stunde der Hoffnung, als Pastor Friedrich von Bodelschwingh zum Reichsbischof nominiert wurde, unter dessen Oberleitung sich die verschiedenen Landeskirchen in einer gemeinsamen Deutschen Evangelischen Kirche zusammentun wollten. Denn Bodelschwingh, dem Volk ehrwürdig um des Dienstes willen, den er in Bethel an den Erbkranken tat, war für die unverwirrte Festigkeit seines biblischen Glaubens bekannt. Man vernahm aber jetzt Stimmen aus der Partei, die das Betheler Liebeswerk als eine schwachmütige Humanitätsduselei verspotteten. Man wußte noch nicht, wie ernst solche Angriffe gemeint waren, aber bekam schon deutlich zu spüren, daß die Regierung den „Vater Bodelschwingh" als Reichsbischof nicht dulden wollte. Hitler bestellte einen „Staatskommissar für die evangelische Landeskirche in Preußen", der Bodelschwingh die Ausübung seines Amtes unmöglich machte, sodaß er es niederlegte. Es kam zu Kirchenwahlen, in die der Staat mit seiner Propaganda und seinen Machtmitteln eingriff, und in der Folge zur Ernennung eines dem Führer bedingungslos ergebenen Mannes, des Wehrkreispfarrers und „Deutschen Christen" Ludwig Müller, zu dem Amt des Evangelischen Reichsbischofs.

Seine Wahl war nicht auf gesetzliche Art zustande gekommen;

man vollzog sie mit desto größerem Prunk, in Luthers Stadt Wittenberg. Menschenmassen waren aufgeboten, seinen Weg zu säumen, und die Glocken läuteten seine Erhöhung auf den Bischofssitz ein. Georg Degener, den diese Vorgänge lebhaft bewegten, war, als Privatmann im grauen Reiseanzug, nach Wittenberg gefahren, um selber mit anzusehen, was da geschehe. Die Menge schrie zuersr ihr eingelerntes: „Sieg-Heil!" und „Ein Volk! Ein Staat! Eine Kirche!" — und wurde dann still, als Ludwig Müller mit dem nicht bösen, aber sonderbar leeren Gesicht im Auto vorüberrollte. Degener sah auf seiner Brust einen goldenen Halbmond blitzen und erstaunte, ihn das der Christenheit feindliche Symbol so offen tragen zu sehn, bis ihm einfiel, gehört zu haben, daß Ludwig Müller während des Weltkrieges mit einer deutschen Militärmission in Konstantinopel gewesen sei, wo ihm der Sultan diese Auszeichnung verliehen hatte; sicherlich wußte er also gar nicht, was er da merkwürdig Bedeutungsvolles tat. Indem klang zur Linken hinter Georg Degener in der Spalier bildenden Menschenreihe eine klare, scharfe, weithin vernehmbare Stimme: „Da wird für den Einzug des Antichristus geprobt. Der ist es noch nicht, heut ist bloß Kostümprobe."

Irgendwoher kam ein unterdrücktes Lachen, das Georg Degener unpassend erschien, in der bangen Zwielichtigkeit dieser Stunde. Ihm war auch angst um den kühnen Sprecher, nach dem er sich unwillkürlich umsah, während zugleich — Gott sei Dank! — das Sieg-Heil-Geschrei wieder einsetzte und den Zwischenruf unter seinen Lärmwogen begrub. Dort hinten stand ein Mann von kräftig gedrungener Gestalt, dessen Blick, hinter einer Brille hervor, dem Auge Georg Degeners frei und fest begegnete; dann wandte er sich ab, Georg merkte, daß er etwas Weißes, bedruckte Zettel, in der Hand hielt, die auch ringsum in den Händen der Umstehenden leuchteten. Der Mann — er war jetzt schon nicht mehr zu sehen — mußte sie unter ihnen verteilt haben. Georg Degener, da er keins erhalten hatte, bat sich das Blatt aus: es war ein Protest der Bekennenden Kirche gegen die unrechtmäßige Inthronisierung des Ludwig Müller, den die evangelische Christenheit niemals als Reichsbischof anerkennen werde.

Von Monat zu Monat verschärfte sich nun der Kampf. Im November 1933 hielten die „Deutschen Christen" im Berliner Sportpalast ihre Generalversammlung ab, und ihr Redner sprach es vor zwanzigtausend Menschen aus, daß der Arierparagraph, der die Juden von den Rechten des deutschen Staatsbürgers ausschloß, auch in der Kirche Anwendung finden müsse. Das Alte Testament mit seiner „jüdischen Lohnmoral", seinen „Viehhändler- und Zuhälter-Geschichten" müsse beseitigt, aus dem Neuen Testament die „entstellten und abergläubischen Wunderberichte" und die „Sündenbock-Theologie des Rabbiners Paulus" entfernt werden; zu einem heldischen Jesus müsse man zurückkehren und die übertriebene Herausstellung des Gekreuzigten aufgeben. Das alles ging so deutlich wider Sinn und Lehre der Kirche, daß auch für Menschen, die von den Deutschen Christen Gutes erhofft hatten, nun die Entscheidung nicht mehr zu umgehen war, ob sie sich zum Evangelium oder einem politischen Heidentum bekennen wollten. Georg Degener, wenn auch schweren Herzens, begrüßte diese Klärung und begrüßte die mutige Gegenwehr, die seine Kirche in dem Pfarrer-Notbund, dem er selbst beitrat, und in ihren Kundgebungen und Zusammenkünften leistete. Im Mai 1934, auf der Bekenntnis-Synode der Deutschen Evangelischen Kirche in Barmen, wurde das die Geister scheidende, die Gewissen reinigende Wort gesprochen, zu dem auch er sich bekannte: „Die Kirche ist allein Christi Eigentum. Wir verwerfen die falsche Lehre, als dürfe die Kirche die Gestalt ihrer Botschaft und Ordnung ihrem Belieben oder dem Wechsel der jeweils herrschenden politischen Überzeugungen überlassen." Während Ludwig Müller, mit Hilfe des Staatskommissars, durch eine Kette von Rechtsbrüchen den Verwaltungsapparat der Landeskirchen in die Hand seiner Leute brachte, um sie, eine nach der anderen, der von ihm beherrschten Reichskirche einzugliedern, festigte sich in den Reihen der bekennenden Pfarrerschaft der Widerstand und wurde täglich mehr auch vom evangelischen Kirchenvolk als eine Notwendigkeit begriffen. Doch blieb es für Georg Degener jedesmal eine Gewissensnot, wenn er auf seiner Kanzel ein Hirtenschreiben, einen Protest zu verlesen hatte, dessen Verkündigung seitens der Regierung verboten war. Er wußte, was seine Pflicht war – und fühlte sich doch untreu vor seiner Obrigkeit, und es wuchs in ihm das Verlangen, eines Tages dem Führer und Reichskanzler selbst von Angesicht zu Angesicht gegenüberzutreten, ihm diese Not vorzutragen und ihn zu bitten, daß er seine christlichen Untertanen von ihr befreie.

Dazu ergab sich wirklich eine Gelegenheit. Es war nicht Georg Degener selbst, sondern sein junger Vikar Schneidwind, der sie ausfindig machte.

Hermann Schneidwind war zart von Statur, nach seiner Feingliedrigkeit und einer gewissen Grazie seiner Bewegungen und Umgangsformen hätte man denken können, es müsse romanisches Blut in ihm sein. Aber er war helläugig und blond wie nur je ein Friese und „hatte das Gesicht eines Erzengels". – Mit dieser

Bemerkung, die Georg sonderbar und Ulrike ein bißchen ungehörig fand, hatte Ninette ihn angekündigt, als er am Neujahrstag 1934 in die Wohnung kam, um sich bei Georg Degener als der neue Vikar für seine Steglitzer Gemeinde vorzustellen. „Papa," sagte Ninette, „draußen steht ein junger Geistlicher, der hat ein Gesicht wie ein Erzengel, und er will mit dir sprechen."

Das war gerade eine Woche vor Ninettes Trauung mit Bill Haardt, die am 7. Januar vollzogen wurde.

Kein so sehr freudig begrüßtes Familienereignis, übrigens, diese Heirat der Tochter mit einem Filmschauspieler. Aber was konnte man tun? Sie war mündig, sie liebte den Mann. Ihres Vaters Vorschlag, eine Reise zu machen, noch ein kleines Jahr zu warten, um zu sehen, ob man wirklich nicht ohne einander leben könne, hatte Ninette mit der Erklärung beantwortet, sie würde dann unverheiratet in Bills Wohnung übersiedeln — wenn das dem Papa lieber wäre. Mit einem eigentümlich kühlen Ausdruck hatte sie das gesagt. So waren die jungen Menschen heute. Jeder Rat von seiten der Eltern war ihnen eine Feindlichkeit, gegen die sie sich zur Wehr setzten. Georg aber hatte nicht verantworten können, daß die Ehe seines Kindes ohne kirchlichen Segen bliebe. Da war es schon besser, selber die Hochzeit zu bestellen, mit Ninette und ihrem Leben in Verbindung zu bleiben, soweit das möglich war. Schließlich schien der Schauspieler kein unebener Mann zu sein. Wenn man auch an ihm selber nicht viel Kirchliches wahrnehmen konnte, so sagte er es doch seinem künftigen Schwiegervater ohne weiteres als eine Selbstverständlichkeit zu, daß seine und Ninettes Kinder kirchlich erzogen werden sollten, und war ehrlich empört über das Unrecht, das an der Kirche getan wurde, und daß man überhaupt im neuen Staat nicht „jeden denken ließ, was er wollte".

Vielleicht hätte Georg der Heirat seiner Ninette mit mehr Energie widerstanden, wenn nicht der Kirchenkampf seine Gedanken so beschäftigt, und vor allem, wenn nicht die Erfahrungen dieses Kampfes ihm das Gefühl gegeben hätten, auf einem ganz schwankenden Boden zu stehn, wo die alten Maßstäbe keinen Sinn mehr haben: alles ist unsicher, alles ist anders geworden, als es war, und ein Schauspieler als Schwiegersohn ist noch bei weitem das Schlimmste nicht, was einem Pfarrer widerfahren kann.

Ninette, die den Vikar Schneidwind während der kurzen Woche bis zu ihrer Hochzeit noch ein paarmal flüchtig in der Wohnung ihrer Eltern sah, wunderte sich jedesmal von neuem über sein Gesicht, es kam ihr vor, als habe sie seit dem von Fräulein Knöller im Luisenstift kein zweites gesehen, welches so mit stiller Sicherheit bekundete, daß dieser Mensch von einem Maß „über sich" wisse. Sie würde das, wenn sie darüber hätte sprechen sollen, wohl nicht so ausgedrückt haben, würde eher gesagt haben, sein Gesicht sei ein horchendes, ein gehorsames Gesicht, – eben wie eines Erzengels. Merkwürdig aber war es, daß sie noch in der Frühe ihres Trauungstages einen Traum hatte, worin sie in langer, ermüdender Wanderung auf ein Tor zuging, dem sie sich nur langsam nähern konnte. Als sie es endlich erreicht hatte, trat aus ihm der Vikar hervor, nicht etwa mit Flügeln und Flammenschwert, nein, ganz wie er sonst war, in dem zu langen, etwas komischen schwarzen Rock, den man gleich als den Anzug eines Geistlichen erkannte, doch mit strengem Blick und abweisend erhobener Hand sie bedeutend, sie müsse umkehren. Das Traumbild stand ihr noch einen Moment nach dem Erwachen deutlich vor Augen; dann schwand es, und über den Bildern und Vorgängen des festlichen Tages vergaß sie ganz und gar darauf. Auch war Schneidwind bei der Hochzeit nicht anwesend, er hatte Dienst in der Gemeinde.

Georg Degener hatte bald erkannt, welch bedeutende Hilfe dieser junge Geistliche für ihn war. Sein anfängliches Vorurteil, Schneidwind sei nicht kräftig genug (denn er hätte schon um die Adventszeit 1933 eintreten sollen, war aber krank gewesen), erwies sich als unbegründet; bei aller Schmächtigkeit und Blässe versah er seinen Dienst pünktlich und mit nie ermüdetem Eifer. Und nicht nur die Predigt, auch seelsorgerlich schwierige Fälle konnte Degener ihm unbesorgt anvertrauen, ja, er sagte sich im Stillen, daß Hermann Schneidwind es besser mache als er selber. Und es war kein Zurückweichen oder nur Zögern an ihm zu bemerken, wo es das Bekenntnis zu vertreten galt. Ludwig Müllers Kanzlei – oder „Stab des Reichsbischofs", wie sie sich lächerlicherweise nannte – war freigebig mit Redeverboten für widerspenstige Pfarrer; konnte also Schneidwind an solchen Tagen des Verbots nicht in seiner zuständigen Kirche predigen, so vertrat er doch anderwärts Pfarrer, die etwa verhindert waren, und zeigte keine Unruhe wegen dieser Zuwiderhandlung gegen das „reichsbischöfliche" Gebot, die, wenn sie bemerkt wurde, ihm schwere Strafen eintragen mußte, die aber aus der Lage sich als notwendig ergab. Dennoch war er kein Draufgänger, es war nicht jener gefährliche Ehrgeiz in ihm, der den Kranz des Märtyrertums pflücken will, bevor die Lage es fordert; und das rechnete Degener seinem Vikar hoch an, als eine menschliche und geistliche Weisheit, bei so jungen Jahren.

Schneidwind nun, mit dem Pastor Degener immer wieder

seinen Wunsch besprach, die Nöte der Kirche einmal Hitler selbst vortragen zu können, hatte erfahren, daß der Führer schon von einem anderen Pfarrer einmal persönlich angegangen worden war; man spürte allerdings nicht, daß jener Versuch schon etwas an der Lage der Kirche gebessert hätte. Es war seither schwieriger geworden, an ihn heranzukommen, wie überhaupt die Abschließung des allbeherrschenden Mannes von seiner Umwelt sich immer mehr verdichtete. Hermann Schneidwind erreichte es dennoch, durch einen Angestellten der polnischen Gesandtschaft, mit dem Georg Degener in seelsorgerlicher Verbindung stand, benachrichtigt zu werden, sobald Hitler wieder dort zu einem der üblichen Tee-Empfänge erwartet war. Als eines Juni-Abends überraschend der Anruf kam — „Heute! Herr Aufhuber ist schon da!" rief der Mann, den vom Vikar erfundenen Decknamen gebrauchend, mit erregter Stimme ins Telefon — da nahmen Degener und Schneidwind eine Taxe und fuhren ins Tiergartenviertel. Hundert Schritt vom Gesandtschaftsgebäude verließen sie den Wagen. Ein Posten der SS.-Leibwache des Führers patrouillierte vor dem Hauptportal, er bemerkte die beiden Geistlichen nicht, als sie durch eine Seitentür ins Haus eingeführt und dann in der Portierloge versteckt wurden. Sie warteten dort geraume Zeit, nicht ohne Sorge um die Peinlichkeit und vielleicht auch Gefährlichkeit ihrer Lage, falls man sie vor der Zeit finden würde. Dann sahen sie Hitler, mit kleinem Gefolge und in Begleitung eines eleganten, weißhaarigen Herrn, der wohl der Gastgeber und polnische Gesandte selbst, Wysoki, war, die Treppe herabkommen.

Georg Degener trat ihm entgegen.

Er war innerlich ganz ruhig geworden, in der Stille des Wartens, und entschlossen, Hitler alles zu sagen, was er auf dem Herzen hatte, wenn ihm nur Zeit dafür gelassen würde. Er staunte über den Ausdruck von Bestürzung, der sich bei seinem Anblick auf dem Gesicht des großen Mannes zeigte; es sah fast aus wie Angst, zwei leere erschrockene Augen starrten den Pfarrer an. Er war gerade zu dieser Zeit, als die Jahre seiner großen Macht- und Wahlkämpfe vorüber und die der außenpolitischen Aktivität noch nicht gekommen waren, auf eine sonderbar unbehilfliche Art dick, man hatte von ihm den Eindruck eines Menschen, dem sein eigener Körper nicht bequem ist.

„Herr Reichskanzler," sagte Georg Degener, „was machen Sie aus unsrer evangelischen Kirche?"

Hitler: „Ich? Nichts! Ich mache gar nichts. Das sind Ihre eigenen Leute."

An dem polnischen Herrn vorbei, der mit höflicher Verwunderung auf die Szene blickte, trat jetzt ein hochgewachsener, schwarz uniformierter Offizier, Hitlers Adjutant, auf den Pfarrer zu und fragte ihn scharfen Tones, wie er dazu komme, dem Führer hier auf der Treppe den Weg zu verstellen.

„Wer sind Sie überhaupt?"

Aber auch dieser große und zornige Mensch war der Liebenswürdigkeit von Degeners Vikar nicht gewachsen, der schon neben seinem Pastor stand und, nicht in der Haltung eines Bittstellers, sondern in einer freien, gewinnenden Weise die Erklärung gab: man habe schon seit langem vergeblich das Ohr des Herrn Reichskanzlers gesucht, um ihm die Bedrängnis der Kirche darzustellen, und Pastor Degener und er selbst, Schneidwind, hätten darum diesen ungewöhnlichen Weg beschritten, zu dem ihr Gewissen sie drängte. Denn es sei für einen Deutschen, der seiner Regierung den freudigsten Gehorsam zu leisten wünsche, ein unerträglicher Zustand, durch die Übergriffe der Reichskirchenregierung zum Widerstand gegen den Staat genötigt zu werden.

„Herr Reichskanzler," setzte Georg Degener hinzu, „geben Sie uns evangelischen Christen das Recht und die Freiheit unsres Glaubens wieder! dann werden Sie keine staatstreuere Gefolgschaft haben als uns."

Hitler, in rasch wiedergewonnener Überlegenheit und Ruhe, hörte sich die Reden der beiden Männer an, wobei sein Blick vom einen zum andern ging, und erwiderte, offenbar bestrebt, diesem Auftritt im Beisein eines Ausländers eine freundliche Wendung zu geben:

„Meine Herren, ich begrüße Ihre Initiative. Aber wir können die Angelegenheit nicht hier auf der Treppe verhandeln. Verabreden Sie bitte mit meinem Adjutanten die Stunde für ein Gespräch. Schon jetzt kann ich Ihnen sagen: ich selbst als Katholik stehe den bedauerlichen Streitigkeiten in der evangelischen Kirche mit absoluter Neutralität gegenüber." (Bei dem Wort „Streitigkeiten" sah er zu dem Hausherrn hin mit einem Lächeln, das dessen Einverständnis vorauszusetzen schien.) „Es wird auch in diesem Fall der Stärkere sich durchsetzen, und den Sieger im Kirchenkampf bin ich bereit zu respektieren. Guten Abend."

Er grüßte mit lässig erhobener Hand, und ging.

Auch Degener und Schneidwind, nachdem ihre Namen für die Audienz notiert waren, verließen die Gesandtschaft. Als sie an der Haltestelle Tiergarten in die Untergrundbahn stiegen, sahen sie auf dem Bahnsteig einen SS.-Mann, der ihnen wohl gefolgt war, um sich von ihrer Abfahrt zu überzeugen, sich aber nun den Anschein gab, sie nicht zu beachten.

„Da! sehen Sie, Herr Pastor," sagte Schneidwind.

„Meinetwegen. - Glauben Sie, er wird uns wirklich empfangen?"

„Ich fürchte, man wird es hinauszögern, solang es geht."

„Wir haben doch wenigstens das Unsere getan." Georg Degener sagte es mit einem Seufzer, und Schneidwind bemerkte in dem Licht, das in den anfahrenden Wagen hereinschien, wie müde er aussah.

An dem verabredeten Tag, es war der 30. Juni, wurde ihnen in der Reichskanzlei die Auskunft, der Führer sei in München, wo der Aufruhr des Stabschefs der SA., Röhm, sein blitzschnelles Eingreifen erforderlich gemacht habe. Ob die Herren die Mittags-Nachrichten im Rundfunk nicht gehört hätten? fragte der Adjutant vom Dienst mit verächtlichem Blick, als wollte er sagen: kommt ihr denn vom Mond herunter?

Es folgten die Tage von Hitlers blutiger Abrechnung mit seinen ehemaligen Freunden, die ihm die Alleinherrschaft über Partei und Staat streitig machten. Hitlers alter Parteigänger Röhm war bekannt als ein sittenloser und gewalttätiger Mensch, und man wußte von ihm, daß er die Wehrmacht des Reiches zu einem Volksheer umgebildet sehen und durch die von ihm geführten „braunen Bataillone" der SA. beherrschen wollte. Er habe, hieß es, mit Waffenmacht seinen Willen durchzusetzen versucht, und so den Führer zum Eingreifen gezwungen; sein Sturz wurde darum als die Abwendung einer revolutionären Gefahr empfunden und es meinten viele, mit ihm und seinen Gesinnungsgenossen sei die Partei von ihren schlechten Elementen befreit, und alles würde nun recht werden. Aber die Hinrichtung der als Meuterer Beschuldigten geschah ohne Gericht und Urteil. Zwei Nächte lang konnte man in einigen Gegenden Münchens und in Berlin-Lichterfelde die Schüsse der Rollkommandos hören, welche die Leute Röhms aus ihren Wohnungen holten und niederstreckten, und bald stand das Gerücht auf, Hitler, und mit ihm Göring, der seine Machtvollkommenheit als preußischer Ministerpräsident dazu mißbrauchte, hätten die Gelegenheit benützt, ihre persönlichen Gegner, auch solche, die mit der Sache Röhms nichts zu schaffen hatten, zu beseitigen. Wie gelähmt von Schrecken erkannte das Land, wen es sich zum Herrn gesetzt hatte. In seinem Rechenschaftsbericht über die dunklen Vorgänge sagte Hitler vor dem Reichstag: „Wenn mir jemand den Vorwurf entgegenhält, weshalb wir nicht die öffentlichen Gerichte zur Aburteilung herangezogen hätten, dann kann ich nur sagen: in dieser Stunde war

Ich verantwortlich für das Schicksal der deutschen Nation, und daher war der oberste Gerichtshof des deutschen Volkes Ich selbst."

— Die ihnen versprochene Audienz in den Angelegenheiten der Kirche zu erreichen, gelang Georg Degener und Schneidwind auch nachher nicht mehr.

3

„Ihr könnt mir erzählen, was ihr wollt," sagte Ninette zu Silvia und dem „kleinen Peter", der schon längst kein kleiner Peter mehr, sondern ein junger Mann mit einem Bärtchen auf der Oberlippe war. „Ihr könnt mir erzählen was ihr wollt, das Wichtige auf der Welt ist trotzdem nicht eure dumme Politik, sondern das einzig Wichtige ist die Liebe zu einem Menschen. Sonst gar nichts." Indem sie das sagte, zitterten ihre leicht geschminkten Lippen und ihre Augen flossen von Tränen über, ohne daß sie es merkte. Sie saß zurückgelehnt, etwas schwerfällig, in ihrem Stuhl, hinter ihr war die Gartenhecke und ein sommerlicher, fast farbloser Himmel.

Silvia streichelte ihr unauffällig ein bißchen über die Hand. Peter aber bemerkte vorwurfsvoll mit seiner tiefen Stimme:

„Gut, aber wenn es so ist, brauchst du jetzt nicht zu heulen. — Na, laß nur, ich weiß schon, man darf ihr jetzt nichts übelnehmen, in ihrem Zustand."

„Laßt mich, bitte, mit meinem Zustand in Ruh!" sagte Ninette böse.

Die Geschwister saßen in dem Garten von Silvias neuer Wohnung in Dahlem. Obwohl Fabers nur das Erdgeschoß des Hauses bewohnten, war es doch teuer „und eigentlich," wie sie sagte, „über unsre Verhältnisse. Es ist aber einfach nötig gewesen, daß wir aus der inneren Stadt herausgekommen sind und einen Garten haben, weil Hugo sich viel zu selten Urlaub gönnt, und jetzt kann ich es ihm wenigstens abends und über den Sonntag gemütlich machen, und wir haben ein bißchen Grün um uns her." Sie hätten die Miete auch billiger haben können; die Villa gehörte einem jüdischen Fabrikanten, der sich aus den Geschäften hatte zurückziehen müssen und seine Auswanderung betrieb. Er würde genommen haben, was man ihm anbot, aber natürlich war es undenkbar, seine Zwangslage auszunützen.

„Ja, das wäre eine S c h w e i n e r e i gewesen," bestätigte ihr der Bruder. Peter befand sich in einer kriegerischen Stimmung, er ärgerte sich, daß ihm seine Schwestern nicht widersprachen, damit er sie beschimpfen und seine Wut über das Hitler-Regime irgendwie loswerden könnte. Diese Wut war noch frisch in ihm und quälte ihn, denn auch er, wie die meisten seines Alters, war anfangs voll Zutrauen für die neue Bewegung gewesen, trotz all dem Unguten, was er von seinem Vater darüber wußte. Dann aber hatte er durch einen Schulkameraden, mit dem zusammen er sein Abitur machte, den Dr. Jung, einen Mitarbeiter von dem Minister Papen, kennen gelernt und für den grad und kühn gesinnten Mann eine Bewunderung gefaßt. Jung hatte die ersten Zweifel am Staate Hitlers in ihnen erweckt und ihnen klar gemacht, daß es die Pflicht der Jugend war, die Freiheit und das Recht im Vaterlande zu verteidigen — und nun war Edgar Jung mit den übrigen Opfern des 30. Juni auf eine heimtückische Weise ermordet worden. Peter war so empört darüber, daß es ihn Mühe kostete, nicht jedem „Parteikerl", den er auf der Straße sah, den Vorwurf ins Gesicht zu schreien.

„Ich bitte dich nur um eins, Peter," sagte darum Silvia zu ihm. „Wenn du jetzt auf deine Radtour gehst und immer unter fremden Leuten bist: halte den Mund! Erzähl nicht jedem, dem du begegnest, daß Hitler ,e i n S c h w e i n' ist. — Nein, hör, das mußt du mir jetzt in die Hand versprechen: daß du vernünftig sein wirst."

Ninette, da Peter trotzigen Gesichts vor sich niederschwieg: „Er ist eben noch zu klein, daß man ihn allein in die Welt schickt. Wir werden dem Papa sagen, daß er ihm die Reise verbietet."

„Red doch nicht! Ich bin nicht so kindisch. Das weiß ich ja, daß es keinen Sinn hat, sich den Leuten selber ans Messer zu liefern."

„Also gib mir die Hand darauf," wiederholte Silvia.

Er tat es.

Ninette trug ihm auf, wenn er wirklich auf seiner Tour zu Antje käme, sollte er ihr sagen, daß sie Ninette besuchen müsse. „Ich weiß schon, daß Berlin im Sommer eigentlich keine Erholung für sie ist. Aber bitte, wenn's geht, soll sie trotzdem kommen. Ich hab ihr auch schon geschrieben. Ich brauche so nötig jemand, der bei mir ist," sagte sie.

Er wolle noch in die Stadt, etwas besorgen für seine Tour, und morgen ganz früh losfahren, sagte Peter. Er küßte seine Schwestern zum Abschied, und ging aus dem Garten.

Immer müssen einen die Frauen bevormunden, dachte er im Fortgehen.

Er kam nahe bei Onkel Richards Haus vorbei und überlegte: wenn er hineinschaute und von seinem Vorhaben mit der Radtour erzählte, würde er wahrscheinlich von dem Onkel, wenn er zu Haus wäre, oder von der gutmütigen Tante Kitty ein Taschengeld für unterwegs geschenkt bekommen. Er fand's aber unwürdig, mit einer solchen Absicht hinzugehn, und ließ es bleiben.

Er nahm den Fußweg nach Steglitz, denselben, den damals vor Jahren sein Bruder Friedrich mit Onkel Richard gegangen war, spät in der Nacht. Peter wußte nichts davon; es war sommerlich hell in der Welt, und würde so schön sein, wirklich schön, wenn nicht diese Ungerechtigkeit wäre, die niemand begreifen kann.

Im Dahinschlendern sah er in dem spiegelnden Schaufenster eines Friseurladens sein Gesicht mit dem kurzen dunklen Schnurrbart; beinah wie der vom Hitler, mußte er denken. Er ärgerte sich darüber und trat in den Laden ein. Er hatte eine Weile zu warten und sagte dann zu dem Lehrling, der ihm eine Papierserviette in den Kragen steckte:

„Rasieren, bitte. Sie können mir den Führerschnurrbart da abnehmen."

Der Lehrling ging auf den Scherz nicht ein, sondern sah sich nach einem Kunden um, der eben auf der Wartebank Platz genommen hatte und mit ernster Miene die Zeitung las.

„Na ja, es paßt nicht für jeden. Der Führer ist doch ein einmaliger Mann," sagte Peter, der an sein der Schwester gegebenes Versprechen dachte. Er kam sich recht diplomatisch vor, weil ihm diese Antwort eingefallen war, und sah doch mit einigem Bedauern zu, wie sein Bärtchen unter dem Barbiermesser verschwand.

— „Wie kommt das denn?" sagte unterdessen Silvia im Garten zu ihrer Schwester. „Du liebst Bill und er liebt dich, und du selber sagst, daß es nur das gibt, nur die Liebe, die wichtig ist. Und warum bist du trotzdem so traurig?"

„Ich liebe ihn und er liebt mich," wiederholte Ninette mit einer so gleichmäßigen Betonung, daß Silvia nicht wußte, ob das eine Bestätigung ihrer Worte war oder was sie sonst davon halten sollte.

„Ich versteh dich nicht."

„Laß nur, Silvia."

„Nein, du mußt es mir sagen. Nein, verstehst du, wenn unsre Mutter da wäre, würd ich gar nicht mit dir davon reden, denn sie würde alles sowieso wissen, sie hat ja immer alles gewußt. Aber weil sie nicht da ist, mußt du es mir sagen, wir müssen darüber sprechen, wir sind doch Geschwister und gehören zusammen?" sagte Silvia in so schüchtern fragendem Ton, als ob sie die jüngere und nicht die ältere und so weise und fürsorgliche Schwester wäre, und faßte zugleich wieder Ninettes Hand.

Ninette ließ ihr die Hand, aber schwieg still.

Der Mittagstisch, an dem sie gegessen hatten, war abgeräumt, doch lag die blau gestreifte Decke noch darauf, friedlich und häuslich sah es aus, das dunstige Sommerlicht hüllte den Garten ein, weit fort war die Stadt mit ihrer Unruhe; Ninette wünschte sich, von diesem Platz im Schatten der hohen Hecke, diesem Korbstühlchen, dessen Füße im kurzgeschorenen Grase standen, nie mehr aufstehn zu müssen, hier bleiben zu können bei ihrer Schwester, die Geduld und Liebe für sie hatte.

Ob sie noch einen Kaffee kochen sollte? fragte Silvia.

Ninette aber bat um einen Schluck Wein und ließ sich durch Silvias Einwand, daß Wein jetzt schlecht für sie wäre, nicht von ihrem Wunsch abbringen. „Ich trinke manchmal etwas, es tut mir gar nichts," behauptete sie. „Laß uns ein Gläschen zusammen haben, nur so ein winziges, weil es so gemütlich ist."

Die Schwester tat ihr den Willen. Ninette freute sich an der durchsichtigen Goldenheit, in der die Sonne sich zu sammeln schien, sie trank große Schlucke, wie ein durstiges Kind, und fing nun doch endlich an zu sprechen, obwohl es ihr schwer war; denn schwerer noch war der Gedanke, wieder heimzugehn und wieder niemand zu haben, mit dem man reden konnte.

Sie sagte: „Ich habe Bill wirklich gern. Ich glaub nicht, daß ich ohne ihn sein könnte."

„Aber er?" fragte Silvia, mit einem zornigen Blitzen in ihren guten Augen, weil sie jetzt plötzlich zu verstehen glaubte, daß „dieser Filmmensch" es gewagt habe, Ninette zu vernachlässigen.

„Das darfst du nicht glauben," widersprach Ninette. „Bill ist gut zu mir. Er hat viel zu tun, ich sehe ihn wenig. Wir haben nicht weggekonnt von Berlin, diesen Sommer, denn er macht einen Film, in Babelsberg. Das heißt, er hat mir angeboten, ob ich allein wegfahren wollte, — aber ich glaube, das wäre nicht gut gewesen. Nein, ich will schon hier bei ihm sein. Es ist wahr, daß er immer alle möglichen Frauen um sich herum hat, viel schönere als mich, manchmal bringt er abends Gäste zu uns, manchmal ruft er auch an und muß noch ausgehen und ist höflich und will mich mit haben, — aber ich kann jetzt natürlich nicht mehr unter Menschen gehn. Ich glaub nicht, daß bei ihm etwas ist, er ist mir schon treu," sagte Ninette mit leichtem Lächeln, das Lächeln gefiel Silvia nicht so sehr ...

„Aber was ist es dann?"

„Ich habe immer gedacht, wenn man sich mit Liebe zu einem Menschen entschließt, dann muß es alles sein, alles! das ganze Leben von diesem einen Menschen erfüllt, alles, was es sonst gibt, muß erleuchtet sein von der Liebe zu diesem einen Menschen. Ist es nicht so? Ist es dir mit Hugo nicht so?"

„Ja, mit Hugo schon," bestätigte Silvia.

„Siehst du! — Aber warum soll es denn mit meinem Leben anders sein?" fragte Ninette, indem sie mit neuen Tränen zu der Schwester aufblickte.

Silvia wußte darauf nichts zu antworten, das Herz wurde ihr schwer.

„Ich beobachte ihn, wenn er nach Haus kommt. In der ersten Zeit war er so glücklich, wenn er ankam, ganz glücklich, mich nach dem langen Tag wieder zu sehn. Er küßte mich... und es schien jedesmal noch schöner zu sein. Du weißt doch, wie es ist: auf der ganzen Welt willst du sonst nichts, als daß sein Mund deinen Mund berührt." Sie sprach leise mit geschlossenen Augen, weil es ihr peinlich war, solche Dinge zu sagen, und weil sie doch dem Bedürfnis, ihre Not auszusprechen, nicht widerstehen konnte. „Aber dann wird es anders, es wird eine Gewohnheit. Ich bin ganz genau so schlecht wie er. Ich kann jetzt hören, wie er den Schlüssel in die Haustür steckt, und zittere nicht mehr vor Glück, wie früher. Ich denke nur: also, da ist er jetzt, und geh ihm entgegen auf dem Gang — aber das tu ich nur, weil ich es früher nicht ausgehalten hätte, im Zimmer sitzen zu bleiben. Ich geh hinaus, und wir spielen Eheleute — so wie — wie Luzie mit ihrem Alfi! Er kommt herein, er sieht mich gar nicht richtig an, er sagt:" — Ninette machte es nach, genau mit dem Tonfall von Bill Haardts Stimme und mit seinem Gesichtsausdruck — „,Guten Abend, mein Liebes, wie gehts dir?' — Und das will ich nicht! ich will, ich will es nicht!"

Silvia sah: Ninette forderte zu viel, forderte mehr vom Leben, als es gewähren konnte. Das hat sie ja immer getan; sie müßte demütiger sein. Sie ist so wie Friedrich — aber sie erschrak vor diesem Gedanken und suchte ihn abzutun. Wahrscheinlich ist er nicht der richtige Mensch, der Bill Haardt, Silvia hatte es von Anfang an gefürchtet; er nicht für sie, und sie nicht für ihn; denn sonst käme Ninette gar nicht auf solche Dinge. Aber es würde gefährlich und falsch sein, das auszusprechen. Sie sagte:

„So beobachten darf man seinen Mann nicht."

„Kann schon sein. Aber es ist eben so. Ich will aber nicht haben, daß es so ist, ich will es so haben, wie es sein muß!" Wieder, indem sie von ihrem Willen sprach, erschien ein harter, eigensinniger Ausdruck auf ihrem Gesicht. „Schon daß man denken kann, daß Bill vielleicht andere Frauen anschaut, auch wenn er es gar nicht tut, ist widerwärtig. Wenn man es nur denken kann, ist es schon ganz gleich, ob er es wirklich tut. Und ich vielleicht auch. Das ist ganz gleich."

„Nein," sagte Silvia.

Und sie sagte: „Kannst du dich nicht an das Schöne erinnern, was der Papa euch in der Traurede gesagt hat —"

„Nein, gar nicht," gab Ninette zu. „War es etwas Schönes?"

„Er hat doch gesagt, wenn die Kirche eine Ehe segnet, wird die Ehe mehr, als sie von den Menschen aus sein kann. Die Menschen können in der Brautnacht einer dem andern nur ihr vergängliches Wesen schenken, aber durch den Segen, den Christus auf die Ehe gelegt hat, wird das Vergängliche ins Ewige erhoben und was Gott fügt, kann der Mensch nicht mehr scheiden."

Ninette dachte, daß ihre „Brautnacht" nicht ihre Brautnacht gewesen war. Schon Wochen vorher hatte sie sich Bill hingegeben, es war ihr kleinlich erschienen, nachdem sie sich einmal zu ihm entschlossen hatte, auf die „Äußerlichkeit" der Zeremonie zu warten — so als ob sie sich auf sein Wort nicht verlassen wollte. Denn das Gefühl war doch alles, der Entschluß und das Wagnis des Herzens — nicht die Trauung. Daran dachte sie, und fand keine Erwiderung auf das, was Silvia ihr sagte.

Silvia fuhr leise fort: „Es ist auch wirklich so, wie der Papa meinte. Ich hab es mit Hugo auch erfahren. — Und du mußt doch eigentlich sehr froh sein, Ninette, daß du so schnell schon dein Kind erwarten darfst."

„Froh? — Ich werd ja jeden Tag häßlicher. Es wundert mich gar nicht, wenn Bill mich nicht mehr ansehen mag."

„Unsinn. Diese mode-Farbe von deinem Sommerkleid steht dir so gut, und man sieht dir noch fast gar nichts an. Wann wird es kommen?"

„So Anfang September, denk ich," sagte Ninette.

„Habt ihr schon einen Paten? — Dann laß mich Patin sein, ja? — Das ist herrlich. Überhaupt, ein Kind! Wenn ein Kind da ist, dann muß doch alles gut sein, in einer Ehe. — Und weißt du schon, Ninette," sagte sie mit einem ihr ganzes Gesicht erhellenden glücklichen Lächeln, „Hugo und ich werden, glaub ich, im Winter auch ein Kindchen haben. Ich freu mich so schrecklich."

„Ja? Wie schön —" Ninette war in ihrem eigenen Kummer zu sehr befangen, um an der Freude ihrer Schwester richtig teilzunehmen; sie schämte sich dafür, aber sie konnte es nicht ändern. Sie sagte traurig:

„Für mich ist das Kind ein Unglück. Wenn es nicht wäre, könnt ich Bill in seiner Arbeit helfen, vielleicht sogar mit filmen, und alles wäre anders. Ich hätt gar kein Kind gebraucht, ich nicht!"

„Wie kannst du das sagen!"

„Weil es wahr ist. Alles müßte so bleiben, wie es am Anfang gewesen ist, und sonst will ich nichts. Du brauchst mich gar nicht so ernst anschaun."

Silvia, in ihrer Erschrockenheit, mußte erst eine Weile suchen nach dem, was sie antworten wollte:

„Aber unsre Kinder werden doch das, was uns nicht gelungen ist, von vorn anfangen, und viel besser machen, und so geht die Welt immer weiter, das ganze Leben, und wir schenken ihnen die Kraft dazu. Und das tun wir doch gern; alles, was wir haben, werden wir ihnen schenken."

„Erst muß ich einmal selbst leben," sagte Ninette.

„Selbst! Das gibts doch gar nicht. Ich weiß gar nicht, wie du redest."

„Wieso? Ich bin doch selbst da, und Bill ist selbst da. Und wir alle."

Silvia: „Freilich. Aber das alles — das hat man doch nur, wenn man's herschenkt."

„Herschenken!" Ninette gab ihr eifrig recht. Für sich etwas festhalten, das hatte sie gewiß nie gewollt. Die Liebe, die Hingabe — das war alles. Aber sie mußte sich dabei an den Bruder erinnern. Es kann einem Menschen auch geschehen, daß er alles wegschenkt, nicht ans Leben, sondern — anderswohin. Es war gut zu denken.

Der Schatten der Gartenhecke war breiter geworden. Die Beiden schwätzten noch eine Weile zusammen; Ninette weinte nicht mehr. Und als sie aufstand, um nach Hause zu fahren, hatte Silvia den Eindruck, daß sie heiterer ging, als sie gekommen war.

Peters große Radtour war ein seit Jahr und Tag gehegter Wunsch von ihm, seines Vaters Erlaubnis dazu hatte er durch ein „geradezu unanständig anständiges" Matura-Zeugnis verdienen müssen. Er wollte Neues sehn, in Deutschland sich umschauen, eh er durch Studium und Beruf angehängt war (er würde sich übrigens nie ganz anhängen lassen, er nicht!). Und dieses Nicht-angehängt-sein, frei wie der Wind sich zu fühlen; eine lange Reihe von Tagen ganz nach eigenem Sinn und Willen zu verbringen; zu faulenzen, wenn es ihm so gefiel, oder auch, pedaltretend wie ein Rennfahrer, die Straßen hinauf und hinunter zu jagen; aufzustehn, schlafenzugehn wann und wo er wollte — das alles genoß der jüngste Degener jetzt in seinem

Leben zum erstenmal. Seinen Freund und Kameraden Job Hollweg, eben jenen, durch den er mit Dr. Jung bekannt geworden, hätte er ganz gern mit auf die Tour genommen. Aber Job war durch irgendeine „Poussage" in Berlin festgehalten, und so fuhr Peter lieber allein, als daß er sich mit einer gleichgültigen Gesellschaft „betan" hätte. Ganz für sich zu sein, hatte auch sein Gutes. Frühmorgens auf einsamer Landstraße, wenn er sicher war, daß niemand ihn hören konnte, sang er mit seiner schönen, musikalischen Baßstimme: daß die Trägen, die zu Hause liegen, das Morgenrot nicht erquickt. Ihn aber, Peter, erquickte es, mit seiner Stufenfolge von Grau zu Rosa und Gold.

Aber er mußte dann denken, daß der Dr. Edgar Jung es nicht mehr sah. Und er verstummte.

Peter fuhr durch ein Land, auf dessen gesegneten Äckern das Korn reifte, über dessen Weite der Wind von Ortschaft zu Ortschaft den Glockenruf hintrug. Und die Menschen, die schon hier und dort mit der Ernte begannen, sahen fröhlich aus; ein Trupp von jungen Arbeitsfreiwilligen zog singend zu einer Baustelle der Reichsautobahn: lauter freie, offene Gesichter. Man konnte es fast nicht denken, wenn man das Land so in Freiheit und Ordnung und Freude leben sah, daß darüber eine Macht herrschte, die das Recht nicht gelten lassen wollte, die mit versteckter Hand nach diesem und jenem griff, ihn ins Dunkel riß und erwürgte.

Abends im Gasthof eines kleinen Ortes, wo Peter nächtigte, brachte das Radio Nachrichten von Unruhen in Österreich. Peter wußte so gut wie jeder Deutsche, ganz gleich ob er im Reich oder draußen in Österreich lebt, daß die zwei deutschen Länder wieder zusammenwollen, wie es sich gehört und wie es früher gewesen ist. Aber da war jetzt ein nationalsozialistischer Putschversuch in Wien geschehen, mit dem Ziel, die Vereinigung gewaltsam herbeizuführen. Der Putsch war mißlungen, jedoch der österreichische Bundeskanzler Dollfuß war dabei ermordet worden. Und Hitler spricht sein tiefes Bedauern darüber aus, er versichert, daß er nichts mit dem Putsch zu schaffen hat. Vielleicht stimmt es, vielleicht nicht. Dem kann man ja nichts mehr glauben.

Peter verstand nicht viel von der Politik. Aber er stellte bei sich selbst Überlegungen an, daß es das Begehrenswerteste ist, ein Mensch zu sein, dem man glauben kann. — In seiner Entwicklung war diese Wanderfahrt mit ihren Tagen und Stunden einsamen Nachdenkens so, wie das glatte, stumme Stück an dem Stamm eines jungen Baumes, bis der nächste Ast aus ihm hervorbricht.

Er erreichte den Harz bei Wernigerode. Von dort nahm ein Lastwagen ihn und sein Rad bis nach Schierke mit; in Schierke ließ er sein Rad stehen und stieg zum Brocken hinauf. Die Luft war unruhig bewegt über der mit Granitstücken bestreuten baumlosen Kuppe, die Sicht aber klar gegen Norden hin, wo sich die Ebene im Abendlicht graugrün ins Endlose streckte, und gegen Westen über die dunklen Harzhöhen hinweg. Indem die Sonne deren Saum berührte, zeichneten sich auf den Dunstschichten, welche ostwärts das Land bedeckten, riesige, erschreckende Schattenbilder ab. Im Brockenhaus erfuhr er, daß dies hier oben eine nicht seltene Erscheinung war, die man das „Brockengespenst" nannte; gleichgültigen Tones sprach die Kellnerin davon, als sei das eine für die Fremden so getroffene Einrichtung. Der Herr hätte zur Sonnwendfeier herkommen müssen, da sei hier Maskenbetrieb gewesen, Hexen- und Walpurgiszauber, und der Herr Kreisleiter persönlich anwesend. — Peter ließ sich für die Nacht ein Matratzenlager anweisen und zog tags darauf über Schierke und Elend nach Westen weiter.

Die Eisenbahn hatte er verschworen und bestieg sie auch nicht. Selbst im Regen, der ihn auf der Strecke hinter Kassel einen ganzen Tag begleitete und durchweichte, fuhr er geduldig tretend weiter und ließ sich abends von einer freundlichen, rosigen, mit weißen Zähnen lachenden Wirtsfrau seine „Klamotten" trocknen, während er in dem Pelz ihres Mannes am Küchentisch saß und etwas Heißes löffelte. Weil er jung war und der Menschen kleine Schwächen nicht kannte, verachtete er diese Wirtin in seinem Herzen, wegen zu großer, ihm als Fremdem erwiesener Freundlichkeit, ließ sich aber Pelz und Suppe ganz wohl gefallen.

Als er, nach manchem Tag, den Rhein fließen sah, war er enttäuscht. Silvia und Luzie hatten ihm davon erzählt, nach ihrer Reise mit dem Papa, wo dieser die Mutter Ulrike kennen gelernt; und hatten damals in Peters Bubengemüt die Vorstellung von einem Strom erweckt, der still zwischen träumenden, mit Burgen besetzten Weinhügeln dahinzieht. Zwar, es war wirklich hübsch, auf das grüne Fließen und die Schiffchen niederzuschauen. Aber zu absichtsvoll aufgebaut schien ihm alles, und „ans Ufer" kam man überhaupt nirgends, obwohl Peter mehrere Stunden stromabwärts am Rhein entlang fuhr: nirgends, daß man hingekonnt hätte, unter einem Busch sich die Hose herunterziehen, und hinausschwimmen. Alles waren Anlagen, Autos und Züge fuhren am Wasser hin, höchstens kam einmal eine Badeanstalt. Peter schloß daraus, daß es „den Rhein eigentlich nicht gibt". Endlich bei Andernach überquerte er den Strom, den es „nicht gab", und traf spät abends noch, ziemlich bein- und rückenmüde und mit einem Wolfshunger, bei Antje in Herselbach ein.

Als ein gut erzogener Junge hätte er sonst bei keinem Menschen nachts um halb elf Uhr überraschend an die Tür geklopft; aber Antje war eben Antje, so vertraut wie Silvia oder Ninette. Da ging man einfach hin; wie denn sonst? – Sie hatte aus einem Brief Ninettes gewußt, daß mit seinem Kommen irgendwann in den Tagen zu rechnen war, und bei einer Nachbarsfrau ein Zimmer für ihn reserviert, sie schickte ihn gleich hinüber, sich den Hausschlüssel zu holen. Sie selbst machte sich ans Kochen, hatte aber für Peters Hunger nicht genug Essen parat, mußte ihre Hausfrau noch aufstören und von der entleihen, was ihr fehlte. Schließlich saßen sie sich am Tisch gegenüber, an dem Antje mit Ninette auch gegessen hatte, und Peter stellte während des Essens still für sich fest, daß diese ältere Schwester, eigentlich war sie ja keine Schwester, etwas angestrengt aussah, unterschattete Augen, – aber verdammt hübsch, wirklich, das mußte man sagen, man merkte das erst so, wenn man die Mädels eine längere Zeit nicht unter den Augen hatte.

„Du, Antje," fragte er, „ihr habt wohl in der Gärtnerei viel Arbeit?"

„Schon. Das ist jetzt so eine Zeit."

„Mm," machte Peter kauend, über die Schönheit Antjes ganz sachlich erstaunt.

Er schlief in den nächsten Morgen hinein. Als er aufstand, servierte ihm seine Zimmerwirtin mit dem Frühstück eine schlimme Nachricht: Hindenburg war gestorben. Man hatte es bei dem hohen Alter und der schon bekannt gewordenen Krankheit des Reichspräsidenten erwarten müssen, aber Peter war doch als von einem Unglück davon betroffen; denn Edgar Jung hatte öfters zu ihm und Job Hollweg davon gesprochen, daß alle Bemühungen, Recht und Ordnung im Hitlerstaat aufrecht zu halten, an dem ehrwürdigen alten Mann noch ihren besten Halt hatten.

Antje war längst in ihrer Gärtnerei, Peter ging, sie dort zu besuchen. Er fand sie an einem Beet für's Wintergemüse beschäftigt, sie hockte da in einer kurzärmeligen Gartenschürze von stumpf blauem Stoff, eine dunkle Haarsträhne war ihr losgegangen, die sie mit vorgeschobener Unterlippe aus dem Gesicht blies, um Peter einen lächelnden Morgengruß zuzunicken; ein krausköpfiger junger Kerl „mit Stielaugen" – es war der Gartengehilfe Siegfried Hanauer – goß aus der Gießkanne Wasser auf die Erde, in die Antjes Finger die Rosenkohlsamen versenkten. Beide zeigten nur eine ungenügende Teilnahme für das Ereignis, das Peter ihnen mitteilte, und schienen nicht gewillt, um Hindenburg zu klagen. Peter sah ihnen nur ein paar Minuten zu und ging verstimmt und eigentümlich schweren Herzens wieder fort, nachdem er von Antje erfahren, daß sie sich den Nachmittag für ihn freigenommen und daß er sie mittags abholen sollte.

„Gut. Mittags. Da kniet sie — Hexe!" dachte Peter, der keineswegs wußte, daß auch andere Leute das Mädchen mit diesem Namen beehrten. Ein irgendwie angenehmes Zorngefühl zog ihm durch die Brust, der tote Reichspräsident war für den Moment aus seinen Gedanken verschwunden. Draußen auf der Dorfstraße überzählte er seine Barschaft und beschloß, Antje zu einem Mittagessen einzuladen, damit sie nicht für ihn zu kochen brauchte. Er ging und bestellte den Tisch, dann schlenderte er durch den Ort und wartete ungeduldig die Stunde heran, bis er sich in der Gärtnerei wieder zeigen konnte.

Antje, als sie im Gasthof saßen, fand ihn etwas mundfaul, was sonst Peters Fehler nie gewesen war; sie wußte nicht recht, was sie mit ihm anfangen sollte, besonders, da der Spaziergang, den sie sich für den Nachmittag ausgedacht hatte, unmöglich wurde, weil es stark zu regnen begann. Sie hatte ihn da sitzen, mußte alles einzeln aus ihm herausfragen. Auf Ninette kamen sie zuerst, die einen traurigen Brief geschrieben hatte. Was denn mit ihr los wäre?

„Was weiß ich? — Die Mädels!" brummte Peter. Es fiel ihm dabei aber der Auftrag ein, den ihm die Schwester für Antje mitgegeben, und er richtete ihn aus: „Du sollst unbedingt zu ihr kommen, wenn du kannst."

„Ja, sie hat mir geschrieben, sie hätte mich so nötig, weil sie immer allein ist. Ich versteh nur gar nicht ... wie ist denn ihr Mann?"

„Och. So."

Peter schien diese Auskunft für erschöpfend zu halten, er fügte ihr weiter nichts hinzu.

„Du kannst ihr von mir ausrichten," sagte Antje, „daß ich jedenfalls komme, und wahrscheinlich schon bald. Sobald wir hier die Beete für das Wintergemüse in Ordnung haben, kann ich ganz gut auf eine Zeit weg."

Sie fragte ihn dann nach seinem Abitur, seinen Berufsplänen, und lobte ihn, als sie hörte, daß er im Sinn habe, Forstwirtschaft zu studieren. Einen guten Gedanken nannte sie das, ein Leben im Freien, mit der Natur, ist das Einzige und Beste, so wie sie es in ihrem Garten auch hat, sie kann sich kein anderes mehr denken.

„So, also du fühlst dich glücklich in deiner Gärtnerei?" fragte Peter, der auf einmal zu Antjes Verwunderung ganz wütend aussah. „Und wer ist denn dieser Judenjunge, der dir heut geholfen hat?"

Da fuhr sie ihm scharf über den Mund. Er möge nur ja nicht in das Horn von Frau Schlumm (der Gärtnereibesitzerin) blasen und Siegfried Hanauer schlecht machen. „Das ist ein armer Kerl, und jetzt mutterseelenallein, seine Eltern sind ausgewandert, aber er hat von Deutschland nicht weggewollt, obwohl er hier nicht einmal studieren kann. Natürlich muß man sich um den ein bißchen annehmen. Die Schlumm weiß das auch und tut es selber, sie ist eine gute Haut — sie ist mir nur böse, daß ich einen dicken, soliden Herrn nicht heirate, dem sie mich hat anhängen wollen."

„Und das ist wegen Hanauer, daß du den Andern nicht heiratest?"

„Wegen Siegfried? Verrückt!" sagte Antje, und lachte.

„Er ist aber hübsch verliebt in dich, das sieht man," mußte Peter sagen, soviel Widerstreben es ihn auch kostete, diese Worte auszusprechen.

Antje: „Das weiß ich nicht. Aber das geht dich ja überhaupt nichts an, oder? — Aber wenn du es schon wissen mußt, kleiner Peter: i c h bin jedenfalls nicht in ihn verliebt. Leid tut er mir. Und übrigens kommt er heut nach Feierabend zu uns zum Abendessen — und von ‚Judenjunge' wird dann nicht geredet," stellte sie abschließend fest.

Peter, wiewohl tief befriedigt von der Mitteilung, daß sie in Siegfried Hanauer nicht verliebt sei, konnte doch, als dieser abends in Antjes Zimmer erschien, seine Eifersucht gegen ihn nicht bezwingen. Alles an dem Menschen reizte ihn, die sklavische Ergebenheit, die er Antje erwies, sein feucht glänzender Blick, wenn sie ihm den Brotkorb herüberreichte, und sogar die ganz unschuldigen schwarzen Locken, die sich auf seinem Kopfe krausten. So zeigte Peter sich weiter stumm und ungelenk und nicht von seiner besten Seite. Hanauer hatte ein tragbares kleines Grammophon samt einigen Platten mitgebracht, das ihm seine Eltern zurückgelassen hatten; er habe gemeint, sagte er, daß Herr Peter vielleicht gern zur Unterhaltung die Platten hören würde. Als er aber nach Tisch eine Tango-Platte laufen ließ und, nach einer demütigen Verbeugung, Antje umfaßte, um sie in dem engen Zimmer schwingenden Schrittes auf und nieder zu führen, da brach Peters schon zu lang verhaltener Zorn hervor. Er riß mit bebender Hand die Schalldose nach oben, die verstummte Platte drehte sich sinnlos weiter, und er erklärte, feuerroten Gesichts:

„Getanzt wird heut nicht."

„Wie? warum denn?" fragten Hanauer und Antje.

Sicherlich, es war kein bloß patriotischer Zorn, der Peter zu diesem Eingriff bewogen hatte; aber die Eifersucht, wie jeder Dämon, ist geschickt, in eine Ausrede hineinzufahren, die sie mit ihrem Atem aufbläht: schon im nächsten Augenblick glaubte Peter es selbst, daß es ihm um niemand als Hindenburg zu tun sei, und umso überzeugender konnte er den beiden Tanzlustigen sagen, was in der Tat richtig war: daß das Land, indem es diesen Mann in solcher Stunde verlor, zu nichts mehr Ursach habe, als zu trauern, nicht aber zu irgendwelcher Lustbarkeit — und er, Peter Degener, werde heut auch keine Lustbarkeit dulden, wo er sie irgend verhindern könne. Er schien bereit, sich auf den armen Hanauer zu stürzen. „Ihr werdet noch sehn," schrie er ihn an, „was es bedeutet, daß Hindenburg nicht mehr da ist. Der Edgar Jung, den sie ermordet haben, hat es schon lang gewußt. Vogelfrei werden wir alle jetzt sein, und es wird kein Recht mehr geben."

Die Andern konnten nichts dagegen sagen; Siegfried Hanauer packte kleinlaut sein Grammophon wieder zusammen. Die Stimmung des Abends war zerstört, sie gingen dann bald auseinander.

Andern Tages früh nahm Peter Abschied von Antje. „Du bist ja ein Zornnickel," sagte sie ihm, ohne weiter auf die Frage einzugehen, ob der tote Hindenburg durch einen Tanz gekränkt würde oder nicht. Sie fand eigentlich, daß Peter etwas recht gehabt hätte. Er aber schämte sich vor ihr, er hielt ihre Hand.

„Lebwohl, Antje," sagte er.

„Ja, so wohl ich kann, und du auch, kleiner Peter," war ihre Antwort.

Sie wollte ihm schwesterlich, wie in Kinderzeiten, die Stirn küssen, aber er, mit rauher Stimme:

„Nein, das tu nicht!"

Sie fühlte seinen Blick auf ihrem Mund, doch beugte er sich nur und küßte ihre beiden Hände, und ging schon aus dem Zimmer.

Dummer, lieber Junge, dachte Antje hinter ihm her.

Peter fuhr auf der noch regenfeuchten Straße dem Rhein zu. Er fühlte bald, wie seine Eifersucht sich löste und aufhob; so gibt eine Wolke den Höhenzug frei, den sie unter sich begraben hielt, und verwandelt sich in Sehnsucht und Bläue.

Ninette wußte nicht, wie sehr sie unrecht tat, indem sie ihren Mann und das mit ihm gelebte Leben hineinzwingen wollte in ein Bild, das sie sich davon gemacht hatte, statt ihn zu lieben wie er war, das Leben zu nehmen, wie es sich gab. Haardt war ein gutartiger Mensch und hing ehrlich an ihr. Aber sobald er diese leidenschaftliche Forderung empfunden hatte, die von ihr ausging, gleichsam über seinen Kopf hinweg und ihn gar nicht wirklich meinend, entstand in ihm ein Gefühl der Kränkung von der Art, welche schwer zu heilen ist, weil unsre Einsicht sie nicht klar erfaßt. Ninette wiederum meinte zu spüren, er habe sich ihr entfremdet, und gab daran ihrer „Häßlichkeit" die Schuld, diesem Zustand, den sie nicht als einen gesegneten erlebte, an dem sie reizbar und ungeduldig litt. Ihr fehlte das stille Vertrauen, das Frauen in solcher Zeit zu so rührenden Hüterinnen des kommenden Lebens macht, vielmehr war das Leben, das in ihr wuchs, im Widerstreit mit ihrem Willen, der eine andere, ihr noch dunkle Richtung nahm. Bei einer Auseinandersetzung aus geringfügigem Anlaß machte er ihr einmal den Vorwurf, „romantisch und überspannt" zu sein, und sie wurde daraufhin so heftig, sagte ihm so böse Sachen ins Gesicht über seine Herkunft, seine Eltern, die als einfache Leute in der Provinz lebten, und daß „alle Haardts zusammen von dem, was das Hohe und Große im Leben ist, nichts wüßten," daß er Mühe hatte, es nachher wieder zu vergessen, obwohl auch er von den Seinigen gewöhnlich als von den „guten Alten" sprach, die von Kunst keine Ahnung hätten; (was übrigens nicht zutraf, denn seine Mutter kannte ihren Goethe und Matthias Claudius besser, hatte mehr Lebendiges daraus gelernt, als er und Ninette zusammen). Die Szene endete in einem Tränenausbruch Ninettes, in Verzeihungsbitten und Selbstbeschuldigungen, die ebenso maßlos waren, wie vorher das ungute Aufbegehren. Er suchte sie zu trösten; aber ihre Versöhnungen reichten schon nicht mehr bis in die Tiefe hinunter, aus der ihnen die Bitterkeit aufstieg.

Wenn er morgens gegangen war — er ließ ihr nichts an Mut zurück, ihren Tag zu bestehen. Öde war ihr zumut und zum Sterben traurig; nicht weil er fehlte, sondern weil alles, einfach so, keinen Sinn hatte. Ihre ganze Wohnung bekundete Ninettes eigensinnigen Willen, sich und ihm zu beweisen, daß hier ein Liebespaar wohne, das miteinander glücklich sei. Da gab es eine bequeme Couch mit grellen, ungeduldig leuchtenden Kissen darauf;

da gab es moderne mythologische Aktzeichnungen an den Wänden, und abstrakte Farbstudien, deren Urheber ihre Aufgabe darin gesehen hatten, den Mißklang, als den sie die geschaffene Welt erkannten, durch die Unvereinbarkeit der verwendeten Farben zum Ausdruck zu bringen. Da gab es im Schlafzimmer eine erschreckend violette Tapete und Lampen, rechts und links über dem Ehebett, die ein rotes Licht verbreiteten. Bill sah diese Dinge nicht, er nahm sie hin, wie sie einmal waren, Ninette aber wußte im Grunde ihres Herzens, daß die Einrichtung scheußlich war, wie der Morgen nach einer allzu lustig verbrachten Nacht, und daß die nackten, kahlen Wände besser und wohnlicher gewesen wären, als dies alles. Sie konnte sich selbst nicht mehr ganz begreifen, woher und warum sie den Plunder so zusammengetragen hatte. Ihn aber aus dem hohen Fenster der Neusiedlung, wo sie im vierten Stock ihre Wohnung hatten, auf die von mageren Pappeln gesäumte Asphaltstraße hinunterzuwerfen — das kam ihr dann und wann als Wunsch, aber sie erfüllte ihn sich nicht. Es hätte bedeutet, zuzugeben, daß ihr Leben, wie sie es führte, ein Fehler war. Nein, das würde sie nicht tun. Und irgendwie „stimmte" ja auch alles hier, so wie es war. Ein Protest war es gegen die Gewöhnlichkeit des Lebens, die über Ninette niemals Herr werden sollte. Sie hatte sogar eine Art von Genuß daran, wenn die Mutter Ulrike zu ihr kam und mit taktvollen Worten anzuregen suchte, ob man nicht dies und jenes ändern könnte; der Papa sei über die Bilder traurig, und daß kein Kreuz, nicht Ein frommes Gemälde in der Wohnung war; bald würde doch ein Kind hier aufwachsen, und es sei so wichtig, was ein Kind noch im unbewußten Alter als erste Eindrücke in sich aufnimmt. — „Das Kind? laß nur, es wird schon aufwachsen. Du bist eben Pastorsfrau, Mutter, und ich Künstlersfrau, das sind verschiedene Berufe. Nein ich bin ganz zufrieden, ich will es so haben," sagte Ninette mit herausforderndem Lächeln — und dann sah sie, wie Ulrike ihren schönen, schmalen Kopf senkte, sie antwortete nichts, sie schämte sich für Ninette und ihre ungute Art, und Ninette mußte sich mit der Hand an die Kehle fassen, weil sie sonst hätte schlucken und vielleicht heulen müssen. — Aber wozu denn?

Wozu denn überhaupt alles?

Sie mußte jetzt öfters an Fräulein Ernestine Knöller denken, die jedes Wozu immer so genau gewußt hatte. „Wozu lebe ich?" Das Aufsatzthema fiel ihr ein, und die Niederlage, die sie mit ihrem eigenen Aufsatz erlitt; und sie konnte für den Moment nicht verhindern, daß ihr das schwere Jahr im Stift als eine glückliche Zeit erschien, wo die Tage ihren Sinn gehabt hatten;

den Sinn, vor der allverehrten Fräulein Knöller das eigene Herz auszubreiten und sie in Zuneigung und Trotz genau das verstehen zu machen, was man meinte. Sie konnte sich nicht mehr richtig erinnern, was sie damals in ihrem Aufsatz geschrieben, wohl aber, daß schon der Satz darin vorgekommen war: „Ich weiß nicht, wozu ich lebe." Ja, und ich weiß es auch wirklich immer noch nicht, noch viel weniger als damals, und niemand kann es überhaupt wissen; sie bilden sich das alle nur ein. Oder, vielleicht weiß ich es doch! Ich lebe, damit ich einmal das Ganze erfahren habe. Das Ganze? Was ist das? – Dieses hier, diese Wohnung also, dieses Leben hier ist das Ganze. Ich will, daß es das Ganze ist.

Es läutete draußen. Und sie erhob sich, schwerfällig und müde, vom Frühstückstisch, an dem sie noch im Morgenrock gesessen, und ging, der Aufräumefrau zu öffnen.

Wie es oftmals im Leben geschieht, daß unsre Gedanken an entfernte Menschen einen Brief von ihnen herbeiziehen, so war es offenbar auch hier gegangen. Frau Witt, die Aufräumerin, die täglich die Post für Ninette aus dem Kasten holte, fischte heut einen Brief von Fräulein Knöller daraus hervor; Ninette nahm ihn ziemlich erstaunt in Empfang, denn sie stand mit der Absenderin keineswegs in Korrespondenz, sie hatte sogar versäumt, ihr die Anzeige von ihrer Heirat zu schicken. Der Brief war denn auch an Fräulein Ninette Degener nach Steglitz adressiert und mit Ulrikes feiner, fliehender Handschrift an Frau Haardt in Berlin-Zehlendorf umgeschrieben.

Die Herrin des Luisenstifts redete Ninette wie einst mit Du an, ein Brauch übrigens, den sie allen ihren Schülerinnen gegenüber aufrecht hielt, und wenn eine von ihnen Frau Reichspräsidentin geworden wäre. „Meine liebe Ninette," schrieb sie, „Du wirst Dich wahrscheinlich wundern, von mir einen Brief zu erhalten, da wir seit langem in keiner brieflichen Verbindung mehr stehen. Du hast mir leider nie von Deinem Leben und Ergehen Bericht gegeben (Bericht! dachte Ninette, als ob ich der Knöller Rechenschaft schuldig wäre!), wovon ich doch gern etwas erfahren würde. Hier im Luisenstift ist noch alles beim Alten, oder besser gesagt: es soll und muß alles beim Alten bleiben, und eben das ist nun der Grund, warum sich Deine frühere Direktorin heute mit einer Bitte an Dich wendet und Deine Hilfe in Anspruch nimmt. (Ninette mußte etwas lächeln, daß ausgerechnet sie als Bewahrerin der alten Ordnung im Luisenstift angegangen wurde, aber die mit der Maschine getypten Buchstaben des Fräulein Knöller schienen nichts Sonderbares bei dieser Zumutung zu finden.) Ja, auch die Schwachen können Hilfe bringen, der Herr ist in den Schwachen mächtig (Sie weiß ja gar nicht, ob ich schwach bin, dachte Ninette, schon wieder zornig), und gerade Du, meine Liebe, kannst als ein Werkzeug des Herrn ausersehen sein."

Den weiteren Inhalt des Briefes begriff Ninette nur unvollkommen. Es war von Schwierigkeiten des Stifts die Rede, die der Kirchenkampf mit sich gebracht habe. Der dortige Pfarrer habe sich im Sturm der neuen Zeit nicht als ein Fels erprobt, auf welchen der Herr seine Gemeinde bauen könne, er sei „ganz und gar nicht in Ordnung", und man müsse verhindern, daß der Religionsunterricht im Stift weiterhin von ihm wahrgenommen werde. Gelinge es aber nicht, wie sie allerdings vorhabe, ihn vor die Tür zu setzen — denn der Pfarrer habe leider einen starken Rückhalt an den dortigen Partei- und D.C.-Stellen, (was heißt D.C.? fragte sich Ninette, die sich über „Deutsche Christen" und ihre Bestrebungen nie Gedanken gemacht hatte) — so sei sie, Fräulein Knöller, vor ihrem Gewissen verpflichtet, ihren Schülerinnen zumindest nebenher eine andere, echte Unterweisung in dem Bekenntnis ihrer Kirche zu verschaffen. Ein Bekenntnispfarrer am Ort, an den sie sich deswegen schon gewendet, sei aber, weil er in verschiedenen Predigten sehr mutig auftrat, durch Ludwig Müllers „Reichskirchenbehörde" strafversetzt worden. „Als ich in dieser Not," schrieb Fräulein Knöller, „darüber nachsann, ob es denn wirklich in unserm lieben Vaterland keine Menschen mehr gibt, denen man es zutrauen darf, daß sie unbeirrt und fest, auch wenn sie Nachteil davon haben, zu ihrer Überzeugung stehen — da stand mir auf einmal Dein Gesicht, meine liebe Ninette, ganz deutlich vor Augen, wie ich mich Deiner aus unsren Schulstunden erinnere. Du hast mir damals oft Widerstand geleistet und wir sind ja einige Male tüchtig aneinander geraten. Aber Dein Widerstand war ehrlich und offen, und ich habe Dich immer liebhaben müssen, was Du, wie ich hoffe, auch nie verkannt hast. Ich bin gewiß, es ist nicht ohne Gottes Willen geschehen, daß ich so plötzlich an Dich erinnert wurde — denn mir fiel dann erst ein, daß Du ja ein Pfarrerstöchterchen bist! Und meine Bitte an Dich besteht also darin, mir eine Unterredung mit Deinem Herrn Vater zu vermitteln, den ich ersuchen möchte, uns hier in der Not unsrer Schule beizuspringen, falls er gewillt ist, ein solches Wagnis — denn ein solches ist es! — auf sich zu nehmen. Sage dem Herrn Vater, daß ich ihn an jedem Ort und zu jeder Stunde, die er mir bestimmt, in Berlin treffen kann; denn daß er zu der Besprechung hierher kommt, will ich ihm nicht zumuten, es ist auch vielleicht besser, wenn er hier nicht vor der Zeit gesehen wird, um nicht Gegenmaßnahmen von seiten der Partei auszulösen...

Ich hätte ihm natürlich direkt schreiben können, da ich ja die Freude habe, mit ihm bekannt zu sein, habe aber doch lieber diesen Weg gewählt. Du wirst ihm meinen Brief vorzeigen, und ich hoffe, daß ich auch Dich bei dieser Gelegenheit einmal wiedersehen und erfahren werde, ob nicht Dein Fühlen und Denken, das in Deiner Schulzeit noch unreif war, sich inzwischen zu einem festen Glauben an Jesus Christus und seine Kirche herausgeläutert hat. Denn dieser Glaube ist es ja allein, der uns und unser deutsches Volk durch die schwere Anfechtung der Stunde hindurchtragen kann. In treuer Verbundenheit Deine alte — E. Knöller," stand, mit gebieterischem Schwung, unter dem langen Brief.

Ninette konnte nicht viel mit ihm anfangen und dachte ihn zuerst nur in einem neuen Umschlag an ihren Vater weiter zu geben. Aber eine Art Neugier, ein Gefühl, daß es vielleicht gut wäre, das einst so heftig verehrte und bekämpfte Fräulein wiederzusehen, bestimmte sie dann doch, hinzuzusetzen: sie wäre „ganz gern dabei," wenn der Papa sich mit Fräulein Knöller träfe.

Bevor es, eine Woche später, zu dieser Begegnung kam, gab es zwischen Ninette und Bill mehrere, sehr unerfreuliche Auftritte, die das schon getrübte Licht dieser Ehe noch mehr verfinsterten.

Bill Haardt arbeitete angestrengt an seinem neuen Film, worin er eine Liebesrolle zusammen mit einer wasserstoffblonden, gewaltig geschminkten Darstellerin zu spielen hatte. Diese, sie hieß Uta Sanz mit ihrem Filmnamen, lud er eines Abends zu sich in die Wohnung, um eine bestimmte, schon mehrfach aufgenommene aber noch immer nicht ganz geglückte Szene mit ihr durchzusprechen. Ninette gab dem hübschen Gast eine glänzende Bewirtung und sah nach Tisch interessiert der Sprech- und Spielprobe zu. In einer kleinen Pause, da sie sich vom Sitzen ermüdet und im Atmen behindert fühlte, ging sie zum Fenster, und glaubte, wieder umgewendet, zu bemerken, daß Uta und Bill einen Liebesblick ausgetauscht hatten, der „nicht zur Rolle" gehörte. Sie ließ sich nichts anmerken, obwohl die Entdeckung ihr Herz wie mit einem Feuerstrahl traf, sie kam langsam wieder zum Tisch und begann die Beiden, ihre Arbeit störend, in ein angeregtes, gesteigert heiteres Gespräch zu ziehen, wobei sie sich immer neuen Wein eingoß und zu den Gegenmahnungen ihres Mannes nur lachte. Er mußte ihr schließlich mit Ernst vorhalten, daß er und Fräulein Sanz noch zu arbeiten hätten; Ninette möge entweder still zuhören, oder vielleicht lieber schon zur Ruhe gehn, da sie sich ja schonen müsse.

„Das ist nun wieder hübsch von euch beiden," sagte Ninette kalten Blicks, aber mit zitternder Stimme.

„Was ist hübsch? was meinst du?"

„Hübsch und anerkennenswert, so ehrlich zuzugeben, daß ich euch im Weg bin."

Diese bösen, unbeherrschten Worte waren wie ein Knebel, den man ausgespuckt hat; ein Strom von Wut und Verzweiflung stürzte ihnen nach. „Machen Sie, daß Sie hinauskommen, und ihn können Sie gleich mitnehmen!" hatte sie Uta Sanz angeschrieen, sie wußte nachher selbst nicht mehr, was alles sie noch gesagt hatte.

Es war ganz und gar nicht schön, Bill mußte sich schützend vor seinen Gast stellen, — die natürlich sofort aufbrach: und als Uta hinaus war, sprach er zum erstenmal, er selber auch überreizt durch seine angespannte, nervenverbrauchende Arbeit, in einer harten Art mit Ninette, die wie ein kleines Kind sich nicht klar sei, daß dieser Film seine und ihre Existenz begründen müsse, die, statt ihm zu helfen, mit diesem „Wahnsinn", wie er sagte, diesen „aus dem Nichts gesogenen Hirngespinsten" ihm und sich das Leben zerstöre. „Ich weiß sehr wohl, daß ich deinem Zustand vieles zugutzuhalten muß, aber ich habe dich ja schon früher gebeten, irgendwohin zu fahren, wo du Ruhe und bessere Luft gehabt hättest, und jetzt wäre es längst an der Zeit, daß du ins Entbindungsheim übersiedelst, das Kind kann ja jeden Tag da sein ... und überhaupt, wenn du dich nicht mit diesem unsinnigen Weintrinken während der Zeit der Schwangerschaft beherrschen kannst, wirst du dem Kind einen Schaden fürs Leben mitgeben, und ich, als Vater, lasse das einfach nicht zu, hörst du das!"

Sie hörte ihn nicht, nicht die Gründe, die er vorbrachte, nur den Ton, aus dessen Heftigkeit sie entnahm, sie habe mit ihrer Beobachtung doch die Wahrheit getroffen. Aus dem Weg wollte er sie haben, ins Heim, um sich mit Uta Sanz amüsieren zu können. Darum auch, als er sie während der nächsten Tage bittend und liebevoll, mit vernünftiger Rede zu überzeugen suchte, wie sehr es zu ihrem eigenen und des Kindes Bestem sei, sich der Fürsorge der Schwestern in der Entbindungsanstalt anzuvertrauen, setzte sie dieser Ausquartierung nichts als den immer gleichen, starren Widerstand entgegen. „Ich bin deine Frau, und ich gehe hier nicht weg, ich laß mich nicht in eine Anstalt einsperren. Untertags kannst du tun was du willst, ich hindere dich nicht daran, aber abends mußt du zu mir zurückkommen, hier mußt du mich haben, wo ich zu Haus bin" ... er konnte keine Antwort als diese von ihr erlangen. Es war, als sei ihre Wohnung ein Inbegriff ihres Lebens, ihres Rechtes geworden, den sie verteidigte; und obwohl er nur undeutlich erfaßte, daß sich Ninette an die seltsame

Häuslichkeit, die sie sich aufgebaut, anklammerte als an das Zeugnis ihres Willens, ihr Leben und ihre Liebe zu dem zu machen, was sie sich davon erträumt hatte, so sah Bill doch endlich ein, daß er lieber gar nicht so viel hätte reden und bitten sollen; denn jedes seiner Worte bestärkte sie nur in ihrem Wahn und Eigensinn.

Er gab es auf. Über seine Sorge wegen der bevorstehenden Entbindung beruhigte ihn der Arzt, der Ninette regelmäßig besuchte. Auch die Frau Witt redete ihm auf ihre Weise tröstend zu. Sie hatte mehr als einmal ein Stück der ehelichen Streitgespräche miterlebt und nahm sich das Recht heraus, ein Wort dazu zu sagen. Es sei noch nicht so weit, erklärte sie, würde noch gut und gern seine zwei, drei Wochen dauern, „wenn nich' dat Kind 'n ganz vorwitzjet Brabbelchen is'." Wenn aber, so seien Arzt und Hebamme schnell herbeigerufen, und sie selber, die Witt, sei auch „keine Ölgötze, die nich' Piep und nich' Papp weiß;" sie habe schon manche Geburt nicht bloß mit angesehen, sondern sauber alles besorgt und abgenabelt, bevor der Doktor einen Fuß über die Schwelle gesetzt. Überhaupt stehe das nirgendwo geschrieben, sei bloß so die neue Mode, daß Kinder im Entbindungsheim zur Welt kommen müßten, „wat hätten denn Adam und Eva sonst anjefangen?" Aber die meisten Frauens von heutzutage verlangten gleich, wenn es einmal Ernst würde, nach dem Onkel Doktor, weil sie vor dem bißchen Weh-Weh Angst hätten; Herr Haardt würde schon bei Frau Ninette seinen Willen noch bekommen. — Haardt hoffte auch, daß wenn nur die Entbindung einmal glücklich überstanden wäre, alles wieder gut und Ninette wieder ein „normaler Mensch" sein würde. Inzwischen mußte man es eben ertragen, wie es war.

Er brachte keine Gäste mehr mit. Dafür kam er nun, wie es der Gang seiner Arbeit mit sich brachte, selber oft erst spät nach Haus und sagte sich achselzuckend, er könne nichts daran ändern, wenn er damit ihrer unsinnigen Eifersucht neue Nahrung gebe. Als er dies Wort ihr gegenüber aussprach, hatte sie noch einmal einen verzweifelten Zornesausbruch. Es ging doch nicht um Eifersucht! „Kannst du denn nicht begreifen, begreifen," sagte sie klagend, „daß ich etwas für uns beide gewollt habe und nicht erlauben darf, daß es zerstört wird?"

Danach ging es ruhig zwischen ihnen zu. Sie öffnete ihm abends die Tür, sie gab ihm morgens sein Frühstück, sie fragte nach seiner Arbeit, ohne Utas zu erwähnen, und wenn er sich nach Ninettes Befinden erkundigte, bekam er gelassene Auskunft. Aber sie schien jetzt mit einem Mantel aus Kühle bekleidet, den er vorsichtig zu berühren vermied, um nicht einen neuen Sturm zu erwecken. Später, dachte er. Ich bring es schon wieder in Ordnung. Trotzdem begann er sich etwas ratlos zu fühlen, und aus dieser Ratlosigkeit schrieb er an Antje, von der er wußte, daß Ninette sie erwarte: sie möge doch ja recht bald kommen.

Indessen kam der Tag, an dem Ninette sich mit ihrem Vater und Fräulein Knöller treffen sollte. Die Zusammenkunft war in der Steglitzer Wohnung verabredet; Ninette war an dem Tag nicht sehr wohl, mochte aber doch nicht wegbleiben, sie bestellte sich ein Auto und fuhr hin.

Sie fand das Gespräch, in Papas Arbeitszimmer, schon im Gang. Das Fräulein saß sehr aufrecht und groß auf dem Sofa, — wo man sie auch traf, sie würde wohl überall so aussehen, als ob sie Audienz gebe — und reichte Ninette ihre Hand, deren Druck noch fester als ehedem zu sein schien. Vor ihrem Blick, der sie mit prüfender Herzlichkeit umfaßte, fühlte sich Ninette wieder beinah wie in der Schule und dachte: sie wird sicher eine Bemerkung machen, daß ich mich nicht schminken soll. Da war immer noch der gestärkte Kragen an Fräulein Knöllers Bluse, der ihren langen und mageren Hals rieb. Älter schien sie überhaupt nicht geworden zu sein; eine unglaubliche Energie strahlte von ihr aus, so als ob der Kampf, in dem sie stand, ihrem ganzen Wesen willkommen sei. (Ernestine Knöller gehörte auch wirklich zu den Christen, die den Kampf brauchen, um ihre eigene Liebe zum Evangelium ganz zu entdecken.) Ninette sah diese Entschlossenheit auf dem Gesicht ihres Vaters gespiegelt. Geradezu kühn, fand sie, war sein Ausdruck, wie er da rauchend an seinem Schreibtisch saß, — trotz der besorgten Falten, die sich über seine Stirn legten. Offenbar gab es da eine Gefahr, und er wollte sie auf sich nehmen. Was soll übrigens das Kissen auf dem Telefon? Komisch. — Sie setzte sich neben ihre Direktorin in die andere Sofa-Ecke und hörte dem Gespräch zu, das gleich fortgesetzt wurde.

„Ich will es auf jeden Fall machen," sagte Georg Degener.

„Gut, Herr Pastor, ich freue mich und danke Ihnen auch im Namen der mir anvertrauten Jugend." In dem Dank des Fräuleins lag keine besondere Betonung oder gar Rührung, sie sprach so ruhig anerkennend wie ein Offizier, der seinen Untergebenen bereit sieht, einen gefahrvollen Auftrag zu übernehmen. „Sie müssen sich nur klar sein, daß sich bei uns infolge der Kämpfe, die schon vorausgegangen sind, die Lage sehr verschärft hat, vielleicht schon mehr, als in Ihrer hiesigen Gemeinde. Die Partei ist auf das Luisenstift aufmerksam geworden, man sucht bereits nach einem Vorwand, auch mich von meinem Posten zu verdrängen, und Ihr großherziger Entschluß kann unangenehme Folgen für Sie haben."

„Es handelt sich darum, zweimal im Monat zu Ihnen hinauszufahren?"

„Zweimal im Monat je vier Stunden, wenn Sie das möglich machen können. Wir müssen es zusammenlegen wegen der Fahrtkosten, wegen der Zeitersparnis für Sie selbst, und vor allem auch, um nicht durch die Häufigkeit Ihrer Besuche zu viel Aufmerksamkeit zu erregen. Je ‚ziviler' Sie übrigens kommen, umso besser, Herr Pastor. Denn Ihre Stunden offiziell durchzusetzen, hat sich schon als unmöglich herausgestellt, der für uns zuständige Pfarrer Hahnke hat den Religionsunterricht in Anspruch genommen und gibt ihn in einer Weise, die nicht zu verantworten ist. Sie werden also gewissermaßen gegen ihn unterrichten müssen, eine für Sie äußerst schwierige und eigentlich pädagogisch unmögliche Situation."

„Ja," nickte Degener.

„Die wir aber nicht verschuldet haben und der wir begegnen müssen. Ich werde natürlich alles tun, sie Ihnen zu erleichtern. Die unteren Klassen unterrichte ich selbst, das läßt sich im Geschichtsunterricht anknüpfen. Sie werden nur reifere Schülerinnen haben, solche, denen ich die Umstände erklären und von denen ich Verständnis und Schweigsamkeit erwarten kann. Aber ich glaube Sie mit mir einig, daß es sich lohnt, ja daß es unsre Gewissenspflicht ist, selbst wenn es sich nur um sieben oder acht Mädchen handeln sollte, denen wir auf diese Weise die Gelegenheit zu einem echten biblischen Bekenntnisunterricht geben."

Georg Degener stimmte ihr zu. Er sagte, als man draußen die Haustür hörte:

„Das wird mein Vikar sein, der Sie auch gern begrüßen wollte. Er hatte sich erboten, diese Stunden zu übernehmen, ich möchte es aber selbst machen, möchte es selbst machen," wiederholte er. „Höchstens wird er einmal vertretungsweise erscheinen, wenn ich verhindert sein sollte."

Er forderte das Fräulein auf, ins Eßzimmer hinüber zu kommen, wo Ulrike für alle einen Tee bereit hatte.

Als Ninette dem Vikar Schneidwind gegenüberstand, machte sie in sich selber die sonderbare Entdeckung, daß sie ihn diese ganzen Monate seit ihrer Heirat nicht eigentlich vergessen, sondern den Gedanken an ihn, mit jener unbewußten Kunst des menschlichen Herzens, von sich ferngehalten hatte. Sie spürte etwas wie Verlegenheit, indem sie ihn begrüßte, und dazu war gar kein Grund, denn von dem Traum an ihrem Hochzeitsmorgen, worin ihr seine Gestalt so bedeutsam entgegengetreten war, konnte er ja nichts wissen, sie hatte doch selbst nichts mehr davon gewußt: bis es ihr jetzt bei seinem Anblick jäh wieder in den Sinn kam, ohne daß sie sich dagegen wehren konnte, sodaß sie unwillkürlich in seinen Zügen den strengen Ausdruck zu finden erwartete, mit dem er sie im Traum angesehen. Doch war er von der gleichen ernsthaften Liebenswürdigkeit, mit der er ihr immer begegnet war. Obwohl Hermann Schneidwind mit seinem „Erzengelgesicht" wahrhaftig ganz anders aussah als die Knöller, hatte er Ninette doch von Anfang an auch an diese erinnert, durch die Unbedingtheit geistigen Gehorsams, der sich in ihnen beiden ausprägte. Und jetzt saß sie gerade mit diesen zwei Menschen an einem Tisch zusammen und hatte dabei das beunruhigende und sogar ein wenig kränkende Gefühl, der Welt, in welcher ihre alte Direktorin zusammen mit diesem jungen Geistlichen lebte, nicht gewachsen zu sein. Wie vorher in ihres Vaters Zimmer ging die Unterhaltung hoch über ihren Kopf hinweg. Selbst die Mutter Ulrike schien viel selbstverständlicher daran teilzunehmen, als Ninette es vermochte, und dabei war ihre Stiefmutter doch jemand, den sie sonst nie so recht für „ganz", für einen vollen, lebendigen Menschen anerkannte; Friedrichs leidenschaftliche Zuneigung hatte sie nie verstehen können. Es wurden Erfahrungen, Maßnahmen in einem Kampf erörtert, dessen Notwendigkeit für sie nicht einleuchtend war. Religionsunterricht so oder so, dachte sie, langweilig ist das auf alle Fälle, darauf kann doch nicht so sehr viel ankommen. Sie wunderte sich auch, daß Ulrike gar kein Bedenken vorbrachte gegen die Gefahr, der sich der Papa dort im Luisenstift aussetzen wollte, sie schien es unvermeidlich und richtig zu finden, ja, man konnte, merken, daß sie für ihn stolz darauf war. Ninettes allzeit lebendiger Widerspruchsgeist veranlaßte sie endlich, ihr Bedenken selbst auszusprechen.

„Ist denn das unbedingt nötig," fragte sie in das Gespräch der andern hinein, „die Regierung so zu reizen, wenn es so viel Gefahr bringt?"

Sie wandten sich ihr zu, stumm für den Augenblick; denn ohne Zweifel war das nach allem, was man schon über den prüfenden Ernst der Lage gesprochen, ein etwas kindischer Einwurf. Ninette merkte das auch, sobald es gesagt war, sie errötete wie ein kleines Mädchen und hob die Teetasse zu ihrem großen und schönen Mund. Schneidwind war der Erste, dem seine Herzenshöflichkeit die richtige Antwort eingab:

„Sie meinen — und das ist sicher richtig: wir können uns nie streng genug fragen, ob wir wirklich in der Verteidigung des Evangeliums die Grenze schon erreicht haben, wo das Gebot gilt, Gott mehr zu gehorchen als den Menschen —"

Ninette hatte nichts der Art gemeint, aber es war eine Wohltat, daß er es ihr zutrauen wollte. Er bekam einen dankbar strahlenden Blick dafür.

Diese Dankbarkeit, besser als die Wärme, mit der sie der Wein zuweilen beschenken mußte, erfüllte sie noch ganz, als nun Fräulein Knöller Fragen an sie zu richten anfing, die unter anderen Umständen gleich ihren Trotz erweckt hätten, sie fielen ein bißchen wie ein verspätetes Schulexamen aus; denn Ernestine war ja nicht nur eine Kämpferin, sie war auch eine große Seelenbändigerin vor dem Herrn. — Wie es denn mit Ninettes Glauben stehe? „Ich habe von deinem Vater gehört, daß du einen Schauspieler zum Mann hast. Das muß für ein Pfarrerskind eine schöne Aufgabe sein: den Christusglauben in diese leichtsinnige Künstlerwelt hineinzutragen. Ich hoffe, du bist jetzt so gereift und gefestigt, meine Liebe, daß du leisten kannst, was Gott an deiner Stelle von dir erwartet."

Ninette lächelte dazu; nicht spöttisch, sie war im Augenblick ganz frei und heiter gestimmt. Sie sann noch über eine Antwort nach, als ihr der Vikar, der ihr Zögern spürte, abermals zu Hilfe kam:

„Wenn Sie mir eine Bemerkung dazu erlauben wollen — ist es nicht so, daß wir von unsrer Leistung oft selber gar nichts wissen? sie wird über uns hinweg ganz wo anders her vollbracht."

„Gewiß," sagte das Fräulein, und Georg Degener gab dann dem Gespräch eine andere Wendung.

Als sie aufbrechen mußte, um ihren Zug zu erreichen, Pastor Degener begleitete sie hinaus, sagte Ninette zu dem Vikar:

„Herr Schneidwind, ich möchte Sie noch etwas fragen."

„Fragen? Ja, bitte."

„Ich bin sehr ungebildet, ich habe von ihren kirchlichen Gesprächen wenig verstanden. Aber ich wüßte gern, wie Sie das gemeint haben: daß die Leistung über uns hinweg vollbracht wird."

Ulrike, die gegenüber saß, blickte den Befragten auch erwartungsvoll an.

Hermann Schneidwind sagte: „Ich meinte so. Wir tun doch gar nichts. Gott tut alles mit uns. Er hält uns an der Hand."

„Uns?" fragte Ninette. „Mich auch?"

Er antwortete, den Blick jetzt wirklich wie in dem Traum mit leuchtender Strenge auf sie gerichtet:

„Sie ganz gewiß."

5

Antje saß lesend neben ihrem Köfferchen auf der Treppe vor Ninettes Wohnung, als diese aus Steglitz zurückkam. „Antje! Da bist du! Wie herrlich! – Aber warum bist du denn nicht in ein Café gegangen, oder hast bei den Eltern angerufen? Von dort komm ich grad."
„Macht doch gar nichts. Ich wollte nicht viel herumlaufen. Ich dachte mir, jemand von euch wird schon einmal erscheinen."
„Ach, das ist gut, daß du da bist. Jetzt komm nur schnell herein. Wir machen uns ein ganz gemütliches Abendessen, und essen es allein auf, wenn Bill nicht rechtzeitig kommt." Sie schloß auf, sie redete in diesem heiteren Ton weiter. Antje wunderte sich darüber, denn nach dem Brief hatte sie Ninette ganz anders zu finden erwartet. „Du wohnst doch bei uns? es macht dir doch nichts, auf der Couch im Wohnzimmer zu schlafen? sie ist sehr bequem. – Wart, jetzt muß ich erst einmal einen Moment sitzen," sagte sie, den Mantel abstreifend, und ließ sich, erschöpft von ihrem Treppenstieg, in einen Stuhl fallen.

Antje versorgte den Mantel und nahm, ohne sich um Ninettes Protest zu kümmern: daß sie doch von der Reise komme und müde sei, die Bereitung des Abendessens selbst in die Hand. Ninette folgte ihr aber in die Küche, wo sie sich auf einen Hocker setzte, den Rücken an den Küchentisch gelehnt, und ihren hausfraulichen „Senf", wie sie sagte, zu Antjes Vorbereitungen gab.

„Kartoffeln und Spiegelei hat Bill gern, aber das kriegt er nicht, davon ißt er zu viel und wird zu dick. Es ist auch nicht festlich genug für uns heute. Überhaupt, bis die Kartoffeln gar werden. Du machst uns Pfannkuchen. Wir könnten eigentlich gleich schon einmal einen Wein trinken. Nein? Willst du nicht? Also nachher. Ich habe Sellerie in der Speisekammer, aber den muß man in einer Mayonnaise anmachen. Wart, die werd ich selbst rühren, gib mir die grüne Schüssel her. – Und jetzt erzähl, wie es geht. Ich werde dir auch erzählen. Ich bekomme ein Kind, von dem die Mutter Ulrike sagt, daß es zwischen unmoralischen Bildern aufwachsen muß. Aber hier in der Küche sind keine Bilder, weder moralische noch unmoralische, wir werden es in der Küche aufwachsen lassen, es wird ein Küchenkind," sagte Ninette, und lachte. „Weißt du, daß ich die Knöller wiedergesehen habe? Der Papa und sie machen Kirchenkampf, warum, weiß kein Mensch." Von Schneidwind sagte sie nichts zu Antje. „Hör, wenn du keinen Wein willst, ich muß doch gleich einen haben, mir ist nicht so recht gut. Und nachher zählt mir mein Mann jedes Glas nach." Antje mußte ihr Flasche und Glas bringen, und Ninette schwatzte und lachte so weiter, als hätte sie keine Sorge in ihrem Herzen.

Ihre Heiterkeit hielt den ganzen Abend vor; Bill, der früher als sonst nach Hause kam, war glücklich darüber und meinte, es sei ihrer Freude über Antjes Kommen zu danken. Übrigens stellte sich heraus, daß Antje seine Zeilen nicht mehr erhalten hatte. „Aber ich hatte ja sowieso versprochen, euch zu besuchen," sagte sie, „und bin gern gekommen, das wißt ihr doch." Es war ihr aber, indem sie die schwesterlich vertraute Freundin beobachtete, nicht wohl zumut; es kam ihr vor, als trüge Ninette ihre Stimmung wie ein zerbrechliches Gefäß durch eine Feuersbrunst, die den Augen der andern unsichtbar blieb.

„Sie ganz gewiß." — Ich ganz gewiß? Ich? Ich? dachte Ninette immer wieder, in der Nacht, Bill schlief längst neben ihr, aber zu ihr kam kein Schlaf. Sie durchlitt bis zur Neige die Ausweglosigkeit und Bösartigkeit solcher Nachtgedanken, gegen die eine übergroße Müdigkeit uns keine Gegenwehr aufbringen läßt.

Es war eine Lüge, was der Vikar mir gesagt hat, er weiß es ja nicht, er glaubt daran, aber es ist doch eine Lüge. Mich hat Gott nicht an der Hand gehalten, mich nicht, und Friedrich ja auch nicht, und — wen hält denn Gott wirklich an der Hand? Es ist alles nicht wahr. Wenn er mich an der Hand hielte, dachte sie, und gestand sich in der Finsternis ihres Schlafzimmers ein, was sie bei Tage wohl nicht zugegeben hätte: wenn er mich an der Hand hielte, dann hätte er mich zu diesem Menschen geführt, er hätte mich zu seiner Frau gemacht, ich glaube, ihn hätte ich lieben können, l i e b e n , — sie empfand bei der Berührung ihrer Lippen, indem sie das Wort vor sich hin flüsterte, einen Schmerz, der durch ihren ganzen Körper zog. Lieben, wie Liebe sein muß, das Ganze. Und dann hätte er mich gelehrt, von Gott all das Gute zu glauben, was Er von ihm glaubt, ich wäre fromm geworden wie er, so fromm, wie die gute Knöller mich haben will — aber da sieht man's: es wäre ja auch nur Zufall gewesen. So ein hübscher, seltener Zufall, wie er im Leben zum Spaß ja auch einmal vorkommen muß, daß sich eben in dem verrückten Lostopf, in dem wir durcheinander geschüttelt werden, die zwei zusammen passenden Menschen auch einmal treffen, warum denn nicht? Das gibts eben auch, es gibt eben alles, vielleicht ist es so bei Silvia und Hugo, darum redet sie auch so fromm daher, die hat leicht reden, nein, sie hat ganz recht, für sie paßt eben die Frömmigkeit, für einige Menschen paßt sie, — aber für die meisten nicht, für mich nicht.

Und jetzt liebe ich Hermann Schneidwind gar nicht, — das könnte Ihm so gefallen; Ihm, der mich „an der Hand hält", daß ich mir so eine Liebe einreden lasse, ganz für mich, eine Liebe, die mir verweigert ist —; so wie dem Friedrich seine Liebe verweigert worden ist, und der armen Delia mit ihrem Paul Horny, und der Antje mit ihrem Quint, immer alles verweigert, verweigert, verweigert! Und mit so einer Liebe, die nur Luft ist, die Nichts ist, sollen wir uns dann trösten, das will Er, und freut sich, der liebe Gott im Himmel, wenn er uns zum Narren gehalten hat. Aber ich will ihm die Freude nicht machen und ich hasse diesen Menschen mit seinem Erzengelgesicht, denn er hat mich belogen. Am schlimmsten, das hat mein Bruder Friedrich schon immer gewußt, am schlimmsten sind die Leute, die sich angewöhnt haben, an ihren eigenen Schwindel zu glauben. So einer ist Schneidwind, ich aber lasse mir nichts angewöhnen, was nicht wahr ist.

Meine Liebe soll Bill sein. Das Leben, das ich mit ihm führe. Und wenn ich das Leben mit Bill nicht so machen kann, wie ich es haben möchte, dann soll es aus sein. Das Leben soll sein, wie ich es will, w i e i c h e s w i l l, oder es soll aus sein.

Sie nahm gegen Morgen ein Mittel, und das drückte sie endlich in einen schweren Schlaf hinein, wo auch kein Traum sie mehr erreichen und erleuchten konnte.

Es kann zu spät sein, einem Menschen zu helfen. Er kann noch da sein, sprechen und lachen, und doch nicht mehr da sein, Liebe, Freundschaft erreichen ihn nicht mehr, man sieht ihn dahingehen, man weiß nicht zu welchem Ziel, und es ist unmöglich, ihn aufzuhalten. Diese quälende Empfindung ängstigte Antje in den nächsten Tagen ihres Zusammenlebens mit Ninette. Sie war zu spät gekommen. Sie hätte gleich damals auf Ninettes traurigen Brief hin sich auf die Bahn setzen müssen und zu ihr fahren. In dem Brief war gestanden, sie brauche so nötig jemand, der bei ihr wäre — und das sagte sie auch jetzt noch, aber es stimmte nicht mehr, sie konnte niemand mehr brauchen, sie gab überhaupt nicht mehr zu erkennen, wie ihr wirklich zumut war. Die von Kind auf gewohnte Vertraulichkeit der Gespräche zwischen ihr und Ninette, die Vertraulichkeit, wie sie sie in Herselbach noch mühelos gehabt hatten, von der ersten bis zur letzten Minute ihres Zusammenseins, im vorigen Sommer, — die war dahin, nur das Gespenst davon huschte noch zwischen ihnen im Zimmer hin und her, wenn sie dieselben groben und komischen Ausdrücke verwendeten, mit denen sie sich als Schulmädchen geneckt oder beschimpft hatten; aber das Wesen war aus den Worten entwichen. Ninette entwickelte eine wahre Meisterschaft in der Kunst, einen nicht mehr an sich heranzulassen, einen fortwährend zu täuschen. Wo hatte sie das gelernt? – Wie es mit Bill wäre? „O, sehr gut. Ich liebe ihn und er liebt mich. Wir streiten uns manchmal, wir haben uns in der letzten Woche viel gestritten, aber das gehört dazu, Liebesleute müssen sich ja streiten. Du fragst wohl, weil ich dir nach Herselbach so einen dummen, betrübten Brief geschrieben habe? Verzeih es mir bitte, das sind so Stimmungen, wenn man eben ein Kind erwartet, ich glaube, es gibt Frauen, die sind noch viel verrückter, wie ich war, jetzt bin ich ja wieder vernünftig, findest du nicht? Verhältnismäßig sehr vernünftig. Aber wenn ich dir den Brief nicht geschrieben hätte, wärst du jetzt nicht da, und ich bin doch so froh, daß du da bist," sagte sie – und nicht ein einziges Wort davon konnte Antje ihr glauben.

Sie versuchte mit Bill Haardt darüber zu sprechen, er jedoch behauptete, daß Antjes Erscheinen schon alles gutgemacht habe. „Vorher war es manchmal schwierig, mit ihren Heftigkeiten, und auch so fremd ist sie mir eine Zeitlang vorgekommen, aber jetzt bin ich ganz beruhigt – Sie wissen gar nicht, Antje, wie dankbar ich Ihnen bin." Sie hatte hiernach nicht mehr den Mut, ihm zu sagen, daß Ninettes Heiterkeit nach ihrer Überzeugung nicht echt war, sie fürchtete, es könnte ihm empfindlich sein, wenn sie seine Frau besser als er zu kennen meinte. Sie blieb aber so beunruhigt, daß sie einen Besuch bei den Eltern in Steglitz, die sie zum Mittagessen einluden, dazu benützte, um ihre Sorge mit dem Papa Degener zu bereden. „Du kannst mir glauben, Papa," sagte sie zu ihm, „Ninette hat irgendeinen schweren Kummer, was für einen, weiß ich nicht, denn sie versteckt ihn vor mir, sie spielt mir die ganze Zeit etwas vor. Sie hat doch schon als Kind immer Schauspielerin werden wollen, wir haben ja immer gewußt, daß sie ein Talent dazu hat, aber jetzt ist es mir unheimlich; die größte Schauspielerin könnte nicht besser eine Rolle spielen, wie sie es macht. Sie spielt, daß sie vergnügt ist, sie spielt, daß wir gut und vertraut zusammen sind" – Antje, die keine Heulliese war, hatte Mühe, ihre Tränen zurückzuhalten, als sie davon erzählte.

Georg Degener schüttelte den Kopf dazu, Ninette sei ihm neulich recht ausgeglichen vorgekommen. Er versprach aber, nach ihr zu sehen. Über Peter, nach dem Antje sich erkundigte und von dessen Besuch bei ihr sie berichtete, erfuhr sie, daß er gleich nach der Heimkehr von seiner Radpartie zu Hollwegs auf deren märkische Besitzung eingeladen worden sei und im September zum Arbeitsdienst gehen würde. Es war schlecht, daß Peter nicht da war, er hätte vielleicht helfen können. Antje war im Stillen der Meinung, daß sie und Peter Ninette am besten kannten.

Auch Georg jedenfalls brachte es nicht dahin, daß seine Tochter die Maske vom Gesicht hob, hinter der sie sich so seltsam verborgen hielt. Auch er bekam dieses Lächeln und diese freundlichen Worte: wie sie sich freue, daß er gekommen sei; wie alle gut zu ihr wären; o ja, sie fühle sich jetzt recht wohl und vergnügt; mit dem Kind würde sicher alles gut gehen, sie schlafe jetzt auch besser, und der Arzt sei ganz zufrieden; an Fräulein Knöller, zu der er anderntags zum erstenmal hinausfahren wollte, trug sie ihm Grüße auf.

„Antje macht sich Sorgen um dich, Ninettchen, sie sprach mir gestern darüber, als sie bei uns war," sagte Georg; von ihm hatte die Tochter ihre Schauspielkunst nicht geerbt, seine Karten lagen allezeit offen auf dem Tisch.

„Gar kein Grund zu einer Sorge, Papa."

„Du würdest deinem Vater doch sagen, wenn du einen Kummer hast, wie? Man kann sich doch gegenseitig helfen, wenn man sich so nahsteht wie wir."

„O ja, man kann sich helfen, wenn man sich nahsteht."

Sie fühlte seinen guten, forschenden Blick und setzte hinzu: „Es kann ja nicht immer alles leicht sein. Das will ich dir und der Antje schon zugeben, daß ich manchmal das Leben ein bißchen zu schwer genommen habe. Aber jetzt ist mir, glaub ich, schon geholfen."

Georg Degener, seinen schweren Körper ungeschickt auf dem Stuhl bewegend, er sprach mit einer Scheu, die Ninette heimlich rührte, so daß sie ihm gern um den Hals gefallen wäre:

„Ich versteh dich so, mein Kind," sagte er, „daß du angefangen hast, bei deinem Gott Stärkung und Trost zu finden?"

Es war ihr unmöglich, ihm darauf irgendeine Oberflächlichkeit zu erwidern. Sie sagte: „Woher, das weiß ich noch nicht, Papa. Aber stark werd ich schon sein – und getröstet auch. Ich hab keine Angst."

Ihre Bemerkung über die Angst mußte er auf die Geburt beziehen, die ihr bevorstand, und meinte beruhigend dazu: davor brauche sie auch wirklich keine Angst zu haben, das seien schlimmstenfalls ein oder zwei schwere Tage, und da müßten alle hindurchgehen.

„Ja, eben. Siehst du. Alle," sagte Ninette.

Obwohl ihre Gedanken schon so inständig mit dem Tode umgingen, war es doch auch jetzt noch kein fester Entschluß in ihr, ihn zu suchen, sondern nicht mehr als ein gefährliches, noch nicht entschiedenes Spiel, worin ihre an der Unentwirrbarkeit des

Lebens ermüdete Seele ein Ausruhen fand. Sie hätte sich aus dem Spiel noch lösen können, wenn nicht der dunkle Geist, dem sie nächtlicherweile Gehör schenkte, ihr eingegeben hätte, eines bösen Abends alles „auf Eine Karte" zu setzen.

Dem bösen Abend ging ein schöner Morgen voraus, es war der 23. August und der Morgen von Bills Geburtstag. Antje saß am offenen Fenster, die Sonne und die steigende Tageswärme genießend, sie war ein Mensch, dem es damit nicht leicht zu viel wurde; Frau Witt aber, als sie in die Wohnung kam, schloß gleich das Fenster und sagte dazu: „Wat glauben Sie, wie dat noch heiß macht heute, Fräuleinchen, hier oben im vierten Stock, dat is' nischt für unsre Frau Ninette, wir müssen die Wohnung möglichst kühl halten." Antje gab ihr recht. Sie und die Witt hatten manchmal ein Morgen-Zwiegespräch, bevor Bill und Ninette auf waren, und immer tat es ihr wohl, mit der Frau zu reden, der sie ihre Sorgen um Ninette nicht verschwieg. Es konnte ja stimmen, was sie behauptete: wenn erst das Kind da wäre, käme alles in Ordnung. „Wat 'ne Mutter is', die hat denn keene dummen Jedanken mehr, denn is' bloß noch dat Kind, so is' dat, Fräulein Antje — Sie werden't ooch noch erleben." Daß Bangemachen nicht gilt, war bei ihr mehr als eine Berliner Redensart, es schien wirklich vor ihrer witzigen und weltweisen Gutmütigkeit nicht zu gelten. Sie hatten auch verabredet, zusammenzuhelfen, damit Ninette rechtzeitig in die Klinik ginge — „wenn et nötig is', Fräulein Antje, eher nich' —! Die können ihr ooch dat Kindchen nich' aus'n Ärmel zaubern, kriegen muß sie't immer, und dat is' jut so, und nich' für umsonst so einjerichtet."

Beim Frühstück hatte es Bill eilig, um nach Babelsberg hinauszukommen, und das enttäuschte Ninette, die seinen Geburtstagsmorgen mit einer langen, bequemen Vormittagsgemütlichkeit zu begehen gehofft hatte. Aber sie gab sich zufrieden, weil das eigentliche Fest, auch mit einer kleinen Geburtstagsbescherung, für den Abend vorgesehen war. Schon seit Tagen hatte Ninette davon gesprochen, mit Antje die Einzelheiten beraten und sich von Bill das Versprechen geben lassen, daß er am 23ten pünktlich nach Haus kommen und einen ganz freien Kopf dafür mitbringen würde. „Wir wollen den ganzen Abend nichts von Film hören, nichts von Regisseuren und Schauspielern, auch von der Uta Sanz nichts!," hatte sie ihm mit freiem Lachen gesagt, „sondern wir wollen dich ganz für uns haben. Zum Glück ist Antje da, mit ihr kannst du ein bißchen tanzen, weil ich ja jetzt keine Tänzerin bin. Ich schau euch zu. Wir machen Musik, wir schwätzen und sind vergnügt. Das Leben muß überhaupt ganz neu anfangen." Weil sie so großen Wert darauf zu legen schien, hatte er ihr zugesagt, sich den Abend unbedingt frei zu halten, obwohl gerade in dieser Woche große, seinen Film betreffende Entscheidungen bevorstanden. Von diesen sprach er heut wieder, schon in der Tür und mit dem Hut auf dem Kopf: es werde nachmittags eine schwierige Besprechung geben. „Es wird lang und anstrengend werden, hoffentlich wird mir unser Abend nicht verdorben, auf den ich mich schon so freue."

„Unser Abend?" fragte Ninette, mit hochgezogenen Brauen. „Um acht Uhr bist du hier, und deinen ganzen Film hängst du mit deinem Hut auf den Gang. Geh nur jetzt, ich will dich nicht aufhalten. Aber für den Abend hab ich dein Versprechen."

„Ja, du hast mein Versprechen. Aber wenn etwas Unvorhergesehenes geschehen sollte, was ich ja nicht hoffe –"

„Ich hab dein Versprechen," wiederholte Ninette mit einem so harten Blick in den Augen, daß Bill die weitere Auseinandersetzung vermied und etwas bedrückten Herzens aufbrach.

Ninette und Antje beschäftigten sich den Tag über mit Überlegen, was noch geschehen könnte, um die Feier des Abends recht schön zu machen. Frau Witt buk noch, bevor sie sich mittags wie gewöhnlich verabschiedete, einen Napfkuchen, wie ihn Haardt besonders gern mochte, und am liebsten, wenn er ganz frisch war; eine Torte war besorgt, und siebenundzwanzig rote Kerzen dafür, die Zahl seiner Lebensjahre, dazu eine dicke, das Lebenslicht, in der Mitte; das „Menü" wurde sorgfältig und festlich in gemeinsamer Beratung zusammengestellt. Als Geschenk hatte Ninette eine hübsche Strickweste für ihn und ein saffianledernes Zigarettenetui, Antje ein elegantes kleines Feuerzeug dazu. Das alles wurde auf einem Tischchen neben dem allzu bunten Sofa aufgebaut. Antje fand Ninette bei all diesen Vorbereitungen gelöster, offener als sonst, ihre Vorfreude schien echt zu sein; ja sie überraschte Antje mit der Erklärung, daß sie eigentlich außer den Blumen, die schon im Badezimmer für den Abend bereit standen, noch einen Extra-Rosenstrauß für Bill haben müsse, den sie ihm mit einem Gedicht überreichen wollte.

„Mit was für einem Gedicht denn?"

„Ja, wart. Das müssen wir erst machen."

Sie setzten sich mit Papier und Bleistift an den Tisch und reimten in vereinter Mühe und Lustigkeit ein Geburtstagssprüchlein zusammen, das Ninette, als es fertig war, wunderschön fand und ernsthaft dazu sagte:

„Er hat mir ein Versprechen gegeben. Ich will ihm auch eins geben."

Sie werde jetzt gehen und die Rosen besorgen, erbot sich Antje.

„Bei der Hitze?" — Denn Frau Witt hatte recht behalten mit ihrer Voraussage, die Luft stand drückend im Zimmer. Aber Ninette nahm Antjes Anerbieten dankbar an; das Richtige bekäme man doch nur, wenn man es selber aussuche. Einen ganz schönen Strauß, rote, oder vielleicht Teerosen. Wenn es einmal sein müsse, werde sie sparen. Aber nicht heut. Sie würde sich ein bißchen ausruhen, bis Antje wiederkäme, um abends ganz frisch zu sein.

Sie setzte sich bequem in ihrem Lehnstuhl zurecht, zwei helle Schweißtropfen standen ihr auf der Stirn, doch hatte ihr Gesicht jetzt einen frohen, innerlich aufmerksamen Ausdruck.

„Freust du dich nicht eigentlich sehr auf dein Kind?" fragte Antje.

Ninette antwortete mit geschlossenen Augen: „Ich glaube schon. Wenn ich es erst einmal kenne."

Antje stand noch neben ihr; sie zeichnete mit dem Finger ein Kreuzeszeichen über ihr in die Luft.

„Was machst du denn?" fragte Ninette, die Augen öffnend, und lächelte.

Antje, etwas verlegen: „Das war doch unser Abschieds- und Versöhnungszeichen, als Kinder. Weißt du das nicht mehr?"

„Doch. — Du kannst auch ein bißchen Eis für uns mitbringen," rief sie ihr noch nach.

Vielleicht wird es wirklich gut sein, ein Kind zu haben, dachte Ninette, als sie allein war. Das Bohren und Fragen ihrer Gedanken war zu einer Ruhe gekommen, sie genoß den Moment, wie man das Nachlassen eines quälenden Schmerzes genießt. Irgend aus einer Ferne des Erinnerns, ein treibendes Blatt, das vom Baum weht, kam ihr in den Sinn, wie in Grünschwaig die Rollen für die Rüpelszene verteilt worden waren, durch Jakob, und wie davon geredet wurde, daß Antje statt ihrer die Thisbe spielen sollte. Wie wütend sie gewesen war! Und jetzt, was war Thisbe? Und dann später auf der Terrasse, wo die Lampions brannten, das Gefühl, daß alles unbedingt so bleiben müßte, wie es war; wie sie allen ein Versprechen abgenommen hatte. Nichts war geblieben, wie es war. Ja, und Jakob, und der Wald in Grünschwaig. Das war erst vor einem Jahr, und auch schon ganz vorbei. Alles geht vorbei und wird wieder gut, dachte sie müde und nicht einmal sehr traurig. Sie wollte schlafen. Aber in ihren beginnenden Dämmerzustand hinein ging das Telefon. Sie mußte aufstehen, es war ihr mühsam; sie hob den Hörer ans Ohr.

„Ja?"

Es war Bill. Er sprach mit einer Unsicherheit in der Stimme, offenbar vorausfühlend, sie würde, was er ihr zu sagen hatte, nicht gut aufnehmen, so daß sich Ninette gleich hell wach und voll Widerspruch fühlte. Er sagte: „Mein Liebling, wir müssen die Feier heute auf einen anderen Abend verschieben."

Ninette: „Nein."

„Hör bitte erst einmal zu. Es hat einen Krach mit der Regie gegeben. Sie wollen der Sanz die Rolle nicht lassen. Großes Débacle, natürlich. Das muß wieder eingerenkt werden, du mußt doch verstehen – ich weiß nicht, wie lang es noch dauert, aber ich kann jetzt nicht weg, bis es wieder in Ordnung oder jedenfalls so oder so geklärt ist."

„Morgen," sagte Ninette. „Das könnt ihr morgen klären. Heut abend erwart ich dich hier. Du hast es mir versprochen."

„Versprochen! versprochen! Du bist doch nicht Shylock mit seinem Schein. Es geht eben nicht!"

„Tu was du willst. Ich erwarte dich um acht, und ich sage dir, daß du es bereuen wirst, wenn du nicht kommst."

Sie merkte an seiner Stimme, daß seine Geduld nahe daran war, zu zerreißen. Aber ihr war dabei ganz kalt zumut, sie setzte ihren Willen gegen das Leben, das „anders" war, das sich nicht beherrschen lassen wollte; sie wartete darauf, ob Bill den Hörer hinwerfen würde. Er tat es nicht, er fing an, sie zu bitten: „Es ist doch mein Geburtstag, diese Feier soll doch eine Freude sein, die du mir bereitet hast. Aber ich hätte ja jetzt nichts davon. Wie kannst du denn so sein, und gar kein Einsehen haben—?"

„Ja, die Feier ist für dich. Und für dich und mich ist notwendig, daß du kommst. Es ist mir ganz gleich, ob Uta Sanz ihre Rolle behält. Heute sind du und ich wichtiger."

„Also gut, ich werde kommen!" schrie er verzweifelt und wütend ins Telefon, und die Stimme war fort. Ninettes Hand zitterte, als sie den Hörer wieder auf die Gabel legte, und sie kehrte langsam zu ihrem Stuhl zurück.

Als Antje mit den Rosen wiederkam, sah Ninette nur flüchtig darauf nieder.

„Ist was passiert?" fragte Antje.

„Nichts. Bill hat angerufen, er wollte unsern Abend verschieben. Aber ich hab ihm gesagt, wie sehr wir ihn erwarten, und jetzt kommt er doch."

Was für das Essen noch vorzubereiten war, taten sie gemeinsam; dann zogen sie sich festlicher an. Antje hatte ein ärmelloses braunseidenes Abendkleid, das zu der Bräune von Gesicht und

Hals und Armen stimmte: ein fremdartiges Wesen, aus einer Wildnis in die große Stadt gekommen. Eine schmale Perlenkette, die von ihrer Mutter stammte, um ihren Hals. Ninette war weiß, in Leinen, das kühl und faltig an ihr herabfiel; auch ihre, leuchtend schönen, Schultern und Arme entblößt. — Sie holten nun die Blumen aus dem Bad und richteten sie auf dem Tisch; Margeriten, weiße, gelbe; Fingerhut, Rittersporn; eine freudige Wiesenpracht. Rosen und Gedicht waren noch zurückgelegt. Dann saßen sie, in ihrem Feststaat, und lächelten sich etwas bänglich zu; beide schweigsam. Antje merkte der Freundin die Spannung des Wartens, eines aufs äußerste gesammelten Willens an.

Bill Haardt erschien, sogar etwas vor der Zeit. Und je weniger ihnen danach war, desto größere Mühe gaben sie sich alle drei, eine harmlos fröhliche Geburtstagsgesellschaft zu sein. Bill empfing seine Geschenke und bedankte sich lebhaft dafür. Die Kerzen brannten, ihr Licht stand zitternd in der noch immer drückend schweren Luft des Zimmers.

Bevor man zum Essen niedersaß, ging Ninette hinaus, kam wieder und stand auf der Schwelle des Wohnzimmers; sie hielt den Rosenstrauß vor sich hin, wie ein Schulkind, tiefrote Rosen; er bewegte sich ein wenig auf und nieder mit ihrem Atem. Sie sprach auch wie ein Schulkind, das Verse sagt — aber hier und da mit der Spur eines Schwankens in ihrer Stimme, das Antje eigentümlich rührte:

„Geburtstagskind und Herr im Haus,
Ich bringe dir den Rosenstrauß.
So wie die Rosen freudevoll
Auch unser Leben blühen soll."

Ihr Auge glänzte ihm unverwandt entgegen, als er auf sie zuging und sie küßte. Er fühlte wohl, es war ein Gelöbnis und zugleich eine Forderung, die er mit diesen Rosen aus ihrer Hand empfing, und er sagte etwas mühsam: „Ich danke dir, Liebling; was für eine bezaubernde Idee von dir."

Und dann am Tisch, als sie auf seine Gesundheit anstießen: „Ja, ich hab es doch möglich machen können, rechtzeitig zu erscheinen. Gott sei Dank! jetzt bin ich froh darum. Ich verstehe jetzt, warum du mich so gedrängt hast. Ich muß nachher noch einmal weg, um mit der Sanz und den Regisseuren zu reden. Aber das hat noch Zeit."

„Du willst — willst heut noch einmal fort?"

„Ja, das ist leider absolut nötig. Sie essen zu Abend bei unserm Kameramann, Kloppke, und ich habe zusagen müssen, dann noch hinzukommen und diese dumme Rollenangelegenheit ins Reine bringen zu helfen. Später. Jetzt denken wir nicht daran."

— „Ich glaube, du wirst dir das noch einmal überlegen," sagte Ninette.

„Komm, wir wollen jetzt vergnügt sein. Wir wollen doch nicht streiten, an einem so schönen Abend."

Ninette schwieg. Haardt und Antje hielten angestrengt während des Essens ein Gespräch in Gang.

Als das Essen vorbei war und sie die Teller zusammenstellten, flüsterte Ninette Antje zu: „Er darf auf keinen Fall noch fort. Du mußt mir helfen." Und sie sagte laut: „Ihr müßt jetzt tanzen, ihr Beiden." Das Grammophon war schon bereit gestellt. Ninette legte einen Englischen Walzer auf.

Bill und Antje erhoben sich und begannen den Tanz. Antje, an seinem Arm dahingeführt, konnte nichts denken als: Wenn nur diese Musik enden und ersticken würde! Sie blickte über seine Schultern Ninette nach, die zu der bis auf den Boden reichenden Fenstertür ging. Die Tür stand offen, wie die Wohnzimmertür auch; sie hatten beide geöffnet, um einen Durchzug zu haben, und die Fenstertür war durch eine etwa hüfthohe Brüstung von Eisenstangen gegen die Tiefe geschützt. Ninette schien sich auf die Brüstung setzen zu wollen.

„Gib doch acht!" rief Antje ihr zu.

„Ach ja. — Ihr tanzt hübsch zusammen, ich freue mich, euch zuzusehn."

Bevor die Platte zu Ende ging, hatte Ninette eine neue bereit, die sie auflegte. Das ging so eine Weile. Immer Musik, und dann und wann draußen auf der Straße ein einzelnes, vorüberrauschendes Auto. Die Flammen der kleinen, schon fast herunter gebrannten Kerzen schwankten nur wenig auf ihren Dochten.

„Nein, ich muß einmal ausruhen," sagte Antje. „Und diese Kerzen machen zu heiß." Sie ging und löschte sie aus. Es brannte nur noch das große Lebenslicht und die Stehlampe in der Zimmerecke. Antje befahl: „Ninette, komm hierher aufs Sofa."

Ninette: „Aber gern. — Du brauchst nicht auf die Uhr zu schaun, mein Lieber," sagte sie zu ihrem Mann. „Wir lassen dich heut nicht mehr fort. Antje möchte gern noch viel mit dir tanzen."

„Im Gegenteil. Ich muß in einer Viertelstunde fahren. Ich bestelle mir jetzt gleich das Auto."

„Ach, wirklich?" fragte Ninette. Sie machte nicht Miene, ihn zu hindern, während er die Bestellung und die Zeit durchs Telefon sprach. — „Du hättest dir das noch überlegen sollen."

„Es ist alles überlegt."

„Ninette, was hast du nur?" rief Antje, angstvoll ihren Arm fassend.

„Ja, siehst du, Antje — er hat Friedrich nicht gekannt. Das ist schade, er würde dann besser verstehen. — Friedrich war mein Bruder, der sich erschossen hat. Mit einer kleinen Pistole," sagte sie höflich erklärend zu Bill. „Mein Bruder Friedrich war der Ansicht, daß man das Ganze des Lebens begreifen und haben kann, wenn man nur tief und stark fühlt. In dem Moment, wo wir ganz glühend sind von dem Einen Gefühl. Und daß wir uns dann schnell aus der Welt herausreißen müssen, die ja doch nichts taugt und die alles nur wieder trübt. Das ganze Leben ist nur da für diesen Moment des Begreifens. — Ich glaube, daß er recht gehabt hat."

Bill fragte, drohend: „Was willst du damit sagen?"

„Nichts. Das sind Ansichten. — So wie die Rosen freudevoll," murmelte sie, über den in einer Vase aufgestellten Geburtstagsstrauß mit der Hand zärtlich hinstreichend.

Aber Bill Haardt konnte jetzt ihre aufreizend ruhige und spöttische Art nicht länger ertragen. Sein Zorn brach aus ihm hervor, der sich seit vielen Stunden in ihm angesammelt hatte, und steigerte sich noch daran, daß ihr Gesicht ihm wie das einer Träumenden vorkam, die ihm nicht zuhöre. All ihre sogenannte Liebe, sagte er, ist nie etwas anderes als Egoismus gewesen. Von Anfang an hat sie gar nicht ihn geliebt, immer nur irgend ein romantisches Idol, zu dem sie ihn hat machen wollen. Er weiß das längst, er hat es immer still ertragen, aber einmal ist es einfach zu viel. Auch diese heutige Geburtstagsfeier hat gar nicht ihm, nur ihr selbst gegolten. Und wenn sie seine Interessen nicht teilen, wenn sie nicht begreifen kann, daß sie nicht einen Bürger mit festen Bürostunden, sondern einen Künstler zum Mann hat, dann muß man sich eben trennen. So jedenfalls ist das Leben nicht länger zu ertragen. „Mir ist jetzt klar, daß ich auch dir gegenüber unrecht tue, wenn ich deinem krankhaften Eigensinn immer wieder nachgebe. Verstehst du, was ich dir sage? Sogar wenn diese Besprechung heute abend nicht so wichtig wäre, wie sie tatsächlich ist, würde ich jetzt unter allen Umständen hinfahren. Unter allen Umständen. Verlaß dich darauf!"

Man hörte jetzt einen Wagen, der vor dem Haus anhielt. Ninette erhob sich und ging zum Fenster.

„Da ist schon dein Wagen. Diese Pappeln sind doch häßlich."

Und ihm zugewendet, immer mit der gleichen unheimlichen Ruhe: „Ich hatte mich schon einmal auf dein Wort verlassen. Es war nichts damit. Aber gut, ich verlasse mich jetzt auf dieses neue

Versprechen. Ich möchte dir nur sagen: du wirst heute nicht aus dem Haus gehen, als nur über mich hinweg."

Er packte sie, seiner nicht mehr mächtig, am Arm und riß sie vom Fenster weg, sodaß sie schwankte. Sein Gesicht war verzerrt, er stand mit geballten Fäusten.

„Nein! nein!" schrie Antje, die dazwischensprang.

„Dieses verdammte, gotteslästerliche Spielen mit dem Selbstmord ist auch so eine Art von hysterischen Frauen," sagte er. „Adieu!"

Antje, in Verzweiflung: „Sie dürfen nicht weggehen! Sie dürfen jetzt nicht von ihr weggehen!" Sie rang mit ihm, aber er stieß sie zur Seite und rannte ohne Hut hinaus.

Bevor aber noch die Wohnungstür mit einem dumpfen Schlag zugefallen war und Antje sich Ninette zuwenden konnte, hatte sich diese über die Brüstung hinuntergeworfen...

Sie lag mit zerschmettertem Gesicht, schon nicht mehr atmend, seitwärts der Haustür auf dem Asphalt, als Antje hinunterkam. Man mußte nicht, wie sie angedroht hatte, über sie hinweggehen, um das Haus zu verlassen.

Antje sah nichts von den Menschen, die sich mit erstaunlicher Schnelle von allen Seiten an dem Unglücksort versammelten. Als ein nicht mehr auszulöschender Eindruck blieb ihr das Leuchten von Ninettes schöner, nackter Schulter, über der das Ärmelband zerrissen war — und das Schreien Bill Haardts, zu seinem Gesicht wagte Antje den Blick nicht aufzuheben, das Schreien, dieser hohe, gebrochene Ton, immer wieder, immer wieder:

„Ich glaub es nicht. Es kann nicht sein. Ich glaub es nicht. Es kann nicht sein."

6

Anfang September fuhr Antje nach Herselbach zurück, erschöpft an Leib und Seele und in einer Traurigkeit, die sie ihr eigenes Leben nur noch wie etwas Fremdes, ihr nicht mehr ganz Zugehöriges empfinden ließ. Sie hatte ihre hoffnungslose Liebe zu Quint immer wie ein kraftspendendes Licht mit sich herumgetragen, nun war es wie ausgelöscht von einer gewaltsamen Hand. Die Tage nach Ninettes Ende waren einfach zu schwer gewesen. Haardt hatte jede Selbstbeherrschung verloren und verfiel dann in eine Stumpfheit, so daß jede Einzelheit: der Bericht für die Polizei, die Todesanzeige, die Vorbereitungen für das Begräbnis, Antje überlassen blieben. Sie und Frau Witt mußten Bill Haardt fast wie ein kleines Kind für die Beerdigungsfeierlichkeit anziehen, damit er wenigstens eine schwarze Krawatte umhatte und einen schwarzen Hut in der Hand. Die Witt war aber auch ganz „aus dem Häuschen", wie sie selbst versicherte, sie konnte sich nicht darüber beruhigen, daß Ninette nicht einmal in dem Gedanken an ihr Kind vor dieser Entsetzlichkeit zurückgeschreckt war. „Da kann einer sagen was er will, Fräulein, aber dat is' 'ne Sünde, und wenn der Liebegott noch so gutmütig is', so wat kann er doch nich' entschuldjen, und ick sage Ihnen, eine Welt, wo so wat vorkommt, die machts nich' mehr lange!" — Und dann die stille, aber umso erschütterndere Verzweiflung von Papa Degener, der zum zweitenmal ein Kind auf eine so schreckliche Weise verlor. Er vermochte nicht, die Traueransprache zu halten, der Vikar Schneidwind hatte sie übernommen. Es war zwischen ihm und Degener die Frage besprochen worden, ob die Kirche bei einem Selbstmord solcher Art der Leiche die kirchliche Aussegnung zugestehen dürfe. „Ich weiß es nicht, Schneidwind," hatte Georg gesagt und seinen Vikar mit erschrockenen und bittenden Augen angesehen. Dieser aber war der Meinung, die Verfallenheit der Welt sei zu einem solchen Ausmaß gekommen, daß die Kirche nichts andres tun könne, als alle Kräfte des Segens, die ihr anvertraut sind, mit unerschöpflicher Geduld dagegen aufzubieten. Er sprach dann am Grabe über das Verlorene, das von Christus gesucht und selig gemacht wird, und zwar gesucht bis hinunter in die Hölle, in die der Gekreuzigte niedergefahren ist; seit diesem Ereignis der Heilsgeschichte hätten wir kein Recht mehr, zu zweifeln, daß auch der verlassenste und kälteste Ort der suchenden Liebe Gottes erreichbar ist, wenn es auch ein undurchdringliches Geheimnis für uns bleibt, wie die Gnade vom Himmel die Schwelle der Verdammnis überschreiten kann, ohne das Gesetz, von dem sie verhängt ist, aufzuheben. Dies müßten wir unbegriffen, aber vertrauend hinnehmen. Doch waren seine Worte fern an Antjes Ohren vorübergegangen, sie stand dem Papa Degener gegenüber und sah, wie er mit krampfhaften Händen seinen Zylinder drehte und dann seine Schultern zu stoßen anfingen, ohne daß ein Laut aus seinem Munde kam. Und schließlich Peter, der Antje immer wieder fragte: „Kannst du verstehen, warum das sein muß? Ich jedenfalls nicht. Es ist eine Schweinerei," sagte er, zornig weinend, und Antje hatte ihm keine Antwort gewußt. Onkel Richard schien gemerkt zu haben, wie sehr das alles über ihre Kräfte ging, und sie mit seinen hellen Augen traurig anblickend, fand er irgend ein besonders herzliches Wort für sie. Und bei Silvia und Hugo

Faber war ein Abend, wo sie sich selbst einmal loslassen und heulen und ihre Hilflosigkeit einbekennen konnte. Aber sie mußte sich dann wieder um die anderen kümmern.

Es war aber daran nicht genug. Wer trägt, dem wird mehr zu tragen gegeben.

Die Reise selbst war für sie weniger anstrengend, als sie befürchtet hatte, denn Richard schickte ihr überraschend, mit zwei Zeilen, den Betrag für eine Fahrkarte zweiter Klasse, sie saß also bequem und verschlief die Reisestunden fast bis nach Köln, ihren Sommermantel vor dem Gesicht, und ohne das Ab- und Zusteigen der Reisenden, ihr Gespräch und Rauchen zu bemerken. Sie schien aber durch den Schlaf nur gestärkt zu sein, um die ganze Verzweiflung über Ninette, über das Leben, das solche Schicksale zuließ, mit neuer Stärke empfinden zu müssen. Sie kam in Herselbach an mit dem Wunsch, nur nichts von Menschen zu sehn und zu hören; aber ihre Hausfrau sagte ihr gleich beim Empfang, der Herr Hanauer sei schon mehreremal dagewesen und werde sicher auch heut noch wieder kommen, er wolle sie unbedingt sprechen, sobald sie da wäre. Er kam auch, nachdem sie kaum ihr Abendbrot gegessen hatte – und da gab es eine neue, schreckliche Not.

Er war offenbar in einer Beängstigung, und damit so beschäftigt, daß er Antjes innerlichen Zustand zunächst nicht spürte. Er fing gleich an zu erzählen; er war von Ortseinwohnern gewarnt worden, in seinem etwas abseits, am Dorfrand, gelegenen Zimmerchen zu schlafen. Es sei unter Bewachung, und er müsse gewärtigen, dort eines Nachts abgeholt zu werden. Eine Aktion sei im Gang, die Juden aus dem Gau wegzuschaffen und sie in Lagern zu konzentrieren. Der Befehl kam von „ganz oben", und von dort auch die Anweisung, daß es möglichst ohne Aufsehen durchgeführt werden müsse; deshalb war es nicht sehr wahrscheinlich, daß man ihn untertags in der Gärtnerei von der Arbeit weg verhaften würde. Man scheute das sichtbare Unrecht, das eine Erregung in der Bevölkerung hervorrief, diese „Säuberungen" geschahen im Schutze des Dunkels, und nur als vollzogene Tatsache, von der zu reden gefährlich war, gingen sie am nächsten Tage heimlich von Mund zu Mund. (Wo dennoch in der Öffentlichkeit die Rede darauf kam, hatte man Erklärungen bereit, die aus der Parteipresse ja sattsam bekannt waren: die Nichtarier wurden „zur Arbeit herangezogen"; es tue diesen Volksschädlingen nichts, die seit Jahrhunderten am Leibe des Volkes schmarotzt hätten, wenn sie nun einmal zu nutzbringender Tätigkeit angehalten würden.) Das Gefährliche an der erwähnten Aktion schien vor allem, daß ein ehrgeiziger Wetteifer zwischen den

Gauämtern im Spiele war; jeder wollte als Erster die vollzogene Reinigung des ihm unterstellten Gebietes melden. — Hanauer hatte, seitdem er die Warnung empfangen, immer wieder woanders genächtigt, manchmal bei einem der anderen Gartengehilfen, manchmal in der Scheune eines Bauern, gewöhnlich allerdings bei Frau Schlumm, die zwar schimpfte, warum er denn nicht mit seinen Eltern ausgewandert sei, um sich in Gottes Namen in Sicherheit zu bringen, die aber doch die Hand über ihn hielt, ihn auch nicht entlassen wollte, obschon sie Andeutungen und versteckte Drohungen vonseiten des hiesigen Ortsgruppenleiters zu hören bekam. Aber was er denn nur machen sollte? fragte er Antje. So könne es doch nicht weitergehen!

Ihre Antwort war ein fassungsloses Weinen, Tränen und Tränen, die ihr ermüdetes Gesicht überschwemmten. Sie weinte, weil es zu viel war, weil die Welt so dunkel, so böse war, solch eine Fülle von Schrecklichkeiten in ihr geschah, weil man nicht Rat und nicht Hoffnung wußte, sich dagegen zu wehren; sie weinte, weil sie nicht mehr konnte. Siegfried Hanauer saß erschreckt und gerührt dabei, er hatte gar nicht geglaubt, daß ihr sein Schicksal so nahginge, und die kühnste Hoffnung regte sich in seinem Herzen. Er fing an, schüchtern und gierig zugleich, sie zu trösten, ihre Hände zu streicheln, seine verschleierten Augen suchten ihren Blick; und auch als er dann erfuhr, was in Berlin mit Ninette geschehen war, hatte ihm seine Leidenschaft schon zu sehr den Sinn entzündet, um sich nicht Antjes Tränen dennoch als Gunst zu deuten.

„Sie können hier bleiben, Siegfried," sagte Antje, die mitten in ihrer Mutlosigkeit plötzlich einen wilden Zorn in sich erwachen fühlte. „Ich werde irgendwo bei meiner Hausfrau unterkommen, und ich schwöre Ihnen, daß keiner von diesen Gewalttätern Sie anrühren soll, solang ich am Leben bin!"

Aber er hatte jetzt nicht mehr seine Sicherheit im Sinn, sondern wagte, was er niemals gewagt hatte: ihr von seiner Liebe zu reden. Die Frau Schlumm hatte ja recht, sagte er, er hätte klüger getan, sich seinen Eltern anzuschließen, die Mutter habe ihn ja auch so sehr darum gebeten. Er aber habe nicht fort können, und sie, Antje, wisse, warum er geblieben sei. Es gebe für ihn kein Glücks als in ihrer Nähe. Er wäre schon längst über alle Berge, es wäre ihm nicht schwer gefallen, sich über die holländische Grenze davon zu machen, es sei aber ganz unmöglich für ihn, ohne Antje zu leben, ganz unmöglich, unmöglich! Lieber in den Händen der Geheimen Staatspolizei und in einem Konzentrationslager, ja lieber zehnmal den Tod erdulden, als freiwillig von ihr sich trennen, die sein einziges Glück sei. „Auch wenn ich Sie nur sehen kann, Antje, täglich, bei der Arbeit im Garten, hat das Leben Sinn für mich und ich weiß, warum ich es lebe. Sie müssen doch längst wissen, daß es so ist. Ich kann ja nichts dafür, aber es war mir so von Anfang an, all diese Jahre! Und wenn ich hoffen dürfte, einmal, einmal, daß Sie diese Liebe erwidern könnten — das Sterben, vor dem ich mich so gefürchtet habe, wäre nachher nichts, wenn einmal ein solches Glück geschehen ist, es wäre so wunderbar, wunderbar..." flüsterte er, seine Worte verwirrten sich, indem er seinen Mund in der Innenfläche ihrer Hand begrub.

„Würde Sie das so glücklich machen?" fragte Antje mit leiser, müder, trauriger Stimme.

„Antje!"

Und sie dachte, daß er ganz allein ist auf der Welt, ein armer, verfolgter Mensch; und daß es in ihre Macht gegeben ist, ihm so großen Trost zu geben; daß eine Frau dem Grauen dieser Erdenzeit nichts als Zärtlichkeit und Güte entgegenzusetzen hat, diese beiden bestehen noch inmitten des tödlichen Wirbels, der uns alle verschlingt. Und sie dachte auch: was liegt an mir, und ob ich einen anderen liebe, der mich nicht braucht? — Und auch in ihr war ein Verlangen, einmal geborgen, von dem sanften und feurigen Mantel der Leidenschaft eingehüllt zu sein; vielleicht wird die Seele dann auf eine Stunde der Speise von Traurigkeit vergessen, die ihr tägliches Brot ist.

So geschah es, daß Antje und Hanauer das Geheimnis miteinander teilten, diesen armen irdischen Nachklang höherer Geheimnisse, aber von denen schon die Ahnung so süß ist, daß sie die Menschen ihr Elend wieder und wieder ertragen läßt.

ACHTES BUCH

Sechs Minuten vor Eintreffen des Nachmittagszuges, man konnte es auf der neuen Bahnhofsuhr ablesen, fuhr der Grünschwaiger Jagdwagen im Trab an dem Stationsgebäude von Nußholzhausen vor; die Schäferhündin Jutta lief nebenher. Hanna Degener, in graugrünem Kostüm und Hut, saß selber auf dem Bock, sie brachte die Braunen genau vor dem Ausgang zum Stehen, stieg von dem hohen Trittbrett herunter, ohne daß man ihr dabei eine Beschwerlichkeit anmerkte, und legte die Decken auf.

Das Stationsgebäude war im Sommer 1935 frisch gestrichen worden, grell gelb und weiß, und die Aufschrift, sowohl auf der Bahn- wie auf der Dorfseite, war erneuert. Es stand da jetzt nicht mehr „—USSHOLZ-HAUSEN", was den Schwager Richard immer so amüsiert und angeheimelt hatte, sondern der ganze unverstümmelte Ortsname, mit einem besonders schwungvollen Anfangs-N, prangte in Frakturschrift auf weißem Grunde. Der ehemals gelbe und sehr abgeblätterte Bahnhofsbriefkasten leuchtete jetzt aufdringlich rot. Neuerungen waren auch eine Fahnenstange auf dem Platz und eine Tafel neben der Sperre: „Unser Gruß Heil Hitler!" — mit welcher theoretischen Mahnung es allerdings sein Bewenden hatte; im praktischen Leben galt zu Nußholzhausen nach wie vor das alte „Grüßgott", und Adolf Hitler selbst, wenn er sich's hätte einfallen lassen, als Privatreisender das Dorf zu besuchen, hätte wohl hier diesen frommen Gruß empfangen, falls ihm nicht gerade Prechtler, der Ortsgruppenleiter, Siebner, der Obertruppführer, oder das kleine Fräulein Rüsch in den Weg gelaufen wäre.

Es war Georg Degener, dem Hannas Fahrt zum Bahnhof galt, und wie es gewöhnlich geht, wenn man einem seit langem nicht mehr gesehenen Menschen wiederbegegnen soll, umfaßten ihre Gedanken die seither gelebte Zeit; sie fand, daß es eine Zeit war, die in scheinbarer Stille dahinströmte, aber von der man das Gefühl hatte, daß doch viel Schwerwiegendes in ihr geschah. Auch persönlich hatte sich manches verändert. Bei dem Begräbnis seiner

Mutter im März 1933 war Georg zuletzt hier gewesen, das lag nun schon wieder zwei Jahre und acht Monate zurück, und mittlerweile hatte ihn im Sommer des vergangenen Jahres das neue, schwere Unglück getroffen, der Selbstmord seiner Tochter Ninette. Und bald nachher war er durch seine Überzeugungstreue im Kirchenkampf in Schwierigkeiten mit seiner vorgesetzten Behörde geraten, Schwierigkeiten auch geldlicher Art, die wiederum, da er dem Neffen nun keine Unterstützung mehr geben konnte, Jakobs Lebenspläne beeinflußten. Seit dem Vorjahr hatte Jakob die Universitäts-Laufbahn endgültig aufgegeben und war, nach einem Referendarjahr in München, jetzt Lehrer an seinem früheren Landschulheim in Obersbrunn – sehr zu Hannas Enttäuschung; aber davon durfte der Schwager auf keinen Fall etwas merken; Hanna nahm es sich noch einmal fest vor, als sie jetzt den Zug heranstampfen sah: weiß der Himmel, er hatte schon Sorgen genug.

Es gibt Bäume, in die es immer wieder einschlägt, weil sie sehr ausgesetzt stehen oder weil eine unterirdische Wasserader den Blitz auf sie zieht; aber die Narben der Einschläge hindern den Baum nicht, karg und entschlossen dennoch zu grünen. Daran erinnerte sich Hanna beim Anblick Georgs, als er aus seinem Abteil stieg und ihr über die Abzäunung die Hand entgegenstreckte. Sie hatte zu ihm, obwohl er mit ihr im gleichen Alter stand und sie ihn oft in den Erziehungsfragen ihrer Kinder um Rat anging, sonst ein Verhältnis wie zu einem jüngeren Bruder gehabt – ein Gefühl, ihn ein wenig bemuttern und schützen zu müssen, Gabriele Degeners verwöhnten Lieblingssohn; ein Gefühl, daß es nicht in Ordnung sei, wenn ihm etwas Schweres widerfuhr, daß man sich dazwischenstellen und den Stoß auffangen müßte. Jetzt im Gegenteil kam ihr der Gedanke, Gott habe es gut mit ihm gemeint, da er ihm so viele Prüfungen zuwandte; das Nachgiebig-Weiche von früher, nicht aber die Güte, war aus seinem Gesicht verschwunden. – Er stellte seinen Koffer in den Fond des Wagens und stieg zu ihr auf den Bock. Schweigsam fuhren Schwager und Schwägerin auf der Bahnhofsstraße dem Dorfe zu.

Es war ein Anfangsnovembertag 1935, und zwar einer von den überhellen Spätherbsttagen, an denen das Jahr von seinen schönen Farben und schönen Lichtern einen leisen, zögernden Abschied nimmt, bevor es in das Dunkel des Winters eintaucht. Ein klarer, tiefer Himmel stand über abgeernteten Feldern, der Dorfturm sandte ihnen einen Glockenruf entgegen, der sanft verschwang.

Auf dem Platz im Dorf, vor der Schmiede, ließen sie Wagen und Pferde für ein paar Minuten stehen, da Georg das Grab der Eltern und des Bruders auf dem Nußholzhausener Friedhof begrüßen wollte. Vom Allerheiligentag her leuchtete noch überall auf den Erdhügeln die frischen Blumen, ein Kranz von gelbem und braunrotem Herbstlaub auf der elterlichen Grabstätte; der Kutscher Wastl hatte das wie jedes Jahr aus dem Grünschwaiger Wald geholt, „weil das unserm alten Herrn das Liebste ist". Ins Innere des Kranzes war von unbekannter Hand ein Strauß Spätrosen gelegt worden, ihr helles Rot schon etwas welk auf der schwarzen Erde; Hanna vermutete, daß sie von dem Major Orell stammten. Sie selbst hatte unter Kaspars Kreuz weiße Astern gestellt, in einer Vase. Sie ging, ihnen das Wasser zu erneuern.

Als sie auf dem Hof in Grünschwaig ankamen, begann schon die frühe Novemberdämmerung. Der Kutscher, der die Pferde abschirrte, Josepha unter der Haustür, so rosig und weiß beschürzt wie immer, hießen Georg Degener mit sichtbarer Freude willkommen, und er sagte dem Einen, daß er keine Stunde älter aussehe, der Anderen, daß sie voller geworden sei, und schüttelte ihnen die Hände. Auch die Rüsch kam zur Begrüßung; diese wiederum schien noch magerer geworden als sonst, nur noch ein dünner grauer Strich, aber die Äugelchen glänzten in dem alten Eifer, an ihrer Bluse sah man das Hakenkreuz. Sie sprach etwas von der großen Zeit, in der wir leben dürfen, und meinte damit die Tatsache, daß Hitler, ohne das Ausland um Erlaubnis zu fragen, unsre so lang verweigerte Wehrhoheit neu errichtet und die allgemeine Wehrpflicht wieder eingeführt hatte; wenn er es gefordert hätte, sie wäre selbst noch bereit gewesen, die Muskete für Deutschland zu tragen. — Sie verabschiedete sich wieder, und Georg und Hanna hatten dann ein gemütliches Abendessen in der erwärmten Bibliothek, wie zu Kaspars Zeiten.

Sie saßen lang in den Abend hinein beisammen. Hanna, die zu fragen und zuzuhören verstand, brachte den Schwager bald dazu, von den Ereignissen der Zwischenzeit zu erzählen.

„Nach dem Tod meiner kleinen Ninette bin ich krank geworden. Nicht gleich, es kam erst einige Zeit später, aber es war fast auf den Tod, fast auf den Tod," berichtete er, „und ich sehe es als ein Wunder und als einen persönlichen Eingriff Gottes an, daß Er mich nicht wirklich hat sterben lassen. Dir kann ich es ja jetzt zugeben, gute Hanna, daß ich mit meinem Gott gehadert habe, weil Er mir auch dieses Kind auf eine so schreckliche Weise genommen hat. Ich mochte einfach nicht mehr. Du weißt, daß ich sie besonders liebhatte und daß sie von allen Kindern meiner armen, schönen Nina am ähnlichsten gewesen ist."

Hanna stimmte ihm zu. „Ich erinnere mich so genau, wie sie hier in dem Rüpelspiel von Shakespeare gespielt hat und wie gut sie darin war. Jakob hat auch sehr an ihr gehangen, wie sehr, das hatte ich vorher gar nicht so richtig gewußt, bis dann die Nachricht von ihrem Ende zu uns kam. Wir begriffen es nicht, aber Jakob hat gar nicht mit mir darüber sprechen können, er ging aus dem Zimmer, wenn ich davon anfing," erzählte sie mit Tränen in den Augen; und auch Georg tat es gut, in der Stille dieses altvertrauten Zimmers seinen Tränen ihren Weg zu lassen.

Er fing dann nach einer Weile wieder an. Im Armstuhl saß er, schwerköpfig, das volle Kinn auf die Brust gelegt, er redete wie mit sich selber, die Lampe, die auf den Tisch gestellt war, beleuchtete nur schwach sein Gesicht. Hanna hatte sich, wie sie es gern tat, in Kaspars Arbeitsstuhl gesetzt und stützte den Ellenbogen auf die Schreibplatte. Sie merkte, daß es eine Erfahrung, ein Lebensergebnis war, was ihr der Schwager in dieser Abendstunde anvertraute. Es blieb ihr im Gedächtnis.

„Von den Kindern dieser Zeit," so etwa sagte Georg, „haben viele einen starken Willen. Auch meine kleine Ninette hat diesen starken Willen gehabt. Auch Friedrich. Einen Willen, aus dem Leben das zu machen, was i h n e n nach dem Sinn ist, nicht aber das Leben als das entgegenzunehmen, was nach Gottes Sinn ist. Weil sie nicht wissen, daß das Leben eine Gabe ist, die sie vor Gott verantworten müssen, können sie auch nicht warten, was daraus werden und wachsen will, sondern verfügen darüber mit starker Hand, nach ihrer Willkür. Aber diese Stärke ist ganz nah am Nichts. Wenn der Moment kommt, wo sie erkennen, daß diese Stärke das von Gott erschaffene Leben eben doch nicht nach ihrem Eigensinn zwingen kann, dann, siehst du, dann schlägt sie ins Nichts um, dann stürzt sie sich ins Chaos hinunter.

Und ich fürchte, das ist es auch, was jetzt in unserm armen Vaterland geschieht," sagte Georg, mit tiefen, abwesenden Augen zu seiner Schwägerin aufblickend.

„Wo man einen sehr selbstsicheren, gewalttätigen Willen spürt," fuhr er fort, „da muß man vermuten, daß der Teufel am Werk ist. So mächtig ist der Teufel nicht oft, daß er einen menschlichen Willen bewußt auf das Nichts richten kann. Auch Hitler ist sicherlich heute noch in dem Wahn, das Beste für sein Volk zu leisten. Aber der Teufel weiß, daß er auch so zum Ziel kommt. Gerade er ist es, gerade er, der den Menschen in dem Irrtum seiner Selbstherrlichkeit bestärkt, denn der Teufel weiß ja am besten, daß der Mensch auf diesem Weg eines Tages, früher oder später, an die Grenze seiner Herrlichkeit kommen muß. Und das kann der große Willensmensch dann nicht mehr vertragen. Das ist die Stunde, wo es umschlägt. Da hat er ihn."

Es ging Hanna gegen den Strich, so sonderbar persönlich vom Teufel reden zu hören, da sie ihn, wenn man denn überhaupt von ihm reden wollte, als eine ins Weltgefüge eingebaute Kraft ansah, die „das Böse will und das Gute schafft". Sie wollte einen Einwand vorbringen, aber Georg hörte nicht auf sie, er sprach schon weiter, sein Gesicht sah ganz verwunderlich froh aus, auf einmal, als er sagte:

„Wir wissen aber zum Glück nichts Endgültiges darüber, wen der Teufel wirklich hat, und wen nicht. Jesus Christus wird in der Verlorenheit der menschlichen Seele immer mächtiger und mächtiger – weißt du das auch?"

„Er ist der Sohn, darum versöhnt er uns mit dem Vater. Er vollbringt die Versöhnung," setzte er, nach einem Schweigen, langsam hinzu.

Und er erzählte ihr dann, daß er, wie seine beiden Kinder auch, in seiner Krankheit, durch diese Versuchung gegangen sei. Es sei die Versuchung unserer Zeit, meinte er, in tausend Gestalten trete sie auf. Unserm ganzen Volk sei sie gesetzt, Gott möge ihm gnädig sein, daß es sie bestehe. Es sei nicht nur eine Müdigkeit, in der man keine Kraft mehr aufbringe. Nein, es sei dies, daß die Seele sagt: wenn es nicht so geht, wie ich will, wenn mir das genommen oder versagt wird, was ich will, dann mag ich selbst und dann soll die ganze Welt nicht mehr sein. Es sei die Auflehnung, sagte Georg. Es sei das nackte, böse Nein, das gegen Gott aufsteht und von unsrer Seele Besitz nimmt. Während einer Krankheit könne die Seele durch viele Schrecknisse geführt werden, sagte er, er habe das jetzt erfahren. „Aber nicht mit einer Gewalt, die jeden Eigenwillen auslöscht, hält uns die Gnade in ihrem seligen Raum fest. Sie tut viel, beinah alles tut sie für uns, aber ein letzter schmaler Grenzstreifen bleibt, den überschreitet sie nicht, auch in der tiefsten Finsternis nicht; es ist schrecklich, daß sie es nicht tut, aber es ist, weil Gott den Menschen so frei und so hoch achtet. Sein Ruf erreicht uns, und wir können uns Ihm zuwenden oder – dem Andern. Wenn wir uns Gott zuwenden: die Kraft, es zu tun, ist schon wieder von Ihm geschenkte Kraft. Aber die leise, freie Herzensregung zu Ihm hin, die nimmt Er uns nicht ab, der kommt Er nie zuvor. Darum bedeutet es so viel, es bedeutet wirklich sehr viel, wenn uns die Gebete unsrer Nächsten zu Hilfe kommen. Mir sind sie zu Hilfe gekommen. Es scheint ja, daß m e i n e Gebete, mit denen ich meinen Kindern in ihrer Einsamkeit und in ihrer Versuchung zu Hilfe kommen wollte, ganz schwache Gebete gewesen sind. Aber ich weiß und ich glaube, daß die Verlassenheit des Versöhners Jesus Christus am Kreuz auch die Verlassenheit meiner Kinder und alle Verlassenheit und Verlorenheit der Welt schon mit durchlitten hat und mit sich in seine Auferstehung hinaufheben kann. Das weiß ich und das glaube ich," wiederholte Georg Degener zitternden Mundes, aber seine Stimme, da sie es sagte, klang fest und getröstet.

Ulrike ist mir eine große Hilfe geworden, wir sind eigentlich in dieser schweren Zeit erst so ganz richtig zusammengewachsen, wie Eheleute in eins zusammenwachsen sollen," sagte Georg; es war so ein Abend und eine gefügte Stunde, wo es ihm leicht wurde, von den durchlebten Dingen zu reden.

„Sie hat ja damals an Friedrichs Tod sehr gelitten. Sie hat gemeint, daß sie in ihrer mütterlichen Aufgabe an dem Jungen versagt hätte und also an seinem Tode schuldig wäre. Ich konnte ihr das nicht ausreden, sie ist mit ihrem Leben innerlich gar nicht mehr zurechtgekommen. Zu der Zeit – ich weiß nicht, ob es dir bekannt ist, Hanna, gesprochen haben wir in der Familie eigentlich nie davon, aber jetzt gibt es keinen Grund mehr, es zu verschweigen – zu der Zeit ist Ulrike in die Vorträge von Wächter gegangen: du weißt schon, der berühmte Dominikanerpater, der bei uns in Berlin Vorlesungen über katholische Weltanschauung hält, und der so großen Zulauf hat, viele konvertieren bei ihm. Das heißt, jetzt hat die Partei seine Vorlesungen verboten, natürlich nicht uns Evangelischen zulieb, sondern weil ihr Wächters entschiedener christlicher Einfluß, besonders auf die studentische Jugend der Reichshauptstadt, zuviel wurde. Wächter soll trotzdem noch Vorträge, in geschlossenen Gesellschaften, halten und er predigt regelmäßig in Berlin in mehreren katholischen Kirchen. Also dieser Wächter hat Ulrike damals viel Trost geben können, mehr als ich ihr jemals geben konnte: er ist ein großer Christ und ein großer Lehrer! Ulrike ist ohne mein Wissen zu ihm gegangen. Aber du kennst sie ja, sie ist ja eine sehr offene Natur; stolz und offen; eher wird sie einem wehtun, nicht wahr? als daß sie etwas hinter dem Rücken tun würde. Sie hat es mir sehr bald gesagt. Auch, daß sie die Absicht hatte, katholisch zu werden."

„Aber sie ist doch nicht wirklich übergetreten?" fragte Hanna erschrocken, da sie bedachte, was es für Georg als Seelsorger und Prediger heißen mußte, wenn die eigene Frau in einer inneren Not ihre Hilfe nicht bei ihm, sondern bei dem berühmten katholischen Lehrer fand.

„Nein, sie ist nicht übergetreten. Sie hat Wächter von ihrer Absicht gesagt und er, das muß ich ihm lassen, hat sich sehr anständig dabei benommen. Er hat sie zu mir zurückgeschickt und ihr aufgegeben, sich mit mir noch einmal gründlich darüber auszusprechen, bevor er ihre Konversion annehmen wollte. Das haben wir dann getan, die Aussprache haben wir zusammen gehabt, und Ulrike hat es dann bleiben lassen. Natürlich ist sie weiter in die Vorträge gegangen, und wenn ich Zeit hatte, hab ich sie selbst dahin begleitet. Von Pater Wächter hat man immer viel lernen können. — Aber siehst du, so war das und so ist das mit mir: meiner Mutter hab ich mit meiner Predigt nicht helfen können, meinen Kindern hab ich mit meiner Predigt nicht helfen können — nun gut, das haben wir oft besprochen, ihr habt es alle gewußt. Aber daß ich sogar auch meiner Frau Ulrike gar nichts helfen konnte, und die Frau eines Pastors soll doch seine Gefährtin sein und alles in Gemeinsamkeit mit ihm haben: daß sogar Ulrike nur aus Rücksicht für mich, ja, ja, aus Rücksicht, die Kirche nicht verlassen hat, deren Diener ich bin — das war eine ganz verschwiegene Sache zwischen meiner Frau und mir, das haben wir ganz heimlich gehalten, haben wir das. Und siehst du, liebe Schwägerin," sagte Georg, und dabei lächelte er ein gutmütiges Lächeln, Hanna hatte ihn früher nie so lächeln sehn; es war aber keine Listigkeit, mit der er es über andere, sondern eine, mit der er es über sich selbst und die eigene menschliche Wichtigkeit und Eitelkeit gewann, — „siehst du, wenn wir so fingerdick unsre Bedeutungslosigkeit, ja, und vielleicht Lächerlichkeit, beigebracht bekommen, dann fängt's überhaupt erst an; dann, ja, wenn es gut geht, kann es wirklich eines Tages anfangen mit uns. Denn die Predigt vom Reich Gottes und von der Versöhnung ist gar keine Fertigkeit und keine Tüchtigkeit und keine Sache der Begabung, obwohl das alles sehr schöne, gottgeschenkte Dinge sind, sondern die Predigt von der Versöhnung ist weiter nichts als ein Zeugnis dessen, der ‚zufällig' ihre Wahrheit erlebt hat. Dem das Erlebnis ihrer Wahrheit zugefallen ist. Und das Zeugnis kann einer nur geben, wenn er ganz und gar am Ende seines eigenen Lateins ist, und wenn dann der Heilige Geist in unserm armen Menschenwesen und unserm armen stammelnden Munde zu zeugen anfängt. So ist das.

Meine Frau hat ihren Verzicht still herumgetragen, und ich meinen Kummer auch; denn ein Kummer war es ja trotzdem. Und dann, als der Kirchenkampf kam, hat sie sich allmählich in unsre bedrohte Kirche zurückgefunden. Ihr Wesen ist ja auf Tätigkeit gerichtet, sie will ihre Frömmigkeit in Leistungen ausdrücken können; im Katholizismus waren ihr die guten Werke, das Fasten, die vorgeschriebenen und regelmäßigen Gebete als eine Leistung nahegelegt worden. Jetzt fand sie, daß unsre Kirche erhöhte

Leistungen der Treue nötig hatte. Es war aber wieder nicht ich, es war mein hervorragender Vikar, Schneidwind, der ihr diesen Weg zeigte. Nicht durch große Reden. Er hatte es einfach in seiner Art, überzeugend zu sein. Ein wunderbarer Mensch, ja wirklich, ein wunderbarer Arbeiter in der Ernte. Er hat das Ende von dem Kind, von unsrer Ninette, miterlebt, und was ich ohne ihn in den ersten Tagen danach gemacht hätte, weiß ich gar nicht, ich weiß es nicht," wiederholte er kopfschüttelnd. „Meine Krankheit ist erst später gekommen, die ist wohl so eine Art Fahnenflucht meiner physischen Natur gewesen. Aber diese Krankheit wurde für Ulrike und mich ein Segen, wahrlich, ein rechter Gottessegen," sagte Georg, — und das Pastoren-Vokabular hätte Hanna vielleicht gestört, wenn nicht der Ton seiner Worte so voll echten Staunens gewesen wäre. „In der Krankheit haben sie und ich uns zusammengefunden. Nicht bloß, daß sie mich aufopferungsvoll gepflegt hat, nein, verstehst du: sie war neben mir, wenn mein Menschengeist und mein sündiger Wille in die Irre gehen wollte und wenn ich daran war, Gott unsern Herrn um des Todes meiner Ninette willen anzuklagen und mich gegen ihn aufzulehnen. Und mit ihrem Gebet und ihrer Nähe hat sie mir geholfen, daß ich wieder sagen konnte: Vater, dein Wille geschehe."

Er schwieg, und Hanna sagte leise und etwas verlegen, wie immer, wenn von solchen Dingen gesprochen wurde: „Darüber freu ich mich sehr für dich und Ulrike, lieber Georg."

„Vorher noch, schon bald nach dem Ende Ninettes, kam die Sache mit der Schule, wo ich und auch Schneidwind verbotene Religionsstunden gegeben hatten: christlichen Bekenntnisunterricht. Das wurde von Reichsbischof Müllers Kirchenbehörde als Zuwiderhandlung gegen ein ausdrückliches Verbot aufgefaßt, und das war es ja wohl auch. Es war eben nicht anders zu machen, dieser Unterricht war nötig, wir waren ihn den Kindern schuldig. Man hat mich als Pfarrer abgesetzt und mir mein Gehalt nicht weiter ausbezahlt. Eine große Freude war es für mich, daß meine Gemeinde in Steglitz daran festhielt, mich behalten zu wollen, und es auch durchsetzte — aber sie mußte dann den Unterhalt für mich und meine Familie aus Eigenem aufbringen. — Darum hab ich dann ja leider Jakob in seinem Studium nicht mehr unterstützen können. Es war wohl eine arge Enttäuschung für den Jungen?"

„Ach nein," sagte Hanna und lenkte ihn ab von dieser Sache. „Erzähl bitte weiter."

„Ja, Schneidwind ist strafversetzt worden, in eine ganz entlegene Dorfgemeinde, — wo er jetzt ist, weiß ich nicht einmal, ich habe gehört, der Bruderrat der Bekennenden Kirche soll ihm im Hunsrück eine Pfarrstelle übertragen haben. Und die Schule natürlich, das Stift von Fräulein Knöller, ist geschlossen und die tapfere Dame und der größere Teil der Lehrkräfte ist zwangspensioniert worden. Man muß ja in solchen Fällen noch froh sein, daß sie wenigstens die Pension zugestehen, so daß man um den Lebensunterhalt der betreffenden Personen nicht in Sorge zu sein braucht. Das hätte auch anders gehandhabt werden können, da das Luisenstift nicht staatlich war und die Pensionsgelder aus Stiftsmitteln fließen. Das Heim wird vermutlich in eine von den neuen nationalpolitischen Schulen umgeformt werden." —

Hanna, deren Gedanken noch bei Ninette waren, erkundigte sich nach deren Mann, von dem sie gehört hatte, daß er so sehr an Ninette gehangen sei, und für den es doch furchtbar gewesen sein müsse, und Georg erzählte, was er von Bill Haardt wußte: auf dem Begräbnis hatte er von ihm den Eindruck eines gebrochenen Menschen gehabt. Später, nach Georgs Wiedergenesung, wollten er und Ulrike Haardt zu sich einladen, aber er war nicht gekommen. Durch Silvia, die sich um ihn gekümmert hatte, wußten sie, daß er einen Film von Ninette besaß, mit dem er sich ganze Tage in seiner Wohnung einschloß und sich mit dem Abspielen und Beschauen der Bilder quälte.

„Der Arme," sagte Hanna; aber durch ihr mütterliches Herz ging der Wunsch, den Mann am Kragen zu nehmen und ihn in die helle Luft, an seine helle, wache Arbeit zu stellen. Mit großer Zufriedenheit hörte sie, was Georg weiter erzählte: daß nämlich, Silvias Bericht zufolge, die es von Bill Haardt selber gehört hatte, eines Tages dessen Mutter aus der Provinz herbeigekommen und in jener Unglückswohnung erschienen sei und ihrem Jungen eben den Dienst getan hatte, den Hanna ihm hatte tun wollen. Mutter Haardt hatte sich neben ihn gesetzt und sich die Bilder der schönen Toten, die noch aus der Brautzeit stammten, mit ihm angesehen: das schöne Gesicht immer wieder: lächelnd; und dann traurig; und dann mit einem Ausdruck träumerischer, hingebungsvoller Verliebtheit; und dann mit einer Falte strengen Nachdenkens auf der hellen Stirn. Hatte sich das angesehen, dann aber gesagt: es sei ein liebes, schönes Menschenkind gewesen, und daß sie sich den Tod gegeben und noch das Ungeborene mit in den Tod genommen, das möge Gott ihr verzeihen, sie habe es in der Verzweiflung und vielleicht in einer Verwirrung getan und man dürfe es ihr nicht nachtragen. Aber es werde ihrem Andenken keine Ehre erwiesen, und dem Lieben Gott auch nicht, wenn sich der Sohn vor die Bilder hinsetze und sich mit dem Anblick immer wieder das Herz zerreiße. – Und nahm den Film an sich; wenn er ihn wieder einmal anschauen wolle, könne er das zu Hause bei seiner Mutter tun. Jetzt aber solle er mit der Selbstquälerei und dem Müßiggang aufhören und an seine Arbeit gehn; wo nicht, so wolle sie, Mutter Haardt, ihm auf dem Amt eine Arbeit suchen. – Inzwischen sei Haardt auch tatsächlich wieder beschäftigt, offenbar zur Zeit nicht in Berlin.

„Das ist eine großartige Frau," sagte Hanna.

Als sie sich nach Antje erkundigte, die bei dem Unglück doch auch dabei gewesen, wurde Georgs gutes Gesicht sorgenvoll.

Er sagte: „Ich glaube, daß wir Antje zu viel allein gelassen haben. Mit ihr und Ulrike ging es eben leider nicht so gut, wie mit den übrigen Kindern. Seit sie am Rhein in dieser Gärtnerei ist, hab ich zwar immer wieder nachgesehen, aber es ist nicht dasselbe, natürlich – nicht dasselbe, wie wenn man ein Kind bei sich hat. Ich bin erst vor kurzem wieder in Herselbach gewesen. Das furchtbare Erlebnis mit Ninette war zu viel für das arme Kind; die Beiden standen ja ganz wie Geschwister zueinander."

„Du mußt ihr sagen, daß sie einmal in ihrem Urlaub zu mir kommt," schlug Hanna vor. „Sie ist sowieso eine lange Zeit nicht mehr in Grünschwaig gewesen."

„Ja, danke, das wäre gut. Es scheint aber da noch etwas anderes mit Antje passiert zu sein. Sie hat dort einen jüdischen jungen Mann gekannt – die Besitzerin von der Gärtnerei machte mir Andeutungen, daß sie ihn sehr nah gekannt hätte. – Nun ja, siehst du: Antje sieht gut aus. Es treten eben Versuchungen an so ein junges Wesen heran," sagte er – und Hanna war erstaunt, den Herrn Pastor so nachdenklich-milde urteilen zu hören. „Es kann selbstverständlich auch nur ein Geschwätz gewesen sein, was mir die gute Frau da kolportiert hat. Und, also, dieser jüdische junge Mann ist eines Nachts dort in Herselbach von der Gestapo geholt worden. Spurlos verschwunden. – Es war das erste, was Antje mir erzählte. Empört, natürlich. – Die Gärtnerin meinte zu mir, Antje dürfe froh sein, daß ihre Freundschaft mit dem Juden der Partei unbekannt geblieben war; das hätte sonst für das Mädchen selbst böse Folgen gehabt. Ich bin auf das alles, bin ich natürlich gar nicht eingegangen. Aber du kannst dir denken, Hanna: das Erlebnis einer solchen Rechtlosigkeit ist ein innerer Zusammenbruch, für einen jungen Menschen. An was für Gültigkeiten soll sie denn noch glauben, wenn das möglich ist! – Die Sache lag ja schon zurück. Aber ich kann den harten Ton, in dieser jungen Stimme, gar nicht mehr aus dem Ohr bringen, als sie mir davon erzählte."

„Geschehen wirklich so schreckliche Heimlichkeiten in unserm Deutschland?"

„Schreckliche," sagte Georg.

Sie schwiegen, und aus dem Schweigen fuhr Hanna auf:

„Dagegen muß man doch kämpfen können!"

„Ja," sagte Georg. „Aber es gibt nur Eine Macht, die diesen Mächten gewachsen ist, das ist Gottes Wort und Botschaft."

Hanna: „Dann müßt ihr Gottes Wort und Botschaft auf den Straßen ausschreien und diese Sachen, wenn ihr davon hört, vor dem ganzen Volk anprangern!"

Georg sagte: „Du kannst mir glauben, daß es heute allen Predigern in Deutschland, die Christus predigen, eine brennende Frage des Gewissens ist, wann sie von den Schrecklichkeiten, die sie erfahren haben, öffentlich Kunde geben müssen, um der Wahrheit willen, und wann sie schweigen müssen, um der Menschen und um der Gemeinde willen. Denn seit Hindenburg nicht mehr da ist, hat die Macht des Parteistaats kaum noch irgendwelche Grenzen, und er übt sie hart und mitleidlos."

„Und was soll werden?"

Georg erwiderte leise und ernst:

„Was Gott will."

Hanna verwunderte sich über diese Gelassenheit, von der sie begriff, daß sie aus keiner Trägheit des Herzens, sondern aus dem Erlebnis einer Wahrheit kam, die ihr selbst freilich nur in Ahnungen begegnet war. Doch eben ihre Ahnungen gaben dem Schwager recht.

Aber so aufs Ungewisse war alles Leben gebaut! Es war nicht gut, dem nachzusinnen. – Sie fragte nach Peter, der jetzt sein einjähriges Militärjahr machte und dann Forstmann werden wollte. Sie erfuhr mit Freude, daß Silvia zu Weihnachten, oder spätestens bis Dreikönig, ein Kind bekommen würde, das sie sich so lang schon gewünscht hatte.

„Silvia," sagte sie, „hatte von jeher etwas Mütterliches, die hat man sich immer mit vielen Kindern vorgestellt. Und das kommt auch noch! – Jetzt wirst du also Großvater sein."

„Ja. Da kann man doch anfangen, darauf zu denken, daß man seine Sorgen auf die nächste Generation weiterschiebt." – Die Tochter Luzie habe er in München gar nicht angetroffen, sie sei in Wien, erzählte er.

„Wie? mit ihrem Mann?"

„Nein, allein," sagte Georg, unsicheren Blicks. Er wußte selbst nicht recht, was er von Luzies Eskapaden denken sollte.

Er war in München auch bei den Fehrenkamps gewesen, die viel

Freude hatten an ihrem zweiten Enkel; Natalie hatte im vergangenen Mai wieder einen Sohn geboren, er hieß Pierre nach seinem französischen Großvater. Quint war unter die Soldaten gegangen und derzeit auf einer Offiziersschule. Georg berichtete von einer Bemerkung Lisas, die für gewöhnlich nur still dem zuhörte, was die Anderen sprachen; als er aber bei Tisch den Fehrenkamps von seiner Audienz bei Hitler vom vorigen Sommer erzählte, war von Lisa die Frage gekommen: Und wie ist er eigentlich? Georg sagte: „Ich habe ihr, so gut ich konnte, meinen Eindruck beschrieben: daß er nämlich ein Mann ist, der eine Angst in sich hat. Und dazu nickte sie, als ob sie das schon wüßte, und meinte: ‚Ich glaube überhaupt, daß man mit Hitler Mitleid haben muß.' Und damit hat sie wahrhaftig recht gehabt.

Aber du läßt mich da immerfort erzählen — ich muß jetzt auch einmal etwas von euch hören." Er stellte nun von sich aus seine Fragen nach Hanna und ihren Söhnen.

Die Lage der deutschen Landwirtschaft im Ganzen und damit auch die des Gutsbetriebs in Grünschwaig hatte sich gebessert. Im Fall eines Preissturzes freilich würde man hier wieder gleich auf dem Trockenen sein. Von Frank berichtete Hanna, daß er sich als Landwirt gut herausgemacht habe. Sie könne freilich nicht von ihm sagen, daß er ihr als ein passionierter Bauer vorkomme, wie es sein Großvater war. Aber zu den Sorgen, die sie sich um Frank gemacht, zeige sich jetzt eigentlich kein Anlaß mehr. Wenn er so weitermachte, wie bisher, würde er zwar kein genialer, aber ein recht ordentlicher und langweiliger Gutsbesitzer werden.

„Liebe, gute Hanna! Keinen Hochmut!" mahnte Georg mit erhobenem Zeigefinger. „Sei froh, wenn die Kinder langweilig sind!"

Ein etwas sonderbarer Wunsch, aber man konnte ihn verstehen nach allem, was Georg mit seinen Kindern durchgemacht hatte. Hanna sagte kopfschüttelnd: „Es ist merkwürdig — Franks Gesicht, das doch früher offen und unruhig und manchmal so erschrocken war, hat jetzt einen so selbstsicheren Ausdruck bekommen."

„Das ist oft nur eine Maske, die sich so ein Junge vornimmt," meinte Georg. „Es ist jetzt die Zeit der Masken und der falschen Sicherheiten — und der Angst."

„Es kann schon sein," sagte Hanna nachdenklich, und wie ein ferner Schmerz zog wieder die alte Unruhe um Frank durch ihren Sinn. „Er ist, wie dein Peter, im vorigen Monat auch zum Heer eingerückt, nach Eichstätt. Je eher er das Dienstjahr hinter sich bringt, umso besser. Weihnachten werd ich die Buben hoffentlich beide auf Urlaub hierhaben."

„Ja, und wie macht sich denn nun Jakob im Lehrberuf?"

„Ganz gut. Er hat ja erst angefangen. – Aber es ist spät, du mußt schlafen gehn, mein Lieber. Morgen ist auch ein Tag."

Während der drei Tage, die Georg sich diesmal für Grünschwaig hatte freinehmen können, machte er einige Besuche im Dorf.

Balthasars waren ganz die Alten. Wenn man die Tür ihres Gartens öffnete, die einen klagenden Knirschton von sich gab, trat man in eine andere Welt, die nicht die Welt „der Masken, der falschen Sicherheiten und der Angst" war. Des Malers Atelier stand voll neuer Bilder in Herbstfarben; man sah es, er war fleißig gewesen während der letzten Wochen. Von Politik schien er nur äußerst ungern zu sprechen, er überhörte es zweimal, wenn dieser unwillkürlich, aus seinen Sorgen heraus, das Thema berührte. Frau willkürlich, aus seinen Sorgen heraus das Thema berührte. Frau Balthasar aber – sie hatte um des Gastes willen eine frische Bluse angelegt, aus ihrem feinen Gesicht blickte sie mit blauen Augen klug und gütig und wissend zu Georg Degener auf – Frau Balthasar sagte: „Es ist halt schön, daß die Farb von so einem Ahornbaum im Herbst grad so ein hellgelbes Gold gibt, wie in guten Zeiten auch."

Zensi Prechtler mußte er begrüßen, er kannte sie, seit sie als ganz junges Ding in Grünschwaig den Stubenmädeldienst zu erlernen anfing; jetzt war sie eine Frau und Bäckerin und glückliche Mutter. Ihr Mann, der Ortsgruppenleiter, hatte sehr blankgeputzte Stiefel, und zeigte dem Geistlichen gegenüber ein geradezu diplomatisch höfliches Betragen; etwas dick war er geworden, ob vom Amt oder vom frischen Bäckerbrot, wußte man nicht recht. Aber was für gute Augen waren das doch, die der Mann hatte! Konnte wirklich, dachte Georg, aus den Händen so braver Leute Ungutes ins Volk kommen?

Auch bei Winte, dem Doktor, schaute er hinein; er fand ihn selber nicht, aber seine junge Frau und zwei kleine, frischäugige Mädelchen zu Haus, und nach kurzer Weile erschien die Mutter Winte, die mit Sohn und Schwiegertochter noch zusammen wohnte, und brachte bei dem Herrn Pfarrer das Beileid wegen der „Fräulein Tochter" an – „um Entschuldigung, Frau Tochter muß ich ja sagen" – aber sie habe es ihrem Sohn, dem Doktor, schon längst gesagt, daß es mit dem Fräulein nicht gut kommen konnte, weil sie etwas Unglückliches in ihrem Geschau gehabt hat.

„Das hat sie auch wirklich," gab Georg Degener zu. „Aber ich war ihr Vater und hab es nie gesehn."

„Ja, man muß den Blick dafür haben," meinte Frau Winte, und schüttelte dem Vater des Mädchens, das ihrem Sohn einst so viel Kummer gemacht hatte und so schwer dafür bestraft worden war, nochmals in ehrlicher Teilnahme die Hand.

Am selben Nachmittag waren Georg und Hanna zu Priehls zum Tee geladen. „Wir müssen hinfahren," sagte Hanna. „Du bist ihr immer so wichtig, wenn du auch nur evangelischer Geistlicher bist. Sie hat übrigens unsern katholischen Ortspfarrer, den Herrn Kurat Sedlmair, dazu gebeten und auf meinen Wunsch, weil deine Zeit so knapp ist, auch den guten Major Orell, der sich freut, dich zu sehen."

Hier nun kam es alsbald zu dem politischen Gespräch, welches der Maler Balthasar so sorgsam zu vermeiden gewußt hatte. — Die lahme Frau von Janska, sehr gelb geworden, aber sonst unverändert, mit dunklen, wachen, scharfen Augen, beobachtete Orell, der noch um einige Jahre jünger war als sie, aber über den sie sich mit innerlicher Zuversicht sagte, daß sie ihn auch noch, gerade wie die gute Gabriele Degener, überleben würde. Wirklich saß der Major sehr alt und zerknittert und traurig in seinem Lehnstuhl und nickte zu Petra Priehls düsteren Voraussagen über unser Volk, das sich einem gottlosen und verworfenen Manne, einem Nero, verschrieben habe, und Früchte des Zorns ernten werde. Der Kurat Sedlmair, ein vollwangiger, bequemer Herr, von dem der Bauer Niederrotter gemeint hatte, er predige nicht mehr feurig genug, enthielt sich jeder Bemerkung zu diesen Prophetieen. Und als die Baronin eine Unterhaltung anzuregen suchte „zwischen den beiden geistlichen Herren, die wir heute unter uns haben," und die doch „für uns Laien sehr interessant sein würde," führte er das Gespräch mit solcher Vorsicht, daß Georg sich unwillkürlich auch zur Zurückhaltung bestimmt fand und nur ein paar ganz allgemeine Bemerkungen über die Schwierigkeiten der kirchlichen Lage mit ihm austauschte.

Der Major Orell, als Georg sich zu Ende des Nachmittags von ihm verabschiedete, sagte: „Ich habe meine Zeit überlebt, ich wollte, ich wäre nicht mehr da."

Im Heimfahren saß Georg wieder neben seiner zügelführenden Schwägerin auf dem Bock. In der Dämmerung war ein Wind aufgekommen, kühl blies er aus Nordwesten den Fahrenden in den Rücken, sodaß beide sich fest in Decke und Mäntel hüllten und Hanna sich entschuldigte: sie hätte das voraussehen müssen, Wastl hätte sie im geschlossenen Wagen fahren können.

Georg fragte: „Ich hab kein Gedächtnis für Pferde; sind das eigentlich immer noch die zwei alten Braunen?"

„Alt und steif und treu und immer noch dieselben. — Frank drängt mich immer, daß wir ein Auto anschaffen. Aber es wäre ein Luxus für das Gut."

„Ja. Er geht mit der Zeit."

„Er versucht es wohl, wie er halt kann," sagte Hanna.

Georg schwieg nun, bis sie in Grünschwaig vorfuhren. Sie traten ins Haus, es war schon finster im Gang, da sagte er, aus seinen Gedanken, zu Hanna, indem er ihr aus dem Mantel half:

„Nein, mit der Zeit mitgehen, mit den Wölfen heulen, sollen wir nicht. — Aber so wie die Baronin Priehl im Schmollwinkel sitzen und über die andern aburteilen, die Böses tun — das kann auch... kann sicher auch nicht das Rechte sein. Man müßte es ihr einmal sagen und sie davor warnen. Ihm jedenfalls, da oben, der in unserm Grünschwaig beinah als ein Unsichtbarer das Treppenhaus regiert — Ihm kann das nicht gefallen."

„Nein," sagte Hanna.

„Und das bedeutet, daß er, der Gekreuzigte, allen, auch den in Sünde Befangenen, und die von ihrer Sünde vielleicht heute noch Gewinn haben, die Rettung bringen will."

— Andern Tags fiel Schnee in dichten Flocken, der erste dieses Winters. Georg mußte einen Zug nach Weilheim erreichen, wo er den Abend einen Vortrag zu halten hatte; Hanna verabschiedete ihn an der Grünschwaiger Vorfahrt, Wastl, mit Pelz und Peitsche, schon auf dem Bock. Sie dankte dem Schwager für sein Kommen. Sie dachte, während der Kutschwagen in das Schneetreiben hineinrollte und auf dem weiß überstäubten Weg zwei dunkle Räderspuren zurückließ: daß der Herr Pastor Georg Degener ein guter Zeuge sei, um in der Welt die Botschaft vom Reich Gottes zu verkünden.

2

Obersbrunn, wo Jakob vor etwas mehr als sieben Jahren noch als Schüler die Bank, wie man so sagt, gedrückt hatte, war nun der Probeort seines Lehrberufs geworden. Wer ihm das damals gesagt hätte: daß er Lehrer sein und daß der Weg seines Lebens nach so kurzer Frist wieder hierher ins Internat zurückführen würde, dem hätte er's nicht geglaubt, oder er hätte dagegen aufbegehrt, oder er wäre durch eine solche Voraussage sehr niedergeschlagen worden. Denn damals war ihm die Schule nichts als ein Nest, von dem sich der kaum erst flügge Vogel abschwingt; draußen ist die weite Welt, und nie mehr denkt er ins Nest zurückzukehren. Es gab da ein Fenster in dem Klassenzimmer der Oberprima, von dem aus man links an einer großen Kastaniengruppe, einem wahren Laubgebirge von Grün vorbei, in das Obersbrunner Tal hinaus sah — eine dunkle, bewaldete Hügelschwingung und dahinter blaue Bergesferne beschlossen den Ausblick. Jetzt sah er das wieder, ganz unverändert, als er nach Schluß der Sommerferien als Lehrer hier eintrat, und er mußte in Verwunderung über sich selber lächeln, da er erkannte, daß dieser Ausblick ihm vor sieben Jahren den Sturz in die unendliche Welt bedeutet hatte. Dorthinaus hatte er sich gesehnt, die Schule war ihm wie ein Gefängnis und das Draußen die blau verdämmernde Freiheit gewesen. So verbinden sich ja unsre Sehnsüchte, unsre Wünsche unwillkürlich mit einem Bild, sie prägen sich sogar nur als Bild ein und können nur als solches in uns leben. Denn unsre Seele würde nicht sein, wenn sie nicht anschauen könnte. Nun war für Jakob das Bild wiedergekehrt, sein Sinn aber verloren. Das Sinn-Bild, so mußte er in plötzlicher Erschrockenheit denken, ist nicht mehr da! und er fühlte einen leichten Schmerz in der Brust, als liefe ein Sprung durch ein Glas.

Wo aber das geschieht, wird eine Stufe in der Entwicklung des Menschen überschritten. Indem er die Gebrechlichkeit der Welt daran erkennt, daß Bild und Sinn einander verlieren können, wird er nicht mehr so unbedingt und jung, aber mit reiferer Sanftmut auf die Dinge blicken.

Schon manche vorausgegangenen Erfahrungen, schon die selbstverschuldete und doch so unvermeidliche Trennung von Therese Gabreiter, und dann die unfaßliche Nachricht von Ninettes Tode, hatten das in ihm vorbereitet, was ihm hier in Obersbrunn bewußt werden sollte: daß er ein anderer war, er, Jakob, ein anderer, als der vor einer runden Zahl von Jahren von hier aus ins Leben hinausgegangen war. Der Jakob, der seinen Dienst um Rahel antrat, glaubte, daß er in sieben Jahren das Schöne des Lebens erdienen könne; aber wenn die Zeit um und die Hochzeitsnacht da ist, wird eine andere in seinem Zelt stehen, und er selbst, der sie umarmt, wird ein anderer sein. Wer hätte je gedacht, daß das möglich ist? — Ninettes Gestalt, ihr lebensvolles Gesicht, für ihn war es auf immer verbunden mit der Nacht, wo das kindliche Mädchen den Zauberstab erhob und sagte: diese Stunde muß bleiben, nichts darf verändert sein. Und wenn Jakob sie auch dann seit dem letzten Sommer 1933 nicht mehr gesehen hatte: solang sie nur irgendwo, in Berlin oder sonst, ihr Leben lebte, war es zu denken gewesen, daß sich alles nach ihrem Willen fügen, das Ganze der Welt sich als Frucht in ihre Hand geben würde wie dem Kind der Apfel, der die Weltkugel bedeutet. Aber nun war sie tot; und Jakob wußte, daß sie eben daran, an der Unerfüllbarkeit ihres Willens, gestorben war.

Und — nicht daß er es wissentlich daraus lernte, aber es wuchs daraus für ihn die Lehre, daß wir die Welt nehmen und in die Welt uns fügen müssen, wie sie ist: ein vergängliches Gemächte. Wandelbar in jeder ihrer Gaben, wandelbar auch wir, die wir die Gaben empfangen.

Es wäre nicht zu ertragen, wenn nicht eine Stimme uns sagte — sie war für Jakob nicht mehr als eine Ahnung, wie einem, der in ein nebelndes Tal kommt und ihm ist, als hätte eine Glocke daraus ihm gerufen — daß wir all diese schmerzvollen und ernüchternden Erfahrungen der Vergänglichkeit nur als rätselhafte Prüfungen bestehn müssen: um eines Tages alles zur Krone gefügt, den Sinn und das Bild untrennbar vereinigt zu sehen.

— Von den Lehrern, die ihn derzeit hier zu seinem Abitur vorbereitet hatten, traf Jakob nur Einen, Lansing, wieder an; ein Mann mit einem wippenden Gang, langbeinig und langmütig, der versucht hatte, ihm einen Begriff von Mathematik beizubringen, und dem er dann doch den Kummer angetan hatte, in der Abs-Arbeit eine Fünf zu schreiben, was sich im Gesamtzeugnis nur mühsam durch seine Leistungen in Deutsch, Latein und Geschichte kompensieren ließ. — Die Ursache für den starken Austausch der Lehrerschaft lag darin, daß der Leiter von Obersbrunn, Direktor Schanz, der süddeutschen demokratischen Tradition und den Gedankengängen und Erziehungsplänen des Prinzen Max von Baden nahestand, wie sie in einem Musterfall Hahn in Salem zu verwirklichen suchte; Tendenzen also, die seit dem Machtantritt des Nationalsozialismus zu den unerwünschten zu gehören begannen. Hahn, allerdings auch als Jude den neuen Machthabern verdächtig, wanderte aus, und das wirkte auf diejenigen, die ihm ähnlich gesonnen waren, als eine Mahnung, es ihm nachzutun. Schanz hatte Beziehungen in Schweden, so ergab sich für ihn die Möglichkeit, seine Arbeit in dem friedlichen Nordlande fortzuführen; einige von den Lehrern nahm er dorthin mit, die übrigen gingen an staatliche Lehranstalten über.

An Lansing war die Aufgabe hängengeblieben, binnen kürzester Frist neue Lehrkräfte für Obersbrunn zusammenzuholen, um das Internat in seiner Unabhängigkeit zu erhalten; denn in Landheimen, wo der Schulbetrieb stockte oder wirtschaftliche

Schwierigkeiten auftraten, siedelte sich gern und schnell die Partei ein. (S c h a n z habe die Obersbrunner S c h a n z e im Stich gelassen, beklagte sich Lansing gegen Jakob. Er hatte auch sonst die, eigentlich unmathematische, Neigung, mit Worten und Namen zu spielen.) Jakob Degener als Lehrer nach Obersbrunn zu holen, dazu war Lansing nicht nur durch die alte Bekanntschaft bestimmt worden, sondern auch Jakobs Parteizugehörigkeit hatte dabei eine Rolle gespielt; es sei den „Ministerialbonzen" gegenüber günstig, und nach seiner Erinnerung von der Schulzeit her konnte Jakob kein vollständiger Trottel geworden sein, wiewohl es ihm, Lansing, unverständlich sei, wie ein vernünftiger Mensch diesem komischen Verein angehören könne. „Nun, macht nichts, umso besser, quem Deus vult perdere, dementat," sagte er – und als Jakob ihn, verwundert über ein so angriffslustiges Latein, fragend ansah, setzte er beruhigend hinzu: „Lassen Sie nur, lassen Sie, ich wünsche Ihnen ja alles Beste, mein Bester. Aber hier in Obersbrunn wollen wir anständige Wissenschaft betreiben und die Pfoten der Partei möglichst nicht in unsrer Suppe haben!" – „Ja, natürlich," sagte Jakob. Er hatte Lansing gern, er wußte, daß auch dieser ihn mochte, und es arbeitete sich gut mit ihm zusammen.

Es wurde ihm überhaupt das Stundengeben lieb, es freute ihn, seinen Schülern von den Dichtern und von den Herrschern und Schicksalen der Deutschen zu erzählen, und nur weil seine Mutter so sehr an dem Wunsche gehangen, war es ihm noch leid, daß ihm die Umstände die Laufbahn des Universitätslehrers versagt hatten.

Von Quint, dem er von seiner Anstellung im Internat Bericht gegeben, empfing er aus Augsburg einen Brief. „Ich gratuliere Dir," schrieb er, „zum Mittelschullehrer. Das ist ein vernünftiger Beruf, man kann Ehrfurcht und Anstand in die Menschen pflanzen in einem Alter, wo sie einem möglicherweise – ich will nicht zuviel sagen – noch zuhören. Volksschullehrer wäre meiner Ansicht nach noch besser, und das würde ich, wenn ich noch einmal anzufangen hätte – es gehört nur, fürcht ich, eine riesige Geduld dazu. Aber der Professor auf der Hochschule hängt ganz und gar in der Luft; sobald die Leute einmal über zwanzig sind, denken sie an nichts mehr als an Gehälter, und jedes schmutzige Geschäft ist ihnen wichtiger als die Fragen der höheren Wissenschaft, soweit man ihre Ergebnisse nicht geldbringend anwenden kann. – Karussellfahrer sind wir alle. Du sitzt wieder in Obersbrunn wie früher, ich bin wieder Leutnant, wie früher – und doch bild ich mir ein, daß wir beide recht getan haben. Die Armee hat mich ohne Schwierigkeit wieder übernommen, nach kurzem Kursus und einiger Beschnüffelung, nicht nur wegen der Lunge, sondern auf

,Herz und Nieren'; mir ist aber lieb, daß man es wenigstens bei uns noch genau nimmt, was Anstands- und Rechtsbegriffe betrifft. In der Beziehung kann man beruhigt sein, solange Fritsch unser Oberbefehlshaber ist. Sonst ,im Staate Dänemark' gibt es ja manches, was einem nicht gefallen kann. Natalie und die Kinder sind jetzt, Gott sei Dank, wieder bei mir und der lange Zwischenzustand hat ein Ende; wir haben eine passende Wohnung gefunden, in der sich zu viert ganz hübsch hausen läßt. Sixt sieht seinen halbjährigen kleinen Bruder als eine für ihn zum Spielen bestimmte Puppe an, auf die er Besitzansprüche erhebt, und er muß von dieser irrigen Anschauung hie und da durch handgreifliche Anwendungen abgebracht werden. Auf solche Anwendungen beschränkt sich zur Zeit im Wesentlichen meine Vaterrolle, wenn ich vom Dienst nach Haus komme. — Ja, mein Lieber, wenn wir uns wieder treffen, dann lach nicht zu sehr, mich wieder mit Litzen und Schnüren ausgestattet zu sehen, ich komme mir dabei immer noch weniger lächerlich vor als die Leute, an denen die Litzen und Schnüre an braunen oder andersfarbigen Röcken hängen. — Ich hoffe zu Gott, daß ich hiermit weder die Zensur noch Deine Gefühle beleidigt habe, und grüße Dich herzlich wie immer."

Jakob freute sich über den Brief, aus dem so unverfälscht Quints Stimme herauszuhören war.

Und er freute sich auf das Weihnachten in Grünschwaig, das er zum erstenmal als ein berufstätiger Mann mit selbstverdientem Geld in der Tasche mit der Mutter und dem Bruder fröhlich verbringen wollte. Er hatte schöne Einkäufe gemacht: für die Mutter eine warme gefütterte Lederjacke für ihre Fahrten, für Frank einen Feldstecher, auch Josepha war mit einer Schürze und der Kutscher Wastl mit einer tadellosen Schirmmütze bedacht. Die Sachen lagen schon in Jakobs Koffer bereit. Besonders Frank viel zu sehen und mit ihm zu reden, hatte er sich vorgenommen. Es war nicht ganz leicht mit ihm: Frank stimmte Jakob gegenüber gern einen gewollt burschikosen Ton an, der, man wußte nicht was für eine Unsicherheit verbergen sollte und kein echtes Gespräch aufkommen ließ. Nun, wenn er nur wirklich Urlaub bekäme auf Weihnachten, der Rekrut; man würde schon sehen, man würde mit dem Schlitten zusammen ausfahren, sie würden vielleicht einen Hasen schießen. Das Wetter versprach, richtig weihnachtlich zu werden. Das kleine, für Jakobs Geschmack zu malerisch-putzige Dorf Obersbrunn, an den Hügel der Burg, die jetzt Schule war, angeschmiegt, lag längst tief verschneit, sodaß die Dächer der Bauernhäuser weiße Pelzdecken trugen und die Sankt Leonhards-Figur auf dem Marktbrunnen eine Art Bischofsmütze aus Schnee. Da wurde, es war erst der 12. Dezember, volle zehn Tage also vor dem Schüler-Reisetag in die Weihnachtsferien, an welchem auch Jakob nach Grünschwaig hatte abfahren wollen, an der Internatspforte ein hastig mit Bleistift geschriebener Zettel von Frau Gunda Hirt abgegeben: Frank sei bei ihr. Jakob möge doch gleich zu ihr hinunterkommen.

Jakob hatte Franks alte Freundin und Betreuerin nur im Herbst einmal, als Frank sie besuchte, gesehen; und da war es ihm so vorgekommen, als ob der Bruder eher bemüht wäre, ihn von ihr fernzuhalten: als wäre Gundas Haus eine Heimat, die er lieber für sich allein behalten wollte. Jakob war darum nicht mehr hingegangen; ohnehin hatte er in den ersten Monaten reichlich zu tun, wenn er sich in seinen Stoff richtig einarbeiten wollte, und daher kein Verlangen, sich im Ort einen Verkehr zu suchen. Nur das Puppenspiel, das sie am Ersten Advent wie jedes Jahr für die jüngsten Schüler und für die Dorfkinder von Obersbrunn gab, hatte er sich angesehen und sie hernach, weil er es sehr hübsch fand, dazu beglückwünscht. — Natürlich machte er sich jetzt sofort zu ihr auf den Weg.

Was sich ereignet hatte, war der Ausbruch einer geistigen Störung, unter deren Schatten Franks Leben schon längst, ohne daß seine Nächsten es ahnten, gestanden haben mußte. Es gelang selbst Gundas mütterlicher Zärtlichkeit und Geduld nur allmählich, im Einzelnen zu erfahren, was eigentlich diesen Ausbruch hervorrief. Aus dem aber, was er stammelnd und sie mit unglücklichen Augen anstarrend, erzählte und was man später noch von den Nächstbeteiligten erfuhr, wurde so viel klar: daß Frank in der Kaserne offenbar zunächst, wie ja auch daheim in Grünschwaig, völlig gesund erschien und das schwere Rekrutendasein ohne besondere seelische Belastung ertrug. Dann hatten einige Kameraden ihn veranlaßt, mit ihnen „ins Puff" zu gehen. Sie mußten seine geschlechtliche Unerfahrenheit herausgebracht und diese für einen ausgewachsenen kräftigen Burschen lächerlich gefunden haben; also schleppten sie ihn dorthin, wo diesem Mangel abgeholfen werden konnte. Frank, mit einer Dirne, die auf dem Diwan lag, allein gelassen, wußte nichts mit ihr anzufangen, und sie stand auf und kam nackt und mit einem gewohnheitsmäßigen Lächeln auf ihn zu, um dem Schüchternen die Arme um den Hals zu legen. Und hier mußte es wohl gewesen sein, daß er, der seit je Angst litt vor dem bedrohlichen, unberechenbaren Leben und sich für den Alltag eine forsche Art, wie einen Panzer, zugelegt hatte, um sich zu schützen... daß er das Gefühl bekam, das feindliche Draußen, das

Andere, das Fremde wolle jetzt in den innersten Bezirk eindringen, dorthin, wo sein Verlangen nach Zärtlichkeit und heimischer Geborgenheit, sein Verlangen nach Gunda vor allem, lebte. Er habe geschrieen, berichteten die Kameraden, die ihn von draußen gehört hatten, als ob er sich für sein Leben wehren müsse. Die in die Kammer hereinkamen, sei er ganz wild angegangen, habe sie zur Seite gestoßen, da sie ihn aufhalten wollten, und sei fort. Sie dachten: zurück zur Kaserne, tatsächlich aber fuhr er mit dem nächsten Zug nach München, und von da gleich nach Obersbrunn weiter. Wie er es mit der Fahrkarte gemacht hatte, war nicht klar, da er ja über keinen dienstlichen Fahrtausweis verfügte. Er kam zu einer Vormittagsstunde bei Gunda Hirt an, er setzte sich auf einen Stuhl an den Küchentisch und sagte: er müsse jetzt hier bleiben. Gunda hatte nicht einmal gleich bemerkt, daß die Erregung in seinem Kopf etwas verrückt hatte; sie wunderte sich nur, daß er, was sonst nie geschehen war, die Arme nach ihr ausstreckte, da sie Auskunft erfragend vor ihm stand, sie zu seinem Stuhl heranzog und wie ein schutzsuchendes Kind den Kopf an ihre Brust drängte. Er sagte dazu weiter nichts, als nur immer wieder: er müsse jetzt hier bleiben. Fort gehe er bestimmt nicht. Er bleibe hier.

Als Jakob kam und, von Frau Hirt schon etwas vorbereitet, die Küche betrat, saß Frank noch am Tisch, Gunda hatte etwas zu essen vor ihn hingestellt. Er blickte flüchtig auf und sagte: „Servus!" — das war die Art, wie er auch zuhause den Bruder zu begrüßen pflegte, also mußte er ihn erkannt haben. Er aß ruhig weiter, von den Fragen, die Jakob an ihn stellte, unberührt, aber nach einigen Minuten drehte er den Kopf zu Gunda hinüber und sagte wieder:

„Ich muß bestimmt hier bleiben." Dabei lächelte er der Frau kindlich zu und sein Mund zog sich etwas schief, wie bei seinem Vater Kaspar; Jakob sah es und es war ihm, als presse ihm jemand mit zwei Fäusten die Kehle zusammen, er schluckte und konnte, abgewendet, die Tür und den blauen Geschirrschrank nur verschwommen sehen.

Es erschien jetzt der Dorfarzt, Dr. Wachler. Gunda hatte ihn verständigt, und er versuchte zunächst, Frank zu Bett zu schaffen. Weil der aber nicht wollte und sich im übrigen keineswegs wild betrug, ließ er ihn und nahm auch auf Gunda Hirts und Jakobs dringende Bitten davon Abstand, gleich von der nächsten Anstalt ein Auto mit einer Begleitmannschaft anzufordern. Doch verlangte er, man solle ihn unverzüglich rufen, sobald die Militärpolizei auftauche, denn das könne Komplikationen geben; irgendein Zusammenstoß, meinte er, müsse ihm dort „beim Barras" widerfahren sein, der in dem Kranken schockartig diese Fluchtreaktion, wie er sie nannte, ausgelöst habe, und es sollte ihn wundern, wenn Frank nicht beim Anblick von Uniformierten „ungemütlich" würde. — Bevor noch Jakob telefonisch Grünschwaig erreichen konnte, kam schon Hanna Degeners Anruf. Bei ihr war von Eichstätt aus angefragt worden, ob Frank zu ihr „desertiert" sei. Am nächsten Morgen war sie da, sehr erschüttert, und mit einem Gefühl der Beschämung Gunda Hirt gegenüber, weil sie sich eingestehen mußte, daß sie selber Franks gesundheitlichen Zustand falsch beurteilt, und weil er durch seine Reise hierher abermals zu erkennen gegeben hatte, bei wem er Verständnis und Zuflucht suche. Die Anwesenheit seiner Mutter schien er zur Kenntnis zu nehmen, machte aber nicht viel daraus. Wie ein folgsamer Bub saß er am Tisch, seine Blicke hingen an Gunda, die er, sooft sie ihm nahekam, zärtlichkeitheischend an sich heranzog. Als gegen Abend wirklich die Militärpolizei an die Tür klopfte, kam es zu einem Zwischenfall, wie ihn Dr. Wachler schon vorausgesehen: Frank, beim Anblick der Soldaten, ging mit wutverzerrtem Gesicht auf sie los und wollte sie schlagen, so daß ihn die Männer ziemlich unsanft anfassen und ihm die Hände fesseln mußten.

Die polizeiliche Verhaftung Franks gelang es zu verhindern. Hanna und Gunda brachten ihn in den nächsten Tagen in ein gutes, von einem Professor Gemicke geleitetes Sanatorium, wo man eben eine neue Behandlungsweise für geistige Störung ausprobte. Dr. Wachler hatte die beiden Frauen darauf hingewiesen. Frank wurde nach sechs Monaten von dort als „vorläufig geheilt" wieder entlassen. Vom Militärdienst war natürlich keine Rede mehr und der Professor riet Hanna, ihn nicht gleich wieder in die volle Arbeit oder gar in irgendwelche Verantwortungen für die Gutsverwaltung einzusetzen; er bliebe besser noch einige Wochen „in Pflege" bei der Frau Hirt, zu der er eine solche Anhänglichkeit zeigte. — Frank kehrte erst im Herbst 1936 nach Grünschwaig zurück.

Das menschliche Hirn, auch das gesunde, sei eigentlich der Wissenschaft das größte Geheimnis, sagte Gemicke zu Hanna Degener. Man könne wohl feststellen, daß, aber nicht, warum es gestört werde. Irgendeine Faser oder Ader, der man, auch wenn man sie unter dem Mikroskop hätte, keine Schwächung anmerken würde, halte einem bestimmten heftigen Eindruck nicht stand. Welcher Art dieser Eindruck sein würde, könne gleichfalls niemand vorauswissen. Und da stehe dann der Mensch, und sei kein Mensch mehr. „Ihr Sohn ist ein innerlich sehr labiles Wesen, seine Selbstbehauptungskräfte sind schwach, was man bei diesem Trumm von Burschen gar nicht denken würde. In dieser seiner Schwäche muß er durch eine als Bedrohung empfundene Schamlosigkeit erschreckt worden sein, und sucht sich zu bergen, dort, wo er offenbar am meisten Geborgenheit zu finden erwartet."

„Ja," sagte Hanna.

Der Professor: „Wir wollen hoffen, daß der Riß in ihm, den keiner von uns sehen oder behandeln kann, verheilt ist und nicht wieder aufbricht. Eigentlich, wissen Sie, hat der junge Mann ja recht. Es ist ein so schamloses Jahrhundert, in dem wir leben müssen, daß wir am liebsten alle wieder in den Mutterleib zurückkriechen würden."

3

Selbst die gute Tat, die richtige Entscheidung, wenn man sie dem Menschen gegen dessen Einsicht und Willen aufnötigt, verlieren ihre Kraft, das Gute hervorzubringen. Das erfuhr Clemens Hanstein in seinem Zwiespalt mit Ellen, der doch eigentlich von seiner Seite ein Fragen, ein Werben um die Opferbereitschaft ihrer Liebe gewesen war. Er hatte es für seine Pflicht gehalten, um seines Vaters und des elterlichen Gutes willen auf seine Auslandreisen zunächst Verzicht zu tun, wenn diese auch für seine Zukunft als Kunsthistoriker Entscheidendes zu bedeuten hatten. Schon daß der Entschluß ein Opfer war, machte ihn für Clemens als den richtigen kenntlich. Seine Art war gradlinig und streng, seine Seele hochgespannt und darum jeden Augenblick bereit, nicht nur von sich selbst, auch von dem ihm nächsten Menschen das Hohe zu fordern. Er hoffte immer wieder, Ellen müsse doch einsehen, daß keine noch so wesentlichen Berufsfragen irgend ein Gewicht haben konnten auf der Waage, wenn es darum ging, daß man seinen Eigenwillen hinter sich lassen, sich selber verlieren und in der Liebe zum Andern „Gott gewinnen" konnte. So verstand er das Evangelische Wort, daß wer sich behalten will, verlieren wird, wer aber hingibt, von Gewinn überströmt werde. Und Clemens meinte nicht, wie so viele andere Christen, das stehe nur irgendwo als erbauliches Wort geschrieben, er war vielmehr überzeugt, es müsse gelebt werden, jetzt und hier, von ihm und Ellen, in gemeinsamer Freudigkeit. Zugleich war sein Glaube schlicht und tief genug, um ihm die Gewißheit zu geben, daß da, wo wir ein Opfer, es sei groß oder klein, mit freiem Herzen vollbringen, Gott auch Wege habe, uns zu lohnen — Kunst oder nicht, Beruf oder nicht — in der Weise, wie es uns gut sei.

Es ist vielleicht eine Gefahr für die Menschen, die ein sehr klares Licht in sich tragen, ein Licht, von dem ihnen ein Schein auf alle Lebensdinge fällt, daß ihnen der eigene Lichtkreis zu einer Blendung werden kann, sodaß sie manchmal weniger gut als die Verworrenen und Zweifelvollen sehen, was in den andern vorgeht. Clemens Hanstein sah lange nicht, daß sich das was er wollte, was ihm so nahe lag, das Opfer, nicht als F o r d e r u n g bei Ellen durchsetzen ließ. Denn daß es eben nicht gefordert, daß es gegeben wird, ist das Wesen des Opfers — zumindest seit dem Tage, da das Gotteskind in der Krippe zu Bethlehem lag.

Eben dies aber: daß man ein Opfer nicht erzwingen dürfe, begann der Gräfin Sophie einzuleuchten. Sie hatte anfangs in der Sorge um den alten Grafen, dessen Verstimmung mit seiner Unbeweglichkeit wuchs, nur nach dem gefragt, was der Sohn seinem Vater und Voggenbruck schulde. Jedoch als sie sah, daß die Sache einen Schatten auf des Sohnes Ehe warf, mußte sie sich fragen, ob das zu verantworten war. Die Frage selbst, die versäumten Studienjahre nahm sie nicht so wichtig; wer alt wird, rechnet mit langen Zeiten. Clemens könne diese Kunstreisen immer noch nachholen, meinte sie. Aber sie war am Ende gerecht genug, auch Ellens Standpunkt zu sehen, die vorbrachte, Clemens opfere ja seinen Beruf, nicht ihren, an ihr als Frau sei es darum, ihn daran zu hindern. Und auch lebenswissend genug war Sophie Hanstein, um zu verstehen, daß es für eine junge Frau nicht so ganz leicht zu schlucken ist, wenn ihr Mann die Interessen seiner Eltern den ihrigen vorzuziehen scheint. Das alles bestimmte sie, nach einer Lösung zu suchen, die freilich leichter erreichbar gewesen wäre, wenn Ellen nicht um das, was sie als ihr und Clemens' Recht ansah, nach ihrer Art ungeduldig, heftig, ja auch taktlos „gekämpft" hätte. Die Gräfin Sophie fand es nicht richtig, daß Menschen, die nicht unmittelbar damit zu tun hatten, mit der Sache befaßt wurden. Und es kamen Briefe von Kitty Degener, vom alten Gaunt, von denen sie wünschte, daß sie lieber nicht geschrieben worden wären. Richard bekam wieder als „Friedensstifter" einiges zu tun. Er und Kitty waren zu Weihnachten 1934 auf Besuch im Schlosse.

Das Leben gibt Gelegenheiten her, aus denen unser Herz etwas Reines machen könnte. Ellen sowohl wie der alte Hanstein hätten durch ein heiteres Zurückstellen persönlicher Wünsche vieles zum Guten gewandt. Aber da jedes von ihnen seine Wünsche in der ernsten Gestalt von Pflichten sah, so ging es wie es sonst auch geht: es wurde eine „gemischte Schüssel"... so hatte der alte Moritz Hanstein schon in seinen gesunden Tagen das Leben genannt, wenn ihn jemand nach seiner Meinung darüber fragte.

Hanstein nahm schließlich statt des Sohnes — der immerhin zweieinhalb Jahre sein Studium unterbrochen und seine Kraft dem väterlichen Gut gewidmet hatte — einen Verwalter an; er tat es auch jetzt nicht ohne Klagen, daß nun das Gut fremden Händen überlassen und er zu keiner wirksamen Aufsicht imstande sei. Denn seine Lähmung war nicht gewichen. — Er wie seine Frau hatten beide, ohne anders als einmal mit einem flüchtigen Wort daran zu rühren, die Jahre her immer in dem Bewußtsein gelebt, daß eines Tages eine schwere Operation gewagt werden müßte: was eine Rückenmarks-Operation bedeutet, konnten sie sich vorstellen. Sophie entschloß sich nicht dazu, sie anzuraten, und dem alten Grafen ging es damit, wie es oft gerade den sehr aktiven Menschen geht: was sie von sich aus unternehmen können, erschreckt sie nicht, sich aber den Händen eines Andern auszuliefern, ist ihrem tiefsten Instinkt zuwider. So war es gekommen, daß auch Hanstein nur tastend, in gelegentlichen Unterhaltungen mit dem Dorfarzt Nocker, die Frage eines operativen Eingriffs streifte — der aber ging nie darauf ein, er verstand es, unauffällig daran vorbeizuschlüpfen. Weil also sein eigenes, nur halb bewußtes Zögern solchermaßen unterstützt wurde, so ließ er die Zeit hingehen, ohne daß etwas geschah und auch ohne daß er sich der schrecklichen Antwort aussetzen mußte: „Es hilft ja doch nichts. Sie sind lahm für immer."

Es war klar, daß die Unbeweglichkeit je länger je mehr auf seinen Gemütszustand drückte. Er hatte Glück gehabt, mehr als er wußte, daß durch die Lähmung nur seine Beine, nicht auch die Magen- und Darmnerven betroffen waren und daß es seiner Frau durch die große Sorgfalt, mit der sie für die richtige Ernährung zu sorgen wußte, gelungen war, die Störungen hintanzuhalten, die sonst hätten eintreten müssen. Aber eben diese Pflege war für Sophie zu einer schweren Aufgabe geworden. Sie mußte fast ganz allein damit fertig werden, seitdem der Diener Rautter sich eines Tages mit dem Verwalter zerstritt und, da er sich für einige sehr saftige Beschimpfungen bei ihm entschuldigen sollte, sich halsstarrig zeigte und Hals über Kopf aus dem Dienst lief. Rautters Benehmen trug auch zur Verärgerung des alten Grafen bei, der nie geglaubt hätte, daß ihn der seit über fünfzehn Jahren bewährte Mann so im Stich lassen würde. Er erklärte sich's damit, daß Rautter, so wie er selbst, zu einem Jäger und Bergsteiger geboren war und es daher nicht ertragen konnte, seine Tage als Wärter hinter einem Krankenstuhl zu verbringen. So, in besonnenen Augenblicken, verzieh er's ihm; er hätte auch gern, wenn er gekonnt hätte, seinen eigenen „Kadaver", wie er sich ausdrückte, im Stich gelassen und sich irgendwohin davongemacht. — Weil nun aber der Graf Moritz kein fremdes Gesicht um sich ertragen mochte, so war es seine Frau, die die ganze Last der Pflege trug.

Clemens, da er nun wirklich mit Ellen in den Jahren 1935 und 1936 mehrere Reisen in der österreichischen und deutschen Heimat, und nach Frankreich, Spanien und Italien unternehmen konnte, hatte die volle Freude nicht daran, die Gemeinsamkeit der Reise- und Studientage führte ihn auch mit seiner Frau nicht so zusammen, wie er sich's einst erhofft hatte. Es war, als sei kein rechter Segen über dem Geschenk, das sie für ihn und sich ertrotzt hatte. Er hätte sie sich näher, an seinen Anschauungen und Gedankengängen innerlicher beteiligt gewünscht, und nicht nur so ehrgeizig besorgt, seinen Fachgenossen und den Menschen der Gesellschaft, mit denen sie unterwegs etwa zusammentrafen, ihres Mannes interessante Ideen anzupreisen, wobei sie, ohne es zu wollen und zu merken, dieselben ziemlich handfest vereinfachte. Bat man ihn dann, sich selbst über seinen Grundgedanken zu erklären, so war ihm die Lippe wie verschlossen, er brachte zögernd hervor, seine Sache sei noch nicht spruchreif, und wirklich konnte sie ja erst durch die wissenschaftliche Arbeit, die er erst noch vor sich hatte, und durch die Darlegung eines reichen Bildmaterials sichtbar werden. Solche Unterhaltungen aber endeten auf seiten Ellens meist mit einem mühsam verhaltenen Zorn, und mit Tränen und Vorwürfen, sobald sie wieder allein waren: warum er so stockig sei, in falscher Bescheidenheit sich dumm mache, ihr alle Freude verderbe!

Manchmal auf diesen Reisen überkam Ellen eine heftige Sehnsucht nach ihren Kindern, die beide, in der Obhut ihrer Großmutter und der Erzieherin, in Voggenbruck zurückgeblieben waren. Und eines schönen Morgens in Madrid, da Clemens sich eben zu einem Besuch des Prado aufmachen wollte, erklärte sie: „Ich muß heim. Ich muß die Kinder wiedersehn." Und wann und wo sie Clemens wieder treffen könnte? Aber sie kränkte sich, als er nichts dagegen einwandte, sogleich ernsthaft den Reiseplan und einen möglichen Treffpunkt und Zeitpunkt erwog. Sie dachte: Was? Braucht er mich gar nicht zu seinen Studien? — Sie schämte sich ein bißchen bei der Entdeckung, daß das Ausbleiben seines Widerstandes sie innerlich gleich umgestimmt hatte. Sie kam nicht mehr auf den Gedanken zurück.

Im Winter 1935/36 führte Benito Mussolini seinen Krieg gegen Abessinien, der eigentlich nur in einer bewundernswerten technischen Leistung bestand: ein fast wehrloses, aber auch fast wegloses, riesiges und wildes Land militärisch zu besetzen. In dieser Zeit reisten Clemens und Ellen in Italien, wo das Volk auf dem Lande still und genügsam wie immer seine Arbeit tat, die von der Propaganda erregten Massen der Städte aber altrömische Imperiumsträume reifen sahen. Hansteins waren zu nächtlicher Zeit auf dem Capitol, umschlossen von der stillen Majestät des Platzes, während drunten auf der Piazza Venezia das „Impéro" ausgerufen wurde und das Begeisterungsrasen der Menge wie ein Meeresbrausen heraufdrang; das Standbild des Kaisers Markus Aurelius schien wie in Versonnenheit, um das Vergängliche und Vergebliche aller Machtspiele wissend, in die Nacht hinauszureiten. — Es war damals eine unbewegte, aber schwere Luft über den Mittelmeerländern, man spürte die kommenden Wetter voraus; in Spanien war der Funke des Bürgerkrieges schon gelegt, der bald das Land vom einen Ende zum andern in Feuer setzen sollte. Das kriegführende Italien hatte mit der Abwehr der vom Völkerbund verhängten Sanktionen und einer feindlichen Stimmung seiner Nachbarn zu tun, von der nur das von Hitler regierte Deutschland sich ausnahm.

Ellen wie Clemens waren begierig, in Rom den Onkel Eugen du Faur zu besuchen. Sie fanden ihn in einer ziemlich elenden kleinen Wohnung zu ebener Erde im Trastevere. Von einer Arbeit in dem Reisebüro, die ihm seinerzeit durch Kittys Energie verschafft worden war, war nichts zu merken; Stöße einer begonnenen Schreibarbeit und dicke Schwarten aus einer Bibliothek lagen auf Tisch, Bett und Schrank, und Clemens erkundigte sich erfreut, ob das ein Übersetzungsauftrag sei? „So ähnlich," gab du Faur zögernd zur Antwort, und mit einer ins Vage deutenden Handbewegung: er habe augenblicklich keine Schreibmaschine, das da aber sei etwas eilig, so müsse er's eben mit der Hand machen — und sein Neffe erriet hieraus, etwas erschrocken, daß er wohl für irgendeinen Gelehrten Abschriften oder doch Exzerpte aus Büchern übernommen habe. Du Faur war mager und wirkte ein wenig ungepflegt, schien aber guter Dinge. Er bat seine Besucher, zwei Minuten auf der Straße, in die seine Zimmertür unmittelbar hinausmündete, auf ihn zu warten, und kam wirklich alsbald hervor in einem Rock und einem zwar nicht gebügelten, aber recht weißen Hemd, vergnügt über die Aussicht, mit den jungen Leuten ein paar Stunden durch die Stadt zu flanieren und dann hübsch essen zu gehn; sie müßten nur noch so viel Geduld mit ihm haben, daß er sich bei einem barbiere „vermenschlichen" könne. Während er, das Kinn eingeschäumt, im Stuhl saß, versicherte er immer wieder, wie glücklich er sei, in Rom zu sein. Die einzig richtige Stadt, für ihn wenigstens, um darin zu leben. Im Weitergehen dann behandelte er Ellen wie eine reisende Prinzessin, der er die Schönheiten Roms sozusagen „zu Füßen legte".

Später beim Essen, zu dem sie alle viel weißen Frascati tranken, drückte Ellen ihr Wohlgefallen an den faschistischen „Schwarzhemden" aus und brachte so das Gespräch auf die Politik. Eugen du Faur bemerkte dazu, Mussolini sei ein bedeutender Mann, „aber in der Sache in Deutschland, mit dem Hitler, steckt eine ganz andere Gewalt, das werdet ihr sehen".

Clemens war nicht bei der Sache, er betrachtete den Onkel mit Sorge und erkundigte sich vorsichtig nach den näheren Umständen seines Alltags; wer für ihn kochte und aufräumte? Er bekam Auskunft, daß da eine Frau war, in der Nachbarschaft seiner Wohnung, „die läßt mich nicht im Stich". Als Clemens einen Moment des Alleinseins nützte und alles Geld, das er gerade irgend entbehren konnte, verlegen und rasch in Onkel Eugens Rocktasche schob, lächelte dieser ihm dankbar-traurig zu und sagte:

„Im Herbst, als Delia zuletzt hier war, ging es mir viel besser, da hatte ich grad als Komparse in einem Film zu tun. Da war ich auch noch in der besseren Wohnung. Aber in Rom ist es ja nicht so schlimm, wenn man auch wenig Geld hat."

Clemens fragte: „Fühlst du dich denn gesund?"

„Nicht immer so ganz. Aber es gibt sich immer wieder."

Als sie von Rom Abschied nahmen, bat Clemens den Onkel sehr, wieder für eine Zeit nach Voggenbruck zu übersiedeln. Er hatte beim letzten Daheimsein, zwischen seiner spanischen und der jetzigen Reise, gefunden, daß seine Mutter sehr zart geworden war und daß die Pflege des Vaters sie anstrengte. Er sagte dem Onkel von dieser Sorge. Wenn er ihr ein wenig helfen und sie gelegentlich ablösen könnte, das wäre sehr viel wert.

Du Faur nickte dazu; Clemens wußte, daß er an seiner Schwester hing und gern in Voggenbruck war. Aber ein bestimmtes Versprechen wollte er nicht geben.

„In Rom ist gut leben und gut sterben," sagte er; daß in den Worten eine melancholische Vorahnung lag, das kam Clemens erst später zum Bewußtsein.

Clemens und Ellen hielten sich noch den ganzen Sommer über in Mittel- und Oberitalien auf. Wie es die Aufgabe erforderte, ließen sie sich Zeit, Florenz und Assisi, Pisa und die Toscana, Ravenna und Ferrara, Verona und Mailand zu sehn. Als sie im

Oktober 1936 wiederum in Wien eintrafen, brachten sie einen Schatz an Anschauungen und eine große Ausbeute guter Photos mit, Ellen hatte sich als Photographin sehr geschickt bewährt und auch Clemens war eine Reihe von Aufnahmen gelungen, die seine Kunstauffassung auf eine glückliche Weise stützen konnten. Er dachte sich nun in Wien auf seine Habilitationsprüfung vorzubereiten und wollte sich noch einige Jahre Zeit dafür lassen; er sah das als nötig an, um der schriftlichen Arbeit, die er zugleich einzureichen hatte, das rechte Gewicht zu geben.

Sie bezogen wieder ihre frühere Wohnung, die in der Zwischenzeit mitsamt der alten Babett, Ellens Köchin, an Freunde vergeben gewesen war; auch Delia du Faur hatte dort während der ganzen Jahre ihres Studiums ihr Zimmerchen und ihre Versorgung gehabt. Tag und Stunde der Heimkunft waren durch Ellen bereits eine Woche vorher, von Venedig aus, in mehreren ausführlichen, nach Voggenbruck und Wien gegangenen Depeschen angekündigt worden, und so fanden die Reisenden, als sie unter ihre Tür traten, bereits den ganzen Hofstaat beisammen: Daisy, einen weißen Nelkenstrauß in ihrer kleinen Faust zusammenpressend und mit Windeseile einen Willkommspruch hersagend, den die Erzieherin, Fräulein Behr, gedichtet hatte: „Vater und Mutter, den lieben / Die allzu lange ferngeblieben." Eugenie, aus irgendeinem Grunde und auf eine Weise, die nur ihr eigen war, sozusagen in Zufriedenheit und bei großem Wasseraufwand, mit Weinen beschäftigt. Dann das Fräulein und die Babett mit strahlenden Begrüßungsgesichtern und ebenfalls Blumensträußen in den Händen. Im Hintergrund Delia, ohne Blumen, aber mit einem freudigen Erröten geschmückt und mit etwas Tinte an den Fingern.

„Jetzt werden wir doch noch eine Zeitlang zusammen auf die Universität gehn," sagte Clemens zu seiner Cousine.

Delia: „Ja! Ich hoffe, daß ich im nächsten Frühjahr meine Doktorprüfung machen kann. Ich bin jetzt ziemlich fleißig."

Clemens, lächelnd: „Ja, das sieht man, weil du sogar schon mit den Fingern schreibst."

Nach der letzten Nachricht, die Clemens unterwegs von seiner Mutter erhalten, hatte er angenommen, daß Onkel Eugen du Faur jetzt in Voggenbruck wäre. Er fragte Delia danach und erfuhr, ihr Vater habe seine Österreich-Reise wieder abgesagt und dazu geschrieben, er fühle sich nicht ganz frisch. „Aber es ist sicher nur wie immer bei ihm, er kann sich halt nicht von Rom trennen," meinte seine Tochter.

Clemens, dem seine Erinnerung das ermüdete und vermagerte

Gesicht vor Augen stellte, und das enge, unwohnliche, unordentliche Zimmer, dessen Tür keine zwei Meter hoch war, und direkt auf die Straße hinausging... Clemens erzählte Delia von alledem, von seinem Eindruck, daß es ihrem Vater vielleicht wirklich nicht gut ginge, und riet ihr dringend, ihn in Rom zu besuchen und ihn womöglich selber nach Voggenbruck zu holen.

Er sah, wie sie ganz blaß geworden war, und korrigierte sich: „Nein, nein, liebe Delia – es wird nicht gleich so zum Erschrecken sein. Aber laß einmal deine Arbeit für zwei Wochen, das wird ihr gar nichts schaden. Und ich glaube, daß dein Vater dich jetzt recht gut brauchen kann."

4

Delia fuhr also schon wenige Tage nach der Heimkehr ihrer Verwandten südwärts über die Alpen, Clemens hatte dem Vater ihr Kommen angekündigt.

Sonst, wenn sie sich zu einem Ferienbesuch bei ihrem Vater und in der geliebten römischen Stadt aufmachte, war es in festlicher Stimmung geschehen; das hatte schon immer angefangen in dem Eisenbahnwagen, der so gelassen, mit seiner Zielbestimmung ROMA beschildert und für ihr Gefühl schon von Romluft erfüllt, in der Wiener Bahnhofshalle stand. Wie es eigentlich kam, daß sie trotz dieser Sehnsucht nach Rom und trotz ihrer Freude am Zusammensein mit ihrem Vater, doch jedesmal nur kurze Urlaubswochen bei ihm verbracht hatte: sie wußte es selber nicht. Es war eben zu einer Gewohnheit geworden, schon den größereren Teil der Osterferien und dann den Sommer bis weit in den Herbst hinein in Voggenbruck zu leben. Delia verstand sich gut mit allen dort, man konnte dort gut lernen und arbeiten; von Clemens' Gesprächen hatte man viel gehabt, das heißt, das war in der ersten Zeit, bevor er und Ellen auf Reisen gingen. Und dann Paul Horny. Er lebte jetzt mit seiner Frau in Trient, aber meistens schon im Frühjahr, regelmäßig im Sommer, kam er nach Voggenbruck. Kein Grund, zu leugnen, daß das eine große Freude war. Man konnte ihm helfen, wenn er ins Gebirge ging, Pflanzen zu suchen, die er für seine Sammlungen brauchte; Delia war oft tagelang mit ihm unterwegs, und beide genossen sie die Freundschaft mit der Natur und die Freundschaft, die sie zusammen hatten. Auf der Universität lebte Delia sehr für sich und fast ausschließlich für ihre Arbeit, es gab da keine Freundschaft, die mit dieser zu vergleichen war, und es verlangte sie auch nach keiner. Diese Eine, Delia hielt sie für unzerstörbar und keiner Veränderung unterworfen, war genug. Tante Sophie Hanstein hatte ein einziges Mal, im vergangenen Sommer, zu Delia eine Bemerkung gemacht ... sie sagte nur so viel: es sei doch schmerzlich für Dora Horny, daß sie nicht gut zu Fuß war und ihren Mann auf seinen Wegen nicht begleiten konnte; ob es aber wohl recht wäre, ihr das Gefühl zu geben, daß sie ganz und gar entbehrlich sei: dadurch, daß Delia mit Paul Horny wanderte und die ganze Arbeit an seinen Sammlungen und mit der Aufbewahrung und Katalogisierung für ihn tat? — Delia hatte zuerst gar nicht begriffen, was die Tante meinte. Wenn es ihm doch half und ihr selber Freude machte, und Dora Horny eben die Bergtouren nicht leisten konnte und auch in die botanischen Sachen nicht so eingearbeitet war. Auf diese kindliche Antwort hin hatte Sophie Hanstein noch dies gesagt: Delia sehe doch, daß Dora Horny nur mehr selten nach Voggenbruck komme, oder nur für ganz kurze Zeit, oder manchmal auch sei sie ganz ausgeblieben. Wie sie sich denn das erklärte? ob sie sich denn nie Gedanken gemacht hätte, wie es Dora zumut sei? Auf die Frage hatte Delia, tief innerlich gekränkt und mit ganz und gar rotem und heiß gewordenem Gesicht zur Antwort gegeben: „Aber das weiß ich doch, Tante Sophie, daß Paul nur ein Freund für mich sein darf und daß er Doras Mann ist und ihr gehört. Und ich will ja überhaupt gar nicht heiraten."

Wie das für sie selber feststand, so war Delia auch fest überzeugt, daß Paul Horny mit keinem verbotenen Liebesgedanken an sie dächte. Von der Verpflichtung einer Ehe hatte sie etwa die Vorstellung wie von einem Fahneneid: der Soldat hat auf die Fahne geschworen, und natürlich hält er, was er geschworen hat, warum würde man denn sonst den Eid leisten? — Es stimmte schon, Delia gab es sich zu und hätte es auch Sophie Hanstein, wenn sie sie Hand aufs Herz gefragt hätte, ohne weiteres zugegeben — freilich stimmte es, daß sie Paul Horny liebte. Aber jemand lieben, das hieß ja nicht, daß man ihn unbedingt auch h a b e n mußte? Was wäre das denn für eine Liebe und wie gering müßte Delia dann von sich selber denken.

Sophie Hanstein begegnete Cordelias unverwandtem Blick, in dem alle diese Dinge, die in dem Gespräch nicht mehr gesagt wurden, klar zu lesen standen; und sie lächelte, ohne es zu wissen, ein wenig, und redete seitdem nichts mehr über die Sache.

— Das Mädchen aber, in dem rollenden und schwingenden und schütternden Zug, dachte heute darüber nach, ob sie wohl während ihrer Studienjahre ihren Vater Paul Hornys wegen vernachlässigt habe? Ob er sich einsam gefühlt und sie in Rom entbehrt hatte, während sie immer die langen schönen Monate in Voggenbruck war? — Die gewohnte festliche Reisestimmung hatte diesmal schon darum nicht in ihr aufblühen können, weil Clemens' ernste Worte über des Vaters Aussehen und Umstände als Sorge in ihr nachklangen. Und es geht wohl so, wenn wir nachts auf Reisen sind und es fliegt eine dunkle, unkenntliche Landschaft draußen vorbei, und es ist da immer das Rollen der Räder, stampfend, in rhythmischer Eile, so als ob eine gewaltig vorwärts reißende Kraft Eile hätte, uns einem Verhängnis entgegenzutragen, und es kommen dann noch Gedanken dazu, die uns einflüstern wollen, daß wir an dem Menschen, um den wir in Sorge sind, etwas versäumt und verschuldet hätten — es geht wohl so, daß dann die Angst über uns kommt. Delia hatte ein tapferes Herz, das sich nicht leicht den Versuchungen der Angst ergab. Immerhin, so eine Reisenacht ist lang, wenn wir erst einmal die Schlaftür, die sich einladend auftut, verfehlt haben. Ellen, sie war doch immer die Gute, hatte ihr zu der Reise ein Geldgeschenk gemacht, ein sehr großes, wie es Delia vorkam, und gewollt, daß sich Delia davon auch einen Platz im Liegewagen nahm. Das sparte sie lieber, für den Vater, ihr machte die Bahnfahrt nichts aus, und heut nacht hätte sie im Liegewagen auch nicht geschlafen. Wenn sie den Papa nun krank fände? sehr krank vielleicht? Clemens hatte ihn schon vor Monaten so schlecht aussehend gefunden, und er selbst, sie hatte es zuerst so leicht genommen! hatte geschrieben, daß er nicht frisch war. Irgendeine Krankheit mußte in ihm stecken, von der man nichts gewußt hatte.

Es war ihr so klar, in dieser Reisenacht, daß der Tod das eigentlich Starke ist: das, was Macht über uns hat. Und was für Macht! Niemand konnte sich entziehen. — Wie konnte es ihr nur jemals so vorkommen, als ob er ein Natürliches wäre, ein Gutes, dem man sich anvertrauen kann, ein Schatten, den das Licht wirft! Als ihre Mutter gestorben war, damals, hatte sie das gedacht. Nicht nur sich eingeredet, es war wirklich ein Gedanke und ein gewachsenes Gefühl in ihr gewesen. Sie hatte damals an Ninette darüber geschrieben. Ninette! — Jedesmal, wenn die Erinnerung Ninettes Namen und ihr Bild berührte, schmerzte es wie eine frische Wunde. Das letzte Zusammensein mit ihr in Voggenbruck war vor drei Jahren gewesen. Damals hatten sie wohl gegenseitig ihre Freundschaft gefühlt, aber auch, daß sie wie an getrennten Ufern standen, sich nur noch zuwinken konnten, und daß ihre Wege auseinander liefen. — Und dann war eines Tages der Brief von Ninettes Schwester Silvia gekommen, auch schon zwei Jahre war das her, der Brief, der die Nachricht von ihrem Tode gebracht hatte. Sie wüßte durch Ninette selber und auch aus ihren hinterlassenen Briefschaften, so hatte Silvia Faber geschrieben, in wie naher Verbindung sie mit Delia du Faur gestanden, und darum wollte sie ihr einen kurzen Bericht geben. Delia fand den Bericht schrecklich und unverständlich; noch heute, so wie damals, begriff sie nichts als dies, daß der Tod eine versucherische Gewalt über Ninettes Herz erlangt hatte.

Die Tage in Rom, als sie die Degeners zuerst kennengelernt und mit Ninette in der Stadt umhergezogen war, die Tage, als Delias Mutter noch lebte, kamen ihr heute vor, als wären sie in einem andern Weltzeitalter gelebt worden. — Aber sie freute sich darauf, das Grab ihrer Mutter aufzusuchen und alles, was unverständlich und schwer erträglich war, dort auf den Campo Verano hinzutragen!

Ein kleiner Morgenschlaf war dann doch zu Delia gekommen. Jemand schrie etwas, eine aufgeregte italienische Stimme, es klang wie eine Freudennachricht, die niemand versäumen sollte, aber sie hörte mit halbem Ohr, daß es „Bolognaaa—!" hieß, und dämmerte weiter. Als ihr die Augen wieder aufgingen, sah sie, daß man jetzt draußen die Drähte der Telegraphenleitung, die steigenden, sinkenden, gegen den Himmel unterscheiden konnte, und daß es also Tag wurde. Und es kamen dann die Gehöfte, aus Ziegeln gefügt, bei denen die schwarze, strenge, schöne Zypresse stand — da wußte man, daß man schon mitten durch Italien fuhr. Ein Herbstlicht, reicher als bei uns an manchem Sommertag, ging auf über dem gesegneten Land; eine Tiefe, eine Ferne, aus der nun bald der Dom von Florenz aufstehen mußte: der Halt zu gebieten scheint, und sich doch um die Vorübereilenden nicht kümmert, so als verliere er nichts an ihnen. Indem die Dinge in bestimmten Umrissen hervortraten, schien Delia auch die Sorge um den Vater, die sie in Rom erwartete, bestimmter noch und unausweichlicher zu werden. Aber sie nahm sich nun vor, wie es auch sein mochte, und auch wenn sie ihn bettlägerig fände und das Ärgste zu fürchten stünde, sich keine Mutlosigkeit ankennen zu lassen und in Ruhe das Nötigste zu tun. — Delia saß für den Rest der Vormittagsfahrt lesend und mit so verschlossenem Ausdruck an ihrem Fensterplatz, daß eine ältere, vollbusige Mitreisende, die ganz gern, um die Zeit zu vertreiben, ein freundliches „Tratscherl" angefangen hätte, den Absprung nicht fand, sondern enttäuscht und seufzend auch mit ihrem Reiseroman sich befassen mußte.

Aber jetzt ist da schon die Campagna, die einen braunen Gürtel der Verschwiegenheit und der Einsamkeit um die Hauptstadt der Welt legt, wo man tausend Jahre lang die Ereignisse auf diesem Erdkreis nach deren Abstand von ihrem Gründungstage datiert hat. Jetzt ist da schon die Peterskirche, hereingestürzt in die Mitte des römischen Erdkreises als ein Zeugnis, daß nunmehr ein anderes, ein nicht mehr weltliches Zeitmaß angebrochen sei. Und jetzt mäßigt der Zug seine rhythmische, stampfende Eile, und die Reisenden nehmen die Koffer aus dem Netz und blicken auf Schienen und Hallen hinaus, die hier nicht schöner sind als anderswo in der Einfahrt großer Bahnhöfe, – und doch ist das Ankommen in Rom ein anderes Ding als das Ankommen irgendwo sonst. Und Delia steht und überlegt, daß sie vielleicht doch eine Taxe nehmen wird, um schnell zu w i s s e n , schnell an der Bettseite des Vaters zu sein. Jetzt ist da schon der Bahnsteig – und das Herz tut einen jubelnden Schlag, um dann für Sekunden auszusetzen: denn da auf dem Bahnsteig steht er, der Papa, mager und braun im Gesicht, tiefe Falten am Mund, und mit etwas vorgebeugten Schultern, und sieht seine Tochter Cordelia, und lächelt sein dankbar-trauriges Lächeln, winkt mit dem Hut, und geht auf dem Bahnsteig zurück, ihr entgegen.

Nach allem, was Delia erwartet, worauf sie sich zu fassen gesucht, nun dieses: daß der Vater dastand, aufrecht und gesund, wie es schien, und vergnügt, sie zu sehen, und so aussah wie immer ... der Umschwung des Empfindens vom einen zum andern war so groß, daß man nur entweder heulen, oder in eine ganz übermütige Fröhlichkeit geraten konnte. Das letztere war es, was Delia tat, sie umarmte den Vater und fing gleich an, den größtmöglichen Unsinn zu reden: eine Sache, zu der sie alle beide ein gleich bedeutendes Talent hatten – und sie war überzeugt, daß jedermann das blitzende Wasser in ihren Augenwinkeln für Lachtränen erkennen mußte.

Sie leisteten sich eine carrozella und fuhren schwätzend und lustig dahin. Rom hat auf dem Untergrund seines großen schweren geschichtlichen Ernstes eine Heiterkeit, welche daher kommt, daß die Verschränkung so vieler Zeiten dem einzelnen, dem heutigen Tag das Heftig-Unbedingte nimmt. Auf der Bühne, wo die Tragödie, der Aufruhr, der Mord und der gewaltsam prahlende Triumph geschehen sind, hat auch die Komödie ihr derbes, in der Augentiefe lachendes Possenspiel getrieben, und eingegangen ist beides in die Luft, die man in Rom atmet; auch Roms viele Kirchen, die in der Mittagsstunde mit frommem Klang einander zurufen, wissen von beidem. Die Prahlerei dieses großen weißen Vittorio Emmanuele-Denkmals wird ebenso wie alles das, was ein erregter Mann auf der piazza Venezia seinem Volk verkünden und von ihm fordern und ihm versprechen mag, in einer so weisen alten

Stadt allmählich sich verfärben und in sich zusammensinken und von ihr sein Maß empfangen. — Die carrozella rollte über den ponte Sisto, wandte sich nach links und drang in die enge Gasse ein, wo sie ihre Fahrgäste an Eugen du Faurs Türschwelle absetzte. Eine schöne römische Frau trat aus dem Zimmer, ungefähr dreißigjährig oder etwas darüber, an Haar und Augen dunkel, die vollen geschwungenen Lippen blasser als das Gesicht. Sie grüßte das junge Mädchen mit einer vollendeten, gelassenen Anmut und führte sie in das Zimmer, das sauber aufgeräumt und mit Blumen geschmückt war. Der Tisch weiß aufgedeckt, von drei Stühlen umstanden; Wein, eine pasta mit Käse, ein Salat, frisches, helles Brot war bereit. Sie setzten sich selbdritt, nachdem der Kutscher entlohnt war, und aßen. — Von ihrem Vater erfuhr Delia nachher, daß Bruna, so hieß die Frau, zuerst, da sie vom Besuch der Tochter gehört, sich während ihres Hierseins gar nicht sehen lassen wollte, dann aber zu du Faurs Überraschung beschlossen und darauf bestanden habe, die Signorina gleich am ersten Tag in seiner Wohnung und mit einem selbstbereiteten Mahl zu empfangen.

Zwischen Vater und Tochter wurden weiter keine Worte, als diese, über Bruna gewechselt. Auch ihre aufrichtige Meinung, daß Bruna sehr schön sei, behielt Delia für sich; wenn sie auch spürte, daß es den Vater sicherlich gefreut hätte, so gab es doch für ihre Art keine Möglichkeit, ein solches Kompliment bei ihm anzubringen. Du Faur kannte an seinem Kind einen gewissen Blick, der wie nach innen gekehrt war, um alle Mißdeutungen auszuschließen: es hieß, daß sie, was ein naher Mensch tat, in Achtung und Vertrauen hinnahm.

Sie lebten nun glückliche vierzehn Tage zusammen, in den November hinein, genossen die Milde der Luft, das schon gesänftigte, immer noch so helle Licht, dessen Reichtum auch die dunkle Wintersonnwende nicht erschöpfen kann. Der Campo dei Fiori gibt noch alle Blumen, in den Beeten leuchten sie, Nelken, Gladiolen, junge Rosen: als wäre nun erst der Sommer zu beginnen, wenden sie alle Blühkraft an die Entfaltung eines weißen oder dunkelroten oder goldenen Kelches. Von diesen trug Delia eine Fülle zum Grabe ihrer Mutter. Sie bemerkte, daß hier unlängst eine pflegende und Unkraut jätende Hand beschäftigt gewesen, und da sie das sagte, gestand ihr der Vater mit einer Rührung in der Stimme, daß ihn Bruna erst vor einigen Tagen hierher mitgeschleppt und mit ihm die Grabstätte neu hergerichtet hatte. Und er sprach dann beredt und klagend über seine Frau, die das beste aller Wesen war und „ohne die zu leben eigentlich unmöglich ist", und „in deinem Alter sah sie genau so aus, wie du jetzt" — und

Delia hörte ihn an, ein klein wenig verlegen für ihn, und zugleich mit dem Gefühl einer großen Zärtlichkeit. —

Er schien nicht ermüdet zu sein, wenn sie Wege miteinander machten, die Schätze Roms wieder aufzusuchen, mehr noch die heimlichen als die viel gefeierten: das valle Giulia in seiner Ländlichkeit, die riesigen alten Platanen in der villa Borghese, und dann einmal ein einzelnes oder zwei von den im Thermenmuseum zusammengetragenen Kunstwerken. Delia würde die Sorgen um den Vater, die sie von Wien mitgebracht, ganz für Hirngespinste gehalten haben, hätte nicht Bruna bei einer Gelegenheit davon angefangen und behauptet, daß es mit der Gesundheit des Herrn Eugenio gar nicht zum Besten stand, und sie wollte nicht schuld sein, daß es nachher hieß, sie hätte nicht auf ihn achtgegeben; sie wollte es der Signorina gesagt haben, und seine Freunde sollten es auch wissen und ihm einen guten Rat geben, denn auf ihren Rat hörte er ja nicht, natürlich. „Il cuore, il cuore!" betonte sie warnend mit bedauerndem Kopfschütteln, „il dottore ha detto: troppo vino, troppe sigarette." Es konnte plötzlich einmal zu Ende sein, hatte der Doktor zu Bruna gesagt. — Auch Delia war es so vorgekommen, daß er zu viel trank und rauchte, sie konnte aber und mochte ihn damit nicht quälen, in diesen kurzen Wochen des Zusammenseins; was hätte das auch geholfen? Die Angst aber war nun wieder da, besonders seit er einmal in einer etwas schwülen Mittagsstunde, da sie über einen sonnigen Platz gingen, nach ihrem Arm griff und sagte: daß es ihm dunkel ist vor den Augen... wenn auch die Anwandlung gleich wieder vorüber war. Delia nahm sich vor, zu dem Doktor hinzugehen, der ihn untersucht hatte, vor allem aber dafür zu sorgen, daß er wirklich, wenigstens einmal eine Zeitlang, einmal den Winter über nach Voggenbruck käme, wo er besser versorgt und auch ein bißchen beaufsichtigt war. Sooft sie freilich davon anfing, suchte er das Gespräch auf einen anderen Gegenstand überzuleiten: indem er sich auf einmal angelegentlich nach ihren Studienplänen erkundigte oder indem er sie — auf eine schonende, zurückhaltende Art, nicht wie ein Vater, eher wie ein jüngerer und respektvoller Bruder das tun würde — mit ihrer Freundschaft für „den Pflanzensammler" aufzog, womit natürlich Paul Horny gemeint war.

Weil Delia wußte, daß Wein weniger schädlich sein soll, wenn er nicht auf nüchternen Magen, sondern mit einer guten Mahlzeit genossen wird, gab sie sich Mühe, den Vater dazu aufzumuntern. Aber er aß fast nichts, wenn nicht sein Appetit durch besondre Verlockungen angeregt wurde, und Delia konnte nicht täglich mit ihm in einem vornehmen Lokal soupieren, dazu hätte Ellens vorsorgliche Geldspende nicht gereicht; so verabredete sie morgens mit Bruna, was diese an kleinen Erfreulichkeiten auf dem Markt einkaufen sollte, Käse und Fischchen und Muscheln und grüne Oliven, um damit abends zu einer Zeit in einer bestimmten Bottiglieria zu erscheinen. Sie trafen dann, wenn sie eine Stadtwanderung oder -fahrt getan hatten, einmal draußen an der via Appia mit Bruna zusammen, ein andermal in der Nähe der piazza del Popolo, oder einfach in einer der Kneipen der via Garibaldi, die ihre Tische auf den Straßen haben und wo die Kutscher und die Handwerker und die Händler ihren wohlfeilen, aber wohlschmeckenden Landwein trinken und sich ihre Brotzeit dazu mitbringen. Eugen du Faur freute sich schon immer zum voraus auf Brunas Kommen, der er zart über den schönen Arm strich; und dann begann er neugierig schmunzelnd ihr Körbchen zu untersuchen.

Hier in der via Garibaldi ließen du Faur und Cordelia sich eines Nachmittags schon früh an einem Tischchen nieder, da der eingetrübte Himmel zu keiner Unternehmung mehr lockte; doch klang die Trübung in eine milde Abendhelle aus. Sie blieben gleichwohl sitzen, wo sie waren. Die Straße war still, über das Kopfsteinpflaster polterte nur selten ein einzelner Wagen. Sie hatten vor sich, gegen die Mündung der Straße hin, ein Gewinkel von Dach und Giebel und Mauer, grau, rot, ocker, gelb; hinter sich ein haushohes Mauerwerk, einer ehemaligen Kaserne zugehörig; in einer kleinen Nische dieser Mauer stand ein bescheiden-rührendes Madonnenbildchen im Sternenmantel.

Über die Maria machte Eugen du Faur eine Bemerkung: wie viel doch für das Volk der Glaube an eine solche „Schutzgöttin" bedeute, der es alle seine Anliegen und Sorgen unterbreiten kann; man sollte nie versuchen, meinte er, die Menschen irrzumachen an solchen Hilfen, welche die Religion ihnen gibt.

In Delia regte sich Widerspruch, daß der Glaube als etwas gelten sollte, was „eigentlich" zwar nicht stimmte, aber doch „für das Volk" nützlich war. In den letzten Jahren hatte sie, oft zu ihrer eigenen Überraschung, ihre Gedanken auf manchen Wegen ertappt, denen ähnlich, die ihr von ihrer Mutter her vertraut waren. Sie hatte schon einige Male erfahren, daß der „Naturglaube", zu dem sie sich einst so glühend bekannt, in entscheidenden Augenblicken nicht Stich hielt, daß er das Liebesbedürfnis des Herzens im Unbestimmten schwanken ließ, während der Glaube an Christus, das Vertrauen zur Mutter Maria und zu den Heiligen dazu half, daß das Herz in allen Wirrnissen immer wieder fest werden konnte. Das Anhören dessen, was Clemens Hanstein in manchen Gesprächen äußerte, und das stille Nach-Denken darüber, auch das Lesen der Schriften von Pater Wächter und anderen, die Clemens ihr gegeben, hatte — das wußte sie wohl — großen Anteil an dem allmählichen Wandel ihrer Anschauung. Dabei war sie sich klar, daß die „Lebensnützlichkeit" selbstverständlich kein Argument für die Wahrheit einer Sache ist; eben weil sie das keinesfalls sein kann, reagierte sie etwas empfindlich auf die Bemerkung ihres Vaters. Sie konnte aber ihrem Widerspruch nur zögernden und unbeholfenen Ausdruck geben; sie besaß nichts „Fertiges" zum Vorzeigen, die neuen Gedanken waren noch zart und werdend in ihr.

Ihr Vater sagte, lächelnd: „Ich bin so froh, mein Kind, daß du dich zum Glauben der Kirche zurückzufinden scheinst."

„Warum froh?" fragte Delia mit gerunzelter Stirn.

Du Faur wollte antworten: der Glaube ist ein Schmuck der Frauen — besann sich aber, daß er damit seine Tochter kränken würde, deren Streben ein viel zu ernstes und unbedingtes war, um nach solchem „Schmuck" zu begehren. Er sagte daher nur: „Ich hab es immer sehr geliebt an deiner Mutter, daß sie so gläubig war... Und wahrscheinlich hat sie ja auch in allem recht gehabt."

Delia erriet dennoch seinen Gedanken, aber sie zürnte ihm nicht darum. Daß ihre Auffassungen in diesen Sachen sich von denen ihres Vaters; und auch Paul Hornys, entfernt hatten, rückte ihr nie die beiden teuren Menschen ferner; eher noch steigerte es ihre Zärtlichkeit für beide, weil ihnen ein Trost entging, den sie selber zu gewinnen begann.

„Wir lassen uns noch ein Viertelchen Velletri herausbringen," schlug er vor.

„Wirklich, Papa? Wollen wir nicht noch ein bißchen warten, bis Bruna kommt? Sie kann nicht mehr lang aussein."

Er sei durstig, sagte du Faur. Es sei hier wohl etwas schwül —

Delia ging, den Wein zu bestellen, und er dachte: wie gut, daß sie gegangen ist. Ich hätte wahrhaftig nicht selbst aufstehen und hineingehen können, es wäre zu viel Anstrengung. Ich muß achtgeben, das Kind darf das nicht merken. Komisch, es ist mir zu warm, ein bißchen wie Atemnot, und dabei sind mir die Füße sogar etwas kalt.

Mit der zurückkommenden Delia erschien auch gleich der Wirt mit dem Velletri. Alle Gastwirte in Trastevere kannten Eugen du Faur, die meisten waren auf Du mit ihm. Dieser, indem er die Flasche auf der Tischplatte absetzte, rief bei einem Blick in das Gesicht seines Gastes: o! der Signor Eugenio sehe aber nicht gut aus! — schenkte ihm selber ein und reichte ihm das Glas hin, das du Faur durstig auf einen Zug leerte; „e sù, va meglio!" bemerkte der Wirt befriedigt dazu. Es sei die Sonne, meinte er, die Sonne scheine hier noch gegen die Mauer, das könne nicht jeder vertragen. Er griff du Faurs Hut vom Stuhl und hielt ihm denselben hin, daß er sich damit gegen die Sonne schütze; mit etwas unsicherer Hand setzte du Faur ihn sich auf den Kopf, Delia Ermutigung zulächelnd, weil sie ihm ängstlich ins Gesicht sah.

„Der Wein tut mir gut. Es geht viel besser," sagte er leise.

Und die Tochter mit einer Gebärde wieder zum Sitzen nötigend (der Wirt war schon wieder hineingegangen), sprach er weiter mit gekräftigter und sogar beschwingter Stimme:

„Es ist doch so gut, liebes Kind, daß wir in Rom zusammen sein können. Aber du mußt nicht mehr davon sprechen, daß ich von Rom weg soll. Zu was denn? Ich fühl mich so wohl hier —"

„Ja, Papa. Aber —"

„Du mußt nicht mehr davon sprechen. Laß nur. Schau, die Menschen, wie ich einer bin, sind keine nützlichen Mitglieder der menschlichen Gesellschaft gewesen, wirklich gar nicht nützlich, da kann man nix machen. Aber wir haben es doch schön gehabt. Und daß es irgendwo die Menschen gegeben hat, wie wir, die die Schönheit der Kultur in dem alten Europa richtig g'spürt haben, das ist gar nicht einmal so ganz unwichtig gewesen." Und mit einer Handbewegung, und wieder lächelnd, sagte er: „Und die Schönheit vom Leben auch! — Und wenn's im Ernst deinen persönlichen, fürsorglichen Gott geben soll, ich weiß ja nicht — dann war's auf alle Fälle freundlich von ihm gehandelt, daß er uns von dem Schönen auf der Welt noch so viel hat zukommen lassen, vor daß er alles zusammenschlägt."

Delia fragte: „Schlägt er alles zusammen?"

Du Faur: „Du — ich glaub schon. Es kommen ganz harte Zeiten, teilweise sind sie, glaub ich, schon da. Zeiten, wo unsre Art Leute nichts ausrichten können. Grausame — nicht aus Temperament, wie die Menschen hier oft sind, sondern grausam aus unmenschlicher Gleichgültigkeit. Ich kann dir nicht sagen, wie froh ich bin, daß ich vorher noch wegkomm."

„Aber wie kommst du denn weg?" fragte Delia erschrocken.

Er gab darauf keine Antwort, er sagte wieder, so als hätte er das inzwischen Gesprochene vergessen:

„Daß ich jetzt noch nach Voggenbruck soll, hat keinen Sinn. Laßt mich hier."

Delia merkte an einem freudigen Aufleuchten seines Gesichts, daß Bruna erschienen sein mußte. Sie wandte sich um. Wirklich kam die dunkle, schöne Frau die Straße herauf; Eugen du Faur wollte aufstehen, wie er immer aufstand, wenn sie kam, und ihr damit seine zärtliche Achtung bekundete. Da er sich aber mit Anstrengung aufgerichtet hatte, griff er zugleich mit der Hand nach seinem Hals und fiel wieder zurück in den Stuhl, und sein Hut fiel ihm vom Kopf, auf den Boden.

Delia war schon hingesprungen und versuchte den Körper ihres Vaters im Stuhl aufzurichten. Indessen lief Bruna heran, mit ihrem Korb voller Schmackhaftigkeiten am Arme lief sie eilends heran, sie beugte sich über den Zusammengesunkenen. Und dann küßte sie ihn mit leichter Lippe auf die Stirn, die etwas feucht war, ein wenig kalter Schweiß. Sie schlug das Kreuz über ihm, sie sagte zu Delia, ihr Gesicht verzog sich nicht beim Weinen, aber die Augen strömten ihr über:

„Povero. E morto. (Der Arme, er ist tot.)"

5

Was ist es, das uns durchhilft, wenn recht schwere Tage kommen? Daß man an die anderen denkt, an die Mitmenschen, womöglich mehr als an sich selber, und über ihrem Leid das eigene vergißt? Ja, das wohl auch. Delia gab sich große Mühe, als sie in Rom, wie einst die Mutter, so nun auch den Vater verloren hatte, über ihrem Verlust nicht die Mitempfindung für die arme Bruna zu versäumen. Und es tat ihr wohl zu spüren, wie echt der Schmerz dieser Frau war, es tröstete sie über die letzten römischen Jahre ihres Vaters; er hatte nicht einsam, nicht verlassen gelebt, neben diesem einfachen Menschen „aus dem Volk" (wie man so sagt). Bruna war verheiratet gewesen, der Mann war ausgewandert, nach Amerika, um Geld für die Familie zu verdienen; dann hatte man nichts mehr von ihm gehört. Bruna erwarb sich ihren Lebensunterhalt als Wäscherin. Sie besaß eine kleine Tochter, Fiammetta, ein Engel von einem Kind, das schönste Kind in der ganzen Stadt. Es bekam etwas Schlimmes im Hals, wahrscheinlich war es die Bräune, und starb ganz plötzlich. Signor Eugenio hat sie so gut über den Tod ihrer Kleinen zu trösten verstanden, so schön hat er gesprochen. Und dann hat sie gesorgt für den Signore, er hatte es nötig, und bei ihr bekam er zu essen, wenn er nichts hatte. Ein so guter Herr. So sanft, come seta, wie Seide, behauptete Bruna. Was ihre warme, reiche Natur an Liebe und Fürsorge zu vergeben hatte, hatte sie Eugen du Faur zugewendet. — Und jetzt war es wieder so einsam, und auch nichts Kleines hatte sie von ihm, sie wollte es immer nicht wegen der Leute, sie wohnten ja auch nicht zusammen. Aber jetzt, wenn sie wieder so ein bambino hätte, wäre es besser, sagte Bruna, und weinte.

— Im letzten Grunde aber, fand Delia, war es das nicht: von sich selber weg- und in den Nächsten sich hineindenken. Das war recht gut, aber es konnte nur auf eine Weile helfen. Was wirklich half, war dies: zu erkennen, daß diese irdischen Tage nicht das Letzte sind. Der Tod, der trennt, das Auge, das zu blicken aufgehört hat, die Stimme, die nicht mehr redet, die Erde, die einen starrgewordenen Körper zudeckt — alles das ist nicht das Letzte, nicht die letzte Wahrheit, auch keine „natürliche" Wahrheit. Ganz in uns, tief, verlangt etwas nach einer anderen Antwort, als alle diese sogenannten „Tatsachen" sie geben können. Wenn man das menschliche Herz nach dem bemessen könnte, was es nicht von sich aus, aber in seiner Sehnsucht ist, — was es ist, indem es sich selbst übersteigt, so dürfte man sagen: es w e i ß von einer anderen Antwort. Und diese andere Antwort ist die Auferstehung.

Clemens Hanstein, nachdem er durch Delia die Nachricht vom Tode des Onkels erhalten hatte, kam selber nach Rom, um seiner Cousine beizustehen, auch in den praktischen Erledigungen und Formalitäten, die sie dort zu bewältigen hatte. Er fand alles schon auf die richtige Weise eingeleitet und freute sich darüber, daß sie sich so umsichtig und so tapfer bewährte. Eugen du Faur bekam ein Grab auf dem Campo Verano neben dem Grab seiner Frau. Was er an Sachen noch besessen, es war fast nichts mehr, wurde Bruna vermacht; Clemens fand darüber hinaus eine Weise, ihr etwas zukommen zu lassen, und sie versprach aus freien Stücken, für die Gräber zu sorgen, für beide, „anche la signora, naturalmente, certamente", versicherte sie unaufgefordert und mit einem Ausdruck von Treue und Ernst in ihrem schönen Gesicht. Sie werde immer an sie denken, sagte sie beim Abschied zu Delia, an der sie großes Gefallen gefunden, die Signorina sollte sie auch nicht ganz vergessen.

Der Tag der gemeinsamen Heimreise war ein Sonntag. Und Delia schloß sich ihrem Vetter an, der frühmorgens vor der Abfahrt die Messe in S. Peter besuchte. Während sie ganz im Hintergrunde des hellen, riesigen Raumes, betend, aber noch für jetzt nur als Gast, die Feier mitbeging, fühlte sie Stille, Tröstung, Zuversicht. Als Kind war sie hier gekniet, gläubig, von dem Schauspiel der großen Kirchenfeste überwältigt. Sollte sie nun wieder den alten Weg finden, bis zum Altar, so müßte es freilich kein Schauspiel mehr sein, das sie bezwingt, oder es mußte das Schauspiel als die Darstellung der Wahrheit erkannt sein. Und in ihr Gebet versinkend, erschien ihr das Schiff dieser Kirche so lang wie der Weg der ganzen Welt bis zu Dem, der uns mit Gottvater im Himmel versöhnt.

Delia setzte in Wien im Laufe des Winters die Vorbereitungen zu ihrem Doktorexamen fort, sie schrieb ihre Doktorarbeit, die das etwas schwierige Verhältnis Rainer Maria Rilkes zur Landschaft und Kultur Italiens betraf. Jedoch die eigentliche geistige Arbeit, die während der Zeit in ihr vorging, war die Auseinandersetzung ihres durch philosophische Lektüre geschulten, wachen und auf Denksauberkeit hin erzogenen Verstandes mit dem Christenglauben, welcher wie eine fremde Macht in dieses befestigte System eingebrochen war. Es lag in ihrer Art, sich in dem Kampfe — denn ein solcher war es wirklich — keinen Einwand, keine scharfe Prüfung der in Dogmen verfaßten Glaubenswahrheiten zu ersparen, wobei sie allerdings erlebte, daß sie so nicht weiterkam. Denn in dem Sinn ihrer bisherigen Denkgewohnheit war kein Gegner da. Es war gar nicht schwer, Dogmen und Evangelienberichte, dort wo sie der „natürlichen Lebenserfahrung" widersprachen, als unbewiesen und als unbeweisbar abzutun; nur wurden sie dadurch nicht getroffen und keineswegs erledigt; dem Gemüt, das ihre Unmöglichkeit einsah, blieben sie dennoch überzeugend, sie trafen eine Tiefe in ihm, die von den Gegenbeweisen überhaupt nicht berührt wurde. Als Delia das bemerkte, wurde sie ungeduldig und sogar böse mit sich selbst; sie meinte, es müsse ihr Geist sein, der von der Wahrheit des Glaubens durchdrungen werde und sich ihm beuge, nicht das Herz, das nach dem warmen Licht jener Botschaft verlangte; denn sie wollte sich keinen frommen Selbstbetrug durchgehen lassen. Und sie wandte die Sonde der kritischen Prüfung mit unnachsichtiger Schärfe gegen sich. Besonders machte sie sich in ehrlicher Mühe immer von neuem mit dem Argument zu schaffen, das ein kühl urteilender Fremder, ihre Entwicklung beobachtend, hätte vorbringen können, etwa so: dieses junge Mädchen hat damit angefangen, sich in geisteswissenschaftlicher Arbeit einen Begriff der Welt und der in ihr wirkenden Kräfte zu verschaffen. Der frühe Verlust ihrer Mutter hat sie in dem Bemühen nicht beirrt, mit der Kraft der Jugend hat sie den Verlust ertragen und ist weiter ihren Weg der wissenschaftlichen Erkenntnis gegangen. Dann aber hat sie angefangen, sich einsam zu fühlen, dies und jenes ist geschehen, was ihr schwerfiel, zum Beispiel, daß sie einen Mann, den sie liebte, nicht haben konnte. Und da nun auch der Vater gestorben ist und sie sich in der Welt ganz allein sieht, greift sie nach einem Trost, der ihr einen Halt geben soll, und nähert sich wieder dem persönlichen, dem vermenschlichten Gott, von dem man uns in der Kindheit erzählt – wohlweislich, weil wir da noch nicht die Einsicht haben, das Lächerliche dieser Geschichte einzusehen, und so verbindet sie sich mit den Erinnerungen, mit den Träumen des poetischen Kindesalters und wird zu einer süßen Gewohnheit, der wir nie mehr ganz entsagen können. Der Gott, der aus seiner Erhabenheit herabsteigt, seine Geistnatur aufgibt, worin seine göttliche Unnahbarkeit beschlossen lag... um in einer jüdischen Provinz des Römerreichs als Wanderprediger mit staubigen Füßen herumzuziehen, einen lächerlichen, auch in der engeren politischen Geschichte des Landes ganz unbedeutenden Aufruhr zu erregen und sich, der Gott! ans Verbrecherkreuz schlagen zu lassen: alles zu dem Zweck, sich für uns zu opfern und uns in unserm kleinen Menschenleid zu trösten. Und darin liegt die Zugkraft, so würde der kühle Beobachter sagen, dieser Religion: daß sie mit der rührenden, ins Kleine gehenden Umständlichkeit einer solchen Heilsveranstaltung unsrer Eitelkeit schmeichelt. Denn wir halten uns für sehr wichtig, wir meinen, daß die Sphären ihren Umlauf verändern müßten, weil wir Zahnweh haben. Die Kirche aber, die das lehrt, beträgt sich wie eine schlechte Mutter, die ihr Kind, wenn es dem Unbekannten, dem Unbegreiflichen begegnet, unter ihre Schürze zurückruft – statt daß sie uns ermutigt, die Gefährlichkeit und die Schmerzlichkeit und die Ausgesetztheit des Menschendaseins zu bestehen, die ja auch dessen Stolz und Größe ist.

Wiederum aber war Delias guter Verstand zu redlich, um nicht auch die Lücken in dieser vortrefflichen Beweisführung zu erkennen. Eine davon war die, daß derselben eine Vorstellung von Göttlichkeit und Gottesmacht zugrunde lag, die nur ins Räumlich-Große ging, Gottes Einlassung ins Geringe und Enge aber als eine Unmöglichkeit ansah. Es war nicht schwer einzusehen, daß das überzeugendere Gefühl von Gottes allgegenwärtiger Mächtigkeit von dem ausging, der sprach: es fällt kein Haar von deinem Haupt ohne des Vaters Willen. Wenn das überhaupt etwas heißen sollte, so hieß es, daß Gott von allen meinen Nöten, selbst bis zum Zahnweh, wußte. – Bei näherem Zusehen noch bedenklicher war, daß da überhaupt nach Stoffmengen und -maßen, nicht nach der Werthaftigkeit geurteilt wurde. Die Sternenräume in allen Ehren; nicht ohne Schauer der Ehrfurcht konnte man zu dem ausgestirnten Himmel aufblicken und diese unausdenklich fernen Feuer in ihrer Bewegung alle gelenkt und in weiser Ordnung gehalten wissen. Aber eben die Regung der Ehrfurcht in dem menschlichen Herzen, antwortend auf die stumme Rede, die aus der Nacht auf uns zukommt: war die nicht mehr als jene Entfernungen, welche die Forscher nach Lichtjahren errechnen?

Die Regungen der Ehrfurcht, der Sehnsucht, der Liebe, sie sind das Beste, was die Welt besitzt: das fühlen wir. Jedoch wegen ihrer Kostbarkeit, ihrer zarten Beschaffenheit lassen sich keine Beweise auf sie stützen, keine Sicherheiten aus ihnen gewinnen.

In der Zeit ihres jungen Naturglaubens allerdings hatte Delia dieses Glück erlebt: in dem kalten, einsam-großen, nach ehernen Gesetzen im eigenen Kreise rollenden Weltgebäude war plötzlich die Sicherheit aufgeblüht, die es zu einer Heimat machte, als sie die Schriftsteller las, die sagten, rückhaltlos dürfe und müsse der Mensch dem eigenen Herzen, seinem **natürlichen Gefühl** vertrauen, in ihm besitze er unverfälscht und unverlierbar das Maß aller Dinge, das Sesam des irdischen Paradieses. Da wurde Natur erst wirklich ein Besitz, ein Rausch und eine Erfüllung — denn man hatte ja teil an ihr! von ihrem Kern aus, liebend, durfte man sie beherrschen! Das Herz, man fühlte ja, daß es die Welt umfassen und sie verstehen konnte! es war sein eigener Beweis, nach einem weiteren brauchte man nicht zu fragen.

Nur leider, mit der Zeit hatte man erfahren müssen, daß ihm gar nicht so unbedingt zu trauen war. Wäre man ihm immer gefolgt, man hätte oft Dinge getan, die bestimmt unrecht gewesen wären. Woher aber wußte man das — und man wußte es doch! — wenn das Herz das Maß aller Dinge ist? Es stimmte also nicht damit. Und seit Delia anfing, sich genauer mit den Schriften und der Lehre des Christentums zu befassen, war sie darauf gekommen, daß dieses Christentum über das menschliche Herz sehr abschätzig urteilt, härter sogar als die ärgsten Beweises- und Verstandesmenschen. Es sei böse von Jugend auf, stand schon in der Genesis. Jesus selbst zählt eine Reihe scheußlicher Dinge auf, von den schlimmsten war keines vergessen, die alle aus dem menschlichen Herzen kommen.

Also was denn und wie denn? Beweise gab es keine, der menschliche Geist konnte die Wahrheit des Glaubens nicht forschend und prüfend erfassen; höchstens in der Vorhalle des Glaubens konnte er sich zu schaffen machen und da einige Unordentlichkeiten ausräumen, das war das Geschäft eines Hausdieners. Ins Allerheiligste konnte er, dieser menschliche Geist, nicht hinein. Gut. — Aber nun also das menschliche Herz auch nicht? auf dieses war erst recht kein Verlaß? — Also was sollte ein Mensch tun?

Sollte es denn für ihn überhaupt keine Sicherheit geben?

In der Nacht, über diese Sachen denkend, geschah es Delia, daß ihr Denken sich in Gebet verwandelte.

Es war schon auch sonst so, in dieser Zeit, daß sie sehr stark die Gegenwart ihrer Mutter fühlte. Das geschah vielleicht darum, weil sie in den Wochen gar nicht dazu hinfinden konnte, mit anderen Menschen über Glaubenssachen zu reden, auch mit Clemens nicht. Wer weiß, warum, sie hatte ja das größte Vertrauen zu Clemens, sie verdankte ihm so viel, aber jetzt, da alles wie zur Entscheidung in ihr brannte, jetzt ging es nicht. Wie mit sieben Siegeln war ihr Mund verschlossen. Es gibt Menschen, die drängt es nach innen, in die innerste Einsamkeit, wenn sich etwas in ihnen entscheiden will. Und doch ist die Einsamkeit, wie sie uns nötig ist, auch gefährlich. Wo aber die mit uns Lebenden nicht helfen können, da sind unsre Toten hilfreich nahe. In der einen Nacht war es dem schlaflos grübelnden, in Traurigkeit befangenen Mädchen so, als lege ihr die Mutter die Hände zum Gebet zusammen, wie sie es ihr in der frühen Kindheit getan hatte. —

Und es ist wahr, wer will, kann es erfahren, Delia erfuhr es, daß das Gebet Erkenntnisse aufschließt, die unserm denkenden Geist versagt bleiben, wie aufrichtig und getreu und geduldig er auch sein mag. Und das sind ganz einfache Erkenntnisse. Denn das Gebet ist kein Aufflug und Sturm und Überschwang unsres Herzens, wenn auch Flug und Sturm und das Überschwungenwerden von den Flügeln der seligen Geister den großen Betern, den Heiligen, widerfahren sind, nachher. Aber zuerst ist das Gebet nur: daß wir uns selbst zu vergessen anfangen; und so, weil wir uns sonst immer im Weg sind, fangen wir endlich an zu sehen.

Darum, diese Nacht, war es für Delia einfach zu sehen, daß es wirklich für die Menschenseele keine Sicherheit gibt.

Keinen Verlaß, auf unsern Geist nicht und nicht auf unser Herz. Wir sind so vergänglich beschaffen. Der Mund vergeht, mit dem wir das Liebste küssen, die Hand, mit der wir das Liebste ergreifen. So auch, was an uns „Geist" und „Gemüt" heißt. Es ist Sünde geschehen, in altgrauer Zeit, Sünde, an der wir teilhaben, die wir noch täglich erneuern — und die hat es alles verschuldet.

Und doch ist unserm verweslichen Geschlecht ein Wort geschenkt worden. Es wurde Fleisch und wohnte unter uns. Es wird alles vergehen, Himmel und Erde, aber das Wort nicht.

Wie soll ich denn aber erkennen, fragte Delias denkender Geist, daß dies DAS WORT ist, das lebenschaffende, das im Anfang war, wenn das Gefäß, mit dem ich es fasse, ich selbst, so verweslich und des Vertrauens so unwürdig ist?

Indem sie aber zu beten fortfuhr, war es ihr einfach, zu sehen:

ich werde das daran erkennen, daß das Wort mich umschaffen wird, und ich werde dann nicht mehr verweslich sein.

Und wieder: aber so muß ich ja erst umgeschaffen sein, bevor ich zu erkennen vermag! Wie gelange ich aber zur Erkenntnis des Glaubens, solang ich nicht umgeschaffen bin?

Und wieder die Antwort, sie war der betenden Seele noch einfacher zu verstehen als alles, was vorher war: ich liebe ja auch mit meinem vergänglichen Herzen irgendeinen Menschen auf Erden, der doch vergänglich ist wie ich. Und die Hingabe meines Gefühls, und, wahrhaftig! sollte man es glauben? auch die Gebärde meiner Zärtlichkeit zu ihm ist mehr, als wir selbst sind. Warum könnte ich aber nicht dem WORT vertrauen und es lieben, von dem ich die Zeugnisse habe, seien sie auch von Menschen, vergänglich und sündhaft wie ich, aufgezeichnet, da doch diese Zeugnisse genügt haben, mir die Ahnung zu geben, daß das Wort von göttlicher und nicht vergänglicher Beschaffenheit ist? Warum könnte ich nicht mit dieser Liebe und diesem Vertrauen anfangen und das übrige alles Ihm überlassen?

Das aber war es, was Delias Seele zum Eintritt über die unsichtbare Schwelle des Glaubens gewann: daß in ihr diese Kraft, zu vertrauen auch schon vor Beweis und Erkenntnis, aufgerufen wurde. Sie hatte in ihrem Leben schon erfahren, daß es allein diese Kraft ist, auch Menschen gegenüber, die Alles möglich und Alles schön macht.

6

Über dem war die Adventszeit schon beinahe hingegangen. Delia sprach jetzt mit Clemens, und er wußte und riet ihr, was sie zu tun hatte; er schickte sie zu einem Kapuzinermönch — er hieß Pater Erwin — damit sie ein Beichtgespräch mit ihm haben und nach so vielen Jahren wieder als ein Kind ihrer Kirche am Gottesdienst teilnehmen und die Kommunion empfangen konnte.

Dieser Pater war ein noch junger, groß gewachsener Mensch, er sah aus, wie man es in alten Bauernfamilien findet, man konnte sich ihn mit ausgreifendem Schritt über Felder wandernd denken; nur war an ihm alle Kraft dieses Bauerntums ins Geistige gewendet, in einen schlichten und starken, vor keiner Kühnheit und keiner Treue zurückschreckenden Geist: das sah man an seinem Gesicht, und man sah es auch an seinen großen, aber dabei zarten Händen. Die Leute erzählten von ihm, daß er eine reiche Bildung besaß, aus Demut aber nicht in einen der berühmten Gelehrten- und Theologen-Orden eingetreten, sondern Kapuziner geworden war.

Delia fand es gut, mit ihm zu reden. Denn er fragte nicht zudringend, sondern nur, was ihn sein Amt und Glaube zu fragen verpflichteten. Sie konnte ihm alles sagen, wie es mit ihr gewesen war, und empfing von ihm die Lossprechung. Am 20. Dezember, dem letzten Adventsonntag, ging sie mit den Andern zur Kirche, und es war einfach und gut, und als wär es nie anders gewesen.

Zu Weihnachten und den Ferien fuhr Delia zu ihrer Tante Cécile nach Salzburg, die glückselig war, ihr „Schulkind" wieder bei sich zu haben, und ihre Teilnahme am Tode Eugen du Faurs durch eine rührende Aufmerksamkeit für seine Tochter bekundete. Delia fand sie recht zitterig und vergeßlich geworden, der Versuch aber, ihr die Haushaltsmühen nach Möglichkeit abzunehmen, morgens für sie aufzustehen, tagsüber für sie das Silber zu putzen, kränkte die Gute, so als hätte man ihr zeigen wollen, daß sie schon überflüssig geworden sei: Delia hatte jetzt Ferien und sollte ausschlafen, sollte nachmittags ausruhen, behauptete sie.

Was Delia der Tante von ihren Glaubenserfahrungen erzählte, fand ihre Teilnahme nur insoweit, als sie wußte, wie ihre Schwester Marie Eleonore sich darüber gefreut hätte. Für sich selber hatte Cécile sich auf einen gewissen Abstand, eine wohlwollende Neutralität, sozusagen, gegenüber Gott und der Kirche eingerichtet. Sie ging dann und wann zum Gottesdienst, sie war auch jetzt mit Delia in der Christmette im Dom, und fror an ihren dünnen Beinen. Aber allzu neugierig nach der Erprüfung der in der Kirche verkündeten Wahrheiten war sie nicht. Sie setzte sich mittags an ihr etwas erhöhtes Fenster, in das es hell hereinschien, an einem schön hellgrauen, ärmellosen Sweater strickend, den sie ihrer Nichte zu Weihnachten bestimmt hatte, aber erst an Neujahr fertigbrachte. Draußen auf den Dächern von Salzburg und auf dem Gemäuer der grauen alten Burg lag Schnee und Sonne; die Tauben, die zu Céciles Fensterbrett kamen, wurden von ihr gut gefüttert, obwohl sie nicht die Abbilder des Heiligen Geistes in ihnen erkannte. „Ich bin alt," sagte sie zu Delia, „ich sterb schon ganz gewiß in ein paar Jahrln. Dann kann man ja sehen. Die Hölle, wenn's eine gibt, werd ich schon nicht grad verdient haben, und im Fegfeuer, o je! sitzen so viele, das wird zum Aushalten sein."

Das war Tante Céciles Anschauung. Delia aber fühlte sich in dem, was sie empfangen hatte, viel zu glücklich, und viel zu sicher, daß Gott einen jeden nach seiner Weise führe, als daß sie sich über die Gleichgültigkeit der Tante hätte betrüben können. Die war so gut, der Himmel mußte zuverlässig einen Platz für sie haben, wenn nicht grad unter den Sternen, so doch bei irgendeinem warmen, stillen Wolkenofen...

„Was lachst mich denn aus?" fragte Cécile ihre Nichte, weil sie sie lächeln sah.

„Ich lach dich nicht aus, ich freu mich über dich," sagte Delia.

Wirklich ein Kummer aber wurde es ihr, als sie nach dem Dreikönigstag 1937 wieder nach Wien kam und zu merken glaubte, daß zwischen Clemens und Ellen etwas verändert sei. Sie wußte nicht, hatte sie vorher nicht darauf geachtet, weil sie in den Adventswochen so inständig-still mit sich selber zu tun gehabt, oder war ihr jetzt, nachdem sie während der Weihnachtszeit nicht mit ihnen zusammen gewesen, das Ohr dafür geschärft – jedenfalls kam ihr da etwas neu und nicht gut vor.

Nicht, daß es einen Streit gegeben hätte; ein Streit hätte sie auch nicht erschreckt. Delia hatte zum Teil die Schwierigkeiten miterlebt, die in Voggenbruck gewesen waren, und sie wußte überhaupt, daß in einer Ehe auch Gegensätze ausgekämpft werden müssen. Schon als Kind hatte sie das bei ihren Eltern erfahren, hatte manchmal daran gelitten, dabei aber doch hinter jedem heftigen Wort die Zusammengehörigkeit von Vater und Mutter gefühlt. Hier aber, bei ihrem Vetter und seiner Frau, sah es so aus, als ob diese Zusammengehörigkeit selber in Gefahr wäre. Man konnte manchmal an der Art, wie er mit ihr sprach, eine höflich verhaltene Ungeduld erkennen, und eben die höfliche Verhaltenheit schien Ellen sehr zu kränken – Delia verstand das. Ellen hätte früher auf so etwas mit unbedachten Heftigkeiten reagiert. Jetzt tat sie es nicht, aber es konnte, in Augenblicken, in ihrem Gesicht etwas heraufkommen, was Delia plötzlich einsehen ließ, daß man um den Menschen immerfort in Angst sein muß: nicht um Armut und Krankheit und Schicksalsschläge, aber um des Bösen willen, das von ihm Besitz nehmen will.

Sie schalt sich selbst wegen solcher Beobachtungen, als verstiegen und nicht recht gescheit, und versuchte, arglos wie bisher mit den Beiden zu leben und ihrer eigenen Arbeit nachzugehen. Es ist aber ein verhängnisvoller Moment in der inneren Geschichte einer Ehe, wenn eine Zwistigkeit, die ja immer einmal aufstehen mag, von Dritten bemerkt wird. Die Eheleute spüren, daß sie bemerkt worden ist, aus der Geborgenheit tritt etwas ins Offene, da wird die Schonung verletzt, die ein so inniges menschliches Verhältnis bestimmen sollte... und wo diese, da ist immer zugleich auch sein Bestes, seine Schönheit, in Gefahr.

Nun war, wenn man die Dinge nach ihrer äußeren Tatsächlichkeit nahm, gar kein Anlaß, daß sie so ins Ungute hätten gehen müssen. Die Auseinandersetzungen wegen Voggenbruck und der Studienreisen waren beigelegt und alles im Guten gelöst worden, und Clemens sagte sich wohl, daß seine Frau sich dabei nicht nur für sich, mehr noch für ihn eingesetzt und, rein sachlich genommen, auch recht gehabt hatte. Dennoch war ihm ein Stachel davon zurückgeblieben, als habe sich Ellen darin nicht so bewährt, wie er's um ihrer Seele willen von ihr und sich hätte fordern müssen. Er hatte sie geliebt und sie zu seiner Frau gemacht, weil er hoch von ihr dachte — und dann hatte er's ihr durchgehen lassen, daß sie unter dem Bilde blieb, welches von ihr, wie er mit ernster Zuversicht glaubte, in Gottes Herzen beschlossen lag; und so war er an ihr schuldig geworden. Jetzt mußte er, mochte er ihr dabei auch hart erscheinen und sich selber wehtun, sie zu dem zurückbringen, was sie sein sollte. In der täglichen Gemeinsamkeit der Reisezeit und danach auch jetzt, als sie nach Wien zurückkamen und die alten Beziehungen, ihr gesellschaftliches Leben, wieder aufnahmen, hatte er manches an Ellen bemerkt: Launen, etwas Spielerisches, eine Geltungssucht vor Menschen — was alles er ihrer nicht würdig hielt. Er sagte es ihr, scharf, aber mit der Ruhe, die sie als so verletzend empfand. Er sah es als seine Pflicht an. Weil aber der Mensch, auch der am reinsten Wollende, sich nicht bis zum Grunde kennt — nur Gottes Auge kennt uns so, und es wird unsre schmerzhafteste Reinigung sein, wenn wir uns dereinst nach unserm Tode in diesem Spiegel sehen müssen — so wußte Clemens nicht, daß seinem Verhalten zu seiner Frau etwas anderes zugemischt war, etwas nicht Gutes. Wenn es ein kalter, wenn es ein gereizter Blick ist, mit dem ein Ehgemahl seinen Gefährten sieht, so sieht er nicht mehr die Wahrheit (denn die hat Kraft, zu binden); ein solcher Blick aber wird dann wie ein trennendes Schwert sein. So kann sich gerade der am meisten versündigen, der dem Andern Wahrheit zu geben glaubt.

Denn in Ellen wurde damit das Edelste verletzt, das ihre Natur besaß und das freilich, wie bei einer schwierigen Blume, nur bei guter Witterung gedieh. Gab man ihr diese, so verband sich in ihr das Vornehme von ihres Vaters Natur mit dem unermüdlichen, warmherzig guten Willen ihrer Mutter; und wenn Richard leicht geneigt war, gewissen Einsichten und Möglichkeiten zu entsagen, deren Verwirklichung er für schwierig hielt, so konnte Ellen aus dem, was ihr Kitty an amerikanischem, unverbrauchtem Lebensmut vererbt hatte, die Entschlossenheit nehmen, alle ihre Kräfte wie um eine Fahne zu versammeln und dieser nachzufolgen.

So, als eine Fahnenträgerin, war sie in die Ehe mit Clemens eingetreten; aber wer sie in diesem Aufschwung ihres Willens irrmachte, der zerbrach ihr den Fahnenschaft.

Aus Clemens' Vorwürfen, mehr noch aus dem Ton, mit dem er sie vorbrachte, glaubte sie, wie schon früher manchmal, zu erkennen, daß er ihr das Große, Rechte, Schöne nicht zutraute und sie gar nicht wirklich liebte. Zugleich spürte sie, daß er an Delias Entwicklung viel Anteil und Freude hatte, in Gesprächen ihre Äußerungen aufmerksam mit einbezog und ernst nahm — ernster, so kam es ihr vor, als was sie selber sagte; und dabei war doch Delia erst eine ganz frischgebackene Christin, sie aber, Ellen, von Anfang an im Glauben mit ihm vereinigt. Sie sagte einmal, versuchsweise, etwas leicht Spöttisches über Delias „Bekehrung", und er, wie sie erwartet hatte, verwies es ihr. Da brannte in ihr die Eifersucht auf — nicht wegen einer Verliebtheit, die sie befürchtet hätte: das wußte sie, daß von daher nichts zu fürchten und daß Clemens bis in seine verschwiegensten Gedanken hinein von ganz unbeirrbarer Treue war... nein, wegen dieses schönen und mühelosen Verstehens in den geistigen Dingen, das sie zwischen ihm und Delia merkte, und in das sie sich nicht mitaufgenommen fühlte. Es ist, wie es in Voggenbruck war, sie wollen mich alle gar nicht haben, und er will zeigen, daß ich ja doch nichts bin und nichts weiß und nichts vermag! solche bitteren Gedanken fand sie aus seinem Betragen ihr gegenüber bestätigt.

Schmerzen sind gut, wenn sie den Menschen dahin bringen, tief in sich selber einzukehren. Bei Ellen aber hatte sich's ja schon einmal in der Zeit ihrer ersten Liebe zu Clemens gezeigt, daß in ihr die Möglichkeit war, ihr Schifflein, wenn ihm die hohe Fahrt versagt blieb, mit Trotz und Lust in seichtes Wasser zu führen.

Als sie, im Oktober, nach Wien zurückkam, war auf einer Gesellschaft ganz überraschend Luzie vor ihr gestanden; die Cousinen hatten sich mit großem Hallo begrüßt. Daß Luzie öfters nach Wien kam (nicht immer mit ihrem Mann, nein, wie es sich gerade gab, sie war sehr gern hier und schon ganz eingewöhnt) und daß sie den in Wien recht berühmten Rennreiter, Baron Völkerdingk, so gut kannte, das hatte Ellen gar nicht gewußt. Sie bat Luzie zu sich, die kam aber nicht, sie schien keinen großen Wert auf ein Zusammentreffen in „Haus und Familie" zu legen; aber Ellen traf sich zweimal mit ihr in einer Gesellschaft, wo sie die Menschen gar nicht kannte. Daß Baron Völkerdingk das erstemal dabei war, das zweitemal kurz vor dem Aufbruch erschien, um Luzie heimzubegleiten, war sonderbar; überhaupt, daß Luzie so selbständig in Wien „aufkreuzte" — trotzdem stellte Ellen, die sonst seit ihrer Ehe recht strenge Grundsätze hervorkehrte, diesmal keine Fragen und störte sich nicht an dem etwas flotten Umgangston, der da herrschte. Clemens verschwieg sie, daß sie dort gewesen war; sie hätte das nicht nötig gehabt, aber sie fand einen dummen Genuß daran, ihm — was sie sonst niemals tat — etwas vorzuschwindeln: du willst mich ja so haben, schlecht und niedrig und keiner höheren Empfindung fähig! dachte sie, während sie ihn anlog und ihm dabei arglos gerade in die Augen sah. — Es folgte weiter gar nichts daraus, Luzie reiste wieder ab und Ellen vergaß die Gesellschaft, die sie besucht hatte, kein Mensch dort hatte sie interessiert ... aber nicht vergaß sie, wie leicht das Lügen gewesen war, und daß sie fast überhaupt keine Reue deswegen fühlte. Abends, allein in ihrem Badezimmer, sagte sie halblaut vor sich hin: „Nein, es ist nicht mehr, wie es gewesen ist zwischen uns" — und es war, als hätte jemand anders diese schrecklichen Worte gesprochen, als wüßte überhaupt schon alle Welt davon.

Ellen — sie war doch bei alledem wie ein Kind, und manchmal flüsterte sein guter Engel ihrem Mann ins Ohr, es bei ihr, wie eben bei einem gutartigen aber verwöhnten Kind, lieber mit Ermutigung, als mit fordernder Strenge zu versuchen. Leider aber, weil ihm die Strenge seiner Frau gegenüber schwerfiel, hielt Clemens nach seiner Art sie erst recht für eine Pflicht, die er erfüllen müsse.

Nach Neujahr kam Kitty Degener zu Besuch. Es war ein Familienereignis, für das Clemens sich jedesmal, wenn er das auch nicht zugab, mit viel Geduld aus den Vorrats- und Schatzkammern des Christentums wappnen mußte. Während aber Ellen sonst ihre in allerlei Ideen ausschweifende Mutter zu bändigen gewußt hatte, damit nicht jeden neuen Tag etwas Neues unternommen werden mußte, schlug sie sich diesmal ganz auf Kittys Seite und schien sich, wenn Clemens, auch um seiner Arbeit willen, ein wenig zu bremsen versuchte, bei der Mutter über ihn zu beklagen. Das machte die Dinge nicht leichter.

Meinungsverschiedenheiten ergaben sich auch bei politischen Gesprächen. Kitty berichtete begeistert von den Olympischen Spielen, die während des vergangenen Sommers in Berlin abgehalten worden waren, und bedauerte, daß Ellen und Clemens auf ihren Reisen dieses große Ereignis versäumt hatten. Großvater Gaunt, obwohl es mit seiner Gesundheit gar nicht mehr zum Besten stand, war doch, in seinem Alter, aus Amerika herübergekommen, überhaupt hatte Amerika und hatte die ganze Welt Tausende von Gästen zu diesen Spielen entsandt, und Sportsmannschaften kamen aus allen Ländern — mit Ausnahme des bolschewistischen Rußland, — es war die glänzendste Olympiade, deren man sich erinnern konnte, und ein ganz entschiedener Erfolg für Deutschland und seine Regierung. Man mußte aber auch diesen Festakt gesehen haben, der Großvater war ganz erfüllt gewesen, und sie selbst und Richard natürlich auch, und sogar der Schwager Georg, der doch auf das Hitlerregime nicht gut zu sprechen ist, hatte zugeben müssen, daß es ein unvergeßlicher Eindruck war. Am 1. August waren die Spiele eröffnet worden, in Anwesenheit des Führers — man mußte wirklich sagen, der Mann machte Eindruck; er war doch von so einfacher Herkunft, aber er benahm sich sehr würdig, gar nicht unruhig oder laut, er schien richtig hineingewachsen zu sein in seine Rolle; Kitty hatte ihn von ihrem Platz aus mit dem Glas beobachten können: er hatte geradezu ein gewinnendes Lächeln, sie würde ihm nichts Böses zutrauen; und sein berühmter kleiner Schnurrbart stand ihm eigentlich ganz hübsch. Ja, und als des Führers Ehrengäste waren der König von Bulgarien dagewesen und der Kronprinz und die Kronprinzessin von Italien, die Thronfolger von Schweden und Griechenland, die Söhne von Mussolini, und natürlich die Mitglieder der Reichsregierung, die ausländischen Botschafter und Gesandten, das ganze diplomatische Korps von Berlin. Und das Feierliche war dann der Augenblick, als der Stafettenläufer ankam, von den Fanfaren angekündigt, und trug die Fackel, deren Flamme in Olympia in Griechenland von Sonnenstrahlen entzündet und von den Läufern durch das ganze südöstliche Europa bis nach Berlin getragen worden war — und in dem Augenblick, da in der Dreifußschale am Fuß der Freitreppe des Stadions die olympische Flamme auflöderte, waren die Wettspiele eröffnet.

Und der Einmarsch der jungen Mannschaften! Die Deutschen hatten prachtvoll ausgesehen, — sicher, die andern waren auch nicht schlecht, aber auf die Deutschen war Kitty ordentlich stolz gewesen, und sie hatten ja auch die meisten Siege errungen. Kitty hatte die Fahne nie gemocht, mit dem Hakenkreuz: man wußte nicht, wozu, so ein altertümliches Zeichen, für sie war die schwarzweiß-rote Fahne immer das Schönste gewesen... aber dort im Olympia-Stadion hatte ihr doch jedesmal das Herz geschlagen, wenn die Hakenkreuzfahne am Mast hinaufstieg, weil wieder ein Deutscher einen ersten Preis gewonnen hatte. Und als Nächste dann kamen die Amerikaner, das Sternenbanner mußte auch recht oft aufgezogen werden, darüber freuten sie sich auch wieder, Kitty und der Großvater, große Tage waren das, wirklich ein Erlebnis.

Auch diese taktlosen Schilder, in den Anlagen und an den Telefonzellen und wer weiß wo sonst noch: daß die Juden „unerwünscht" sind, und die Kästen mit dieser Zeitung, dem „Stürmer", in der so scheußliche Sachen über die Juden drinstehen, Kitty liest es ja nicht, aber es soll sehr häßlich sein... die Dinge waren in Berlin alle verschwunden. Man hörte allgemein, daß es mit der Judenfrage in Deutschland besser werden soll. Der dicke Göring, der so gern bunte Uniformen trägt, aber ein witziger Mann ist, soll gesagt haben: wer Arier ist, bestimmt er, und soll in seinem Stab einen Mitarbeiter haben und auch an ihm festhalten, der Jude ist, und es macht gar nichts, die Partei duldet es.

Ob also diese Judenschilder in den Anlagen und die „Stürmer"-Kästen endgültig entfernt worden seien? fragte Clemens.

Leider, Kitty mußte einräumen, hier und da sieht man sie jetzt wieder.

„Also war das nur ein Betrug," stellte Clemens fest; (er war eben ein Pedant und ein humorloser Mensch, dachte Kitty über ihn). „Man hat den Ausländern, die zur Olympiade kamen, ein Land zur Schau gestellt, wo die Jugend aller Länder in friedlichem sportlichem Wettbewerb sich die Hand reicht, und der Geist der Völkerverständigung lebendig ist; ich habe ja die Hitlerzeitung während der Olympischen Woche gelesen. Das klang sehr schön, — und nach Tische klang es wieder anders. Aber das Ausland kann sich auch nicht darauf berufen, daß es betrogen worden sei. Betrogen worden ist nur der einzelne harmlose Gast. Aber das diplomatische Korps, von dem du erzählst, das wußte ja ganz genau, der britische und der französische und der amerikanische und jeder andere Botschafter, auch der vom Vatikan, muß ich leider sagen — alle wußten sie ja, daß es nur Fassade ist, was ihnen da gezeigt wird, und alle schwiegen sie dazu, weil es ihnen nützlich schien und in ihr Spiel paßte."

„Das weiß ich nicht. Aber dann war es eben Politik," wandte Kitty ein.

„Das ist eine schlechte Politik," sagte Clemens, der immer, wenn er sich innerlich erregte, sehr ruhig sprach und jede Silbe zu betonen anfing, sodaß es etwas lehrhaft klang. „Eine schlechte Politik, von den Andern und von den Deutschen. Wenn ich der Überzeugung bin, daß die Juden das Unglück meines Volkes sind und daß ich sie unter eine Sondergesetzgebung stellen muß, dann habe ich den Mut, die Gesetze und Maßnahmen, die ich im Land für nötig halte, auch vor den Augen des Auslands zu zeigen. Hab ich den nicht, dann stimmt es eben nicht, dann ist mein Gewissen nicht sauber... und wer mir dabei zusieht und mich nicht Lügen straft, dessen Gewissen kann auch nicht sauber sein."

Ellen hatte es früher gern angehört, wenn Clemens so sprach, und sich, wenn viele Menschen da waren, Zustimmung fordernd im Kreise umgesehen, weil sie meinte, alle müßten von seiner Klarheit und Redlichkeit entzückt sein. Aber jetzt war sie in der Stimmung, sich über eben das zu ärgern, was sie früher erfreut hatte; sich zu ärgern, daß man den Gedankengang von Clemens nicht widerlegen konnte, da er in sich richtig zusammenhing; sich zu ärgern, daß Clemens so wie ein Fels dastand und über das, was die Menschen taten, den Richtspruch fällte. Es fiel ihr ein, daß sie schon manche Leute hatte sagen hören, Clemens Hanstein sei „ein edler Mensch, aber ein hoffnungsloser Idealist", was heißen sollte, daß er von den Händeln der Welt nichts verstehe. Diese aufgeklaubte Weisheit brachte sie heute gegen ihn vor und genoß dabei ein ganz unbekanntes Überlegenheitsgefühl über ihn, und eine Spannung, sodaß es sie in den Fingerspitzen prickelte, wie sonst, wenn eine aufregende Diskussion war und man nicht wußte, wer Recht bekäme.

Clemens antwortete ihr: „Mit dem, was du da sagst, kann es dir unmöglich Ernst sein, liebe Ellen. Du hast doch immer sehr gut gewußt, wir haben ja oft darüber gesprochen, wie falsch und zerstörend das ist, was die Leute ganz unsinnigerweise Realpolitik nennen."

„Die Realpolitik ist eben wahrscheinlich doch das Stärkere, kommt mir vor. Man darf eben nicht so theoretisch denken wie du, man muß sich den tatsächlichen Verhältnissen anpassen." Ellen sagte das nicht, weil sie es als Argument durchdacht hatte, nur weil sie wußte, daß es ihn treffen würde – sie sprach es aus, keck dem hellen Eisesblau seiner Augen begegnend, vor denen sie sich sonst immer gefürchtet – und sie fühlte es wie einen Triumph, als sie sah, wie sich bei ihren letzten Worten wirklich ein Schatten von Trauer darüber legte.

Von der Trauer blieb etwas in ihm zurück. Clemens, im Grund eine einsame Natur, hatte Ellens unbedingtes Zu-ihm-Stehen in den Diskussionen, die bei ihnen so oft geführt wurden, im Stillen als eine Wohltat empfunden. Hatte sie auch manchmal recht unbedacht ihre Fahne für ihn geschwungen, jetzt wars ihm doch schmerzlich, daß sie es nicht mehr tat, und daß er sogar aus ihrem Munde das ihm so ganz verhaßte Argument von der „Anpassung an die Tatsachen" hören mußte, womit die heutige Zeit ihre Sünde zu rechtfertigen meint. Nach seiner Überzeugung war das schon der Unglaube. Wenn wir bekennen und glauben, daß Gott der Herr die Welt erschuf, dann sind die Tatsachen auch sein; denn entstellt werden sie ja nur durch unsern sündhaften Willen. Ist unser Wille gläubig, so müssen die Tatsachen ihre Urgestalt – er nannte es ihr „Schöpfungsgesicht" – offenbaren. Hiernach zu handeln, hieß ihm christliche Realpolitik. Nur so, das war seine Behauptung, würden Reiche bestehen. Aber das nun Ellen zu sagen, die diese Gedanken so gut an ihm kannte, sie sonst geteilt hatte und sich jetzt doch offenbar mit Willen von ihnen abwandte — das vermochte er nicht; er wurde stumm, und hätte sich vielleicht ganz verschwiegen. Doch brachte ein zufälliger Anlaß, nachdem Kitty schon wieder abgereist war, die Dinge eines Abends noch einmal zur Sprache. Der Anlaß kam von Delia.

Delia war in dieser Zeit so mit ihren Prüfungsarbeiten beschäftigt, daß sie an den Gesprächen im Hause, gegen ihre sonstige Gewohnheit, so gut wie gar nicht mehr teilnahm. Gleich nach den Mahlzeiten schob sie ihren Stuhl unter den Tisch und ging in ihr Zimmer. Es kam dazu — was sie aber niemand sagen mochte — daß sie sich nicht gut fühlte. Sie mußte irgendwo den Keim einer Grippe, oder was es sonst war, aufgefangen haben. Sie wollte nicht krank sein, sie ließ es nicht zum Ausbruch kommen, aber sie schleppte es mit sich herum, es zogen Schmerzen durch Kopf und Glieder, und es kostete sie manchmal große Mühe, sich auf ihr Arbeitspensum zu konzentrieren. Immerhin, sie hatte ihre Dissertation schon abgeliefert, sie „ochste" jetzt für die mündliche Prüfung. Aschermittwoch war längst vorüber, Ostern war verhältnismäßig früh in diesem Jahr, schon am 28. März, die Prüfungen lagen vorher — und Delia, die dem eigenen Wissen immer eher zu wenig als zu viel zutraute, hatte es ein bißchen mit der Examensangst. Aber an einem frösteligen Märzabend war der Kamin im Wohnzimmer geheizt, der Abendtisch — für Ellen, Clemens und Delia allein, die Kinder gingen früher schlafen — vors Feuer gerückt, Delia genoß die sie anglühende Wärme und blieb nach dem Essen noch sitzen. Ohne an die Diskussion zu denken, die zwischen Clemens, Kitty und Ellen gewesen war und von der sie nur Bruchstücke mitbekommen hatte, fragte Delia Clemens nach einem historisch-politischen Problem, über das sie längst gern seine Ansicht gewußt hätte; was dachte er über Heinrich IV. von Frankreich, diesen noblen König, der doch Hugenott gewesen, aber dann katholisch geworden war, um die französische Krone zu gewinnen, und der gesagt hatte, Paris sei eine Messe wert? Also doch jedenfalls nicht aus innerer Überzeugung hatte er das getan? Und doch war kein Unsegen auf seiner Herrschaft, das Volk liebte und die Nachwelt ehrte ihn. — Ihr Professor, sagte Delia, habe das als ein Beispiel in seinem Kolleg erwähnt, es sei möglich, daß er sogar in der Geschichtsprüfung darauf käme... aber vor allem, es war ja wirklich eine Frage, über der man sich versinnen konnte.

Clemens griff das gleich auf. Er wisse nicht genug über die Zusammenhänge, und ob Heinrich IV. wirklich ohne oder gar gegen seine Überzeugung handelte. Wenn das Volk ihn geliebt habe, die Geschichte ihn rühme, so könne deswegen doch niemand sagen, wie seine Tat von Gott bemessen wird. „Aber ganz gefährlich würde es sein," sagte er, „wenn man sich bei uns an solch einem Fall ein Beispiel nehmen und sich damit ausreden wollte bei dem Versuch, nun selbst das Gewissen zu beugen und abzukaufen. So zu rechnen und Vergleiche zu ziehen, steht uns nicht zu, es würde uns auch sehr schlecht bekommen. Wie Gott die Sünden an den einzelnen Sündern bemißt und straft, ist seine Sache. Für uns gilt immer der unbedingte Maßstab."

„Clemens reitet wieder auf seinem Steckenpferd. Es ist mit der Zeit langweilig," bemerkte Ellen zu Delia hinüber, in dem launischen und nicht guten Ton, den sie in der letzten Zeit ihm gegenüber anschlug.

„Wie meinst du das?" fragte er.

„Nun ja: Theorie, Idealismus, Don Quichotte von la Mancha," sagte Ellen, indem sie bei jedem dieser Worte ein trockenes Fichtenzweiglein in den Kamin warf, als sollten so die Clemensischen Torheiten symbolisch zum Feuertode verurteilt werden. Die aufbrennende Flamme beleuchtete ihr schönes, verstocktes Gesicht.

Das Gesicht vor ihm in der Kaminhelle zeigte es Clemens so deutlich, wie da etwas Fremdes, ihnen beiden Gefährliches von ihrem Wesen Besitz genommen hatte, daß dieser Anblick den Ritter in ihm aufrief, und seine natürliche Neigung, stumm zu bleiben und sich in Einsamkeit zu begnügen, überwand. Und nun hielt er seiner Frau eine richtige Strafrede. Ruhig, nach seiner Art, die Worte klar bedenkend; aber er brachte alles noch einmal vor, was ihn schon lang beschäftigte: „Du läßt dich gehen, Ellen, dein Leben ist nicht gesammelt, es flattert auseinander, du kommst nicht mehr zur Ruhe in dir selbst. Du hörst zu viel auf das, was andere denken, statt auf die Stimme, die mitten in jedem von uns die Forderung an uns richtet. Nur so kommt es auch, daß du jetzt die Wahrheiten, die wir gemeinsam durchdacht und gewußt haben, verleugnest und dir solche modischen Oberflächlichkeiten als deine Meinung zueignest. Aber das darfst du nicht, es ist gegen deine Verantwortung. Denn wir alle haben eine Verantwortung an dieser Zeit; es ist unsre Pflicht, ihren Irrtümern, wo immer sie uns begegnen, ein klares Bekenntnis entgegenzustellen."

Ellen, durch seinen Ernst aus ihrer aufreizenden, spielerischen Art herausgeschreckt, gab jetzt etwas vom Tieferen ihrer Not zu erkennen, das, worin sie wirklich durch ihn verletzt worden war.

Sie antwortete ihm mit mühsam gehaltener Stimme: „Es ist sehr gut, daß du jetzt einmal auch vor Delia so redest, wie du von mir denkst, damit sie es selber hören kann. Ich hab mich von Anfang an immer bemüht, bemüht... aber du hast nie, nie hast du an mich und meine Fähigkeiten geglaubt, immer hast du mich nur oberflächlich gefunden, ich weiß es ja, und deine Liebe zu mir hast du schon längst verloren, gib es nur zu! Und schließlich muß ich mich eben ohne deine Liebe und Anerkennung zurechtfinden, und sein wie ich bin, und mich im Leben nach meiner Art einrichten, es geht auch —"

Sehr unfreiwillig war Delia ein Anlaß und ein Zeuge dieses Streites geworden, und jetzt — daß sie es so schwer empfand, war wohl auch darum, weil sie sich krank und müde und etwas mutlos fühlte — jetzt, bei diesen bitteren Worten, wurde ihr, als würde sie selbst mit Keulen geschlagen. Sie stand auf von dem Feuer, damit die andern nicht sehen sollten, daß ihr schon wieder einmal das Heulen am nächsten war. Sie fing an:

„Ihr dürft doch nicht —"

Sie scheute sich, es war unmöglich, auszusprechen, was sie meinte — es wäre schon sehr nah an der Passionszeit, und jetzt zu streiten, unrecht. Sie sagte nur:

„Ihr dürft doch nicht. Man muß doch Schonung zueinander haben."

Als sie aus dem Zimmer war, suchten Clemens und Ellen unsicher eins des anderen Blick, und fanden ein versöhnliches Wort.

7

Delia bestand ihre Prüfung, immer noch mit etwas benommenem Kopf, aber mit einer guten Note. Es war dann nicht die große Freude des erreichten Abschlusses, wie sie sich's vorher gedacht hatte, und sie selbst hatte es eilig, aus der Stadt herauszukommen, als ob sie so der schleichenden Krankheit entlaufen könnte, die in ihr umging. Clemens und Ellen erwarteten Logiergäste bei sich und wollten erst am Weißen Sonntag aufs Land gehn; Delia aber packte ihr Köfferchen und fuhr am Gründonnerstag nach Voggenbruck.

Sie freute sich, wie immer, dem Kommen von Paul Horny entgegen; er kam auch, am Karsamstag: er allein. Er überging ihre Frage nach Dora. Er sagte ihr etwas über ihres Vaters Tod, er gratulierte zu ihrer Prüfung, aber beides ohne wirklich mit den

Gedanken dabei zu sein. Diesmal zum erstenmal seit all den Jahren, daß sie sich kannten, fühlte sich Delia befangen unter seinem Blick. Nachmittags am Ostersonntag bat er sie um einen gemeinsamen Weg.

Sie waren so viele gemeinsame Wege gegangen, ganze Tage, oben auf den Almen und weiter noch, den Pflanzen nachsteigend in der Höhe, wo sie im späteren Jahr noch blühen, wenn sie unten schon abgewelkt sind. Und arglos beisammen, wie Bruder und Schwester. Daß sie einander lieb waren, wußten sie ja voneinander. Kaum, daß sie sich's einmal ausgesprochen hatten. — Aber jetzt schien alles anders zu sein.

Sie gingen auf dem Waldsteig, den Schloßberg hinunter, niemand konnte sie hier sehen. Paul sagte gleich, wie in Ungeduld fing er an zu sprechen:

„Ich bin jetzt allein."

„Wie, allein?"

„Dora und ich haben uns getrennt."

Delia schwieg. Es war ganz still zwischen ihnen. Delia fragte dann — es war eine unbeholfene Frage, nur um etwas zu sagen: „Wie ist denn das plötzlich gekommen?"

Er: „Wir wollen jetzt keinen Unsinn miteinander reden. Nicht von dem reden, was abgetan — nur von dem, was gegenwärtig ist. Ich lieb dich, mein kleines, großes Mädchen."

Sie war umfaßt von seinem Arm, sie erwiderte seinen Kuß, eh sie es wußte. Jahrelang war ihre tiefe, die stumme, die ihr selber nicht bewußte Erwartung auf etwas zugegangen: nun war es da und strömte über einen hin. Man wußte zuerst nicht einmal, ob es Glück — nur, daß es da war.

Sie gingen weiter. Paul Horny sagte:

„Ich begreif natürlich schon längst nicht mehr, wie ich jemals von dir zu Dora habe gehen können. Weil ich doch dich schon immer im Sinn hatte. Wen denn sonst? Wen denn sonst als dich? — Aber du warst immer so selbstverständlich neben mir. Wie ein Strauch, der blüht, ungefähr. Ja. Es ist ja lächerlich, daß ich von solchen Dingen zu reden versuche, das kann man ja nicht. Ich dachte immer: sie ist da. Ich dachte nie: nimm sie. Eine sonderbare Geschichte. Es lag an dir, ich bin sonst gar nicht so."

Und Delia dachte mit einer dankbaren und zärtlichen Regung für ihn, daß es viel war, mehr als man hätte fordern können von diesem großen, starken Menschen, und der sich gewiß frei erhoben fühlte über jedes Gesetz der Sitte — daß er den Zauberkreis der Jungfräulichkeit, den Gott schützend um ihr beginnendes Leben gelegt, so ehrfürchtig geschont, ihn nie durchbrochen hatte. Denn sie, sie hätte sich nicht gewehrt, damals in den frühen Jahren; sie wußte kaum, was da zu hüten war, und sie war gläubig gewesen zu allem, was die Natur verlangte.

Paul indessen erzählte weiter: „Es war dann dieser Winter in Trient, ein trübseliger, einschichtiger Winter, da traf ich die Dora, die auch trübselig und einschichtig war. Und da taten wir uns beide leid. So kam das. — Und als ich dich dann wiedersah ... ich kann jetzt noch gar nicht begreifen, wie du das so sanft und freundlich aufgenommen hast. Es machte mich ganz irr, ich dachte mir: Delia hat dich jedenfalls nicht geliebt. — Ja, weil du nicht einmal ein einziges schmerzliches Wort darüber verloren hast."

Warum auch schmerzlich? dachte Delia. Irgendetwas war einmal schmerzlich gewesen, es war weit weg. Aber sie antwortete nicht.

„Nein, Dora," fuhr Paul fort, „Dora ist bestimmt gut, sie hat ein gutes Gemüt, besser wahrscheinlich als ich. Ich mochte sie gern. Aber ich mußte ihr dann endlich sagen, daß du doch das ältere Recht an mich hast. Ich glaube, das hat sie eingesehen."

An Dora wollte Delia nicht denken. Wie man eine Hand nicht benützt, von der man fürchtet, sie könnte wehtun. Es muß ja nicht sein, daß man diese Hand benützt ...

Sie lebte nun einige Tage wie träumend. Sie fühlte sich glücklich, aber müde dabei, schwer in den Gliedern, unfähig zu klarem Besinnen und Entschließen. Es war auch die Witterung danach, in Voggenbruck, dieses Jahr: solch ein wilder Bergtalfrühling, mit plötzlich, viel zeitiger als sonst, hereingebrochener Wärme; der Bach, der das Tal durchläuft, jählings angeschwollen; Wolken, die sich wie feuchte atmende Wesen am Himmel heraufschieben; die Berge blendend weiß behelmt, ihre Abhänge blauschwarz und nah, im Föhnlicht. Delia und Horny gingen täglich ihre Wege durch das wie in Aufregung leuchtende Land, ihrer Gemeinsamkeit froh, die nun eine so ganz neue Bedeutung für sie hatte.

Daß etwas verändert war, gegen früher, zwischen den Beiden, konnte den Andern im Haus nicht lang verborgen sein. Und eines Mittags wurde Delia aus einer Abwesenheit ihrer Gedanken auf einmal herausgerissen, weil sie bemerkte, wie der Blick ihrer Tante Sophie Hanstein auf sie gerichtet war: fragend; ziemlich ernst, wie ihr vorkam.

Sie trug diesen Blick mit sich fort, in ihr Zimmer, wie einen Pfeil, der sie getroffen hatte. Was ist denn, warum? dachte sie. Warum muß ich mich vor ihrem Blick schämen? was denkt die Tante Sophie über mich?

Sie stand an dem Fensterbrett ihres nicht breiten, aber hohen und fast metertief in die Mauer eingelassenen Zimmerfensters, sie stand und sann, — und da war auf einmal die Einsicht... Delia sah eine Spinne über die weißgekalkte Mauerfläche laufen und am Vorhang sich anklammern, an ihrem Faden sich herunterlassen... das bedeutungslose Geschehen verknüpfte sich für sie mit dem kalten, kahlen Schmerz, den ihre Einsicht ihr mitbrachte:

Dora Horny — Delia kannte sie ja wenig. Sie war ihr, als die Frau ihres Freundes zum erstenmal nach Voggenbruck kam, voll Erwartung und sehr bereit zur Freundschaft entgegengekommen, Dora gab sich auch sehr herzlich; aber man hatte etwas Erzwungenes dabei gefühlt, es war einem nicht warm dabei geworden. Es hatte Delia leid getan, in ihrer Harmlosigkeit hatte sie nicht begriffen, warum das gewesen war; aber nach einigen Versuchen, zu einem wirklichen Verhältnis und Verstehen zu kommen, hatte sie sie aufgegeben, das heißt, es blieb zwischen ihnen bei der Alltagsfreundlichkeit, die nichts sagt und nichts kostet. — Indem jetzt Doras Bild, das sie während der letzten Tage in einem von ihrem Bewußtsein nicht erfaßten Instinkt des Willens in sich zurückgedrängt hatte, wieder hervortrat: das Haar blond, ins Rötliche spielend, sie pflegte es sorgfältig und trug es herabhängend in Locken, die das Gesicht verschmälerten, Augenbrauen dunkler als das Haar, schöne, ebenmäßige Zähne, der Mund war immer stark geschminkt... da sah Delia alle diese Einzelheiten anders, als sie sie früher gesehen. Sie sah, daß das Gesicht sie wirklich etwas anging. Sie sah in den Augen dieses Gesichts, die blau waren, an dem Mund, der zu stark geschminkt war, eine Traurigkeit, die sie früher nie bemerkt hatte. Oder doch, bemerkt schon. Das letzte Mal, im vergangenen Sommer, als Dora im Wagen allein von Voggenbruck abfuhr, hatte sie so traurig ausgesehen — aber Delia hatte ihr nachgewinkt, mit Paul und den Andern, und dabei freien und sorglosen Herzens gedacht: sei du nicht traurig, ich nehm dir nichts. Daß es nicht stimmte, schon damals nicht ganz stimmte, das hatte sie nicht gefühlt.

Und jetzt: jetzt hatte sich's ja erwiesen, jetzt nahm sie ihr ja alles — jetzt hatte sie ja Dora schon alles genommen! Aber natürlich durfte das nicht sein. Warum hatte sie nur nicht gleich gewußt, daß es nicht sein durfte?

Und Delia — es war ihre Art nicht, aufzuschieben, was sie als notwendig erkannt hatte — Delia ging gleich, ihren Freund aufzusuchen und ihm das zu sagen.

Er wohnte in einem anderen Teil des Schlosses, im Turm, in einem großen Raum, wo er Platz hatte, seine Sammlungen und Schriften auszubreiten. Man mußte zwei Treppen zu ihm hinauf, es wurde Delia schwer zu gehen, sie dachte: es geht mir nicht gut, es steckt immer noch etwas von der Grippe in mir.

Sie klopfte bei ihm an.

„Herein! — Delia? Ich hab grad zu dir kommen wollen, mein Liebes, und dich fragen, ob du ausruhen wolltest, oder ob wir zusammen draußen —"

„Wart," sagte sie. „Darf ich mich bei dir hinsetzen?"

„Ja, bitte! was ist dir denn? wie siehst du denn aus?"

Sie saß etwas blaß auf dem Stuhl an seinem Schreibtisch.

Sie fing leise an zu sprechen, sie sagte: „Lieber Paul, ich hab mich die Tage ganz dumm benommen, ich weiß gar nicht, wie es zugegangen ist. Denn das ist natürlich ganz unmöglich, daß du Dora um meinetwillen im Stich läßt."

Er: „Aber, Kind, was soll denn das heißen?"

„Einfach, es geht nicht. Was glaubst du denn eigentlich? Was haben wir denn nur beide gedacht? Du bist doch mit ihr verheiratet!"

„Hör, Delia —"

„Nein, bitte, Paul, bleib doch bei der Sache." Es wurde ihm jetzt etwas unbehaglich zumut vor der lauteren Klarheit ihres Blickes, die ihn so oft in Gesprächen mit ihr entzückt hatte: man hatte sie dann nie abbringen können von dem redlichen, pfeilgeraden Wege, den ihr Geist ging. Aber er war noch immer mehr erstaunt als beunruhigt.

„Verheiratet," rief er, „getraut, kopuliert, vor dem Standesamt und in der katholischen Kirche, alles miteinander! Und was weiter? Ich habe die Scheidung schon eingereicht, mit Doras Einverständnis."

„Das ist ein ganz dummer Streich von dir, mein Lieber," sagte Delia; es klang, wie wenn man einem Buben ernsthaft eine Unartigkeit verweist. „Du weißt doch, daß es das nicht gibt."

„Du meinst, Scheidung. Ja, in der Kirche! Aber wir brauchen doch nicht kirchlich zu heiraten, wir beide brauchen doch die Kirche nicht dazu, um glücklich zu sein!"

Delia: „Wir wollen das jetzt einmal beiseite lassen. Es handelt sich gar nicht um uns. Es handelt sich darum, daß du von Dora nicht geschieden werden kannst. Sogar wenn du auch nicht katholisch mit ihr getraut wärst, sondern sonstwie oder gar nicht: aber du hast ihr das Gelöbnis der Ehe gegeben und in der Ehe mit ihr gelebt. Du glaubst doch nicht, daß das zwischen Menschen geschehen kann, ohne daß Gott dabei ist? Er hat euch verbunden. Das können doch wir Menschen nicht auseinandertrennen."

„Soll das bedeuten," fragte Horny, er begann sich jetzt aufzuregen, „soll das bedeuten, daß du unsere, deine und meine Gemeinsamkeit verleugnen und auf sie verzichten willst?"

Delia, ein schmerzlicher Schatten auf ihrem Gesicht, und Erstaunen in der Stimme, daß er immer noch nicht begriff, was doch so bitter einfach war:

„Freilich, mein Lieber, muß es das bedeuten."

Er fing an, ihr zu widersprechen und viele Gründe heranzubringen. Daß sie sich doch so lang schon kannten, er und Delia, so viele Jahre. Es war doch gar nicht zu denken, daß man das aufgab! — Er tat Delia so leid, wie er immer heftiger und unglücklicher wurde, eine ratlose, scharfe Querfalte auf der Stirn. Sie hatte sonst sein gebräuntes, ruhiges Gesicht so gern gehabt, den Ausdruck dieses Gesichts, wenn sie im Gebirg an eine schwierige Wand gekommen waren, wo man kletternd hinunter mußte: wie er gelassen den Schritt abmaß bis zu dem nächsten festen Stand, und ihr dann die Hand hinaufreichte. Und aber jetzt kannst du keinen Weg für uns finden, armer Paul.

Er wurde laut und unbeherrscht, wie sie ihn sonst nicht gekannt hatte. „Hast du denn gar keine Liebe mehr für mich? Die Pfaffen haben dir das eingeredet," schrie er, „die Pfaffen in Wien, die dich eingefangen haben!"

„Es ist besser, du sprichst nicht so," sagte Delia, „du tust einem ja noch mehr weh damit. — Es stimmt schon, daß die Kirche strenge Anschauungen über die Ehe hat. Aber ich glaube, auch ohne das könnte ich wohl nicht tun, was du von mir willst. Das hat man doch immer gewußt, daß ein Wort ein Wort ist. Du hast ja Dora ein Versprechen gegeben."

„Aber ich lasse doch gar nicht Dora im Stich — zuerst hab ich doch dich im Stich gelassen!"

„Wir hatten keine Ehe."

„Willst du behaupten, daß bei uns Gott nicht dabei war?!"

„Doch," sagte sie. „Jeden einzelnen Tag. Und er hat uns nur Freundschaft bestimmt."

Sie konnte es nicht hindern, daß ihre Augen bei diesen Worten überflossen. Das ist jetzt so mit mir, immer die Heulerei. Es ist nicht auszuhalten.

Er riß sie vom Stuhl auf und nahm sie in seine Arme; er verstand nicht, daß ihre Lippen ihm nicht mehr antworten konnten, es war ja schon alles vorbei.

„Es wäre so gut, wenn du verstehen könntest. Daß man gemeinsam und in Freundschaft das tut, was getan werden muß," bat sie ihn.

Aber das konnte er nicht. Er rannte wütend aus dem Zimmer.

– Er versuchte am Abend, und anderntags noch einmal, Delia umzustimmen. Er sagte ihr, daß er sich von Dora auf alle Fälle trennen würde, denn die Fortsetzung der innerlich schon zerbrochenen Ehe würde für beide Teile unerträglich sein. „Wenn wir also alle drei jetzt unglückliche Menschen sein werden, wird es deine Schuld sein!"

Delias Antwort war: „Das ist schrecklich, was du da sagst, und ich hoffe noch, daß es sich anders fügen soll. Aber wie es auch gehen mag, so müssen wir es damit wagen. Du könntest mich ja doch nicht als deine Frau bei dir haben, nachdem ich etwas getan hätte, was gegen mein Gewissen war."

Paul Horny reiste ab. Und in der Nacht darauf kam Delia die Krankheit zu Hilfe, die sie mit ihrem gegen sich selbst immer so strengen Willen lange zurückgehalten. Im Fieber sah sie Dora in einem schnellen Wagen an sich vorüberrollen, und sie lief und stolperte und schrie ihr nach: sie sollte doch nicht fortreisen, es sei ja gar nicht mehr nötig! – Sie sah dann keine Bilder mehr. Tagelang wußte sie nichts von sich.

Auf die Nachricht von ihrer schweren Erkrankung kam Tante Cécile, die sonst mit allen Reisen schon recht schwerfällig geworden war, gleich nach Voggenbruck und ließ es sich nicht nehmen, sie zu pflegen, obwohl Sophie Hanstein die Kranke schon in ihre still-aufmerksame Obhut genommen hatte. Es war aber gut so, daß sie beide zusammen halfen, denn in Voggenbruck gab es schon immer mit der Fürsorge für den alten Grafen eine Menge zu tun.

Delias Krankheit war heftig, eine bösartige Grippe, die noch bis in den Hochsommer hinein eine Schwäche bei ihr zurückließ. An die Annahme einer Stellung, worauf sie gehofft, in einer Bibliothek oder Buchhandlung, war zunächst nicht zu denken. Es kam aber in dem Frühjahr ein Brief an Delia von einem Grafen Potocki, der Eugen du Faurs Schulfreund gewesen war, seinen frühen Tod beklagte, und Eugens Tochter herzlich auf sein Gut nach Polen einlud. Im Herbst 1937 fuhr Delia dorthin.

NEUNTES BUCH

1

Als Jakob die Lehrerstelle in Obersbrunn annahm, hatte er gemeint, an ihr zunächst nur eine Lebensversorgung zu haben, nebenher aber für sich selber weiterstudieren zu können und besonders jedesmal in den großen Ferien eine Reise zu tun. Was in den Studentenjahren nicht angegangen war, aus Geldmangel, und auch, er mußte sich das eingestehen, weil er's in seiner verschlafenen Weise versäumt und verträumt hatte, das mußte ja jetzt, wenn er nur den ernsthaften Willen aufbrachte, von seinem selbst verdienten und dafür zurückgelegten Gehalt möglich sein. Denn den Süden erlebt, nicht bloß in Büchern erforscht zu haben, schien ihm für einen, der jungen Menschen eine Vorstellung deutscher Geschichte und Literatur geben sollte, eine ebenso unerläßliche Vorbedingung, wie daß er das eigene Vaterland, von der Maas bis an die Memel und von der Etsch bis an den Belt, mit Augen sehe und kenne. Außerdem wollte er England und den skandinavischen Norden aufsuchen; zu diesem zog es ihn, wenn er in der Auslage eines Reisebüros einen Fjord abgebildet oder auf dem Atlas die felsbraunen, eingebuchteten Küsten sah, manchmal wie mit einer Heimwehgewalt, sodaß er dachte: es muß wohl richtig sein, daß wir alle von dort herstammen und daß unsre Vorväter als Wikinger alle Meere besegelt haben. Der reiselustige Nachfahr der Wikinger erlebte jedoch, daß jede Arbeit und jeder Lebenskreis, seien sie groß oder klein, ihren Mann beanspruchen, und zwar den ganzen — mit halber Kraft läßt sich sogar weniger als ein Halbes und Ungefähres, es läßt sich überhaupt nichts darin tun. Mit tausend Fasern wachsen wir an dem Boden unsrer Arbeit fest und nur aus ihm bringen wir irgendwelche Frucht. Jakob merkte, daß seine im Verhältnis zu anderen Berufen reich bemessenen Ferien dem Lehrer nicht geschenkt, vielmehr ihm nötig sind; denn er ist seinen Schülern mehr schuldig, als nur die Vermittlung des vom Ministerium vorgesehenen Lehrstoffes, es muß etwas von der sokratischen Neugier des Lernens in ihm selber lebendig geblieben sein, wenn er diese, welche die Mutter aller Wissenschaft ist, in die Herzen der Jugend hinüberpflanzen will. Daß er mit einer getreuen sommerlichen Vorbereitung auf das nächste Schuljahr auch seinen persönlichen Studienzwecken auf eine gute, organische Art diente, empfand er bald mit Genugtuung. Er lebte in Obersbrunn ein paar stille, innerlich nicht arme Jahre und begann dem Leben abzulernen, was Fügung und Fügsamkeit bedeutet; daß die Lebensdinge, wenn wir sie nur recht ergreifen, inniger als unsre Ungeduld meinte, verknüpft sind und daß ein Segen liegt auf jeder Treue.

Von seinen Reisehoffnungen freilich erfüllten sich nur wenige. Die italienische zu einem Teil, er sparte sich eine Osterreise zusammen, die er im Frühjahr 1937 ausführte: nach Verona, Florenz, Ravenna und Venedig. Und die englische durch einen Austausch, den ihm seine Mutter im Sommer des gleichen Jahres ermöglichte. Eine von den Grünschwaigischen „paying guests" — seit der Berliner Olympiade kamen sie auch aus England wieder häufiger — hatte Verwandte in Südengland, in der Grafschaft Kent, bei denen Jakob sich vier Wochen aufhalten konnte, dagegen sollte die Tochter des Hauses im Frühjahr oder Sommer 1938 für dieselbe Frist in Grünschwaig aufgenommen sein.

Die englischen Landsommerwochen vergingen im Fluge und wurden für Jakob doch eine schicksal-erfüllte Zeit, da er sich wider alle Erwartungen und Vorsätze in ebendiese Tochter des Hauses, Sybil Norton, verliebte.

Keineswegs war das tägliche Leben im Hause seiner Gastgeber auf eine Unterhaltungs- und Flirtstimmung zugeschnitten, es saßen da nicht, wie in manchen Ausländer-Sommern daheim in Grünschwaig, untätige junge Leute herum, die sich mit Baden, Spazierengehen, Tanzen unterhielten und die oft schon, um den lieben Tag hinzubringen, wie die Kälber auf der Weide miteinander zu spielen begannen. Dafür auch hätte sich Jakob, mit seinen immerhin bald siebenundzwanzig Jahren, nicht mehr jung genug gefühlt. Die Nortons besaßen eine kleine Farm, und bis auf das Essen, das ihnen der eigene Boden brachte und das reichlich auf den Tisch kam, waren die Verhältnisse eher sparsam und sorgenvoll. Kent ist ja ein grünes, herrliches Parkland, angelegt zur Freude vornehmer Leute, die es jahrhundertelang nicht nötig hatten, aus ihrer Ackerkrume einen Gewinn zu holen; denn die eroberten Länder der Welt trugen ihre Früchte und Schätze nach England als einen schuldigen Tribut. Seit dem ersten Weltkrieg aber war eine Veränderung geschehen, die Insel wurde aus einer Herrin zur Gesellin in dem großen britischen Herrschaftsbund und mußte wieder selbst, soweit sie es vermochte, ihre Kinder zu nähren suchen. Nun züchtete das Parkland nicht mehr nur malerische Schafe, weidend auf sanftem Grün; es begann sich von seinen Rändern her in Gartenland zu verwandeln oder gab sich wieder unter den fast vergessenen Pflug. Das Hauptprodukt der Nortonschen Farm waren Gemüse, sie wurden zur nächsten Bahnstelle gefahren und nach London verbracht, hatten aber dort nun mit der Ware von auswärts als mit einer gefährlichen, dem Käufer von altersher gewohnten und den Markt beherrschenden Konkurrenz zu tun; es war unmöglich, aus heimischen Gemüsen so lohnende Preise zu erzielen wie aus dem, was von Gebieten tropischer Fruchtbarkeit, und erzeugt mit weit billigerer Arbeitskraft, in die Weltstadt kam. Der Vater wie der Sohn Norton, gute Arbeiter und Geschäftsleute, hatten vom Leben hauptsächlich die Vorstellung, daß es erkämpft werden mußte; für irgendeine Art von „Humbug" — womit sie alle nicht praktischen Interessen bezeichneten — war in ihren Gedanken wenig Raum; bei Tisch sprachen sie davon, ob wohl endlich und wann die Regierung die Einsicht haben würde, die englische Landwirtschaft mit genügend hohen Zöllen zu schützen. Man konnte wohl einmal, wenn man wie Jakob nicht der sanftmütigste Gesprächspartner war, in einen kleinen politischen Wortwechsel mit ihnen geraten — etwa wenn der junge George Norton sagte, er begriffe nicht, warum die Deutschen nach Kolonien jammerten, sie sollten froh sein, keine zu haben; und Jakob darauf: „Wirklich? Warum habt ihr uns dann die unsrigen weggenommen?" — und George wiederum: von ihm aus könnten die Germans sie lieber heut als morgen wiederhaben... ein Vorschlag, mit dem aber sein Vater nicht so recht einverstanden schien. Im Ganzen war dennoch gut mit ihnen auszukommen, auch mit Mutter Norton, die eine warmherzige Frau war, freundlich zu ihrem deutschen Gast, um den sie sich allerdings wenig kümmerte, sie war mit der Aufsicht über Hof und Hühner vollauf beschäftigt; was sie an geistigen Bedürfnissen hatte, fand seine Befriedigung dann und wann in einer spiritistischen „Sitzung", und das gab den Männern Anlaß zu derben, aber durchaus gutgemeinten Spottreden. Schwierig fand es Jakob nur mit einem Menschen im Hause: eben mit Sybil. Beinah vom ersten Tag an bekam er Streit mit ihr. Sie war, soweit Jakob das beurteilen konnte, musikalisch ungewöhnlich begabt und hatte auch bei ihrem Vater, dessen erklärter Liebling sie war, durchgesetzt, daß sie ein ererbtes Stück Geld für ein pianistisches Studium verwenden durfte, in London zuerst, dann einen Winter in Paris. Dort wollte sie nächstens wieder hin, und im folgenden Jahr sich Deutschland „ansehen". Es schien jedoch fraglich, ob sie diese

Pläne durchsetzen würde, insofern sie Geld kosten sollten; denn die Schwäche Nortons für seine Tochter fand ihre Grenze an seiner zäh rechnenden Nüchternheit. Daß sie das wußte und keinen festen Weg vor sich sah, das war es vielleicht, was sie so reizbar machte. Sie übte, aber ohne die rechte Regelmäßigkeit, manchmal zu nachtschlafener Stunde. Den gerechten Schlaf ihrer Familienangehörigen störte sie damit nicht. Für den kaum erst angekommenen Jakob aber war es ein traumähnliches Wunder, um Mitternacht geweckt zu werden von dem wilden, freien Gang eines Schubertschen Klavierstücks im Zimmer über ihm. Horchend fand er sich, mitten in England, auf Rossesrücken durch einen deutschen Wald getragen, Wald, in dem grüne und goldene Lichter spielten, eilige Wasser flossen; eine unüberhörbare Sehnsucht rief irgendwo und lockte und verstummte im Dunkeln. Umgekehrt aber wie die Ehefrau des Odysseus löste Sybil bei Tage wieder auf, was sie nachts gewoben hatte. Da ihr Jakob zu ihrem Spiel etwas sagte, hielt sie für gut, ihm schlankweg mitzuteilen, daß die ganze neuere deutsche Musik, von Beethoven angefangen, nichts tauge – was natürlich ihn veranlaßte, ihr mit grimmiger Ruhe zu antworten, daß es ein „Pleonasmus" war, von deutscher Musik zu reden, da es andere als deutsche sowieso nicht gab. Auch gegen die Hitler-Regierung hatte Sybil in ihren Studiensemestern allerlei Vorwürfe aufgesammelt, von denen, zu Jakobs Erstaunen, als einer der schwersten ihr die Tatsache galt, daß Hitler und Mussolini in dem noch immer fortdauernden Spanischen Bürgerkrieg den General Franco unterstützten. In England nämlich hielten viele die kommunistische „Volksfront"-Regierung zu Madrid für eine Fahnenträgerin der Freiheit, und wie zu Napoleons Zeiten zogen junge Engländer als Freiwillige nach Spanien, um dort gegen die Tyrannen zu kämpfen. Als Jakob das Mädchen spöttisch fragte, ob sie denn die Kommunisten für weiße Friedensengel ansehe? rief Sybil zornig: er, Jakob Degener, habe da nicht mitzureden, in Deutschland gebe es ja weder Freiheit noch Recht, und überhaupt sei eine Diktatur eines anständigen Volkes nicht würdig!

Von ihrer Mutter wurde sie, wenn sie so heftig redete, ermahnt und gebeten ihres Gastes „feelings" nicht zu verletzen; aber sie fuhr ja oft auch ihren Eltern und jedem im Hause mit schnellem, scharfem Wort über den Mund. Bei sich selbst beschimpfte Jakob sie als ein unerträgliches, launenhaftes, hochnäsiges und nicht einmal so besonders hübsches, nur eben, leider, bezauberndes Geschöpf. Diesem Zauber verfiel er ganz und gar, und dabei war schwer zu sagen, worin er bestand; sein langsamer Kopf brauchte die ganzen vier Kentischen Wochen dazu, um einzusehen, daß das nicht eine bloße Hexerei war, sondern ein echtes inneres Recht darin; daß das Mädchen in ihrem Zuhause wirklich wie ein junger Schwan im Ententeich leben mußte, unter guten, aber nur um das tägliche Nächste besorgten Menschen, und darum in diese Ungeduld und Wildheit geriet: denn sie war mit ganzer Seelenkraft auf ein Unbedingtes, das dem Leben Sinn gab, gerichtet.

Auf einem Spazierweg, wo sie sich eben noch recht unversöhnlich gestritten hatten: über atonale Musik, wovon er nichts, und über Geschichte, wovon sie nichts verstand, kamen Sybil und Jakob zu einer stillen, von Buchengruppen umgrenzten Wiese und lehnten, des Redens müde, schauend und den Sommerhauch atmend, nebeneinander am Zaun. Jakob wußte selber von dem versunkenen Blick nichts, mit dem er sie betrachtete – bis er ihrem dunklen, gesänftigten Auge begegnete und ihren Mund, den kühn geschnittenen, zucken sah von einem ungesprochenen Wort. Sie sprachen beide das Wort nicht und berührten einander nicht, sie gingen fast wortlos mitsammen heim. Erst spät, nach dem Abendessen und allgemeinen Gutenacht, stieg Jakob, ohne seinen Schritt besonders zu dämpfen, in Sybils Zimmer hinauf. Sie kam ihm wie einem Erwarteten entgegen, er sagte etwas zu ihr, englisch, unbeholfen, was ihr ganzes Gesicht erstrahlen machte in einem leidenschaftlich freudigen Licht, sie antwortete ihm auf deutsch, die Arme um seinen Hals: „Lieber, guter Mensch," und dann ließen ihre heftigen Lippen ihn zu keinem Wort mehr kommen, und Jakob brauchte und suchte keines mehr.

Das war erst wenige Tage vor seiner Abreise geschehen, er wollte von Kent aus noch auf eine Woche nach London, bevor er heimfuhr. Der Abschied war ihnen gemildert durch die sichere Aussicht auf die Wiederbegegnung in Grünschwaig im nächsten Jahr. Mit ihren Eltern sprach Jakob noch nichts, bei sich selbst aber betrachtete er sich als Sybils Verlobten: wenn sie käme und ihren Sinn zu ihm nicht geändert hätte, würde er sie zu seiner Frau machen. Ihr Bild nahm er mit sich, sein eigenes schickte er ihr, sobald er nach Haus gekommen war.

Frank war schon seit vorigem Herbst wieder in Grünschwaig, man sah und merkte ihm nichts Ungewöhnliches an, außer etwa dies, daß es noch schwieriger war als früher, ihm eine Teilnahme für irgendeine Art von Humor abzugewinnen. Nicht einmal den Mund verzog er zum Lächeln, er konnte einen so verständnislos ernst anschaun, daß einem selber der Sinn des Spaßes abhanden kam, den man gemacht hatte. Jakob fragte die Mutter, ob er denn die Gutsverwaltung jetzt wieder zu führen imstande sei? und sie gab zögernden Bescheid; es war eigentlich nur wieder so wie vor seiner Krankheit, Frank tat gewissenhaft, was man ihm sagte, aber planen, rechnen, Entscheidungen treffen mußte sie selber. Seit so vielen Jahren und Jahrzehnten hatte die Mutter in dieser Art ihre Kräfte unbemerkt und unermüdlich dem Gut zugewendet; sie war über die sechzig hinaus, sie begann jetzt ihr Alter zu fühlen. Als sie Jakob gegenüber wieder einmal den Gedanken aussprach, einen Teil ihrer Last abzutun, nur das Haus zu behalten, für das Gut aber einen tüchtigen Pächter zu suchen, da redete der Sohn ihr zu. — Aber was würde dann mit Frank? er würde dann erst sich bewußt werden, daß er seiner Aufgabe nicht gewachsen sei. Das könnte ihn niederschlagen und für seinen Zustand nicht gut sein. Nein, man konnte das nicht tun.

In Obersbrunn ergaben sich für Jakob seit dem neuen Schuljahr Schwierigkeiten im Unterricht. Er hatte in der Oberklasse die deutsche Kaisergeschichte durchzunehmen und tat das mit großer Freude, stieß aber jetzt, wenn er die Heinriche und Ottonen pries, auf Einwände bei einigen Schülern: was denn diese Romzüge der Nation genützt hätten? ob denn die Krone der Deutschen von außen einer Bestätigung bedurft hätte? Kraftvergeudung sei das gewesen, besser hätten die Kaiser dieses oder jenes „reale" Ziel verfolgt. Als er nachforschte, woher ihnen denn so ganz ungeschichtlich gedachte Vorwürfe kämen, fand er heraus, daß es der neue Naturkundler Hellwig war, der den Buben die Köpfe verwirrte. Er stellte den mageren, sehr blonden und steifnackigen Mann zornig zur Rede: wie er dazu komme, den Schülern diesen Unsinn einzublasen? er, Jakob Degener, rede ihm doch auch in sein naturkundliches Fach nicht hinein. Hellwig erwiderte in kampfbereiter Haltung, indem er, wie es manche Menschen in der Gewohnheit haben, seinen Blick schnell wechselnd bald zu dem einen, bald zu dem andern Auge Jakobs emporrichtete: er nehme sich allerdings das Recht heraus, die deutsche Jugend vor reaktionären Geschichtsauffassungen zu bewahren. Darauf ging Jakob zu Lansing und beschwerte sich.

Lansing bot ihm Platz an, und nachdem er den „Fall" vernommen, stellte er, gelassen in seinen Lehnstuhl zurückgelehnt, fest: Kurt Hellwig sei ja bekanntermaßen ein Rindvieh. Aber ein gutgläubiges. Man hätte eine viel heimtückischere Spezies erwischen können. Man müsse ihn ertragen. Er sei der Schule, Lansing habe das auf Umwegen erfahren, ausdrücklich „zur Beaufsichtigung ihrer nationalsozialistischen Zuverlässigkeit", ins Nest gesetzt. Hellwig erzähle ja auch in seinen eigenen Stunden den Jungens haarsträubenden rassenbiologischen Unsinn, statt ihnen zur Kenntnis der Vögel und Käfer zu verhelfen — und er als

Direktor könne auch nichts dabei machen. „Das ist nicht gerade schön, aber mit der Zeit wächst sich das aus. Sie können ruhig in Ihrer Kaisergeschichte die Betonungen zunächst einmal etwas anders geben, bis der Mann sich wieder beruhigt hat."

„Ich kann nichts anderes lehren, als das, wovon ich mich auf Grund meiner Studien überzeugt habe," sagte Jakob.

Lansing: „Sie haben wohl auch schon Absichten nach Schweden auszuwandern?"

Jakob: „Nein, gerade in Deutschland muß so und nicht anders, nach der redlichen wissenschaftlichen Überzeugung des Lehrers, unterrichtet werden."

Der Andere sah ihn eine Weile schweigend und teilnahmsvoll an, er sagte: „Ich gebe zu, daß wir es in unserm Fach leichter haben. Von uns wird, bisher wenigstens, nicht verlangt, zu lehren, daß zweimal zwei fünf ist."

Jakob: „Und Sie würden das auch, selbst wenn es verlangt würde, nie tun. — Es tut mir leid, Dr. Lansing — ich kann in der Sache weder auf Sie, noch auf die Schule, noch auf mich selbst irgendeine Rücksicht nehmen."

„Sie überhaupt," sagte Lansing, der ihn aufheitern wollte, er hatte in Jakobs Zimmer das Bild seiner englischen Verlobten gesehen: „Sie überhaupt, mit Ihrem Landesverrat an den deutschen Mädchen!"

Er sah ihm etwas sorgenvoll nach, als er gegangen war.

Die Beteiligten vergaßen aber zunächst ihren Streit, zumindest in Jakobs Herzen schwand jeder Groll wider Hellwig oder irgend sonst einen Menschen auf der Welt, als das Frühjahr 1938 das freudigste, das kaum mehr als möglich gehoffte Ereignis brachte: die Heimkehr Österreichs.

Das Jahr hatte sich eingeführt mit einem seltenen Himmelszeichen. Es kamen an einem noch schneeigen Frühlingsabend ein paar seiner Schüler auf Jakobs Zimmer und holten den Dr. Degener ins Freie hinaus, sie waren der Meinung, daß es draußen in der Ebene, in München, brannte, woher käme sonst dieser gewaltige Schein am Nachthimmel? Erst folgenden Tags erfuhr man aus dem Rundfunk, daß es ein Nordlicht gewesen war, stärker als seit Vätergedenken; man hatte es bis nach Griechenland hinunter sehen können. Die Menschen deuteten es verschieden, je nachdem ihr Sinn gestimmt war: die einen als Vorauskündigung blutiger Zeit, die andern, so der Herr Hellwig, als eine Bestätigung dafür, daß dem nordischen Geist eine Zeit des Glanzes und der Herrschaft angebrochen sei. Lansing freilich, bei dem Mittagsappell, den er täglich abhielt, spottete darüber, daß es Leute gebe, die ganz natürlichen meteorologischen Erscheinungen abergläubische Bedeutungen beilegten, aber damit wurde in Jakob Degener ein dunkles Gefühl der Erregung und des Unbehagens doch nicht ganz besiegt — dem Vorgefühl in manchen Träumen ähnlich, das uns warnt, es seien nun die milden Flüge, die sonnigen Wanderungen vorüber, und fortan gefährliche Überraschungen zu erwarten.

Jakob hatte sich die Jahre her über die Herrschaft Hitlers, dessen Partei er sich verschrieben, viele Gedanken gemacht. Auch wenn er in Gesprächen den Führer heftig verteidigte, rührten sich in seinem Innern die Zweifel. Die Gerüchte von Gewaltsamkeiten verstummten ja nie mehr, seit jenen unaufgeklärten und schrecklichen Vorgängen des 30. Juni 1934; von Lagern, in denen Gefangene gequält würden; von Beugungen des Rechts. In diesem Winter erst hatte man von Machenschaften der Partei gegen den Generalobersten von Fritsch, den Oberbefehlshaber des Heeres, reden hören, die allerdings so niederträchtig waren, daß Jakob sie keinen Augenblick glaubte; sie bestärkten ihn vielmehr in dem Gedanken, daß man für den Mann, Hitler, einstehen müsse, weil er Feinde hatte, die solche Dinge gegen ihn erfanden. Es kam dann aber die Meldung, daß Fritsch, wenn auch mit einer beschönigenden Ehrung, tatsächlich seines Postens enthoben war, Hitler selbst übernahm den Oberbefehl über die Wehrmacht — und von dieser unklaren Sache, wie erst schon von der mit Röhm, blieb einem so ein hohles, erschrockenes Empfinden zurück. Die Menschen kannten das früher nicht, es war eine Erfahrung dieser Jahre. Um diese Zeit fing Jakob an — ohne übrigens irgendwem davon zu sagen, kaum daß er sich selber davon ausdrückliche Rechenschaft gab — mit einer allabendlichen Regelmäßigkeit im Neuen Testament Rat zu suchen; einem schmalen, schwarzen, zerlesenen Bändchen, das seinem Vater gehört hatte. Was ihn dazu führte, war wohl die Ahnung, es müsse irgend in einer Tiefe ein nicht wankender Grund zu finden sein.

Nun war aber in der österreichischen Angelegenheit das Recht so unzweideutig auf unserer Seite, daß, was man zu deren Lösung unternahm, nach Jakobs Meinung unmöglich falsch sein konnte. Die gegen Deutschland verbündeten Mächte hatten 1918 das Selbstbestimmungsrecht der Völker verkündet, hatten aber diesem ihrem eigenen Grundsatz fast überall dort zuwidergehandelt, wo er sich zugunsten der Deutschen auswirken mußte: ringsher um unsre verwundeten Grenzen, am meisten aber in Böhmen und in Österreich. Denn hier, nach dem Zerfall der großen, viele Völker vereinenden Donaumonarchie, erklärten sich dreieinhalb Millionen Deutsche im Sudetenland, sechseinhalb in den alten Erblanden, für den Wiederanschluß an das Reich, zu dem sie ohnehin bis vor einem halben Jahrhundert, bis zu dem Bruderkrieg von 1866, gehört hatten. Die Sudetendeutschen aber wurden durch die von Frankreich beschützten Tschechen mit Waffengewalt dahin gebracht, in deren neugegründetem Staatsverbande zu bleiben; es waren ihnen Rechte darin zugesagt, die niemals zur Wirksamkeit kamen. Und den Österreichern befahl ein Pariser Machtspruch, für jetzt und alle Zukunft der Gemeinschaft mit dem Reich zu entsagen und das Geschenk einer „Selbständigkeit" anzunehmen, die sie nicht begehrt hatten, mit der sie auch weder geistig noch wirtschaftlich leben konnten. Es war so klar wie die Sonne, daß diese beiden unter Zwang herbeigeführten Entscheidungen ihre Gültigkeit verlieren mußten mit dem Augenblick, wo die Deutschen, im Reich und draußen, stark genug sein würden, um nach dem Einspruch der ehemaligen Gegner nicht mehr zu fragen. Und es lag auch kein wahres Interesse der Gegner darin, den Zusammenschluß zu hindern, im Gegenteil, er würde Beruhigung bringen, wo jetzt Zorn und Auflehnung war. Aber Jakob hatte nicht und konnte nicht vergessen, unter wie schmählichen Umständen Frankreich den Reichskanzler Brüning zur Zurücknahme jenes bescheidenen Schrittes genötigt hatte, der nur auf eine Zollunion mit Österreich abzielte; daß wir in einer so internen, nur uns und Österreich betreffenden Frage von außen Vorschriften entgegennehmen mußten, das hatte Brünings, des lauteren Mannes, Stellung gegenüber der nationalen Opposition untergraben und Hitler den Weg zur Kanzlerschaft frei gemacht. Und als Hitler jetzt, nachdem eine diplomatische Verabredung mit dem österreichischen Bundeskanzler Schuschnigg getroffen, aber von diesem nicht eingehalten worden war, den Anschluß mit dem Aufgebot einer Truppenmacht vollzog, da stimmte ihm das Herz in Trotz und Jubel zu: nicht noch einmal sollte die fremde Welt uns hindern, an uns zu nehmen, was unserm eigenen Hause zugehörte.

Daß es, seit Hitler in Deutschland die Macht errungen, zum erstenmal eine echte Selbständigkeitsbestrebung in Österreich, dem Reich gegenüber, gab, die freilich keinen staatlichen und keinen völkischen, sondern einen sittlichen Sinn hatte: nämlich, unabhängig zu bleiben von der Macht eines Polizeistaates, wo der Einzelne und seine Freiheit vergewaltigt, die Kirche verfolgt, das Recht gefährdet wurde — daran dachte Jakob Degener nicht; und es würde damals ihm und den Meisten im Lande, wenn man ihnen das als Frage entgegengeworfen hätte, so gewesen sein, wie drei Jahre zuvor den Saarländern, als sie in einer Abstimmung über ihre Zugehörigkeit zum Reich entscheiden sollten. Die wußten auch schon, daß im Hitlerstaat nicht alles zum Besten stand, aber sie dachten: jetzt erst einmal fragt man uns, ob wir Deutsche sein wollen oder nicht, da gibt es nur Eine Antwort. Finden wir das Haus dann schmutzig, werden wir große Wäsche halten — mit unsren eigenen Angelegenheiten wollen wir schon zurechtkommen.

So empfanden die Österreicher auch. Das waren nicht lauter Blinde und Betrogene, von einer schlauen Propaganda Geschobene, die in diesen Märztagen von 1938 an den Straßen der Städte und der Dörfer Österreichs, und noch vor den Türen ihrer Gehöfte standen und den deutschen Soldaten zuwinkten und -schrieen und sie mit Blumen überschütteten. Und alle Kirchenglocken klangen, in ein nicht verstummendes Glockengeläut marschierten diese Truppen hinein, und manch einer marschierte mit dem geschmückten Gewehr und dem Grün am Helme dahin, und hatte es gar nicht gewußt, daß er im Nachbarland ein so erwarteter, so geehrter und gefeierter Gast sein würde. Es standen Menschen am Wege, — nicht Frauen nur und Greise, auch feste, ruhige Männer, die weinten; und junge Burschen, denen das Herz vor Freuden fast zersprang. Denn es ist einem Volk eine schwere Not, wenn seine Einheit zerrissen wird, zwischen Bruder und Bruder sich eine Grenze schiebt, und wo solche Trennungen geheilt werden, das sind Glückstage, an die sich noch viele Geschlechter erinnern.

Die glückliche Aufregung schlug auch im Obersbrunner Internat recht hohe Wellen, und am sonderbarsten war es, Lansing, den alten Mathematikus, von ihr ergriffen zu sehen. Denn sie äußerte sich bei ihm in einem Überfluß an Witzen, die er um sich streute, um seine Begeisterung nicht allzusehr merken zu lassen. Er erklärte schon wenige Tage nach dem am 12. März geschehenen Einmarsch, daß die Schule einen Ausflug nach Österreich unternehme, unter seiner persönlichen Leitung; wer von der Lehrerschaft mitwolle, sei herzlich eingeladen. Diese Sache müsse man gesehen haben. Pässe brauche man nicht — „wenn es an der ganzen Grenze noch einen einzigen nicht zerbrochenen Schlagbaum gibt, soll mich der Schlag treffen," vermaß er sich, wortspielend wie immer. Die Buben schrieen Beifall. Unter den Lehrern, die sich anschlossen, waren auch Jakob Degener und Kurt Hellwig; der Letztere benahm sich während der ganzen Tour so, als hätte Er den Anschluß zum Besten seiner Zeitgenossen veranstaltet, aber er mäßigte sein Triumphgefühl durch eine soldatisch stramme Haltung. Wie gründlich Ernst es dem Direktor Lansing mit seiner Freude war, das konnte Jakob gleich am Morgen des Ausflugtages beobachten, wo sich in dem der bisherigen Grenze sich nähernden Zug die folgende Szene zutrug. Man stand gedrängt auf dem Gang zusammen, einer der Jungens, ein langer verschlafener Kerl namens Mahnke, fragte Lansing, „ob denn die Leute drüben in Österreich auch Deutsch verstehen?" — und hatte im gleichen Augenblick eine Ohrfeige sitzen, so schmerzhaft wuchtig, daß er zu einem Wehruf gar nicht erst kam, der Mund blieb ihm offen stehen. „Das ist nur," bemerkte Lansing hierzu, indem er die hellrot angelaufene Backe seines Zöglings nachdenklich betrachtete, „um dich zu erinnern, mein lieber Sohn, daß es Fragen von polizeiwidriger Dummheit gibt, und daß Österreich nicht nur ‚auch deutsch', sondern unser Erz- und Kronland ist. Nimm es übrigens nicht zu schwer, es sind schon Ohrfeigen aus weniger guten Gründen verteilt worden." — „Jawohl, Herr Direktor," sagte Mahnke.

Sie bekamen noch reichlich etwas mit von der Feststimmung, die das Land erfüllte: Fahnen und Kränze an den Häusern, am Kirchturm, Spruchbänder am Eingang der Ortschaften; und immer noch, obwohl deren schon viele, seit Tagen, hereingeströmt waren, jeder „Reichsdeutsche", der nach Tirol kam, ein froh begrüßter Gast, jedes Auto von draußen gleich dicht umringt, und das „Ein Volk, ein Reich, ein Führer" als ein trunkener Schwur in jedermanns Munde.

Nachmittags auf der Heimfahrt brachte Hellwig vor, er habe für sicher vernommen, der Führer komme morgen von seiner Triumphfahrt durch das befreite Österreich nach München, in die „Hauptstadt der Bewegung", zurück; man müsse der Jugend, meinte er, die Gelegenheit geben, den großen Mann zu sehen.

Lansing konnte dagegen nicht gut einwenden, daß es auf das Land, nicht auf den Mann ankomme. Er beschränkte sich auf die Feststellung, für die Jüngeren sei es zu viel, die würde er nach Obersbrunn zurückbringen; von der Neunten möge sich melden, wer mit Herrn Hellwig noch nach München gehn wolle. Hellwig sammelte dann die ganze Klasse, fünfzehn Mann hoch, um sich, und Lansing nahm Jakob beiseite und bat ihn, mitzufahren und dafür zu sorgen, daß „der fanatische Mensch die Buben nicht überanstrengt, sie stundenlang Spalier stehen läßt, oder ähnlichen Unfug. Wir sind ja dafür verantwortlich. Aber seien Sie sanftmütig, Degener — Sie wissen schon: man muß sich mit dem guten Hellwig vertragen, und ihn so verbrauchen, wie er einmal ist."

Aber Hellwig erwies sich, wo es darauf ankam, den Führer zu sehen, als ein sachverständiger Mann. Er beschaffte ihnen allen spät abends noch in einem Hitlerjugendheim Quartier und führte sie zu morgenkühler Zeit in die Briennerstraße, nahe zum Braunen

Haus, wo sie sich zwischen andere bereits wartende zivile und uniformierte Menschen eindrängten, beschimpft wurden, ihren Platz aber dank Hellwigs feurig-empörter Beredsamkeit behaupteten. Sie hatten dann allerdings viele Stunden zu verwarten, es wurde warm; das Stehen, das Hin- und Hergeschobenwerden unter den Leuten, ihr endlos rauschendes, auf- und abschwellendes Gerede wirkte sehr einschläfernd auf Jakob. Es hieß dann einmal: sie stünden hier alle umsonst, der Führer käme gar nicht ins Braune Haus der Partei, sondern nur in seine Wohnung in der Prinzregentenstraße – und wiederum: Nein, da sei er gestern nacht schon eingetroffen, aber hier werde er heute morgen erwartet. – Wer weiß, ob er überhaupt kommt? fragte sich Jakob, er fing an, dem Gedanken Raum zu geben, man könnte hier leicht und gänzlich unbeachtet allmählich von der vorderen in die hintere Reihe sich schieben, von dort in einer Nebenstraße verschwinden und inzwischen einen Besuch bei den Fehrenkamps machen: von ihnen würde man erfahren, ob Quint und Natalie noch in Augsburg wären, wo er als Leutnant in Dienst stand; möglicherweise kämen sie schon bald nach München, Quint hatte Jakob von dieser Aussicht geschrieben. –

Auf einmal erbrauste die Straße, vom Odeonsplatz her, von ohrenbetäubendem Geschrei, es war nicht aus den Worten, nur aus dem dreitaktigen Rhythmus zu entnehmen, daß es wieder der Ruf: „Ein Volk, ein Reich, ein Führer" war, womit die Massen ihr Idol begrüßten.

Bis Jakob begriffen hatte, was geschah, war Hitler schon fast unmittelbar vor ihm: im Auto stehend, mit erhobener rechter Hand, trug es ihn langsam vorüber. Jakob sah ihn von der Seite, wo ihm Stirn und Schläfe von der hereinhängenden Haarsträhne verdeckt waren. Dunkelbraun übrigens war die Strähne, nicht schwarz, wie man den Bildern nach hätte denken können. Und braun verbrannt, von der Sonne der österreichischen Fahrttage, war das Gesicht – ein weder schönes noch edles, aber sieghaft glückliches, sieghaft selbstbewußtes Gesicht; der Ausdruck eines Mannes, der von einer alles mitreißenden Welle getragen ist.

Es war in dem Augenblick nichts in diesem glücklichen Gesicht, das einen Widerstand gegen den Mann hätte aufregen müssen. Er hatte mit starkem, kühnem Willen einen Sieg errungen, hatte den höchsten Wunsch seines Lebens verwirklicht: seine engere Heimat ins größere Vaterland heimzuführen... „Schau! er freut sich!" hörte Jakob vor sich in der Reihe die Stimme von einem seiner Primaner... und Jakob wußte nicht, warum ihm doch bei Hitlers Anblick der gestern erst gelesene Vers in den Sinn kam:

„Ich bin gekommen in meines Vaters Namen, und ihr nehmt mich nicht an. So ein anderer in seinem eigenen Namen kommen wird, den werdet ihr annehmen."

2

Diesen Sommer kam für Jakob keine Auslandsfahrt in Frage, da er mit Beginn der Schulferien Sybil Norton in Grünschwaig erwartete. Er hatte mit ihr ausgemacht, daß er sie in München abholen, einen Tag mit ihr in der Stadt sein und ihr einiges zeigen, und sie dann zu seiner Mutter hinausbringen wollte. Diese war die einzige, der er von seiner Beziehung zu Sybil etwas gesagt hatte. Das junge Mädchen den Münchner Verwandten als seine Braut vorzustellen, fühlte er sich noch nicht berechtigt, wollte auch deswegen vermeiden, irgendwen zu besuchen. Während er, ihren Zug erwartend, auf dem Bahnsteig stand, wurde er sich klar, wie stark er sich dieses ganze Jahr über nach ihrer Gegenwart gesehnt hatte; gerade darum aber durfte er sie in keine ihre Entscheidung vorwegnehmende Lage bringen.

Sybil stieg aus dem Waggon, dunkeläugig und schlank und mit ihrem schönen hochmütigen Lächeln wie immer. Bevor er sich noch über ihre Hand beugen konnte, hatte sie ihn umarmt und geküßt, als ob sich das zwischen ihnen von selbst verstünde. Jakob war zu scheu gewesen, mit einem Blumenstrauß da zu stehen, er holte eine ziemlich verdrückte gelbe Rose hervor, er schob sie rasch in Sybils Handtasche, und ihr zärtliches: „You dear old fool," klang ihm wie Musik in den Ohren.

Da war sie also wieder. Umso besser.

Sie erklärte, nicht müde zu sein, sondern war gleich bereit, mit ihm noch den Abend ins Theater zu gehn; er hatte Karten für eine Aufführung der „Maria Stuart". — Und dem Gesetz gemäß, wonach man Verwandten und Bekannten am ehesten dann begegnet, wenn man sie vermeiden will, trafen sie in der Pause im Foyer mit Lisa Fehrenkamp zusammen, die Jakob schon eine lange Zeit nicht mehr gesehen hatte; man stand sich auf einmal gegenüber und es war nicht mehr auszuweichen. Lisa befand sich in Gesellschaft eines Herrn, etwas über Jakobs Alter, der ein gutes und klares und festes Gesicht hatte. Sie nannte seinen Namen: Karl Diepold, und sie sagte, strahlend mit einem ganz mädchenjungen Gesicht und strahlend auch mit der Stimme, indem sie über ein unsichtbares Hindernis hinwegzuspringen schien:

„Es ist bei uns noch nicht offiziell, weißt du, Jakob ... aber er ist mein Verlobter."

Und da sie fragend, und bereit, allen das gleiche Glück zuzutrauen, von Jakob zu Sybil hinübersah, sagte diese unbefangen, auf deutsch:

„Ich bin von England diesen Nachmittag gekommen und soll nach Grünschwaig. Jakob Degener war in dem anderen Jahr mit uns."

„Ach so," sagte Lisa.

Und sie erzählte: „Denk dir, Quint und Natalie sind doch in Augsburg, wo Quints Regiment steht, aber jetzt im Herbst soll er nach München versetzt werden ... und gerade im Herbst gehen wir wahrscheinlich nach Augsburg; mein Verlobter ist Jurist, er soll dort ein Amtsgericht bekommen. Es wäre hübscher gewesen, mit Quints zusammen dort zu sein" ...

Und so verabschiedeten sie sich wieder voneinander.

Jakob kannte Sybil schon von England her als einen Nachtvogel, das tragische Ende der Maria von Schottland machte sie nur munterer; er überredete sie leicht, danach noch mit ihm auszugehen. „Es ist mir noch zu früh, dich an der Schwelle deines Hotelzimmers schon wieder herzugeben," sagte er, ganz ernst nach seiner Weise, während sie lächelte und verschiedenes Zärtliche und Komische über ihn dachte, wovon sie aber nur eines aussprach: „Du könntest ebensogut ein englischer junger Mann sein."

„Gott sei Dank bin ich ein Deutscher," sagte Jakob.

Aber Sybil bat ihn, sie wollten doch nicht schon am ersten Abend einen Streit über Deutsch und Englisch haben.

Während die Bedienerin bei ihnen am Tisch stand und Jakobs Bestellung entgegennahm, schob sich ein Mann in brauner Parteiuniform durch die Glastür des Lokals herein. Er war eine von den unglücklichen Gestalten, denen das steife Koppel wie ein Äquator um den Bauch gespannt war; der Nacken lag feist auf dem Uniformkragen; was in dem Gesicht einmal schlichter guter Wille gewesen sein mochte, das war längst in dummer, machtbewußter Selbstsicherheit ertrunken. Der Mann war zudem nicht nüchtern, er ging mit Schritten, die soldatisch fest auftreten wollten, aber schleppend waren, durch den Raum, auf der Suche nach einem freien Tisch, an dem er sich niederlassen könnte. Dabei fiel sein Blick auf eine blonde junge Dame, die mit einem gelbhäutigen, schlitzäugigen Herrn zusammensaß — er stutzte, und steuerte auf das Paar zu wie der Feldwebel, der vor der Front einen himmelschreienden, offenen Uniformknopf entdeckt hat, und begann ohne jede Einleitung oder Erklärung die Blonde in den unflätigsten Ausdrücken zu beschimpfen.

„Schweinerei." (Und es kam noch Ärgeres in der Art nach.) „Ein deutsches Mädchen schämt sich nicht! Mit einem Juden!" (Dieses Wort schien ihm für jede Art von Fremdrassigkeit passend zu sein.) Er schrie, in dem Lokal war nichts zu hören als seine Stimme. Die Bedienerin aber teilte Jakob und Sybil aufgeregt mit: das sei ja ein Herr von der japanischen Botschaft und das deutsche Fräulein eine Sekretärin von der Botschaft, und die habe den Auftrag, dem Herrn die Stadt zu zeigen, sie sei schon gestern einmal mit ihm dagewesen. Ganz unrecht tue ihnen Der, mit seinem Geschrei — „ja und da schaun S' hin! jetzt lauft alles davon!"

Und wirklich, während der Japaner mit unbewegter Miene dem Schreienden gegenüberstand, fand sich an den Nachbartischen niemand, der dem beleidigten Mädchen beigesprungen wäre. Man sah die Menschen eilfertig ihre Rechnung begleichen und sich davonmachen. Und jetzt rief vom andern Ende des Restaurants eine laute Frauenstimme:

„Nette Männer hab'n mir!"

„Geh lieber hinaus, Sybil," bat Jakob.

„Sicherlich nicht. Ich möchte sehn, was du tun wirst," erwiderte sie ihm spöttisch.

Als der Oberkellner sah, wie Jakob quer durch den ganzen Raum auf den Parteimann zuging, faßte er sich selber auch ein Herz, und in dessen immer noch schreiende, nun gegen Jakob gewendete Wut hinein („Geht dich gar nichts an, du Judenknecht!") gelang es ihm, die paar Worte zu träufeln: Japanische Botschaft, Befreundete Nation, Politik des Führers — die den Trunkenen wie mit Zauberkraft zu ernüchtern schienen; er ließ sich von dem Kellner an einen der so jählings freigewordenen Tische führen.

„Der Herr war betrunken," sagte jemand mit bedauernder Geste, leise, zu dem Japaner.

Jakob, mit den Händen auf der Stuhllehne, stand vor dem blonden Mädchen und stammelte: „Verzeihen Sie — verzeihen Sie mir, daß ich dem Kerl nicht beim zweiten Wort schon das da auf den Kopf geschlagen habe!"

Sie wollte ihm etwas erwidern, aber sie konnte nur schlucken und schüttelte den Kopf, Jakob sah zu, wie sie mit ihrem Begleiter, dessen Gesicht keinerlei Gemütsbewegung verriet, langsam hinausging.

„Immer noch so stolz, ein Deutscher zu sein?" fragte Sybil,

als sie wieder auf der Straße waren. Das Wort reute sie, da sie seinem traurigen, zornigen Blick begegnete. Sie gingen schweigend bis zum Hotel. Vor dem Zimmer preßte sie seine Hand: Jakob wußte, daß es eine Bitte war, ihr die kränkende Rede nicht nachzutragen. Er trug ihr nichts nach. Aber er konnte auch nur mit trockener Kehle schlucken und stumm den Kopf schütteln. —

Am folgenden Abend kamen Jakob und Sybil mit dem letzten Zug in Grünschwaig an. Unter dem erleuchteten Hauseingang stand Hanna, mit der Schäferhündin neben sich; Sybil, aus dem Wagen springend, erblickte diese volle, mütterliche Gestalt und ging etwas befangen und doch in einem unwillkürlichen Impuls des Vertrauens die Stufen hinauf auf sie zu. Es überraschte sie — aber es war eine wohltuende Überraschung — von Frau Degener umarmt zu werden und einen Beiklang von Rührung in ihrer Stimme zu hören, die sagte:

„Seien Sie uns in Grünschwaig willkommen, mein Kind."

Und sie spürte zugleich, daß Juttas kühle Schnauze wie prüfend gegen ihren Handrücken stieß. Da sie ihr den Kopf streicheln wollte, knurrte sie leicht warnend.

„Pfui, Jutta — was ist das? Sie muß sich an Gäste immer erst gewöhnen. Grüß dich, Jakob: schön, daß ihr da seid," sagte Hanna zu ihrem Sohn, dem sie die Wange zum Kuß hinhielt.

Und Sybil betrat den breiten, wohnlichen Grünschwaiger Hausflur.

In ihrem Mantel saß sie in dieser Nacht ihrer Ankunft noch lang am Fenster. Sie bewohnte das Zimmer, das zehn Jahre früher in dem Sommer der Geschwisterkinder Ninette und Antje innegehabt hatten; von beiden wußte Sybil nichts, aber wie damals Ninette sah sie durch die belaubten Baumwipfel zu Sternen und ziehenden Wolken hinauf. Beinah körperlich wie ein warmes, weiches Tuch, das einen einhüllt, empfand sie die ländliche Gastlichkeit dieses Hauses. Die Güte von der Mutter Degener tat gut, gerade wie Jakobs ritterlich zarte Zurückhaltung. Auch der jüngere Bruder schien ja große Achtung für sie zu fühlen: wie er sie angesehen hatte, bei Tisch, mit nachdenklichen Augen. Ernsthafte Leute sind sie alle. Es ist wie daheim auf der Farm, daß der Heuduft aus einer Weite kommt und daß man aus der Stallung, manchmal, das Vieh sich bewegen, eine Kette klirren hört. Aber die Menschen sind anders beschaffen, und wenn bei uns zuhause, oder wenn in London und in Paris von den Studenten und den klugen Leuten über die Deutschen geurteilt wird, so wissen wir vielleicht nicht genug von ihnen — und sie werden von uns auch nichts wissen.

Die Herzen der Menschen sind weit voneinander. So ist es immer. Nicht einmal, der eine schöne Musik geschrieben hat, weiß etwas von dem, der sie spielen soll. — Sybil war in einer schwermütigen Stimmung, sie empfand es als einen Verlust, daß sie nicht hergekommen war, um in diesem guten Hause zu bleiben, Tochter und Frau in ihm zu werden.

Und doch war dieser Entschluß in ihr fest, nur hatte sie sich's in England viel leichter gedacht, ihn auszuführen, viel leichter, ihn Jakob zu sagen: nämlich, daß sie wohl bereit war, seine Frau zu werden, aber nur, wenn er ihr nach England folgen wollte. Ja! In Deutschland konnte Sybil nicht sein. Unter einem Tyrannen, vor dem alle Menschen sich bückten und krümmten. Und der alle Völker unterdrücken wollte. Und der so unglaubliche Dinge tat, von denen sie gehört hatte: die Menschen gefangenhalten und vielleicht sogar töten, nur weil sie andere Gedanken hatten als er. Und dem man sein Unrecht nicht einmal ins Gesicht schreien konnte! Und sie, Sybil, würde dann vielleicht Kinder haben, und die würden alle so sein wie die Leute in München in dem Restaurant: ließen eine wehrlose Frau beleidigen und liefen fort aus Angst vor einem Mann, der eine Uniform anhatte. Sybil hatte sehr gut gesehen, wie Jakob diese widerwärtige Szene schmerzte ... und doch, indem sie daran zurückdachte, fühlte sie von neuem, wie an dem Abend selbst, das Verlangen, ihm etwas Kränkendes darüber zu sagen. — Nein, in Deutschland konnte sie nicht mit ihm sein. Sie würde ihn nach England mitnehmen, und dort würde sie ihn heiraten.

Es waren mancherlei Menschen an Sybil vorüber, und auch nicht immer nur vorüber gegangen, klügere, interessantere, schönere als Jakob; aber den festen, tiefen Grund von Jakobs Liebe zu ihr erkannte sie als etwas, das noch keiner ihr so gegeben hatte. Das hatte sie von Anfang an bei ihm merken können und las es aus jedem seiner Briefe, die er ihr nach England geschrieben, und jetzt aus jedem Blick und Wort von ihm. Es ist sonderbar, dachte Sybil, daß er mich liebt, denn ich passe ja gar nicht zu ihm, ich bin sicher nicht die Frau, die er braucht. Und wenn er das erkennt, wird er dann aufhören, mich zu lieben? Aber sie fühlte, von Stolz und Glück und Staunen überströmt fühlte sie: er wird niemals aufhören, mich zu lieben. „Never," dachte sie — und an das Wort, das sie leise vor sich hinsprach, knüpfte sich ein Motiv an aus einer Sonate von dem Beethoven, den ihre ganz modernen Lehrer sie geringzuschätzen gelehrt hatten; aber sie dachte nicht daran, daß es Beethoven war: sie fühlte das Motiv heraufkommen, wie aus tiefem Brunnen hervor, und wie es sich entfaltete und wuchs und die dumpfe, stumme Welt mit Klang überspannte. Nein, es hört nicht auf, und ich — ich brauche die Liebe, die er für mich hat.

— Ihr und ihrem Freunde vergingen die Wochen, die sie in Grünschwaig verleben sollte, als eine Zeit guter Gemeinsamkeit. Sie lasen zusammen, sie machten die Touren, die Wege, die das Land zu bieten hatte. Den Flügel, der im Saal stand, benützte Sybil kaum; sie behauptete, gerade einmal die „Ferien von der Musik" zu genießen, obwohl Jakob und Hanna ihr manchmal anlagen, etwas zu spielen, und das Fräulein Rüsch auch, schüchtern und gefühlvoll, darum bat: wie schön es doch sein würde, sagte sie, wenn das liebe alte Grünschwaig wieder, nach so langen Jahren, Musik vernähme! Die Großmutter hatte ganz früher wohl gespielt, aber freilich weder zum gehörigen Üben je die Geduld gehabt, noch sich selber „dilettantisch klimpern" hören können und es darum, schon zu Eligius' Zeiten, völlig aufgegeben. — Wollte Sybil keine Musik machen, so machte sie wenigstens in ihren deutschen Sprachkenntnissen entschiedene Fortschritte; ein Geschwisterpaar aus der französischen Schweiz, das im August nach Grünschwaig kam, bewunderte sie dafür. Das waren zwei blutjunge Leute, mit Haaren schwarz wie Ebenholz und hübsch weiß und roten Gesichtern, so daß Jakob sie Die Beiden Schneewittchen nannte. Sybil verdrehte dem Jungen, namens Gaston, spöttisch lächelnd mit entschiedenem Erfolg den Kopf, gab seiner Schwester Marguerite mehrere ausgezeichnete, den Pariser „Chic" betreffende Ratschläge, und beide, Bruder und Schwester, schienen von ihr dazu verwendet zu werden, um, nachdem Hanna schon hinaufgegangen war und auch Frank, immer mit einer sehr höflichen Verbeugung, sich verabschiedet hatte, die späten Abende mit Bridge oder Tanz zu verbringen und die Aussprache mit Jakob, vor der sie sich fürchtete, von Tag zu Tag wieder aufzuschieben. Schließlich aber mußte es einmal sein. Eines Abends überraschte sie die Schneewittchen mit einem frühen Gutenacht — die auch, traurig aber ganz folgsam, schlafen gingen wie zwei junge Hunde, die man in ihren Korb geschickt hat — und Sybil kam dann zu Jakob in den Saal herunter. Sie setzte sich an den Flügel; er sah, daß sie Rouge auf den Wangen hatte und darunter blaß war. Sie schlug einen Ton an.

Jakob sagte: „Sybil, ich fände herrlich, wenn du endlich spielen würdest — aber ich bin nicht sicher, ob wir jetzt nicht meine Mutter stören würden, man hört das lauter als das Grammophon; und außerdem haben wir dann sofort die Schneewittchen wieder hier, und mit unserm Gespräch ist es wieder vorbei."

„Ich spiele nicht," sagte Sybil.

Sie blickte vor sich auf die Tasten, ließ ihre Finger die Tasten hinauf und hinunter laufen, ohne sie anzuschlagen, und sie sagte, was sie zu sagen hatte. Daß sie Jakob liebt und ihn heiraten will, aber in England. Sie will nicht in Deutschland bleiben, sie kann nicht in Deutschland leben, in der Entwürdigung einer Diktatur. Und da sie es gesagt hatte, wagte sie nicht, sich nach Jakob umzusehen, und sie empfand sein Schweigen als eine Qual, die er ihr mutwillig antat.

Jetzt antwortete er, und im Grund ihres Herzens hatte Sybil gewußt, trotz allem gewußt, daß er so antworten würde:

„Ich kann nur in Deutschland leben."

Sybil, auf dem Musikstuhl zu ihm herumgedreht: „Also du willst der Knecht von einem Tyrannen sein?"

„Es ist nicht um das, was ich will, Sybil. Wenn mein Land in einer Knechtschaft ist, bin ich mit in der Knechtschaft. Vorher war es die Knechtschaft von den Siegern. Jetzt scheint es wieder eine Knechtschaft zu sein — die vielleicht noch schlimmer ist," sagte er; es fiel ihm schwer, es zu sagen. „Aber mich trifft es immer mit, ich muß in meinem Land und mit meinem Volk sein."

Sybil: „Aber mir willst du zumuten, meine freie Heimat zu verlassen und hierher zu kommen?"

Jakob: „Ja. Du bist ja eine Frau. Das Land deines Mannes muß dein Land sein."

Sie fand, das wären altmodische Ansichten.

Jakob sagte: „Du sollst nicht glauben, daß es in solchen Sachen auf die Mode ankommen kann. Die Mode ist immer wieder anders, aber wenn sie die Grundgesetze aufheben will, kann sie nur Verwirrung bringen, aber nichts Geltendes stiften."

„Und das Grundgesetz ist, daß wir euch Männern untertan sein müssen! Untertan von einem Untertanen Hitlers!" lachte Sybil empört.

„Ja. — Aber glaub nicht, daß das Herz in irgendeiner Untertanenschaft seine Freiheit verliert. Die behütet Gott. Die kann ein Mensch nur selbst aufgeben."

Sybil lachte jetzt nicht mehr. Sie schlug einen Ton an; er schwang aus, ganz allein zwischen ihnen in der Stille dieses großen Zimmers.

„Keine Angst. Ich spiele nicht," sagte sie.

„Wir können nur in Deutschland Mann und Frau sein," sagte Jakob.

Da er an sie herantrat, ihre Hand zu fassen, hing Sybil, fordernd, leidenschaftlich, an seinem Munde. Sie spürte wohl, und sah es an seinem Gesicht, auf das sich schmerzliche Schatten gelegt hatten, daß sie seine Liebe besaß wie je. Während er sie küßte, stellte sie sich vor, wie alle Schatten verschwänden aus seinem Gesicht und nur noch Freude darin sein würde, wenn sie ihm jetzt sagte: ich will deinen Willen tun. Aber sie dachte heftig: ich kann nicht und ich will nicht seinen Willen tun. Und sie waren beide einen Augenblick nahe daran, gar nichts mehr zu denken. Sie spürte dann, wie Jakobs Arme sich mit Bestimmtheit von ihr lösten.

Er sagte etwas — sie müßten jetzt zur Ruhe gehn, und alles noch überdenken.

Sybil, fröstelnd auf einmal und allein gelassen, kauerte sich wieder auf dem Drehstuhl zusammen und bat: „Laß mich noch hier.

Ich spiele nicht," sagte sie.

Wirklich hörte Jakob sie keinen Ton mehr anschlagen, obwohl er von seinem Zimmer aus darauf horchte. Und hörte auch danach ihren Schritt nicht zu ihrem Zimmer herauf. — Sybil war über die Terrasse und durch die Hecke ins Freie entwichen und verbrachte beinah die ganze, warme, mondlose Nacht draußen, von Feld zu Feld streifend, zornig und einsam.

Es gelang ihnen auch danach nicht mehr, das Ergebnis dieses Gesprächs zu ändern. Wohl versuchte Jakob, ihren Sinn zu wenden, und es drängten sich die bittenden, beschwörenden Worte auf seinen Lippen — aber dann kam ihm wieder der Münchener Abend in den Sinn, und er verstummte. Und Sybil spürte, wie er auf ihr Wort wartete, und es ahnte ihr auch wohl etwas davon, daß die Schmach aufhört, Schmach zu sein, wenn Liebe sich frei ertragend, mitduldend unter sie fügt. Aber war es denn diese Schmach seines Landes, war es nicht vielmehr die Schmach, ihren Willen dem seinigen unterzuordnen, wovor sie zurückscheute? Sie wußte es nicht; sie spürte den Gedanken wie ein junges Pferd das Biß, das ihm zum erstenmal zwischen die Zähne geschoben wird.

Hanna sah mit an, was da vorging, und sie dachte daran, mit Sybil zu sprechen — ihr zu sagen, daß der Kranz der Braut niemals nur eine erhöhende Wesensbestätigung, immer auch eine Einfügung in fremden Willen bedeutet; niemals nur Schmuck, immer auch Opfer. Da aber Sybil einem Gesprächsversuch auswich, ließ sie es sein und dachte: es fügt sich alles, wie es eben soll. Sie wußte, wie Jakob dieses Mädchen liebte, aber es war ihr in den Wochen ganz deutlich geworden, daß die Beiden nicht für einander geschaffen waren.

Eigentlich hatte Sybil in München Verbindungen anknüpfen, Klavierschüler suchen und, im Anschluß an den Grünschwaiger

Aufenthalt, ein Semester auf der Münchner Musikakademie studieren wollen. Nun aber schien es besser für sie selbst wie für Jakob, daß sie einander nicht so nahe blieben. Und auch die politischen Verhältnisse legten ihr die Rückkehr in ihre Heimat nahe – es war, wegen der noch immer ungelösten Sudetendeutschen Frage, zu einer Spannung zwischen Deutschland und der Tschechoslowakei gekommen, die ganz so aussah, als ob sie zu einem europäischen Krieg führen könnte. Zwar, die Beiden Schneewittchen schworen auf den Lord Runciman, der als englischer Vermittler nach Prag gereist war und alles in Ordnung bringen würde, Sybil aber wollte einem „Lord" nicht viel zutrauen: was offenbar eine von ihren Pariserischen Weisheiten war.

Sie sagte zu Jakob: „Es sind also jetzt, nach den Österreichern, die Tschechen an der Reihe, von deinem Hitler verschluckt zu werden" – und Jakob antwortete ihr: „Nein, es sind nach den Deutschen Österreichs die Deutschen der Tschechoslowakei an der Reihe, sich dem Land wieder anzuschließen, zu dem sie gehören."

So mußten diese beiden seltsamen Liebesleute noch bis auf den letzten Tag miteinander hadern.

Als er aber dann wirklich wieder in München am Zug stand, und sie oben am Fenster, und der Zug sich in Bewegung setzte, eins des andern Angesicht zum letztenmal sah, da war es ihnen beiden: daß etwas Unmögliches geschehe, und daß man alles hätte tun müssen, alles! um es zu diesem Unmöglichen nicht kommen zu lassen...

Jakob wandte sich, um fortzugehen – und eine Dame, schlank, in grauem Hut, stand vor ihm und sagte:

„Guten Tag, der Herr!"

Die Dame war Luzie.

„Ja, ja, ich bin's wirklich, Herr Vetter. Sieht man ihn auch einmal wieder? Besuchen tut er mich ja nie, und das ist nicht schön von ihm, wo ich doch immerhin seine allererste Liebe war. Stimmt's? – Na, also wie geht's denn? Abschied gefeiert?"

„Ja," gab Jakob etwas unwillig zu.

„Ich auch! Ich hab auch gerade jemand an den Zug gebracht, den ich gern noch hier behalten hätte. Und wie ich euch da sehe – übrigens war deine Dame sehr hübsch, gratuliere! – da denk ich mir: dem Herrn Vetter Jakob ist jetzt gerade so abschiedsjämmerlich zumut wie mir, wir könnten uns gegenseitig ein bißchen trösten –"

„Ist Alfons fortgefahren?"

Darüber lachte sie, als hätte Jakob den allerbesten Witz gemacht, sie konnte gar nicht so schnell wieder aufhören; aber

Jakob vernahm in ihrem Lachen einen herben und schmerzlichen Klang, so daß er plötzlich Teilnahme für sie empfand und ihr aufmerksam ins Gesicht sah.

Wie es ihr denn selber ginge? fragte er sie.

„Ausgezeichnet, natürlich. Das Leben ist ja so sehr unterhaltend. Wie? meinst du nicht? — Nein, wir werden hier jetzt auf keinen Fall Trübsal blasen, das ist mir das verhaßteste Zeug von der Welt... und vor allem nicht hier auf dem Bahnhof. Sondern du kommst jetzt einmal mit zu mir. Alfi kann noch nicht aus dem Büro zurück sein, aber wir helfen uns auch ohne ihn, wir trinken einen anständigen Tee zusammen, dann wird uns gleich besser. Du ahnst ja gar nicht, was du für ein Glück hast, mich zu treffen: ohne mich wärst du doch jetzt den ganzen schönen Abend mit Weltschmerz herumgelaufen, was sehr ungesund ist, und hättest ‚dein Herz aufgegessen', wie die Engländer sagen... dein Mädchen war doch aus England, wie?... aber ich als deine dich liebende Cousine werde dich an solchen unnötigen Kraftverschwendungen hindern."

In der Taxe neben ihm sitzend, sprach sie weiter: „Du willst wissen, wie es mir geht? Man kann ja nicht gut sagen, daß ich gerade Glück gehabt habe, im Leben, wie? mit der kleinen Tochter, die uns gestorben ist; gestorben ist schon zu viel gesagt, der liebe Gott, der so gut für uns Menschen sorgt, hat sie gar nicht erst leben lassen, das war einfacher. Und seitdem — seitdem hilft man sich eben so durch, was will man machen? Der Mensch, der mir da eben abgereist ist, ist übrigens kein bißchen wichtig, kein bißchen!" sagte sie leise und zornig zu Jakob, „ich bin froh, daß ich seinen gewichsten Schnurrbart nicht mehr sehn muß! Aber solang er da war, war er mir unterhaltend, und ich ihm, und so ist es immer, so machen die Menschen auf der Welt Gebrauch voneinander. Rede dir nur ja nicht ein, daß es bei dir und deiner Engländerin anders ist, das wäre nur ein unverschämter Hochmut von dir, sowas zu denken!" — Sie blitzte ihn wieder mit zornigen Augen an. — „Hast du von Lisa gehört? Daß sie jetzt auch, Gott sei Dank, einen Mann gefunden hat —"

„Er scheint nett zu sein. Ich freu mich für sie," sagte Jakob.

„Es ist bei uns noch nicht offiziell, weißt du, Luzie... aber er ist mein Verlobter," machte sie Lisas Stimme nach, und Jakob mußte lächelnd bestätigen, daß Lisa auch ihm den Herrn Diepold mit dieser Redewendung vorgestellt hatte.

Indem hielt das Auto vor Hörschens Wohnung und Luzie sagte im Aussteigen: „Du wunderst dich vielleicht, daß ich nicht mit dem eigenen Auto fahre. Aber es ist mit der Taxe besser —

für manche Fahrten. Gelt, Hedwig?" sagte sie zu dem Mädchen, das aus dem Haus herbeigelaufen war, um den Chauffeur zu bezahlen — und lachte dazu wieder in der Art, die ihrem Vetter traurig zu hören war.

„Fräulein Barbara ist im Salon," meldete Hedwig.

„Desto besser. Sie wird mit uns Tee trinken."

Barbara Wieland war ein reizvolles Mädchen aus Luziens Münchner Bekanntschaft; rothaarig, mit dunklen Augen, und im Blick dieser dunklen Augen etwas, das Jakob an Sybil erinnerte: so daß es ihm schwer wurde, hinzusehn, und wieder schwer, sich von dem Blick zu lösen, der ihm scheulos, lächelnd begegnete. Diesen Blick vor sich und Luzies bittere Worte noch im Ohr, dazu wie einen verhohlenen physischen Schmerz das Gefühl der Trennung von Sybil in der Brust, fand er sich gestimmt zu einem Galgenhumor, den er in sich wohl kannte, aber als einen zu billigen Ausweg sonst verachtete. Das fremde Mädchen ging auf den Ton ohne weiteres ein, in welchem Luzie das unterwegs begonnene Gespräch bei sich zuhause fortsetzte. Doch lag in der Art, wie sie es tat, eine Andeutung für Jakob, als geschehe es nur zum Spiel und es sei ihr eigentlich im Herzen um ernstere Dinge zu tun.

Luzie bewirtete ihren Vetter mit Tee und Toast und vielerlei Köstlichkeiten und in Barbaras Beisein pries sie dieselben als heilsame Mittel gegen Liebeskummer an, die er höchst nötig habe. „Ich habe auch erfahren, daß du dich bei Tilmans gar nicht mehr blicken läßt. Wenn du künftig wieder in München bist und n i c h t bei mir erscheinst, dann kränkst du mich, hörst du? Du kannst auch bei uns übernachten —"

„Und unser Faschingsball!" erinnerte Barbara.

„Richtig! Wir geben hier im Haus ein Faschingsfest. — Nein, natürlich nicht jetzt, du weiser Mann, sondern wenn wieder Faschingszeit ist. Solide und vorsorgliche Leute wie wir planen weit voraus. Möglicherweise wird dann Krieg sein. Alfi behauptet, das wäre möglich — ich versteh nichts davon. Aber schließlich, so ein Krieg dauert auch seine Zeit, und je trauriger die Zeit wird, desto mehr müssen die Menschen dann eine Unterhaltung haben. — Also zu meinem Faschingsball 1939 ist der Herr jetzt schon eingeladen, Absage ausgeschlossen... und er wird dann noch eine gedruckte Einladungskarte erhalten, ganz vornehm!"

Sie saßen noch beim Tee, als Alfons Hörsch endlich erschien — Jakob hatte es unhöflich gefunden, wegzugehen, bevor er da war. Er mußte sich wieder ärgern über Luzie — „Schau doch, wie er strahlt, sobald er sieht, daß Barbara hier ist," rief sie gleich beim Eintritt ihres Mannes, noch ehe der auch nur Zeit gehabt hatte, nach dem Mädchen hinzublicken. „Ja, ja, so Einer ist mein Alfi. Ich muß besser aufpassen auf ihn." Und sie ging lächelnd auf ihn zu und küßte ihn vor aller Augen.

Jakob blieb noch eine Weile, in einem unsicheren und innerlich mutlosen Zustand, — bis er, mit einem Hinweis auf seinen Grünschwaiger Zug, aufstehen und sich verabschieden konnte. Barbaras „Auf Wiedersehen" klang etwas betonter, fand er, als gerade nötig gewesen wäre. Und Alfons' Art zu Luzie verriet eine unbedingte, rührende Ergebenheit, von der Jakob nicht wußte, ob er sie bei sich selber schwächlich nennen, oder sie bewundern sollte.

3

Es gab wohl nicht viele Dinge, über die Hanna mit ihrer Nichte Luzie gleicher Meinung gewesen wäre; dem Grundsatz aber — Jakob bei seiner Rückkehr aus München erzählte ihr davon — daß je trauriger die Zeit sei, desto nötiger die Feste würden, dem stimmte sie von Herzen zu. Nur war es dann wieder verschieden, was sich die Eine und die Andere unter einem Fest und einer Freudigkeit vorstellte. Es muß Stunden geben, wo man vergißt, würde wohl Luzie gesagt haben — und Hanna: es muß Stunden geben, wo man erinnert. Es muß Örter geben, in unruhiger, besinnungsloser Zeit, wo sich Stille und Sinn und Verantwortung sammeln. Solche Örter, das war Hanna Degeners Meinung, sind in einem Lande die Häuser, wo Menschen guten Willens zusammen wohnen. Und ein Fest ist nichts weiter, als daß der Sinn des Hauses zu strahlen beginnt. Man zündet ein Licht an, das ist alles; und es geht Helligkeit und Wärme davon aus.

Sobald sie von Lisa Fehrenkamps Verlöbnis gehört hatte und als sie noch mit Jakobs und Sybils baldiger Verheiratung rechnete, war bei Hanna der Plan entstanden, die beiden Hochzeiten — wie einst ihre eigene und die von Elisabeth — gemeinsam in Grünschwaig zu feiern. Die Familie Norton könnte doch aus England herüberkommen, fand sie; oder mindestens müßte die Heimführung der Braut recht festlich begangen werden. — Da nun Jakob und Sybil nicht zusammen kamen, mußte sie dem innerlich, als einer Notwendigkeit, zustimmen, wenn sie sich auch hütete, das dem Sohn zu sagen; sie sah ihm an, er hätte davon auch nur die Andeutung von niemand, selbst von ihr nicht, erduldet. Er schleicht herum wie ein krankgeschossenes Wild, so würde sein Großvater

Eligius gesagt haben, wenn er ihn hätte sehen können. Nun, es hatte wohl so sein müssen, er würde schon damit zurechtkommen, und am Ende war es besser so, dachte Hanna. Aber um ihr Grünschwaiger Fest tat es ihr leid.

Der aber die Schicksale im Großen wie im Kleinen fügt, hatte Jakob Degener in diesem Herbst 1938 keine Hochzeit, wohl aber seiner Mutter ihr Fest bestimmt.

Es geschah nämlich, während Lisa Fehrenkamp nähend über ihrer Aussteuer saß, daß ihr Vater erkrankte. — Bei einem Spaziergang sah Fehrenkamp, wie ein Mann von einem Lastauto angefahren wurde. Und trotz seinen siebenundsiebzig Jahren und obwohl überdies gerade ein Wolkenbruch niederging, griff er selber mit zu und half den Verletzten unter Dach bringen. Er hatte nicht weit nach Haus, immerhin kam er ganz durchnäßt an; die Folge war eine Grippe, die sich hinzog und sich allmählich zu verschlimmern schien. Es wurde nötig, eine Pflegerin ins Haus zu nehmen, in Elisabeths Kopf und Herzen verschlang die Eine Sorge alle Gedanken um die Hochzeit ihrer Tochter, Alexander Fehrenkamp aber wollte sie durchaus nicht verschoben wissen; er müsse ja noch erleben, sagte er, wie seine kleine Lisa unter Kranz und Haube kam. Da war Hanna der rechte Mensch, um zu helfen. Zwar auf den eigentlichen Polterabend mußte man verzichten, aber Lisa sollte darum doch keine eilige, unfestliche Hochzeit haben. Die Trauung, so wurde beschlossen, sollte in München sein und danach nur ein Imbiß für die Gäste im Palais Preysing. Von dort aber wollte man mit Autos nach Grünschwaig hinaus und da so fröhlich feiern, wie es in dieser kriegsdrohenden Zeit nur irgend möglich wäre: sogar erst recht fröhlich, sagte Hanna. Denn der Krieg, wenn er wirklich kam, würde zwar viele dahinraffen, und kein lebender Mensch wußte, ob es nicht ihn auch träfe, in dem vorigen Krieg war Hannas wehrlose und gebrechliche alte Mutter die Erste unter allen ihr bekannten Menschen, die ihm zum Opfer fiel. Und doch hatten Hochzeiten und hatte die Gründung neuer Familien mehr Bedeutung als der Krieg, weil aus ihnen die Zukunft entsprang, die noch sein wird, wenn alle Schreckenstage nur mehr schmerzvolle Erinnerung sind.

Es ist aber nicht leicht, es braucht solche unverwüstlich lebensgläubigen Naturen dazu, wie Hanna eine war, um Feste zu rüsten in einer Welt, die in Angst vor dem Kommenden den Atem anhält. Nachdem Lord Runcimans guter Rat, die sudetendeutschen Grenzbezirke an Deutschland abzutreten, von den Tschechen abgelehnt war und infolgedessen die Spannung sich verschärfte, setzten auch die „Schneewittchen", Gaston und Marguerite, sich wieder auf die Bahn und kehrten in ihre Schweizer Heimat zurück. Und Jakob, als er nach den Ferien wieder in Obersbrunn eintraf, fand bei Lehrern und Schülern eine beträchtliche Aufregung vor; aber selbst bei den fünfzehn- und sechzehnjährigen Buben war nichts von Kriegsbegeisterung zu merken. „Wenn man's nicht aus eigener Anschauung besser wüßte," sagte Lansing zu Jakob, den er zu vertraulichem Gespräch in seiner Stube besuchte, „man könnte wahrhaftig auf den absurden Gedanken verfallen, daß die Menschheit Fortschritte macht und vernünftiger wird. Wir, im gleichen Alter, während des ersten Weltkriegs, wir konnten's kaum erwarten, bis man uns Soldaten werden ließ. Da sind die Bürschlein heute klüger, und der Hellwig bemüht sich umsonst, sie dumm zu machen." — Jakob, der sich schwer mit den Problemen dieser Tage quälte, erwiderte ihm vorwurfsvoll, er rede wieder einmal ganz gegen seine wirkliche Meinung. „Fürs Vaterland kämpfen ist nicht dumm, und sich dessen weigern wollen, nicht klug. Und wir haben wirklich ein Recht auf diese böhmischen Randgebiete, das wissen Sie doch so gut wie wir alle, Dr. Lansing! Nur: in der Art, wie Hitler verhandelt, wie er zum Reichstag spricht und schreit und auftrumpft, ist etwas, das jeden fühlen läßt, es geschehe von unserer Seite nicht alles, was gerechterweise möglich ist, um den Frieden zu erhalten." — „Ja natürlich. Verrückt ist diesmal vor allem der Oberste. Quem Deus vult perdere, dementat." — „Lassen Sie wenigstens," bat ihn Jakob, „Ihren beliebten Spruch den Herrn Hellwig nicht hören." — „Nein," versicherte Lansing, „vor so keuschen Ohren werd ich ihn nicht zitieren. Und hört er ihn doch, dann red ich mich als Mathematiker auf meine schwachen Lateinkenntnisse aus und behaupte, er bedeutet: dem Mutigen gehört die Welt." — „Sie machen wieder Witze, weil Sie sich aufregen!" — „Und Ihr regt Euch auf, weil ich Witze mache," sagte Lansing und ging mit langen, wippenden Schritten aus dem Zimmer.

Das waren die Tage, die angst- und hoffnungsvollen des Septembers 1938, in denen der britische Premier, Chamberlain, zweimal nach Deutschland flog zu persönlicher Unterredung mit Hitler und zu dem Versuch, die Sudetenkrise friedlich zu lösen. Es hatte niemals ein Mensch so wie dieser alte Chamberlain Vertrauen zu England in den Deutschen erweckt: Bereitschaft, sich raten zu lassen, Dankbarkeit, wie zu einem großen, ruhigeren, hilfreichen Bruder. Die kleinen Leute, die in der Politik nichts zu sagen hatten, faßten eine Liebe zu ihm, weil sie spürten, daß da Einer war, der das Gerechte und Gute wollte und alles ihm Mögliche dafür tat, ohne an seine eigene Wichtigkeit oder Würde oder überhaupt an etwas anderes als seine menschliche Verantwortung zu denken. Etwas von Menschlichkeit, das war es, kam durch ihn in das große, laute und für den einfachen Sinn unfaßbare Geschehen. Und darum wurde auch Neville Chamberlain eine Ehrensäule, unverwitterlich und dauerhaft, errichtet in dem Herzen der Köchin zu Obersbrunn, die einen selbstgestickten Kopfkissenbezug auf die Post brachte, „für den Herrn Chamberlain in London auf der Regierung", damit er sich nachmittags darauf ausruhen sollte; und eine Ehrensäule auch von dem alten Postbeamten, der sagte: so Einem würde er seinen Sohn schon anvertauen und ihn gern ins Feld schicken, wenn Der sagen würde, jetzt müßte es sein; und auch von der dicken Krämerin im Dorf, die sein Bild in der Illustrierten gesehen hatte und meinte: der Chamberlain sehe aus wie ein Vater. Und geradeso traten aber auch die Obersbrunner Buben mit empörtem Widerspruch für Chamberlain ein, als der Lehrer Hellwig ihn lächerlich machen wollte als den „alten Mann mit dem Regenschirm, der dem Führer nachgelaufen komme": Hellwig schrieb diese einmütige Ablehnung dem „gefährlichen pazifistischen Einfluß von solchen Leuten wie Degener" zu.

Jakob ließ es nicht fehlen an dem Versuch, seinen Gegner in einer persönlichen Aussprache zu überzeugen. An einem Abend, kurz ehe die Münchner Konferenz — für dieses Jahr noch — die friedliche Wendung brachte, ging er mit ihm hin und her auf dem alten Wall von Obersbrunn, der noch ein Stück der ehemaligen Befestigung war. Die Sterne schienen sehr friedlich in das Tal, die Häuser, helläugig, duckten sich unter ihren Dächern, man konnte es kaum glauben, daß jede Stunde die Meldung vom Ausbruch der Feindseligkeiten aus dunkler Ferne herantragen konnte. Jakob sah das Gesicht des Andern nicht deutlich, es fiel ihm desto leichter, ihn sich verständnisvoll und gutwillig zu denken, und er ließ sich verleiten, ihm das Herz aufzutun, indem er sich bemühte, ihm klarzumachen, daß die Menschen in dem Dorf da unten und die Obersbrunner Schüler und er, Jakob Degener selbst, nicht unter irgendeinem böswilligen Einfluß standen, weil sie anders als Kurt Hellwig und Adolf Hitler urteilten über unser Recht und unsre Pflicht in dieser gegenwärtigen Krise. Daß Propaganda, ob sie von hier oder dorther kommt, nicht alles ist. Sondern der Menschengeist ein Lebendiges aus eigenem Sinn, der eine Einsicht faßt, zu einem Urteil kommt und sich entscheidet. Und daß über eine solche Entscheidung des Gewissens nicht ein Mensch, nur Gott allein Macht hat, Ihm allein auch eine Verantwortung geschuldet wird.

So redete Jakob, hatte sich in Eifer geredet, und da sagte Hellwig: „Katholisch sind Sie wohl auch noch?"

„Ich? Nein, evangelisch. Was hat das hiermit zu tun?"

Es sei gleichviel, sagte Hellwig, er sei froh, dies Gespräch mit ihm geführt zu haben. Er habe nun seine Gedanken völlig durchschaut und Degeners Unzuverlässigkeit erkannt. „Sie können darauf rechnen, ich sorge dafür, daß auch die maßgebende Stelle das erkennt und Ihnen keine jungen Deutschen mehr zur Erziehung anvertraut." Damit ließ er ihn auf der Mauer unter seinen schönen Sternen allein.

Jakob sah ihm nach und wunderte sich. Er hatte bis zu dem heutigen Tage gebraucht, um zu merken, daß der Staat, in welchem er lebte, Leute erzog und Leuten die Macht gab, bei denen an die Stelle ihres Denkens und ihres Gewissens der Wille des Führers trat; Leute also, die gar keine gottesunmittelbaren Menschen mehr sein wollten, sondern sie wurden Werkzeuge in eines sterblichen Mannes Hand — schlimmer: eines Systems, das mit ihnen machen konnte, was es wollte. Das Phänomen beschäftigte ihn mehr als die Kriegsgefahr und mehr als Hellwigs Drohung, ihn um seine Stellung zu bringen. Während er ins Internatshaus hinaufging und sich entkleidete und wusch und sich dann niederlegte, mußte er darüber nachdenken, was es für ein Land bedeutete, wenn in ihm viele Leute der Art, viele „Werkzeuge" wären. Wenn einer etwas Unrechtes tut aus eigenem Haß, dachte er, mit dem kann ich noch reden und kann ihn vielleicht überzeugen. Aber wenn sich einer, wenn sich viele, vielleicht von denen viele, die um Hitler herum sind, zu so etwas wie Schaltern an einer Maschine machen lassen, die einem fremden Griff gehorchen? Das fragte er sich, und es wurde ihm unheimlich. Doch er tat an diesem Abend im Stillen bei sich selbst ein Gelöbnis: niemals zu glauben, daß die Seele des Menschen sich selber ganz aufgeben kann. Niemals, auch wenn sie ganz tot und knechtgeworden scheint, von der Hoffnung zu lassen, daß sie dennoch leben und sich aufrichten wird zu ihrer Freiheit.

Und er war dann so froh, er vergaß wieder ganz auf seine besorgten Nachtgedanken und meinte, es könnte jeder nur Freude und Versöhnlichkeit im Sinn haben: als am 29. September Hitler, Chamberlain, Daladier und Mussolini sich in München auf den Beschluß einigten, der das Sudetengebiet an Deutschland brachte und den Restbestand des tschechoslowakischen Staates durch internationale Zusagen verbürgte; als das Münchner Abkommen der vier Großmächte dann auch von der Prager Regierung angenommen wurde und am 1. Oktober wieder, wie im Frühjahr, deutsche

Soldaten in ein deutsches Land einrückten, das sie mit Jubel und Blumen begrüßte. Wiederum schien ja ein langer Kampf um ein gutes Recht glücklich geendigt zu sein. Aber an dem sonderbaren Menschen, dem Hellwig, mußte es Jakob gleich wieder erleben, daß die Siege, die dem Hitlerreich zuteil wurden, keine Begnadungen waren. Wahrhaftig, sie kamen aus den Händen einer anderen Macht; darum, auch wo sie einen gerechten Anspruch erfüllten, schufen sie kein Recht. Sie machten den Sieger nicht großmütig und frei und friedsam, sondern begehrlicher und reizbarer, als müsse, wer ihm einmal entgegenstand, dafür gestraft werden, daß er je einen anderen Sinn und Willen gehabt hatte. Hellwig schritt an dem Münchner Friedenstag erst recht zornig an Jakob und auch an dem Dr. Lansing vorüber, weil diese sich über die erreichte Einigung so glücklich zeigten. „England und Frankreich hätten sowieso nicht gekämpft, auch wenn wir uns unser Recht am Sudetenland mit Gewalt geholt hätten!" warf er ihnen hin.

Ein gefährlicher Narr! anderswo sperrt man die ein. Aber bei uns sind die Böcke bevorrechtigte Anwärter auf Gärtnerstellen, dachte Lansing hinter ihm drein; er mußte den Zorn darüber, daß er das nur bei sich selber denken, aber nicht ändern konnte, allein in seinem Direktorenzimmer verarbeiten.

4

Auf den 2. Oktober war Lisa Fehrenkamps Hochzeit mit Karl Diepold festgesetzt worden. Jakob hatte sich rechtzeitig bei Lansing einen zweitägigen Urlaub dafür erbeten und fuhr schon mit dem frühesten Zug, um bei der Trauung in der Erlöserkirche dabeizusein. Er fand die Münchnerstadt noch von dem Nachklang ihrer friedenschenkenden Konferenz erfüllt. In der Tram hörte er einen schweren, gelassenen Mann laut erzählen, wie er an den Propyläen gestanden sei und die Zufahrt der vier Regierungschefs zu dem Führerbau am Königsplatz mit angesehen habe; andere mischten sich ein, es war eine Stimmung voll Zuversicht und Heiterkeit, und Jakob freute sich auch für das Brautpaar, daß es sein Fest nicht unter der Kriegswolke begehen mußte, die noch in der Erinnerung dem Herzen bang machte.

Bei den Fehrenkamps hatte man doch im Stillen sich erhofft, daß der Vater so weit erholt sein und wenigstens an der Feier in der Kirche teilnehmen würde; er selbst vor allem hatte sich das fest vorgenommen, bei einem Versuch zum Aufstehen tags zuvor aber einsehen müssen, daß es nicht ging. Nun führte Elisabeth die Tochter im Brautschmuck in des Vaters Zimmer, der, auf hohen Kissen aufgestützt, Lisas glückliches und erregtes und tränenbereites Gesicht gerührt und auch mit einem kleinen gütigen Spottlächeln betrachtete. Der Spott galt nicht seinem Kind, er galt dem Gedanken, wie wir doch so eifrig zu leben anfangen und wie rasch es alles vorüber ist. Er, Alexander Fehrenkamp, hatte jetzt einen Punkt erreicht, wo er das Leben ganz überschauen und sehen konnte, daß es nichts als eine Flußbreite war, die der Fährmann in kurzer Weile überquert. Konnte er sich nicht jetzt noch gut besinnen, wie er vom Pferd gestiegen war, um einem kleinen großäugigen Schulmädchen die Mappe aufzuheben? — und das Schulmädchen war die Mutter dieser seiner Tochter gewesen, die nun zu ihrer Hochzeit ging und schon selber kein ganz junges Ding mehr war. Diese Erinnerung zu erwähnen, hätte bei der Braut und ihrer Mutter vermutlich zu Tränenströmen von Rührung Anlaß gegeben; das wollte er nicht verantworten, er sagte also nichts, er bat sie nur, näher heranzukommen, der Brautschleier hinderte ihn, Lisa am Ohrläppchen zu nehmen. Er gab ihr einen leicht schallenden Kuß auf die Wange, dann machte er, immer noch lächelnd, mit seiner Vogelhand ein Kreuzeszeichen über ihrem weißen, bekränzten Kopf.

Daß Quint, sehr schlank und elegant als Oberleutnant, bei Lisas Hochzeit zugegen sein konnte anstatt, wie er erwartet hatte, gerade während dieser Tage mit seinem Regiment vom Bayrischen in den Böhmerwald vorzurücken, das verdankte er seinem Kommandeur, der ihm, da es zur Zeit keinen Urlaub gab, eine Dienstfahrt nach München ausschrieb; denn, sagte er, die Hochzeit seiner einzigen Schwester dürfe ein anständiger Mensch nicht versäumen. Natalie mit den zwei Buben war von Augsburg herübergekommen; Sixt machte ein ernstes Gesicht, weil er bei dieser Gelegenheit zum erstenmal einen neuen hübschen schwarzen Anzug mit einem breiten Spitzenkragen, Geschenk seiner französischen Großmutter, trug und weil ihm die Obhut und Verantwortung für seinen dreijährigen Bruder zugemutet war, der noch durchaus nicht begriff, daß irgendjemand außer ihm selbst darauf Anspruch machen könnte, der Mittelpunkt des Geschehens zu sein. Natalie schob sie beide zu Lisa und Elisabeth in den Wagen; sie sollten in der Kirche vor der Braut her Blumen streuen.

Jakob war zu spät gekommen, um die Brautkutsche an der Kirche vorfahren und die Braut vom Bräutigam aus dem Wagen gehoben zu sehn. Er gelangte mit der Menge der nachdrängenden Gäste in die Kirche; da waren ziemlich viele Menschen, die er nicht kannte, aus der Münchener Freundschaft von den Fehrenkamps und von den Diepolds. Jemand nickte ihm zu; das war Luzie mit ihrem Mann. Die zwei Brautjungfern, hatte er gehört, waren eine junge Schwester und eine Cousine vom Bräutigam, und jetzt sah er, daß eine von ihnen von Peter Degener geführt wurde: richtig, der sollte ja mit seinem Vater zur Hochzeit kommen, und war schon ein Forstadjunkt. Und da trat nun der Onkel Georg Degener vor den Altar; es fiel Jakob zum erstenmal auf, wie weiß, über der Schwärze des Talars, seine Schläfen leuchteten. Gut war es, daß man ihn hatte und daß er zu jeder Hochzeit in der Familie, seit Jakob irgend denken konnte, Zuspruch und Segen spendete. Karl Diepold, das wußte Jakob, war katholisch, aber er hatte eingewilligt, sich evangelisch und durch den Onkel Degener trauen zu lassen; wahrscheinlich wäre, wenn er das nicht von sich aus getan hätte, Elisabeth Fehrenkamp persönlich bis zum Papst nach Rom gereist, um die Zustimmung dazu von ihm zu erlangen, und der alte Pius XI. würde es am Ende, von Elisabeth belehrt, auch eingesehen haben, daß es bei den Fehrenkamps nun einmal nur evangelische Trauungen geben konnte. — Jakob aber mußte denken: es hätte heut sein können, daß Sybil und ich da vorn am Altar neben Diepold und Lisa knieten ... und er war wütend über sich selbst, daß ihm bei dem Gedanken wieder die Sehnsucht nach ihr und der Schmerz um ihren Verlust wie ein Brand durchs Herz gingen. Was Onkel Georg in seiner Traurede sagte, klang ihm fern vorüber. Man sollte, dachte Jakob, bei Gott, man sollte einen Vergessenstrunk schlucken und gesund, endlich wieder gesund und frei sein können!

Als Jakob nachher seinen Glückwunsch bei dem Brautpaar anbrachte, rührte ihn Lisa durch ihr kindliches Strahlen, das wie von einer kleinen Sonne von ihr ausging. Du hast dein Licht nicht verstreut, in deiner Mädchenzeit, du hast wie deine Mutter getan, hast es still und dicht in dir zusammengehalten, und jetzt schenkst du es alles ihm, dem zu gehören dein Herz sich entschlossen hat; ganz gesegnet sollt ihr miteinander sein ... so etwa gingen Jakobs Gedanken, was er aber zu den Beiden sagte, denen er etwas unsicher ins Gesicht sah, war nur: „alles Gute!" — es kam schon der nächste, der gratulieren wollte, hinter ihm. Die Braut aber rief ihm noch nach: „Jakob, du fährst mit Herrn Gentner nach Grünschwaig ... Karl, wir müssen ihn nachher gleich mit Gentner bekannt machen;" und das war echt Lisa, daß sie in ihrer Freude, von Glückwünschen eingesummt wie ein Lindenbaum von Bienen, doch an das denken konnte, was für einen andern nötig war. In der Tat hatte sie Wunder an Vorbedacht und Fürsorglichkeit verrichtet, indem sie für jeden einzelnen Gast, der nach der Trauung und dem Frühstück im Preysing-Palais noch an dem Fest in Grünschwaig teilnehmen wollte, irgendeine Fahrgelegenheit bestimmt hatte; für die Überzähligen, die nicht von autobesitzenden Freunden mitgenommen werden konnten, war ein gemieteter Wagen bereit.

Gentner stellte sich als ein Rechtsanwalt, ein Berufsfreund von Karl Diepold heraus, ein Mann von überaus höflichen Formen, über dessen versorgten, beinahe alten Zug um den Mund, bei seinen gewiß noch nicht vierzig Jahren, Jakob sich wunderte. Sein Wagen war ein kleiner Fiat, der nur für zwei Menschen Raum hatte. Er bat Jakob um Entschuldigung, wenn er eben noch, bevor sie sich auf die Reise machten, an seinem Büro vorführe, um die eingelaufene Post rasch durchzusehen. Jakob blieb indessen im Auto sitzen. Es war dem schönen Morgen ein schwüler Nachmittag gefolgt, die Luft stand beinah sommerwarm, drückend zwischen den Häuserzeilen; es würde ein Gewitter sein, hoffentlich nicht danach ein Regen- und Herbstwetter, wodurch das arme Grünschwaig, das so viel Gäste empfangen sollte, gerade heut um all seinen Glanz käme. Davon fing Jakob zu reden an, als Gentner nach einer knappen halben Stunde zu ihm zurückkehrte und den Motor anspringen ließ, und er kam von der Wettersorge alsbald auf andere Sorgen, er mochte es nicht, wenn ein Gespräch in einer bloßen höflichen Konversation steckenblieb, er sagte dem ihm fremden Mann offen heraus, wie es seine Art war, was ihm in der politischen Krise der letzten Wochen mißfallen und ihn beängstigt hatte. Gentner, im Fahren, sah überrascht zu ihm hinüber, man war es in Deutschland zu der Zeit schon nicht mehr gewöhnt, daß Leute, die sich nicht kannten, einander so frei ihre Gedanken anvertrauten. Er sagte nach einigem Schweigen: „Ich bin ganz Ihrer Meinung, Herr Degener — aber wundert Sie das? Es sind ja Verbrecher, die uns beherrschen."

Und nun erfuhr Jakob auf dieser Autofahrt von Dingen, die er nicht gewußt und die er, wenn sie ihm als Gerüchte von fern ans Ohr klangen, nicht geglaubt hatte. Gentner freilich konnte verlässigen Bericht davon geben. Gentner hatte in seiner Eigenschaft als Rechtsanwalt Menschen zu verteidigen gehabt, und hatte solche noch jetzt unter seinen Klienten, die um politischer Ursachen willen als „staatsfeindliche Elemente" angeklagt und behandelt wurden. Es ging dabei nur selten mehr um einen aktiven Widerstand gegen das Regime, um kommunistische Sabotageakte oder ähnliches. Wohl, es hatte dergleichen gegeben, es bestand tatsächlich in den Jahren 1932 und 33 in Deutschland die Gefahr einer kommunistischen Revolte, das hatten die Nationalsozialisten nicht bloß als Bürgerschreck erfunden. Umtriebe der Art wurden, seit Hitlers Machtübernahme, rücksichtslos niedergeschlagen, und sicherlich mußte man einem Staat das Recht der Selbstverteidigung zugestehen. Es war aber inzwischen längst, infolge des Spitzelsystems der Geheimen Staatspolizei, dahin gekommen, daß nicht nur ein aktiver politischer Kampf, daß schon die geringste dem Regime gegenüber kritische Äußerung zu einer Anklage auf Grund des eigens dazu geschaffenen „Heimtücke-Gesetzes" führen konnte. Ja, der kommunistischen Partei angehört und illegale Flugblätter mit einer Aufforderung zum Generalstreik verteilt zu haben, sei in den meisten Fällen nicht so lebensgefährlich, behauptete Gentner, als ein „Intellektueller" zu sein, der einen guten Witz über den Führer verbreitet hat. Der Erstere habe Aussicht, in eines der gewöhnlichen Arbeitslager zu kommen, wo er bei scharfer Behandlung und immerhin zureichendem Essen Steine klopfen oder Sümpfe trockenlegen müsse. Wer die Gesundheit dazu habe, der könne das überstehen und am Ende, wenn er seine Gesinnung ändere oder eine Gesinnungsänderung vorzutäuschen verstehe, sogar in die Partei aufgenommen werden und den Weg zu allen möglichen Ehrenstellen offen finden. Was aber mit dem Anderen geschehe, das wisse kein Mensch. Der Verlauf in solchen Fällen sei gewöhnlich so, daß die Staatsgerichtshöfe den Tatbestand ermittelten, wobei sich dann meistens die verhältnismäßige Harmlosigkeit solcher Äußerungen herausstelle, und das Gericht komme daraufhin zu einem Freispruch oder doch zu einem milden Urteil. „Aber vor dem Gerichtsgebäude, ich habe das persönlich erlebt und von Kollegen bestätigt bekommen, steht dann das Auto von der Gestapo und holt den Mann ab, wir wissen nicht wohin, wir haben keine Kontrolle mehr darüber! Und es heißt ja schon immer wieder, daß Hitler mit der deutschen Justiz höchst unzufrieden sei und eine ‚nationalsozialistische' — das heißt dehnbare, politische, um den wahren Tatbestand garnicht mehr bemühte Rechtsprechung eingeführt sehen will. Solange wir unsre Richter haben — solche wie meinen Freund Diepold, und es gibt, Gott sei Dank, noch manche wie ihn — so lange gelingt das nicht: ihn könnten Sie eher vierteilen, als ihn zu einem verbogenen Richterspruch zwingen! Aber wenn diese Männer einmal beiseite gedrängt und durch willfährige Werkzeuge ersetzt werden: dann ist das Ende des Rechtsstaates da, mein lieber Herr Degener. Und jetzt schon kann der deutsche Richter seine schützende Hand nicht mehr über jeden

Staatsbürger halten; die Partei, die Gestapo nimmt ihm ihre Opfer unter den Händen weg."

„Werkzeuge," wiederholte Jakob, erschrocken und leise.

Sie hatten beide in ihrem Gespräch nicht darauf geachtet, wie der Himmel sich über ihnen schwärzte und tiefdröhnende Rufe über sie hinsandte. Jetzt tauchte das Gebirge, das schon nah und blau vor ihnen aufgestanden war, in Wolkenzüge ein, es war fortgewischt vor ihren Augen, und fortgewischt waren Dörfer, Gehöfte, das Auf und Nieder von Wald und Talmulde; da waren nur noch an der Straße die Bäume, und der regenüberspülte Asphalt, auf dem sich das Auto mit zwei mühsamen künstlichen Lichtaugen seinen Weg suchte. In einer Dämmerung und einem Strömen von Wasser, auf das Wagendach niederprasselnd, fuhren sie dahin. Es zuckte manchmal blau um sie auf und zeigte ihnen die friedliche bayerische Landschaft in einem fremden Licht.

Gentner sprach weiter, über seinem Steuer: „Ich habe jetzt bei mir in der Wohnung einen Menschen sitzen, meine Haushälterin versorgt ihn, einen Menschen, der gerade aus Dachau entlassen worden ist. Ich hab ihn im vorigen Jahr in einem Strafprozeß verteidigt. Dachau, Sie wissen doch, ist eins von den Lagern; zum Teil übrigens ziemlich normales Arbeitslager — andrerseits geschehen da auch diese dunklen Dinge, in die man nicht hineinsieht. Werden Sie mir glauben, daß ich meinen Klienten, als er an meine Tür klopfte, nicht erkannt habe? Einen Mann, mit dem ich vor zehn Monaten, es war während der Adventszeit 1937, täglich zu tun hatte, Dutzende von Gesprächen mit ihm geführt habe: ein ruhiger, kluger, gebildeter Mensch, der nur bei irgendeiner Gelegenheit den Mund nicht hatte halten können. Den haben sie auch auf die Art, wie ich's Ihnen beschrieben habe, vom Gericht weg ins K.Z. geholt. Zwei Tage vor Weihnachten, diese Unmenschen! — Nein, ich habe ihn nicht mehr erkannt, bis er mir seinen Namen sagte; er lächelte so traurig dabei, der arme Kerl, mit seinem auf der einen Seite jetzt ganz zahnlosen Mund. Und er zuckt immer. Er sitzt da und zuckt mit dem Kopf, und mit dem ganzen Gesicht. Und beim geringsten Geräusch, eine Autohupe auf der Straße oder eine Tür, die zufällt, fährt er auf und sieht über die Schulter zurück und fängt an zu zittern. Er stellt sich nicht an, er kann das einfach nicht ändern. Es ist nicht anzusehen, sage ich Ihnen. — Aber er sagt mir nicht, was sie ihm angetan haben. Das darf er nicht. Das könnte ihm sein Leben kosten. — Er ist jetzt entlassen, er darf sich eine Stellung suchen. Keine verantwortliche, natürlich; denn das mit der K.Z.-Haft, das bleibt ja in seinen Papieren. Sondern Austräger bei einer Zeitung oder so etwas. Er würde wohl auch einer richtigen Stellung, wie sie seiner Bildung und seinen früheren Fähigkeiten angemessen wäre, jetzt gar nicht mehr gewachsen sein. Ich muß einmal sehen, wie man ihn unterbringt. Und zunächst muß man ein Sanatorium für ihn finden."

„Also, Gott sei Dank, es läßt ja nach mit dem Regen," sagte er dann. „Ich wollte schon sagen: wenn das so fortgeht, muß ich mich an die Straßenseite stellen, oder daß wir in einem Gasthof abwarten, bis es vorüber ist. – Nicht wahr, ich darf Sie bitten, Herr Degener, daß Sie von den Sachen, die ich Ihnen da vertraulich erzählt habe, keinen Gebrauch machen."

„Nein. Ich danke Ihnen. Ich habe von alledem nichts gewußt. Auf allen Straßen müßte man es ausschreien!" brachte Jakob mit belegter Stimme hervor.

„Müßte. Das ist eine äußerst zeitgemäße deutsche Vokabel. Wir ‚müßten' alle, und keiner von uns tut es."

Jakob: „Wir sind Feiglinge, alle miteinander!"

„Nein," berichtigte Gentner höflich. „Es ist nur nicht jedermanns Sache, Selbstmord zu begehen."

Der Wagen kam jetzt auf sacht ansteigender Strecke aus einem Waldstrich heraus, und nun sahen sie das Grünschwaiger Land zur Rechten vor sich liegen, Jakob konnte seinem Gefährten schon zeigen, wo sie, weiter vorn, von der guten Straße abbiegen und sich zum Bahnhof und Dorf Nußholzhausen hereinwenden mußten. Von dem Dorf mit seinem Turm, von Dächern und Waldstücken und abgeernteten Feldern wurden Nebelfetzen weggehoben, mit sorgsamer Hand, wie Gefäße, die ihren Inhalt ausgeschüttet haben und nun wieder verwahrt werden sollen. Es mochte wohl ein Streifen Föhnluft gewesen sein, der sich so sommerlich mit Blitz und Donner hatte ausstürmen müssen. Da sich der Himmel nun wieder aufzutun begann, war es ein heller abendlicher Oktoberhimmel, gesäumt mit hohen, still ziehenden Wolken, die vom Gewitter nichts wußten. Aber das Land war erfrischt, es tropfte von rot und braun belaubten Bäumen. Gegen den Fernerhof und Rohrsbach zu, am Waldrande, sank schon die Dämmerung ein und von dort herüber glänzten Wiesenstücke, auf denen erst unlängst das Grummet eingebracht worden, wie im Frühjahrsgrün.

„Ich freue mich, Ihre Heimat zu sehen," sagte der Anwalt. „Es muß in dieser Zeit sehr trostreich sein, auf dem Land ein Zuhause zu haben."

Jakob nickte. Aber er fragte sich: liegt es daran, daß es auf dem Land ist? Oder nicht eher daran, wie der Mensch ist, der ein Zuhause macht? und dachte an seine Mutter. Doch davon sagte er nichts.

Nach der langen, eingeschlossenen Fahrt im Unwetter und mit diesen schrecklichen Erzählungen, auf einmal in dem von der Fröhlichkeit und dem Lärm einer großen Festgesellschaft erfüllten Grünschwaig anzukommen: das war ein so sonderbarer Eindruck, daß man wohl glauben konnte, zu träumen. Gentner und Jakob waren später abgefahren, und Gentners kleiner Wagen war langsam — sie kamen als die Letzten, wurden begrüßt und ausgefragt; es hatten auch von den übrigen einige noch kurz vor dem Ziel den Wolkenbruch über sich ergehen lassen müssen. Die Ankömmlinge blieben nicht lange hungrig und durstig, gerade trug man wieder die Eßbarkeiten und Trinkbarkeiten von Grünschwaig zu den Türen herein: Gebäck, das rösch zwischen den Zähnen zerbrach, und gut duftenden Tee, und Brötchen, mit allen Köstlichkeiten belegt, und es folgten die Weine und Schnäpse gleich nach, und die Platten mit Fleisch und Ei und Fischen. Tanz war im Gang; die Nußholzhausener Musikkapelle war bestellt worden, und die Menschen waren in einer Vergnügtheit, in der noch die Erregung von den letzten Wochen her nachschwang, da man so dicht an einem großen zerstörenden Kriege vorübergegangen war. Jakob fand Quint in einer Unterhaltung hierüber mit dem Vater Diepold, der ein bärtiger, würdevoller alter Herr war, und fand seinen Onkel Georg Degener fröhlich lachend über eine hübsche Kindergeschichte, die ihm Karl Diepold erzählte. Elisabeth Fehrenkamp war nicht mitgekommen, sondern von der Kirche gleich an das Krankenlager ihres Mannes zurückgekehrt. Aber in der Bibliothek saß Jakobs Mutter mit der Mutter Diepold zusammen, und in einer Ecke unbemerkt auf einem Stuhl der Bruder Frank, der ein rotes Seidenband, das er irgendwo aufgelesen, in den Fingern zerzupfte und halb zerstreut auf das Gespräch der Frauen horchte.

„Wie gehts dir denn?" fragte Jakob.

„Mir? Gut."

„Komm, wir suchen uns beide jemand zum Tanzen," schlug ihm Jakob vor.

„Gleich, gleich," sagte Frank; aber er blickte auf den bunten Fetzen in seiner Hand nieder und machte nicht Miene, sich von seinem Stuhl zu erheben.

Auch die Nußholzhausener Bekannten waren sämtlich zur Stelle: die Balthasars und die Baronin Priehl und Dr. Winte mit seiner Frau und der Major Orell, der sich im Saal mit Luzie an den brennenden Kamin gesetzt hatte. „Sehen Sie, meine liebe gnädige Frau," sagte er gerade zu Luzie, als Jakob hinzutrat, „für mich sind die Grünschwaiger Abende doch jedesmal wieder zu viel. Ich kann mich nicht entschließen, die gütige Einladung abzusagen, weil ich nun eben einmal nirgends auf der Welt lieber bin als in Grünschwaig, das ist so eine alte, unausrottbare Anhänglichkeit. Aber dann kommen mir die Erinnerungen, sie kommen, ob ich will oder nicht, und ich meine dann, ich sähe auf dem Stuhl, wo Sie, meine Gnädige, sitzen, Ihre teure Großmutter, die so oft da gesessen ist —"

„Und das wäre Ihnen lieber?" lächelte Luzie, die es nicht lassen konnte, mit alt und jung zu kokettieren.

„Ach das dürfen Sie nicht sagen!" protestierte Orell, Kavalier von alter Schule, der er war, in klagendem Tone. „Ich wollte doch zum Ausdruck bringen, daß Sie für mich da wie in der Jugendgestalt Ihrer Großmutter sitzen, und dann seh ich mich unwillkürlich um, wo denn mein Freund Eligius geblieben ist."

Luzie sagte, jetzt mit einem harten Ausdruck: „Mir ist es ganz anders, ich möchte von früheren Zeiten überhaupt nichts hören. Wenn ich alt werden sollte, ich glaube, ich würde dafür sorgen, daß jeder einzelne Gegenstand, der Erinnerungen hervorrufen kann, in einem Feuerchen, so wie dem da, verschwindet."

Der alte Herr sah sie etwas erschrocken an, als sie so redete.

„Wir warten hier... mein Bruder Peter hat einen Spaß für die Braut vor. Er muß immer Dummheiten treiben. Weißt du eigentlich," fuhr sie zu Jakob gewendet fort, „daß der Junge Pech in der Liebe gehabt hat und nach Spanien wollte?"

Und sie erzählte mit demselben harten Ausdruck und Stimmklang wie vorher, daß Peter, als er nach dem Arbeitsdienst und militärischem Dienstjahr nach Berlin zurückgekommen war, sich „in ein unmögliches Weibsstück verknallt" hatte. Jakob wunderte sich, wie schroff Luzie über jene offenbar leichtlebige und unzuverlässige Person urteilte, merkte aber dann, daß sie nur ärgerlich war, weil sie von dieser schon Jahr und Tag zurückliegenden, interessanten Geschichte jetzt erst gehört; Peter selbst hatte ihr heute, über sich selber lachend, davon berichtet. Das Mädchen, an das er sein Herz gehangen, ließ ihn im Stich, und wirklich hatte er in seinem Liebeskummer durchaus nach Spanien gewollt, wo alle großen Mächte Europas wie auf einem Versuchsfeld ihre neuen Waffen und jungen Soldaten ausprobierten. Georg Degener jedoch verhinderte das; ganz ernst hatte er dem jungen Springinsfeld gesagt, einen Krieg halte man aus, wenn er als Gottesgericht übers Land komme, ihm nachzulaufen aber sei eine Nichtswürdigkeit. „Und also ist unser Piet zu Hause geblieben," schloß Luzie mit spöttischem Lächeln.

„Und Frau Hanna sagte mir, daß er jetzt so ausgezeichnet im

Forstfach arbeitet," setzte Orell, der immer gern zum Besten redete, freundlich hinzu.

Es wurde Ssst! gerufen, um Stille gebeten, weil man dem Brautpaar etwas vorführen wolle — und es erschien nun auf der Seite des Saales, wo vor zehn Jahren Theseus und Hippolyta mit den Rüpelspielern aufgetreten waren, eine Gestalt, in der alle, die seinerzeit hier das Rüpelspiel aus dem Sommernachtstraum gesehen hatten, eine Erinnerung an Lisas schüchterne, etwas dickliche Unbeholfenheit von damals erkannten. Wie sie als „Prolog" mit bunten Bändern und einem sonderbaren Hut auf dem Kopf vor das Publikum getreten war, sich ernst verbeugt und gesprochen hatte:

„Wenn wir mißfallen tun, so ist's mit gutem Willen..."
so tat auch Peter; es war wirklich noch das alte Kostüm, das er irgendwo auf dem Grünschwaiger Speicher aufgetrieben hatte und in das er, mit einiger schneiderlicher Nachhilfe Nataliens, hineingeschlüpft war. Aber das Kostüm machte es nicht allein; der Junge, von Wein und Festlichkeit beschwingt, oder als ob ihm die Schauspielergabe seiner toten Schwester Ninette zu Hilfe käme, ahmte die Lisa von einst so gut nach in Haltung und Stimme, bis zu einer kleinen verlegenen Heiserkeit, die ihr damals eigen gewesen war, daß Lisa, die Braut, sehr lachte und, da er ihr zuletzt einen rotweißen Dahlienstrauß zutrug und kniend, mit überschwenglichen Worten, ihre Vergebung erbat, den Spottvogel vom Boden aufheben und zu der gleichzeitig wieder einsetzenden Musik einen Walzer mit ihm tanzen mußte.

„Verrückt! so etwas zu machen, und solche alte Erinnerungen aufzuwärmen!" schalt Luzie. „Ninette, die damals spielte, ist nicht mehr da, und Friedrich ist nicht mehr da, und die Großmutter..."

Jakob aber sagte: „Die Toten gehen doch immer zwischen uns herum, wir sehen sie nur nicht. Was uns angst macht, können sie freilich wohl auch nicht von uns abwenden. — Komm tanzen!"

Tanzen konnten sie noch immer gut zusammen, wieder war es wie früher, als würde Luzie leichter und leichter in seinem Arm, und wenn schon die Traurigkeit der Erinnerung nicht von ihnen wich, so wurden sie doch beide still in dem Dreitakt, der sie mitnahm.

Dieser Walzer wollte kein Ende nehmen, es wurde der lange Abschiedswalzer daraus, mit dem das Brautpaar zu seiner Wegfahrt geleitet wurde. Der Bräutigam mußte sich die Braut erst wieder „abklatschen" und zurückholen; alle die an den Wänden herumstanden, in den anstoßenden Zimmern saßen und Gespräche führten — alle zog es nun in den Tanz herein. „Darf ich mir erlauben —" sagte der alte Herr Diepold, indem er die Bibliothek betrat und vor Hanna Degener eine tiefe, untadelhafte Verbeugung machte; und „Darf ich mir erlauben —" sagte Georg Degener, der ihm auf dem Fuß gefolgt war, zur Mutter Diepold und fing schon unter der Tür mit ihr zu walzen an; womit er die Baronin Priehl zu der lauten Bemerkung veranlaßte: „Wenn ich Geistlicher wäre, auch sogar nur evangelischer Geistlicher, würde ich jedenfalls — nicht — tanzen!" indem sie bei jedem dieser Worte mit dem Kopf nickte. Sie kam aber nicht zu weiteren Betrachtungen über das Thema, ob es Gott gefallen haben könnte, Petra Priehl evangelisch und gar zu einem Pastor zu machen: denn sie sah sich plötzlich von Peter Degener umfaßt, der bei sich gedacht hatte: das ist der ‚Ernst des Lebens', an den muß man sich auch einmal heranwagen. Auch er sagte: „Darf ich mir erlauben —," aber im gleichen Augenblick erlaubte er sich's bereits, sie konnte nur gerade noch ihr Handtäschchen vor dem Absturz retten, „geben Sie doch acht!" schrie sie ihm zu, aber sie wurde schon im Schwung herumgewirbelt, unwillkürlich gehorchten ihre Füße und bewegten sich, eins-zwei-drei, eins-zwei-drei, mit dem Takt der Musik — tanzen kann sie, dachte Peter. Er fühlte sich innerlich ganz voll Wein und Gelächter und überlegte, ob er seinen Löwenschrei von anno dazumal wieder an ihr probieren sollte, während er die Baronin mit ernstem Gesicht und sehr korrekt, wenn auch schnell, rechtsum und linksum an Ellbögen und Tischen und Öfen vorüber im Kreise drehte. Und es tanzte Alfons Hörsch mit Frau Winte, und ihr Mann, der Doktor, mit Natalie Fehrenkamp, und Quint hatte mit raschem sicherem Blick die hübschere von den zwei kleinen Brautjungfern — es war die Schwester vom Bräutigam — erwischt, Gentner holte sich die andere; das Ehepaar Balthasar tanzte friedlich und sicher und von der Musik ganz unbeirrt miteinander, und sogar das Rüschchen wurde, als sie gerade eine Platte von einer gefährdeten Kommodenecke weg retten wollte, von einem stürmischen, ihr unbekannten Tänzer geholt, der sie auch bis zum letzten Takt der Musik nicht mehr losließ. Es tanzten alle, auch für Josepha und die beschürzten kleinen Mädchen aus dem Dorf, die heute in Grünschwaig ausgeholfen hatten, fanden sich Tänzer, Fehrenkampische und Diepoldische, wie aus dem Boden für sie hervorgestampft. Und der in seinem alten Herzen am schwebendsten tanzte und jeden Schritt und jeden Schwung mitvollführte, das war der Major von Orell, der in seinem Stuhl am Feuer sitzengeblieben war, aber in die Hände klatschte und mit seinen spitzbestiefelten Füßen wippte; jedem vorübertanzenden Paar nickte er zu und immer wieder sagte er: „Ein echter Grünschwaiger Abend!" — Nur Frank war in sein

Zimmer entwichen, und diese bedrohliche Woge von Lärm erreichte ihn dort nur von weitem, während er sich entkleidete und dann die Decke bis ans Kinn über sich zog.

Unter den Tanzenden im Saal aber schrie jetzt eine Stimme: „Auf den Platz hinaus! das Brautauto vorfahren!" — und wirklich fingen sie alle an, auf den Gang und vor die Haustüre hinaus zu tanzen, und es lief jemand, den Wagen heranzuholen. Die Stimme schrie wieder: „Das Brautpaar wird auf Händen hinausgetragen!" Und so geschah es: Lisa und Karl Diepold mußten sich im Triumph emporheben und über die Schwelle hinaus in den Wagen bringen lassen. Und auf einmal war Abschied. Eine Champagnerflasche wurde noch am Wagen geöffnet, den Hochzeitern die Gläser durchs herabgelassene Fenster gereicht und sie mußten Bescheid tun. Von Quint und Hanna und der Mutter Diepold wurde die Braut umarmt und geküßt, des Bräutigams Hände wurden geschüttelt, Blumen ins Fenster geschoben — und da Jakob den Eifer der ermüdeten Musikanten eigens durch ein Geschenk noch einmal beschwingt hatte, klang noch dem schon fahrenden Auto aus der offenen Haustür von Grünschwaig der Walzer nach.

Das Fest war damit noch nicht zu Ende. Die ins Haus Zurückkehrenden fanden wieder neue Erfrischungen — heiße und kalte, flüssige und feste — bereit. Es wurde noch getanzt und Gespräche fingen wieder an. Aber erst in später Nacht gelang es Jakob, seines Vetters Quint habhaft zu werden, den er so lang nicht gesehen hatte und nach manchen Dingen fragen wollte: wie es ihm beim Militär denn gefiele? und was er von der politischen Situation dächte, ob der Krieg abgewendet oder nur aufgeschoben sei —?

Quint war zerstreut, er wollte eigentlich von einem solchen „Verhör", wie er sagte, nichts wissen. „Der Parkettboden in eurem Saal ist für Walzer herrlich, und diese hübsche Diepold, so jung sie noch ist, hat ein ganz nettes Gewicht, um einen in die Kurve hineinzureißen. Das Richtige für Walzer sind ja erst die neunzig Kilo schweren Köchinnen — so weit hat es die Kleine noch nicht gebracht." Er teilte Jakob das mit, als ob es sachlich höchst bedeutungsvolle Erwägungen wären, und rieb sich dabei seine Nase, die vor Müdigkeit länger geworden zu sein schien. Da aber seine Tänzerin schon schlafen gegangen war — die meisten Gäste wohnten im Dorf, bei der Lammwirtin — und auch Natalie sich nirgends blicken ließ, so fand Quint sich doch bereit, mit Jakob eine Zigarette an dem fast verglommenen Kaminfeuer zu rauchen. Hier hatte der alte Orell seinen Posten auch längst schon verlassen, es war niemand mehr im Saal.

„Wir sprechen uns vielleicht wieder lange nicht mehr. Und man weiß heute nie, was kommt," sagte Jakob, um seine Beharrlichkeit zu entschuldigen. Und er sagte, ein wenig beschämt und ärgerlich, indem er ihm dabei sehr grade ins Gesicht sah: „Ich hab auch manches eingesehen, Quint."

„Was denn eingesehen?"

„Wegen den Nationalsozialisten."

„Du? Ach! – Ja, wenn es den Unschuldigen dämmert –! Nein, höre: das freut mich."

„Mich nicht," sagte Jakob.

„Und woher kommt denn diese Einsicht?"

Jakob überlegte, daß er Quint sicherlich nichts verbergen wollte, daß er aber Gentners Mitteilungen, die ihm den ganzen Abend nicht aus dem Sinn gegangen waren, ohne dessen Einverständnis nicht weitergeben konnte. Er sagte also für jetzt nur: „Man erfährt doch manches, was nicht gut ist."

„Das weiß Gott!" Quint, der sich zusehends ernüchtert hatte, erzählte nun, er habe in einem höheren Stab einen interessanten Mann, Werner von Prittwitz, kennengelernt, „bei dem sich übrigens komischerweise herausstellte," fügte er ein, „daß er mit Antje Klees bekannt ist – was heißt bekannt, einmal in Ostpreußen hat er sie getroffen – und daß er sie auch so verdammt hübsch findet wie ich. – Es ist mir immer beruhigend, bestätigt zu bekommen, daß man mit seinem Geschmack nicht ganz auf Holzwegen ist."

Jakob gestand seinem Vetter zu, er habe ihn, in d e r Beziehung, noch nie auf Holzwegen betroffen. „Aber was ist also mit dem Herrn von Prittwitz?"

Es sei merkwürdig, sagte Quint, daß sich in dieser Zeit eine Art Witterung, fast unfehlbar, herausbilde, wem zu trauen und nicht zu trauen sei. Prittwitz und er hätten sich gar nicht gekannt und doch sofort ganz frei miteinander gesprochen. Und Prittwitz sei nicht nur, genau wie Quint, der Überzeugung, daß das Land durch Hitler früher oder später in eine Katastrophe hineingepeitscht werde, sondern habe sogar positiv gewußt, daß von höchsten deutschen militärischen Stellen ein Putsch geplant wurde, Verhaftung Hitlers unter gleichzeitiger Verständigung mit dem Ausland, also nackter Hoch- und Landesverrat. „Du kannst dir vorstellen, was das diese in unbedingter Vaterlandstreue erzogenen Leute gekostet haben muß! Aber sie werden gedrängt dazu, einfach weil sie sehen, daß wir so, wie es jetzt ist, in unabsehbares Unglück geraten müssen."

Jakob fragte: „Und das Ausland?"

„Die sind auf einen Vorschlag, den man ihnen auf einem persönlichen Wege nach London gebracht hat, nicht eingegangen. Chamberlain vertraut auf Hitler! – Wenn sie nur ein einziges Mal einem von den anständigen und tüchtigen Männern, die wir vorher gehabt haben, vertraut und ihnen ein einziges wesentliches Zugeständnis gemacht hätten! Der Mensch wäre nie an die Macht gekommen! Wenn man das denkt, könnte man da nicht verrückt werden? Allen Ernstes, man könnte auf den Gedanken kommen, daß meine Mutter und unser guter Onkel Georg recht haben, wenn sie sagen, daß etwas nicht Menschliches, eine Teufelsmacht, die Finger im Spiel hat." Quint hatte sich in Aufregung geredet, er hielt jetzt inne und sah seinen Vetter an, als ob er eine spottende oder doch ablehnende Antwort von ihm erwarte. Aber Jakob dachte daran, wie merkwürdig sachlich, als von historischen Vorgängen unter anderen, das Neue Testament von Worten und Handlungen des Teufels berichtete. Er schüttelte den Kopf, er sagte:

„Ich weiß nicht."

Quint: „Es wird einfach so sein: Hitler hat Macht, er ist zu fürchten, mindestens kann man nicht ohne große Anstrengungen mit ihm fertig werden. Das war nicht, als wir von Ebert, Stresemann, Brüning geführt wurden. Darum wird ihm zugestanden, was den andern, oft mit Hohn! verweigert worden ist. Macht! Macht! das ist alles."

Das wäre traurig, dachte Jakob, aber es kann stimmen. In dem Bereich, wo die Kräfte sich messen, gilt nichts als Macht; wer mit anderen Gesetzen rechnet, betrügt sich. In dem Bereich, wo die Geschlechter sich suchen, gilt nichts als Gegenwart; wer mit der Erfüllung einer das Wesen suchenden Liebe rechnet, betrügt sich. Und ist das die Welt, in der wir vielleicht noch dreißig, vierzig Jahre leben müssen?

„Man darf das wohl nicht denken, um es nie ganz wahr werden zu lassen," sagte er zu Quint.

– Zu den Beiden, die vor ihrem kaltgewordenen Kamin saßen, trat Natalie herein; Quint empfand schon ihren Schritt, diesen festen und leichten, als eine Wohltat, noch eh er sich nach ihr umgewandt hatte, und das etwas Klingende ihrer Stimme.

Sie sagte: „Da seid ihr. Wir haben noch etwas zusammengeräumt, Tante Hanna und ich. Es ist schon kühl, um noch hier zu sitzen. – Die Brautleute wollten ja heut nacht noch bis an den Bodensee, wo es so schön ist. Es war ein gutes Fest, Jakob, in eurem Grünschwaig. Hoffentlich hat Quints Vater eine gute Nacht. Was meint ihr? ich denke, wir gehen schlafen. Es ist niemand mehr auf im Haus."

5

Grünschwaig hatte mit seinem Fest viele Menschen erfreut. Und nun wurde das Haus innerhalb einer kurzen Frist danach von zwei schmerzlichen Ereignissen betroffen. Das erste widerfuhr Jakob in seinem Beruf, das andere Frank in seiner Gesundheit.

Noch an dem Tage nach dem Fest, bevor er ins Internat zurückkehrte, sagte Jakob seiner Mutter von den Schwierigkeiten, die er dort befürchtete und daß er vielleicht zu einer schweren Wahl und Entscheidung gedrängt würde zwischen dem, was er als verantwortlicher Lehrer seinen Schülern zu schulden glaubte, und dem, was von außen her von ihm verlangt werden könnte. Hanna antwortete und bestärkte ihn noch in seinen eigenen Gedanken: sie würde niemals von ihm fordern, etwas gegen sein Gewissen zu tun, und das hätte auch sein Vater Kaspar, so mild er sonst war, niemals gutgeheißen. Sie war sich wohl nicht ganz klar darüber, daß für den Sohn nicht nur eine Stellung, sondern sein ganzer Beruf auf dem Spiel stand, falls er mit einer ungünstigen Qualifizierung von seiten des Kultusministeriums von der Schule verwiesen wurde. Und Hanna kam ja auch noch aus einer Zeit, die das Gewissen und seine Gebote für etwas Unteilbares hielt, woran nichts abzuhandeln und abzuwägen sei; es fehlten ihr die bitteren Erfahrungen eines neuen Geschlechts, das wieder lernen mußte, was in Deutschland seit langem nicht mehr erhört war: von zwei Unredlichkeiten die weniger schlimme zu wählen, einer guten Sache noch in der Treulosigkeit treu zu sein und für all diese Not noch den Haß oder den Spott derer zu tragen, welche die Verhältnisse nicht durchschauen. – Jakob sah deutlicher die Alternative, die ihm gestellt war; diese zwielichtigen Erfahrungen aber mußte er auch erst machen. Er hatte, da er von Grünschwaig Abschied nahm, die Probe nicht so nahe geglaubt.

Der Lehrer Kurt Hellwig, der es zuwege brachte, Jakob aus seiner Obersbrunner Arbeit hinauszudrängen, tat nach seiner Überzeugung, als ein treuer Gefolgsmann seines Führers: das mußte man ihm lassen. Aber er tat es auf keine gute, und auch äußerlich genommen nicht auf die korrekte Weise. Er hätte seine Beschwerde über Jakob Degener bei dem Direktor der Schule anbringen und abwarten müssen, daß Lansing sie an das Ministerium weitergab und daß sie dort wirkte oder nicht wirkte. Weil er aber voraussah, Lansing würde Degener schützen wollen, würde die Beschwerde nur mit mildernden Gegenargumenten weitergeben und womöglich selbst beim Ministerium vorstellig werden, so sagte er, bis auf jene Drohung, die ihm beim Gespräch mit Jakob entfahren war, überhaupt nichts von seinen Absichten, sondern ging ohne Lansings Wissen direkt aufs Ministerium und erreichte, daß ein einflußreicher Referent zur Prüfung des Lehrbetriebs überraschend nach Obersbrunn kam. Der Brief, der dem Direktor des Internats den Besucher ankündigte, war am Tag des Besuches unter der noch ungelesenen Post, während Lansing seine erste Vormittagsstunde hielt, so daß Lansing nachher Hellwig in den Verdacht nahm, „seine Finger dazwischen gehabt zu haben".

An diesem besonders schönen, goldenen Oktobermorgen also, an dem Jakob bei weit geöffneten Fenstern seine deutsche Kaisergeschichte gab und manchmal entzückt im Reden innehielt und horchte, weil draußen in den Kastanien im Hof wieder eine reifgewordene Frucht sich löste, durch das Laub rauschte und mit dumpfem Aufschlag zu Boden ging: da geschah es, ohne irgendeine Vorankündigung, daß Hellwig mit einem dunkel gekleideten Herrn hereintrat und sagte: der Herr Referent vom Ministerium wünsche ein Stück des Unterrichts anzuhören.

Jakob mißfiel die Störung und auch der langhalsige Referent, dessen Gestalt ebenso knochenlos zu sein schien wie die Hand, die er ihm gereicht hatte. Er war aber in einer so glücklichen Stimmung — wegen der Kastanien und der Sonne und der deutschen Kaiser — daß er eine besondere feindliche Absicht auch jetzt nicht vermutete und sich nur wunderte, warum Hellwig und nicht Lansing den Fremden hereingeführt habe. Auf seine Frage murmelte Hellwig etwas verlegen: der Direktor sei schon benachrichtigt. Jakob gab dem Referenten seinen Stuhl, für Hellwig wurde auf einer Bank Platz gemacht, und der Unterricht ging weiter. Nach etwas weniger als fünf Minuten unterbrach der Herr, der mit übergeschlagenen Beinen saß und die Gesichter der Schüler musterte, mit der Frage, ob „das Problematische der mittelalterlichen Kaiserzeit, insbesondere der Widersinn der deutschen Romzüge" bereits im Ganzen in der Klasse durchgesprochen sei?

Und nun erst merkte Jakob, worauf es hinaus wollte, und es stieg ein Ärger in ihm auf über das Unmögliche der Situation, in die sie alle drei, er, der fremde Herr und Hellwig, gebracht waren, dadurch, daß ein Lehrer vor den Ohren der Schüler politisch examiniert wurde. Er sah mit einem Blick, daß auch seine Primaner es so empfanden; jene ungeschickten Worte hatten eine fühlbare Spannung hervorgerufen — und Jakob, dem auch das Ausbleiben Lansings jetzt auffiel, sagte mit leiser Stimme zu Einem in der vorderen Bank: er möge den Herrn Direktor holen, den die Benachrichtigung offenbar nicht erreicht habe.

Er tat einen langsamen Atemzug, während der Junge hinausging. Er dachte, daß ihm ja sein Feind Hellwig ein unfreiwilliges Kompliment erwies, wenn er ihm zutraute, daß er auf eine so seltsame Art der Prüfung nicht mit ausweichenden Redensarten, sondern mit einem Bekenntnis antworten würde. Er dachte – wie ein Pferd, das die Fanfare hört, von Kampflust überkommen –: er soll sich nicht in mir getäuscht haben! „Wenn der Herr Ministerialreferent," sagte er, wiederum mit recht leiser Stimme, so daß der fremde Herr die Hand hinter die Ohrmuschel legte, „den Augenblick für gekommen ansieht, um die grundsätzlichen Fragen dieser größten Epoche unsrer Geschichte zu behandeln, so werde ich mir erlauben, jetzt schon einen Abschnitt aus einem Werk von Adalbert Stifter vorzulesen, den ich mir für den Schluß des Schuljahres hatte aufsparen wollen. Es ist ein kurzer Abschnitt, der diese Fragen in einzigartiger Weise klarlegt." Da der Herr Gewährung nickte, beauftragte er einen zweiten Schüler, das Buch aus seinem Zimmer zu holen. Die kurze Zeit des Wartens verging in völligem Schweigen, und dann trat der Direktor Lansing mit den beiden ausgesandten Jungens herein. Er begrüßte seinen Gast, und setzte sich in die Bank neben Hellwig, ohne aber diesem auch nur einen Blick zu geben. Jakob Degener an seinem Pult hatte unterdessen im „Witiko" von Stifter die Stelle aufgeschlagen, wo in dem Rat der böhmischen Großen mit ihrem König der Zuzug zu einer Italienfahrt des Staufenkaisers Friedrich Barbarossa besprochen wird. Jakob gab zuerst eine Beschreibung der Situation: die böhmischen Herren wollen von einer Teilnahme an den deutschen und italienischen Dingen nichts wissen und werfen ihrem König vor, er zahle jetzt mit böhmischem Blute den Preis dafür, daß der deutsche Kaiser den Herzogtitel des Landes Böhmen zu einem Königstitel erhöht habe; sie hätten aber des Fremden dazu nicht bedurft, sondern ihrem Herzog den Königsnamen auch selber geben können.

„Sehr richtig!" rief Hellwig dazwischen, „ein Volk gibt sich seine Krone selbst!"

Jakob Degener sagte: „Ich weiß, Herr Hellwig, daß diese böhmischen Ansichten auch die Ihrigen sind. Ich bitte Sie, anzuhören, was das Buch von Stifter zu der Frage sagt." Und dann las er aus der Rede, mit welcher der König Wladislaw von Böhmen auf die Beschwerden seiner Großen antwortet: „Wer sich selber mit einer Ehre schmückt, der hat keine Ehre. Die Ehre muß von der Höhe kommen, daß sie heilig ist. – Und was würden die Männer und Weiber unserer Fluren von der Krone gesagt haben? Das ist die Krone, würden sie gesagt haben, die die hohen Herren des Landes gemacht und dem Herzoge geschenkt haben... Und wie würdet ihr selber die Krone angeschaut haben? Sie wäre euer Werk gewesen, und ihr wäret höher gewesen als euer Werk. Ihr habt gesagt: unser Land ist der Quell der Ehren und der Macht. Aus dem Lande fließt Ehre und Macht; aber der höchste Quell aller Ehren und aller Macht ist der allmächtige Gott. Er sendet Gaben und Geschicke, auf die Ehre und Macht folgt, und er sendet die, welche Ehre und Macht verteilen dürfen. Die sind aber immer über uns, nicht neben uns oder unter uns. Wenn der deutsche König eine noch hundertmal größere Macht hätte, so könnte er sich nicht die römische Kaiserkrone aufs Haupt setzen, sie bliebe eine deutsche Krone und bliebe strahlenlos. Aber der Heilige Vater setzt sie ihm auf, er wird der weltliche Herr der Christenheit, und die Kaiserkrone glänzt über die Völker, und von ihr erglänzen die Königskronen, und aus ihr entstehen die Königskronen... Nicht Friedrich, der König der Deutschen hat mir die Königskrone gegeben, sondern Friedrich, der römische Kaiser, der Schirm und Schimmer der Christenheit, hat sie mir freiwillig verliehen, und sie strahlet in die Welt."

Es war eine lautlose Stille, während Jakob Degener las, es schien ein jeder im Zimmer zu begreifen, daß mit diesen Sätzen aus einem alten Buch ein Mann, heute, ein Bekenntnis ablegte. Als er zu Ende war und das Buch aus den Händen tat, machte Kurt Hellwig eine ungeduldige Bewegung und der fremde Herr sagte, mehr zu der Klasse als zu ihrem Lehrer gewendet:

„Was wir da gehört haben, sind natürlich ganz überholte und heutigentags untragbare Anschauungen. Wir sind sehr dankbar, daß wir als Deutsche des Dritten Reiches nicht mehr solche Abhängigkeiten wie die Deutschen des Ersten Reiches nötig haben. Ich nehme nicht an, daß Dr. Degener solche Anschauungen als seine eigenen vertreten will —?"

Lansing verhinderte, daß die Antwort vor den Schülern gegeben wurde, er erhob sich, um ihnen zu sagen, der Unterricht sei zu Ende, sie sollten gehen. In dem Lärm, der durch das Aufstehen, das Rücken der Stühle und das Schließen der Mappen entstand, konnte nichts gesprochen werden. Nachdem der letzte Schüler hinaus war, bat Jakob um die Erlaubnis, sich gleichfalls zu entfernen, da durch den von ihm verlesenen Abschnitt seine Ansicht wohl völlig deutlich geworden sei.

Der Referent: „Einen Augenblick. Es interessiert mich nur: Sie sind Parteigenosse, wie ich aus Ihren Papieren ersehen habe. — Und Sie behaupten und lehren in Ihrer Klasse, daß ein Deutsches Reich den Segen vom Papst in Rom braucht, um zu bestehen?"

Jakob: „Der Papst ist nur eine Hand, durch die eine Kraft und ein Segen kommt. Der Papst ist nicht der Ursprung."

„So. Aber einen Segen von oben haben wir nötig?"

Jakob: „Nötiger als irgendetwas sonst."

„Und würden Sie sagen, daß unser Führer diesen Segen besitzt?"

Jakob begegnete dem verschleierten Blick des Mannes und er konnte es seinem Herzen nicht abgewinnen, vor der Frage zurückzuweichen. Er sagte:

„Man erreicht ihn nur durch Demut. Das bedeutete die Beugung unsrer Kaiser vor dem Papst, welche nicht einem Menschen galt."

Weil der Andere nichts mehr darauf sagte, verneigte er sich kurz und ging hinaus. Er hörte, als er sein Zimmer erreicht hatte, die Glocke durch das Haus schallen, die auch für die übrigen Klassen den Anfang der Pause verkündigte.

Die Folge dieser Begebenheit war, wie sie nicht anders mehr sein konnte, Jakob erfuhr sie durch Lansing in der Mittagszeit. Er durfte seine Lehrtätigkeit im Internat bis auf weiteres nicht mehr ausüben, die endgültige Entscheidung darüber, ob er hier und überhaupt als Lehrer für „tragbar" befunden würde, lag beim Kultusminister. Diese Entscheidung war abzuwarten.

„Sie sind ein sträflicher Dickkopf, Degener," schimpfte ihn Lansing. „Sieht sanftmütig aus wie ein Christkind — und steigt wie ein Elefant auf dem Porzellan herum! Und was haben die Buben davon? Die kriegen jetzt einen, der ihnen Unsinn in die Köpfe pflanzt, und Sie hätten's doch irgendwie hinbiegen können!"

„Zweimal zwei ist fünf," sagte Jakob und lächelte; es war ihm aber, da nun das Unglück geschehen war, nicht mehr ganz frei und sicher zumut.

Lansing: „Nein, ich bin wütend auf Sie! Denn i c h bin Sie wohl auf alle Fälle los, selbst wenn man Sie anderwärts noch wieder anstellt. Sie müssen Verbindung zum Minister aufnehmen. Ich werde Ihnen natürlich zu helfen versuchen und einen Bericht über Sie schreiben. Ich habe gern mit Ihnen zusammengearbeitet, Sie — Sie zoologisches Ungeheuer!"

„Ja," sagte Jakob.

Hellwig werde er hinauswerfen, verkündete Lansing grimmig. Denn der habe durch sein Vorgehen seine Befugnisse, auch die als „nationalsozialistischer Vertrauensmann", überschritten. Aber es komme nur irgendein anderer. „Ich hätte lieber ihn ausgehalten — und Sie auch!"

Der Abschied von Lansing und von Obersbrunn wurde Jakob

schwer, und besonders ging ihm der Vorwurf nach, daß er sich durch seine unkluge, allzu offene Art an den Schülern verschuldet haben könnte, denen jetzt ein anderer, abhängiger Mensch Unwahres in ihre jungen Köpfe setzen würde. Aber sollte er, Jakob, sie Halbwahres lehren? Er konnte auch später nicht zu einem ganz klaren Urteil darüber kommen, ob er richtig oder unrichtig gehandelt, und sich nie stolz fühlen wegen des Mutes, den er bewiesen hatte.

Hanna in ihrer Lebenszuversicht meinte: das sei jetzt einmal ein geschenkter Urlaub, und es werde sich dann schon geben. Auch wenn sie den Ernst dieser Sache gleich gesehen hätte, so war es ihre Art nicht, berufliche und wirtschaftliche Bedrängnisse allzu schwer zu nehmen. Desto härter traf sie, was Frank widerfuhr.

Dieser äußerte in der letzten Zeit mehrfach ein Verlangen, einmal in der Stadt sich aufzuhalten, nicht immer „auf dem Land begraben" zu sein. Er mußte das irgendwo aufgeschnappt haben, und es war umso seltsamer, weil er ja, als die vielen Gäste nach Grünschwaig kamen, sich selber vor ihnen geflüchtet und vergraben hatte. Hanna aber wollte nicht von einem versagten Wunsch her eine fixe Idee bei ihm aufkommen lassen, und sie konnte sich doch nicht entschließen, ihn ohne Aufsicht nach München zu schicken. Denn wenn er flüchtigen Beobachtern „ganz normal" erschien, so kannte sie doch den schwankenden Zustand seines Gemütes besser und hielt für ganz unberechenbar, was er anfangen würde, wenn nicht ein liebevolles Auge täglich über ihn wachte. Ihn der Schwägerin Elisabeth anzuvertrauen, war jetzt wegen Fehrenkamps Krankheit nicht möglich, auf Luzie war kein Verlaß. Hanna machte sich schon bereit, trotz den Kosten, die sie zu scheuen hatte, selbst mit ihm für drei Wochen in eine Münchner Pension zu gehen; im November konnte Grünschwaig sie allenfalls für eine Weile entbehren. Doch ergab sich dann, daß Gunda Hirt (Jakob hatte das noch in Obersbrunn mit ihr besprochen) im November ohnehin auf eine Zeit nach München wollte, um die ein wenig eingeschlafenen Geschäftsbeziehungen für ihre Puppen und Engel jetzt vor Weihnachten wieder aufzufrischen. Der Papierladen in Schwabing, wo Gundas beflitterte Engelchen seit vielen Jahren im Weihnachtsfenster standen, gehörte alten Bekannten von ihr mit Namen Goldmann. Diese gastlichen Menschen nahmen Gunda bei sich auf. Sie hatten zwei Zimmer frei, weil ein langjähriger Untermieter vor kurzem die Wohnung bei ihnen aufgegeben hatte, mit der Begründung, daß er „bei Nichtariern" nicht länger wohnen könne, was die Familie sehr kränkte; denn Goldmann und seine Frau, wiewohl beide jüdischer Abstammung, waren gute Bayern und Deutsche und warme Verehrer des Ritters von Epp, der München im Jahr 1919 von den Roten befreit hatte und der doch jetzt der Reichsstatthalter in Bayern war.

— Hier also war Gunda Hirt untergebracht und konnte auch Frank unter den Augen haben, Hanna durfte beruhigt darüber sein; denn er würde keinem Menschen so unbedingt fügsam sein wie der Frau Hirt, von keinem so leicht zu hüten. Auch freute er sich ihr beinahe aufgeregt entgegen, als er von seiner Mutter an den Zug nach München gebracht wurde.

Er machte freilich wenig Gebrauch von dem „Stadtleben", das er sich gewünscht. Er kam ohne Widerrede, aber auch ohne Begeisterung mit, wenn Gunda ins Museum oder einmal ins Theater ging; es schien ein verfehlter Gedanke, ihn mit solchen Dingen zu erfreuen. Lieber wartete er im Zimmer auf Gundas Rückkehr von ihren Geschäftsgängen, und nur dann sah sie, wenn er auf ihr zweimaliges Läuten zur Tür gelaufen kam, einen Schein der Freude in seinem Gesicht und er sagte hastig und etwas atemlos jedesmal: „Ich habe gleich gewußt, daß Sie es sind." Sonst war dieses Gesicht dicht verschlossen und dabei im Ausdruck ängstlich: „wie ein Fenster", mußte Gunda Hirt immer denken, „an dem die Rollen heruntergelassen sind und hinter dem die Leut sich fürchten". Es war auch diese immer in ihm wache Furcht, die ihn an den Gesprächen, abends, mit Goldmanns, einen für seine Verhältnisse ungewöhnlichen Anteil nehmen ließ. Eben damals war ein Beamter der Deutschen Botschaft in Paris durch einen Juden ermordet worden. Die Judenfeindschaft des nationalsozialistischen Regimes hatte bei den Angehörigen dieses Volkes in aller Welt einen Haß erweckt, Hitlers neue Erfolge waren ihnen wie eine Drohung; so kam es zu der unsinnigen und verderblichen Tat, die von Goldmanns auf das schärfste verurteilt wurde. Frank erkundigte sich angelegentlich, wie der Mörder in die Botschaft eingedrungen sei, aus welcher Nähe er auf sein Opfer geschossen habe, und er fragte dann, indem er sichtlich beunruhigt von einem zum andern sah: „Es kann also ein Mensch in die Wohnung kommen und schießen?" — „Hier doch nicht!" bemühte sich der freundliche Goldmann ihm klarzumachen. „Das war doch ein fanatischer Mensch in Paris, den sie schon festgenommen haben." Frank sah ihn an und nickte dazu, wie in dem Bestreben, sich durch sein Nicken selbst in dem Zutrauen zu bestärken, daß die gefährlichen Leute, die in die Wohnungen eindringen möchten, in festem Gewahrsam sind. Seine Seltsamkeit erschreckte die gutmütigen Goldmanns nicht, sie faßten ein Mitleid zu ihm, taten was sie konnten, ihm den Aufenthalt angenehm zu machen, und ihr Söhnchen im

Volksschulalter, das Heini gerufen wurde, fand Vergnügen daran, einem großen erwachsenen Mann altkluge Zusicherungen zu geben, daß er sich nicht zu fürchten brauche; Frank hörte ihm gerade so ernsthaft nickend wie dem Vater zu.

Es kamen aber nun nach der Pariser Untat die neuen gegen die Juden in Deutschland gerichteten Verordnungen. Obwohl sie mit dem Mord natürlich nichts zu schaffen hatten, wurde ihnen eine Sühnbuße von einer Milliarde Reichsmark auferlegt und dazu der Zwang, sich in der Öffentlichkeit durch das Tragen des gelben Judensterns kenntlich zu machen. Die Partei hoffte durch eine maßlose Hetze in ihrer Presse die Massen zur Gewalttat gegen die Juden des Landes aufzuregen. Weil das nicht gelang, so geschah nun, was niemand als möglich gedacht hätte: ein Judenpogrom wurde willentlich veranstaltet und deutsche Polizisten mußten die Straßen absperren, damit in diesem Schutze Trupps von SA.-Männern ungestört die jüdischen Geschäfte und Wohnungen plündern und Feuer an die jüdischen Gotteshäuser legen konnten. Die SA. wurde dazu bestimmt, nicht weil sie schlechter als andere, sondern weil sie zu kommandieren war; denn an Freiwilligen hätte man Mangel gehabt für diesen traurigen Auftrag.

Am Abend des 9. November waren in der Nebenstraße, wo die Goldmanns wohnten, zu später Stunde Tritte von vielen schweren Schuhen. Es lagen alle in der Wohnung schon zu Bett, aber das Zimmer des Ehepaars war der Straße zu, so daß Frau Goldmann den Lärm gleich hörte und aufstand, nicht ängstlich noch, sie wollte nur wissen, was es da gäbe. Aber sie schrie auf, als sie den Vorhang öffnete: denn es stand ein starker Feuerschein über den Dächern der gegenüberliegenden Straßenzeile — „es muß ein großer Brand sein," sagte sie zu ihrem Mann, den ihr Schrei geweckt hatte, „aber man hört gar nicht die Hupe von der Feuerwehr"... und seine Antwort war: „Sie werden schon dort sein."

Jetzt aber sah Frau Goldmann, daß unter ihrem Fenster Männer mit Taschenlampen standen, und man hörte Stimmen, und man hörte das scharfe Krachen von einem Stein in einer Scheibe. „Das ist unsre Ladenscheibe und das ist auf uns abgesehen," sagte Goldmann, und er hatte mit seinen in der Aufregung zitternden Händen große Mühe, sich die Hosen anzuziehen und den Hemdkragen zu schließen; und indessen jammerte seine Frau, und es war unten wieder ein Scheibenkrachen und die Stimmen, und dann Lärm wie von einer Axt, die zuschlägt, und zugleich begann die Hausglocke wie toll zu schellen, so daß Goldmann zur Wohnungstür hastete, um den elektrischen Türöffner zu drücken; denn die Einbrecher durch Widerstand zu erbittern, war sicher das Falscheste, was man tun konnte.

Es war dieses lange, heftige Schrillen der Glocke, was Frank aus dem Schlaf riß und ihn in seine Seele hinein bestürzte: so als hätte mit diesem häßlichen, hohen Ton der Schrecken einen Zutritt zu dem sonst so sorglich verwahrten Innersten seines Gemüts gefunden. Dann war der Ton nicht mehr, aber es waren Schritte und waren laute, feindliche Stimmen im Treppenhaus und laute, ganz nahe feindliche Stimmen auf dem Gang. Und Frank blieb liegen unter seiner Decke, die er bis ans Kinn heraufzog und da festhielt, und flüsterte: „Ich hab gleich gewußt, daß sie doch kommen," und dann schrie er, er schrie wie damals, als das Mädchen auf ihn zugekommen war und in seine Seele hatte greifen wollen, und er flüsterte wieder und schrie wieder. Aber jetzt hörte ihn mehrere Minuten lang niemand, weil die ganze Wohnung von Lärm erfüllt war und von vielen fremden Gestalten, von denen einige finster und verlegen dastanden und andere mit denselben finsteren Gesichtern ein Werk der Zerstörung begannen. Und der Hausherr und Gunda Hirt versuchten ruhig mit dem Führer des Trupps zu sprechen, der sie als „Judenschweine" anbrüllte, und dazwischen klang das Weinen des kleinen Heini Goldmann, und es wurden Gegenstände durch die von innen mit Beilhieben aufgeschlagenen Fenster auf die Straße geworfen, und Elsa Goldmann, die vom Telefon weggerissen worden war, wiederholte schreiend immer wieder, daß sie den Reichsstatthalter Epp sprechen müßte, den Reichsstatthalter Epp! der es nicht zulassen würde, daß treuen Münchner Bürgern ein solches Unrecht geschehe. Da aber endlich einem von den SA.-Männern Franks Stimme ans Ohr drang, stieß er die Tür zu dessen Zimmer auf. Und Frank, vielleicht daß er nur in der Bewußtlosigkeit seines Schreckens handelte, oder daß doch in der Tiefe seines ganz erschrockenen Herzens etwas von dem ritterlichen Mut seiner Väter, der Degeners und der Käpplers, erwacht war: er sprang den Eindringling an, und er war eine schreckliche Gestalt, im Nachthemd, mit irren Augen und einem Hals, an dem die Ader vom Schreien geschwollen war. Der SA.-Mann hatte Mühe, sich mit Hilfe seiner Gesellen des Angriffs zu erwehren; sie sahen Franks wutverzerrtes Gesicht und daß ihm Schaum vor dem Munde stand. Sie hätten nichts zu tun mit einem Kranken, murmelte ihr Truppführer, es mochte ihm auch der Name Epp eine Unruhe geschaffen haben. Er rief die Abteilung zusammen und sie verschwanden aus der Wohnung so rasch, wie sie gekommen waren und wenigstens ohne daß noch an einem Menschen ein Schaden getan wurde.

Gunda konnte nun Frank ohne weiteres in sein Zimmer zurückbringen, allerdings wollte er nicht wieder aufs Bett, er strebte zu einem Lehnstuhl in der Zimmerecke und saß darin; indem er sich beruhigte, sein hastiger Atem langsamer ging, wurde sein Unterkiefer hängend, es wich der Blick aus seinen Augen, sie hatte nicht mehr den Eindruck, als ob er sie noch erkenne. Sie blieb aber bei ihm, bis sie sich überzeugt hatte, daß der Schlaf, oder vielleicht war es eine Ohnmacht, über ihn gekommen sei. Sie ging immer wieder, nach ihm zu sehen. Und Elsa Goldmann kam und streichelte das wirre Haar auf seinem Kopf und sagte: „Er hat uns verteidigt. Wer weiß, wie es ohne ihn gegangen wäre!"

Heini war auf dem Sofa im Wohnzimmer eingeschlafen. Die übrigen verbrachten den Rest der Nacht ohne Ruhe, da sie fürchteten, die Plünderer möchten zurückkehren oder es möchten andere kommen. Goldmann wagte sich in den Laden hinunter, wo er alles sinnlos zerstört und durcheinandergeworfen fand; er und seine Frau und Gunda suchten dann wenigstens in der Wohnung wieder etwas Ordnung zu schaffen. Der Feuerschein draußen wurde langsam schwächer, von irgendwoher klangen noch einmal schreiende Stimmen und verloren sich wieder. Von den Parteien im Hause rührte sich die Nacht über niemand, die Menschen schienen ganz verstört zu sein. Als aber der Tag da war und das Leben in der Straße wieder begann, ging die Türklingel. Goldmann öffnete sie mit neuer Sorge: wer aber draußen stand, war sein Hausmeister, ein schnauzbärtiger, ruhiger Mann. Er sagte, was in der Nacht gebrannt habe, sei die Synagoge im Lechl gewesen, sie werde auch bald ganz heruntergebrannt sein, gelöscht habe niemand. Er trug eine Milchflasche, ein Viertel Butter und einige Semmeln: es war das, was die Goldmanns sich am Morgen aus der Molkerei zu holen pflegten. Er bemerkte zur Erklärung kurz dazu, in der anderen Straße sei ein jüdischer Herr heute früh noch belästigt worden, es habe geheißen, Juden dürften nichts mehr bekommen in den Geschäften. „Aber da san mir aa no da! Muß ma sich aso schon schama, daß ma'r a Deutscher is'. — Die Säu!" setzte er, mit Bezug auf das zertrümmerte Spiegelglas im Korridor, hinzu, und ging wieder, ohne einen Dank hören zu wollen.

Für Frank wurde so bald als möglich ein Arzt herbeigeholt, da sich erwies, daß er niemand mehr erkannte. Er mußte für zwei Tage in die psychiatrische Klinik, und wie vor drei Jahren begleiteten ihn dann wieder beide, Hanna und Gunda, in Gemickes Sanatorium. „Wir wollen unser Bestes versuchen," sagte Gemicke nach der Untersuchung; aber beide Frauen merkten es dem Professor an, daß seine Hoffnung jetzt gering war. Sie konnten sich, da sie in dem nach München zurückkehrenden Zug einander gegenüber saßen, beide der Tränen nicht enthalten. Frank war so lange Zeit ein, wenngleich verschwiegener, Anlaß zur Eifersucht zwischen ihnen — und jetzt bedeutete sein armes, unbewußtes Leben ein Band, sie fühlten es, das sie unzerreißbar zusammenknüpfte. Bevor sie in München sich trennten, wurde Gunda Hirt von Hanna aufgefordert, Weihnachten mit ihr und Jakob in Grünschwaig zuzubringen.

Jakob holte die Mutter mit dem Wagen vom Bahnhof. Er kannte sie immer als sehr beherrscht, darum erschrak er zu hören, wie ihre Stimme Mühe hatte, ihm während der Fahrt nur gerade das Nötigste über Frank zu erzählen und dabei ihren Ton festzuhalten. Sie sprach nur noch flüsternd: „Es ist so gut, daß ich dich jetzt hier habe," — und dann nichts mehr. Und Jakob hielt die Zügel und war hilflos und stumm, da er mit seiner weinenden Mutter ins Dorf hinunter und hindurch und wieder zum Dorf hinaus nach Grünschwaig fuhr.

Es war schon möglich, dachte er immer wieder in den folgenden Tagen, daß der liebe Gott ihn von Obersbrunn fortgeholt hatte, damit er jetzt hier daheim, wo dieses Schwere eingetreten war, seiner Mutter beistünde. Aber dann hätte Er ihn auch mit Kraft dazu ausrüsten sollen! Was für Beistand war er denn zu leisten fähig? Warum dem Bruder das widerfuhr, er wußte es nicht. Warum im Land diese Ruchlosigkeiten geschehen mußten, er konnte den Sinn nicht sehen. Es war bei der Nachricht von den Judenpogromen sein erstes Gefühl gewesen, das zu tun, was die gute kleine Rüsch wirklich tat: diese nämlich bekam einen Klagebrief von einer früheren jüdischen Bekannten aus Erfurt, der am 9. November auch Arges widerfahren war. Das Fräulein setzte ihren Hut auf ihr dünnes, straff frisiertes Haar, steckte ihr Parteiabzeichen an ihre Bluse und den Brief in ihre Handtasche und marschierte ins Dorf auf die Ortsgruppe, fest entschlossen, hier Abhilfe zu schaffen oder, und wenn es in einem persönlichen flammenden Protestbrief sein müßte, Adolf Hitler die Gefolgschaft aufzusagen. Der Ortsgruppenleiter Prechtler hörte ihr mit einiger Verlegenheit zu, denn ihm war bei dieser Judenaktion selber nicht wohl zumut. Es traf sich aber, daß, während sie bei ihm saß, ein „höherer Herr von der Partei", sie wußte nicht, was für einer, zum Ortsgruppenleiter zu Besuch kam. Der ließ sich freundlich erzählen, was sie zu klagen hatte, und erklärte ihr dann: selbstverständlich hat der Führer diese Dinge nicht gewollt. Er bedauert sie. Sie sind auch bereits „abgestellt" worden. Daß aber die

Volksempörung sich einen Ausdruck verschaffte, nach den unerhörten Herausforderungen, die sich das Weltjudentum gegen uns erlaubt hat, war durchaus verständlich und „ein paar verbrannte Synagogen und zertrümmerte Fensterscheiben" wiegen noch lange nicht auf, was die Juden an Deutschland gesündigt haben. Es ist eben traurig in der Welt, daß in solchen Fällen dann oft die Unschuldigen mit den Schuldigen leiden müssen. Wo gehobelt wird, fallen Späne, „und daß bei uns gehobelt wird, darauf können sich die Juden und können aber auch wir alle uns verlassen, denn wir haben den richtigen Tischlermeister!" Das Rüschchen war mit dieser Auskunft befriedigt nach Haus gekommen und hatte in dem Sinn nach Erfurt Bescheid gegeben. Sie wußte ja nicht, daß Prechtler wahrscheinlich nachher einen Rüffel von dem „höheren Herrn" bekam, weil er sich nicht besser zu helfen verstand. Sie wußte nicht, daß aus diesen Menschen nichts als Lüge hervorging, und sie war glücklich, daß sie es nicht wußte. Er aber, Jakob, konnte sich ja so nicht trösten lassen. Aber sollte er darum abermals, wie in Obersbrunn, unbesonnen handeln und sich selbst, womöglich auch noch seine Mutter und den Hof, in Gefahr bringen? Er hatte Gentners Erzählungen nicht vergessen. Und wenn er jetzt zu Prechtler hinging und die Mitgliedschaft in der Partei aufkündigte: wem war damit geholfen? Man konnte nicht einmal sagen, daß, wenn alle im Land, die jetzt den Gedanken und den Wunsch dazu hatten, einen solchen Schritt täten, die Macher „da oben" zur Besinnung kämen: sie würden die Tausende von schlichten Köpfen ebenso wie die Rüsch zu täuschen wissen, an die andern aber, die selbständig Denkenden, würden sie ihre gewaltsame Hand legen. Das bedachte Jakob, und er unternahm nichts. Jedoch diese Unterlassung, und das Gefühl seiner Ohnmacht und Würdelosigkeit, dazu die Sorge um seinen Beruf und daß er gerade jetzt, wo die Kosten von Franks Sanatorium dem Gutshaushalt neue Last bringen mußten, auch seinerseits, und wer konnte sagen auf wie lange? seiner Mutter auf der Tasche lag: dies alles mischte sich mit dem Bewußtsein, seiner Mutter keinen Trost geben zu können, und mit dem stummen, noch immer unbezwungenen Kummer um Sybil in seinem Gemüt zu einer Wolke zusammen, die ihm jede Lebensfreude verdunkelte.

Hanna, nach den ersten mutlosen Tagen, erhob sich bald wieder mit der Kraft und Tapferkeit, die in ihr, so schien es, nicht zu erschöpfen waren; und wieder war es ein Tun für andere, wieder war es ein Fest, worin sie Hilfe zu finden und zu geben wußte: diesmal das Weihnachtsfest, das sie besonders feierlich, wenn auch still, zu begehen dachte. Das Weihnachten von 1938 war das fünfzigste, seitdem im Jahr 1888 der Hornegger Wastl als ein junger Bursch, der zwischen den Pferdebeinen den Mist heraus- und die Streu hineintun mußte, unter Eligius Degener seinen Dienst im Grünschwaiger Stall begonnen hatte. Die Schweizer fürs Vieh und die andern Knechte auf dem Hof waren gekommen und gegangen, der Wastl war geblieben, ein Leben lang, und da die Pflicht für die Rösser seinen Sinn ganz allein erfüllte, hatte er in den fünfzig Jahren — mit fünfzehn war er eingetreten und fünfundsechzig war er jetzt — nicht einmal Zeit gehabt, sich nach einer Frau umzusehen. Er hatte auch keine gebraucht, seine Rösser erfuhren alles von ihm und waren ihm Ansprache genug; seit langem kannten es die jungen Mägde auf dem Hof als eine königliche Belustigung, in den Stall zu schleichen und dem Wastl abzuhorchen, wenn er beim Putzen vor den Rössern schimpfte oder sich freute. Einstmals war der Roßstall in Grünschwaig reich versehen, jetzt hatte Wastl schon längst nur mehr die zwei Braunen zu versorgen, und daß er noch ein Fohlen aufzog, war mehr, weil es Hanna stillschweigend duldete, als daß es ihr Wille war; denn es gingen noch ein paar Ochsen unterm Kumt, und sonst war es halt auch in Grünschwaig wie anderwärts: daß die Motorkraft die lebendigen Tiere zu ersetzen anfing.

Wastl jedenfalls, ob nun fröhliche Zeit war oder traurige, mußte seine Feier haben, man war sie ihm schuldig. Und Pastor Sömmerle — er kam wie alle Jahre am 24. Dezember aus der Kreisstadt, um der kleinen Evangelischen Gemeinde zu Nußholzhausen ihre Weihnachtsfeier zu halten, und wie alle Jahre empfingen Hanna und Jakob an diesem Tage, und dann noch einmal bei der Silvesterfeier am 31. Dezember, das Heilige Abendmahl — Pastor Sömmerle sagte in der Predigt: Weihnachten sei unter allen Umständen eine fröhliche Zeit. Mehr als sonst hing Hanna diesmal in Gedanken der Predigt nach und sagte auf dem Heimweg zu Jakob: „Er wird recht haben. Der Versöhner kommt auch wenn die Zeit freundlich ist nicht zu unserm Vergnügen als armes Christkind auf die Welt. Der Sinn seines Kommens ist immer, Freude dahin zu tragen, wo keine ist. Ich werde älter, ich versteh es allmählich besser . . . Mitten im kalten Winter wohl zu der halben Nacht. Ob Frank heute merkt, wenn sie im Sanatorium Lichter auf einem Baum haben, daß Weihnachten ist — und sich heimsehnt?" Und es gingen wieder Tränen aus ihren Augen.

Am Nachmittag traf Frau Hirt in Grünschwaig ein. Sie erzählte Jakob, was ihn im Stillen nicht wenig freute: daß ihr in

Obersbrunn mehrere Schüler ungefragt ihre Betrübnis über seinen Weggang geklagt und ihr Grüße für ihn aufgetragen hatten.

Der Christbaum stand wie jedesmal in Kaspars Bibliothek. Am Heiligen Abend aber war der Saal geheizt — der Christbaum leuchtete ja aus der Bibliothek in den Saal hinüber — und im Saal war eine ganz lange Tafel aufgestellt, an deren einem Ende ein mit Tannengrün geschmückter Platz für den Jubilar, den Wastl, gerichtet war. Zu der langen Tafel hatte sich der Wastl heut als Gäste bitten dürfen, wen er wollte, und weil ihm nichts Verwandtes mehr lebte, bat er seine Dienstgenossen: alle, die jetzt als Knechte und Mägde oder irgend als Angestellte auf dem Gut waren. Zu seiner Rechten saß die Josepha, die den Tisch und das Zimmer und alles gerichtet hatte; es blieb im Lauf des Abends nicht aus, daß er mit ihr getratzt wurde: warum er sie nicht geheiratet hätte? Sie sei ihm um zwanzig oder dreißig Jahre zu jung und er ihr zu alt, gab er ernsthaft zur Antwort — und ein junger Knecht rief: „Wenn man die Rösser auf Stühl setzen kunnt, nachher hätten mir eh alle keine Einladung 'kriegt, vom Wastl" — was ein großes Gelächter verursachte. Er hatte auch die Prechtler Zensi gebeten; aber die mußte ja im Bäckerhaus für den Mann und die Kinder Weihnachten machen; einen großen weißen Zopf, ein braungebackenes W, hatte sie für den Wastl heraufgeschickt. Und dann war da noch der Fellner Korbinian aus dem Dorf, der früher oft im Taglohn auf Grünschwaig gearbeitet hatte; jetzt war er krumm und alt, ziemlich älter noch als der Wastl, aber ein gutes Weihnachtsessen schmeckte ihm auch noch. Auf seinem Platz fand Wastl eine schwere goldene Kettenuhr, die aus dem Besitz von Eligius stammte, und Hanna hatte darin eingravieren lassen: Wastl Hornegger 1888–1938.

Er war froh, es war ihm ein großer Tag. Und sonderbar wurde es ihm, als nach der Verlesung des Weihnachtsevangeliums durch Jakob und nachdem das Essen schon angegangen war, die Frau Hanna Degener ganz drüben am entgegengesetzten Ende der Tafel aufstand und eine Rede — nicht lang, aber desto besser konnte man sich das Einzelne merken — für ihn, den Roßknecht, hielt:

„Im Evangelium ist geschrieben, wer über Wenigem treu ist, soll über viel gesetzt werden," sagte Hanna. „Das verstehen wir so, daß es auf das Wenige oder Viele nicht so ankommt, wie auf die Treue. Was wir Menschen haben an Glück und an Gütern, geht uns ganz geschwind aus den Händen; was wir sind, ist wenig, was wir tun können, ist wenig. Aber die Treue macht aus dem Wenigen etwas Großes. Daß du eine so lange Treue gehabt hast und noch haben wirst, dafür danke ich dir, Wastl, im eigenen Namen und im Namen der Herren, die in Grünschwaig gewesen sind und vielleicht noch sein werden. Und dafür wird dir eines Tages Gott selber den Dank geben."

— Um Mitternacht gingen von Wastls Gästen viele durch das noch schneelose Land ins Dorf, zu der Christmette.

6

Man mußte es zugeben, Hanna hatte damals wenig Hilfe an ihrem ältesten Sohn. Er bestaunte die Kraft ihres Herzens, das sich von dem eigenen Kummer weg dem Dienst an den Andern zuwandte und so ihm und der traurigen Gunda Hirt und allen, die in Grünschwaig waren, eine frohe Weihnachtszeit zu schenken vermochte. Aber er konnte sich nicht selbst zu solcher Höhe aufschwingen; es war, als habe ihm eine heimtückische Hand die Flügel zerbrochen. Nachdem die Festtage verklungen waren, die Frau Hirt wieder abgereist, und alles seinen täglichen Gang hatte, versank er in eine stumpfe Mutlosigkeit, die seiner Mutter Sorge machte. Sie ließ ihm die Bibliothek heizen, und mit Freude sah sie ihn Kaspars Papiere hervorholen, in ihnen lesen und sie neu ordnen. Er hatte sich auch vorgenommen, daß er sich mit den Arbeiten seines Vaters vertrauter machte; er durfte sich jetzt ihrem philosophischen Anliegen einigermaßen gewachsen glauben und wollte zusehen, ob sie sich nicht wenigstens auszugsweise publizieren ließen. Er besaß einige, wenngleich lose Beziehungen zu Zeitschriften. Aber während Hanna sich an ihrer alten Hoffnung erfreute, es würde sich der Geist des Sohnes an dem seines Vaters entzünden und zu einer selbständigen Weiterführung von Kaspars Arbeit angeregt werden, während sie darum nur leise, um ihn nicht zu stören, an der Bibliothekstür vorüberging, horchte Jakob drinnen dem Schritt seiner Mutter nach und sagte sich bitter, daß er sie betrog. Denn er saß über des Vaters Manuskripten und konnte seine Gedanken nicht an ihnen festhalten, die Gedanken gingen von dem Thema dieser Schriften und gingen von ihm, dem Leser, fort in ein graues, wie aus Spinnweben zusammengesponnenes Dunkel hinein; sein Auge folgte noch den Zeilen, die es vor sich hatte, und schon war er selbst, sein suchender, hoffender, nach Erkenntnis hungernder Sinn in einer Ausweglosigkeit gefangen. Und er mußte grübeln: ich bin nur, weil ich erkennen will. Und es blitzte etwas, fern, durch das Spinngeweb, sodaß er begriff:

Erkenntnis wäre nur möglich durch Liebe, wir erkennen nur, indem wir selbst leuchten, so hell es uns gegeben wird. — Aber ich leuchte ja nicht, und also sind mir beide, Erkenntnis und Liebe, verschlossen. Und das konnte eine so quälende Folgerichtigkeit gewinnen in der Winterstille dieses großen, wändedunklen Zimmers und mit einem Februarnebel, draußen hinter dem Fenster, welcher bis in die Baumkronen herabhing, — daß Jakob zu sich selber sagte: so weit bin ich jetzt. Der verlorene Sohn; aber nicht der sich in der Fremde erprobt und nach Trebern im fremden Schweinestall hungert. Sondern der zu Haus bei seiner Mutter faulenzt im warmen Zimmer, und läßt sie die Sorge für ihn haben und die Arbeit für ihn tun.

Er saß ihr am Mittagstisch gegenüber, auf ihre freundliche Frage nach seiner Arbeit empfing sie eine heftige, mutlose Antwort. Nachmittags legte er feste Stiefel an und stapfte durch Nebel und hartgefrorenen Schnee zum Fernerhof hinauf. Das Christusbild an der Straße stand ohne Schmuck; da kannte man es, daß die Sabine nicht mehr im Land ist. Zu sehen war heut nichts, nicht einmal das Dorf, geschweige denn die Berge; Jutta lief auf dem Wege voraus und tauchte aus dem Nebel wieder auf, groß wie ein Wolf. Droben, schon nahe beim Hof, holte er seinen Göd, den Niederrotter, ein, der mit einem Schlitten voll Brennholz fuhr. Er wurde freundlich von ihm begrüßt und in die Stube vorausgeschickt, Stasi bewillkommte ihn, der Bauer kam bald dazu. Hier war Jakob ein Freund und zu Haus, wie immer. Er fragte nach der Sabine und erfuhr, daß sie drei Buben hat und ein Mädel, ja, geschleunt haben sich die, mit ihren Kindern, und es ist schon ein Fünftes auf dem Weg. Und auf dem Fernerhof der älteste Bub, der Hansl, geht mit Heiratsgedanken, „da werden wir aufs Übergeben sinnen müssen," sagte der Niederrotter, aber seine Bäuerin meinte: „O mei, mit dem pressiert's no nit," und wollte nichts davon wissen. Dem Jakob sagten sie ihre Teilnahme wegen dem, was man von seinem Bruder Frank gehört hat, und wie denn das kommen könnte? wollte Stasi anfangen zu fragen und neugierig zu sein, und wurde vom Bauern unterbrochen, der statt dessen von der schönen Feier zu reden anfing, die Jakobs Mutter dem alten Wastl gemacht hat; im ganzen Dorf hat man davon gesprochen und sich darüber gefreut.

Indessen Stasi hinausging, für einen Kaffee zu sorgen, fing der Göd mit ihm ein politisches Gespräch an: was man denn da jetzt denken muß und ob es mit dem Krieg ganz gewiß nichts mehr wird? Es hat gut hergesehen, wie sie sich in München alle verständigt haben, aber es ist ja bei den Tschechen schon wieder unruhig. Sonst, sagte der Niederrotter, kann er nicht klagen. Das weiß ja der Jakob, daß er auf den Hitler nie einen Gusto gehabt hat. Aber sagen muß man, was wahr ist: auf den Bauernstand hat er ein Acht, wenn sich einer nicht ganz dumm stellt, kann er seinen Hof halten und auf die Höhe bringen. Die Preise, no ja, könnten besser sein, aber es ist doch ein Verhältnis zu dem, was der Bauer kaufen muß, an Kunstdünger bekommt man einmal etwas, daß man es nicht sofort oder nicht zu viel zahlen muß. Dem Vetter Klaus, Jakob kennt ihn ja, haben sie geholfen, der hätte ohne die Partei vielleicht schon lang keinen Hof mehr. Man hört freilich auch, was weniger gut ist; der Pfarrer traut sich ja nicht viel sagen, aber man kann es schon merken, daß ihm nicht alles recht ist, und gar viel Christenglauben muß der Hitler nicht haben, „aber um die Sachen kümmern wir uns nix"... „Nein, wir bekümmern uns nix," bestätigte Stasi, die mit dem Kaffee und mit Brot und Butter in die Stube kam; wenn das Wetter so letz ist, muß man es sich daheim gut gehen lassen, behauptete sie.

Und wie beim Essen und Trinken die Rede sich löst, so brachten jetzt die Niederrotter eine Frage vor, die sie als schwierig anzusehen schienen, sodaß sie sich ihr nur vorsichtig näherten. Im Dorf ist gesagt worden, daß Jakob von einer Schule, wo er Lehrer gewesen ist, weggemußt hat, sie weiß nicht, sagte Stasi, ob sie ihm da ein Beileid wünschen muß? „Jetzt, mich tät halt dunken, du sollst dir gar nix draus machen, froh sein, wenn dich die draußen nimmer brauchen, und du kannst jetzt da bleiben in Grünschwaig, wie ich dir's immer g'sagt hab, und die Landwirtschaft machen. Wenn doch der Bruder jetzt nimmer zum rechnen ist. Und deine Mutter kann auch nicht alles tun und werd nicht immer da sein." Der Göd, mit sparsamen Worten, unterstützte seine eifrige Bäuerin, Jakob aber sagte: „Glaubt denn ihr, daß ein Mensch so auf einmal Bauer sein kann? Ich hab's ja nicht gelernt." — „Das lernst g'schwind," sagte der Göd, „und ich wär auch noch da, für um Rat zu geben, wenn'st einen brauchst." —

Eine Zeit danach fuhr Luzie mit einem großen, von einem Chauffeur gelenkten und mit Schneeketten versehenen Auto zur Teestunde in Grünschwaig vor und erklärte: „Tante Hanna, ich bin gekommen, um dir den Jakob zu entführen," Jakob nämlich habe ihr schon im Herbst versprochen, bei ihrem Faschingsball dabei zu sein, den sie und Alfons in ihrem Hause geben wollten. Und jetzt, als sie ihm die gedruckte Einladung schickte, habe er ihr ohne Begründung abgesagt. Denn das sei keine Begründung, was er geschrieben hatte: er taugte nicht unter Menschen.

Hanna wußte nichts von der Sache, sie rief den Angeklagten

herbei und der verteidigte sich: es sei die Wahrheit, für eine fröhliche Geselligkeit sei er jetzt ganz und gar nicht zu brauchen. Aber Luzie saß in einem ganz neuen, hübschen Hut zwischen Mutter und Sohn am Teetisch und verstand zu reden wie ein Anwalt; besonders als sie hörte, daß Jakobs Schulsache beim Ministerium noch anhängig war, wußte sie es klarzumachen, daß man da schriftlich gar nichts erreiche, sondern persönlich vorsprechen müsse. Zu Hanna sagte sie: „Und bei mir kann er wohnen und ich kann ihn versorgen;" und zu Jakob sagte sie: „Sei still, ich weiß, daß du ein selbständiger Mann bist. Aber Barbara Wieland wird ernstlich gekränkt sein, wenn du nicht zu unserm Fest kommst, und zwar mit Recht. Ich wollte sie heut mitbringen, damit sie dich überredet — aber ich kann es ihr nicht übelnehmen, daß sie ihrem treulosen Kavalier nicht auch noch nachlaufen will. Aber sie läßt dich grüßen." — Jakob dankte in trockenem Ton, aber merkte, daß ihm der Gruß des Mädchens eine Verlegenheit bereitete; grad, daß ich nicht noch rot werde, dachte er ärgerlich. Seine Mutter indessen hatte ihren Ältesten betrachtet und fing an, ihm zuzureden: die Zerstreuung werde ihm guttun, und hübsch sei es doch, eine Cousine zu haben, die ein Fest gibt und einen gern dabei haben will. „Und daß du im Ministerium einmal persönlich nachfragst, kann sicher auch nicht schaden." Und so hatte Luzie ihre Sache gewonnen: nicht mit dem Vetter selbst, aber mit seinem festen Versprechen, daß er kommen würde, fuhr sie wieder ab.

— Luzie ließ nicht nur das Schreibzimmer ihres Mannes, sondern sogar ihr eheliches Schlafgemach und ein daneben gelegenes Kabinett völlig ausräumen und gewann so mit dem Salon vier Zimmer, drei große und ein kleineres, in denen sich ihr Fest ausbreiten konnte. Ein junger Bühnenbildner, mit dem sie bekannt war, übernahm die Festausstattung und löste sie schön und einfach — es war freilich eine Einfachheit, der man ihre Kostspieligkeit anmerkte — indem er die vier Räume gleichmäßig mit einem weißen Nesselstoff auskleidete und diesen Stoff in Goldfarbe mit Chimären und Tierkreisfiguren bemalte. Auf jeden Flitter war verzichtet. Die Deckenbeleuchtungen wurden entfernt, dafür längs den Wänden, wiederum gleichmäßig, Leuchter, einen romanischen Stil andeutende, befestigt, und was an Tischen oder Kommoden in den Zimmern gebraucht wurde, war mit einem sehr glänzenden Goldpapier bedeckt. Alle diese Dinge stammten aus den Theaterwerkstätten, waren dort zum Teil entliehen, zum Teil auch eigens angefertigt. Luzie, um sich schon dem Auge gleich als die Herrin kenntlich zu machen, der diese Festgemächer als Rahmen, eine Studie in Weiß und Gold, zugehörten, hatte sich ein weiß und goldenes Phantasiekostüm anfertigen lassen, von einem Metallgürtel gehalten und schön und breit niederfließend. Und es war eine kleine leichtfertige Pikanterie, die sie sich leistete, daß sie für ihren jungen Freund, den Bühnenbildner — er hieß Martin Hoffmann, und ihre Laune war es, ihn Martinian zu nennen — eine Tracht in den gleichen Farben besorgte und ihn damit sichtbarlich für sich in Anspruch nahm. Es gab einige Gäste auf dem Fest, die Luzie das verübelten, weil sie es für eine Taktlosigkeit gegen Alfons Hörsch hielten, aber solche Gäste sah Luzie als Spaßverderber an. Übrigens taten ihr die Leute in diesem Fall Unrecht, es bestand kein „Verhältnis" zwischen ihr und Martinian, der eine scheue und feurige Verehrung für sie hatte. Derartige Zögerungen waren bei ihr selten, denn sie war im Grunde zu traurigen und zu einsamen Herzens, um der Achtung irgendeines Menschen viel nachzufragen und ihr ein Vergnügen aufzuopfern, das der Augenblick geben konnte. — Luzie hatte in der Münchener Gesellschaft keinen ganz leichten Stand mehr. Aus der Verwandtschaft der Familie Hörsch hatten mehrere Geladene ihr abgesagt, und daß Quint und Natalie, beide jetzt wieder in München, den Gesundheitszustand von Quints Vater als Grund angaben, warum sie nicht zu einem häuslichen Faschingsfest kommen könnten, das war gewiß eine Ausrede. Der Onkel Fehrenkamp war schon seit Monaten krank, es ging bald schlechter, bald wieder besser mit ihm, er konnte ganz gut auch wieder gesund werden. Luzie war sicher, daß diese Absage aus dem Willen der Tante Elisabeth entsprungen war; die hatte komisch-strenge und altmodische Anschauungen und sah es womöglich als eine Familienpflicht den Hörschens gegenüber an, nicht durch den Besuch ihres Festes Luziens leichtsinniges Leben gleichsam anzuerkennen. Darum auch war Luzie viel daran gelegen, Jakob auf ihrem Fest zu haben. Das hinderte nicht, daß sie ihn außerdem wirklich gern zu Gast hatte und daß es ihr ein Spaß war, zwischen ihm und ihrer Freundin Barbara etwas anspinnen zu helfen.

Es hätte ihrer Mühe kaum mehr bedurft; denn diesen Beiden waren die Zeichen schon gestellt, sie zueinander und wieder auseinander zu führen. Jakob trug auf dem Fest sein altes Rittergewand, mit dem Helm, und dem Schwert am Gürtel. Aber er fühlte sich nicht mehr als der Ritter, der er vor Jahren gewesen. Er trat in die festlich hellen Räume mit einem ähnlichen Wunsch wie seine Cousine und Gastgeberin: daß sie dazu gut sein möchten, die Traurigkeit des Herzens für ein paar Stunden zu vergessen. Er begrüßte Luzie und Alfons, er wurde einigen ihm fremden Menschen vorgestellt, darunter war ein dicker, als Torero gekleideter Mann, der mit roter Schärpe und hohen weichen Stiefeln recht lächerlich aussah. Jakob wanderte dann durch die bunte Menge und ertappte sich alsbald auf der — so beschimpfte er sich selber— „wahnsinnigen, lachhaften, mondkälbischen Beschäftigung," den Masken ins Gesicht zu sehen mit der Erwartung, eine von ihnen könnte Sybil Norton sein, die ein zaubergewaltiger Geist, ein fliegender Wunderteppich aus Paris oder von der Farm in Kent ausgerechnet hier in Luziens Wohnung hergetragen hätte, um sie mit Jakob einen Slow Fox tanzen zu lassen. Weil er solchen Wahngesichten gründlich abhelfen wollte, drängte er sich durch bis in das kleine, letzte der vier Zimmer, wo das Buffet eingerichtet war. Er aß etwas, hielt sich aber hauptsächlich an das Ausprobieren der verschiedenen, ausgezeichneten Schnäpse. Hier fand ihn Barbara Wieland, die ihn nach der Faschingssitte mit Du begrüßte — „bist du also doch gekommen?" sagte sie — und da er aufblickte, stand sie vor ihm in dem Kostüm einer Colombine: ein Battistblüschen mit Halbärmeln, ein schwarz-weiß gestreifter Seidenrock, die weißbestrumpften Füße in Holzschuhen; auf ihrem Kopf saß ein Battisthäubchen, durch das Barbaras schönes rotes Haar leuchtete. Sie war auch etwas puppenhaft rot-weiß geschminkt ... und das absichtsvoll Unbeholfene dieser ganzen Aufmachung diente sehr dazu, ihren kecken und dabei verschleierten Reiz hervorzuheben. Er mußte ihr zugestehen, daß sie sehr hübsch aussah.

„‚Sehr hübsch‘ ist so ziemlich das Allerwenigste," lachte Barbara, „was ein Herr einer Dame über ihr Kostüm sagen kann!"

Jakob reichte ihr ein Likörglas, das er für sie gefüllt hatte, und trank ihr dann zu: „Du bist eine edle Dame, die als Colombine verkleidet ist, und ich ein Hanswurst, der als Ritter verkleidet ist. Wir passen also gut und werden uns wechselseitig ergänzen."

„Wir wollen einen Versuch machen."

Sie trank, und sah ihn an mit diesen wohlbekannten Augen, — es war Sybils Blick in diesen Augen, die ihm darum Widerspruch und Lockung in einem bedeuteten. Dann fingen sie an zu tanzen.

Indem sie durch die Zimmer dahinglitten, bemerkte Jakob das Ehepaar Tilman, das miteinander tanzte, und nickte höflich hinüber. Barbara beobachtete ihn dabei:

„Kennst du die?"

„O ja," sagte Jakob.

Sie kamen bei dem Torero vorbei und Barbara bemerkte über ihn: „Das ist ein großes Tier in der Partei. Ich hab Luzie schon gesagt, daß der heute abend noch über deine Schulgeschichte informiert werden und dir dann helfen muß."

„Ach! du bist besorgt für mich?" sagte Jakob und versuchte den leichten, zu nichts verpflichtenden Ton zwischen ihnen festzuhalten. Sie antwortete:
„Weil ich dich gern hab."
— Er liebte Barbara nicht, aber er gab ihrer Hand, an der er sie führte, auf diese Worte hin den zärtlichen Druck, den sie von der seinen erwartete. Er liebte Barbara nicht, aber es verlangte ihn nach ihrem Blick, nach ihrem Mund, nach diesem an ihn gedrängten Körper — und was ihn davor warnte, eine Stimme der Scham und der Ehrfurcht, drang nicht bis an ihn heran, weil er es nicht an sich heranlassen wollte. Er wollte die Sehnsucht lossein, die eine Krankheit war und einen Narren aus ihm machte, er wollte endlich einmal nicht mehr nur als Zaungast des Lebens gedeckte Tische sehn, wollte einmal von dessen leibhaftiger Frucht genießen. Er war nicht betrunken, der Geist von den mancherlei Schnäpsen verflog ihm schnell; Barbaras Nähe legte eine sonderbare Nüchternheit um seine Stirn. Aber in der Nüchternheit wußte er, und wußten sie beide, wußten es an dem Blick und an dem flüchtigen, erkennenden Lächeln, das sie sich gaben, daß sie eines dem andern diese Nacht versprochen hatten.

Das Fest zog sich noch hin. Jakob begrüßte die Tilmans, die freundlich von ihm forderten, daß er sie wieder einmal aufsuche. Und er sah Luzie mit ihrem weißgoldenen Martinian tanzen, dessen ernsthaftes junges Gesicht ihm gefiel, und sah Alfons Hörsch einem jeden das gastliche Wort und die gastliche Fürsorge bieten. Die Musikkapelle war eine der berühmtesten in der Stadt, der Boden glatt und gut zum Tanzen, es wurden von den Lohndienern die köstlichsten Erfrischungen herumgereicht, und jedermann schien fröhlich. Doch es war nicht wie in einem Haus, dessen eigene Weise die Menschen gastlich verbindet, es war wie in der Fremdheit eines Hotels, wo man einander zufällig begegnet. Und so auch war es, wenn Jakob, ohne besonders nach ihr zu suchen, wieder mit Barbara zusammentraf und mit ihr tanzte: fremd waren sie sich und in keiner Verantwortlichkeit für ihr Wort und ihr Tun; aber dies eben nahm jede Schranke zwischen ihnen hinweg. Sie tanzten und sahen, daß es im Saal schon leerer geworden war, diese und jene schon heimgegangen waren, er fragte sie: „Möchtest du auch heim?" Aber sie drängte sich an ihn und lächelte und schüttelte den Kopf. Und es wurde spät noch Kaffee gebracht und Jakob wurde von Barbara und Luzie zu dem Torero geholt, der, in weinseliger Stimmung, alles zusagte, was die zwei Damen von ihm verlangten. Es gab noch einen Tanz, und noch einen.

Endlich gegen Morgen half Jakob Barbara in ihren Mantel

und ging mit ihr aus der Wohnung; Luziens Mädchen Hedwig stand bei der Tür, mit vor Müdigkeit geschwollenen Augenlidern, aber sie lächelte den Beiden zu, und Jakob, der ihr ein Geldstück gab, ließ auch das Beschämende dieses Lächelns nicht an sich herandringen. Er und Barbara gingen die Treppe hinunter und aus dem Haus, — Barbara sagte: „Ich habe gar keinen weiten Heimweg." Er führte sie am Arm, in der leeren Fahrstraße, deren Mitte von Schnee frei war. Barbaras Holzschuhe klappten, sonst war kein Laut in der Straße. Sie bogen in eine andere Straße ein und stiegen über einen hartgefrorenen Schneehaufen, um auf den Gehsteig zu kommen. Barbara sperrte ihre Haustür auf, und über die schmale, eiserne Schwelle hinweg reichte sie ihm die Hand und sagte, mit einer helleren Stimme als sonst:

„Also dann: gute Nacht, Jakob!"

Aber er hielt ihre Hand fest.

Und die schwere Haustür fiel hinter ihnen ins Schloß, kein Licht mehr kam von der Straße zu ihnen, und er hörte Barbara sagen: „Laß," als er den Schalter drücken wollte, um Licht in dem Gang zu machen. Sie hatte recht damit.

Ganz im Dunkeln, ohne einander sehen zu können, stiegen sie zu Barbaras Wohnung hinauf.

Außer einem Lächeln, das dem der Hedwig glich, gab Luzie am andern Tag, als sie bei einem späten Frühstück zusammensaßen, dem Vetter nichts von ihren Gedanken kund, und auch sonst verlor niemand ein Wort darüber, ob es bemerkt worden war, daß Jakob sein Nachtlager in diesem Hause unbenützt gelassen. Man kann etwas Ungutes tun, und es ist als wäre es nicht, dachte er bei sich selbst... und diese gewiß nicht ungewöhnliche Entdeckung, statt ihm Zuversicht zu geben, stimmte ihn von neuem herab, nachdem er gerade erst bei dem kurzen Gang durch die Straßen sich selber zugeredet und die Meinung zu fassen gesucht hatte, er sei ein recht tüchtiger Mann. Luzie war auch in melancholischer Stimmung; denn der junge Martinian hatte nach einem letzten langen gemeinsamen Tanz mit ihr plötzlich ihr Fest ohne Abschied verlassen, und heute lag ein Brief von ihm im Briefkasten, worin er mitteilte, er habe sich entschlossen, eine Gastverpflichtung an die Bühne in Darmstadt anzunehmen, er werde sich abends erlauben, noch einmal vorzusprechen und sich von Herrn und Frau Hörsch zu verabschieden. — So hatten Vetter und Cousine, ein jedes auf seine Art, ein etwas katzenjämmerliches Morgenmahl miteinander.

Jakob blieb einige Tage in München, in Erwartung einer Nachricht, die aus dem Kultusministerium für ihn kommen sollte. Er ging aber weder zu den Eltern Fehrenkamp, noch zu Quint und Natalie. Eine Unruhe war in ihm und ein Verlangen, mit sich allein zu sein. Auch seiner neuen Freundin Barbara gelang es nur auf Stunden, ihn aus sich selber, wie sie sagte, herauszuholen und einen umgänglichen Menschen aus ihm zu machen; welches die Gedanken waren, die er in sich bewegte, sagte er nicht, er hätte sie noch kaum zu nennen vermocht. Luzie, auf eine Nachfrage, erhielt vom Ministerium die Auskunft, es werde mit Jakobs Angelegenheit noch eine Weile dauern und er sollte nicht von sich aus dorthin kommen, sondern warten, bis man ihn riefe. Da nahm er von der Cousine einen raschen Abschied und fuhr nach Grünschwaig zurück. An Barbara bat er sie, Grüße zu sagen, er werde ihr schreiben.

Luzie und Barbara unterhielten sich lachend, aber etwas gekränkten Herzens über die Männer, von denen der eine plötzlich nach Darmstadt verzog und bloß mehr zu einem offiziellen Abschiedsbesuch ins Haus kam, der andere gar nur einen Gruß hinterließ und wie ein Rauch entschwunden war.

„Kränk dich nur nicht," tröstete Luzie. „Ich bin viel schlechter dran als du. Der Martinian ist so schrecklich anständig. Und überhaupt, so ein Fest — man freut sich so lang darauf, und im Nu ist es vorbei. Aber der Jakob muß ja bald aufs Ministerium, wir werden seine Sache dort betreiben. Und auch ohne das — der kommt schon wieder. Du hast ihm mächtig den Kopf verdreht, das war ihm deutlich anzumerken."

Barbara fragte unsicher: „Hab ich das? Man weiß nie, was die Jungens im Kopf haben."

Sie seufzte ein wenig, und Luzie sagte:

„Wenn man das immer genau wüßte, dann wär's vielleicht langweilig."

7

Es ist ein anderes, trüben und schlechten Gedanken, oder einer trüben und schlechten Tat in seinem Leben Raum gelassen zu haben. Wie aber die Menschendinge sich von hoch her und rätselhaft fügen, so kann das Schlimmere für die Seele das Bessere sein; denn indem das aus uns kommende Trübe in einer Tat Gestalt gewinnt, sind wir zu einer inständigeren Anstrengung, es zu besiegen, herausgefordert.

Wohl hatte Jakob, wie es der Christ in seiner Selbsterforschung sich vorwirft, auch sonst schon „vieles getan, was er hätte unterlassen sollen, und vieles unterlassen, was er hätte tun sollen". Doch eines schweren, in ein fremdes Leben hineingreifenden Unrechts war er sich bis zu dem hin, was er an Barbara getan hatte, nicht bewußt. Er ließ es freilich nicht fehlen an dem Versuch, sich bei sich selber darüber lustig zu machen, daß was alle Tage und Nächte zwischen allen Menschen geschah, ein „schweres Unrecht" sein sollte. Aber sein Gewissen ging über dieses Täuschungsmanöver hinweg. Es zwang ihn, zu sehen: das war sein Unrecht nicht, daß er Barbara geliebt und sie sich zu eigen genommen. Sondern das war sein Unrecht, daß er sie genommen und nicht wirklich geliebt hatte. Daß er eine Andere im Sinn trug, die das Leben ihm versagte, und daß er den Schmerz dieser Sehnsucht nach der Anderen nicht ausdulden wollte, bis er ihm Frucht trug — er griff nach dem Nächsten, dem Zerstreuenden und Ungefähren, und Barbara, die ihm mit einem eigenen Recht und Wesen in den Weg kam, wurde von ihm mißbraucht als ein Mittel, um Sybil zu vergessen, — als ein Mittel, um seiner freudlosen Stimmung, die mancherlei Ursachen hatte, loszuwerden! Das innigste Menschen-Tun, worin alle Zartheit und alle Gewalt der Liebe ist und das uns gegeben wurde, damit die Seele, die aus sich heraus in die andere hinüber will, nicht ohne ein körperliches Sinnbild ihres Verlangens bleiben müsse: das hatte er zu einem Spiel gemacht und die Gefährtin wie sich selbst damit entwürdigt.

Er ging durch das Feuer einer tiefen Scham, die ihn brannte, als müßte alles, was er gewesen und sich je selber zugetraut, auch woran er geglaubt und woran er sich aufgerichtet hatte, zu einer einzigen Asche werden. Wenn es wahr ist, daß es ein Fegfeuer gibt und daß es einem Menschen gegeben sein kann, einen Hauch von dessen Brand schon in diesem irdischen Leben zu erproben: so erfuhr es Jakob. — Er war seit einiger Zeit, nach der Entfremdung seiner Jünglingsjahre, mit dem Christentum durch die erneute Lektüre der Evangelien wieder näher bekannt geworden. Auf Befragen hätte er sich einen Christen genannt und hätte diesen Namen auch in einer Gefahr, die ihm davon kommen könnte, nicht verleugnet. Und geblieben war ihm ein Rest von dem kirchlichen Brauch. Aber das war ihm mehr ein Brauch, als ein Glaube. Erhob sich die Gestalt Jesu herrschend vor seiner Seele, so waren doch neben Jesus noch immer viele Götter gewesen in seinem Himmel. Eine Gottheit war ihm das Vaterland, ihr hätte er sich noch bis vor kurzem ohne jeden Beding und Vorbehalt verschrieben; und wenn er jüngst in des Vaterlandes Namen Unrecht geschehen sah, so war das eine noch unbewältigte Not, die ihm doch das Hohe der Idee nicht angerührt hatte. Eine Gottheit hatte sein Herz noch jedes Jahr mit stummem Schauder gefühlt, wenn in der Erde und in den Wassern und an dem Himmel der Frühling aufbrach oder sonst die Natur mit einer mächtigen Offenbarung ihn andrang; auch wenn er seiner Empfindung den heidnischen Namen nicht gab, war sie doch in der Wirklichkeit so, daß sie, wie jene andere, die Macht gewinnen konnte, ihn ganz zu beherrschen. Und er hätte noch manches in der gleichen Art nennen müssen. Ja, es hatten für seinen Sinn die Kaiser und Helden der frühen und frühesten Zeit, die der Deutschen und die von den griechischen Ufern, einen Glanz gehabt wie von Götterbildern. — Aber jetzt in seiner Scham und Erniedrigung war es, als hätten sich alle von ihm weggewendet, es schien keiner von ihnen als ein Bruder oder Vater zu ihm zu treten.

Man kann darüber streiten, was Sünde ist. Aber der Streit berührt nicht die Erfahrung, die das Herz von ihr hat. Wo es sie hat, da verfängt kein menschlicher Trost und kann auch nicht verfangen, da er die Sünde, die ja Sonderung von Gott bedeutet, nicht überwinden kann. Trost aber, der verfängt, kommt von Ihm, der sagte: „Ich bin bei euch alle Tage bis an der Welt Ende." Als Jakob diese Tröstung hörte, da kam sie nicht von irgendher zu ihm, er wurde nur jetzt inne, daß sie die ganze Zeit dagewesen war. Wahrhaftig, der so tröstete, war nicht einen Augenblick von seiner Seite gewichen. Er war da, alle Tage, Jakobs Unzulänglichkeit und Schande hatten ihn nicht vertreiben können. Und wie sollten auch Schatten Den vertreiben, der selbst leuchtet? Wo die Leuchtung ist, da ist schon kein Schatten mehr. Die Leuchtung ist das Gericht; es kann nichts davor verborgen sein. Aber indem die Finsternis das Licht zu begreifen anfängt, will sie auch schon nichts mehr verbergen, sie hat sich ihm anvertraut und gehört ihm zu.

Daß es das gibt, kann niemand wissen, bis er es erfährt. Und nur von Erfahrung zu Erfahrung kann Zeugnis in stammelnden Worten gegeben werden; es ist dem Menschen nichts, dem nicht die eigene Verlorenheit schon so tief bewußt wurde, daß seine ganze Seele aushorcht nach Kunde von denen, die versöhnt worden sind.

Versöhnung ist möglich. Versöhnung geschieht jeden Tag.

Und daß sie die verlorenen Dinge zurückgibt. Daß der Stern und der Wald und das Grün des jungen Jahres wieder Glück bedeuten; und in seiner Irrung und Knechtschaft das liebe Vaterland. Und die Erinnerung der Heldenbilder; umso schöner werden sie dem Herzen, je mehr sie Dienende gewesen sind, die wußten, daß ihr Glanz nicht aus ihnen selber kam.

— Jakob konnte nicht versuchen, das alles Barbara Wieland in einem Brief mitzuteilen. Er schrieb ihr nur, so aufrichtig und schonend, als er vermochte, was er als seine Schuld an ihr erkannte; und schrieb, er hoffte sie bald in München zu sehen, und daß es ihm dann gelänge, ihr alles, das Schmerzliche und das Andere, richtig zu sagen, und daß sie nicht im Zorn voneinander müßten.

Er bekam von ihr keine Antwort.

Auch von dem Ministerium kam keine Nachricht zu ihm. Aber Hanna und Jakob mußten zu Anfang März in die Stadt, weil Alexander Fehrenkamp gestorben war und sie ihm das Geleite zum Friedhof geben wollten.

Elisabeth hatte seit Monaten um das Leben ihres Mannes gekämpft. Es war eine Zeit, wo sie und die Pflegerin die Nächte ganz bei dem Kranken durchwachen mußten, sie lösten einander ab, auch die alte Köchin übernahm dann und wann eine Nachtwache; sie versäumten nichts, was zur Erleichterung des Kranken und zur Bekämpfung des immer wechselnden Grippefiebers geschehen konnte. Es war die wichtigste Sorge, daß er nicht zu lang im Bett liegen müßte, damit eine Entzündung der Lunge vermieden würde; und Elisabeth hatte ihn schon wieder so weit, daß er tagsüber im Stuhl aufsitzen konnte, daß ein Brötchen ihm schmeckte und der dunkle Malagawein, von dem er ganz entzückt behauptete, im nordischen Nebelwinter habe man in so einem Glas die Kraft der südlichen Sonne beisammen und müsse dankbar sein, sie schluckweise in sich hineinschlürfen zu können. „Wenn es überhaupt möglich ist, dann machen Du und Das da mich noch einmal gesund," sagte er lächelnd zu seiner Frau. Aber es kam dann doch das Fieber zurück, und eines Nachts, nachdem sie am Abend länger und dringender als sonst um das Leben Alexanders gebetet hatte, träumte sie, daß sie unter einer Tür einer dunklen Engelsgestalt gegenüberstand, die milde zu ihr sagte: „Es ist gut; aber jetzt mußt du mich vorüberlassen." Sie erschrak über den Traum, denn sie hatte bis dahin noch keinen Tag geglaubt, daß es der Tod über ihren liebenden Willen gewinnen könnte. Von nun an begann sich ihr Herz darein zu fügen. Es war nicht lang danach, gegen Morgen nach einer schweren, von Atemnot und Schmerzen erfüllten Nacht, daß der Kranke, in ihren Armen gestützt, leise Abschiedsworte zu ihr sagte, und immer noch ein wenig, und endlich nicht mehr zu atmen vermochte. Sie hatten beide noch den Tag zuvor gemeinsam das Abendmahl empfangen.

Bei dem Begräbnis waren außer den Münchner Angehörigen und Verwandten, außer Lisa und Karl Diepold, die von Augsburg, und Jakob und seiner Mutter, die von Grünschwaig herüberkamen, auch Ellen und ihr Vater anwesend. Ellen hatte eine Reise zu ihren Eltern, die sie schon vorhatte, bei der Nachricht von Onkel Fehrenkamps Tode sogleich angetreten, „um bei der traurigen Gelegenheit doch wieder einmal etwas von der Familie zu sehen," und Richard richtete sich ein, in München auch dabeizusein und dann mit seinem Kind zusammen nach Berlin zurückzureisen. Sie wurden beide von Hanna nach Grünschwaig eingeladen und nahmen es an, für drei Tage.

Jakob fuhr nach der Feier auf dem Nordfriedhof gleich zu Barbara und traf sie, als sie eben, im Frühjahrshut und Mantel, ausgehen wollte. Sie sagte: „Ach! Guten Tag, Jakob. Ich habe nicht viel Zeit, es erwartet mich jemand. Immerhin, komm einen Moment ins Zimmer; wir werden ja nicht lang zu verhandeln haben."

Er bat sie, ihn anzuhören, und auf ihr kurzes Nicken, sie hatte sich auf den Rand eines Stuhles niedergelassen, fing er an, nach Worten zu suchen, die sein beschämtes Gefühl vor ihr bekennen sollten — aber ihrem abweisenden Gesicht gegenüber zerrannen sie ihm ungesagt, er setzte nur an, und mußte wieder verstummen.

Sie ließ ihn mehrere Augenblicke in dieser wortlosen Verlegenheit, dann sagte sie: „In deinem vortrefflichen Brief hast du dich angeklagt, mich als ‚Mittel' mißbraucht zu haben. Aber jetzt hast du mich zu einem Mittel deiner frommen Bekehrung gemacht, und das scheint mir durchaus nicht besser."

Es schmerzte ihn sehr, sie so reden zu hören. Gott benützt keine Seele als Mittel! wollte er ihr zurufen, wir sind mit unserm ganzen Leben, ob wir davon wissen oder nicht, seinem Willen eingeordnet... aber wiederum empfand er, daß die in ihm so hell gewordene Einsicht sich nicht sagen ließ, auch in seinem Brief hätte er nichts davon anrühren sollen. Es gibt Erkenntnisse, die wir dem Menschen, den wir verletzt haben, nicht mitteilen können, wir verletzen nur tiefer, indem wir das tun. Und begangene Schuld wird nicht durch Aussprechen gelöscht, sie muß getragen, in unserm Leben muß sie bestanden werden.

Und so sagte er nur: „Du kannst mir nie so wehtun, Barbara, daß ich nicht immer noch vor dir im Unrecht bleibe."

Ihr Auge, auf ihm ruhend, schien noch etwas zu erwarten, sie mußte es wohl spüren, daß ihr Zauber auch jetzt nicht ohne Macht über ihn war, es kam ihm vor, als ob sie diese Macht und das, was entgegenstand, abschätzen wollte. Und dann tat sie

Verzicht, mit einem Zucken der vollen Lippen, das Spott bedeuten sollte, aber ihrem Mund einen wehen Ausdruck gab.

„Lebwohl, Jakob," sagte sie.

Er küßte ihre Hand; er wartete, ob sie auch hinausgehen würde, wie sie es vorgehabt. Und er ließ sie dann, in dem Frühjahrshut und Mantel, allein auf dem Stuhl in ihrem Zimmer.

Hanna mit Richard und Ellen fuhren den Abend noch nach Grünschwaig, Jakob aber blieb bei Luzie und Alfons über Nacht, um am nächsten Tag auf dem Ministerium seiner eingeschlafenen Sache nachzufragen. Nach längerem Warten empfing ihn dort ein Herr in Zivil, mit einem ebenso zivilen kleinen Parteiabzeichen am linken Rockaufschlag. Er schien auf weltmännische Formen Wert zu legen, die Hand erhob er nur lässig zum deutschen Gruß, wie um zu zeigen, daß er das als eine Äußerlichkeit betrachte. Er hatte einen schmalen und gut gebauten Kopf. Er sagte, in Papieren blätternd, zu Jakob, nachdem er ihn unauffällig mit einem prüfenden Blick überflogen: der Parteigenosse Motz (das war der „Torero") habe ihm von „dieser lächerlichen Angelegenheit" schon gesprochen, die man „natürlich" aus der Welt schaffen müsse, umso mehr, als Jakob ja als Lehrer sehr gut bewährt sei, wie aus einer hier vorliegenden Zuschrift des Obersbrunner Direktors hervorgehe. Mit einem verbindlichen Lächeln: „Normalerweise ist die Geschichte nicht ganz einfach, mein lieber Dr. Degener, wenn einmal solche Dinge in einem Akt stehen, wie man sie hier gegen Sie vorbringt. Aber ich weiß den richtigen Ausweg für Sie. Es werden für unsre neuen nationalpolitischen Erziehungsanstalten immer noch Lehrkräfte gesucht. Wenn ich Sie für eine solche Anstalt empfehle, nimmt man Sie, ohne im geringsten nach Ihren Papieren zu fragen." Er fügte wie nebenher in dem gleichen verbindlichen Ton hinzu: „Es ist klar, daß für die dort beschäftigten Lehrer die Richtlinien der Partei absolut maßgebend sind. Insbesondere kann ich Ihnen im Vertrauen sagen, daß mit dem Christentum heute, im wörtlichen Sinne, kein Staat mehr zu machen ist." Er konnte ein Lächeln der Befriedigung über seinen gelungenen Wortwitz nicht ganz unterdrücken.

„Dann kommt die Stelle für mich nicht in Frage," sagte Jakob. Er mußte sich selber wundern, wie einfach diese Entscheidung war, obwohl er doch über ihre Folgen keinen Zweifel haben konnte.

Er dachte, es würde jetzt einen Disput geben, der weltmännische Herr aber sagte nur: „Ah so," und entließ ihn, ohne mehr das geringste Interesse an Jakob zu bekunden.

— Es war ein so verheißendes märzliches Licht auf dem Grünschwaiger Land! Gegen Norden hinaus an den Waldrändern noch Schnee, und die ersten Leberblümchen und gelben hängenden Kätzchen; und verstecktes Veilchenblau. Die Buchenknospen haben ein Braun, dem Braun ihres Herbstlaubes ähnlich. Wenn der Wasserlauf, der darunter hingeht und den die Sonne noch beinah ungehindert treffen kann, weithinaus einen Schein wirft, so ist es wie eine Verkündigung noch verhaltener Freude. Richard Degener war lange nicht hier gewesen, er genoß es nun dankbar: den Morgen, den Abend, am Mittag die schon sonnenwarme Hauswand, und die Wege mit Ellen. Diese wurde auch von Frühlingswanderlust gepackt und erzählte dem Vater und den Grünschwaigern: sie würde demnächst, endlich! das Autofahren erlernen und einen eigenen Wagen haben; denn der Mensch könne nicht immer an einem Fleck stillsitzen. Und dann käme sie von Wien nach Grünschwaig, und womöglich bis hinauf nach Berlin gefahren. Über Kaspars große Bibliothek staunte sie: sie habe sich gar nicht mehr erinnert, daß hier so viel Bücher seien. Als Richard auf einem stillen Waldgang die Tochter vorsichtig befragte, ob sie sich glücklich fühle in Wien, bekam er unsichere Auskunft. „Ja, ja," sagte sie – und Richard nach einer Weile: „Kind, es ist schon Glücks genug im Leben, wenn nur das Unglück ausbleibt."

So still waren die Tage, daß sie es unwillkürlich alle vermieden, von einer politischen Sorge zu sprechen, obwohl die Unruhen in Prag und im böhmischen Land und die heftige Sprache der Zeitungen Anlaß genug dazu gegeben hätten. Richard erkundigte sich teilnehmend nach Frank, und über Jakobs Schulaffäre, die er sich im Einzelnen erzählen ließ, meinte er, freilich in keinem ganz überzeugten Tone: das werde sich schon finden und wieder einrenken.

Eine Woche, nachdem Richard und Ellen abgereist waren, geschah Hitlers Einmarsch in Böhmen, durch den die Vereinbarungen der Münchner Konferenz gebrochen und, was noch mehr bedeutete, deren Rechtsgrund verlassen war. Denn da wurde nicht mehr einem deutschen Stamm die Heimkehr gewonnen – daß es ihm darum nicht ging, hatte Hitler schon durch seinen Verzicht auf das deutsche Südtirol gezeigt – es wurde vielmehr ein fremdes Volksgebiet betreten und ihm Gewalt getan. Ein neuer politischer Zustand war damit eingeleitet, die Fronten des kommenden Kampfes zeichneten sich ab.

Und als der Sommer über dem Land emporwuchs, da marschierten auf staubigen Straßen und in den Wäldern des Ostens schon Truppen, hüben wie drüben, hinter den Grenzen auf.

ZEHNTES BUCH

1

Für einen kurzen Besuch war Delia du Faur nach Polen gefahren, und dann wurden es beinah zwei Jahre, die sie dort zubrachte. Ihre Gastgeber, Graf Potocki*) und seine Frau, hatten auf ihrem Gut Varda das junge Mädchen wie eine Tochter aufgenommen und waren überzeugt, daß sie eines Tages einen polnischen Edelmann heiraten und für immer im Land bleiben würde. Denn es hatte schon in den ersten Wochen ihres polnischen Aufenthalts ein Gutsnachbar namens Koroschinski, ein blonder, schöner junger Mensch, der mit Potockis im Verkehr stand, Interesse für Delia gezeigt. Aber damals war ihr das als eine Undenkbarkeit erschienen; sie trug ja die Erinnerung an Paul Horny als eine schmerzende Wunde mit sich herum, und ohne daß sie je vor andern eine Betrübnis gezeigt oder gar ein auch nur andeutendes Wort darüber verloren hätte, war das doch dem werbenden Nachbarn so fühlbar gewesen, daß er seine Absichten in sich verschwieg und seine Besuche einstellte; man hörte nachher von ihm, daß er ins Ausland verreist sei. Delia aber erlebte, daß die unmerklich rinnende Zeit jedes Gefühl zu sänftigen, jede Farbe zu dämpfen vermag. Ihr Zurückdenken an Horny war allmählich ruhig geworden. Sie wußte nichts mehr von ihm. Und seit die Erinnerung in ihr untersank (sie ging nicht verloren, aber sie hatte aufgehört, ihr Gemüt allein zu beherrschen), da hätte sie vielleicht dem Umgang des jungen Koroschinski nicht mehr jene Gemütsabwesenheit – bei äußerer Höflichkeit – entgegengesetzt, die ihn anfangs so gekränkt hatte. Jedoch er kam nicht mehr.

Delia sprach zu den Potockis immer wieder von Abreise, von Heimkehr nach Österreich – und immer wieder wußte der Graf es zu hintertreiben. Für eine Zeitlang mußte sie in die Gegend von Grodno auf den Besitz seiner ältesten, verheirateten Tochter Marina, die angeblich Delia dringend nötig hatte; sie sollte ihr in ländlicher Einsamkeit Gesellschaft leisten und ihre zwei Buben beaufsichtigen. Es stellte sich dann heraus, daß für die zwei Buben

*) Aussprache: Potozki.

schon eine Erzieherin und ein Hauslehrer da waren; das hinderte nicht, daß Delia in Marinas Haus zwei volle Monate des Sommers 1938 verbrachte. Es konnte dort zwar nicht die ganze Familie Deutsch, wie in Varda, wo noch die Überlieferung aus der Habsburger Zeit her lebte. Aber Delia half sich auf Französisch. — In einer Kirche Grodnos erlebte sie einen Pfingstgottesdienst mit, dessen gemessene ernste Feierlichkeit für Delias Gefühl etwas Byzantinisches hatte, und ihr besonders durch die Schönheit der Knabenstimmen im Chor unvergeßlich blieb. Dann wieder wollte Potocki sie zu den großen Jagden in Varda haben: war man einmal in Polen, so durfte man das auf keinen Fall versäumen. Sich zu Pferde zu bewegen, wie alle Welt es dort tat, war Delia nach einer kurzen Zeit selbstverständlich geworden, sie ritt gut und mit Freude, und wie die zweite Tochter des Hauses, die um fünf Jahre jünger als Delia, und wie der Sohn, der erst siebzehnjährig war, hatte sie ihr eigenes Reittier, ein zottiges, zähes kleines Panjepferdchen zur Verfügung, auf dem sie den Grafen auf seinen Feldritten oder bei Besuchen in der Nachbarschaft begleitete.

So lebte Delia das Leben auf diesem schönen polnischen Gutshofe mit, ein nicht immer planmäßiges, aber ein freies, herrliches Leben. Von Geldsorgen wurde nicht gesprochen, daß es sie gab, spürte man hier und da, Potockis schienen sich zu schämen, wenn sie sie nicht ganz geheimhalten konnten, und erledigt wurden sie gewöhnlich durch einen großen Kahlschlag in den Waldungen, die das Gut Varda noch immer rings umschlossen; im Frühjahr leuchtete das durchaus nicht hergehörige Grün des Strauchwerks und Unkrauts auf diesen Kahlschlägen, die rechtzeitig wieder aufzuforsten versäumt worden war, weil das Geld nicht gereicht hatte. Zugleich aber wurde so wohltuend unbetont und herzlich, wie vielleicht nur eine im Verlauf von Jahrhunderten schon zur Natur gewordene Gewohnheit es möglich macht, die großzügigste Gastlichkeit geübt. Fernwohnende Freunde und Verwandte kamen mit Sack und Pack eines Abends auf den Hof geritten und blieben für Monate, ohne jemals gefragt zu werden, wann sie wieder zu reisen dächten. Große Feste wurden abgehalten, bei denen die Tische, die eigentlich nichts als lange, auf Holzbeine gestellte Bretter waren, auf der Wiese hinterm Gutshaus unter Bäumen standen. Nicht nur Dorf und Nachbarschaft, der ganze Landkreis kam zu solchen Potockischen Festen zusammen. Es wurde getrunken und getanzt, die Nacht hindurch bis zum frühen Aufgang der Sonne, und dann in der Morgenkühle, wenn sich der Tau auf das Gras gelegt und vom Wald herüber die ersten Vogelstimmen sich erhoben hatten, noch einmal ein verschwenderisches Frühstücksmahl für hundert Gäste aufgetragen; und auch die Reit- und Wagenpferde dieser Gäste hatten in Varda nicht Hunger leiden müssen. Dafür aber war, was der Russenkrieg von 1920 an der Einrichtung, den Möbeln des Hauses zerstört hatte, nie wirklich ersetzt worden, die meisten Zimmer waren nur mit Lattenschränken und schlechtem, hölzernem Gestühl ausgestattet; kaum noch ein schöner alter Ofen, kaum eine kostbare Kommode fand sich in dem weitläufigen Gutshaus. Nicht im Besitz von Dingen, im Besitz des frohen, sorglosen Augenblicks wurde hier der Wert des Lebens gesehen.

Delia gab es schließlich auf, sich Gedanken darüber zu machen, ob sie durch ihren immer wieder verlängerten Aufenthalt ihren Gastgebern zur Last würde, da jeder im Haus ihr sagte und sie es auch spürte, wie gern man sie da hatte, und da sie selbst eine kindliche und geschwisterliche Neigung für die Familie faßte. Potocki wurde nicht müde, ihr von ihrem Vater als einem Schul- und Studienkameraden zu erzählen. „Ein Freund und ein Mensch" sei er gewesen und „eigentlich ein Künstler; aber er hat das gar nicht von sich gewußt". Österreich überhaupt, die alte Monarchie, sei ein gutes Land gewesen, besser als das zaristische Rußland, besser als alle Staaten jetzt. „Eigentlich als Pole dürfte ich das gar nicht sagen. Ich sag es nur zu dir, Cordelia, und du mußt es ein wenig geheimhalten, ja? Es ist ein kleines Geheimnis zwischen uns. Es ist aber wahr. Und es ist nicht, weil wir Polen so ausnahmsweise schlecht sind, nein, wir sind vielleicht noch ein wenig besser als die andern," meinte Potocki, indem er mit einem besonderen, ihm eigenen Ausdruck, von Wohlwollen und Traurigkeit zugleich, mehr in den schwerfaltigen Augenwinkeln als mit dem Munde lächelte. „Aber es ist so, daß je mehr die Zeit vergeht, die Menschen und die Staaten und die Politik immer schlechter werden. Ich habe noch den alten Kaiser Franz Joseph die Parade abnehmen sehen. Ehrlich gesagt, er war ja ein Pedant, das war er, mit einem Kanzlistenfleiß, seine ganze Regierungskunst ist in den Papieren erstickt, das hat der Eugen, dein Vater, auch immer gesagt. Aber wenn er erschienen ist, und die Tausende haben auf ihn geschaut — er hat ja viel erlitten in seinem Leben und in seiner Familie, der Arme, und es war eines guten, edlen Mannes Gesicht, das er hatte, das muß man ihm lassen — wenn er erschienen ist, dann war noch der Nachglanz einer heiligen, tausendjährigen Krone über seinem Kopf, und das war eine Krone, unter der die vielen verschiedenen Völker haben leben und sich zugehörig fühlen und dabei frei und eigen sein können. Das gibt es jetzt nirgends mehr. Aber so war das noch mit deinem alten Kaiser, den du schon nicht mehr gekannt hast, Cordelia" — Potocki sagte immer Cordelia, nicht Delia; gewissermaßen, um mit der Zärtlichkeit, die er für die Tochter seines verstorbenen Freundes hatte, auch eine Distanz und Achtung für sie zum Ausdruck zu bringen.

Nachdem im März 1938 Hitler den Anschluß Österreichs durchgesetzt hatte, bemerkte Potocki im halben Scherz zu Delia: sie könne jetzt nicht mehr heimkehren, sondern müsse für immer in Polen bleiben. Denn ihr Land sei ja von der Landkarte verschwunden. Es mißfiel ihm aber nicht, daß sie dagegen sagte: „Wenn Österreich jetzt beim ganzen Deutschland ist, wird es vielleicht wieder Herr darin werden, wie es früher immer war. Und wenn es das auch nicht wird, so ist doch die Heimat immer die Heimat."

So sprach sie, und meinte es auch so. Und doch tauchte während des zweiten Winters, den sie in Polen verlebte, manchmal der Gedanke in ihr auf: warum von hier wieder fortgehen? Sie hatte keine Eltern mehr, die zu Haus auf sie warteten. Und weder in Voggenbruck noch bei Clemens und Ellen in Wien konnte sie auf die Dauer zu Gast leben wollen. Das wäre nichts, nein. Eine Arbeit müßte sie sich doch suchen. Aber das würde eine Arbeit in einem Büro, einer Bücherei, in Staub und engen Wänden sein; hier hatte sie Weite und Freiheit gekostet. Und so sehr ihre Art durch geistiges Erleben bestimmt wurde, sie hatte doch von den du Faurs und Hansteins früherer Jahrhunderte, unter denen viele Siedler und große Landherren gewesen waren, einen Sinn für solche Aufgaben geerbt. Das wurde ihr eines Februarnachmittags in Varda bewußt, als sie, nur in Begleitung des großen gutmütigen Hofhundes, auf ihrem Pferdchen durch das Birkenholz trabte; die Sonne ließ den Schnee von den Zweigen tropfen und diese, wie schon in Erwartung des Frühlings, der doch noch so weit war, breiteten sich atmend im blauen Winterlicht aus. Hinter dem Baumhorizont, der sie umfing, wußte die Reiterin Meilen und Meilen von freier Wildnis, Wald und Weide, wenig Äcker, ein einziges Dorf. Und da war sie selber ganz erstaunt über die plötzlich wie ein warmer Quell in ihr aufspringende Empfindung: nur hier kann man sein, nur hier, wo das Land noch auf die bändigende, ordnende Hand des Menschen wartet! Nicht in der Enge, wo die Leute mit den Ellbogen aneinanderstoßen, wo ich aus dem Fenster nichts sehe, als die Wäscheleine und den Kinderwagen meines Nachbarn. Hier wenn ich lebte, ich würde dem Land geben, was es haben muß! Ich würde den Wald nicht einfach so schlagen und den Waldboden verderben lassen. Ich würde es diesen so guten, aber zu nachlässigen Menschen sagen! ... Sie wendete ihr Pferd gegen den Gutshof zurück, kopfschüttelnd und lächelnd über sich selbst.

Auf eine bescheidene, fragende Weise deutete sie Potocki bei einer Gelegenheit etwas von diesen Gedanken an, und er, weit entfernt es übelzunehmen, schien sich vielmehr zu freuen über ein solches Zeichen ihrer Teilnahme und sagte: „Töchterchen Cordelia, du wirst noch eines Tages eine sehr gute polnische Gutsbesitzerin werden."

Es wunderte Delia, daß sie von ihrer Tante Cécile wenig hörte und daß in ihren seltenen Briefen gar nichts von einem Wunsch stand, die Nichte wieder bei sich zu sehen. Sie wußte nicht, daß dabei die Hand der Potockis im Spiel war; auf Verlangen des Grafen hatte die Gräfin an Cécile nach Salzburg geschrieben: sie möge doch ja mit dazu helfen, daß Cordelia, die alle in Varda liebhätten, sich hier eingewöhne. Auch an einer zarten, aber für Tantenaugen durchaus lesbaren Andeutung einer Heiratsaussicht hatte sie es nicht fehlen lassen. Und die gute Cécile, der die Aufschrift SCHLOSS VARDA mit der Grafenkrone auf dem Potockischen Briefkopf ein Zauberschloß und eine goldene Zukunft für Delia vorspiegelte, trieb die Selbstentäußerung so weit, nicht nur ihre eigene Sehnsucht nach ihrem geliebten „Schulkind", sondern auch die Verschlechterung ihres gesundheitlichen Zustandes streng zu verschweigen. Hiervon bemerkte auch Clemens nichts, der sie gelegentlich in ihrer Salzburger Wohnung aufsuchte. Denn es ging ihr nur tageweise schlecht, sodaß sie mit Schmerzen und einer Wärmflasche auf dem Magen das Bett hütete; es beunruhigte sie schon ein wenig, woher diese Schmerzen denn kämen, und sie hätte höchstwahrscheinlich zu Clemens darüber geklagt oder an Sophie Hanstein geschrieben (nach Salzburg herübergekommen war diese seit Hansteins Unfall nicht mehr). Aber jetzt ließ Cécile sich nicht ein Wort davon entschlüpfen, aus Sorge, es möchte jemand Delia eine Mitteilung machen und sie aus dem angesponnenen Glück in Polen wegrufen. Den Arzt zu konsultieren wagte die Arme auch nicht, sie brachte nicht den Mut zusammen für die Diagnose, die sie von ihm zu hören oder doch aus seiner Miene zu erraten fürchtete. Sie ließ alles so hingehen, langsam wurden ihre Schmerzenstage länger und schlimmer... und als sie es am Ende doch nicht mehr aushielt und auf ihren eigenen dünnen Beinen ins Krankenhaus wanderte, um sich untersuchen und durchleuchten zu lassen: da war es dann auch schon nach wenigen Tagen mit ihr zu Ende. Eine Operation wurde als unvermeidlich und dringend erkannt, und Cécile, die um die Adressen ihrer Verwandten zum Zweck der Benachrichtigung befragt wurde, gab nur zu, daß an Clemens nach Wien eine möglichst unverfängliche Depesche geschickt wurde. Am Operationsmorgen stand er an ihrer Bettseite, und sie sagte zu ihm: „An die Delia schickt bitte erst eine Nachricht, wenn es — so oder anders — vorbei ist. Ich glaub zwar nicht so fest an den Himmel wie Sie, Clemens, und wie die Delia, und darum hätte ich besonders viel Wert drauf gelegt, das Kind noch bei meinen Lebzeiten wiederzusehen, denn die Delia ist meine größte Freud im Leben gewesen. Aber es hat halt nicht sein können, und jetzt ist es so auch recht," versicherte sie, und ihre ganz dünn gewordenen Lippen legten sich mit einem Ausdruck tapferer Befriedigung aufeinander. Clemens küßte ihr mit Rührung die Hand. Er fragte sie dann nach ihren Schmerzen, und ob sie sich imstand fühlte, die Letzte Ölung zu empfangen? — „Ja, wenn Sie meinen?" sagte Cécile mit einem etwas schüchternen Blick auf sein Gesicht; und ließ es geduldig geschehen. Die Operation hielt ihr altes Herz nicht mehr aus, in der Narkose schlief sie hinüber. Sophie Hanstein, von Clemens aus Voggenbruck herbeigerufen, sah nur noch die Tote. Ihr Mund, der etwas blau geworden war, hatte immer noch den tapfer zufriedenen Ausdruck. Clemens und seine Mutter waren sich einig, daß Céciles rasches Ende eine gnädige Fügung gewesen sei und ihr eine gewiß noch weit schwerere und längere Schmerzenszeit, als die schon durchlittene, erspart habe.

So war es geschehen, daß Delia an einem schönen, sommergrünen Morgen in Varda, statt eines schon lang erwarteten Briefes von der Tante, ihre Todesanzeige in Händen hielt. Clemens schrieb dazu das Nähere, und wie die Verstorbene nicht haben wollte, daß Delia von dem Ort, wo sie sich wohlfühlte, weggerufen würde. Delia reichte ihren Gastgebern die Karte hin und verschob den Mund, wie ein Kind, als wäre damit das Überfließen ihrer Augen zu verhindern. Dann sprang sie vom Tisch auf und lief aus dem Zimmer.

Sie sammelte sich, als sie oben bei sich allein war. Nur sie konnte ja wissen, was es die Tante gekostet haben mußte, Delia nicht zu sich zu rufen in den langen Wochen, wo sie sich schon krank und immer schlechter fühlte. Nur sie konnte es wissen, weil ja nur sie wußte, wie die Tante an ihr hing. Die Gute! die Tante, dachte Delia still in sich immer wieder. Hab ich ihr also wirklich nie mehr die Freude machen können — die Freude, die sie hatte und nicht zu arg merken lassen wollte, wenn man kam, und wenn sie dann kopfnickend und geschäftig sofort daran ging, zu welcher Tages- oder Nachtzeit es auch war, einem eine Mahlzeit zu kochen. Und wie sie mich gepflegt und versorgt hat, als ich in Voggenbruck krank lag! — Gescheit war sie nicht, wahrhaftig nicht, niemand kann das behaupten. Vom christlichen Glauben hat sie auch nichts verstanden. Und einen so heldenmütigen und beinah ganz einsamen Tod ist sie gestorben. Die Gute! die Tante. Jetzt hab ich keinen ganz nah zu mir gehörenden Menschen mehr.

Ihrem ersten Gefühl: gleich nach Salzburg zu fahren und ans Grab der Tante zu gehn, konnte Delia nicht folgen, denn sie hatte ihren seit dem Anschluß nicht mehr gültigen österreichischen Paß, mit dem sie nach Polen gereist war, noch nicht in den reichsdeutschen umändern lassen. Es war natürlich und beinah unvermeidlich, daß solche Amts- und Papierdinge lang unerledigt liegenblieben: hier, wo es kein Telefon und keine Bahnstrecke, und nur eine ganz wohlbekannte und gemütliche Polizei gab. Delia leitete jetzt das Nötige ein. Jedoch es konnte Potocki nicht schwer werden, sie zu überzeugen, daß eine überstürzte Abreise jetzt ohne Zweck und ganz gegen den Sinn der guten Tante war.

„Aber ich muß doch einmal abreisen," sagte Delia.

„Mußt du wirklich? wer sagt das?" fragte Potocki.

Er hatte erst wenige Tage zuvor auf einer Zusammenkunft der Waldbesitzer des Bezirks den jungen Koroschinski getroffen, der wieder im Land aufgetaucht war und mit einer etwas zu betonten Unbefangenheit auf Potocki zukam. Den hatte er zu sich eingeladen, nicht ohne im Gespräch nebenher einfließen zu lassen, daß die kleine du Faur noch da war; zu Delia erwähnte Potocki nichts von dieser Begegnung.

Hier stand ein Weg offen, er hätte ein Lebensweg für Delia werden können. Es war noch ungewiß, ob sie ihn betreten würde — da gaben die politischen Geschehnisse des Sommers 1939, deren Sprache auf einmal laut und drohend zu werden anfing, auch dem Geschehen im Leben der Menschen eine andere Richtung.

Schon als, nur wenige Tage später, Koroschinski nach Varda herübergeritten kam, war der Abend nicht, wie es die Gräfin Potocka erhofft hatte, dem vorsichtigen Anknüpfen zarter Fäden gewidmet, sondern verging in einem einzigen erregten politischen Streitgespräch. Es entstand dadurch, daß Koroschinski und die beiden jungen Geschwister Potocki, Vera und Stanislaus, durch irgendeinen Presseartikel veranlaßt, recht streitbare Ansichten gegen Deutschland äußerten. Der Hausherr von Varda bemerkte dagegen, aus seiner gelasseneren Erwägung der Umstände heraus: seit dem Scheitern der deutsch-polnischen Danzig-Verhandlungen in diesem Frühjahr, und seit dem militärischen Beistandsvertrag Englands und Frankreichs mit Polen, sei „die Sprache unserer Zeitungen dem Deutschen Reich gegenüber großspuriger geworden, als in unserem Interesse und im Interesse des Friedens nötig wäre." In den heftigen Widerspruch der Jungen hinein sagte er weiter, nach seiner Gewohnheit den Ernst der Mahnung sänftigend durch ein um die Augen schwebendes Lächeln: „Wir wollen doch auch nicht vergessen, daß wir einen lieben Gast aus Deutschland in unserer Mitte haben."

„Delia!" rief Vera Potocka mit junger, heller, empörter Stimme durch das ganze Zimmer herüber. „Du bist Österreicherin! sag's dem Papa, daß du mit diesem Schurken Hitler nichts zu schaffen hast!"

Von Delia kam nicht gleich eine Antwort. Und nun ließ Koroschinski sich hören, in seinem zwar fehlerfreien, doch stark vom Akzent gefärbten Deutsch; zum erstenmal an dem Abend, mit hellem, zornleuchtendem Blick, hielt er ihr Auge fest: „Als Österreicherin ist Ihnen dasselbe Schicksal widerfahren, das die Deutschen, wenn sie könnten, jetzt uns Polen antun möchten. Ich kann nicht glauben, daß Sie den deutschen Raub Ihres Landes anerkennen —?"

Delia war langsam so rot geworden, wie das Futter des am Hals geöffneten grauen Reitjäckchens, das sie trug. Der Nationalsozialismus hatte sich in Österreich, durch das Verhalten seiner Parteigänger, früher und eindeutiger als im übrigen Deutschland bei allen besonnenen Menschen unmöglich gemacht; für Delia war Hitler ein Abscheu. Aber sie hielt es nicht für anständig, das hier zu sagen. „Jedes Land soll unabhängig sein," gab sie schließlich zur Antwort. „Aber Österreich ist immer ein deutsches Land gewesen."

Graf Potocki bemühte sich, das Gespräch ins Allgemeinere zu wenden, er suchte den jungen Heißspornen klarzumachen, daß sie durch einen Schein getäuscht wären, wenn sie glaubten, der Sinn der Politik oder eines Krieges liege in dem Kampf um nationalen Besitz. Natürlich habe ein Krieg Folgen für die Nationen: die eine wird durch ihn gestürzt, die andere erhoben. Aber erst aus dem, was eine Nation daraus macht, erweist sich, ob das eine gut oder das andere schlimm für ihr Leben war. Was im Spiel stehe, meinte er, seien Werte von ganz anderem Rang als der Korridor und die Stadt Danzig.

„Was für welche denn?" wollte der junge Stanislaus ungeduldig wissen, er spürte nicht den in Sorge versonnenen Ton seines Vaters, der vor sich hin sprach: „Was ein Krieg auch bringen mag, unsre Art Menschen werden immer die Verlierer sein."

Koroschinski: „Also glaubst du, Potocki, daß es um den Gegensatz von Vornehm und Niedrig geht?"

Potocki: „Aber, was! vornehm! niedrig! — Oder auch: ja, wenn du so willst. Vornehm, sag ich dir, ist mein Bauer Jagusch im Dorf Varda, der, wenn seine Ernte noch so schlecht war, und viel Land hat er nicht, lieber selbst hungern wird, als einem Bettler, der an seine Tür kommt, die Schüssel zu verweigern. Vornehm ist der alte Jude, der Chaim Lewinsky, in unsrer Kreisstadt — — ja, ihr lacht, und ich geb zu, daß Lewinsky wahrscheinlich noch nie auf den Gedanken gekommen ist, daß man Seife auch benützen, nicht bloß verkaufen kann. Er starrt von Dreck, das tut er. Aber ich habe ihn in fünfzig Jahren seines Händlerlebens nicht ein einziges unlauteres Geschäft machen, dagegen vielen Bedürftigen helfen sehen. — Und ein Lump ist der Fürst... ich brauch ihn ja nicht zu nennen, denn wir kennen ihn leider alle: der erst seine Bauern, dann seine Verwandten ausgeplündert hat und zuletzt unter Hinterlassung einer großen Schuldsumme aus dem Land verschwunden ist."

Wen er dann mit „unsere Art Leute" gemeint habe? fragte Koroschinski, und Potocki erklärte ihm: Solche, die immer noch, auch in der heutigen Welt noch, daran glauben, daß man das Recht Anderer achten müsse, und nicht solche, die alles mit Gewalt und Betrug an sich reißen. Die Recht, Schonung, Güte Übenden, — und die Gewaltsamen: das sei der Gegensatz, um den es gehe.

„Der Feind für mich," sagte er, „ist nicht der Deutsche, der mir als Soldat gegenübertritt, sondern der Pole, der einen Deutschen in seiner Gewalt hat und ihm Schlimmes antut, wie es leider schon geschehen ist und noch geschieht. Denn nur dieser verletzt die Sache meines Volkes in ihrem Kern und ihrem guten Recht. — Und drüben bei den Deutschen ist es grad so. Die Völker kennen ihre wirklichen Feinde nicht. Was soll aber werden, und was für eine entsetzliche Art von Krieg haben wir zu erwarten, wenn schon, bevor es überhaupt angegangen ist, Viele in ihrem Gegner den Mitmenschen nicht mehr achten wollen!"

Jetzt brachte Delia vor — man konnte es ihr ansehen, daß ihre Teilnahme an dem Gespräch ihr das Wort fast wider Willen auf die Lippen drängte: „Ich verstehe nur nicht, wie du sagen kannst, Onkel Stasch, daß solche, die das Recht und Bedürfnis eines Andern achten, zum Beispiel der Bauer Jagusch und der Jude Chaim Lewinsky, die Verlierer sind? Gott sorgt doch, und verbürgt sich mit seiner Liebe dafür, daß sie zuletzt die Gewinner sein werden. Am Jüngsten Tag werden sie ihren Lohn bekommen. Denn wir wissen doch: das ist die Ordnung, daß eine Tat ihren Lohn hat. Und das noch Schönere scheint mir, zu wissen, daß es eine Versöhnung gibt und daß ein gutes Gemüt eine Antwort aus Gottes Güte finden wird."

Es bewegte den alten Potocki, sie das sagen zu hören, Koroschinski aber rief: „Mit dem Recht für Polen können wir nicht warten bis zum Jüngsten Tag. Das Recht Polens werden wir heute schon gegen Hitler und jedermann verteidigen!" Stanislaus und Vera gaben ihm Beifall; es wurde noch mehr Lautes und Unergiebiges in dieser Art gesprochen.

Die alte, sorglose Fröhlichkeit kehrte nach diesem Abend nicht mehr ein in Varda, es war, als habe sich der Geist der kriegerischen Aufregung, der das Land durchlief, nun auch hier zum Herren gemacht. Des Landes Söhne wurden zu den Waffen gerufen. Potocki konnte seinen eben erst von der Schulbank entlassenen, kaum neunzehnjährigen Sohn nicht daran hindern, sich als Freiwilliger zu melden; auch Koroschinski erschien in der Uniform des polnischen Ulanenregiments, dem er als Reservist angehörte, um Abschied von seinen Nachbarn zu nehmen. Ein persönliches Wort fiel nicht mehr zwischen ihm und Delia, es war in den Fügungen des Schicksals kein Raum mehr dafür gegeben. Delia kam die schutzfarbene Tracht des Krieges, welche diese jungen Leute mit solchem Stolz trugen, wie ein allgemein ausgegebenes Zeichen vor: daß nun alle bunte Freudigkeit des Lebens von den Schultern der Menschen glitt.

Inzwischen hatte Graf Potocki sich überzeugt, Cordelia müsse schleunigst heimgeschickt werden. Er teilte die Zuversicht nicht, die damals viele Polen bis in die Regierung und Armeeführung hinein verblendete: der Krieg mit den Deutschen werde ein englischfranzösisch-polnischer Spaziergang mit dem Treffpunkt in Berlin sein; die deutsche Aufrüstung sei nichts als Bluff, sei viel zu rasch vor sich gegangen; der Wall an der deutschen Westgrenze sei nicht fest; die deutschen Panzerabteilungen hätten noch die Gefechtswagen aus Pappe, mit denen die Reichswehr seit 1918 jahrelang, nach den die deutsche Bewaffnung rigoros einschränkenden Bestimmungen von Versailles, sich bei ihren Manövern hatte behelfen müssen. Die Warschauer Presse streute solche Geschichten aus, Potocki hielt sie für eine äußerst leichtfertige Propaganda. Aber er erregte Anstoß sogar bei seinen älteren und vernünftigeren Freunden, als er, für den Kriegsfall, eine Niederlage Polens und deutsche Besetzung voraussagte, und eine Wiederbefreiung nur dann für möglich halten wollte, wenn Amerika am Krieg gegen Hitler teilnähme. Seine Hauptsorge hatte seit je der aus dem Osten drohenden bolschewistischen Gefahr gegolten, ihr konnte nach seiner Meinung nur ein mit Deutschland verständigtes Polen widerstehen. Darum war der Blick dieses guten polnischen Patrioten klar genug, um zu erkennen, daß alles was Polen in den Jahren der deutschen Schwäche gegen das Reich getan hatte: die Wegnahme des „Korridor"-Gebiets und eines Teiles von Oberschlesien, die Hinausdrängung von anderthalb Millionen Deutschen aus diesen Provinzen und die Schikanen gegen die verbliebenen Minderheiten wie gegen das in Versailles zur „Freien Stadt" erklärte, völlig deutsche Danzig, — weder gerecht noch klug gewesen war und sich strafen mußte. Noch war nicht der Schatten des überraschenden deutsch-sowjetischen Vertrags über Polen gefallen, jedoch schon gingen Gerüchte über Verhandlungen, und zuzutrauen war es Hitler durchaus, daß er alle seine so oft verkündeten antibolschewistischen Grundsätze preisgäbe, um sich aus einer ihm drohenden Einkreisung zu befreien. Sobald die erste, noch ungewisse Kunde hiervon Potocki zu Ohren kam, sagte er, wie ein Mensch, der etwas längst mit Schrecken Vorausgeahntes wahr werden sieht: „Jetzt ist es da"... und sah dabei so fahl im Gesicht, so verfallen und müde aus, daß die Gräfin, deren Stimmung durch den Optimismus ihrer Nachbarn und Freunde gehoben war, ihn einen Schwarzseher nannte und ihn dafür zu schelten anfing. — „Nein. Es ist nach drei Teilungen, die wir in unsrer Geschichte schon erlebt haben, die vierte Teilung Polens als einer Beute für die Deutschen und Russen," beharrte Potocki, und setzte gleich hinzu: „Cordelia darf nicht bleiben. Ich kann nicht verantworten, daß das Kind meines Freundes hier ist, wenn wir Krieg haben und wir sie als Deutsche vielleicht nicht einmal vor unseren eigenen Landsleuten schützen können. Und bald wird der Krieg selber in dem Wald und dem Hof von unserm Varda sein."

Dies Gespräch fand spät abends in dem ehelichen Schlafzimmer statt, Helene Potocka lag schon zu Bett, ihr weiß durchzogenes, aber noch reiches Haar in zwei mädchenhafte Zöpfe geflochten. Mit den langen, etwas knochigen Fingern knöpfte sie an ihrem Schlafjäckchen; sie konnte ihres Mannes Sorgen noch nicht so recht ernst nehmen, sie bemerkte, und hatte einen liebenswürdigen kleinen Spott in der Stimme: „Es fällt dir aber schwer, die Kleine wegzuschicken."

Er, mit einem viel ernsteren Gesicht als sie erwartet hatte, gab ihr das zu: „Eigentlich schon. Ein wenig schwer. Sie weiß das aber nicht. Und wir haben uns ja beide ehrlich bemüht, du und auch ich, Helène, daß der Koroschinski, der dumme Kerl, sie haben sollte. Kann ich dafür, daß er so lange fortgeblieben ist? Also gut. Ist schon nichts mehr daran zu ändern. Und es macht auch nichts und du gönnst es mir, wie? das tust du, — daß ich mich auf meine alten Tage noch einmal ein wenig verliebt habe."

„Komm her. Ich gönn es dir, Stasch," sagte seine Frau.

Sich fortschicken zu lassen, jetzt, weil Krieg und Feindes Einfall zu fürchten stand, war Delia nicht nach dem Sinn: „So lang bin ich ein ganz unnützer Gast in Varda gewesen, und vielleicht gerade jetzt könnte ich nützlich sein? Wenn die deutschen Truppen herkommen sollten, vielleicht hören sie dann auf mich und behandeln das Haus recht gut, wenn ich ihnen sage, wie schön ich es hier gehabt habe." — Aber Potocki erwiderte mit finsterem Gesicht: nach Varda würden wohl eher die Russen kommen. Und bei der patriotischen Hitzigkeit der Polen könnte die Anwesenheit einer Deutschen, wenn es wirklich zum Kriege käme, sogar eine Gefahr für das Haus sein. Wenn nicht überhaupt die Deutschen interniert würden; das wisse man auch nicht. „Nein, liebes Töchterchen, du mußt fort, so schwer es mir fällt und so leid es mir tut."

Früh am Reisemorgen half Vera Potocka, noch im Schlafrock, Delia beim Verpacken ihrer Sachen und schluchzte leidenschaftlich dabei, sodaß es Delia auch ziemlich eng im Hals wurde. „Ich weiß nicht," brachte das Mädchen mühsam und wild zwischen ihren Tränen hervor: „Du bist immer nur dagewesen wie unsre Schwester, kein Mensch hat darüber nachgedacht, es war einfach so, weil es sich so gehört hat. Und es ist eine Gemeinheit, daß du jetzt wegfahren mußt. Bitte, komm, umarm mich noch einmal ganz fest!"

Am Frühstückstisch wurde Delia vom Grafen und der Gräfin erwartet, der Erstere schon fertig für die Fahrt, in Stiefeln und Lederjacke, denn er wollte seinen Gast selber bis zu der drei Wagenstunden entfernten Bahnstation führen, von der aus Delia mit dem Personenzug bis Warschau und im Anschluß daran in einer Nachtreise direkt bis Wien fahren konnte. Noch während sie aßen und tranken, traf eine Botschaft benachbarter Gutsherren ein, die sich für diesen Vormittag in Varda ansagten, um mit Potocki die Aufstellung einer freiwilligen Wachtruppe zum Schutz der Bahnstrecken zu beraten; denn wie immer in erregten Zeiten war auch hier die Spionen- und Sabotagefurcht erwacht. Potocki konnte sich der Unterredung nicht entziehen; er gab Befehl, daß der Kutscher sich zur Fahrt mit dem Zweisitzer bereitmachen sollte, er suchte seine Enttäuschung zu verbergen ... und seine Frau sah mit Rührung, wie sein Gesicht ganz denselben Ausdruck tapferer, gutwilliger Heiterkeit annahm, den sie in längstentschwundener Zeit an ihm als Buben gekannt hatte, wenn die Potockis zu einer Kinderfestlichkeit in ihrem Elternhaus waren und die Jugend irgendetwas nicht haben oder nicht tun durfte. Als Delia aufbrechen mußte und, etwas mühsam, von ihrer Dankbarkeit für

Varda sprach, beugte sich sein weißer Kopf nur stumm auf des Mädchens Hand.

Die Gräfin nahm Delia in ihre Arme und sagte mit ihrer warmen, vollen Stimme: „Wir haben dich sehr gern dagehabt und lassen dich sehr ungern fort, mein Kind. Aber ich hoffe, wir sehen uns alle bald im Frieden und glücklich wieder."

So wenig überzeugend waren der Abschiednehmenden diese letzten Worte, daß sie fast augenblicklich allen Klang für sie verloren hatten. Noch vom Wagensitz aus faßte Delia Vater und Mutter, Tochter und Dienerschaft samt dem schwerköpfigen Hund mit einem letzten Blick zusammen, wie sie alle da an der Vorfahrt standen, und sie konnte mit aller Willenskraft sich der Ahnung nicht erwehren: sie werde nicht ein einziges dieser lieben lebendigen Häupter jemals lebend wiedersehn.

Neben dem bärtigen Kutscher sitzend fuhr sie schweigend, mit sehr schwerem Herzen, in das Land hinein; ein riesiger, schon erblauter Morgenhimmel stand darüber, von Wolken nur wie von vereinzelten, noch fernen Sorgen besucht.

2

Krankheiten sind nichts. Eine Krankheit kann es nicht aufnehmen mit Frau von Janska, lahm und uralt, wie sie ist, und ihrem unbeirrbar entschlossenen Willen, am Leben zu bleiben. Dr. Winte, wie schon sein Vorgänger im Dorf Nußholzhausen, hatte das immer wieder erlebt; darum auch nahm Winte die kleine Erkältung nicht wichtig, die der alten Dame, wie es so gehen kann, mitten im warmen Sommer angeflogen war. „Geben S' halt ein bissel Obacht," sagte er zu Petra Priehl, aber setzte gleich behaglich lachend hinzu: „Es hat nicht viel auf sich. Die Frau Mutter wird bald fertig sein damit. Die Frau Mutter begräbt uns noch alle."

Jedoch sie starb. Und während der kurzen, schrecklichen Stunde dieses Sterbens wurde Petra Priehl, die doch auch schon grau und schon beinah ebenso dürr und selbstbefangen und böse wie ihre Mutter geworden war, wie mit Feuer gebrannt und aufgeschmolzen. — Wir erkennen wenig vom Sinn dessen, was Gott auf Erden geschehen läßt. Wir bemerken Geburt, Lebenstag und Absterben, und nichts ist naheliegender als zu denken, das geschehe nur so, weil eben irgendetwas geschehen muß, und wieder vorbeigeht, und hat keine Bedeutung, keine Wahrheit in sich getragen.

Es kommt aber doch vor, daß sich der Schleier lüftet, der den Sinn verbirgt, und für eines Herzschlags Dauer glauben wir hineinzuschauen in das, was Gott mit den Geschehnissen meint: in das Licht. Denn was er meint, ist Licht. Dann bestürzt uns die selige Vorfreude auf den Tag, an dem wir ganz in das Licht eintauchen werden.

Frau von Janska erwachte mitten in der Sommernacht aus dem dünnen, vor Geräuschen und Gedanken nie ganz geschützten Schlummer des Alters, erwachte ohne irgendeinen besonderen Schmerz, und wußte doch gleich, daß sie im Sterben war. Übelkeit, Schwindel, das wäre noch das Ärgste nicht. Aber daß der Wille nicht mehr aufkommt gegen das Gefühl, zu sinken, von sich selber wegzusinken ins Unbekannte. Weit über achtzig Jahre lang hat dieser Wille sich selber nie losgelassen, jetzt aber muß er es, und kann nicht und wehrt sich — und sie schreit in Todesangst.

Eine endlose Zeit vergeht, niemand hört sie. Wie ein wirklicher, schmeckbarer Geschmack füllt ihr die langangesammelte Bitterkeit ihres Lebens den Mund. Kinderzeit, und der große, gelblackierte Reifen, den ihre Schwester, nicht sie bekam. Und den Mann, der ihr gefallen hätte, bekam die Schwester auch; nicht weil sie schöner war, die Schönere war sie selbst, aber weil sie die Menschen freundlicher und geschickter zu nehmen wußte. Und als Janska endlich tut, was man längst von ihm erwarten durfte, als er den Mund öffnet und um ihre Hand anhält: sie erinnert sich, wie sie noch während seiner Werbung sich über seinen häßlichen Adamsapfel geärgert hat, der sich beim Sprechen auf und nieder schiebt. Später ihre Lähmung. Die Andern alle gesund, aber sie im Stuhl! Freilich, von ihrem Stuhl aus hatte sie alle überlebt, von ihrem Stuhl aus war sie stärker gewesen als alle, alle! Die Schwester war früh gestorben, die Freundliche, Liebenswürdige! und Janska mit seinem Adamsapfel war gestorben; und der Tochtermann, Priehl, da er sich der Stärkeren, der Schwiegermutter nicht fügen wollte, war doch wenigstens aus dem Haus und Land gewichen. Und gestorben war Gabriele Degener, die schöne, glückliche Nachbarin in Grünschwaig, und Orell ... nein, Orell nicht, Orell lebte ja noch, er würde zurückbleiben, und Petra, die Tochter würde zurückbleiben: aber sie, sie selbst, Jakobine von Janska, sollte fort! und sie wollte nicht.

Petra und das Hausmädchen Martha waren in weniger als Minutenfrist nach dem Schrei, der beide geweckt hatte, bei der Sterbenden. Man konnte sehen, daß es zu Ende ging; Martha lief nach dem Pfarrer, dem Doktor, denn in Nußholzhausen gab es noch keinen nächtlichen Telefonanschluß. Petra aber trat zum Bett ihrer Mutter; aus deren nicht etwa fiebergetrübten, nein, ganz klar bewußten, schwarzen Augen blickte ein solcher Haß ihr entgegen, daß ihr das Herz in Schreck erstarrte.

„Bist du endlich gekommen? Kein Mensch hört mich. Ihr laßt mich hier sterben. Ihr wollt, daß ich sterbe."

Mühsam sprach sie, sie hatte nicht mehr Atem genug, ihrer Stimme Klang zu geben. Aber jede Silbe war deutlich. Sie sah auf die Tochter; Petras Haar war schlecht aufgebunden. Das zu lange, magere, durch den nächtlichen Schrecken aus seiner gewohnten Selbstsicherheit aufgestörte Gesicht erschien ihrer Mutter häßlich und widerwärtig wie ein verhaßter Spiegel ihrer selbst, eine Erscheinung des eigenen verfehlten Lebens, des eigenen Erschreckens vor dem Tode. In das Gesicht da vor ihr sprach sie hinein, was in der Enttäuschung und Angst dieser Stunde aus ihr hervorbrach.

„Du," sagte sie, „du willst, daß ich sterbe, und du selber willst zurückbleiben. Du hast schon den Rosenkranz und die frommen Sterbegebete und die fromme Grabrede für mich in deinen Gedanken bereit, und das fromme Gesicht, mit dem du, von allen gesehen, zur Seelenmesse deiner Mutter gehst und Beileidsbezeigungen entgegennimmst. Du freust dich darauf, freust dich, denn d u wirst ja zurückbleiben. Du wirst weiterleben und dir weiter einbilden, daß du gut bist, andere aber schlecht, du rechtgläubig, andere aber im Irrtum..."

„Mutter!" rief Petra entsetzt.

Herben Vorwurf, harte Worte, das war sie gewöhnt bei ihrer Mutter und hatte es von ihr gelernt und übernommen. Aber sie hatten das doch immer gemeinsam gegen die Andern gerichtet, die schlechte Welt da draußen, die leichtsinnigen Menschen, die nachlässigen Kirchgänger, den schlimmen Nationalsozialismus oder was es sonst war, und in einer mit hundert Stacheln nach außen bewehrten Burg waren sie beide, Mutter und Tochter, immer gemeinsam und warm gesessen. Es war doch gar nicht möglich, daß die Mutter jetzt den Stachel gegen ihr eigenes Kind richtete! Was sie da so höhnisch sagte, von Petras eigener Vortrefflichkeit und der Schlechtigkeit der Andern, das hatte sie doch selbst ihr beigebracht, von Kind auf; freilich mit den Worten nicht, aber dem Sinne nach. Das war ja der Panzer gewesen, mit dem Petras von Natur weiches, eher ein wenig ängstliches Gemüt schon früh bekleidet worden war und in dem sie sich geschützt und wohl fühlen lernte. Als sie sich verheiratet hatte, da war dieser Panzer längst mit ihrer Haut zusammengewachsen; statt der Gedanken über Gott und den Nächsten und die Welt und statt der Sehnsucht nach der wirklichen Begegnung mit ihnen, besaß sie einen Schatz von Wahrheiten aus dem Katechismus . . . Max Priehl hatte schon gar keine entpanzerte Petra mehr kennengelernt, sondern hatte ihr Lager wie das einer nordischen Schildjungfrau besteigen müssen. — Und jetzt griffen die Worte ihrer sterbenden Mutter in das alles hinein und rissen es auf, und Petra, wehrlos, mußte es anhören, mußte diesen Strahl des Hasses und der Anklage über sich ergehen lassen.

„Du fromme Christin, was hast du in deinem Leben gemacht! Deinem Mann hast du das Haus vergällt, daß er lieber in die fremde Welt auswandern als bei dir hat sein wollen. Wohltaten hast du erwiesen, aber es sind nur Wohltaten an dir selber gewesen, die Andern, die sie empfangen haben, haben sie nicht schmecken können. Jedes Tun deiner Mitmenschen hast du häßlich beurteilt, an jedem einzelnen Tag dich über sie erhoben, und die schlimmen Wünsche gegen sie nur mit Mühe in dir niedergehalten. Und so willst du weiterleben, immer weiterleben! ich aber sterbe!"

Es war eigentlich eine Selbstanklage, eine schauerlich in des eigenen Herzens Finsternis hinunter leuchtende Beichte, was Jakobine Janska da ihrer Tochter, mit immer wieder stockendem Atem, zuflüsterte. Aber Er, mit dem diese böse alte Frau einen ihr selbst nie bewußten, lebenslangen Bund gehabt hatte, Er stand unsichtbar groß hinter ihr und gab ihr ein, das aus ihrer Seele hervordrängende Bekenntnis nicht als Beichte, sondern als Vorwurf gegen die Andere, die Tochter, auszusprechen. Er war es, der ihre Sterbensfurcht in Haß gegen das überlebende Leben verkehrte. Und der wußte, daß die gerechten Vorwürfe keine Gerechtigkeit hatten in dem Munde derer, die sie aussprach, und daß sie darum in Petra Zorn und Widerstand erwecken mußten. Er war es, der sich sehnte nach einem wilden, bitteren Zank, in diesen letzten gemeinsamen Lebensminuten zwischen Mutter und Tochter.

Das geschah nicht. Vielleicht nur darum nicht, weil Petra in ihrer Verstörtheit einfach keinen Laut hätte hervorbringen können, um einen Streit anzufangen. Vielleicht aber auch (das ist das Geheimnis ihrer Geschichte, kein Mensch kann es aufdecken): weil die Gnade wach ist und jeder Seele nah, und weil also die Gnade sie fühlen ließ, daß nicht der Widersacher im Finstern, sondern Gott ihr die sterbende Mutter zu einem so strengen Prediger gesetzt hatte, um ihr Herz anzurühren mit Worten, die sie gewiß von keinem andern würde angenommen haben. Petra war nicht so hilflos, in der Gefahr dieser Stunde, wie es die vielen wieder zu Heiden gewordenen Menschen unsres Jahrhunderts sind: denn ihr Sinn hatte Gebetsworte bereit und ihre Hand das Zeichen des Kreuzes. Zeichen aber sind mächtig, wenn auch nicht durch sich selbst als ein feiender Zauber, so doch durch das Gemüt, das ihren Dienst annimmt und vollzieht.

Und wie hätte sie auch streiten dürfen? So eingefallen, so arm war das von der Tischlampe angeschienene Gesicht auf dem Kissen, der Todesschweiß zeigte sich in hellen Tröpfchen auf der Stirn. Aber immer noch hielten die Augen der Mutter mit haßerfülltem, schwarzem Blick ihre Tochter fest, murmelte ihr Mund seine Anklagen — und nahm den hastig eingegossenen Cognac nicht an, mit dem Petra den versagenden Herzschlag stärken wollte. Sie stand ratlos, sie konnte dem schrecklichen Geflüster nicht ausweichen; es wurde nun wirklich, als spräche nicht mehr die Mutter, sondern der Andere, dessen Lust das Wehetun ist, aus ihr heraus. Petra versuchte zu beten, aber sie merkte jetzt, wo sie der Kraft des Gebetes bedürftig gewesen wäre wie nie zuvor, daß sie es gar nicht konnte, daß sie es seit Jahrzehnten nur „angewandt", nicht wirklich geübt hatte. Wie viel Zeit in diesem ohnmächtigen Ringen verging, wußte sie nicht mehr, und konnte es auch nicht wissen; denn wer ernstlich zu beten versucht, so, daß er die in sich selbst verfangene Seele an das Gebet hingibt, der tritt aus der Zeit heraus. Gegen alles eigene Erwarten fühlte sie sich auf einmal von Trost überströmt. Sie sah auf der engen feuchten Stirn ihrer Mutter einen Abglanz von Hoheit und Freiheit, — denn da gibt es keine Täuschung, das sieht man in einem Gesicht, wenn einem armen, noch im Sterben von Lebensgier geschüttelten Wesen seine Freiheit zurückgeschenkt wird, so daß die Elendigkeit des Menschseins plötzlich wieder als das was sie ist, nämlich als etwas Königliches erscheint! Jetzt hörte Petra unten die Haustür gehen und wußte, daß der Priester mit dem Allerheiligsten das Haus betreten hatte. Aber da tat ihre Mutter schon den letzten Atemzug.

Das Mädchen Martha klagte laut, weil trotz all ihrer Eile die Frau nicht mehr die heiligen Sterbesakramente hatte empfangen können. Petra Priehl vermochte nicht viel dazu zu sagen, dem Pfarrer, es war der Kurat Sedlmair, kam sie wie verjüngt vor in einem warmen, herzöffnenden Schmerz, er staunte darüber und dachte bei sich: wie man doch mit den Menschen nie auslernt! Er hätte nicht gedacht, daß die Baronin Priehl „so" wäre. Wie? das hätte sich nicht so ohne weiteres beschreiben lassen. Er spürte eine Veränderung. Ebenso ging es der Martha. Sie hatte eine Gewohnheit, wenn ein Ding sie wunderte, ihre Hand mit allen fünf breiten Fingern vor den Mund zu legen. Dazu fand sie öfters Anlaß in den nächsten Tagen, obwohl eigentlich nichts vorging, als was nach einem Todesfall in einem Hause üblich und unvermeidlich ist und obwohl die „junge Gnädige", wie sie Petra ganz unangebrachter Weise noch immer aus alter Gewohnheit nannte, über das Nötige hinaus nichts anschaffte oder sonst redete. Jedoch auch die Trauergäste merkten, daß eine Veränderung geschehen war, mit dieser steifen, immer ein bißchen komischen und auch ein bißchen gefürchteten Person, der Priehl. — Nun, es muß jeder seine Erfahrungen für sich selber machen, man kann wohl neugierig sein, aber eigentlich wissen kann man nicht viel von einem anderen Menschen. Hanna Degener nahm sich vor: späterhin müßte man sich um Petra Priehl kümmern, die ja ihr Leben noch in ganz anderer Weise, als es Töchter sonst tun, auf das Zusammensein mit ihrer Mutter gestellt hatte und darum das Alleinsein doppelt empfinden würde. Für jetzt aber, fand sie, als sie ihr am offenen Grab die Hand drückte, sehe sie so aus, als ob sie die Einsamkeit geradezu brauchte; jetzt durfte man ihr die nicht stören.

Damit traf sie es. Petra hätte sich am liebsten Tag und Nacht in ihrem Zimmer eingeschlossen. Es war viel, was diese letzte schwere Stunde mit der Mutter ihr zugemutet, es war ein Umsturz alles dessen, was sie so viele Jahre her für wahr und recht gehalten. Hatte sie je, wenn sie über Max Priehl nachsann, andere Gedanken gehabt, als daß er ein Treuloser, ein Gewissenloser sei, der seine Frau im Stich ließ, um in Amerika seiner Abenteuerlust nachzugehen? Nie hatte sich in ihr die Sorge geregt, ob sie selbst es in der Liebe, der Güte, der Offenheit gegen ihn verfehlt haben könnte. Wie war aber das nur möglich, daß sie in all ihrer Frömmigkeit, beim sonn- und feiertäglichen Kirchgang, der regelmäßigen Beichte von keiner Mahnung ihres Gewissens erreicht wurde... wenn doch das Gefühl, es sei an Priehl ein Unrecht geschehen, all die Zeit in ihrer Mutter geschlummert hatte, bis sie, unterm Schatten des Todes, es der Tochter ins Gesicht warf! Bricht denn wirklich erst der Tod das Herz des Menschen auf? und wäre sie, wenn sie ihre Mutter nicht gehabt hätte, selber erst in ihrer Todesstunde dieser Anklage des eigenen Gewissens begegnet? Kann man also ein Christ sein, bewußt und mit festem Willen, wie sie es doch gewesen war — und dabei in Wahrheit überhaupt kein Christ sein! das heißt, das Allerwichtigste nicht wissen: daß wir in Schuld, und der Vergebung bedürftig sind? Man lebt ein Leben, läßt sich von sicheren Grundsätzen leiten, Jahr für Jahr — und alles das hat keinen Boden gehabt? Petra konnte mit der Frage nicht zurechtkommen. Und mit der plötzlich in ihr aufgebrochenen Angst um das, was sie in Jahren der Selbsttäuschung an ihrem Mann und gewiß an vielen anderen Menschen versäumt hatte, verschwisterte sich eine andere Sorge: daß sie die jetzt so schmerzlich erworbene Erkenntnis wieder verlieren, daß der starke Eindruck verblassen würde, wie es ja die meisten Eindrücke tun. Später vielleicht würde ihr das Ganze als eine, etwas zu aufgeregte, Episode erscheinen; ohne es zu merken, würde sie in die altgewohnte Spur ihres Lebens zurückkehren. Die Gewohnheit langer Jahre hat über unser Tun und Denken viel mehr Macht als die Eine gewaltige Stunde, die wie mit einem Hammer ans Tor unseres Herzens schlägt. Und doch wußte sie jetzt alles so genau, wie es wirklich und wahrhaftig gewesen: wie aus den Augen der Mutter der Blick des Bösen blickte, dann aber auf ihrem Angesicht sich die Versöhnung und die wunderbare, von Gott verliehene Menschenhoheit zeigte. Sie bat Gott um die Kraft, das Erlebte für immer in sich festzuhalten.

Sie konnte ihrem Mann kein Zeichen ihrer Sinnesänderung schicken; sie wußte ja nicht einmal seine Adresse. Weil sie seine ersten, jährlich einmal gegebenen Berichte nie einer Antwort gewürdigt – wie hatten sie und die Mutter sich damals gegenseitig in der Unversöhnlichkeit bestärkt! – so waren auch die Berichte allmählich ausgeblieben. Wie dumm und für sie alle wie erniedrigend war doch der äußere Anlaß seiner Abreise gewesen! Irgendwer hatte ihr zugetragen, Priehl habe bei seinen Jagdausflügen ins Gebirge eine Liebschaft mit einer schönen Jägerstochter angeknüpft, und wie zwei Krähen mit gesträubtem Gefieder hatten Petra und die Mutter sich auf diese Sache gestürzt. Priehl hatte jede Rechenschaft darüber verweigert. Sie nahm das als ein Eingeständnis seiner Schuld; und Eifersucht, Wut, Enttäuschung machten sie unfähig, in Ruhe darüber nachzudenken. Vielleicht hatte es nicht einmal gestimmt. Und wenn es gestimmt hatte ... warum gab ihr niemand den Rat, warum kam ihr selbst nicht in den Sinn: sich zu fragen, ob es nicht auch ihre Schuld sei, wenn ihr Mann sich lieber in einer Jagdhütte aufhielt, als in seinem eigenen Haus? – Damals, nach einer heftigen Auseinandersetzung, war er auf und davon gegangen. Er hing so an seinem Bayern, an den Bergen; und für gewöhnlich war er so ruhig in seinem Betragen; und doch war er ein Mensch der jähen Entschlüsse. Man hätte ihn nicht zu einem solchen treiben dürfen. Und zum mindesten die Vornehmheit hätte man mehr achten müssen, mit der er Haus und Besitz, ohne jeden Anspruch für sich, seiner Frau zum Gebrauch überließ. Vierzehn Jahre war er jetzt fort. Es fiel ihr schwer aufs Herz, als sie sich erinnern mußte, wie sie in der Kränkung der ersten Zeit nach seinem Fortgehen zu Andern gesagt hatte: „Er existiert nicht mehr für mich." Wenn er nun wirklich – es war doch eigentlich das Wahrscheinliche – wenn er wirklich nicht mehr lebte?

Über all dem, was ihr den Sinn beschäftigt hielt, versäumte sie die Zeitungen. Sie wußte zwar, daß die wieder einmal von Kriegsaufregungen voll waren, aber daran gewöhnte man sich schon fast, das war in der letzten Zeit überhaupt so geworden. Jemand hatte ihr versichert: nach dem Abschluß des deutsch-russischen Paktes würde es jetzt sicher in diesem Jahr 1939 keinen Krieg mehr geben. Am letzten Augustabend, nur wenige Tage nach der Beerdigung ihrer Mutter, saß Petra Priehl auf dem Balkon vor ihrem Schlafzimmer, wo sie sich meistens jetzt aufhielt. Denn hier war es kühl und sie war hier am wenigsten gestört. Der Balkon ging auf den Obstgarten hinaus, sie hörte hier nichts von den Geräuschen auf dem Hof und nicht, wer ins Haus kam; sie konnte sich Besuchern gegenüber verleugnen lassen. Hierher kam Martha und sagte, indem sie, in tieferem Staunen als je, nacheinander beide Hände von ihrem Mund wegzog:

„Jetzt glauben S' mir's oder net, Gnädige: der Herr Baron is' da."

— Es war wirklich so.

Für Petra, die, von Martha gewiesen, in das Schreibzimmer stürzte und in dem von draußen her durch dichtes Nußlaub beschatteten Raum gegen das Fensterlicht die vertraute Gestalt am Schreibtisch stehen und auf sich zukommen sah, war Priehl so sehr als ein schon Totgeglaubter, von ihren Gebeten Zurückgerufener erschienen, daß es ihr nur mit Mühe gelang, den ganz natürlichen Zusammenhang zu begreifen.

Er erklärte ihr mit wenigen Worten, sein Ton war nicht ungut, aber höflich-fern: „Du mußt entschuldigen, Petra – ich werde dir nicht lästig fallen. Aber ich möchte mich einige Tage hier aufhalten, bis ich von meinem alten Regiment, bei dem ich mich schon gemeldet hab, den Gestellungsbefehl bekomme."

„Den Gestellungsbefehl...?"

Er lächelte mit etwas spöttischer Nachsicht über ihr Erstaunen. „Ja, wir werden in den nächsten Tagen den Krieg haben. Und euer Hitler, den ihr hier habt aufkommen lassen, ist zwar ziemlich ein ‚Gangster', wie sie ihn drüben in Amerika mit Recht nennen. Aber trotzdem geht, was wir Deutsche mit den Polen anfangen, die Angelsachsen einen Dreck an. Und jedenfalls hab ich keine Lust gehabt, mir diesen zweiten Kampf auf Leben und Tod, in den unser Volk hineinmuß, von draußen anzuschauen. Darum bin ich gekommen: um dabeizusein. Ich hab es grad noch geschafft. Ich glaub, es ist das letzte Schiff gewesen."

Es sah ihm ähnlich: einen Kampf, den er offensichtlich weder für sehr gerecht, noch für sehr aussichtsvoll hielt, aus purer Anständigkeit mitzumachen.

Er sagte: „Von deiner Mutter hab ich eben gehört...," und

küßte ihr mit ernstem Gesicht die Hand. Sie war ihm dankbar, daß er kein falsches Wort der Trauer aussprach; von ihrer Mutter hatte er ja nie etwas anderes als Bosheit erfahren.

Priehl und seine Frau lebten die folgende Zeit wie zwei gute, sonst nicht näher verbundene Bekannte miteinander. Sie empfand seine Zurückhaltung in jedem kleinsten Gespräch; so sagte er ihr nichts darüber, wie stark er das Glück der Wiederkehr in seine Kinderlandschaft und auf seinen eigenen Grund und Boden genoß, sie konnte das nur spüren an ihm, wenn er von einem Feldweg zurückkam. Es waren das die Tage des Kriegsausbruches und des Einmarsches in Polen, die Menschen und Nachbarn alle hatten innerlich damit zu tun, das lang befürchtete, zweimal vermiedene, nun doch eingetretene Unheil in seiner schreckensvollen Wirklichkeit zu fassen; da fiel es nicht sehr auf, wenn Priehl selbst die unumgänglichsten Besuche, auch den in Grünschwaig, nur „en passant erledigte"... so drückte seine Frau das etwas vorwurfsvoll aus. Die Art, wie er auch sein eigenes Haus tatsächlich nur als Gast in Anspruch nahm, für jede Hilfeleistung, jede erwiesene Aufmerksamkeit dankend, tat ihr weh und machte ihr fast unmöglich, ihm zu sagen, wie sehr ihr früheres Verhalten zu ihm ihr leid war. Schon eine bloße Andeutung davon wies er mit einer sanften Bestimmtheit zurück; auf der Aussprache aber zu bestehen, wäre wie ein Versuch gewesen, eine Wiederannäherung von ihm zu erzwingen. Das konnte sie nicht. Konnte es umso weniger, da sie sich dem Heimgekehrten gegenüber als eine alte Frau fühlte. Ihn hatte das entbehrungsvolle, aber freie Leben draußen in seinem Wesen bestärkt, es schien ihn frischer, offener gemacht zu haben; er war mit zweiundfünfzig Jahren noch ein Mann voller Lebenszukunft. Ihr, die im gleichen Alter stand, war alles schon Vergangenheit. Zwar mußte er die Veränderung an ihr, die ihr tiefstes Wesen berührt hatte, empfunden haben; denn sie fühlte manches Mal seinen Blick beobachtend, mit einer Art Erstaunen, auf sich ruhen. Aber zu einem tiefer aufschließenden Gespräch ließ er's nicht kommen. Auch erzählte er wenig von dem, was er an Arbeit drüben in den Staaten geleistet, und nichts von den Verhältnissen, in denen er gelebt und die er zurückgelassen hatte. Petra wollte es so vorkommen, als wären sie ihm nicht abgetan, als lebe dort ein Mensch, der einen Anspruch auf ihn habe. Dafür freilich hatte sie keinen Anhalt als das Gefühl einer Frau, das weiß, ob eines Mannes Wesen sich um eine fremde Mitte schließt.

Bereits von Amerika aus hatte Priehl durch einen alten Kameraden, Offizier aus dem ersten Weltkrieg wie er selbst, seine Wiedereinberufung vorbereitet; zehn Tage nach seiner Heimkehr hatte er den Befehl in Händen. Es konnte Petra nicht entgehen, daß er ihm gern folgte; er schien seine Lage in Nußholzhausen als unklar zu empfinden. Als er fort war, und das Schmerzliche ihres Zustandes sich ihr schwer aufs Herz legen wollte, faßte sie sich tapfer zusammen, indem sie sich sagte: sie dürfe ja nicht erwarten, ihre jahrealten Versäumnisse so ohne weiteres ausgeglichen zu sehn. Überhaupt, das hätte auch ein Feind ihr lassen müssen: schwachmütig, eine Selbstverzärtlerin war Petra Priehl nie gewesen. Aber nicht nur eine gute Haltung zeigte sie — sie war auch dankbar. Denn sie fand, Gott habe große Sanftmut an ihr bewährt, als er durch den schrecklichen und doch nicht gnadenlosen Tod der Mutter eine Quelle in Petras versteinertem Herzen aufbrach, damit sie nicht ganz in der Kargheit von einst der Aufgabe begegnen mußte, die ihr durch ihres Mannes Rückkehr gestellt war.

Aus ihrem Garten ließ sie einen hochstämmigen Rosenstock mit dem Wurzelballen herausnehmen und, so wie er war, auf das Grab ihrer Mutter setzen. Die alte Frau, wenn sie ihn hätte sehen können — sie würde sich vielleicht gewundert haben, wie schön er dort weiterblühte.

3

Die Division, der Quint Fehrenkamp als Artillerie-Hauptmann angehörte, lag in Quartier in der Eifel. An einem warmen schönen Oktobersonntag ritt Quint von Ahrweiler aus auf seiner Fuchsstute unbegleitet ins Land hinein. Man mußte seine Zeit nutzen. Denn das Jahr würde kaum mehr viele Schönwettertage, und der Dienst vielleicht bald genug nur noch wenig Freiheit schenken; es hieß immer wieder, Hitler wolle nach der unerwartet schnellen Niederwerfung Polens durchaus noch vor dem Winter nach Frankreich marschieren; nachdem die Westmächte seinen am 8. Oktober 1939 in einer Reichstagsrede gemachten Friedensvorschlag ablehnend beantwortet hatten, dränge er beim Generalstab auf rasche Taten.

Mag er, dachte Quint. Aber nicht heut. „Heute," sagte er leise und zärtlich zu seinem hübschen Pferde, dem er den Namen Rouge gegeben hatte, „reiten wir nicht nach Frankreich, sondern ich-weiß-nicht-wohin."

Er freute sich, die Pferdehufe etwas gedämpft, aber doch vernehmlich aufschlagend auf dem gelben großblättrigen Laubteppich zu hören, den eine Ahorngruppe über seinen Weg gestreut. Ja, heut frühmorgens hat es Frost gegeben, jetzt nimmt die Sonne leise die Blätter vom Baum. Er sah einem solchen schwebenden, sinkenden Ding nach: ein Ding, fast wie ein Vogel, doch ohne eigenen Willen. Schön ist das.

Auch der Bauernbub gehörte zu Quints Freude, der seitwärts am Ackerrand hockte und im entzückten Staunen über das schöne Pferd und den schönen Offizier das Spielen und sogar das Winken vergaß. Quint ließ die Stute antraben, Stille umfing ihn.

Stille und Klarheit. Er ritt unter einem klaren Herbsthimmel. Das Land gliederte sich, mit tiefen Flußeinschnitten, auf den Rheinstrom zu. Mit breiten, ruhigen, schildartigen Erhebungen, deren Anblick das Herz zur Lust bewegt: mit einer ähnlichen, unerklärlichen Lust hatte Quint auf See, von Bord eines Schiffes, das breite, ruhige Sichheben großer Wassermassen gesehen, denen man selber sich anvertraut wußte. Unerklärlich, ja. In Quints Art wenigstens und in der Stimmung der Stunde lag es nicht, sich zu fragen, woher denn die Lust kam: ob daher, daß man die gewaltigen Kräfte, die jene Wasser heben, die diese Hügel gehoben hatten, in eine Ordnung einbeschlossen fühlte? Ihm genügte das Kraft- und Glücksempfinden, das er aus der Landschaft einatmete und das sich ausspannte bis hinauf zu dem durchsichtig goldenen, ganz oben in der Bläue hinwandernden Wolkenzug.

Rouge's Mähnenansatz, dicht überm Widerrist, wurde im Traben gleichmäßig hin und her geworfen. Sie wäre ein vollkommen gutes Pferd gewesen, bis auf das Eine, daß sie vorn etwas knieeng war. Nun, ohne den kleinen Fehler hätte man mir sicher das Doppelte für sie abverlangt. Und wir haben auch so Freude genug miteinander; gelt, Rouge? Warte nur, langsam. Wir haben ja Zeit.

Das ist das Gute beim Soldatenleben, dachte Quint: daß es einem die Gedanken so befreit. Das Denken wird einem abgewöhnt, behaupten die gescheiten Leute. Aber so ist es garnicht, die gescheiten Leute haben unrecht. Gedanken haben wir schon, wir Militaristen; es ist nur: wir lassen sie spielen, sobald der Dienst uns losgibt. Als Zivilist, wie hätte man da imstande sein sollen, die Sachen zu verdauen, die Prittwitz über den Polenfeldzug geschrieben hatte: zunächst über die großen Kampf- und Marschleistungen unserer Truppe, die wie eine Urgewalt über das polnische Land hereinbrachen und alles vor sich hertrieben ... dann aber, gleich dahinter einsetzend, die niederträchtigen Gewaltmaßnahmen der Gestapo, gegen den Adel und die geistige Oberschicht: Verschleppung, Erschießung der Männer, was mit den Frauen geschah, war noch ärger. Und im gleichen Atemzug Propagandageschrei über die polnischen Untaten, Blutsonntag von Bromberg und so weiter. Leider ebenso wahr und ebenso schrecklich. Aber

woher nehmen wir den Mut, davon zu reden, wenn wir selber —?
Na ja. Der Generaloberst von Fritsch, dessen Ehre durch die Partei auf eine so infame Weise angetastet worden war, ist vor Warschau in vorderster Linie gefallen. Wie kommt ein General in die vorderste Linie? es sei denn, daß er eine militärische Katastrophe aufhalten muß (wovon hier nicht die Rede war), oder: daß er sein Leben lossein will! Der Führer hat ein Staatsbegräbnis angeordnet. Mit Staatsbegräbnissen decken sie ihre Verbrechen zu. — Nein, nein, Quint wußte es genau: als Privatmensch, in eigener Verantwortung lebend, würde man verrückt werden von dem verzweifelten, bohrenden Nachgrübeln über solche Dinge, die man doch nicht ändern kann. Der Soldat aber ist davon entbunden, und wahrscheinlich mit Recht. Denn das Leben ist schön. Das Leben ist nur einmal geschenkt. Und wer es dem morgenden Tag sozusagen schon im Voraus in den Rachen geworfen hat, der darf sich heute seiner erfreuen, der braucht nicht als ein Gebückter zu gehen unter den furchtbar lastenden Verantwortungen, welche diese Zeit auf die fühlenden und denkenden Menschen legt. Ja, dahin ist es gekommen, daß Lebensfreude nur dort noch möglich ist, wo der Tod nahe steht! Nur dieser Anhauch, von einem freieren Ufer herüber, zerstreut noch die erstickenden Dünste, die über dem Land liegen. Wen wundert es, daß sich die beste Jugend des Landes zum Waffenhandwerk drängt? Es ist nicht, weil sie die Sache für gerecht erkennen, wie 1813, wie 1914. Und es ist nicht nur, weil das Vaterland in Gefahr ist. Es ist um dieses Restes willen, von Fröhlichkeit und von Freiheit, der allein unserm, dem soldatischen Leben, noch geblieben ist. Der Soldat allein ist der freie Mann!... der das gedichtet hat, überlegte Quint, es wird wohl Theodor Körner oder irgend so einer gewesen sein, hat sich vermutlich etwas anderes darunter vorgestellt. Aber jetzt ist das nun so. Und ich bin froh, daß ich in dieser grauen Kluft stecke.

Zu Natalie und den beiden Buben wanderten seine Gedanken freundlich still, ohne schmerzvolle Sehnsucht, während er so auf Feld- und Waldwegen, die Autofahrstraßen nach Möglichkeit vermeidend, manchmal eine Karte befragend, Stund um Stund dahinritt. Einige Male gab sich auf Wiesengrund die Gelegenheit zu einem schönen, gestreckten Galopp. In einem ländlichen Wirtshaus aß er zu Mittag und ließ Rouge füttern, durfte sie auch hinterm Hause weiden lassen. Ein hübsches dunkeläugiges Mädchen, offenbar die Tochter des Hauses, grüßte Quint von einer Fensterbank her mit stummem Kopfnicken; der Wirt, ihr Vater, stellte dem „Herrn Offizier" nicht nur den besten Moselwein, den er hatte, auf den Tisch, er schien auch eine Pflicht zu fühlen, ihn patriotisch zu unterhalten, und erzählte daher, daß über der hiesigen Gegend schon ein französisches Flugzeug „mit einem Generalstäbler drin" bei Euskirchen zur Notlandung gezwungen und daß das auch im Wehrmachtsbericht erwähnt wurde. „Prost, Herr Wirt, prost, Fräulein," sagte Quint, ihnen zutrinkend. „Ich wünsche Ihrer schönen Gegend so wenige Erwähnungen im Wehrmachtsbericht wie nur irgend möglich!" — da lachten Vater und Tochter zustimmend.

In dem kleinen Städtchen Dümpenich suchte Quint einen Kameraden von dem Österreich-Einmarsch her, einen Hauptmann Bothe, auf, dessen Einheit er hier stationiert wußte. Er hatte sich zu diesem telefonische Nachricht bestellt, falls in seinem eigenen „Laden" etwas los wäre, was seine sofortige Rückkehr nötig machte. Eine solche Nachricht lag nicht vor, und Quint, besorgt, der militärisch-bürokratische Eifer möchte ihn doch noch einholen, brach schon nach einer halben Stunde wieder auf, obwohl Bothe und die andern Herren ihn unbedingt bei einem Spielchen festhalten wollten und Quint wohl wußte, daß es unter Soldaten nicht ratsam ist, sich in den Ruf eines Eigenbrötlers zu bringen, der die Einsamkeit aufsucht. Aber wenigstens den heutigen Tag frei und ganz! dachte er — und es war ein Gefühl dabei, das sich seit dem Morgen schon geregt und den Tag her verstärkt hatte: als dürfe er sich heute nicht unter einem Dach, nicht unter fremden Menschen versäumen.

Durch eine Allee mit glatter, geteerter Straße, auf der Rouge nur unwillig ihre Hufe setzte, führte den Reiter sein Weg einer Ortschaft zu. Er wußte nicht, wo er sich befand, und blickte darum nach dem Namensschild aus:

HERSELBACH
Fahrt vorsichtig!

las er an einer Hausmauer rechts neben dem Ortseingang.

Wie der Tropfen eines farbigen Saftes vom Wasser im Glas nur allmählich aufgenommen wird, so faßte Quints Bewußtsein den Namen „Herselbach" nicht sogleich als Antjes Wohnort auf. Briefe hatte er ja nie mit ihr gewechselt, er wußte nur, daß sie in der Eifel in einer Gärtnerei beschäftigt war, und hatte schon manchmal gedacht, einmal könnte — oder müßte er sie wohl besuchen; sie gehörte ja zur Familie, sie war eine Art Cousine. Immerhin hatte eine Ahnung, man dürfe die fädenspinnenden Schicksalsschwestern nicht herausfordern, ihn den Plan bisher aufschieben lassen. Es hätte nur einer Feldpostkarte an Onkel Georg Degener bedurft, um Antjes Adresse zu erfragen; er schrieb die

Karte nicht. Und jetzt, vor diesem Namensschild, machte er die Entdeckung, daß sein Gedächtnis heimlich dienstbarer Weise den Ort verwahrt hatte — jemand mußte einmal erwähnt haben, daß sie hier lebte — und nun bot es ihm das eifersüchtig Gehütete wie eine Selbstverständlichkeit an.

„Ach! wahrhaftig," sagte Quint, der nichts in sich hörte als die ungeduldige, glückliche Zustimmung seines Herzens zu dem, was da geschehen war, was er vor sich sah: „Hierher also hat es mich haben wollen."

In wenigen Minuten erfragte er auf dem Postamt ihre Wohnung und ritt durch die noch sonnenhelle, sonntagsstille Straße darauf zu. Er war kaum aus dem Sattel, hatte noch die Klingel nicht berührt, da stand Antje in der Haustür: bräunlich, schlank, in der strahlenden Bereitschaft für ihn, die er von Jugend auf kannte, von der sein Gefühl wußte — deren Unbedingtheit aber der schönen Erscheinung etwas Strenges gab. Diesmal hab ich nicht einmal Blumen in der Hand, dachte er, an seine flüchtige Berliner Begegnung mit Antje sich erinnernd, und vergaß gleich wieder, woran er gedacht hatte, weil ihn ihr Blick mit allzu gegenwärtiger Freude umfing.

„Verzeih, Antje, daß ich so plötzlich daherkomme," sagte er. Aber das hieß einfach: „Da bin ich jetzt" — und das fast tonlose „Ja", das sie sagte, war eine Antwort auf diese, nicht auf die laut ausgesprochenen Worte.

Und so auch weiter, an diesem Nachmittag. Was sie taten und redeten, war etwas Anderes als die Übereinkunft, die sich wortlos, unwiderruflich zwischen ihnen hergestellt hatte; und eines sah am andern, wußte vom andern, wie glücklich es darüber war. Während Quint sein Pferd zum Gasthof brachte, es dort einzustellen, denn das Gärtchen von Antjes Hausfrau hatte dafür keinen Platz, richtete Antje den Tee, und sie saßen sich dann in Antjes kleinem Zimmer auf Stuhl und Sofa gegenüber und sprachen, immer wieder den Sinn ihrer eigenen Worte, die eine bloße Konversation waren, vergessend...

Sie fragte plötzlich: „Wie hast du denn hergefunden, Quint? Hast du denn gewußt, wo ich wohne?"

Quint erwiderte: „Das war anders."

„Wie, anders?"

„Ich wollte heut gar nicht zu dir. Ich wollte dich irgendwann einmal besuchen, das schon. Aber nicht heut. Es ist nur ein freier Tag, und ich bin ausgeritten. Und auf einmal war ich hier in Herselbach."

„Ist das wirklich wahr?" fragte Antje entzückt. Er verstand

ganz gut, warum sie entzückt war. Er starrte sie finster und sehnsüchtig an.

„Ja. Heut bin ich ganz ohne eigene Absicht hierher geraten."
Als er aufbrach, bat sie ihn nicht, noch länger zu bleiben. Er war es, der unter der Tür einen Vorschlag für ein neues Zusammentreffen machte; es wurde gelassenen Tones, wie zwischen zwei sicheren und ruhigen Menschen, verabredet.

Im heraufdunkelnden Abend ritt Quint wie im Traum seinen Weg nach Ahrweiler zurück.

Sein Bursche Klauer hatte Stadturlaub — der ehrlichste Mensch, übrigens, von der Welt, der seinen anstößigen Namen ganz zu Unrecht trug und nicht einmal f ü r , geschweige denn v o n seinem Herrn etwas ge„klaut" hätte. Quint versorgte die Stute selbst, dann ließ er sich vom Diensthabenden die Meldung machen und ging, ohne noch im Kasino zu essen, in sein Quartier. Auf seinem Zimmer fand er wie jeden Abend etwas Obst bereitgestellt, eine Freundlichkeit der Hausfrau; wahrscheinlich saß die alte Dame mit ihrer Schwester noch drüben im Wohnzimmer und beide hofften, daß Herr von Fehrenkamp auf ein Stündchen zu ihnen hinüberkäme. Aber er wollte heut keine Menschenstimmen und Menschengesichter mehr, auch war es klüger, da keine Gewohnheitspflicht entstehen zu lassen. Er nahm einen Apfel, und entdeckte dabei auf dem Tisch einen Brief. Das freilich war eine Menschenstimme, von der er sich überall und zu jeder Stunde finden lassen mußte: von Natalie.

„Quint, mein Lieber," schrieb sie, „ich trage Dich im Herzen Tag und Nacht, das weißt Du. Gut, und wenn Du es weißt, laß es mich trotzdem sagen; es sind jetzt Zeiten, wo solche Dinge zu sagen oder wenigstens zu schreiben erlaubt ist. Es sind schwere Zeiten. Du kannst Dir vorstellen, daß es mir schwer wird, zu denken: ganz unaufhaltsam, früher oder später, wird einmal der Tag dasein, an dem Quint seine Truppe zur Front führen und an dem er seine Kanonen gegen Menschen meines Volkes richten und selbst den von Menschen meines Volkes gegen ihn gerichteten Kanonen ausgesetzt sein wird. Und wer bewahrt mich vor so angstvollen Gedanken, daß mein Bruder Marcel auf der anderen Seite stehen könnte? — Du, mach es Dir nicht so leicht, zu sagen: das sei eine Phantastik von Frauen, zu meinen, daß unter Millionen der Kämpfenden gerade ein Mann und sein Schwager aufeinander stoßen müßten. Natürlich, wenn es jemand mit dem Stift ausrechnet, kommt eine lächerliche, ganz winzige Wahrscheinlichkeit heraus. Aber was im Leben kann man denn schon mit dem Stift ausrechnen? Das Böse nicht, und noch viel weniger das Gute: nicht den Glauben, nicht die Liebe und nicht die Treue. — Ich weiß noch, wie ich als Schulmädchen zuerst hörte, daß so viele Sterne sich am Himmel bewegen, und zu meinem Vater sagte: ‚aber da werden wir ja mit ihnen zusammenstoßen!'... da nahm er seinen Stift und rechnete mir vor, wie ganz gering die Wahrscheinlichkeit für einen solchen Zusammenstoß ist. Er hat mich später oft damit aufgezogen, der Papa, — Du kennst ihn ja mit seiner lieben, niemals wehtuenden, immer die Wärme und das Zutrauen bestärkenden Art — und hat erzählt, wie ich ihn da angesehen hätte, sozusagen Anerkennung nickend für seine Mühe, aber gesagt hätte: ‚Ja, Papa. Aber ich glaube, ich werde doch lieber beten, daß wir nicht zusammenstoßen.'

Wir wollen beten, Quint, daß Du mit Marcel nicht zusammentriffst. Wir wollen überhaupt, ich bitte Dich, im Gebet fest vereinigt bleiben."

— Der Brief bewegte ihn. Aber wie ganz von weither klang ihm diese Stimme! Sie konnte das fortsummende Lied seines Verlangens nach der Anderen, sie konnte das Bild Antjes nicht einen Augenblick in ihm auslöschen: Antje, unter der Haustür, mit dem Ausdruck, der kühn und beinah streng ihre Entschlossenheit kundgab, das ganze Wesen ihm, der da kam, hinzugeben. Wie hieß das Nest, dachte er, wo sie lebt? — Herselbach. Hörselberg.

Es ist eine erprobte Weisheit der Heeresführung, eine Truppe, die in Ruhe und in Erwartung kommender Kämpfe liegt, möglichst viel zu beschäftigen: mit Märschen, Schießübungen, allerlei Gamaschendienst. So kam es, daß Quint Tag für Tag und Woche für Woche sich in einen streng besetzten Tageslauf eingespannt sah und nur selten abkommen konnte, um Antje zu besuchen. Zwar, er hätte Beziehungen ausnützen und sich eine größere Freizügigkeit verschaffen können. Aber das wollte er nicht. In ihm war eine Schicksalsgläubigkeit, sie ließ ihn im Stillen immer wieder denken und auch spüren, es werde sich schon alles fügen, wie es notwendig sei. Darin lag der Zauber von Quints Art, daß er die menschenentstellende, gierige Hast nicht kannte; nie würde er räuberisch eine unzeitige Frucht vom Zweig reißen. Gab sich aber die Frucht seinen Händen, so konnte er sich fast unbefangen wie ein Heide seines Glückes und Genusses freuen. Vielleicht war es eine Fehrenkampische Kunst; sein Vater war auch kein Kostverächter gewesen. Und an die Kugel, die damals wie eine unbewußte, ungewollte Warnung aus des Vaters Pistole gefahren war, dachte Quint nicht mehr. Doch erinnerte er sich oft seines Vaters: wie eines älteren Bruders, mit dem gut zu reden, gut sich zu verständigen wäre, wenn nicht dieses merkwürdige Hindernis: der Tod, solche Schichten des Schweigens zwischen uns und die abgeschiedenen Seelen legte. Des Schweigens und, man mußte es sich wohl eingestehen: einer zunehmenden Entfernung. Oder doch nicht? Seine Mutter freilich mit ihrer Treue zu den Toten, ihrer Kraft des Gebetes, die war vielleicht stärker als alle räumlichen und zeitlichen Entfernungen. — Stärker als der Tod, fragte er sich zweifelnd, der als riesiger Schatten über dem ganzen Erdteil aufgestanden ist? Hm, es war besser, man ließ das in der schützenden Geborgenheit ruhen, in der es nicht umsonst beschlossen lag.

In seiner Vorstellung, daß keine Menschenmacht zu dem, was bestimmt ist, etwas hinzutun oder davon wegnehmen könne, bestärkte ihn das auf so merkwürdige Weise mißlungene Attentat auf den Führer im Münchner Bürgerbräukeller. In Quints Regiment erfuhr man schnell genauere Einzelheiten darüber von Urlaubern, die zur Zeit des Attentats in München waren. Adolf Hitler befand sich am 9. November 1939 an der für seine Partei historischen Stätte, von der 1923 sein erster Versuch zur Machtergreifung ausgegangen war, und hielt eine Ansprache an die alten Parteigenossen. Entgegen seiner Gewohnheit, längst Bekanntes in breiten Wiederholungen vorzutragen, faßte er sich diesmal kurz, als ob er gewußt hätte, daß hinter der Saalwand eine Höllenmaschine eingebaut war. Nicht mehr als zehn Minuten vor der Explosion verließ Hitler mit seinem persönlichen Gefolge den Raum in einer Eile, die von mehreren bemerkt wurde. Die Explosion tötete und verletzte einige Männer der „alten Garde", ihm selbst aber, dem Diktator, war kein Haar gekrümmt worden. —

Da sieht man, daß alles kommt, wie es soll, dachte Quint über dieses Ereignis. Der Mann ist ein Werkzeug, dessen Zweck noch nicht erfüllt ist, also können sie anfangen, was sie wollen, es passiert ihm nichts.

Auch ein nicht behindertes Zusammensein mit Antje werde sich nur dann ergeben, dachte er, wenn es ihm und ihr „in den Sternen" zugedacht sei. Und er behielt recht mit diesem Gedanken. Mitte November wurde er zu einem vierwöchigen artilleristischen Lehrgang nach Wahn bei Köln kommandiert und ließ Antje durch eine kurze Notiz wissen, es würde dort leicht sein, sich öfters und mit mehr Ruhe zu sehen, wenn sie es einrichten könnte, für diese Zeit in die Stadt zu übersiedeln. Den Brief ritt Klauer auf „Rusch", wie der Bursche das Pferd seines Hauptmanns zu nennen pflegte, nach Herselbach hinüber; Quint hatte in diesem Fall für besser gehalten, den Postweg zu vermeiden. Er fragte nicht und machte sich keine Gedanken darüber, wie Antje es ermöglichte, bei Frau Schlumm so plötzlich Urlaub zu bekommen. Es hielt nicht ganz leicht, die Schlumm war alt und bequem geworden und sehr daran gewöhnt, die Initiative in allen Fragen ihres Gartenbetriebs Antje zu überlassen; gerade jetzt war fürs Gewächshaus und die Wintersaat vieles zu entscheiden und vorzubereiten. Auch hätte die Frau nicht wissen dürfen, daß das Mädchen seinen Urlaub in Köln verbringen wollte, und warum; sie fühlte eine mütterliche Verantwortung für Antje und würde, wenn man sie irgendeine Liebesaffäre auch nur hätte ahnen lassen, gleich den „guten Herr Pastor" alarmiert haben. Darum erzählte ihr Antje eine ausführliche Lügengeschichte: daß sie nach Hause, das heißt, nach Steglitz müsse, um der Stiefmutter Ulrike zu helfen – hoffend, daß Frau Schlumm in den vier Wochen zwar manchmal die Absicht haben, aber es nie so weit bringen würde, ihr nach Berlin einen Brief zu schreiben. Weder das Lügen noch die Gefahr der Entdeckung machte ihr Sorge: Antje würde nackten Fußes auf glühenden Kohlen von Herselbach bis Köln gelaufen sein, wenn sie nicht anders hätte hingelangen können. Sie war ganz still, und ganz und zu allem entschlossen. Es war der kurze, selige Tag ihres Lebens.

In Köln holte Klauer sie vom Bahnhof ab und brachte sie in ihr Zimmer, das der findige Mensch rasch aufgetrieben: dessen Vermieterin keine Fragen stellte.

Freude zu genießen, Freude dem Andern zu gönnen ist am Rhein eine alte Kunst; nicht erst seit den Tagen, da Eulenspiegel hier von Stadt zu Stadt wanderte. Es haben die Kaiser und die Bettelleute, es haben weltliche und geistliche Brüder den Rhein zu schätzen gewußt. In dieser Neige des Jahres 1939 aber lebte die Welt im Vorgefühl des schrecklichen Krieges – jedoch es war, bis auf das schnell ausgebrannte polnische Feuer, noch nichts Verderbliches, es war nichts Unwiderrufliches geschehen, die Kräfte der Völker noch nicht mit Schicksalsgewalt gegeneinander aufgestanden. Man wußte, es würde dazu kommen; und das verstärkte das Gewürz jeder Speise, den Geschmack jedes Weines. Von dort, wo der Rhein aus der ernsten Stadt Basel sich nordwärts biegt, bis ins Niederland hinunter lagen Soldaten im Quartier, fremde, frische, waffentragende Männer, und waren die schönen und auch die nichtschönen Frauen bereit, den Todesmutigen noch das volle Geschenk des Lebens hinzugeben und es von ihnen zu empfangen. Zu Köln, im November 1939, war es nichts Ungewöhnliches und wurde nicht als eine Schande vermerkt, wenn ein Mädchen in der Stunde der Dämmerung in einer kleinen Mansardenwohnung Besuch empfing.

Quint freilich verstand im Interesse von Antjes Ehre keinen

Spaß; ihm war schon die freundliche Andeutung von Lächeln zu viel, mit dem die Vermieterin ihn auf der Stiege grüßte; mit einem vernichtenden Blick ging er an der Erschrockenen vorbei — und drinnen fragte er Antje, sie sah sein Gesicht zum erstenmal hellrot, wie bei einem beschämten Buben: „Wohin soll ich dich jetzt bringen? Dieses Weib hier wagt es, irgendwie von dir zu denken."

Antje aber, die Arme um seinen Hals, — ohne Lächeln, denn ihr Lächeln war vergangen in einem immer ernsteren, entzückteren Staunen, mit dem ihr Blick in dem seinen versank:

„Quint, Quint, du sollst sie lassen. Ich weiß nicht und es kümmert mich nicht, was sie von mir denkt. Wenn diese ganze Stadt etwas Schandvolles von mir dächte: ich fühle nicht mehr davon als der Wind von einer Feder, die er treibt. Quint, ich glaube, du liebst mich; ich meine so: ich hoffe und glaube wirklich, daß auch du mich liebst. Aber du hast nicht wie ich siebenundzwanzig lange Jahre auf diese einzige Nacht gewartet!"

Glück, was ist das? Eine Kinderbescherung, wo die erfüllten Wünsche den Tisch bedecken? Oder des Herzens tiefer Einklang mit sich selbst?

Diese Liebenden beide waren gut dazu ausgerüstet, das schmale Maß erfüllter Zeit, das ihrer Liebe vergönnt war, ganz unverkümmert von solchen Fragen in sich zu fassen. Quint, weil er ohnehin keine allzu scharf gestellten Fragen liebte und sich besonders in dem gegenwärtigen Stande seines Lebens und der Zeit von ihnen entbunden glaubte. Es wäre nicht richtig gewesen, von ihm zu sagen, daß sein Sinn leicht war; aber die Hand war leicht, mit der er sein Leben führte: eines guten Reiters Hand. — Und Antje gelangen die vier Wochen in Köln („ein Mond", so flüsterte sie morgens sich selber zu, das Wort in seinem schönen, vollen Klang genießend), weil sie ja wirklich ihr Leben lang darauf zu gelebt hatte. Und weil sie so genau wußte, daß es vergängliche Zeit war.

Immer seit ihren Mädchentagen hatte die Liebe zu Quint sie erfüllt. Woher sie gekommen war, wer wollte das sagen? Aber es schien ihr sogar, als habe sie schon als kleines Kind, wenn sie und Ninette in Grünschwaig oder sonstwo mit dem großen Vetter Fehrenkamp zusammenkamen, ihn mit einem anderen Blick als andere Kinder betrachtet: immer als einen bewunderten und ersehnten Spielgenossen. Spielgenoß: jetzt ist er das am Ende wirklich noch geworden. Ich hatte es gar nicht mehr gehofft — und ich wußte es doch immer, dachte Antje, von einem Schauer seliger Dankbarkeit überronnen, als sie am späten Morgen — er war schon fort — noch im Schlafrock auf ihrem Fensterbänkchen hockte und hinausblickte. Sie konnte von da, wo sie saß, rheinüber, zwischen Dächern, grad ein Stück Dom sehen. Wie oft, wenn ich in die Ferien gefahren bin, entsann sie sich, bin ich durch Köln gekommen und habe die zwei Türme gesehen, und kein auch nur ganz leises Wissen in meinem dummen Kopf hat mir zugeflüstert, daß dieses Stück Umriß da, in den Himmel hineingezeichnet, einmal, und dann freilich für immer und immer, eine solche Erinnerung bedeuten würde. Ach! noch ist es Gegenwart. Ihr dunklen Türme, du heller Himmel. — Es war keine Spur davon, daß der Anblick des Ortes, an dem Gott gegenwärtig wohnt, sie an ihre Verantwortung, ihre Schuld gemahnt hätte, an Natalie Fehrenkamps Hausrecht, in das sie eingebrochen war. Natalie ging überhaupt nur selten, und nur fern wie ein Schatten, durch ihre Gedanken. Jetzt will ich so glücklich und nachher so tapfer sein, wie ich kann, dachte sie nur.

— Quint hatte sich's einzurichten gewußt, daß er nicht draußen in Wahn zu wohnen brauchte, wo sowohl die Theorie-Stunden als auch der praktische Schießlehrgang stattfand. Er scherzte über den Namen: „Der Ort heißt nicht umsonst so, das Wirkliche ist nur bei dir," sagte er zu Antje. — Es konnte also niemand etwas dabei finden, wenn er allabendlich nach Köln hineinfuhr. Auch andere Offiziere taten so. Aber er und Antje hielten sich sehr vorsichtig in der großen, fremden Stadt, wo sie eigentlich beide keine Bekannten wohnen hatten. Kaum, daß sie einmal zusammen ausgingen. Antje versicherte ihm immer wieder: sie lege keinen Wert darauf. Natürlich gab es Offiziere genug von seinem Regiment, mit denen man in Köln zusammentreffen konnte. Und wenn man auch rechnen durfte, daß niemand, vielleicht sogar nicht einmal der Kommandeur, ein Wort laut werden ließe — denn der Kriegsgott Mars weiß es wohl, daß er die Nebenregierung der Venus dulden muß — so kannte doch Antjes weibliche Ahnung ihren Freund zu sicher, um nicht herauszuspüren, daß ihm gerade die „Duldung" verhaßt war; der halbe Blick, der ihm seine persönliche Beziehung zu Antje antasten, kennerisch einordnen, womöglich „gutheißen" würde! Daß er so empfand, beglückte sie, es war ihr das sicherste Anzeichen, daß sie für Quint kein „Abenteuer" war, keine Blume, die sich einer in seinen Kranz steckt. Und wenn sie auch selbst mit der Sicherheit einer Frau, die alles gewagt und hingegeben hat, in dem Lichtkreis ihrer Liebe wohnte und also durch derlei Begebnisse nicht zu beirren war, so war sie doch entschlossen, sie Quint nach Möglichkeit zu ersparen — und sie tat klug daran. Es mühte sie nicht, die Stunden hinzuwarten, in denen sein Kurs oder anderweitige Verpflichtung ihn fernhielt. Sie gewöhnte sich, lange Besorgungsgänge in der Stadt zu tun, auch bei novemberlichem Nebel und Regen, oder die Sehenswürdigkeiten der Stadt zu betrachten. Davon freilich hatte sie nicht viel, weil ihre Gedanken im Schauen schon wieder fortwanderten; sie sah ihnen nicht an, wie gefährdet sie waren und wie kurz bemessen nur noch, für viele dieser Bogen und Fenster und Bildwerke, ihr stummes seele-bezeugendes Leben. Wohl aber geschah es ihr im Dom, daß sie in der Kniebank verweilte und im Gebet, mit der Strebung der Pfeiler, nach oben gerissen wurde. „Sonne und Mond, steh still!" hätte sie wie der Feldherr der alten Bundes bitten mögen; doch ihr Herz beschied sich zu danken, daß ihr der Gang der Tage dies gebracht hatte: ihr Herz schwankte wie eine dieser Lampen still leuchtend an der langen Kette, die es hielt; sein Bekenntnis war: daß es leuchtete, und es meinte sonst keiner Beichte zu bedürfen.

Heiter kehrte sie von ihren Wegen zurück, Blumen, Wein und Mahl stellte sie in ihrem Zimmerchen bereit, zu dem Quint allabendlich vier Treppen hoch in Glück und Ungeduld emporstieg.

Es gab noch ein paar helle, nicht zu kalte Spätjahrstage. An einem solchen fuhren die Beiden in die Umgebung Kölns hinaus; Quint hatte den Klauer mit zwei gemieteten Pferden (denn Rouge war beim Regiment in der Eifel geblieben) vorausgeschickt. Da ritten sie nebeneinander über abgeerntetes Feld, durch ein Stück lichten Wald hin. Antje trug ein englisches grünes Reitkleid von etwas altmodischer Machart, das Quint in einem Geschäft borgweise für sie aufgetrieben; es entzückte ihn, sie darin zu sehen: im Damensitz, mit einem natürlichen Reittalent dem verdrossenen alten Mietpferdchen die richtigen Hilfen gebend, und froh mit geröteter Wange lächelnd, weil sie Quint seine Anerkennung und Freude ansah.

Sie kann reiten wohin sie will, dachte Quint, ich werde immer, es ist ja nicht anders möglich! — i m m e r an ihrer Seite sein...

Der etwas bleiche Schein der Sonne, die schwachen Schatten der Kiefernstämme gingen über die Gesichter der Beiden hin. Sie sprachen fast nichts miteinander: als hielte das Bewußtsein ihres Glücks den Ton in der Kehle fest, und auch: als fühlten sie beide, wie sein Zeiger den Zenit erreiche.

— Sie waren um jede Stunde froh, in der sie beisammen sein konnten, um jede Stunde traurig, die sie verloren; ein einziges Mal während dieser Kölner Wochen kam es zu einer Art Streit zwischen ihnen, und das war, weil Quint mit der Eifersucht und Selbstsucht eines leidenschaftlich Verliebten nach Antjes Vergangenheit frug, und sie ihm ohne Zögern von Siegfried Hanauer erzählte.

„So! Also ein Jude ist mein Vorgänger gewesen," sagte Quint — und merkte mit Erstaunen, wie Antjes Gesicht und irgendwie auch ihre Stimme sich verfärbte, in Zorn über den Ton, in dem er gesprochen hatte.

„Ein Jude?" wiederholte sie. „Ja! Und du, mein Freund, willst das tadeln? Du, der d a s gehabt hätte" (indem sie seinen Säbel vom Tisch aufgriff) „um diese Niederträchtigkeiten, die geschehen sind, zu hindern? Du hast mir gesagt, daß du froh bist, ein Soldat, und auf die Weise noch ein freier Mann zu sein. Aber was seid ihr denn für freie Männer, wenn ihr Soldaten, und doch nicht imstande seid, den Henkern in unserm Land das Handwerk zu legen!"

Sie schüttelte seine Hand ab, die er auf ihre Schulter legen wollte. Sie fuhr heftig fort:

„Sie haben ihn umgebracht, den Siegfried Hanauer. Jawohl, umgebracht, ich hätte sonst bestimmt noch einmal von ihm gehört. — Ja, i c h konnte nichts für ihn tun, als was ich getan habe. Es war ihm ein Trost, in seiner Einsamkeit und Angst. Ich tät es vielleicht wieder, wenn es ihm hülfe! — Aber ... ich glaube nicht, Quint, daß du mich jetzt noch dahin bringen willst, dir zu beteuern, daß es für mich mein ganzes Leben lang niemand als dich gegeben hat. Noch je geben wird," sagte sie mit zitternden Lippen, indem sie die Waffe sorgfältig, damit sie nicht klirren sollte, auf den Tisch zurücklegte.

„Verzeih mir," sagte Quint beschämt.

An dem letzten Tag seines Lehrgangs fand er, als er die vier Treppen hinaufgestiegen war, alles wie sonst für ihre gemeinsame Abendmahlzeit vorbereitet, die Kommode aber und den schmalen gelben Kleiderschrank schon leer und Antjes Köfferchen gepackt.

Sie erklärte ihm: „Ich will morgen mit dem allererersten Zug nach Herselbach hinausfahren ... Nicht hierbleiben, in dem Zimmer, sobald ich dich nicht mehr darin erwarten kann. — Unser Mond ist s o schmal geworden ..."

Sie sei im Irrtum, der Mond sei im Zunehmen, versicherte Quint.

„Ach, was verstehst du vom Kalender, mein Liebster," sagte sie; er spürte die Schlankheit ihrer Finger, mit denen sie ihm durch das Haar fuhr.

„Aber wir sehen uns ja wieder, so bald wie nur möglich!"

„Schon. Aber das ist nicht wie hier. Unser Mond ist vorbei. — Kümmere dich nicht um die Tränen, das hat überhaupt nichts zu sagen. Ich bin nichts als nur froh. Nichts als dir dankbar, Quint, für jeden, jeden einzelnen Mondentag!"

4

„Ist recht, daß Sie wieder da sind, Fehrenkamp," sagte in Ahrweiler der Oberst Hähndl zu Quint, der sich in militärischer Haltung bei ihm vom Lehrkurs zurückmeldete; er sah ihn dabei durch seine Brille mit blitzblauen Augen an und schüttelte ihm die Hand.

Hähndl, gutmütig und etwas bierbäuchig, war ein außerordentlich fähiger, schon im vorigen Weltkrieg bewährter und mit dem Eisernen Kreuz beider Klassen ausgezeichneter Offizier; einer von denen, die sich nicht in der Etappe durch ein schneidiges Wesen zur Geltung bringen, aber deren Wert sogleich, wenn die Dinge ungemütlich aussehen, dadurch bemerklich wird, daß sich dann Lasten und Verantwortungen mit einer stillen Selbstverständlichkeit bei ihnen einfinden. Quint Fehrenkamp hatte große Achtung für ihn und freute sich über den Empfang, weil er wußte, daß dieses „Ist recht" in seinem Munde etwas bedeutete.

„Ja," nickte Hähndl. „Sie sind uns tatsächlich abgegangen, und nicht einmal bloß beim Skatspielen. Aber wir sind gar nicht so — wir schicken Sie noch einmal fort! Schaun S' her: da hab ich ein Weihnachtsgutsel für Sie."

Er schob ihm über den Tisch einen achttägigen Weihnachtsurlaubschein zu.

„Ich bin eigentlich bei der Urlaubsbewilligung davon ausgegangen, daß die am kürzesten Verheirateten den ersten Anspruch haben — und Sie, wenn Sie auch bei uns einer von den Jüngeren sind, haben als Ehemann schon ein ganz beachtliches Dienstalter. Elf Jahre! Früh übt sich... und so weiter. Aber ich weiß, daß Ihre Gattin eine geborene Französin ist, und das ist unter den heute gegebenen Umständen eine zusätzliche Schwierigkeit, mit der man ein bissel eine Sonderbegünstigung schon rechtfertigen kann."

Der Oberst war so beschäftigt mit seinem menschenfreundlichen Gedankengang, daß er nicht bemerkte, wie Quint in Verlegenheit auf den Schein niederblickte und, indem er ihn an sich nahm, etwas mühsam nach Dankesworten suchte.

„Herr Oberst, wenn aber die Kameraden..."

„Reden S' keine Sprüch, mein Lieber," fuhr ihm Hähndl freundlich über den Mund.

Im Regiment wurde Quint Fehrenkamp nach seiner vierwöchigen Abwesenheit auch von den anderen Offizieren und von den Untergebenen herzlich empfangen. Von ihm wußten es alle, daß weder Ehrgeiz noch ein sonstwie gearteter Eifer um eigenen Vorteil seine Handlungen bestimmte, und darum gehörte er zu den Menschen, denen nicht leicht einer übelwill; selbst sein „Urlaubsglück", wie sie es nannten, wurde ihm nicht beneidet. Er aber erkannte, daß er in Köln in allem, was nicht gerade die artilleristische Fachausbildung betraf, wie jener Träumende im Palast der Meereskönigin, zwölf Faden unterm Wasserspiegel, gelebt hatte. Die Kameraden befragten ihn um seine Meinung über den seit Ende November ausgebrochenen finnisch-russischen Krieg: wie er die Chancen für Finnland, dem alle Sympathien gehörten, gegenüber der sowjetrussischen Übermacht beurteile? Ob er glaube, es sei wahr, daß der Führer dem von ihm doch hochgeschätzten Schweden Sven Hedin, der, um für Finnland zu bitten, persönlich zu ihm reiste, jede Vermittlung bei Stalin zugunsten des kleinen Landes verweigert habe?

„Ja? Hat er das? Er wird wohl, wenn er einen Krieg mit zwei Weltmächten wie England und Frankreich vor sich sieht, es nicht in seinem Rücken mit der dritten verderben können."

Quint brachte das in fragendem Tone vor und merkte, daß es peinlich war, zu einer so bedeutenden Tagesfrage noch keine feste Meinung zu haben. Besonders aus den Augen des Leutnants Viktor Scheufler traf ihn ein vorwurfsvoller Blick. Dieser Scheufler, eine vierschrötige, rotbäckige Jugend, dessen Hauptinteresse im Wehrsport bestand, erinnerte Quint hier und da an den von ihm sonst recht verschiedenen Vetter Jakob, durch seine in Gesprächen ungeduldig insistierende Art. Auch jetzt begann er Quint auseinanderzusetzen, daß es das einzig Ehrenvolle ist, für das Recht gegen die Übermacht zu kämpfen, und daß wir Deutschen eigentlich ohne Verzug den Finnen zu Hilfe kommen müßten – während Quint es nicht ändern konnte, daß er, einen dunklen Winkel des Zimmers vor Augen, mit traumerinnernder Deutlichkeit sah, wie rein sich Antjes Hals aus ihrer Schulter hob.

Abends, nachdem aller Dienst getan war, kam es ihm auf einmal unmöglich vor, sie zu entbehren, und er befahl seinem Burschen, Rouge zu satteln und vor die Wohnung zu bringen. Klauer wußte, daß sein Gesicht keine Teilnahme oder gar ein Einverständnis zeigen durfte; er meldete das Pferd mit Grabesmiene und erlaubte sich nur zu sagen, er habe dem Herrn Hauptmann den pelzgefütterten Mantel herausgeholt, der Abend sei „hübsch frisch" – so drückte er sich aus.

Und Quint ritt davon, wie eine Junge, der heimlich zum Indianerspiel durchbrennt.

Es wurde wirklich ein kalter Ritt durch die Dezembernacht, und im Herselbacher Gasthof wollte ein mißmutiger Stallknecht die Stute nicht mehr einstellen, weil angeblich zu wenig Platz vorhanden sei.

„Sie sind nur faul!" fuhr der Reiter ihn an — und auf die gemurmelte, aber noch deutlich genug hörbare Frage des offenbar angetrunkenen Menschen: was denn die Offiziere nachts im Land herumzureiten hätten? kein Mensch habe sie nötig, man hätte lieber Frieden... griff Quint mit einer so unmißverständlichen Bewegung an seinen Gürtel, daß der Andere schnell stumm und gefügig wurde.

Quint folgte ihm mit Rouge in den Stall. Es waren da wohl mehrere Pferde, sie wendeten die Köpfe zu den Hereingekommenen um, aber nicht nur eine, sondern drei Boxen waren noch frei. Unter einem Wasserhahn an der Wand stand ein bereits vollgelaufener Eimer, Quint prüfte mit dem Finger das Wasser und fand, daß es stallwarm genug war, um Rouge damit zu tränken. Während die Stute ihr rötliches, schnoberndes Maul in den Eimer versenkte, sagte ihr Eigentümer mit ruhiger Stimme zu dem Knecht:

„Sie werden sie abhalftern, absatteln und ihr die Decke geben und heute noch einmal mit Hafer und Häcksel füttern. Dann morgen wieder — wann beginnt Ihr Stalldienst? — Um fünf. Wenn ich alles in Ordnung finde, sollen Sie ein gutes Trinkgeld haben. Wenn nicht — dann würde mir wieder einfallen, was ich vorhin von Ihnen gehört habe, und ich würde Sie melden. Verstanden?"

„Jawohl, Herr Hauptmann," sagte der Kerl mit einem Versuch, sich trotz dem Schnaps, von dem er zuviel genossen, eine militärische Haltung zu geben.

Quint sah mit gereizter Abneigung auf das Gesicht mit der kaum fingerbreiten, über den Augen stark vortretenden Stirn. Er blieb noch stehen, bis seinem Pferde die Futtermischung in die Krippe geschüttet war, und entfernte sich dann mit einem kurzen „Gutnacht!" — im Herzen verstimmt, daß er eine so widerwärtige Drohung gegen den Mann nötig gehabt hatte.

Von der Verstimmung blieb nichts übrig, als er auf seinen leisen Ruf unter Antjes Fenster ihre Antwort hörte, und sich gleich darauf von ihr an der Hand genommen und ins Zimmer gezogen fand.

„Sei still. Weck mir meine Hausfrau nicht auf. — Ah! Quint, Quint, Quint," wiederholte Antje, jedesmal leiser. —

Bevor er sie, bei dunklem Morgen, wieder verließ, hatte er ihr gesagt, daß er Urlaub nach München bekommen und für die Weihnachtswoche zu Natalie fahren würde.

„Ja. Ja, ja," sagte Antje. „Es ist richtig, ganz richtig so, und ich verstehe. Aber bitte, — nein, b i t t e laß uns nicht ein einziges Wort darüber reden. Ob du ihr etwas sagen oder nicht sagen wirst. Ob... Nein. Bitte."

„Wie du willst. Du hast sicher recht," stimmte Quint ihr zu.

Er spürte das Angestrengte des frohgemuten, lächelnden Abschieds, den sie ihm gab.

Vielleicht ging ihm, in einer Stunde nächtlichen Nachsinnens, das Gefühl durchs Herz, daß die Echtheit seines Verhältnisses zu Natalie keine Verschweigung dessen vertrug, was ihm und Antje widerfahren war. Aber viel zu stark war in Quint der Sinn für das unter Menschen Schickliche und Zuträgliche ausgeprägt, als daß er sich hätte überzeugen können: es gebe Stunden, in denen unsre Seele über alle solche Grenzen hinweggehen muß, keine Verletzungen scheuen darf, um durch viele Schmerzen hindurch der anderen Seele in dem rücksichtslos wahren Lichte Gottes zu begegnen. Auf einen derartigen Vorhalt hätte er wahrscheinlich erwidert: das sei recht bequem, seiner Frau eine solche Aufrichtigkeit anzutun und zu denken: ‚nun siehe du zu, wie du damit fertig wirst'; und sich noch gar auf seine Wahrheitsliebe etwas zugute zu halten. Nein, er wußte, daß es ihm ganz unmöglich war, Nataliens vertrauendem Blick gegenüberzutreten mit diesem Bekenntnis; anzusehen, wie die Klarheit ihrer Augen sich in Schmerz und Enttäuschung trübt. Nein, ich kann das nicht und ich will das nicht! dachte er — und erinnerte sich, wie er in längst vergangenen Grünschwaiger Bubentagen einmal ganz außer sich geraten war und seine kleine Schwester Lisa, die sonst immer brüderlich Beschützte, wütend geohrfeigt hatte, weil sie mit tolpatschigen Kinderhänden Erdstücke vom Rand eines Grabens in das rein hinfließende Wasser fallen ließ, und nun das Durchsichtige, Klare von dem sich auflösenden Wasen schmutzig wurde. Der damals empfundene Schrecken und Zorn, als sei etwas nicht Gutzumachendes geschehen, wurde ihm wieder gegenwärtig. So weit aber führte ihn seine Überlegung nicht, sich zu sagen, daß es unsre Taten sind, die den Lebensfluß trüben, und daß es nicht unsre Verschweigungen sind, die ihn reinigen.

Ihr unbedingtes Vertrauen war es, das Natalie während der acht Urlaubstage nicht wahrnehmen und sich nicht einmal fragen ließ, ob etwa Quint ihr gegenüber verändert sei. Gründe genug gab es in diesem neuen, aufgeregten Weltzustand, diesem auseinandergerissenen Leben: — sie mit den Kindern alleingelassen, er in dem großen Kriegslager am Westwall des Reiches, — die es begreiflich machen konnten, wenn dem nächstvertrauten Menschen ein fremder Hauch um die Schläfe wehte. Sie fragte sogar einmal in aller Harmlosigkeit nach Antje, „unsrer schönen Cousine, die doch in der Eifel lebt" — und Quint brachte es zustande, ruhig zu antworten, daß er sie in Herselbach besucht habe und daß es ihr gute gehe.

Den ritterlichen Zug in seinem Wesen fand Natalie eher noch verstärkt. Wie er aufstand, höflich, wenn sie ins Zimmer kam. Und wie er ihr das Wolljäckchen schon geholt hatte, bevor sie noch selber merkte, daß ihr kühl war. Wie er ganz ohne Aufhebens, als etwas Selbstverständliches, seine Aufmerksamkeit und Fürsorge für sie auf die zwei Buben übertrug. Sogar der viereinhalbjährige Pierre kam, seinen Bruder und Vater nachahmend, zu ihr heran und küßte ihr die Hand; mit einem liebreizenden Schelmenblick sah er dabei zu ihr auf und ließ merken, daß er eine Belohnung für so viel Artigkeit erwartete. Natalie lachte, und Quint, am Frühstückstisch ihr gegenüber, konnte hören, aus welchem vollen Glück dieses Lachen kam. Sie liebte auch Quints Art, in Gesprächen lieber etwas in seinem Geheimnis beruhen zu lassen, als den Dingen scheulos heftig zu Leibe zu gehn. Das ist etwas Lateinisches, etwas Französisches an ihm, dachte sie, auf diese Weise ihn im Stillen ganz für sich in Anspruch nehmend; die Jahre ihrer Ehe in Deutschland hatten ihr gezeigt, daß es sonst mit den Menschen hier selten so war. Die Deutschen kamen gern gleich ins Schwierige und verwendeten überhaupt ihre merkwürdige Sprache nicht zur Benennung des Gegebenen, sondern zur Beschwörung des Dunklen. Oder wiederum, wenn sie obenhin schwätzten, wie Luzie — ein Mensch, dem Natalie so viel als möglich aus dem Weg ging — dann wurde diese Oberflächlichkeit etwas Grundsätzliches, Maßloses, das einen erschrecken konnte.

Silvia war in den letzten Jahren nur ein einziges Mal, auf einer Urlaubsreise, in Bayern gewesen und hatte Natalie — es war um die Zeit, als sie in Augsburg lebten — auf einen Abend besucht und bei ihr übernachtet, ehe sie nach Berlin zurückfuhr. Mit ihr bestand die alte Freundschaft weiter, Silvia war einfach und herzenswarm und stand zu den Lebensdingen in einer Weise, in die Natalie sich nie erst hineindenken mußte, die sie immer gleich als „richtig" empfand. Aber man sah und sprach sich viel zu selten, und darum war es eine Freude, daß von Silvia ein ganz langer Weihnachtsbrief gekommen war, der so vertraut wie immer klang. Quint bekam ihn zu lesen. Es gab auch dort jetzt schon zwei Kinder, bald vier der ältere, der nach seinem Großvater Georg hieß, und erst halbjährig das kleine Mädchen, über die Silvia schrieb, Hugo sei einverstanden gewesen, sie Ninette zu nennen, damit es in der Familie wieder eine Ninette gebe, von der man jetzt aufs neue hoffen konnte, daß sie in der schweren Zeit doch das Leben wagen und bestehen würde. Ohne weiteres war Quint bereit, die beiden Kinder reizend zu finden, obwohl nur der Vetterneffe Georg ihn auf dem Lichtbildchen ernst zutraulich anblickte, das andere Wesen aber, mit offenem Munde, fett und zahnlos, nur für einen Frauenverstand etwas Erfreuliches war. —

Sie hatten während dieser Weihnachtszeit noch die Wohnung inne, die sie nach der Rückkehr aus Augsburg bezogen hatten; (es war nicht mehr die alte in der Konradstraße). Nataliens Entschluß war aber schon gefaßt, gleich nach dem Ende von Quints Urlaub mit den Kindern zur Mama Fehrenkamp zu ziehen. Diese hätte sonst fremde Untermieter aufnehmen müssen. Und ihrerseits zu der Schwiegertochter zu übersiedeln, sich von den Räumen zu trennen, in denen sie ein Leben lang mit Alexander Fehrenkamp gelebt hatte und in denen er gestorben war, wäre Elisabeth viel zu schwer geworden. „Wir sind jung, wir können uns doch fügen und schicken. Und die Zeit ist danach, daß man zusammenrückt," sagte Natalie zu Quint — der das nicht von ihr gefordert hätte, aber natürlich gern sein Einverständnis gab. Es war ihm lieb, Frau und Mutter beieinander zu denken. Ohne daß er sich davon Rechenschaft gab, verhalf ihm dieser Umstand dazu, den Selbstvorwurf seines Gewissens abzuschwächen: daß er durch seine Treulosigkeit Natalie allein ließe.

Um Natalie im Haushalt zu entlasten, lud die Mama Fehrenkamp sie alle am ersten und zweiten Weihnachtsfeiertag zu sich zum Essen ein. Aufrecht, mit vollem, rotem Gesicht, saß Elisabeth an dem Platz, wo sonst immer Alexander Fehrenkamp gesessen. Ihr Kopf aber, bis zu diesem Frühjahr noch fast dunkel, war seit Alexanders Tode plötzlich wie beschneit. Ihrem Sohn, der sie doch erst im Herbst noch, vor seinem Aufbruch zum Rhein, gesehen hatte, fiel es dennoch auf, daß in dem winterdämmerigen Zimmer, wo überm Mittagstisch die Lampe brannte, das Haar seiner Mutter gerade so weiß schimmerte wie das der alten Olga, die die Speisen auftrug. Über dieser Betrachtung versäumte er halb, was die Mama von Onkel Georg erzählte. In seiner Steglitzer Gemeinde war er jetzt wieder als ordentlicher Pfarrer anerkannt; das treue Zu-ihm-stehen der Gemeindemitglieder hatte es dem von Hitler eingesetzten „Reichsminister für kirchliche Angelegenheiten" als zweckmäßiger erscheinen lassen, daß man jetzt im Kriege nicht weiter auf Georgs Entlassung aus dem Pfarrdienst bestehe. Das war für Georg persönlich eine Erleichterung seiner Arbeit, aber man mußte „nüchtern und wachsam" sein; ein „schleichender Kirchenkampf", so hatte er geschrieben, war nach wie vor im Gange. Es werde zwar von seiten der Partei zur Zeit nichts auffällig Feindliches gegen die Kirche unternommen, insgeheim aber jede Lebensregung ihr beschnitten, der Religionsunterricht behindert, die Sammlungen zu wohltätigen Zwecken ihr aus der Hand genommen, der Menschennachwuchs ihr entzogen... Elisabeth freilich hatte aus dem Bericht ihres Bruders keinen klaren Begriff gewonnen, wie überhaupt ihr Sinn allen Dingen, die nicht vom Gefühl her zu fassen waren, nur eine flüchtige Aufmerksamkeit zuzuwenden vermochte. In solchen Fällen faßte sie ihr Urteil gewöhnlich in irgendein, viele Möglichkeiten andeutendes, Fremdwort zusammen, und so sagte sie auch diesmal zu Quint: in der Kirche sei „durch die Nationalleute alles ganz bulversiert, aber sie können machen was sie wollen, wir haben unsern Christus und werden unbedingt für ihn sterben". Das betonte sie streng, weil sie Quints zerstreuten Blick gesehen hatte.

„Ich habe dir den Brief zurechtgelegt, du mußt ihn nachher beim Kaffee lesen," setzte sie hinzu. —

Quint nickte; sein Herz war voller Zärtlichkeit für seine Mutter, die sich oft komisch ausdrückte, aber die jederzeit und in vollem Ernst bereit war, sieben schwere Tode für ihre Überzeugung zu bestehen.

Von dem jungen Peter Degener wurde gesprochen, der den Polenfeldzug mitgemacht hatte, aber Gott sei Dank unversehrt geblieben war. Und auch von Lisa war die Rede. Sie war in Mutterhoffnung und hatte gebeten, der Bruder möge doch auf seinem Rückweg zum Rhein sie und ihren Mann in Augsburg besuchen.

Am 27. fuhren Quint und Natalie mit beiden Buben nach Grünschwaig hinaus und verbrachten wieder ein paar Stunden in dem Haus und der Landschaft, die ihnen so vertraut waren. Nach Tisch, während Hanna zum Hof hinübergegangen war und Natalie mit dem kleinen Pierre ausruhte, lud Jakob seinen Vetter zu einem Spaziergang ein. Sixt, der sie begleiten wollte, blieb bei dem alten Wastl im Pferdestall zurück; dafür sprang Jutta, in der Aussicht auf das „Gassi" freudig bellend, um sie herum und ihnen voraus. Die Schneedecke auf den Feldern war noch dünn und die Bäume hatten sich in dem Wind, der übers Land hinstrich, fast wieder freigeschüttelt. Aber die dichte Blaugräue des verhangenen Horizonts versprach mehr Schnee schon für die nächsten Tage.

Die Beiden konnten nicht daran denken, einander auszusprechen, was jeden von ihnen in seinem Innersten beschäftigte. Dafür war die Zeit zu kurz. Quint wäre auch sonst nicht der Mensch gewesen, seine Sorgen ohne Not mit anderen zu bereden, und Jakob hätte sich gescheut, die religiöse Erfahrung, die seit dem vergangenen Frühjahr in ihm aufgewachsen war, einer Beurteilung auszusetzen; denn er fühlte, daß sie nicht beurteilt, sondern nur mitlebend geteilt werden konnte. Aber wie immer hatte er allerlei politische Fragen, auf die er von Quint eine Antwort erhoffte. Es schien ihm, daß seit dem Augenblick wo das Land, gleichviel durch wessen Schuld, in einen Krieg hineingestoßen war, der Kampf gegen den Gewaltherrscher, der uns regiert, zurückstehen müsse gegenüber der Landesverteidigung. Bei dem Attentat im Bürgerbräukeller habe vielleicht kein heller, sondern ein dunkler Engel Hitler gerettet — eine Unterscheidung, die Quint lächelnd auf sich beruhen ließ — aber doch könne er, Jakob, ein Attentat nicht für recht halten, weil aus einem Mord nichts Gutes entstehen kann. Nicht als Mörder dürfe man den Mördern entgegentreten, und in der vaterländischen Pflicht nichts versäumen. Er wollte wissen, was Quint zu alledem meinte? Jakob hatte sich zum Wehrdienst gemeldet, war untersucht und nicht für volltauglich befunden worden. Sein Herz schien mit dem offenbar zu raschen Wachstum seines Körpers in den Bubenjahren nicht recht mitgekommen zu sein, Jakob hatte von diesem Fehler erst jetzt erfahren und beklagte sich darüber. Er erzählte Quint, daß Prechtler, der Bäcker und Ortsgruppenleiter der Partei in Nußholzhausen, sich bei Kriegsausbruch sofort der Wehrmacht gestellt hatte; der war keiner von den vielen großen und kleinen Bonzen, die sich drückten; zur Panzerwaffe war er gegangen! — und er, Jakob, habe sich nun wenigstens als Dolmetscher für Englisch bei der Wehrmacht gemeldet.

„Warum so ungeduldig?" fragte Quint. „Auch ohne daß du nachhilfst, ganz von selber wird alles kommen, was für dich nötig ist."

„Du hast leicht reden. Du bist Soldat, Offizier. Der seinen Platz hat."

Quint meinte: „Seinen Platz hat jeder. Du kannst dich doch hier auf dem Gut sehr nützlich machen, kannst deiner Mutter in der Verwaltung helfen..."

Jakob hatte das auch wirklich versucht, nachdem eine Wiederanstellung im Schuldienst sich für ihn als aussichtslos erwies; aber er war mit seiner landwirtschaftlichen Arbeit unzufrieden und überzeugt, daß er nicht dafür taugte. Quint merkte, daß er da einen wunden Punkt berührt hatte, und er ließ nun auch die

Frage nach Frank, die ihm auf der Lippe schwebte, unausgesprochen.

„Meinst du wirklich," fing Jakob wieder an, den die Schicksalsgläubigkeit seines Vetters beunruhigte, „daß einfach alles so kommt, wie es muß? ohne daß wir irgendetwas dazu tun können? Aber wenn alles nur Zufall ist, wo liegt dann unsre Verantwortung?"

„Ich weiß nicht."

„Aber wir fühlen sie doch!" — Und mit der Unbeholfenheit, mit der man einen bisher nur still erwogenen Gedanken zum erstenmal im Gespräch vorbringt, suchte er Quint zu erklären, daß allerdings nach seiner Meinung auch noch die letzten Inseln aus der Welt hinwegschwinden werden, auf denen sich bisher noch ein gewisser Glaube an die göttlichen oder auch nur sittlichen Grundmauern des Universums erhalten hat. „Jetzt, wenn ein schönes Gefühl, ernst oder glücklich, uns bewegt, wissen wir uns mit diesem Gefühl noch in einem Menschenkreis, der uns auch bei der bloßen Andeutung davon sofort versteht. Wir sagen: ‚Liebe', ‚Güte', ‚Gastlichkeit', ‚Großmut' ... und der antwortende Blick des Freundes zeigt uns, daß er weiß, was wir meinen. Aber es wird die Zeit kommen, sie scheint nahe vor der Tür zu sein, und es wird wie ein Wunder sein, wenn sie nicht wirklich kommt... die Zeit, wo wir alle diese teuren Namen sagen, und die Leute werden uns anschauen, als ob wir verrückt wären. Die wenigen glaubenden und Verantwortung fühlenden Menschen werden dann in einer furchtbaren Einsamkeit sein. Denn sie werden die Welt des Höheren, an die sie glauben, ganz allein vertreten, sie allein werden sie ihren Kindern weitergeben müssen. Von außen kommt nichts, kein Licht, keine Kraft, kein Verstehen, das ihnen hilft. Und wer dann das Bewußtsein von etwas Höherem nicht sehr deutlich und unbeirrbar in sich trägt, der wird sich verlieren und wird früher oder später das tun, was man ‚mit den Wölfen heulen' nennt. Aber ich überzeuge mich immer mehr davon, daß es in der Zeit, die vor uns liegt, gerade auf die ankommen wird, die nicht mit den Wölfen heulen..."

„Hm, ja," sagte Quint zu dieser langen Rede. „Aber meinst du nicht, mein Lieber, daß wir auch leicht zu viel in die Dinge hineinlegen und sie uns zurechtdeuten, statt zu erwarten, was aus ihnen selber kommt? Die Zeiten sind sich ähnlicher, als man glaubt. Alles ist schon dagewesen. Alles kommt immer wieder. — Das ist ein hübsches Kruzifix."

Sie waren zu dem Kreuz gelangt, das am Wege zum Fernerhof steht.

„Ja, es ist schön. Aber wir müssen jetzt zurück, glaub ich, wenn wir noch in Ruhe beim Tee sitzen wollen, bis euer Zug geht. — Komm, Jutta."

Und obwohl die Beiden sich in ihren Gedanken so gar nicht getroffen hatten, nickten sie einander zu, und jeder fühlte mit Freude die Verbundenheit, die so selbstverständlich, von Kind auf, zwischen ihnen war. Ihre Stiefel traten auf den festen, gefrorenen Weg, ihnen wie dem Hund ging der Atem sichtbar vom Munde; auf der Wange spürten sie die Schärfe des Windes, der von Nord her blies.

Quint konnte den Silvesterabend nicht mehr mit den Seinigen verbringen, der einunddreißigste war sein letzter Urlaubstag, und da er sich telegraphisch bei seiner Schwester Lisa für einige Stunden angesagt hatte, mußte Natalie ihn schon im Morgengrauen dieses Tages an den Augsburger Zug begleiten. Sie war noch dabei, ihr Haar aufzustecken, während Quint ins Kinderzimmer trat, wo Sixt sich mit einer ihm eigenen, besonderen Sorgfalt die Strümpfe auf seine langen Beine zog. Ihm als dem Älteren war erlaubt worden, mit zur Bahn zu kommen; der Kleine war auch schon wach und steckte bei Quints Eintritt vergnügt den Kopf unter die Bettdecke.

„Kannst du dir vorstellen, wo Pierre geblieben ist?" fragte Quint, zu Sixt gewendet — und „Buuh!" fuhr im selben Augenblick der Kleine, der zu zappelig war, um sich erst suchen und finden zu lassen, aus der Decke hervor.

Sixt aber fragte ernst, und hatte zwischen seinen hellen Augenbrauen die Falte, die Quint seinen „Denkstrich" nannte: „Papa, ist es wahr, daß du unbedingt wieder wegfahren mußt?"

„Ja, leider ist es wahr."

Sixt hatte sich in den letzten acht Tagen davon überzeugt, sein Vater wisse alles, was zu wissen nötig sei. Daher blieb er, sobald er diese Antwort erhalten hatte, unerschütterlich ruhig, während Pierres Lustigkeit schnell umschlug, als er — nicht so sehr den Vorbereitungen, als vielmehr dem Blick und der Stimme seiner Mutter angemerkt hatte, daß „Abschied" war, und daß das etwas Trauriges bedeutete. Er weinte, auf dem Schoß des Hausmädchens, das mit ihm in der Wohnung zurückblieb, und wollte aus Zorn, weil er nicht mitdurfte, dem Papa nicht einmal nachwinken.

Auf dem Bahnsteig stand Sixt neben seiner Mutter, deren Traurigkeit auch er natürlich bemerkt hatte, und richtete einen fragenden, Bestärkung suchenden Blick auf des Vaters Gesicht.

Quint wollte ihm sagen: „Gib gut acht auf die Mama" ... er kam mit dem kleinen Satz nicht zustande, er schämte sich und fühlte sich ratlos vor den vier auf ihn gerichteten, klaren Augen. Es schien eine lange Zeit zu sein, in der der Schaffner den Zug abschritt und das Stimmengewirr der andern Abschiednehmenden erklang, von ihnen aber keines etwas sprach. Aber nun sagte Natalie:

„Lieber Quint, leb wohl" —

Und er küßte sie und war froh, sein Gesicht dann schnell auf den Kopf seines Buben niederbeugen zu können.

„Lieber Papa, leb wohl," wiederholte Sixt mit seiner hellen Stimme die Worte seiner Mutter.

5

Hätte Quint sich nach seiner Rückkehr aus dem Urlaub die Frage gestellt, ob er die Zusammenkünfte mit Antje aufgeben müsse, so wäre die Antwort kaum zu umgehen gewesen. Jedoch er stellte sich die Frage nicht. Er fühlte, daß es nicht möglich war, so auf sie zu antworten, wie es richtig gewesen wäre. Er liebte Antje und konnte nicht ohne sie sein. Aber zu seiner Freude hatten ihm die Urlaubstage die Gewißheit gegeben, daß durch diese neue Liebe nicht die alte zu Natalie und zu den Kindern aus seinem Herzen verdrängt war. Und wie hätte das auch geschehen sollen? Beides hatte nebeneinander Raum. Er fühlte sich, seitdem er Antjes Liebe gefunden, reicher und liebefähiger als vorher und beruhigte sich mit dem in solcher Lage häufigen Gewissenstrost: daß er seiner Frau nichts wegnehme, ja daß im Grunde auch sie, wie er selbst, gewinne. Und wenn er bei solchen Gedanken ein Ungenügen empfand, so sagte er sich: „nun, wir werden ja sehen" ... und meinte damit, daß der Feldzug beginnen und ihn von Antje und Natalie losreißen würde, „und es wird sich alles so ordnen, wie es richtig ist."

In Herselbach konnte er Antje nicht regelmäßig besuchen. Schon das Eine nächtliche Erscheinen hatte der Hausfrau, die „einen Männerschritt" gehört haben wollte, zu Fragen Anlaß gegeben. Sie richteten sich von nun an auf ein Zusammentreffen einmal die Woche in Dümpenich oder einem anderen Ort der Umgegend ein. Mehr freie Zeit konnte Quint nicht erübrigen, der Dienst nahm ihn auch weiterhin stark in Anspruch, und zudem hielt die Ungeduld Hitlers, den Angriff auf Frankreich zu beginnen, während dieses Winters unser ganzes Westheer in einer fast beständigen Alarmbereitschaft. Im Kasino erzählte man sich, die Meteorologen des Heeres und der Luftwaffe hätten dem Führer täglich die Wetterprognose zu unterbreiten, und ungünstige Vorhersagen würden oft mit Zorn, gleichsam als eine Sabotage an den Wünschen des großen Mannes, aufgenommen. Bei jedem Sonnenblick erwarteten daher die Stäbe den Befehl zum Vormarsch, die Truppen der „ersten Welle" rückten auch wirklich einmal aus, und kehrten dann wieder in ihre Quartiere zurück — Quint und Antje konnten sich daher nie fest, nur vom einen zum anderen Mal, verabreden. Gewöhnlich war allerdings der Mittwoch, als der für Quints Dienstverhältnisse passendste, „ihr" Tag; und der Einfachheit und geringeren Auffälligkeit wegen fuhr Quint meist auch, wie Antje, mit einem Fahrrad durch Schnee, Regen oder Mondschein zu dem Treffpunkt.

Eines Mittwochabends überholte Quint seine Freundin auf der Landstraße, und das war in der Nähe des ländlichen Wirtshauses, wo er im Oktober mit Rouge eingekehrt war und für das Pferd gute Weide, für sich selber guten Wein bekommen hatte. Er besann sich darauf und schlug vor, ob sie nicht heute dort Quartier suchen wollten. Antje war gleich einverstanden. Aus dem Oberstock des Gasthofs hinter dicht geschlossenen Läden hervor klang ihnen eine Tanzmusik entgegen. Quint drückte die Klinke am Haustor nieder, es war trotz der noch frühen Stunde verschlossen, und als er die Glocke zog, verstummte drinnen fast augenblicklich die Musik. Nach einigem Warten und wieder Läuten und An-die-Tür-Schlagen hörten sie, wie der Schlüssel gedreht wurde. Der verlegene Wirt erschien, um zu sagen, das Wirtshaus sei heute geschlossen; er wurde noch verlegener, als er den „Herrn Offizier" erkannte, und rückte nun, zögernd, mit der Erklärung heraus. Karnevalsfeste und aller Mummenschanz waren in der Kriegszeit verboten, hier aber war dennoch ein solcher im Gange, weil die Wirtstochter — Quint erinnerte sich noch gut von damals her, an ihre dunklen Augen — morgen Hochzeit halten wollte, und „es würde das Mädchen ewig reuen", sagte der Wirt, „wenn es zum Polterabend nicht einmal einen Maskenball gehabt hätte". Er hat schon gefürchtet, die Polizei sei gekommen, obwohl doch mit dem Herrn Polizeiwachtmeister alles ausgemacht gewesen ist. Der Herr Offizier und die Frau Gemahlin werden ihn ja hoffentlich nicht verraten? Sie dürfen sicher sein, daß in seinem gut renommierten Hause sonst nie etwas Verbotenes vorkommt. Aber einmal ist keinmal, und für die Tochter...

„Herr Wirt," sagte Quint, der sich mit Antje durch einen

Blick verständigt hatte, "wir verraten Sie nicht. Aber Sie müssen uns mittanzen lassen."

Im Nu hatte sich eine notdürftige Kostümierung für die zwei neuen Gäste gefunden: für Antje nur ein Kopftuch und Schürzchen, für Quint ein rheinisches Bauernhemd, und um seine Offiziershose zu verbergen, band er sich auch einen Schurz, wie ein Metzgerbursche vor. So mischten sie sich unter die Tanzenden, unter denen die sonderbarsten Tier- und Teufelsmasken herumsprangen. Bei den Musikanten befand sich ein alter Geiger, dessen Haarwuchs nur noch aus einem spärlichen, weißen, hinter seinen großen Ohren vergessenen Rest bestand, während sein Schädel kahl und glatt wie eine Billardkugel war. Er schien nicht mehr genau zu hören, was er spielte, denn er strich oft daneben, aber der Rhythmus seines Spiels war so mitreißend, daß es "einen Elefanten gezwungen hätte, im Takt zu gehen". Dies flüsterte Antje im Tanzen ihrem Freunde zu. Ihr Wesen war von dem Moment an, wo sie den Tanzsaal betreten und noch ehe sie einen Tropfen Wein getrunken hatte, in einer kindlichen, glücklichen Heiterkeit gelöst. Es gab keine Schatten, keine Zukunft, keine Trennungen, hinter jeder Tanzweise wartete schon eine neue, und wie die Tänzer hundertmal im Hin und Her den engen Raum durchmaßen, so war auch die Zeit, die dieser Abend umfaßte, einer unbegrenzten Vervielfältigung fähig. — "Ich glaube, Elefanten sind oft musikalisch," antwortete Quint auf die Bemerkung Antjes, sie aber sah und wußte, daß es hieß: Ich liebe dich, du bist schöner als alle, und ich will niemals aufhören mit dir zu tanzen...

Als die Musik eine Pause machte, gingen sie, ihren Glückwunsch bei dem Brautpaar anzubringen, und wurden, als "Herr Offizier und Frau Gemahlin", wie Ehrengäste behandelt. Die Braut grüßte wie damals mit gemessenem, etwas schüchternem Kopfnicken. Der Bräutigam hieß Jahn, wie der Turnvater, aber er trug nicht dessen gewaltigen Bart, sondern hatte ein überaus junges, fröhliches Bubengesicht und er ließ, während Quint sich mit ihm unterhielt, die Finger seiner Liebsten nicht aus den seinen. Als Quint erfuhr, daß der Junge an der vordersten Front dem Feinde gegenüberstand, nur einen Heiratsurlaub von wenigen Tagen hatte und übermorgen wieder hinaus sollte, begann er zu überlegen, ob man wohl ohne Kränkung ein Geldgeschenk für das Pärchen geben könnte, und beschloß, es dem Vater Wirt in die Hand zu drücken.

Der Tanz wurde heiß, und weil der Wirt nicht wagen wollte, die Fenster öffnen zu lassen, schlüpften Quint und Antje, um Luft zu schöpfen, vor die Haustür hinaus. Der Winter in der Eifel bedeutet sonst Nebel und Gräue, in diesem Winter aber lag das Land schneehell, seit Wochen; die Sterne schienen in der klaren, kalten Luft zu zittern.

„Dieser kahlköpfige Geiger," sagte Quint, „erinnert mich an den Major Orell. Er wird kaum viel jünger sein. Mir war die ganze Zeit, als wären wir in Grünschwaig und der alte Freund spielte uns zum Tanz auf."

Antje flüsterte im Dunkeln: „Ja? hast du das auch gesehen und gedacht?" und Quint konnte nur an ihrer Stimme merken, wie fröhlich sie lächelte. „Er spielt wieder, hörst du? Laß uns noch einmal mittanzen, Quint, noch ein einziges Mal!"

Ende Januar 1940 kam Natalie, unerwartet für Quint, den sie durch ihren Besuch überraschen wollte, nach Ahrweiler.

Nachdem der Umzug in die Franz-Joseph-Straße geschehen war, hatte auch Mama Fehrenkamp der Schwiegertochter zugeredet, trotz der durch Kohlenmangel und andere Kriegsumstände bedingten Unbequemlichkeiten des Reiseverkehrs diese Fahrt zu unternehmen; es bedurfte nicht vielen Zuredens, Natalie hatte gleich strahlend geantwortet: „Ja, nicht wahr, Mama, du findest es auch!" Denn es hielt und erneuerte sich noch immer das Gerücht, daß große Operationen im Westen nahe bevorstünden, und es war wirklich nur „vernünftig und richtig", wie Natalie sich selber lobend und ihre Sehnsucht entschuldigend sagte, daß eine Frau vorher ihren Mann nach einmal besuchte. Sie wußte die Kinder bei der Großmutter in der besten Obhut, keine Sorge brauchte zu ihnen zurück zu wandern, auf der ganzen Reise war sie in glücklichster Erwartung damit beschäftigt, sich Quints Freude auszumalen, wenn sie auf einmal, ohne daß er davon auch nur träumen konnte, auf der Schwelle seines Zimmers erschien.

„Wenn er mich nur nicht schon auf der Straße sieht," dachte sie, als sie in Ahrweiler keine Taxe bekam und sich zu Fuß auf die Suche nach Quints Straße und Wohnung machte.

Es war Abend, und vor der offenen Wohnungstür stand der Klauer und bürstete seines Hauptmanns langen Mantel aus, den er über das Treppengeländer gehängt hatte. Er kannte Natalie nicht, Quint hatte früher einen anderen Burschen gehabt und Klauer war ihm erst in der Eifel zugeteilt worden. Er wußte nicht recht wie ihm geschah, als eine fremde schöne Dame die Treppe herauf und auf ihn zukam und fragte:

„Hier wohnt doch Hauptmann Fehrenkamp? — Sie sind sicher sein Bursche. Seien Sie nur um Gotteswillen still! Ist er da?"

Klauer begann geärgert: „Was wollen S' denn von ihm?"

„Ich? was ich will? Ich bin doch seine Frau," sagte Natalie mit einem leisen Lachen, und indem sie, den hellgrau behandschuhten Finger an den Lippen, ihm wieder bedeutete, still zu sein, schlüpfte sie in den Flur.

Der Bursche hatte sich unter der von seinem Herrn hintergangenen „Frau Hauptmann" unwillkürlich einen wüsten Hausdrachen vorgestellt und diesem Phantasiegebilde aus treuem Herzen alles Böse gewünscht. Nun stand er ganz verwirrt, ihr nachblickend, noch immer mit der Kleiderbürste in der Hand.

„Jetzt, da legst di nieder und stehst nimmer auf," brachte er erst nach einer Weile, langsam und seinen rotwangigen Kopf schüttelnd, hervor.

Natalie, angehaltenen Atems, sah vom Flur aus durchs Schlüsselloch, daß Quint schreibend am Tisch saß, sein Gesicht von der Lampe angeleuchtet, und dieses Gesicht hatte einen auffallend müden, angestrengten Ausdruck.

Was hat er wohl Unerfreuliches zu schreiben, der Arme? dachte sie, indem sie leise die Klinke niederdrückte, und im Zimmer stand.

Ihre Erwartung wurde nicht enttäuscht — Quint blickte auf, und es leuchteten Überraschung und Freude in seinem Blick, ganz so, wie sie es heute unterwegs schon vorausgewußt hatte. Es war auch wirklich nicht anders möglich, als daß man sich über die leibhafte Ankunft eines solchen Menschenwesens wie Natalie freute.

Er umarmte und küßte seine Frau, und sagte: „Und ich war eben dabei, an dich zu schreiben."

„Wie? an mich?" Natalie blickte, ihren Augen nicht trauend, zu dem Blatt nieder, auf dem wirklich ein Brief an sie selbst angefangen war.

Die Dame des Hauses und ihre Schwester nahmen Natalie, die Quint ihnen vorstellte, sehr zuvorkommend auf. Sie sollte selbstverständlich hier wohnen, man würde alles arrangieren, mit Freude, und ob Frau von Fehrenkamp und der Herr Gemahl vielleicht morgen den Schwestern die Ehre geben könnten, mit ihnen zu Abend zu essen? Während Natalie höflich lächelnd und dankend den zwei alten Damen Bescheid gab, klopfte wie ein Specht am Stamm in ihr der Gedanke: also es bemüht ihn so, mir zu schreiben? wie ist das möglich? also so ist sein Gesicht, wenn er mir schreibt? Sie wurde auf sich selber zornig, weil sie sich der unbegreiflichen Frage nicht erwehren konnte, von der sie so plötzlich, mitten im Glück der Ankunft, überfallen war.

Quint war unterdessen wieder hinausgegangen, dem Burschen

seine Befehle zu geben: er sollte ihn für heute abend im Kasino bei Hähndl entschuldigen und dann noch einiges für einen Imbiß besorgen. Als Klauer fort war, vom Wohnzimmer her klangen noch die Stimmen der Damen, nahm Quint einen Pack Briefe aus seiner Schreibtischlade und schob sie alle miteinander in den eisernen Rohrofen, in dem die Flamme nach kurzem Zögern hell aufschlug. Er tat das rasch, sicher, mit dem Gefühl der Selbstverachtung, aber so wie man etwas Widriges und doch Nötiges hinter sich bringt.

Der Abend wurde heiter und glücklich, und nachts an Quints Seite auf seinen schon schlummernden Atem horchend schämte sich Natalie ihrer Gedanken wie eines an ihm begangenen Unrechts. Ich werd es ihm sagen, daß ich einem Zweifel an seiner Liebe Raum gelassen habe, wenn auch nicht lang, aber doch Raum gelassen habe! ... Vielleicht nicht gleich, morgen früh, aber bestimmt bald muß ich es ihm sagen. Denn das war falsch von mir: wo doch Quint und ich, während unsre Völker sich bekämpfen, so nah und unzertrennbar zusammengehören. Und sie schlief ein mit der frohen Zuversicht, daß er darüber lächeln und ihr das Unrecht vergeben würde.

Anderen Tags, während Quint im Dienst und Natalie in stiller, glücklicher Stimmung mit der Durchsicht seiner Wäsche beschäftigt war, klopfte das Zimmermädchen und reichte ihr „die Post für Herrn Hauptmann" herein. Es war eine Zeitung und ein Brief mit einer eigenwilligen, fließenden, aber dabei steil aufstehenden Handschrift, die Natalie fremd war. Sie öffnete ihn ohne Arg, in der Meinung, Quint vielleicht eine Antwort abnehmen zu können. Sie las, und verstand eine ganze Weile nicht, was sie las:

„Dein letzter Brief, mein Geliebter, war zwei volle Tage unterwegs. Also erst Donnerstag in Dümpenich, Goldene Traube, statt Mittwoch. Es paßt für mich ebensogut. Auf unsre Nacht zu warten ist ja auch Glück. Und einen Tag mehr zu warten, muß also, wenn man es mit weiser Geduld betrachtet, ein Mehr an Glück sein.   Deine Antje"

Natalie überlief die Zeilen zweimal, dreimal, als ob sie eine Chiffrenschrift vor sich hätte, und indem die Bedeutung und der Schmerz davon an sie herankamen, war es ihr sonderbar, zugleich die Geräusche der kleinen Stadt, eine Menschenstimme, die nach einem Kind oder Hund rief, ein Räderrollen, den schweren Motor eines Lastwagens, von der Straße herein aufmerksam hören zu müssen, als ob es in dem Moment nur darauf ankomme, diese Laute genau zu bestimmen.

Sie saß reglos, und dann dachte sie: ich muß fort. Ja. Fort.

Sie wendete Antjes Zettel um und schrieb auf die Rückseite, mit Blei und hastig, als ob es ihr eine Scham wäre, das Wort noch an Quint zu richten: „Ich hätte den Brief nicht geöffnet, aber ich wußte ja nicht. Früher gab es zwischen uns kein Briefgeheimnis. Ich kann nicht bleiben." Sie wollte das offen auf dem Schreibtisch liegen lassen, besann sich aber, daß das Mädchen oder der Bursch hereinkommen und es sehen könnten, fand auf dem Tisch ein Stück Siegellack und siegelte alles ein, wobei sie ungeschickt verfuhr und sich den linken Zeigefinger verbrannte. Sie packte ihre Sachen, wie sie sie erst gestern im Köfferchen beisammen gehabt hatte. Sie war froh, im Wohnzimmer nicht die Frau des Hauses, nur ihre etwas schüchterne und zurückhaltende Schwester anzutreffen. Ihr sagte sie: daß sie eine Nachricht gehabt hat und gleich wieder abreisen muß. Die Dame, höchst erstaunt, fragte: „Aber Sie werden doch Ihrem Gatten selbst noch Bescheid sagen —?"

„O ja. Ja," sagte Natalie, um nur loszukommen. „Haben Sie vielen Dank. Auf Wiedersehen."

Und eine halbe Stunde später saß sie schon in dem Zug, der ins Rheintal hinausfuhr.

In München traf sie erst mit einer mehrstündigen Verspätung in tiefer Nacht wieder ein, und anstatt zur Franz-Joseph-Straße zu fahren, wo sie die Schwiegermutter hätte aufstören — und womöglich ein Gespräch mit ihr hätte führen müssen, ging sie lieber in ein Hotel am Bahnhof. Es gelang ihr bei aller Müdigkeit kein echter Schlaf, sondern ihre Gedanken und Schmerzen bedrängten sie weiter in den Schlummer hinein und nahmen, ohne zu Traumbildern aufzublühen, jene bildhafte Gestalt an, die dem nüchternen Tagesantlitz der Dinge noch ähnlich ist und sie doch unvermerkt, und darum desto quälender, ins Gespenstische verzerrt. Was wir I r r s i n n nennen, ist oft nichts anderes, als daß ein solcher albhafter Zwangszustand das Gemüt auch im Wachen regiert; und wo auch nur ein Schatten davon auf eine Seele fällt, wird sie keiner heilsamen Entschlüsse fähig sein. Natalie erhob sich am nächsten Morgen mit schmerzendem Kopf, und als sie bei grellem Licht in dem häßlichen, rahmenlosen Spiegel über dem Lavoir ihr Gesicht betrachtete, verschmähtes, verratenes Gesicht, in das unter den Augen und zwischen Mund und Wange der Gram und die Erschöpfung der letzten zwei Tage ihre Spur gezeichnet hatten, da schien es ihr ganz deutlich zu sein, daß es nach dem, was Quint an ihr getan, eine Erniedrigung wäre, das bisherige Leben fortzuführen oder nur je an eine Rückkehr zu diesem Leben zu denken. Ein Riß mußte geschehen, eine Entscheidung, die alles änderte. So gibt es auch physische Schmerzen, deren Dumpfheit so qualvoll ist, daß sie uns nach einem Schnitt, einer offen blutenden Wunde wie nach einer Hilfe verlangen lassen.

Während sie sonst höchstens Puder, aber niemals Farbe zu gebrauchen pflegte, schminkte sich Natalie an diesem Morgen mit Sorgfalt so lange, bis ihr ein frisches und nicht mehr zu lesbares Gesicht aus dem Spiegel entgegensah, und fuhr dann zum Schweizer Generalkonsul, zu dem sie eine gute Verbindung hatte, da sie wußte, daß er mit Pariser Verwandten der Gitons befreundet war. Er nahm sie auch an, und wenn sie vorher den Augenblick gefürchtet hatte, wo sie einem Fremden ihre Sache vorbringen sollte, so erstaunte sie nun selbst, wie sie imstande war, kalten Tones und in knappen Worten alles Nötige zu sagen. Es war nicht ganz einfach, in einer Kriegszeit für die Frau und zwei Kinder eines deutschen Offiziers binnen wenigen Tagen ein Einreisevisum in die Schweiz zu erlangen. Aber Natalie — sie führte das Gespräch französisch, weil sie damit jene Worte vermeiden konnte, die ihre Bedeutung und ihren Empfindungsklang aus dem gemeinsamen Leben mit Quint hatten — sagte dem Generalkonsul:

„Ich betrachte mich nicht mehr als die Frau des Herrn von Fehrenkamp und wünsche mit meinen Kindern nach Frankreich zurückzukehren, was mir von Genf aus jedenfalls in kurzer Zeit gelingen wird."

Der Generalkonsul, durch die Umstände in eine so schicksalsmächtige Lage versetzt, spürte zweifellos die Not dieser Frau, deren vornehme Haltung und Schönheit einen starken Eindruck auf ihn machten. Vielleicht ließ ihre beherrschte Art, über den „monsieur de Fehrenkamp" zu sprechen, ihn vermuten, daß diese Ehe in der Wurzel zerstört und nicht mehr heilbar sei. Vielleicht auch, er hatte als langjähriger neutraler Beobachter hitlerdeutscher Zustände viel Arges gesehen, war es eine unwillkürliche Parteinahme des Gefühls, die ihn veranlaßte, seine Hilfe zu leihen, damit ein deutscher Offizier für den Treubruch an seiner französischen Frau bestraft würde. Jedenfalls, anstatt Natalie durch die in der Sache liegenden Schwierigkeiten auf ihrem Wege zu hemmen, tat er alles, was ihm möglich war, schickte sogar persönliche Depeschen, um die Erfüllung ihres Wunsches zu beschleunigen. Er war ihr auch bei der Erledigung der übrigen Formalitäten behilflich, sodaß sie in der Tat drei Tage später abreisen konnte.

Mit Elisabeth Fehrenkamp gab es nur eine einzige und nicht lange Auseinandersetzung. Natalie teilte ihr mit, was geschehen war; durch ihre angenommene stolze Kühle ließ sich Quints Mutter nicht so wie der Schweizer Generalkonsul täuschen. Sie begriff, daß Natalie ins tiefste Herz gekränkt war, am meisten durch die Verschweigung, und das Zufällige der Entdeckung, und sie machte keinen Versuch, den Sohn zu entschuldigen. Sie sagte der Schwiegertochter nur:

„Du mußt selbst wissen, was du tust, und ich habe kein Recht, dir Vorschriften zu machen. Aber es ist meine Pflicht, dir zu sagen: ich bin überzeugt, daß du falsch handelst, wenn du fortgehst und die Kinder von ihrem Vater trennst. Du wirst es bereuen und wirst mitschuldig sein an allem Unrecht, das noch weiter daraus kommen kann. Eine Ehe ist für gute und böse Tage, nur der Tod kann sie trennen. Das würde auch mein Mann dir sagen."

Sie begegnete dem harten Blick Nataliens, die jeden Versuch, sie zum Bleiben zu bewegen, als einen Angriff auf ihren Stolz empfand, und indem sie dieses „mein Mann" aussprach, durch das die plötzlich aufgerissene Kluft gleichsam bestätigt wurde, hatten sie beide gleichzeitig das Gefühl, als ob sie elf Jahre lang mit einer Fremden ein nur scheinbar gemeinsames Leben geführt hätten. Ich soll alles hinnehmen! was macht es ihr, wenn man mich kränkt? dachte Natalie; und Elisabeths bitterer Gedanke war: Wenn sie Quint je wirklich geliebt hätte, könnte sie das nicht tun. Ich hätte es nie gekonnt. Aber sie erhob nach diesem Gespräch weiter keine Einwendungen mehr. Sie ging nur, wie es bei starker Aufregung ihre Art war, mit einem leisen Pfeifen, eigentlich mehr einem Zischen ihrer gespitzten Lippen, von Zimmer zu Zimmer durch ihre Wohnung, und nach einer Stunde teilte sie der Schwiegertochter mit, sie habe Quint telegraphisch von ihrem Vorhaben unterrichtet. Natalie nahm das schweigend auf. Quint kam aber nicht, und am Morgen des dritten Tages reisten Natalie, Sixt und Pierre mit dem Lindauer Zug von München ab.

Obwohl Natalie den Buben die Reise als etwas Schönes vorzustellen gesucht hatte, war Sixt beunruhigt, an der Mama und der Großmutter den Ernst des Abschieds zu spüren. Irgendetwas war nicht wie es sollte. Er saß grübelnd und fragte von Zeit zu Zeit, ob der Papa bald in die Schweiz nachkommen würde? In Lindau bestiegen sie den Dampfer. Der Bodensee an diesem Februartag war finster grau mit weißen Kämmen, die Möwen flogen tief, und Pierre jauchzte ihnen und dem großen, gutmütigwilden Löwen zu, der übers Wasser aufs Gebirge hinschaut. Da der Wind kalt ging, begaben sich die andern Passagiere — es waren nur wenige — hinein, die Mama aber blieb noch immer am Heck des Dampfers auf der Bank unter freiem Himmel sitzen und sah auf das allmählich zurücksinkende deutsche Ufer. Die Möwen schrieen, und Pierre antwortete ihnen jedesmal mit einem Juchzer. Sixt aber konnte dafür nur eine halbe Aufmerksamkeit aufbringen; er beobachtete seine Mutter und sah auf einmal, daß sie weinte.

„Mama, Mama, warum weinst du?" fragte er, selber schon schluchzend, und drängte sich an sie.

Jetzt kam auch Pierre heran, und als er sah, was die Andern taten, verzog sich auch sein Gesicht, und er stimmte in das Weinen von Mutter und Bruder mit ein.

Infolge einer Feldübung, die er mit seiner Batterie durchzuführen hatte, kam Quint an jenem Tage erst gegen Abend in seine Wohnung zurück, wo ihn die Nachricht von Nataliens überstürzter Wiederabreise empfing. Er fand und las das eingesiegelte Briefblatt; seltsam standen darauf die Schriftzüge beider Frauen zusammen. Es war Quints erster Gedanke, Natalie folgen zu müssen und ihre Verachtung und Verwerfung anzunehmen, von der er wohl fühlte, daß er sie verdient habe. Es fehlte nicht viel, daß er die Unbesonnenheit beging, ohne Urlaub nach München zu fahren; das hätte im Krieg und bei der für das ganze Westheer geltende Alarmbereitschaft ein kriegsgerichtliches Verfahren von sehr ernster Art zur Folge haben müssen. Während der nächsten achtundvierzig Stunden war sein ganzes Bemühen darauf gerichtet, den Urlaub zu erlangen. Das Schicksal aber, auf dessen Freundesgunst er sich schon manches Mal mit Lächeln berufen, war ihm diesmal nicht hold. Hähndl hätte ihm den Urlaub oder schlimmstenfalls eine fingierte Dienstfahrt verschafft. Jedoch der war plötzlich nach Godesberg gerufen worden, um dem Oberkommando der Heeresgruppe B gewisse Auskünfte über seine Weltkriegserfahrungen in den Ardennen zu geben. Quint erbat von dem Hähndl vertretenden Offizier und dann noch, mit großer Mühe und Zeitverlust und langem Warten, bei der nächsthöheren Stelle, den Urlaubschein, dessen er so sehr bedurfte, wurde aber jedesmal mit dem höflichen Hinweis beschieden: er habe als einer der wenigen Begünstigten erst vor kurzem Urlaub gehabt; er konnte recht gut merken, daß man seine Bitte ungebührend fand. Den Herren das Besondere seiner Lage anzuvertrauen, war ihm natürlich ganz undenkbar; lieber noch wäre er heimlich davongegangen und hätte die Kugel, als ein fahnenflüchtiger Mann, riskiert.

Vom Ritt zu dem höheren Stabe zurückkehrend, wo man seinen Wunsch mit einem so spürbaren Befremden aufgenommen hatte, erhielt er wiederum erst abends das schon seit mehreren Stunden eingetroffene Telegramm, durch das seine Mutter ihn benachrichtigte, Natalie mit den Kindern wolle ins Ausland verreisen. Quint konnte keinen militärischen Nachrichtenweg für seine Antwort benützen. Fast mit Gewalt erzwang er sich Eingang in das bereits geschlossene Ahrweiler Postgebäude, in dem er noch Licht sah und einen Beamten vorfand. Für diesen bestand keine Verpflichtung, ein privates Telegramm noch zu befördern, er hätte Quint auf die Möglichkeit eines Anrufs beim Bonner Telegraphenamt verweisen können, wurde aber durch einen Blick auf das gespannte, finstere Gesicht des Offiziers dazu bestimmt, den Zettel in Empfang zu nehmen, auf dem er las: „ERWARTE HOFFE BITTE DASS ABREISE VERSCHOBEN WIRD BIS ICH URLAUB ERLANGT HABE."

Dieses Telegramm traf in München ein, nachdem Natalie schon fort war.

Erst als er hiervon Kunde erhielt, wurde es Quint ganz bewußt, wie ernst Nataliens „Ich kann nicht bleiben" gemeint gewesen war und wie er für sein freibeuterisches Glück mit Antje bezahlen sollte; ja er sah nun erst eigentlich, was er getan. Betrug. Unzuverlässigkeit. Seine Frau würde nach Frankreich zurückkehren, denn er hatte ihr eine Heimat in Deutschland versprochen und sie ihr nicht gegeben. Seine Kinder würde sie mitnehmen, und sie hatte nach dem, was geschehen war, ein Recht dazu. Er stand auf einmal – nicht nur wie ein Baum, den der Winter entlaubt, sondern mit zerbrochenen Ästen. Auch Antje, zu der er an dem nächsten dienstfreien Abend hinüberritt, um ihr das Geschehene mitzuteilen, empfand wie er; es kam ihr nicht der Gedanke, darin eine Gelegenheit für sich selber zu sehen, die sie ausnützen könnte, um den Geliebten für immer an sich zu fesseln. Wie zwei Spielgefährten, die einen kostbaren Topf zerbrochen haben, blickten sie einander ratlos ins Gesicht. Es würde Natalie in allem Kummer vielleicht zu einem Lächeln gebracht haben, wenn sie die Beiden so hätte sehen können.

„Du mußt sie aus der Schweiz zurückholen," sagte Antje.

Und Quint, der das auch schon gedacht, aber nicht wußte, wie er es tun sollte, fühlte doch, wie schön es war, daß der Rat aus Antjes Munde kam. Mit einem Gefühl scheuer, zärtlicher Ehrfurcht, als ob er es zum erstenmal im Leben täte, nahm und küßte er ihre Hand. Dann ging er von ihr fort.

Er kehrte zurück nach Ahrweiler, bedrängt und erschüttert von dem Gedanken, er sei auf einer Waage gewogen und zu leicht befunden, sei Nataliens wie Antjes nicht würdig, die ihm doch beide ihre Liebe gegeben hatten. Er schämte sich seiner weichen Empfindung, weil er ihr als einer Selbstbemitleidung mißtraute.

„Der Herr kennt, was für ein Gemächte wir sind, er gedenkt daran, daß wir Staub sind"... des Psalmwortes erinnerte Quint sich nicht, aber seine Wahrheit erfuhr und durchlitt er auf diesem Nachtritt, wo er von dem Wind und hellen Nebeldunst, dem manchmal aufreißenden Himmel, der vereinzelte, weiß funkelnde Sterne und mondbeleuchtete Wolken freigab, nichts bemerkte und erst aufschrak, als Rouge vor ihrem Stall in Ahrweiler stehenblieb

Was für ihn nötig gewesen wäre: Urlaub in die Schweiz, für den Offizier einer zum Einsatz bestimmten Truppe, am Vorabend einer Offensive — schien etwas derartig Phantastisches zu sein, daß Quint jeden Gedanken daran fahren ließ. Er versuchte Natalie brieflich zu erreichen, über die Adresse in Genf, wo er sie ganz richtig vermutete; auch einen Brief an den Vater Giton fügte er bei.

Das Phantastische sollte dennoch eintreten.

Als Hähndl ihn mit einem schriftlich ausgearbeiteten, die Ardennen betreffenden Bericht an die 4. Armee in das Hauptquartier des Generalobersten von Kluge nach Euskirchen schickte, stieß Quint dort unerwartet mit Werner von Prittwitz zusammen, der aus Berlin kommend ebenfalls, mit freilich ganz anders gearteten Schriftsachen, zu Kluge wollte. Auf die Frage: „Was haben Sie denn vor?" antwortete ihm Quint in scherzhaftem Ton: „Auf Urlaub in die Schweiz fahren."

„Menschenskind, das können Sie!" sagte Prittwitz.

Der Generaloberst war auf Inspektion bei der Fronttruppe. Prittwitz hatte persönlich und „sehr geheim", wie er mit einem finsteren Lächeln bemerkte, mit ihm zu reden. Also verließen Prittwitz und Fehrenkamp das Vorzimmer; Prittwitz wollte in kein Lokal, „es gibt zu viele Leute mit abstehenden Ohren" behauptete er, und wollte damit sagen, daß in dem Hauptquartier einer Armeegruppe zu viele Horcher im Solde des Reichsführers SS. Himmler wären. In einem leichten Schneegestöber wanderten sie stadtauswärts auf ansteigender Fahrstraße dahin, und nun erfuhr Quint, der zu träumen glaubte: Prittwitz suche einen Mann, den er an Stelle eines anderen, plötzlich erkrankten Angehörigen der deutschen Widerstandsbewegung mit einer geheimen Botschaft in die Schweiz schicken könne.

„Falscher Paß, Visum, alles ist fertig. Bloß das Bild muß man natürlich austauschen. Ich wollte schon selbst fahren, aber ich bin hier noch aufgehalten, weil ich den Schlaue, will sagen: den Kluge bearbeiten muß. Und die Sache ist eilig."

„Wieso bearbeiten?"

„Privatsache," entgegnete Prittwitz mit einem hell aufleuchtenden Ausdruck von Heiterkeit und Güte in den Augenwinkeln, welcher die Schroffheit dieser Ablehnung aufhob; er wurde wieder tief ernst, als Quint fragte:

„Also Landesverrat?"

„Nein."

„Hochverrat?"

„Ja."

„Einverstanden," sagte Quint.

Es ging den deutschen Verschworenen darum, eine abwartende Haltung der Westmächte zu sichern, falls ein Putsch in Deutschland einen Regierungswechsel herbeiführen und die von Hitler geplanten Angriffshandlungen verhindern würde. Zwei deutschen Persönlichkeiten, die von der Schweiz aus bemüht waren, Fäden nach England anzuknüpfen, war eine zur Eile mahnende Botschaft zu überbringen, weil außer der Unternehmung gegen Frankreich auch eine solche gegen Norwegen, zur Sicherung unserer Erzzufuhr aus Schweden, zu erwarten stand. Jede Ausweitung des Krieges aber mußte die noch bestehenden Friedensaussichten schwächen. Der Sendling hatte in Zürich nur bei einer bestimmten, als zuverlässig bekannten Adresse diese Nachricht zu hinterlegen, und dann noch den Versuch zu machen, im Hotel Arosa-Kulm einen Herrn zu treffen, der zwischen 20. und 24. Februar dort sein würde. Prittwitz wollte den Namen des Betreffenden nicht nennen, zeigte aber eine Photographie, deren Züge Quint sich einzuprägen suchte.

„Ein Diplomat?"

Prittwitz mahnte ihn, nicht nachzuforschen. Es sei für ihn selbst und alle Beteiligten besser, wenn ihm der Name unbekannt bleibe. Der ursprünglich an Quints Stelle hätte fahren sollen, sei nicht „krank", er wurde vielmehr der Gestapo verdächtig, die ihn in der vorigen Woche festgesetzt habe. Man sei jetzt sehr froh, daß er so gut wie keine Namen kenne.

„Ja, was Sie da unternehmen wollen, ist nicht ungefährlich, lieber Fehrenkamp. Sie wollen es trotzdem machen?"

„Ich würde es jetzt, da ich davon weiß, auf alle Fälle tun, weil mir die Notwendigkeit einleuchtet. So aber, wie es für mich ist... Sie wissen gar nicht, was Sie mir damit schenken!" sagte Quint, und der Andere wunderte sich, wie bewegt seine Stimme klang.

— Bereits wenige Tage später war Quint nicht nur im Besitz des mit seinem gestempelten Lichtbild versehenen falschen Passes, der auf den Namen „Hans Moldenhauer" lautete, sondern auch der Dienstbeurlaubung vom Regiment, die durch Kluge erwirkt war und das Gerücht hervorrief, Hauptmann Fehrenkamp werde in die Schweiz geschickt, um für einen Offensivstoß unsres Heeres durch den Schweizer Jura gegen Frankreich gewisse Unterlagen herbeizuschaffen. „So viel konnte der Kluge Mann schon für uns tun," hatte Prittwitz dazu gemeint, und es entfuhr ihm dabei der Seufzer: „Ich erhoffte mir sonst nicht allzuviel von ihm. Die Generale wollen alle den Putsch erst machen, wenn der psychologisch richtige Moment dafür da ist — statt ihn durch ihre Tat zu schaffen!"

Quint gab seiner Mutter nach München eine kurze Nachricht und fuhr, sehr zivil und unscheinbar, direkt über Basel in die Schweiz; er hinterlegte in Zürich die Botschaft, die er erst auf schweizerischem Boden schriftlich fixiert hatte, erreichte Arosa pünktlich am Sonntag, den 24. Februar nachmittags, und quartierte sich im Hotel Kulm ein — Prittwitz hatte ihn mit einigen Schweizer Franken versorgt. Er fand es nun etwas schwierig, als ein auf nichts als Erholung und schöne Spazierwege bedachter Kurgast zu erscheinen und doch die Hotelhalle, wo er ja seinen Mann treffen mußte, ständig im Auge zu behalten. Den ganzen Montag über lauerte er ihm vergeblich auf. Abends, als er schon in seinem Zimmer war, kamen noch Reisende ins Hotel. Am Dienstag, den 22ten morgens, kehrte Quint nach 9 Uhr von einem kleinen Spaziergang zurück und seine Überlegungen hatten ihn eben dazu geführt, daß er nicht, ohne dem Portier auf eine für seinen Zweck nachteilige Weise aufzufallen, immer von neuem in der Halle „aufkreuzen", sondern sich mit einer Schreibarbeit oder dem umständlichen Studium einer Touristenkarte in ihr niederlassen müsse: da trat aus der Haustür des Hotels ihm der Herr, den er suchte, entgegen.

Das Gesicht, dessen Photographie er gesehen, war nicht zu verkennen. Sehr schmal, mit einer schmalen, scharfen, kühnen Nase, kühn und fest auch das Kinn, der Mund mit dunklem Schnurrbart, die freie und edle Stirn. Es war das Gesicht eines adeligen Mannes, dessen Festigkeit aber nicht etwas von der Natur Gegebenes, sondern von der Seele Erworbenes war und darum noch mehr bedeutete.

„Ich heiße Fehrenkamp," sagte Quint, der seinen falschen Paß und die ihm eingeschärften Vorsichtsmaßregeln vergessen hatte. „Man hat mir Ihren Namen nicht genannt, aber Ihr Bild gezeigt, und ich habe eine Nachricht für Sie" — und er wiederholte in knappen Worten, was ihm aufgetragen war.

Der Herr: „Ich weiß leider schon." Und als ob er es wieder gut machen wollte, falls er Quint das Gefühl gegeben hätte, daß seine Botschaft nicht wichtig sei: „Ich danke Ihnen s e h r. — Hassell," sagte er, indem er ihm die Hand reichte.

Quint empfand das als Verabschiedung, er verbeugte sich und ging ins Haus. Es ist Hassell. Der unser Botschafter in Rom war, dachte er. Er wird etwas tun, er wird den Engländern klarmachen, daß wir Zeit bekommen müssen, unser Land in Ordnung zu bringen. Und er wird niemals dem Feind eine Nachricht zutragen, die für unsre militärische Kriegführung nachteilig ist. — Quint fühlte seit langem zum erstenmal wieder eine Zuversicht für Deutschland, die durch nichts als den Anblick dieses guten und noblen Gesichts begründet war.

Natalie war in Genf mit ihren zwei Buben bei derselben Madame Gutwein abgestiegen, wo sie mit ihrer Mutter vor nun schon mehr als zwölf Jahren gehaust und Quint zuerst kennengelernt hatte. Es war ihr schmerzlich, wieder, wie damals als junges Mädchen, in dem Haus an der stillen Seitenstraße zu sein, dessen Erdgeschoß und ersten Stock die Gutweinsche Pension einnahm. Alles erinnerte sie hier an ihre alte, glückliche und verliebte Zeit. Bilder, Spiegel, Möbel hingen und standen unverändert; wie vor zwölf Jahren roch am Samstag die ganze Pension nach Seife und Bohnerwachs. Madame Gutwein selbst, über die Natalie und Quint in der Lachlust der Jugend oft heimlich gespottet hatten, war ebenso dick wie früher, mit ebenso schwarz gefärbten Haaren und kurzen molligen Händen und denselben falschen Perlen in ihren fleischigen Ohrläppchen. Natalie wäre den alten Erinnerungen, die ihr hier überall entgegenwehten, lieber aus dem Weg gegangen, sie hatte aber keine Wahl; denn obwohl sie bei ihrem letzten Genfer Aufenthalt nicht hier Quartier genommen, hatte die Pensionsdame sich ihrer erinnert und war gutmütig genug, sie auf Kredit aufzunehmen, bis sie nach Granville geschrieben und sich von den Eltern Geld verschafft hatte. Von München nämlich hatte Natalie aus Stolz nur das Allernötigste mitnehmen wollen und obendrein finden müssen, daß das deutsche Geld hier in sehr schlechtem Kurse stand.

Ihre Hoffnung, das Visum zur Weiterreise nach Frankreich schnell zu erreichen, erwies sich als trügerisch; für deutsche Staatsangehörige war der Grenzübertritt derzeit überhaupt gesperrt, und Nataliens Hinweis, sie sei Französin und wolle in ihrer Heimat ihre Söhne zu guten Franzosen erziehen, machte auf den Beamten im Konsulat so wenig Eindruck, daß sie diese Gleichgültigkeit als eine ihr von seiten Frankreichs widerfahrende, kränkende Zurückweisung empfand. Sie sagte ihm das auch, aber

„Ich verstehe sehr wohl, Madame, aber da sind die Vorschriften," war alles, was er ihr zur Antwort gab.

Da sich Natalie in dieser Weise festgehalten sah, entschloß sich Madame Giton, die zwar taub, aber sonst frisch und unternehmungsfreudig war, ihre Tochter in Genf zu besuchen. Ihrem Mann, der seit dem Eintreffen der bösen Nachrichten von nichts anderem mehr sprach, als der Notwendigkeit, sein verratenes Kind ins französische Vaterland zurückzuholen, wollte Frau Giton die Winterreise nicht erlauben. Er war alt und kränklich, er würde sich mit Sicherheit erkälten, sich Gott weiß was! dabei holen. Außerdem befürchtete sie, Vater und Tochter würden sich nur gegenseitig höchst überflüssigerweise in eine Unversöhnlichkeit gegen den leichtsinnigen Quint hineinsteigern, während sie, die Mama, im Stillen der Meinung war: die Ehemänner, ob Deutsche oder Franzosen, seien alle gleich, auch die treuesten unter ihnen könnten einer „kleinen Gelegenheit zur Abwechslung" (wenn sie käme) niemals widerstehen, und es sei geradezu unvernünftig, das von ihnen zu erwarten. Sie fand, Natalie habe sich übereilt, sie hätte nicht Quint verlassen und mit den Kindern außer Landes gehen dürfen.

Der junge Marcel war bei der Armee; als er auf Urlaub nach Granville kam und von der Sache hörte, entrüstete er sich genau wie sein Vater darüber. Frau Giton widersprach den Beiden nicht, sie verstand sich gut darauf, ihre Meinung bei sich zu behalten. — Der Tochter in Genf aber, nachdem sie sie in die Arme genommen und einen ausführlichen Bericht von ihr angehört hatte, verschwieg sie ihre mütterlichen Vorwürfe nicht, und machte damit auf Natalie desto mehr Eindruck, als sie zusammenstimmten mit den Einwendungen der Mutter Fehrenkamp und denen ihres eigenen Herzens, die immer vernehmlicher in ihr zu sprechen begannen. Es war zudem ein schöner, verhalten bitterer Brief von Quint, und ein zweiter von ihm, der für ihren Vater bestimmt war, gekommen. Ohne Beschönigung gab er darin seine Schuld zu: Treulosigkeit, Unritterlichkeit in einer Stunde, wo er noch mehr als sonst seiner Frau Liebe, Schutz und Fürsorge hätte geben müssen. Aber war Geschehenes durch Worte auszulöschen? Mit der Mama war schwer diskutieren, denn man mußte ihr alles ins Ohr schreien, und was sie nicht hören w o l l t e, hörte sie trotzdem nicht. Indem aber Natalie die Richtigkeit des Vorwurfs fühlte, sie habe mit ihrer Flucht selber eine Schuld, an Quint und den Kindern, begangen und sei dafür auch der Verzeihung bedürftig, entgegnete sie ihrer Mutter umso lauter und mit Zorn: Nein! sie war nicht schuldig! Sie hatte die eheliche Liebe hochgehalten... aber bei Quint bleiben konnte sie nicht, denn wenigstens die Erinnerung an die Liebe, die gewesen war, mußte ja rein bewahrt werden! Seinen Blick, seinen Gruß, seine Zärtlichkeit — wie könnte sie das alles je wieder von ihm empfangen?

„Und wenn er jetzt hereinträte, ich wüßte nicht mehr, was ich mit ihm tun sollte!"

Was sich in ihr so heftig zur Wehr setzte, war das Gefühl des unbedingt liebenden Herzens, dem die Erfahrung zuteil wird, daß es sich nicht ohne Trübung durch die Welt hindurchtragen kann und das um dieser Erfahrung willen die Welt nicht mehr annehmen will. Gewiß, sie gab zu, man mußte auch an die Kinder denken, zuerst aber war sie sich selber die Bewahrung ihrer fraulichen Würde schuldig, ohne die würde sie auch für die Kinder und für niemand mehr etwas sein können.

„Mein Kind," bemerkte dazu die Mutter Giton, die sonst viel lächelte, viel von der leichten Seite zu nehmen schien, nun aber ganz ernst, wie ein altes romanisches Heiligenbild, anzusehen war: „Unsere Würde taugt ohnehin nichts, solang sie von uns abhängt. Christus ist unsre Würde. Und Er hat uns gemahnt zu vergeben, siebenmal siebzigmal."

Natalie erwiderte nichts darauf, ihre Mutter aber, sie mit einem Blick streifend, dachte: sie ist sehr zart geworden. („Durchsichtig" würde die Großmutter Degener in Grünschwaig ein solches Aussehen genannt haben.) Ihre Zartheit veranlaßte Frau Giton, die Tochter nach Möglichkeit zu pflegen, ihr das Frühstück ans Bett zu bringen und die Kinder von ihr fernzuhalten. Diese wurden von der Gutwein, die sich in sie vernarrt hatte, verzogen und waren überhaupt in den neuen ungewohnten Verhältnissen etwas aus Rand und Band geraten. — Am Morgen nach den ernsthaften Gesprächen hatte Madame Giton gerade in der Küche den Kaffee und die Frühstücksbrötchen für Natalie erbeten, als das Zimmermädchen rief: „Es hat geläutet!" und die Treppe hinunterlief.

Frau Giton rechnete täglich damit, daß der Schwiegersohn erscheinen würde, auch wenn es für einen Soldaten „ein bißchen schwierig" sein sollte, im Krieg über die Grenze zu kommen. Sie war darum gar nicht so erstaunt, wie sie hätte sein müssen, daß wirklich Quint die Treppe heraufstieg.

„Da bist du, mein Sohn," sagte sie ihm auf französisch. „Die Kinder spielen im Garten, ich lasse sie gleich rufen." Er beugte seinen Kopf auf ihre Hand, ihr gutes Herz fühlte sich gerührt über ein paar verfrühte weiße Fäden an seiner Schläfe, auf die sie ihn küßte.

Sie nahm und führte ihn an seiner Hand, wie einen Buben, der von einem Streich nach Hause geführt wird, in Nataliens Zimmer. „Il faut comprendre, il faut oublier (man muß verstehen, man muß vergessen)" sprach sie, unbewußt laut ihren Gedanken Ausdruck gebend, vor sich hin.

Als sie aber nahe genug gekommen war, um das Gesicht Nataliens, die sich im Bett aufrichtete, deutlich zu sehen, erkannte sie, daß etwas noch Stärkeres als Verstehen und Vergessen in diesem schönen Gesicht aufgeblüht war.

6

Seit ihrer Rückkehr aus Polen lebte Delia wieder bei Clemens und Ellen in Wien, von denen sie mit selbstverständlicher Gastlichkeit empfangen wurde wie ein Hausgenosse, der nach langer Abwesenheit dahin zurückgekommen ist, wohin er gehört. So dankbar sie das empfand, sie hätte sich lieber nun endlich auf eigene Füße gestellt, sie war des Zu-Gast-Lebens müde. Sie fand, ihr Vetter hatte mehr als genug für sie getan, indem er ihr das Studium mit Kost, Wohnung, allem, ermöglichte. Warum hab ich denn studiert, wenn ich es jetzt nicht auch verwenden soll? fragte sie sich. Eine Arbeit, wenn man nicht zu wählerisch war, würde sich in Wien oder anderswo unschwer finden lassen. Denn der Krieg zog die Menschen auf seine Schlachtfelder und in seine Fabriken, Arbeitskräfte wurden jetzt überall gebraucht. Ellen aber wußte ihr so klagend vorzustellen, wie sehr sie selbst Delia nötig habe — und tatsächlich, während man ihr die Köchin ließ, war das Dienstmädchen aus Ellens Haushalt weggeholt und „dienstverpflichtet" worden — daß es wie eine Undankbarkeit gewesen wäre, gerade jetzt fortzugehen. Sie fuhr nur einmal nach Salzburg, um Blumen zu dem Grab ihrer guten Tante Cécile zu bringen; mit einem scheuen und wehen Gefühl ging sie an der Straße vorüber, wo sie so lange mit der Tante gelebt hatte, die Wohnung war jetzt in anderen Händen. Noch am Abend kehrte sie wieder nach Wien zurück, und blieb dort. Zwar überzeugte sie sich bald, daß die Arbeit im Haus und mit den zwei groß und hübsch gewordenen, gutartigen Kindern von der Köchin Babett und dem Fräulein Behr leicht bewältigt wurde. Wenn sie selber gelegentlich den Salon abstaubte und aufräumte, das Teegeschirr wegspülte, so war das nicht der Rede wert. Gebraucht aber wurde sie, wie sie mit Kummer merkte, darum, weil es in der Ehe von Clemens und

Ellen zu jenem Zustand gekommen war, in dem es den Eheleuten schwer ist, allein zu sein, und sie instinktiv nach der Anwesenheit anderer verlangen, um nicht so stark spüren zu müssen, wie zwischen ihnen das Ungelöste, ein Geist der Fremdheit steht. Das hatte, während Delia fort war, zu einem lebhaften geselligen Verkehr bei Hansteins geführt, und daß kein echter Sinn darin liegen konnte — es fehlte ihm ja, was allein einer Geselligkeit Sinn gibt: Wärme und Licht des häuslichen Herdes — fiel nur deswegen nicht besonders auf, weil es in unserer Zeit so viele Familien gibt, in denen das Herdlicht verdunkelt ist. Mit Kriegsbeginn schränkte der Verkehr überall in den Häusern sich ein, viele Männer waren auf einmal nicht mehr da, waren tausend Kilometer fern von ihrem gewohnten Lebenskreis plötzlich ganz neuen Aufgaben und Verhältnissen ausgesetzt. Und die alleingebliebenen Frauen hielten sich in ihren vier Wänden (noch trat nicht die Veränderung ein, die bei langer Kriegsdauer so folgenreich für das allgemeine Leben wird: daß die Frauen anfangen müssen, „allein fertig zu werden"). Ellen mußte also den ihr zur Gewohnheit gewordenen Menschenwirbel plötzlich entbehren und klammerte sich darum an die wiedergekehrte Delia, schien von morgens bis abends nicht ohne sie sein zu können. Sie seufzte über Clemens, warf Bemerkungen hin über seine falschen Ansichten, seine falsche Erziehung der Kinder, seine Weltfremdheit und Ungerechtigkeit gegen die neue Zeit — einem ernsthaft die Frage anfassenden Gespräch aber ging sie aus dem Wege. Und worüber sie früher, unter dem Einfluß von Clemens, bei anderen gespottet hatte, das war jetzt bei ihr selbst geschehen: sie hatte ein Radio in ihrem Salon, das den ganzen Tag Reden und Musik ausspuckte, und Delia konnte sich im Zusammensein mit der Cousine des Gedankens nicht erwehren, sie müsse es wohl von ihrem Radio gelernt haben, mit tausend Worten nichts zu sagen.

Von ihrem Vetter bekam Delia, außer bei den Mahlzeiten, wenig zu sehen. Er arbeitete in seinem Schreibzimmer, was, wußte man nicht, er erzählte und zeigte nichts davon, und besonders jedes Alleinsein mit Delia vermied er sichtlich. Sie fühlte den Grund ganz richtig heraus. Es war ihm gegen den Stolz und er hätte es für illoyal gehalten, seine Frau mit irgendjemand zu „diskutieren"; aber die Cousine stand ihm so schwesterlich nahe, daß er ihr gegenüber über die ihn bedrängende Not nur schweigen, nicht über sie hinweg von etwas anderem reden konnte. In seine Stirn und Wange hatten die letzten Jahre gramvolle Falten gezeichnet. Er quälte sich mit der nicht wegzuleugnenden Tatsache, daß die rechte Führung seiner Ehe seinen Händen entglitten war.

Seine Erkenntnisse und Mahnungen hatten nicht nur nicht dazu gedient, seiner Frau den aufwärts ins Lebendige führenden Weg zu zeigen, — sie waren geradezu Hemmnisse für sie geworden. Sich selbst überlassen, hätte sie den Weg wohl tastend, aber vielleicht sicherer gefunden, während sie nun, durch den Widerspruch zu ihm, in eine falsche und ihrem eigentlichen Wesen fremde Richtung gedrängt wurde. Clemens war durch das Sakrament mit ihr verbunden; aber konnte denn das Sakrament der Ehe einer Menschenseele zum Verderben werden? Und als Verderben sah Clemens die Verflachung und Versandung an, die er an Ellen beobachtete; sie erschien ihm schlimmer, als es eine große Sünde gewesen wäre. Wenn das an ihr geschieht, so bin ich daran schuld und dafür verantwortlich. Aber was soll ich dagegen tun? — Am wohlsten schien es ihm zu sein, wenn er mit seinen Kindern zusammen war. Daisy, die ihre alte Zuneigung für Delia von ihren Babytagen her beibehalten hatte, war jetzt ein Mädchen zwischen zehn und elf, das an seiner noch immer für das Gesicht etwas zu großen Nase vorüber nachdenklich fragend in die Welt schaute. In der Nachdenklichkeit waren ihre Augen schön und ausdrucksvoll. Es gab vieles Rätselhafte in dieser Welt, was Daisy zu schaffen machte und dessen Erklärung sie, in diesem Haushalt voller Frauen, niemandem als allein ihrem Vater zutraute. Sie paßte einen Moment ab, wo Ellen es nicht sah, und schlüpfte dann, ein kleiner, blonder, flinker Schatten, durch den Salon in sein Schreibzimmer. Eugenie, die nach kurzer Zeit ihre Schwester vermißte, folgte ihr nach. Und Delia sah des Vetters Gesicht erheitert und verjüngt, wenn er mit einem Kind an jeder Hand zum Mittagessen herauskam.

Ellens und Clemens' politischer Meinungsunterschied, wie er sich nach und nach herausgebildet hatte, war nur ein äußerlicher Ausdruck der zwischen ihnen bestehenden Spannung. Clemens wußte ja, Ellen war nicht wirklich zu einer eifrigen Nationalsozialistin geworden, sie suchte vielmehr ihren Gedanken und Worten diese Färbung zu geben, weil sie ihm damit opponieren wollte. Sie nannte Österreichs Heimkehr ins Reich eine große Tat des Führers. Und doch war es nicht Ellen, es war Clemens gewesen, der sich jahrelang über die zum Rentnerstand entwürdigte Rolle Österreichs Gedanken gemacht, der unsere seit 1918 verschüttete politische Aufgabe im Donauraum hatte belebt sehen wollen und wie fast alle Österreicher der Überzeugung war, das könne nur in der Teilnahme am Reichsganzen geschehen. Eben darum mißfiel ihm die Art, wie Hitler 1938 das Land in seinen Besitz brachte; und als dessen Knechte dann in Österreich zu regieren begannen und das Kronland des alten Reiches wie eine eroberte Provinz behandelten, wurden Clemens' ärgste Befürchtungen bestätigt. Es konnte auch jedermann an vielen Anzeichen sehen, wie rasch die anfangs echte Begeisterung über den Anschluß in Bitterkeit umschlug: eine schärfere Bitterkeit, als wenn man irgendein von einem Stärkeren besetztes Land gewesen wäre. Denn es war der Bruder, der einen „unter das Gesinde stieß". Die neuen Machthaber taten das, ahnungslos und voll Selbstvertrauen und ohne je zu merken, was sie taten — wie ja überhaupt ihre „Politik" in diesen Jahren der Weg des Elefanten von einem Porzellanladen zum nächsten war. Die Hakenkreuzfahne auf der Wiener Burg — sie hing da nicht als ein Symbol des endlich wieder geeinigten Reiches, sondern es war, als hätten Kara Mustapha oder Etzel, der abendländischen Welt und dem christlichen Deutschen Reichsgedanken zum Hohn, ihr blutiges Abzeichen dort entfaltet! Und zu diesem blutigen Zeichen paßte die „Säuberung" Wiens von den Juden, die hier noch viel schamloser, hastiger und rücksichtsloser als im Altreich vor sich ging.

In Gesprächen in seinem Bekanntenkreise hatte Clemens mit seiner Meinung nicht zurückgehalten; man redete in Wien damals noch sorglos, man war an die Unterscheidung zwischen denen, die etwas hören, und denen, die etwas nicht hören dürfen, noch nicht gewöhnt. So war es unvermeidlich, daß es den Regierenden zu Ohren kam und daß Clemens alsbald die „Quittung" (wie man zu dieser Zeit sagte) über seinen Freimut erhielt: seine im Frühjahr 1938 nach jahrelanger Vorbereitung fertig gewordene und eingereichte Habilitationsarbeit mußte von der Universität abgelehnt werden. Er habe keine Wahl gehabt, sagte ihm der Rektor. Zwar von dem Reichsstatthalter in Wien, Schirach, kam keine Einwendung. Aber eine andere „maßgebende Persönlichkeit" hätte geäußert: über den Grafen Hanstein sei man informiert, er sei ein „kirchlicher Reaktionär" und als Dozent „untragbar"; wenn er sich nicht still halte, würde man „auf den Fall noch besonders zurückkommen". Verwundert über die leblose, papierene, und gerade dadurch so unheimliche Sprache der Diktatur ging Clemens von dem Gespräch mit dem Rektor nach Hause; auch die Sprache also, so wie die bildende Kunst, dachte er, verliert ihre Anschauungskraft, wenn sich die Menschen von Gott entfernen ... und die Untersuchung über diese Entsprechungen in den verschiedenen Formen des geistigen Ausdrucks war es, was ihn seither beschäftigte. — Ellen wie auch ihre Mutter Kitty hatten sich ernstlich über ihn entrüstet, weil er keine Schritte unternehmen wollte, um das Mißverständnis mit der Regierung zu beseitigen und seinen

Lehrstuhl zu bekommen. „Aber es ist ja kein Mißverständnis, wir verstehen uns gegenseitig ganz genau," wandte Clemens ein, und blieb dabei, auch als Großvater Gaunt aus Neuyork ihm durch die Schwiegermutter sagen ließ, er möge doch eine persönliche Aussprache mit den Nazis herbeiführen.

„Sage ihm," so war in dem vom April 1939 datierten Brief gestanden, „daß ich ein sehr alter und kranker Mann bin und demnächst tot sein werde, jetzt aber noch einen klaren Kopf habe, mit dem ich denken und voraussehen kann, was kommt. Es wird in kurzer Zeit die ganze Welt, einschließlich USA., gegen Deutschland im Kriege stehen, und im Vergleich zu einem so großen Unheil kann der Streit, den Clemens mit seiner Regierung hat, nicht so wichtig sein; sondern er muß sich verständigen und an seinem Platze das Seinige tun."

Nachdem der alte Gaunt, den er gern gehabt hatte, noch im Sommer wirklich gestorben und dann der Krieg ausgebrochen war, mußte Clemens noch oft an diesen Brief zurückdenken, und überlegte: Sicher, es muß wahr sein, daß von drüben sich alles anders ansieht, in größeren Verhältnissen, das Deutschtum im Kampf um seine Existenz unter den anderen Völkern der Erde. Aber was der Betrachter von draußen nicht wissen, nicht so erschreckend wie wir im Lande sehen kann, ist, daß die Führung des Volkes und mit ihr alle, die ihr willig dienen, von Gott und Gottes Geboten abgefallen ist, daß das Gewissen bei uns versehrt wurde ... und daß der so geschehene Schade schlimmer ist als alles, was die vereinigte Welt den Deutschen in einem Krieg antun kann. Der Freund dieses Volkes wird nur der sein, der es zur Versöhnung mit Gott ermahnt; und wenn sie auch durch uns nicht geschehen kann, so muß doch der Wille des Herzens für die Ankunft des Heilands bereit sein. Es gibt keinen Dienst als diesen.

Wien hatte sich an das nächtliche Verschwinden einzelner, meist jüdischer oder aus anderen Gründen unliebsamer Personen seit dem März 1938 gewöhnt, wie man sich gewöhnen kann an eine böse, schleichende Krankheit. Aber bald nach dem Abschluß des polnischen Feldzuges und weiterhin den ganzen Winter hindurch erhielt die Stadt — durch Offiziere und Soldaten, die an dem Vormarsch teilgenommen, durch polnische Verwandte der großen Wiener Familien — Kunde von Mordtaten der Himmlerschen Polizei, an Juden und an geistig oder gesellschaftlich hochgestellten Polen. Diese Berichte bestätigten mit unzweifelhafter Deutlichkeit, daß von polnischer Seite vor dem deutschen Einmarsch grausame Verbrechen in erschreckender Zahl an den Volksdeutschen innerhalb des polnischen Staatsgebiets begangen worden waren. Himmlers „Vergeltungs-Aktionen aber ließen ein gegen bestimmte Bevölkerungskreise gerichtetes S y s t e m der Ausrottung erkennen. Nicht nur nach Wien, überall ins ganze Deutschland kamen auf tausend voneinander unabhängigen Wegen die grauenvollen Nachrichten. Ihre Wirkung war nicht, wie es bei einem gesunden, noch „unerschrockenen" Organismus der Fall gewesen wäre, ein empörtes Aufbegehren des ganzen Volkes. Ein solches hatte sich hie und da, wenn schon vereinzelt, zuletzt noch bei dem Judenpogrom vom November 1938 gezeigt. Jetzt aber schwiegen die Deutschen zu dem, was sie freilich selbst nicht vor Augen hatten, was irgendwo weit draußen im Osten geschah; und wo ihrer zwei oder drei zusammenkamen, war ihr Gespräch leiser als je. Sie erkannten mit Schauder, daß die Henker, die zu Herrschern geworden waren, vor nichts mehr zurückschraken und daß sie auch Gewalt hatten, alles zu tun.

Delia war in großer Sorge um ihre Freunde Potocki. Trotz allen Erkundigungen konnte sie nichts von ihnen erfahren. Das kam daher, daß das Gut Varda in dem Teile Polens lag, der in einem Vertrag zwischen Hitler und Stalin den Russen zugesprochen worden war. Von dort drang keinerlei Nachricht in die Außenwelt. Es hieß aber, daß es dort womöglich noch schlimmer als in dem von uns verwalteten „Generalgouvernement" zugehe; es hieß, daß an der Demarkationslinie zwischen den beiderseitigen Interessensphären ein deutscher einen sowjetrussischen Hauptmann wegen der Erschießung polnischer Kriegsgefangener zur Rede gestellt und die Antwort erhalten habe: „Nitschewo! Toter Pol' guter Pol'."

Delia wollte dennoch an den Tod ihrer Freunde nicht glauben. Sie träumte oft von Varda, aber immer sah sie das Haus friedlich liegen im grünen Sommerlicht, und wenn ihr das Gesicht eines der Hausgenossen erschien, war es in der Fröhlichkeit, die sie an ihnen gekannt hatte. Wohl in einem Verlangen nach Leben und Freude schützte sich so ihre Natur unbewußt vor ängstlichen Vorstellungen. Sie konnte sich natürlich den Ernst der Nachrichten aus Polen nicht verhehlen, es ging ihr nahe, wie auch der Zwist im Hause des Vetters; sie war abgemagert, sah wieder fast so schmal aus wie nach dem Tode ihres Vaters und vor ihrer großen Krankheit und fand von sich selber, daß sie „schon eine alte Jungfer" war. Ihren Bekannten von früher jedoch erschien sie jünger als ihre siebenundzwanzig Jahre. Etwas Mädchenhaftes und Erwartungsvolles lag in ihrer zart gewordenen Erscheinung, und der schöne klare Blick ihrer Augen schien dem, den er traf, zu sagen: sei sicher, es wird sich noch erweisen, daß unsere Welt in Gottes

Hand ist. — Der Krieg hatte noch keine große Todesernte gehalten, das Leben unsres Volkes schien nur vorübergehend durch ihn verändert. Die Menschen aber fühlten sich in ein Verhängnis ohne Sinn und Ausweg hineingestoßen, sie waren mutlos, und man sah es ihnen an. Doch es gibt an vom Frost zerstörten blühenden Kirschbäumen einzelne Zweige, die der Frost verschont. Ob sie so warm vom eigenen Lebenswillen sind, oder durch eine Behütung geschont — gleichviel, es gibt sie. Und Delia schien wie solch ein Zweig zu sein.

Auch Pater Erwin bemerkte das, der ihr seinerzeit die Beichte abgenommen und den sie jetzt nach der Rückkehr aus Polen wieder aufgesucht. Er kam kurz danach einer besonderen Sache wegen zu Hansteins in die Wohnung; es handelte sich darum, durch Stiftungen Geld zu dem Auslandspaß für einen Juden zusammenzubringen; solche Pässe konnten bei gewissen Parteistellen unter der Hand für schweres Geld gekauft werden. Der Pater war in Zivilkleidung gekommen, weil man die Erfahrung gemacht hatte, daß der Besuch von Geistlichen, wenn er bemerkt wurde, einer Familie Schaden bringen konnte; ihn freilich hätte wohl jeder, der nur sein Gesicht sah, dennoch als einen Priester erkannt. Er brachte die Rede auf Delia und sagte zu Clemens: er habe seit Kriegsausbruch in Wien noch kein solches vertrauendes Gesicht, wie das ihre, gesehen.

— Ellen hatte im vorigen Jahr Grünschwaig so schön gefunden, als sie sich dort mit ihrem Vater traf, daß sie sich auch im Frühling 1940 wieder — und zwar mit ihren beiden Eltern — dort treffen wollte. Hanna, die immer Gastliche, der auch Richards ganz besondere Liebe für Grünschwaig bewußt war, lud dazu ein. Seit dem Sommer 1939 besaß Ellen ein Auto und einen gültigen Führerschein — und konnte doch zu ihrem Kummer die Fahrt nicht im Auto machen, weil es im Krieg für Privatleute kein Benzin gab. Sie fuhr also mit dem Zug; sie wollte zu Ostern, das in diesem Jahr früh, auf den 24. März fiel, schon wieder in Wien sein, um das Fest mit ihren Kindern zu feiern.

Sie forderte Delia auf, sie nach Bayern zu begleiten. Teils, weil sie sich an ihre Gesellschaft so gewöhnt hatte, teils auch, weil es eben ihre Art war, allen Leuten eine Freude zu gönnen und eine Freude für sie zu arrangieren. Sie erzählte von Onkel Kaspar Degeners großer Bibliothek: Delia würde davon entzückt sein; ihre Bedenken, ungebeten in ein fremdes Haus zu fallen, zerstreute sie eifrig, mit Clemens' Hilfe.

„Grünschwaig ist doch kein fremdes Haus!" rief sie. „Ich wundere mich nur, daß du nicht schon längst einmal dort warst.

An Tante Hanna hab ich schon telegraphiert, du kannst also ganz beruhigt sein. Und überhaupt, wenn nicht der Hitler ihn schon einberufen hat, ist dort mein Vetter Jakob, der sich gleich in dich verlieben wird..."

Erst indem sie den Scherz machte, kam ihr selbst zum Bewußtsein, wie gut das eigentlich wäre, — und mit einem besorgten Blick auf Delia, fragte sie sich, ob sie vielleicht schon zu viel gesagt und die Sache „verredet" hätte? aber Delia schien es überhört zu haben. — Ja, das würde wirklich sehr nett passen! überlegte Ellen: Beide sind sie gelehrte Leute. Jakob ist so alt wie ich, also zwei Jahre älter als Delia, ein bißchen wenig, aber es geht gerade. „Delia Degener" — das klingt, als ob es so eingerichtet wäre! Adelig ist er nicht, aber das darf nichts ausmachen... Ellen wurde innerlich ganz erwärmt von den Vorstellungen, was alles Schönes und Vortreffliches sich aus dieser Grünschwaig-Fahrt ergeben könnte.

„Siehst du, er holt sie schon selber ab!" dachte sie triumphierend, als sie in Nußholzhausen — sie kamen mit dem späten Zug dort an — im trüben Licht der Sperre Jakobs Gesicht erkannte. „Das ist Jakob — das ist Delia," stellte sie die Beiden einander vor, und erklärte dann: „Nein, wir sitzen bei dir auf dem Bock! das ist lustiger!" So mußte denn das Gepäck in den Fond gestellt werden, und zu dritt drängten sie sich, ein bißchen eng, auf Jakobs Kutschbock zusammen; Delia wurde in die Mitte genommen. Ellen schwatzte und lachte, Delia war stumm; Jakob aber, in dem Gefühl, daß er, außer ermunternder Zurede für die Pferde, doch auch als Gastgeber zu seinen Gästen etwas sagen müsse, brachte, nach einigem Nachdenken, vor:

„Haben Sie eine gute Reise gehabt? Es ist doch ein Glück, daß man jetzt endlich von Österreich nach Bayern fährt, ohne diese unsinnigen Grenzgeschichten —"

Er hatte es damit schlecht getroffen. Das mit Schulter und Hüfte an ihn gepreßte Mädchenwesen, dessen Gesicht er nicht sehen konnte, erwiderte — trocken und scharf, wie ihm vorkam:

„Ja, schon. Aber wir wären in Wien ganz gut ohne den Herrn Hitler ausgekommen."

In allem, was die Gemeinschaft Österreichs mit dem übrigen Deutschland betraf, verstand Jakob keinen Spaß. Er sagte, und das Bemühen, seinen aufsteigenden Zorn zu bezwingen, gab seiner Stimme eine unangenehme Kälte:

„Ich habe leider auch gehört, daß die Partei sich in Österreich ungeschickt benimmt. Aber wenn man drüben, wie ich aus Ihren Worten merke, die selbstverständliche Zusammengehörigkeit mit dem Reich vergessen hat, dann war es ja höchste Zeit, daß ein Zuchtmeister hinübergeschickt wurde."

Es war nicht schwer, darauf abermals eine scharfe Antwort zu geben — und Delia gab sie. Offenbar war es doch Ellens Bemerkung über Jakob Degeners mutmaßliche Verliebtheit, die das Mädchen an diesem Abend so besonders widerborstig machte. Zu Ellens Entsetzen fingen die Beiden, die sich noch kaum richtig ins Gesicht gesehen hatten, allen Ernstes zu streiten an. Ellen hatte die größte Mühe, sie wieder auseinanderzubringen, ehe der Wagen den Grünschwaiger Berg hinauffuhr.

Delia, bei der Begrüßung mit Hanna Degener, entschuldigte sich, daß sie „ganz ungebeten" ins Haus gekommen war, daran habe Ellen die Schuld ... sie brachte die Worte, an denen nichts Besonderes war, mit einer ihr wohlanstehenden Unbefangenheit und Heiterkeit vor und empfing von Hanna einen Blick, der still auf ihr ruhen blieb, und eine herzliche Antwort. Jakob mußte sich unwillkürlich mit dieser Herzlichkeit seiner Mutter einverstanden finden, da er die junge Gestalt zum erstenmal in dem hell erleuchteten Hausflur vor sich hatte, und wußte nicht, wohin sein Groll gekommen war. Es schien ihm, als ob auch Josepha, indem sie einen Koffer aufnahm, um ihn hinaufzubringen, dem Fräulein mit besonderer Freundlichkeit zunickte; er selbst ergriff einen anderen Koffer, und die Ankömmlinge wurden in ihre Zimmer geführt.

Bevor sie noch fertig gekämmt und gewaschen war, kam Ellen auf Strümpfen über den Gang zu Delia herübergelaufen, um sie in letzter Minute noch darüber aufzuklären, daß es einen zweiten Sohn des Hauses gibt, der in einer Anstalt ist und nach dem man besser nicht fragt.

„Es ist nur, damit du weißt. Ich kenn das ja gar nicht an dir — daß man in Sorge sein muß, was du zu den Menschen redest ..."

Delia hatte nur halb gehört, was ihr gesagt wurde, sie war mit ihren Gedanken anderswo beschäftigt und lächelte. „Ach nein. Man muß mich nur nicht ärgern," sagte sie. „War ich denn unhöflich?"

„Sehr! Und Jakob auch! Ganz verrückt, ihr Beide. — Aber es gefällt dir doch hier?"

„Ja, ein schönes, behagliches, häusliches Haus!" bestätigte Delia mit demselben zerstreuten und freudigen Lächeln wie zuvor.

Andertags um die Mittagszeit trafen Richard und Kitty Degener ein, mit beiden war Delia von Voggenbruck her längst bekannt, und gewohnt, sie als Onkel und Tante anzusprechen, so daß durch deren Ankunft ihr stilles Gefühl, hier heimisch zu sein, nur bestätigt werden konnte. Im Zusammensein mit Jakob zögerten Delia wie auch er unwillkürlich, wieder auf das österreichische Thema zu kommen, um nicht von neuem streiten zu müssen; und doch lag das wie ein Stein zwischen ihnen auf dem Weg, auf dem ihre Gespräche hätten grünen sollen. Sie verfielen also öfters in ein gemeinsames und beiden nicht unerfreuliches Schweigen, wenn sie in Gesellschaft von Jutta – die vorauslief und wiederkam, um Delias Schuhe forschend zu beschnuppern – durch die Vorfrühlingslandschaft wanderten. Jakob allerdings kam es vor, als wäre in diesem Jahr das Land zu farblos, zu schwach der Duft der aufgedeckten Erde, zu schwach der Schimmer auf dem Knospenbraun der Buchen; diese ganze Frühlingswelt war so träge, sich zu schmücken! die ersten vereinzelten Schlüsselblumen am Bach hätten gelber und das Stück Himmel hinter dem grauen Gezweig des Obstgartens viel blauer sein müssen! Er fühlte diese Ungeduld so stark, daß er wirklich erwartete, Delia du Faur werde etwas von Enttäuschtsein am Grünschwaiger Frühling sagen, und daß er sich bei einem Seitenblick auf ihr Gesicht wunderte, es so gestillt und glücklich zu sehen.

Abends war man in der Bibliothek zusammen, wo auch gegessen wurde. Jedes „Du", mit dem Ellen und ihre Eltern Delia anredeten, berührte Jakob mit einem kleinen, eifersüchtigen Schmerz, weil er dachte: wie kommen die alle dazu, ihr Du zu sagen, wenn ich nicht darf? Er hätte den Onkel Richard bitten können, das einzurichten ... aber nein, das mach ich selber! nahm er sich vor.

Beim Schlafengehen in seinem Zimmer nickte er seinem Spiegelbild zu, indem er seufzend dachte: Ja, es ist nicht zu leugnen, daß ich wieder einmal ... daß ich dieses Mädchen liebe! Komisch ist ja, daß ich mich immer streiten muß mit den Mädchen, die ich besonders gern habe. Grad so war es mit Sybil. – Und schon im Bett liegend, mußte er noch über sich lachen.

Sie ist unbedingt ein sehr reizvolles Mädchen, sagte er zu sich selbst; daß er sich in Gedanken so ausdrückte, geschah in dem Bemühen, möglichst „objektiv" über sie zu urteilen. Aber während er so urteilte, entzückte er sich daran, mit geschlossenen Augen so deutlich ihr Gesicht vor sich sehen zu können: ein Gesicht, das schöner wird, wenn es vom Ernst zum Lächeln übergeht, und wieder noch schöner, wenn hinter dem Lächeln wie eine klare Himmelstiefe der Ernst hervorblickt. Wie eine klare Himmelstiefe, wiederholte er. Sonderbar ...

Solang sie es nicht merkt, daß ich sie gern habe, ist alles schön und gut. Aber merken darf sie nichts.

Denn mit dem Augenblick, da ihm seine Neigung für Delia zum Bewußtsein kam, war in Jakob auch die Frage aufgetaucht: eine Frau durch eine Ehe an mich binden — darf ich das überhaupt? Seit Franks letztem, schwerem Nervenanfall hatte man seine Geisteskrankheit als hoffnungslos erkennen müssen; also durfte Jakob, so folgerte er, keine Kinder haben; denn es konnte ja die Krankheit, wenn sie so nah in der Familie ist, jederzeit in einem Kind wieder hervorbrechen. Einer Frau aber, die eine richtige Frau ist, kann man eine kinderlose Ehe nicht zumuten. Seine bisherigen, nicht glücklichen Liebeserfahrungen sah Jakob nun dadurch erklärt, daß er offensichtlich zur Ehe nicht bestimmt sei. Deswegen sei alles so geführt worden. Es sollte nicht sein.

Es ist aber ein anderes Ding, ein solches „Du sollst nicht" grundsätzlich anzuerkennen, ein anderes, angesichts des lebendigen Lebens in ihm fest zu bleiben. Doch gerade das schien Jakob nötig, seine Gründe galten ihm für unwiderlegbar. Und so wurde ihm nun von Tag zu Tage schmerzlicher und zugleich auch freudiger zumut; wie der Mann im Märchen, der zwei Bäume, einen mit herber, einen mit süßer Frucht, in seinem Garten gepflanzt hat, vermochte er das Wachstum weder bei dem einen noch bei dem anderen aufzuhalten.

Eines Vormittags zeigte er Delia in der Bibliothek, was sein Vater an wertvollen alten Büchern, insbesondere Erstausgaben der Philosophen, besessen hatte — und da fing er an, er wollte mit ihr die Streitfrage ins Reine bringen:

„Sie müssen wirklich einsehen, es muß auch Ihre Überzeugung sein, daß alles, was deutsch ist, zusammengehört."

„Ein Volk, ein Reich, ein Führer," erwiderte sie spottend; ihre Stimme klang aber anders als auf der Wagenfahrt.

Jakob ließ sich auf den Spott nicht ein, er erklärte ihr mit ernstem Eifer seinen Lieblingsgedanken: das Reich, ein über das Nationale erhobener Sinn, Verantwortung für viele Völker. Jedoch Ein Reich, Eine Krone. Die Krone ist freilich versunken; vielleicht kehrt sie wieder, wenn das Bewußtsein von der Gemeinschaft Europas wiederkehrt. Die Gemeinschaft beruht auf dem gemeinsamen Glauben der Christenheit. Und die Krone, goldener Reif, ist nichts als der Glanz, der erscheint, wenn die weltlichen Aufgaben der Macht und der sozialen Verantwortung vom nichtweltlichen Licht: dem Licht des Glaubens, getroffen werden.

Delia konnte sich im Zuhören nicht recht darüber klar werden, ob das, was er vorbrachte, „Romantik" war... unter den Studenten hatte „romantisch" als ein Begriff gegolten, durch den eine Sache als unernst bezeichnet und erledigt wurde.

Innerhalb dieser Gemeinschaft, fuhr er fort zu erklären, sei das Deutsche in aller Verschiedenheit seiner Stämme eine Einheit. „Ob man sagen kann, daß das Blut die verbindende Kraft ist, weiß ich nicht, das ist mir nicht so recht glaubhaft. Aber sicherlich gibt es eine Einheit der Sprache und der gemeinsam erlebten Geschichte. Aus ihr dürfen Sie sich nicht entfernen, Delia — sonst hat alles, was Sie tun und denken können, keine Wirklichkeit!" schloß er in beschwörendem Ton.

Er sorgt sich auch um das Wirkliche. Das tun alle, dachte sie. Aber was ist das Wirkliche? Was Gott uns zufügt, was Er auf uns einwirken läßt. Und sie versicherte, jetzt ebenso eifrig wie Jakob, daß es ihr nie in den Sinn gekommen war, sich aus der Gemeinschaft, von der er sprach, zu entfernen. Das Volk, ein Stück der Schöpfungsordnung — so hatte auch der Professor Srbik in Wien es ausgedrückt.

Alle beide waren froh, sich geeinigt zu haben.

„Wieso eigentlich: Delia?" fragte Jakob sie nun plötzlich. „Was ist das für ein Name?"

„Cordelia."

„Die Dame halt ich für mein Kind Cordelia." Jakob zitierte den Vers langsam, indem das schöne Bild von König Lears Tochter in seiner Erinnerung aufstieg. „Und Sie sehen ihr auch ähnlich."

„Wie denn ähnlich? Sie können doch gar nicht wissen, wie die aussah," sagte sie, und lachte.

„Ach doch, das weiß man." Er hielt, um ihr Auge zu vermeiden, den Blick auf ihr braunes Stirnhaar gerichtet und fragte: „Darf man der Tochter vom König Lear Du sagen? ... ich meine nur," sprach er eilig weiter, „weil es ja alle andern auch tun —"

„Ja, es kommt mir für uns ganz natürlich vor, Jakob," sagte sie — und er, der sie noch immer nicht ansah, hörte entzückt und erschreckt den warmen Klang ihrer Stimme und entfernte sich von ihr so weit, als es innerhalb des Zimmers geschehen konnte.

Ellen bemerkte die wachsende Vertrautheit, zu der es nun doch zwischen den Beiden gekommen war, mit Freude — und auch mit etwas Neid; denn sie mußte denken: für mich, ach! für mich und Clemens ist das alles lang vorbei. — Es ergab sich von selbst, daß sie mit ihren Eltern zusammen war (ihre Mutter Kitty sehr erfüllt von Erinnerungen und Kummer um ihren alten Vater); daß Hanna im Gutsbetrieb zu tun hatte und Jakob und Cordelia einander meist allein überlassen blieben.

Er bekam an ihrer Stimme öfters den „warmen Klang" zu hören. Sobald er jedoch auf den Gedanken gebracht war, es wäre möglich, daß auch er von Delia geliebt würde, beschloß er, sie schleunigst von diesem Irrtum abzubringen.

Ich werde ihr sagen, daß ich sie liebhabe, aber nicht heiraten kann, und daß sie abreisen muß.

Es war der Palmsonntag, an dem Jakob diesen Vorsatz faßte. Aber da ging sie in die Kirche nach Nußholzhausen, er hatte nicht genug Zeit, mit ihr zu reden, und am Nachmittag dachte er: heut noch nicht.

Tags darauf überlegte er: sie wird mich sofort aufgeben, wenn sie alles weiß. Warum muß ich mir die schöne, glückliche Zeit mit ihr verderben? Am Dienstag früh wachte er auf mit dem Gefühl: ich muß mich schämen, die Sache so hinauszuzögern und dem Mädchen Zeit zu lassen, sich womöglich noch allen Ernstes in mich zu verlieben — so sonderbar es auch scheinen mag, aber es kann doch geschehen — so zu verlieben, wie es mir allen Ernstes schon passiert ist. Also ich schwöre ... und obwohl ein Christ nicht schwören soll, tat er doch einen lautlosen, aber feierlichen Schwur: es ihr heute zu sagen.

Dennoch verging der Vormittag, und er hatte nichts gesagt. Nach Tisch fragte er sie, ob sie mit ihm spazierengehen wollte, oder lieber erst ausruhen. Sie war zum Spaziergang bereit.

Und er führte sie von dem Feldweg ab, welcher oben in die Straße Nußholzhausen-Rohrsbach einmündet, über eine Viehweide auf das Wäldchen mit viel Jungholz zu, durch das man sich auf einem fast schon wieder zugewachsenen Pfad bis zur Buchenhöhe hinauffinden mußte. Der Großvater hatte das als einen kleinen Jägerweg angelegt, zu seiner Zeit befand sich auf der Buchenhöhe ein Hochsitz, mittlerweile verfallen. Es war Jakobs liebster Weg, den er aber nur selten anders als allein ging; alle seine Jugend- und Bubengedanken hatte er auf ihm herumgetragen.

Delia erzählte lebhaft von einem Haldenstedtschen Gut bei Wien, das an dieses Stück Grünschwaig erinnere. Er hörte nichts von dem, was sie sagte, er dachte: bevor wir im Jungholz sind, muß ich angefangen haben, zu reden.

Aber erst drinnen im Wald, nachdem er sich noch einmal ermahnt hatte: wenn der Boden wieder ansteigt, dann! — erst als seine Füße den ansteigenden Boden fühlten, sagte er:

„Schau einmal grad vor dich hin!"

„Ja? was ist —"

„Es ist geschehen, und ich kann es nicht ändern."

„Was ist geschehen?" fragte Delia, und hielt im Schritt inne.

„Es ist geschehen," sagte Jakob, der nicht bemerkte, wie sein Mund beim Sprechen zuckte und wie sonderbar finster er sie ansah: „Es ist geschehen, daß ich dich liebe und daß du abreisen mußt."

Mit einem Blick sah er ihr hellrot gewordenes Gesicht, und merkte, wie heiß es ihm selber wurde — aber er konnte nun, nachdem er so weit gekommen war, mit klaren Worten alles aussprechen. Von seinem Bruder Frank. Und daß er Delia nicht heiraten konnte, weil keine Kinder sein durften. Und daß er sie bittet, abzureisen, bevor —

„Ja?"

„Bevor es uns beiden, auch dir! zu schwer wird, dich zu trennen."

Delia schwieg eine Weile, und antwortete dann:

„Das ist schon."

Er fand keine Antwort und staunte sie ungläubig an.

Delia: „Es ist ja schon längst, wie du selber gesagt hast, geschehen. G e s c h e h e n," wiederholte sie leise. „Dein Bruder ist mein Bruder. Dein Schicksal ist mein Schicksal. Was dir widerfahren muß, widerfährt auch mir. Das weißt du doch alles."

Dann, da sie den Zweifel in seinem Gesicht noch immer nicht ganz von der Freude besiegt sah, — mit veränderter, fast lautloser, erschrockener Stimme:

„Nein, aber... Aber natürlich, wenn du glaubst, daß dir alles nur ein momentanes Gefühl und ein Irrtum gewesen sein könnte! ... dann natürlich werden wir uns gleich trennen..."

Aber Jakob ließ sie das nicht zu Ende sagen.

— Als er mit ihr von der Höhe aus durch das Grau der Buchenstämme den blaßblauen Himmel leuchten sah, als er hörte, wie in der Tiefe des Waldes Schnee von einem Fichtenast mit dumpfem Laut herabfiel, wunderte er sich darüber, daß dies alles: Farbe, Bild, Geruch und Geräusch, wie er es von Kind auf kannte, nicht mehr auf ihn allein bezogen sein sollte, sondern auf ihn und einen anderen Menschen zusammen. Gibt es wirklich gar nichts mehr, was mich allein angeht? fragte er sich — und hörte beklommen und freudig eine andere Stimme in der Tiefe des Herzens antworten: Nein, nichts mehr. Du hast aufgehört, ein einzelner Mensch zu sein.

„Wir werden jetzt zu meiner Mutter gehn."

„Ja," sagte Delia.

ELFTES BUCH

1

Wo echte Führung geschieht, öffnet sich ein Raum der Freiheit.

Auf dem Feld, über das die zornig fauchenden, todbringenden Kugeln hinfahren — niemand, der sie je hörte, vergißt ihren Ton — erhebt sich der Offizier, um den Angriff vorzutragen. Der Zwang der Disziplin hat ausgesetzt für den Augenblick, wo die Todesfurcht jeden auf die schützende Erde niederpreßt. Vorher war das Tun des Soldaten vom Muß bestimmt, gleich nachher wird es das wieder sein. Jetzt aber ist es der Anblick des Einen, der sich wagt — und der damit nur den schlichten Sinn seines Führertums erfüllt — was die andern empor und in den Feind hinein reißt. Frei als Funke springt der Mut über. — Und wie in der soldatischen, so auch in der politischen und geistigen Führerschaft wird die Freiheit mit einer Einsamkeit bezahlt. Der Führende ist der Gemeinschaft so streng wie jeder andere verbunden, jedoch in ihr nicht geborgen. Er denkt, er lebt und, wenn es die Stunde will, so stirbt er für die andern; aber er muß über sie verfügen, und darum kann auch ihre Treue nichts daran ändern, daß er in seiner Verantwortung allein ist, niemand hilft ihm sie tragen, und ist er das, was er soll, dann empfindet er ihre Last als eine, die sein ganzes Leben in Pflicht nimmt. In unserm Heer und unserm Land waren nicht wenige, die ihre Führerverantwortung so gefühlt haben. — Wie konnte es geschehen, daß der an den höchsten Platz Erhobene nichts von ihr sah und niemals erkannt hat, wie nur die in Freiheit geschenkte Treue der Seinen ihn in Wahrheit zu ihrem Führer machen konnte? Wo der Versuch unternommen wird, den Willen einer Gefolgschaft durch Schrecken, Rausch, Hypnose zu zwingen, dort ist kein echtes Führertum mehr, ja, dort darf man sicher sein, daß ein so Führender selbst kein freier, sondern ein an Leib und Seele gebundener Mann ist.

Hitler, der im September 1939 in der Schlacht um Polen glücklich gewürfelt hatte, der im April 1940 zum zweitenmal die Würfel auf die große Trommel rollen ließ, war überzeugt davon, ein wirklicher Führer zu sein, und hatte die Menschen an sich gezogen, die ihn in dieser Eigenschaft täglich aufs neue dadurch bestätigten, daß sie sich als Fügsame zeigten. Niemand weiß, ob er jemals, vor seiner letzten Stunde, erkannt hat, wer hinter ihm stand und seine Hand führte; ob er sich je seiner Unfreiheit bewußt geworden ist? Wenn aber, dann hat er wohl geglaubt, damit den Deutschen eine glückliche und das hieß für ihn: eine machtvolle Zukunft zu erkaufen, und hat nicht gewußt, was er doch in jedem Kindermärchen hätte lesen können: daß die Geschenke des Versuchers Trug sind, sein Geld, seine Schlösser, seine Festmähler nur Staub, und daß ein Geknechteter seinem Volk nichts bringen kann, als was er selbst hat: Knechtschaft.

Er war nicht der Erste noch der Einzige in seiner Epoche, der so in Knechtschaft stand. Nicht lang vor ihm hatte derselbe Knechtsgeist die Männer regiert, die in Versailles einen Frieden hätten begründen sollen. Und die Geschichte von Hitlers eigener Zeit kennt neben und unmittelbar nach ihm die Taten noch anderer Täter, die nicht bloß den Stempel der gewöhnlichen menschlichen Unvollkommenheit, die vielmehr das Kennzeichen jener sinnlosen Zerstörung tragen, zu der Menschen sich erst hergeben, wenn ihr Wille nicht mehr frei ist und sie „nicht wissen, was sie tun". In jedem einzelnen Augenblick dieser Erdenzeit geraten Menschen in den Bannkreis des Bösen, wirkt die Gnade (die freilich nur ruft, nie zwingt) an ihrer Wiederbefreiung. Daß hier der wahre Inhalt der Geschichte ist und die Seele der Menschen der Schauplatz der Entscheidungen, auf die alles ankommt, das ist ein den Meisten von uns entsunkenes Wissen. Besäßen wir es, so würden wir auch wissen, was hilft, und würden gegen den besessenen Täter nicht Haß, nur die Kraft des Gebetes wenden, als die einzige Waffe, die aus so unheilvoller Gefangenschaft befreit.

Auch wer den Vordergrund der Dinge für das allein Tatsächliche hielt und nur aus ihm die Motive einer Beurteilung nehmen wollte, konnte sehen, daß Hitler bei jedem neuen geschichtlichen Akt, den er auszulösen schien, immer weniger dessen Urheber war. Schon nach Polen wäre er lieber nicht marschiert, hätte er nicht gefürchtet, einen augenblicklichen, für ihn günstigen Stand der Dinge ungenützt zu versäumen. Nach Dänemark und Norwegen, wohin er jetzt seine Truppen und seine wenigen, kostbaren Schiffe entsandte, hatte er überhaupt nicht gewollt, und auch in der weiteren Folge wurden seine Entschlüsse, so abrupt und kühn sie aussahen, in zunehmendem Maß durch die ihn immer enger umdrängenden, von ihm nicht geschaffenen noch gesuchten, seinem Befehl keineswegs gehorsamen Umstände bestimmt, aus denen er wie ein wildes Tier den Ausbruch suchte. Der große Sieger war ein vorwärts Gestoßener, unter einem Schatten. So erzählt eine alte Legende von König Etzel, in einer seiner letzten Schlachten habe sich eine Schar von Raben gleich einer Wolke schattenwerfend immer über ihm gehalten.

England wollte den Finnen zu Hilfe, die gegen Sowjetrußland um ihre Freiheit kämpften, ein Expeditionskorps schicken. Es war zu fürchten, daß dieses im Fjord von Narvik sich festsetzte, dem neutralen norwegischen Hafen, wo das für die deutsche Kriegführung unentbehrliche schwedische Erz verladen wurde. Das Korps wurde jedoch in England nur zögernd aufgestellt, wohl weil man vor einem Konflikt mit Rußland zurückscheute. Unterdessen kam im März ein Russisch-Finnischer Friedensschluß zustande, der Finnland zwar Opfer auferlegte, aber seine staatliche Unabhängigkeit bestehen ließ; England konnte nun seinen norwegischen Plan nicht mehr als Hilfeleistung für Finnland tarnen. Nach Deutschland kamen Nachrichten, der Plan bestehe gleichwohl fort. Ihn zulassen, hieß das Erz, und damit den Krieg verlorengeben. Ihn verhindern, schien unmöglich, angesichts der um ein Vielfaches überlegenen britischen Seemacht. Hitler entschloß sich zum Wagnis, weil er es mußte.

Daß der Feind mit der Minenlegung in den norwegischen Gewässern schon den Anfang gemacht, war noch unbekannt. In der Nacht zum 7. April begann die Ausfahrt unsrer ganzen kleinen, in sechs Gruppen geteilten Flotte, welche die Landetruppen zur Besetzung Norwegens an Bord hatte. Der Oberbefehlshaber der deutschen Seestreitkräfte hieß Saalwächter, und unter den Schiffsmannschaften, die in die dunkle, stürmische Nordsee hinausfuhren, lief der Scherz um, der Führer habe einen guten Mann zum Wächter im Saal bestellt: ein recht kühner Scherz, da sie wußten, wenn die Nordsee ein „Saal" heißen sollte, so war England der Eigentümer, und das Kräfteverhältnis unsrer Seemacht zur englischen wie das eines Hundes zu einem Löwen. Zu Hitler aber hatten sie alle ein jugendliches, unbedingtes Zutrauen, er war ihnen umstrahlt vom Glanz seiner großen Erfolge, ein Ausdruck ihres eigenen Behauptungswillens in feindlicher Welt. Von den, einer in der Kiellinie des andern, nordwärts stampfenden Schiffskörpern ging ein Gesang aus, auch in ihm klang dieses jugendliche Zutrauen. „Wir wollen es nicht länger leiden, daß der Engländer darüber lacht!" sangen die Matrosen; die Soldaten, die „werten Fahrgäste", wie ihre Kameraden von der Marine sie gutmütig lachend nannten, konnten den Text des Matrosenliedes nicht, aber in den Kehrreim stimmten sie mit ein. „Fahren ... fahren ... gegen Engelland," in einzelnen Tonfetzen verlor sich das Singen über dem schwarzen Wasser. — Bereits in den Vormittagsstunden des 8. April bemerkten englische Flieger den Marsch unsrer Schiffe, und daraufhin lichtete die britische Schlachtflotte die Anker.

Dennoch gelangen wunderbarerweise die Landungen überall: in Oslo, Christiansund, Egersund, Bergen und Drontheim — und sogar in Narvik selbst, das 2000 Kilometer vom Ausgangshafen der deutschen Schiffe entfernt liegt; es gelang die Behauptung und Ausweitung der Landeköpfe, die Herstellung der Verbindungen zwischen ihnen, die Inbesitznahme des Landes, gegen den tapferen Widerstand der Norweger, und schließlich auch die Abweisung der zu spät gekommenen Landungsversuche von englischer Seite. Mochte unsre Flotte dabei sehr schwere, nicht zu ersetzende Verluste erleiden — die Kühnheit der Tat leuchtete doch in die Welt und ließ sie wieder einmal glauben, daß den Deutschen nichts unmöglich sei. Dänemark war gleichzeitig ohne Gegenwehr von uns besetzt worden. Die Engländer zürnten über ihre eigene allzu langsame, entschlußlose Führung.

Während aber unsre Seeleute und Truppen so Großes leisteten, verriet sich er, der sie ausgesandt, als der Würfler, der blind auswirft und angstvoll auf die Zahl der Augen starrt. In Narvik kam es zu einem Rückschlag; die schwache deutsche Landegruppe unter dem Generalmajor Dietl wurde aus der Stadt in die Berge abgedrängt und durch in Narvik gelandete englisch-französische Truppen, die vom Inneren des Landes her durch norwegische Abteilungen unterstützt waren, von allen Seiten eingeschlossen. Und Hitler saß in Berlin in seiner Reichskanzlei über den Karten, zur endgültigen Aufgabe Narviks schon entschlossen, nur noch auf einen Weg durch das zerklüftete Bergland sinnend, auf dem Dietl nach Drontheim zu den dort kämpfenden deutschen Kräften zurückweichen könnte. Sein ganzes hohes Spiel, das er auf diesem Nebenschauplatz des Krieges gewagt, erschien ihm schon als verloren; er gab durch den Funk unsichere, widersprechende Befehle.

Als am 15. April der Funkspruch erging, keine weiteren Truppen nach Narvik zu befördern, erschien in der Reichskanzlei ein junger Generalstabsoffizier des Wehrmachtführungsstabes, Oberstleutnant von Loßberg, und verlangte den Führer, und da ihm dies als unmöglich bezeichnet wurde, den Generaloberst Keitel zu sprechen. Keitel, der Chef des Oberkommandos der Wehrmacht, und General Jodl, Hitlers Berater in den die Wehrmachtführung betreffenden Fragen, empfingen Loßberg und blickten betroffen in sein erregtes Gesicht, sie konnten ihm ansehen, daß er nur von der Sorge beherrscht war, nicht schnell und nicht scharf genug seiner Empörung Ausdruck geben zu können.

„So wie die Oberste Führung in den letzten Tagen gehandhabt worden ist, kann es nicht weitergehen," begann Loßberg, indem sein Blick zwischen Keitel und Jodl hin und her ging, als ob er den richtigen Gegenstand seines Zornes suchte und als ob es ihm leid täte, nicht Adolf Hitler selbst vor sich zu haben. „Der Entschluß, Narvik aufzugeben, läßt eine Nervenkrise erkennen, wie sie 1914 in den schwärzesten Tagen der Marneschlacht bei der deutschen Obersten Heeresleitung eingetreten ist."

Bei dem Wort „Nervenkrise" verließ der Generaloberst mit den schnellen, festen Schritten eines beleidigten Mannes den Raum, es schien ihm unwürdig, von einem jüngeren Generalstabsoffizier derartige Vorwürfe anzuhören.

Loßberg aber, unbeirrt, wandte sich nun gegen Jodl und sagte ihm: das Unternehmen in Norwegen sei zur Sicherung unserer Erzzufuhr durchgeführt worden, es sei daher ganz unverständlich, daß man jetzt gerade den wichtigsten Ort ohne Not preisgeben wolle. Unsre in Norwegen kämpfenden Truppen hätten ihren bestimmten Auftrag, und Kräfte genug, ihn durchzusetzen. Statt überflüssiger Einzelbefehle, welche die Truppenführung nur verwirren, solle man eine allgemeine Weisung geben, daß der Schutz des Erzgebietes die wichtigste Aufgabe und die Gruppe Dietl in Narvik mit allen Mitteln zu versorgen und zu verstärken sei.

General Jodl ließ ihn das und noch mehr in heftigem Tone vorbringen, ohne ihn zu unterbrechen, mit einer Miene, die zu sagen schien, daß man einem verständlichen Zorn seinen Ausbruch lassen muß, bevor man anfangen kann, vernünftig zu reden. Dann erwiderte er, daß die allerdings höchst unerfreuliche Art der Befehlsgebung während der letzten Tage auf die fortgesetzten Eingriffe des Führers zurückzuführen sei. „Es ist sein persönlicher Wille, Narvik aufzugeben, er läßt darüber nicht mehr mit sich reden."

„Wenn die nächsten militärischen Berater des Führers keinen Einfluß auf ihn haben, müssen sie stärkeren Persönlichkeiten Platz machen," sagte Loßberg, und verabschiedete sich.

Jodl dachte hinter ihm her: Wenn einem die Preußen nur etwas Unangenehmes sagen können. Er fand aber doch, daß Loßberg recht habe, auch ihm war Hitler in den letzten Tagen schlaff wie ein Segel vorgekommen, das keinen Wind mehr hat. Er entschloß sich in Gemeinschaft mit Keitel zu einem neuen Versuch, den Narvik betreffenden Rückzugsbefehl zu hintertreiben, was auch schließlich gelang. Fast einen Monat dauerten die Kämpfe um Narvik noch fort, bis die Engländer und Franzosen das Feld räumen mußten. Loßberg aber war seit jener Audienz in Ungnade bei Hitler und seiner nächsten Umgebung.

Peter Degener sah in das vom Trinken gerötete Gesicht seines Hauptmanns Rahnke, aus dessen Pfeife zugleich mit dem Rauch ein unangenehm schrilles Klingen aufstieg, und die Stimme des Hauptmanns sagte: „Vier Flaschen... es wird ja doch alles wieder abgeblasen."

Indem der schrille Ton sich verstärkte, entschwand der Hauptmann mitsamt seiner Stimme, und Peter erwachte in seinem Quartier am Ostrande der kleinen Ortschaft Bimmen, dicht an der deutsch-holländischen Grenze. Völlig angekleidet, den Stahlhelm neben sich, war er auf dem Sofa sitzend eingenickt, die Weckuhr, die er mit einem Griff vom Tisch holte, zeigte drei Uhr dreißig: eine Stunde noch bis zum Beginn der erhöhten Alarmbereitschaft. Es war noch schwarze Nacht draußen. Peter verschloß den Fensterladen, man hatte es der Truppe zur Pflicht gemacht, keinen Lichtschein sehen zu lassen; dann erst knipste er das Licht an.

„Karl," schrie er.

„—woll, Herr Leutnant. Warmwasser kommt gleich," antwortete die unverfälscht berlinische Stimme seines Burschen aus dem Nebenraum.

„Melder dagewesen?"

„Nein, Herr Leutnant."

Von dem Melder hatte Peter die Zurücknahme des am gestrigen Nachmittag empfangenen Angriffsbefehls erwartet, wie es schon fünfzehnmal im Lauf dieses Winters an der deutschen Westfront geschehen war. Der neue Angriffsbefehl lautete auf heute Freitag 5 Uhr 35. Mit Hauptmann Rahnke und Leutnant Schünemann hatte Peter gestern abend noch ziemlich getrunken und sich dabei ereifert und behauptet, wir würden keinesfalls angreifen: „Wir können ja nicht andauernd in neutrale Länder einfallen. Es wird sich schon jemand finden, der es dem Führer, wenn es wirklich sein Plan ist, wieder ausredet." Peter selbst war es gewesen, der vier Flaschen Wein mit dem Hauptmann gewettet hatte, daß jedenfalls alles wieder abgeblasen würde.

Und nun war kein Melder gekommen. Also heute, wahrhaftig, ging es los.

Ich kann noch verstehen: Frankreich, dachte Peter. Die haben uns den Krieg erklärt. Aber was haben wir in Holland zu suchen? Hitler soll der Königin der Niederlande einen Brief geschrieben haben. Die wird sich freuen, wenn ihr der Briefträger den bringt. Rahnke und Schünemann haben behauptet, wir könnten uns nicht den Kopf an der Maginotlinie einrennen. „Schweinerei," sagte Peter laut, womit er die Politik im allgemeinen bezeichnen wollte.

Sein Bursche erschien mit seinem üblichen, strammen „Mojen, Herr Leutnant," und dem Rasierwasser.

„Du siehst wirklich aus wie 'n Storch auf Urlaub!" erklärte ihm sein Herr, der sich über Karls vorspringende Vogelnase immer wieder verwunderte. Der Bursche ließ sich das grinsend gefallen, Peter gehörte zu den glücklichen Menschen, denen ihre Umgebung nichts übelnimmt; jeder spürte sein Gutmeinen und die warme, gradherzige Unmittelbarkeit seines Wesens. Wie das öfters der Fall ist, hatte das anstrengende Soldatenleben seine früher nicht sehr widerstandsfähige Konstitution gekräftigt, er war derbe und breit geworden; Ninette hätte ihren einst so schlanken Bruder kaum noch wiedererkannt. In Polen trug ihm seine Tapferkeit das Eiserne Kreuz erster Klasse und die Beförderung zum Leutnant ein. Er erlebte dort unsern raschen Sieg und entzog sich nicht der allgemeinen, zuversichtlichen Stimmung besonders unter den jungen Offizieren des Heeres. Edgar Jungs früh vernommene Warnungen vor der Rechtlosigkeit in Hitlers Parteistaat hatte er nicht vergessen, aber das würde man alles in Ordnung bringen — nach dem Sieg! das war Peters Meinung und die aller anständigen Offiziere, die er kannte, soweit sie sich überhaupt über die Politik Gedanken machten. — In der Gegend von Lodz hatten sie in einem Judendorf eine Abteilung von Himmlers Polizei plündernd und mordend angetroffen und sie mit der blanken Waffe zum Teufel gejagt. Peter erinnerte sich dessen mit grimmigem Vergnügen, eines schönen Tages würde es „all diesen Schweinehunden" so ergehen.

Sobald er mit dem Rasieren fertig war, begab er sich auf seinen Rundgang, um nachzusehen, ob bei den Infanteristen seines Zuges alles in Ordnung war, anständiges Frühstück für die Leute, und ob nicht nur die scharfe Gewehrmunition und die Handgranaten, sondern auch der Schnaps und die Zigaretten richtig ausgeteilt waren. Peter Degener hielt aus Erfahrung in solchen Angelegenheiten viel vom Selber-Nachprüfen, während er jeder Gefahr einer noch so kurzen Ansprache vorsichtig, wie die Katze dem Wasser, auswich. „Na, also, das ist nu nicht anders — los!" war so ziemlich alles, was seine Leute jemals an heroischer Aufmunterung von ihm gehört hatten, die freilich an Überzeugungskraft dadurch sehr gewann, daß sie wußten, ihr Leutnant würde der Erste am Feind sein.

Er kam zurück in sein Quartier und sah auf dem breiten Rhein einen ersten, schwachen morgendämmrigen Silberglanz. Der Himmel im Osten schien einen klaren Tag zu verheißen. Die Straße herauf marschierte eine Abteilung Infanterie mit geschultertem Gewehr und die Koppel schwer mit Handgranaten besteckt, geführt von einem Offizier, der Peter mit zum Mützenschirm erhobener Hand grüßte: Schünemann, der nette, lustige Kerl und wohlbekannte Kamerad! Peter konnte im schwachen Morgenschein den Ausdruck seines Gesichts erkennen, und der hatte etwas Abweisendes, wie bei jemand, der zu einer ernsten Feierlichkeit geht und darin nicht gestört werden darf — so daß Peter keine Anrede und Frage hervorbrachte, und sie auch nicht mehr nötig hatte. Die rückten schon in die Ausgangsstellung, es waren die Freiwilligen, die den holländischen Posten bei der Straßensperre jenseits der Grenze überfallartig ausheben sollten. Peter nickte den im Dunkeln unkenntlich vorüberziehenden Gesichtern nur stumm noch einmal zu, er hatte dabei das Gefühl, als sei ihm der Uniformkragen plötzlich zu eng und unbequem geworden, so daß er ihn mit zwei Fingern seiner linken Hand zurechtzuziehen versuchte; und um seine Gedanken davon abzulenken, daß in kurzem die Tötung von Menschen beginnen sollte, wandte er schnell den Blick auf das Wasser hinaus und bemühte sich mit seinen scharfen Augen, zu unterscheiden, ob das Dunkle, was dort ganz draußen vorübertrieb, ein Stück Holz war, oder eine leere Flasche?

Es war eine Flasche! bei dieser mehr aufs Geratewohl gefällten Entscheidung (um es mit Sicherheit zu wissen, war es noch zu finster) fiel ihm seine verlorene Wette ein. Ins Haus eintretend, begegnete er im Flur der Frau Dobbes, seiner würdigen Hausfrau, die in aller Vortagsfrühe schon angezogen war und wie immer von Gutmütigkeit und Frische leuchtete. Er näherte sich ihr zögernd. Frau Dobbes kannte schon und belächelte seine Miene, „als ob der Herr Leutnant eine Bittschrift überreichen sollte," sooft es irgendeinen Wunsch an sie gab. Er brachte vor: Frau Dobbes hätte immer so guten Wein, ob er vier Flaschen davon kaufen könnte, da es ihm nicht mehr möglich sei, sie in der Stadt besorgen zu lassen ...

„Kaufen? Nein, tut mir leid, Herr Leutnant."

„Also geht es nicht? Na ja —"

„Sie rücken ja heute aus, wie ich gehört habe? Da kann man nichts mehr kaufen bei mir," sagte Frau Dobbes freundlich lachend. „Ich will mal gleich nachsehen. Was ich noch da habe, kriegen Sie — und damit gut!"

Es fand sich, daß das Nötige vorhanden war, und Karl wurde gleich damit an Hauptmann Rahnke abgeschickt.

Peter erschien es als eine ernste Frage, ob er den Wein geschenkweise annehmen konnte, Frau Dobbes aber ließ wegen Bezahlung nicht mit sich reden. Schließlich fing er an, ihr zu danken und erklärte ihr, daß es eine Wette war. „Und dabei sollte ich eigentlich gar nicht wetten, mein Vater will es nicht, wo er doch Pastor ist. Aber so mit Schulden, ich weiß nicht, kann man auch nicht gut in eine Offensive 'reingehen, wie? Aber jetzt bin ich es eigentlich Ihnen schuldig, Frau Dobbes..."

Frau Dobbes gab nicht acht, was er sagte, sie betrachtete das Gesicht des jungen Offiziers, sie dachte kummervoll: so alt wäre mein Hannes jetzt, wenn er am Leben geblieben wäre. Man sollte die Jungs nicht in den Krieg schicken; wozu auch? Sie murmelte etwas und schlug mit einer flinken Bewegung ihrer verarbeiteten und schon etwas runzligen Hand ein Kreuz über ihn.

„Bleiben Sie gesund, Herr Leutnant Degener. Kehren Sie gut wieder."

Sie zuckte ganz komisch mit den Augenlidern, so daß es ihn verlegen machte und er sich Mühe gab, daran vorbei zu sehen.

Dann forderte sie ihn auf, noch rasch zu einem kleinen Frühstück in ihre Küche zu kommen, und da fand er den Tisch festlich gedeckt wie zu einem Abschiedsmahl, das eine Mutter ihrem Sohn bereitet.

Die Kunde von dem Beginn des großen Angriffs kam auch zu Antje Klees schon in den ersten Morgenstunden. Die Gehilfinnen der Gärtnerei hatten es im Radio gehört, sie redeten hin und her, mehreren war in der Morgendämmerung das Motorengeräusch unsrer westwärts angreifenden Flieger aufgefallen. Die Augen dieser jungen Mädchen leuchteten – nicht aus Kriegslust, aber weil in der menschlichen Natur etwas liegt, was uns jedes auf wichtige Veränderungen deutende Ereignis begrüßen läßt; ein Gesang: „nun muß sich alles, alles wenden!" schläft in unsrer Brust und erwacht, sobald wir nur irgendeinen Anlaß, er sei wie er wolle, zu solchen Hoffnungen sehn. Antje aber, bei der Nachricht, fühlte sich schwer werden wie einen Stein, sie setzte sich am Rande des Beetes nieder, an welchem die Arbeit begonnen werden sollte, und es fiel den Andern in ihrem Eifer nicht auf, daß sie minutenlang nicht imstand war, eine Hand zu rühren.

Quint, das wußte sie, war nicht bei der ersten Welle, aber es konnte sich nur um Tage handeln, dann würde er auch am Feind sein. Nachdem er aus der Schweiz zu seinem Regiment nach Ahrweiler zurückgekehrt, hatte er Antje in einem langen Briefe mitgeteilt, daß er mit Natalie ausgesöhnt und diese mit den Kindern wieder in München war. Gesehen hatten er und Antje sich nicht mehr, sie wollten und durften es ja auch nicht. Aber daß sie ihn nicht weit von hier und ungefährdet wußte, war dennoch, dennoch solch ein Trost gewesen! Wenn er jetzt fällt, in diesem Krieg, warum hab ich ihn dann nicht gebeten, gebeten, fragte sie sich, daß ich ein Kind von ihm tragen dürfte? Es war davon nie zwischen ihnen die Rede gewesen; sie hatte anfangs, nach der Trennung, für eine kurze Zeit, eine Hoffnung gehabt, die bald entschwunden war. Um meinetwillen hat er es nicht gewollt, dachte sie traurig. Und doch, gerade für mich wäre jetzt alles so anders!

Abends beim Heimkommen fand sie ein großes Postpaket in ihrem Zimmer vor, als Absender war ein Kölner Geschäft angegeben. Sie machte es auf; was zum Vorschein kam, sorgsam mit eingelegtem Seidenpapier in einem Karton verpackt, war das englische grüne Reitkleid, das Quint im November zu dem Ausritt in die Umgebung von Köln für sie ausgeborgt hatte. In einem verschlossenen Briefchen stak eine Visitenkarte mit Aufschrift:

ALEXANDER MARIA QUINT VON FEHRENKAMP

und auf der Rückseite war mit seiner schnellen, festen Schrift geschrieben:

„Lebewohl und laß uns (was weiß man?) auf die guten Tage für Dich hoffen, wo Du das Kleid gebrauchen kannst, in dem ich Dich sehr gern gesehen habe. Quint."

Es ist sehr lieb von ihm, dachte Antje mit Anstrengung. November, Dezember, Januar, Februar, März, April, Mai, zählte sie unwillkürlich. Sehr gern gesehen ... sie atmete wie einen Duft die streng verhaltene Zärtlichkeit dieser Worte. Sie wußte, daß sie ihn nicht mehr erblicken, auch keine geschriebene Zeile mehr von ihm lesen würde. Es war der Abschied auf immer.

Am Morgen dieses 10. Mai 1940 befand sich Quint schon inmitten der allgemeinen, westwärts strömenden Bewegung. Da die Hauptstraßen von den schnellen Nachschubabteilungen in Anspruch genommen waren, rückte das Regiment auf Nebenwegen vorwärts, soweit diese für die Geschütze befahrbar waren. An den Kreuzungen gab es manchen Aufenthalt, die Sonne stieg, sie brannte heiß herunter, und ein mißmutiges Gefühl, daß etwas nicht stimme, daß man nicht richtig vorankomme, beschlich die Truppe, als sie an einer Einmündung in die Straße nach Münstereifel mehrere Stunden zu warten hatte. Dann aber lief auf einmal von der Spitze her ein wildes Jubelgeschrei durch die Reihen, die Kanoniere und Fahrer ließen ihre Gespanne stehen, wo sie standen, sie rannten quer über Feld auf die Straßenböschung zu, und Quint, der einen an Rouges Nase vorbeistolpernden Mann zornig anfahren wollte, sah sein Gesicht von knabenhaftem Entzücken verklärt und verstand nun auch, was die Leute taktmäßig aus vollem Halse schrieen — „Führer! Führer!" hörte er. Er konnte Den nicht sehen, dem diese jähe Begeisterung galt, vorn auf der Straße brauste eine Kraftwagenkolonne in rascher Fahrt an den grüßenden, winkenden, jubelnden Soldaten vorüber, und weiter. Doch hatte die flüchtige Begegnung genügt, um den Männern jeden Mißmut zu vertreiben, sie leuchteten alle in fröhlicher Zuversicht, als ob sie den Kriegsgott selber erblickt und von ihm die Verheißung des Sieges empfangen hätten; auch in dem Fortgang des stockenden, mühevollen Marsches war jetzt von keiner Unlust mehr die Rede. Es wurde Quint hier wieder einmal deutlich bewußt, welch eine Macht von jenem Zauberer ausging und die Menschen zu jeder Hingabe und Leistung anspornte.

Hitler traf an diesem Tage in seinem „Felsennest" an der Westfront ein. Er liebte die romantischen Namen und hatte diesen selbst für eine Gruppe von mehreren Wohnbunkern bestimmt, die auf einer bewaldeten Höhe bei Münstereifel für ihn und seine nächste Umgebung als Führerhauptquartier gebaut worden waren. Längs der ganzen Front von der Nordsee bis hinunter nach Rastatt hatten sich die deutschen Armeen westwärts in Bewegung gesetzt. Es war Hitlers dritter Wurf in diesem Würfelspiel, von ihm erhoffte er die Entscheidung. Die an der Oberrheinfront zwischen Rastatt und Basel stehende Heeresgruppe verhielt noch. Durch die Ardennen aber, luxemburgisches und belgisches Gebiet, stieß die Armee des Generals von Kleist, in der fast die gesamte deutsche Panzerwaffe zusammengefaßt war, in der Richtung auf Sedan gegen Frankreich vor. Der Plan war ein Durchbruch zur Kanalküste. Einer der fähigsten Köpfe des deutschen Generalstabs hatte ihn ersonnen, und Hitler, in der seltsamen Traumsicherheit, die mehr als einmal seine Hand zu führen schien, hatte diesen Plan unter mehreren anderen aufgegriffen und gegen die Generäle, die an der Möglichkeit zweifelten, auf seiner Durchführung bestanden. Sicherlich, es war s e i n Plan, da er die Verantwortung für ihn trug.

Und wieder gelang alles in der wunderbaren Weise, als hätten schicksalfügende Mächte sich vorgesetzt, einem Kind, das Wünsche träumt, jeden einzelnen Wunsch zu erfüllen. Die holländische Armee, nachdem die Königin das Land verlassen hatte, gab sich gefangen. Der Kampf der Belgier näherte sich seinem Ende. Den Franzosen gelang nicht, den zur Küste vorgestoßenen, an der Südflanke nur schwach gedeckten deutschen Keil zu durchschneiden. Den Engländern schien sich in Flandern und dem Artois ein riesenhafter Kessel zu bereiten, der ihre ganze festländische Expeditionsarmee zu verschlingen drohte: es hätte ihnen danach an Soldaten gefehlt, um die eigene Insel zu schützen!

Unsre marschierende, rollende und fliegende Streitmacht vollbrachte, was ihr aufgetragen, vollbrachte mehr, als je zu hoffen war. Jedoch nach einem Rhythmus, den alle fühlen und keiner erforscht, kehrt im Kriege immer wieder die Verantwortlichkeit für alles was geschieht und unterbleibt zu dem, der führen soll, zurück. Hitler kannte diese Verantwortung des Führers nicht; denn er begriff niemals, daß sie wachen Bewußtseins getragen werden muß und den echten Feldherrn im Siege demütig, in der gefährlichen Stunde ruhig macht. Hitler griff nur immer wieder blindlings hinein — und erwachte dann, erschreckend, zur Tatsächlichkeit dessen, was er getan hatte. So auch diesmal entdeckte er auf den Karten, die man ihm in seinem Felsennest vorlegte, plötzlich die offene Flanke im Süden: da war sie, die Generäle hatten vor ihr gewarnt; viel schien gewonnen, das Kommende unheimlich und unsicher. Er wollte halten, was er jetzt besaß, wollte nicht nur geträumt haben. Er schrie ein Halt! in die planvoll vorwärtsdrängende Bewegung seiner Truppen hinein. Nichts als ein solcher erschrockener Ruf war sein am 24. Mai plötzlich hinausgegebener, von niemand begriffener und aus der Lage nicht gerechtfertigter Befehl, den Angriff gegen Dünkirchen einzustellen. Sein Befehl war Gesetz, er hielt unsre Panzerwagen fest, wo sie standen. Einen Tag und eine Nacht mußten sie untätig zusehen, wie die schon fast eingeschlossenen Engländer Luft gewannen und den Abtransport ihrer Expeditionsarmee in Gang setzten. Am 26. wurde der Vormarsch der Panzer freigegeben, sie konnten die verlorenen Stunden nicht zurückholen. Hitler hatte Zeit gewinnen wollen, damit unsre Infanterie den vorausgeeilten schnellen Kräften nachkommen könnte — und hatte die Zeit und den Sieg über den gefährlichsten Gegner verloren. Die Engländer ließen ihr Kriegsgerät in Flandern zurück, aber sie retteten von Dünkirchen aus, was kostbarer war: ihre Menschen, die ausgebildeten Offiziere und Mannschaften als den Kern für ein neues Heer.

Wenn Hitler selbst ahnte, was da geschehen war, so gestand er sich's doch niemals ein. Es blieb unbemerkt in der Reihe glänzender Siege, durch die in den nächsten zwei Wochen die Macht Frankreichs vollends gebrochen wurde. Die Kriegspropaganda im Lande hatte den Massen, um ihren Widerstand zu stacheln, das Ärgste von den Deutschen gesagt, so wollte niemand bleiben, wo sie eindrangen, der Strom der Flüchtenden ergoß sich über

Frankreich und verstopfte die Straßen, auf denen der Nachschub des französischen Heeres sich bewegen sollte. Und die Panzer und Sturzkampfflieger der Deutschen stießen immer wieder vernichtend in jeden sich sammelnden Widerstand hinein.

Quint Fehrenkamps Regiment gehörte zu den vielen Truppenteilen dieses raschen Feldzuges, die nirgends mehr mit dem Feind in kämpfende Berührung kamen. Sie fanden überall, ehe sie ihre Geschütze in Stellung brachten, die Arbeit schon getan. Für sie war der Krieg nur Marsch und Schweiß und Sommerhitze; vom frühen Morgen an atmeten sie nichts mehr als den Staub, den die überholenden Kraftfahrzeuge aufrührten. Rouge zeigte sich den Strapazen des wochenlangen Marsches nicht gewachsen, sie magerte ab und wurde wund gedrückt; Quint führte sie noch mit, aber er ritt einen braunen Wallach, französisches Beutepferd, dem zwölf Tagesstunden unterm Sattel nicht viel ausmachten. Was ihn selbst mehr mitnahm als alle Anstrengung, war der Anblick des Flüchtlingselends auf den Straßen, dem die deutschen Landser, noch ehe jemand sie dazu aufforderte, nach Kräften abzuhelfen suchten. Es war nicht selten, daß die Leute ihre eben empfangene Ration an längs der Straße bettelnde Kinder und Frauen verschenkten. Man durfte dergleichen nicht zulassen, aber Quint wandte sich weg, und sein Herz erfreute sich daran. Die Mannszucht unserer Truppen sah er gut bewahrt und Übergriffe gegenüber der Bevölkerung, wo sie doch vorkamen, streng geahndet. Dies war es, wovon er Natalie in seinen kurzen, heimwärts gesandten Grüßen schrieb; die Bilder der Auflösung einer einst ruhmvollen Armee, die er täglich vor Augen sah, verschwieg er ihr, und berichtete auch nichts von der Begegnung mit dem in Gefangenschaft geratenen französischen Regimentskommandeur, dessen bitteres Angesicht er doch nicht mehr vergessen konnte. Der Offizier saß zwischen einigen gleich ihm schon entwaffneten Männern seines Regiments am Straßenrand, die Stiefel in einem trockenen Graben, und pflückte und zerriß mit ruckartigen Bewegungen die Gräser, die da sommerlich im Halm standen. Quint trat auf ihn zu mit der Frage, ob er etwas für ihn tun könne? Der Andere blickte auf und schüttelte zerstreut und ohne zu danken den Kopf, seine Hände setzten das Rupfen und Reißen des Grases fort, und die Worte, die er dabei murmelte: „Je ne crois plus rien, je ne peux plus rien croire" („Ich glaube nichts mehr, ich kann nichts mehr glauben"), waren offenbar ein Selbstgespräch, bei dem er einen Zuhörer weder brauchte noch wünschte. — Quint verstand ihn wohl, er wußte, wie das Unglück des Vaterlandes tiefer als jedes eigene Unglück das Herz eines Mannes versehrt.

Reims, und das im ersten Weltkrieg so schwer umkämpfte Verdun, und sogar Paris fielen fast kampflos den Deutschen zu; der damals mit dem Opfer unsres besten Blutes nicht gewonnene Lorbeer wurde nun leicht gepflückt, um den seltsamen Menschen, Hitler, zu krönen, ohne den wirklich sein Volk nie dahin gekommen wäre, wo es jetzt stand. Das Volk war unwillig in diesen Krieg gezogen, den es nicht wie den von 1914 als einen Verteidigungskrieg empfand, — nun über Nacht sah es sich als beherrschende Macht in Europa. Der Triumph war so hell, er konnte auch Besonnene blenden. In Hitlers eigener Seele gab es gegen die Verführung, die uns den Erfolg als Auserwählung mißdeuten läßt, keinen Widerstand. Zwar vom ersten Krieg her kannte er persönlich die Franzosen als tapfere Gegner, und er hatte ausdrücklich befohlen, daß man der französischen Kommission, die mit den Deutschen um den von Marschall Pétain erbetenen Waffenstillstand verhandelte, mit der größten Achtung begegne: sehr im Gegensatz zu dem, was die deutschen Unterhändler im Jahr 1918 hatten erfahren müssen. Vielleicht regte sich an dem Tag seines größten Triumphes etwas wie Dankbarkeit, wie Großmut in ihm, und es hätte jetzt, wie es ein Dichter der Zeit gehofft hat, „der Reine, mit dem Kreuz bewehrt, den Mächtigen nach seiner Seele fragen können". Nach menschlichem Ermessen freilich war schon längst in Hitlers Umkreis kein Raum mehr für eine solche Frage. Was wußte er von dem Gott, der für seine Gebote Gehorsam verlangt und dem Menschen ein Maß setzt? Für ihn war Gott nur mehr ein dunkles Wort, um sich selbst zu erhöhen.

Die Unfreiheit des Mannes, der sich den Führer nannte, wurde noch deutlicher nach diesem Sieg.

2

Die Welt schwingt und zittert in der Lust, erschaffen zu sein. Die Menschen in dem Gang ihres täglichen Lebens spüren davon nicht viel, wo aber eine Seele liebend das Dasein einer anderen entdeckt, dringt der Ton jener Freude bis zu ihnen hin. Sie horchen auf ihn, und nichts anderes mehr scheint ihnen wichtig. Es wäre falsch, den Liebenden vorzuwerfen, sie vergäßen alles Elend der Zeit über dem eigenen Glück. Wohl vergessen sie viel, aber um viel anderes zu lernen, und was sie aneinander erfahren, ist mehr, als was nur sie allein angeht. Die Tiefe, aus der alles Lebendige lebt, tut sich ihnen auf. Darum erwacht in den Zeiten großer

Zerstörung überall der Geist der Liebe zu innigerer Kraft, und während die Mächtigen die Kräfte ihrer Völker dahin und dorthin werfen um der Ziele willen, von denen sie sich Gewinn versprechen, klammert sich in den Liebesgemeinschaften seiner einzelnen Menschen ein ganzes Volk wie mit Wurzeln an diesem Erdendasein fest und verdankt es vielleicht ihnen, wenn ihm die Erinnerung an dessen heimliche Seligkeit nicht erstirbt. Und wie, ohne solche Erinnerung, könnte sein Lebenswille blühen?

Jakob hatte wie alle Welt unruhig die großen kriegerischen Ereignisse erwartet. Da nun, zunächst im Norden, der Vorhang sich hob, erschienen ihm diese Kämpfe an einer weit entlegenen Küste nur als eine ferne Begleitung zu dem, was ihn einzig beschäftigte: das schöne, weithin gestreckte Land von Delias Liebe zu entdecken.

Das Verlöbnis der Beiden war noch vor Ostern mit Richard, Kitty und Ellen still, ohne öffentliche Bekanntgabe, in Grünschwaig gefeiert worden. Onkel Richard hielt dabei eine seiner witzigen Reden, worin er sich als Hauptperson vorstellte; denn ohne ihn, der so gern in Grünschwaig war, hätte man sich mit Ellen nicht hier getroffen und auch Delia wäre nicht hergekommen. Dem Neffen Jakob aber traue er durchaus nicht so viel zu, daß er die Braut gefunden haben würde, wenn man sie ihm nicht ins Haus führte. „Also erwarte ich," sagte er, „mich selber bei meinem nächsten Besuch hier in Erz als Ehrendenkmal vorzufinden – was sich sehr gut machen wird." Zu den Osterfesttagen kehrte Ellen nach Wien zurück, erfüllt von Gedanken, was alles man für Delias Aussteuer besorgen mußte und wie sie die Hochzeit in ihrer Wohnung für sie zurüsten wollte. Am Dienstag nach Ostern waren dann auch Richard und Kitty nach Berlin abgereist.

Delia blieb noch für drei Wochen in Grünschwaig, und Jakob konnte frohen Herzens beobachten, wie seine Mutter und seine Verlobte sich in wachsendem Vertrauen zueinander fanden, sodaß seine Mutter eines Abends, Delia war schon schlafen gegangen, zu ihm sagte: „Es ist, als ob man sie von jeher dagehabt hätte, und als Gefährtin für dich, wenn du es wissen willst, überzeugt sie mich mehr als Sybil Norton. Du wirst gut mit ihr leben." Auch die übrigen Bewohner Grünschwaigs gaben auf die eine oder andere Art ihre Zustimmung zu Jakobs Wahl zu erkennen. Josepha benützte die erste Gelegenheit – es war morgens in der Bibliothek, wo sie aufräumte – ihm mit ernstem und sogar bewegtem Gesicht die Hand zu schütteln und zu sagen: „Ich muß schon noch eigens gratulieren, Herr Jakob. Ein so liebes Fräulein!" Wastl sah Jakob und Delia zusammen Holz sägen für den Bedarf des Wohnhauses, ohne daß das junge Mädchen sich dabei zimperlich stellte, und äußerte dazu: da sehe man's, was ein wirklich vornehmes Mensch ist. Am entzücktesten war die kleine Rüsch, die, sobald sie nur mit Hanna Degener allein war, immer wieder von Delias äußeren und inneren Tugenden zu schwärmen anfing. Jakob faßte aus diesem Grunde eine Zärtlichkeit für sie und beschloß, dem Rüschchen ihren guten Instinkt durch ein ausgesucht schönes Geschenk, das er noch ersinnen wollte, zu belohnen.

Für ihn selbst und Delia war es eine Zeit, die ihnen täglich stiller wurde; in der Stille schien ihnen der Segen, den sie erfahren hatten, desto inniger aufgetan. Sie konnten lange zusammen sein und sagten und fragten sich nichts. Fing aber eins von ihnen zu erzählen an, so klang dem andern alles wie seit langem schon vertraut. So war es ihnen keine Verwunderung, aber sie freuten sich zu erkennen, wie sie beide aus einer Ferne und Gleichgültigkeit dem Glauben näher und schließlich in ihn hineingeführt worden waren, durch eine ihnen jetzt als absichtsvoll erscheinende Zusammenordnung von Erlebnissen und Begebenheiten. Das geschehe auch wirklich so, versicherte Jakob, je länger, je öfter im Leben habe er das beobachtet. Das Beispiel, das er anführte, war das Schicksal der Baronin Priehl, die so gar keine erfreuliche Erscheinung und in der ganzen Gegend dafür bekannt gewesen war, eine „Prisen" zu sein, und der Gott durch so merkwürdige Geschehnisse das Herz gewendet hatte. Was und wie, wußte zwar niemand genau, aber jeder, der mit ihr zu tun hatte, bestätigte, daß sie mit dem schweren Tod ihrer Mutter und der unerwarteten Heimkunft ihres Mannes „nicht mehr zum Wiedererkennen" war. Hanna wollte, die Beiden sollten zu ihr gehen. Priehl war einmal auf Urlaub dagewesen, er stand jetzt als Hauptmann bei seinem alten Regiment an der Oberrheinfront, und von Petra Priehl behauptete Hanna, die sie besucht hatte, daß sie „wirklich sehr milde und gütig geworden ist" — aber von Besuchen im Ort wollte Jakob noch nichts wissen, es war ihm leid um die Tage mit Delia, er meinte, das Visitenmachen komme noch früh genug, die Priehl könnten sie immer noch studieren; aber ein Exempel sei sie ganz gewiß. „Also werden wir von Gott dem Herrn überlistet?" fragte Delia lächelnd, und Jakob zeigte ihr ein altes deutsches Gedicht über die Einwohnung des Heiligen Geistes im Wesen der Jungfrau Maria, wo das schwarz auf weiß zu lesen stand: „Er kommt zu dir so gar mit arger List."

„Weil es da steht," sagte Delia, „muß ich es dir zugeben. Es ist aber die List von Einem, der uns liebt."

Erst recht, natürlich, glaubten sie beide, wie alle Liebesleute, eine Schickung in ihrem Zusammenfinden zu erkennen, und wirklich macht ja der hellere Blick der Liebe die Menschen sehender für die auf einen Zusammenhang deutenden Fäden im scheinbar nur zufällig Verflochtenen. Delia erinnerte Jakob daran, daß sie vor zwölf Jahren bei Ellens Hochzeit in Berlin Kranzljungfer hätte sein und Jakob als Kranzlherrn haben sollen; aber sie hatte nicht fortgekonnt, sie war erst aus Rom gekommen und mußte die Aufnahmeprüfung für die Salzburger Schule machen, und so wurde eine Cousine von Jakob Kranzljungfer an Delias Statt. „Ja, das war Luzie," erinnerte sich Jakob, er sah das mauve-farbene Kleid, das sie bei jener Hochzeit getragen, deutlich vor Augen, ihren schwatzhaften Übermut, und wie hübsch sie gewesen war. „Aber hättest du mich damals schon, wenn wir uns begegnet wären, so wie jetzt geliebt?" fragte Delia, – und beiden war es süß, einander die Zeitlosigkeit ihrer Liebe, die Unbedingtheit des Erkennens zu jeder Frist und unter allen Umständen zu beteuern. Dann wiederum bedachten sie, wie trotz der seit einer so langen Zeit schon hergestellten Verbindung von Voggenbruck zu Grünschwaig, und trotz der nahen Freundschaft, die sowohl Jakob wie Delia für Ninette gehabt hatten, ihrer beider Wege auseinander gehalten worden waren, bis die rechte Stunde für die Begegnung erschienen war, – und dies bedenkend wurden sie einig in der Ehrfurcht vor dem, was g e s c h i e h t, weil sich Ding und Mensch und Stunde darin zusammenfügt, und so erst Gottes ganzer, geheimnisvoller Wille erkannt wird.

Daß sie es mit ihrer Kirche beide ernst nahmen, ergab einige Schwierigkeiten. Delia konnte nicht heiraten ohne katholische Trauung und das Versprechen, ihre Kinder katholisch zu erziehen. Jakob dagegen hielt ihr vor, daß die Degeners immer evangelisch waren und daß er, wie alle Degeners, seinen Onkel Georg bei der Trauung haben mußte. Er wiederholte ihr mit dem festen, finsteren Gesicht, mit dem ein Mensch gewöhnlich eine Ansicht vertritt, die seinen Verstand, aber nicht sein Herz überzeugt hat: „Kinder, das weißt du ja, können nicht sein. Das darf ich und will ich nicht. Aber – du hast jetzt immer noch Zeit, dir zu überlegen, ob du diesen Weg mit mir gehen kannst." Das verwies ihm Delia mit einem so sanften Ernst, daß er sich seiner Worte schämte. Über die Frage mit den Kindern sprachen sie nicht mehr und für die Trauung fand Jakobs Mutter die Auskunft, daß man Onkel Georg bitten sollte, eine Ansprache und eheliche Einsegnung vor oder nach der katholischen Trauung zu halten.

„Ich mag deinen Onkel Georg sehr gern," sagte Delia, sie erzählte, wie hoch auch ihre beiden Eltern ihn geschätzt hatten;

Jakob hörte sie von Rom und Ninette und Friedrich und Tante Ulrike berichten und wunderte sich, wie jemand sich wundern würde, der in einem alten Bilderbuch plötzlich die Gesichter ihm nah vertrauter Menschen fände.

Inzwischen kam von Georg Degener die Zustimmung zu dem Vorschlag, den ihm Hanna geschrieben, samt Glückwünschen für Jakob und Grüßen für Delia: auch ihr könne man gratulieren, schrieb er dazu, ein schlechter Junge sei Jakob nicht; sie sollte ihn aber an seiner Kirche nicht irrmachen, sonst müßte er ihr noch böse werden, und das fiele ihm schwer. — Und aus Wien trafen Briefe von Clemens und Ellen ein; von ihm war es ein ernster Gruß zu dem Brautstande, in den die Beiden eingetreten, und von Ellen die Nachricht, die Hochzeit würde nicht in Wien, sondern in Voggenbruck sein. In Wien hatte man so viele Bekannte, die nicht einzuladen unmöglich war, das würde dann eine sehr große Hochzeit, und Clemens sei „natürlich" der Meinung, daß es Unrecht wäre, in der Kriegszeit ein so großes Fest zu feiern, darum müßten also alle anderen Leute „wieder einmal" ihre Wünsche aufgeben. („Ich bin das ja schon gewöhnt.") Aber es würde auch in Voggenbruck hübsch werden; Delia müsse nur jetzt schleunigst nach Wien kommen, tausend Dinge seien zu überlegen, zu besorgen. An die Beschaffung der nötigen Urkunden sollten sie nur um Gottes willen rechtzeitig denken. Wenn man wirklich, wie geplant, im Juli heiraten wolle, sei keine Zeit zu verlieren.

Daß es unumgänglich sein sollte, „tausend Dinge," worunter die Aussteuer zu verstehen war, in Wien zu besorgen, damit er und Delia ehelich zusammenkommen konnten, leuchtete Jakob ganz und gar nicht ein. Er fand, man sollte lieber jetzt gleich heiraten, solang noch ein stiller, friedlicher Himmel über dem Land blaute — es war noch vor Beginn des Westfeldzuges, und Norwegen schien fern wie ein Fabelreich, — sollte zusammensein und an Trennung erst denken, wenn sie von außen als Notwendigkeit hereinbrach. Damit bewies er aber nur, daß er von dem wahrhaft Notwendigen nichts verstand; denn dieses lag weit mehr in der schwierigen und verantwortungsvollen Gründung eines Hausstandes als in dem, was den kriegführenden Mächten einfallen oder nicht einfallen konnte. Selbst Delia erklärte ihm, er habe ohnehin an ihr „eine ganz arme Frau erwischt", und ihre paar Sachen müsse sie schon ein bißchen zusammenrichten.

Am Tag, ehe sie abreisen sollte, ging er mit ihr vom Dorf aus, den Bahndamm durch die Unterführung kreuzend, auf der Fahrstraße gegen Osten hinaus. Hier war man schön und weiträumig von dem Voralpenland umfangen, das sich wie eine einzige breite, grüne Stufe den Bergen entgegenstreckt. Überall leuchtete starkes Grün, die Häupter der Alpen waren noch weiß, auch ihre Flanken noch mit großen glänzenden Schneeflecken betupft, und ebenso schneeweiß betupft war der nahe Umkreis mit dem zarten Frühlingsüberschwang der Kirsch- und auch schon der Birnblüte in den Baumgärten. Als sie die Stelle erreichten, wo ein Nebenweg im spitzen Winkel rechts zu dem Hause Orells einbiegt, schlug Jakob seiner Liebsten vor, den alten Major zu besuchen. Seine Wagenfahrt zu Orell, mit der Großmutter, fiel ihm jetzt ein, das war noch zu winterlicher Jahreszeit gewesen; es schien erst so kurz her, und doch lag es fernab und wie hinter dichten Schleiern. Jakob wollte Delia dies Gefühl des noch ganz Nahen und doch Unerreichbaren begreiflich machen, wollte ihr ein Bild von der Großmutter geben, von der er sicher wußte, daß sie Delia geliebt haben würde... aber was er sagte, um sie zu schildern, genügte ihm nicht. „Wart. Laß nur," sagte er. „Mit der Zeit wirst du alles verstehen." Er begann von der lebenslangen, rührenden und scheuen Verehrung des Majors für die Großmutter zu sprechen, und verstummte von neuem, sodaß Delia begriff: das war etwas jedem Bekanntes, das aber von Worten unberührt bleiben sollte.

Sie näherten sich dem Hause; es lag in tiefer, atemloser Stille. Der Verputz der Außenwände war an vielen Stellen abgefallen, die Dachrinne hatte ein Sturm verbogen; doch wie zum Ausgleich für solche Vernachlässigung war das Ganze vom Efeu eingegrünt, dessen junge Blätter im Saft standen.

Siebner, der Hausmeister und Diener, war nicht da; er verbrachte jetzt die meiste Zeit im Ort, denn ihm war, zunächst vertretungsweise für den zur Wehrmacht einberufenen Prechtler, die Ortsgruppenleitung in Nußholzhausen zugefallen. Walburga entdeckte die Ankömmlinge aus dem Küchenfenster, und in ihrer immer etwas mürrischen Art, die aber ihrem Tun Gewichtigkeit verlieh, öffnete sie ihnen die Haustür und führte sie, ohne sie anders als durch ein kurzes Klopfen anzumelden, in Orells Zimmer. „Besuch, Herr Major!" rief sie hinein, neigte gegen Jakob ihren immer noch braunen, gescheitelten Kopf und verschwand wieder in ihre Küche.

Major Orell wollte nach Tisch nicht schlafen, weil er das mit Stunden nächtlicher Schlaflosigkeit bezahlen mußte. Es widerfuhr ihm trotzdem immer wieder, daß er von seinem kargen Mittagsmahl — denn er aß fast nichts mehr, zum Ärger der Köchin, die ihn für heikel hielt — schläfrig wurde und über einem Buch in der Sofaecke einnickte. Auch heute fuhr er bei Walburgas Ruf erschreckend aus dem Schlummer empor. Dann aber war er entzückt über Delias unvermutetes Erscheinen. So spröde er sich einst verhalten hatte, als Gabriele ihm die reichen Töchter und Witwen des Landes zuführen wollte, so sehr war er jetzt, da schon längst keine Heiratsprojekte mehr drohten, allen Frauen zu huldigen bereit, gleichsam als Stellvertreterinnen der Einen, der sein Herz gehört hatte. Frank und rasch seine Müdigkeit abschüttelnd begrüßte er die Gäste. Gegen einen Kaffee, den er brauen lassen wollte, verwahrte sich Delia, aber weder sie noch Jakob vermochten ihn daran zu hindern, seine letzte Flasche, es war ein Südwein, und drei Gläser herbeizuschaffen, von denen nur zwei einander gleich waren.

Er schenkte ein und hieß sie mit einer gewissen Feierlichkeit willkommen. Als er erfuhr, er sei die erste „Ortsvisite" der beiden Verlobten, wurde er gerührt, er hob rasch sein Glas und sagte: „Ich danke Ihnen, daß Sie mir altem Mann die Ehre antun, ich danke Ihnen, meine lieben jungen Freunde!... ich hoffe, mein gnädigstes Fräulein, Sie werden einem vieljährigen Verehrer des Hauses, das Sie sich zur Heimat erwählt haben, diese Ausdrucksweise gestatten. Ich kenne Grünschwaig seit sechzig Jahren und darf es Ihnen versichern: Sie konnten keine bessere Heimstätte finden. Daß auch Grünschwaig in der Wahl seiner jungen Herrin wieder von seinem bewährten Glück begünstigt ist, das – lehrt mich der Augenschein. – Wir haben Krieg. Aber, dem Krieg zum Trotz: auf eine glückliche, fröhliche Zukunft des Hauses Grünschwaig!" Sie tranken, und seine Bewegung mit sichtlicher Mühe beherrschend, stellte er sein Glas auf den Tisch zurück.

Dann, mit einer bei dem alten, hageren, langgliedrigen Herrn überraschenden Geschwindigkeit, lief er hinaus, weil ihm plötzlich eingefallen war, auch Walburga sollte ihren Glückwunsch darbringen. Ein weiteres Gläschen wurde geholt, und auch die Köchin mußte mit dem Brautpaar anstoßen. Sie tat es mit ehrerbietig ruhigem Gesicht und fügte wieder, wie vorhin, eine kleine Verneigung hinzu.

Als die Beiden wieder fort waren und Orell ihnen nach in das grüne warme Frühlingslicht hinaussah, beschlich ihn ein Kältegefühl in seinem schattigen Zimmer. Das lange Leben, dachte er, so schnell vorüber. Hm. Wie ein Tag, der gestern vergangen ist, und wie eine Nachtwache. Aber so hab ich denn also doch noch, eh ich hinweg muß, die dritte Herrin von Grünschwaig gesehen.

Auch nach Cordelias Abreise schwand für Jakob nicht das Gefühl, sie überall neben sich zu haben, dieses Gefühl, das noch etwas anderes als nur die wehmütig-angenehme Sehnsucht des Verliebten war, vielmehr etwas ihm in früherer Zeit nicht Bekanntes, das ihm in der Stunde der Verlobung zugeflüstert hatte: du hast aufgehört, ein einzelner Mensch zu sein. Er hatte Stunden, wo er sich wünschte: ich möchte die alte Freiheit noch einmal schmecken, möchte hier so herumgehen, als wäre gar nichts, als wäre ich nur ich, und nichts weiter. — Aber es ging nicht.

Abends einmal, in einer gelösten Stunde, gestand er seiner Mutter dieses ihm unerklärliche Gefühl ... „aber es ist so deutlich wie hier, daß meine Hand an den Stuhl stößt. Ich kann nicht zweifeln, wie? daß hier der Stuhl ist. Und ebenso genau fühl ich dieses Nicht-mehr-einzeln-sein."

Hanna nickte zustimmend. Es war, wie er sagte. Kaspar war erschienen, und plötzlich war alles, was ihr persönliches Leben ausmachte, sogar ihre Verbindung mit der eigenen Mutter, etwas ihm und ihr selbst gemeinsam Gehörendes geworden ... Und dann wird das Kind. Was kann einer Frau eigener sein als das Kind, das in ihr zum Leben wächst? Aber es geht fort, es gibt sich wieder fort an ein fremdes Leben. Und so immer weiter. Sie dachte über Jakob und Delia: sollen die Beiden wirklich kein Kind haben? ... Sie hatte Nachricht erhalten über Frank, die sie aber Jakob verschwieg, weil sie ihn jetzt nicht damit beunruhigen wollte. Es war keine gute Nachricht, er schien niemanden mehr, auch nicht seinen Wärter, der ihn pflegte, zu erkennen. Sie wollte trotzdem bald wieder zu ihm fahren, sie meinte, es sei nicht möglich, daß ein Kind nicht wüßte, nicht irgendwie spürte, wenn seine Mutter zu ihm kommt.

— Zu der Zeit begann der Siegeslauf unserer Truppen in Frankreich; er bestärkte Jakob in der Vorstellung, daß die Welt sich auf eine ans Wunderbare grenzende Weise verwandelt habe. Dieses Frankreich, seit Jakobs Knabenzeit der feindliche Schatten, der unnachsichtige Gläubiger über uns, dem wir in Versailles mit gebundenen Händen ausgeliefert worden waren, das uns jahrelang ausplünderte und uns Gewalt antat — dieses Frankreich war auf einmal fortgeblasen, binnen vier Wochen löste seine Armee sich auf, es bat bescheiden um Frieden. Für den, der als ein Mitleidender am Schicksal des Vaterlandes den Druck der Jahre nach 1918 erlebt hatte, war die jähe Veränderung kaum weniger erstaunlich, als eine plötzliche Aufhebung der Schwerkraft es hätte sein können. Jakob hatte ja schon genug erfahren, um zu ahnen, daß überall dort, wo Hitlers Geheime Staatspolizei ihre Macht hinstreckte, niemand mehr vor Rechtsbruch, Gewalt, Mord sicher war, und er wußte, daß auch die leuchtendsten Siege einem Land ohne Segen bleiben, wenn sein Lebenszustand nicht im Recht verfaßt ist. Und doch konnte er sich der staunenden Freude über den Sieg unserer Waffen nicht erwehren. Er hoffte auf das Heer; es würde die rechtliche Grundlage unsres Staatgefüges retten. Daß sie schon verlassen war und die sie noch verteidigten, bei uns auf verlorenem Posten standen ... um das zu sehen, hätte es eines tieferen Einblicks bedurft, als ihn Jakob und als ihn die Mehrzahl der Deutschen damals besaß.

Schloß Voggenbruck hatte in den Hochsommertagen, in denen Jakobs und Delias Hochzeit dort gefeiert wurde, ebenso wie die dort zusammengekommenen Menschen ein Festkleid an. Das Festkleid verbarg die durch die Lähmung des alten Hanstein bedingten Schwierigkeiten seines Alltags. Delia freilich sah gleich, wie müde ihre Tante Sophie war, wie angestrengt das Lächeln, mit dem sie von ihr begrüßt und beglückwünscht wurde. Ihre Gestalt war straff wie immer und war schlank geworden wie einst in ihrer Mädchenzeit, doch war zu erkennen, daß nur eine Anspannung des Willens sie so aufrecht hielt; um die klaren, etwas eingesunkenen Augen saßen viele kleine, Erschöpfung verratende Fältchen. Kitty Degener fand auch, Sophie sei blaß und schmal geworden, „fast überhaupt nicht mehr da", und man müsse da etwas tun. In ihrer Art lag es, von Medikamenten alles zu erwarten, sie bedrängte Sophie mit Vorschlägen und schrieb Postkarten an eine Reform-Apotheke in Berlin, von der nachher, als alle Gäste abgereist waren, auch wirklich ein Paket mit großen und kleinen, Flüssigkeiten und Pillen enthaltenden Fläschchen in dem wieder stillgewordenen Voggenbruck eintraf. Hanna, sie war aus der Grünschwaiger Ernte heraus nur für vier Tage nach Tirol zur Hochzeit gekommen, brachte für den Augenblick die beste Hilfe, denn aus einem langen praktisch-tätigen Leben besaß sie den Blick dafür, wo man zugreifen und einer Hausfrau ihre Aufgabe erleichtern kann, und sie tat das unauffällig und sicher von der ersten bis zur letzten Stunde ihrer Anwesenheit, sodaß Sophie nachher von ihr sagte, sie hätte noch nie einen Gast gehabt, der es verstand, sich auf eine so leise Art nützlich zu machen.

Clemens sorgte sich ja schon seit langem darüber, daß die Pflege seines Vaters, dessen Gemütszustand eben wegen seiner Lahmheit kein guter war, viel zu hohe Anforderungen an die körperlichen und seelischen Kräfte seiner Mutter stellte, doch sah er keinen Weg, da etwas zu ändern. Moritz Hanstein wollte nach wie vor niemand als seine Frau um sich ertragen und, mit der Mühseligkeit seines eigenen Zustandes beschäftigt, merkte er nicht, was er ihr zumutete. Sophie aber ließ nicht zu, daß jemand ihn energisch darauf aufmerksam machte. Clemens hatte schon im Dorf nach dem treulosen, davongegangenen Rautter gefragt; seine Dienste war der Vater gewohnt gewesen und hätte sie wohl wieder angenommen. Aber Rautter war für den Sommer als Senn auf eine Alm gegangen.

Clemens war der eine von Delias Trauzeugen — Georg Degener bat sich als alter Bekannter ihrer Eltern die Ehre aus, der andere zu sein. Das empfand Delia als eine besondere Herzenszartheit von ihm, denn durch nichts anderes hätte er so wie durch diese Geste zeigen können, daß er, der evangelische Pastor, wegen der katholischen Trauung seines Neffen nicht böse war. Er kam eben aus Augsburg, wo er Lisa Diepolds im Juni zum Licht der Welt geborenen Buben auf die Namen Karl und Martin getauft hatte; dort hatte ihm seine Schwester Elisabeth etwas für Jakob und seine Mutter Vorwurfsvolles darüber gesagt, daß Jakob nicht evangelisch getraut würde — und Georg antwortete ihr, und setzte sie dabei durch einen Ausdruck von Schelmerei, der ihr nicht passend vorkam, in Erstaunen: „Wir müssen uns dafür mit deiner Lisa trösten, der wir es verdanken, daß ich den katholischen Herrn Diepold evangelisch trauen und sein Kind evangelisch taufen konnte, Karl nach dem Vater, Martin nach dem Luther" ... um dann sehr ernst hinzuzufügen: „Liebe Schwester, die Gemeinde Christi kämpft um ihr Leben in einem heidnischen Staat, es handelt sich um die Gründung echter christlicher Ehen; demgegenüber ist das Konfessionelle heut eine Sorge zweiter Ordnung geworden."

Dem Grafen Moritz tat der Festbetrieb im Hause wohl, die neuen Menschengesichter lenkten ihn ab von der hypochondrischen Beschäftigung mit sich selber. Sehr dick war er geworden und sein Gesicht über seinem weißen gestärkten Hemd sehr braun gebrannt; denn er lag viel in der Sonne und sagte von sich selbst, er habe sich „zur Eidechse entwickelt, nur so flink bin ich nimmer". In seinem Rollstuhl, den er mit eigenen Händen bedienen konnte, fuhr er sich selber zum Tisch, er zeigte sich vergnügt wie sonst schon lange nicht mehr. Seine zur Gewohnheit gewordenen, gegen Kitty gerichteten Spöttereien hatten eine gutmütige Farbe und Jakobs Mutter unterhielt er mit ausgesuchter Höflichkeit. An Jakob erinnerte er sich vom Hotel Adlon in Berlin her, bei Ellens Hochzeit; er sehe, fand er, „immer noch wie ein Jüngling" aus. „No ja," setzte er mit behaglichem Wohlwollen hinzu, in der Meinung offenbar, daß dies den Bräutigam freuen mußte: „Deine Cordelia haben vor dir schon andere hübsch gefunden." — „Das glaub ich," erwiderte Jakob, tapfer bemüht zu verbergen, daß ihm eine Eifersuchtswolke das Herz verfinsterte.

Delia hatte Jakob mit Offenheit von ihrer jahrelangen Liebe zu Horny erzählt; auch wenn nicht alles hier in der Landschaft an ihn erinnert hätte, würden ihre Gedanken zu ihm gegangen sein. Einst war die Trennung von ihm ein großer Schmerz gewesen, es war aber ein Schmerz von der echten Beschaffenheit, aus dem der gute Webstoff des Lebens kommt. Jakob mußte das verstehen, und der Andere, wenn man mit ihm darüber sprechen könnte — er auch. In ihrem Gebet (und Delia betete viel in diesen Tagen der Vorbereitung auf die Hochzeit) sah sie die Beiden wie Sternbilder, die ihren Platz am Himmel einnehmen und tauschen, in einem versöhnten, notwendigen Stande zueinander. Ist das hochmütig gedacht? fragte sie sich. Nein, ich meine ja nicht, daß sie aufeinander gefolgt sind, um mich zu bescheinen; ich weiß, daß alles an Gottes großem Sternenhimmel so zueinander steht und sich gegenseitig den Weg erleuchtet. Aber hätte ich mich für Jakob, den ich nicht kannte und ihm doch schon aufbehalten war, ganz unberührt, sogar bis in die heimliche Kammer des Herzens, bewahren müssen? — In den Stillen, die ihre Gebetsrede einfaßten, vernahm sie tröstliche Antwort.

Die Nacht vor der Hochzeit verging ihr ohne Schlaf. Wie aus einem Springbrunnen die schimmernde Wassersäule, stieg immer aufs neue, immer voller und doch immer ungestillt, das Gebet aus ihrem Herzen. Sie bat nicht nur um die Gewährung dessen, was ihr eigenes Leben betraf. Daß sie der Liebe Jakobs Genüge tun, ihm eine gute Frau sein, ihn niemals enttäuschen möge. Daß es ihr gelingen möge, gegen seine Mutter ihre Pflichten als Tochter und in Grünschwaig ihr kommendes hausfräuliches Tagewerk zu erfüllen. Daß Gott sie immerdar bewahren, oder doch immer wieder stärken möge gegen die Versuchungen des Zorns, der Ungeduld, der Unwahrheit. Die ihr besonders teuren, durch den Tod entrückten Menschen hatten teil an dem Steigen und Sinken und wieder Steigen, dem Wechsel von Sehnsucht und Demut, der in ihr geschah. Und alles das, ob es Bitten oder zärtliche Regungen des Erkennens waren, gleich Stufen unter sich lassend, erhob sich ihr Gebet zur Dank- und Lobsagung. Daß ihr die Liebe aus einer anderen Menschenseele zuteil geworden; daß sie so, dem Herzen und allen Sinnen faßbar, Gottes Liebe im irdischen Gleichnis erfuhr und auch wiederum schenkte; daß überhaupt ihr menschliches Gemüt zur Liebe erschaffen war, fähig zur Antwort auf die zarte, mächtige Frage, die von Gott herkommt. Daß das Wort der Versöhnung über die jedem Sturm ausgesetzten Saiten dieser Schöpfung hingeht und nicht eine einzige von ihnen unberührt läßt: weil er nicht auf eine einzige der Millionen Antworten verzichten will. Je mehr Delias Gebet das nur sie selbst betreffende Einzelne überstieg, desto mehr gewann es an Schlichtheit, an Bestimmtheit. Lösche allen Widerstand aus, bat sie. In mir, in allen, in deiner ganzen Welt. Laß uns unser Eigenstes finden, indem wir es loslassen und so deiner Frage Antwort geben. Dein Wille geschieht. Auch ohne uns geschieht er. Aber laß uns einwilligen. Laß uns wie deine himmlischen Heerscharen nur die den Strahl tragende Luft sein, die leuchtend, und damit zur Botschaft wird, daß dein Wille geschehen ist.

Es war Morgen geworden, ohne daß sie es bemerkt hatte.

— Die Mutter Hanna und Ellen kamen schon früh zu ihr ins Zimmer herauf, ihr beim Anziehen, beim Anlegen des Schleiers und des Myrtenkranzes zu helfen. Im Marienzimmer war für die kleine Hochzeitsgesellschaft ein Frühstück bereitgestellt. Wie meist bei solchen Gelegenheiten nahmen sich nur die Männer ordentlich Zeit dazu; von ihnen werden die Mahlzeiten eines Festtages, nicht ohne guten Grund, zu dessen hauptsächlichen Bedeutsamkeiten gerechnet. Hier wurde zunächst der Bräutigam gründlich gestärkt und dann ins Dorf vorausgeschickt, denn er durfte ja an diesem Tag erst vor der Kirchentür mit seiner Braut zusammentreffen. Sophie Hanstein schenkte Tee und Kaffee aus. Ihrem Mann hatte sie die für ihn anstrengende Teilnahme an der Trauung, im Rollstuhl, abgeraten; er saß frühstückend neben dem Pastor Degener und erklärte ihm, daß er sich's zur Ehre gerechnet haben würde, bei der Hochzeit seiner Nichte die Mutter des Bräutigams zur Kirche zu geleiten, wie das seine selbstverständliche Pflicht war, aber er sei eben ein Invalide und nicht zu brauchen.

Inzwischen wandelte draußen auf dem Gang Richard Degener mit langer feierlicher Nase und entsprechend feierlicher Miene hin und her, er hatte sich mit zwei Sicherheitsnadeln ein Bettuch über dem Kopf zusammengesteckt, das er lang als Schleppe hinter sich herzog; getragen wurde das Tuch von der kichernden Daisy, und ihm voraus ging Eugenie, ernsthaft damit beschäftigt aus einem Körbchen eine imaginäre Blumenfülle auf den Fußboden zu streuen: sie übten auf diese Art, wie sie in der Kirche für die Braut Blumen streuen und die Schleppe tragen sollten.

Kitty, die mit dem prachtvollen Brautbukett: weiße Glockenblumen und weiße Nelken, aus dem Garten heraufkam, blieb erstarrt stehen, als sie den Gemahl in diesem Aufzug erblickte.

„Gib her!" rief er ihr entgegen; er wollte sich die Blumen in den Arm legen.

Kitty wich entrüstet zurück. „Nein! Hör auf mit dem Unsinn. Die Brautführer müssen die Braut holen. Es wird höchste Zeit!"

„Das ist immer der Undank. Der Statist muß abtreten, wenn die Hauptdarstellerin erscheint," sagte Richard ernst, indem er sich das Tuch vom Kopf nahm.

Kurz darauf kam Delia mit diesen Blumen im Arm, ganz Weiße und Stille, von ihrem Vetter und dem Onkel Georg geleitet, von ihrer Schwiegermutter und Ellen gefolgt, die Treppe herunter. Am Fuß der Treppe wurde sie von Tante Sophie empfangen, die sie umarmte und ihr etwas Grünleuchtendes umhing: es war ein schöner Smaragd, Sophiens Hochzeitsgeschenk für die Nichte. „Es stammt noch von meiner Mutter her. Gott segne dich, liebes Kind," sagte sie leise dazu. Moritz Hanstein griff von seinem Rollstuhl aus nach der Hand der Braut, die er küßte.

Während dann alles zu den Wagen hinunterging, fühlte sich Richard am Ärmel gezupft: es war Daisy. Sie fragte:

„Großpapa, bist du ein Statist? Was ist das?"

Richard erklärte: „Ein Statist ist ein Mensch, den man auf der Stelle, wo er steht, brauchen kann, aber nicht sehr nötig."

„Ich kann dich aber sehr nötig brauchen," sagte Daisy.

—Für Delia war alles, was geschah, undeutlich und fern: die Sachen, mit denen man sie geschmückt, die Worte, die man zu ihr gesprochen, die Fahrt im Wagen, der auf dem Kirchplatz anhielt; undeutlich war sogar das Gesicht Jakobs, der ihr beim Aussteigen behilflich war, nur den Ernst seines auf sie gerichteten Blickes fühlte und erwiderte sie mit bewußter Kraft. Ganz weit hinter sich, obwohl es ja nur wenige Schritte waren, hörte sie Ellens Stimme, die sagte: „Ein paar Wolken sind da drüben. Es wäre hübsch, wenn es ihr in den Kranz regnete, nur ein paar Tropfen" —aber sie verstand nicht, warum. Von jetzt an hörte und wußte sie überhaupt nichts anderes mehr als den, wie es ihr vorkam, gewaltigen Ton der Glocke vom Turm der St. Jürgener Dorfkirche. „Da bist du! beuge dich! Da bist du! beuge dich!" sagte dieser Ton. Und sie ging mit Jakob den langen Weg durch das Portal und durch das ganze Schiff der Kirche bis hin zu dem Priester, der sehr groß aussah auf der Höhe der Altarstufen. Auch der kleinen Eugenie erschien der am Altar wartende Priester als eine Riesengestalt; mit einem Blick auf ihn und dann auf das von Weiß umgebene, schöne Gesicht der Braut blieb sie ehrfürchtig erschrocken stehen und wagte nicht, ihr durch die Kirche hin Blumen vorauszustreuen, obwohl ihr die Großmama Kitty das Körbchen ganz gefüllt hatte. Braut und Bräutigam knieten nieder, es kamen die Fragen, es kam Jakobs Antwort — und dann für einen Augenblick schwebte das leise Ja der „hier anwesenden Cordelia" ganz allein in der rosigen und bräunlichen, von Sonnenflecken durchwärmten Stille des Gotteshauses.

In dem großen Hansteinschen Revier, das an den Staat verkauft worden war, lag eine Jagdhütte, ziemlich hoch an dem Berge, dessen gestreckte Masse die östliche Längswand des St. Jürgener Flußtales bildet. Die Hütte war schon manchmal von den Jagdgästen des Grafen, mit Erlaubnis der staatlichen Forstverwaltung, benützt worden, und es war ohne Schwierigkeit möglich gewesen, sie auf einen Monat für das Brautpaar zu mieten, das sich kein schöneres Ziel einer „Hochzeitsreise" denken konnte, als diese ganz entlegene Einsamkeit.

Am Nachmittag also wanderten die Beiden dort hinauf. Jakob war froh, den Frack los zu sein, in dem er sich wie verkleidet fühlte, und wieder Hemd und Lederhose als den ihm natürlichen Sommeranzug zu tragen; und Delia gefiel ihm in dem leichten, weitröckigen Kleidchen, das sie jetzt trug. Ein nur undeutlich bezeichneter, öfters an kahler Weidefläche sich verlierender Steig, den jedoch die ortskundige Delia mühelos zu finden wußte, führte sie bergan. Sie sahen drunten das Schloß, das Dorf, schon in einer Schattenzunge, welche der gegenüberliegende Gebirgszug darüber legte; die beiden Wanderer auf ihrem hohen Osthang gingen noch im vollen Abendlicht. In der Stille, die sie umfing, war ihr Gespräch von selbst verstummt. Die einzelnen Stunden des heute gelebten Tages sich vergegenwärtigend, sahen sie die Gesichter der lieben, nahverbundenen Menschen um die mit Blumen und vielen Kerzen geschmückte Hochzeitstafel; am stärksten klangen die Mahnungen nach, die Onkel Georg in seiner evangelischen Einsegnung ihnen mitgegeben — der in der Kirche empfangenen, göttlichen Bürgschaft durch das Sakrament hatte er das Wort des täglich schlichten, bewährenden Gebrauchs hinzugefügt. Es sei nicht immer Hoch-Zeit, festliche Zeit, hatte er ihnen gesagt, und in der Welt draußen sei jetzt eine Zeit schwerer Prüfung angebrochen. Ihr könne sich niemand entziehen, früher oder später komme an jeden die Frage, ob er an den Werken der Finsternis teilnehmen oder die Waffen des Lichtes führen wolle. Die Möglichkeit zum einen wie zum anderen sei in jede Seele gelegt. Und nicht erst draußen auf dem Forum oder dem Schlachtfeld, schon in den Ehen, von Tag zu Tag, schon im verborgenen Innern der Häuser und der Familien entscheide sich das.

Das Haus, hatte er ihnen zugerufen, ist der Ort, wo sich das Schicksal der Völker glücklich oder unheilvoll wendet! Sie sollten also mit täglicher Treue dieser Verantwortung gedenken, die sie heute durch ihren Ehebund auf sich genommen hätten. — Wie die Wasser aber, deren Klang und Widerklang, solang sie noch zwischen den Wangen der großen Schlucht waren, ihnen laut ins Ohr rauschten, dann aber leiser wurden, je mehr sie in die freie Höhe heraufkamen, so blieben auch jene bedeutungsvollen Mahnungen allmählich zurück. Und zurück blieb alle Sorge um Zeit und Zukunft, auch um die eigene Bewährung in ihr. Die Stille wurde mächtiger als alles. Schon verfärbte sich der Abendhimmel, aber noch war es nicht die Verfärbung zum stumpfen Blau, sondern die zum blendenden Gold. Die Berge fingen an, sich in Rot zu tauchen, von demselben feierlichen Rot war auch der junge Mond angeschienen; sehr leicht, sehr fern hob er sich heraus und hinauf aus der breit lagernden Schwere des Gebirgsstockes, an dem Jakob und Delia hinaufstrebten.

Eine lange Gipfelkette von Norden an bis nach Süden hin war von der Hütte aus zu überschauen; sie erreichten sie erst, als die Sonne schon nah an dem höchsten westlichen Berghaupte stand. Bei der Hütte gab es einen Brunnen, es gab einige Lärchen. Die Ankömmlinge sagten sich, daß sie heut nicht mehr zu der noch etwa eine halbe Stunde entfernten Alm hinübergehen wollten, um sich Milch zu holen, sondern sich behelfen wollten mit dem, was da war: Brot, und Wasser, um Tee zu kochen. Die Einsamkeit des Abends sollte ihnen nicht mehr verstört werden durch Menschenstimmen.

Das Haus bestand nur aus einer Küche und drei engen Kammern. Für das Paar war alles gerichtet, Clemens und Ellen hatten dafür gesorgt. Delia sah sich in dem neuen, ihrem ersten eigenen Haushalt um: Salz, Mehl, Teller, Tassen, Löffel, ein Brotmesser. „Aber Feuer anzumachen," erklärte sie, „muß ich erst lernen. Das kann ich im Freien, wenn man auf einer Tour ist, aber nicht in einem Herd."

Jakob erbot sich, es für sie zu tun, er suchte sich Späne und kleines Holz zusammen. Beide waren sie eifrig beschäftigt, sie taten, als merkten sie gar nicht, wie schon die Sonne hinter den Berg hinunterging und wie der Berg dadurch jählings aus etwas nachbarlich Hellem, freundlich Beleuchtetem in etwas schwarz und scharf Umrissenes, Drohendes verwandelt wurde. Alles was zu sehen war, die Steine, die Bäume, die Bergwände, atmete jetzt den schweigenden Ernst der Nacht. Das Licht, das früher an den Abhängen, und bis zu den entferntesten Wolken verteilt gewesen war, hatte der Mond an sich genommen. Steigend wie eine Lampe, die jemand hochzieht, verstärkte er seinen Glanz.

Und dieser Ernst, dieses Dunkel, das über ihnen emporwuchs, hatte für Jakob und Delia die Bedeutung des Glücks, das mit jedem Augenblick näher und näher herankommt und sich ihnen erfüllen muß. Es war in ihren Gedanken und war sogar auch in jedem ihrer Blicke, darum vermieden sie in einer seligen Scheu, einander anzusehen.

„Schau, es brennt schon," sagte Jakob, als die Flamme zwischen seinen Spänen emporschlug; und er sah das Wasser ein wenig schwanken in dem Topf, den Delia, neben ihn tretend, auf die Feuerstelle setzte.

3

Drei Wochen danach, auf den Tag, kam Jakob mit Milch von der Alm, die der Jagdhütte benachbart ist, zurück, und fand im Vorübergehen den Spalt eines Felsens ganz ausgeleuchtet von dem Violett, das der aufblühende Eisenhut, wenn seine Zeit kommt, aus dem feingezackten Blattgrün hervorschiebt. Jakob setzte die Milchkanne hin, er holte sich einen ganzen Arm voll von diesen Eisenhüten, um sie Delia zu bringen.

Als er damit und mit der Milch wieder zur Hütte kam, empfing ihn Delia mit einem so bestürzten Gesicht, daß er sie ganz verwundert fragen mußte: „Was ist denn?" — und sie, nicht fähig zu sprechen, mit den Zähnen ihre Unterlippe festhaltend, damit sie nicht im Weinen erzittern sollte, wies mit der Hand auf ein Stück Papier auf dem Küchentisch: ein Telegramm. Ein Laufbote vom St. Jürgener Postamt war eigens damit vom Tal heraufgestiegen. Es lautete: „SOFORT EINRÜCKEN EINBERUFUNGSBEFEHL LIEGT IN NUSSHOLZHAUSEN."

„Ach so," sagte Jakob.

Die Nachricht kam von dem Münchener Wehrkreiskommando, bei dem sich Jakob im vorigen Herbst als Dolmetscher für Englisch angemeldet und auch eine Prüfung über seine Sprachkenntnisse abgelegt hatte. Vor der Reise nach Tirol war er noch einmal dort gewesen, um nachzufragen, und der freundliche Mann, mit dem er dort zu tun gehabt, kündigte ihm damals schon an, auf den Herbst zu würden beim Heer jedenfalls Dolmetscher für die geplante Invasion der britischen Insel gebraucht werden. Die Wahrheit zu sagen: Jakob hatte daran gar nicht mehr gedacht, oder er hätte doch nicht geglaubt, daß ihn die Wehrmacht wirklich hier oben auf der Hütte finden und holen könnte, so hoch über aller

Welt und Zeit. Aber da war es nun doch! Der erhabene Friede der Hochgebirgswelt, den er eben noch, auf seinem Weg im Vormittagslicht, als ein Mitaufgenommener glücklich genossen, der schützte ihn nicht und schützte Delia nicht; wir täuschen uns, wenn wir uns in der Natur geborgen glauben, wir sind bei ihr nur zu Gast, ach! und nicht einmal das. Denn sie weiß nichts von uns. Der Schmerz, von Delia fortzumüssen, brannte Jakob wie ein mitten im Herzen entzündetes Feuer, und doch, schon im gleichen Augenblick, regte sich auch mitten in seinem Herzen die Zustimmung. Er kannte ja den hohen Felsen, den England abwehrend, stolz, gegen das Festland erhebt. Dorthin würden unsre Schiffe sich drängen, dort unsre Männer aufs Land springen. Gut, und auch ich, dachte Jakob. Es war kein Ziel für ihn; die Engländer hatten uns nichts getan, und daß sie dem Manne, der alles Vertrauen unter den Menschen verspielt hatte, trotz ihrer schweren Niederlage in Frankreich mit Festigkeit jedes Friedensgespräch verweigerten, dafür mußte man sie achten. Aber wenn die Völker erst hineingestoßen sind in einen Krieg, so hat der Einzelne seinen Teil daran und muß ihn nehmen, und darf sich nicht einmal wünschen (so schien es Jakob), davon ausgespart zu sein.

Delia, sein Gesicht mit aufmerksamen Blicken prüfend: „Mir scheint, du freust dich auch noch!"

„Delia," sagte er. „Liebe Delia."

Nein, weiß Gott, von Freude war nicht die Rede.

Sie packten ihre Rucksäcke und schlossen die Läden der Hütte. Als Jakob auch die Tür abschloß, und sie sich auf den Weg ins Tal machten, sagte Delia zu ihm:

„Übrigens, verzeih bitte, daß ich mich beinah etwas weinerlich benommen hätte."

— Jakob lernte bald erkennen, daß sie nur mit rascherem Begreifen als er aufgefaßt hatte, was ihnen beiden da widerfuhr. Zunächst war so viel zu tun, daß man nicht zum Nachdenken kam. Sie reisten heim, mit dem ersten möglichen Zug; in Grünschwaig packte Jakob die nötigen Sachen zusammen. Dann Meldung in München, Einkleidung — als Dolmetscher mit der Bezeichnung „Sonderführer" — in der Kaserne; die Impfung, auf die sein Körper mit heftigen Fieberwellen reagierte; und abends, sechzig Stunden nachdem er oben in den Bergen die Nachricht empfangen, die Abreise nach Paris.

In dem Abteil des Urlauberzuges waren außer ihm noch vier zu dem gleichen Zweck wie Jakob einberufene Dolmetscher, alles ältere Herren, die sich aber, wie es Jakob vorkam, mit einer ganz anderen Sicherheit als er in ihren Uniformen zu bewegen wußten.

Der Urlauberzug war mit einem Schild PARIS bezeichnet. Aber so kurze Zeit nach dem Krieg, der sich über Frankreich hingewälzt hatte, war der direkte Schienenstrang noch nicht wieder benutzbar. Die Fahrt ging also, als sei die Aufgabe gestellt, sich der französischen Hauptstadt in vorsichtiger Umgehung, auf Schleichwegen, zu nähern, durch Holland und Belgien; eine Nacht, einen ganzen Tag, immer wieder wartend, für Stunden, auf die Zeichen, die das Gleis freigaben. Jakob war noch fieberig von der Impfung her, seine Füße in den Stiefeln waren angeschwollen. Er fühlte sich sehr ermüdet; denn das Abteil war nach und nach immer voller geworden, und bei der strengen Rangordnung, die im militärischen Leben herrscht, war es eine ungeschriebene Selbstverständlichkeit, daß die Dolmetscher den Offizieren Platz zu machen hatten; unter den Dolmetschern aber war Jakob der Jüngste, und so mußte er beinah die ganze Zeit auf seinem Koffer sitzend zubringen. Nach vierundzwanzig Reisestunden war man am späten Abend dieses Tages nicht in Paris, sondern in Lille.

Jakob sah durch das Gangfenster, wie sich auf dem Bahnsteig die Menge der grauen Offiziere und Mannschaften aneinander vorbei schob, fremd, eilig; der starre Gruß, den sie einander boten, machte sie noch fremder: als würde das Erkennungszeichen einer Geisterwelt ausgetauscht. Irgendwo im Dunkeln rollte ein Zug, eine schrille Pfeife gellte minutenlang und wollte nicht aufhören. Da waren Soldaten, die Gepäck schleppten, Kommandorufe, deren heftige Lautheit aus keiner menschlichen Erregung kam, nur aus der Notwendigkeit, den Lärm des Bahnhofs zu übertönen.

Mit Bahnhöfen, fand Jakob, ist die Erde bedeckt, überall sind Bahnhöfe, wir werden nie mehr aufhören, von einem Bahnhof zum anderen zu fahren. Das gab es früher nicht, die Postkutschen kamen bei den Gasthäusern an, und wie auch die Wirte sein mochten und die Stallknechte: da lebten doch die Menschen, da war Dach, Haus, Unterkunft. Bahnhöfe aber sind gar nichts. Ein Dach — und alle gehen nur darunter hin, niemand ist da zu Hause. In seinem Zustand der Übermüdung, der ihn wehrlos machte, brach die Traurigkeit wie eine bis dahin verborgen gehaltene Krankheit aus ihm hervor. Grau, grau hat man uns gekleidet, dachte er, zum Zeichen, daß alle Freude uns verlassen soll. Es ist ein Ehrenkleid, weil wir darin dem Tod begegnen, aber noch viel mehr ist es ein Elendskleid, weil wir darin den Tod und den Krieg überall hintragen.

Der Zug rollte wieder, und da Jakob, auf seinem Koffer sitzend, den Kopf an die Schiebetür des Abteils gelehnt, für einen Augenblick eindämmerte, verwandelte sich das Räderrollen in ein

Rauschen von Wasser und Wald, oben bei der Jagdhütte, und um Jakobs Nacken legte sich ein warmer, fester, sanfter Arm. — Aber sein Kopf rutschte ab von der Tür, und er schrak wieder auf.

Bäume, die nah beisammen gepflanzt sind, wachsen ineinander und werden, nach allen Seiten ihre gemeinsame Krone ausbreitend, ein Ganzes, das der Blick des Beschauers nicht mehr zu trennen vermag. So auch in einer Ehe. Der Krieg aber reißt widersinnig auseinander, was zu immer innigerem Zusammenwachsen bestimmt ist. Jakob begriff in dieser Stunde erst den ganzen Widersinn, der ihm und Delia geschehen war.

Am anderen Morgen endlich, der hier um 6 Uhr deutscher Sommerzeit noch sehr dunkel graute, lief der Zug in Paris ein. Die fünf Dolmetscher hatten sich im Hotel Majestic, dem Sitz der deutschen Militärverwaltung, zu melden, sich ihre Zimmereinweisung zu holen, und bekamen Gelegenheit zum Waschen und Frühstücken. In dem großen, bienenstockartig summenden Hause lief ein Gerücht, daß man bald gegen England vorgehen würde, und das veranlaßte den Reisegefährten Brandl, englischen Sprachlehrer aus Bregenz mit einem Gesicht voll gutmütiger Falten, zu einigen sorgenvollen Bemerkungen, die ihm von den anderen Herren verwiesen wurden.

Bis zum Abend war die Zeit frei. Jakob hatte in München erfahren, daß Quint in Paris bei der Militärverwaltung beschäftigt war. Er stellte seinen Koffer in der Garderobe ab, und machte sich auf, den Vetter zu suchen. Die Wache, als er das Hotel verließ, präsentierte das Gewehr, Jakob sah sich erschrocken nach dem General um, an dem er den Gruß versäumt zu haben fürchtete! dann erst begriff er, daß die Ehrenbezeigung seiner eigenen Offiziersmütze galt. Der Mann, bei tadelloser Haltung, weidete sich doch sichtlich an seiner Verlegenheit. Das fängt gut an! dachte Jakob seufzend.

Wie er hätte voraussehen können, traf er Quint in der angegebenen Wohnung nicht an ... es wäre besser gewesen, sich im Majestic seine Arbeitsstelle heraussuchen zu lassen. Nun wollte er dorthin nicht mehr zurück; er hinterließ einen Zettel in der Wohnung und unternahm aufs Geratewohl einen Entdeckungsgang durch Paris. Er war noch nie hier gewesen und sein Französisch taugte kaum zum Lesen, geschweige denn zum Reden; doch er brauchte nicht zu wissen, wie dieses Haus und jene Brücke hieß, um sich an der im Sommerlicht schimmernden Seine zu erfreuen, und an den Quais mit den Büchern, Inbegriff des der Literatur befreundeten Frankreich; und um schon aus der Ferne zu entdecken, daß dort die Türme von Notre Dame waren! Gestört war er nur durch den Grußzwang, überall war der Straßenverkehr mit Feldgrau durchsetzt, er konnte nicht, seinen Gedanken überlassen, träumend und staunend dahinwandern. — Die Schönheit dieser Stadt ist gerade von der Art, daß sie eine heftige Sehnsucht, wie sie Jakob quälte, zu besänftigen vermag — durch etwas, das beinah wie eine Stimme, ein immerwährender leiser Zuspruch von ihr ausgeht und den Menschen überredet, an die Freude, an die Gegenwart zu glauben. Das Land hat eine Niederlage erlitten, aber man sieht es ja, sie kann dem Zauber von Paris nichts anhaben; warum also dann, dachte Jakob, sucht es immer nach Ruhm und Gewalt über andere? Es ist ja, was es ist, und vielleicht wird auch der Jüngste Tag die geistig- sinnliche Freudigkeit, die hier über allem und allem schwebt, nur vorübergehend verdunkeln!

Vor Notre Dame redete ein gebückter, grauer Kartenverkäufer auf ihn ein, immer wieder über das Portal hinaufdeutend. Jakob verstand nicht, was er wollte, er gab ihm ein Trinkgeld, das jedoch den Alten nicht beruhigte, es schien ihm daran zu liegen, daß seine wichtige Mitteilung begriffen würde — und endlich wurden Jakob die Worte klar: man habe ein schönes, sehr schönes Rosenfenster entfernt („très belle, tout-à-fait belle!"), und im tiefen Keller vor den Luftangriffen geborgen. Nüchternes weißes Licht brach ins Innere der Kirche. Der Alte ging mit Jakob hinein und nach einer Kniebeugung und Bekreuzigung fuhr er nunmehr flüsternden Tones fort, zu erklären, wie hier der ganze Raum sonst, dank dem wunderbaren Fenster, von mildem, schönem, bläulichem Licht erfüllt gewesen sei; mehr noch mit dem Gesichtsausdruck und den Gebärden, als dem entzückten Geflüster, suchte er den Grad dieser Milde anzudeuten. — Jakob stieg auch hinauf, die Chimären, von denen er wußte, zu sehen. Hier war kein Mensch. Er staunte vor den Gesichtern der Unholde: wild, voll verhaltener Traurigkeit. Die Realität dessen, was hier dargestellt war, atmete ihn an, und er mußte denken: so wenig weiß man von dem, was in der Welt vorgeht, gerade von dem, was an den Seelen vorgeht, so wenig!

Die Müdigkeit von zwei schlechtverbrachten Reisenächten meldete sich von neuem, und da ihn die Füße auch schmerzten und ihm zum Weitergehen alle Lust nahmen, setzte er sich in ein Lokal zum Essen, er trank ein Viertel Wein dazu. Dort in der Zimmerecke, mitten unter dem Lärm und Stimmengewirr, schlief er ein. Eine dicke und schwarze Kellnerin mit langen Augenwimpern wachte über ihm, als sei er ihrer Fürsorge anvertraut worden, und beglückwünschte ihn freundlich zu seinem guten Schlaf, als er nach einer Zeit wieder zu sich kam.

Abends im Majestic war eine feierliche Begrüßung eines ganzen Saales voll Beamten der deutschen Militärverwaltung in Belgien und Nordfrankreich; die heute früh aus München angekommenen Dolmetscher gingen darin unter wie fünf Tropfen in einem Faß. Wunderbarerweise sah sich Jakob trotzdem auf einmal dem Vetter Quint gegenüber, der ihn aus der Menge herausgefunden hatte und ihn beglückwünschte; Jakob verstand erst nach einigem Besinnen, daß der Glückwunsch seiner Heirat galt, er antwortete: „Ja, danke; es sind noch nicht einmal fünf Tage, da war ich noch mit Delia auf der Hütte," und sah ihm dabei mit einem etwas verzweifelten Lächeln, das Quint Spaß zu machen schien, ins Gesicht.

Quint wollte von ihm Nachrichten aus München, über Natalie und seine Mutter hören, Jakob mußte ihm sagen, daß er sie bei seiner gehetzten Durchfahrt nur am Telefon gesprochen, Quints Adresse erfahren und Grüße mitbekommen hatte. Quint trug das Eiserne Kreuz zweiter Klasse auf der Brust, das er auf Jakobs Frage als seinen „Marschorden" bezeichnete, weil er es ohne Kampf, nur für den Marsch von Ahrweiler bis Paris, bekommen hatte. „Wir wollen von etwas Interessanterem reden, du mußt mir von meiner neuen Cousine erzählen," fing er an — aber da eilte in brauner Parteiuniform ein blonder Mensch mit starrem Gesichtsausdruck von rechts her auf das Rednerpult zu, er hob die Hand mit beschwörender Geste, als ob er die Siegesgötter herabrufen wollte — und die Begrüßungsansprache begann.

Jakob hatte praktische Anweisungen für den Verwaltungsdienst in den besetzten Gebieten erwartet. Anstattdessen gab der Redner eine Art völkischen Religionsunterricht zum Besten. Freimaurerei, Judentum, Marxismus, Christentum, das seien alles nur verschiedene Formen eines überlebten Individualismus, der Nationalsozialismus allein kenne „die Ewigkeit Volk". Jakob sah fragend zu seinem Vetter hinüber, der zuckte nur mit den Achseln. Als aber der Redner allmählich doch auf das mehr Praktische kam und für die deutsche Verwaltung die Hauptregel aufstellte: „Vergeßt nicht, daß wir die Sieger sind" — wurde Jakob unruhig, er sagte beinah laut vor sich hin: „Nein, das geht nicht, das muß man ihm klar machen."

„Sei still! was willst du denn?" zischte Quint ihm zu.

„Du hörst doch! Das geht nicht!" Es schien Jakob, daß man sofort etwas sagen, etwas dagegen unternehmen mußte. Es könnten ja Verwaltungsbeamte hier sein, die das Falsche glaubten, was der da redete. Vergeßt nicht, daß wir alle M e n s c h e n sind, müßte er doch sagen. „Wir sind doch hier nicht unter uns Deutschen allein," begann Jakob wieder zu Quint hin, „wir können uns doch hier im fremden Land nicht so blamieren..."

„Ruhe!" sagte in der Reihe vor Jakob eine entrüstete Stimme.

Und Quint, an Jakobs Ohr, flüsterte wütend: „Du hältst jetzt sofort den Mund, oder ich befördere dich hinaus, du ahnungsloses Rindvieh! Bist ja wahnsinnig geworden! Die holen dich doch glatt hier vom Saal weg ins Kittchen!"

Jakob erschrak und sah sich unter den Gesichtern und Uniformen um, die ihn umgaben. Er schwieg nun, aber mit bedrücktem Gesicht, wie jemand, der mit sich selber uneins ist.

Sobald der offizielle Teil des Abends abgeschlossen war, gingen die beiden Vettern fort. Jakob holte sich seinen Koffer, da aber Quint den Vorschlag machte, ihn zu dem ihm zugewiesenen Zimmer zu begleiten, kam Jakob mit seinem Wunsch heraus: bei Quint zu hausen, bei dem er ein Sofa gesehen hatte. „Es macht mich alles, verstehst du, ein bißchen traurig, und ich möchte eigentlich nicht so furchtbar gern allein bleiben, heute, wenn es nicht sein muß." Sie fuhren also in Quints Wohnung, wo die Dame des Hauses sich gleich bereit zeigte, „pour monsieur le cousin" ein Lager aufschlagen zu lassen. Rauchend und bei einer Flasche Wein saßen sie noch ein Stündchen zusammen.

„Du hast mich ja ziemlich streng tituliert, heut abend," sagte Jakob, dem das „Rindvieh" wieder einfiel.

„Hm. War auch nötig." — Quint ermahnte ihn aufs neue mit großem Ernst zur Vorsicht. Wenn es schon in Deutschland bei der allgemeinen Bespitzelung gefährlich genug sei, so vollends in den besetzten Gebieten; irgendein in ehrliches Feldgrau verkleideter Lump konnte auch so schon hinter Jakob gesessen und seine Worte aufnotiert haben. „Man kann ja keine Stunde über dich ruhig sein, wenn du vorhast, dich weiterhin so kindisch wie heut abend zu benehmen." Jakob mußte ihm in die Hand versprechen, fortan vernünftig zu sein.

Von seinen eigenen Verhältnissen berichtete Quint kurz, daß er durch Vermittlung von Werner Prittwitz, mit dem er in Paris wieder zusammengetroffen, in die Militärverwaltung für Belgien und Nordfrankreich hineingekommen war, zunächst vorläufig, weil das mit der Überstellung aus seiner bisherigen Division nicht so rasch laufen konnte. Prittwitz hatte aber dank seinen Beziehungen das Nötige beschleunigt eingeleitet, er hatte Wert auf Quint gelegt, da er behauptete, in Frankreich brauche man Leute, die nicht bloß die Sprache verstünden, die sich auch benehmen könnten. Und wirklich konnte Quint von seiner Stelle aus praktisch, im Einzelnen, manches zur Aufrechterhaltung der menschlichen Anständigkeit tun, – mehr jedenfalls, als mit lauten Protesten an die Adresse der Partei erreicht würde. Die Truppe hielt sich anständig und wurde, wo es einmal nottat, hart an die Kandare genommen. Von unsren Militärstellen aus geschah alles nur irgend Mögliche, das hatten auch Franzosen bestätigt – übrigens auch der Papa Giton. Quint war, sobald es sich machen ließ, nach Granville gefahren, um dort persönlich nach dem Rechten zu sehen; er fand Nataliens Eltern unbelästigt in ihrer Wohnung, Marcel war kriegsgefangen, – nach Quints Meinung würde die Kriegsgefangenenfrage bald eine vernünftige Lösung finden. Giton hatte natürlich den Schwiegersohn, der in deutscher Hauptmannsuniform bei ihm eintrat, mit äußerst würdiger Zurückhaltung empfangen, sein Zorn aber galt vor allem den Engländern, die dem verbündeten Frankreich in der Stunde der Niederlage auch noch in dem algerischen Hafen Oran seine Flotte zusammenschossen, damit sie nicht in Hitlers Hände fallen und ihre Insel bedrohen könnte. (Was Quint seinem Vetter nicht wiedererzählte, war sein kurzes Gespräch mit dem Schwiegervater über Natalie und über die Untreue, die Quint an ihr begangen. – Mit einem zornigen Blick hatte Giton ihm erklärt: „Dergleichen geschieht nicht. Wir sind keine Türken, sondern Christen. Wenn aber, dann geschieht es wenigstens so, daß kein Mensch jemals davon weiß.")

In dem gegenwärtigen Augenblick sah Quint Chancen zu einer Verständigung mit Frankreich; freilich keine leichte Aufgabe. Er fand es „geradezu amüsant zu beobachten", wie Frankreich jetzt schon wieder mit Erfolg seine Rolle als schuldlos beleidigte Schönheit spielt, wie jedesmal, wenn es besiegt war, während es als Sieger sich nie anders als hart, gewinnsüchtig, ungroßmütig gezeigt hat. Der Widerspruch falle den Franzosen nicht auf, sie brauchten gar nicht bewußt zu heucheln: sie hätten es irgendwie ermöglicht, ihre jahrhundertelange Aggression gegen unsre Westgrenzen und auch schon wieder alle seit 1918 uns angetanen Kränkungen vollständig zu vergessen, und die Geschichte der deutsch-französischen Beziehungen male sich ihnen allen Ernstes als eine Kette deutscher Überfälle. „Und versuche ja nicht," sagte Quint, „ihnen mit logischen Gegenbeweisen zu kommen! Damit wirst du gar nichts erreichen, weil nicht ihr Verstand, sondern eine natürliche Vitalität der Nation gegen dich ankämpft und sich wehrt, irgendwelche ihr nicht genehmen Wahrheiten anzuerkennen."

„Eine merkwürdige w e i b l i c h e Kraft ist in diesem Volk," fuhr er fort; „nicht umsonst empfindet jeder, der herkommt, die Frauen als die eigentlichen Gebieterinnen von Frankreich. Wir haben da gerade in der Kommandantur, bei der ich jetzt arbeite, eine Geschichte erlebt..." und er erzählte Jakob von einem deutschen Fahrer, guter Mann, Vater von sechs Kindern, und den bei ihm aufgefundenen Briefen zufolge in einem guten Verhältnis mit seiner Frau lebend, der in die Schlingen einer schönen Pariserin geraten war. „Was heißt Schlingen?" verbesserte Quint sich gleich wieder selbst, „soviel man weiß, hat ihm das Mädchen nicht nachgestellt. Er hat sie einmal gehabt und ist nicht mehr von ihr losgekommen. Man weiß, daß er mit sich gekämpft hat, ein Vorgesetzter, der davon wußte, hat ihm außer der Reihe Urlaub nach Hause verschafft. Der Mann fährt heim, kommt wieder... und ist eben doch, obwohl er nicht will, am dritten Tag wieder bei seinem Pariser Mädchen. Und nun, vorgestern, hat man ihn und sie in der Garage tot aufgefunden. Die Annahme geht auf Doppelselbstmord: daß der Mensch es nicht ertragen hat, seine Frau, die er liebte, zu betrügen, und auch nicht, von dem Mädchen zu lassen. Und so schießt er das Mädchen durch den Hals und sich in den Kopf. Offengesagt, ich glaube das ja nicht so ganz, weil ich mir das Mädchen nicht als Selbstmörderin vorstellen kann. Wozu? von ihrem Standpunkt. Es wird eher eine Eifersuchtstragödie gewesen sein: ein früherer Freund von ihr, der sich rächen wollte. Aber unsere Stellen halten an der Selbstmordversion fest, denn die Sache würde sonst einen ganz falschen, politischen Anstrich bekommen: Erschießung eines deutschen Soldaten durch einen Franzosen — verstehst du? Das will man nicht."

„Du bist sehr müde, wie?" unterbrach er sich. Jakob schüttelte den Kopf. Es waren ihm wirklich die Augenlider schwer, aber Quints Geschichte hatte ihn wieder hell aufgeweckt.

Quint hatte die beiden Toten gesehen. „An der Frau sah man nicht viel. Schöne Person. Brünett. Nicht mehr ganz jung. Was kannst du schon sehen, gar bei einer Pariserin, wenn sie ihre Augen und Glieder nicht mehr rühren kann? Er aber: ein derbes, braves Gesicht, von einem, der immer seine Arbeit getan, jede ihm gestellte Aufgabe bewältigt hat. Aber dann, in das Gesicht hineingezeichnet, da herum, — um die im Tode noch aufgeworfenen Lippen herum ein Ausdruck: als ob er Trotz hätte und Stolz hätte, dieses Glück erfahren zu haben, — das ihm das Leben, und seiner großen Familie den Mann und Vater gekostet hat. Sonderbar, wie? Daß die Leidenschaft noch so in ein totes Gesicht hineingeschrieben sein kann... Man täuscht sich ja wahrscheinlich über das, was der Ausdruck bei den Toten bedeutet," schloß Quint; er schien auf einmal verlegen zu sein. Jakob sah es mit Verwunderung, er konnte nicht wissen, daß das Antlitz des toten Fahrers Quint erschüttert hatte als eine jähe Spiegelung dessen, was ihm auch selbst und Antje, bei ihrer Wanderung durch das Land der Leidenschaft, hätte widerfahren können.

— Als sie sich beide niedergelegt hatten, rief Quint im Dunkeln noch einmal zu Jakobs Sofa hinüber: „Wie geht's, Hochzeiter? Ist es sehr schlimm?"

„Was?"

„Der Liebeskummer?"

„Halt den Mund, oder ich befördere dich hinaus," brummte Jakob, obwohl das Zitat aus der vetterlichen Rede gegen ihn als Gastgeber nicht sehr glücklich angewendet war.

Jakob blieb noch drei Tage in Paris und wurde dann mit Brandl zusammen in einen kleinen Ort nach Flandern weitergeschickt, zu einer Feldkommandantur, die dort auf ihren Einsatz „im Zuge der England-Invasion" wartete.

4

Zwei Monate verbrachte Jakob Degener in dem kleinen westflämischen Ort. Die Zeit wurde ihm lang und wurde ihm schwer, sogar schwerer als irgendeine, die er bis dahin erlebt hatte. Dabei hätten ihn wohl viele um die bequeme Stelle beneidet, und nicht ohne Grund. Der Dienst sollte erst kommen, vorläufig saß man nur und wartete auf den Tag X, an dem sich unser Heer gegen die Insel in Bewegung setzen würde. Nur ganz oberflächlich, durch ein gastweises Hineinblicken in die Arbeit der hierzulande tätigen Dolmetscher, wurden Brandl und Degener beschäftigt; das sollte ihnen als Vorschule dienen für die Aufgaben, die in England auf sie warteten. Und für ihr Nichtstun erhielten sie einen Sold, der zu einem Teil als Unterstützung für ihre Frauen ausbezahlt wurde. Sie hatten beide keine soldatische Ausbildung hinter sich und wurden doch als Offiziere behandelt, sie hatten den Vorzug, im Kasino an der Tafel des Herrn Majors zu sitzen, dem ihre Feldkommandantur unterstand, sie aßen und tranken ebenso gut wie die „richtigen" Offiziere, ebenso wie bei diesen war ihr Quartier ein Einzelzimmer. Und sie bekamen Gelegenheit zu Fahrten in das von Alleen durchzogene, vom Meerwind überwehte Land.

Jakob hätte also zufrieden sein müssen. Daß er es nicht war, sondern in dieser Zeit von Fleisch und Farbe kam, wirklich abmagerte, wie in einer ernsten Krankheit: das hatte nicht nur den einen Grund, daß er sich in die Trennung von Delia nicht finden konnte. Es ist wahr, obwohl er sich doch freiwillig zum Heeresdienst gemeldet, begehrte er jetzt innerlich dagegen auf, mit so viel Ungeduld und Unverstand, als ob noch niemals in Kriegszeiten zwei redlich Liebende getrennt worden wären. Aber es kam, um ihn aus dem Gleichgewicht zu bringen, noch ein anderes hinzu. Je mehr Jakob während der letzten Jahre das Faule, Brüchige des Hitlerregimes hatte erkennen müssen, desto höher erhob sich in seinem nach Ehre für sein Land verlangenden Herzen das Bild unsres Heeres als einer ritterlichen Schule aller Tugenden. Hier wollte er an keinen Flecken noch Schatten glauben, und die Berichte Quints — dessen Urteil freilich aus einem viel weltbewußteren Maßstabe kam — hatten ihn in dieser Voraussetzung bestärkt. Nun war Jakob in Flandern in einen Etappenort gekommen; und die Etappe ist keine Schule der Rittertugend, und kann es nicht sein.

Soldatentum ohne Kampf ist ein Müßiggang. Daß er zu einem Anfang aller Laster wird, kann nur eine scharfe Zucht verhüten, wie man sie in Friedenszeiten auch geübt sieht. Sie lockert sich im Krieg. Während aber in den Zonen des Kampfes eine Zucht von anderer Art sich herstellt — nicht mehr der Mensch: der streng wählende und reinigende Tod übt sie aus — werden die Truppen, die das schon eroberte Land besetzt halten, gleichsam die Weichteile des Heereskörpers, von einem Zersetzungsprozeß bedroht; denn ohne sich's mit dem Einsatz ihres Lebens verdienen zu müssen, genießen sie gegenüber der Bevölkerung des besetzten Landes ein Siegerrecht und sind beständig in der Versuchung, es geltend zu machen. Und nichts zerstört einen Menschen so schnell, als wenn er das Recht seines Mitmenschen ungestraft verletzen kann. Um das Heer vor solcher Zersetzung zu retten, ist nur ein Mittel: so rasch als irgend möglich den Friedenszustand herzustellen, welcher der fremden Bevölkerung den vollen Rechtsschutz, wie dem eigenen Volk in der Heimat, wiedergibt. Eben das wurde von der deutschen militärischen Führung auch versucht, Plünderer und Gewalttäter wurden schwer bestraft. Jedoch diese heilsame Strenge wurde durchkreuzt durch die Einwirkung der Partei. „Vergeßt nicht, daß wir die Sieger sind!" — Jakob hatte ja den verderblichen Rat aus dem Munde jenes Redners in Paris mit eigenen Ohren vernommen. Wie Ratten im Kornspeicher erschienen die Amtsträger der Partei im eroberten Gebiet; und es war schwer, dem Soldaten klarzumachen, daß er das fremde Gut heilig zu achten habe, wenn er es dann von den „Bonzen" fortgeschleppt sah. Nicht alle diese Bonzen waren Diebe zum eigenen Nutzen, alle aber glaubten, was man dem Besiegten fortnehme, sei dem Vaterland ein Gewinn. Seltsam war es, daß die Männer, die sich als die Vollstrecker des Volkswillens fühlten und auf ihre Verbundenheit mit dem Volk so stolz waren, die schlichte alte Volksweisheit nicht erfassen konnten, die doch immer wieder verkündet, daß unrecht Gut nicht gedeiht, und daß ein ungerechter Heller „durch sieben eiserne Teller frißt". Denn der Lebensnerv einer jeden Gemeinschaft ist das Recht. — Zu sagen, daß ein Staat nicht leben kann, in dem Unrecht geschieht, wäre so falsch, wie zu sagen, daß ein Baum nicht leben kann, wenn er kranke Blätter und Ungeziefer hat. Es gibt auf Erden keinen Staat, in dem nur Recht geschieht, so wie keinen Baum ohne Ungeziefer und mit nur gesunden Blättern. Wenn aber in dem Kern des Staates der Wille, das Recht zu suchen, erstorben ist, dann steht es mit ihm wie mit einem Baum, der den Widerstand gegen Schädlinge und verderbliche Witterungseinflüsse aufgibt: ein solcher Baum, ein solcher Staat ist dem Tod verfallen.

In dem was Jakob Degener in Flandern zu sehen bekam, ahnte er den Anfang dieses Todes. — Gewiß, der alte Hanstein hatte recht gehabt, wenn er ihn mit seinen dreißig Jahren „noch immer wie einen Jüngling" gefunden hatte. Jakob besaß noch kein männlich reifes, zur Ruhe ausgeglichenes, sondern ein jugendlich gesteigertes Bild der Welt, mit scharfem Licht und Schatten; er empfand die Gegensätze, die Forderungen sehr heftig. In späteren Jahren seines Lebens sollte er einsehen, daß er von seinem ritterlich hohen Urbild deutschen Soldatentums her die harmlosen Offiziere seiner Feldkommandantur viel zu streng beurteilt hatte. Ein auf solche Weise „idealistisch" gesonnener Mensch sieht nicht, was aus dem Wesen der Menschen und Dinge sein kann, nur was sein s o l l , und darin verfehlt er sich. Immerhin sah Jakob doch das Urbild richtig und erkannte richtig, daß die Menschen es nicht wach genug im Herzen trugen.

Einige kleine, ihn schmerzlich enttäuschende Erlebnisse folgten einander.

Sein Major, namens Weidmann, ein großer magerer Herr mit grauen Haarstoppeln, ließ in Wort und Wesen eine altväterische Frömmigkeit merken. Bald nach der Ankunft Jakob Degeners und Brandls stieß noch ein dritter Dolmetscher, Kurt Nuschke, zu der Feldkommandantur. Der fing bei den Mahlzeiten über das „abgetane Christentum" zu spotten an, in der Weise, wie man es aus Parteizeitungen gewöhnt war. Nun hatten die Dolmetscher, die ans unterste Ende der Tafel gewiesen waren, im Kreis der Offiziere nicht viel zu sagen, es war daher auffallend, daß dieser den Mund so auftun konnte — sogar zu solchen Reden, denen der Major mit einem einzigen Wort ein Ende hätte machen können.

Das Wort kam nicht — Weidmann schien sich davor zu scheuen, daß er in den Ruf eines nicht stramm nationalsozialistischen Offiziers geraten könnte, und nahm schweigend hin, was er bei seiner Überzeugung auch nicht einen Tag hätte dulden dürfen. Jakob hielt es daher für seine Pflicht, von sich aus dem Neuankömmling Widerpart zu halten.

Um dem Ausverkauf des Landes einen Hemmschuh anzulegen, hatte die deutsche Militärverwaltung die Anordnung getroffen, über das zwanzigpfündige Urlauberpaket hinaus dürfe niemand Waren ins Reich bringen. Jakob sah aber, daß die Offiziere Leinen, Seiden, Zucker, Kaffee und Weine kauften und sich von der Feldkommandantur Dienstfahrten ausschreiben ließen, um die Sachen über die Reichsgrenze zu schaffen.

Militärkommandant am Ort war ein Oberstleutnant Warmbold. Er hielt Offiziersbesprechungen ab, zu denen auch Major Weidmann mit den Offizieren und Dolmetschern seiner Feldkommandantur zugezogen war. So wurde Jakob Zeuge einer heftigen Unterredung zwischen Warmbold und einem Stabsarzt, der genötigt werden sollte, zwölf belgische Kolonialoffiziere, schwere Herzleiden und Malariafälle, transportfähig zu schreiben, damit sie nach Deutschland ins Gefangenenlager verbracht werden konnten: denn eine Ordre von höchster Stelle hatte wegen Spionagegefahr die Entfernung aller fremden Offiziere aus dem Aufmarschgebiet befohlen. Der Stabsarzt weigerte sich, er sagte: „Ich bin als Arzt zur Untersuchung berufen worden und muß als solcher dabei bleiben, daß die Betreffenden nicht transportfähig sind." Warmbold schrie ihn an, aber er konnte den festen Sinn des Arztes nicht beugen. Der war erstaunt, als nach der Besprechung der Dolmetscher Degener strahlenden Gesichts auf ihn zukam, ihm dankte, ihn aus Freude fast umarmt hätte.

Einmal waren Jakob, Brandl und Nuschke als Zuschauer bei einer Verhandlung vor dem Kriegsgericht zugegen. Eine flämische Bauernfamilie, die Mutter und drei Söhne, waren angeklagt, englisches Beutegut, das bei dem feindlichen Rückzug auf ihrem Hof stehengeblieben war, daselbst versteckt und den deutschen Feldgendarmen nachher nicht ausgeliefert zu haben, trotz der amtlichen Kundmachung, welche die Bevölkerung zur Abgabe verpflichtete. Es handelte sich um Gummibereifungen, einen Motor: Sachen im Wert von vielen tausend Mark. Daß die Angeklagten wirklich die Dinge versteckt hatten, um sie später unter der Hand zu verkaufen, war sehr bald außer Zweifel. Die Familie hatte keinen Verteidiger genommen, obwohl ein solcher angeboten war. Die Sitzung war in einem Saal des Rathauses, die Fenster trugen die bunten Wappen flandrischer Städte; die Wand hinter dem grünbezogenen Richtertisch nahm ein Kamin mit neugotischem Schnitzwerk ein. Vor diesem Hintergrund die Gesichter und Uniformen, das schmale, rote, kühle Gesicht des Kriegsgerichtsrats, die Beisitzer, zur Linken der Ankläger, der so grau aussah wie die Uniform, die er trug. Von den Angeklagten konnten die Zuschauer nur die Rückseite sehen, die Mutter mit einem bäurischen Tuch um den Kopf. Der Feldgendarm, der die vergrabenen Sachen auf dem Hof gefunden, wurde als Zeuge vernommen, eine schöne, kriegerische Gestalt; sein blanker Stahlhelm schimmerte dunkel. Wenn er den Kopf zu den Angeklagten hinwandte, sah man den schwarzweißroten Fleck am Helm aufleuchten.

Als der Ankläger seinen Strafantrag vorbrachte: zwei Jahre Zuchthaus für die Mutter als Anstifterin und für ihren ältesten Sohn, 1200 Mark Geldstrafe pro Kopf der beiden jüngeren Söhne — da trat die Frau an den Tisch des Richters und sagte flämisch (der Dolmetscher, ein blasser, nervöser Mensch, übersetzte): „Herr Richter, was wissen Sie vom Krieg? Im Krieg ist alles anders!" — Es folgte die Besprechung des Gerichtshofes, die andern alle mußten hinaus. Dann die Verkündung des Urteils: acht Monate Gefängnis für die Mutter, sechs für den Ältesten, 900 Mark Geldstrafe für die Jüngeren. Als Anlaß für die Herabsetzung der Strafe wurde die Tatsache angeführt, daß die Familie einen vierten Sohn im Krieg verloren hat. Keine Berufung gegen das Urteil, nur ein Gesuch um Milderung war möglich. Die Verurteilten weinten bei der Verkündung, nachdem sie sich vorher recht ruhig und fest gezeigt hatten. Jakob, der fortging, ohne seine Kameraden abzuwarten, suchte sich klar zu werden, ob er selbst als Richter zu einem anderen Urteil hätte kommen dürfen? Nicht allein um die Werte, um die es ging, war das Gericht unserm Heer und Volk die Rechenschaft schuldig, das Strafmaß mußte auch eine schreckende Wirkung haben für diejenigen, die etwa sonst noch Beutegut verborgen hielten. Und er sagte sich: nein, es geht nicht anders. Aber, da ist herrenloses Gut, auf dem eigenen Land. Es liegt da herum, muß weggeräumt werden wegen der Feldbestellung. Der Krieg hat schwere Verluste gebracht, hier ist die Gelegenheit, sich schadlos zu halten. Und noch dies: daß es ihnen, diesen Bauern, eine gute Tat scheint, dem Gegner, der ins Land gedrungen ist, etwas nicht auszuliefern. Wenn die Engländer wieder zurückkommen und uns vertreiben, wird aus der Mutter mit ihren Söhnen eine Heldenfamilie. Aber wo ist die reine Quelle, warum verbirgt sich das Recht so?

Die Offiziere der Feldkommandantur mußten reihum einen

Wachdienst tun, um Funksprüche und Telefongespräche abzunehmen, die während der Nacht etwa durchgegeben wurden. In der auf diese Gerichtsverhandlung folgenden Nacht traf es Jakob; der Gefreite Anschütz, mit einem Vertrauen weckenden, eulenhaft ernsten Gesicht, teilte die Wache mit ihm. In der Stille dieser nächtlichen Stunden, in denen man nur in bestimmten Zwischenräumen von dem nicht fernen Bahnhof her das Rumpeln von Zügen hörte, kamen sie ins Gespräch, und Jakob lud seine Sorgen um Recht und Gerechtigkeit bei dem ruhig zuhörenden Mann ab. Anschütz war Rheinländer, hatte als kleiner Junge die fremde Besatzungszeit dort miterlebt, und fing nun an, dem „Herrn Sonderführer" zu erzählen, wie die Franzosen und Belgier dort gehaust hatten. Den Weinbauern den Wein aus den Kellern geholt, ohne Bezahlung, sogar ohne Requisitionsschein. Bürgermeister, die sich für ihre Gemeinde wehren wollten, wurden niedergeschossen oder verprügelt. Die Folge war eine solche Armut und Hungersnot, daß er, Anschütz, so wie die meisten Kinder in seiner Klasse, mit ein paar Pellkartoffeln im Ranzen zur Schule ging und vom frühen Morgen bis auf die Nacht nichts anderes zu essen hatte — und wenn es nur, sagte er, davon immer genug gegeben hätte! Und zu Hause war Not, Verzweiflung, Wehrlosigkeit: „Was die Unsern hier machen, glauben Sie mir! ist ein wahrer Segen im Vergleich zu dem, was die Andern bei uns getrieben haben. Hier kann keiner einem Einwohner was wegnehmen, ohne es bar zu bezahlen, keiner einen hiesigen Beamten bedrohen oder gar anrühren. Es hassen uns trotzdem viele, das versteht sich, weil sie merken, daß sie im Winter Lebensmittelknappheit und keine Kohlen haben werden, und weil ihr Land unsre ganze Armee ernähren muß. Was die bei uns aufgestellt haben, wissen sie nicht mehr, und wenn w i r ' s ihnen sagen, die nehmen uns das nicht ab. War aber so, Hand aufs Herz, Sie dürfen es mir glauben, Herr Sonderführer."

„Ja. Aber muß denn das immer so sein? Und wird dadurch das besser, was wir jetzt Unrechtes tun?"

„Ich meine doch immer, es wird der Menschheit schon noch einmal geholfen werden," sagte das Eulengesicht.

Ganz ähnlich wie im ersten Weltkrieg sein Vater Kaspar in diesem Land gelebt hatte: in der Uniform, aber nicht in der Art eines Soldaten, so brachte nun auch Jakob seine Tage zu. Er hatte Zeit zu lesen, er schrieb jeden Tag an Delia und empfing ihre Briefe, die eine sanfte, gefaßte Sprache redeten und ihm dadurch zur Mahnung gegen seine Ungeduld wurden.

Eines Tages erschien ein unvermuteter Besuch: Peter Degener, inzwischen zum Oberleutnant aufgerückt, der von der Schwester Silvia gehört hatte, daß Jakob hier wäre, und ihm (wie er das nannte) „auf die Bude gestiegen kam" — ein fröhlicher, kriegserfahrener Soldat. Sein Regiment lag bei Westende an der Küste. Er erzählte Jakob von den Kämpfen in Holland, und was die Fallschirmspringer für Kerle wären, „wie die Schneeflocken sind sie mit ihren ausgespannten Schirmen vom Himmel geschneit. Hast du das mal gesehen? Sieht toll aus! Wie zu Weihnachten! Und unsre Panzer und die Infanterie haben beim Vordringen, gar nicht zu sagen wie viele Brücken und wichtige Übergänge schon gesichert gefunden, so daß man rasch weiter und immer weiter konnte." Alles, versicherte er, würde unser Heer schaffen, auch in einer Nußschale kämen wir nach England hinüber, lieber heute als morgen, — das ewige Warten war nicht das Rechte, erst schon im letzten Winter, dann jetzt wieder. Als Jakob auf die mancherlei Dinge zu sprechen kam, die ihm nicht gut schienen, beruhigte ihn der junge Vetter: „Laß nur. Macht nichts. Machen wir später. Erst der Tommy, dann der Adolf!" Er lachte, die hellen Augen in dem ganz braunen Gesicht in vergnügter Zuversicht strahlend. Dieser kleine Peter, kaum erst hatte er auf der Grünschwaiger Terrasse zu viel Bowle erwischt, und nun spielt er den erwachsenen Offizier... „Komm du nur gesund wieder," entschlüpfte es Jakob, dem eine bange Ahnung ans Herz griff. — „Pscht!" machte Peter. „'türlich kommen wir alle wieder. Wiedersehen in London!" — und er fuhr mit seinem scheppernden Dienstwagen wieder davon.

Die bevorstehende Überfahrt nach England wurde auch im Kasino viel besprochen; nicht mit der Zuversicht, die Peter gezeigt hatte und die meist ein Kennzeichen der vordersten Kampftruppe ist. Geschichten von versenkten deutschen Urlauberschiffen aus Norwegen wurden herumgetragen, Nuschke, für gewöhnlich ein zu Späßen bereiter, umgänglicher Mann, wurde immer ganz besonders böse auf die Engländer, wenn solche Gespräche ihn auf die Vermutung brachten, daß er im Ärmelkanal ertrinken könnte. Brandl sagte, er könne nicht schwimmen; wenn das Schiff unterginge, sei er hoffnungslos verloren. Das wunderte Jakob, wie man am Bodensee aufgewachsen sein konnte, ohne schwimmen zu lernen. Sein Hinweis aber, daß für einen Nichtschwimmer der Todeskampf auf dem Wasser bedeutend kürzer wäre, tröstete den Sprachlehrer nicht. Er sagte zu Jakob, sein gutes Gesicht ganz Vorwurf und Ärger: „Sie überhaupt, Herr Degener, hätten das alles gar nicht nötig gehabt, Sie haben sich ja f r e i w i l l i g gemeldet" (mit tadelnder Betonung); „wären Sie lieber zu Haus geblieben!"

Zu der Zeit war längst die Luftschlacht über England, die zur

Vorbereitung der Invasion dienen sollte, in vollem Gange. Unsere Angriffe auf London folgten rasch aufeinander; die Zeitungen berichteten von Bränden und kilometerhohen Rauchfahnen am Themseufer, die bis Cherbourg zu sehen waren. Der Feind, bevor seine späterhin so wirksame und erfolgreiche Verteidigung sich eingespielt hatte, beging den Fehler, die eigene Sperrballonkette abzuleuchten, um die deutschen Maschinen im Anflug zu fassen, so konnten die Unsern von weit her die Lage der Sperrkette erkennen und in großer Höhe überfliegen – dann stürzten sie sich auf die Docks, Hafenanlagen, Flugplätze, auf die Knotenpunkte der Eisenbahn und Untergrundbahn. Die Schilderung aus einem neutralen Blatt über die Panik der Massen in den unterirdischen Bahnhöfen war das Ärgste, was man bis dahin gehört, und versetzte auch die Menschen in Jakobs kleiner Feldkommandantur in Erregung; sie sprachen zornige Worte über die Engländer: die hätten es ja gewollt, sie müßten es nun ausbaden! Daß der Gegner den Anfang gemacht hatte mit den Angriffen auf unverteidigte Städte, war richtig – und doch empfand jeder, daß darin keine Rechtfertigung für eine Kriegführung lag, die Frauen und Kinder nicht mehr schonen konnte.

Es herrschte daher nach solchen Nachrichten in dem den Offizieren der Feldkommandantur eingeräumten Weinlokal des Hotels eine gereizte Stimmung, und diese war wohl der eigentliche Anlaß dazu, daß es eines Abends zwischen Jakob Degener und Kurt Nuschke zu einer regelrechten „Szene" kam. — Jakob hatte sich selbst immer wieder zu der Vorsicht in politischen Gesprächen ermahnt, die ihm Quint so dringend angeraten, und immer wieder war es Nuschke, der ihn durch neue massive Behauptungen in Versuchung führte. Er tat das nicht in der schlauen Absicht, Jakob zu provozieren, er nahm ihn als einen „Romantiker" gar nicht so ernst, anfangs lachte er nur, wenn ihm Jakob etwas Heftiges sagte. Aber die Kabbelei der zwei Dolmetscher war zu einem Spaß für die Offiziere geworden. Einige freuten sich, den „Junker" – so hatten sie Degener mit freundlichem Spott benamst – manches laut sagen zu hören, was sie nur im Stillen dachten; sie nickten ihm zu, wenn ihm eine gute Antwort gelungen war. Und als Nuschke diesen Erfolg seines Gegners merkte, begann seine Tonart unangenehm zu werden. An dem erwähnten Abend nun, in die allgemeine Reizbarkeit hinein, redete er etwas vom „Recht des Stärkeren" und noch andere allzu bequeme Gemeinplätze – auch er offenbar in Unruhe über die bösen Formen, die der Luftkrieg annahm, aber nicht glücklich in der Art, sich auszudrücken – und da entfuhr Jakob, was so ziemlich alle dachten:

„Ach, Nuschke," sagte er, „reden Sie doch nicht wie der Völkische Beobachter."

„Den lese ich gar nicht," entgegnete der Andere.

Jakob: „Dann wieder begreif ich nicht, woher Sie wissen können, was Sie denken müssen."

„Gut, Junker," fand einer der Offiziere. Mehrere lachten.

Da aber fuhr Nuschke mit blutrotem Kopf vom Stuhl auf und schrie auf Jakob ein, daß sich seine Halsadern spannten; in seinem Gesicht gar nichts mehr von der breiten Gutmütigkeit, die sonst darauf zu lesen war, sondern ein wütender Wille, so schien es Jakob, alles, was ihm entgegen war, zu zerstampfen. Jakob erschrak vor dem Gesicht; er erschrak wirklich bis ins Herz und hatte Mühe, eine ruhige Haltung gegenüber dem Schreienden zu bewahren. „Man wird es Ihnen schon zeigen! Glauben Sie nicht, daß Sie hier weiter, wie bisher, defaitistische Reden führen können, es ist alles aufgeschrieben!" – und wieder: „Man wird es Ihnen schon zeigen!"

Der Raum mit den Wandlampen, den Gläsern auf den Tischen und den hellen Menschengesichtern wankte vor Jakobs Augen. Mit einer Anstrengung faßte er sich und sagte etwas leise, aber doch deutlich: „Zunächst wird es besser sein, ich gehe, bis Sie sich ein wenig besonnen haben." Noch als er schon draußen war, hörte er Nuschkes laute Stimme.

In der Nacht gelang ihm nicht viel Schlaf. Die bedrückendste Erfahrung erwartete ihn jedoch erst am anderen Morgen, wo, vom Major angefangen, der ihn bei der Begrüßung kaum zu bemerken schien, fast alle Offiziere von ihm Abstand hielten. Der arme Brandl, noch faltiger als sonst, wagte kaum nach ihm hinzuschauen. Dieses Verhalten ließ Jakob nun endlich erkennen, was es heißt, in einem Polizeistaat zu leben; diese Leute waren nicht so schlecht und so feige: sie konnten nicht anders. Der gestrige Abend hatte ihnen plötzlich und unzweideutig gezeigt, daß Nuschke der Parteispitzel in ihrer Mitte war; wollten sie nicht alle die Unvorsichtigkeiten, die Degener im Kasino schon geäußert hatte, auf ihr Konto geschrieben bekommen, so mußten sie, war es ihnen lieb oder leid, sich von ihm fernhalten. Ich verstehe das, dachte Jakob über sie. Sonderbar war nur, und sonderbar fand er es selbst, daß er schon sieben Jahre lang im Hitlerreich lebte und diesen Sachverhalt noch nie erfaßt hatte. Denn in dem Grunde seines Herzens lebte bis dahin noch immer die irrtümliche Vorstellung, wenn er es Hitler nur einmal „richtig sagen" könnte, so würde der ihm zustimmen. Jetzt erst begriff er, wie unerbittlich eine gewaltige, dem Menschen feindliche Macht sich einschiebt und alles verändert. Nicht nur, daß er natürlich mit seiner kleinen unwichtigen Angelegenheit niemals zu Hitler vordringen konnte. Auch wenn er das gekonnt hätte, so stünde er ihm schon jetzt nicht mehr als ein freier Mensch gegenüber, der unbefangen sprechen kann, sondern in einer bestimmten, ungünstigen Sicht, durch welche die Worte, die er gesagt, die Taten, die er getan, seine Obersbrunner Schulangelegenheit und alles, gefärbt waren. Nur wie durch eine kalte, entstellende Brille würde er fortan noch gesehen werden. Und er sah: darin lag der volle Segen des Rechtsstandes in einem Staat beschlossen, daß die Möglichkeit, sich frei zu verteidigen und nach der Wahrheit der lebendigen Zusammenhänge von dem Richter beurteilt zu sein, sich wie ein heller, schützender Himmel über dem Angeklagten wölbt... während die Gewalt im Finstern ihr Opfer tötet, das sie nicht kennt und nicht einmal zu kennen versucht hat.

Es kam nun eine Zeit, in der Jakob die Angst erlebte, mehr als nur für einen erschrockenen Augenblick, nein, tagelang als Wach- und Schlafgefährtin. Im Traum wird sie zu einer Riesin, die Angst, sie kniet auf der Brust und der Atem geht uns aus. Aber schlimmer ist sie bei Tag. Schon im Erwachen, bevor wir uns noch richtig besonnen haben, hören wir die scheinbar nüchterne Stimme, die flüstert: Mach dir nichts vor, alles was du fürchtest, ist schon geschehen, und vielleicht heute schon wird es hervortreten. Nuschke hat dich gemeldet, und seine Meldung wird mit dem Akt verglichen werden, der sicher schon wegen der Schulgeschichte über dich vorliegt. Den kindischen Eintritt in die Partei, der damals Prechtler zuliebe geschah, werden sie als einen Tarnversuch für deine staatsfeindliche Gesinnung ansehen, und dich also nicht nur hassen, sondern auch noch verachten. Holen werden sie dich, heut oder morgen, hier aus der Feldkommandantur heraus, und dich irgendwo hinschleppen und gefangenhalten, vielleicht ohne jede Verhandlung, und du wirst Delia und deine Mutter und Grünschwaig nicht wiedersehen. Mach dir nichts vor, flüstert die Angst, die Lügnerin, die doch immer nur zu drohen vermag mit dem, was sein k ö n n t e , und die unsern Halt an dem, was wirklich ist, zu lockern sucht.

— Aber es folgten einander die Tage, und nichts geschah. Kein Polizeiauto erschien, um Jakob Degener als einen Staatsverbrecher fortzuschaffen. Nuschke mußte nach der ersten Wut sich besonnen und gar keine Anzeige gegen ihn erstattet haben; es war ihm genug gewesen, daß er seine Macht zu fühlen gab, er war wohl auch nicht so geartet, daß er sein trauriges Geschäft gern verrichtet hätte. Jakob begann sich zu schämen, daß er sich so sehr von seiner Angst hatte verwirren lassen; so wenig also braucht es, sagte er sich, und ich, der an das Rittertum geglaubt und es von anderen gefordert hat, bin schon wehrlos ausgeliefert. Wahrhaftig, keinen Ruhm hab ich mir erworben mit meiner freiwilligen Meldung zum Heeresdienst! Über Brandl hab ich bei mir selbst gespottet, weil er sich vor der Fahrt über den Kanal zu fürchten schien, und die Offiziere wollte ich verdammen, weil ihre Handlungsweise dem Bild nicht entsprach, das ich mir von ihren Pflichten gemacht hatte. Und mich — mich muß nur einer anstoßen, und gleich merkt man, daß alles morsches Holz ist! Seine Selbstverachtung war wieder stürmisch und ohne Maß; aber dann (er brauchte lang dazu) glaubte er einem Sinn von alldem auf die Spur zu kommen.

Nach seinem Unrecht an Barbara Wieland und in der Reue, die er darum gelitten, hatte er die Liebe Gottes — vorher für ihn eine gefühlsbetonte und darum jedesmal etwas peinliche Vokabel aus den Sonntagspredigten — erfahren als etwas, das wirklich existiert, sich unser annimmt und umso stärker leuchtet, je schwächer wir uns gezeigt haben. Eine Liebe, die mit unserm Menschenleid und Menschenbedürfnis tiefer als wir selbst vertraut ist; und ob wir von ihr wissen, oder nicht wissen, wir sind von ihr geführt. Wir können der Führung innewerden, auf Augenblicke, im Gebet. Dies vorübergehende Innewerden, nur wie ein überspülter Stein im Wellengang einmal sichtbar wird: das ist eigentlich, dachte Jakob, der ganze Unterschied zwischen „Christen" und „Heiden"; wir sollten daher nicht viel Aufhebens von dem Unterschied machen, aber dankbar, wie dankbar müßten wir sein! Das Dankbarkeitsgefühl wurde ihm so stark, weil er sich jetzt noch mehr als damals in München auf den trüben Grund der Menschenwirklichkeit hinuntergestoßen fand, noch deutlicher als damals sah, daß kein irdisch Geborener Ursache hat, sein Haupt über einen anderen zu erheben ... und weil er nun zu ahnen anfing, daß gerade diese Erkenntnis ihm durch einen fürsorgenden Willen zugeführt und zugefügt war. Es ist aber ein Wille, der unsre Entscheidung nicht vorwegnimmt, uns niemals in etwas hineinzwingt. Wir bleiben frei, unser Herz zu verweigern oder hinzugeben an das, was uns geschieht. Und selbst das geringste Einzelne davon ist wunderbare Gelegenheit. Dies Wort: G e l e g e n h e i t, das Jakob sich entzückt vorsagte und wiederholte, gewann einen so tiefen Glanz! Bereit gelegt ist uns alles, damit wir von den Dingen und von den Stunden den richtigen Gebrauch machen. In all unsrer Bettlerschaft, sobald wir nur in Demut uns unterweisen lassen, sind wir mitten in dieser Welt und Zeit wie in einer unausschöpfbaren Schatzkammer! Das Wirkliche wird uns geschenkt, und auch der Sinn, um darin zu wohnen. Als Jünglinge werfen wir unser Gefühl hinein, und machen alles zum Spiegel unsrer selbst. Ein Mann wird erst, wer Zeit und Welt und Menschen nehmen lernt, wie sie sind. Wo er sie schwach und schlecht sieht, kann er sie aus den dunklen Regungen des eigenen Herzens begreifen. Aber eben diese Regungen, die er ja kennt, zeigen ihm auch, daß keinem, er sei auch wer er sei! in seiner Schlechtigkeit wohl ist... und diese reife Erkenntnis macht ihn für alles, was entgegentritt, viel freudiger als jemals bereit. Das war ihm die Gabe seiner flandrischen Wochen, und er fühlte, daß sie nicht weniger kostbar war als irgendein Glück, selbst das höchste, das ihm zuteil geworden.

Es war nicht eine Gabe, die sich im Triumph nach Haus bringen ließ. — Und gerade so sang- und klanglos wie Jakobs Zusammenstoß mit dem Parteimann, ging auch der ganze kühne Plan der England-Invasion zu Ende. Die gewaltige Überlegenheit der englischen über die deutsche Flotte hätte das Wagnis der Überfahrt nur denkbar erscheinen lassen, wenn es den Unsrigen gelang, die volle Luftherrschaft über die Insel zu erringen. Es gelang nicht, die feindliche Abwehr erwies sich als zu stark. Als die Herbststürme einsetzten, mußte die Landung vorläufig abgeblasen werden. So wurden auch die für die Invasion bestimmten Feldkommandanturen aufgelöst und ihre Offiziere und Dolmetscher in die Heimat entlassen.

5

Grünschwaig, das ist nicht mehr als ein Haus, Nußholzhausen ist nur ein kleines Dorf. Aber wie der winzige Tropfen den ganzen Himmel, so spiegeln Haus und kleines Dorf doch das ganze Volksschicksal wider.

In den ersten Jahren merkte man in Nußholzhausen noch nicht viel vom Krieg, oder was man merkte, das waren Sondermeldungen, Triumphe, Fahnen, eroberte Länder. Einberufungen gab es freilich genug. Der Bäcker Prechtler und Jakob Degener meldeten sich freiwillig hinaus, der Baron Priehl auch, der schon gar nicht mehr so jung und erst bei Kriegsbeginn aus Übersee heimgekehrt war. Aus Grünschwaig mußten zwei junge Knechte einrücken, beim Schwerlmaier der junge Wirt selbst, der einzige Sohn von der Lammwirtin, und von vielen Bauernhöfen die

Söhne; beim Niederrotter auf dem Fernerhof traf es gleich alle drei Buben, und das, obwohl der Alte, Jakob Degeners Pate, sich grad erst gegen den Widerspruch seiner Stasi entschlossen hatte, seinen Ältesten, den Hansl, mit einer Rohrsbacher Bauerstochter zu verheiraten und den Hof an ihn zu übergeben. Bei der Mobilmachung wurden meist zuerst die jüngeren Söhne und die Knechte, nicht die Bauern von ihren Höfen weggeholt, aber dem Hansl hatte das nichts geholfen; vielleicht, daß die Wehrersatzinspektion den jungen Ehemann noch nicht als Bauern in ihren Listen führte, oder wie es sonst gegangen war: man weiß es oft nicht, wie das Schicksal spielt. Jedenfalls hätte sich der Niederrotter Hansl geschämt, in die Kreisstadt zu fahren und dort etwas richtigzustellen, er ging wie seine zwei Brüder Paul und Melchior, wohin man ihn rief, er ließ seine strohblonde, lustige Frau, die Monika, zurück — und gerade ihn als den Einzigen aus der Gemeinde Nußholzhausen in dem siegstrahlenden Sommer von 1940, mußte es erwischen! Johann Siebner, der stellvertretende Ortsgruppenleiter, marschierte in seinen Schaftstiefeln den Weg zum Fernerhof hinauf, um zu melden, daß Hans Niederrotter als tapferer Soldat bei den Kämpfen an der Aisne gefallen war. Als er es gesagt hatte, sah er in Monikas lustigem Gesicht die Lustigkeit ersterben und ihre hübsche runde Nase bleich und spitz werden. Sie ging hinaus, schwerfällig, man konnte an ihrem Gang sehen, daß etwas Kleines unterwegs war; draußen in dem schönen breiten Hausflur mit hellem Holzboden fiel sie zusammen. Stasi und die Magd hoben sie jammernd auf und brachten sie in ihr Bett. Die Sorge der Alten, daß sie von dem Schrecken einen „Abgang" haben würde, bewahrheitete sich nicht, Monika hielt sich tapfer und brachte zur richtigen Zeit einen richtigen, blonden Buben zur Welt. Hans wurde auch er getauft, wie sein Vater und Großvater; für den gefallenen Helden gab es im Dorf eine große Totenfeier: Messe, Fahnen, Grabreden, unter starker Beteiligung der Nußholzhausener, von denen damals nur wenige ahnten, daß der Krieg noch so viele ihrer Söhne holen sollte. Damals glaubten die Meisten an Sieg und baldigen Frieden. Der Vater Niederrotter ließ seinem Ältesten nicht bloß ein gußeisernes Kreuz aufrichten, ein Marmorblock mit einer goldenen Aufschrift mußte her, wie sie in der Stadt schon längst, und neuerdings auch auf den Dorffriedhöfen üblich geworden waren. Der teure Grabstein machte aber den Schmerz auch nicht leichter. Wir können ihn noch so viel vor den Menschen, die auf uns blicken, bekunden wollen, im Grunde sind wir doch mit ihm vor Gottes strengem Angesicht allein. — So hatte man sich im Dorf gar nicht erst an einen neuen

Fernerhofbauern gewöhnen müssen, der Vater Niederrotter war es wieder, wie bisher. Er tat seine Arbeit, wie alle sie taten; und die Zeit mit Bläue und Wolken und Regen und Schnee ging ihren Gang fort.

Für die Feldbestellung bekam man die Fremdarbeiter. Auf dem Fernerhof hatten sie zwei Polen, die sich anständig hielten. Hanna Degener stellte in Grünschwaig den alten krummen Fellner Korbinian, Wastls Kameraden, wieder ein, und zur Erntezeit wurde ihr ein junger Franzose geschickt, François Millet hieß er, ein hübscher, brauner, gutlauniger Bursche, der mit jedem im Hause französisch redete und zu lachen und zu schreien anfing, wenn er nicht verstanden wurde; erst allmählich begriff er, daß er sich einige deutsche oder vielmehr oberbayerische Sprachbrocken zueignen müsse, um sich mitzuteilen. „Mon papa 'at g'schrieb'n: Pétain gutt, il a sauvé Verdun," sagte er zu dem allezeit nach politischen Gesprächen begierigen Fräulein Rüsch, die ihn nach dem Waffenstillstand mit Frankreich über seine Meinung von seiner neuen Regierung in Vichy befragte, und schüttelte ungläubig lächelnd den Kopf, als sie ihm eifrig klarzumachen suchte, Verdun sei ja längst gefallen. Er machte sich jedoch nicht viele Sorgen um sein besiegtes Vaterland. „Wer wird leben, wird sehen, pour moi Krieg fertig," war seine Auffassung; man hörte ihn immer summen oder pfeifen bei der Arbeit, die ihm flott von der Hand ging. Auch hatte er sich über die Behandlung, die er erfuhr, so wenig wie die Grünschwaiger Gefangenen im ersten Weltkrieg zu beklagen, er wurde so gut und frei gehalten, wie jeder andere Knecht und vergalt das mit einer fröhlichen Bereitschaft, zu helfen und zuzupacken, wo immer man ihn brauchte. Mit einem besonderen Respekt begegnete er der „Mademoiselle Josepha". Er betrachtete sie, da sie im Wohnhaus bei der Herrschaft war und immer weiß beschürzt und feiner gekleidet ging, den Mägden gegenüber als etwas Höheres — und die Wahrheit ist, daß Josepha für die ihr erwiesene Achtung nicht unempfänglich blieb. Sie hatte nie einen Burschen zu nah an sich kommen lassen, hatte alle Verliebtheit als eine Kinderei angesehen; jetzt, wo sie schon nicht mehr ganz jung war, strafte sich dieser Hochmut an ihr, François' hübsche braune Augen taten es ihr an; aber weil sie den Spott der Leute — und vielleicht Ärgeres als nur Spott — zu fürchten gehabt hätte, war sie entschlossen, sich davon nichts merken zu lassen. Und die vornehme Zurückhaltung, die sie dem jungen Landesfeind gegenüber einhielt, erhöhte wiederum bei ihm die Bewunderung, die er für sie empfand.

Als Jakob aus Flandern heimkehrte, waren Delia und Hanna

über sein elendes Aussehen erschrocken, die Erlebnisse dort hatten ihn mitgenommen. Aber er war gesund, und hatte mancherlei gelernt, vor allem wußte er jetzt die kleinen und scheinbar selbstverständlichen Güter des Lebens dankbarer als ehemals zu schätzen, wie er überhaupt der Wirklichkeit gegenüber sich in einem neuen Verhältnis fühlte, demütiger und freier zugleich. Daß er in der Zeit tausendfacher Trennungen mit seiner Frau wieder vereinigt sein konnte; daß nicht Menschen eines fremden Volkes die Herrenrechte ausübten in Hof und Haus: das genoß er als ein Glück und dachte bei sich, dergleichen dürfte eigentlich niemals ein Volk einem anderen antun, denn nichts als Unsegen käme dabei heraus. Zum Landwirt taugte er so wenig wie sein Vater, davon war er nach wie vor überzeugt. Doch sah er ein, daß es jetzt nicht darauf ankam, auf seinem Arbeitsgebiet Außerordentliches zu leisten, daß es vielmehr durch den Krieg bedingte Lücken gab, in die er mit seiner Kraft, so gut oder schlecht sie sein mochte, hineinspringen konnte. Gerade so wie sein Vater getan, gab er sich also Mühe, dem Hof zu leisten, was ihm nottat; die Zeit war noch ernster geworden, das Bedürfnis des Augenblicks noch drängender, und so fand sich denn Jakob allmählich in die Rolle eines Hilfsarbeiters auf dem Gut hinein. Grünschwaig hatte kein Holz mehr, um davon zu verkaufen, aber es waren Bäume zu schlagen, abzuasten, einzufahren für den Brennholzbedarf von Wirtschaftsgebäuden und Wohnhaus, und Jakob tat dabei mit; er half bei der Feldbestellung und bei der Heuernte, er zwang sich, die vorgesetzten Stunden in der Hitze des Tages durchzuhalten; er stand seiner Mutter zur Seite bei Verhandlungen und Verkäufen. Das alles tat er in dem klaren Bewußtsein, nur ein „Gastspiel" zu geben; manchmal recht innerlich gekränkt, wenn sich die Leute wegen seiner der ihrigen nicht entsprechenden körperlichen Leistungsfähigkeit einen Spottblick erlaubten, im Ganzen aber guten Willens und in der Erkenntnis, daß die Bewährung auf einem ihm fremden Gebiet – das ja aber sein eigenes und seiner Väter Land war – ihm nur heilsam sein konnte. Auf dem Fernerhof sahen Bauer und Bäuerin das, was jakob tat, als die natürliche Vorbereitung für seine Übernahme des Grünschwaigerhofes an und beglückwünschten ihn dazu. Über seine Magerkeit schüttelte Stasi den Kopf und warf ihm vor, er habe sich von der Essensschüssel abdrängen lassen, die andern Besatzungssoldaten kämen doch alle dick und vergnügt von draußen zurück. Jakob seinerseits verwunderte sich, wie matt ihre Stimme klang, man merkte es ihr an, daß sie mit dem Tod ihres ältesten Sohnes nicht zurechtkommen konnte. Der Göd, während die Frau in die Küche ging, sagte ihm, daß sie eine „Kirchenlauferin" geworden sei, was er für ein äußerst schlechtes Zeichen anzusehen schien. Die junge Monika dagegen war wohl still geworden und ihr Lachen klang nicht mehr, wie früher, durch das Haus, aber sie hatte Freude an ihrem Buben, der auch ein Prachtskerl zu werden versprach, und sie schaffte für zwei, es wurde ihr keine Arbeit zu viel. Der Bauer war mit seiner Sohnsfrau sehr zufrieden und hatte bei sich beschlossen, wenn nur seine Kraft so lang aushielte, um bis zu dessen Mannbarkeit auf dem Fernerhof Bauer zu sein, so sollte gewiß einmal der kleine Enkel den Hof erben.

Überall schickten sie unsre Soldaten hin! Um ihre zwei Buben, den Paul und den Melchior, mußten die Niederrotters im Frühjahr 1941 schon wieder Sorge haben, denn alle beide waren sie in dem Feldzug, der da auf einmal über Nacht gegen die Serben losgegangen war. Und erst kurz hatte man von der Prechtler Zensi erfahren, daß ihr Mann in Nordafrika unter dem General Rommel gegen die Engländer kämpfen mußte; es sollte damit den Italienern, unsern Bundesgenossen, die in Albanien und in Libyen und drunten in Abessinien Schläge bekamen, wieder aufgeholfen werden. Und das machten die Unsern auch: wo sie hinkamen, hob der Siegeswind ihre Fahnen und die Feinde verschwanden so schnell, daß man ihnen fast nicht mehr nachkommen konnte. Die Engländer wurden aus Libyen heraus bis nach Ägypten zurückgetrieben und in kaum drei Wochen hatten die Deutschen das ganze Jugoslawien und Griechenland erobert. Sogar auf die von den Engländern besetzte Insel Kreta, die den Ausgang des Ägäischen Meeres hütet, sprangen die deutschen Fallschirmjäger hinunter und nahmen sie mit stürmender Hand. Es sah wirklich aus, als ob den Unsrigen nichts zu schwer wäre. Und zum Glück, die Niederrotterbuben kamen gesund heraus. Zwar der Melchior war in Griechenland am Arm verwundet worden und mußte ins Lazarett, aber das heilte wieder, und beide durften sie auf Urlaub heim. Daß sie befördert waren und Auszeichnungen trugen, danach fragten ihre Eltern nichts. Sie wollten wissen, warum sie es denn nicht hatten machen können wie der Schwerlmaier, der in Frankreich geblieben war, wo es keinen Krieg mehr gab und nicht viel geschehen konnte? Ja no, sagten die Buben, das geht halt wie es geht, man kann nichts dabei machen. Gut war es, die Zwei dazuhaben, eine Zeit; sie auf dem Hof herumgehen und mit den Pferden fahren zu sehen, vor daß man sie wieder aufs Ungewisse fortgeben mußte. Wohin? sie zuckten die Schultern, der Hauptfeldwebel hatte gemeint: nach Polen. Keiner wußte etwas Gewisses.

Schon während Jakob in Flandern auf die England-Unternehmung wartete, hatte Hanna ihren anderen Sohn im Sanatorium besucht; und im Frühjahr 41 erhielt sie einen ausführlichen Bericht von Gunda Hirt, die auch zu Frank reiste und dann nach Grünschwaig kam, um davon zu erzählen. Der Kranke hatte seine Mutter nicht erkannt, sie mit „Sie" angeredet und ihr in hastiger, sich überstürzender Rede, von der das Meiste nicht zu verstehen war, einen Vortrag über eine Garbenbinde-Maschine gehalten — offenbar eine Erinnerung an die Kenntnisse, die er einst in seinem landwirtschaftlichen Lehrkurs sich hatte aneignen müssen und die nun kometenhaft durch seinen armen Kopf wanderten. Gunda Hirt erzählte, daß er in ähnlicher Weise auch auf sie eingeredet habe, ohne daß sein starrer Blick zu erkennen gab, ob er wußte, wer vor ihm stand. Beim Abschied aber, während er sprach und sprach und glänzenden Auges über sie hinwegsah, habe er ihre Hände zu halten und zu streicheln versucht, jedoch immer dabei gezittert und wie in Ärger oder Qual die Stirn in Falten gelegt. „Ich kann mir nicht helfen," meinte sie, „er hat ausgesehen, als ob er von dem Elend dieser Zeit mehr wüßte, als wir alle zusammen!" Hanna wollte die Geschichte mit dem Händestreicheln nicht so ganz glauben, denn ihr, seiner eigenen Mutter, hatte er keine Spur von einer Zärtlichkeit bekundet. Gesundheitlich, sagte Gunda, sei es nicht zum Besten mit ihm gestanden, die Wärter hätten geklagt, daß er sich beim Essen oft heikel zeige und die Zähne zusammenbiß, wenn man es ihm aufnötigen wollte. So sei er etwas von Kräften gekommen. Professor Gemicke ließ ihn nun wieder unter schärfere Aufsicht nehmen, und sobald er sich körperlich gekräftigt hätte, wollte er noch einmal eine von den Schock-Kuren an ihm versuchen, bevor er den Fall als hoffnungslos aufgab.

Eine gute Nachricht brachte Frau Hirt über die Goldmanns, denen es wie durch ein Wunder gelungen war, in die Schweiz zu kommen, natürlich unter Zurücklassung ihres Vermögens. Die treuen alten Freunde fehlten ihr in München auf Schritt und Tritt, für sie, Gunda, sei München gar nicht mehr dieselbe Stadt wie sonst. Aber seit diesen schrecklichen Judengeschichten vom November 1938 hatte man ja beständig in der Angst sein müssen, daß die Goldmanns, wie so viele andere, plötzlich verschleppt würden und in irgendeinem anderen Lager auf immer verschwänden; darum mußte man heilfroh sein, daß sie über die Grenze waren. Man durfte über das Nähere, wie das zustande gebracht wurde, nichts sagen, um nicht einen der Helfer in Gefahr zu bringen; aber Tatsache war, daß, auf eine sehr mutige und menschliche Weise, der Schweizerische Generalkonsul, und sogar auch ein

Mann, der in der Partei war, der Eigentümer einer Pelzfirma, dazu beigetragen hatten. — Es stellte sich heraus, daß dieser hilfsbereite Mann Alfons Hörsch gewesen war.

Luzie bekam man um diese Zeit auch einmal für einen Nachmittag in Grünschwaig zu sehen. Sie gab zu: ja, Alfi war in die Partei eingetreten, „schon seit Jahr und Tag", und das sei ja auch gar nicht anders zu machen gewesen, und habe sich längst gelohnt; sie deutete etwas an von großen Aufträgen für die Firma, und noch größeren, die kommen würden. Zweimal sei sie schon mit Alfi auf Balkanreise gewesen, was „sehr vergnüglich" war; manchmal, selbstverständlich, habe sie auch einen kleinen Trip für sich allein gemacht, das sei ja auch einmal nötig... es war wieder ganz in Luziens gewohnter Art, die sich gern zynischer gab, als sie tatsächlich war. Dieses „Bessersein als ihr Ruf" war allerdings etwas Gutes höchstens als der Ausdruck eines beständigen, heimlichen, nie ganz zu besiegenden Schamgefühls, das es ihr tröstlich erscheinen ließ, nicht so schlecht zu sein, als die Menschen von ihr dachten. Aber tat sie nicht alles, um auch das Schlimmste, was die Fama über sie behauptete, zu bestätigen? Jakob dachte bekümmert, daß man gar keinen Halt, keine feste Substanz mehr an ihrem Wesen spüre. „Kannst du dir vorstellen," fragte sie ihn, „wen ich neulich wieder getroffen habe? Martinian! Martin Hoffmann! Er ist jetzt bei den Fliegern, er wirft Bomben auf die armen Engländer im Mittelmeer. Aber zu mir hat er, glaube ich, immer noch seine alte Anhänglichkeit; das ist nett von ihm. — Ja, und Barbara Wieland, an die du dich vielleicht immerhin noch erinnerst," fügte sie mit einem spöttisch leuchtenden Seitenblick auf Delia hinzu, „Barbara Wieland ist jetzt mit einem langen SS.-Offizier verheiratet und lebt in Wien. Ich bin manchmal bei ihr drüben." — Über das, was sie von Alfons Hörschens Hilfsbereitschaft für die jüdische Familie Goldmann erfahren hatten, sagten die Grünschwaiger nichts zu Luzie; vielleicht wußte sie davon nichts, und es war jedenfalls umso besser, je weniger man davon sprach.

Luzie und Delia hatten sich schon früher einmal in Ellens Wiener Wohnung getroffen, flüchtig zwischen Tür und Angel, Luzie behauptete aber, sich genau zu erinnern, und legte der neuen Cousine gegenüber eine lebhafte und, wie Delia im Stillen fand, „ein bißchen aufgeschminkte" Zärtlichkeit an den Tag; „aber sicher braucht sie Wärme, und man muß gut zu ihr sein," sagte sie später zu Jakob.

An demselben Maientag, als Luzie überraschend in Grünschwaig erschienen war, traf dort die Nachricht ein, daß Antje hinkommen würde. Hanna hatte sie schon öfters eingeladen, seit ihr damals der Schwager Georg von ihrem Leben in Herselbach, ihrer Einsamkeit erzählte; das Mädchen schien aber den Einladungen auszuweichen, was Hanna nicht hinderte, sie jedes Jahr zu wiederholen. Diesmal nun sagte Antje zu, in einem etwas steifen Brief, in dem aber doch stand, daß sie sich „unbeschreiblich freue", nach so langer Zeit Grünschwaig, den Ort so schöner Jugenderinnerungen, wiederzusehen.

Bald danach war es, in München, daß Natalie Fehrenkamp, die von diesem Briefwechsel und von Antjes Kommen nichts wußte, im Garten der „Neuen Börse" saß, nicht weit von der Haltestelle Schillermonument, und auf ihr Mittagessen wartete. Es gab Besorgungen zu machen, unter anderem mußte sie zur Schneiderin, um sich aus einem schönen Seidenstoff, den Quint aus Paris geschickt, ein Kleid machen zu lassen, das bald fertig sein sollte, da der Geber nächstens auf Urlaub zu erwarten war; Natalie hatte ihrer Schwiegermutter gesagt, daß sie mittags nicht heimkommen, sondern wahrscheinlich in der „Börse" etwas essen würde. — Da saß sie also, und sah auf einmal längs der Umzäunung, die um den Garten des Restaurants gezogen ist, Antje herankommen. Gewiß, es war Antje; dort ging sie. Was für ein freier Gang und hoch getragenes Haupt! was für ein Gesicht — als hätte von den Malern einer, die auf Seide malen, mit einem einzigen kühnen Pinselzug das Unbedingte eines Wesens, das ganz für eine Empfindung lebt, darstellen wollen! Natalie mußte das mit Bewunderung denken, sie war selber fast erstaunt, keine Regung des Hasses in sich zu finden gegen das Mädchen, das ihr so Schweres angetan hatte — und da hatte Antje, im Garteneingang stehengeblieben, sie schon entdeckt; sie wurden beide zur gleichen Zeit rot, und Antje kam auf Natalie zu, die von ihrem Stuhl aufstand.

„Ich bin... bin zu dir gekommen," sagte Antje, sobald sie an den Tisch heran war.

Natalie: „Zu mir?"

Manchmal, Gott weiß, wie es geht, sieht man in ein Gesicht, in ein Paar Augen, — und weiß alles. Niemand brauchte Natalie zu sagen, daß die Andere in der Wohnung gewesen war, sie aufzusuchen, und von Quints Mutter erfahren hatte, wo sie Natalie finden konnte, daß sie den ganzen Weg von Schwabing bis hierher in die Stadtmitte gekommen war in der Absicht, das, was an Schwere und Unrecht zwischen ihnen lag, mit einem Verzeihung erbittenden Wort auszulöschen ... und daß sie aber jetzt, da sie ihr gegenüber stand, das Wort nicht sagen konnte! daß es ihr wie eine Verleugnung ihres geraubten Glücks vorgekommen wäre, wie ein Verrat an ihrer Liebe zu Quint. Und sie selbst, Natalie, die durch diese Liebe gekränkte Frau, durfte dennoch dieses Wort von der Anderen nicht fordern.

Sie besann sich gar nicht lang. Sie nahm einfach Antje in die Arme.

Und es gab dann schon nichts mehr zu reden. Antje, ihr dunkles klares Auge wich nicht aus, nur ihr Mund zuckte ein bißchen, als sie sagte:

„Ich bin nach Grünschwaig eingeladen und mußte durch München. Ich wollte lieber ... du verstehst, daß ich nicht an dir vorbeigehen wollte."

Natalie sagte: „Ich verstehe." Und sagte unbewußt, leise: „Es ist gut."

Das war alles.

Dann kam die Kellnerin mit dem bestellten Essen und fragte, ob sie der anderen Dame etwas bringen dürfe?

— Auch in Grünschwaig, wo von Antjes Liebesgeschichte mit Quint niemand etwas wußte, empfanden alle die besondere Schönheit dieses Menschenwesens. Wohl ist das eine Gabe, und ist doch nicht Gabe allein — wenn das Wort heißen soll, daß ein Mensch nichts dazutun könne. Es war aber bei Antje so, daß man an ihr merkte, sie habe nie auf Flucht vor den Schmerzen gesonnen, vielmehr sich jedem Schicksal so offen ausgesetzt, wie ein einsam wachsender Baum dem Licht und dem Wind.

Delia, die sich in Grünschwaig besonders um den Garten kümmerte, fand in Antje eine sachkundige Beraterin; und die richtige Betreuung des Gartens war wichtig, jetzt im Krieg, der Hof mußte viel abliefern, und doch sollten alle Menschen satt werden. Delia wollte Antje in ihrem so sehr verdienten Urlaub nicht arbeiten lassen, konnte es ihr aber nicht ganz wehren. „Man hat viel dummes Zeug zu denken, und mir ist wohler, wenn ich dabei was zu tun habe," sagte Antje; mehr als diese einzige karge Andeutung äußerte sie nicht über das, was ihr innerlich zu schaffen machte. Während sie miteinander an den Beeten arbeiteten, sprachen sie oft von Ninette, der sie beide so nahgestanden. Delia fragte zögernd nach Ninettes schwerer letzter Zeit und nach dem Ende, und Antje berichtete nach und nach alles, wie sie es im Einzelnen erlebt hatte. — Zu Delia war vor kurzem erst, auf langen Umwegen über drei verschiedene Menschen, von nach England geflüchteten Verwandten ihrer polnischen Freunde Nachricht über die Potockis gekommen: daß der Vater Potocki vor den Augen seiner Frau und Tochter von den

Bolschewiken erschossen worden war, Frau und Tochter dann verschleppt wurden, unbekannt wohin, und daß man auch von der Tochter Marina und ihrer ganzen Familie, von dem Sohn Stanislaus und von Koroschinski nichts Bestimmtes wisse; der letztere sei aller Wahrscheinlichkeit nach im Kampf gegen die Deutschen gefallen und sei also der am meisten Beneidenswerte unter ihnen allen. Der Bericht von der Auslöschung dieses ganzen, ihr so gastlichen und so teuren Lebenskreises hatte Delia sehr erschüttert; und daran dachte sie, als sie Antje nun, mit einem Seufzer, antwortete:

„Man kann so gut begreifen, so gut! daß ein Mensch vor dem entsetzlichen Leben davonlaufen, wie Ninette aus dem Fenster springen und für immer weg sein will. Und wir dürfen es doch nicht."

„Wer will uns das vorschreiben?" fragte Antje zornig und traurig dagegen.

„Wer?" Delia wollte ihr mit dem Namen Gottes antworten, bezwang sich aber und sagte, den Schein eines ernsten Lächelns über ihrer Wange: „Der alte Kurat Sedlmair in Nußholzhausen." Und da Antje sie verständnislos ansah: „Das heißt: die Kirche. Du glaubst gar nicht, wie gut es ist, daß ich mir Gottes Gebote nicht ausdeuten kann, wie es m i r paßt, sondern die Ausdeutung von dem geweihten Priester empfangen muß."

Antje fragte kampfbereit: „Also wollt ihr Ninette verdammen?"

Delia: „Niemals. Was denkst du? Das Schicksal ihrer Seele weiß der Kurat Sedlmair nicht, und sogar der Heilige Vater auch nicht. Sie wissen und verkünden nur die Regeln. Gott allein weiß die ganze Wirklichkeit ... Weil er sie ja auch geschaffen hat," setzte sie schnell und wie nebenbei hinzu, und sah von Antje weg, über das Gartengelände und die Obstbaumkronen hin; sie wollte sie nicht bedrängen mit solchen Behauptungen. Aber ihr Evangelischen solltet doch eigentlich auch eure Priester um Rat fragen."

„Ich," meinte Antje, „könnte mich höchstens dem Papa Degener anvertrauen. Er hat aber seiner eigenen Tochter gar nichts helfen können."

Delia: „Das weiß niemand ganz sicher. Onkel Georg ist sehr gut. – Freilich, mir kommt vor, daß dies eine Zeit ist, die immer mehr allen Menschenrat und alle Menschenhilfe übersteigt."

Als im Mai 1941 der Stellvertreter Hitlers und Chef der Parteikanzlei, Rudolf Heß, in einem Flugzeug nach England verschwand, um dort Verhandlungen über einen Frieden anzubieten

— Verhandlungen, zu denen ihn niemand ermächtigt hatte — da ahnte es wohl manchen, das sei der verzweifelte Versuch eines seinem Führer treuen Mannes, der großes Unheil kommen sah und es in letzter Stunde noch abwenden wollte. Hans Prechtler war als Urlauber da und besuchte Jakob; er erregte sich sehr über den Schritt von Heß. „Das ist ein Schlag ins Kontor! Ein Schlag ins Kontor!" sagte er kopfschüttelnd ein über das andere Mal, und als Jakob über den sonderbaren Ausdruck lachte: Ja, man dürfe doch den sturen Engländern nicht ungefragt eine Verhandlungsbereitschaft zeigen. „Das sind ganz sture Hunde!" meinte er im Tone höchster Anerkennung. Jakob hörte durch ihn einiges vom Wüstenkrieg in Nordafrika. Wie Rommel nicht genug Panzer hatte, um den Feind von zwei Seiten zu fassen, und wie er deswegen die ganzen Troßfahrer, mit jedem kleinen Auto und Leiterwagen und was nur da war, antreten und den Berg hinunterrattern ließ. Schießen konnten die gar nicht, aber „einen Mordsstaub" konnten sie machen, und da warf der englische General seine Verstärkungen auf die unrechte Seite, — und so ist man ihm Herr geworden. Überhaupt der Rommel, Prechtler erzählte begeistert von ihm. Leider konnte er nicht mehr zu ihm hinunter, seine Nieren vertrugen das afrikanische Klima nicht gut; Prechtler war zu einem Panzerkorps im Generalgouvernement kommandiert.

„Du auch nach Polen?" — Jakob unterdrückte die Frage, ob etwa das Gerücht wahr sein könnte, daß es einen Krieg im Osten geben würde; in einem abergläubischen Vorgefühl, als würde man durch Beschwätzen das Drohende erst herabrufen, wollte er daran nicht rühren, obgleich manche Menschen schon viel von einem gegen die Russen gerichteten Feldzugsplan „Barbarossa" flüsterten.

Eine anerkennende Bemerkung von Jakob, darüber, daß Prechtler nicht wie viele andere „Bonzen", zu Haus geblieben war, sondern sich gleich ins Feld gemeldet hatte, wischte dieser mit einer Handbewegung fort. „Von dem bist stad. Das g'hört sich ja," sagte er. „Grad wir müssen überall die Ersten sein." Am Anfang hätten die alten „Zwölfender" von der Reichswehr — die Feldwebel, die wegen ihrer zwölfjährigen Dienstzeit so genannt wurden — jeden, der aus der Partei gekommen ist, ganz schandbar kujoniert. Aber ihm hätten sie nichts machen können, und „bis man einmal die erste Gefechtsschnallen auf der Brust hat, dann gibt's solchene G'schichten nimmer." Fahren und schießen, das hätte er jetzt gelernt. Bei Frau und Kindern wär es schon recht, aber jetzt muß erst einmal der Krieg gewonnen sein. „Du kommst schon auch noch einmal dran, wirst es sehn, Jakob!" rief er ihm noch als Abschiedstrost zu, bevor er wieder fortging.

Ein paar Tage später kam Jakob in die Bäckerei, um den Schulkameraden auch bei sich in seiner Häuslichkeit aufzusuchen. Aber der war schon fort. „O mei! Herr Jakob — auf einmal ist eine Urlaubsverkürzung gekommen und er hat gleich fort müssen," sagte Zensi; sie konnte noch gar nicht vertragen, davon zu sprechen; ohne daß sie es merkte, lief ihr gleich das Wasser über die vollgewordenen roten Backen herunter, und bestürzt, aus blauen Augen, sah sie Jakob ins Gesicht.

6

Im ersten Morgengrauen des 22. Juni 1941 wurde an der Grenze Sowjet-Rußlands die Stille einer friedlichen kurzen Sonnwennacht zerrissen von dem Aufbrüllen vieler zehntausender von deutschen Kanonen, die der stürmenden Infanterie den Weg freilegten, während die deutschen Flieger die russischen aus dem Himmel verjagten, vielfach die russischen Maschinen am Boden zerstörten. Hundertneunundzwanzig Jahre vorher, auch um die Sommersonnenwende, hatte Napoleon seinen Krieg gegen Rußland begonnen, mit dem auch er den Kamm seines Glückes überschritt und ins Uferlose hinausgriff, um zu fallen.

Hitler begründete seinen Angriff damit, der Pakt von 1939 sei von russischer Seite gebrochen worden — aber noch in der Nacht zum 22. Juni waren die letzten russischen Getreidelieferungen, wie die Handelsabmachungen sie vorsahen, über die Grenze gerollt. Hitler behauptete, Rußland sei auf dem Sprung gewesen, uns anzugreifen — aber unsre vordringenden Truppen überraschten die russischen Soldaten zum Teil beim Fußballspiel; nichts deutete auf eine Absicht, angriffsweise gegen die Deutschen vorzugehen, sogar die Vorkehrungen zur Verteidigung waren nicht hinreichend. — Vielleicht werden die Geschichtsschreiber nie ganz erkennen, was Hitlers großer wortkarger Gegenspieler im Osten, Stalin, geplant hat. Der deutsche Aufmarsch konnte ihm nicht verborgen sein; er, ohne dessen Wissen das Gras in Amerika und Neuseeland nicht wachsen konnte, wie sollte er vom Aufmarsch einer Millionenarmee an der Grenze seines Reiches nicht gewußt haben? Er mochte glauben, daß dieser Aufmarsch der Versuch einer großen Erpressung war; mindestens würde man doch erst einmal verhandeln, bevor man zum Schwert griff; die bisherigen Unterhaltungen, die Molotow in Berlin geführt und bei denen man sich nicht geeinigt hatte, sah er gewiß nur als Vorgespräche an — es verlangt ja jeder Viehhändler mehr, als er wirklich zu bekommen hofft. Wer wird einen Krieg führen, eh er nicht alle Mittel der diplomatischen Täuschung erschöpft hat? Es ist möglich, daß in der Tat der russische Führer, der bei Beginn der Kampfhandlungen sich auf Urlaub im Kaukasus befand, die wilde Ungeduld Hitlers nicht richtig eingeschätzt und nicht von ihm erwartet hat, daß er marschieren würde. Aber ebenso möglich auch, daß die scheinbare Unbereitheit seines Heeres, die pünktliche Einhaltung der russischen Lieferungen, ja schon die läßliche Führung des Kampfes gegen die Finnen im ersten Kriegswinter, wo sich die Rote Armee nicht als sehr schlagkräftig gezeigt hatte ... daß alles dies ein bloßes Täuschungsmanöver war, und der breite Landgürtel zwischen Bialystok und Moskau, den die Deutschen binnen weniger Monate durchstürmen und gewinnen konnten, nichts weiter als ein Köder, wie man ihn dem Wolf hinwirft! Selbst wenn es sich so verhielte: Stalin war der Mann nicht, sich nach gewonnenem Sieg seiner Schlauheit zu rühmen, Memoiren zu schreiben, in denen er der staunenden Welt seine Karten aufdeckte. Sein Geheimnis wird ihm niemand entreißen. Ärmer, dümmer und schwächer zu scheinen, als man ist, in kritischer Stunde den Gegner mit verborgengehaltenen Kräften überraschen und schlagen: das war von je her die Kunst der großen Selbstherrscher des Ostens. Und fast alle verstanden sie zu schweigen und zu warten.

Eben das Schweigen und Warten, Stalins unheimliche Reglosigkeit, schien Hitler dazu gereizt zu haben, daß er ihm in Angst und Wut an die Kehle sprang; und diese versteckt in ihm wohnende Angst hat ihn wohl richtig beraten. Sein Handeln aber, der geahnten Gefahr gegenüber, war nicht von einem kühlen Kopf überwacht, der Möglichkeiten prüft und des Gegners Stärke an der eigenen sorgsam zu messen weiß: es war hier wie auch sonst nicht das Handeln eines Führers, sondern eines Getriebenen. Nur so auch sind Hitlers Befehle zu verstehen, daß die politischen Kommissare, welche der Roten Armee beigegeben waren, erschossen werden sollten, statt als Kriegsgefangene behandelt zu werden, und daß Straftaten deutscher Wehrmachtsangehöriger gegenüber Zivilpersonen in den Ostgebieten nicht unbedingt kriegsgerichtlich zu verfolgen seien. Der erste Befehl war Mord, der zweite ein Freibrief für jede Gewalttat. Wenn auch die deutsche Heerführung beide Befehle nach Kräften bekämpfte und in ihrem Machtbereich Anstand und Manneszucht aufrechthielt, sie konnte doch nicht verhindern, daß unsren Soldaten die Schergen der Himmlerschen Polizei auf dem Fuße folgten, mit Aufträgen zur Ausrottung „unerwünschter Bevölkerungsgruppen" — der Ostjuden, der Zigeuner —; daß für die Menschen in den eroberten Landstrichen ein Recht minderer Ordnung galt, und daß überall, wo unsre Fahne erschien, Dinge geschahen, die den deutschen Namen mit unauslöschlicher Schmach befleckt haben. Was aber war es, das Hitler zu solchen Befehlen trieb? Er gewann keinen Vorteil aus ihnen; sein ärgster Feind hätte ihm nichts für ihn selbst Verderblicheres eingeben können. Die Kommissare, als sie merkten, daß es für sie keinen Pardon geben sollte, wurden die schärfsten Schürer des Kampfgeistes in ihrer Armee. Das Volk in West- und Südrußland, als es erkannte, daß es nur die Sklaverei unter Stalin mit der unter Hitler vertauschen sollte, ging in seine dichten Wälder, den Partisanenkrieg wider die Deutschen zu führen. Das alles wurde vorausgesehen, Hitler wurde gewarnt. Doch es ist ein Kennzeichen des Unfreien, ein nie trügendes! wenn der Haß das Tun und Denken eines Mannes regiert. Auch im Herzen des Freien kann der Haß als heiße Woge aufstehen, aber er bleibt ihrer Herr, und so wird er auch im Kampf noch das klare Bild des Gegners nicht verkennen, der ein Mensch in der Versuchung und Not ist, wie er selbst.

Seit seinen Anfängen war Hitler als der Erzfeind des Bolschewismus aufgetreten. Am Vorabend des polnischen Krieges verschaffte er sich die Rückendeckung gegen den Westen durch sein Zweckbündnis mit Stalin. Als er es nun zerriß und den Ostkrieg als einen Feldzug für Europa verkündete, da traten nicht nur Finnland, Rumänien, Ungarn und die Slowakei als Verbündete dem Deutschen Reich zur Seite und schickte Italien ein Expeditionskorps an die Ostfront; auch in Holland, Wallonien, Flandern, in Spanien und Frankreich, Norwegen und Dänemark, in Kroatien und späterhin in Litauen, Lettland und Estland waren Freiwillige zu diesem Kampf bereit: ein europäisches Heer, wie in den Zeiten der Türkenkriege. Nicht Zwang und nicht die Hoffnung auf Beute brachte sie alle zusammen. Sie glaubten an eine abendländische Völkergemeinschaft — und sie wußten nicht, daß diese in dem Sinn des Mannes, der sie rief, kein echtes Leben hatte, daher auch kein Leben gewinnen konnte in der Wirklichkeit. Sollte die Gemeinschaft gelingen, dann mußte sie auch den Russen als Bruder mit umfassen... vor einem Menschenalter hatte Rußland ihr noch angehört; ja sie mußte den russischen Aufruhr, der im Bolschewismus Gestalt annahm, redlich beantworten durch ein leidenschaftliches Mühen um die soziale und um die nationale

Gerechtigkeit. Nur als die Heimholung eines großen Volkes konnte der Kampf im Osten geführt werden, oder er war verloren, bevor er noch begann. Von alledem erkannte Er nichts, der blinde Machttrunkene, für den in den Wäldern bei Rastenburg in Ostpreußen das neue Führerhauptquartier gebaut worden war. „Wolfsschanze" hieß es, von hier aus wollte er den Rußlandfeldzug leiten; der Name war nicht ohne Bedacht gewählt, er sollte den unerbittlichen Charakter dieses Kampfes betonen. Aber in die freie, wilde Raubtier-Unschuld zurückkehren zu können, ist nur ein Wahntraum des Menschen; denn die Verantwortung ist nichts Angenommenes, das wir abwerfen könnten: unser Wesen ist durch sie bestimmt.

In den ersten Wochen und Monaten des Rußlandfeldzuges schien es, als würde wie jedes Land, das die deutschen Angriffsarmeen bisher betreten hatten, auch das gewaltige Reich im Osten zusammensinken wie ein Kartenhaus, an das eines Kindes spielender Finger stößt. Die Heeresgruppe Nord durchschritt die Baltischen Provinzen und drang auf Leningrad vor. Die Heeresgruppen Mitte und Süd trieben nördlich und südlich der Pripjet-Sümpfe die Russen in großen Kesseln zusammen. Riesige Beute- und Gefangenenziffern wurden gemeldet. Verfrüht und wie mit trunkener Stimme rief die Propaganda der Partei den Sieg als einen schon endgültig errungenen in die Welt. Indessen konnte der deutsche Nachschub auf den schlechten Straßen im endlosen Ostland kaum nachbringen, was die kämpfende Truppe an Munition und Verpflegung, an Treibstoff für die Panzer bedurfte: nun gar den Menschenmassen, die plötzlich zu vielen Hunderttausenden die Gefangenen-Sammellager füllten, war keine Vorsorge gewachsen. Unzählige gingen in Hunger und Elend zugrunde, nicht weil man sie töten wollte, sondern weil man nicht die Vorräte zur Hand hatte, um sie zu nähren. Und die deutschen Soldaten dachten, wie eng doch Frankreich und das ganze alte Europa war. Auch dort waren sie in Sommerhitze und Staub marschiert, aber schon war der Horizont ein einziger Abendglanz von Wasser: der Kanal! die Biskaya! und über die Schultern des Olymp, wie schnell waren wir zum korinthischen und attischen Golf hinabgestiegen. Hier aber führen alle Straßen ins Endlose. Der Staub zerfrißt die Motoren der Panzer, von denen doch alles abhängt; denn wir werden nur siegen, wenn wir schnell genug sind. Die Infanterie kann schon längst nicht mehr, und marschiert dennoch. Immer wieder eine neue Umfassungsschlacht, und wir siegen, der Wehrmachtsbericht tönt große Worte vom „gewaltigsten Schlachtensieg der Weltgeschichte"; gut, aber werden denn dahinter immer noch wieder neues Land und neue Heeresmassen sein? — Wenn das Land auch nie ein Ende nimmt: der Tagesweg der Sonne ist schon kürzer, es geht auf den Herbst und die Nächte werden kühl.

— Der Prechtler Hans erlebte das Unbegreifliche mit, daß in Smolensk unser Vormarsch angehalten wurde, zu einer Stunde, wo man noch in einem einzigen Sturm Moskau, den Kreml hätte erreichen können! Die Russen sprachen von einem Wunder; sie fanden Zeit, mit einem Aufgebot von Knaben, Greisen, Frauen eine Verteidigungsstellung vor ihrer Hauptstadt aufzubauen. Prechtler hielt große Reden an die Kameraden, die nicht begriffen, warum man denn untätig stand und den Sieg aus den Händen rinnen ließ, den man doch schon hatte; er erklärte ihnen, daß der Führer noch jedesmal das Rechte gewußt hatte, und so auch diesmal; blind müsse man ihm vertrauen. Und er tat gut, so zu glauben und so zu sprechen; denn wie sollten er und die Anderen ihre schweren Tage bestehen, wenn ihnen das Vertrauen zu dem Mann in der Wolfsschanze genommen wurde? und was hätte es ihnen gedient, die doch nichts ändern konnten: zu wissen, ob wirklich auch ihr Führer, wie sie selbst, vom Schrecken der Endlosigkeit des russischen Raumes erfaßt war? Oder war es der Schatten Napoleons, der ihn erschreckte? Er wollte auf einmal nicht nach Moskau, sondern in das südrussische Industriegebiet; Gründen gegenüber, die man ihm vortrug, bestand er auf der Richtigkeit seiner inneren Ahnungsstimme; auch General Jodl erklärte den Zweifelnden, man müsse auf Hitlers Instinkt vertrauen. Die meisten Generale jedoch erwarteten sich von der Eroberung der Hauptstadt eine entscheidende Wirkung auf die Kampfmoral des Gegners. Das Hakenkreuz auf dem Kreml — war das nicht ein Siegesfanal, in alle Welt hinaus? Aber als sie endlich dem Führer den Angriffsbefehl gegen Moskau abgerungen hatten, war es zu spät geworden. Es kam der Regen und Schlamm, es kam der Frost und der Schnee.

Prechtlers Panzerkompanie gelangte in ihrem Angriff bis an den Befestigungsgürtel von Moskau heran. Schwer, durch Dreck und Schlamm, hatten sich die Panzer voranwürgen müssen: die Panzerwanne saß auf, die Ketten mahlten im Morast, die Besatzungen bauten Knüppelteppiche, und so wurde langsam der befohlene Raum erreicht. Lastwagen mit Treibstoff, Munition und Verpflegung rollten heran, um den weiteren Angriff sicherzustellen.

Die Kompanie besteht nicht etwa aus Technikern; Männer aus allen Berufen sind in ihr beisammen, allerdings hat jeder eine

Spezialausbildung als Panzersoldat hinter sich. Prechtler mit seinen einunddreißig Jahren ist schon einer der Ältesten im Verband. Er ist Panzerfahrer — die meisten von ihnen sind Unteroffiziere wie er, und schon in anderen Feldzügen ausgezeichnet; mit ihrer Uniform könnten sie nicht auf Parade gehn: sie tragen eine verdreckte Arbeitshose, darüber einen wattierten Beuterock, ein Halstuch, die Mütze schief im Nacken. Aber sie können fahren, in jedem Gelände, bei jedem Feuer. Die Funker sitzen vor ihrem Empfänger und Sender, von ihnen hängt das Zusammenwirken der Panzerverbände ab; sie müssen auf ihrer Hut sein, denn das Gedröhn des fahrenden Wagens, das jedes Gespräch unmöglich macht, ist auf die Dauer den ermüdeten Männern wie ein Wiegenlied, man schläft dabei ein. Der Richt- und der Ladeschütze sind aufeinander eingespielt. Sie wissen, was geschehen kann, wenn der eine nicht richten kann und der andere zu langsam lädt.

Der Kommandant des Wagens ist der Panzerführer. Prechtler, den sein Ehrgeiz nicht ruhen läßt, hat sich im Stillen geschworen, von Moskau ab — und da sind wir jetzt bald — selbst Panzerführer zu sein, und wenn er mit eigener Hand den Russen ein „Wagerl" abnehmen müßte. Jetzt fährt er den Wagen des Kompaniechefs, Oberleutnant von Wallmoden, und er tut es gern, denn der Chef ist ein „sturer Hund"; es geht nicht so bald ein Zweiter mit einer solchen Ruhe gegen die feindlichen Paks an, die doch dazu ausgedacht und erschaffen sind, um Panzer abzuschießen, und die in gut getarnten Stellungen nur darauf warten, bis wir herankommen. Manchmal wird es aufregend, und wenn es auch gegen den Respekt ist, muß man doch den Herrn Oberleutnant am Bein herunterziehen, daß er nicht gar so frech aus seinem Panzerturm herausspitzt, und hinten im Wagen brüllt der Funker in Wut, der Chef soll sich nicht so aussetzen! Vom Oberleutnant Wallmoden wird auch keiner gesehen haben, daß er sich in einem Quartier aufs Ohr legt, bevor nicht auch der letzte von den Männern seinen Unterschlupf hat. Ja, ein guter Zusammenhalt ist in der Kompanie. Jeder im Panzer weiß: wenn er versagt, kann die ganze Besatzung dran glauben müssen; aber das ist es nicht allein, man gewöhnt sich auch aneinander. Die Kameraden, mit denen man dreißig schwere Gefechte bestanden hat, am Ende werden sie einem lieb, fast wie Frau und Kind.

Die Kompanie ist in den Verband einer Kampfgruppe eingereiht worden, die aus Panzern, Schützen, Pionieren, Artillerie und einem Zug Panzerjäger besteht. Der Boden ist jetzt vom Frost gehärtet, man kommt besser vorwärts als im Schlamm, aber jeder kleine Berg macht Schwierigkeiten, und nun hat es auch schon angefangen zu schneien; die Panzer suchen sich einzeln ihre Spur, rutschen oft über hundert Meter seitlich ab. Die Schützen helfen eifrig, den Panzern Teppiche aus Gestrüpp zu legen, sie wissen, wenn erst der Turm mit der Kanone über den Höhenkamm ragt, muß der Russe zurück, und sie können ohne Verluste weiter. Oft genug freilich bleibt der Russe in seinen Erdlöchern hocken und läßt sich darin totschießen. Schützen räuchern die Bunker aus. Feindliche Artillerie will den Durchbruch aufhalten; umsonst, sie muß schauen, daß sie ihre Geschütze noch rechtzeitig fortbringt, bevor wir sie schnappen.

Mittags erreichen die Panzer ein vom Feind schon aufgegebenes Dorf, das gesichert werden soll, bis die Infanterie nachkommt. Ringsum werden die Sicherungen als „Igelstellung" aufgestellt, der Chef mit seinem jungen Melder Zwirn geht sie ab. Der Zwirn hat ein Gesicht wie ein Kind, wer ihn sieht, muß denken, er sollte lieber noch auf die Schule gehn, statt hier Krieg zu spielen. Es liegt Artillerie-Störungsfeuer auf dem Ort. Plötzlich — man kennt es schon, dieses verdammte Rauschen und Pfeifen: sie schießen mit ihrem neuen Ding, der „Stalin-Orgel", einem Raketengeschütz, das wie eine Pak mit sechs Rohren aussieht. Wallmoden und der Melder schmeißen sich flach hin... der Junge zu spät, er wird durch Splitter am ganzen Körper verletzt. Der Sanitätsgefreite ist gleich da und verbindet ihn und redet ihm gut zu, der arme Kerl will sich mannhaft zeigen, anstatt zu stöhnen und zu jammern, flucht er mit schwacher Stimme: er hätte doch im Kreml mit Väterchen Stalin Tee trinken wollen. Im Sanitätskraftwagen läßt ihn der Chef zurückbringen, als sie ihn hineinlegen, winkt er noch mit der Hand, — weder er noch ein anderer hätte gemeint, daß er an kein Winken und an keinen Stalin, auch an keine Schmerzen mehr denken wird, bevor sie noch den Hauptverbandplatz mit ihm erreicht haben.

Im Dorf gibt es noch ein paar verängstigte Einwohner, gibt es Enten und frisches Brot. „Schlecht gebacken," stellt Prechtler mit Verachtung fest. Die Kompanie ist eben dabei, sich ein Mahl zu bereiten, da kommt von hinten die Verstärkung nach: die Schützen und Pioniere, eine Batterie, der Pak-Zug. Von Aufenthalt wollen die nichts wissen, es geht weiter. Angriff ostwärts auf eine Stadt; sollen die Offiziere sich merken, wie sie heißt, wir werden uns nicht den Kopf und die Zunge daran zerbrechen. Es geht durch einen Wald; der Teufel soll die Wälder holen, es stecken beinah immer schlechte Überraschungen darin. Feindpanzer! gut. Es wäre auch schade, denkt Prechtler, wenn die nicht kämen, wir brauchen ja Abschußzahlen für die Kompanie. Sie haben nur ein dickes Fell, wenn man nicht nah herankommt, spüren die nichts. Aber schießen, zum Glück, können die Unseren besser. Vier, sechs Stück fangen zu brennen an, die andern drehen ab. Russische Schützen? Das ist noch das Wenigste. In ihren Löchern schießt man sie zusammen, und daß die auch Mütter und Frauen haben, daran zu denken, ist jetzt nicht die Zeit. — Also, Gott sei Dank, auch ein russischer Wald hört wieder auf, da ist eine Straße, und weiter vorn, wo unsre Batterie so wild hinschießt, das ist der Bahnhof. Ssst! rauscht es uns über die Köpfe. Der Leutnant Reger vom zweiten Zug fährt Spitze, er funkt herüber: „Achtung — Abwehr von rechts!" Woher schießen die nur? Von unsren vorderen Panzern brennt einer, die Besatzung muß ausbooten. Aber der Wagen von Reger feuert jetzt, was herausgeht ... und da sieht Prechtler eine russische Flak, da türmt eine Bedienung. Vier Flak standen bestens getarnt zwischen den ersten Stadthäusern und einer Baumreihe. Die stören uns nicht mehr.

Hinein in die Stadt! Kein Mensch, eine tiefe Stille. Eine Pak steht verlassen da. Unsre Schützen machen sich daran, die Häuser zu säubern. Wir sind an der Hauptstraße nach Moskau: so gähnend leer, ohne Fahrzeuge, und das 50 Kilometer vor Moskau, es sieht doch recht kahl aus. Und es wird Abend. Und der Schnee — den ganzen Tag war es nur so ein Wirbeln von einzelnen Flocken — beginnt dichter zu fallen. Der Chef meint: „Na, bei e i n e m eigenen Verlust sechs Russenpanzer zerschossen, vier Flakgeschütze erbeutet, mindestens ein feindliches Schützenregiment aufgerieben, und wir haben die Stadt — da können wir beruhigt Quartier beziehen."

Und so geschieht es.

Solang sie die Russen so vor sich hertreiben, ihre Städte erobern und täglich den Fortschritt des Angriffs an den Meilensteinen auf Moskau zu ablesen können, nehmen die Männer ihre Unbilden nicht schwer, auch wenn sie todmüde und halb erfroren um einen Ofen hocken müssen, der den Raum nicht erheizt, weil es darin auch nicht eine einzige Fensterscheibe mehr gibt; und die Kälte von ganz Asien dringt herein, man hat nicht gleich genügend Bretter zur Hand, um die Fenster zu vernageln. Ein Schnaps wäre gut, es ist nichts nach vorn gekommen. Den ganzen Sommer über war uns so heiß, daß wir fast erstickt und zerflossen wären, jetzt wieder die Hundekälte, komisch das, auf der Welt. Alles ist mundfaul, man hört nur den Mann, der die Verbindung mit der nächsten deutschen Batterie sucht und die Decknamen ins Feldtelefon brüllt. „Hier ist Busenfreund II, ist Verbindung mit

Rosmarie hergestellt? Rosmarie auf Empfang bleiben, fertig!" Es bleibt nicht aus, daß hierzu aus einer Ecke eine saftige Bemerkung gemacht wird, aber niemand hört recht hin. Wumm-klirr! Die Russen schießen immer noch. Fritz, der kleine kölnische Ladeschütze, fragt: "Wat meinste, ob det Haus immun is gegen solche Brocken?" und Prechtler brummt ihn an: "Gehst halt vor die Tür außa, wenn'st meinst, daß es da besser ist."

Sie schlingen ihr Essen hinunter, sie legen sich schlafen. Aber in der Nacht, natürlich, gibt's wieder Alarm, der Russe greift die kaum eroberte Stadt im Gegenstoß an. Er kommt nicht herein. Aber wir sind jetzt so dicht vor dem Moskau, und er hat offenbar doch wieder eine Menge Truppen zusammengekratzt, hat auch mehr Flieger als wir; es ist kein Wunder, daß er alles tut, was er kann, um seine Hauptstadt zu retten. Angriff und Gegenstoß wechseln, und kein Mensch kann es richtig sagen, ob es beim nächsten Mal nicht schon eher ein russischer Angriff und ein deutscher Gegenstoß war. Unvermerkt wird aus dem Angriff eine Verteidigung, es läßt sich die Stunde, der Tag nicht bestimmen, an dem der Wandel geschehen ist. Sie sprechen nicht davon. Aber sie spüren ihn alle.

Und mit unserm Nachschub klappt es nicht mehr; der Sprit geht aus, sie bringen nichts heran. Und die Winterbekleidung fehlt; es gibt die ersten Erfrierungen. Weiß der Teufel, die hinten haben wohl geglaubt, das Rußland läge in den Tropen. Zwar aus der Heimat hört man von einer Wintersachensammlung für die Ostfront, ein bißchen spät ist ihnen das eingefallen — die Landser wissen nichts davon, daß der Oberbefehlshaber Brauchitsch, den Hitler in dieser dunklen Stunde abgesetzt und den Oberbefehl selbst übernommen hat, schon im August an diese Vorsorge für den Winter dachte. Aber damals glaubte der Führer den Sieg greifbar nahe und schrie Brauchitsch an, er wolle solche "defaitistischen" Reden nicht hören! Nun wurde dem Heer gesagt, der Führer werde für alles sorgen. Es war bitter für einen Mann, der gewissenhaft das Seine tun wollte und dessen guter Name nun aufgeopfert wurde, damit das Ansehen des Führers desto heller glänze. Und doch mußte es so sein. Wer dem Heer seinen Glauben an Hitler antastete, der hätte ihm jetzt das Rückgrat gebrochen.

Denn nach all den unglaublichen Anstrengungen und Kämpfen, über mehr als tausend Kilometer hinweg, welche das deutsche Ostheer in sechs Monaten fast ohne Pause bestanden hatte, kam nun die schwerste Prüfung. Aus der Tiefe des russischen Raumes erhob sich der wieder und wieder geschlagene Feind wie ein Riese aufs neue. Aus Sibirien führte er frisch für den Winterkrieg ausgerüstete Divisionen an die Moskauer Front. Im Süden, am Asowschen Meer bei Rostow, hatte vorher schon Marschall Timoschenkos Gegenoffensive begonnen. Und die Deutschen begannen zu weichen. Es war mehr, als nur die Streifen eroberten Gebietes, was ihnen damit verlorenging. Sie waren von Land zu Land gestürmt und die abergläubische Furcht, daß kein Feind ihnen stehen könne, flog vor ihnen her. Nun brach dieser Bann. Es lag so sehr nahe, an den Kaiser Napoleon zu denken; die Erinnerung ging als ein Flüstern durch Deutschland und lief als Triumphgeschrei durch die Welt. Aber auch in Hitler selbst stand das lange schon heimlich gefürchtete Gespenst dieser Erinnerung wieder auf; Hitler, der nachts in seiner Wolfsschanze nicht mehr schlafen konnte, der über den Karten in maßlosen Wutausbrüchen und ebenso maßlosen Befehlen sich austobte. Wie ein Arm, der einen Hammer schwingt und schwingt, so nagelte sein Wille die deutschen Truppen auf dem Boden, auf dem sie standen, fest. Der Führer wollte keinen Rückzug erlauben. Hochverdiente Kommandeure stieß er aus der Armee aus oder ließ sie wegen Feigheit auf Festung bringen, wenn sie, durch feindliche Umfassung gezwungen, einen Rückzugsbefehl erließen. In ihren Igelstellungen sollten sie sich wehren, „bis zur letzten Patrone," und kämpfend darin zugrunde gehen. Er wollte nicht sehen, nicht hören, was die Sachverständigen des Generalstabs ihm vorstellten. — Und dem deutschen Heer, dessen Rückzugsbewegung schon an manchen Punkten verzweifelt einer Flucht zu gleichen begann: für einmal, für diesmal wurde ihm der wild gegen das Schicksal sich bäumende Wille Hitlers zur Rettung. Sie wurde erkauft mit damals schon kaum mehr ersetzbaren Verlusten an Kriegsmaterial, mit nie zu ersetzenden Opfern an bestem Blut: die Tapfersten, die Sieggewilltesten fielen. Aber bis zum Februar 1942 hatte die Front wieder Halt gewonnen. Sie stand.

Der Schlaf kam selten mehr zu Hitler, wenn er ihn nicht mit künstlichen Mitteln herbeirief. In der Einsamkeit der Nacht hörte er die Stimme, der er sich so ganz und so blind anvertraut hatte, und die aus seinem eigenen Innern zu kommen schien; denn sie bestätigte ihm alle seine Wünsche. Sie sagte ihm: „Da siehst du, daß dein Wille stärker ist als jede Wirklichkeit. Nur weiter, weiter so! Alles, was deinem Willen im Weg ist, kann er und soll er bezwingen."

Der Prechtler Hans war also nicht nach Moskau gekommen. Aber zum Feldwebel und zum Panzerführer rückte er auf, wie er sich's gewünscht hatte. Sie fuhren immer noch Gegenstöße gegen viel zu viele Feindpanzer, denen die Scharen der russischen Schützen und auf Schlitten gezogene Paks folgten. Es war schon ein Wunder, daß ihm so lange Zeit nie etwas geschah, nicht eine einzige ernste Verwundung; mit dem Kölner, dem Ladeschützen, war er zuletzt noch der Einzige, der übrigblieb aus dem alten Haufen. Den Oberleutnant Wallmoden hatten sie fortgeholt, von der Division aus, zu einer anderen Verwendung. Es wird nicht zum Strumpfstricken gewesen sein. Aber schad ist es, weg war er, man hatte nichts mehr von ihm gesehen und gehört. Kannst nichts machen, es geht halt so, im Krieg.

Im Februar erwischte es Prechtler doch einmal: auf einem Erkundungsvorstoß wurde sein Panzer in Brand geschossen; nur er selbst und sein Funker kamen noch lebendig heraus, wenn auch beide mit Brandwunden und der Feldwebel mit einem Splitter im Schenkel. Die Bedienung von der russischen Pak, die ihm seinen schönen Wagen zerschossen hatte, war nicht sehr angriffslustig, man konnte sie mit der Pistole in Respekt halten; beim Rückmarsch aber zur deutschen H.K.L. kam Prechtler nicht gut voran, mußte im Schnee liegenbleiben, der Kamerad lief nach Hilfe. Aber bis sie ihn fanden, es war unterdessen auch Nacht geworden, hatte sich Prechtler die beiden Füße so erfroren, daß er ins Feldlazarett verbracht und bald danach in die Heimat geschickt wurde.

ZWÖLFTES BUCH

1

Hugo Faber legte morgens, bevor er ins Ministerium ging, eine illustrierte Zeitung vor seine Frau auf den Tisch und wies mit dem Finger auf einige von den großen Männern der Gegenwart, die darin abgebildet waren. Er sagte:

„Da siehst du's. Nicht bloß die Menschenwürde, auch das Menschengesicht ist ja längst zerstört."

Silvia wollte das Blatt nicht ansehen, sie schüttelte leicht den Kopf und lächelte ihm zu, bis auch seine Stirn sich aufhellte. Sie antwortete: „Lebwohl, mein Lieber. Hab einen guten Tag und gräm dich nicht."

Als er fort war, ging Silvia in die Küche, um nachzusehen, ob Georg richtig gefrühstückt und ob er seine Schulsachen in dem Ranzen richtig beisammen hatte. Dann schickte sie auch ihn auf seinen Weg: um 10 Uhr mußte er in der Schule sein, er ging in die erste Klasse und war bis jetzt, zum Glück, ein recht eifriger, pflichttreuer kleiner Schüler. Das Ninettchen nahm Silvia zu sich in den Salon, damit die Zugeherin an das Aufräumen der Schlafzimmer gehen konnte.

Das Kind war nicht so unvernünftig gewöhnt, daß es immer einen Erwachsenen brauchte, um Spiele zu ersinnen. Wohl aber wollte es von Zeit zu Zeit jemand haben, dem es zeigen konnte, was für ein Kleid es seiner Puppe angezogen, was für einen Turm aus Bausteinen es errichtet hatte. Wenn es ihr an Publikum fehlte, stapfte Ninette mit ihren entschlossenen kleinen Schritten durch alle Zimmer, bis sie jemand fand, den sie dann am Ärmel zupfte und ihn aufforderte: „Anßaun!" In der Küche aber, während die Zugehfrau abspülte, oder jetzt auf dem Teppich zu Füßen ihrer Mutter, war sie vergnügt und leicht zu haben, und Silvia mußte manchmal darüber lachen, wie sehr das über den Spielsachen beschäftigte Gesicht im Ausdruck dem ihres Mannes glich, wenn er arbeitend an seinem Schreibtisch saß.

Fabers bewohnten noch das Erdgeschoß der Dahlemer Villa, die sie 1934 von dem jüdischen Fabrikanten gemietet hatten.

Durch die Aufnahme eines Darlehens hatten sie damals ermöglicht, dem Besitzer die volle Miete auf fünf Jahre vorauszuzahlen, mit dieser Summe war Herr Ruben nach Amerika gegangen. Inzwischen war die Zeit abgelaufen, und schon seit achtzehn Monaten hätte neuerdings Miete bezahlt werden müssen. Aber Hugo konnte keinen Weg finden, seine Schuld zu entrichten. Es auf einem ungesetzlichen Wege zu tun, war nicht nur schwierig, es war lebensgefährlich; es wäre als devisenrechtliches Vergehen betrachtet und im Kriege besonders hart, ohne Rücksicht auf die Motive, geahndet worden. Hugo wurde an eine Partei-Auslandsstelle, und zwar an einen bestimmten Herrn bei dieser Stelle, gewiesen, von dem man ihm gesagt hatte, daß eine kurze Note von ihm genug sei, um jede Summe ungeprüft und ohne die geringste Besorgnis vor unangenehmen Rückfragen, ins neutrale Ausland überweisen zu lassen, da verschiedene Parteigrößen auf diesem Wege große Summen unter Decknamen auf privaten Auslandskonten „für alle Fälle" hinterlegten. Hugo Faber, der sich höchst ungern zu diesem Gang entschloß, fand einen Herrn von der neumodisch glatten Art vor, welche schon gelernt hat, ihre Gewissenlosigkeit in eine selbstverständliche und höfliche Form zu kleiden. Der Herr sagte jedoch: wegen Schulden an emigrierte Nichtarier brauche sich der Herr Regierungsrat keine Sorgen zu machen, „das verantwortet das Reich". Faber erwiderte ihm in scharf ablehnendem Ton: „Vielen Dank, aber das ist kein Trost für mich!"... und sah im gleichen Moment, welchen Fehler er begangen. Es war möglich, daß das Haus einfach enteignet und er gezwungen würde, seine Miete an irgendeine Reichsstelle zu bezahlen. Sich möglichst still zu halten, war daher wohl das Klügste auch im Interesse des Besitzers. Durch Kitty Degeners Vermittlung fand Hugo eine Gelegenheit, einen Brief unter Vermeidung der Zensur nach den USA. zu schicken, mit denen man zu der Zeit noch nicht im Kriege war, und darin teilte er Ruben mit, daß er sich für die Zeit, während deren er sein Haus bewohnte, in der Höhe des bisher erlegten, in Reichsmark bezeichneten Betrages pro Monat als sein Schuldner ansehe. Von Ruben kam auf demselben Wege eine Antwort, welche zeigte, daß der Mann entweder die tatsächlichen Schwierigkeiten nicht sah, oder nicht sehen wollte. Er brachte seine Verwunderung zum Ausdruck, daß Faber ihn in Reichsmark, „einer in der freien Welt völlig wertlosen Valuta", abfinden wolle. Mit solchen „neudeutschen Gepflogenheiten" werde er nicht durchkommen. Er, der Besitzer, versichere ihm heute schon, daß Faber ihm die Miete für sein Haus eines Tages bis auf den Cent in amerikanischer

Währung bezahlen werde. Über die Tonart dieses Briefes hatte Silvia sich sehr erzürnt. Sie hatten ja seinerzeit Opfer gebracht, zu einem gar nicht billigen Zinsfuß Geld aufgenommen, um ihm aus seiner bedrohten Lage herauszuhelfen! — und Hugo hatte Mühe, ihr klarzumachen, daß diese Menschen durch das am Judentum begangene schwere Unrecht bitter geworden waren und man also ihre Gedanken und Worte nicht auf die Goldwaage legen dürfe. Sooft ihr aber die Mietfrage wieder in den Sinn kam, sah sie das bleiche, von Angst gefolterte Gesicht des Herrn Ruben vor Augen, der bei jedem Telefonanruf, jedem fremden Schritt auf dem Gang zusammengefahren war — sie hatte das damals sogar übertrieben gefunden — und wie dankbar er sich dann gezeigt hatte, als er mit seiner Familie das Land verlassen konnte. Wie durfte er denn jetzt, wo er in Sicherheit war, von drüben her so kränkende Worte schreiben und Hugos Anständigkeit bezweifeln, die er doch wahrhaftig am eigenen Leib erfahren hatte! — Wenn die Menschengesichter zerstört sind, wie Hugo behauptet, so ist es nur darum, weil die Menschen kein Vertrauen zueinander haben und üben. Und nur das Vertrauen ist es, was die Kinder so schön macht; denn sie sind viel schöner als wir alle.

Sie hatte als Mutter beobachtet, wie ihre Kinder von Tag zu Monat und Jahr allmählich sich die Welt der Dinge eroberten und was für ein geheimnisvoller, schöner Vorgang das war. Nein, da gab es nichts von Zerstörung. Ihr Auge sah leuchtende Hoffnung, die sich täglich in der holdesten Weise bestätigte und erfüllte.

Was für ein Glück, daß sie ihre Beiden hatte! Als der Junge aus der Zeit seiner ersten Entfaltung herauswuchs, da war schon die Kleine dagewesen, um wiederum die Gedanken ihrer Mutter mit Rätseln zu beschäftigen. Wiederum hatte Silvia staunend, beinah ehrfürchtig in ein Paar Menschenaugen geblickt, die noch nicht zu s e h e n begonnen hatten, die nur s c h a u t e n. Aber was und wohin schauten sie? Was regte sich da in der Tiefe, in die keine einzige von unsren Neugierigkeiten hinunterdringt? Das ist keine mütterliche Einbildung: zu deutlich bekunden es die noch träumenden Augen der ganz kleinen Kinder, daß es jene Tiefe wirklich gibt, aus der wir alle einmal hergekommen sind.

Silvia war in der Beobachtung dieser Geheimnisse von sehr tröstlicher Ahnung angerührt worden. Dann — und das war der Zustand, in dem ihr Mädelchen sich jetzt noch befand — hatte sie bemerkt, wie etwas in dem kleinen Menschenwesen, seine Person (denn die war schon da, wenn auch ihrer selbst noch unbewußt) sich eines Tages vom Traum ab und entdeckend sich hinwandte zu den Dingen dieser Erde, von denen ein eingeborenes Gefühl ihm sagt, daß sie alle erschaffen sind, um ihm untertan zu sein. Das war wieder ein neues Erstaunen gewesen: zu sehen, wie das Kind sich an den Dingen entfaltete und wie unter seinem Zugriff die Dinge sich entfalteten. Ninette hatte zu ihrem dritten Geburtstag eine Arche Noah mit zwei Dutzend ganz schlichter, ausgesägter und mit Lackfarbe bemalter Holztiere bekommen. Ihre Hand griff in das dunkle Innere der Arche hinein, es war jedesmal ein Augenblick der Spannung, den ihre Mutter aufgeregt mitempfand – einzeln holte das Kind die Figuren heraus, jedesmal fragend: „Wer ist das?" Und sie merkte sich, was ihr gesagt wurde, sie wiederholte entzückt flüsternd die Namen: „Löfe, Ssiraff, Peligan." Silvia sah dies Entzücken, und es kam ihr vor, als ob sie selbst bis dahin noch nie so gut erfaßt hätte, was ein „Löfe", ein „Ssiraff" und ein „Peligan" eigentlich ist. Sie freute sich schon darauf, eines Tages mit Ninette in den Zoologischen Garten zu gehen und ihr die Tiere in der Wirklichkeit zu zeigen; aber für jetzt waren deren hölzerne Abbilder für das Kind noch ein so lebendiges Glück, daß es unrecht gewesen wäre, dieses mit einem neuen und ganz andersartigen, vielleicht noch gar nicht faßbaren Eindruck zu übertrumpfen.

Ninette fühlte, daß ihre Mutter in Gedanken war; sie zog sich ungeduldig aus ihrem Arm.

„Was denn, Kleines? Schau mal, es wird hell! Wir werden hinausgehen," sagte Silvia, da sie bei einem Blick aus dem Fenster bemerkte, daß der regnerische Julimorgen sich ein wenig gelichtet hatte. Zugleich aber sah sie eine ihr bekannte junge Frau durch die Gartenpforte hereinkommen; sie dachte etwas unwillig: „Die braucht aber auch nicht die ganze Zeit daherzukommen," – und schon im selben Augenblick schämte sie sich über den unguten Gedanken.

Das war die Frau eines ehemaligen, jüngeren Kollegen von Hugo im Ministerium, Hahn, der schon seit dem Sommer 41 an der Ostfront kämpfte. Susanne Hahn war Jüdin, und durch diese Tatsache war sie selbst und war die Stellung ihres Mannes gefährdet. (Es stand auch bereits so, daß jüdische Personen eine Belastung für diejenigen bedeuteten, bei denen sie verkehrten; daher bei Silvia das unwillkürliche Gefühl der Abwehr bei ihrem Anblick, und die heiße Scham, die sie gleich darauf empfand. Also auch ich bin schon von dieser allgemeinen Angst- und Knechtsgesinnung angesteckt! sagte sie mit zornigem Erröten zu sich sebst.) Als Hitlers Maßnahmen gegen die Juden zu schärferer Auswirkung kamen, waren Hahns gerade verlobt gewesen und Susanne hatte ihren Bräutigam beschworen, von ihr zu lassen, hatte aber selbstverständlich bei einem Mann, der mit echter Neigung an ihr hing und nicht ohne Stolz war, mit solcher Abmahnung keinen Erfolg gehabt. Sie heirateten, und in den ersten Jahren ging noch alles ziemlich gut. Sie verschaffte sich einen Ausweis, bei dem sie nicht als Voll-, sondern als Halbjüdin herauskam; Hugo Faber, dem solche Manipulationen ebensosehr wie den Hahns zuwider waren, hatte dennoch dazu geraten. Er selber war, ganz gegen seine Überzeugung, auf den Wunsch seines Ministers Parteimitglied geworden, um von lästigen Nachfragen befreit zu sein und die nötige sachliche Arbeit in Ruhe leisten zu können. Das waren „Formsachen", ohne die in dem Ministerium eines autoritären Staates nun einmal nicht durchzukommen war. Hugo konnte jetzt auch zunächst dafür sorgen, daß das Eisenbahnministerium an Hahn, als einer sehr brauchbaren Arbeitskraft, festhielt, auch nachdem die erste Anzeige gegen ihn eingelaufen war. Einige Zeit später kam jedoch ein anonymer Brief, daraufhin entschloß Hahn sich zu einer freiwilligen Frontmeldung und Derjenige, der auf seinen Posten aus war, konnte denselben einnehmen. Damit schienen sich die heimlichen Feinde zufrieden gegeben zu haben; es erfolgte nichts mehr. Susanne aber, die ganz allein lebte – das Paar hatte keine Kinder – war in einer verzweifelten Angst um ihn, an dessen Leben zugleich ihr eigenes im ganz buchstäblichen Sinne hing: sobald sie nicht mehr Soldatenfrau und als solche geschützt war, würde man sie zwingen, den Judenstern zu tragen und die ganze herabwürdigende Behandlung über sich ergehen zu lassen, wie ihre Rassegenossen sie erlitten, ... bis sie eines Tages oder vielmehr eines Nachts abgeholt würde, um in einem Konzentrationslager auf immer zu verschwinden. Nicht als ob ihr die Sorge um sich selber die um den Mann überwogen hätte; jedoch es war eben einfach zu viel für eine Frau, die Sorge um einen im Krieg täglich gefährdeten Soldaten zu ertragen, ohne zugleich in der Gemeinschaft, für deren Bestand er kämpfte, ein Heimatrecht zu haben. Die Parteibeauftragten, die jüdische Ehefrauen deutscher Soldaten in der Weise behandelten, hatten das nur theoretisch betrachtet, und das heißt also nie mit dem Herzen oder auch nur mit einem ruhigen Menschenverstand erwogen, was es bedeutete; denn die meisten Unmenschlichkeiten geschehen, weil die Leute Ideen, Statistiken und Grundsätze haben, durch die sie sich vor der Wirklichkeit abschirmen. – Silvia und Hugo waren schon längere Zeit in Sorge gewesen über die Art, wie sich Susanne ohne Maß und Halt der Furcht um ihren Mann hingab; es schien ihnen, als riefe man damit das Unheil erst recht herbei.

Silvia, während sie die Zugeherin die Haustür öffnen hörte, beschloß, sich heute besonders viel Zeit für Frau Hahn zu nehmen und sie nicht unermutigt wieder gehen zu lassen. Als sie aber dann hereinkam, erschrak sie fast vor ihr. Susanne war eigentlich eine gutaussehende Frau, besonders ihre dunklen Augen und der voll-lippige, blasse Mund hatten viel Ausdruck. Aber nun, unter ihrer bräunlichen Hautfarbe war ihr Gesicht fahl und wie erloschen, ihr Gang zum Stuhl unsicher, wie der eines augengeschwächten oder sonst kranken Menschen. Noch ehe sie stumm, weil sie nicht sprechen konnte, ein Papier aus ihrer Handtasche hervorgeholt und Silvia hingereicht hatte, wußte diese: nun war das längst gefürchtete Unheil wirklich eingetreten. Auf dem Papier, es war eine Benachrichtigung vom Kommandeur des Regiments, las Silvia, daß Hahn beim Sturm auf die Panzerforts der Festung Sebastopol auf der Höhe von Inkerman gefallen war...

Weiter las sie nichts und begriff sie nichts. Ein Strom ohnmächtiger Zärtlichkeit für die ihr fast fremde Frau, die dort so lautlos saß, daß man kaum ihr Atmen bemerkte, erfüllte Silvias Herz, und machte sie unfähig, sich ihr mit einem Trostversuch zu nähern. Es war ängstlich still zwischen ihnen, und wer weiß, wie lang das gedauert hätte, wenn nicht Ninette mit ihrem Holzlöwen in den Fingern zu Susanne herangekommen wäre. Sie kannte sie schon von früheren Besuchen, ohne Scheu berührte sie ihre auf dem Knie liegende Hand und erhob die gewohnte Forderung:

„Anßaun!"

Die Berührung und die Stimme lösten den Bann; Frau Hahn fing auf einmal an zu weinen. Und Ninette stand ganz verwundert vor dieser Unbegreiflichkeit, daß jemand an ihrem „Löfen" etwas Trauriges zu finden schien.

Es traf Silvia besonders schmerzlich, daß Frau Hahn, fast als ob sie ihren Gedanken von vorher erraten hätte, sich bei ihr zu entschuldigen anfing, weil sie „ganz sinnloserweise" hierhergelaufen sei. Sie erzählte, wie es ihr, nachdem sie die Nachricht empfangen, plötzlich unmöglich wurde, in ihrem Zimmer auszuhalten; ohne daß sie irgendetwas dazu dachte, hätten ihre Füße sie hierhergetragen. „Und jetzt möcht ich am liebsten schon wieder zurück in meine Höhle. Es ist eben alles verrückt, verrückt, verrückt!" wiederholte sie, und fragte Silvia, warum denn für die Glückseligkeit des Großdeutschen Reiches der Besitz der Panzerforts von Sebastopol nötig gewesen sei? Während sie früher immer wieder klagend davon gesprochen hatte, was denn aus ihr werden sollte, wenn ihr Mann nicht wiederkäme, verstand sie jetzt offenbar gar nicht oder hörte nicht zu, als Silvia darauf hindeutete, daß eine möglichst schnelle Veränderung ihrer äußeren Lebensumstände gut sein würde. „Die Panzerforts von Sebastopol. Dafür hab ich mich wirklich mein Leben lang nicht interessiert und hätte niemandem geglaubt, daß die jemals in meinem Leben eine Bedeutung haben würden. Und jetzt hab ich meinen Mann dafür hergeben müssen, damit auf den Panzerforts von Sebastopol die Hakenkreuzfahne wehen kann. Ist das nicht komisch?" flüsterte sie, mit einem Versuch zu lachen. Aber Silvia nahm sie in den Arm und sprach ihr lange und tröstend zu, wie einem Kind, bei dem es nicht auf die Worte ankommt, die man ihm sagt, nur auf den Ton der Stimme.

Sie behielt Frau Hahn zum Essen da, nahm sie später zu Besorgungen mit in die Stadt und brachte sie dann in ihr Zimmer zurück. Da sie auf alle Vorschläge, ihr durch den Papa Degener einen versteckten Aufenthalt irgendwo bei einem Landpfarrer zu verschaffen, nicht eingehen wollte, so dachte Silvia schließlich daran, sie nach Grünschwaig zu schicken. Dort würde sie wohl nicht so bald ausfindig gemacht und wieder weggeholt werden, dort vielleicht könnte man sie hinüberretten bis zu einer friedlichen und menschlicheren Zeit. Der Meinung war auch Hugo, den die Nachricht von Hahns Tode sehr erschütterte; und so schrieb Silvia denselben Abend noch einen langen Brief an Tante Hanna, worin sie ihr den Fall erklärte und um Hilfe bat.

Als Hannas zustimmende Antwort eintraf, konnte sich Susanne Hahn dann doch nicht zur Reise nach Grünschwaig entschließen. Es war ihr wie eine Erniedrigung, zu denken, daß Menschen, die gar nicht mit ihr bekannt, durch keine Freundschaft mit ihr verbunden waren, Opfer für sie bringen oder wohl gar Gefahr haben sollten. „Durch mich kommt überallhin Unglück. Wenn ich nicht wäre, würde Hahn noch leben und im Ministerium arbeiten, statt vor Sebastopol in der Erde zu faulen," sagte sie; Silvia vermochte sie von diesen Vorstellungen nicht wegzubringen, es war, als ob die arme Frau eine Lust daran fände, sich selbst damit zu quälen. Man möge ihr doch nicht bös werden, bat sie; aber sie ginge lieber in den Harz, zu Bauern, die sie schon von ihrer Kinderzeit her kannte und bei denen sie, als ihre Eltern noch lebten, manche schöne Sommerfrische verbracht. Die würden sie schon aufnehmen, und solang es eben möglich war, bei sich behalten.

Dorthin also fuhr sie, und fand wirklich bei den Bauersleuten, die auch zwei Söhne im Feld und nur den jüngsten noch daheim hatten, eine freundliche Aufnahme.

Das Schicksal der armen Frau Hahn brachte Silvia in große innere Unruhe, weil es ihr wieder so deutlich gezeigt hatte, daß der Krieg nicht nur ein allgemeines, mit Tapferkeit zu ertragendes Unglück war, daß da vielmehr etwas von Grund auf nicht stimmte und man also seine Kraft nicht so, wie es vielleicht die Menschen der anderen Völker taten, in das Ertragen des Unglücks hineingeben und auf ein gutes Ende hoffen konnte. Sie hatte lange vermieden, über das alles nachzudenken, jetzt aber zog es ihre Gedanken gegen ihren Willen immer wieder zu dieser Frage hin.

Der Sommer 1942 war der letzte dieses Krieges, in dem die Deutschen noch einmal große Schlachten und breite Landflächen gewannen, der letzte, der die Siegeshoffnung des immer schwerer kämpfenden und leidenden Volkes noch durch sichtbare Erfolge zu rechtfertigen schien. In der Heimat war die Erschütterung des vor Moskau erlittenen Rückschlages am meisten dadurch aufgefangen worden, daß Japan gerade in derselben kritischen Stunde in den Krieg eintrat. Die Propaganda des Ministers Goebbels machte davon einen bombastischen, aber psychologisch meisterhaften Gebrauch. Zwar von der Seele des Volkes wußte er nicht viel, aber doch gerade genug, um sie zu täuschen. Obgleich Japan nicht, wie die deutsche Außenpolitik gehofft haben mochte, den russischen Koloß im Rücken faßte, sondern die Flotte Amerikas in Pearl Harbour überfiel, ihr schwere Verluste beibrachte und dann in raschen kühnen Vorstößen daranging, die Kolonialreiche der Westmächte an den Rändern des Stillen Ozeans an sich zu reißen; obgleich nicht der Tenno nach Moskau, sondern nur der deutsche Führer nach Washington eine Kriegserklärung schickte, und Deutschland sich also plötzlich, ohne recht zu wissen warum, noch mit einer dritten Weltmacht im Kriegszustand sah, verstand es Goebbels, die allerdings erstaunlichen Anfangserfolge der Japaner auf unser Volk so wirken zu lassen, daß es nur den Umfang dieser Erfolge sah und nicht fragte, ob sie seiner eigenen Kriegführung tatsächlich zugute kämen. Hier war endlich ein Bundesgenosse, der etwas zuwegbrachte. Es war eine Ermutigung, nicht mehr die ganze Kampfeslast fast allein zu tragen.

Dem Heer freilich halfen solche Kunststücke der Propaganda nichts. Es mußte die im Dezember 41 so jäh hereingebrochene Winterkrise in Rußland aus eigener Kraft überwinden. Einem Gegner, den Hitler schon für besiegt erklärt hatte und der in gewaltiger Stärke wieder aufgestanden war, hatten unsre erschöpften und enttäuschten, für den Winterkrieg nicht ausgerüsteten Truppen standzuhalten — und sie taten es. Es kam der Sommer, und sie gingen wieder vor. Auf den Don und die Wolga zu, nachdem zunächst die Abwehr einer heftigen russischen Frühjahrsoffensive und dann die Eroberung der Krim mit der Halbinsel Kertsch gelungen war. Und auch in Afrika schob sich der Angriff von Rommels Panzerarmee nach Ägypten hinein bis an die Tore von Alexandria heran ... so daß die Strategen auf der heimischen Wirtshausbank, Kinder eines Volkes, dem das Träumen von weiten, sei es bewaffneten oder unbewaffneten Wanderfahrten tief im Blute liegt, von einem „Zangenangriff" über Kleinasien und den Kaukasus hinweg phantasierten, der sich in den Ölfeldern Persiens treffen sollte. Man war in den Krieg hineingerissen worden, weil Danzig und der Korridor wieder deutsch sein mußten und weil die Polen in bedrohlicher Nähe Berlins standen. Jetzt waren die persischen Ölfelder unser Ziel, und bis in die amerikanischen Gewässer hinein griffen deutsche Unterseeboote die Geleitzüge des Feindes an. So gerät alles ins Uferlose und wird zu einem Rätsel, das sich nicht fassen läßt, weil seine Umrisse verschwimmen.

Diese Rätselhaftigkeit machte Silvia zu schaffen. Nicht weil sie die Vorgänge militärisch und politisch hätte beurteilen können. Aber sie sah überall so bewundernswerte Leistungen — auch ihr Bruder Peter marschierte und kämpfte irgendwo weit im Osten und schrieb zuversichtliche Briefe — und sie las und hörte von der Kühnheit unsrer Flieger und Unterseebootsführer, sie sah, mit welcher stummen Geduld die Leute hier in Berlin die allmählich häufiger werdenden feindlichen Bombenangriffe ertrugen... und sie konnte nicht aufhören zu denken: Wozu, wozu das alles? wo ist denn das Vaterland, für das die Unsern so heldenmütig kämpfen? Sie selbst war damals, als der erste Krieg begann, noch kleiner gewesen als jetzt ihr Georg — und doch war Deutschland ein leuchtender, reiner Inhalt für ihr kindliches Gefühl gewesen, das erinnerte sie noch gut, und wie begeistert immer Jakob in Grünschwaig die Fahne herumtrug, mit einem gläubig ernsthaften Gesicht, das einem unwillkürlich Eindruck machte. Aber ein solches Gefühl in ihrem Georg zu erwecken oder auch nur zuzulassen, wenn er es aus der Schule heimbringen würde: das durfte sie ja gar nicht. Denn das Vaterland tat ja Unrecht an vielen Menschen, die in seiner Gewalt waren. „Wie soll man denn," fragte sie ihren Mann, „die Kinder hineinwachsen lassen in eine Zeit, in der ein so furchtbarer Krieg geführt wird, und wo doch alles Große, das getan wird, gar nicht mehr groß ist, weil es keinen Sinn mehr, kein echtes Ziel hat? Wohin geht denn das alles? Je älter die Kinder werden, umsomehr Fragen werden sie stellen, die ich ihnen nicht beantworten kann. Georg macht mir jetzt schon manchmal Schwierigkeiten. Sie brauchen doch Hilfe von uns, und ich kann sie ihnen nicht geben!"

Eines Tages gab es einen Streit in der Kinderstube. Georg nahm seiner kleinen Schwester, um sie zu necken, ihren Löwen weg, und Ninette, ganz außer sich vor Wut, versuchte ihm mit den Nägeln das Gesicht zu zerkratzen. Hierüber mußte Hugo am Abend lange, verzweifelte Klagen von seiner Frau anhören, sie bemühte sich ihm zu beschreiben, wie der Blick des Kindes sich in Haß auf den Bruder getrübt hatte, und wie entsetzlich das war. Er lachte und fragte, ob denn Silvia sich nie mit ihren Geschwistern gezankt hätte? — „Es kann schon sein. Aber dann ist es nur umso schlimmer, dann kann es eben nie gut werden auf der Welt," meinte sie, und fühlte sich unglücklich, weil er nicht zu begreifen schien, von welcher schrecklichen Bedeutung die kleine Begebenheit für sie war. Sie hatte ja in ihrem Leben schon manches gesehen; besonders an ihrer Schwester Luzie kannte sie schon von Kind auf das Bösewerden in den Augen und das Tun und Sagen von unguten Dingen, und gerade sie hatte dagegen immer ein Mittel der Begütigung gewußt; aber Silvia war von den Müttern, denen mit ihren Kindern die Welt gleichsam von neuem anfängt. Ihr ganzer, durch die Zeit gefährdeter Glaube an den Sinn der Welt hatte sich bei ihr hineingerettet in ein Zutrauen auf das unbeirrbar Gute, das in den Kindern heranwuchs — und sollte denn jetzt auch das nicht mehr gelten?

Hugo wußte schon, daß für Silvia die Kinder zum Mittelpunkt aller Interessen geworden waren. Er fand sich dadurch nicht gekränkt. Denn er sah, daß sie ebenso wie ihn auch sich selbst in diesen hingebenden Dienst einbezog, und war damit einverstanden, daß die beste Kraft ihres elterlichen Daseins dazu bestimmt sein sollte, es an die Kinder weiterzugeben. Mit leiser Hand aber wußte er zu verhindern, daß Silvia in dem Überschwang ihrer Mütterlichkeit zwei kleine Götzen aus ihnen machte. Die Autorität hielt er aufrecht, die Rücksicht auf Vater und Mutter forderte er von ihnen; „die Hilfe, die man ihnen geben kann," sagte er zu Silvia, „ist: O r d n u n g , um das Böse in Schach zu halten, das nun einmal in uns Menschen steckt."

Hierin fand sein klarer Sinn auch die Antwort auf die durch den Krieg aufgeworfenen Rätselfragen. Sie kamen darauf zu sprechen an einem Abend, an dem die Schwiegereltern Degener bei ihnen waren.

Man sah sich nur selten. Tagsüber hatte jeder seine Arbeit, und abends war das Ausgehen jetzt immer, der Flieger wegen, ein Entschluß, Silvia konnte die Kleinen keinesfalls in der Wohnung allein lassen; daher waren, wie vorher schon einige Male im Lauf des Sommers, die Eltern nach Dahlem herübergekommen. Wirklich wurde auch diesmal das Abendessen durch die Vorwarnung unterbrochen, und man mußte in den Keller hinunter; doch es wurde kein schwerer Angriff, die Flak schoß nur in der Ferne, die Kinder schliefen wieder ein, auf ihren Matratzen, und die Erwachsenen führten bei einer von Georg Degener mitgebrachten Flasche ihre begonnenen Unterhaltungen fort. Georg Degener berichtete von dem nunmehr authentisch bekanntgewordenen Verbot des Führers, bei Neusiedlungen Grund und Boden für kirchliche Gebäude abzugeben, und die Mutter Ulrike, die bei der trüben Kellerbeleuchtung auf Silvia einen recht müden, gealterten Eindruck machte, bemerkte dazu: Hitler könne wohl nie erfahren haben, was in einer trostlosen Stadtstraße ein plötzlich anhebendes Glockengeläut bedeutet, sonst würde er den Menschen das nicht nehmen wollen.

„Ja!" rief Silvia eifrig; sie erzählte, was neulich das Ninettchen Hübsches über das Glockenläuten gesagt hatte, wurde aber dann ernst – und Hugo, der sie nicht auf die traurige Geschichte vom Löwenstreit kommen lassen wollte, fing an, sich über seine Anschauungen zu erklären.

Nach seiner Meinung war im Hitlerstaat die Unordnung die Quelle aller Fehler: Unordnung in religiöser und sittlicher, wirtschaftlicher und verwaltungsmäßiger, militärischer und politischer Hinsicht. Man verfolgte die Kirchen, nahm ihnen die Presse, die soziale Fürsorge und die Erziehung der Jugend aus den Händen, – und das, während das Volk in einem Kampf auf Tod und Leben stand und darin ja nicht nur seine zeitlichen, auch seine ewigen Güter verteidigen sollte. Man wollte die Kraft und Gesundheit des Volkes, aber durch Korruption und jede Art von moralischer Laxheit zerstörte man die Voraussetzungen. Man hatte eine neue Wirtschaftsblüte herbeiführen wollen, aber die Reserven für großzügige Unternehmungen verschwendet, und zugleich ein so notwendiges Verkehrsinstrument wie die Reichsbahn derart vernachlässigt, daß sie den erhöhten Kriegsaufgaben nicht gewachsen war und im vergangenen Winter die durch die Sammlung für die Ostfront aufgehäuften gewaltigen Bestände an Wollsachen und Skiern nicht rechtzeitig an Ort und Stelle hatte schaffen können. (Durch seinen Minister Dorpmüller wußte Hugo, wie Hitler darüber getobt hatte, ohne einsehen zu wollen, daß er durch alles Vorausgegangene selbst daran die Schuld trug.) Ebenso waren auf dem militärischen Gebiet die Ressorts nicht so zusammengeordnet, daß sie reibungslos dem gemeinsamen Zweck der Kriegführung dienen konnten; es gab keine übergeordnete Stelle mit entsprechender Befehlsgewalt, welche die verschiedenen Forderungen aufeinander abzustimmen vermochte. „Und erst recht politisch," sagte Hugo – sein Ton sollte Spott bedeuten, aber es kam eher als ein gramvoller Seufzer heraus: „Erst recht politisch weiß niemand, am wenigsten unser großer Führer Adolf Hitler, was wir eigentlich wollen. – Aber der ganze Wahnsinn ist nur die Folge einer Unordnung im Kern dieses Staates."

„Papa, kann das richtig sein, was er sagt? Daß es nur die Ordnung ist, die uns fehlt?" wandte Silvia zweifelnd ein. „Ich kann nicht glauben, daß es nur das ist. Es gibt da noch etwas anderes, es gibt etwas Unheimliches..."

Ihres Vaters Gesicht nahm, als sie das sagte, den seltsamen Ausdruck an, den sie in den letzten Jahren öfters an ihm beobachtet hatte; seine Augen, so hell zwischen seinen weißgewordenen Schläfen, sahen etwas, was eigentlich nicht zu sehen war, etwas Furchtbares, Feindliches, von dem Silvia nur eine undeutliche Ahnung hatte. E r wußte davon, er kannte es. Aber sie empfand es plötzlich als einen wunderbaren Trost, ihm anzumerken, daß er trotz dieser Kenntnis offensichtlich keine Furcht davor hatte.

Er sagte: „Ich verstehe schon, verstehe schon, was dein Hugo meint. Es ist ganz richtig, es ist eine Unordnung im Kern des Staates, von der all die schweren Schäden herkommen. Ja. Es gibt aber jemand, der die Unordnung stiftet."

Hugo: „Natürlich! Diese verbohrten und ungeschickten Menschen."

„Nicht Menschen. Nicht natürlich. Von jenseits der Natur," erklärte Georg Degener, den Kopf zu ihm hinwendend, mit einer etwas strengen Miene.

Sie waren manchmal in Gesprächen bis zu diesem Punkt vorgedrungen, an dem Hugo Faber jedesmal nicht mehr weiterwußte und resigniert dachte: Er ist ein so guter Mensch, der Papa Degener, aber er ist eben ein Pastor, und da kommt er dann mit dem Teufel, und man versteht ihn nicht mehr.

Zu seiner Verwunderung aber nickte Silvia zu den Worten, mit ernstem, tief erschrockenem Gesicht, und sagte leise: „Ja, du verstehst das nicht, Hugo. Ich hab's auch nie verstanden. Aber ich glaube jetzt, daß es so ist, wie der Papa sagt."

Hugo wurde das unbehaglich, darum fragte er in einem etwas

leichten Ton: „Warum willst du denn durchaus darauf bestehen, Papa, Hitler seine Verantwortung abzunehmen?"

„Abzunehmen? Ja, wo denkst du denn hin? Die nimmt ihm niemand ab. Glaubst du wohl, daß der Mensch dafür keine Verantwortung hat, wenn er seine von Gott dem Herrn geschenkte Freiheit an den Teufel preisgibt?"

Hugo Faber schwieg.

Georg Degener spürte, daß er sich besser erklären müßte, um von dem Andern verstanden zu werden; aber wie immer konnte er sich in Gedankengänge, die abseits vom Glauben verliefen, nicht recht hineinfinden, und wiederholte nur ernsthaft, was er selbst so deutlich wußte:

„Verantwortung kann doch nur sein, wo eine Frage ist. Ja, eine Frage, die Antwort fordert. Die Leute reden immer von Kräften. Aber das ist ungenau, ist das. Es sind Wesen, die sich bekämpfen, bis ins Herz des Menschen hinein. Gott, der uns mit persönlicher Liebe sucht und durch das Opfer seines Sohnes die Welt zur Versöhnung ruft. Und eben — der Andere, der die Versöhnung stören will, und der auch bis ans Ende der Zeit immer wieder Gelegenheiten haben wird — Gelegenheiten, zu versuchen, ob er die Seele des Menschen in seine Gewalt bringen kann."

Theologie! dachte Hugo wieder.

Ulrike sagte: „Ich meine auch, daß alles Böse unserer Zeit von diesem einen entsetzlichen Menschen, Hitler, ausstrahlt."

Georg Degener: „Sag nicht: alles Böse. Alles Böse kommt nie von einem Menschen — einem, der noch lebt und noch gerettet werden kann. Wir müssen ja in den Gottesdiensten, sonntags, müssen wir für den Führer beten." Er sagte mit einem fast fröhlichen Lächeln: „Es ist die einzige, von unserm heutigen Staat gegebene Vorschrift, die ich mit ganzem Herzen erfüllen kann."

„Ja, er betet für ihn," bestätigte Ulrike.

Georg: „Niemand hat es nötiger als er."

Silvia, die mit angespannter Aufmerksamkeit, ihre Augen zu jedem, der redete, hingewendet, dem Gespräch gefolgt war:

„Also Beten ist das Richtige. Um was beten? Um die Befreiung von dem Bösen, das Hitler und uns alle gefangennimmt. Und ... und ist es deswegen, Papa, daß du dich nicht fürchtest?"

Georg war betroffen von dem leuchtenden Zutrauen in dem Blick seiner Tochter. Er sagte:

„Ich fürchte mich oft. Aber Furcht gibt es nur, solang das Gebet schwach ist."

Georg Degener hatte seinen redlichen Anteil an dem Kampf, den seine Kirche im Staat Hitlers um ihr Leben und um die Freiheit ihrer Verkündigung führte, und so deutlich wie einer sah er die aus anderen als nur menschlichen Bereichen heraufdrängende Macht, welche diese Verkündigung bedrohte. Doch in seinen Predigten rührte er daran nur selten in der Weise, wie er es in dem abendlichen Gespräch mit Silvia und Hugo getan. Je länger er als Pfarrer mit seinen Gemeindekindern lebte und die Lehren dieser Zeit zu beherzigen suchte, umso mehr bestärkte sich in ihm eine sehr schlichte Auffassung vom geistlichen Hirtenamt, die er für sich selber in den zwei Worten „Wachsamkeit" und „Ruhe" zusammenfaßte. Von der Kanzel aus kann ein Prediger mit einer oft erstaunlichen Genauigkeit spüren, was für Gedanken, was für Erwartungen in den Gemütern seiner Hörer sind; und Georg merkte, daß es da als Gefahr nicht nur die Gleichgültigkeit, sondern auch eine ungute Sucht nach Erregungen gab. Georg, obwohl ihm das von Einigen als Ängstlichkeit ausgelegt wurde, vermied jede, auch die versteckteste Anspielung auf die Zeitverhältnisse, bei welcher seine Hörer die Ohren spitzen konnten. Er sagte sich, er habe kein Recht, die Gemeinde zum grundsätzlichen Widerstand gegen den Staat aufzufordern, – schon darum nicht, weil der Widerstand gar nicht zu verwirklichen war; der Staat hatte das Leben jedes Einzelnen in seiner Gewalt. Und nach Georgs Meinung mußte das, was ein Pfarrer in der Kirche sagt, nicht besonders glänzend und wirkungsvoll aufgebaut, es mußte aber auch außerhalb der Kirche, im Alltag der Menschen, verwendbar sein. Hiernach bestimmte sich sein Verhalten. Der Wagnisse, die er selbst auf sich nehmen und von der Gemeinde fordern mußte, gab es bei aller Vorsicht noch genug. So hatte er die Eltern zu ermahnen, daß sie ihre Kinder nicht in den politischen „Weltanschauungsunterricht", sondern in die ordentlichen Religionsstunden schicken und daß sie auf Erteilung dieser Stunden dringen sollten, wo man dieselben zu verhindern suchte; er hatte zu warnen vor gewissen staatlichen Versorgungsanstalten für Schwachsinnige, in denen man begonnen hatte, das „lebensunwerte Leben" zu töten; er hatte im Widerspruch zu Anordnungen des Kirchenministeriums Bestimmungen über die Teilnahme jüdischer Gemeindeglieder am Gottesdienst und Konfirmanden-Unterricht zu treffen. Oder es handelte sich um einen bischöflichen Hirtenbrief, eine Weisung des Bruderrats der Bekennenden Kirche, worin von diesen Angelegenheiten die Rede war und die er verlesen mußte, obwohl die Verlesung von Staats wegen verboten war. Georg Degener machte die Erfahrung, daß er in solchen Fällen immer mit einem sehr festen Frieden im Herzen auf die Kanzel steigen und das Nötige vorbringen konnte – weil er sich das nicht Nötige versagt hatte.

So waren die Monate, die Jahre hingegangen, ohne daß ihm etwas geschah. Er sagte zu Ulrike einmal, in nachdenklichem Ernst, er müsse diesen Schutz Gottes wohl als eine besondere Milde des Vaters im Himmel erkennen. Denn sosehr er sich auf schwere Prüfungen, wie sie vielen seiner Amtsbrüder widerfahren, zu rüsten suche, so glaube er doch, daß er für den Glanz des Märtyrertums nicht geschaffen sei. „Dahin führt Gott nur die Auserwählten. Wie käme ich also dazu?" – In dem Munde eines Andern hätte das ein angelerntes Demutswort sein können, nicht aber bei Georg, dessen kindlich gerader Sinn keine Schliche, keine Hintertüren kannte. Das wußte Ulrike ... und hätte beinah mit Rührung nach seiner Hand gegriffen, um sie ihm zu küssen. Sie tat nichts dergleichen, dazu war sie viel zu sehr ein Mensch aus nördlichem Land, es wäre ihnen auch nur beiden eine schreckliche Verlegenheit gewesen. Sie sagte irgendetwas Leises, Unauffälliges. Aber sie wunderte sich, woher denn, da sie sich doch alt und müde fühlte und viele Schmerzlichkeiten erlebt hatte, auf einmal ein so junges Glück in ihr Herz gekommen war.

Es ging schon auf den Herbst. Im Osten war der Elbrus erstürmt und dort auf dem höchsten Kaukasusgipfel die Fahne des Reichs gehißt worden, die 6. Armee unter dem General Paulus drang zwischen Don und Wolga gegen Stalingrad vor und brach am 1. September in den Stellungsring der Stadt ein; in Ägypten hatte Rommel einen neuen Angriff begonnen. Um die Zeit war es, daß nun doch eine plötzliche Gefahr für Georg Degener aufstand.

Sie kam nicht, von wo er sie hätte erwarten können: bei der Verlesung eines Hirtenbriefs, bei einer kühnen Predigt. Der Anlaß war schmählich und gering, es gab keine Ehre dabei zu holen.

Georg Degener war früher ein erwählter Vorsitzender bei der Berliner Bahnhofsmission gewesen, und als kurz nach Kriegsbeginn die Bahnhofsmission im ganzen Reich „im Zuge der Personal-Einsparungen für die Zwecke der Reichsverteidigung", verboten wurde, hatte sich aus jener alten Verbindung für ihn die Pflicht ergeben, die Aufgaben der Organisation, im Zusammenwirken mit anderen Pastoren, im Rahmen der noch verbliebenen Möglichkeiten wahrzunehmen; an vielen Orten bestand so die Bahnhofsmission schattenhaft fort, sodaß sie jederzeit, sobald eine Änderung der Verhältnisse es erlauben würde, wieder ins Leben gerufen werden konnte. Es fehlte freilich an den nötigsten Mitteln, die Kirche durfte im Hitler-Staat keine öffentlichen Sammlungen veranstalten, sie besaß nur noch, was ihr der Kirchgänger in den Opferteller legte. Doch flossen diese Spenden reichlicher als in friedsamen Zeiten; selbst Gemeindeglieder, die keineswegs vermögend waren, trugen ihrem Pfarrer ansehnliche Spenden ins Haus, wenn er ihnen die vielfältigen Bedürfnisse nur richtig darzustellen wußte. Georg Degener nun hatte einen ehemaligen Kassenwart der Bahnhofsmission, Wilhelm Broschke, als Gemeindehelfer in Dienst genommen, er konnte ihm auf diese Weise einen bescheidenen Lebensunterhalt gewähren, und Broschkes Hauptaufgabe bestand in der Buchführung über die Gelder, die in Steglitz und in anderen Berliner Gemeinden für die Bahnhofsmission eingingen und verwendet wurden. Als Georg Anfang September 1942 gerade mit Ulrike einen kurzen, längst verdienten Ostsee-Urlaub angetreten hatte, wurde er in die Hauptstadt zurückgerufen, weil sein Gemeindehelfer plötzlich unter Anklage gestellt war.

Broschke, ein alter, schattenhaft magerer und schüchterner Mann, lang bewährter Diener in seinem Amt, hatte der Kasse einen Betrag entnommen, um für seine erkrankte Tochter, mit der er seit dem Tode seiner Frau allein zusammenlebte, einen Sanatoriumsaufenthalt zu bestreiten. Es war eine Torheit von ihm; denn hätte er die Sache mit dem Pastor Degener offen beredet, so hätte dieser gewiß eine Aushilfe für Broschke ersonnen, zumal der besorgte Vater durchaus die Absicht hatte, die Summe, von Monat zu Monat sparend, in die Kasse zurückzuzahlen; aber hieran hatte ihn seine Schüchternheit gehindert. Und leider fehlte es nicht an einem Mißgünstigen, der von Fräulein Broschkes Abreise erfuhr und mit der solchen Menschen eigenen Witterung erspürte, woher das Geld dazu gekommen war; er ging mit einer Anzeige zur Partei. Dort war natürlich nichts willkommener als eine solche Handhabe zum Eingriff in kirchliche Angelegenheiten. Man erzwang eine kirchenbehördliche Nachprüfung über die Rechnungsführung der Steglitzer Gemeinde, an der sogar, völlig rechtswidrigerweise, Parteibeamte teilnahmen. Ein Glück war noch, daß Broschkes Buchführung nicht unter dem Titel der Bahnhofsmission lief, sondern unter dem der Verwendung von „Spenden B" für wohltätige Zwecke. Auf die Frage, was „Spenden B" heißen sollte, redete sich der erschrockene Broschke wenigstens so weit aus, daß das sein Arbeitsbereich sei und daß er weiter nichts wisse. Aber er war harmlos genug, den untersuchenden Herren zu erklären: ja, er habe tatsächlich eine Summe entnommen, weil er für die Gesundheit seines Kindes fürchtete, aber eine erste Rate sei schon zurückgezahlt, binnen Jahresfrist werde alles wieder in Ordnung gebracht sein. „Machen Sie mich doch bitte nicht unglücklich, meine Herren," sagte er; er sah, wie sie sich zulächelten, und wurde dadurch ermutigt zu der Hoffnung: das könnten keine Unmenschen sein. Doch sie führten ihn zu einem Auto, das auf der Straße stand; er wurde gefangengesetzt.

Das gleiche Schicksal ereilte Georg Degener, sobald er von der Ostsee zurückgekehrt war. Unter dem Druck der Partei stellte sich die Reichskirchenbehörde auf den Standpunkt, daß er als Pfarrer für das Verhalten seines Gemeindehelfers die volle Verantwortung trage. Die Angelegenheit stand weder moralisch noch in Bezug auf die Summe, um die es sich handelte, in irgendeinem Verhältnis zu den großzügigen Vergeudungen von Staatsgeldern zu persönlichen Zwecken, wie sie in der Führerschicht der Partei längst gang und gäbe waren und die nur sehr selten, unter Ausschluß der Öffentlichkeit, durch ein Parteigericht aufgedeckt und bestraft wurden. Immerhin war der Betrag größer, als ihn die Partei bei der Steglitzer Gemeinde vermutet haben mochte, vielleicht schöpfte sie wirklich in der stets wachen, heimlichen Angst, die allen Tyrannen eigen ist, daraus den Verdacht, daß etwas „Politisches" dahinterstecken müsse; jedenfalls gab ihr dieser Verdacht den Vorwand, die Sache in ihre Hand und den Pfarrer Degener in eigene Verwahrung zu nehmen. Und im „Schwarzen Korps", dem Blatt der SS., erschien ein Artikel in dem schon bekannten Ton: er sprach von den geistlichen Heuchlern, denen „die Biedermannsmaske verrutscht" sei, und endlich könne das Volk ihr wahres Gesicht erkennen; es werde sich jetzt von ihren christlichen Phrasen nicht länger täuschen lassen. „In einem Augenblick, in dem unsre stolze nationalsozialistische Wehrmacht einer feindlichen Welt zum Trotz mit eisernen Hammerschlägen den ewigen Bau des Großdeutschen Reiches vollendet, werden in der evangelischen Kirche die Spargroschen des kleinen Mannes veruntreut. Die Herren Pastoren von der sogenannten ‚Bekenntnisfront' können das vielleicht unter sich als einen Dienst an ihrem Judengott betrachten, auf Deutsch gibt es nur e i n Wort dafür: Unterschleif, und der hat in so schicksalsschwerer Zeit weniger als je eine Schonung zu erwarten. Die Herren mögen sich darauf verlassen: wir werden ihnen das Handwerk legen und ihnen das fromme Mundwerk verstopfen."

Als Georg Degener in seiner Untersuchungshaft diesen Aufsatz zu lesen bekam, da merkte er, daß es ein anderes ist, sich in der Stille auf Schmach und Verfolgung gefaßt zu machen, ein anderes, sie wirklich zu erleiden. Es wurde ihm ganz sonderbar dunkel vor den Augen, rings von den Rändern des Blickfeldes her — er sah nur noch gerade den Stuhl, nach dessen Lehne er greifen und sich niedersetzen konnte, er hatte die Empfindung, als schlüge eine warme, übelriechende Welle über ihm zusammen. Das Blatt bezeichnete ihn zwar nicht namentlich, aber als „Pastor der Steglitzer Gemeinde", und hatte wohl absichtlich vermieden, klarzustellen, daß es sich um ein Vergehen des Herrn Broschke handelte; der Leser mußte aus dem Artikel entnehmen, der Pastor von Steglitz selbst sei auf einer Veruntreuung ertappt worden.

Georg dachte: So ist das also. Ich soll nicht Ehre haben, indem ich für die Wahrheit des Herrn Christus einstehe. Ich soll Unehre, böse Nachrede soll ich haben. Die Herzen meiner Gemeinde sollen verstört und an ihrem Seelsorger irrewerden. So ist das also. Ich bin gewiß kein guter Arbeiter in der Ernte; bin ich nie gewesen. Aber womit hab ich denn Unehre verdient? Ich hab mir doch immer wenigstens Mühe gegeben. Es ist nur gut, daß meine liebe Nina, meine liebe treubesorgte Mutter, mein Vater das nicht erlebt haben!

Sein Vater war kein Kirchgänger gewesen, und man hatte nie recht von ihm gewußt, was eigentlich der Glaube in seinem Leben bedeutete. Georg erinnerte sich an sein beharrliches Schweigen, wenn er in seiner Gegenwart von geistlichen und seelsorgerlichen Erfahrungen erzählte; und doch war von dem Wesen seines Vaters das ausgegangen, was in ihn, den Sohn, die frühe Zuversicht zu Gott gepflanzt und ihn auf seinen Weg als Pfarrer geführt hatte. Und wahrscheinlich aus einer frühen Kindheitstiefe (was weiß der Mensch von der Wirksamkeit der Bilder, die er als heimlichen Vorrat in sich trägt?) kam ihm das geduldig-ernste Gesicht des Kruzifixus im Grünschwaiger Treppenhaus in den Sinn, das schlicht und etwas bäurisch blickende Holzgesicht, das über Georgs Kindheit gewacht hatte und nun dem Verwirrten, Angefochtenen zu sagen schien: „Selig bist du." Seligkeit war denen zugesagt, die zu Unrecht mit übler Nachrede verfolgt werden. Seid fröhlich und getrost, so wurden sie ermahnt, denn es wird euch im Himmel vergolten. So haben sie auch die Propheten verfolgt, die vor euch gewesen sind.

Prophet bin ich keiner, dachte Georg. Aber „fröhlich und getrost" war er schon geworden. Wie ein Junge, der ein etwas schwieriges Spiel verstanden hat und es nun zu können meint, überlegte er: das wäre ja auch gar nichts, wenn ich hier als ein Zeuge meiner Kirche große Ehren davontrüge. Was wäre denn dabei Schweres? Christus der Herr ist ja durch alle Schmach gegangen. Was ist dagegen das bißchen Schmach, das in so einer Zeitung steckt? — Er las jetzt das Gedruckte noch einmal, er hatte beinah Lust zu lachen, er schüttelte den Kopf über sich selbst, daß es ihm so hatte zusetzen können.

Immerhin wußten seine Frau, seine Freunde, und wußte auch Georg selbst, daß er in ernster Gefahr stand. Noch nicht, solang er in Untersuchungshaft war, und auch nicht bei der Gerichtsverhandlung. Er hatte mit Broschkes Sache persönlich nichts zu schaffen, das Gericht mußte ihm seine Unschuld zuerkennen und würde das auch tun. Aber Degeners Rechtsanwalt hielt für möglich, daß die Gestapo, wie sie es mit so vielen anderen schon getan, ihn vom Gericht weg in ein Lager überführen würde; die Partei ließ Priester, gegen die sie einmal eine, wie auch immer geartete Handhabe gewonnen hatte, nicht so leicht wieder entschlüpfen, und niemand konnte voraussagen, was dem widerfahren würde, hinter dem sich die Tore eines solchen Lagers schlossen. Um zum Frontdienst eingezogen zu werden, was in anderen Fällen ein Ausweg sein mochte, war Georg Degener nicht mehr jung genug. Ulrike befand sich also in größter Sorge, sie wandte sich um Hilfe nicht nur an die Vertreter der Kirche, deren Wort ja nur geringes Gewicht hatte, sondern vor allem an ihre Schwägerin Kitty Degener, welche von der Zeit her, da Vater Gaunt noch gelebt und die Berliner Olympiade besucht hatte, mancherlei Verbindungen zu den Parteigrößen besaß und sich nun mit ihrem ganzen warmen Herzenseifer dafür einsetzte, Georg Degener zu befreien.

Kitty fuhr zu Emmy Göring nach Karinhall, es gelang ihr tatsächlich, zu ihr vorzudringen (wer hätte auch Kitty aufzuhalten vermocht?) und in einer langen Unterhaltung machte sie ihr klar, daß sie alle miteinander: Kitty selbst und ihr Mann, und auch ihres Mannes Bruder, der Pastor, ganz getreue Anhänger Adolf Hitlers wären und daß es daher ein himmelschreiendes Unrecht sein würde, einem solchen Mann etwas anzutun, der jeden Tag für den Führer betete („und ich glaube, er tut es sogar jetzt noch, im Gefängnis," betonte Kitty); der auch einen jungen Sohn an der Ostfront hatte – seinen einzigen, nachdem er den Ältesten auf so tragische Weise verlor. Kitty versäumte auch nicht, zu erwähnen, daß ihr Schwiegersohn Graf Hanstein in Wien mit zweiundvierzig Jahren „zum Schwert gegriffen" hatte; tatsächlich war Clemens im Frühjahr dieses Jahres zu einem in Wien stationierten Ersatzbataillon eingezogen worden, wobei sein k. u. k. Leutnantspatent aus dem letzten Jahr der Donaumonarchie anerkannt wurde. Clemens tat dort, wahrlich ohne Begeisterung für das Reich Adolf Hitlers, aber mit Gewissenhaftigkeit seinen Dienst und konnte fast immer das Wochenende mit seiner Familie verbringen. In

Kittys temperamentvoller Darstellung freilich klang das eher so, als ob Graf Hanstein vor Ungeduld gebrannt habe, der Fahne seines Führers zu folgen. Auf solche Weise gewann Frau Göring Einblick in das ganze Familienleben der Degeners und sie versprach in ehrlicher Rührung, alles nur Menschenmögliche für Georg zu tun. Gleichzeitig versuchte auch Hugo Faber, über seinen Minister etwas für den Verhafteten zu unternehmen. Es zeigte sich allerdings, daß durch Georgs Zugehörigkeit zur Bekennenden Kirche das schöne Bild des führertreuen Pfarrers, wie es Kitty gemalt hatte, einigermaßen entfärbt wurde, und sie fragte Ulrike bekümmert und etwas vorwurfsvoll, warum er denn auch gerade zur B. K. gehören mußte? — so als wäre das eine ausgefallene und gefährliche Art von Sport, die er sich als ernster Mann lieber nicht hätte leisten sollen. Aber deswegen ermüdete Kitty gleichwohl keinen Augenblick in ihren Bemühungen zu ihres Schwagers Gunsten.

Seine Rettung kam von anderer Seite und ebenso unerwartet, wie die Gefahr gekommen war.

Er war schon mehrfach verhört worden, dann stockte das Verfahren, er wußte nicht, ob er die Fortführung herbeiwünschen oder fürchten, ob er etwa gar ohne weitere Untersuchung und Verhandlung fortgeschafft werden sollte — da erschien Peter auf Urlaub von der Ostfront. Ulrike erkannte sogleich die günstige Möglichkeit, die damit gegeben war, und konnte nun mit Hilfe ihrer verschiedenen Verbindungen erreichen, daß Georg vorläufig in seine Wohnung zurückkehren durfte, um mit dem Sohn zusammen zu sein. Es mochte dabei mitsprechen, daß man nicht gerade gern einem Frontkämpfer den Eindruck gab, das Leben seiner nächsten Angehörigen sei zu Hause nicht sicher. Georg blieb natürlich weiterhin unter Aufsicht, sein Telefon wurde überwacht — und wie es die Fügung wollte, erwies sich für einmal gerade dies als ein Glück. Denn so wurde ein Telefongespräch Ulrikes mit Silvia abgehört und mitgeschrieben, worin von dem Minister — gemeint war Dorpmüller — die Rede war; und daraus wohl gewannen die Beamten der Geheimen Staatspolizei den Eindruck, daß es rätlicher sei, von der weiteren Verfolgung des Falles abzusehen. Ob die Gestapo Wind bekommen hatte, daß für die Bahnhofsmisson gesammelt worden war, und dies als ein nicht bedeutsames und jedenfalls unpolitisches Verschulden ansah, wurde niemals bekannt. Georg Degener erhielt die Mitteilung, seine Angelegenheit sei erledigt. Späterhin wurde auch Broschke wieder auf freien Fuß gesetzt, nachdem er zur Erstattung der entnommenen Summe und außerdem zu einer Geldstrafe verurteilt worden war.

Beide mußten selbst die Kosten ihrer Untersuchungshaft tragen. Georg wollte auf dem ordentlichen Rechtsweg und Urteil bestehen; sein Anwalt widerriet es ihm: er möge froh sein, daß er noch so davongekommen, von Recht sei bei diesen Burschen ohnehin nicht die Rede.

Peter erlebte noch während seines Urlaubs, daß sein Vater frei wurde, er begrüßte und umarmte den in die Wohnung Zurückkehrenden unter der Tür. „Tag, Papa. Sehr gut. Bin sehr froh," sagte er zu ihm. — Die Verhaftung hatte für Georg das Ergebnis, daß er dem Sohn zum erstenmal nicht, wie früher, wenn er auf Urlaub gekommen war, mit einer Art Befangenheit gegenüberstand, wie sie der in Sicherheit Lebende zu dem von Gefahr Bedrohten fühlt; denn jetzt war die Gefahr auch bei ihm gewesen. Er fragte ihn nach dem Krieg, und Peter war auch ganz willig, zu erzählen, nur schien es, als glitte ihm immer das Eigentliche: dieser Schrecken, der Krieg hieß, zwischen den Maschen seiner Berichte fort. Ein neuer Ernst war ihm ins Gesicht gezeichnet.

Einmal gestand er seinem Vater, mit einem etwas hilflosen Lächeln: „Weißt du, Papa, wenn man mit einem Kameraden durch viele üble und oft ja auch schöne Sachen durchgekommen ist, und eines Tages schießt es wieder aus einem Loch, wie schon tausendmal vorher, aber jetzt erwischt es den Kameraden, und weg ist er — weißt du, das versteht man nicht recht. Niemand versteht es."

„Nein," gab Georg zu.

Und Peter sagte: „Der Russe kriegt zu viele Waffen vom Amerikaner. Da kommen wir nicht mit. Darum wird man nie fertig." Und er sagte: „Dieses Stalingrad, das scheinen sie ja immer noch wie die Verrückten zu verteidigen."

„Kommst du da hin?" fragte Georg.

„Das ist möglich. Nein, bis ich wieder hinauskomme, werden sie damit wohl fertig sein," sagte Peter zögernd.

„Und was kommt dann?"

„Wieder eine neue Schlacht. Wir fragen draußen nie: was kommt dann? — Das gewöhnt man sich ganz ab. Weißt du, Papa."

Er sagte mit einem plötzlich erbitterten Gesicht: „Wir hätten es übrigens doch andersrum machen müssen!"

Georg: „Wie meinst du: andersrum?"

„Na ja, erst hier im Land aufräumen — und dann den Feind. Es ist eine Schweinerei, wie sie es mit dir gemacht haben! Draußen hält man den Kopf hin, und zu Hause sperren sie einem den Vater ein."

„Macht nichts, macht nichts, mein lieber Junge," sagte Georg lächelnd.

Bevor Peter wieder abreisen mußte, waren sie alle noch einmal in Steglitz zusammen: Georg, Ulrike und Peter, Richard und Kitty, Hugo und Silvia, die für diesmal, der Flieger wegen, ihre beiden Kleinen mit hergebracht hatten; Ninettchen war im breiten Großeltern-Bett schon schlafen gelegt worden. Es war ein Festabend, dem Urlauber zu Ehren, und um Georgs Befreiung aus der Haft zu feiern. „Wieder ein richtiger großer Familientisch, wie in Friedenszeiten!" sagte der Hausvater fröhlich, der kleine Georg aber fragte vom unteren Ende der Tafel her: „Großpapa! wenn aber die Flieger kommen?"

„Du wirst sehen, die kommen heut nicht," versprach der große Georg leichtsinnig.

Er behielt recht, die Nacht blieb still. Und doch war es nicht wie im Frieden, weil jedes unwillkürlich hinaushorchte, aus dem Radioapparat den warnenden „Kuckucks"-Ruf erwartete – und mehr noch deswegen, weil in ihrer Mitte der junge Gast von der Ostfront saß – er sprach und lachte, als dächte er gar nicht an den Schatten über seinem Haupt, besonders tat er alles, um den ernsten Augen seiner Schwester Silvia ein Lächeln abzugewinnen, indem er mit ihrem Buben Onkelspäße trieb und sein Kinderlachen weckte; es klang hell durch das etwas dumpfige Zimmer: die Fenster mußten ja dicht mit Verdunklungspapier verschlossen sein. Alle vermieden es, vom andern Tag, von Peters Abschied zu sprechen; selbst Kitty, der ihr Mann vorher eindringlich auseinandergesetzt hatte, daß es manches Mal besser ist, nicht gerade alles, was man denkt, auch auszusprechen.

Ihr und Hugo dankte Georg noch einmal für das, was beide für ihn getan. „Der Vater im Himmel," sagte er, „hat es durch eure Treue bewirkt, meine Lieben, daß ich jetzt wieder zu Hause sein und meine Arbeit tun kann. Ja. Aber eigentlich – und damit wird von meinem Dank nichts weggenommen, wird nichts weggenommen, ich meine nur so – eigentlich habe ich es meiner lieben Ulrike schon vorher gesagt: daß ich zum Märtyrer nicht gemacht bin. Da wird ein anderes Holz gebraucht, anderes Holz als ich. Und jetzt könnt ihr ja alle sehen, daß das richtig war."

„Oh! das darfst du nicht berufen!" warnte Kitty, sie klopfte schnell dreimal ans Tischbein.

Der Herr Pastor mit erhobenem Finger: „Nicht abergläubisch sein, Kitty!"

„Du bist uns schon lieber als Zeitgenosse, wie als Märtyrer," sagte ihm sein Bruder Richard.

3

Zu Weihnachten 1942 kam Antje nach Steglitz, um Ferien zu machen. Das hatte sich schon seit einigen Jahren so eingebürgert, der Winter war für sie die Zeit, wo sie in Herselbach am ehesten abkömmlich war, und sie wußte, daß der Papa Degener ihr Daheimsein genoß, sich schon im Voraus darauf freute – wie sie selbst auch, die ja schon längst nichts anderes mehr an Heimat, als ihn, besaß. Zwischen ihr und der Mutter Ulrike war die alte Fremdheit nicht besiegt, wie sie nun einmal zwischen so sehr verschieden gearteten Naturen steht, von denen die eine nicht begreift, aus welchem Sinn, welcher Mitte die andere lebt. Aber auch Ulrike kam ihr diesmal milder und offener vor als sonst.

Die furchtbaren Luftangriffe, von denen Köln im vergangenen Frühjahr betroffen worden war – weit ins Land hinaus leuchteten damals die Brände – und die Verwüstungen an der ihrer Erinnerung so teuren Stadt, die sie jetzt bei der Durchfahrt gesehen, waren für Antje ein erschütternder Eindruck gewesen. Was seit dem Herbst an den Kampffronten geschah und zum erstenmal sichtbarlich die unheilvolle Wendung des Krieges ankündigte, das erfaßte sie nur undeutlich. Rommel war in Afrika zum Rückzug gezwungen worden, das eroberte Gebiet in Ägypten ging verloren; die deutsch-italienischen Truppen waren auf Libyen zurückgedrängt und schienen sich auch dort nicht halten zu können; die Amerikaner und Engländer landeten überraschend in Marokko und Algier, um Tunis zu nehmen, die afrikanische Küste ganz in ihre Gewalt zu bringen. – Aber das alles war so weit fort. Nur die schlimmen Nachrichten über Stalingrad, die der Wehrmachtsbericht noch nicht zugab und die doch jeder dem anderen flüsternd weitersagte, bedeuteten etwas Verständliches für Antje; denn dort stand Peter, und Georg Degener war in schwerer Sorge um ihn. Es hieß, die Russen seien durchgebrochen, unsre 6. Armee eingeschlossen. Und es hieß wieder: man würde sie freikämpfen, oder sie würde westwärts ausbrechen. Antje suchte den Papa Degener nach Kräften zu trösten, sie sagte ihm: „Ich glaube nicht, ich hab nicht das Gefühl, daß dem Peter etwas geschieht."

Er lächelte ihr zu, daß es ihr ins Herz schnitt: mühsamfreundlich, zu ihrem Versuch, ihm mit einem so vagen Trost beizustehen. Er antwortete: „Du hast ihn nicht gesehen, als er jetzt bei uns war. Er hatte ein anderes Gesicht als sonst, der Junge."

Aber wenn sie ihn bat, sich näher zu erklären, schüttelte er nur den Kopf. Es beschämte ihn, daß er, der bei andern jeden

Aberglauben schalt, jetzt selber mit einer abergläubischen Vorahnung nicht fertig werden konnte: als wäre sein junger Sohn, durch dessen plötzliche Heimkunft er aus seiner Haft befreit worden war, nun gleichsam für ihn dahingegeben. Er kämpfte manche schwere Stunde lang mit diesen Wahngedanken, obgleich er als Geistlicher doch wußte, daß es Wahngedanken waren; daß ihn da etwas täuschen und quälen und sein Vertrauen von Gott abdrängen wollte. In Seine Hand mußte man alles legen, durfte nicht so rechnen und klügeln und Ihm in die Karten schielen wollen. Wie oft hatte man als Seelsorger damit zu tun, die Menschen zu warnen, daß sie sich nicht in ein solches würgendes Netz verstricken sollten — in der Art, wie er es nun selber tat! Nun also, Herr Georg Drachentöter! sagte er zornig zu sich selbst, mach Gebrauch von deiner eigenen Weisheit! Und wenn sich der Gedanke dennoch bei Nacht wieder an ihn heranschlich, so überlegte er seufzend: es wird schon so sein müssen, daß ich das alles durchmache, damit ich das nächstemal mit den anderen Menschenkindern nicht wieder so ungeduldig bin und mit so groben Worten dreinfahre, wie früher.

Es konnte ja wirklich sein, vielleicht war es so: daß Gott der Herr in dieser schweren Zeit seinen Priestern die Aufgabe zugedacht hatte, alles mit durchzumachen, ganz von unten, ganz bescheiden und ohnmächtig, damit sie endlich einmal aufhörten, von oben die schöne, sichere Bibelweisheit auf die Leute herabregnen zu lassen! und vom brüderlichen Helfen nicht immer nur redeten, nein, es von Grund auf neu erlernten.

Antje aber fand, daß es mit dem Papa Degener von Jahr zu Jahr besser zusammenzusein war. Sie hätte jetzt sogar gern über ihr Erlebnis mit Quint zu ihm gesprochen, sie fühlte, er würde verstehen, selbst da noch verstehen, wo er keine Verzeihung geben konnte; sie wußte nicht von dem tieferen Geheimnis der Beichte, das über allen Menschenrat, alles Menschenverständnis weit hinausgeht, weil in ihm der Priester nur ein Ohr der Kirche ist, das hört, und ein Mund, der eine höhere als die menschliche Vergebung verkündet. Etwas drängte sie zu dem Bekenntnis, sie begriff selbst nicht, was das war — aber ihre Scheu war doch stärker; und noch etwas anderes als Scheu: sie wollte jenes Glück, das nun ganz und gar in Schmerz verwandelt und so zerstört war wie der Ort selbst, Köln, wo sie es empfangen und erlebt hatte, in ihrem Inneren ungeteilt besitzen. Es war ihr, als gäbe sie etwas davon weg, wenn irgendein Dritter davon wüßte.

Und so blieb es beim Schweigen.

In der Hauptstadt war es nicht weihnachtlich, und es wurde

nur trauriger, wenn die Geschäfte in den langen Straßenzeilen, wo schon manches Haus durch Fliegerbomben zerschlagen war, sich noch Mühe gaben, mit etwas Grün, etwas Flitter eine festliche Auslage herzurichten. Man hatte diesem armen Volk nach langen Elendsjahren Versprechungen von Sieg und aller Herrlichkeit der Welt ins Ohr geschrieen; war es denn zu verwundern, daß es den Versprechungen nachgelaufen war? Und nicht einmal nachgelaufen, man hatte es kopfvoran hineingestoßen und es in die Lage gebracht, daß es von Land zu Land und von Schlacht zu Schlacht stürmen und das Leben seiner Kinder hinopfern mußte. Jetzt begann es zu ahnen, daß es die Welt nicht gewonnen — und dennoch Schaden genommen hatte an seiner Seele. Aber nur in Wenigen war noch der Mut, sich von diesem Schaden eine redliche Rechenschaft zu geben.

Georg Degener in seiner Weihnachtspredigt versuchte es, einen solchen Mut in seiner Gemeinde zu erwecken. „Wir haben auf die milde, gute Botschaft der Christnacht kein Recht," sagte er, „wenn wir zuvor nicht unbeschönigt anschauen, was in unser aller Leben verdorben ist. Das Menschsein bedeutet im Elend sein; und Elend heißt nicht nur, von vielem Besitz und Glück entblößt werden, es heißt: aus der Heimat, die bei Gott ist, durch eigene Schuld vertrieben sein. Das ist in Jahrhunderten immer wieder von den Kanzeln gelehrt worden, aber heute greifen wir es mit Händen. Jeder von uns, wenn er sein Leben betrachtet, kann darin den Punkt finden, von dem ein Teil der großen Zerstörung ausgegangen ist. Laßt das Wort von der Schuld kein undeutliches, allgemeines bleiben, sucht und findet die Schuld, wo sie wirklich ist: in uns! Tausend kleine, trübe Quellen sind zusammengeflossen zu dem breiten, stinkenden Strom, der jetzt alles verschüttet. Erlaubt euch nicht, meine Lieben, auf den oder jenen mit dem Finger hinzuzeigen, auf einen Mächtigen und mit schwerer Verantwortung Beladenen, und auch nur in der Stille eures Herzens zu sagen: der ist der Schuldige. Denn es ist nicht wahr. Wir sind es alle."

Ulrike erschrak, als sie ihn so sprechen hörte, sie wagte nicht den Kopf zu wenden, um zu sehen, wie die Menschen das aufnähmen. Wenn ein böswilliger Horcher in der Kirche war — was Georg ausgesprochen, war genug, ihm einen Strick daraus zu drehen. Sie fand sich dabei, daß sie schon mit schnellen Gedanken eine Verteidigung entwarf: er hatte ja doch nicht gesagt, daß der Mächtige, er sagte, daß wir alle schuldig sind; zugleich aber wurde ihr klar: das sind Winkelzüge! er hatte offen, schutzlos seines Herzens Gedanken preisgegeben. Sie konnte nichts mehr als bitten: Engel des Himmels, behütet ihn!

Der Prediger selbst merkte gar nicht, daß er so kühn sprach. Er war zu sehr damit beschäftigt, von seiner Bußrede auf die Tröstung zu kommen, der er für diesmal nicht das Lukas-Evangelium, sondern das des Johannes unterlegt hatte. Und nun spürte man an ihm eine Zögerung und eine Zartheit: seltsam anzuhören bei diesem dicken, weißhaarigen Mann auf der Kanzel mit seinem schweren, bald rechtshin, bald linkshin gewendeten Kopf. Es sah aus, als sei er selbst erschrocken vor dem Geheimnis, das er berühren sollte. Er machte keinen Versuch, zu erklären, wieso das Wort bei Gott, und Gott selbst das Wort war. Er bekannte, daß es so ist. Alle Dinge sind durch dasselbe gemacht, in ihm ist das Leben, und dieses Leben ist das Licht der Menschen. Es scheint in der Finsternis, und die Finsternis hat's nicht begriffen.

Georg sagte: „Das ist die Finsternis, in der wir sind. Die kennen wir alle, von ihr brauche ich euch nichts zu sagen. Aber in die Finsternis tritt es herein. Wir sind Fleisch, verweslich und schwach. Und indem uns gesagt wird: das Wort ward Fleisch und wohnte unter uns, wird gesagt, daß es aus der Heimat des Lichtes in unser Elend hereinkommt, um daran teilzunehmen. Es wird wie wir. Es wird als armes Kind, in Lumpen, in einem Stall geboren, es erleidet Hunger, Versuchung, Einsamkeit und Wanderschaft, Angst, Qual und Tod, wie wir. Das Licht nimmt unsre Finsternis an, damit unsre Finsternis das Licht annehmen soll. Ihr könnt es beobachten: ein Kerzenlicht verdunkelt sich, wenn ein anderer Docht hineingehalten wird; dann nimmt der Docht es an, und es wird heller als vorher." Georg sagte: „Ich weiß weiter nichts. Das ist die Christnacht. Wir wollen beten, daß unsre Dochte das Licht annehmen."

Einige in der Gemeinde dachten, ein Pastor dürfe nicht sagen: „Ich weiß weiter nichts;" dafür sei er doch Pastor, daß er alles ganz richtig müßte darlegen können. Aber es gingen viele zum Abendmahl, das gleich nach der Predigt ausgeteilt wurde.

Als Georg an der Kirchentür seine Gemeinde verabschiedet hatte und nun mit Ulrike und Antje heimwärts ging, wartete auf der Straße ein Mann, groß, mit einem jungen, straffen Gesicht; er trug einen Zivilmantel, aber darunter sah man eine schwarze Uniformhose und Schaftstiefel. Er trat auf Georg zu, und Ulrike ging ein Schrecken durchs Herz: von der SS.! der holt ihn, der nimmt ihn jetzt – Herrgott im Himmel, ich wußte es ja! Der kleine geschmückte Christbaum in ihrem Wohnzimmer erschien vor ihren Augen, wie eine Insel der Sicherheit, weit fort, sie würden nie mehr dorthin gelangen.

Aber der junge Mann sagte: „Herr Pastor, ich möchte Ihnen

nur mitteilen, daß ich bis jetzt als Beauftragter in Ihre Gottesdienste gekommen bin, um zu hören und zu melden, was Sie sagen würden. Ich werde auch weiter in Ihre Gottesdienste kommen, aber melden werde ich nichts mehr. Ich danke Ihnen, Herr Pastor. Gute Weihnachten!"

Er hatte das in einem knappen Ton gesagt, er ließ Georg Degener nicht Zeit, etwas zu antworten. Er wandte sich, ging mit raschen Schritten die Straße hinauf.

Antje faßte noch nicht auf, was da geschehen war, aber da sich Georg nach seiner Frau umblickte, sah er ihr Gesicht von warmen Tränen überströmt und so voll und glücklich lächelnd, wie er sich gar nicht erinnerte, es je gekannt zu haben.

Silvester, der Dreikönigstag erschien, Georg und Ulrike erwarteten, Antje würde nun wie sonst ins Eifelland zurückkehren. Da kam sie unerwartet mit der Eröffnung heraus, sie habe in Herselbach gekündigt — und sie legte Georg einen Brief der alten Frau von Werndorff aus Ostpreußen vor, in welchem Antje aufgefordert wurde, „als Gast und Helferin, wie in der schönen früheren Zeit" nach Stoppeln zurückzukehren.

„Ich spreche diese Bitte aus," so hieß es in dem Brief, „in der Voraussetzung, daß Sie, mein liebes Kind, unser altes Stoppeln und unser schönes Ostpreußenland in einer freundlichen Erinnerung bewahrt haben. Mein Sohn, der als Soldat an der baltischen Front steht, weiß von diesem Briefe nichts, und er würde nicht wollen, daß Ihre Entschlüsse beeinflußt werden. Ich weiß aber, daß es ihm eine Beruhigung sein würde, wenn seiner alten Mutter, der die Bewältigung ihrer Aufgaben in dieser bösen Kriegszeit recht schwer zu werden anfängt, eine junge Kraft zur Seite stünde, und zwar gerade ein Mensch wie Sie, den wir kennen und schätzen und auf den Verlaß ist. Eigentlich hatten Sie uns ja damals beim Abschied Hoffnung gegeben, daß Sie uns wieder einmal besuchen würden, und bisher sind Sie uns die Erfüllung dieses Versprechens schuldig geblieben. Kommen Sie denn also, wenn es nicht anders sein kann, wenigstens auf Besuch zu mir. Es mag nicht klug von mir sein, wenn ich das so offen sage, aber ich verhehle Ihnen nicht, daß ich zuversichtlich damit rechne: wenn Sie erst hier sind und gesehen haben, wie viel Sie hier helfen können, so werden Sie uns nicht so bald wieder den Rücken kehren."

Georg las den Brief laut, es war nach dem Essen, auch Ulrike saß dabei. Antje, die langsam rot geworden war (man sah das nicht oft an ihr) sagte:

„Ich habe nie versprochen, dorthin zurückzukehren. — Ich weiß gar nicht, woher sie meine Adresse gehabt hat."

Ulrike erinnerte sich: „Sie hat sich bei mir einmal, das ist schon länger her, brieflich danach erkundigt. Ich hatte das ganz vergessen. Ach, das ist ja sehr gut!"

— Das war ihr so entschlüpft, sie wurde nun selbst etwas verlegen; jedes von ihnen konnte ja sehen, welch ein Bekenntnis, den Gutsherrn von Stoppeln betreffend, zwischen den Zeilen dieses Briefes zu lesen stand, und besonders Antje kannte die alte Dame gut genug, um zu wissen, daß es ihr nicht leicht geworden sein konnte, ihn zu schreiben. Jedoch sie bemerkte, schon wieder in einem ganz ruhigen Ton, so als hätte niemals Hugo Werndorff ihr seine Hand angetragen und sie ihn abgewiesen:

„Frau von Werndorff war immer sehr freundlich zu mir. Mir scheint, ich kann nicht gut anders, als ihr den Wunsch erfüllen und wenigstens einmal hinfahren. Vielleicht kann ich mich wirklich dort nützlich machen. — Was denkt ihr: soll ich es tun? Ich habe bei der Frau Schlumm in Herselbach gekündigt, aber die nimmt mich jede Stunde wieder, sie war ganz unglücklich, daß ich fortgegangen bin, und mir ist es ordentlich schwer geworden, ihr das antun zu müssen, nachdem ich so lange Jahre bei ihr war. Wenn ihr also meint, daß ich in Stoppeln absagen könnte —"

Ulrike rief: „Ganz unmöglich!"

Sie fragt: soll ich es tun? dachte Georg, und dabei hat sie die Entscheidung schon längst ganz für sich getroffen. So einsam haben wir das Mädel gelassen, daß sie sich daran gewöhnt hat, Entschlüsse über ihren Lebensweg zu fassen, und von uns nicht einmal einen Rat dazu braucht. Ja. — Er sagte: „Da kommt das Kind heim, mit einer so wichtigen Sache, und redet vier Wochen lang kein Wort davon."

Antje spürte es heraus, daß er nicht ihr, sondern sich selbst diesen Vorwurf machte, und seine Hand fassend, bog sie sich schmiegsam und rasch mit warmer Lippe darauf nieder.

„Nicht doch," sagte Georg. Er streichelte ihr den Kopf. „Bist ein gutes Kind. Natürlich mußt du nach Stoppeln."

„Ja, Papa," nickte Antje.

Abends noch, im Schlafzimmer, meinte Ulrike, man müsse doch auf Antje einzuwirken suchen, daß sie nicht etwa zum zweitenmal ihr Glück von sich wies, falls Hugo Werndorff sie wirklich immer noch liebte. — Ulrike hatte ihr das von damals her nie ganz verzeihen können. Georg aber wollte von einem Dreinreden nichts wissen; Werndorff sei viel älter als sie, man müsse sie das jetzt schon selber entscheiden lassen, und das werde sie auch tun, und richtig tun. Man hätte Antjes ganzes Vertrauen haben können — aber nicht, ohne ihr eine ganze Heimat zu geben.

„Hab ich mich versäumt an ihr?"

Er hörte seine Frau das mit leiser Stimme fragen; das Licht war schon ausgelöscht. Er antwortete ihr ernst, in das Dunkel hinein:

„Vielleicht ist etwas versäumt worden, aber dann von uns beiden. Mach dir keine Sorge mehr, liebe Frau — keine Sorge. Wir Menschen versäumen uns oft aneinander, der Vater im Himmel nie."

Antje fuhr also Mitte Januar 1943 nach Ostpreußen ab, ohne daß noch einmal etwas Eingehendes über die Sache geredet worden wäre.

4

Bei Stalingrad wendet sich die südwärts strömende Wolga gegen Südosten, dem Kaspischen Meer zu, als wäre sie unwillig, den Küsten auch nur nahe zu kommen, die einst von den Schiffen der Ahnherren Europas besucht worden sind; ihr Bruderstrom, der Don, wollte sich mit ihr vereinigen und kann sie nicht ganz erreichen — sie läßt ihn allein südwestwärts wandern und bei Asow in den spitzen Nordzipfel des Schwarzen Meeres einmünden.

Das Land ist Steppe, eine einzige flache Endlosigkeit, unterbrochen durch nichts als die „Balkas": so bezeichnen die Russen die schmalen Schluchten, welche die in der Regenzeit anschwellenden Wasserläufe wie mit der Schärfe eines Messers in den Boden geschnitten haben.

Die Stadt am Wolga-Knie hieß ehemals Zarízyn und war ein Grenzfort der Zaren gegen die Raubvölker der Steppe. Aber 1919 hatte hier Joseph Stalin als Volkskommissar entscheidenden Anteil gehabt an einem Sieg der Roten Armee über die Weißen Gegenrevolutionäre; seither trägt die Stadt seinen Namen: Stalins Burg, und er hatte sie ausgebaut zu einem Industrie-Zentrum seines Reiches, meilenweit hingestreckt längs dem breiten, trägen, viel verschweigenden Strome, mit Fabriken, Arbeitervierteln, Volksparks, Parteigebäuden. Das alles war, als die Deutschen in die Stadt hineinstießen, in Feuer und Rauch untergegangen, in monatelangen, erbitterten Straßenkämpfen von Haus zu Haus; aber die russischen Schützenarmeen verteidigten Stalins Burg auch noch in Trümmern, sie ließen sich buchstäblich jeden Fußbreit ihres

Bodens mit kostbarem deutschem Blut bezahlen, und was Adolf Hitler als das Ziel des von ihm befohlenen Angriffs bezeichnet hatte: „Dreißig Millionen Tonnen russischen Nachschubverkehrs abzuschneiden," das gelang dennoch nicht, weil der Gegner, auch als fast schon die ganze Stadt in unseren Händen war, einen Brückenkopf auf dem Westufer der Wolga und damit den Strom als die Ader seines Nachschubs behaupten konnte. Auf die Gefährdung von den Flanken her, der ein so weit vorgetriebener deutscher Keil ausgesetzt wurde, wies Generaloberst Halder schon bei der Planung des Unternehmens hin, und seither immer von neuem – bis Hitler, des Warners müde, ihn seines Postens enthob. Die Gefahr selbst freilich wich nicht vor dem Führerwort. Nördlich und südöstlich der umkämpften Stadt sammelten die Russen ihre Truppen zur Gegenoffensive, die wie mit zwei greifenden Armen auf unsre rückwärtigen Verbindungslinien zielte. Bereits im Sommer, sobald er die Richtung von Hitlers Angriff erkannte, hatte der russische Stabschef Schaposchnikow zu Stalin gesagt:

„Das wäre ja schön, wenn er auf Stalingrad marschierte: dann verliert er den Krieg noch schneller, als wir es voraussehen konnten."

Dann, während der Kampf in der Stadt selbst noch immer glomm und zuckte gleich einem Feuer, das nicht sterben kann, war es über die rechte Flanke unsrer Front hereingebrochen: im Morgendunkel des 19. November, bei eisigem Sturm, der von Osten her die schneeschweren Wolken über die Steppe herantrug und die russischen Panzer vor der Sicht unsrer Flieger verbarg. Zu Hunderten rollten sie heran, behängt mit braungrauen Klumpen russischer Infanterie; wieder, wie so oft in der Geschichte dieses Landes, kamen Jahreszeit und Wetter gleich lebendigen Mächten seinen Söhnen zu Hilfe. Die Rumänen, welche diesen Abschnitt sichern sollten, waren keine schlechten Soldaten, aber es fehlte ihnen an panzerbrechenden Waffen. Sie wurden niedergewalzt, zusammengeschossen, auseinandergejagt. Ein deutsch-rumänisches Panzerkorps, als Eingreifreserve dem Stoß entgegengeworfen, gelangte nicht mehr zu wirksamer Entfaltung. Reservestellungen, Verpflegungslager, Flugplätze wurden überrannt, schon nach wenigen Tagen gewannen die Russen die Donbrücke bei Kalatsch und vereinigten sich mit ihren von Norden aus dem Raum von Woronesch vorgedrungenen Panzern. Am 22. November meldete General Paulus durch Funkspruch ins Führerhauptquartier die vollzogene Einschließung der 6. Armee.

Ein Ausbruch nach Westen, wenn er sogleich unternommen wurde, mit einer noch kräftig genährten und mit Munition und

Treibstoff gerade noch hinreichend versorgten Truppe, hätte gelingen können. Hitler verbot ihn.

Er hatte für den Besitz von Stalingrad sein Wort verpfändet und gesagt, wo der deutsche Soldat einmal stehe, da komme kein anderer hin. Und doch hätte er sich nicht in der Schlinge seiner eigenen Prahlerei gefangen gegeben und 300 000 deutsche Soldaten dafür hingeopfert, wenn er noch imstand gewesen wäre, die Gewichte auf der Waage mit nüchternem Sinn gegeneinander abzuwägen. Eben das aber vermochte er nicht mehr. Er setzte sich selber in eins mit seinem angemaßten Amt, er dachte wirklich in seinem verwirrten, geblendeten Sinn: ,I c h bin das Vaterland, i c h bin der Hort und die Kraft und der fleischgewordene Lebenswille meines Volkes, darum darf ich nicht wanken, darf keinen Irrtum zugeben und nicht einen einzigen Schritt zurückweichen.' Nur weil er so dachte, war es auch möglich, daß die von nun an wie ein unaufhörlicher Steinschlag auf ihn herabstürzenden Unglücksfälle in diesem Mann das Gefühl seiner Sendung zu immer noch heißerer Flamme aufbrennen ließen ... und daß ihm bis zu seiner letzten Lebensstunde und noch über sie hinaus von so vielen geglaubt wurde.

Der General aber mit dem Apostelnamen, ein Mann von zögernder Gewissenhaftigkeit, fand nicht hindurch zu jenem Gehorsam von höherer Art, für den es so edle Beispiele in der Überlieferung Preußens gibt: zu dem Entschluß, die ihm anvertraute Armee auch gegen den Führerbefehl rückwärts aus der feindlichen Umklammerung herauszuführen und danach, wenn Hitler seinen Kopf verlangte, zu sagen: "Das wußt ich, Herr, da nimm ihn hin, hier ist er!" – Jedoch hier war kein Herr; von dem Mann, der Gewalt hatte, ging Knechtsluft aus. Des Herzens volle Freiheit kann auch in solcher Luft geschenkt werden – aber wer darf sie fordern?

Die Truppe konnte das unbemeisterte Spiel nicht überblicken, worin sie mit ihrem Leben den Einsatz zahlte, doch beschlich jetzt viele angesichts der hereinschattenden Katastrophe die böse Ahnung, daß bei der Führung "etwas nicht in Ordnung war". Allzu drohend hatte die Wirklichkeit sie umklammert, als daß ein Glaube, der nur an einem Menschen seinen Halt hatte, ihr noch standhalten konnte. Man war mit dem Hauptquartier Hitlers in unmittelbarer Funkverbindung, und von dorther kamen immer wieder Befehle, die zu der Not des Kampfes in Stalingrad nicht mehr paßten. Peter Degener beobachtete bei vielen seiner Kameraden, wie der Zusammensturz ihres Vertrauens auf Hitler sie innerlich zerbrach und bei manchen nur ein armes, geschütteltes

Bündel Menschenangst zurückließ – er mußte sich wundern, daß die Erkenntnis der Lage bei ihm selbst keine ähnliche Erschütterung hervorrief. Das kommt, sagte er sich, weil bei mir der Sturz schon viel eher geschehen ist. Mit Hitler hat es nichts zu tun gehabt... Und jetzt leb ich, esse und schlafe, kämpfe, schieße, kommandiere, man nennt das „seine Pflicht tun", und bin doch selber schon längst nicht mehr dabei.

Wie von Peter Schlemihl sein Schatten, so war von Peter Degener die Sicherheit der eigenen Lebensgegenwart gewichen, seit auf der Halbinsel Kertsch sein alter Kamerad Schünemann neben ihm gefallen war. Noch als er im letzten Urlaub seinem Vater eine Andeutung darüber machte, hatte Peter es nicht fertiggebracht, die näheren Umstände davon zu beschreiben oder dem Vater auch nur den Namen seines Freundes zu nennen – aus Furcht, dabei einfach losheulen zu müssen. – Aber war Schünemann sein Freund gewesen? Er hätte ihn in Friedenszeiten kaum dazu erwählt, den unbedeutenden, fortwährend dumme Witze reißenden Kerl, der ohne viel Erfolg jedem Mädchen nachstieg, den hübschen und den häßlichen, und sich mit gutmütigem Lachen von ihnen ohrfeigen ließ (an die Ukrainerinnen war überhaupt nicht so leicht heranzukommen). Furcht vor dem Feinde allerdings kannte Schünemann nicht; wenn man zu einem Erkundungsvorstoß in die Hölle beordert war, er würde einen pünktlich wieder herausgeholt haben. In Frankreich setzte er sich in einem Dorf, das von der französischen Artillerie kräftig beschossen wurde, in einen verlassenen, offenen Barbierladen an der Hauptstraße, ließ sich von seinem Burschen einseifen und rasieren, bis es über ihnen einschlug und das Dach zu brennen anfing: dann kam er langsam herausspaziert mit der vorwurfsvollen Bemerkung, im Kriege würde einem nicht einmal Zeit gelassen, ordentlich Toilette zu machen. Das war Blödsinn gewesen, natürlich – und doch nicht so ganz; denn die Mannschaft lachte, und jene halbe Stunde, wo sie in dem französischen Nest als Zielscheibe standen, verlor ihren Schrecken. Zu Anfang des Rußlandfeldzuges erwischte es den guten Rahnke, an den Peter einst am Niederrhein vier Flaschen Wein verwettet hatte. Nachher war man überall herumgestoßen worden, dahin, dorthin, wo es gerade brannte – aber immer mit Schünemann zusammen. Tiefschürfende Gespräche hatten sie nie miteinander geführt. Er brauchte nur das Gesicht von Walter Schünemann anzusehen: das war für ihn, sozusagen, die ganze Chronik des Krieges, Schünemann war einfach der Mensch gewesen, der durch jede Gefahr mitgeht, der mit einem lacht oder flucht, wie es gerade nötig ist – den Soldaten rechnet Gott im Himmel ihre Flüche nicht als Sünden an. An den Führer und unsre gerechte Sache hatte Peter schon von Anfang an nicht wie die Andern glauben können; weil er früh einen Blick in den faulen Untergrund dieser ganzen Angelegenheit getan. Was ihn hielt, war die Kameradschaft, verkörpert in diesem durch keine sichtbare Bedeutsamkeit ausgezeichneten Schünemann — und der war ja nun eben in Kertsch auf einmal blutig und stumm zu seinen Füßen gelegen, genau wie es im Lied heißt: „als wär's ein Stück von mir." Selbstverständlich, die Kameradschaft hatte nicht aufgehört, und nicht die Treue, die ihn mit seinen Leuten verband. Seinen früheren Burschen Karl, mit dem „Storchenschnabel", hatte er nicht mehr, es war längst ein anderer, aber brav und anhänglich auch er, und in seiner Kompanie wußte Peter von jedem Einzelnen das Wichtigste seiner Lebensgeschichte, er würde alles nur Mögliche für jeden von ihnen tun, das war klar. Nur, seit jenem Erlebnis in Kertsch, war ihm der Nebenmann schon als lebendig Atmender in etwas Durchsichtiges und Fragwürdiges verwandelt worden, gerade wie er sich selber auch; jedem von ihnen konnte es im Handkehrum einfallen, dazuliegen und Blut zu spucken und auf nichts mehr eine Antwort zu geben — aber wo gerät man denn hin? wo bleibt das Wesen von uns allen? Nur im Krieg konnte man auf ein so unsinniges und doch durch keine noch so guten Gründe zu widerlegendes Gefühl kommen; denn früher, im Frieden, schien alles dicht und fest und verläßlich gefügt — Peter wenigstens hatte damals nie gedacht: wir alle sind Staub und müssen zerfallen! Auch nicht als Friedrich, als Ninette fortging; die hatten es freiwillig getan, wären sonst noch da. Nun aber war ihm der Zusammenhalt des Lebens selber angetastet worden.

Die Russen drängten durch beständige Angriffe von allen Seiten die Unsern immer mehr zusammen, es war genau wie ein Strick um den Hals, den jemand schön langsam fester und fester anzieht. Die Stellungen waren nicht zu halten — und was waren das auch für „Stellungen": ein Erdbuckel, ein Dorfrand, an den man sich anzuklammern suchte, sich in den harten Boden kaum mehr eingraben konnte, von Bunkern schon längst keine Rede mehr, da lag man so gut wie schutzlos unter dem Artilleriefeuer, die Russen hatten Artillerie in Menge, deckten uns damit zu — geradezu ein Wunder war es, daß Peter außer einer lächerlichen Schramme am Oberarm bisher noch nie etwas abgekriegt hatte; aber schließlich gab es ja auch noch andere unverwundete und immer noch kampfbereite Männer. Noch bis Weihnachten hatten die Eingeschlossenen auf Entsatz von Südwesten her gehofft, durch Generaloberst Hoths, der mit einer Panzerarmee gegen den russischen Ring vorstieß. Bis auf 48 Kilometer kam er heran, im Kessel war schon das deutsche Artilleriefeuer zu hören und bei Nacht die Lichtsignale zu sehen, mit denen unsre Panzerverbände sich verständigten. Wild und verzweifelt wachte die Hoffnung noch einmal auf! Aber Hoths kam nicht durch, und in Stalingrad reichten jetzt die Treibstoffvorräte nicht mehr zu einer Ausbruchsbewegung. Gleichzeitig gingen die Russen auch sonst überall zu neuen Angriffen über, mit denen sie nunmehr den ganzen vorgebogenen Südabschnitt der deutschen Ostfront in einem riesigen Eisenring zu ersticken hofften. In dieser Lage gewann das Ausharren der 6. Armee in Stalingrad für kurze Zeit doch einen taktischen Sinn. Hätte sie rechtzeitig ausbrechen, sich freikämpfen können, so wäre durch sie vielleicht die Gesamtlage noch einmal herzustellen gewesen; auch als Gefesselte aber band sie zwei russische Heeresgruppen, und so konnten die in den Kaukasus vorgedrungenen deutschen Kräfte zurückgeführt, am Kuban, dann am Don eine neue Abwehrfront aufgebaut werden — die sich allerdings trotz aller Anstrengung auf die Dauer nicht halten ließ. Wie schon von jeher an Zahl, so war nun, dank der amerikanischen Hilfe, der Feind auch an Rüstung übermächtig geworden.

Für die Belagerten war dies das Schwerste: die Rettung fast zum Greifen nahgekommen, und doch wieder versinken zu sehn. Und weiter auszuhalten, im täglichen und nächtlichen Kampf, mit schon sinkenden Kräften, bei 200 Gramm Brot pro Kopf, und am Christabend noch ein wenig Pferdefleisch dazu. — Jetzt begannen sich bei der Truppe die ersten Auflösungserscheinungen zu zeigen.

Die Kompanie, die Peter als Hauptmann führte, lag in der Nähe eines Feldflugplatzes, und er schrieb es diesem Umstand zu, daß er nicht die Schwierigkeiten hatte, seine Leute „bei der Stange" zu halten, wie sie andernorts schon auftraten. Denn das begriff jeder, daß am Besitz der Flugplätze alles hing: die Versorgung von draußen, mit Munition und Lebensmitteln, durch unsre tapferen, nie ermüdenden, auch durch die schwersten Verluste nicht entmutigten Flieger — und die Hoffnung, aus dem Kessel ausgeflogen zu werden, für den, der verwundet oder krank war. — (Bis Mitte Januar wurden 24 000 Mann auf solche Weise hinausgebracht.)

Der Tag ist schlimm, schlimmer noch die Nacht, wo der Russe fast immer etwas anfängt — einen Feuerüberfall, ein Stoßtruppunternehmen. Und dieser Himmel des russischen Landes, immer wieder betrügt er uns! Er glänzt von feierlichen Sternen, dann jählings bezieht er sich, die wohlbekannten Schneewolken wälzen sich über die Steppe, und in solchem natürlichen Schutze schleichen die von drüben, Raubtieren gleich, auf nächste Entfernungen heran. Erwischt man Einen und hat ihn als Gefangenen vor Augen, so ist er auch nur ein armer Teufel, der in Angst und Kälte in seinem Erdloch hocken muß, wie wir, und sogar auch Mangel leidet, wie wir; denn er erzählt, daß die Ration, die sie bekommen, karg ist und daß „die hinten", in der Etappe, immer das Beste für sich behalten. Der uns eben töten wollte, blickt uns vertrauensvoll an wie Schicksalsgenossen, und wir schicken ihn mit einer Bewachung in die zertrümmerte Stadt und geben uns Mühe, nicht daran zu denken, daß der Mann mit dem gutmütigen Bartgesicht und einer bärenhaft schweren und weichen Art sich zu bewegen, nur wenig Aussicht auf lange Lebensdauer mit sich nimmt; wer kann Gefangene richtig füttern, wenn schon die eigene Truppe hungert?

Eines Tages zu Anfang Januar befand sich Peter auf dem Flugplatz, um durch seine persönliche Anwesenheit durchzusetzen, daß zwei Schwerverwundete seiner Kompanie von dem zurückfliegenden Transporter aufgenommen wurden; denn die Maschinen waren jedesmal von Verzweifelten umdrängt, so daß leicht zu kurz kam, wer nicht beweglich oder nicht rücksichtslos genug war. Einer von der Flugmannschaft sagte in sächsischem Tonfall: „Immer sachte doch, wardet doch! Mer holen eich 's näächste Mol! Nee, mir gennen bloß die Sitzfähichen mitnähmen." Peter wollte ihn gerade anbrüllen, als ihm der Mann sein ratlos trauriges Gesicht zuwandte. Da verging sein Zorn, er konnte ihm nur leise sagen: „Ich b i t t e Sie. Die Zwei da. Sitzen werden sie schon noch können, es muß eben gehen." Der Sachse nickte ihm zu, Peters Männer wurden hineingetragen. Gleich darauf sprang die Maschine an — Peter aber empfand in dem Augenblick keine Befriedigung über seinen Erfolg, er sah die enttäuschten Gesichter der auf dem Platz Zurückgebliebenen, und merkte, daß jener Sachse ihm seine Ratlosigkeit zurückgelassen hatte, er schluckte daran wie an einem lauen, bitteren Trank.

Während er dem in westlicher Richtung entschwindenden Transporter noch nachsah, wurde osther über den russischen Linien ein Flugzeug sichtbar, das von Flakwölkchen umtupft war und also ein deutsches sein mußte. Peter erkannte es als eine Kuriermaschine, mit grünlichem Anstrich; etwas schwerfällig, wie es ihm vorkam, drehte sie zur Landung ein — die müssen was abgekriegt haben, sagte er sich. Er lief, mit anderen, der

Rollbahn zu, auf der das dröhnende Flugzeug eben die Räder aufsetzte.

Ihm entstieg ein dicklicher Oberst, der hastig sprechend mitteilte, daß er mit Kuriernachricht nach Rostow müsse, aber durch angreifende feindliche Jäger beschädigt und abgedrängt worden sei. "Loch in der linken Tragfläche, Schußgarbe im Höhenruder, — na ja, es hat so grade eben noch gereicht, daß wir hier 'runterkonnten. Sie müssen uns gleich wieder zurechtrichten, denn ich muß schleunigst weiter." — "Möchten wir auch ganz gerne!" brummte einer aus dem Haufen der die Maschine umstehenden Verwundeten.

Der Oberst faßte den aufbegehrerischen Sinn dieser Worte nicht auf, er schien aber zu merken, daß er im unwillkürlichen Mitteilungsdrang eines aus Gefahr gekommenen Menschen zu viel geredet hatte, oder vielleicht auch war er durch den Anblick der vielen Hungergesichter betroffen; er fragte nun, zu Peter gewendet und sich dabei stramm aufrichtend, in dienstlichem Ton: "Wer sind Sie?"

"Hauptmann Degener. — Wenn Herr Oberst erlauben, ich führe Sie gleich zum Diensthabenden."

"Ich bitte darum."

Bei der Nennung seines Namens fühlte sich Peter von der Seite her aufmerksam angeblickt von einem hageren, grauschläfigen Mann, der, in der Uniform eines Sonderführers, dem Oberst nach aus der Maschine geklettert war; er behielt aber nicht Zeit, sich darum zu kümmern, der Oberst hatte es eilig, zu dem Horstkommandanten zu gelangen. Der kam ihnen bereits entgegen und nahm den Ankömmling mit sich.

Nun trat der Sonderführer an Peter heran: "Entschuldigen Sie — Sie können doch nicht etwa Jakob Degener sein?"

"Peter Degener. Jakob heißt ein Vetter von mir."

"Ah! dacht ich mir doch. Immerhin, es ist ja lange her, und eine gewisse Ähnlichkeit ist da. — Also ein Vetter." Er ließ sein schönes, dunkles Forscherauge wohlgefällig auf ihm ruhen (als ob er mich unter der Linse hätte! dachte Peter geärgert); und er sagte:

"Ich bin nämlich Carl Fintenring."

An Peters fragendem Ausdruck konnte er sehen, daß diesem der Name nichts sagte; was er zu mißbilligen schien. Ob ihm sein Vetter denn nichts von ihm erzählt habe? Peter verneinte kurz (er wollte zurück zu seiner Truppe; ein lästiger Mensch das, und Stalingrad ist, weiß Gott! kein Ort für überflüssige Höflichkeiten). Nun fragte ihn aber Fintenring, ob er nicht bei ihm, bis die

Maschine wieder flugbereit wäre, einstweilen Unterkunft finden könnte? und hierauf erwiderte Peter äußerst freundlich, mit seinem alten spitzbübischen Jungensblick:

„Aber selbstverständlich, Herr Sonderführer! Mein Quartier steht zu Ihrer Verfügung. Sie können gleich mitkommen. — Ich muß Sie allerdings darauf aufmerksam machen, daß wir in der Gefechtszone liegen."

„— Es wird doch wohl zu weit ab sein," sagte Fintenring, indem er sich nach seiner grünlichen Maschine umsah.

Peter lachte ihm unverschämt ins Gesicht und verabschiedete sich mit militärischem Gruß.

Na, er ist schon ein alter Herr, sagte er sich im Fortgehen; er wurde sich dabei klar, daß Fintenring eins von den Gesichtern hatte, deren Alter schwer zu bestimmen ist. Wie so ein Zaubermeister sieht der aus. — Er hatte ihn schon wieder vergessen, als er abends zum Horstkommandanten gebeten wurde, den er in seinem Dienstraum mit dem dicken Oberst und Fintenring bei einer von den Gästen mitgebrachten Flasche fand. Es stellte sich heraus, daß Fintenring nach Peter Degener verlangt hatte, und dieser dachte: Der will seine Scharte bei mir auswetzen; hätte sich aber bloß draußen, bei uns, machen lassen. Er gab sich nur wenig Mühe, ihm seine Geringschätzung zu verbergen. Fintenring jedoch tat nicht, als ob er das bemerke; während die beiden anderen Herren sich über die Kriegslage unterhielten, zog er Peter Degener in ein persönliches Gespräch.

Er trug nicht mehr seine graue Mähne, wie ehemals in München, Peter fand aber auch so noch, er habe mehr Haare auf seinem eindrucksvollen alten Kopf, als sich für einen Menschen in Uniform gehörte. Er sprach in einem getragenen Ton von seinen geistigen Aufgaben in der Reichshauptstadt — „Aufgaben der Jugendführung! auf der Jugend ruht alle Hoffnung!" — die er für eine Weile im Stich lassen mußte, um noch mit seinen sechzig Jahren den Waffenrock anzuziehen. Es bestand ein Plan, das georgische Bergvolk gegen den Weltbolschewismus zu mobilisieren, und das Amt Rosenberg habe ihn, Fintenring, als Sprach- und Geschichtskundigen dazu ausersehen, die gegebenen Möglichkeiten an Ort und Stelle zu prüfen. „Kein unbedeutsamer Auftrag, wie Sie wohl begreifen werden," sagte er mit feinem Lächeln. Der Abbruch der Kaukasusfront sei für ihn überraschend gekommen, er wäre sonst schon eher nach Berlin zurückgekehrt. „Meine Aufgaben sind zu wichtig, als daß ich ein Recht hätte, mich leichtfertig auszusetzen. Für den Augenblick ist der Kairos für die Dinge hier vorbei." — „Der was ist vorbei?" fragte Peter — „Aber die Stunde kommt wieder, mein junger Freund," fuhr der Andere fort, über Peters Unbildung großzügig hinweggehend. „Die Geheimwaffen des Führers werden der Welt noch manche Überraschung bereiten; ich könnte Ihnen mehr davon sagen, wenn es nicht noch etwas zu früh wäre, davon zu sprechen. Ob man im Kaukasus steht oder in den Karpaten, ist gleichgültig" („Na!" dachte Peter zu einer so weitherzigen Strategie), aber der Andere fuhr fort: „Überall wird dieser Krieg die gleiche Bedeutung haben, es ist der Endkampf der Hochwertigen, der Göttersöhne gegen die Termiten, es handelt sich darum, ob die Welt den Einen oder den Anderen gehören soll. Der Ausgang ist mir nicht zweifelhaft. Mit Insekten kämpft man nicht, man räuchert sie aus! das hat Hitler von Anfang an ganz richtig erfaßt, und danach wird auch gehandelt."

Peter hörte das alles mit Widerwillen und mit dem deutlichen Gefühl, daß der Mann gar nichts Wirkliches wußte, darum auch keine Vernichtungen planen konnte, sondern nur gern „große Bogen spucken wollte". Weit besser als sein Vetter Jakob, den solche Reden in eine hitzige Diskussion gelockt haben würden, war Peter gegen Derartiges gewappnet. Er sagte nur schließlich: Geheimwaffen nützten erst, wenn man sie in die Hand bekäme, bis dahin könnten sie ihm gestohlen bleiben.

Es verblüffte ihn aber doch, als Fintenring, von seinem Wein aufblickend, plötzlich mit dem Vorschlag herauskam: „Wenn Sie mein Mitarbeiter werden wollen — es kostet mich ein Wort, und General Paulus muß Sie beurlauben. Ich nehme Sie mit."

„Sie können aber wirklich schön angeben!" lachte Peter.

Fintenring verlangte in bedeutsamem Ton: „Überlegen Sie, was ich Ihnen sage. — Hier kommen Sie sonst auf keinen Fall mehr lebendig heraus," setzte er halblaut hinzu.

Es war natürlich Quatsch, daß irgend so ein kleiner Sonderführer ihn, Peter, als gesunden Mann und Offizier, aus Stalingrad, aus seiner Kompanie heraus wegholen könnte! Bloße Prahlerei war es, oder weil ihn Peters Widerstand gereizt hatte; es sollte wohl eine Art Rache sein, dafür, daß Peter ihn in die vordere Linie hatte mitnehmen wollen. Er überlegte aber das alles gar nicht zu Ende, das Letzte, was der Mensch da gesagt hatte, wurde ihm zu viel. Sie wußten es längst, hier in Stalingrad, daß sie alle verloren waren, wußten es und kämpften ihr Wissen täglich und stündlich in sich nieder; und der Kerl, der morgen schon weit weg und in Sicherheit sein würde, weil „seine Aufgaben so wichtig sind, daß er sich nicht aussetzen darf" — der sprach das aus, schlankweg, das Todesurteil einer **g**anzen Armee! Peter sprang auf, wütend und rot im Gesicht, und schrie ihn an, so daß die Andern erstaunt zu ihnen herblickten:

„Ob Sie das machen können oder nicht, ist mir gleich! Ich denke gar nicht dran!"

Fintenring: „Bitte. Wie Sie wollen."

Peter bat den Kommandanten, sich verabschieden zu dürfen, er müsse zurück in die Stellung. Er ging, mit knapper Verbeugung gegen den Oberst und Fintenring, ohne dem letzteren noch einmal ins Gesicht zu sehen.

Es war übel, daß gerade in dieser Nacht der Russe ihnen nichts zu tun machte. Rechts in der Nachbarstellung, wo eine natürlich im Erdkampf eingesetzte deutsche Flakabteilung mit schwachem Infanterieschutz lag, ging ein beachtlicher Artilleriesegen nieder. (Peter mußte denken: meinem Vater wär es nicht recht, daß wir das „Segen" nennen, ich hab es doch eigentlich gut, einen Vater zu haben, bei dem es nicht ganz gleich ist, wie man daherredet.) Die Abschüsse der Stalinorgeln, der Geschütze, der Mörser, einander abwechselnd und ergänzend wie eine sinnvoll ausgedachte aber mißtönige Musik, waren deutlich zu unterscheiden, und so gegen zwei Uhr gab es dort ein wildes MG.-Geschieße, das dann wieder abebbte: die hatten also Morgenbesuch von drüben bekommen. Aber vor der eigenen Linie blieb es still — und so behielt Peter mehr Zeit, als ihm lieb war, um Herrn Fintenrings Vorschlag nachträglich in seinen Gedanken hin und her zu wenden. Er erinnerte sich, gehört zu haben, daß Hitler einzelne Offiziere durch persönlichen Befehl aus Stalingrad herausholte, um sie für weitere Verwendung zu retten: ein Anzeichen mehr, daß man hier schon abgeschrieben war. Also konnte dieser widerwärtige Sonderführer tatsächlich die Macht haben, Peter mitzunehmen! Und schließlich, was brauchte der Kerl ihn zu kümmern, nachher, in Deutschland, wenn er nur jetzt mit seiner Hilfe aus diesem Kessel der Verlorenen herauskam? Immer zu rasch war man, immer gleich im Zorn! Und wer dankte es ihm, daß er blieb? wer würde überhaupt verstehen, daß man ein solches Angebot ausschlug? Verrückt! Aber jetzt war es vorbei und versäumt. Das heißt, er konnte immer noch hingehen, mit dem Fahrrad in die Stadt hineinfahren und diesem Fintenring sagen, er hätte sich's besser überlegt und käme jetzt mit. Wahrhaftig, das konnte er. Abfliegen konnten die nicht, bevor es nicht wenigstens gerade flughell war. Und Peter stellte sich vor, was Fintenring dazu sagen, oder wie er ihn auch nur mit diesem zudringlichen Blick, den er hatte, ansehen und sich denken würde: ‚Dem ist auch das Lebenbleiben lieber, als das Sterben.' Ja, natürlich, das ersparte der ihm nicht.

Aber was, zum Teufel, ging es ihn an, was der Andere sich dachte? Was hatte Peter, mit seinen sechsundzwanzig Jahren, schon vom Leben gehabt? Ein bißchen umsehen würde er sich doch ganz gern·noch auf der Welt, dort, wo sie nicht bloß aus Trümmern und Verwesung bestand. — Eine lang versunkene Erinnerung tauchte wieder auf, an das Mädchen, das er einmal so sehr geliebt hatte und das ihn sitzen ließ und ihn damit so zur Verzweiflung brachte, daß er ohne seines Vaters strengen Einspruch bestimmt in den Spanienkrieg gegangen wäre, damals. Ein Unsinn, natürlich. Aber das Mädchen, Karla hieß sie, hatte eine Art gehabt, in sich hineinzulächeln, zärtlich und wissend, als ob sie sich an dem Geheimnis ihres eigenen Wesens freute. Wenn man das einmal noch sehen könnte! Es war schon komisch; sicher war jedes Menschenwesen ein Geheimnis, aber so stark wie bei ihr hatte er das nie bei irgendwem sonst gespürt. Ich allein weiß, wie sie war; der Bursche, um den sie mich verlassen hat, der hat bestimmt nie was von ihr begriffen! dachte Peter zornig und glücklich zugleich. Dort in seinem kalten Erdloch in der Kalmückensteppe war ihm die Brust auf einmal ganz heiß durchströmt von Zärtlichkeit für die verlorene Geliebte und überhaupt für alle Menschen, die ihr Leben lebten. Wie gut das war: zu leben. Wer weiß woher erschien ihm das Kindheitsbild von Grünschwaig, die großen Bäume vor dem Haus, im Mondlicht werfen sie ihre Schatten auf den Kiesplatz; er dachte so daran, als ob dort immerfort Sommer wäre und immer sein würde. Und dann und vor allem: der Vater, die Schwestern. Die sich so freuen würden, wenn er heimkäme, die nie zweifeln würden, daß er recht daran getan hat, eine unerwartete Möglichkeit der Rettung zu ergreifen! Alle hatten ihn doch so gern, und er, er würde sie viel besser noch als früher merken lassen, wie er für sie fühlte und wie gut, gut das Zusammensein war.

Das alles wurde in ihm nicht richtig zu Gedanken, es war mehr eine undeutliche Lebensempfindung, so wie wärmere Luftströme einen Himmel mit Wolken behauchen; doch er konnte jetzt nicht mehr wach sitzen und grübeln, er wollte ins Freie. In der Ecke der mit Brettern nur sehr notdürftig abgedeckten Erdgrube schlief, leicht schnarchend, sein Leutnant Hammerlein, in Hockstellung; das hatten sie auch, wie so manches andere, in Rußland gelernt, daß man bei dieser Kälte guttat, im Schlaf seine Gliedmaßen dicht an sich zu ziehen, wenn man sie vor Erfrierungen schützen wollte. Peter tastete sich mit seiner trüben Lampe in der Hand an ihm vorüber. Draußen war es nicht heller als drinnen im Loch, vom kommenden Tag nichts zu merken. Er sagte zu sich selbst, wie wenn er sich zu rechtfertigen oder sich von etwas abzulenken hätte: Ich sehe mal nach den Posten. Und obwohl ihm ein ganz anderer Gedanke, an sein Fahrrad nämlich, das er hinter dem Verschlag abgestellt hatte, durch den Kopf fuhr, machte er sich dennoch auf die Runde, wurde angerufen, gab Antwort und fragte, ins Dunkel hinein: "Wer ist das?"

"Obergefreiter Lohe, Herr Hauptmann."

"Wieso denn du schon wieder?" fragte Peter erstaunt, "hast du nicht gestern abend die erste Wache geschoben?"

"Jawohl, Herr Hauptmann."

"Na, und?"

"Herr Hauptmann, – der Kleine wäre dran, Rinse, der mein Landsmann is', aus Detmold. Aber der kriegt immer vom Schlaf nicht genug, und wenn er dann so müde is', Herr Hauptmann, das geht nicht, der schafft es dann nicht."

"Aber du, du schaffst es zweimal?"

"Bei mir, da geht das schon mal, Herr Hauptmann. Und heut is' ja der Iwan auch Gott sei Dank stille geblieben."

Peter Degener schwieg. Er war froh um die Dunkelheit, denn er merkte, daß er wie ein Junge rot wurde. Er sagte: "Ist gut, Lohe, wir müssen das nächstens anders einteilen."

Lohe war kein Bulle an Kräften, ganz im Gegenteil. Ein schmächtiger, dünnbeiniger Mann; Schlosser, Vater von drei Kindern. Und der hatte also Kraft und Opferbereitschaft und väterliche Fürsorge übrig für einen kleinen schlafbedürftigen Schützen, der aus seiner Heimatstadt war, dessen Eltern er vielleicht kannte und ihnen versprochen hatte, ihn gesund wieder heimzubringen.

Peter ging die Runde ab. Als er wieder vor seiner Erdhütte stand, sah er im Aufblick zu den Sternen, daß sie sich mit dem Dunst der Morgenfrühe bedeckt hatten.

Er ging hinein. An sein Fahrrad dachte er nicht mehr.

Eine Zeit danach hörten sie hinter der Stellung, auf dem Flugplatz, eine Maschine aufsteigen, die über ihren Köpfen einen kleinen Bogen nach Osten zog, um dann in westlicher Richtung abzufliegen. Das war, als es gerade dämmerte. Den grünen Anstrich konnte man nicht sehen, aber der Umriß war deutlich genug, um zu wissen, daß es das Kurierflugzeug war. Peter und Hammerlein und etliche Landser schauten dem Ding nach, es war immer eine spannende Sache, ob so ein Ausflug aus dem Kessel gelang; und Peter dachte: Es fliegt zu langsam! Wahrscheinlich hatte die eilige Reparatur den Schaden von gestern nicht ordentlich behoben und die normale Fluggeschwindigkeit nicht wieder herstellen können. Die russische Flak schoß, und hörte wieder auf zu schießen; denn die Maschine war noch kaum über den Linien der Russen, da waren auch schon ihre Jäger hinter ihr her. Sie mußten direkt auf der Lauer gelegen haben, war auch nur natürlich, wo sie doch schon am Vortag darauf Jagd gemacht hatten. Die schwarzen Punkte brausten westwärts ab, dann war nichts mehr zu sehen; aber noch ganz draußen, gegen den dunklen Westhimmel, fiel etwas, ganz still, wie ein Stern.

„Na also," bemerkte Hammerlein trocken.

„Vater im Himmel!" flüsterte Peter, der sich von seinen Leuten entfernte.

— Daß die Maschine, in der er sich fast hätte mitnehmen lassen, brennend abstürzte: man konnte etwas Besonderes daran finden, oder auch nicht finden. Peter wurde sehr tief davon betroffen. Nicht darum, weil er entronnen war; denn was bedeutete schon ein Entrinnen für die paar Tage, Wochen vielleicht, wo sie doch im Stalingrader Kessel alle dem unaufhaltsamen Verderben entgegengingen? Nein, das Bewegende lag in dem starken Eindruck, den er plötzlich empfangen hatte: daß einem jeden das Seine zugeteilt wird. Gut oder schlimm, aber jedenfalls zugeteilt. Es war so, als hätte ihm jemand mit sanfter Hand eine Binde von den Augen genommen, und nun sah er und wußte und konnte nicht mehr vergessen: der Vater im Himmel wacht über uns. Es kann uns nichts geschehen, keinem von uns, was Er nicht ausdrücklich für uns will.

Das war allerdings mit keiner Vernunft zu begründen, am wenigsten jetzt, wo der große Zusammenbruch und das große Sterben der 6. Armee begann. Aber es war eine Erfahrung, und über Erfahrungen läßt sich nicht streiten, die kann ein Mensch nur bezeugen. Damals, mit dem Tode seines Kameraden Schünemann, hatte Peter schon allen Lebenswillen von sich abgetan geglaubt, und es stimmte gar nicht; die Nacht nach der Unterredung mit Fintenring, diese kurze, entzückte Hoffnung von wenigen Stunden, hatte ihm gezeigt, wie blühend stark die Liebe zum Leben noch immer in ihm war, und daß sie erst mit dem Atem und Herzschlag in uns, und auch mit ihm nicht aufhört. Atem und Herzschlag sind nur unser armes Teil von dem gewaltigen Lebensstrom, der uns wieder aufnehmen wird, wie wir aus ihm gekommen sind, und der mehr ist als eine stumme, namenlose Kraft, der uns mit persönlicher Liebe kennt und sucht: Gegenwart Gottes. Und das ist nicht irgendwo „oben", es ist hier bei uns, es umfängt jeden einzelnen von uns. Wer das erfahren hat, der weiß sich unverloren, was auch geschehe.

Nachdem am 8. Januar die erste russische Aufforderung zur Übergabe an den deutschen Oberkommandierenden Paulus ergangen und abgewiesen worden war, brach am 10. nach einem Trommelfeuer aus Tausenden von Geschützen und Mörsern ein Großangriff von allen Seiten auf die 6. Armee herein. Der Raum um die Stadt, den sie noch besetzt hielt, wurde weiter eingeengt, einer nach dem andern gingen die Flugplätze verloren; überhaupt gab es von diesem 10. Januar an nirgends mehr Ruhe, nur noch Kampf bei Tag und Nacht, mit immer knapper werdender Munition und bei einer Brotzuteilung von 50 Gramm pro Kopf und Tag, die nicht einmal immer nach vorn in die Kampflinie gebracht werden konnte. Schlimm war, daß man bei der Mangelkost auch die Kälte noch viel stärker als sonst empfand. — Es kam vor, daß vor Hunger rasend Gewordene Menschenfleisch kochten und aßen. Und wenn viele Tausende, Offiziere und Mannschaften, noch in der schwersten Not mit Treue aushielten, so geschah doch auch, daß Mannschaften und selbst hohe Offiziere aus der vorderen Linie entwichen, in der ihre Gefährten starben, und daß sie den Führern der Flugzeuge Geld boten, um sich ausfliegen zu lassen. Das Auge mußte Bilder sehen, schlimmere als je zuvor in allen Feldzügen und Schlachten. Flugtransporter, behangen mit Menschentrauben, die von der auffliegenden Maschine herabstürzten. Marodeure, die in einem Lastkraftwagen mit Verpflegung für die Fronttruppe wühlten, sich mit Schnaps vollsoffen, während neben ihnen Männer mit zerrissenem Leibe vergeblich um Hilfe, um Wasser schrieen. Das alles kam vor, und noch mehr als das, und nichts war daran zu ändern, niemand konnte es beschönigen und wegdeuten. Wenn man es auch sah und mit wankendem Herzen fühlte, so war es doch zwecklos und war gegen ein still empfundenes und befolgtes Lebensgebot, daß man davon sprach oder Anderen, die es nicht gesehen hatten, jemals etwas davon erzählen würde. Denn die äußersten Schrecken dieser Erdenzeit sind nicht, daß man von ihnen redet; es genügt, sie zu kennen. Peter lernte sie kennen. Aber er lernte auch verstehen, daß sie vor Gott aufgewogen sind, tausendfach, durch jene anderen, die Taten der Aufopferung; sie fangen damit an, daß einer wie der Obergefreite Lohe für den erschöpften Kameraden die Wache übernimmt, und ein solcher wird auch, selbst hungernd, dem Andern seine letzte Kante Brot überlassen oder wird den schon hoffnungslos Verwundeten doch noch aus dem Feuerbereich holen, und zum Lohne den Tod haben. Mitten in alldem wich von Peter nie mehr die Stimme, die ihm zusprach: Ich weiß davon. Ich bin bei dir, bin bei diesem, der da in Dreck und brüllendem Schmerz und Verlassenheit zugrunde geht. Deine und seine Verlassenheit ist die meine. Ich habe sie längst mit euch durchlitten, wie sollte ich nicht? Heute wirst du mit mir im Paradiese sein. – Ja, die Binde war von den Augen genommen, und in jedem hilflos dahinsterbenden Leben war der Gekreuzigte selber sichtbar geworden, der Herr und Versöhner, der die Auferstehung ist.

Am 22. Januar forderten die Russen abermals zur Übergabe auf... Das weitere Ausharren war jetzt militärisch sinnlos; die 6. Armee war längst aufgegeben, niemand konnte ihr helfen und ihr Kampf diente jetzt auch nicht mehr, wie vor kurzem noch, dazu, den auf den Don und den Tschir zurückgeworfenen deutschen Armeen eine Atempause zum Aufbau ihrer Verteidigung zu geben. Hitler aber wollte auch jetzt von Übergabe nichts wissen, er schrie und tobte, er verbot sie: Stalingrad müsse zum „Fanal" werden. Der Generalfeldmarschall Paulus, er hatte nicht viel Freude an seinem erst unlängst errungenen Marschallstab erlebt, tat nach dem Willen seines Obersten Kriegsherrn, er wies auch das zweite Angebot zurück und befahl auf die russischen Parlamentäre zu feuern, wo sie sich mit weißer Fahne näherten; es geschah gegen die Meinung mancher Offiziere. Als der Kessel in drei Teile zerspalten war, viele Kommandeure den Tod gesucht, einige sich eigenmächtig mit ihrer Truppe den Russen ergeben hatten, und endlich Paulus am 1. Februar 1943 auch die Waffen streckte, da war Hitlers Urteil über ihn: er habe „an der Schwelle der Unsterblichkeit versagt", er hätte sich nicht lebend in die Hand der Russen geben dürfen.

Am 2. Februar ging auch der letzte deutsche Widerstand, in dem Traktorenwerk, zu Ende. Am gleichen Tage geriet Peter Degener, der mit durchschossenem Oberschenkel auf einem von deutschen Ärzten betreuten Hauptverbandplatz lag und im Wundfieber von sich und seiner Not nichts mehr wußte, in russische Gefangenschaft.

5

Noch mit einem der letzten Flugzeuge, die von Stalingrad ausflogen, hatte Peter den Seinigen eine Nachricht geben können, er schickte sie an Silvia. Er war da noch unverwundet, und das schrieb er ihr, gab aber klar zu merken, daß auf Entsatz keine Aussicht mehr bestand, sie sollte das dem Vater auf eine schonende Art weitersagen. „Sag ihm aber auch, daß ich in Stalingrad mehr als je vorher von dem erkannt habe, was uns der Papa von Kind auf gesagt hat und was ich früher nie so ganz verstehen konnte.

Sag ihm: ich bin nicht ohne Hoffnung. Ich bitte ihn und euch, daß ihr euch um mich nicht grämt. Wenn ich durch dies alles hindurchgekommen bin, so kann ich auch, wenn mir geholfen wird, die Gefangenschaft unversehrt bestehen."

Silvia begriff, was er mit so verhaltenen Worten hatte sagen wollen; daß er mit dem Unversehrtsein die Seele und mit der Hilfe die von Gott meinte. Sie dachte nicht lang über einen Weg der Mitteilung nach, sie gab einfach den mit Blei geschriebenen, nicht ganz sauberen kleinen Zettel ihrem Vater, er konnte ja noch besser als sie den Trost erfassen, der darin verborgen war. Es bewegte sie zu sehen, wie er ihn mit stillem Gesicht las und wieder hinlegte. „Gut. Das ist sehr gut," sagte er nur. Und die Erinnerung an den Brief des Bruders und an die Art, wie der Vater ihn aufgenommen, gab ihr ein Vertrauen, daß Peter aus der russischen Gefangenschaft heil zurückkehren würde.

Um dieselbe Zeit geschah in Silvias Lebensumkreis noch etwas anderes nah ans Herz Greifendes. Es betraf Susanne Hahn.

Diese war aus dem Harz wieder nach Berlin zurückgekehrt, nachdem der Parteihäuptling des kleinen Ortes eine Bemerkung zu ihren Bauernfreunden gemacht hatte: Juden wolle er nicht in der Gemeinde sehen. Daraufhin reiste sie ab, obwohl die braven Leute sie nicht gern fortließen. Silvia riet ihr nun, sich lieber nicht mehr in ihrer alten Wohnung zu zeigen, sich überhaupt nicht wieder hier anzumelden, sondern unangemeldet bei ihr in Dahlem sich verborgen zu halten; mit den Lebensmittelkarten, die sie für Hugo, sich selbst und die Kinder hatte, würde man sie schon mit durchbringen. Susanne Hahn weigerte sich. „Es ist sehr gut von Ihnen, aber ich will, ich kann es nicht," sagte sie. „Ich bin die Frau eines im Kampf gefallenen deutschen Soldaten; wenn das mich nicht schützt, wenn sie mich trotzdem verschleppen, dann müssen sie es eben tun – ich kann es nicht ändern." Ihr nach dem Tod ihres Mannes wie zerbrochenes Wesen hatte sich in einem schönen Stolz wieder aufgerichtet. Silvia aber sorgte sich um sie, zumal hier in Berlin das Elend gleich wieder anfing: von seiten des Hausmeisters und auch im Laden, wo Frau Hahn ihre kärglichen Einkäufe zu machen hatte, war sie lauten, gehässigen Bemerkungen ausgesetzt. Sie war darüber hinaus, sich davon bekümmern zu lassen, sie erzählte Silvia, die sie so oft als möglich zu Gast lud, daß sie andererseits gerade von kleinen Leuten die unauffällige, durch einen Spaß aller Feierlichkeit entkleidete Rücksicht erlebte, in der sich die Berliner besonders auszeichnen. „Na, Sie kleene Sternblume, setzen sich mal hierher, Sie wer'n auch müde sein," sagte ihr ein Arbeiter, indem er der mit dem

Judenstern gezeichneten Frau in der Straßenbahn seinen Platz anbot.

Damals endete der Kampf in Stalingrad. Das Ausmaß dieser militärischen Katastrophe wurde der deutschen Bevölkerung erst Anfang Februar 1943 zum Bewußtsein gebracht, als der Wehrmachtsbericht die lang verschwiegene Einschließung der 6. Armee endlich zugeben mußte und von einem Heldenkampf gegen erdrückende Übermacht, von unsterblicher Ehre sprach. Wahrhaftig, es war beides: Heldenkampf und Ehre – dennoch hatten die Worte nicht Klang und nicht Kraft und konnten schwerlich noch über die erschreckende Einsicht hinweghelfen, daß mehr als nur ein Feldzug weit im Osten, daß vielmehr die Hoffnung auf den Sieg überhaupt verloren war. Bängnis kam über die Menschen. Die großen, allmählich auch schon die kleineren deutschen Städte wurden von den furchtbar zunehmenden Luftangriffen zerschlagen, denen unsre Gegenwehr je länger desto weniger gewachsen war. Die Mitleidslosigkeit des Bombenkrieges, der (wie die englische Hungerblockade von 1914 bis 1919) nicht den kämpfenden deutschen Soldaten, sondern Frauen, Greise, Kinder traf, war für den Einzelnen im Land eine anschauliche Belehrung darüber, was man vom Feind zu erwarten, was die von Churchill und Roosevelt bei einer Konferenz in Casablanca als Kriegsziel verkündete „Bedingungslose Kapitulation" zu bedeuten hatte. Goebbels, der große Lügner, brauchte diesmal nicht zu lügen, wenn er sagte: Ihr seht ja, daß sie nicht gegen Hitler, nicht gegen ein Regime kämpfen; euch, das Volk, wollen sie vernichten. Wehrt euch, wenn ihr überhaupt noch leben wollt! Das stachelte Millionen Deutsche zum äußersten Widerstand, es hat den schon zu Anfang 1943 gegen Deutschland entschiedenen Krieg um zwei weitere blutige Jahre verlängert – aber es ließ auch manche von denen, die mit geblendetem Aug und Gewissen ihrem Führer Adolf Hitler auf seinem gewaltsamen Wege gefolgt waren, zum erstenmal sich nach Hintertüren umsehn.

Das war es, was Susanne Hahn erfuhr. Sie kam eines Sonntagabends mit einem müden und wie in Ekel erstarrten Gesicht zu Silvia, der sie erzählte, daß sie heute den ganzen Tag „Besuche" empfangen habe. – „Was denn für Besuche?" fragte Silvia. – „Mein Hausmeister ist bei mir gewesen, und die Frau aus dem Laden, wo ich für Brot eingeschrieben bin – ja, und dann noch die Telefondame von dem Büro, wo ich aushilfsweise Arbeit bekommen habe. Das sind alles die guten Menschen, die mich bei jeder Gelegenheit haben hören lassen, daß ich ein ‚Judenschwein' bin." Auf die besorgte Frage, was die denn alle von ihr gewollt hätten?

sagte Frau Hahn, in einem trostlosen Tone lachend: „O nein, Sie brauchen sich nicht zu sorgen, Frau Faber. Sie haben mir alle gesagt, fast mit den gleichen Worten haben sie mir gesagt, daß sie schon immer viel für uns Juden übriggehabt und die Politik des Führers übertrieben gefunden hätten. ‚Übertrieben' nannten sie es; ich konnte ihnen da wirklich nur zustimmen. Und wenn sie sich in der Öffentlichkeit manchmal gegen mich stellen müßten, so hätte ich doch hoffentlich verstanden, daß das nicht so gemeint war. Denn man kann nicht immer so wie man will – sagten sie."

Silvia vermochte ihr darauf kein Wort zu erwidern. Sie schämte sich fast bis zu Tränen, sie bat Frau Hahn, die sie zum Essen da behielt, sie möchte das doch Hugo nicht erzählen.

Susanne Hahn hatte den Abend über einen merkwürdigen, in sich gekehrten Blick. Sie ging früh fort, ohne Hugos Angebot, sie nach Hause zu begleiten, annehmen zu wollen, sie sagte: „Nein, wenn Sie das tun, kann ich gar nicht mehr kommen, und das wäre schade für mich. Sie haben auch Ihren schweren Tag und haben abends Ihre Ruhe nötig. – Nein, lassen Sie mich nur bitte ganz still fortgehen."

Dieses „Lassen Sie mich still fortgehen" kam Silvia später in der Nacht, als Alarm gegeben wurde und sie in den Keller mußten, wieder in den Sinn, zugleich mit der Erinnerung an Susannes einsam bitteren Ausdruck. Sie dachte: heut hätt ich sie nicht fortlassen dürfen. Nach dem Alarm wollte ihr das Einschlafen nicht mehr gelingen, sie mußte ihrem Mann schließlich doch sagen, was geschehen war, und fragte ihn, ob er nicht glaubte, daß einen Menschen ein solcher Ekel vor der Welt erfassen kann, daß er einfach weggeht? Sie hätte sich am liebsten mitten in der Nacht aufgemacht, um nach ihr zu sehen. Hugo redete ihr das aus, suchte sie zu beruhigen.

Am Morgen aber zeigte sich, daß Silvia von ihrer schlimmen Ahnung nicht betrogen worden war. Hugo fuhr mit ihr zu Frau Hahn, und sie fanden sie bei verschlossenem Fenster in ihrer ganz mit Gasgeruch erfüllten kleinen Küche, vornübergesunken auf dem Stuhl am Küchentisch sitzend. Es war zu spät, sie noch zu retten; durch den Arzt wurde festgestellt, daß sie sich nicht mit Gas begnügt, sondern außerdem noch ein Gift genommen hatte. „Die Menschen nehmen es heutzutage gründlich mit dem Sterben," sagte der Arzt zu Hugo Faber.

Auf dem Tisch lag ein Blatt mit einigen Worten, deren Sinn nur für Silvia gleich verständlich war:

„Ich verurteile niemand. Angst haben wir alle."

Im März 1943 kam aus Stoppeln die Nachricht, die Georg, Ulrike und Silvia sich im Stillen erhofft hatten: vom Verlöbnis Antjes mit Hugo Werndorff.

Er war als Landwirt zur Beaufsichtigung der Frühjahrsbestellung auf seinem Gut für vier Wochen von seiner Division beurlaubt worden, bei der er als wiedereingestellter Hauptmann aus dem ersten Weltkrieg eine Nachschubabteilung hinter der baltischen Front zu befehligen hatte. Durch seine Mutter wußte er natürlich längst, daß Antje in Stoppeln war, „es hat sich so gemacht," schrieb sie ihm. W e r es gemacht hatte, war ihm klar, er war seiner Mutter dafür dankbar und zugleich auch ärgerlich; denn er fühlte sich schon auf seiner Heimfahrt so aufgeregt „wie ein Studiosus, der auf Ferien geht und sich auf die Begegnung mit 'nem schönen Mädchen freut und davor fürchtet; und für so was," meinte er, „bin ich mit dreiundfünfzig Jahren doch beträchtlich zu alt."

Aber dann war das Wiedersehen mit Antje Klees so einfach und selbstverständlich, als wären zwischen damals und heute nicht dreizehn schicksalsvolle Jahre, sondern nur ebenso viele Wochen vergangen. Gleich wußte er wieder, daß er sie liebte, wie immer; älter geworden schien sie ihm auch nicht, was ihm ihr Gesicht an überstandenem Leid verriet, hatte für ihn das Schöne, Rührende ihrer Erscheinung nur gesteigert. Seine Mutter zwar erklärte das für „ausgesprochen lächerlich. Denn du hast sie als Dingelchen von achtzehn Jahren gekannt, wo sie noch die viel zu großen Rosinen im Kopf hatte, aber jetzt ist sie über die dreißig hinaus und kann gottfroh sein, wenn jemand sie nimmt. Du kannst es ja machen, Hugochen, ich hab nichts dagegen, wenn ich auch sagen muß: verdient hat sie's nicht, und wenn nicht dein Urlaub so kurz wäre, dann solltest du sie ruhig erst noch mal bißchen zappeln lassen; könnte ihr nur guttun." Die alte Dame wünschte sich nichts so sehr, wie das Zustandekommen dieser Heirat, weil ja nun einmal ihr Sohn sich dieses Mädchen, „das es nicht verdiente," von jeher in den Kopf gesetzt hatte, und weil sie auch selbst nicht anders konnte, als ihr gut sein; denn die kleine Klees war geschickt und brauchbar, und dabei auch bescheiden, und häßlich war sie auch nicht, wenn sie schon nicht mehr jung war, es steckte Rasse in ihr, man mußte es zugeben. Aber dabei fand sie doch, daß man ihr den Fehler, den sie seinerzeit mit ihrem Nein begangen, zu Gemüte führen müßte, und nahm sich vor, das bei Gelegenheit noch zu besorgen.

Hugo Werndorff bat also Antje zum zweitenmal, seine Frau zu werden. Er hielt ihre Hand in der seinen und hörte ihre Antwort, bei der sie etwas Mühe hatte mit dem Sprechen, denn eine Rührung machte ihr den Hals enge. Sie sagte:

„Sie und mein Papa Degener sind die besten Menschen, die ich kenne, und bitte glauben Sie mir, Hugo: ich würde niemandem auf der Welt mein Leben lieber anvertrauen als Ihnen. Ich danke Ihnen so sehr. Ich hab das gar nicht gewußt, daß es eine solche Liebe und Treue gibt, wie ich sie von Ihnen erfahre —"

„Das heißt also wieder Nein?" unterbrach er sie, indem er mit einiger Anstrengung ein Lächeln versuchte.

„Warten Sie nur, Sie werden gleich selber Nein sagen, — ich meine: Ihre Frage zurücknehmen. Darum soll es lieber so sein, als hätten Sie gar nicht gefragt. Ich bin hergekommen, obwohl es mir schon ein wenig geahnt hat, daß dies so kommen könnte, wie es jetzt wirklich gekommen ist; ich glaubte es Ihrer Mutter und vielleicht auch Ihnen schuldig zu sein, da sie mir schrieb, daß ich mich hier in Stoppeln nützlich machen könnte. Aber eine Katze kann ich nicht sein, die im Sack gekauft wird. Ich weiß genau, daß Sie nicht die richtige Vorstellung von mir haben. Ich verdiene das nicht, was Sie mir anbieten — Ihre Mutter ist auch der Ansicht;" jetzt war sie es, die für einen Augenblick lächelte. Aber dann, sehr ernst: „Sie müssen mich erst einmal anhören."

Und nun empfing Hugo Werndorff ihr Bekenntnis, das sie dem Papa Degener nicht hatte sagen können. Sie sprach von Siegfried Hanauer, und sie sprach von Quint; sie hielt das strenge Wort der Selbstverurteilung nicht zurück, das auszusprechen ihr schwer ankam: daß sie eine Ehe gebrochen hatte, „und, was noch viel schlimmer ist: daß ich nicht einmal imstand bin, es zu bereuen."

Werndorff, nach einem Schweigen: „Kann das verstehen, scheint mir. Und es ändert nichts für mich."

„Aber," begann Antje leise von neuem, „ich habe an Quint, den ich von Kind auf liebte, das hingegeben, was eine Frau nur einmal zu geben hat. Das ganze Wesen. Die ganze Liebe. Ich — Hugo, ich besitze das nicht mehr, worauf Sie als der Mensch, der Sie sind, Anspruch haben."

„Was du mir gibst, wird genug für mich sein," sagte er. Und er sagte: „Glaub doch auch nicht, daß die Liebe nicht könnte, was jeder Baum tut: wachsen und Wurzel fassen. Darauf wagen wir's. Ja?"

So war diese Verlobung geschehen.

Es wurde beschlossen, in Stoppeln eine kleine Kriegstrauung zu halten. Georg hätte sie gern bei sich in Steglitz gehabt, mußte aber einräumen, daß Berlin mit seinen Luftangriffen nicht mehr der richtige Ort für eine Hochzeit war. Und so fuhren denn er,

Ulrike und Silvia nach Stoppeln, wo er selbst die Trauung vollzog. Es geschah bereits in der dritten Woche von Werndorffs Urlaub; die Papiere waren schnell beschafft worden und das Aufgebot in der Kirche an den drei folgenden Sonntagen, wie es sonst üblich ist, war für eine Kriegstrauung erlassen. Als Gäste waren außer dem nächsten Gutsnachbarn mit seiner Frau nur die Bolckes, Vater, Mutter und jüngste Tochter, anwesend, durch deren Bekanntschaft mit den Degeners Antje einst vor vielen Jahren zuerst nach Stoppeln gekommen war. Werndorffs Freund Werner von Prittwitz hatte sein Erscheinen zur Trauung versprochen, da der Chef des Oberkommandos der Wehrmacht, zu dessen persönlichen Adjutanten er gehörte, seit kurzem aus Winniza in der Ukraine wieder nach „Wolfsschanze" zurückgekehrt war; doch hatte sich Prittwitz nicht rechtzeitig losmachen können, er kam erst zum Mittagessen.

Dem Bräutigam konnte jeder sein Glück ansehen; auch zu dem Gleichgültigsten, was jemand ihm sagte, nickte er mit einem nur mit Mühe verhaltenen Lachen der Freude, als ob es eine höchst bedeutsame und gute Botschaft wäre. Silvia gefiel er sehr, sie flüsterte Antje zu: „Dein Hugo ist ja beinah so nett wie meiner!" Und er hatte aber auch Ursache, vergnügt zu sein, fand sie. Antje sah wieder aus „wie mitten im Garten": ernst und reizend, mit bräunlichem Antlitz und Händen, in einem langen weißseidenen Kleid. Sie saß an der Tafel nicht mehr im Brautschmuck. Schon für den Kirchgang hätte sie Myrte und Schleier lieber nicht angelegt und tat es nur ihrem Manne schließlich zu Gefallen, der ihr sagte, es sei „wirklich ganz undenkbar", das seiner Mutter plausibel zu machen. „Und für mich sind das keine falschen Zeichen, für mich wirst du die Braut sein, auch wenn wir, Gott geb's! zwanzig Jahre miteinander gelebt haben." — Auf so gute Worte konnte ihm Antje nichts mehr einwenden. „An Treue soll mich keine echte Braut übertreffen, das gelob ich dir," hatte sie ihm geantwortet.

Unter den bei Tisch gehaltenen Reden machte der kurze Toast von Prittwitz einiges Aufsehen. Auch ihn rührte das so offensichtliche Glück seines älteren Freundes; und er erhob sich, das Glas in der Hand, mit seinem fast schon kahlen Kopf über blonden Schläfen und einem scharf eingegrabenen Grameszug an den Mundwinkeln, und sagte nur: „Ich beglückwünsche die Neuvermählten, weil sie das Beste tun, was überhaupt getan werden kann in einer Stunde, in der Reiche bedroht sind: nämlich eine Familie begründen."

Den Gästen, die nach Tisch mit besorgten Fragen an ihn herantraten, entzog er sich; ohnehin mußte er gleich wieder fort. Werndorff gab Antje einen Wink, daß sie mitginge, ihn hinaus zu seinem Auto zu bringen. „Das freut ihn; und war doch schön von ihm, daß er gekommen ist."

Am Wagen fragte er: „Ihr habt ja, wie es scheint, dort im O.K.W. allerlei Neuigkeiten auf dem Hals – was?"

„Neuigkeiten genug, und auf eure Schweigsamkeit ist Verlaß, das weiß ich. Aber das alles paßt nicht auf eine Hochzeit. Ich hab mich ungeschickt benommen. Brautleuten muß man das Herz nicht schwermachen."

Das bringe heut bei ihm sowieso niemand fertig, versicherte Werndorff. Antje und er hätten sich überhaupt „in allen Lebenssachen fürs Wahrhaftige entschieden".

Prittwitz gab ihm also eine knappe Schilderung der militärischen Situation. Die Ostfront, nach dem Fall von Stalingrad, noch nirgends wieder ganz fest geworden. Der Gegenstoß des SS.-Korps gegen das von den Russen eingenommene Charkow ein verzweifelter und wahrscheinlich letzter Versuch, die Initiative wieder an sich zu reißen. Überall die bösesten Überraschungen zu befürchten. (Prittwitz verschwieg seine Besorgnis, daß sein Freund möglicherweise bei seiner Rückkehr an die baltische Front in ein „Schlamassel" hineingeraten würde.) Tunis, der letzte deutsch-italienische „Sperr-Riegel" in Afrika, jedenfalls nicht mehr lang zu halten, hierauf dann ein englisch-amerikanisches Unternehmen gegen Sizilien und Italien vorauszusehen, was schon ziemlich bald den Abfall Italiens vom Achsenbündnis zur Folge haben würde. Von schwedischer Seite der bisher zugelassene Transitverkehr der deutschen Urlauber von der nordischen Front gekündigt. Auch Portugal, die Türkei distanzieren sich; aus solchen Anzeichen werde die Gesamtlage erkennbar, die strategisch und politisch völlig hoffnungslos sei, da Hitler sich mit seinen fortgesetzten Vertragsbrüchen jede Möglichkeit zu Verhandlungen verscherzt habe.

„Als ob er der Erste wäre, der Verträge bricht!" wandte Hugo Werndorff ein.

Prittwitz: „Mit Unterschied. Politik ist die Kunst, sich trotz Vertragsbrüchen das Vertrauen zu erhalten... so ungefähr hat der gescheite Talleyrand gesagt. Das heißt, das Maß muß man bewahren können. Es ist eine der Kardinaltugenden."

„Also im Spiel betrügen, aber so, daß keiner es merkt? Ist das christliche Politik?" fragte Hugo, auf Werners religiöse Überzeugungen anspielend.

Der aber sagte mit sorgenvollem Gesicht (für den Augenblick

schien er Auto und Fahrt vergessen zu haben): „Wir Deutschen sind immer fürs Unbedingte, im Guten wie im Bösen, und werden daran noch zugrunde gehen. Denn in der Welt ist alles bedingt durch die Umstände. Nein, wir können, solang Hitler da ist, zu keinem Frieden gelangen. Und das Tolle ist, daß er beschützt ist, sichtbarlich, durch seinen schwarzen Engel! Kürzlich hat ihm jemand eine Bombe mit Zeitzünder in sein Flugzeug praktiziert — und das Ding ist nicht losgegangen."

Antje fragte erschrocken: „Wollte man ihn denn töten?"

„Man muß das wollen," nickte Prittwitz. „In München haben ein paar ganz junge Leute, ein Student und seine Schwester, durch Flugblätter zum Aufstand gerufen — ein kindliches, aber höchst ehrenwertes Unternehmen. Sie sind dabei gefaßt und in aller Heimlichkeit hingerichtet worden. Mit solchen Mitteln ist gar nichts zu erreichen. Aber die Tat dieser unerfahrenen Jugend ist eine Mahnung für uns. Ja, man muß den Sturz Hitlers wollen. Auf j e d e Weise. Es gibt kein Heil mehr für das Land, als nur, wenn Hitler fällt. Kann das nicht anders als durch deutsche Niederlagen geschehen, so muß man bereit sein, auch diese herbeizuführen. So weit ist es mit uns gekommen! Aber es gibt unbegreiflicherweise auch unter den sonst Vernünftigen immer noch Leute, die das nicht einsehen wollen. Ich habe mich deswegen mit einem langjährigen guten Bekannten, Quint Fehrenkamp, überworfen —"

„Ach," sagte Antje leise.

„Ja. Kennen Sie ihn? Der will davon nichts wissen. Hat sich an die Front gemeldet. — Das ist jetzt so die neue verzweifelte Mode bei uns: Flucht nach vorne. Auch unser Freund Claus Stauffenberg, der im O.K.W. die Seele des Widerstandes gegen den Führer und seinen Wahnsinn war, der die Generalfeldmarschälle zu einer Aktion aufzustacheln suchte, ist jetzt nach Tunis gegangen und dort schwer verwundet worden. Ja, was werden soll, weiß Gott allein. — Aber ich muß wirklich fahren," sagte er. „Es kommt so über einen. Ich bitte nochmals um Entschuldigung; man merkt es jeden Tag deutlicher, daß man gar nicht mehr zu Fest und Gesellschaft taugt."

Und er nahm Abschied und fuhr davon.

Hugo Werndorff sah nicht mehr froh aus, als er seine Frau ins Haus zurückführte. „Arme, Liebe! das war nun tatsächlich keine Unterhaltung für deinen Hochzeitstag," meinte er.

Antje: „Vielleicht doch. So wie heut alles ist. — Hugo, mir ist dieser Hitler genau so wie deinem Freund verhaßt. Ich weiß so Gemeines, was er tut, an Wehrlosen! Und doch bin ich froh zu wissen, daß Quint bei den Plänen von Prittwitz nicht mitmacht, und daß ich dir ansehe, auch du wirst es niemals tun. Denn es kann, es kann nicht recht sein!"

Werndorff: „Recht gewiß nicht. Wenn es aber so wäre, daß jemand diese Sachen tun muß? und die Männer wie Werner Prittwitz ihre Sauberkeit, ihr gutes Gewissen aufopfern, weil es nicht mehr anders geht? Geradezu alt vor Gram hat er ausgesehen! — Ich weiß gar nicht, warum das heutzutage so ist, daß einem alle Menschen leid tun müssen."

Werndorff und Antje blieben zur Nacht in Stoppeln, abends führte Antje den Papa Degener in ihren Garten hinaus, den er zu sehen gewünscht hatte. Dabei ergab sich ein Gespräch mit ihm, aus dem sie abermals den Eindruck seines merkwürdig zarten Verstehens empfing wie etwas, das nicht zu vergessen noch zu verlieren war. Er schien mehr von ihr zu wissen, als sie je vermutet hatte, aber da sie ihm niemals von sich aus etwas gesagt, war er sorgsam, nicht daran zu rühren, sie erriet ihn nur aus dem Ton, mit dem er ihr sagte: keine Eingewöhnung in ganz neue Lebensverhältnisse sei ohne Schwierigkeit, auch nicht, wenn zwei Ehegatten durch die stärkste Leidenschaft zueinander geführt worden seien. „Es sind gute Menschen, bei denen du hier bist, und du selbst bist ein gutes Menschenkind, das weiß ich. Du sollst aber immer, auch in der Beziehung zu deiner Schwiegermutter sollst du an das Liebesgesetz unsres Vaters im Himmel denken, welches macht, daß behauptete Rechte, gefordertes Verständnis zu schwinden anfangen und daß alles Fortgeschenkte hundertfältig zurückkommt. Wer liebt, wird Liebe haben, wer schenkt, wird reich sein. Und außerdem vergiß nicht, daß du durch deine Heirat nicht aufgehört hast, unser Kind Antje zu sein. Wenn du mich brauchen kannst, bin ich da, so wie früher — womöglich besser als früher. Ganz richtig macht man ja nichts, macht man nichts. Aber man gibt sich Mühe."

Früh am nächsten Tag, bevor die Degeners zur Heimfahrt nach Berlin aufbrachen, fuhren die Jungvermählten nach Marienburg, wohin Antje bei ihrem ersten ostpreußischen Aufenthalt nicht gekommen war. „Siehst du," sagte Hugo Werndorff zu ihr, als sie über die Holzbrücke den Mittelhof der schönen alten gotischen Burg betraten, „damals hast du so bestimmt behauptet, du kämst nicht wieder; ich aber habe immer solch eine kleine Vorahnung in mir behaust, daß ich eines Tages doch mit dir hierherkommen würde, um dir unsre Marienburg zu zeigen. Und jetzt ist es." —

„Ja, es ist," bestätigte Antje, „und es sollte sein."

Da sie merkte, wie glücklich ihn das einfache Wort machte,

gelobte sie sich noch einmal in ihrem Innern: niemals darf dieser gute Mensch einen Mangel an meiner Liebe spüren. Und es war gerade dieser Augenblick, der sie zum erstenmal erkennen ließ, daß es noch eine andere, nicht minder tiefe Liebesmöglichkeit als die der begehrenden Leidenschaft gibt, nach der Art, wie es Georg Degener ihr gestern angedeutet: alles weggebend, für sich nichts wollend, aber „wer schenkt, wird reich sein". Sie wanderten durch die Teile des Schlosses, sahen die Marienkirche, den Sommer- und den Winter-Remter, deren kühne Gewölbe jeweils auf einem einzigen Granitpfeiler ruhten, sie blickten aus den Fenstern auf die im Märzlicht unruhig glänzende Nogat hinunter, aber Antje, mit ihrer stillen Entdeckung beschäftigt, faßte nur ungenau den Bericht auf, den Hugo ihr von den verschiedenen historischen Erinnerungen der Burg und des Ordens gab.

— Als nach dem Ende der nächsten Woche ihr Mann wieder nach Rußland abreisen mußte, kam ihr vor, als habe jene Erkenntnis schon richtige, lebendige Wurzeln in ihr geschlagen, und sie konnte neben seiner Mutter ihren arbeitsreichen Alltag als Hausfrau in Stoppeln beginnen in dem Gefühl, daß sie eine Heimat zu hüten hatte.

6

Am 5. Juli 1943, es war gerade der Tag, an dem nach der im Mai erfolgten Kapitulation der deutsch-italienischen Streitkräfte in Tunis die Engländer und Amerikaner auf Sizilien landeten, kam nach Grünschwaig eine Nachricht, die alle Hausbewohner die großen Volks- und Weltschicksale für den Augenblick vergessen ließ. Gunda Hirt rief von auswärts an und bat Hanna Degener mit einer fremden, vor Aufregung zitternden Stimme, sie müsse sofort kommen — „nein, nein, nicht nach Obersbrunn, ich bin hier in Professor Gemickes Sanatorium, wie durch ein Wunder bin ich zur rechten Zeit hierhergefahren, obwohl ich von der Sache nichts gewußt habe. Nein, es ist nichts passiert. Frank ist körperlich gut beisammen. Ich kann am Telefon weiter nichts sagen. Nur: Sie müssen s o f o r t kommen!"

Hanna saß einige Sekunden bewegungslos neben dem schon wieder verstummten Apparat, bevor sie sich aufzuraffen vermochte. Sie sah, daß ihr noch eine knappe Stunde bis zu dem 11-Uhr-Zug blieb, und beauftragte Josepha, im Stall zu sagen, Wastl oder der junge Franzose Millet müßten gleich anschirren, um sie zur Bahn zu bringen. Dann, noch bleich aber schon wieder gefaßt, ging sie zu Jakob und Delia, um ihnen Bescheid zu geben.

Jakob war damals in der Rekonvaleszenz nach einem Gelenkrheumatismus, der anfangs seine Frau und Mutter recht ernstlich um ihn fürchten ließ. Bei der Frühjahrsarbeit hatte er sich übernommen, an einem kalten, unwirschen Regentag zu lang in schon durchnäßten Kleidern mit den Andern auf dem Feld ausgehalten und sich dabei eine Halsentzündung geholt, aus welcher der Gelenkrheumatismus sich entwickelte. Nicht Winte behandelte ihn — der war einberufen worden — sondern ein alter Arzt aus der Kreisstadt, von dem Wintes Nußholzhausener Praxis vertretungsweise besorgt wurde. Dieser, sobald die argen Gelenkschmerzen auftraten, riet zur Verbringung des Patienten nach München in das Krankenhaus des Dritten Ordens. Der Rat war gut, Jakob wurde dort glänzend versorgt und kuriert, schon nach der ersten Einspritzung in die Vene wichen die Schmerzen, und wenn sie nachts noch wiederkamen, waren sie doch nur schwache Nachklänge der Qual, die er im Beginn seiner Krankheit kennengelernt hatte; er konnte in Ruhe und Verwunderung darüber nachsinnen, ob etwa die große Kunst dieses 20. Jahrhunderts, Schmerzen zu verdrängen, die große Lust, sie zuzufügen, an anderer Stelle so heftig hervorbrechen ließ? Für ihn jedenfalls hatte sich die nicht ungefährliche Krankheit als ein Schutz erwiesen. Denn während er in der Klinik lag, erreichte ihn eine neuerliche Einberufung, der Folge zu leisten natürlich unmöglich war, und für eine Weile blieb daher sein Name in den Ersatzlisten mit dem Vermerk „zurzeit nicht verwendungsfähig" versehen. Der Münchner Professor, als er Jakob heimschickte, hatte ihm keinen Zweifel gelassen, daß sein ohnehin nicht allzu kräftiges Herz durch den Gelenkrheumatismus einen Stoß abbekommen hatte und großen körperlichen Anforderungen nicht mehr gewachsen sein würde. Es lag an den Verhältnissen einer Kriegszeit, in der sich die Bedeutung von Gut und Ungut verschiebt, daß sowohl Delia wie Hanna diese ärztliche Auskunft eher als Beruhigung empfanden, da sie beide überzeugt waren, Jakob könne also nicht mehr zum Kriegsdienst geholt werden.

Die jungen Eheleute hatten zwei Zimmer im Oberstock des Hauses, und als Tagesraum die Bibliothek. Dort fand Hanna sie auch heute: Delia bei ihrem Flickkorb und Jakob auf dem Sofa, ihr aus dem „Simplizius" vorlesend, dessen Lektüre sie schon miteinander begonnen hatten während seiner Krankenhauszeit, in der Delia bei den Fehrenkamps wohnen und ihn in Nymphenburg täglich besuchen konnte. Jakob wollte sich die deutschen

Dichter der vorklassischen Zeit, mit denen die Bibliothek seines Vaters ausreichend versehen war, recht gegenwärtig machen, in der Absicht, später einmal seinen Schülern — wenn er wieder welche haben würde — eine möglichst reiche, zusammenhängende Darstellung unsres ganzen Erbes zu geben; und Delia nahm mit Freude an diesen Studien teil.

Hanna sagte den Beiden von Gunda Hirts Anruf und daß sie vermute, es müsse sich wohl um eine der plötzlichen Verlegungen von Pfleglingen solcher Anstalten handeln, die Geistesgestörte und Schwachsinnige beherbergen. — Die Pfleglinge wurden in, der Öffentlichkeit nicht zugängliche, sogenannte Landespflegeanstalten verbracht, und von dort aus empfingen ihre Angehörigen meist sehr bald ähnlich lautende Schreiben: die Patienten seien überraschend an Grippe, Lungenentzündung, Gehirnschlag verstorben, auf Grund seuchenpolizeilicher Anordnung hätten die Leichen und auch die Kleidungsstücke verbrannt werden müssen, die Urnen stünden zur Verfügung. Schon längst wanderten durch das ganze Reich die Gerüchte, es handle sich hierbei um eine planmäßige Aktion zur Vernichtung des „lebensunwerten Lebens", und jene Landespflegeanstalten müßten von Rechts wegen Mordanstalten heißen. Insbesondere war das auf einer Anhöhe der Schwäbischen Alb einsam gelegene Schloß Grafeneck als ein Ort bekannt, zu dem die Krankentransporte in Autobussen mit undurchsichtigen Fenstern angefahren wurden und von dessen Höhe der aus dem Krematorium aufsteigende Rauch weithin zu sehen war. Der württembergische Landesbischof Wurm hatte gegen diese Schauerlichkeiten Protest erhoben in einer Eingabe an den Reichsminister des Innern, die freilich in der Presse nicht abgedruckt werden durfte, in Vervielfältigungen aber von Hand zu Hand ging; auch zu den Grünschwaigern war ein solches Blatt gekommen, und zwar durch Georg Degener, der dazu schrieb, die Maßnahmen seien bisher überwiegend in den nicht katholischen Reichsgebieten durchgeführt worden, „offenbar, weil man, uns zur Schande, annimmt, sie würden hier nicht auf so starken Widerstand stoßen". Hanna hatte sich trotzdem natürlich gleich mit Gemicke in Verbindung gesetzt und von ihm die Zusage empfangen, sie ebenso wie die übrigen Angehörigen seiner Patienten zu benachrichtigen, sobald die Gefahr einer Verlegung erkennbar würde ... aber aus Gundas Andeutungen entnahm sie, daß nun das Sanatorium in der beliebten „schlagartigen" Manier damit überfallen worden war.

Jakob kam es vor, als wären die Schrecknisse des Dreißigjährigen Krieges, von denen er eben gelesen, aus den Blättern des

Buches leibhaftig hervorgestiegen. Aber nein, es ist ja schlimmer, sagte er sich gleich: heimlicher, vorbedachter, fühlloser. Tötung des Lebens nicht in Begier und Wut, sondern geplant von kaltsinnigen Bürokraten, denen der Mensch nichts ist als ein Name auf einer Krankenliste. Er sah seiner Mutter an, daß es der Zorn war, der ihr eine so erstaunliche Kraft und Haltung gab; ihr sonst mildes Gesicht bebte innerlich davon. Sie wies ihn kurz zurück, als er ihr seine Begleitung anbot. Dazu sei er noch längst nicht wohl genug, sie wolle ihn nicht abermals krank werden sehn. „Ich hole Frank heraus, und wenn ich ihn selbst diesen Mördern aus den Händen reißen muß! Und ich werde ihn dann natürlich hierherbringen."

Delia ging mit ihr, um ihr die Handtasche packen zu helfen. Zehn Minuten später fuhr sie vom Hof, Delia und Jakob sahen ihr von der Vorfahrt aus nach.

„Findest du eigentlich nicht," sagte Delia beim Wiedereintreten ins Haus, „daß wir etwas tun, was in der Geistesart diesem Unrecht an den Schwachsinnigen gar nicht so fern ist?"

„Wir?" rief Jakob.

„Ja. Dort fehlt es an dem Vertrauen, daß ein Leben, dessen Sinn nicht kenntlich ist, doch Sinn haben kann, und damit tun sie ihm Gewalt. Aber wir finden ja auch nicht das Vertrauen zu Dem, der alles Leben gibt, und von dem wir doch nicht voraussehen können, was er uns zudenkt."

Es war das erste Mal, daß Delia den Entschluß Jakobs, keine Kinder haben zu wollen, mit einem Wort berührte. Es traf ihn unerwartet und stürzte ihn in Gedanken.

Hanna mußte über München fahren und traf erst gegen halb fünf Uhr nachmittags in dem Sanatorium ein, vor dessen Gartenpforte ihr Gunda Hirt mit einem „Gott sei Dank, daß Sie da sind!" entgegenkam. Sie sagte: „Warten wir jetzt noch einen Augenblick, bevor Sie hineingehen. Frank ist mit den anderen Patienten im Speisesaal, beim Kaffeetrinken, und es bringt ihn immer in Unruhe, wenn man ihn da wegholen will." Hanna müsse auch jedenfalls zuerst mit dem fremden Arzt sprechen, der die Verlegung leite, und der sei gerade wieder in Unterhandlung mit Professor Gemicke. Dann berichtete Gunda, wie sie auf einmal gestern in Obersbrunn von einer so entsetzlichen Sorge um Frank ergriffen worden sei, daß sie einfach nicht anders gekonnt habe, als direkt hierherkommen. „Und wenn ich das nicht getan hätte, wäre Frank schon fort! Es ist heute mittag schon ein Autobus mit einem Teil der Patienten abgefahren – stellen Sie sich das vor! Ich habe immer darauf hingewiesen, die Mutter von Frank Degener würde kommen, und so hab ich zum Glück erreicht, daß er für heute noch zurückgestellt wurde. Gar nicht auszudenken, was dem Jungen sonst geschehen wäre!" – sie zwang ihren zum Weinen sich verziehenden Mund mit Anstrengung, den Satz zu Ende zu bringen. Woher will sie wissen, dachte Hanna mit einer Regung ihres alten, höchst ungerechten Ärgers gegen Gunda Hirt, daß es einen Sohn „in Unruhe bringt", wenn seine Mutter zu ihm kommt? und die Geschichte mit der Ahnung, die sie hierhergetrieben habe, stimmte gewiß nicht, war bloßer Zufall; denn wenn man es ahnen konnte, hätte sie selber es ja zuerst ahnen müssen! Vor allem aber, sie durfte ihre mitgebrachte, entschlossene Wut gegen die Leute, die Frank verschleppen wollten, nicht abkühlen lassen. Sie forderte daher: „Führen Sie mich bitte sofort zu diesem Menschen hin!" – und Gunda, vor ihrer Unfreundlichkeit ein wenig erschrocken, tat das denn auch.

Schon im Hausflur war Gemickes ziemlich laute Stimme zu hören; aus der „Anmeldung" stürzte eine Schwester auf Hanna zu, von der sie aber keine Notiz nahm, sie öffnete die Tür des Ordinationszimmers. Der Professor, alt und weiß, mit einer Hornbrille, war mitten im Wort unterbrochen und blickte unwillig, dann erkennend zu der Eingetretenen hinüber, der die Schwester und Gunda folgten. Hanna sah gar nicht genauer hin, was der Mann, der dem Professor gegenüberstand, für ein Gesicht habe, es war etwas Fettes, Helles, in das sie hineinsprach: „Ich bin da, um meinen Sohn abzuholen. Sie werden mir hier sofort einen Zettel mit Unterschrift geben" – zu Gemicke – „daß mein Sohn Frank aus dieser Anstalt entlassen ist. Ich nehme ihn gleich mit."

Der Professor nickte Zustimmung, er gab der Schwester einen Wink, sich an die Schreibmaschine zu setzen, und eine kurze Anweisung, was sie schreiben sollte. Hanna sah den auf der Maschine tippenden Fingern zu, auch als Gemicke vorstellend einen Namen murmelte, vermied sie, sich zu dem fetten Mann umzuwenden, in dem Gefühl, sie würde ihm ins Gesicht fahren, sobald sie ihn nur richtig ansähe. Er schwieg und tat nichts, sie zu hindern, während Gemicke fortfuhr:

„Das ist Frau Degener, die Mutter eines meiner Patienten. Sie können hieraus auf die Einstellung der gesamten Angehörigen schließen, Herr Doktor, wenn man mir Zeit gelassen hätte, sie zu benachrichtigen. Es ist jedenfalls ganz ausgeschlossen, daß die Fälle, die jetzt noch hier sind: größtenteils Nervenerkrankungen, Depressionen, die ich als vorübergehend und durchaus heilbar ansehe, Ihnen zum Abtransport übergeben werden. Es kommt nicht in Frage!" sagte er mit wieder heftig, wie vorher, erhobener

Stimme. „Ich würde, auf jede Gefahr, an die Öffentlichkeit appellieren."

Der Andere schien nicht gewillt, das Gespräch in Anwesenheit der Frauen weiterzuführen. Der Professor setzte stehend seinen Namen auf das ihm hingereichte Blatt, das dann Hanna sogleich ergriff; er sagte: „Einen Augenblick, bitte," und trat mit Hanna und Frau Hirt auf den Flur hinaus.

Hier erklärte er Hanna: „Wir sind überrumpelt worden. Ich konnte nichts mehr machen. Es ist unerhört. Aber er kriegt jetzt keine mehr! Schließlich hat Bodelschwingh in Bethel sogar die vollkommen Verblödeten nicht ausgeliefert."

„Professor, hätt ich Ihnen nicht helfen sollen, da drinnen?" fragte Hanna, fast beschämt jetzt über ihren Zettel, den sie wie eine Beute in der Hand hielt.

„Haben schon geholfen! — Nein, bringen Sie nur jetzt Ihren Sohn so schnell wie möglich fort. Den Krankenbericht über ihn bekommen Sie noch zugeschickt."

Er drückte ihr und Gunda die Hand, und sie sahen dem weiß bemäntelten Alten nach, der zu seinem Kampfplatz zurückkehrte.

Vor dem Speisesaal fanden sie Frank, dessen ordentliches, gebürstetes und rasiertes Aussehen seine Mutter überraschte, auf einen Wärter einredend. Es hörte sich an wie eine sachliche Auseinandersetzung, in der ein Mensch bestimmt und höflich einen wohlbegründeten Standpunkt geltend zu machen sucht, nur daß Frank dann und wann mit einer Sprechhemmung zu kämpfen hatte, wobei seine Stirn sich faltete und er, wie um sich zu sammeln, vor sich hinblickte ... und nun flüsterte der Wärter der Frau Hirt zu: „Wir haben den Andern einen Leukoplaststreifen mit dem Namen auf den Rücken kleben müssen. Das hat der fremde Herr Doktor verlangt, sie müssen es haben, wenn sie fortkommen, weil, dort kennt sie ja keiner. Und jetzt beschwert er sich, weil es ihm nicht gemacht worden ist."

„Es muß Gl-eichheit und Gerechtigkeit sein," erklärte Frank mit starrem Blick, dem nicht anzumerken war, ob das Erscheinen Gundas und seiner Mutter ihm irgendetwas sagte. Hanna, von seiner Forderung eigentümlich erschüttert, vermochte kein Wort hervorzubringen. Gunda aber erfaßte schnell und geschickt die Situation und sagte zu dem Wärter, gleichsam zu Franks Gunsten in die Unterhaltung eingreifend: „Unter den Umständen kann Herr Degener nicht länger hierbleiben, er wird mit uns abreisen," und wies ihm zugleich den Zettel vor, den sie Hanna aus der Hand genommen.

Frank wiederholte nickend ihre Worte: Unter den Umständen könne er nicht hierbleiben, er müsse der Dame recht geben.

„Gehen die Herrschaften nur voraus, ich bring seine Sachen zum Bahnhof," versprach der Wärter. Und so verließen sie mit Frank das Sanatorium, ohne von dessen übrigen Pfleglingen, über denen ein so drohendes Schicksal hing, jemand zu Gesicht bekommen zu haben.

Damit der Kranke nicht unter den ihm ungewohnten fremden Menschen sein müsse, schloß ihnen der Schaffner das Dienstabteil auf; denn der Zug führte keinen Zweiterklassewagen. Während er in die warme Sommerdämmerung hinausrollte — Frank war in der Wagenecke eingeschlummert — besann sich Hanna darauf, wie sie schon früher einmal mit der treuen Gunda Hirt diese Strecke gefahren war, und sie sagte mit leiser, bewegter Stimme zu ihr: „Gunda, verzeihen Sie mir. Nein, Sie wissen ja schon, warum ich das bitte. Ich bin wieder ungut gewesen, und dabei haben wir Ihnen **alles** zu danken. Ohne Sie — wer weiß, wo er jetzt wäre, und in welcher Not! Ja, wenn das auch nicht leicht für mich ist, ich muß es Ihnen doch bekennen, daß Sie eine wachere und bessere Liebe, eine bessere als seine Mutter, für ihn gehabt haben. Sie hätten ein Recht, wenn Sie das wollten, ihn ganz zu sich zu nehmen. Sie haben sich's erworben. Aber, bitte, lassen Sie mich versuchen, ob seine Grünschwaiger Heimat ihm Schutz und Frieden geben kann."

Seither wohnte Frank wieder „zu Hause"; er selbst allerdings gab keinerlei Anzeichen, daß er das Haus und Land, in dem er aufgewachsen, als solches erkenne. Er war imstande, auf einem Spaziergang zu seiner Mutter zu sagen: „Sie leben hier angenehm. Eine hübsche Gegend." Dieselbe Fremdheit, auch im Verhalten und der Sprechweise, hatte er zu Jakob und, wenn sie ihn besuchen kam, zu Gunda; Hanna wäre das schwer erträglich gewesen, hätte ihr nicht Professor Gemicke geschrieben, man müsse in Franks seltsamer Gespreiztheit ebenso wie in der langen Sorgfalt, die er täglich auf seine Toilette verwendete, Bemühungen eines verschütteten Menschengeistes nach der Ordnung hin erkennen und ihm dabei durch Verständnis und Anerkennung zu Hilfe kommen, wie man einem unter Trümmern Begrabenen die Hand reicht, um ihn herauszuziehen. Wirklich konnte ein geradezu hell vergnügtes Lächeln auf seinem Gesicht erscheinen, wenn man nach einem über Sprachhemmungen hinweg gut vollbrachten Satze zu ihm sagte: „Das hast du gut ausgedrückt." Nach dem Sanatorium und seinen dortigen Mitpatienten frug er nie und schien es nicht aufzufassen, als Hanna ihm mitteilte, daß Gemicke weitere Abtransporte hatte verhindern können.

Es ergab sich als das Vorteilhafteste, Frank in der Kleinen Schwaig unterzubringen. Auch Hanna zog jetzt hinüber, um ihn beständig unter den Augen zu haben. Sie war zu der Übersiedlung ins „Austragshäusl", wie im Alter die Bauern, wie alle Herrschaften in Grünschwaig durch viele Generationen her, schon bei Jakobs Hochzeit willens gewesen, obgleich er nicht als Nachfolger den Hof übernahm. Durch Franks Heimkehr wurde der äußere Anstoß gegeben. Sie bezog mit ihm die Zimmer, in denen ihre Schwiegermutter Gabriele gelebt hatte, während Fräulein Rüsch weiterhin daneben in ihrem altvertrauten Kämmerchen hauste. An ihr hatte Frank eine geduldige Hörerin, wenn ihn sein Drang nach wortreichen Erklärungen überkam; es tauchten darin immer wieder Bruchstücke seiner Kenntnisse von der Landwirtschaft und dem Schreinerhandwerk auf, und das Rüschchen fand, es sei „oft ganz vernünftig", was er so sage. Sie erwies damals die rührende Selbstlosigkeit ihres Wesens durch die folgende Tat: Jakob hatte ihr eine Nachbildung des Dürerschen Stiches von Ritter, Tod und Teufel geschenkt, ihr zur unerschöpflichen Freude. Erst wenn man so etwas immer vor sich habe, meinte sie, komme man dahinter, wie schön und wie „kerndeutsch" das sei; denn für sie war der unerschrockene Ritter ein Sinnbild des von Gefahren umdrohten Vaterlandes. Als Frank an dem Stich Gefallen bezeigte, durch Worte nicht, wohl aber durch aufmerksames Anschauen und zustimmend zärtliches Betasten, da sagte sie: „Er braucht es, er soll es haben," und man konnte sie nicht davon abbringen, es ihm über seinem Bett aufzuhängen.

Im übrigen ging in Grünschwaig das Leben noch immer in der alten Weise fort. Hanna war 65 geworden, sie hatte oft daran gedacht, jetzt bei ihrer Übersiedlung von neuem, für die Gutswirtschaft einen Pächter zu suchen, aber den Schritt doch immer wieder verschoben; teils um ihrer Leute willen, die dann in fremden Dienst gekommen wären, aber auch wohl deswegen, weil einem Menschen durch die Gewohnheit vieler Jahre das Regieren zu einem Lebensbedürfnis wird, sodaß ihm der Abschied davon wie ein Abschied vom Leben selber vorkommt. Und im Herbst 1943 bekam sie einen als jugoslawischer Soldat in Kriegsgefangenschaft geratenen, tatsächlich aber volksdeutschen Mann aus Kroatien, namens Strobl, auf den Hof, der sich als äußerst tüchtig erwies. Ihm konnte sie in zunehmendem Maße die Landbestellung sowie den Verkauf der Produkte und den Viehhandel, wie einem Gutsbaumeister überlassen und brauchte selbst nur mehr eine Art Oberaufsicht zu führen.

Es war zum Ersatz von François Millet, daß Strobl nach Grünschwaig kam. Den Franzosen, so gut er auch arbeitete und so gern sie ihn alle mochten, mußte Hanna wegschicken, als sich herausstellte, daß Josepha ihr Herz, und noch mehr als nur dieses, ganz und gar an ihn verloren hatte: es war nicht zu leugnen, daß sie ein Kind von ihm trug. Von der Partei wurden solche Vorkommnisse als „Verrat an der deutschen Rasse" aufgefaßt und an den Beteiligten streng bestraft. Josepha zwar wollte ihren hübschen jungen Freund nicht fortlassen und hätte sich trotzig vor aller Welt zu ihrer späten, ersten Liebe bekannt, aber Hanna verhinderte das mit mütterlicher Strenge, indem sie den Liebhaber fortschaffte, bevor seine Tat dorfkundig geworden war. Millet küßte beim Abschied Josephas weinende Augen und versprach fest, nach dem Kriege wieder herzukommen und sie und „den petit" nach Frankreich mitzunehmen, denn „die deutsche Frauen sind serr gutt". Sie aber gab sich nicht lang einem zehrenden Kummer hin, sie fand schon bald, daß die Hoffnung auf ein werdendes Leben mit Recht eine „gute" heißt. Jakob wurde dessen gewahr, als er sie eines Tages ganz allein, von stillem Glück strahlend, unter einem Hollerbaum sitzen sah, an dem schwärzliche Beeren reiften; die wohlbekannte, brave Josepha war ihm da von einem so schönen Geheimnis umgeben, daß er sich scheute, sie darin zu stören, und ungesehen vorbeiging. — Es merkten freilich auch andere, wie es um sie stand, und als die Stunde kam und die Hebamme aus Nußholzhausen einem gesunden Buben zum Licht der Welt heraushalf, da mußte ein Vater angegeben werden. Das tat die Mutter denn auch, und wenn schon manche, die es besser zu wissen glaubten, darüber lachten, als ihnen der Name zu Ohren kam, so konnten sie doch nichts weiter dagegen vorbringen, nachdem der Betroffene, es war der alte Wastl Hornegger, die Sache schmunzelnd zugegeben hatte („Dasselbige mach ich dir schon, warum net," hatte er zur Josepha gesagt, „aber bal's Kind französisch reden anfangt, nachher kommst auf.") So kam das in eine richtige, dörfliche Ordnung, und viel half die treue Prechtler Zensi dazu, die jedem, der bei ihr im Laden Brot kaufte, die Versicherung gab: sie kennt doch die Grünschwaiger Josepha schon immer und weiß schon immer, daß sie den Wastl gern gesehen hat. „Die sind eh lang brav gewesen," sagte sie. Auch ihr Mann äußerte keinen Zweifel. Hans Prechtler war jetzt wieder Ortsgruppenleiter in Nußholzhausen und ging mit wohlverdienten Kriegsauszeichnungen und mit einem Holzfuß herum: am linken war die Erfrierung, die er sich in Rußland zugezogen, so schlimm gewesen, daß er hatte abgenommen werden müssen.

Damals war Sizilien von den Alliierten schon besetzt, die

italienische Halbinsel betreten und der längst befürchtete Abfall des Landes vom deutschen Bündnis war geschehen. Mussolini, von seinem König in Haft genommen, wurde durch einen von Hitler persönlich entsendeten kühnen SS.-Führer wieder befreit, und als Stabschef einer faschistischen Republik suchte der Duce den Kampf an Deutschlands Seite weiterzuführen. Er konnte sich aber im Volk nicht mehr durchsetzen; es hatte von Anfang an dem Krieg der „Achse" nur mit halbem Herzen teilgenommen. Jakob erhielt um diese Zeit einen Brief von Quint, der in Italien kämpfte. Darin berichtete er mit Erschütterung von einer freundschaftlichen Begegnung mit einem italienischen Offizier, den er tags darauf, als der Abfall kund wurde, mit seiner Truppe zur Waffenstreckung auffordern und, weil der Andere dem nicht Folge leisten wollte, ihn mit eigener Hand niederschießen mußte. — Auch Japan war nach seinen stürmischen Anfangserfolgen nun in die Verteidigung gedrängt. Deutschland kämpfte ohne Hoffnung, jeder mußte es sehen, es war ein langsames Erwürgen und Verbluten — für welches Ziel, für welchen Sinn? Aber wer durfte noch so fragen, nachdem in Casablanca und jetzt wieder auf der Konferenz in Teheran der Wille der Gegner, uns wie einen Schandfleck vom Angesicht der Erde wegzulöschen, so grausam deutlichen Ausdruck fand? Jakob wurde daran wie krank, Delia sah mit Sorge, wie er sich quälte, und wenn sie ihm anzudeuten suchte, man dürfe doch die Weltbegebnisse, wie schlimm sie auch seien, in der Hut Gottes wissen, so schien er das nur mit seiner Einsicht, nicht mit dem Herzen mehr fassen zu können.

Kurz vor Weihnachten ging Jakob zu den Balthasars, um sie zum zweiten Feiertag auf den Mittag nach Grünschwaig zu bitten, wie es zu einem Brauch geworden war; auch die Baronin Priehl und der Major Orell waren auf diesen Tag eingeladen. Jakob fand den Maler im Atelier unter seinen Bildern, auf der Staffelei ein begonnenes Stück: Nußholzhausener Dorfstraße mit verschneiten Dächern. „Da kommen Sie grad recht, mich zu stören," sagte er, „sonst hätt ich im Eifer noch weitergetan, und hab doch nicht mehr Licht genug." Die Einladung nahm er dankend an. „Ich bin heut allein im Haus, meine Frau hat einen Besuch machen müssen, und unsre alte Lina ist ins Dorf, zum Einkauf. Nehmen Sie sich doch einen Stuhl, bitte."

Wie immer war es gut, bei dem alten Mann zu sein; es ging die innere Sicherheit von ihm aus, die in Jakob so ganz verwirrt war. Und als ob er die prüfen wollte, drängte es nun Jakob dazu, seine gramvollen Gedanken vor ihm auszuschütten: Die feindlichen Bombenangriffe auf unsre Städte sind so unmenschlich, der Krieg überhaupt in ein solches Stadium geraten, daß alles Abwägen von Recht und Unrecht, alles Abstand-Halten von Hitlers Politik unmöglich geworden ist. Die Andern hassen uns, sind entschlossen, uns ganz und gar zu verderben, also bleibt uns nichts mehr, als mit dem gleichen Haß, der immerhin eine Kraft ist, darauf zu antworten. Denn unser Land ist im Untergang, und wir gehören dazu. Ob Hitler ein Mörder ist, geht uns nichts mehr an, das Piratenschiff brennt, und wir sind an der Ruderbank angeschmiedet, ohnehin können wir nicht von ihr los, aber wir dürfen es auch gar nicht mehr wollen. Nur so noch können wir einen kargen Rest unsrer Selbstachtung retten. Dies etwa sagte Jakob, und sein Bild gefiel ihm ganz gut, in seiner Verzweiflung erfreute er sich daran – und es war ihm kränkend zu sehen, daß der Maler unter seinem weißen Bart dazu lächelte.

„Mein Lieber," sagte Balthasar, „Sie machen da einen Fehler, in den jetzt viele verfallen. Einer regt den andern auf mit Debatten über den Krieg, es kommt aber nichts dabei heraus, denn wir können an den Sachen nichts ändern. Es wäre viel richtiger, da anzupacken, wo wirklich etwas zu ändern und zu bessern ist, nämlich an uns selbst. Täten wir das, dann wär jeder von uns schon weiter, und wir hätten einen praktischen Nutzen aus der ernsten Zeit."

Eine trockene Rede. Was für praktischen Nutzen? Was kann ich an mir bessern? dachte Jakob; merkte aber, daß er mit seiner gesteigerten und tragischen Stimmung nicht aufkam gegen das ihm hingereichte Hausbrot auf das, wie Salz, ein bißchen wohlmeinender Spott gestreut war.

Der Maler hatte schon wieder aufgehört zu lächeln, als er fortfuhr: „Auf Haß mit Haß antworten, gegen das Böse wieder etwas Böses unternehmen – ich will gar nicht davon reden, ob es recht ist oder nicht: aber glauben Sie, daß es irgendeinen Zweck hat? Ein Fieber damit bekämpfen, daß ich selber zu fiebern anfange? Das kommt mir nicht großartig und nicht wie eine Pflicht der Selbstachtung, sondern d u m m kommt es mir vor. Ja, jetzt red ich unhöflich," unterbrach er sich, „aber ich mein damit nicht Sie, ich mein etwas, das in dem falschen Denken unserer Zeit steckt...Immerfort muß ich hören: die Andern sind unmenschlich, die Andern tun das und jenes. Was geht das aber mich an? Seit wann laß ich mir vom Feind meine Handlungen oder gar mein Gefühl vorschreiben? Was geschehen kann, um ihn abzuwehren, werden schon die machen, die die Waffen führen, und wenn ich dabei bin, muß ich freilich das Meinige dazu beitragen. Das schon. Aus der deutschen Gemeinsamkeit heraus darf ich nicht, und mag ich auch gar nicht! So weit haben Sie ganz recht. Aber mir mein Bild von der Welt verschieben und verdüstern lassen, weil ich vom Andern Haß erfahre? Wenn die Freiheit von uns Deutschen überhaupt etwas wert ist, dann steckt sie drinnen in uns, da nimmt sie uns keiner! Aber wir dürfen sie halt auch nicht wegwerfen. — So, ung'fähr, schau ich das an."

Kaspar Degener hätte so reden können. Es wurde Jakob ganz warm zumut, weil ihm wieder einmal jemand klarmachte, daß er dummes Zeug geschwätzt hatte. Was Balthasar vorbrachte, war weder besonders noch neu; es hatte Kraft aus dem, daß der Mann mit seinem Wesen dafür gutstand. Ist alle Wahrheit so? überlegte Jakob. Daß sie stimmt, ist noch nicht genug, sie muß an einem Menschen, der sie vertritt, als glaubhaft bewährt sein.

Er ging besseren Mutes heim, als er gekommen war.

Das Leben und der Tod senden ihre Botschaften. Der Weihnachtsbrief von Georg Degener meldete die glückliche Ankunft eines Töchterchens von Antje, das Armgard heißen und demnächst in Stoppeln durch ihn getauft werden sollte. Und gleich nach Neujahr 1944 erhielt Delia von ihrem Vetter Clemens die schmerzliche Nachricht, daß dessen Mutter in Voggenbruck gestorben war.

Keine warnende Krankheit hatte das angekündigt, oder wenn eine solche da war, so nahm Sophie Hanstein keine Notiz von ihr. Der Diener Rautter aber, der sie eines Sonntags in der Kirche sah, erschrak über ihr bleiches, ermüdetes Aussehen, und als er erfragte, daß die Frau Gräfin keine Hilfe hatte in der Pflege seines ehemaligen Herrn, weil er niemand Fremdes um sich dulden mochte, da erschien Rautter noch denselben Nachmittag auf dem Schloß und fragte, seinen Hut drehend, mit verlegenem Lächeln, ob er wieder seinen alten Dienst übernehmen dürfe. Der Graf ließ ihn nicht viel mehr als ein Brummen hören, und der blind und grau und gichtisch gewordene Fleck, zahnschwach und übelriechend — er hatte das achtbare Alter von sechzehn Jahren erreicht — wedelte, so gut er noch vermochte, zur Begrüßung seines alten Bekannten, der sich also zu Gnaden wieder angenommen fand. Clemens war heilfroh, als er davon erfuhr; doch die gutgemeinte Hilfe kam zu spät, Sophiens jahrelang überanstrengten Kräfte versagten jetzt, wo ihnen auf einmal Entlastung und Ruhe gegeben war. Sie konnte eines Morgens nicht mehr aufstehen, und der Arzt stellte eine bedrohliche fortgeschrittene Herzschwäche fest, die schneller, als jemand es denken konnte, das Ende herbeiführte.

Delia und Jakob fuhren nach Voggenbruck zum Begräbnis, begleitet von Petra Priehl, die ihrer ehemaligen Schulfreundin die letzte Ehre erweisen wollte. Sie bemerkte zu Jakob: „Ich dachte schon immer einmal wieder an einen Besuch bei der guten Sophie; man nimmt sich das vor und schiebt es wieder auf, bis es zu spät geworden ist. Das ganze Leben besteht aus Versäumnissen. Aber wenn man schon die Freuden versäumt hat, die man an den Mitmenschen hätte haben können, so darf man seine paar Pflichten nicht auch noch vernachlässigen." Wie sie das sagte, schlicht, und ohne etwa Mitleid erwecken zu wollen, die Summe eines nicht gut gelungenen Menschendaseins ziehend, das gefiel Delia gut und sie faßte den Vorsatz, sich künftig in Grünschwaig mehr als bisher um Petra Priehl zu kümmern. Wärme brauchte sie; Wärme brauchen alle Menschen.

Der alte Graf in Voggenbruck machte den Eindruck eines völlig gebrochenen Mannes. Er war so lang daran gewöhnt, selber der Kranke, Pflegebedürftige zu sein und bei seiner Frau die Erfüllung jedes Bedürfnisses und selbst jeder Laune zu finden, daß er nicht zu fassen vermochte, wieso ihr hilfreiches, nötiges statt seines eigenen, ganz überflüssig gewordenen Lebens ausgelöscht worden war. Als Clemens, zur Beerdigung für drei Tage aus Wien beurlaubt, zu ihm ins Zimmer trat, verzog sich das Gesicht des im Rollstuhl zusammengesunkenen Alten zu einem Weinen, das ein lautes Schluchzen wurde, er konnte es mit aller Anstrengung nicht bezwingen — und dem Sohn war, als griffe ihm jemand hart in die Brust und bräche ihm das Herz in Stücke. Dann begann Moritz Hanstein sich selber anzuklagen: er, er habe mit seiner Krankenselbstsucht die Kräfte der Verstorbenen verbraucht. „Ich bin schuld, daß wir sie verloren haben, kannst dich bei deinem Vater dafür bedanken!" Clemens beeilte sich, ihm den tröstenden Widerspruch zu geben, den er brauchte und mit versteckter Angst zu erwarten schien.

Unwillkürlich beobachtete Delia etwas besorgt, wie das Verhältnis von Clemens und Ellen sich zeigen möchte, sie hatte eine Hoffnung, daß der Todesfall sie einander näherbringen würde. Doch es konnte ihr nicht entgehen, wie es den Vetter störte, wenn Ellen zu laut, ein bißchen in Kittys Art, vor anderen um die Schwiegermutter klagte: „Die Mama Hanstein ist ein so ungewöhnlicher, wunderbarer Mensch gewesen, ich kann es noch gar nicht fassen, daß wir sie verloren haben!" — Er tut ihr unrecht, dachte Delia bekümmert; man müßte ihm das sagen. Aber wie kann man denn so etwas ungefragt sagen? Das geht ja gar nicht. Sie wußte, Ellen hatte wirklich an Sophie Hanstein gehangen und trauerte aufrichtig um sie; nur daß sie das Reden über ihren Schmerz dazu benützte, um ihn nach Möglichkeit von sich abzuwehren: so tun viele Menschen dieser Zeit, denen die Kraft fehlt, den Schmerzen still zu halten. Aber man darf darum nicht ungeduldig mit ihnen werden. — Richard und Kitty waren nicht da; ihr Vater hatte Ellen schon in Wien telefonisch verständigt, daß er weder, bei den immer zu befürchtenden Verkehrsstörungen, Kitty die weite Reise zumuten, noch ihr in den Berliner Angriffsnächten den Luftschutz des Hauses allein überlassen konnte; denn Hausbesitzer mußten, wenn Brandbomben fielen, unters Dach, um im Notfall rechtzeitig löschen zu können. „Es muß furchtbar sein in Berlin, aber die Mama soll sich sehr mutig und tüchtig zeigen," erzählte Ellen. Ihre Kinder hatte sie beide nach Voggenbruck mitgebracht und führte sie in das Marienzimmer, wo die weiß und und still gewordene Mutter Hanstein aufgebahrt lag. Eugenie betrachtete sie geängstigt, mit angehaltenem Atem, aber ohne den Zusammenhang zwischen dem, was sie da sah, und der als lebend, sprechend und blickend Gekannten wirklich zu begreifen; und als Kind ist man imstande, auf „irgendwann später" zu vertagen, was man unheimlich findet. Die vierzehnjährige Daisy aber verstand, daß dies der Abschied von der Großmutter war, und kam nachher zu Delia, um sich bei ihr auszuweinen.

Früh am Begräbnismorgen war Delia auf eine kurze Viertelstunde allein bei der Toten. Das Gesicht war eingesunken und trug einen Ausdruck milder Entschlossenheit, der zu sagen schien: so wie es ist, ist es gut. Delia dachte: Die Mutter. Der Vater. Cécile. Und nun sie. Auch das letzte von den Menschengesichtern, die ich in meiner Kindheit um mich hatte, verbirgt sich nun unter die Erde. Das heißt, meine Kindheit ist ganz fort. Ich bin dieselbe, aber etwas Anderes, Neues wird an mir und wird an Jakob und an allen von Tag zu Tag geschehen. Ist das gut so? Muß hier, wo wir sind, das, was ewig ist, an einem nach dem andern von den vergänglichen Bildern sich kundgeben, und am Ende wird sich zeigen, daß die Summe aller Vergänglichkeiten Leben ist und Liebe ist? — Das wäre dann wirklich gut.

7

Wenn zwischen Eheleuten eine Fremdheit kommt, ist sie ihnen gefährlicher als dem Freunde, der sich dem Freund, dem Kinde, das sich seinen Eltern entfremdet. Denn eheliche Gemeinschaft, weil sie die engste ist, läßt eben darum weniger Raum, daß jedes sich für sich selber besinnt und sich prüft; mit täglich neuer

Schärfe wird empfunden, was verlorenging, und täglich wiederholt sich die Versuchung, an dem Schmerz des Verlustes dem Andern die Schuld zu geben. Als im März 1944 Clemens Hanstein zu der deutschen Militärmission nach Kroatien versetzt wurde, merkten er wie Ellen mit Beschämung, daß sie beide die zeitweilige Trennung innerlich willkommen hießen. Ihr Gespräch am Abend vor seinem Abschied, nachdem Daisy und Eugenie schlafen gegangen waren, suchte mühselig nach dem Ton der innigen Verbundenheit von einst und traf ihn nicht mehr. Ellen fing endlich darüber zu weinen an, verbat sich's aber heftig, als er den Grund wissen wollte: „Frag nicht! frag doch nicht! – Aber warum muß das so sein?" –

Er schwieg darauf und meinte dann mit dem Ernst, den sie fürchtete und als „erbarmungslos" empfand: „Ja, Ellen, unser gemeinsames Leben ist schon seit langem nicht so gewesen, wie es sein sollte. Und darum müssen wir jetzt die Trennung, die uns auferlegt wird, als eine Gelegenheit zur Besinnung und Erneuerung erkennen. Nichts wird ohne Sinn auferlegt."

„Das ist wieder eine von deinen frommen Reden!" rief Ellen verzweifelt, „aber der ganze Sinn ist, daß du über die Trennung froh bist, weil du mich nicht mehr liebst, ‚schon seit langem nicht', du sagst es ja selber! Ich bin nicht mehr jung genug für dich, ich hab eine fünfzehnjährige Tochter – das ist dir ‚auferlegt', daß du eine Frau hast, die dir langweilig geworden ist, und das willst du christlich ‚ertragen'. Ich will aber nicht ertragen werden, ich hab genug davon, geh doch nur lieber gleich heut fort, es ist ja viel besser!"

Der Vorwurf, daß sie ihm „nicht mehr jung genug" sei, war widersinnig, die eigentliche Schwierigkeit zwischen ihnen darin ganz verschoben. Clemens wollte das nicht unritterlich als Waffe gegen sie wenden, er ging also darauf nicht ein, brachte sie nur mit einer Mahnung wieder zur Ruhe, sie möchte doch nicht am letzten Abend so unnötig Bitteres sprechen. Nachdem er aber am nächsten Morgen abgereist war, trug Ellen ihm gerade das nach: Er hat mir gar nicht widersprochen, als ich das sagte! Da sieht man also, daß es stimmt! –

In bösen Worten, wenn sie erst ausgesprochen sind, liegt eine Kraft, sich wirksam zu machen. Es widerfuhr Ellen, daß sich ihr das Herz unwillig zusammenkrampfte, wenn die hochaufgeschossene, schlanke Daisy, deren Gesicht ein für ihre Jahre reifes geistiges Leben verriet, ins Zimmer trat: so als hätte tatsächlich Clemens ihr die große Tochter vorgeworfen – und natürlich spürte das Mädchen, was da Feindseliges von ihrer Mutter ausging, und litt darunter.

In diesem unguten Zustand traf Ellen ein Anruf von Luzie, die „für paar Tage" nach Wien gekommen war und sie „zu einem kleinen Fest, ganz privat," bei Grevelings einlud. (Greveling hieß der Mann von Barbara Wieland, Offizier bei der hier stationierten SS.) „Wir können ja nicht dafür, daß Krieg ist, wollen auch mal wieder bißchen tanzen, gell?" rief Luzie ins Telefon. „Martinian ist auch da, auf ganz kurzen Urlaub. Der fliegt jetzt an der Ostfront. – Bring doch deinen Clemens mit! Ach so, er ist schon weg. Schade! Aber allein wirst du ja nicht zuhaus hocken. Man kommt mal auf andere Gedanken, das hat man so nötig! Also abgemacht, ja?" – Ellen hatte zugesagt, eh sie es noch recht bedachte, sagte sich aber nachher: Da werd ich ja sehen, ob ich wirklich zu alt bin, mich zu amüsieren! Sie hatte lange kein Abendkleid mehr angehabt, was sie im Schrank fand, schien ihr altmodisch, man hätte es im Rock verkürzen, einnähen müssen, doch sie hatte dazu selbst nicht die Geduld und wollte weder die Babett noch Fräulein Behr dazu herrufen; sie ärgerte sich von neuem über Clemens, als ob er schuld wäre, daß sie sich davor scheute. Ohne Hilfe, so gut es eben ging, zog sie sich an und schminkte vor dem Spiegel alles zu, was an ihrem Gesicht unfröhlich war. Nur den fragenden Blick der Augen konnte sie nicht zudecken.

Die Gesellschaft war von der Art, wie Ellen sie einmal schon, vor Jahren, mit Luzie zusammen erlebt, und zu Clemens damals nichts darüber gesagt hatte. Aber die Zeit und sie selbst waren seither noch viel trauriger geworden, und viel krampfhafter als damals strengte sie sich an, alles was sie sah und hörte, gut zu finden. Barbara war eine schöne, gastliche Hausfrau, sie begrüßte die Gräfin Hanstein mit Lebhaftigkeit, fand es „ganz reizend" von ihr, daß sie gekommen war. (Ellen spürte etwas von Erstaunen an dieser Begrüßung, offenbar hatte man die Frau eines als sehr katholisch und altösterreichisch bekannten Mannes hier in einem Kreis von der Partei verbundenen Leuten nicht erwartet; sie merkte daran, daß sie lieber nicht hätte kommen sollen. Aber nun bin ich einmal da! dachte sie, und lasse mir nichts anmerken.) Es gab allerlei Sachen, die man sonst kaum mehr zu sehen bekam: Sekt, französischen Kognak, und Barbara Greveling bemerkte dazu, halb entschuldigend: das sei eine Abschiedsfeier für ihren Mann, „die SS. wird womöglich in Ungarn einrücken. Hoppla!" sagte sie, und lachte: „Das hätt ich ja gar nicht sagen dürfen, vergessen Sie es wieder, Gräfin! es stimmt vielleicht auch gar nicht. Aber jedenfalls unser Martinian Hoffmann bleibt uns nur bis übermorgen erhalten. Wie bitte? Ja, allerdings. Ostfront. Schwere

Kämpfe am Dnjestr. Laut Wehrmachtsbericht. Das darf man also wissen."

Ellen nickte dazu, als ob sie verstünde, was das alles zu bedeuten habe. Sie versuchte, auch so zu plaudern und zu lächeln, wie sie es Luzie tun sah, und auch so vergnügt und herzlich, wie ihre Cousine, den Menschen ins Gesicht zu sehen, wobei das aber eigentlich gar kein Blick war, denn Luzie schaute einen nicht wirklich an: sie hat es verstanden, dachte Ellen, sich auch die Augen zuzuschminken; das muß man also können, wie macht man das? Sie hätte Luzie am liebsten danach gefragt, konnte aber zu keinem Gespräch mit ihr kommen. Die Herren trugen sich alle zivil. Es waren außer Martin Hoffmann noch drei unverheiratete junge Leute, Regimentskameraden des Hausherrn; nur einer, ein Wiener Parteimann aus der illegalen Zeit, hatte seine stark „aufgeblondete" Gattin, eine Frau von tschechischem Typ, mitgebracht. Die Damen, zu viert gegenüber sechs Herren, mußten also immerfort tanzen. Greveling war ein gut aussehender großer Mensch, nur schon etwas zu dick für seine vierzig Jahre. Er führte Ellen im Tangoschritt dahin und unterhielt sie mit Komplimenten, die er für weltmännisch zu halten schien. Der Ton ging allgemein sehr bald ins Ungezwungene, Ellen konnte ihn zwar schon aus Ungewöhntheit nicht mitmachen, nahm ihn aber wie etwas Notwendiges hin; sie wurde freilich ein Unbehagen darüber nicht los, daß hier jene Schranke fehlte, die auf den Gesellschaften, welche sie sonst kannte, die Würde und Selbständigkeit einer Frau beschützt. Am besten gefiel ihr der junge „Martinian", obwohl seine leidenschaftliche Verliebtheit in Luzie viel zu sichtbar war; Ellen genierte sich heimlich für beide. Sie fing eine der Cousine zugeflüsterte Bemerkung Barbaras auf: „Na? hab ich doch gut gemacht!" — und nur er merkte gar nicht, wie er sich und sein Gefühl zur Schau stellte: er konnte es nicht merken, er sah nichts und niemand als die Eine, und das gab ihm eine Reinheit und Kraft, die wie ein frischer Atem in dieser Umgebung war.

Martin Hoffmann war auch der Einzige, mit dem Ellen an diesem Abend zu einem ernstlichen Gespräch kam. Sie brachte es dadurch zustande, daß sie den schweigsam mit ihr Tanzenden nach seinem Einsatz an der Ostfront fragte. Sie habe gehört, daß er schon übermorgen dorthin zurück müsse? — „Ja, übermorgen," sagte er, wie erweckt durch ihre Anrede. „Genau vor acht Tagen war ich noch dort, genau in drei Tagen, werd ich wieder dort sein — das Komische ist nur, daß ich die Zwischenzeit, diesen Urlaub, nicht bloß geträumt haben soll, sondern heute wirklich hier bin. Sie können sich vielleicht nicht vorstellen, Gräfin, wie merkwürdig das ist." — „Vor acht Tagen noch dort?" wiederholte Ellen, „setzen wir uns doch einen Augenblick hierher, und bitte, wenn es Ihnen nicht zu schwer ist, erzählen Sie mir davon."

Er tat es, nach einem kurzen Zögern. Seine Staffel lag nördlich von Odessa — „das heißt, ich weiß nicht, ob ich sie da noch wieder vorfinde, nachdem jetzt im Wehrmachtsbericht schon vom Dnjestr die Rede ist, — das wechselt oft schnell," meinte er, ohne sich aber näher darauf einzulassen. Er beschrieb ihr die Aufgabe, die den deutschen Sturzkampffliegern dort gestellt war: die Russen bei Nikolajew an dem Durchbruch zu hindern, der unsere Heeresgruppe Süd „so à la Stalingrad" abgeschnitten hätte. Er sagte: „Die Sache war vor meinem Urlaub, in den mich mein Chef geradezu mit Gewalt geschickt hat, so ziemlich gelungen, sie sind nicht durchgekommen. Jeden Tag machten wir Tiefangriffe auf Panzer, Artillerie, Stalinorgeln. Man geht so weit wie möglich 'runter, man trifft dann sicherer. An das Abwehrgeschieße muß man am besten nicht viel denken. Und dann, wenn das Ding unten brennt, nicht, wie die Russen es von uns erwarten, gleich wieder hoch, sondern im Tiefflug weg. Das ging immer ganz gut, soweit." — „Ja," sagte Ellen, ehrlich bemüht, sich einen solchen Kampf vorzustellen. — „Ist man wieder heraus, kommt ein ganz unglaubliches Lebensgefühl, so ähnlich, wie wenn nach einem kalten Bad das Blut in die Glieder zurückströmt. Dafür, kann man sagen, lohnt sich das wirklich alles. Zwar eigentlich: ‚lohnen', was heißt das? Man spürt, daß man Freude hat zu leben, und das ist wahrscheinlich mehr, als die meisten anderen Menschen heutzutage noch erfahren — oder?"

Seine Frage setzte Ellen in Verlegenheit, als ob sie ihr selbst und ihrem so traurig veränderten Leben gegolten hätte. Aber Martin fuhr unvermittelt fort: „Sie sind doch die Cousine von Luzie. Wissen Sie auch, daß sie gar nicht froh ist? Nein, gar nicht. Sie tut nur so. Aber das Wunderbare bei ihr ist, daß ganz versunken in ihr eine Sehnsucht und Fähigkeit zur Freude steckt. Doch, das ist so. Ich kenne sie ja schon lang. Und die Freude muß man in ihr ans Licht reißen, meinen Sie nicht? Können Sie das verstehen? — und sie ihr vorzeigen!"

Er führte Ellen wieder unter die Tanzenden. Nicht lang danach sah sie ihn und Luzie hinausgehen; beide kamen nicht zurück, es wurde aber von niemandem eine Frage nach ihnen gestellt. Der Abend zog sich in die Nacht und den Morgen hinein, Ellen ließ Tanz und Getränk und faden Flirt über sich ergehen in dem traurigen Gefühl: was macht es viel aus, ob ich hier oder dort bin? Sie fand nicht aus sich die Kraft zum Aufbruch, erst spät, als der Parteimann mit seiner Tschechin sich von den Grevelings verabschiedete, schloß sie sich an.

Das Ehepaar wollte sie durchaus mit dem Wagen zu ihrer Wohnung bringen, aber sie bat, sie auf der Ringstraße abzusetzen: ein Gang durch die frische Luft würde ihr wohltun. Sie atmete tief auf, als sie allein war, in der märzlichen Dämmerung lag ein Frühlingshauch über der alten, in den Traum ihrer großen Vergangenheit versunkenen Stadt; bisher war sie nicht von Bombenangriffen heimgesucht worden, die Wiener schmeichelten sich, daß sie vom Gegner nicht als Feinde angesehen und darum geschont würden. Ellen sah den mächtigen dunklen Steinwuchs des Domes aufragen, der Anblick brachte ihr einen Vers, sie wußte nicht von welchem Dichter, in den Sinn, den ihr Clemens früher in guten Zeiten, als sie noch an der Entstehung seiner Arbeiten mithörend teilnahm, manchmal zitiert hatte: „Die Steine selbst ergreift ein Sehnen / Zum Himmel leicht emporzureisen." Indem sie es vor sich hinsagte, traf sie der hoffnungsvolle Sinn davon: „Die Steine selbst!" sagte sie. „Ach! und: leicht emporzureisen!" Sie machte einen Umweg, um nach langem zum erstenmal wieder den Dom zu betreten.

Es war noch vor der ersten Messe. Mit den kühlen Wassertropfen auf ihrer Stirn betrat Ellen das schützende, schöne Dunkel des Innenraumes und kniete sich nieder in der hintersten Bank. Hier war Einsamkeit, aber nicht die verlassene, sondern die gute, in der die Seele sich ihres Herrn bewußt werden kann; denn in dem Allerheiligsten ist Gott gegenwärtig, und das ewige Lämpchen ist das kleine leuchtende Zeichen für den Lobpreis, mit dem seine ganze Schöpfung ihn rühmt — nein, sogar das Zeichen ihres Lebens selbst; sie lebt nur in diesem Ruhme. Wieder einmal wurde Ellen sich der Richtigkeit der Beobachtung bewußt, die ihre Schwiegermutter ihr einmal gesagt: daß schon das Knieen, äußere Bekundung der Demut, der Seele die aufsässigen, trüben, feindseligen Gedanken schwerer macht und ihr eine Hilfe zu wirklicher Demut ist; so ganz und gar sind wir in unsre Erdengestalt gebunden, und sollen es wohl auch sein. Und nicht gleichgültig auch der Ort, wo wir uns beugen. Das riesige Aufstreben dieser Pfeiler, das sich hoch im Finstern zum Bogen freiwillig bindet! Die Steine selbst! — und ich? dachte Ellen. Und ohne daß sie nach Worten viel zu suchen hatte, war sie schon im Gebet.

— Als sie nach der Frühmesse heimwärts ging, beschäftigte sie der Gedanke, wie das doch möglich sei, daß die Traurigkeit, in der das Herz fast erstickt, und die Hilfe, die wirklich für jeden „an der Straße" liegt, so nah beieinander sind, und wir den einen Schritt, vom Verlorensein zum Behütetsein, nicht tun. Und warum dauert die glückliche Erfahrung nicht in uns, werd ich sie vielleicht schon gleich wieder nicht mehr wissen? fragte sie sich, ängstlich wie jemand, der etwas Kostbar-Zerbrechliches mit sich dahinträgt.

Zuhaus legte sie sich nieder, konnte aber nicht schlafen, die wachen Gedanken gingen in ihr weiter, auch das Bild von Luzie und Martin, von denen sie doch wußte, daß sie Unrechtes taten, war ihr mit berührt von dem Trost, den sie selbst empfangen. Sie hörte dann, wie nebenan Daisy aufstand, sich wusch und anzog, um zur Schule zu gehn, und von der Babett zum Frühstück gerufen wurde. Ellen ging im Schlafrock ins Wohnzimmer hinüber und setzte sich zu Daisy an den Tisch; sie fühlte sich müde, aber froh, sie lächelte ihrem morgenernsten Kind und der Köchin, die den Milchkaffee hereinbrachte, mit Augen und Lippen zu. Die Beiden schienen es mit ihr zu fühlen, daß ein vergnügter Tag angebrochen war, gleich gab es irgendeinen Anlaß zu gemeinsamem Gelächter, so fröhlich laut, daß es die noch ganz verschlafene Eugenie herbeirief: im Hemd, mit umgetretenen Pantoffeln, schlurfte sie augenreibend herein um zu fragen, was es gebe.

Ein paar Tage trug sich Ellen mit dem Verlangen, an Clemens zu schreiben, aber was sie aufsetzte, war ihr immer wieder nicht klar genug. Sie wollte zu ihm nicht, wie früher oft als junge Frau, mit hochgesteigerten Vorsätzen kommen, die über ihrer Möglichkeit lagen. Sie wußte jetzt, wie sehr sie in Gefahr war, eine Beute ihrer Stimmungen – der bösen und auch der frommen – zu werden; es war ihr immer noch angst, auch der Besuch im Stephansdom möchte nur solch eine Stimmung gewesen sein, die ohne Spur wieder vergehen könnte. Endlich schrieb sie ihm so:

„Lieber Clemens, nach Deiner Abreise habe ich noch böse Tage gehabt, aber dann ist mir etwas Gutes geschehen, das mich einsehen gemacht hat, wie sehr ich mich an dem Abend vor Deiner Abreise habe gehen lassen und wie unrecht ich Dir getan habe. Ich bitte Dich, vergib mir und denke nicht mehr daran.

Ich weiß wohl, daß ich mit dieser Bitte nicht alles auslöschen und wieder neu machen kann, was schon seit Jahren in unserm gemeinsamen Leben falsch gewesen ist. Falsch zum größten Teil durch meine Schuld, ich möchte Dir am liebsten sagen: n u r durch meine Schuld. Denn so ist mir jetzt zumut. Ich bin selbst erschrocken vor der Oberflächlichkeit, in der ich hinlebe. Ich bin ja nicht so weit gekommen, irgendwelche handgreiflichen Torheiten zu begehen; darum hab ich mir immer einbilden können, eigentlich eine gute Frau zu sein, der Du sehr unrecht tatest, weil Du nicht mit ihr zufrieden warst. In mir aber wußte und merkte ich ja, daß ich leer bin, wie eine taube Nuß. Vielleicht kannst Du Dich erinnern, daß ich Dich schon auf unsrer Hochzeitsreise, oder jedenfalls war es ganz im Anfang unsrer Ehe, vor meinem Leichtsinn, meiner Eitelkeit gewarnt habe. Ich fürchte, viele Menschen leben so wie ich, nach außen hin, immer durch jeden Eindruck von sich selber weggelockt, sie suchen das sogar, weil sie vor ihrer inneren Leere Angst haben, und so wird die Leere immer größer, und man wird sich zuletzt ganz fremd und kennt seine Seele nicht mehr. Ich weiß auch heute nicht, ob ich das je werde ändern können. Jedenfalls hab ich Dich deshalb geliebt, weil ich von Dir hoffte, Du würdest mich umschaffen. Ich glaube, jede Frau liebt den Mann, an dem sie wachsen will – wie es bei Euch Männern ist, weiß ich nicht, denn ich kann mir nicht vorstellen, was Du bei mir gesucht hast. Schon längst, und besonders in der letzten Zeit, spürte ich immer, daß Du mich auf Deiner Hand wägst und mich taube Nuß verachtest. Du hattest recht damit. Aber gerade deswegen hat mir Deine Verachtung so weh getan.

Darum darf ich heute, wo ich mir Mühe geben muß, nicht nur gefühlsmäßig, sondern so genau und ehrlich wie ich nur kann zu Dir zu sprechen ... darf ich heute nicht zu Dir sagen: ich bin ganz allein schuld. Du hast auch Schuld, Clemens. Du hast von mir gefordert, daß ich so sein sollte, wie Deine Liebe mich gewollt hat. Das war gut, ich sehnte mich ja danach. Aber Du hast es oft so ungeduldig gefordert. Deine Geduld reichte nicht hin, und nicht geduldig genug lieben, heißt einfach: zu wenig lieben. Sag selber, ob es nicht so ist? Du weißt sicher nicht, wie sehr es mich verletzt hat, wenn ich Unsinn geschwätzt habe und dann an Deinem Gesicht merkte, wie es Dir widerwärtig war und wie Du mich dann ‚ertragen‘ hast. Das ‚Ertragen-werden‘ war das Allerschlimmste und hat alle bösen Regungen in mir gegen Dich aufgestachelt und mich dazu getrieben, immer mehr und mit Absicht so zu sein, wie ich selbst doch nicht sein wollte. Aber ich brauchte mich eben nur gehen zu lassen, um das zu erreichen. Das ist mir gar nicht schwer gefallen, leider.

Es ist aber doch so: Gott ‚erträgt‘ uns nicht, Gott liebt uns. Nie ‚stören‘ wir ihn, wenn wir mit all unsren Dummheiten, Eitelkeiten, Verlogenheiten zu ihm kommen, denn durch sie alle hindurch weiß er unsre Sehnsucht, die läßt er gelten. Und so wird dann die taube Nuß zu einer schweren, mit einer Frucht darin. – Du hast mich aber nicht gelten lassen. Nein, das hast Du nicht. Vielleicht darf man von einem Menschen die ganz geduldige Liebe nicht verlangen. Wenn ich Dich jetzt bei mir hätte, würde ich Dir wahrscheinlich klarmachen können, wie nötig sie aber wäre. ‚Aus Nichts wird nichts' – für die Liebe stimmt der Satz nicht. Aus Nichts kann Etwas werden, wenn Du an das in mir, was noch gar nicht da ist, glauben könntest.

Ich grüße Dich mit ganzem Herzen und bitte Dich, dies Unmögliche dennoch zu versuchen.   Deine Ellen."

Auf den Brief kam eine bewegte Antwort von Clemens. So geschah ihnen das Gleiche, wie da und dort im Land an manchen Menschen, die es voneinander nicht wußten: mitten in dieser Zeit des Elends und Unterganges wurde ein Stein zu neuem Anfang gesetzt.

DREIZEHNTES BUCH

1

Untergang des Reiches. — Nicht erst, als dieser an allen Fronten sich deutlich abzeichnete, hatten die Männer der deutschen Widerstandsbewegung — in der Armee, unter den Politikern — das Ihre versucht, um Hitler zu beseitigen, die Freiheit des Gewissens und das verletzte Recht nach innen und außen wieder herzustellen. Ihre Anstrengungen hatten zu einer Zeit begonnen, da Hitlers Erfolge zur Höhe strebten und die Diplomatie des Auslands, von seiner List getäuscht, vor seiner Drohung erschrocken, ihm jedes Zugeständnis machte. Sie hatten schon im Frieden, vor der Münchner Vereinbarung, als Hitlers Forderung noch auf nichts als die Heimkehr eines deutschen Landes und deutscher Menschen ging und insofern eine gerechte Forderung war, die englische Regierung in Kenntnis gesetzt von Plänen, die auf seine Verhaftung und Absetzung zielten. Sie taten das in der Überzeugung, daß er Rechtsgründe nur vortäusche, bis er sich stark genug fühlen würde, um Gewalt an fremdem Volkstum zu üben. Sie empfingen aus England keine Antwort; und wer kann mit Sicherheit sagen, ob die nur darum ausblieb, weil Chamberlain Hitlers Versprechungen traute? — oder ob nicht auch drüben, ungesehen im Schatten, die zum Krieg treibenden Kräfte am Werk waren, die in Deutschland keine Gesundung und Festigung wollten, sondern lieber den Mann, dessen trunkene Fahrt früher oder später im Abgrund enden mußte? Wer die Politik der westlichen Verbündeten in der Folgezeit betrachtete, dem wurde es nicht leicht, sich dieser Vermutung zu erwehren. Die gegen ihren Führer verschworenen Deutschen ließen selbst im Kriege nicht ab, auf seinen Sturz zu sinnen, obwohl nun das Reich in einen Kampf auf Leben und Tod hineingestoßen war und also ihr Tun als Landesverrat gedeutet werden konnte. Doch sie sahen ihr Volk „in der Lage eines Mannes, dessen gerechter Sache sich ein schurkischer Anwalt bemächtigt hat" — und das bestimmte sie, jede Verkennung ihrer Absichten auf sich zu nehmen und die Verbindung mit dem Feind zu suchen, der sie aber auch jetzt keiner vertraglichen Zusicherung für ein von Hitler befreites Deutschland wert hielt. Die Antwort, die sie endlich empfingen, war jene Erklärung von Casablanca, Forderung bedingungsloser Übergabe, durch welche das Deutschtum mit dem Hitlertum gleichgesetzt und alle Hoffnung auf ein ausgleichend gerechtes Ende zerstört wurde. Ihr Planen, soweit es greifbaren politischen Zwecken galt, war damit gescheitert. Aber es war ihnen in der Schule schwerer Jahre der Blick aufgetan worden für das Unheil einer Herrschaft, die nicht nur – wie jede Politik – im Drang der Not zu bösen Mitteln greift, sondern die sich jenseits aller sittlichen Unterscheidungen bewegte. Und wenn ein tiefer Schatten auf den Geschichtsweg eines Volkes fällt, das je solche Herrschaft ertrug, so ist es eine Ehre und ein Licht auf dem Weg des unseren, daß in ihm Männer waren, welche die Allgewalt des Unrechts für verderblicher hielten als jeden irdischen Verlust. Kein auf das Zeitliche beschränktes Verständnis der Geschichte vermag darum den Sinn des Kampfes zu fassen, den die deutschen Verschworenen führten; draußen wie drinnen mußte mißdeutet bleiben, was sie taten. – Und wie auch sollte dieser dumpf benommenen Zeit das Flügelrauschen der anderen, der himmlischen und höllischen Heerscharen ans Ohr dringen, die hoch über den Schlachtreihen der Menschen die eigentliche Entscheidung austragen? Die deutschen Verschworenen erlebten es mehr als einmal, daß der Gewalthaber in dunklem Schutze stand. Die Bombe, in sein Flugzeug eingeschmuggelt, kommt nicht zur Explosion. Die Besichtigung eines neuen infanteristischen Sturmgepäcks, in dem abermals eine Bombe versteckt ist, wird in letzter Minute abgesagt. Den Raum, in dessen Wand eine Höllenmaschine eingebaut ist, verläßt er vor der Zeit. In der Straße, auf der er erwartet wird, ist eine Mine verborgen, aber hundert Meter vor der Stelle zerreißt ein Autoreifen, und er bestimmt, daß man nun einen Nebenweg einschlage. Wahrhaftig, seine Anhänger hatten Grund, an Hitlers Erwählung zu glauben. Nur kannten sie Den nicht, der ihn erwählt hatte und ihn mit der Fürsorge, die ein Afterbild von Gottes Liebe ist, bewachte, damit durch ihn vollbracht würde, was verzeichnet stand, und damit er seiner Stunde nicht entgehe, der letzten, schrecklich sinnberaubten, mit der er den Kaufpreis für die so maßlos genossene Macht entrichtete.

Das stückweise Zerbrechen und Zurückfallen der Front im Osten, im Süden der Verlust Roms, zu Anfang Juni 1944 in Frankreich der Beginn der britisch-amerikanischen Invasion, die dank der Luftüberlegenheit des Gegners und der gewaltigen Feuerwirkung seiner Schiffsgeschütze Fuß fassen und nach der

Landung hinreichender Truppen- und Panzermassen ins Innere des Landes durchstoßen konnte – das alles zeigte freilich den Verschworenen, daß ihr nächster Versuch auf keine Gelegenheit mehr warten, sondern rasch und auch bei ungenügender Vorbereitung gewagt werden mußte, wenn sie in Deutschland noch Ordnung schaffen wollten, ehe der Feind seinen Boden betrat. Sie waren wohl auch der Meinung, der bisher sorgfältig vor Hitlers Häschern verborgene deutsche Widerstand müsse sich der Welt sichtbar machen, selbst ohne Aussicht auf Erfolg.

Der Oberst Graf Stauffenberg war ein Mann von wuchtiger Gestalt, etwas Gewaltsames und Kühnes war in seinem Ausdruck. Seine Freunde wunderten sich, wenn sie erfuhren, daß er Gedichte schrieb und zu den Schülern Stefan Georges gehört hatte. Doch er wußte mehr als andere von seinem Meister, dessen Gedichte ihm nicht musische Träume waren, er verstand sie als Aufforderungen zur Tat und konnte die Verse von dem „Täter" auswendig, in weit zurückliegender windstiller Zeit und doch wie für ihn und diese Stunde geschrieben:

> Wer niemals am Bruder den Fleck für den Dolchstoß bemaß,
> Wie leicht ist sein Leben und wie dünn das Gedachte!
> Dem der von des Schierlings betäubenden Kräutern nicht aß –
> O wüßtet ihr, wie ich euch alle ein wenig verachte!

Das harte, aber herrscherlich großgeartete Wesen des Dichters war für Claus Stauffenberg zu einem Maß geworden; darum haßte er am tiefsten das demagogische Zerrbild des Führertums, wie es in Hitler sich darstellte. Vielleicht war sein Haß umso stärker, weil auch er, wie so viele junge Deutsche, in Hitlers Machtergreifung einmal eine Hoffnung für das Land gesehen, die dann so bitter getrogen hatte. Nach seiner Verwundung in Tunis, wo er die rechte Hand, zwei Finger der Linken und ein Auge verlor, meldete er sich wieder zum Dienst im Generalstab, der ihm die Gelegenheit bot, in Hitlers Nähe zu sein. Es störte ihn nicht, daß dieser ihn wegen seines patriotischen Diensteifers schätzte; Stauffenberg war zur Täuschung wie zum Mord entschlossen.

Am 20. Juli 1944, mittags um halb 1 Uhr, war er zum Vortrag bei Hitler über die Ersatzlage befohlen und kam dazu aus dem von Bomben zerschlagenen Berlin im Flugzeug ins Führerhauptquartier nach Ostpreußen, dessen Grenzen bereits durch den russischen Vormarsch bedroht waren. Der Tag war blau und sommerheiß. Stauffenberg passierte mit seiner Aktentasche die Wachen. Es wurde ihm mitgeteilt, daß die Lagebesprechung beim Führer aus dem Betonbunker, wo sie gewöhnlich, wegen der

Fliegergefahr, stattfand, heute in eine Holzbaracke verlegt worden war; ein Posten wies den Oberst dorthin. Vor der Baracke erwartete ihn Werner Prittwitz, der in den Plan der Verschworenen eingeweiht war, Stauffenberg verständigte sich kurz mit ihm. Im Besprechungsraum stand ein mäßig großer Tisch, je fünf Männer hatten an seinen Längsseiten Platz. Hitler saß am Kopfende und winkte den Eintretenden zu dem Stuhl an seiner Rechten. Stauffenberg war enttäuscht zu sehen, daß Himmler und Göring fehlten, jedoch kam ein Aufschub aus diesem Grunde nicht mehr in Frage. Er stellte die Aktentasche mit der Bombe unter den Tisch. Nach einer Weile erschien Prittwitz in der Tür und sagte mit klingender, klarer Stimme: „Oberst Stauffenberg wird am Apparat verlangt;" da drückte dieser den Zünder ein, ließ die Tasche, wo sie war, und ging hinaus.

Er bedeutete Prittwitz durch ein Kopfnicken: alles in Ordnung. Sie warteten, gedeckt hinter Bäumen.

Nach wenigen Minuten erfolgte die Explosion, welche die Baracke zerriß, als wäre sie von einer schweren Granate getroffen worden. Splitterndes Holz und zusammenbrechende Menschen. Niemand, so schien es, konnte dort mehr am Leben sein. Sie sahen, wie Sanitäter auf einer Bahre den Führer wegtrugen. Und sie liefen zum Wagen, erreichten den Flugplatz und flogen zurück nach Berlin.

Dort wurde das Stichwort „Walküre" gegeben, das für den Fall des Gelingens der Mordtat vorgesehen war und den vorbereiteten Putsch auslöste: Konzentration verläßiger Truppenteile in der Reichshauptstadt, Besetzung des Regierungsviertels sowie der Kommando- und Verwaltungszentren im Reich und den besetzten Gebieten. Die Befehle kamen nicht einheitlich zur Durchführung. In Paris, in Wien konnten die höheren Führer der SS. und des Sicherheitsdienstes der Partei ohne Widerstand festgenommen werden. In Berlin selbst mißlang die Aktion, zum Teil durch die rasche Klugheit des Ministers Goebbels, der den mit der Besetzung seines Ministeriums beauftragten Major Remer geschickt zu nehmen wußte; schon vorher hatte der Oberbefehlshaber des Heimatheeres, Fromm, auf Rückfrage im Führerhauptquartier durch Generalfeldmarschall Keitel die Auskunft erhalten, der Führer sei bis auf leichte Prellungen und Hautschürfungen unverletzt geblieben.

In der Tat waren durch Stauffenbergs Bombe nur vier von den im Besprechungsraum Anwesenden: die Generale Schmundt und Korten, Hitlers Stenograph Berger und ein Ordonnanzoffizier, tödlich verwundet worden. Die Übrigen wurden hinausgeschleudert, dem Führer selbst durch den Luftdruck die Uniform am Leibe zerfetzt; er erwachte aus seiner Betäubung, als man ihn auf der Bahre hinwegtrug. Die zerbrochenen Wände der Holzbaracke hatten die Explosionsgase entweichen lassen; im festen Bunker wäre kein einziger dem Anschlag entronnen.

Gegen Mitternacht hörten die Deutschen im Rundfunk ihres Führers wohlbekannte Stimme, die ihnen sagte: eine kleine Clique ehrgeiziger und verbrecherischer Offiziere habe ein Komplott gegen ihn geschmiedet und ein Attentat versucht. Er sei jedoch völlig unverletzt geblieben und sehe seine wunderbare Errettung als eine Bestätigung des Auftrages an, den ihm die „Vorsehung" — wie er die dunkel über sich gefühlte Macht, sich selbst und andere täuschend, zu nennen pflegte — für das deutsche Volk erteilt habe. — Daß er „völlig unverletzt" sei, traf nicht zu. Durch die Explosion war sein linkes Trommelfell beschädigt und seine Hörfähigkeit überhaupt herabgemindert. Sein linker Arm blieb fast unbrauchbar, seinem Kopf und den Händen blieb ein Zittern. Alle späteren Beobachter bezeugen den greisenhaften Eindruck seiner Erscheinung. Aber ungebrochen war seine wilde und gewalttätige Willenskraft.

Es begann jetzt der Mord an den Verschworenen und auch an denen, die nur im Verdacht standen, von den Plänen gewußt zu haben. Die im Berliner Kriegsministerium in der Bendlerstraße Versammelten traf ein rascher Tod. Generaloberst Beck, der sich als Chef des Generalstabes den Kriegsplänen Hitlers widersetzt hatte und abgehen mußte, seither ein Mittelpunkt der Verschwörung, bekam Gelegenheit, sich selbst zu erschießen. Stauffenberg saß noch in einem Zimmer des Ministeriums am Telefon, leidenschaftlich bemüht, einen der örtlichen Befehlshaber des Ersatzheeres zur Durchführung des Befehls „Walküre" zu bestimmen, während Prittwitz, da das Personal verschwunden war, eigenhändig einen Befehl auf der Schreibmaschine tippte — als mehrere Offiziere, Pistolen in den Händen, mit dem Ruf: „Für oder gegen den Führer?" hereinstürmten. Prittwitz sah den Mundwinkel seines Freundes verächtlich zucken und dachte, indem er sich ohne Hast erhob: Er hat recht. Wie gut, daß wir auf nichts mehr zu antworten brauchen. Das Krachen der Schüsse vernahm er schon nur noch wie das ferne Echo eines Geschehens, das aufgehört hatte, ihn zu kümmern. So leicht ist das also? wunderte er sich, sterbend.

Mit dem Tode rechneten sie alle, wie sollten sie nicht? Wäre auch Hitler ein anderer gewesen als er war: welche Regierung könnte den Attentäter und seine Helfer schonen? Ulrich von Hassell wurde eine Woche nach dem Attentat in seinem Potsdamer

Büro verhaftet; er hatte das vorausgesehen, aber nicht flüchten und sich unter falschem Namen verbergen wollen, wie manche seiner Gefährten es versuchten, die dann doch einem Häscher oder Verräter in die Falle gingen. Die Verschwörung hatte noch andere, ebenso ritterlich gesinnte Männer wie Hassell, aber keinen Zweiten, in dem sich die sittliche mit der politischen Klarheit so die Waage hielt; er fast allein vergaß über schönen Plänen nicht die Gegebenheiten, und in den durch ihn vermittelten Angeboten an den Feind war nichts, was die Würde eines großen kämpfenden Volkes verletzte. — Sitzend an seinem Schreibtisch empfing er die Beamten der Geheimen Staatspolizei und seine Haltung machte selbst auf diese Menschen Eindruck. Was aber die Staatspolizei nun in Hitlers Auftrag an den Opfern tat, das war nicht nur das Ausräumen einer Verschwörung, Vernehmungen zur Ermittlung der Zusammenhänge und ein Strafakt zur Verteidigung des Führerstaates — es war eine Rache, die sich hemmungslos austobte. Schrecken, Folter, Denunziation; die Komödie der Volksgerichtshöfe; Haftbefehl gegen die Familien und Sippen der Verschwörer, um auf solche Art Geständnisse zu erpressen; Generäle zum Selbstmord gezwungen und dann durch ein Staatsbegräbnis mit falschem Pomp geehrt, damit sie noch als Tote zur Verherrlichung der Tyrannis dienten. Hitlers spürsamer Instinkt hatte ihn längst erkennen lassen, wie sehr diese Diplomaten und Offiziere ihn verachteten. Wenn er sie anschrie, hatte er in der höflich gefaßten Entgegnung ihren Hochmut gewittert, der ihn rasend machte; denn er fühlte sich stärker als sie: schlauer, in Entschlüssen rascher, bedenkenloser, willensmächtiger. Nur er konnte einen deutschen Machtstaat im Herzen des Kontinents aufrichten und ihm den Raum schaffen, den er zum Leben brauchte — sie alle waren zu vornehm und zu dumm dazu! Und solche Leute fielen ihm in den Arm, übten Verrat an ihm! Sicherlich begriff er niemals, was sie zur Verschwörung gegen ihn trieb und welche Güter, höheren Ranges als Macht, Herrschaft, eroberte Provinzen, sie gegen ihn verteidigten. Für Hitler waren Menschen und Volk und Welt eine Masse, die er zur Hörigkeit locken oder zu ihr zwingen mußte; er kannte kein anderes Verhältnis dazu, als dieses. Aber war nicht doch eine heimliche Stimme in ihm, die ihm sagte, seine Gegner könnten recht haben mit ihrer Verachtung? Er suchte sie zu betäuben mit einer blinden Wut; es ist nicht sicher, ob er sich tatsächlich so weit erniedrigte, jene Anweisungen für die Hinrichtung der Verschwörer gutzuheißen, welche bestimmten, daß sie in langsamer Qual erwürgt werden sollten.

Major von Orell wanderte an seinem Stock durch das Dorf, recht gebeugt und mit unsicheren Knieen, aber ohne sich aufzuhalten. Den Nußholzhausenern war der fast Neunzigjährige so lieb wie eine uralte Gewohnheit, die schon immer da war und von der man sich nicht mehr trennen mag. Jeder grüßte ihn, und er dankte höflich; die Dorfbuben, die ihm aus sicherer Ferne einen frechen Gruß zuschrieen: „Grüaß di Gott, oide Hütten!" bekamen das gleiche, zerstreut freundliche Lächeln von ihm als Antwort, wie alle andern, sie wurden darüber ein bißchen verlegen und schauten ihm stumm nach. Man sah ihn fast alle Tage, wenn nicht das Wetter gar zu schlimm war, so dahingehen, mit seiner Schirmmütze auf dem kahlen Kopf. Zu Wagen fuhr er nicht mehr, denn er fand, daß man die Dienste eines Pferdes, das man vor mehr als vierzig Jahren einem Bauern geschenkt hat, nicht mehr von den Kindeskindern des längst vom Schlachter abgeholten Tieres und von der Sohnesfrau seines ehemaligen Besitzers einfordern dürfe. Er hatte dieses Recht einschlafen lassen, obwohl Johann Siebner und Walburga damit nicht einverstanden waren. Er war der Meinung, es sei ihm nur gut, wenn er auf diese Weise gezwungen wurde, sein „Gehwerk" noch täglich zu üben, er wäre sonst nie so alt geworden und so gesund dabei geblieben.

Es war der 2. August, in der Morgenzeitung war sein Blick auf das Datum gefallen, und während des ganzen heutigen Spazierwegs gingen seine Gedanken damit um, daß jetzt also die Zeit, die man ein Menschenalter nennt, seit dem Ausbruch des ersten Weltkrieges vergangen war. Damals hatte die Empörung über den Feind, der Deutschland überfiel, den Kampfesmut der Menschen erregt – Gabriele Degener allerdings in Grünschwaig äußerte nur darüber ihre Empörung, daß man es zu einem solchen hirnverbrannten Unsinn kommen ließ, weil eben kein vernünftiger Mensch mehr da war, der zum Rechten sah. Ihre Augen hatten Orell zornig angeblitzt, als wäre er verantwortlich für das Herabkommen der Vernunft im Menschengeschlecht. – Vernunft freilich konnte das Unglück nicht bannen. Aber alle, dachte Orell, haben wir nicht genug dafür getan, den frommen, ehrfürchtigen Sinn in uns und anderen zu stärken, damit er die Machtgier und Habgier in Schranken hielte, die in allen Völkern überhand nahmen: bei den Andern früher als bei uns Deutschen, das muß man zugeben; dafür haben wir es dann nur allzu eifrig nachgeholt. Ja, was würde wohl Gabriele zu dem neuen Krieg gesagt haben? Der noch um so viel schlimmer und hoffnungsloser ist als der erste. – Orell kam an dem Gasthof zum Lamm vorbei und mußte daran denken, daß nun in Frankreich auch der junge Schwerlmaier gefallen war und mit was für einem in Gram erstarrten Gesicht die Wirtin, seine Mutter, seitdem herumging. Sie nicht allein. Wie viele Häuser und Familien in dem kleinen Dorf waren von dem Kriegsschicksal betroffen! Beim Schmied zwei Söhne, beim Schlosser Dollinger der jüngere in Rußland geblieben. Auf dem Fernerhof, nach dem Tode des Ältesten, jetzt der Jüngste vermißt. Priehl lag schwer verwundet in einem Lazarett, die Baronin war eben dorthin gefahren. Bei Orells eigenen Nachbarn (den mit dem geschenkten Pferd) der jetzige Bauer gefallen. — Der alte Major konnte sein einsames und doch väterlich um das Dorf und seine Leute bekümmertes Herz von den Gedanken nicht losreißen. Dr. Winte war als Arzt an der Front, Jakob Degener hatte auch wieder einrücken müssen. Wann würde es ein Ende haben, und was für ein Ende? An einen Sieg konnte längst niemand mehr denken, Orell hatte ihn für Hitler nie wünschen können; aber auch die Hoffnung auf ein einigermaßen erträgliches Ende war schon verspielt. Fast jeden Tag zogen die hübschen Silberschwärme der Feindflieger mit drohendem Gebrumm durch unsern Himmel, ohne daß ihnen der Weg verwehrt werden konnte, man wußte, sie würden Tod und Feuer auf unsre Städte werfen, die Wohnungen und das Leben der Wehrlosen vernichten. Aus den Gebieten des Reiches, die vom Bombenkrieg am schwersten zu leiden hatten, waren viele Familien, Frauen meist mit ihren Kindern, nach Bayern geschickt worden, auch nach Nußholzhausen waren welche gekommen und hatten erzählt, wie die Stadt Wuppertal in ein Feuermeer verwandelt war — und als sich die Menschen vor dem Rauch und der Glut ins Wasser retten wollten, hatten die feindlichen Flieger im Tiefflug auf die in der Wupper Schwimmenden Jagd gemacht. Diese Berichte, die sich leider durch ähnliche aus anderen Orten ergänzten, hatten Orell am tiefsten entmutigt, weil sie ihm zeigten, daß die Unmenschlichkeit des Hitlerregimes kein Gegengewicht fand an der Kriegführung der Gegner, selbst nicht der westlichen. Auch sie waren von der Weltseuche befallen, die hemmungslos durch alle Länder raste und überall den menschlichen, den ritterlichen und schonenden Sinn zerstört hatte. Niemand schien zu sehen, wie er sich damit selbst erniedrigte, niemand mehr an anderes zu glauben, als an die Gewalt. Und Gewalt, Verfolgung, ein wüstes Morden im eigenen Land, seitdem das Attentat vom 20. Juli mißlungen war. Gerade dieses Wüten freilich verriet, wie unsicher die deutschen Machthaber sich schon fühlten. Aber konnte man sich noch freuen, daß der trübe Stern des Dritten Reiches endlich im Sinken war, wenn sich nirgendwoher ein reineres Licht erheben wollte? — Es war schon so, man konnte in der Welt nichts Helles mehr erkennen, wenn es einem nicht durch den Glauben ins Herz gegeben war. Das hatte Orell neulich an der jungen Frau Cordelia in Grünschwaig gemerkt. Er war dort gewesen, nach Jakobs Abreise, weil er wußte, daß es bei dessen Gesundheitszustand Anlaß zur Sorge gab, wie er den Rekrutendienst aushalten würde. Hanna Degener war gefaßt wie immer, aber die junge Frau, die wenig sprach, hatte von einer inneren Zuversicht geleuchtet, so daß er, der Alte, ganz erheiterten und erwärmten Gemütes wieder fortgegangen war.

Dieses Grünschwaig, es mußte, es würde behütet bleiben! Schon um der Jugend willen, der es auch jetzt wieder, wie zu allen Zeiten seit Orell es kannte, eine Heimstatt gab. (Seit die Fliegerangriffe so schlimm wurden, hatte Natalie Fehrenkamp aus München ihren Joseph, Lisa aus Augsburg den kleinen Karl Martin, Silvia aus Berlin ihre Beiden, der Obhut des alten Landhauses anvertraut.) In Hof und Garten klangen dort die Kinderstimmen, wie immer; dem Major waren sie wie die Wiederkehr der Schwalben im Sommer: sie schienen immer dieselben zu sein, frohe Bestätigung, wie dunkel die Zeit auch sein mag, daß das Leben doch weitergeht.

— Auf der Straße vom Bahnhof ins Dorf herunter sah Orell einige Leute kommen: es mußte der Nachmittagszug von München und von der Kreisstadt her gerade eingetroffen sein. Die Scheu vor dem Begegnen und Grüßenmüssen, wie sie einsam lebenden Menschen eigen ist, wollte ihn eben zur Umkehr bestimmen, als ein noch junger, blondhäuptiger Fremder, der den Andern etwas voraus war, auf ihn zutrat mit der höflichen Frage um den Weg nach Grünschwaig.

Er sagte: „Ich bin vor Jahren schon einmal hier gewesen, aber der Weg ist mir nicht mehr ganz deutlich in Erinnerung."

Dieser Mensch war Edmund Kirms.

Während er den kurzen Satz sprach, hatte er sich zweimal umgesehen, wie jemand, der erwartet, daß aus einem Haus oder Strauch eine Gefahr auf ihn zustürzen könnte. Das fiel dem Major auf, und dann auch sein übernächtiges Aussehen, das er jetzt aus der Nähe bemerkte. Die Augenlider waren vor Müdigkeit verschwollen und sein städtischer Anzug in einem zerdrückten, beschmutzten Zustande, die Halbschuhe ausgetreten und staubbedeckt. Er führte nichts mit sich als eine Aktentasche. Bei alledem ein stolzes, wohlbeschaffenes Gesicht. Orell ahnte, daß hier irgendeine Beanspruchung auf Grünschwaig zukäme, darum erkundigte er sich:

„Darf ich fragen, zu wem Sie dort wollen? Jakob Degener ist nämlich nicht da. — Er ist eingezogen worden."

„Ach!" sagte Kirms. Er schien ratlos, was er nun anfangen sollte.

Orell hatte seinen Entschluß bereits gefaßt: den Unbekannten nicht zu den Frauen nach Grünschwaig zu lassen; er wollte sich selbst um ihn kümmern. Er forderte ihn auf: „Kommen Sie mit mir. Sie sehen aus, als ob Sie vor allem einmal Ruhe nötig hätten, dazu ist bei mir die beste Gelegenheit, und gern gegeben. Wir können dann immer noch weitersehen und nötigenfalls die Familie Degener von Ihrer Ankunft benachrichtigen."

Edmund Kirms sah ihn an mit einem Blick, der dem Major zu Herzen ging, es stand die Frage, die in dieser schreckenvollen Zeit so oft von Mensch zu Mensch gestellt wurde, sie hieß: kann ich dir trauen, willst du mir Gutes? Es war aber unmöglich, zu verkennen, daß der alte Mann Gutes wollte. Kirms senkte den Kopf, er sagte: „Ich danke Ihnen," und ging dann müden Schrittes neben dem Alten her.

Er lenkte, noch etwas vorsichtig, das Gespräch auf das politische Gebiet, hier hatten die Zeitverhältnisse ja eine Art eigener Sprache herausgebildet, an der sich die Ähnlichdenkenden sogleich erkannten. Bevor sie die „Majorsvilla" erreicht hatten, wußte Orell schon das Wichtigste über seinen Schützling. Kirms hatte in der Schweiz Arbeit und ein Auskommen gefunden, was damals, als er hinüberkam, schon beinah ein Wunder an Schicksalsgunst war. Er hätte im Ausland den Krieg ungefährdet überstehen können. Aber sein vaterländisches Gefühl ließ ihn dabei nicht ruhig sein. Seit er Hitler als den Zwingherrn erkannt hatte, der Deutschland ins Verderben führte, erschien es ihm als eine Pflicht, dazu mitzuwirken, daß unser Volk von ihm befreit würde. So war er in Berührung mit gewissen Mittelsmännern gekommen, durch die in der Schweiz die Verbindungen der deutschen Widerstandsbewegung mit dem Ausland geknüpft wurden. Weil er aber einsah, daß man einen Tyrannen nicht aus wohlgeborgener Fremde, sondern in seinem eigenen Machtbereich bekämpfen muß, kehrte er schon bald nach Kriegsausbruch ins Vaterland zurück, wo er sich zum Waffendienst meldete und den französischen, dann den serbisch-griechischen Feldzug mitmachte, hierauf aber, dank seiner Verbindung mit der Widerstandsbewegung, einen der Posten im Ersatzheer bekam, an deren Besetzung durch ihre Leute den Verschworenen, für den Fall eines Putsches, gelegen sein mußte. Seine Bekannten aus früherer Zeit, so vor allem Carl Fintenring, suchte Kirms nicht wieder auf. Fintenring hatte Stellung und Einfluß in dem Kulturbetrieb der Hitlerjugend, und sein einstiger Schüler sah mit Zorn, wie gewisse Gedanken, die aus dem George-Kreis stammten, hier verwertet und mißbraucht wurden. Auch etwas wie Scham, ein Gefühl der Mitverantwortlichkeit für diesen Mißbrauch, mischte sich in seinen Zorn, und das konnte ihn in dem Willen zum tätigen Widerstand gegen den Hitlerstaat nur bestärken. Hätte er den „Lehrer" wiedergesehen, so wäre es gewiß zu einem Zusammenstoß gekommen; es war klüger, das zu vermeiden. Später erfuhr er dann von Fintenrings tödlichem Absturz beim Rückflug aus dem Kaukasus. — Auch bei Jakob Degener hatte sich Kirms nicht gemeldet, weil er auch ihn, nach dem Gespräch, das er vor dem Abschied in die Schweiz mit ihm geführt, für einen unbekehrbaren Hitleranhänger hielt. Jetzt aber, nach dem Juli-Attentat, hatte er sich Jakobs erinnert. Kirms mußte damit rechnen, daß die Listen der Widerstandsbewegung in die Hände der Geheimen Staatspolizei gefallen waren. Er verließ seinen Posten und machte sich davon, großenteils zu Fuß oder auf Nebenbahnen, weil er die Fernverkehrszüge nicht zu benützen wagte; es war ihm zu Ohren gekommen, daß in den Tagen nach dem Attentat mehrere Verschworene, die solche Züge benützt hatten, durch Polizeistreifen gefaßt wurden. Selbstverständlich waren jetzt auch die Grenzen unter verschärfter Beaufsichtigung. Wenn eine Zeit vergangen wäre, würde man wohl einen Weg hinüber finden, bis dahin aber hoffte er sich bei Jakob Degener verbergen zu können. Wie immer der gesinnt sein mochte: ausliefern würde ihn Jakob nicht; und bei seiner eigenen Familie durfte sich Kirms jetzt schon gar nicht blicken lassen, sie durfte nicht einmal wissen, wo er sich befand. Es war ihm eine Genugtuung, durch den Major Orell von Jakobs Gesinnungswandel zu hören. Orell erzählte ihm auch von dessen Entlassung aus dem Schuldienst und meinte, er sei „ein belasteter Mann", bei dem Kirms auf keinen Fall hätte wohnen können. „Und seine Frau und Mutter wollen Sie doch nicht in Gefahr bringen? Nein, es ist ein wahres Glück, daß wir uns getroffen haben! Bei einem alten ausgedienten Stück wie mir wird Sie niemand so leicht suchen, hier können Sie bleiben, solang es Ihnen paßt." (Er verschwieg, daß auch er schon einen Zusammenstoß mit dem Ortsgruppenleiter Prechtler gehabt hatte.) „Und ich verspreche Ihnen: solang ich Herr in meinem Haus bin, haben Sie darin so viel Sicherheit, wie ich selbst."

Der Alte hielt sein gegebenes Wort; vielleicht ahnte er schon, daß es kein ungefährliches Versprechen war.

Johann Siebner und Walburga erfuhren von ihm nichts weiter, als daß ein „Neffe" vom Herrn Major zur Erholung eine Zeitlang bei ihnen wohnen würde. Orell wußte, daß seine Haushältersleute wohl brave Nationalsozialisten, aber ihm treu waren; sie wären nicht in ihren alten Tagen noch zu Verrätern an ihrem Herrn geworden, indem sie einen Mann anzeigten, der unter seinem Schutze stand. Er hätte also vielleicht besser getan, ihnen die Umstände offen darzulegen. Aber er wollte sie in ihrem Gewissen nicht belasten, fürchtete auch, es könnte Walburgas Schwatzhaftigkeit mit ihr durchgehen. Er sagte sich: je weniger Menschen etwas wissen, desto geringer die Gefahr. Dafür bekam er es jetzt mit der Neugier der Beiden zu tun. Von der Existenz eines Neffen hatten sie nie vernommen, es schien ihnen geradezu ungehörig, daß ihr Herr Major einen solchen gehabt und ihn bisher verschwiegen hatte, um ihn jetzt ohne jede Beratung mit ihnen ins Haus zu holen. Und nicht einmal Lebensmittelkarten hatte der mitgebracht, wovon die Folge war, daß der Herr, der schon sowieso nur „wie ein Vogerl" aß, das Essen so gut wie ganz aufgab und sich also für den verdächtigen Neffen schlechterdings zugrunde richtete. Den Versuchen, ihn auszuhorchen, setzte Orell eine heitere Harthörigkeit entgegen, und als Johann Siebner, auf alle Umwege verzichtend, mit dem Vorschlag herauskam, den Fremden doch lieber weiterzuschicken, bekam er eine „Zigarre" zu rauchen (das heißt in der Zivilsprache: eine Strafrede), wie er sie seit seinen Burschentagen nicht mehr geschmeckt hatte. Solcher ungewohnte Eigensinn brachte die Köchin, die eine Spürnase für das Interessante hatte, auf die Vermutung, der Neffe sei kein Neffe, sondern ein plötzlich wieder aufgetauchter unehelicher Sohn vom Herrn Major. Johann entrüstete sich mit Recht über solchen Unsinn. Sein Major, den er seit sechzig Jahren „wie seine Tasche" kennt, soll in der Jugend auf heimlichen Liebeswegen gegangen sein und einen Sohn gehabt haben, von dem sein treuer Bursche nie etwas gesehen, gemerkt, gewußt hätte! Saudummer Weibertratsch, natürlich. Von Stund an fand sich Johann Siebner damit ab, lieber noch den Neffen als eine Möglichkeit zuzugeben. Walburga hatte mit ihrer sonderbaren Idee allerdings insofern doch etwas Richtiges getroffen, als Orell, der aus so ganz anders beschaffenen Zeiten kam, für die Menschen dieser ratlosen Gegenwart wirklich die Verantwortung eines Vaters fühlte. Von der biblischen Höhe seines Alters aus erschienen sie ihm alle wie Kinder, denen man helfen mußte.

Es geschah in den Wochen vieles draußen in der Welt, was auch den Siebners und dem Dorf Nußholzhausen beunruhigender war als der Gast in der Majorsvilla. Die Kämpfe im Westen, das war kein Rückzug mehr, es war eine Katastrophe. Das vor vier Jahren im „Blitzfeldzug" eroberte Frankreich ging ebenso blitzartig wieder verloren. Am 23. August waren die Amerikaner in Paris, das deutsche Westheer flutete aufgelöst auf die Reichsgrenzen zurück. Und zugleich jagten sich die Unheilsmeldungen aus dem Osten. Die Russen pflückten Rumänien als eine reife Frucht, das Land fiel vom deutschen Bündnis ab, unsre dort stehenden Truppen sahen sich auf einmal abgeschnitten, vereinsamt, mitten unter Feinden. Sie mußten sich in verzweifelten Kämpfen nach Westen durchschlagen, und es war mehr und Kostbareres, als das für unsre Kriegführung unentbehrliche Erdöl Rumäniens, was damit verlorenging: jetzt brach über Siebenbürgen und bald auch über das Banater Land, seit alters beide von Deutschen besiedelt, jener Schrecken herein, der den Einmarsch östlicher Heere begleitet. Er übersteigt jede Vorstellung, den Opfern und Augenzeugen, die davon berichten, wird niemand glauben, weil die erschrockene Seele sich weigert, solche Bilder anzunehmen. Schändung der Frauen — nicht an den jungen nur: an allen! nicht einmal: vierzigmal! Plünderung und Mord in tausendfacher Gestalt. Um Hitler zu strafen, der Rußland überfallen hat, muß man den deutschen Kindern die Köpfe an der Wand zerstoßen. Der einzelne Russe kann gutmütig sein wie ein Kind, aber man hat sie trunken gemacht mit Haß und Beuteverheißung, und diese trunkene Masse tut, was selbst Wölfe nicht tun würden. Die unglücklichen Deutschen, die den ersten Sturm überlebt haben, werden verschleppt, in die Bergwerke, die Rüstungswerke, nach Sibirien oder wo sonst Verwendung ist für Sklavenheere. Eine alte bäurische und bürgerliche Kultur wird vernichtet. Sie soll nicht gewesen sein. Deutschland empfindet das alles schon fast nicht mehr, ihm wird sein eigener Untergang zum unbegreifbaren Traum, und was dort im Südosten begonnen hat und weiterwandern wird als fressende Flamme, um das ganze Ostdeutschtum zu verzehren — im übrigen Europa wird es bejubelt als ein Triumph der Freiheit. Denn die Menschen wissen nicht, was sie tun, und nicht, was ihnen geschieht. Von den Siebenbürgener und Banater Deutschen rettete sich nur, wer sich im letzten Augenblick, im Treck, dem Rückmarsch unserer Truppen anschließen konnte; nach Ungarn und weiter. Unterdessen mußte im Norden auch der finnische Freund den Kampf aufgeben und mit Rußland Frieden suchen.

Der Gast beim Major wurde anfangs im Dorf als ein Ferienbesuch betrachtet. Man sah ihn fast nie, in Nußholzhausen zeigte er sich nicht. Zwei Monate lang blieb Edmund Kirms unbehelligt. Im Oktober aber sollte Orell ein Zimmer abgeben für eine aus dem Rheinland evakuierte Mutter mit ihrem Kind, und dadurch wurde die Aufmerksamkeit des Bürgermeisters und des Ortsgruppenleiters auf den Fremden gelenkt, der dieses Zimmer bewohnte und sich nicht einmal angemeldet hatte. Kirms mußte die Anmeldung jetzt nachholen und bekam Vorwürfe wegen seiner Nachlässigkeit zu hören. Zunächst schien es damit abgetan, die Rheinländerin wurde anderweitig untergebracht. Kirms freilich, seitdem sein Name in Nußholzhausen notiert war, fühlte sich nicht mehr sicher, er dachte ans Weiterwandern. Wohin aber? Orell stellte ihm vor, daß die Unsicherheit auf der Straße für ihn noch weit ärger sei; Männer im waffenfähigen Alter mußten in Gasthöfen und Eisenbahnen jederzeit gewärtigen, von der Militärpolizei aufgegriffen zu werden. Es war richtig; die Grenze war weit. Kirms zögerte. Bei Nacht, in schlaflosem Sinnen, wurde er sich klar, daß er mit seinem Gastgeber gar nicht mehr viel reden, sondern insgeheim davongehen müsse, um ihn aus der Gefahr zu bringen, die seine Anwesenheit für ihn bedeutete. Aber von Tag zu Tag schob er den schweren Entschluß wieder auf. Er war wie ein Wild unterm Strauch, das die Schritte der Treiber hört und sich von dem Schutz nicht trennen kann, mit dem die dünnen Zweige es noch überbreiten.

Hans Prechtler als Ortsgruppenleiter hatte die von der Partei ausgegangene Weisung zwar auch erhalten: daß man ein scharfes Auge haben müsse auf Leute von unbekannter Herkunft, die im Ort etwa auftauchten, da einige von den Mördern und Verrätern des 20. Juli noch nicht dingfest gemacht waren. Jenen Verrätern wünschte er alles Böse, wie es für einen Parteimann und schlichten Patrioten nur natürlich war, er kam jedoch nicht auf den Gedanken, ein grundanständiger Herr, wie der Major Orell, könnte einem von den Leuten, die den Führer umbringen wollten, Unterschlupf geben, und nahm daher Kirms in keinen Verdacht. Er lieferte nur, als es von ihm verlangt wurde, eine neue Liste der Ortsansässigen und der Zugezogenen bei der ihm vorgesetzten Parteidienststelle ab. Schon am dritten Abend danach erschien bei ihm eben jener Herr, der ihm schon einmal wegen Ungeschicklichkeit einen Rüffel erteilt hatte; der war inzwischen zu einer guten Stelle in der Umgebung des Kreisleiters aufgerückt und pfiff Hans Prechtler jetzt noch ganz anders an – und diesem, seit er in Rußland gewesen war, fiel es nicht mehr leicht, so etwas hinzunehmen von einem, der noch keine Kugel hatte singen hören. Die Zwei probierten also erst einmal fünf Minuten lang ihre Stimmstärke aneinander aus, aber dann mußte der Ortsgruppenleiter von Nußholzhausen zu dem Andern ins Auto steigen, der nicht nur in seinem eigenen, sondern noch in einem zweiten Wagen schwerbewaffnete Polizisten vom Sicherheitsdienst mitgebracht hatte. Und so fuhren sie zur Majorsvilla hinaus.

Kirms und der Major waren auf einem Abendspaziergang. Kirms ging meist erst nach Dunkelwerden aus, und der Alte hatte ihn heut begleitet. Sie sahen die beiden Autos von der Fahrstraße in den Weg zum Hause Orells einbiegen und errieten gleich: jetzt war das Unglück da. Im Finstern verabschiedete sich Edmund Kirms von seinem Gastfreund, er stammelte etwas von Dank, er konnte sein gutes Gesicht nicht einmal mehr richtig sehen. Orell schob ihm alles Geld zu, das er gerade bei sich trug, vom Holen seiner Sachen konnte keine Rede mehr sein, er mußte davon, wie er war, den Abendzug in Nußholzhausen durfte er nicht nehmen, der würde wahrscheinlich schon beobachtet sein. Er würde die Häscher so lange als nur irgend möglich hinhalten, versprach ihm der Major. Dann eilten sie auseinander.

Orell kam vor seinem Hause an, als es schon umstellt und die verschreckte Walburga eben dabei war, den Herrn von der Partei und die Polizisten in das Zimmer von Kirms hinaufzuführen, weil sie ihr nicht glauben wollten, daß er abwesend sei. Prechtler und Siebner standen verlegen, schweigsam. Der Major aber setzte sie alle in Erstaunen mit der Erklärung, sein „Neffe" sei allerdings zu Hause. Die Köchin habe gemeint, er sei ausgegangen? Ein Irrtum. Er schläft oben auf seinem Zimmer. Man möge sich leise verhalten, um ihn nicht zu stören, er sei sehr erholungsbedürftig, Aufregungen müßten für ihn tunlichst vermieden werden. Das Lachen eines der Polizisten, auf diese Worte hin, trug ihm einen so würdig erstaunten Blick von dem Major ein, daß der Mann verstummte; Orell bat die Herren, erst einmal zu ihm in den Salon zu kommen und ihm den Anlaß ihres unerwarteten Besuchs zu erklären.

Die Sicherheit dieses gebeugten, schütterigen alten Mannes, die einer gewaltsamen Situation für den Augenblick etwas an Form zurückgab, bewirkte, daß die Andern sich nun erst bewußt wurden, Störer eines Hausfriedens zu sein; ja, sie veranlaßte den braunen Herrn, sich vorzustellen. „Hölzle," sagte er, indem er sogar seine Hacken etwas zusammenschlagen ließ, und Orell nickte ihm freundlich zu, als ob er das erwartet hätte. Er öffnete ihm die Tür und blieb mit unbeirrbarer Höflichkeit stehen, bis Prechtler und bis auch der letzte der drei Polizisten, dem Herrn Hölzle folgend, den Salon betreten hatten. Dann schickte er Siebner, Gläser für einen Birnenschnaps zu holen, und der Diener, dem ebenso genau wie der Walburga bekannt war, daß Kirms ja eben n i c h t in seinem Zimmer war, und der darum nicht wußte, wo er seine Augen lassen sollte, war froh, nur stumm den Auftrag auszuführen.

Im Salon ließ sich Orell in seinen Lehnstuhl nieder, winkte Herrn Hözle zu dem Sofa, auch die Andern nahmen Stühle. Er habe noch nie so viel Polizei in seinen vier Wänden gehabt, äußerte der Hausherr, er ließ auch aus dieser Feststellung sein Befremden hervorklingen und sah sich langsam, von Gesicht zu Gesicht, im Kreise um. Jetzt kam Siebner mit den Schnapsstamperln. „Wir dürfen eigentlich nichts nehmen," sagte Hölzle lächelnd, griff aber doch nach dem Glas und gab damit den Andern das Zeichen, es ihm nachzutun. „Ich kann doch sicher sein, daß mein Neffe einstweilen ungestört bleibt?" erkundigte sich Orell, dem sein kühnes Spiel Vergnügen zu machen anfing. „Ihre Leute, die noch draußen sind..." — „Sie halten nur die Eingänge im Auge," erklärte der Andere; und Orell, wie im Selbstgespräch, aber deutlich hörbar für alle: „Merkwürdige Dinge. — Also, meine Herren: was verschafft mir die Ehre?"

Er ließ jedoch den braunen Herrn noch nicht zur Antwort auf die Frage kommen, er verwunderte sich erst noch einmal ausführlich darüber, daß hier im Zimmer zwei alte Stützen der nationalsozialistischen Partei in Nußholzhausen: Siebner und Prechtler, anwesend seien, die ihn, den Hausherrn, recht gut kannten, und daß sein Haus dennoch in dieser m e r k w ü r d i g e n Art überfallen würde. Seine Schwerhörigkeit nützte der Alte gut dazu aus, das Gespräch durch Gegenfragen zu verzögern. Und als er Hölzles Vermutung vernommen hatte: Kirms ein Teilnehmer an der Verschwörung gegen unsern Führer, da wußte er dem Zorn über eine solche Zumutung so natürlichen Ausdruck zu geben, daß er auch damit wieder seine Besucher für eine Weile beschäftigte. Sein ganzes Wesen schien in der gefahrvollen Lage zu einer fast jugendlichen Lebhaftigkeit erwacht zu sein. Er dachte an den armen Kirms, der mit jeder Minute immerhin etwas mehr an Vorsprung und an Aussicht gewann, sich davonzubringen; und zugleich, mitten im Sprechen, Fragen und Zürnen, ertappte er sich auf Erinnerungen an längst vergangene Leutnantsritte, im Manöver, über grünes Land, und an die erste, glücklich-leidvolle Begegnung mit der Frau seines Freundes Eligius Degener. Es war die Abschiedsstunde dieses Alten vom Leben, das ihm keine Geschenke gemacht und das er doch sehr geliebt hatte.

Eine Seifenblase steigt und glänzt, aber glänzt nicht lang. — Orells Schilderung von dem schlafenden, erholungsbedürftigen Neffen in seinem Bett war so zwingend und die Erfindung so keck gewesen, daß der Herr aus der Umgebung des Kreisleiters ihn wirklich dort sicher zu haben meinte und eine Zeit brauchte, um zu merken, daß er zum Narren gehalten war. Jetzt half es nicht mehr, daß Orell versicherte, der Neffe müsse nun jeden Augenblick herunterkommen, daß er sich erbot, selber nach ihm zu sehen. Herr Hölzle und sein Gefolge stiegen zum Oberstock hinauf, und angesichts des leeren Zimmers wurde natürlich der angebliche Onkel mit wütenden Vorwürfen überschüttet, und auch sogleich festgenommen. Er habe einem Feind des Staates zur Flucht verholfen und damit seine verräterische Gesinnung offenbart! schrie ihm Hölzle ins Gesicht. Der Alte verwendete auf seine eigene Verteidigung keinen Erfindungsgeist mehr, er schwieg und blickte nur mit verächtlichem Staunen auf die Handschellen, die ihm angelegt wurden. Siebner freilich und seine Walburga konnten das nicht sehen, die Vorwürfe gegen ihren Herrn nicht anhören, und es war, nach der heimlichen Heiterkeit der früheren Szene, nun herzrührend und brachte den Alten fast um seine Fassung: wie die Beiden, die doch auch von ihm getäuscht waren, in Verzweiflung gerieten über sein Unglück, wie sie klagend und scheltend auf die Polizei, auf Prechtler einredeten und wie Johann Siebner, alle Parteidisziplin vergessend, gegen den Funktionär beinah tätlich wurde. Auch die Drohung, ihn selber mitzunehmen, schüchterte ihn nicht ein, Orell mußte sich ins Mittel legen, um den Braven zur Ruhe zu bringen — aber noch während er zum Auto geführt wurde, hörte er ihn hinter sich schreien:

„Ich erlaubs nicht, daß ihr meinem Major etwas tut!"

Das Gute in den Menschen ist viel stärker, als was ihr machen könnt, dachte der Gefangene über seine Wächter, als der Wagen anrollte.

Die Insassen des zweiten Polizeiautos hatten sogleich die Verfolgung aufgenommen, aber da niemand die Richtung von Kirms' Flucht kannte, versprach ihre Mühe für den Moment wenig Erfolg. Von Prechtlers Büro aus alarmierte Hölzle telefonisch alle Polizeiwachen der Umgegend, und binnen einer Stunde hatte der Geflüchtete überall die Schatten auf seiner Spur.

Von ihm hörte das Dorf nichts mehr. Die Verhaftung des alten Herrn aber, der in der Nacht noch fortgebracht wurde, erregte den ganzen Ort. Hans Prechtler mußte nach allem, was er von dem Herrn Hölzle zu hören bekommen, noch ein ganz anders lautendes, heftiges Strafkapitel von seiner Zensi erdulden, weil er „bei einer solchenen Gemeinheit mitgetan hatte". Er kannte die Sanfte, Gemächliche gar nicht mehr wieder; man hätte sich fürchten können vor ihr. „Es braucht's nicht, Zensi," sagte er ihr schließlich — und da sah sie, daß er sich ohnehin schon schämte und zu ungewohnten Gedanken gekommen war.

„Wenn der Herr ein Verräter ist, nachher hat's auch Gute dabei" — so faßte der Ortsgruppenleiter seine neue Erkenntnis von der Zwiespältigkeit der Erdendinge zusammen.

2

Ein Krieg tut nicht nur Schlimmes an den Menschen. In Kitty Degener hatte er die schönsten Züge ihres Wesens: ihre Wärme und immer tatbereite Güte, erst zu voller Entfaltung gebracht. Früher, mit dem vielen Geld ihres Vaters, konnte sie sich und anderen jeden Wunsch erfüllen; da war es zu leicht, gut und hilfstätig und eine Geschenkmacherin zu sein. Jetzt, in dem Berlin auf das die Bomben fielen, half das Reichsein wenig, der Mensch war gefordert. Und dies Menschliche in Kitty bewährte sich. Richard riet ihr an, ins ruhige Wien zu ihrer Tochter oder irgendwohin aufs Land zu gehen. Aber sie blieb und sorgte für ihn. Als es keine Hausmädchen mehr gab, lernte sie für ihn kochen, um zu verhindern, daß er bei der reizlosen Gasthauskost noch magerer würde, als er sowieso schon war. In das Dahlemer Haus, das sie bisher mit ihm allein bewohnt hatte, nahm sie, eh es noch gefordert war, eine ausgebombte Familie aus der Innenstadt auf und räumte deren Kindern einen Teil ihres hübschen Gartens zum Spielen, einen anderen zur Anpflanzung von Gemüsen ein. Bei Angriffen zeigte sie sich ruhiger, als Richard es ihr zugetraut hätte, sie entwickelte sogar ein Talent, in den Kellernächten die Kinder von ihrer Ängstlichkeit abzulenken und sie bei guter Laune zu halten. Und als ein benachbartes Haus von einer Brandbombe getroffen wurde, versorgte Kitty im Verein mit der bei ihr aufgenommenen Frau die Kinder des Nachbarn und dessen Mutter, eine alte und kränkliche Dame, während die Männer zu löschen versuchten; was zum Glück auch gelang. Sie verschenkte an Bedürftige, was nur irgend zu entbehren war. Und wenn sonst oft eine gewisse Unruhe ihrer Natur die Menschen, die mit ihr zu tun bekamen, gestört hatte, so schien nun die Unruhe sich in Heiterkeit zu verwandeln, je mehr ihre Tatkraft in Anspruch genommen und mit wirklich nutzbaren Diensten beschäftigt wurde.

Im vorletzten und letzten Kriegsjahr wurden die Fliegerangriffe zu einem Alb für den deutschen Stadtbewohner.

Lichtmarkierungen, von vorauseilenden Maschinen abgeworfen, weisen dem Strom der schweren Bombenflugzeuge den Weg. Auch dem Mutigsten in der Stadt erschrickt das Herz beim Warngeheul der Sirene, und schon ist der Himmel erfüllt von dem Dröhnen der Motoren, von dem Rauschen des Massenabwurfs, unter dem die Dächer und Mauern zerbrechen und die hohen Türme der Kirchen sich sinken lassen mit klagendem Glockenlaut. Dann Brände, da, dort, die in einen zusammenfließen, und der Feuersturm beginnt zu rasen. Und wenn das Haus über ihnen brennt, das Kellergewölbe zu glühen beginnt, müssen die darunter Geduckten hinaus und einen Wettlauf versuchen um ihr armes, nacktes Leben, durch eine Straße, in die es von rechts, von links hereinstürzt, müssen rennen, fast erstickt vom Rauch und der Hitze. Und es wird Phosphor abgeworfen, dessen Funken sich nicht mehr abschütteln lassen; sie fressen sich ins Kleid, in die Haut; mit Wasser nicht, höchstens mit Sand zu löschen. Wer den festen Bunker noch lebend erreicht, der findet dort erst, in drückender Luft, unter Menschen, die mühsam atmend auf engstem Raume beisammen hocken, die ganze Angst der Welt, die sich schwer auf die Brust legt. Bei nahen Einschlägen schwankt der Bunker, schiffgleich. Keiner kann sich helfen, daß er nicht horcht auf die Geräusche, die aus dem Toben draußen hereindringen, jeder fühlt in sich ein schwelendes Nichts, das die Fassung der Seele zerreißen und als Schrei aus ihm herausbrechen will: es gibt keinen Sinn, es gibt keinen Gott! er hat uns vergessen! Aber hier ist auch der Ort der Bewährung. Selten wird die Kraft sich gezeigt haben, die das stumme oder sinnlos stammelnde Angstgebet in das echte, das Lobgebet inmitten der Schrecken, verwandelt. Denn in unserer Zeit gehen die geistigsten Lebensmächte gern verkleidet, wie reisende Fürsten; und so mag es oft ein bloßes Witzwort sein, das den in Angst Gebundenen ihre Freiheit zurückschenkt. Wo aber diese Freiheit ist, ist wieder Licht, und ist Mut.

Und die andere Bewährung beginnt schon, bevor noch die letzten Bomben gefallen sind, sobald man nur wieder hinauskann, um zu löschen, zu helfen und zu retten. Wer zählt das auf, was an Tatkraft und Wagemut aufgebracht wurde, von Menschen, die einander oft nicht kannten, voneinander nichts wußten, als daß sie eben Menschen in der gleichen Not waren? Und wer kann sagen, ob nicht die Summe der Hilfeleistung, das Wunder, das den dumpfen, mit sich selber nicht bekannten Mann über sich hinaushob und ihn zum kühnen und getreuen Helfer werden ließ, die schreckliche Summe des Grauens überwog? – Wie in den Vernichtungslagern die Quäler, so mögen hier die todausstreuenden Flieger in Wahrheit die Besiegten gewesen sein.

Straßenzüge, ganze Stadtviertel sind in Trümmer gelegt, tagelang zieht der Brandgeruch durch die Stadt, schwelt und raucht es in den Schutthaufen, die einmal Wohnungen voller Hab und Gut waren, in lebenslangem Fleiß erworben. Wohl geschieht das Mögliche, es den Beraubten zu ersetzen, doch mit dem Maß der Zerstörung kann man nicht Schritt halten. – Aber nach allem, was in der schrecklichen Nacht geschehen ist, strömen in der Morgendämmerung die Werktätigen wieder zu ihren Arbeitsstellen, die Aufräumungskommandos machen verschüttete Fahrbahnen frei, das Leben der Stadt nimmt wieder seinen Gang, als müsse es so sein und als könne nichts die geduldige Tapferkeit dieses Volkes erschöpfen. Geld gibt es genug, man kann bloß nichts Rechtes mehr dafür kaufen, die Wohnungen sind kalt, die Ernährung könnte besser sein, wenn es auch zum Erstaunen ist, wie die Reichsbahn immer noch, immer von neuem die Lebensmittel für Hunderttausende von Menschen, für die Millionen Berlins, heranschafft, trotz allen Angriffen auf die Züge, auf das Bahnnetz und die Güterhallen.

Seit Stalingrad waren nur noch Unglücksbotschaften von den Fronten gekommen, immer enger schloß sich der feindliche Ring um das Volk, das doch ohne Hoffnung nicht leben, nicht seinen schweren Arbeitstag und die Angst der Bombennächte bestehen konnte. Und seine Feinde ließen ihm keine Hoffnung, sie gaben ihm täglich und nächtlich zu spüren, daß dieser Krieg ihm selber galt. Wenn sie nur Hitler und seine Kampfmittel treffen wollten, würden sie dann ihre Spreng- und Brandbomben in mehreren Flugwellen, zu sorgsam errechneter Wirkung über den Wohnvierteln abladen? im Tiefflug die Trupps der Flüchtenden angreifen? die Löschmannschaften zusammenschießen? – Das Unmenschliche ist immer Torheit. Durch diese Kriegführung wurden die Deutschen dazu getrieben, einen Widerstand bis aufs Äußerste zu leisten und sich mit aller Kraft ihres Lebenswillens an den Mann zu klammern, der immer noch Rettung, Wunderwaffen, jähe Wendungen des Kriegsglücks verhieß. Im Dezember 1944 war es Hitlers verzweifelter Vorstoß in den Ardennen, woran die Hoffnung des Volkes sich noch einmal aufrichtete. Die Offensive scheiterte schnell, und verbrauchte die letzten Reserven an Truppen und Waffen. Sie waren dem Ostheer entzogen worden, gegen das die Russen in zehn- und mehrfacher Übermacht längs der ganzen Reichsgrenze schon aufmarschierten.

Kitty gehörte zu denen, die nicht aufhören wollten, an die Rettung für Deutschland zu glauben. Sie beklagte das Mißverständnis mit Amerika, aber Amerika würde schon noch einsehen, sagte sie, daß man Deutschland, den einzigen Damm gegen das gefährliche Bolschewistenrußland, nicht zerstören dürfe. Ihr war es undenkbar, daß ihre Landsleute drüben so sehr gegen ihre eigenen Interessen handeln könnten. Von Monat zu Monat versprach sie Verhandlungen, Frieden im Westen, und wurde ärgerlich auf Richard, wenn sie ihm die Notwendigkeit, warum das kommen mußte und würde, lang und breit erklärt hatte, und er immer noch traurigen Blickes an seiner Nase vorbeischwieg. „Ja," sagte er höchstens, „es wäre sehr gut, eigentlich sehr gut, wenn es so käme." — „Wenn! wenn! du sollst daran glauben!" verlangte seine Frau. — Er antwortete: „Gut, ich will es also versuchen;" und in solchen Momenten, wenn sie sein hoffnungsloses Lächeln sah, sank ihre eigene, feste Zuversicht in sich zusammen wie ein Ballon, aus dem die Luft weicht. — Aber Kitty verstand ihn wieder aufzufüllen.

Von anderer Art waren die Hoffnungen, die aus einem Brief von Hermann Schneidwind sprachen. Georg Degener hatte von seinem ehemaligen Vikar schon lange nichts mehr gehört, seitdem Schneidwind aus seiner abgelegenen Pfarre im Hunsrück weg zum Kriegsdienst geholt worden war — nicht etwa als Wehrmachtspfarrer, sondern als Soldat. Der Brief gab eine kurze Chronik von seinen Kriegserlebnissen bei der „Heeresgruppe Mitte", von Rückzügen und Partisanenkämpfen, und ging dann über zu Andeutungen von der Lage der deutschen Truppen an der Weichsel, die er sehr pessimistisch beurteilte: dünn besetzte Linien, keine nennenswerten Reserven, Mangel an allem: Artillerie, Fliegern, Panzern, Munition. „Es müßte ein Wunder geschehen," schrieb Schneidwind, „wenn wir mit dem was wir haben, oder vielmehr nicht haben, dem Russen standhalten sollten, falls er angreift. Er hat alles im Übermaß, und selbstverständlich wird er angreifen." Schneidwinds Brief hätte die Zensur, wenn er gelesen worden wäre, niemals passiert. Aber offenbar war ihm daran gelegen, den Illusionen über eine „unerschütterlich feste Ostfront", die in der Heimat durch die Parteipropaganda genährt und ausgebreitet wurden, entgegenzuwirken und seinen alten Steglitzer Pfarrer auf die in naher Zukunft vom Osten her drohende Katastrophe vorzubereiten. Oder vielleicht war es so — Georg hatte diesen Eindruck — daß der Schreibende in einer tiefen Niedergeschlagenheit wie im Selbstgespräch nach einer Hoffnung tastete, die jenseits aller menschlichen Aussichtslosigkeiten liegt.

„Nein, militärische Wunder werden wohl nicht geschehen," stand in dem Brief, „und auch der ‚stahlharte Wille' wird uns nicht herausreißen, der uns nach dem Scheitern einer in Verbrechen und Fehlern gleich maßlosen Politik jetzt als letztes Auskunftsmittel angepriesen wird. Darüber sollte gar nicht so viel gesprochen werden, es sollte sich von selbst verstehen, daß jeder tun wird, was er kann; ich wüßte mich auch nicht zu erinnern, wann das beim deutschen Soldaten je anders war. Aber ich bin zu der Meinung gekommen, wir Deutschen müssen uns auf den Verlust alles dessen gefaßt machen, was uns lieb war. Nicht nur der Macht, auch der Selbständigkeit als Volk, und sogar auch der Heimat. Wir müssen das hingeben. Es ist verspielt worden. Ohne Heimat zu leben, ist eigentlich dem Menschen auf Erden unmöglich, und soll ihm auch nicht möglich sein. Denn die Heimat auf Erden ist ja das liebe irdische Gleichnisbild jener Heimat, die wir einst bei Gott finden werden. Und wir sollen die Gleichnisbilder lieben, von ganzer Seele und ganzem Gemüte: sie kommen ja von Ihm. Und doch ist es jetzt so weit mit uns gekommen, daß wir sie hingeben müssen. Sie aus den Händen lassen, und sogar mit dem Herzen das freigeben, was wir so sehr liebhaben. In den Verlust einwilligen. Es ist menschenunmöglich, und es muß doch geschehen. Aber nicht, damit es die ‚Sicherheit im Nichts' findet, wie ich in einem bedeutenden zeitgenössischen Buch gelesen habe. Wenn wir es auf die richtige Art hingeben, wird es die Sicherheit in Gott finden. Über die richtige Art der Hingabe habe ich viel nachdenken müssen und glaube, daß Sie mich darin belehren könnten, denn Sie sind mir weit voraus in der Demut und im Gottvertrauen. In mir steckt immer noch ein Aufbegehren, und ich habe oft Stunden, wo auch das Gebet mir nicht dagegen hilft. Aber was wir mit der rechten Hingabe in Gottes Hand legen, das kann er tausendfach wiedergeben, alle irdischen Gleichnisbilder kann er wieder aufblühen lassen. Nur Versicherungsverträge lassen sich darüber nicht mit ihm abschließen. Das nicht. So steht er nicht zu uns und wir nicht zu ihm. Es ist einfach die Glaubensfrage, die ganz ernst – verteufelt ernst, hätte ich beinah geschrieben: verzeihen Sie; aber lassen wir ihn ruhen, den Namen des alten, mächtigen Ohnmächtigen! – die Glaubensfrage, die ganz heilig ernst an unser Volk gestellt ist. Wenn es auf sie mit einem freien Ja zu antworten vermag, ... dann bedeutet alles andere nichts. Dann ist diese Niederlage ein grüner Lebensgarten. Dann ... ja, also das ist das Wunder, auf das ich hoffe."

Immer hat er klarer und besser als ich alter Mensch sagen können, was not tut, dachte Georg Degener voller Dankbarkeit über seinen jungen geistlichen Freund. Er begriff die Drohung, die vom Osten her über das deutsche Land hereinschattete, – auch Stoppeln, wo seit kurzem erst eine glückliche Zukunft gegründet war und Antjes kleines Mädchen aufwuchs, mußte dann von der alles verschlingenden Welle überspült werden. Wer konnte da helfen, wer etwas abwenden, wenn es wirklich so kam? Die Sorge bedrängte Georg, aber seinem starken Kindergemüt gelang es, sie Gott anheimzustellen. Dies war es, was Schneidwind mit der Bemerkung über Pastor Degeners Demut meinte, und es traf zu, obgleich der so Belobte die Stelle nur mit Kopfschütteln hatte lesen können. Doch der Brief gab ihm frischen Eifer für seinen Dienst an der von so vielen Ängstigungen und Nöten bedrängten Gemeinde und gab ihm eine neue Freude, gerade dorthin gestellt zu sein, wo das allein rettende Wunder: der Glaube, geschehen sollte.

In seinem Steglitzer Haus hatte es zweimal schon gebrannt, und die Brände waren wieder gelöscht worden durch das Zusammenwirken der Hausbewohner und der Nachbarschaft. Ebenso leistete natürlich Georg, wenn es die Stunde verlangte, bei den Nachbarn jede Hilfe, oft über seine Kraft. Ulrike war in Sorge darum, doch wär es vergeblich gewesen, ihn abzumahnen, und er fand Freude an der Gemeinschaft, die sich so von Haus zu Haus entfaltete. Auch Silvia und Hugo in Dahlem erlebten einen Dachstuhlbrand, der mit Mühe eingedämmt wurde. Der Oberstock blieb unbewohnbar und im Erdgeschoß waren sie auf ein einziges Zimmer beschränkt; in die übrigen Räume waren zwei wohnungslos gewordene Familien eingewiesen, die Küche mußte von den verschiedenen Parteien gemeinsam benützt werden. Dort wie anderwärts zeigte es sich bald, daß die dadurch bedingten Schwierigkeiten des kleinen Alltags fast der schwerste Notstand waren; Georg Degener fand, daß die Menschen ihn in den meisten Fällen mit einer bewunderungswürdigen, heiteren Gutwilligkeit zu bestehen wußten. Freilich nahm ihn jeder für etwas Vorübergehendes, es wurde ertragen wie eine Belagerung, und eine solche war es ja auch. Manche träumten sich Hoffnungsbilder an den dunklen Horizont, aber das war bei den Einwohnern Berlins nicht die Regel, die großen Töne der Propaganda stimmten sie eher zum Lachen, sie gaben auf solche falsche Hilfen nichts; die Stimmung der tapferen Stadt hätte sich am ehesten so ausdrücken lassen: erst mal aushalten, solang es geht, und dann sehen, was kommt. An Hauswänden klebten Plakate, oft dreifach nebeneinander; die nach links geneigte riesige Schattengestalt eines Mannes mit Hut, darunter stand: „Vorsicht bei Gesprächen, Feind hört mit." Es sollten dadurch die Arbeitenden in den Rüstungsbetrieben vor dem Ausplaudern von Geheimnissen gewarnt werden. Der Volkswitz aber erfand eine andere Bezeichnung für diese Warnbilder: „Alles geht schief." Und unter ein zu freiwilliger Leistung für das Vaterland aufforderndes Druckblatt, das in gewaltigen Lettern fragte: „WAS TUST DU FÜR DEUTSCHLAND?" sah Georg mit Blei die Antwort gekritzelt: „Ick zittere." — So versäumten die Berliner auch noch jetzt nicht den herben Spott über sich und ihre Lage; und vielleicht gerade, weil sie sich ihre Furcht nicht beschönigten, erlagen sie ihr nicht.

Im Advent 1944 fuhr Silvia nach Süddeutschland. Hauptsächlich, um nach einer nun schon langen Entbehrung ihre Kinder in Grünschwaig wiederzusehen, dann aber auch, um ihre Schwester Luzie zu besuchen. Meist bekam man von ihr auf lange Briefe gar keine oder nur flüchtige Antwort; vor kurzem aber war ein Grußblättchen von ihr eingetroffen, worin sie ihre bereits vor zwei Monaten erfolgte Übersiedlung in ein Haus am Starnberger See meldete, mit dem Zusatz: „Du weißt, ich bin nicht sehr für Bomben und Heroismus;" und es folgte der lang nicht vernommene Wunsch: „Silvia, Schwesterchen, ich würde Dich schon gern mal wiedersehen. Aber Sentiments muß man sich wohl heutzutage endgültig abgewöhnen; Du hättest von mir nicht gedacht, hm? daß mir das manchmal schwerfällt. Übrigens ist es auch wieder nicht so wichtig." — So wie Silvia sie kannte, war das eine Luziesche Art, einen Hilferuf auszustoßen.

Silvia kam unangemeldet in dem kleinen Villenvorort an und fragte sich durch zu einem Häuschen, das auf den wintergrauen See hinausblickte. Auf ihr Läuten öffnete Hedwig, feines Herrschaftsmädchen wie immer, freundlich und schwatzbereit. Ja, das Haus hat Herr Hörsch ausfindig gemacht, trotz der Überfüllung aller Landwohnungen, und die drei Zimmer im Erdgeschoß gemietet; das Stadthaus aber ist aufgegeben, und es war sehr gut so, inzwischen hat es schon „einen Treffer erwischt". Der Herr fährt morgens in die Stadt zur Arbeit und kommt abends aufs Land zurück. „Die gnädige Frau wird sich ja so freuen." Während Hedwig den Besuch anmelden ging, wunderte sich Silvia nicht ohne Kopfschütteln und Lächeln, wie Luzie auch jetzt noch, wo Millionen in Elend und Gefahr lebten, sich ihr Leben bequem einzurichten verstand. Als aber die Schwester schwerfälligen Schrittes, wie man's an ihr gar nicht kannte, durch die Wohnzimmertür hereinkam, sah Silvia auf den ersten Blick, daß sie hoch in der Hoffnung war, und umarmte sie, staunend und lachend vor Freude.

„Luzie! Das ist ja herrlich!" rief sie.

„Pscht," machte die Schwester mit dem Finger auf den Mund.

„Und das schreibt ihr gar nicht! Und das kommt ja schon bald! — Aber da muß ja dein Alfi ganz außer sich vor Glück sein!"

„Ist er auch," bemerkte Luzie mit einem, wie es Silvia vorkam, spöttischen und zugleich verlegenen Lächeln. „Er hat mich hier herausgebracht." Sie schwieg, und sagte dann, es sei ein aus der Stadt hierher verlagertes Krankenhaus in der Nähe, sie wolle aber dort noch nicht hin. Und schwieg wieder.

„Was ist los?" fragte Silvia, durch das sonderbare Benehmen Luziens verletzt. Sie saßen jetzt beide auf dem Sofa nebeneinander.

„Was los ist? Gar nichts. Doch, ich will haben, daß du weißt, was los ist," sagte Luzie, in deren Gesicht wieder Spott und Verlegenheit und auch Ärger zuckten. „Wenn ich bei der Geburt eingehe, wie es mir ja schon beim ersten Mal beinah passiert wäre, dann soll Ein Mensch wenigstens wissen, wie es wirklich ist. Darum bin ich sehr froh, daß du gekommen bist." Wieder nach einem kurzen Schweigen: „Das Kind ist nicht von Alfi. Aber er – hält es dafür."

„Wieso? Wie kann – wie ist denn das möglich?"

Ebenso leise, wie sie gefragt worden war, antwortete Luzie mit einem kurzen Lachen, das Silvia wieder sehr verletzte und sie im nächsten Augenblick mit unendlichem Mitleid für die Schwester erfüllte:

„Das hat man ja einrichten können."

Silvia vermochte nun eine Zeitlang gar nichts mehr zu sagen.

Luzie: „Du wolltest wissen, warum ich nichts davon geschrieben habe? Kann ich dir sagen, wenn es sein muß. Ich hab mich geschämt. Das kommt selten bei mir vor. Ich hab mich geschämt, das Kind anzukündigen, wie wenn es von Alfi wäre. Und ihm – ihm hab ich erklärt, daß wir es lieber nicht ,berufen' wollen, verstehst du, vor der Zeit, nachdem es doch mit meinem ersten Kind so schief gegangen ist. Das hat ihm eingeleuchtet; er hat es nicht einmal seinen Eltern gesagt, der Gute. Obwohl er seine Freude kaum bei sich behalten kann. – Ich werde mich auch sehr schämen, die Anzeigen zu verschicken, wenn es da ist. Vielleicht, wenn es so kommt, wie ich mir's wünsche, brauch ich es nicht zu tun. Ich möchte jedenfalls nicht noch mal mein Kind überleben müssen, wie damals. Ich hinterlasse es dann ihm, und er wird es lieben wie sein eigenes, denn er weiß gar nichts."

Es fiel ihr schwer, Silvias ratloses Schweigen zu ertragen, darum sprach sie immer weiter:

„Du interessierst dich nicht dafür, wer der Vater ist? Es geht auch keinen Menschen etwas an. Ich möcht aber gern, daß du das auch noch weißt. Kennst du Martinian? Nein, den kennst du nicht. Martin Hoffmann. Eigentlich war er Künstler, aber dann bei den Fliegern. Es tut übrigens nichts zur Sache, denn die Russen haben ihn abgeschossen. Ich hatte ihn sehr gern. Und er –"

Jetzt endlich weinte sie, und Silvia nahm sie in den Arm. — Silvia verbrachte zwei Tage bei Luzie. Es fiel ihr schwer, die Glückseligkeit von Alfons Hörsch mitanzusehen, seine zarte Besorgtheit um seine Frau, seine Fügsamkeit für jede ihrer Stimmungen. Er hätte sie gern schon ins Krankenhaus verbringen lassen, ließ aber den Gegenstand sogleich fallen, als er merkte, daß Luzie nichts davon hören wollte.

Sie erklärte nachher der Schwester mit ernster Entschiedenheit, sie könne nicht so mit ihm umgehen, wie sie es tat.

„Umgehen!" wehrte sich Luzie zornig. „Ich müßte noch ganz anders mit ihm umgehen, die Wahrheit müßte ich ihm sagen! Ich bin es Martinian schuldig. Jedes Wort, das Alfi über sein Kind phantasiert, ist mir wie eine Kränkung für mich und Martinian, ich kann es kaum anhören, du weißt gar nicht, was ich für eine Lust habe, es ihm ins Gesicht zu schreien, daß ihn das Kind nichts angeht!"

Silvia fragte: „Würde er dich hinauswerfen, wenn du es ihm sagst?"

„Nein. — Nein, das wird er eben nicht. Und du mußt wissen, daß er eine heimliche Angst in sich hat, ich könnte ihm so ein Geständnis machen! Das ist ihm selbst nicht klar, aber doch hat er die Angst. Und darum ist es eine furchtbare Gemeinheit von mir, wenn ich es ihm antue. Aber das andere ist eine Gemeinheit gegen den Martinian. Also was soll ich tun, was soll ich tun?" flüsterte sie vor sich hin.

Silvia hatte ein unbestimmtes Gefühl: etwas ist gut. Ich weiß nicht warum, aber etwas ist gut.

Sie sagte: „Martinian ist ja gestorben."

„Das heißt, daß es auf ihn nicht mehr ankommt?" fragte Luzie böse.

„Nein, daß er mehr weiß und alles besser verstehen kann, als ein lebender Mensch."

„Rede doch bitte nicht solche Sachen, die nicht zu beweisen sind!"

„Aber wenn du denken würdest, daß Martinian, weil er tot ist, gar nichts mehr von dir weiß, dann würdest du ja nicht so stark fühlen, daß du ihm Treue schuldest."

„Ich hab ihn doch liebgehabt," sagte Luzie.

„Ja. Und die Liebe ist nicht einfach zu Ende, weil jemand fort ist. Also kann auch seine Liebe zu dir nicht einfach zu Ende sein. Und es ist bestimmt eine freiere, gar nicht mehr selbstsüchtige Liebe, die er dort, wo er jetzt ist, für dich hat."

„Dort? wo denn dort? Das gibt es alles gar nicht."

Silvia erwiderte nichts darauf.

Luzie: „Also willst du sagen, dem Alfi darf ich die Enttäuschung nicht antun, aber dem Andern wohl?"

„Mit uns Lebenden," meinte Silvia, „muß man immer das größte Mitleid haben."

Sie sagte dann, sie hatte Zeit gehabt, sich alles zu überlegen, und sprach aus, was ihr nötig schien: Wenn Luzie für Martinian so empfunden habe, daß er der liebste und einzige Mensch für sie war, dann hätte sie nicht mehr zu ihrem Mann zurückkehren dürfen. Das wäre damals vielleicht das Richtige und wäre eine Treue gewesen. „Aber du bist wieder zu Alfons gegangen. Und darum ist es jetzt anders geworden und du mußt dir sagen, daß es nicht mehr so sehr auf dich und deine Wünsche ankommt, als auf den Menschen, mit dem dein Leben verbunden ist. Jetzt, glaub ich, — und du spürst es ja selbst — jetzt darfst du es deinem Mann nie mehr wissen lassen, daß das Kind, das du erwartest, nicht seins ist."

„Ja," nickte Luzie. „Ich hab damit angefangen, den Alfi zu beschwindeln, jetzt muß ich auch zu Ende schwindeln. Es stimmt schon."

„Aber du tust es jetzt mehr für ihn als für dich. Ja, ich glaube, du mußt es tun. Ich weiß wenigstens keinen anderen Rat. Der Papa würde vielleicht wissen, was das Richtige ist," sagte Silvia, unsicher geworden, weil sie sich klar wurde, wie unmöglich es ihr wäre, mit Hugo in der Unwahrheit zu leben, die sie Luzie anriet.

Luzie: „Es müßte recht schön sein, einem Mann, den man liebt, das Kind zu zeigen, das man ihm geboren hat. Warum nur ausgerechnet mein Leben so zerstört, zerstört sein muß!"

Die Worte, der Ton waren bitter. Und doch hatte Silvia dabei wieder, wie vorhin, das Gefühl von etwas Gutem, das in der Tiefe geschehen sei, obwohl man eigentlich gar nicht sah, was das sein könnte.

— Als Silvia nach Grünschwaig kam, erfuhr sie, daß auch in diesem Haus ein Kindchen erwartet wurde. Hier war es eine unverschattete Freude; Delia glücklich in ihrer guten Hoffnung, und Jakob und seine Mutter mit ihr. Ihre eigenen Beiden fand Silvia vergnügt und wohlauf, sehr fortgeschritten in oberbayrischer Sprachkunst. Georg hatte einen Spielgefährten an dem etwas älteren Pierre Fehrenkamp, Ninettchen an dem um ein Jahr jüngeren Karl Martin Diepold, den sie als ihr alleiniges Eigentum ansah und ihn rücksichtslos herumkommandierte. Ob es denn in Berlin immer noch Bomben hat? erkundigte sie sich bei ihrer Mutter. Es müßte schon lang aus sein damit, denn die Tante Hanna hat ihnen „ein Gebet für die Bombenstädter g'lernt", und sie sprechen es jeden Abend. — Der bisher jüngste Gesell in dieser Kindergemeinschaft war der ein Jahr alte Franz von der Josepha. Das Bügelzimmer im großen Grünschwaiger Haus war als Spielraum eingerichtet, der bei ungutem Wetter für sie geheizt wurde, und dann saß der Franzl in seinem kleinen Stall dabei und wurde von den andern, wie eine lebendige Puppe, mit großer Rücksicht und Aufmerksamkeit behandelt.

Über Jakob war Silvia etwas erschrocken, als sie ihn nach langen Jahren nun wiedersah. Sie fand ihn gealtert, Stirn und Mund mit Falten gezeichnet, sie dachte: geht das so schnell mit unserm Leben? und selber merkt man's gar nicht. Wahrscheinlich bin ich für meinen armen Hugo auch schon eine recht alte Frau. Dem Vetter hatte seine Rekrutenzeit so schwer zugesetzt und ihm, da er bei Feldübungen auf feuchter Erde herumkriechen mußte, eine neue Attacke seines Gelenkrheumatismus eingetragen. Er kam dann ins Lazarett und war erst seit kurzem vom Dienst befreit und nach Grünschwaig heimgeschickt worden. Doch war es das nicht allein: ihn quälte ein ratlos stummer Gram um das Land, er schien es kaum ertragen zu können, wenn jemand im Gespräch die Kriegsereignisse berührte; in seiner Bibliothek aber saß er über der mit Rotstrichen bedeckten Karte, auf der er nach den Wehrmachtsberichten die vom Feind genommenen Orte im Westen und Osten einmerkte. — Silvia hätte gern auch Frank gesehen; Hanna mußte ihr davon abraten. Seit seiner Rückkehr aus dem Sanatorium zeigte dieser eine auffällige Scheu vor allen Gesichtern, die ihm neu oder nicht erinnerlich waren. In der Kleinen Schwaig und mit den paar Menschen, die er täglich sah, hatte er sich eingewöhnt, jeder Unvertraute aber rief offenbar eine Furcht in ihm hervor, als sollte er wieder in die Fremde gebracht werden. Er schaute sich dann nach rechts und links um, er sagte: „Unter den Umständen kann ich nicht hierbleiben," und entfernte sich mit seinem kurzen, trippelnden Kinderschritt; man fand ihn danach auf seinem Zimmer, in Aufregung Unverständliches vor sich hin schimpfend, und es war oft eine lange Mühe, ihn wieder zur Ruhe zu bringen. So erblickte ihn denn Silvia nur einmal vom Fenster der Bibliothek aus, wo sie mit Delia zusammensaß. Jakob (die Hausgenossen lösten sich darin ab) führte ihn zu seinem täglichen Spaziergang, von der Kleinen Schwaig kamen sie her und gingen hinter den winterkahlen Bäumen am Zaun vorüber. Silvia sah den zwei Brüdern nach, wie sie da schweigend, jeder einsam für sich mit seinen ganz verschiedenartigen Sorgen beschäftigt, dahinwanderten.

Durch Delia erfuhr sie von dem Schicksal des alten Orell. — Er war in Haft unter schweren Bedingungen, wenn sein Fall überhaupt zur Verhandlung kam, so war die Verbringung in ein Konzentrationslager das Wahrscheinliche; man mußte für ihn hoffen, daß er das nicht erlebte. Johann Siebner, der seinen Herrn in München im Gefängnis aufsuchen wollte, konnte nicht zu ihm vordringen, ein Wärter hatte ihm gesagt, er sei krank und werde es nicht mehr lange machen, ihm aber trotz des bestehenden Verbots versprochen, die mitgebrachten Eßwaren und warmen Sachen abzugeben.

Silvia wollte zu Weihnachten wieder bei Hugo sein. Sie ließ ihre Geschenke für die Kinder in Delias Händen zurück. Auf der Heimfahrt nach Berlin nächtigte sie in München bei den Fehrenkamps und führte mit Natalie nach langem wieder einmal ein Gespräch über „Himmel und Erde", wie sie es nannten, bei dem sie fast die ganze, zum Glück bombenlose Nacht beisammensaßen — nicht ohne sich gegenseitig von Zeit zu Zeit zu versichern, daß sie lieber schlafen sollten, daß Silvia die lange Reise vor sich hatte, bei der man obendrein nie wußte, was es für Zwischenfälle geben konnte. Aber es war doch auch wichtig, sich auszusprechen. Über die Kinder zuerst: Silvia berichtete, wie gut es ihnen in Grünschwaig ging, und wie hübsch Nataliens Pierre geworden sei und wie er und ihr Georg Freundschaft geschlossen hatten. Sie sagte, daß sie Sixt, den großen Fünfzehnjährigen, als er ihr in der Tür der Münchner Wohnung entgegenkam, beinah nicht mehr erkannt hätte — „wie ein schöner junger Bruder von Quint" sehe er aus. Und dann fingen sie an, einander die Hoffnungen zu sagen, die hinter dieser Elendszeit auf die gequälten Menschen warten. Wie immer es gehen mochte, lang konnte der Krieg nicht mehr dauern, und irgendwann mußte dann auch die Einsicht, die Güte wieder aufblühen; auch ein allzusehr verzögerter Frühling, einmal muß er erscheinen. So trösteten sie sich und bemühten sich beide, zu vergessen, daß die Geschehnisse in der Menschenwelt nicht dem schlichten Gesetz der Natur und der Jahreszeit gehorchen.

Von den Ihrigen hatte Natalie auf dem Weg über die Schweiz Nachrichten erhalten. Die Normandie war bei den Invasionskämpfen schwer mitgenommen worden, aber die Eltern Giton hatten alles glücklich überstanden, auch das Haus war nicht sehr beschädigt worden. Der Bruder Marcel, während der deutschen Besetzung in einem Rüstungswerk bei Paris beschäftigt, konnte beim hastigen Rückzug der Deutschen entkommen und ging zunächst nach Granville, hatte sich aber schon wieder der

Armee de Gaulles zur Verfügung gestellt, die im Elsaß gegen die Deutschen kämpfte.

„Die Alliierten hätten ihren Krieg jetzt auch ohne Marcel zu Ende führen können. – Aber die Männer kann ja überhaupt niemand hindern, so viel Dummheiten wie nur irgend möglich zu machen," sagte Natalie seufzend und mit einem kleinen mütterlichen Spottlächeln.

Silvia wußte nicht, ob sie dabei auch an ihren Quint dachte; denn bei aller Vertrautheit hatte Natalie doch nie etwas zu ihr gesagt von der schweren Prüfung, die er über ihre Ehe gebracht. Das schien ihr ein Ding, das im stillsten, innersten Lebenskreis bestanden sein mußte. Sie brachte das Gespräch noch einmal auf Sixt und erzählte, daß sie ihn nicht davon hatte abbringen können, sich zur Flak zu melden, bei der schon die Halbwüchsigen Verwendung fanden. „Er wird bereits ausgebildet und er hat mir erklärt, er würde jedenfalls e i n e n von den Fliegern abschießen, bevor der seine Bomben auf unsre Häuser geworfen hat, und wenn nur jeder e i n e n abschießt, muß es wieder besser werden – meint er. Ich weiß auch nicht, ob Quint würde haben wollen, daß ich den Buben mit Gewalt zurückzuhalten versuche. Und außerdem wär er imstande, mir einfach davonzugehen."

„Wir sind wie die Hennen mit den Entenkindern, die verzweifelt am Ufer hin und her laufen und ihre ausgebrüteten Kleinen schwimmen lassen müssen," sagte sie, wieder nach einer Weile lächelnden Nachdenkens, wie über etwas, das man als unvermeidlich eingesehen und es hingenommen hat. „Ich habe wirklich so wenig Kampfsinn, wie die Henne Sinn fürs Wasser hat."

„Du hast alles, was recht und gut ist!" versicherte ihr Silvia mit Eifer – und es war beinah wieder wie vor sechzehn Jahren in der Küche in Grünschwaig, als sie zu Natalie gesagt hatte, daß sie sehr gut tanzen könne und schöner aussehe als alle andern.

„Wir haben Quint zu Weihnachten auf Urlaub erwartet; jetzt hat er geschrieben, daß er doch nicht abkommen kann. Aber es wird bald sein, bald wird es sein, daß wieder Friede in die Welt kommt, daß keine Bomben und Granaten mehr fallen und keine Menschen mehr daran sterben müssen."

Silvia fragte: „Und glaubst du denn, daß die Andern, wenn sie jetzt gesiegt haben, gerechter sein werden, als wir es nach unsern Siegen gewesen sind?"

„Ich weiß nicht," sagte Natalie. Es klang nicht sehr zuversichtlich.

Als sie, die Schuhe in den Händen, über den Gang schlichen, um endlich schlafen zu gehn, rief es aus dem Zimmer von Mama

Fehrenkamp: „Natalie!" — Sie öffnete den Türspalt, und aus dem Dunkeln sprach Tante Elisabeths etwas heisere, gute Stimme: es war ein fürsorglicher Auftrag für Silvias Reise; daß man ihr eine Thermosflasche füllen und ihr einen g u t e n Kaffee machen müsse. „Wir haben noch etwas von der Austeilung nach dem letzten Angriff." — Und ein Gutenachtwunsch.

Ob sie denn wirklich nicht noch einen Tag zugeben und sich morgen ausschlafen wolle? schlug Natalie ihrer Freundin noch einmal vor.

„Ich dank dir sehr. Aber es ist besser, ich fahre. Heut war kein Angriff, da wird der Zug wahrscheinlich richtig gehen. Und ich muß doch in Berlin noch einige Tage haben, um für Hugo trotz allem Krieg ein bißchen ein Weihnachten vorzubereiten."

Alsbald nach dem neuen Jahr 1945, das sich mutlos trübe wie durch die Hintertür zu den Menschen hereinschlich, gebar Luzie einen Sohn. Die Geburt verlief „normal"; das ist freilich noch Schmerz und Blut genug, die Mutter fühlte sich recht schwach, und die Stimme von Alfons, der etwas Glückbewegtes, Dankbares zu ihr sagte, klang ihr überlaut, sodaß sie gern die Hände zum Schutz vor ihre Ohren gelegt hätte, wenn es nicht zu mühsam gewesen wäre, die Arme zu heben. Als ihr das Kind zuerst gezeigt, und auch noch am andern Tag, als es ihr wieder gebracht wurde, empfand sie nur ein unbeteiligtes Staunen für das rosige Ding mit seinem runzlig-sorgenvollen Gesichtchen. Aber dann hörte sie es leise brabbeln, das Runzlig-Sorgenvolle verklärte sich, als es die Brust nahm, und indem sie das Saugen spürte, wurde es auf einmal, als müßte jetzt gleich ihr Herz zerspringen vor nie gekannter Zärtlichkeit, und sie schloß unwillkürlich die Augen, wie wenn dadurch zu verhindern wäre, daß irgendeine Kraft von ihr anderswohin ginge, als zu diesem Wesen, das an ihr trank. So war der Anfang von Luziens Glück mit ihrem Kind.

In der Nacht geschah ihr ein Traum, worin ihr Freund aus lang vergangener Zeit, Hans Ludwig Forßmann, mit dem toten Martinian zu e i n e r Gestalt geworden war: freundlich mit einer Frage, wie es ihr ginge? über sie gebeugt — und sie sagte zu diesem vertrauten Gesicht: „Ich hab einen Sohn geboren, der schön ist! Er schwimmt in der Wiege. Nehmt ihn heraus und legt ihn mir in den Arm!" Und schon hatte sie ihn im Arm und ließ ihn trinken; ihre Brust war unerschöpflich wie ein Brunnen, um seinen jungen Hunger zu stillen.

Nach diesem Traumgesicht wunderte sie sich gar nicht so sehr, bei ihrer Rückkehr aus dem Krankenhaus in ihre Wohnung am

See unter der Post einen Brief mit der Handschrift Forßmanns zu finden, obwohl der in all der Zeit seit 1933 noch nie einen Ton hatte hören lassen. Der Brief kam aus Brasilien, war über Schweden gegangen und dann wohl auf einer Zensurstelle liegengeblieben; er war schon mehrere Monate alt.

„Ich schreibe Dir," las sie darin, „weil ich nicht sicher weiß, ob ich von einem Fieber, das ich hier bei einer unvermeidlichen, nicht angenehmen Arbeit erwischt habe, noch einmal aufkomme (aber ich werde schon aufkommen); und vor allem, weil ich nicht wissen kann, ob die Bombenschmeißer von Euch in Deutschland noch irgendetwas übriglassen. Dich dem ausgesetzt zu wissen, könnte mich krank machen, wenn ich es nicht sowieso schon wäre. Und ich möchte Dir, bevor möglicherweise der Tod uns an weiteren Unterhaltungen hindert, doch noch gesagt haben, daß mich zwei Dinge in meinem Leben reuen. Erstens, daß ich mein Land verlassen habe; denn als ich auswanderte, damals, fing die große Not gerade an, und in einer so großen Not läßt man sein Land nicht im Stich. Zweitens reut es mich, Luzie, daß ich mich damals mit solcher Härte von Dir getrennt habe. Ich sehe zwar auch heute noch nicht, wie ich es anders hätte machen sollen. In der Unklarheit weiterzuleben, war für mich nicht möglich und für Dich nicht gut. Die Art aber, wie ich Dich zwingen wollte und dann auf Nimmerwiederkehr verschwand, kommt mir jetzt, wo ich etwas krank und etwas nachdenklich geworden bin, nicht mehr gut vor; nämlich: nicht gut, einem Menschen die unbedingte Forderung wie eine Pistole auf die Brust zu setzen. Ich glaube jetzt, daß alle Frauen, die mit ihrem Körper zu verschwenderisch umgehen, es darum tun, weil sie ganz verzweifelt auf der Suche sind nach der Freude. Jedenfalls bei Dir war das so. Und das ist so begreiflich, denn wer spürt nicht die traurige Unzulänglichkeit, in der wir alle gefangen sind und aus der wir gern herausblühen möchten, wie die kleinen Moose aus der Mauerspalte. Die Kunst – ich für mein Teil habe sie längst an den Nagel hängen müssen – ist auch nur so ein Versuch, in die Freude hinaufzublühen. Man müßte Euch aber klarmachen, daß Ihr mit Eurer Freudenjagd auf dem falschen Wege seid. Wie wenn einer seine Freude am Essen suchen wollte: nicht schlecht, aber zu vergänglicher Stoff. Man muß die Freuden von der dauerhafteren Art finden. Warum? Weil sonst keine Blüte kommt. Um Dir die zu zeigen, hätte ich vielleicht in Deiner Nähe bleiben müssen. Sollte das hier wirklich mein Abschiedsbrief sein und sollte er Dich erreichen, so soll er Dir sagen, wie sehr ich mir wünsche, daß Du das Dauerhaftere auch ohne mich gefunden hast. Und also lebwohl."

Der Brief hätte Luzie schwerlich zu einer Zeit erreichen können, wo sie bereiter gewesen wäre, seinen Sinn aufzunehmen.

— Alfons wollte den Sohn Gabriel nennen, seiner toten Schwester zu Ehren, und Luzie erklärte sich damit einverstanden. Die Taufe verzögerte sich noch; denn sie wollte ein „richtiges Fest", und daß ihr Vater und Silvia und alle dabei wären. Und damals war keine günstige Zeit für Feste.

3

Vergangenen Sommer war Hugo Werndorff noch ein letztes Mal auf Urlaub in Stoppeln gewesen und hatte seine damals halbjährige Armgard wenigstens noch gesehen: ein lebenszutrauliches Wesen, das eine tastend zarte, willkommenheißende Art hatte, jedem neuen Gesicht und Ding sein Ärmchen entgegenzustrecken. Seit dem Herbst aber war die Landverbindung Ostpreußens mit der Heeresgruppe Nord in Kurland endgültig unterbrochen. Hitler hatte jeden Vorschlag zur Rückführung dieser verlorenen Kräfte abgelehnt, und wie auf dem Schachbrett ein Turm, der nicht rechtzeitig rochiert hat, wurden sie durch den vorrückenden Gegner aus dem Spiel gesetzt. Briefe ihres Mannes erhielt Antje damals noch auf dem Schiffswege von Zeit zu Zeit, und darin stand immer wieder die Mahnung, nach Westen zu flüchten, bevor es zu spät würde. Dem Rat zu folgen, hatte seine Schwierigkeit. Hitlers Gauleiter in Ostpreußen, Erich Koch, versäumte nicht nur, für den Abtransport der Bevölkerung aus den gefährdeten Gebieten zu sorgen, — er verhinderte ihn, er bedrohte selbständig Flüchtende mit Strafen; und die Menschen, deren Herz an der Heimat hing und nicht von ihr lassen wollten, horchten nur allzu gern auf die Siegesversprechungen, mit denen Koch sie wie sich selbst betrog. Sogar von ihrer Schwiegermutter mußte Antje, wenn sie von der Notwendigkeit zu fliehen sprach, harte Vorwürfe erdulden: sie sei eben doch eine Fremde im ostpreußischen Land, ihr liege nichts an Stoppeln; keinesfalls dürfe hier die alteingesessene Gutsherrschaft das Zeichen zur Flucht und ein schlechtes Beispiel geben. Erst ein beschwörender Brief ihres Sohnes, der noch zu Weihnachten eintraf, brachte die alte Dame zu anderer Einsicht; aber Antje konnte sehen, daß dieser Brief ihre Kraft gebrochen hatte. Sie war auf einmal wie krank, jeder Gang wurde ihr mühsam, und doch konnte sie sich nicht zur Ruhe geben. Sie wanderte rastlos, leicht zitternden Kopfes, von Raum zu Raum durch das ganze

Haus, manchmal ein Familienbild, einen schönen alten Schrank mit zärtlicher Hand berührend. Von dem dringenden Vorschlag Antjes, mit dem Enkeltöchterchen abzureisen, wollte sie nichts wissen. „Das wäre noch schöner," sagte sie, „wenn ich nicht die Letzte sein sollte, die Stoppeln verläßt. Am besten laßt ihr mich überhaupt hier; wo ich gelebt habe, will ich auch sterben." Es kostete Mühe, sie davon wieder abzubringen. Antje sagte ihr: weder ob sie selbst, noch ob Hugo über diese Zeit hin bewahrt würde, könne irgendein Mensch wissen, und dann müsse die Großmutter für Armgardchen sorgen und das Werndorffsche Blut für eine bessere Zukunft auferziehen. Das schien ihr einzuleuchten, und von da an konnte man mit ihr die Flucht beraten und vorbereiten; aber vorausschicken lassen wollte sie sich auch jetzt nicht. Doch es wurden nun in Stoppeln die Koffer gepackt, wobei es noch manche Auseinandersetzung um nötiges oder entbehrliches Gut gab; wurde das Riemenzeug instand gesetzt, die Wagen mit Schlittenkufen versorgt und vor allem die Pferde scharf beschlagen. Auf den benachbarten Gütern traf man ähnliche Zurüstungen. Nachdem Frontoffiziere den Bolckes neuerdings die ungünstigen Aussichten für die Verteidigung unserer Front bestätigt hatten, entschloß sich Antje am Neujahrstag 1945, ihr Kind mit der treuen Dienstmagd Thilde nach Berlin zu schicken, solang die Züge noch fuhren. Sie sollte sich aber dort nicht aufhalten, weil Armgard in der fliegerbedrohten Stadt doch nicht bleiben konnte, sondern sie weiter bis nach Grünschwaig bringen. Auf Thilde konnte man sich verlassen, und sie wurde durch einen Brief Antjes vorsorglich schon bei Tante Hanna Degener angekündigt. — Oft, in den folgenden Wochen, segnete Antje diesen Entschluß, den sie nur mit schwerem Herzen gefaßt hatte.

Der rechte Zeitpunkt für den Aufbruch mit dem Treck war nicht leicht zu erraten. Wenn er zu früh geschah, mußte man gewärtig sein, aufgehalten und wieder zurückgeschickt zu werden, aber jeder versäumte Tag erhöhte die Gefahr, daß es überhaupt zu spät wurde. Die Stoppelner brachen am 8. Januar abends nach 10 Uhr auf. Der Umriß der Dächer verschmolz mit der Finsternis, so schnell, als hätte ihr immer schon angehört, was doch so vielen Geschlechtern von Jahrhundert zu Jahrhundert eine Heimat gewesen war. Die Mamsell begann im Wagen laut zu schluchzen, die alte Frau von Werndorff aber hielt sich still in ihrer Ecke, kaum, daß ein unverständliches Murmeln von ihr zu hören war. Antje saß zu Pferde, in Hosen und pelzgefüttertem Jagdjackett. Ihr grünes, von Quint geschenktes Reitkleid hatte sie aus dem Koffer, in den es schon gelegt war, wieder herausgenommen und es in den Schrank zurückgehängt, gleichsam als ein Opfer an die Mächte, von denen sie sich gehetzt wußte – als sie das tat, konnte sie sich des Gedankens nicht erwehren: ‚Wenn ich das Recht eines anderen Hauses besser geachtet hätte, vielleicht müßte ich dann nicht mein eigenes so schnell verlieren.' – Im Gutstreck befanden sich außer dem sehr alten Gärtner Markuhn und zwei der Herrschaft anhänglichen Polen nur Frauen und einige Kinder, darunter zum Glück keine so kleinen wie Armgard; die zum Volkssturm einberufenen Männer konnten nicht fort, ohne sich als Deserteure strafbar zu machen. Im Ort hatte man nicht die Vorbereitungen zur Flucht, wohl aber den Tag verheimlicht. Nur einige Familien, auf deren Schweigsamkeit fest zu bauen war, empfingen Botschaft, und ihre Wagen schlossen sich in der dunklen verhängten Nacht auf der Fahrstraße nach Westen dem Zuge an. Es war für die Stoppelner wichtig, in einem Anfangsmarsch so weit zu gelangen, daß man aus dem Bereich der örtlichen Parteistellen herauskam. Aus dem Grunde hatten sie nachts aufbrechen müssen („wie ein Diebsvolk!" zürnte Frau von Werndorff); auf dem weiteren Wege dann, wo man sie nicht mehr kannte, würde wahrscheinlich ein ungehindertes Fortkommen möglich sein; denn aus dem von den Russen bereits unmittelbar bedrohten Grenzgebiet waren immerhin schon vereinzelte Trecks unterwegs. – Antjes Sorge vor einer Behinderung des Zuges durch die Parteistellen erwies sich als überflüssig, da wenige Tage nach ihrem Aufbruch der Angriff der Russen im polnischen Weichselbogen und gegen den Raum von Gumbinnen begann, und die oberen Parteigewaltigen sehr bald auf nichts mehr als die Rettung ihrer eigenen Haut bedacht waren.

Die Stoppelner, zu denen bei Morgengrauen auch die Wagen von dem Bolckeschen Gut stießen, gewannen gerade so viel Vorsprung auf den um diese Zeit noch nicht von Flüchtlingszügen verstopften Straßen, daß ihr Treck in einiger Ordnung über die Passarge, den Oberländischen Kanal und die Weichsel gelangen konnte. Auch so war es Mühe, Not und Kälte, und Antje mußte schon in der zweiten Woche nach dem Aufbruch Sorge haben, ob ihre Schwiegermutter die Strapazen dieser Reise aushalten würde, besonders nachdem in der zweiten Januarhälfte Schneestürme und neuer Frost einfielen. Menschen und Pferde gaben ihr Äußerstes her, um von Tag zu Tag ihre Wegstrecke zu bewältigen.

Aber was sie zu erleiden hatten, bedeutete nichts im Vergleich zu dem, was hinter ihnen über das unglückliche Land hereinbrach. Der Gutsnachbar hatte sich dem Stoppelner Treck anschließen wollen und sich im letzten Augenblick doch durch Zusicherungen, die man ihm in der Kreisleitung machte, zum Bleiben bestimmen lassen, weil es seinem Sinn für die Verantwortlichkeit einer Behörde undenkbar war, daß solche Zusicherungen von beamteten Männern einfach ins Leere hinein gegeben würden. Und so ereilte ihn mit seiner Frau das allgemeine Verderben, sie verschwanden darin wie zwei Tropfen in einem Strom, es wußte nachher niemand mehr von den Beiden und ihrem Schicksal.

Und wer auch könnte die Schicksale wissen, wer das Einzelne aufzählen wollen, inmitten dieser Tötung und Vertreibung, dieser Schändung und Knechtung, die einem ganzen Volk: dem deutschen Volk im Osten, widerfuhr? Was in Siebenbürgen und dem Banat begonnen und das Deutschtum in Ungarn verschlungen hatte, das kam nun über Ost- und Westpreußen, den Warthegau und Schlesien. Es war gnadenlos. Es war im Ausmaß weit schlimmer als alles, was die von Hitler ausgesandten Henker an wehrlosen Menschen getan hatten. Wenn der deutsche Soldat im besetzten Feindesland sich an einer Frau vergriff oder wenn er einen Zivilisten, der nicht etwa als Partisan gekämpft hatte, niederschoß, so ließ ihn seine militärische Führung meist nicht lang auf die Strafe warten. Ihren Judenmord mußte die Gestapo in abgelegenen, der Umwelt verschlossenen Lagern vollbringen, und dort konnte sie nicht die Bevölkerung ganzer Landstriche vernichten, wie das jetzt an den Deutschen des Ostens geschah.

Fast überall, wo der russische Angriff mit seiner gewaltigen Übermacht an Artillerie und Fliegern, Panzern und Infanteriemassen die nur noch dünn besetzte deutsche Front traf, konnte sich diese nur wenige Tage in ihrem Zusammenhang behaupten. Die Bevölkerung begab sich erst auf die Flucht, als die Front schon zerbrochen war und die russischen Panzer in ihre Lücken einströmten. Die hielten sich nicht auf, wo sie die Straßen überdrängt fanden von flüchtenden Menschen, sie fuhren einfach hinein, Mensch und Tier und Wagen niederwalzend. Kamen sie in eine Ortschaft, so blieb keine Frau, nicht die Greisin und nicht das halbwüchsige Mädchen, von ihrer Gier verschont, nicht der alte Mann und nicht der Knabe vor ihrer Kugel sicher, und ehe sie weiterzogen, ließen sie die Dörfer in Flammen aufgehen. Und es war nicht einmal möglich, dies alles als das Wüten einer den Händen ihrer Führung entglittenen Soldateska zu erklären: denn es war die Führung selbst, die Aufrufe zum Mord verbreitete und die ihrer Truppe die Frauen des besiegten Volkes zur Beute gab. Auch hier fiel das schwerste Los auf die Unglücklichen, die hinter den vorstürmenden Roten Armeen als Überlebende zurückblieben, obdachlos bei bitterer Kälte in den Ruinen ihrer Behausungen, in den verschneiten Wäldern umherirrend, dann zu Arbeitstrupps zusammengejagt, um Straßen und Brücken instand zu setzen, ausgeliefert jeder Willkür, hungrig, krank, hilflos in langen Wochen dahinsterbend, bis ihre Reste ostwärts in die russische Weite getrieben wurden, um in ihr auf immer zu verschwinden. — Die Klage um das deutsche Ostland wird als Ruf und als Lied weiterklingen in unserm Volk, nur mit unserm eigenen Atem kann sie erlöschen. Und dennoch träfe der die Wahrheit nicht, der das Maß der von Deutschen begangenen Gewalttaten gegen das Unmaß dieser Rache aufrechnen wollte. Wahrheit verbirgt sich tiefer, sie ist zugleich strengerer und tröstlicherer Art, und weder der Fluch noch der Segen menschlichen Tuns ist mit Zahlen zu fassen. Wenn einer, der Wind gesät hat, Sturm ernten soll, so wird auch dem, der das Korn aussäte, die schwerbehangene Ähre wieder hervorsteigen.

In dem ersten russischen Winter nach der verlorenen Schlacht um Moskau hatte Hitler durch sein starres Festhalten an jedem Stück Boden die drohende Katastrophe abgewendet. Die unsäglichen Opfer, die das gekostet hatte, waren längst vergessen, er sah nur den Erfolg, den damals sein Wille über die anstürmende Wirklichkeit davontrug, und gerade der Erfolg wurde im weiteren Verlauf des Krieges für die von ihm geführten Heere zum Verderben. Denn er kannte seither keine andere Strategie mehr, als den Befehl an die Truppe, auszuhalten und zu sterben, wo sie stand. So war es in Stalingrad gewesen, so in Tunis, und weiter an vielen anderen Brennpunkten des großen Kampfes. So war die Kurland-Armee an ihrem Posten festgenagelt worden, statt mit ihren Kräften die Verteidigung der deutschen Ostgrenze zu stärken. So verhinderte er jetzt den von seinen Generälen unternommenen Versuch, aus dem ostpreußischen Raum nach Westen auszubrechen; er erklärte jede Stadt, die als umspülte Insel in der Flut des russischen Vormarsches zurückblieb, ohne Rücksicht auf ihre tatsächlichen Verteidigungsbedingungen zur „Festung" und zwang ihre Besatzungen, bis zum bitteren, sinnlosen Ende darin auszuhalten: Königsberg, Danzig und Graudenz, Thorn, Posen und Breslau, obgleich in den meisten dieser Fälle ein Rückmarsch Aussichten gehabt und Kräfte gespart hätte, die der Kriegführung im Ganzen zugutkommen konnten. Aus dem Bunker seiner Reichskanzlei in Berlin gab er diese Befehle hinaus, mit Zahlen und Waffen rechnend, die nur noch auf dem Papier standen, mit Divisionen, die schon im Kampfe verbraucht und auf Bataillonsstärke zusammengeschmolzen waren, Entsatz versprechend, wo es längst keine Kräfte mehr gab, die ihn durchführen konnten.

Und er ertrug die Ratgeber nicht, die noch den Versuch machten, ihm zu zeigen, was war, und ihm die aus der Lage sich ergebenden Folgerungen abzuringen; er haßte sie als die Sendboten einer Wahrheit, die er nicht kennen wollte, und zudem hatte das Attentat vom 20. Juli sein Mißtrauen gegen alles, was Generalsuniform trug, zum Äußersten gesteigert. Die er jetzt noch um sich duldete, waren Solche, die sich bemühten, die Wahrheit nicht zu sehen und sie ihren Führer nicht sehen zu lassen; er maß die Treue seiner Umgebung an ihrer Bereitschaft, den schwindenden Traum seiner Macht mit ihm weiterzuträumen. Denn immer ist es eine Traumluft, die den Tyrannen umgibt, sie entsteht, wo sich ein Menschenwille gegen die Wahrheit der Verhältnisse setzt. Er vergießt Blut, er opfert lebendiges Leben, aber er tut es aus keiner Kenntnis dieses Lebens, sondern mit benommenem, entfremdetem Sinn. Er kann keine Mauer errichten, die hält, und kein Haus, das dauert. Und furchtbar ist es, wenn ein so sinnverlorener Wille Gewalt erlangt hat, ein ganzes Volk in seine Scheinwelt hineinzureißen, in der es den Geschmack der Wirklichkeit verlernt, — um dann, jählings aufgeweckt, deren ganze Bitternis zu kosten.

Es war dieser Sturz aus einer Scheinwelt, dem sich von den Gauleitern und den übrigen höheren Amtsträgern der Partei in den Ostprovinzen fast keiner gewachsen zeigte. Sie hatten noch die Möglichkeit, zu entkommen, als die Furcht vor dem eindringenden Feind an ihre Tür pochte, und so erlagen sie auch dieser letzten und schmählichsten Versuchung. Während sie im Dienstauto westwärts rasten, blieben jene zurück, die sie mit lügenhaften Versprechungen in ihren Wohnorten festgehalten hatten, bis es zu spät wurde, und blieben die Soldaten zurück in ihrem verzweifelten Kampfe, der schon lang nicht mehr ein Kampf um den Sieg, nur noch um Schutz und Zeitgewinn für das flüchtende Volk war. In den Häfen, auf der Nehrung, in Hela drängten sich Tausende zusammen, in Erwartung der Schiffe, die sie über die Ostsee fortbringen sollten; in diese Massen warfen die Fluggeschwader der Russen ihre Bomben. Und die Torpedos ihrer Unterseeboote erreichten noch auf dem Meer die mit Flüchtlingen überfüllten Dampfer „Gustloff", „Steuben" und „Goya", und schickten sie in einen schauerlichen Untergang. Denn dies war ein Krieg jenseits aller Menschlichkeit. Nicht Hitler nur und Stalin hatten jede solche Rücksicht hinter sich gelassen: in der Nacht vom 13. auf den 14. und in den Mittagsstunden des 14. Februar flogen englische Kampfmaschinen in drei großen Wellen den vernichtenden Angriff auf das bis dahin vom Bombenkrieg verschonte

Dresden. Hier befanden sich keine Rüstungswerkstätten, und sogar die Luftschutzbatterien waren abgezogen und an der Oder im Kampf gegen die Russen eingesetzt worden. Die Stadt war völlig wehrlos; wohl aber hatte sie, die vor dem Angriff zu den schönsten des selbstzerstörerischen Abendlandes gehörte, Hunderttausende von Flüchtlingen aus dem Warthegau und aus Schlesien aufgenommen. Nun brannte sie nieder wie eine Fackel. Einstürzende Häuser schütteten die Straßenausgänge zu, und die auf so schreckliche Weise gefangenen Menschen mußten hilflos verbrennen und im Rauch ersticken. Die sich aber auf die Elbwiesen hinausretten konnten, wurden hier von Tieffliegern zusammengeschossen. Die Zahl der Menschenopfer ist nicht bekannt, da man in große Teile der Stadt nicht mehr eindringen und nie mehr erfahren konnte, was unter ihren Trümmern begraben lag. Die Schätzungen schwanken von vierzig- bis zu zweihunderttausend.

— Von Tag zu Tag und von Woche zu Woche zogen die Stoppelner Wagen zwischen anderen Gespannen und müde wandernden Menschen dahin. Man hatte die Bolckes aus den Augen verloren, war wieder mit ihnen zusammengetroffen und abermals auseinander geraten. Ein Pferd war ausgefallen, was zur Folge hatte, daß die Kisten mit kostbarem Porzellan und die wertvollen Teppiche, altes Werndorffsches Familiengut, auf dessen Mitnahme Frau von Werndorff bestanden hatte, zurückgelassen werden mußten, da es unmöglich war, die übrigen Wagen noch mehr zu belasten. Dagegen führte Antje, soweit es irgend zu machen war, erschöpfte Fußwanderer, Frauen und Alte, wenigstens streckenweise mit. Sie selbst war fast immer im Sattel; und als tapfer und ganz unermüdlich bewährte sich der alte Markuhn, so als trüge er nicht fünfundsiebzig Jahre auf seinem gekrümmten Rücken; ja es schien, als ob ihm das Abenteuer gefiele und als ob die ihm zugefallene Verantwortung die ostländische Bauernkraft seines Stammes in ihm aufgeweckt und aus seinem trockenen Holz eine frische Blüte getrieben hätte. Er verstand es, den Zug zusammen und die Leute in guter Zucht zu halten, ihnen ein kräftiges Witzwort oder ein ebenso kräftiges Donnerwetter zu geben, je nachdem sie es nötig hatten. Er war Antjes beste Hilfe auf diesem Zug, und auch die zwei polnischen Hilfsarbeiter hielten sich brav. Als ein Glück erwies sich der scharfe Beschlag der Pferde; sie traten fest und sicher, und an anderen Gespannen, bei denen diese Vorsorge versäumt war, konnte man sehen, wie viel das bedeutete; denn die fanden auf vereister Straße keinen Halt, glitten aus und zerrissen ihre Stränge, so daß manchmal ein ganzer Wagenzug durch sie aufgehalten war.

Die alte Dame im Coupé-Wagen aber wurde immer stiller. Man hörte kaum je eine Klage, niemals eine Bitte um längere Rast von ihr. Den Verlust des Porzellans und der Teppiche nahm sie ebenso stumm nickend zur Kenntnis, wie die Erzählungen der Mamsell über die schrecklichen Taten der Russen, von denen die Kunde, als hätte der eisige Ostwind sie hinter ihnen hergetragen, überall in den Flüchtlingszügen ging und die Menschen vorwärtshetzte. Wenn Antje auf eine Stunde zu ihrer Schwiegermutter einstieg, waren es nur immer sachliche Auskünfte, nach denen sie verlangte, über den Zustand der Menschen und der Pferde; jede besorgte Frage, ob sie es denn selbst noch aushalten könne, beantwortete sie mit einem kurzen: „Selbstverständlich." Die Mamsell kümmerte sich treulich um sie, sie war mit Decken, und ihre Füße im Pelzsack versorgt, und Antje ließ ihr, sooft es zu machen war, eine frische Wärmflasche bringen. Aber bei alledem wurden ihre Glieder nicht mehr warm, und um sich im Nebenhergehen zu erwärmen, reichten ihre Kräfte nicht hin, sie mußte das jedesmal nach kurzen Versuchen wieder aufgeben. Ihr bleiches altes Gesicht war eingefallen, Kinn und Nase traten stark hervor; sie glich so fast zum Verwechseln dem Bilde eines Onkels, der, die Brust mit Orden aus dem Siebziger Krieg geschmückt, im Stoppelner Herrenzimmer gehangen, jetzt aber mit anderen Familienporträts, aus dem Rahmen geschnitten und eingerollt, im Coupé-Wagen mitreiste. Abends, wenn man die vor Kälte Zitternde aus dem Wagen hob, mußte man sie meist mehr tragend als führend in die Unterkunft bringen. Es war nicht nur ein Vorrat an Kognak und Schnäpsen, sondern auch die Hausapotheke aus Stoppeln mitgeführt und besonders noch Chinin besorgt worden; aber bei aller Fürsorge, die man der alten Frau angedeihen ließ, begann sie doch schließlich zu fiebern.

In einem Ort westlich der Weichsel stellte die Inhaberin eines überfüllten Gasthofs, die selbst mit den Ihrigen schon im Aufbruch war, der Kranken aus Mitleid mit ihrem geschwächten Zustand das eigene Bett zur Verfügung. Antje fand sie am anderen Morgen so elend, daß es undenkbar schien, die Fahrt fortzusetzen. Jedoch von einem Aufenthalt ihr zu Liebe wollte sie durchaus nichts hören, beim ersten Wort davon begann sie stumm und zornig, sich anzukleiden, obwohl ersichtlich war, daß sie sich kaum aufrecht halten konnte. Vielleicht war es der Gedanke an ihre Weigerung, mit Armgardchen und Thilde im Zug zu reisen, was sie schon die ganze Zeit her so hart gegen sich selbst gemacht und ihr immer wieder den Willen zur Weiterfahrt gestärkt hatte: es sollte um ihretwillen niemand in Gefahr kommen. Sie erregte sich so über Antjes Abmahnungen, daß diese davon abstehen mußte; man brachte die Kranke zum Wagen, und der Treck zog seinen Weg wie sonst. Antje kam immer wieder an den Wagenschlag; Frau von Werndorff saß still in ihrer Ecke und schien zu schlafen. Bei der Mittagsrast aber berichtete die Mamsell, daß sie „phantastasiert" hätte. Antje setzte sich zu ihr und hörte sie flüstern: „Ihr müßt Hugochen gut warm halten, er ist ja noch so klein." Dann schlug sie klar die Augen auf und sagte mit einem warmen Lächeln um den gefurchten Mund: „Gutes Kind. Tüchtiges Kind." Antje war sich nicht klar, ob die Worte ihr galten, oder eher der Vorstellung von einem kindlichen Hugo Werndorff. Sie versuchte den Puls zu fühlen; er ging zu schwach, sie konnte ihn nicht finden, glaubte aber zu merken, wie das Handgelenk, das sie hielt, allmählich kühler wurde. Nach einigen Minuten hörte wirklich das Herz zu schlagen auf.

Ein Sarg war in den schon verlassenen Ortschaften, durch die sie kamen, nicht aufzutreiben. An der Außenmauer eines Friedhofs, er lag einsam im dichten Schneetreiben, huben sie mühsam mit dem Spaten in der gefrorenen Erde eine Grube aus und legten den in eine Decke gehüllten Körper der Toten hinein. Markuhn schlug aus Brettern ein Kreuz zusammen und stieß es in den Boden; nicht für lang würde es dort die letzte Ruhestätte von Hugos Mutter bezeichnen.

— Antje und ihre Leute gelangten endlich bis nach Kolberg und gehörten zu denen, die von dort aus zu Schiff weitergebracht wurden, bevor die Russen die Belagerung auch dieser Stadt begannen.

4

„Was meinst du, daß Hitler sich denkt?" fragte Lisa Diepold in Augsburg ihren Mann. „Es glauben doch so viele an ihn, nicht wie man an einen Menschen, sondern wie man nur an ein göttliches Wesen glauben darf. Und viele andere hassen ihn, wie man auch wieder einen Menschen nicht hassen darf, wenn man doch weiß, daß er eine arme, lebendige Seele hat. Aber was denkt er sich, nachdem er so gehaust hat in der ganzen Welt und wenn er jetzt sehen muß, wie er damit unser Land, das er groß machen wollte, in ein solches Elend geführt hat?"

„Er wird sich einreden, nur die Andern wären schuld."

„Ja. Aber ganz im heimlichsten Innern wird er sich sehr fürchten vor dem Gericht. Ich fürchte mich auch für ihn," sagte

Lisa; und Karl Diepold wußte, daß sie kein Menschengericht damit meinte.

Ihr war ein schwerer Kummer widerfahren; wie schwer sie ihn nahm, das hatte nur er, der täglich mit ihr lebte, erkannt. Vor zwei Jahren war ein zweites Kindchen unterwegs gewesen, aber ungeboren wieder fortgegangen, und nach diesem Erlebnis war sie, die sonst so fröhlich und schlicht Gesinnte, sogar ein bißchen wunderlich geworden, das verriet sich eines Tages, als sie sagte: es sei so viel Unrecht getan worden, und das schlage sich auf das ungeborene Leben, die Kinder kehrten wieder um, weil sie in unsre furchtbare Welt nicht hineinwollten. Dies von ihr zu hören, machte ihm Sorgen. Es konnte ja so sein, wie sie sagte, man wußte nichts darüber, aber auf keinen Fall sprach man das aus. Er hatte sie damals für „urlaubsreif" befunden, und bald darauf mit ihr und Karl Martin, der um die Zeit gerade erst zu sprechen anfing, drei schöne, erholende Sommerwochen am Bodensee zugebracht. Dort gewann sie das Gleichmaß ihres Wesens wieder, und nur eine ihr eigentümliche Art der Besorgtheit um den Widersinn der Zeit blieb ihr auch nachher. Sie redete nicht wie andere durch die Zeitereignisse aufgeregte Menschen von dem, was getan und vermieden werden müsse und von den Fehlern, die begangen wurden; ihre Sorgen hatten eine mehr persönliche Gestalt, und so wie diesmal hatte sie schon früher manches Mal davon angefangen, was wohl Hitler sich denken und wie es inwendig um ihn bestellt sein möchte.

Und wirklich, auf den inwendigen Zustand der Menschen kam zuletzt alles an, davon war auch Karl Diepold überzeugt, und die täglichen Erfahrungen seines Richteramtes bestärkten ihn darin. Es regte sich damals in vielen ernsthaften Geistern die Einsicht, der Krieg mit seinen Zerstörungen von Ländern und Städten sei nur ein Sichtbarwerden jener Zerstörungen, die schon vorher in den Herzen geschehen sind. Diepold aber glaubte an die Zerstörung nicht als an etwas Unheilbares. Er blickte in viele durch den Krieg versehrte Lebensverhältnisse hinein und erlebte immer wieder, daß der Rechtssinn in den Menschen nicht erstorben war, man konnte ihn erwecken, wenn man als Richter eine reine und feste Geduld daran wandte. Es gelang nicht immer, aber es gelang immer wieder einmal, und dann war es ihm ein Glück, das viel Schmerzliches aufwog. Und er sah eine Bestätigung seiner Zuversicht in der schlichten Treue, mit der unser Volk auch jetzt noch unter fast unerträglichen Bedingungen seinen Arbeitstag leistete, obwohl die Sehnsucht der Meisten auf nichts mehr ging als auf ein Ende des Kriegselends, wie schlimm auch das werden mochte, was nachher kam. Es horchten freilich immer noch viele auf die leichtfertig ausgegebenen Hoffnungsparolen, Goebbels wurde nicht müde, deren immer neue zu ersinnen: von den Wunderwaffen, die alles wenden und retten würden, oder von einem demnächst zu erwartenden Zerfall des feindlichen Bündnisses. Diepolds Sinn war zu klar, um solchen Gedanken auch nur einen Augenblick Raum zu geben. Die Gegensätze zwischen den Alliierten in West und Ost mochten noch so groß sein – solang Hitler kämpfte, würde der Haß auf ihn sie zusammenhalten. Und erst recht würden Vernichtungsmittel, gleichviel in wessen Hand, niemals eine Wendung bringen, die zum Guten führte; davon ganz abgesehen, daß Deutschland um diese Zeit schon keinen unbedrohten Fleck Erde mehr besaß, wo derartige Mittel hergestellt und von dem aus sie eingesetzt werden konnten. Von Osten wälzten sich die Roten Armeen auf Berlin und Wien heran. Im Westen drangen Amerikaner und Engländer über den Rhein ins Landesinnere vor; sie bekamen bei ihrem Vormarsch die ersten Konzentrationslager zu sehen, in denen Hitler seine politischen Gegner im eigenen und in anderen Ländern mit kriminellen Sträflingen zusammengesperrt hatte. Die Insassen, die nun ohne Unterschied befreit wurden, waren in einem erbarmungswürdigen Zustand. Zu einem Teil hatte das seine Ursache in der Zerstörung des deutschen Verkehrsnetzes durch die Fliegerbomben, welche zu Anfang 1945 so weit gediehen war, daß die Verpflegung für die vieltausendköpfigen Belegschaften der Lager nicht mehr mit der nötigen Regelmäßigkeit hatte herangeschafft werden können. Aber es wurden auch die Mißhandlungen kund, denen die Gefangenen ausgesetzt gewesen, und es wurden die Öfen gefunden, in denen Menschen verbrannt worden waren. – So kamen Dinge, in all den Jahren der Gewaltherrschaft vor den Augen der Deutschen sorgfältig verborgen, zur Kenntnis einer feindlichen Welt in einer Stunde, da sie ohnehin auf der Höhe ihres Siegesrausches war und durch diese Meldungen und Bilder nun vollends überzeugt wurde, alles sei gerechtfertigt und sei ein gottgewolltes Tun, was nur irgend zur Bestrafung der Deutschen ersonnen werden konnte. Niemand hielt daneben die Bilder dessen, was in den von Bomben zerschlagenen deutschen Städten und was an den Deutschen des Ostens geschehen war und noch täglich geschah; wie also hätte den fremden Völkern damals die Ahnung aufdämmern sollen, daß nicht ein Volk allein, sondern das ganze Menschengeschlecht in eine Gefangenschaft böser Mächte geraten war, und daß es diese Mächte zu bekämpfen, nicht aber das Leid an Leidenden zu rächen galt?

Karl Diepold übersann das alles mit erschüttertem Herzen, aber er sagte sich mit jeder Morgenfrühe von neuem, wenn er aus der Wohnung in das Dienstzimmer seines Amtsgerichts hinüberging, wo seine Akten auf ihn warteten: Frucht bringen kann ein jeder von uns nur, wenn er in seinem Bereich das Mögliche verrichtet und die tiefe, stille Wurzel des Rechtes zu stärken sucht. Möge sonst an uns geschehen, was gefügt ist, wir werden es ertragen.

Es war gerade diese Zeit, in der er seinen „Karl Martell" besonders lebhaft vermißte: die Abwandlung des Namens stammte aus der ersten Kinderzeit des Kleinen, wo ihm eine kinderliebende Nachbarsfrau ein Holzhämmerchen geschenkt hatte, mit dem der Bub dann freilich so taktmäßig unermüdlich den Boden schlug, daß ihm das Spielzeug schnell wieder abgenommen werden mußte. Aber jetzt sehnte sich sein Vater manchmal nach dem kindlichen Hammerschlag. Augsburg war jedoch schon seit längerem auch von immer häufigeren Fliegerangriffen heimgesucht worden, die es nötig machten, Karl Martin wegzubringen; vor der ersten ganz schlimmen Bombennacht, welche die Stadt erlebte und in der auch Diepolds Amtsgericht nicht ohne Dach- und Mauerschaden davonkam, war er zum Glück schon in Grünschwaig gewesen.

Ehe der Krieg sein Ende fand, kam für Karl und Lisa Diepold noch ein prüfender, schwerer Tag.

Bei der Annäherung der Alliierten in der letzten Aprilwoche war auch Augsburg von der lauten Stimme der Parteipropaganda erfüllt. Immer noch sprachen diejenigen, die für das Land keine andere Zukunft als die durch Hitlers Macht verbürgte erkennen konnten und deren Untergang nicht wahrhaben wollten, von einem Widerstand bis zum Äußersten und wollten jeden als Verräter bestraft sehen, der zur Übergabe riet. Heimlich aber trösteten die Menschen einander: es fehle an Truppen wie an Waffen für eine Verteidigung Augsburgs, die „Bonzen" packten schon auf, um sich davonzumachen, die Stadt habe wahrlich genug durch die Bomben erlitten, zu einem Kampf in den Straßen werde es nicht mehr kommen. Doch niemand wußte etwas Bestimmtes.

Früh am Morgen ratterte unter den Fenstern von Diepolds Wohnung ein Motorrad. Ein Fahrer, vom Gauleiter entsandt, hatte sich vom Gericht zur Wohnung hergefragt, er polterte hastig die Stiege herauf und überbrachte einen Befehl an den Herrn Amtsrichter, sich sogleich in einer schloßartigen Villa außerhalb Augsburgs einzufinden, die als ein Land- und Gästehaus des Gauleiters bekannt war. Der Herr werde dringend benötigt, er möge nur gleich mitkommen und hinter ihm aufsitzen, meinte der Fahrer, „in einer halben Stund sind wir draußen."

Karl Diepold sagte sich sogleich, daß dieses Ansinnen nur den Zweck haben konnte, ihn zur Legalisierung einer beabsichtigten oder womöglich gar schon vollzogenen Hinrichtung zu zwingen. Denn es wurde zwar das Standrecht in allen vom Feind bedrohten Gebieten des Reiches ausgeübt, jedoch der Gauleiter hielt es wohl für klug, sich für die Zukunft auf alle Fälle durch die Autorität eines ordentlichen Richters zu sichern. Daß er sich dazu nicht brauchen lassen durfte, war Diepold klar; aber auch, was er mit einem Nein wagte, gegenüber dem morgen vielleicht schon flüchtigen, immerhin heute noch allmächtigen Mann, in diesen erregten Tagen vor dem Ende.

Er überlegte schweigend. Er konnte sich nicht einfach weigern, zu kommen, aber wollte auch nicht wie ein Ding, das einer holen läßt, auf dem Fahrzeug des Anderen herbeigeschafft werden. — Er lasse dem Herrn Gauleiter danken für die Einladung, sagte er, als ob er das Wort „Befehl" überhört hätte. Der Fahrer möge vorausfahren und melden, der Amtsrichter werde sich einfinden.

Der Fahrer ging.

Diepold erklärte seiner Frau, was geschehen war. Sie sah ein, er mußte hingehen, aber durfte dem Gauleiter nicht nachgiebig sein. Sie sagte nur: „Ja," und fragend „Ja?", und wieder zustimmend „Ja" zu dem, was er ihr auseinandersetzte. Ihr Mund flüsterte etwas, als sie die Arme um seinen Hals legte und mit einer Sorgfalt seine beiden Augen küßte.

Dann begleitete sie ihn in den Kellerraum hinunter, wo er sein Fahrrad herausholte, und hielt die Haustür für ihn auf. Sie weinte nicht. Sie sah ihm nach, wie er davonfuhr.

In der Villa des Gauleiters fand Diepold in einem großen Raum zu ebener Erde eine Anzahl Männer beisammen, fast alle in dem Amtsbraun der Partei. Es war offenbar eine Beratung über die Lage im Gang. Die Stimmen schwiegen, als der Richter hereintrat. Einer von den Braungekleideten, mit dem Rangabzeichen eines Kreisleiters, kam ihm höflich entgegen und dankte ihm, daß er sich herbemüht habe. Der Gauleiter selbst sei leider überraschend abgerufen worden und habe ihn beauftragt, Diepold mit der Angelegenheit bekanntzumachen. Über den Ernst der Lage, der scharfe Maßnahmen erfordere, werde der Herr Amtsrichter sich klar sein. Die Verteidigung des Vaterlandes sei das Gebot der Stunde, und gegenüber den zahlreichen Schwächezeichen im Lande müsse man hart durchgreifen. „Der Herr Gauleiter läßt Ihnen durch mich sagen, daß er ein unbedingtes Zusammenwirken aller staatlichen Stellen erwartet und eine Sabotage von keiner Seite her dulden wird." Der Sprechende erhob dabei drohend die Stimme, doch der Blick, mit dem er ihn aus breitem, bleichem Gesicht ansah, war der eines ermüdeten Mannes. „Die Fälle sind im Übrigen bereits entschieden. Sie ersehen hier das Nähere," sagte er. „Es handelt sich nur um Ihre Bestätigung und Unterschrift."

Diepold, während alle auf ihn blickten, sah in die ihm hingereichten Papiere. Er las drei Namen, er las „Saboteure", „Hinrichtung"... aber dann, daß die Exekution noch nicht vollzogen war.

Er sagte, aufschauend: „Herr Kreisleiter, Sie sind sich wahrscheinlich nicht klar darüber, was Sie von mir verlangen. Meine Unterschrift unter diesen Dokumenten würde besagen, daß ich die Verhandlungen selbst geführt und die Urteile als rechtens erkannt und verkündet habe. Sie wissen, daß das nicht der Fall ist."

Er hätte nun verlangen können, daß die Verhandlungen neu aufgenommen und die Beschuldigten ihm vorgeführt würden; der Kreisleiter, der sich mißmutig räusperte, schien eine solche Forderung vorauszusehen.

Diepold aber spürte, daß die Versammelten mit Aufmerksamkeit ihm zugewendet waren, und in dieser reif gewordenen Stunde kam es ihm vor, als täte er noch zu wenig, wenn er nur ausspräche, was sich aus seiner Amtspflicht ergab. Die war freilich keine bloße Formalität, jedoch den Andern mußte sie so erscheinen — und er wollte denen, die mit Menschengesichtern vor ihm standen, jetzt mit nichts als einem offenen menschlichen Wort begegnen.

Also sagte er, indem sein Sprechen unwillkürlich langsam wurde, denn er war sich bewußt, daß er damit seinen Sinn unverhüllt vor ihnen kundgab:

„Meine Herren, Sie sind von dem Volk, das Ihrer Partei sein Vertrauen geschenkt hat, zu Ihren Pflichten berufen worden. Was Sie an Vollmachten besitzen, stammt aus diesem Vertrauen. Also müssen Sie Ihre Handlungen prüfen an dem Rechtssinn, der dem Volk innewohnt."

Dazu nickten mehrere, auch der Kreisleiter, und Diepold fragte:

„Glauben Sie denn noch, daß das, was Sie sich hier anschicken zu tun, der Wille des Volkes ist?"

Nach diesen Worten war eine Stille.

Dann sagte der Kreisleiter: „Eigentlich hat er ja recht."

Und ein anderer unter den Versammelten: „Das stimmt schon.

Bei uns draußen, die Leut, geben sich hart an die Hand, wenn's unrichtig zugeht."

— Die Gefahr, der Diepold so ungeschützt entgegengegangen, war vorüber. Es war nicht mehr davon die Rede, ihn zu zwingen, oder irgendwen noch zu strafen.

In Diepold, der bald danach in dem warmen, manchmal von Wolken überlaufenen Mittagslicht nach Augsburg zurückfuhr, kam nicht ein Gefühl der Befreiung auf; er fand sich verwirrt von dem Erfolg, den er errungen hatte. Hätte man ihnen das nicht viel früher sagen können? dachte er. Ein Schmerzliches aus tiefstem Herzen, wie eine redende Stimme, regte sich in ihm: o liebes, verfinstertes, o Vaterland!

Unterdessen hatte sich im Norden das Schicksal des Reiches schon fast vollendet. Am 16. April begann der Angriff der Russen an der Oder, der unsre schwache Front zerbrach. Bereits fünf Tage später waren ihre Spitzen vor Berlin erschienen.

Es fehlte Hitler nicht an Ratgebern, die ihn aus seiner Hauptstadt weglocken wollten — sei es auf seinen Berghof in Berchtesgaden, um von dort aus das bayerisch-österreichische Gebirge als „Alpenfestung" zu verteidigen, sei es nach Böhmen, das um die Zeit vom Feind noch nicht betreten und wo der tschechische Aufstand noch nicht losgebrochen war. Hitler hatte den Tschechen ihre nationale Selbständigkeit genommen, und Überfälle auf deutsche Soldaten waren durch harte Strafmaßnahmen gegen die Bevölkerung vergolten worden. Aber die Tschechen hatten auf keinen Schlachtfeldern zu kämpfen, durch sechs schwere Kriegsjahre blieb ihr Land vom Kampf unberührt, ihre Wirtschaft gedieh und in ihrem kulturellen Leben waren sie ungekränkt. Man wird es ihnen zur Ehre rechnen, daß sie um solche Vorteile ihre Freiheit nicht verschmerzten; dennoch konnte damals niemand wissen, daß sie in ihrer Rache an den Deutschen all das Furchtbare noch überbieten würden, was irgendwo sonst in diesem gewaltsamen Jahrhundert geschehen ist. Denn was im Mai in Böhmen beginnen sollte, war nicht die Arbeit einzelner Henker und ihrer Gehilfen und nicht eines kämpfend eingedrungenen Heeres: ein ganzes Volk begab sich auf die Jagd nach einem anderen, das wehrlos geworden war, und quälte es mit allen Foltern, die der Menschenirrsinn erdenkt. Sie taten mehr an den Deutschen, als je eine Chronik schildern kann. Aber sie taten sich selbst das Schlimmere, indem sie das Böse eine so schrankenlose Macht über sich gewinnen ließen, und wurden so sehr wie vielleicht noch nie ein Volk der Fürbitte bedürftig, die wir alle nicht entbehren können.

Dieses Grauen schlummerte noch, auf seine Stunde wartend, als Hitler sich dafür entschied, in Berlin in seiner Reichskanzlei zu bleiben. Es geschah wohl in der Einsicht, ein letzter Kampf werde nicht in dem Winkel eines großen Reiches geführt, sondern in der Hauptstadt, und er könne nicht dem Unheil, das aus seinem maßlosen Willen hervorgestiegen war, jetzt ausweichen, da es auf ihn selbst zurückschlug.

Jodl und Keitel, jahrelang die nur allzu dienstfertigen Vollstrecker auch seiner sinnwidrigsten militärischen Befehle, waren unter den fünf Männern, die in dem Bunker der Reichskanzlei den rasenden Ausbruch seiner Verzweiflung erlebten. Nicht die Erkenntnis seiner Lage rief den Ausbruch hervor. Hitler, mit blutrotem, zitterndem Kopf und zitterndem linken Arm, schrie über Verrat, weil eine Kampfgruppe zu einem befohlenen Entlastungsangriff nicht angetreten war. Ihm kam nicht der Gedanke, daß sie nicht angreifen konnte, weil ihr die Truppen und Waffen dazu fehlten. Es war ein Stück seiner magischen Kraft gewesen, niemals zu glauben, die Wirklichkeit könnte stärker sein als ein Wille, der sie zwingt, und so glaubte er auch noch in dieser Stunde nicht, daß die Möglichkeiten, nur, daß der Wille eines Menschen versagt habe.

Aber dann sank er im Stuhl zusammen, in einem Weinkrampf. Und als er wieder zu sprechen imstande war, sagte er mit tonloser, immer wieder vom Weinen unterbrochener Stimme: „Es ist aus. Der Krieg ist verloren. Der Nationalsozialismus war ein Fehlschlag. Meine Idee ist verloren und verkauft. Es hat keinen Zweck mehr, erst noch nach Süddeutschland oder nach Böhmen zu gehn. Wer gehen will, soll es tun. Ich werde in Berlin bleiben und sterben, sobald das Ende da ist. Ich kann aus körperlichen Gründen nicht kämpfen und kann mich nicht der Gefahr aussetzen, verwundet in russische Hand zu fallen. Ich werde meinem Leben selbst ein Ende machen."

Sogar in diesem Augenblick, dem kostbaren und vielleicht einzigen, in dem seine Seele geöffnet war, zu hören und sich zu besinnen, gab es niemand um ihn, der ihm so freund gewesen wäre, ihm zu sagen: es ist, wie du es erkennst. Und also nimm an, was ist, und füge dich. Nach der ersten Bestürzung fingen sie alle von neuem an, was sie seit Jahren getan: ihm die Speise der Täuschung zu reichen, nach der er immer verlangt hatte. Sie redeten von Möglichkeiten des Widerstandes, die es nicht mehr gab, des Entsatzes, den niemand mehr durchführen konnte, und von Hoffnungen auf den Zwiespalt der Gegner. Sie sprachen nicht gut, sie überzeugten den Niedergebrochenen nicht – bis der Unstern

Hitlers, der schon in den Tagen seiner großen Erfolge über jeder seiner Entschließungen und Taten stand, den hinkenden, wortmächtigen Goebbels hereinführte. Goebbels verstand es, den matten Argumenten der Anderen Glanz zu geben. Auch er wollte, daß Hitler in der Reichshauptstadt blieb, aber nicht, daß er still, für sich und seine Nächsten allein, die Folgerung aus der Lage zog, in die man geraten war. Wenn man untergehen mußte, so sollte es der Welt ein finsteres Schauspiel werden, ein Untergang in einem Meer von Blut und Feuer. Die Bewohner einer Millionenstadt waren ihm gerade gut genug, um Statisten in einem solchen Schauspiel zu sein. Er malte das Bild eines heroisch kämpfenden Berlin, das mit Hitler in seiner Mitte jedem Feind standhalten, sich von Haus zu Haus verteidigen würde, bis das Wunder einer Rettung kam oder bis sie alle mit ihrem Führer zugrunde gingen.

Das Bild war darauf berechnet, Hitlers wirkungssüchtigen Geist zu fangen. Er zögerte. Er richtete sich auf. Er verlangte wieder nach den Karten, über denen er sich seit langem die Divisionen und die Siege erträumt hatte, die ihm nicht mehr gegeben waren. Keitel und Jodl wurden ausgeschickt, um die Streitkräfte, die sich in schweren Rückzugskämpfen im Norden und Süden Berlins kaum der übermächtig nachdrängenden Russen erwehrten, nochmals zu Angriffen zum Entsatz der Hauptstadt anzutreiben.

Und es gingen die Aufrufe hinaus, jeden Mann und jede Frau in Berlin zu einem Kampf auffordernd, für den es von vornherein auch nicht den Schatten einer Aussicht gab. Es wurde der Volkssturm und wurden die Vierzehn- und Dreizehnjährigen der Hitlerjugend eingesetzt, in Uniformen, die ihren Armen zu lang waren, viele mit keiner anderen Waffe als ein paar Handgranaten oder einer Panzerfaust... aber sie zogen singend durch die Straßen dem Feind entgegen und sie starben, wo man sie hinstellte. Berlin wurde dem massierten Artilleriefeuer feindlicher Armeen ausgesetzt und einem Straßenkampf, in dem sich die Russen mit Flammenwerfern in die Häuser einbrannten; und die in der Straße kämpfenden Jungens hörten aus diesen Häusern das Schreien der verbrennenden Frauen und verbrennenden Kinder. In den Schächten der Untergrundbahn lagen die Verwundeten. Als die Russen durch diese Schächte vorstießen und im Rücken der Unsern auftauchten, da wurden auf einen Befehl aus der Reichskanzlei die Schächte geflutet, und die Verwundeten ertranken darin. Und mit all diesem Elend und diesem Sterben wurde nichts erreicht, als daß das Ende an die Männer in der Reichskanzlei um eine Woche später herankam.

— Bevor die Einschließung Berlins vollzogen war, hatte Luzie

Hörsch versucht, ihren Vater, die Mutter Ulrike, Silvia und Hugo Faber und auch Onkel Richard mit seiner Frau zu der Taufe ihres Gabriel nach Bayern zu rufen. Sie war ganz glücklich über diesen guten Ausweg, den sie sich ausgedacht hatte. Aber Georg Degener konnte in einer solchen Zeit als Pfarrer nicht weg von seiner Gemeinde. Er forderte Ulrike auf, die Reise ohne ihn zu machen, damit wenigstens eins von ihnen bei dem Tauffest der Tochter anwesend wäre. Als sie nur den Kopf dazu schüttelte, wollte er es mit Strenge erzwingen. Ulrike verweigerte den Gehorsam, es kam deswegen zum erstenmal zu einem richtigen ehelichen Streit zwischen ihnen; aber dann, mit einem Blick in ihr schönes, gealtertes, zornleuchtendes Gesicht, wurde er auf einmal still und gab zu: „Du hast recht, liebe Frau." — Richard sprach mit seinem Bruder durchs Telefon, wie jemand, der höflich bedauert, einer reizenden Einladung nicht folgen zu können: „Du wirst ja an Luzie schreiben. Erkläre ihr also bitte, daß ich nichts lieber habe als Taufen, aber daß ich in Berlin eine ganz unabkömmliche Persönlichkeit geworden, nämlich zum Volkssturm einberufen bin, der das Vaterland retten und nach Moskau marschieren wird. Wir kommen vielleicht nicht ganz hin, aber man muß doch den Versuch machen, was? Ich bin mein Leben lang meiner Nase nachgegangen, es wäre direkt ein Stilfehler, wenn ich auf meine alten Tage noch einen Bogen schlagen wollte." So ähnlich schrieb er auch an Ellen, die mit ihrem ganzen Haushalt aus dem von den Russen bedrohten und inzwischen schon eingenommenen Wien nach Voggenbruck geflüchtet war und ihre Eltern dringend dorthin rief — und Kitty fügte an seinen Absagebrief ein paar zuversichtliche Zeilen: ihr als Amerikanerin würden die Russen, wenn sie wirklich in die Stadt kämen, nichts tun, und also auch selbstverständlich den Papa nicht anrühren. Sie war wohl nicht ganz so ruhig, wie sie sich den Anschein gab, aber ihren Mann wollte auch sie nicht allein lassen. Nur Hugo Faber gelang es, seine Frau zur Abreise zu bestimmen, und zwar dadurch, daß er ihr sagte, wenn ihr von den Russen Gewalt geschehe, würde er nie darüber wegkommen und alles wäre zerstört. Sie hörte das an und tat schweigend und in Tränen nach seinem Willen; Bekannte, die auf die Flucht gingen, nahmen sie im Auto aus Berlin mit und in Wittenberg erreichte sie einen Zug, der sie glücklich weiterbrachte. Nur wenige Tage danach, als die Straßen nach Westen und Nordwesten gerade noch frei waren, wurde das Personal der meisten Ministerien und des Rundfunkhauses entlassen mit dem Auftrag, sich nach Hamburg zu begeben. So gelangte auch Hugo aus Berlin heraus.

Richard Degener nahm wirklich mit dem Volkssturm an den Kämpfen teil, die auch dadurch einen so verzweifelten Charakter erhielten, daß hier in Berlin ebenso wie in all den belagerten Städten des deutschen Ostens hinter den Linien der Unsern die Greifkommandos auftauchten, die nach „Verrätern" fahndeten. Wer sich ohne Erlaubnis aus den Verteidigungsbezirken entfernt hatte, wurde kurzerhand an die Straßenlaternen gehängt, an den Leichen wurden Schilder befestigt: „Ich hänge hier, weil ich zu feige bin, die Reichshauptstadt zu verteidigen"; „Ich hänge hier, weil ich ein Defaitist bin"; „Ich bin ein Deserteur, darum werde ich die Schicksalswende nicht mehr erleben." Trotzdem entließ Richard, als die Munition verschossen und jedes weitere Ausharren sinnlos geworden war, die ihm unterstellten Männer und schlug sich durch die zertrümmerte, von Kampflärm erfüllte und im Feuerschein leuchtende Stadt bis nach Dahlem durch. Er stieß auf keine bewaffneten deutschen Einheiten mehr, aber bald schon tauchten die ersten Russen auf. Während Richard mit einigen Hausnachbarn dabei war, Verwundete von der Straße in den Garten hinter seinem Hause zu tragen, erschien an der vorderen Haustür ein Trupp der Graubraunen, der wohl schon über einen Weinvorrat gekommen war und sich daran erhitzt hatte. Kitty trat ihnen mit einer amerikanischen Fahne entgegen und erklärte ihnen auf Englisch, in der Überzeugung, sie müßten die verbündete Sprache verstehen: sie sei Amerikanerin und das ganze Haus unter amerikanischem Schutz. Vielleicht war es das fordernd vor ihn hingehaltene Tuch, das den Führer der Schar ärgerte, er riß es aus Kittys Hand und trat es unter seine Stiefel — Richard kam eben dazu, als der Kerl mit zornigem Gesicht nach ihrem Halse griff, um die Entsetzte über die Schwelle herauszuzerren — da stand er schon dazwischen und stieß ihn zurück; er und Kitty wurden fast im gleichen Augenblick von den Kugeln der Andern getroffen, der helle, scharfe Krach der Maschinenpistolen hallte durch die Straße. Richard Degener sah noch, wie der Erste über den zusammengesunkenen Körper seiner Frau hinweg in das Haus eindrang, und wurde bei einem mühsamen Versuch, sich wieder aufzurichten, von einem Kolbenhieb über den Kopf getroffen und niedergestreckt.

Sein Bruder hatte die Pfarrkirche zu einem Zufluchtsort für die durch das Artilleriefeuer oder die Brände Verwundeten gemacht. Das Kirchendach war durch einen Blindgänger aufgerissen, der flammenhelle Himmel schien herein, doch die Mauern boten noch Schutz, und so trugen er und die Gemeindehelferin, die eine resolute, furchtlose Person war, die Verletzten aus den Häusern in die Kirche und legten sie vor dem Altar und in dem Mittelgang nieder, wo eben der Raum es zuließ. Ulrike ging von einem zum andern, gab ihnen Wasser mit einer Zumischung von Abendmahlswein zu trinken und legte notdürftige Verbände an. Ein Arzt war nicht da, durch die übertrümmerten, rauchenden Straßen kaum noch ein Durchkommen. Es gab auch hier keine geordnete deutsche Verteidigung mehr. Vereinzelte Volkssturmmänner hasteten vorüber, und aus den Kellern, wo die Menschen in dumpfer Erwartung dem Erscheinen des Feindes entgegensahen, wagten sich nur einzelne Mutige hervor, ihrem Pfarrer bei seiner Arbeit zu helfen. Ein Russe, seinen Kameraden voraus, kam mit dem Gewehr im Arm auf den Platz vor der Kirche, und einer von den jüngsten Soldaten aus Hitlers letzter Armee warf ihm, hinter einer Hausecke vorspringend, eine Handgranate vor die Füße, deren Splitter dem Russen den Leib aufrissen, so daß er schreiend vornüberfiel. Der Junge entfloh, im Entsetzen über das was er getan hatte. Georg und die Helferin gingen zu dem Rotarmisten hin, er hob wie zum Schutz den Arm vor das Gesicht, dann begriff er, daß sie ihm helfen wollten, und ließ sich, laut wie ein Kind jammernd, von ihnen in die Kirche tragen.

Er befand sich in einem Zustand, daß es bald mit ihm zu Ende sein mußte, es war darum sinnlos, ihm den Trunk, nach dem er heftig begehrte, zu verweigern, obwohl Georg wußte, daß man bei Bauchschüssen nichts zu trinken geben soll. Er schien dann etwas zu verlangen, zu erbitten, sie konnten nicht verstehen, was er wollte. Von draußen schrie jetzt eine angstvolle Stimme: „Herr Pastor!" — und Georg, aus der Kirche wieder ins Freie tretend, sah russische Infanteristen über den Platz herankommen. Als sie in dem schwarzberockten Mann, der ihnen entgegenging, den Priester erkannten, senkten sich ihre Waffen. Degener wandte sich an ihren Offizier, er sagte ihm: „Schnell! Rußki! Kamerad!" und machte ihm Zeichen, ihm zu folgen, damit der drinnen Sterbende seinen Wunsch noch anbringen könne. In der Kirche, als sich der Offizier zu dem Schwerverwundeten niederbeugte und wahrscheinlich einen Gruß an die Familie daheim von ihm vernahm... da spürte es der Pfarrer Degener beinah so, als ob er wirklich einen festen, kühlen Schaft umfasse, daß ihm die Georgslanze in die Hand gelegt worden sei, die den Drachen der Feindschaft durchbohrt.

Ihm, Ulrike und der Gemeindehelferin geschah nichts Böses. Der Offizier stellte einen Posten vor die Kirche, und soweit Georg seine Worte erraten konnte, waren sie ein Versprechen, für ärztliche Hilfe und Medikamente zu sorgen. — Es wurde Georg Degener nachher möglich, in seinem Umkreis manches zu erreichen, was zur Schonung der Menschen diente.

Im Lauf des 29. April kamen die in dem Bunker der Reichskanzlei Verbliebenen zur Erkenntnis, daß das Ende da war. Die Russen hatten den Anhalter Bahnhof genommen, von der Saarlandstraße aus bestrichen ihre Maschinengewehre den Potsdamer Platz und den Südausgang der Hermann-Göring-Straße; in der Wilhelmstraße hatten sie das Luftfahrtsministerium fast erreicht und die Granaten ihrer Artillerie trafen Schlag um Schlag in das Trümmerfeld um die Reichskanzlei und rüttelten an der starken Betondecke des Bunkers. Nicht ein einziges Mal während dieser schrecklichen Woche, die seine Hauptstadt verwüstete, hatte Hitler den Bunker verlassen, um sich von der draußen geschehenden Wirklichkeit mit eigenen Augen zu überzeugen; es war auch jetzt noch so wie immer: als ob er ihren Anblick fürchte und seine Traumwelt nicht von ihr stören lassen wolle. In der Nacht auf den 29. diktierte er sein politisches Testament; es ist durchklungen vom Haß und der Anklage gegen alles, was seinem Willen nicht fügsam war. Der Admiral Dönitz wurde darin zu seinem Nachfolger bestimmt, aber ihm die von Hitler gewünschte Ministerliste gleich mitgegeben. Um 8 Uhr morgens erhielten drei jüngere Männer aus Hitlers Umgebung den Auftrag, mit je einer Abschrift des Testaments einen Weg aus Berlin heraus zu suchen und es Dönitz zu überbringen. Keine der Abschriften erreichte den Admiral; er erhielt nur die Funkmeldung aus dem Bunker von seiner Ernennung als Nachfolger. Er suchte in dem Barackenlager „Forelle" bei Plön in Holstein, wo er sich aufhielt, eine letzte arbeitsfähige Regierung zu bilden, mußte sich vor den über die Elbe vordringenden Engländern nach Flensburg zurückziehen und führte von dort aus die Verhandlungen über die Kapitulation.

In derselben Nacht war, zur Überraschung selbst seiner nächsten Vertrauten, in dem Bunker die Trauung Hitlers mit der schönen, weit jüngeren Eva Braun vollzogen worden, seiner seit Jahren sorgfältig verborgenen Freundin; sie war noch im April aus Süddeutschland zu ihm in die Reichskanzlei gekommen, um mit ihm, den sie aufrichtig liebte, zu sterben. Da sie sich in den Privaträumen des Führerbunkers aufhielt, blieb ihre Anwesenheit manchen unter den Adjutanten und dem Personal bis zuletzt unbekannt. Es wird von ihr erzählt, daß sie den 30. Januar 1933, den Tag seiner Machtergreifung als Kanzler des Deutschen Reiches, als einen Unheilstag für ihn und sich selbst erkannt habe. Sie mochte wohl allein zu jener Zeit schon so viel von der verschatteten Seele ihres Freundes gewußt haben, um mit dunkel gewarntem Gefühl vorauszuahnen, daß in ihm nicht die Festigkeit war, den Versuchungen unbeschränkter Macht zu widerstehen. Als Hitler am Nachmittag des 30. April, während der Kampf schon um die Bahnschächte unter der Voß- und Friedrichstraße tobte, von seiner Umgebung Abschied nahm und sich in seine eigenen Räume begab, war sie die Einzige, die seine letzte Lebensstunde mit ihm geteilt hat – und so ist doch ein lebendiger Menschenatem bei dem Mann gewesen, der nun, auf den Aufruhr draußen nicht mehr horchend, sich den kalten Lauf einer Pistole in den Mund schob. Die Frau nahm Gift. Und die Leichen Beider wurden, nach dem Willen Hitlers, im Garten der Reichskanzlei mit Benzin übergossen und verbrannt. Tags darauf ließen Goebbels und seine Frau sich durch einen SS.-Posten erschießen; ihren Kindern hatte die Mutter selbst das Gift gegeben. Die Übrigen versuchten einen Ausbruch, der einigen unter ihnen gelang.

Den Deutschen wurde die Nachricht vom Tode ihres Führers nicht sogleich gegeben. In der seinem Ende folgenden Nacht aber hatte Lisa Diepold in Augsburg, das inzwischen vom Feind schon besetzt war, einen Traum.

Sie ging durch die Straße einer verwüsteten Stadt. Sie glaubte zuerst, in Augsburg zu sein und sich auf einem Besorgungsgang in eine ihr wenig bekannte oder durch die Zerstörungen unkenntlich gewordene Gegend verirrt zu haben, sodaß sie zu eilen begann und sich sagte: ich darf nicht zu spät heimkommen und Karl nicht auf das Essen warten lassen. Dann war da auf einmal zu ihrer Linken ein häßliches, aber wohlvertrautes Mietshaus, ein solches, wie sie in den neunziger Jahren des vergangenen Jahrhunderts gebaut worden sind. Innen war es ganz zusammengestürzt, doch die Fassade stand noch und blickte mit leeren Fensteraugen, und jetzt wußte sie, daß sie sich nicht in Augsburg, sondern in der Straße in München befand, durch die sie in ihrer Jungmädchenzeit manche Woche hindurch den Weg zu ihren Konfirmationsstunden gegangen war. Sie konnte diese Straße mit keiner anderen verwechseln, wegen der schönen, jugendlichen Getrostheit der Gedanken, die sich in Lisas Gemüt mit ihrem Anblick verbunden und sich ihr so für immer eingeprägt hatten. Aber die gute alte Straße war unbeschreiblich verändert, und es kam Lisa so vor, als sei mit all diesen zerschlagenen Häusern, an denen sie vorübergehen mußte, auch jene Getrostheit zerschlagen worden. Es wurde ihr darüber so ängstlich schwer zumut, daß sie meinte: so schlimm ist es noch nie gewesen, aber so ist es also in Wirklichkeit, es gibt also gar nichts, was standhält, alles ist verwüstet worden, und wenn ich ans Ende komme, wird da auch die Kirche und das Pfarrhaus und der bärtige alte Pfarrer nicht mehr sein, der uns belehrt hat. Und früher gab es hier doch Auswege zur Rechten und Linken, warum sind die alle auch nicht mehr da, und warum kann ich nirgends aus dieser entsetzlichen Straße herauskommen? Die Straße war menschenleer, alles lag in Totenstille, sie hörte nicht einmal den Schall ihrer eigenen Schritte.

Nun aber kam ihr doch jemand entgegen, ganz vom Ende her kam er, ein Mann ohne Hut, in einem einfachen Mantel, vornübergebeugt, das Haar fiel ihm in die Stirn. Er stolperte fast bei jedem Schritt über Trümmer, welche die Häuser in die Straße hereingeschüttet und von denen Lisa bisher im Gehen nichts bemerkt hatte. Sie war froh, als sie den Kommenden sah, sie dachte: ihn kann ich nach einem Ausweg fragen ... aber dann zog sich ihr Herz in Schrecken zusammen, denn sie erkannte, daß das Hitler war. Sie dachte: das ist ja sonderbar, daß er hier allein und zu Fuß geht. Aber ich will um Gotteswillen nicht mit ihm zusammentreffen. Es erschien ihr als etwas Unerträgliches, ihm begegnen und vielleicht mit ihm sprechen zu müssen. Während sie noch überlegte, ob sie einfach umkehren und vor ihm davonlaufen sollte, kam er schon auf sie zu und hob das Gesicht zu ihr auf: sein unschönes Gesicht, wie es jeder aus tausend Bildern kannte. Es war nicht alt und nicht jung, aber von so verzweifeltem Ausdruck, daß es wie ein furchtbar verzerrender, steigernder Spiegel der Verzweiflung war, die Lisa in ihrem eigenen Herzen fühlte. Es gab ihr die Antwort auf die Frage, mit der sie sich so oft schon gequält hatte: was Hitler sich denkt?

Er fragte: „Bitte, wissen Sie, wie ich zur Herzogspitalstraße 9 komme?"

Sie wußte es nicht. Sie wußte ja überhaupt keinen Weg mehr. Und sie konnte ihm auch nicht antworten, die Kehle war ihr wie zugeschnürt, sie schüttelte nur stumm den Kopf.

„Aber ich m u ß die Herzogspitalstraße 9 finden!" sagte Hitler, und das „muß" hatte einen weinenden Unterton, der sie mit Entsetzen und Mitleid erfüllte.

„Leider! ich weiß es nicht, Herr Hitler," brachte Lisa endlich hervor.

Und als er sich mit trostloser Bewegung von ihr abwandte und über die Trümmer weiterstolperte, erwachte sie in Angst und in Tränen.

— „Aber was ist denn die Herzogspitalstraße 9? was bedeutet denn das?" fragte sie ihren Mann, nachdem sie ihm den angstvollen Traum erzählt hatte. „Ich hab in meinem Leben nie gehört, was dort ist."

Karl sah sie an und schwieg mit so ernsten Augen, daß sie gar nicht begriff, was er denn eigentlich dachte.

Karl Diepold kannte München gut, und in das bezeichnete Haus hatte ihn als Buben seine Mutter manchmal mitgenommen, wenn sie dort eine Anverwandte besuchte.

Er sagte: „Die Herzogspitalstraße 9 ist das Haus der Schwestern von der ewigen Anbetung, von denen man immer gehört hat, im ganzen Krieg und schon vorher, daß sie Hitler in ihre Fürbitte aufgenommen und täglich für die Errettung seiner Seele gebetet haben."

5

Jakobs und Delias Sohn war an dem Tag, an dem Julius Cäsar starb, dem 15. März, in diese kriegerische Welt hineingeboren. Sobald er und seine Mutter aus dem Entbindungsheim der Kreisstadt zurückgekehrt waren, wurde er, es war in der Woche vor Ostern, durch den Kurat Sedlmair in Nußholzhausen auf die Namen Eugen Kaspar Idus getauft: nach seinen beiden Großvätern und nach dem Tag seiner Geburt. Es hatten zwar Delia wie Hanna Bedenken, ob man ihm den Idus des März, der doch ein Mordtag war, als Namen anhängen dürfe, jedoch Jakob meinte: „Er ist nun einmal in eine Zeit geraten, wo der Schatten über dem ganzen Land liegt, und mit den Sternen, die über seiner Geburt stehen, muß er zurechtkommen. Aber wenn wir es annehmen und ihm von dem Tag den Namen geben, wird er für sich und uns alle die Todesbedeutung in eine Lebensbedeutung verwandeln." – „Gut; aber Kaspar soll er gerufen werden," schlug Hanna vor, und so wurde es beschlossen.

Die Taufe wurde still gefeiert; alle auswärtigen Verwandten, die man gern dazu gerufen hätte, waren infolge der Kriegsverhältnisse unerreichbar. Seine Großmutter hielt den kleinen Kaspar über das Taufbecken, und Balthasar wurde sein anderer Taufpate, obwohl er wie Hanna gefunden hatten, sie wären für die Übernahme einer solchen Pflicht zu alt. – Vom Fernerhof kamen Hans Niederrotter und seine Stasi, um das Kind anzuschauen und seine Eltern zu beglückwünschen. Sie waren alt geworden, die Beiden, wie mit dem Messer eingeschnitten standen dem Bauern die Falten im Gesicht, und die einst so schönen Zöpfe auf dem Kopf seiner Bäuerin waren jetzt dünn und grau; es war kein Wunder: zwei Söhne hat ihnen der Krieg genommen; der Niederrotter sagte zu Jakob, daß er seinen Jüngsten, den Melchior, der vermißt ist, nicht mehr zurückerwartet. „Tät grad noch abgehn, daß unser Paul auch nimmer kommt!" Paul war der mittlere von den drei Buben, am Rhein war er zuletzt, „und so viel g'scheit wird er schon sein," hoffte sein Vater, „daß er si g'fangennehmen laßt, wenn's doch eh schon alls verspielt is'. — Aber du, Jakob," fuhr er fort, „du hast jetzt einen Buben, das ist recht, und der muß Bauer werden z' Grünschwaig, das is' amol g'wiß," meinte er, indem er den Kleinen wohlgefällig betrachtete. Auch Stasi sagte zu Delia lauter schöne Sachen über das Kind, von dem nicht minder alle Grünschwaiger Hausgenossen entzückt waren. Das Rüschchen hatte schon erklärt, es sei etwas so Kluges, Bedeutendes in seinem Ausdruck, wie sie es noch nie bei einem Kind gesehen habe, und sogar Frank ließ sich vom Bruder zu dem Kleinen hinführen; es war nicht klar, ob er begriff, daß er einen Neffen bekommen hatte, aber er nickte und murmelte zustimmend wie ein Zauberer, der aus seinen Geheimnissen einen Segen für ein neugeborenes Menschenwesen spendet.

Kaspar schien trefflich zu gedeihen; dann geschah es aber, daß Delia nicht genug Milch für ihn hatte und daß er die Kuhmilch nicht vertrug. Er wurde krank, er bekam das Runzelgesicht eines traurigen alten Mannes, der die Vergeblichkeit dieses Menschendaseins ganz und gar durchschaut hat. Als er fünf Wochen alt war — damals hatten gerade in Berlin die Kämpfe begonnen — sah er wirklich so aus, als ob er sagen wollte: Laßt mich nur, ich mag nicht. Es zerriß seiner Mutter das Herz, sein armes, schwaches Weinen zu hören, kein aufbegehrendes und nicht einmal ein klagendes Weinen, es war nur wie ein verlöschender Laut. Tag und Nacht wich sie nicht von seinem Bettchen, oder trug ihn im Zimmer herum, um ihn von seinem Hungergefühl abzulenken. Man hatte Milch für ihn besorgt von einem Hof, auf dem keine Silofütterung stattfand, und es wollte doch nicht besser mit ihm werden. Hanna kochte Haferschleim für ihn; schließlich konnte man seinen armen Magen nur noch, löffelweise, mit Tee zu beruhigen suchen. Die Hausbewohner fürchteten von einem Tag zum andern, daß er sein kaum erst versuchtes Leben wieder aufgeben würde, und in der das ganze Haus überschattenden ängstlichen Erwartung wagten sogar die Kinder bei ihren Spielen nicht mehr laut zu werden. Jakob stieg die Treppe herauf, auf Zehenspitzen schlich er in das Schlafzimmer und beugte sich über seinen Sohn, der von ihm nicht und von niemand etwas wissen wollte — dann wandte er sich ratlos weg, Delias Blick vermeidend, und entfernte sich so leise, wie er gekommen war.

Das ging so, durch Tage.

Eines Nachts, als Delia durch das leise Wimmern des Buben gerufen wurde und wieder seine Windeln nach allzu kurzer Weile schmutzig fand, konnte sie sich nicht mehr helfen zu denken: es nützt alles nichts, es ist aus. Sie merkte selbst, wie unruhig ihre Hände waren, als sie ihn frisch wickelte und in seinem Bett zurechtlegte, und indem sie es tat, ging ihr durch den Sinn: zu seinem letzten Schlaf hab ich ihn hingelegt. Sie brachte ihr Ohr an des Kindes Mund, sie spürte noch den Hauch, ein bißchen Lebenswärme, aber sehr bald wird auch das nicht mehr sein. Sie überlegte, ob sie Jakob rufen sollte, der nebenan im Ankleidezimmer schlief, oder die Mutter Hanna, die meist gegen Morgen aus der Kleinen Schwaig herüberkam, um sie auf einige Stunden in ihrer Wache abzulösen. Gern hätte sie jemand bei sich gehabt, nicht um zu sprechen, was sollte man denn auch sprechen? nur daß ein Mensch da wäre. Aber es hatte ja keinen Sinn, die Beiden zu erschrecken, helfen konnten sie nichts. Sie dachte: wie gut ist es jetzt noch, wie wunderbar gut ist die Angst und alles, gegen das, was dann kommt, wenn ich nicht mehr bei ihm wachen kann! Sie empfand den schrecklichen Druck dieser Vorstellung voraus, als wäre er schon wirklich. Ihr war, als müßte sie von ihrem Hals etwas wegreißen, was sie würgte. Sie ertrug es endlich doch nicht mehr, neben dem Bettchen zu sitzen und von Atemzug zu Atemzug zu warten, bis das kleine Leben zu sein aufhörte. So erhob sie sich und schlüpfte auf den Gang hinaus, sie ließ die Türe hinter sich angelehnt. Das Treppenhaus war finster, in tiefer nächtlicher Stille. Sie machte kein Licht. Sie wußte sich gegenüber unter dem Deckenbogen den Kruzifixus, den Hanna den „Versöhner" nannte. (Auch Hanna hatte schon einmal in einer vom Tod überschatteten Nacht von dieser Stelle aus ein Gebet zu ihm hinüber gesprochen.) Delia tastete sich zum Geländer und kniete sich daran nieder, mit ihrer Stirn gegen das glatte Holz.

Herr Jesus Christus, sagte Delia in ihrem Innern. Ich seh dich nicht, ich kann nicht einmal einen Schatten von dir sehen, aber ich weiß, daß du da bist. Wenn es dein Wille ist, daß mein Kind mir genommen wird, so nimm es hin. Nicht nur, weil ich ja nicht festhalten kann, was du nimmst, sondern mein Wille soll einstimmen in den deinen, ich verspreche dir, er soll einstimmen. Wenn aber dein Wille sich noch nicht entschieden hat, dann erwecke mir den Sohn wieder zum Leben, denn du weißt, daß er die Zukunft von diesem Haus und daß er meine Freude ist. Ich denke nicht gut, fuhr sie erschrocken fort, sie fühlte, wie sie in dieser Unbegreiflichkeit zu versinken drohte, und sich nur mit der Kraft des Gebetes über der Welle hielt, die nach ihr griff, — ich denke nicht gut, wenn ich etwas Unentschiedenes in dir denke, bei dir im Licht ist alles längst entschieden und dein Wille schwankt nicht. Und doch hast du befohlen, mit unsrer Bitte zu dir zu kommen. Ich kann niemals begreifen, was meine Bitte soll, da du besser als ich weißt, was geschehen muß. Aber in dem Vertrauen auf deinen Befehl sage ich meine Bitte und will sie immer wieder sagen, solang mein Kind da drinnen im Zimmer noch lebt. Mach, daß er nicht sterben muß. Mach, daß er leben darf. Rette ihn auch um Jakobs willen, denn du erkennst ihn, daß er in Verzweiflung ist um unser Land, und wenn sein Kind lebt, wird es ihm ein Zeichen und eine Ermutigung sein, wieder zu hoffen, und alle werden wir dich rühmen und fröhlich sein unser Leben lang, sagte Delia, ohne daß sie sich bewußt wurde, daß ihr Gebet in die Psalmworte übergegangen war.

Aber Er, zu dem sie redete, hing am Kreuz. Sie konnte ihn nicht sehen, aber er hing ja am Kreuz. Und auch er hatte es in der Nacht vor seinem Tode vom Vater erbeten, wenn es möglich wäre, möchte das Schreckliche an ihm vorübergehen, — und es war ihm nicht gewährt worden. Und indem sie daran dachte, stürzte Delias Seele ins Dunkel, es war nichts mehr da als das Dunkel, und im Dunkel die Stimme des Richters, der ihr sagte: ihr Versprechen, ihren Willen einstimmen zu lassen in den göttlichen Willen, sei nicht echt gewesen, nicht bis ins Letzte echt, sei vielleicht sogar ein Versuch gewesen, den Herrn zu täuschen; denn ihr Herz in seiner heimlichsten Tiefe hatte immer noch gemeint, der Tod ihres Kindes dürfe nicht geschehen. Aber jetzt begriff sie, daß sie beim Wort genommen wurde. Jetzt begriff sie, daß ihr Kind schon fortgerissen war, dorthin, wo sie es nicht mehr erreichen konnte. Es war schon eine lange Zeit her, daß es ihr gehört hatte; der es ihr gegeben, nahm es wieder zurück, und in der Erstarrung ihres Schmerzes hörte sie die lautlose Frage: Hast du in Wahrheit eingewilligt? Es waren jetzt Gedanken, nicht mehr aus ihr, sondern durch sie hinströmend mit fremdem, kaum erträglichem Feuer, das sie fühlen ließ: was uns das Liebste ist, wird hingegeben in Gottes Willen, und so geschieht Versöhnung. So ist sie durch Jesus Christus geschehen, und konnte nur geschehen, weil er in dem Garten, wo er die Menschenangst und Menschenverlassenheit durchlitten hat, dennoch einwilligte, sie bis ans Kreuz zu erdulden. Ihr seid seine Nachfolger, und ihr sollt auch einwilligen. — Und als Delia nun abermals die Frage an sich herandringen fühlte: Hast du in Wahrheit eingewilligt? da war das Ja, das ihr Herz zur Antwort gab, wie ein Abschied von allem, was sie je Liebes zu eigen gehabt hatte.

Sie stand auf. Sie spürte, wie kalt sie geworden war, es zog eine kühle Luft durch das Treppenhaus, gar nicht wie in einer Frühjahrsnacht. Delia kehrte in das Zimmer zurück und sah in dem schwachen Licht der mit einem Tuch bedeckten Nachttischlampe, daß Jakob über das Kinderbettchen gebeugt stand, wie in Angst horchend, so schien es ihr. Und sie glaubte es der Haltung seines Körpers anzusehen, daß der Atem, auf den er horchte, schon ausgesetzt habe. Also ist Kaspar schon gestorben, dachte sie — und wie soll ich es jetzt Jakob klarmachen, daß er es hinnehmen, daß er auch darin einwilligen muß? Sie kam heran und beugte sich neben Jakob über das Kinderbett.

Der Kleine aber, wie wenn er im Schlaf die Annäherung seiner Mutter gefühlt hätte, tat blinzelnd seine Augen auf mit einem Ausdruck, der wie ein Lächeln schien. Es war kein erkennendes Lächeln, sondern aus einem Wohlgefühl, nach seinem Schlummer. Aber der Ausdruck eines Lebens, auf das sie schon nicht mehr gehofft hatte, erschütterte Delia zu solchem Glück, daß sie atemlos über ihn geneigt blieb und ihr die Augen überflossen; dem Buben fiel ein warmer Tropfen, und noch einer, ins Gesicht, er verzog mit einem kleinen unwilligen Zucken die Backe, als sei er in den Regen geraten, und drehte den Kopf zur Seite. Er seufzte und brummelte etwas, in einem behaglich fordernden Ton. Delia setzte mit eilenden Händen den Kocher auf, um den Tee für ihn anzuwärmen.

„Es geht ihm etwas besser, glaub ich?" sagte Jakob. Delia konnte ihm keine Antwort geben.

Kaspar nahm ein paar Löffel, er brummelte noch einmal und streckte sich ein wenig, seine Mutter legte ihn wieder zum Schlafen zurecht.

„Jakob! Jakob!" flüsterte sie dann. „Komm zu mir, ich muß dir sagen —"

Und als er mit ihr unter die Decke geschlüpft war und sie in seinem Arm hielt, ihren Kopf an seinem Hals, da sagte sie ihm, so gut sie es unter ihren aufs neue fließenden, glücklichen Tränen vermochte, was ihr widerfahren war. Von dem Gebet, und wie sie alle Hoffnung auf das Leben des Kindes hatte aufgeben müssen, ganz und gar alle, und wie sie beim Hereinkommen ins Zimmer sicher gewesen war, es sei schon alles vorüber, und wie er sie dann mit dem freundlichen Blick begrüßte. „Und jetzt, glaub ich, wird er leben. Vielleicht täuschen wir uns, und wir müssen auch jetzt bereit sein, ihn zu verlieren." Sie ließ Jakob mit seinen Einwendungen nicht zu Wort kommen, sie bat ihn flehentlich, sie anzuhören und zu verstehen, was sie in dieser Nacht verstanden hatte. „Du hast ja selbst gesagt, daß unser Kind die Todesbedeutung in eine Lebensbedeutung verwandeln soll. Aber das geht nicht so – nicht so, wie wir denken. Begreifst du, daß mir der Bub schon nicht mehr gehört hat, wirst du es begreifen? Gott hatte ihn zurückgenommen, und nur weil seine Milde immer bereit ist, seine Gerechtigkeit noch zu übertreffen, wird er ihn uns lassen, wenn es ihm so gefällt. Du mußt einsehen, daß uns das Leben von unserm Kind nicht gehört, uns nicht und dem Kind nicht, kein Leben auf der Welt gehört sich selbst, auch das Leben von unserm Volk nicht, um das du dich so grämst."

Jakob hatte seine Frau noch nie so sprechen hören, wie es jetzt in dieser erschütterten, gelösten Stunde geschah. Und als ihr dringendes Flüstern verstummte, als er bald an ihrem Atem merkte, daß die von vielen Nachtwachen Übermüdete in seinem Arm eingeschlummert war, da blieb ihm Zeit genug, ihre Worte zu überdenken. Er hatte anfangs dieses Kind nicht gewollt, wegen der Krankheit seines Bruders Frank, die in seinem Leben wiederkehren könnte. Seit es da war, begriff er gar nicht mehr, wie er je für möglich gehalten, daß es nicht da sein sollte, und der Gedanke, es zu verlieren, war unerträglich. Aber es stimmte wohl, was Delia sagte: das Leben gehört sich nicht selbst. Er hatte das ja auch schon erfahren: wir haben wohl Erkenntnisse, aber dann meinen wir doch immer wieder, wir könnten Freude haben, die Versöhnung mit Gott haben, ohne das Unsere hinzugeben. Hingabe ist so schwer, wir hängen so zäh an uns selber. Es müßte anders, anders müßte es werden! dachte Jakob. – Hinter dem Schlafzimmerfenster stand eine halbe Helle, über die er sich wunderte, weil das noch die Helle des Morgens nicht sein konnte; aber wenn er sich aufgerichtet hätte, um hinauszusehen, würde er Delia geweckt haben. So gab er sich zufrieden, es fielen ihm selbst auch endlich die Augen zu.

Nur für kurze Minuten – so wenigstens kam es ihm vor. Dann weckte ihn ein Pfiff von draußen: zwei gleiche und ein höherer Ton. Er erschrak freudig darüber, denn es war der Pfiff, mit dem Quint und er sich gerufen hatten, ehemals in der Münchner Studienzeit, wenn einer den andern zum Kolleg abholte. Es pfiff noch einmal. Jakob stieg aus dem Bett. „Laß nur, bleib nur, ich bin gleich wieder da," sagte er leise zu Delia, die sich schlaftrunken bewegte. Er fuhr in die Schuhe, und nachdem er noch einen Blick auf den ruhig schlummernden Buben geworfen, nahm er den Mantel um und lief die Treppe hinunter. Die Schäferhündin Jutta, die am Fuß der Treppe angekettet war, ließ, mit gesträubtem Haar, ein tiefes Grollen hören, da sie den Schritt des Ankömmlings vor dem Hause bemerkt hatte. „Psst!" mahnte Jakob, „es schlafen noch alle."

Draußen erstaunte er, in der Vormorgendämmerung alles von winterlichem Weiß erhellt zu sehen; das aufgebrochene Grün, die Blüte waren über Nacht von einem späten Schneefall zugedeckt worden, unter der Last bogen sich unwillig die schon belaubten Bäume. Jakob folgte einer feuchten, schwarzen Stiefelspur, die zu der Gartenseite des Hauses führte. Aus dem Garten kam ihm Quint entgegen, in einem beschmutzten Offiziersmantel und mit der Schirmmütze, mager, braun und ernst.

„Quint! ich wußte ja, daß es dein Pfiff war!"

Er faßte und schüttelte mit beiden Händen seine Hand. Er zog ihn ins Haus.

Dieser Morgen war der des 1. Mai 1945.

6

Quint hatte schwere Tage und nicht nur Einen Nachtmarsch hinter sich, er war dermaßen ermüdet, daß er beim Erzählen mit sichtlicher Mühe nach den Worten suchte, während Jakob ihm rasch in der Küche ein Frühstück bereitete. In Verona war der größte Teil seines Regiments in Gefangenschaft geraten, Quint mit nur wenigen anderen hatte entschlüpfen können, sich durch Tirol ins Bayerische durchgeschlagen, „immer auf der Hintertreppe," sagte er, „denn ich hatte weder Lust, den Menschheitsbeglückern, den Alliierten in die Hände zu fallen, noch von einem wütigen SS.-Häuptling aufgehängt zu werden. Ich will ganz gern noch kämpfen, aber wenn schon, dann hier in der Heimat." Jakob sagte ihm, daß von Kampf keine Rede mehr sein konnte; die Amerikaner waren schon in München, würden heut oder spätestens morgen hier sein.

„In München? So. Dachte ich mir schon, daß du so hübsche Nachrichten hättest."

Er aß und trank, und meinte dann: „Ich muß jetzt erst einmal schlafen. Bevor die Herren aus USA. kommen, weck mich bitte." Jakob brachte ihn zu dem Sofa in der Bibliothek.

Dort erwachte Quint erst wieder in der hellen Mittagsstunde, weil die Tür mit ganz leiser Vorsicht geöffnet wurde und ein kindlicher Schritt herankam, und wieder zögerte. Die Augen öffnend sah er in ein verlegenes, aber glückseliges Bubengesicht, das Bubengesicht sagte:

„Papa, schläfst du schon gar nicht mehr? Wenn du gar nicht mehr schläfst, darf ich dich stören —"

„Pierre!" rief Quint — und der Bub hing ihm lachend am Hals.

— Beinah den ganzen Tag war von der Autostraße her, die im Nordosten an Nußholzhausen vorüberführt, Motorengeräusch als ein dumpfes Brummen zu hören. Ins Dorf kamen die ersten Amerikaner gegen Abend. Hans Prechtler versteckte sich keineswegs in seiner Bäckerei, sondern angetan mit seiner braunen Uniform als Leiter der Ortsgruppe, ging er ihnen mit dem Bürgermeister entgegen, um ihnen die Amtsgewalt feierlich zu übergeben. Die knabenhaft fröhlichen fremden Soldaten aber schienen die Übernahme nicht als ihre Sache anzusehen; es würden andere nachkommen, die das machten, erklärten sie ihm; sie ließen ihn unbehelligt, schlugen nur Zettel an einigen Häusern an, welche besagten, daß dieser Ort ab heute dem amerikanischen Kriegsrecht unterstehe, und fuhren in ihren Jeeps längs der Bahnlinie weiter nach Süden.

Der Gram um das Schicksal des Landes quälte Jakob und Quint in gleicher Weise, aber eben darum scheuten sich beide, die Wunde zu berühren. Quint bekam den jüngsten Degener zu sehen, dessen Zustand wirklich an diesem Tage zum erstenmal Hoffnung gab, daß er sich erholen würde. Pierre führte seinen Vater im Triumph, als den großen Krieger, der er war, ins Grünschwaiger Kinderspielzimmer ein, wo er von allen Seiten ehrfürchtig bestaunt wurde. „Gell, du bist ein General?" fragte ihn Ninette Faber. Die Obergewalt über dieses Reich der Jugend hatte Antjes Dienstmagd Thilde übernommen, seit sie mit der kleinen Armgard Werndorff aus Ostpreußen hier eingetroffen war; sie machte sich so dem ganzen Hause nützlich und führte ein ordentliches Regiment. Aus Armgards rosigem, zartem Gesichtchen blickten Quint die wohlbekannten Augen Antjes an. Er mußte die Spielsachen von Klein und Groß betrachten und sich dann von der jungen Schar in den Stall begleiten, sich dort alles zeigen lassen, den Knecht Wastl und seine Pferde begrüßen. Auf dem Hof traf er mit Frank zusammen, er kam eben mit Fräulein Rüsch von seinem Spaziergang zurück. Quints Versuch, ihn mit harmloser Frage anzusprechen: „Na, wie steht's, Frank?" beantwortete er mit einem höflichen: „Besten Dank, verehrter Herr," indem er nach seiner Gewohnheit zerstreut über den Frager hinwegsah.

Beim Abendessen, an dem außer Delia, Jakob und Hanna

auch das Rüschchen teilnahm, erkundigte sich Quint nach allem, was in Grünschwaig und in der Nachbarschaft vorgegangen. Er sagte, wie gut ihm Josephas kleiner Franz gefallen hatte, und sie, die das Essen herumreichte, wurde ganz rot, aber auch ganz vergnügt dabei. Daß Orell nicht mehr da war, erfuhr Quint erst jetzt. Hanna erzählte ihm die Vorgänge, die zu seiner Verhaftung geführt hatten. „Es paßt zu dem noblen alten Mann," sagte er, und als er hörte, daß der Major unterdessen in dem Gefängnis gestorben war: „Ihm ist wohler als uns." Dr. Winte, nach dem er auch fragte, war aus dem Kriegsdienst noch nicht zurück. Der Baron Priehl war schwer verwundet worden, der rechte Arm hatte ihm abgenommen werden müssen; schon seit Weihnachten befand er sich wieder auf seinem Gut und bei seiner Frau, die Beiden hatten in ihrem Haus freiwillig mehr Flüchtlinge aufgenommen, als ihnen zugewiesen waren. Delia sollte von Balthasar gemalt werden, es war dessen Patengeschenk für Kaspar, sie hatte nur wegen der Krankheit des Kindes noch nicht Zeit gefunden, die Sitzungen zu beginnen. Fräulein Rüsch hätte gar zu gern die Rede auf die Zeitereignisse gebracht, sie blickte erwartungsvoll von einem zum andern und konnte sich endlich nicht enthalten, zu fragen:

„Herr von Fehrenkamp, was meinen Sie denn, wie sich das Schicksal unsres deutschen Vaterlandes jetzt gestalten wird?"

„Ich weiß es nicht, Rüschchen," sagte Quint; er konnte es dem aufgeregten alten Fräulein ansehen, daß gleich ein Treuebekenntnis zu unserm Führer Adolf Hitler aus ihr hervorsprudeln würde, und er wollte es dazu nicht kommen lassen. Er hob das Wermutglas, das man vor ihn hingestellt hatte. „Ich weiß es wahrhaftig nicht," wiederholte er; und indem er sich ritterlich zu Hanna Degener wandte, neben der er saß: „Ich weiß aber, Tante Hanna, daß du mit den Deinigen tapfer durch die schweren Zeiten gegangen bist und daß ihr das schöne Grünschwaig immer zu einer Heimat und einer Obhut für viele Menschen gemacht habt. Erlaube mir also, diesen Wermut – ich fürchte beinah, daß ihr mir den letzten gestiftet habt, den das Haus vorrätig hat – erlaube mir, ihn darauf zu trinken, daß Grünschwaig auch in Zukunft die gute Heimat bleiben darf, die es von jeher für uns alle war, und laßt euch besonders auch für meinen Buben danken, den ihr hier aufgenommen habt."

Er küßte seiner Tante die Hand. Ihre im Alter ein wenig streng gewordenen Züge sänftigten und verjüngten sich bei seinen Worten.

„Dank dir schön, Quint," sagte sie, und sonst nichts weiter.

Nach der Mahlzeit sagte Quint den Frauen gute Nacht, höflich, ein bißchen förmlich, wie sein Vater, und ging mit Jakob in die Bibliothek hinüber.

„Was gedenkst Du eigentlich jetzt anzufangen?" fragte er ihn; Jakob schien es, als klinge eine Reizbarkeit in der Frage.

Er antwortete: „Schuldienst, wie früher. Ich habe meine lange erzwungene Ruhezeit dazu benützt, einige Lücken in meiner Ausbildung, auch historische, möglichst auszufüllen, und hoffe künftig ein tauglicherer Lehrer zu sein. Lansing hat mir schon geschrieben, daß er für das Internat in Obersbrunn fest auf mich rechnet."

„So, so. Es geht also weiter, alles geht weiter! Und die Deutschen merken gar nicht, daß es mit ihnen zu Ende ist. Matthäi am letzten. Fertig," betonte Quint mit Bitterkeit, indem er im Zimmer auf und nieder ging. „Hast du noch eine Zigarette für mich? Dann gib mir eine."

„Du hast doch selber gerade erst von der Zukunft Grünschwaigs gesprochen," wandte Jakob ein, er blickte vorwurfsvoll in das vom Zündholz angeleuchtete Gesicht seines Freundes.

Quint: „Ja, Häuser! Häuser! Von denen geht das Leben aus. Da ist es auch so schnell nicht auszurotten. — Deswegen haben sie ja auch mit ihren Bomben so viel Häuser wie möglich zerstört. Sie wissen schon, was sie wollen!"

Die Verzweiflung über den Untergang des Landes und der Zorn über die Feinde brach jetzt, wo er mit seinem Vetter allein war, wie eine Sturzwelle aus Quint hervor. Das Bündnis der Westmächte mit dem Bolschewismus, zu dem Zweck, nicht bloß die Macht, auch die Lebenskraft und Lebensmöglichkeit unsres Volkes zu zerbrechen; die Auslieferung ganz Mitteleuropas an dieses Rußland, das seine europäische Führerschicht ausgerottet hat und zu der Vormacht Asiens geworden ist; die Beschlüsse auf der Konferenz von Jalta, wo Roosevelt und Churchill ein Dritteil unsres Landes, eben den, der uns ernährt hat, den Russen überantwortet und in die Vertreibung der deutschen Einwohner aus diesen Gebieten gewilligt haben; die unmenschliche und militärisch zwecklose Vernichtung unsrer Städte — das alles warf er Jakob hin, als ob der daran mitschuldig wäre —

„Du hast wahrscheinlich als braver Staatsbürger, der du bist, den ausländischen Rundfunk nicht gehört, weil es verboten war? Es hätte nicht verboten sein, es hätte verbreitet und übersetzt werden müssen! Ihre Rundfunksendungen, mit denen sie ihre Völker amüsieren! ihre Zeitungen und Zeitschriften! Ich habe das in Italien zu hören und zu lesen bekommen, es hat mir genügt, um zu wissen, was uns bevorsteht. Es ist nicht Dummheit allein, es ist Haß. Der Haß auf alles, was deutsch ist. Der nackte Vernichtungswille. Über Hitler empören sie sich – und treiben es schlimmer als er! Hast du vielleicht einmal gehört, was sie in Dresden angerichtet haben? Hast du dir in deinem christlichen Gemüt einmal Gedanken darüber gemacht, was im deutschen Osten passiert?"

Er hielt plötzlich inne, weil er bemerkte, wie Jakob von seinem Schreibtisch her in ratloser Traurigkeit zu ihm herübersah und mit einer Anstrengung den Mund bewegte, um zu sagen:

„Ich weiß. Quint, sei still – ich weiß."

„Schön. Gut. Dann können wir ja zusammen ein Klagegeheul anstimmen." Quint fing wieder an, im Zimmer hin und her zu wandern.

„Du wirst dich ja wohl erinnern," sagte er, „daß ich kein Nationalsozialist gewesen bin. Sie waren mir widerwärtig von Anfang an. Aber darin haben diese Leute recht behalten: daß in der Weltgeschichte die Gewalt regiert. Die Gewalt und nichts anderes! Wer sich seiner Haut nicht wehren kann, kommt unter die Räder. Recht, Vernunft, Menschlichkeit – das ist, um die Gimpel zu fangen. Von Recht, Vernunft und Menschlichkeit muß man viel reden, um desto ungestörter Gewalt üben zu können. Das ist, was Hitler versäumt hat, und das ist, warum er ein Stümper war. Er hätte triefen müssen von demokratischen Phrasen, hätte jeden Tag mit dem Meßbuch in die Kirche laufen müssen – dann hätte er so viele Juden umbringen können, wie es ihm paßte: kein Hahn hätte danach gekräht. Und genau das werden die Andern jetzt machen. Zudecken werden sie uns mit frommen Reden, und unterdessen uns die Taschen ausrauben und uns an die Kette legen. Das ist die Zukunft! Das ist unsre deutsche Zukunft!"

„Quint, sei still!" verlangte Jakob abermals.

„Ich bin schon still. Es gibt auch gar nichts weiter darüber zu sagen."

Jakob begann erst nach einer Weile, ihm zu antworten. Und er war immer wieder nicht zufrieden mit dem, was er zu sagen versuchte, und mußte wieder verstummen, um sich auf einen neuen und besseren Ausdruck zu besinnen.

Er sagte: „Ich habe das alles auch schon gedacht, was du da aussprichst." Er sagte leise: „Ich habe noch Ärgeres gedacht. Kannst du dir vorstellen, daß ich mir gewünscht habe, wir hätten eine alles überbietende, furchtbare Vernichtungswaffe, um die Andern zu treffen? mir das gewünscht und unsre Feinde so gehaßt habe, besonders nach dem, was an unsern Städten und was im Osten geschehen ist, daß ich vor Haß nicht schlafen konnte? – Ich bin durch das alles auch gegangen. Und sogar immer wieder, nachdem ich es schon besser eingesehen hatte, bin ich doch von neuem in den Haß und in den Wunsch nach Vernichtung hineingeraten." Er sagte: „Ich weiß nicht, wie so etwas möglich ist, denn ich merkte ja selber, wie ich mich damit erniedrigte und mich in die Hand von Dem gab, von dem wir lieber nicht sprechen wollen."

„Ja, bitte, den Teufel laß aus dem Spiel!" rief Quint ungeduldig.

Jakob: „Ich wäre froh, wenn er mich aus seinem Spiel ließe. Ich will nur sagen: seine Macht über uns kommt dann, wenn wir etwas, das uns sehr lieb ist, einen kostbaren Besitz, oder einen ganz geliebten Menschen, oder, siehst du – das Vaterland... wenn wir das verlorengeben sollen. Dagegen wehren wir uns, weil wir fühlen, daß wir ohne das nicht leben können. Und dann gewinnen die Mächte Gewalt über uns. Es ist aber so, daß das am meisten Geliebte wirklich hingegeben werden muß. Mir hat das die Delia beigebracht, es wäre zu lang, dir das zu erklären. Woran unser Herz hängt, das muß hingegeben werden."

„Na also! ich sage ja, daß es zu Ende ist mit uns!"

„Nein, Quint, nicht in Bitterkeit. Wir müssen sagen: Dein Wille geschehe. Und es so sagen, daß es nicht nur ein Wort ist."

„Mir zu hoch," brummte Quint.

„Ja, mir ist es auch zu hoch. Das Kreuz ist uns allen zu hoch. Aber erst in der Höhe des Kreuzes geschieht die Versöhnung."

„Bitte, wir wollen nichts mehr davon reden," unterbrach er sich selbst, indem er aufstand und aus dem Lichtkreis der Schreibtischlampe weg ans Fenster ging. „Man kann davon nicht reden, weil: es muß ja getan werden," sagte er, wieder mit so leiser Stimme, wie er begonnen hatte.

So schwiegen sie eine Weile zusammen.

Dann Quint, nicht in dem bitter spottenden Ton wie vorher: „Es kommt darauf hinaus, daß die Sieger mit uns anfangen können, was ihnen gefällt, und du verlangst auch noch, wir sollen damit einverstanden sein."

„Man muß wohl damit rechnen," gab Jakob zu, „daß die Andern nicht gut mit uns umspringen werden. Siege sind immer schlimm, je vollständiger, desto schlimmer. Wenn ein Mensch den andern ganz in der Gewalt hat, mißhandelt er ihn. Ich kann mir die Vorkommnisse in den Konzentrationslagern auch nur so erklären: nicht daß die Quäler hingegangen sind mit dem Vorsatz, zu quälen, sondern sie fanden die Gefangenen sich ausgeliefert ohne die Möglichkeit einer Gegenwehr. Und das kann der Mensch nicht vertragen, kann der Versuchung nicht widerstehen, an dem Opfer seine Macht immer weiter und weiter zu erproben. Vielleicht werden sie es jetzt an uns auch so tun. Aber meinst du nicht, daß neben denen, die berauben und knechten und töten, immer auch andere sein werden, die alles versuchen, um zu helfen und zu schonen? Solche gab es bei uns ja auch. Damit freilich hast du unbedingt recht, daß es ein Bestehen in der Welt ohne Wehrhaftigkeit nicht gibt, und sie ist auch nötig, weil sie dem Andern hilft, die Versuchung zum maßlosen Mißbrauch der Macht in Schranken zu halten. Ein Sieger, der Weisheit hätte, würde darum den Besiegten nie ganz wehrlos machen. Nur, glaub ich, nachdem wir selber in der Zeit unsrer Siege sehr unweise gewesen sind, können wie jetzt gegen die Andern nicht Vorwürfe erheben. Wir können nur Weisheit für sie erbitten."

— „Weisheit. Gut. Du könntest ungefähr recht haben. Und also lebwohl, mein weiser Herr Vetter," sagte Quint, und streckte ihm die Hand hin.

Jakob, betroffen: „Was denn? willst du denn wieder fort?"

„Ja, ich bin nicht gekommen, mich häuslich bei dir niederzulassen. Muß auch gestehen, daß mir trotz deiner Predigt der Gedanke mißfällt, mich hier von den Amerikanern abholen und wegführen zu lassen. Ich möchte lieber selbständig hingehen und ihnen meine Waffen vor ihre demokratischen Füße legen — verstehst du?"

„Du kannst dich ja in Nußholzhausen stellen."

„Könnte ich. Aber ein paar Wegstunden von hier, im Wald, in einer Holzmachershütte, sitzen meine Leute, die sich mir anvertraut haben und die höchstwahrscheinlich Dummheiten treiben würden, wenn ich nicht zu ihnen zurückkomme. Es sind ziemlich rabiate Burschen und — wie soll ich sagen? — zu schwerfällig, um den politischen Kurswechsel so ohne weiteres zu erfassen. Ich hab sie in der Hütte gelassen und ihnen versprochen, beim Vetter Degener in Grünschwaig Nachrichten einzuholen, da wir schon einmal hier in der Gegend waren. Bis morgen früh werden sie brav auf mich warten. Aber dann könnten sie auf den Gedanken kommen, noch zuguterletzt auf eigene Faust einen kleinen Kampf zu liefern. Ich muß ihnen klarmachen, daß das jetzt tatsächlich keinen Zweck mehr hat ... vorausgesetzt, daß ich glücklich wieder bis zu ihnen hinkomme. Aber wenigstens versuchen muß ich das. — Es sind so militaristische Vorurteile," setzte er lächelnd hinzu.

„Daß du vom Wiederfortwollen gar nichts gesagt hast!"

Quint: "Das war besser. Besser, niemand unnötig aufzuregen. Meinem Pierre erklärst du morgen, daß sein Papa noch einen Ausflug machen mußte. — Ich komme übrigens bestimmt gut hin, ich bin jetzt ein ausgelernter Indianer. Sie erwischen mich erst, wenn i c h will! Sollte mir aber doch noch etwas zustoßen, dann wirst du ja Natalie und meiner Mutter einen Gruß von mir ausrichten."

"Bleib lieber hier," bat Jakob.

"Einen Gruß von mir ausrichten," sagte Quint langsam noch einmal. "Ich hatte eigentlich vor, zu versuchen, ob ich bis München durchkomme, und wollte mich dort erst stellen. Würde aber jetzt doch etwas zu schwierig sein. Ich stelle mich morgen mit meinen Leutchen in einem Sammellager."

Delia kam herein, um zu fragen, ob die Beiden vor dem Schlafengehen noch etwas Warmes trinken wollten, und Jakob sagte ihr, daß Quint schon wieder im Aufbruch war, und warum.

Sie hörte es schweigend an, und nickte.

"Die Amerikaner sind aber schon im Ort gewesen," sagte sie.

"Umso mehr Grund, mich schleunigst davonzumachen," sagte Quint. Zu trinken wollte er nichts mehr, sie konnte ihm nur seinen Brotbeutel mit einigen Eßsachen auffüllen; dann nahm er Abschied. Er verwehrte Jakobs Begleitung, der gern ein Stück mitgegangen wäre.

"Einen fassen sie weniger leicht, als zwei. Adieu, ihr Grünschwaiger!"

"Behüt dich Gott," sagten Jakob und Delia.

Sie sahen und horchten ihm von der Haustür aus nach. Der in der Vornacht gefallene Schnee war vergangen, und in der Nachtkühle spürten sie das Atemholen der schon warmen Erde, die sich auf ihren Frühling wieder besinnt.

"Sorg dich nicht. Er tut recht, daß er zu seinen Leuten geht, und wird glücklich durchkommen."

"Ja, ja!" sagte Jakob.

"Er hat heute zum erstenmal ein ganz bißchen Haferschleim vertragen," berichtete Delia, glücklichen Gesichts — und damit war nicht mehr Quint, sondern Kaspar gemeint.

Silvias kleine Ninette konnte schlecht aushalten, daß jemand traurig war, und als sie am anderen Morgen Pierres Kummer über das plötzliche Verschwinden seines Vaters bemerkte, sann sie auf Mittel, wie sie dem abhelfen könnte.

"Du brauchst nicht traurig sein!" erklärte sie ihm, indem sie sich, die Hände auf dem Rücken, vor ihm aufpflanzte und mit strengem Gesicht zu ihm hinaufsah.

„Nein," gab er zu.

„Wollen wir hinausgehen?" fragte Georg Faber.

„Schneider, leih mir deine Scher," war Karl Martins Vorschlag.

Aber Pierre schüttelte den Kopf, und wie es bei Kindern und Erwachsenen gleichermaßen geschehen kann, teilte sich die Unlust des Einen den Übrigen mit. Die drei Buben saßen auf ihren Stühlen wie drei kranke Vögel auf der Stange.

Ninette erklärte ärgerlich: „Ihr seid fad;" aber zugleich leuchtete sie auf in einem Gedanken, der ihr als unwiderstehliche Beschwörung jedes Kummers erschien.

„Gebt acht!" befahl sie. „Ihr bleibt hier und wartet auf mich. Ich will mich verkleiden, und ihr müßt erraten, wer ich bin. Karl Martin kann mitkommen." Sie zog ihren gehorsamen Untertan an der Hand mit sich fort.

„Sie muß immer Dummheiten treiben," stellte Georg mit brüderlicher Herablassung fest.

Zehn Minuten später, als Josepha mit dem Badewasser für die Kleinen aus der Küche kam, sah sie Ninette, ein blaßgrünes Schleierchen auf ihrem blonden Haar und eine blaue Tischdecke als Rock um den Leib gebunden, vor sich aber in den fest verkrampften Fäusten einen Stehspiegel haltend, die Treppe herunterkommen, indem sie vorsichtig von Stufe zu Stufe die Füße setzte. Karl Martin folgte ihr, auch er mit einem Rock ausstaffiert, der aber eigentlich ein Vorhang war, und mit einem unter dem Kinn zusammengeknüpften Tuch auf dem Kopf, das ihn in ein Mädchen verwandeln sollte. Der Aufzug sah gefährlich aus, weil den Beiden die umgebundenen Röcke zu lang waren, und man jeden Augenblick fürchten mußte, sie würden stolpern und fallen.

Josepha lief erschrocken herbei, um Ninette den Spiegel aus der Hand zu nehmen:

„O mei! Kinder! was wollts denn mit dem Spiegel? Wenns'n hinschmeißts, das bedeut't ja Unglück, und schneiden tuts ihr euch auch noch. — Wo habt's ihn denn her? Von der Tante Delia!"

Ninette hatte wirklich alles, was sie zu ihrem Zweck bedurfte, ungefragt aus Delias Ankleidezimmer geholt, aber sie ließ sich auf keine Erörterungen darüber ein, sondern fauchte Josepha zornig an:

„Geh weg! Ich bin eine Prinzessin." Zu ihrem Trabanten gewendet: „Und was bist du? Sag's!"

Karl Martin: „Ich bin der Zofe."

Josepha mußte lachen, und nachdem ihr streng bedeutet worden war, nicht merken zu lassen, daß dies eine Prinzessin war, weil es die Andern erraten sollten, trug sie ihr den Spiegel, den sie brauchte, ins Spielzimmer voran.

Die zwei größeren Buben wollten sich nicht den Anschein geben, als hätten sie auf die Verkleidung gewartet, sie saßen zeichnend am Tisch, schauten aber nun doch neugierig auf, als Ninette in stolzer Haltung hereinkam, von ihrer Zofe gefolgt, und sich vor dem Spiegel niederließ.

„Also, tuts einmal raten, Buben. Wer ist das?" forderte Josepha sie auf.

Sie faßten die Schleierbekrönte scharf ins Auge. Pierre rief: „Eine Königin!"

Ninette, mit fest geschlossenen Lippen, schüttelte den Kopf.

Georg: „Eine Prinzessin!"

Da fuhr sie auf dem Stühlchen herum, ärgerlich über das zu schnell offenbarte Geheimnis, sie sagte: „Jaa! aber die Prinzessin hat einen Kummer, und den müßt ihr erraten!" — und kehrte sich wieder zum Spiegel.

Josepha: „Was für einen Kummer wird sie haben? Einen großen Kummer?"

Ninette nickte stumm bedeutsam, sie stupfte mit dem Ellbogen ihre Zofe. Karl Martin hätte bedauernd herantreten und fragen sollen: „Was fehlt der Frau Prinzessin?", aber er beugte sich nur zu der Sitzenden nieder, er wußte die Frage nicht mehr oder genierte sich, zu sprechen; er brachte keinen Ton hervor.

Der Prinzessin blickte ihr eigenes Gesicht mit so würdiger Traurigkeit aus dem Spiegel entgegen, daß sie es wie ein fremdes teilnahmsvoll betrachtete.

„Was fehlt ihr?" mußte sie jetzt selber denken.

Es rief jemand draußen im Flur. Josepha ging, durch die offen gebliebene Tür hörten die Kinder, es war die Stimme von dem Gutsbaumeister Strobl:

„Wo ist denn der Herr Degener? Die Amerikaner sind auf dem Hof!"

Die Buben rannten hinaus, die „Zofe" stolpernd, in ihrem langen Rock. Da vergaß auch die kleine Ninette ihren Spiegel und lief, um zu sehen, was das Leben wieder Neues, Aufregendes gebracht hatte.